人民文库 第二辑

中国古代历史理论

（上）

瞿林东｜主编

瞿林东　张子侠　刘治立｜著

人民出版社

出版前言

1921 年 9 月，刚刚成立的中国共产党就创办了第一家自己的出版机构——人民出版社。一百年来，在党的领导下，人民出版社大力传播马克思主义及其中国化的最新理论成果，为弘扬真理、繁荣学术、传承文明、普及文化出版了一批又一批影响深远的精品力作，引领着时代思潮与学术方向。

2009 年，在庆祝新中国成立 60 周年之际，我社从历年出版精品中，选取了一百余种图书作为《人民文库》第一辑。文库出版后，广受好评，其中不少图书一印再印。为庆祝中国共产党建党一百周年，反映当代中国学术文化大发展大繁荣的巨大成就，在建社一百周年之际，我社决定推出《人民文库》第二辑。

《人民文库》第二辑继续坚持思想性、学术性、原创性与可读性标准，重点选取 20 世纪 90 年代以来出版的哲学社会科学研究著作，按学科分为马克思主义、哲学、政治、法律、经济、历史、文化七类，陆续出版。

习近平总书记指出："人民群众多读书，我们的民族精神就会厚重起来、深邃起来。""为人民提供更多优秀精神文化产品，善莫大焉。"这既是对广大读者的殷切期望，也是对出版工作者提出的价值要求。

文化自信是一个国家、一个民族发展中更基本、更深沉、更持久的力量，没有文化的繁荣兴盛，就没有中华民族的伟大复兴。我们要始终坚持"为人民出好书"的宗旨，不断推出更多、更好的精品力作，筑牢中华民族文化自信的根基。

人民出版社

2021年1月2日

序

历史理论是史学史研究的重要对象之一。许多年前，白寿彝先生在他主编的《史学史研究》季刊封面的上端，标明这样提示："历史理论　历史教育　历史文献学　历史编纂学的专门刊物"。显然，这一提示明确地表示出史学史研究的几个重要研究对象。依据这一认识，在中国古代史学史研究中，中国古代历史理论自是重要的研究对象之一。

其实，早在1961年，白寿彝先生在《谈史学遗产》一文中就把史学遗产中的一些积极成果比作若干个"花圃"，他这样指出："对史学遗产基本观点的研究应该是第一个花圃，这里可以有三种花。第一种是对历史观的研究。……分析批判各种不同的历史观，这是我们研究史学遗产时首先要担当起来的研究工作。当然，过去无论哪一种历史观都不可能跟马克思主义历史观相比。但分析批判这样形形色色的历史观，对于掌握历史理论的发展规律，锻炼我们的识别能力，丰富我们的理论，提高我们的水平，都是不可少的。"①这就是说，对史学遗产中的各种历史观的研究，在一定的意义上就是对历史理论的研究。唯其如此，这一研究对历史研究者和史学研究者从各方面提高自己"都是不可少的"。白寿彝先生的这些话，足以说明历史理论研究的重要性和必要性。

① 白寿彝：《白寿彝文集》第5卷，河南大学出版社2008年版，第57—58页。

以企及,盼同行与读者赐教,有待来日作进一步研究。

本书在撰写方法上,是于贯通中突出阶段性的特点:一方面力求反映历史发展的时代特点,一方面十分关注论题本身演变的特点。我们还考虑到这一撰述方法,也有益于横向反映某一历史阶段之历史理论发展的整体面貌。

《中国古代历史理论》作为普通高等学校人文社会科学重点研究基地北京师范大学史学理论与史学史研究中心的重大项目,初版于2011年,由安徽人民出版社出版。李闯、曹文益二先生在约稿、审稿、编辑过程中,颇费心力。出版社领导对本书的出版、印制高度重视。本书出版后,获得史学界同行的广泛好评,并获得2012年北京市哲学社会科学优秀成果一等奖。

2020年9月,欣闻本书获准进入"人民文库"这一崇高的学术殿堂,自是所有作者的光荣,表明本书确有可供学术界、读书界阅读、参考的价值。作为主编,我代表大家向关爱本书的朋友们表示最诚挚的敬意和感谢!

《中国古代历史理论》新版面世,得到人民出版社的支持,受益于责任编辑贺畅女士、周颖女士在具体事宜和编务方面热心、高效的工作,我代表所有作者向他们表示敬意和感谢!

学无止境。本书存在的疏漏及错误之处,祈望史学界同行和读者朋友批评、赐教!

是为序。

瞿林东

2020年9月26日撰讫

10月1日国庆、中秋双节改订

总　目　录

下　卷
中国古代历史理论的繁荣

导　论

瞿林东

第一节　中国古代历史理论研究的对象和范围

一、历 史 理 论

历史学的理论,就其总体来说,是由历史理论和史学理论两个部分组成。

历史理论研究的对象,同史学理论研究的对象有十分密切的联系,但二者又有明显的区别。前者是人们对于客观存在的历史运动的认识,后者是人们对于史学这门学问或学科的认识。① 关于它们之间的区别和联系,人们常常分辨不清,即使在史学工作者中,有些朋友也容易把它们混同起来。显然,这对历史学领域的理论研究的发展是很不利的。这种情况近年虽已有一些变化,但从理论研究的发展和要求来看,还是有许多工

① 陈启能:《历史理论与史学理论》,《光明日报》1986 年 12 月 3 日;瞿林东:《史学理论与历史理论》,《史学理论》1987 年第 1 期。

作要做的。

说到历史理论，我们首先要提到马克思主义经典作家的有关论点，这对我们理解历史理论的概念及其内涵，有重要的启示。恩格斯在1885年4月23日致维·伊·查苏利奇的信中这样写道：

> ……首先，我再对您说一遍，得知在俄国青年中有一派人真诚地、无保留地接受了马克思的伟大的经济理论和历史理论，并坚决地同他们前辈的一切无政府主义的和带点泛斯拉夫主义的传统决裂，我感到自豪。如果马克思能够多活几年，那他本人也同样会以此自豪的。这是一个对俄国革命运动的发展将会具有重大意义的进步。在我看来，马克思的历史理论是任何**坚定不移**和**始终一贯的**革命策略的基本条件；为了找到这种策略，需要的只是把这一理论应用于本国的经济条件和政治条件。
>
> 但是，要做到这一点，就必须了解这些条件……①

恩格斯在这里说的“马克思的伟大的经济理论和历史理论”，同他在两年前即1883年在马克思墓前的讲话中所说的马克思的“剩余价值学说”和“唯物史观”两大发现，应是一致的。值得关注的是，恩格斯特别强调马克思的历史理论，只有同“本国的经济条件和政治条件”结合起来，才能发挥其作用。恩格斯的这个思想，在中国史学界克服了教条主义的影响和经过拨乱反正的洗礼之后，对人们的启迪无疑是十分深刻的。

再看列宁的有关论说。列宁在解释马克思的历史观时写道：

> 发现唯物主义历史观，或者更确切地说，把唯物主义贯彻和推广运用于社会现象领域，消除了以往的历史理论的两个主要缺点。第一，以往的历史理论至多只是考察了人们历史活动的思想动机，而没有研究产生这些动机的原因，没有探索社会关系体系发展的客观规律性，没有把物质生产的发展程度看作这些关系的根源；第二，以往的理论从来忽视居民**群众**的活动，只有历史唯物主义才第一次使我

① 《恩格斯致维·伊·查苏利奇（1885年4月23日）》，《马克思恩格斯选集》第4卷，人民出版社2012年版，第574页。

> 们能以自然科学的精确性去研究群众生活的社会条件以及这些条件的变更。马克思以前的“社会学”和历史学，**至多**是积累了零星收集来的未加分析的事实，描述了历史过程的个别方面。马克思主义则指出了对各种社会经济形态的产生、发展和衰落过程进行全面而周密的研究的途径，因为它考察了所有各种矛盾的趋向的**总和**，把这些趋向归结为可以准确测定的、社会**各阶级**的生活和生产的条件，排除了选择某种“主导”思想或解释这种思想时的主观主义和武断态度，揭示了物质生产力的状况是所有一切思想和各种不同趋向的**根源**。人们自己创造自己的历史，但人们即群众的动机是由什么决定的，各种矛盾的思想或意向间的冲突是由什么引起的，一切人类社会中所有这些冲突的总和是怎样的，构成人们全部历史活动基础的、客观的物质生活的生产条件是怎样的，这些条件的发展规律是怎样的，——马克思对这一切都注意到了，并且指出了科学地研究历史这一极其复杂、充满矛盾而又是有规律的统一过程的途径。①

在这里，列宁首先批评马克思主义以前的历史理论的“两个主要缺点”，进而论述了马克思研究历史的途径和方法，从而也就更加清晰地说明了马克思的历史理论的精义及其运用，以及在实际运用中应当着重考察历史或社会的哪些方面等等。这样，人们不仅可以据此判断马克思主义的历史理论同以往历史理论的根本区别，而且也可以据此了解应当从何处着手运用马克思主义的历史理论来分析历史和社会。

此外，还有一点是值得注意的，即列宁的这段论述是从批评“以往的历史理论”开始的，这就表明，“历史理论”作为人们认识客观存在的历史运动的一种理论形式，也是有它的发展的历程的。因此，第一，从历史学领域的研究来说，考察这个发展的历程是十分必要的。第二，根据恩格斯的看法，对于马克思的历史理论的理解和运用，应当同“本国的经济条件和政治条件”相结合，才是正确的做法。

在中国，李大钊根据他对唯物史观的理解，提出了历史理论的具体对

① 列宁：《卡尔·马克思》，《列宁选集》第二卷，人民出版社2012年版，第425页。

> 同时注意历史之主观创造作用与其客观发展的规律，并且尤其注意它们在历史运动中之辩证的统一。①

从这里可以看出，翦伯赞从不同的角度提出问题，不论是批评某种史学现象，还是从正面阐述自己的见解，都表明他对“历史理论”的高度重视。联想到作者在20世纪60年代所发表的一些文章，可以看到作者在这方面的思想脉络和对“历史原则”“历史理论”的具体运用。②

同时，我们也注意到，在20世纪80年代，白寿彝师撰写的《中国史学史》第1册，在其叙篇中提出了“历史理论一：社会存在决定社会意识”“历史理论二：物质生产和物质生产者的历史”“历史理论三：社会历史之辩证的发展及其规律性”，并一一予以论述。③ 其后，在他主编的《中国通史》第1卷即导论卷中，则有对“统一的多民族的历史”“历史发展的地理条件”“人的因素、科学技术和社会生产力”“生产关系和阶级关系”“国家和法”“社会意识形态”以及“历史的客观性和可知性”“历史理论的探索”等问题的论述，而这些论述都是同认识中国历史相结合的。④

综上，可以看出，历史理论大致包含两个层面：一个层面是唯物史观的基本原理，这是具有指导性的层面，或者说是普遍性的层面；另一个层面是历史发展中提出的重大理论问题，这是反映实践性的层面，或者说是特殊性的层面。一般说来，这两个层面是密切相关的，前者是后者的指导原则，后者是前者的具体表现。

这里，我们要说几句本题以外，而对学科来说却又是题中应有之义的话。即当今史学界流行着一个明显的误解或误读，那就是往往把“历史理论”说成是“史学理论”，或者是用各种表述方法，使“史学理论”把“历史理论”包含进去。我们认为，这样做不仅造成概念上的混乱，而且直接妨碍研究的深入。因此，我们应当把“历史理论”的本义和名称还给历史理论，同时也可以使“史学理论”的内涵变得清晰起来。近年，何兆武主

① 翦伯赞：《历史哲学教程》，北京大学出版社1990年版，第6页。

② 翦伯赞：《翦伯赞史学论集》第3册，人民出版社1997年版。

③ 白寿彝：《中国史学史》第1册，上海人民出版社1986年版，第11—19页。

④ 白寿彝主编：《中国通史》第1卷导论，上海人民出版社1989年版，第1—292页。

编的《历史理论与史学理论——近现代西方史学著作选》一书就是一个很好的示范。[①]

以上是我们对马克思主义历史理论及其运用的初步认识。我们试图以这一认识为指导,反观中国古代史学的历史理论,即把"人体解剖"运用于"猴体解剖",希望能够从中得到有益的启示。

二、中国古代历史理论

中国古代历史理论是唯物史观产生以前的历史理论的一种形式,它是在中国的历史发展和史学发展中逐步形成的,因此,它所涉及的许多问题无疑都带着中国历史和中国史学的特点,其中有些问题也具有普遍的意义。

中国史学在其漫长的发展过程中,史学家们在历史观点、历史思想方面有丰富的积累,也有一些史学家的历史思想形成了他们所处时代所能达到的认识水平和理论体系。这个认识水平和理论体系因时代而异,因而是变动的,是随着历史的发展而发展的。从司马迁、班固到杜佑,从司马光、郑樵到王夫之,其发展的轨迹清晰可见。还有一些思想家、政治家关于历史的见解、评论,其中包含着一些有意义、有价值的历史观点、历史思想,也可以丰富我们对于中国古代历史理论的认识。

20世纪60年代初,白寿彝在《谈史学遗产》这篇名作中指出:

> 分析批判各种不同的历史观,这是我们研究史学遗产时首先要担当起来的重要的工作。当然,过去无论哪一种历史观都不可能跟马克思主义历史观相比。但分析批判这形形色色的历史观,对于掌握历史理论的发展规律,锻炼我们的识别能力,丰富我们的理论,提高我们的水平,都是不可少的。[②]

---

① 何兆武主编:《历史理论与史学理论——近现代西方史学著作选》,商务印书馆1999年版。

② 白寿彝:《谈史学遗产》,《白寿彝史学论集》上册,北京师范大学出版社1994年版,第472—473页。

这里包含了两层意思，一是对各种各样的历史观进行分析，给予恰当的评论；二是这种研究过程有利于研究者"掌握历史理论的发展规律"。是否可以认为：前一个方面是可以不断得到一些具体的结论，后一个方面则是长期的、潜移默化的提升过程。作者在这篇论文中还提出了三个值得关注的具体问题：一是"人定胜天说跟命定说间的斗争"，二是"时势创造历史说跟英雄创造历史说的斗争"，三是"历史进化说跟是古非今和历史循环说的斗争"。[①] 作者对这些问题都进行了概括性的阐述，从而指出了中国古代历史理论是在矛盾运动中发展起来的。

20世纪80年代，白寿彝再一次论说史学遗产，他在讲到历史观点时，发挥了他在20年前所阐述的见解，指出：

> 多年以来我们有个看法，认为马克思主义以前，历史观点都是历史唯心论，好像是一无可取。前几年，我们在中华书局搞"二十四史"的标点工作。每一部史书在出版的时候，照例要写篇出版说明。在出版说明里，总要说说为什么要出这部书，首先就要说说历史观点。这差不多都要指出来作者的思想是英雄史观，是以帝王将相为历史的创造者，是诬蔑农民起义和劳动人民，是历史唯心论。这就是说，作者的历史观点是不足取的。但是，为什么要出版这部书呢？出版说明的笔锋一转，接着就说，这部书在史料上如何有价值。这种写法差不多成为出版说明的一般公式。按照这种写法，"二十四史"只能是二十四部史料书，再没有其他的价值了。但这是不符合实际的。"二十四史"，固然给我们留下了大量的历史资料，还给我们留下了不少的思想资料，留下了观察历史的方法，留下了写历史的方法，留下了许多专门知识。从历史观点来说，在"二十四史"里，在别的很多史书里，在不少有关史事论述的书里，都还是有进步的观点、正确的观点，可以供我们参考、吸取和发扬的。[②]

① 白寿彝：《谈史学遗产》，《白寿彝史学论集》上册，北京师范大学出版社1994年版，第469页。

② 白寿彝：《关于〈谈史学遗产〉——谈史学遗产答客问》，《白寿彝史学论集》上册，北京师范大学出版社1994年版，第495—496页。

这段话包含了对学术工作中的经验教训的反思和总结,其核心所在是说明对史学遗产中的思想遗产,应当用历史主义的方法去总结,用辩证的观点去分析,而不是简单地看待。

白寿彝以其在史学遗产方面的渊博学识和对于中国史学中的历史观点、历史思想、历史理论的高度重视,以及对于马克思主义关于思想发展的辩证法则的深刻理解,从20世纪60年代至80年代,一再提出并强调要加强对历史观的研究。1983年,他在一次学术讲演中又一次阐述了他的一贯的见解,他说:

> 关于中国史学遗产,我看有好几个方面值得我们注意的。第一个,中国历代的史学家、历代的思想家,有不少的人都有他们的历史思想、历史观点。……马克思主义没传入中国以前,中国历史学不可能有一个历史唯物主义的思想体系,这是没有问题的。但这并不等于说,我们过去没有正确的历史观点。对具体历史问题、具体历史现象、具体历史人物、具体历史事件,过去也曾经有过不同程度的正确看法,这些看法不可能都写在马克思主义经典里面,但是它们是正确的。在今天我们有马克思主义指导了,对于这些前人所做的成果,我们不要一脚踢开,应该吸收过来做我们的营养。①

"历史唯物主义的思想体系"是到目前为止人类历史上最先进最科学的思想体系,这个科学的思想体系是它的创始人马克思、恩格斯继承并提升了人类思想的积极成果而创造出来的,它不同于在它出现之前的任何思想体系,但又并非同以往的思想体系毫无联系,这就是人类思想发展历程的辩证法则。白寿彝本着他的这种信念,提出了在马克思主义的历史唯物主义思想传入中国以前,中国史学上也曾有过正确的思想,这些正确的思想还可以吸收过来作为今天的史学工作者提高自身理论水平的"营养"。正因为如此,他讨论史学遗产问题并不只是停留在学理上,而是进一步落实到史学活动的实践层面,使史学遗产在当今的史学发展中获得

① 白寿彝:《关于建设有中国民族特点的马克思主义史学的几个问题——1983年4月6日在陕西师范大学历史系的讲话》,《白寿彝史学论集》上册,北京师范大学出版社1994年版,第311页。

新的生命力。

总之,探讨中国古代历史理论的存在状况和主要成就,“掌握历史理论的发展规律”,使这方面的研究所得促进当今史学发展,是我们的主旨和目标。

需要着重指出的是,这种探讨还有另一个方面的重要意义,即有助于沟通中国古代史学的思想体系同马克思主义唯物史观的联系。这一点,在白寿彝的上述论说中已有不同程度的显示,而刘大年论中国古典哲学同马克思主义的关系,其雄辩的论证则给予我们深刻的启示。刘大年指出,在近代中国,“马克思主义在中国传播,并终于与中国固有文化结合起来”,有四个方面的原因,前三个原因是时代使然,第四个原因是:

> 马克思主义与中国传统文化中古典的朴素的唯物辩证法的思想是可以沟通的。也就是说,中国人接受马克思主义哲学思想有内在的根据。尽管中国古典哲学与马克思主义哲学产生于相隔遥远的历史时代,属于截然不同的社会意识形态、属于不同的世界观和思想体系,但中国古代典籍复杂多样,其中关于唯物辩证法的思想,一向是人们所熟知的。自然它的形式是中国传统的。①

刘大年在进一步总结他的论点时又指出:

> 以上四条,一、二、三条主要讲从中国近代社会历史、时代环境和斗争来看,第四条讲从中国传统哲学来看,说明马克思主义与中国国情相符合。马克思主义与中国传统文化相结合,是中国文化的自我更新,是中国文化现阶段的重要发展。孔子学说统治成为过去,近代经学结束,是历史朝前演进的必然,是合理的和不可避免的。为什么五四运动以后,西方各种牌号的新思想、新学说蜂拥进入中国,又都像昙花一现,转眼过去,惟有马克思主义终于落地生根,开花结果了?这四条就是回答。②

如果我们把刘大年说的中国古典哲学同马克思主义哲学的位置,换位给

① 刘大年:《评近代经学》,《刘大年集》,中国社会科学出版社2000年版,第429页。

② 刘大年:《评近代经学》,《刘大年集》,中国社会科学出版社2000年版,第429页。

中国古代史学同马克思主义史学的话，它们之间的相互关系应是大同而小异，并无本质上的区别。举例来说，中国古代史学中关于天人关系的讨论，其中也多少包含着对历史究竟是“神”的启示还是“人”的启示的认识；中国古代史学中关于古今关系的研究，其中包含着对人类历史是否从低级阶段向高级阶段发展的过程的认识；中国古代史学中的地理观念，也存在着地理环境对社会历史发展的影响的朴素认识；中国古代史学中一再出现的“君，舟也；民，水也。水能载舟，亦能覆舟”的古训，尽管还不能视为承认人民群众在历史上的伟大创造作用，但从维护政治统治着眼已不得不考虑“民”的存在，等等。我们甚至也可以模仿刘大年的说法，即中国古代史学同马克思主义史学是本质上完全不同的史学，中国古代历史理论同马克思主义唯物史观的发生相距甚远，但它们之间却是可以沟通的，这正是中国古代史学的优秀遗产能够同马克思主义唯物史观相结合从而获得新生的内在条件。

中国史学的发展证明，正是这种结合产生了中国马克思主义史学，使中国史学获得新生，同时也扩大了马克思主义史学在世界范围的影响。

我们探讨中国古代历史理论的又一个目的，就是希望在这方面尽到一份责任。为此，我们提出的具体研究路径是：

第一，对中国古代历史理论的发掘，必须从中国古代历史运动中进行考察，并结合当时人们的历史观念和话语系统进行梳理和判断。

第二，对中国古代历史理论也应当划分出不同的层面进行研究，如天与人的关系（涉及历史发展动因问题）、古与今（涉及历史运动形式和方向问题）、势与理（涉及时代的条件特点和历史运动规律问题）等，这是关于较高层面的问题，具有一般意义或者普遍意义的性质。又如民族及民族与国家问题、国家形式与国家职能问题、地理条件与历史发展关系问题等，也都是具有广泛意义的性质。再如朝代兴亡与社会治乱之故、“正统论”的政治含义及其历史价值、君主论与历史人物评价方法论等，这是属于对比较具体的客观历史的理论探讨，等等。

第三，马克思主义历史理论同以往的历史理论既有本质的区别，也存在着一定的联系。这是因为人类对于客观历史的认识是一个长期积累和

理性的认识。

根据我的肤浅认识，中国古代史学中包含着丰富的历史理论遗产，这一遗产主要有三种存在形式。第一种形式，是作为史书之构成的一个部分的“史论”；第二种形式，是独立的历史评论专篇；第三种形式，是历史评论专书。这是中国古代历史理论的一个特点。

首先说第一种形式。这种形式，最早见于《左传》中的“君子曰”。《左传》叙事，间有议论，或以“君子曰”表示，或以“孔子曰”“仲尼曰”表示，或引古书加以发挥。其中，“君子曰”更具有“史论”的特点，对后世影响也最大。“君子曰”所论，大多借史事以论人物，而大多又强调以伦理为基本的评论准则。如《左传·成公二年》记：

> 君子曰：“位其不可不慎也乎！蔡、许之君，一失其位，不得列于诸侯，况其下乎！《诗》曰：‘不解（懈）于位，民之攸塈。’其是之谓矣。”

这是说蔡侯、许侯因不自重而“不得列于诸侯”，进而引申到只有居高位者不懈怠，人民才能得以休息、安定。这里讲到权位的重要以及国君同民众的关系。

又如《左传·隐公四年》记：

> 君子曰：“石碏，纯臣也。恶州吁而厚与焉。‘大义灭亲’，其是之谓乎！”

这是对下述史事发表的评论：卫国人州吁杀卫国国君而自立，卫大夫石碏之子石厚与州吁交往甚密，石碏乃用计杀死州吁，同时派人杀死本人之子石厚，故《左传》作者称石碏为“纯臣”，表彰其“大义灭亲”之举。

《左传》的历史评论多类此。《左传》还时时用古书来强调所要发表评论的分量，并多类此。另外，《左传》记春秋历史，而孔子为春秋末期人，故《左传》也引用孔子言论来评论史事；从孔子来说，这带有批评时事的性质，而对《左传》作者和后人来说，自也是评论历史的一部分。

《左传》的“君子曰”这种历史评论形式，在秦汉以后的中国史学上获得长足的发展。《史记》的纪、表、书、世家、列传中的“太史公曰”堪为佳作，反映了司马迁的历史见解，其中多有理论上的建树。在《汉书》等历代正史中，其纪、表、志、传中的史论亦有许多佳作，不乏理论上的创见。以《汉纪》《后汉纪》《资治通鉴》等为代表的编年体史书，在形式上可以说是直接继承、发展了《左传》的“君子曰”的风格，所不同的是它们更着意于兴亡治乱之故的评论。以《通典》为代表的典制体史书，其历史评论涉及国家职能的各个方面，包含经济、官制、法制、地方建置、民族等。尤其是《通典》作者杜佑，针对不同的撰述要求和不同的历史内容，其史论有序、论和说、议、评等5种用语，①在《通典》中发表史论70余则，在历史理论上有十分突出的贡献，可谓司马迁之后第一人。这种形式的历史评论，在中国古代其他各种体裁的史书中，也不同程度地有所反映。

其次说第二种形式。在中国古代历史文献中，独立的历史评论专篇占有重要的分量。它们多存在于各种文集、总集、文选、奏议、书信之中，有些也散见于各种史书的征引之中。就文集来说，《诸葛亮集》《魏郑公集》《柳河东集》《苏轼集》《欧阳文忠公集》《苏天爵集》《弇山堂别集》《亭林文集》《潜研堂文集》等历代文集中，历史评论的文章有很多，且不乏千古名篇，如诸葛亮的《隆中对》、柳宗元的《封建论》、欧阳修的《正统论》、顾炎武的《郡县论》等。又如总集《文苑英华》，专立“史论”一目，所收历史评论专篇以论历代兴亡为主，其中有的原文已佚，赖此得以保存和流传下来。有的历史评论专篇，距后世久远，只是由于史书的引用才得以保存下来，如《国语·周语下》载太子晋谏周灵王语、《国语·郑语》载史伯论周王室行将衰落语、《国语·楚语下》载观射父对楚昭王所问语等，都是涉及历史进程大问题的重要篇章。《国语》以记言著称，所载时人问对，多含有评论历史的内容。秦汉以下，如《史记·太史公自序》载司马谈《论六家之要指》，《秦始皇本纪》载贾谊《过秦论》，《后汉书·班彪传》载班彪《王命论》，《三国志·蜀书》载诸葛亮《隆中对》，《旧唐书·马周传》载马周答唐太宗问治国之方略语等，都是有名的史论和政论。此种专篇，史书中保存很多，是一笔极其重要的思想遗产。以上所举种种史论

---

① 杜佑：《通典》卷四二《礼典二·沿革二·吉礼一》“说曰”文末自注，中华书局1988年版，第1167页。参见瞿林东：《中国史学史纲》，北京出版社1999年版，第340—346页。

专篇，或指陈历史形势，或纵论兴亡成败，或阐说历史环境与政治体制之关系，或论述某个皇朝存在之根据，都具有鲜明的理论色彩。

现在说第三种形式。毫无疑问，历史评论专书更集中地反映了历史理论的面貌及其发展趋势。在这方面，王夫之的《读通鉴论》《宋论》是备受关注的。宋人范祖禹的《唐鉴》、孙甫的《唐史论断》亦不失为名作。这几部书，包含了丰富的历史理论。那么，在中国古代史学发展史上，是否还有更多的著作，应当进入历史理论的视野呢？在这个问题上，从研究工作来看，一是要深入发掘，二是要转换视角，改变一些早已形成的观念。譬如《周易》这部书，人们可以从不同的角度去解释它。章学诚认为："六经皆史也。"他还用设问的口气，着意回答了《周易》"与史同科"的问题。[①] 他称道唐人孔颖达对《周易》的解释："孔仲达曰：'夫"易"者，变化之总名，改换之殊称。'先儒之释'易'义，未有明通若孔氏者也。得其说而进推之，《易》为王者改制之巨典，事与制历明时相表里，其义昭然若揭矣。"[②]综合孔、章二氏之说，可知《周易》是关于论说历史变化的著作。从前人解释"易"之三义来看，所谓"易简""变易""不易"所包含的内容，涉及天地自然、社会人事、伦理原则等，[③]《周易》当是一部哲学著作，而其关于历史理论之内容则居多。又如《吕氏春秋》《淮南子》等，历来认为是子书，但唐人刘知幾说它们"多以叙事为宗，举而论之，抑亦史之杂也"[④]。其中说理部分与历史理论颇相关联。再如《盐铁论》之论国家财政与社会生活的关系，《人物志》之论人物品评的原则与标准，《帝王略论》之评价历代帝王优劣及其根据，《贞观政要》《通鉴直解》之论历史鉴戒与为政之道，《明夷待访录》之批判专制制度等等，都是各有特色的关于历史理论之书。

---

① 章学诚：《文史通义·易教上》，叶瑛校注：《文史通义校注》，中华书局 1985 年版，第 1—3 页。

② 章学诚：《文史通义·易教中》，叶瑛校注：《文史通义校注》，中华书局 1985 年版，第 11 页。

③ 参见蒋伯潜：《十三经概论》，上海古籍出版社 1983 年版，第 302 页。

④ 刘知幾：《史通·杂述》，浦起龙：《史通通释》，上海古籍出版社 1978 年版，第 276—277 页。

以上所举三种形式,也只是就历史理论在古代文献中的主要存在形式来说的,并不排除还有其他的存在形式。这份遗产的厚重,据此似可见其大概。实际上,在古代的经、史、子、集四部书中,有关历史理论的论述还存在于其他许多方面,尤其是子部书中,这方面的专文不仅数量众多,而且不乏深刻之论。这是中国古代思想史研究与中国哲学史研究已经关注到的问题,这里无须赘述。但是有一点是要说明的,即今天我们考察子部书中的有关论述时,是把它们置于中国古代历史理论发展大势的全局来看待的,这同一般的思想史研究与哲学史研究是有所区别的。

二、探索的连续性

这是中国古代历史理论的又一个特点。如前所说,中国古代历史理论遗产厚重,自然也有自成体系的著作传世,显示出理论上的分量。然而,它的厚重还表现在另一个方面,即人们对重大历史问题的关注和探索累代相传,历时既久而探讨愈深,从而形成了一些理论的“重心”。以往我们对于中国古代历史理论在发展上的这一特点未曾十分关注,以为中国古代史学在历史理论上只是存在一些零星的思想火花和理论片断,谈不上有什么理论体系,这是因为我们没有以连贯的和发展的眼光来看待这一领域。现在,我们改变一下视角,把“横观”变为“纵览”,就不难发现,前人对一些重大历史问题的理论探究是带有连贯性的,而这种连贯性的生成和发展,把历史理论不断推向深入。

这里,我们可以举君主论、兴亡论、封建论等来作简略的说明。

中国古代的史学家和思想家很早就有了关于君主的评论,到了东汉末年,荀悦提出“六主”的见解,①可以认为是比较系统的关于君主的认识。唐初,虞世南著《帝王略论》,对唐朝以前的历代君主进行全面的评价,这是中国史学上较早的“君主论”专书。它采用比较的方法,且又注意区分事功和德性两个不同方面,纵横驰骋,坦然评说,是一部深入浅出

① 荀悦:《汉纪》卷一六《昭帝纪》,《两汉纪》上册,中华书局2002年版,第287—288页。

的评论君主的理论著作。其后司马光撰《稽古录》，提出人君的“道”“德”“才”三者应有的准则，[①]从正面阐述了关于君主的理论。北宋李昉等编纂的《太平御览》，含“皇王部”41卷，内容近于一部历代君主简史。王钦若等编纂的《册府元龟》，其“帝王部”含81卷，分128门记君主事，是揭示君主和君主现象的综合性撰述。明末清初，黄宗羲著《明夷待访录》，其《原君》篇对君主的产生及其作用进行分析、批判，把古代的君主论推进到了一个新的阶段，显示出早期启蒙思想的光焰。

朝代兴亡，社会治乱，是历史上人们最关注的问题之一。西周初年，周公是十分注重总结历史经验的政治家。从西周到春秋战国，历史的变动，王室的衰微，诸侯的兴灭，促使史学家和思想家作深入的思考，《左传》《国语》及诸子之书，多有这方面的讨论。汉初，面对秦亡汉兴的巨大变动，政治家、史学家、思想家都在探究其中的原因。陆贾、贾谊、晁错的史论和政论，多是关于兴亡得失的名作。史学家司马迁更是明确提出了“稽其成败兴坏之理”的历史撰述任务。[②] 此后，关于兴亡成败的讨论，不绝于世。其中，如唐初史家用比较方法探讨秦、隋兴亡的原因，[③]朱敬则的《十代兴亡论》纵论南北朝的得失成败；宋代司马光强调，一部《资治通鉴》的主旨即在于“关国家盛衰，系生民休戚”之事，[④]而范祖禹《唐鉴》一书则是把揭示唐朝何以兴、何以亡，使后人引以为鉴作为撰述的主要目的；南宋史家为时势所激，具有深刻的忧患意识，他们关于本朝史的撰述主旨都以兴亡盛衰为核心；明清之际，朝代更迭，社会动荡，史学家的兴亡之论继续深化，王夫之的《读通鉴论》《宋论》是在这方面影响力最大的著作。可以认为，关于治乱兴衰的探讨，是中国古代史学家最为关注的问题。其所以如此，是因为从社会运行的实际轨迹来看，不论是统治集团，还是下层民众，都希望社会长治久安，但客观形势却并非如此，朝代更迭有之，天下大乱有之，人们不得不思考朝代何以兴、社会何以治的问题，此

① 司马光:《稽古录》卷一六，吉书时点校，北京师范大学出版社1988年版，第178页。
② 班固:《汉书》卷六二《司马迁传》，中华书局1962年版，第2735页。
③ 魏徵等:《隋书》卷四《炀帝纪下》后论，中华书局1973年版，第95—96页。
④ 司马光:《进〈资治通鉴〉表》，《资治通鉴》卷末，中华书局1956年版，第9607页。

其一。其二,从思想传统来看,修身、齐家、治国、平天下即"修齐治平"是儒家思想的基本准则,是中国古代尤其是两汉以下士人的思想中不可动摇的信念,这种信念对历代史学家的撰述旨趣有极大的影响。

封建,即封土建国,通常所称分封,是西周实行的政治体制。战国中期,商鞅在秦国变法,始行郡县制。秦始皇统一六国后,是推行郡县制还是实行分封制,经过激烈的廷争,秦始皇采纳了廷尉李斯的意见,在全国推行郡县制。① 西汉初年,分封、郡县两制并行,始有异姓王的谋反,继有同姓王的叛乱,一度造成政局混乱,其后朝廷采用贾谊、主父偃等人之策略,使分封名存而实亡,西汉皇权乃得以稳定。但在朝代的更迭之后,人们往往追慕分封之制,如三国魏人曹冏著《六代论》、西晋陆机著《五等论》,都是批评郡县制、肯定分封制。唐初魏徵、李百药,中唐柳宗元等,又都是分封制的有力批评者,尤其是柳宗元的《封建论》一文,以雄辩的历史事实和透彻的理论分析,阐明郡县制的优越和分封制的不可复,大气磅礴,前无古人,为后人大加称颂。明清之际,顾炎武纵观历史,细察现实,撰《郡县论》九篇,以超越前人的理论勇气,论述了兼采分封、郡县两制之长的主张,显示出辩证的思想和历史的智慧,把关于分封、郡县的讨论提升到了一个新的理论高度。

这里举出的几个问题,都是中国古代史上的重大问题,它们同民族、国家等问题一样,都是人们十分关注的。此外,还有天人关系、古今关系、地理条件与社会发展的关系等问题,是属于又一个层面上的历史理论问题。我们举地理条件与社会发展的关系为例,纵览人们对这一问题的认识,也是饶有兴味的。

一定的历史活动,总要在一定的地域上展开。历史的发展是离不开地理条件的。中国史学家从很早的时候起,就有关于这方面的撰述。

物产的地域特点及其对人们的影响,这是中国历代史学家所一向注意的,并从而产生经济区域的看法。司马迁在《史记·货殖列传》中把汉朝的统治范围分为四个大的经济区域。山西地区,即关中地区;山东地

① 司马迁:《史记》卷六《秦始皇本纪》,中华书局1959年版,第254页。

区，即崤山或华山以东直至沿海的广大地区；江南地区，即长江以南直至沿海的广大地区；龙门（在今山西省河津市西北）、碣石（在今河北省昌黎县北）以北地区，即今山西北部至河北北部一线以北直到汉朝北境的广大地区。司马迁的经济区域的观念是明确的，他对经济区域的划分，主要是从地理条件来考虑的。司马迁对一些地区的记载，着重记载地理条件的状况、生产的状况以及经济生活的状况和社会风俗的表现，以及不同地区在这些方面的相异或相同之处。司马迁的这种思想受到后来许多史学家的重视，并被加以继承和发展。班固《汉书·地理志》在详载全国郡县建置、户口多寡后，于其篇末备言各地地理、生产、风俗等状况，比《史记·货殖列传》所记更加丰富。西晋史学家司马彪称赞说："《汉书·地理志》记天下郡县本末，及山川奇异，风俗所由，至矣。"[①]杜佑《通典·州郡典》各篇，亦多特标"风俗"一目，略述各地地理条件及其影响下的当地经济生活和社会习俗。重视经济区域的观念及其在史书上的体现，已成为中国史学上的一个优良传统。

在人口和地理的关系上，中国古代史学家也有一些认识，这可说是人口地理思想的萌芽。司马迁已经注意到地理条件跟人口分布的关系。他讲关中人口和地理的关系比较具体：关中之地占当时全国三分之一，而人口不超过当时全国十分之三。他还注意到有的地区人民"好稼穑"，有的地区则"多大贾"。[②]这些，涉及对人口分布的密度和人口构成的朦胧认识。自《汉书·地理志》以后，在"二十四史"中，有地志者计16家，"正史"或称《地理志》，或称《郡国志》《州郡志》《地形志》。它们或记人口的分布，或记人口的迁徙，都是从人口与地理相结合的情况着眼的，这是封建社会中劳动力与土地相结合在史书上的反映。

从地理条件看政治上的兴亡得失，是中国古代一些史学家，也是古代一些政治家、思想家所感兴趣的。《通志·都邑略·序》可以认为是从地

① 司马彪：《续汉书·郡国志一》，范晔：《后汉书》，中华书局1965年版，第3385页。

② 以上均见司马迁：《史记》卷一二九《货殖列传》，中华书局1959年版，第3261—3271页。

理条件考察“建邦设都”跟政治关系的佳作，作者郑樵是从全国的地理形势和以往的历史经验出发，对地理条件与“建邦设都”的关系和政治上兴亡得失的关系作总的考察。他的主要论点是：(一)在新的历史条件(包括地理条件和政治条件)下，长安、洛阳、建业所谓“三都”已不是理想的建都所在；(二)北宋建都于汴京是一个历史性的错误，这对“靖康之难”有直接的关系；(三)他在这篇序论的末尾还提出南宋建都临安是不妥当的，应采唐人朱朴之议，移都南阳。明清之际，顾炎武撰《历代京宅记》，就历代建都之制，备载其城郭宫室、都邑寺观及建置年月等史实，其总序部分亦多述前人议论，是中国古代第一部辑录都城历史资料的专书，有很高的文献价值和理论价值。

中国史学家关于地理条件同历史发展的关系的撰述，还有一个特点，这就是重视它的社会作用。在这方面，顾炎武所编著的《天下郡国利病书》和顾祖禹所著的《读史方舆纪要》，是其中最有成就的两部代表作。《天下郡国利病书》记各地的自然环境、政区划分、经济状况和戍守形势等，而以记述各地经济状况为主，因而在地理书中独具特色。《天下郡国利病书》在篇幅上，以江南、北直、山东、陕西为最多，浙江、广东、四川、湖广次之，福建、云南、山西、河南、江西又次之，广西、贵州最少。这固然有作者在材料纂辑上的原因，但也大致反映了明代各地区在全国经济、政治中的地位的不同。这跟唐中叶以前人们讲地理、论食货必首推关中的情况相比，已不可同日而语。《天下郡国利病书》虽以辑录前人论述成编，但于选材、标目、编次之中，亦足以窥见作者开阔的视野、深刻的政治见解和经世致用的编纂目的；它虽是一部地理书，但却蕴含着编纂者的丰富的经济、政治思想。《读史方舆纪要》是一部以地理为基础、以阐明军事上的利害成败为主要内容、以总结政治兴亡为目的的巨著。作者为各地方舆所撰的序论，最能反映出作者在这方面的造诣和旨趣。《读史方舆纪要》历来受到人们很高的评价。人们称赞它“详建设则志邑里之新旧，辨星土则列山川之源流，至于明形势以示控制之机宜，纪盛衰以表政事之得失，其词简，其事核，其文著，其旨长，藏之约而用之博，鉴远洞微，忧深虑广，诚古今之龟鉴，治平之药石也。有志于用世者，皆不可以无此篇”①。

此外，在范畴的层面上，我们也可以窥见这种“纵览”所得到的发展上的意境。如司马迁论历史形势、历史环境，常有“时”“势”的概念。如说“不令已失时，立功名于天下”②，指的是“七十列传”中的一些人物；说叔孙通“制礼进退，与时变化”③，说公孙弘“行义虽修，然亦遇时”④，指的是一个人的经历与“时”的关系。司马迁评论项羽，说他“乘势起陇亩之中”⑤，又说虞卿“上采《春秋》，下观近势”⑥，这里说的“势”，都是指历史形势。司马迁还说到“事势”与“势理”，前者是指事物发展趋势，⑦后者指事物发展的法则，⑧等等。可见，“时”“势”及与之相关的概念，是历史撰述中经常使用的。司马迁以下，撰史者与论史者多有沿用。至柳宗元撰《封建论》，以“势”驳“圣人之意”，说明“封建”（分封）出现的客观原因，认为秦废封建而设郡县，是适应了客观形势的变化。⑨ 我们从这里可以看到，柳宗元的《封建论》，全篇都是在论证“势”在历史发展中的作用，而“势”是不以人的意志为转移的。这比之于司马迁说“势”，是更加深刻了。其后宋人曾巩、范祖禹、苏轼等都受到柳宗元《封建论》的影响并有所阐发。曾巩著《说势》一文，其见解折中于“用秦法”与“用周制”之间。⑩ 范祖禹称：“三代封国，后世郡县，时也。”⑪苏轼认为：“圣人不能为时，亦不失时。时非圣人之所能为也，能不失时而已。”⑫这些都丰富了关于“时”与“势”的内涵。至明清之际，王夫之对此又有新的发展。他不仅

① 顾祖禹：《读史方舆纪要》卷首吴兴祚序，中华书局2005年版，第10页。
② 司马迁：《史记》卷一三〇《太史公自序》，中华书局1959年版，第3319页。
③ 司马迁：《史记》卷九九《刘敬叔孙通列传》，中华书局1959年版，第2726页。
④ 司马迁：《史记》卷一一二《平津侯主父列传》，中华书局1959年版，第2963页。
⑤ 司马迁：《史记》卷七《项羽本纪》后论，中华书局1959年版，第338页。
⑥ 司马迁：《史记》卷一四《十二诸侯年表》序，中华书局1959年版，第510页。
⑦ 司马迁：《史记》卷四六《田敬仲完世家》后论，中华书局1959年版，第1093页。
⑧ 司马迁：《史记》卷一三〇《太史公自序》，中华书局1959年版，第3319页。
⑨ 柳宗元：《柳河东集》卷三，上海人民出版社1974年版，第43—48页。
⑩ 曾巩：《曾巩集》卷五一，中华书局1984年版，第694页。
⑪ 范祖禹：《唐鉴》卷二《太宗》，上海古籍出版社1984年版，第42页。
⑫ 苏轼：《东坡志林》卷五《秦废封建》，中华书局1981年版，第103页。

对"势""时势"多有论述,[①]而且进一步提出"势"与"理"的关系,认为"理本非一成可执之物,不可得而见也","只在势之必然处见理"[②],这无疑是在说,"势"是"理"的表现形式,"理"是"势"的内在本质。要之,从司马迁到王夫之,史学家关于"势"的观念经历了漫长而有意义的发展过程。

以上所述,分别从一般理论层面、较高理论层面和范畴层面,简要说明了中国古代历史理论之探索的连续性的特点。由此可以看出,中国古代历史理论的形成和发展,是历史的产物,是群体的创造。它同中华文明的连续性发展是密切相关的。

三、"未尝离事而言理"

"未尝离事而言理",即"事"中有"理",或者说在阐明事实中论述道理,这是中国古代历史理论的另一个鲜明特点。

司马迁在回答壶遂提出孔子为何要作《春秋》的问题时说:"余闻董生曰:'周道衰废,孔子为鲁司寇,诸侯害之,大夫壅之。孔子知言之不用,道之不行也,是非二百四十二年之中,以为天下仪表,贬天子,退诸侯,讨大夫,以达王事而已矣。'子曰:'我欲载之空言,不如见之于行事之深切著明也。'夫《春秋》,上明三王之道,下辨人事之纪,别嫌疑,明是非,定犹豫,善善恶恶,贤贤贱不肖,存亡国,继绝世,补敝起废,王道之大者也。"[③]司马迁引孔子的话"我欲载之空言,不如见之于行事之深切著明也",意谓发表议论不如写出事实更有说服力,而事实之中自亦不无道理,如《春秋》一书可以称得上是"王道之大者也"。这个认识,也应是促使司马迁撰写《史记》一书的思想渊源之一。但是,司马迁所处的时代跟孔子所处的时代毕竟有很大的差别:孔子所处的时代,史学尚在兴起之初,孔子所见前人的重要议论,主要是《易》《诗》《书》等。司马迁所处的

① 王夫之:《读通鉴论·叙论三》及《叙论四》,中华书局1975年版,第1110—1115页。

② 王夫之:《读四书大全说》卷九《孟子·离娄上》,中华书局1975年版,第601页。

③ 司马迁:《史记》卷一三〇《太史公自序》,中华书局1959年版,第3297页。

的关系解释得更明确、更中肯了。当然，并不是所有的史论都具有历史理论价值，但历史理论往往包含在史论之中，这是一个基本事实。

关于史事同理论的关系，也曾有不同的认识。朱熹曾这样告诫弟子们如何读书，他说："看经书与看史书不同：史是皮外物事，没紧要，可以札记问人。若是经书有疑，这个是切己病痛。如人负痛在身，欲斯须忘去而不可得。岂可比之看史，遇有疑则记之纸邪。"①朱熹视史书是"皮外事物，没紧要"，作为理学家说这样的话是可以理解的，但这话并不对。元初胡三省批评类似观念，指出：

> 世之论者率曰："经以载道，史以记事，史与经不可同日语也。"夫道无不在，散于事为之间，因事之得失成败，可以知道之万世无弊，史可少欤！②

胡三省认为，把经与史对立起来或完全区别看待是不对的，而"道"也包含在"事"中，因而要认识"道"，是不能不重视史书的。在古代史家看来，史书中史论的目的之一，就是借史以明道，即在叙述历史的过程中，阐明对于历史的见解、认识和评价，而史家的历史观念是其中重要方面。胡氏所论，在客观上把吴缜的见解解释得更加透彻了。

在中国史学上，即便是那些以"论"作为主要特点的著作，也是不脱离史事而发论的。如虞世南的《帝王略论》，有"略"，有"论"；范祖禹的《唐鉴》，也是先说事，后发论，说事是为了发论；王夫之的《读通鉴论》，是事、论并举，或因事而论，或以论举事。即使像吴兢《贞观政要》这样的书，表面上看只是记事而没有议论，但若读其书序及进书表，研究其书所设之40个标目的名称，则作者之论亦甚鲜明。类似《贞观政要》这种体例的书，在中国史学上还可举出不少。

当然，在中国古代历史理论发展史上，也并非都如以上所论，即均为依事而言理、据史而发论。这里所要强调说明的，是中国古代历史理论的突出特点而非着意描绘它的全貌及其每一个细部。其实，在中国古代历

① 黎靖德编：《朱子语类》卷一一，中华书局1986年版，第189页。

② 胡三省：《新注〈资治通鉴〉》序，《资治通鉴》，中华书局1956年版，第24页。

史理论中,也有一些专篇、专书是着重于思辨的。如司马谈《论六家指要》之阐说社会思潮;柳宗元《天论》《天说》《天对》之讨论天人关系和社会历史,以及刘禹锡《天论》之补充、发展柳宗元的天人关系说;顾炎武的《郡县论》《钱粮论》《生员论》,讨论建置、财政、取士制度等,都是此类理论文章的名篇。又如《周易》、陆贾《新语》、刘邵《人物志》、黄宗羲《明夷待访录》等都是此类专书的名著。可见,本文所说的依事言理、据史发论,只是就主要方面来说的。

清代史学理论家章学诚对中国史学在理论上的特点有深刻的揭示。他说:"六经皆史也。古人不著书,古人未尝离事而言理,六经皆先王之政典也。"①他这里说的是"古人",指的是六经,但却符合自司马迁开创的史学传统。从司马迁到章学诚,前后相隔近两千年,然而他们的思想是相通的。正是由于中国古代史家"未尝离事而言理"的这一特点。从表面上看,丰富的历史叙述似乎掩盖了固有的理论色彩;然而,当人们了解到以至于认识到中国古代史家"未尝离事而言理"这一特点和传统时,则中国古代历史理论的光华就会展现在人们的面前。

中国古代历史理论因其"未尝离事而言理"的特点,一般说来,在思辨色彩方面不很突出;但由此却显示出其固有的优点:第一,是言简意赅。司马迁《史记·平准书》序,仅400余字,却包含了司马迁的经济思想、社会思想、历史思想的丰富内涵。在一般人看来,司马迁根据他的这些认识以及他所掌握的有关资料,不仅可以以此写成一篇大块文章,而且可以以此写成一部专书。显然,这不符合司马迁的意愿,也不符合中国古代史家的风格。一部数百万言的巨著《通典》,其"引言"不足300字,但它却反映了杜佑的治学宗旨以及杜佑撰写《通典》的逻辑方法与历史方法的一致性。此种事例,不胜枚举。第二,是平实易懂。论不离事,故这种理论不是抽象的,而是同有关的史事相联系的,因而易于为更多的人所理解、所接受,更具广泛性。第三,是实践性强。因理论不脱离事实,这使人们

---

① 章学诚:《文史通义·易教上》,叶瑛校注:《文史通义校注》,中华书局1985年版,第1页。

比较容易把理论同实际结合起来，适当运用于现实社会活动的借鉴，这也是中国史学具有经世致用传统的原因之一。

四、名篇名著的魅力

中国古代历史理论还有一个特点，这就是它的名篇、名著极具魅力，故能传世久远，为历代读者所重视。

在中国古代历史理论领域中，名篇以数百计，名著以数十计，这个估计当不为过。下面，名篇以贾谊《过秦论》为例，名著以刘邵《人物志》、王夫之《读通鉴论》为例，以窥其理论上的魅力。

关于《过秦论》。司马迁在写了《秦本纪》《秦始皇本纪》之后，发表议论说："至周之衰，秦兴，邑于西垂。自缪公以来，稍蚕食诸侯，竟成始皇。始皇自以为功过五帝，地广三王，而羞与之侔。"司马迁没有讲到秦何以兴，何以亡，只是含蓄地指出了秦始皇的不可一世的心态。这并不合乎司马迁《史记》发表评论的常例，但司马迁毕竟是史识过人的史家，他只用了一句话"善哉乎贾生推言之也"，从而引证贾谊的《过秦论》，以此来评论秦国——秦朝的兴亡之故。由此可以看出，《过秦论》在司马迁思想中的分量之重。

《过秦论》分上、下篇，司马迁所引为下篇，今本《史记》下篇在前，上篇在后，上篇乃后人以己意所补。① 这里，我们以上、下篇为序略作评析。《过秦论》上篇，叙述了秦孝公任用商鞅变法，"内立法度，务耕织，修守战之备，外连衡而斗诸侯"，逐渐强盛起来。自孝公至庄襄王，秦国处于平稳发展时期，"强国请服，弱国入朝"，指出了秦国由弱而强的原因。到了秦始皇时期，他"续六世之余烈，振长策而御宇内，吞二周而亡诸侯，履至尊而制六合，执棰柎以鞭笞天下，威振四海"，"于是废先王之道，焚百家

① 贾谊《过秦论》为上下两篇，据《史记·秦始皇本纪》司马贞《索隐》："孝公以下为上篇，'秦兼并诸侯山东三十余郡'为下篇。"则司马迁所引当为下篇，现有之上篇为后人所补，非《史记》所引原貌（并见《索隐》注文）。参见贾谊：《新书》卷一，《二十二子》，上海古籍出版社1986年版，第731—732页。

之言,以愚黔首",企图建立"子孙帝王万世之业"。指出秦始皇面对成功而不可一世,以致政策失误,故始皇既没而天下大乱。其政策失误主要在"秦王怀贪鄙之心,行自奋之智,不信功臣,不亲士民,废王道,立私权,禁文书而酷刑法,先诈力而后仁义,以暴虐为天下始"。这种情况,秦二世非但没有革除,反而不断加剧,以致"自君卿以下至于众庶,人怀自危之心,亲处穷苦之实,咸不安其位,故易动也"。这就是为什么陈涉振臂一呼,天下响应的缘故。《过秦论》下篇指出,秦朝在二世之后,"子婴立,遂不悟",而统治集团内部矛盾重重,危机加深,"藉使子婴有庸主之材,仅得中佐,山东虽乱,秦之地可全而有,宗庙之祀未当绝也",但情况恰恰不是如此。总的看来,"秦王(按:指秦始皇——引者)足已不问,遂过而不变。二世受之,因而不改,暴虐以重祸。子婴孤立无亲,危弱无辅。三主惑而终身不悟,亡,不亦宜乎!"贾谊在《过秦论》最后写道:

> 是以君子为国,观之上古,验之当世,参以人事,察盛衰之理,审权势之宜,去就有序,变化有时,故旷日长久而社稷安矣。[①]

秦汉之际的历史变动,是中国古代历史上最重大的社会剧变之一。贾谊《过秦论》的总结可以说是经典性的论断。它不仅从历史上考察了秦朝兴起、衰亡的过程和原因,而且从理论上反复说明了"攻守之势异",则"取之"之术与"守之"之术亦当有异。这个具有理论性的历史经验,是汉初许多有识之士所关注的。《过秦论》成为千古名篇,在于它对这一重大历史变动作了合乎于理性的评论。

关于《人物志》。此书作者刘邵[②]是三国魏初人,曾"受诏集五经群书,以类相从,作《皇览》",又与人合著《新律》18 篇,著有《律略论》《都官考课》《法论》等书,[③]《人物志》是他的代表作。

《人物志》3 卷 12 篇:卷上包括《九征》《体别》《流业》《材理》,卷中有《材能》《利害》《接识》《英雄》《八观》,卷下含《七缪》《效难》《释争》。

---

① 司马迁:《史记》卷六《秦始皇本纪》后论,中华书局 1959 年版,第 276 页。

② 刘邵,《三国志》作刘劭,今从《隋书·经籍志》及《人物志》所署。

③ 陈寿:《三国志》卷二一《魏书·刘劭传》,中华书局 1959 年版,第 618 页。

《人物志》的主旨是："辨性质而准之中庸，甄材品以程其职任。"[①]《人物志》品评人物的理论基础，是以先秦朴素唯物思想的五行说与人体的自然本质骨、筋、气、肌、血相配，然后再与五常即仁、义、礼、智、信相结合，作为判断人物才性的根据。这是认为人的才性出于自然。《人物志》把人材分为三大类，即"兼德""兼材""偏材"，认为中庸是最高的品评准则，只有"兼德"才符合这一准则。

《人物志》是一部品评人物的理论著作，其特点是不结合具体的历史人物进行讨论，只有个别的篇章如《流业》采取了列举人物的表述方法。刘知幾论此书说："五常异秉，百行殊执，能有兼偏，知有长短。苟随才而任使，则片善不遗，必求备而后用，则举世莫可，故刘邵《人物志》生焉。"[②]这几句话，概括地指出了《人物志》产生的社会基础及其基本理论和撰述目的。《人物志》对于史学的密切关系，是它第一次从理论上系统地分析了历史活动中的主体在才性上的种种差异，以及认识这种差异的社会实践意义。

关于《读通鉴论》。《读通鉴论》是王夫之阅读《资治通鉴》而撰写的一部历史评论，全书 30 卷，包括秦史评论 1 卷，两汉史评论 8 卷，三国史评论 1 卷，两晋史评论 4 卷，南北朝史评论 4 卷，隋史评论 1 卷，唐史评论 8 卷，五代史评论 3 卷。从理论上看，它涉及上自三代下至明朝的许多重大历史问题。朴素进化的历史观点和精于辨析的兴亡论，是它关于历史理论的两个主要方面。

先说朴素进化的历史观。王夫之的历史观，贵在对历史进程有通观全局的认识，其核心是"理"与"势"的统一。《读通鉴论》开篇就提出："两端争胜，而徒为无益之论者，辨封建者是也。郡县之制，垂二千年而弗能改矣，合古今上下皆安之，势之所趋，岂非理而能然哉！"[③]他认为，郡县制"垂二千年而弗能改"，"合古今上下皆安之"，这是一个基本的趋势。接着他从理论上提出："势之所趋，岂非理而能然哉"。这就是说，这种

① 郑旻：《重刻〈人物志〉跋》，刘邵：《人物志》附录，红旗出版社 1996 年版，第 214 页。

② 刘知幾：《史通·自叙》，浦起龙：《史通通释》，上海古籍出版社 1978 年版，第 291 页。

③ 王夫之：《读通鉴论》卷一《秦始皇一》，中华书局 1975 年版，第 1 页。

“势”的发展，是受着“理”的支配。关于封建、郡县的讨论，柳宗元已从“势”的方面作了精辟的论述。王夫之在此基础上又提出了“理”，是对柳宗元《封建论》的发展。那么，什么是“理”呢？王夫之借用古老的术语而赋予其新意解释说：“天者，理也；其命，理之流行者也。”“天之命，有理而无心者也。”①天是物质，有“理”而无“心”即没有意志。所谓“天者，理也”，是指物质自身运动的法则即是“理”。所谓“其命，理之流行者也”，说的是这种法则所表现出来的不同形式、状态。因此，“存有存之理，亡有亡之理”②；而郡县制之不可废，也是“理而能然”，自有其理所致。这是一方面。另一方面，王夫之又从守令、刺史“虽有元德显功，而无所庇其不令之子孙”的特权这一历史事实指出：“势相激而理随以易”③。这是指出了“理”也不能脱离“势”的变化而一成不变，此即所谓“势因乎时，理因乎势”④。时总在变化，“势”与“理”也就随之变化。这两个方面结合起来，构成了王夫之的朴素进化的历史观。他认为，评论历史、看待现实，只有“参古今之理势”⑤，才能得到正确的认识。

再说精辟辨析的兴亡论。一部《资治通鉴》，其旨在于“论次历代君臣事迹”，以为“监前世之兴衰，考当今之得失”的根据。王夫之的论，如他自己所说：“引而申之，是以有论；浚而求之，是以有论；博而证之，是以有论；协而一之，是以有论；心得而可以资人之通，是以有论。”⑥可见，王夫之的论，已远远超出了《通鉴》本身所提供的思想资料，而具有独创的性质。《读通鉴论》之论历代兴亡治乱，有这样几个重要方面。第一，认为托国于谀臣则亡，国无谀臣则存。⑦ 第二，指出了不重“积聚”财物与政

---

① 王夫之：《读通鉴论》卷二四《唐德宗三〇》，中华书局 1975 年版，第 863 页。

② 王夫之：《读通鉴论》卷二四《唐德宗三〇》，中华书局 1975 年版，第 864 页。

③ 王夫之：《读通鉴论》卷一《秦始皇一》，中华书局 1975 年版，第 2 页。

④ 王夫之：《读通鉴论》卷一二《晋愍帝一》，中华书局 1975 年版，第 386 页。

⑤ 王夫之：《读通鉴论》卷二《汉文帝一五》，中华书局 1975 年版，第 41 页。

⑥ 王夫之：《读通鉴论·叙论四》，中华书局 1975 年版，第 1115 页。

⑦ 王夫之：《读通鉴论》卷一《秦始皇三》、卷一二《晋愍帝一》，中华书局 1975 年版，第 3—4 页、第 385—386 页。

治统治的关系。第三，指出了风教之兴废与皇朝兴亡的关系。① 第一条是说的政治上用人的问题，第二条是说如何对待财富的问题，第三条是说社会风气的重要。

这里，我们着重讨论第三条。王夫之认为："风教之兴废，天下有道，则上司之；天下无道，则下存之；下亟去之而不存，而后风教永亡于天下。"②这里说的"风教"，主要是指人们在政治品质上的修养和原则。他结合东晋、南朝的历史论道：

> 大臣者，风教之去留所托也。晋、宋以降，为大臣者，怙其世族之荣，以瓦全为善术，而视天位之去来，如浮云之过目。故晋之王谧，宋之褚渊，齐之王晏、徐孝嗣，皆世臣而托国者也，乃取人之天下以与人，恬不知耻，而希佐命之功。风教所移，递相师效，以为固然，而矜其通识。③

这些话，深刻地反映出东晋、南朝门阀地主的特点，即他们把家族的存亡置于皇朝的存亡之上，而他们当中有一些人是所谓"世臣而托国者"。这实在是当时政治的悲剧。与此相联系的，王夫之还指出自汉迄隋，有"伪德""伪人"造成政治乱败的现象，也是一个重要的历史教训。什么是"伪德"？他说："持德而以之化民，则以化民故而饰德，其德伪矣。"这种"伪德"的表现形式及其危害是："挟一言一行之循乎道，而取偿于民，顽者侮之，黠者亦饰伪以应之，上下相率以伪，君子之所甚贱，乱败之及，一发而不可收也。"什么是"伪人"？王夫之认为："夫为政者，廉以洁己，慈以爱民，尽其在己者而已。"如果不能这样做，又"持此为券以取民之偿"者，便是"伪人"。他列举的事实指出，自西汉便出现这种"伪人"，而至东汉之末，则"矫饰之士不绝于策"，至隋文帝更是"奖天下以伪"，以至于"上下相蒙以伪，奸险戕夺，若火伏油中，得水而焰不可扑，隋之亡也，非一旦一夕之致也。其所云'德化'者，一廉耻荡然之为也"④。他反复揭示了"伪

① 王夫之：《读通鉴论》卷二《汉高帝一》《汉文帝一一》，中华书局1975年版，第9—10页、第18—19页。

② 王夫之：《读通鉴论》卷一七《梁武帝一》，中华书局1975年版，第552页。

③ 王夫之：《读通鉴论》卷一七《梁武帝一》，中华书局1975年版，第552页。

④ 王夫之：《读通鉴论》卷一九《隋文帝一〇》，中华书局1975年版，第637页。

德”“伪人”对于政治的危害。他认为，德之于政，确乎是重要的，关键在于一个“诚”字。他说：“夫德者，自得也；政者，自正也。尚政者，不足于德；尚德者，不废其政；行乎其不容已，而民之化也，俟其诚之至而动也。”①王夫之从“风教”论到“德化”的诚与伪，都是指出了意识形态对于政治的重要。《读通鉴论》对于历代治乱兴衰之故的辨析十分广泛，其中有些是针对具体问题说的，有些则是具有普遍性意义的认识，其中多有超出前人的地方。

中国古代历史理论的名篇与名著所论述的问题，范围恢宏，内容丰富，如将其有条理地进行整理，正确地加以解释，则其理论的魅力定会更充分地显现出来，而对今人的启发所能产生的影响也一定更加有力。当然，这件有意义的工作，人们只有认清了中国古代历史理论的特点之后，才有可能自觉地去参与，去发掘，并在此基础上进行新的创造。

第三节　中国古代历史理论发展大势

中国古代历史理论发展大势，按历史时段划分，充分考虑到历史理论自身演进的轨迹，以关注其具体标志和整体面貌为根据，大致显示出如下的发展大势：先秦秦汉时期，是其形成阶段；魏晋南北朝隋唐时期，是其发展阶段；五代辽宋西夏金元明清（1840 年前）时期，是其繁荣阶段。

一、中国古代历史理论的形成

（一）先秦秦汉时期的历史发展与史学特点

先秦秦汉时期，泛指中国自远古时代至东汉末年的历史，是中国历史分期中包含年代最长远的历史阶段。我们这里所讲的先秦秦汉时期，主

① 王夫之：《读通鉴论》卷一九《隋文帝一〇》，中华书局 1975 年版，第 638 页。

要是指有文字可考的历史以后至东汉末年的历史阶段，即包含殷商、西周、春秋战国、秦汉等时期的历史。从社会形态来看，一般说来，殷商、西周是奴隶制社会阶段，东周初年和春秋战国是奴隶制社会向封建制社会过渡阶段，秦汉是封建社会的成长阶段。[①] 从社会发展的趋势来看，殷商和西周都曾创造了它们那个时代的辉煌，而商汤灭夏和武王灭商也同样是那个时代的重大历史事件。周平王东迁洛邑以后，中国历史进入剧烈的动荡时代，一方面是社会内部的矛盾、斗争和经济、政治变革，一方面是学在官府的局面被打破，而“百家争鸣”则促成了思想领域的活跃和创新。

秦汉皇朝的先后建立，形成了中国历史上前所未有的统一局面，从而奠定了统一的多民族国家发展的基础。秦汉皇朝也都创造了它们的辉煌，在中国历史上占有非常重要的地位。由于它们实施了不同的政策，它们的政治局面和历史结局都有很大的区别：秦朝的短祚和两汉的接续，形成鲜明的对比；这同它们的政治、经济、文化政策的迥异有密切的关系。

先秦秦汉时期的史学，是中国史学的源头和根基。

所谓源头，一是由于文字的发明，中国历史上出现了最早的文字记载，从而为史学的产生创造了条件。二是出现了最早的史官、官文书和宫廷颂诗，其中包含了历史记事的萌芽。三是随着纪年的进步，王室和各诸侯国出现了国史。四是由于学在官府格局的被突破，出现了私人著史的现象，从而形成了中国史学上官修史书和私家著史相辅相成的优良传统。

所谓根基，是指秦汉大一统的政治局面和历史条件，造就了规模宏大的史学，为此后两千多年史学的发展奠定了深厚的基础，这就是《史记》《汉书》的先后问世。

从中国史学史发展的长河来看，这是中国史学从萌芽到初步发展时期。

---

① 关于中国社会的历史分期问题，20世纪中国史学界不断有所争论，见解各异，分歧甚大。这里是根据白寿彝主编的《中国通史纲要》“叙篇”的说法，以下各卷同此。见白寿彝：《中国通史纲要》，上海人民出版社1980年版，第15—17页。

（二）中国古代历史理论形成的历程与标志

正是在中国史学从萌芽到初步发展时期，中国古代历史理论开始形成了。这一形成过程，经历了两个阶段，即先秦史学中若干历史观点的提出和两汉时期史学中历史理论体系的初步形成。从前一阶段到后一阶段，经历了上千年不断积累的漫长过程。

在先秦史学中，我们可以梳理出来一些比较重要的历史观点，它们是：

——天与人的关系，包含"天命"与"人事"的作用，"天道"与"人道"的区别等等。二者演进的轨迹，是"天""天命""天道"所笼罩的神意逐渐被怀疑、被轻视，而"人""人事""人道"所具有的现实作用逐渐被认识、被重视。

——古与今的关系，包含古今是否有联系，古今是否在变化，变化的方向是倒退、是循环还是进步，变化的原因是什么等等。其演进的轨迹比较复杂，其中最值得关注的观点，一是变易，二是看到了变易中的进步，三是具有探讨变易之原因的意识。

——君主与国家的关系，包含了君主的类型、君主的职责、君与臣的关系、君与民的关系等等。其演进的轨迹，亦呈复杂形势：君主地位的提升，国家观念的形成，民本思想的强化，以及它们之间的相互关系所形成的张力，推动着史学家认识的深入。

——地理条件与社会发展的关系，包含对地理条件之差异的最早认识，地理的整体观念及其区划，地理条件对社会发展的影响，地理与国家政治之关系的观念等等。其演进的轨迹，一是人们愈来愈认识到地理条件的重要，二是国家观念之地理表现形式的思想逐步形成。

——民族与文化的关系，包含夷夏之辨的观念及其含义，夷夏之辨与礼乐制度的关系，夷夏之辨的文化内涵，夷夏之辨与统一的多民族国家的关系等等。其演变轨迹也非常复杂：一是从民族本身的差别看待夷夏之辨，一是从文化发展程度看待夷夏之辨，以及这两种观念在对待民族与国家之关系上的不同认识及其长久的历史影响。

——兴亡之辩与历史鉴戒的关系，包含对历史上朝代兴亡、社会治乱之原因的探讨和总结，历史经验教训对于现实的价值和意义，史学家们总结历史经验教训的方法等等。其演进的轨迹，一是人们直接从客观历史中汲取教训、总结经验，逐步发展到通过史书的记载而从中总结历史经验教训，其间包含着人们怎样认识社会历史、怎样认识史学，以及通过史学如何去认识历史；二是人们关于历史鉴戒的思想，一般说来还停留在对具体事物认识的基础上，把历史鉴戒思想提升到理论层面上来，此时还只是个别现象。

在秦朝，史学出现了一个短暂迟滞阶段。而在两汉史学中，史学家们对上述这些问题的认识，都有所涉及，有的问题在认识上有了更大的发展。而尤为重要的是，对于这些问题的认识，不再表现为分散的、个别的认识，在有的史学家如司马迁、班固那里，这些认识已表现为相互联系的系统性认识，以至形成了自己的历史理论体系。司马迁的历史理论体系是围绕"究天人之际，通古今之变，成一家之言"这一撰述目标而展开的。其中，"成一家之言"的含义既有史学理论方面的目标，也有历史理论方面的目标。通观《史记》全书，综合司马迁的撰述目标，其历史理论体系的主要构成是：

——质疑"天道"，使其与"人事"区别开来；

——抨击封禅和祈神活动，指出其对社会的危害；

——着重于表述"人事"在历史活动中的作用：确立人在历史发展中的中心位置，具体地描述了以"人事"为发展线索的历史进程，肯定了人在历史转折关头或重大事变中的作用，认为人的智谋在历史进程中具有重要意义，注意到普通人的社会存在和价值等，从而确立了中国古代史学的人本主义传统；

——提出了中国历史演进过程及其阶段性特征的完整认识；

——提出了历史变化与社会进步的认识；

——揭示了治乱盛衰转化的丰富的历史经验和普遍性原则；

——提出了历史演进、社会变化是一个自然发展过程的初步认识；

——司马迁以纪、表、书、世家、列传五种体例著成《史记》，在理论上、内容上、表现形式上反映了社会历史的全貌，包含政治、经济、民族、制度、自然环境、各阶层代表人物活动及其相互关系与社会价值等等，以达到“成一家之言”的撰述目标；

——关于历史人物评价，《左传》《国语》已有了人物评价之标准的言论，但未成体系。司马迁《史记》提出了评价历史人物的理论和方法，这见于各列传的后论中之带有普遍性认识的议论，也见于《史记·太史公自序》中的有关小序即有关篇目的撰述提纲。

综上，这是一个全面的历史理论体系，具有前无古人之借鉴和后启来者之思考的意义。以此为标志，中国古代历史理论已初步形成。

此后，这一时期的史学家班固、荀悦对上述历史理论体系各有补充和发展。班固的主要贡献是：第一，明确地提出《汉书》撰述目标是“综其行事，旁贯五经”，即把具体的历史事件和思想文化结合起来。第二，其《汉书》十志表明他对社会构成和社会生活的认识、理解更加丰富、更加深刻。如《食货志》称“厥初生民，食货惟先”；《地理志》称“自昔黄、唐，经略万国，燮定东西，疆理南北”，显示出明确的疆域理念；《艺文志》称“秦人是灭，汉修其缺，刘向司籍，九流以别，爰著目录，略序洪烈”，重视历史典籍和文化传承的思想等等，都有重要意义，显示出班固“上下洽通”思想的丰富内涵和理论特色。第三，《汉书·叙传》的最后几句话表明，班固的《汉书》是要把国家、自然、政治、制度、思想、文化传统等，以及人们的活动及其相互关系都写出来，显示了他的整体历史感。荀悦的主要贡献，是提出了“六主”“六臣”论，对推动君主论的进一步发展有积极的作用。此外，他关于治乱兴衰之故的分析，认为要考虑到形、势、情三个因素，是看到了主客观因素对历史活动的影响。

从孔子的开阔的民族思想，到司马迁著《史记·五帝本纪》和周边各少数民族传记，反映了这时期的史学在民族问题上，是从对民族的认识发展到对民族史的认识。这一趋势在先秦史学和两汉史学中，都具有突出的特点。中国在历史上是统一的多民族国家，史学家上述关于历史理论问题的认识，在史学史上是贯穿始终、不断发展的。

二、中国古代历史理论的发展

（一）魏晋南北朝隋唐时期的历史发展与史学特点

魏晋南北朝隋唐时期，是中国封建社会的发展时期，生产力水平的提高和科学技术的进步，以及与之相适应的生产关系的变化、思想文化领域的活跃等等，是这一发展的主要标志。这时期的历史发展，在以下几个方面是特别值得关注的：一是门阀地主成为这个时期地主阶级中占统治地位的阶层，因此门阀的特点在社会的许多方面都有鲜明的反映。① 二是自秦统一以来，中国历史上第一次出现了民族大迁移、大组合、大融合的局面。这一方面造成了社会的动荡，另一方面也为新的更大规模的统一多民族国家的发展创造了条件。三是从三国鼎立到隋的统一，其间出现了370年的分裂时期。从整体上看，由于多年的纷争不利于全国历史的发展；但从局部来看，为了支撑各个割据皇朝的存在，地方的社会经济也有不同程度的发展，并最终造成全国经济重心的南移。四是隋唐统一局面的出现，创造出了中国封建社会史上空前的繁荣，“贞观之治”和“开元盛世”成为繁荣的两个标志。在物质生产领域和精神生产领域的诸多成就与丰硕果实，证明隋唐皇朝所统治的国家，已成为当时世界上文明发展程度最高的国家。五是这个时期的中外交流有了更大的发展，佛教的传入激励着中国僧人的西行“求法”，鉴真的东渡日本和日本使臣与留学生大规模来到中国，使印度文化传入中国，而中国文化一则经西域西传中亚，一则南向浸润东南亚并东传朝鲜和日本。这是一个开放的时代，是一个文明进程突飞猛进的时代。

这个时期的史学发展的特点表现在许多方面，其中最显著、最重要的特点是：多途发展，门阀意识，转折创新。具体说来，魏晋南北朝时期，由

① 参见白寿彝主编：《中国通史纲要》，上海人民出版社1980年版，第227—228页；瞿林东：《唐代谱学和唐代社会》，《唐代史学论稿》，北京师范大学出版社1989年版，第90—116页。

于历史发展呈现出丰富多彩的特点,促使史学在“成一家之言”和创立“正史”之后出现多途发展的趋势:在“正史”占据重要地位的同时,史书的数量和种类剧增,门阀的特点和多民族国家历史的特点在史学上的表现至为突出。隋唐的统一,在历史观和政治观方面,都突出了“天下一家”的思想。史学在多途发展的基础上,出现了转折与创新的新趋势,而转折又往往是同创新相结合的。而转折与创新正是唐代史学的显著特点。

关于史学的多途发展,以及史书数量和种类的增加,可以从《隋书·经籍志》史部同《汉书·艺文志》的比较、《新唐书·艺文志》史部同《隋书·经籍志》史部的比较中得其大体。关于史学的门阀意识,可以从这个时期涌现出来的谱牒之书、家史、家传,以及对于礼书的重视中,窥豹一斑。关于史学在发展中的转折,可以从通史撰述的兴盛及其撰述中的多种形态的出现,从通史的复兴和典制体通史的问世,从君主论、兴亡论、治国论等专书的纷纷面世到历史笔记的萌生等等,看到唐代史学的生机勃勃的创新势头。这些,对中国古代历史理论的发展,都有极重要的推动作用。

(二)中国古代历史理论之发展的历史及其主要标志

这个时期,中国古代历史理论在形成的基础上,步入了它的发展阶段。从整体上看,这个发展反映在三个方面:其一,对前一个时期提出的重大理论问题,有些问题在这个时期有了更深入、更全面的认识,有些问题经阐发则产生了系统的论著;其二,提出了前一个时期未曾提出的新问题;其三,出现了足以反映中国古代历史理论发展的标志性著作。

先来考察第一个方面:

——天人关系仍然是最根本的历史理论问题之一。尽管此时的史家、史书还时时称说“天命”,但天命愈来愈成为摆设了,人事才是真正被关注的对象。南朝的范晔、唐初的魏徵、中唐的柳宗元,都是否定天命的史学家、思想家。柳宗元同史学关系密切,他的《天说》《天对》不仅把天命逐出了自然观,而且把它逐出了历史观,因而在历史理论发展史上具有特殊的重要意义。另一件具有重要意义的事情是,三国时期的刘邵写出了品评人物的理论著作《人物志》。还有,在重视郡望的门阀时代,各种人物的传记如雨后春笋,表明这是研究人、表现人的时代,天命在历史理论的范围内已失去了昔日的尊严和光辉。

——古今关系也仍是历史理论的根本问题之一。人们在这个问题上的争论,已不是“法先王”“法后王”或言必称三代一类的辩难,而是在现实生活中,尤其是在政治得失的估量上究竟持怎样的认识。如关于政治建置,是分封优于郡县,还是郡县优于分封?其原因何在?从三国时期到唐代中期,人们有热烈的争论。又如关于人心风俗问题,是人们的本性越来越“浇讹”呢,还是由于社会越来越复杂,统治者应采取教化政策?再如关于华夏、夷狄的差别,是天然生成的呢,还是由于种种原因致使不同民族在时空中有所变化而形成的差异?等等。围绕这些问题的讨论,史学家们把自己的认识推进到新的高度。

——关于国家职能的认识。在“民惟邦本”的古老意识的基础上,怎样更深入、更全面地看待国家职能?《周礼》、历代官制实质上都触及这个问题,而杜佑《通典》的问世,是极明确地、合乎逻辑地阐述了这个问题,这是中国古代国家观在历史理论领域的极重要的成就。

——怎样看待民族和民族关系。从《三国志》到唐修八史,史学家是怎样继承司马迁撰写民族传记的传统的?他们的认识、理论有何异同?总的趋势如何?江统提出《徙戎论》的根据何在?唐人撰写《晋书·载记》的理论根据是什么?从十六国到唐代,史学家们是如何自觉、不自觉地在史书中反映出各民族历史文化认同的趋势的?范晔、刘知幾、杜佑、唐高祖、唐太宗等,是在这些问题上提出了精辟见解的史学家和政治家。

——君主论在中国古代历史理论中占有特殊的地位。前一个时期,孔子、孟子、荀悦等,都有所议论,而《史记》多有精辟论断。这一时期,关于君主的评论,在正史帝纪中屡见不鲜,其中不乏真知灼见,《后汉书》《隋书》帝纪后论堪称代表作。但更重要的是,这一时期的君主论已发展为系统的认识和理论的阐说,前者如虞世南的《帝王略论》,后者如唐太宗的《帝范》。

——关于正朔之论。制定正朔同历法有关,在中国古代,它也同政治统治有关。因为只有最高统治者才有权确定正朔。随着历史的演进,制定正朔也就成了政治统治之合法性的同义语了。陈寿《三国志》问世后,历代史家对此有不同的见解。从历史理论来看,其重要性并不在于政治统治的"合法性"问题,也不在于华夷之别的问题,其隐藏的深层含义,乃是政治统治的历史连续性问题。这对于中华文明在历史观念上和历史撰述的表述上,都有极其重要的意义。其后,宋代以下正统论及相关论点,都属于这种性质。

——地理环境与社会发展。司马迁把西汉辖境划分为几个各有特色的经济区域,并分别有所论述,反映了他的区域经济思想因素。这一时期,史学家们对地理条件之影响社会发展多有关注,历代正史中的地理志及正史之外的地方志等,都有不同程度的论述。此外,北魏郦道元的《水经注》、唐初虞世南的《北堂书钞》地理部、中唐李吉甫的《元和郡县图志》和杜佑的《通典·州郡典》等,都包含着有代表性的理论认识。大致说来,地理条件之影响社会发展,在政治、经济、军事、民族、风习等方面,都有一定的作用。

——兴亡论和治国论的展开。兴亡论和治国论之所以成为古代历史理论的一个方面,是因为它集中反映了史学家们对历史上重大问题的认识,这些认识影响于后世之最重要者在于治国安邦,即从历史上的兴亡之论返回到现实中的求兴而避亡、求治而避乱的实践,故其具有特殊的意义,这也可以认为是人们认识历史的重要现实目的之一。前一时期,贾谊的《过秦论》经司马迁引用后,产生了深远的影响。同样,陆贾的《新语》也因《史记·郦生陆贾列传》的称道而广为流传。这一时期,史学家们关于兴亡和治国的讨论已经全面展开。以正史为例,范晔《后汉书》中帝纪后论、相关类传的序与论,不仅对东汉兴亡有很多精辟的分析,而且有些认识具有普遍的理论意义。唐初史家所修《晋书》《隋书》,在这方面也有很高的成就。其中,魏徵的史论以及他的多次上疏,都是关于兴亡之论、治国安邦之论的精彩篇章。朱敬则的《十代兴亡论》、李德裕的《三国兴亡论》等,也不失为名篇。尤其值得重视的是盛唐时期史家吴兢所撰《贞观政要》，此书10卷40篇，详述唐太宗和他的大臣们论为政得失之故、议长治久安之策，其音容笑貌栩栩如生。可以认为，这不仅是一部贞观之治的历史画卷，而且是一部有普遍意义的关于治国安邦的理论著作，对后世产生了极其深远的影响。与此有关的，还有中唐时期的学人赵蕤撰写的《长短经》，也是一部以历史内容为主的专书，旨在经世济用，自应在历史理论考察的范围之内。

——关于历史人物评价的标准、理论和方法。《后汉书》重视历史人物的德行，并善于作综合概括，提出理论性的认识。《隋书》继承了司马迁的思想，强调历史人物和时势的关系，认为时势造就了杰出人物。中唐以至晚唐，史家关注以何种标准采集人物传记的问题，具有重要的理论价值。尤其值得全面阐释的，是刘邵的《人物志》，这是极重要的一部关于如何评论人物的理论著作。

再来看第二个方面：

这一时期，提出了什么新的历史理论问题呢？这里，至少有两个问题是十分重要的：第一个问题，关于“天下一家”的思想。在中国历史上，“海内一统”是一个重要的历史观念。三国鼎立时期，政治家们追求的是政治统一；陈寿撰《三国志》，是把三国的历史写在同一部史书中；北魏郦道元作《水经注》，其视野所及，是全国的疆域，有的地方甚至涉及境外；隋唐之际的李大师早已不满于以南北分割的观念撰写史书，李延寿继承父志，写出了南、北互见的《南史》《北史》；唐人撰《晋书》，除民族问题外，也有要写出完全意义上的两晋历史的目的，等等。凡此，都是大一统思想的具体反映。隋唐时期，史学家和政治家反复称说“天下一家”，这可以看作是大一统观念在新的历史条件下提出的一个新的历史观念，对其作深入的考察，有重要的意义。第二个问题，关于国家起源的问题。先秦、秦汉时期，人们已有这方面的一些认识，而这个时期的柳宗元撰写的《封建论》是更具有实际内容的天才猜想，是当时人们认识水平所能达到的最高成就。

现在来说最后一个方面：

中国古代历史理论进入发展阶段的标志是什么？如果说，司马迁、班固的史论标志着中国古代历史理论的形成的话,那么杜佑、柳宗元的史论则标志着中国古代历史理论进入到新的发展阶段。如果说司马迁、班固是以其完整的体系标志着中国古代历史理论的形成,那么杜佑、柳宗元则是以其在许多重大问题上的认识所达到的新的高度,成为中国古代历史理论发展阶段的主要标志。举例来说,杜佑论地理环境与华夷关系,论古今关系与华夷之别,论食货为国家职能之首及各部门职能之逻辑关系,论风俗与社会等等,都是历史理论领域的新发展。柳宗元论天人关系,论"封建"与"郡县"之建置的优劣及"势"的作用,论国家起源,论"圣人之意"与"生人之意"的根本性差别等等,也都达到了当时人们认识的新高度。在历史理论多方面发展的基础上,杜佑、柳宗元的史论作为发展阶段的标志,是当之无愧的。

三、中国古代历史理论的繁荣

(一)五代辽宋西夏金元明清时期的历史发展与史学特点

五代宋辽金元明清(1840年以前)时期,是中国封建社会进一步发展和走向衰老时期。五代宋元时期,先有五代和十国的分立,继而有辽、西夏、金和两宋的和战,后有元的大统一。这个时期,广大的边区,从东北到西北,再到西南,基本上都进入了封建社会。东南经济的发展超过了北方,长江中下游地区成为全国最富饶的地区,这是封建社会进一步发展时期的两个重要标志。

前一历史时期的门阀地主阶层,在北宋和南宋的统治下已经衰微,代替它的是品官地主。他们占有土地,并可以无限地扩大,不会受到法令的限制。他们应按照规定向国家缴纳赋税,而他们则向农民征收地租。赋税和地租的区别更加清楚了。农民阶级中,也有占有少量土地的农民;而佃农是大量的,他们在品官地主的土地上劳动,也在其他地主的土地上劳动。他们比起前一历史时期的荫附农民来说,社会地位较好,人身自由较多。他们也有国家的户籍,除向地主交纳地租外,还担负对国家的身丁钱，有时也有一些劳役。无论是地主或农民，身份性的印记趋向淡化，财产性的土地剥削关系趋向显著，这是两宋时期封建制生产关系的特点。元统一后，南宋地主阶级的势力基本上保存下来了，他们所在的地区是当时社会经济最有代表性的地方。广大边区的封建化，是元代社会生产发展的新气象。

明朝的建立和灭亡，以及清朝的前期和中期，是中国封建社会的衰老时期。明代的农民，仍旧是佃农占很大的数量。从法的观点来看，佃农对地主的依附关系又较为减轻，他们可以选择地主，可以不受地主的非分役使。农民中还有雇工的出现，以出售劳动力取得物质报酬。清代的税法，把人头税平均分摊在地亩税内，有田者有税，无田者无税，这就使赋税具有单纯的财产税性质。诸如此类的情况，都说明封建社会的束缚有较多的解除。这并不是由于统治者的恩赐，而是社会经济发展的要求和劳动人民激烈斗争的结果。

前一历史时期的品官地主和他们延续下来的势力，以及蒙古贵族地主，在农民起义重大打击下瓦解了。代替它的地位的，是新兴的官绅地主。这个阶层，在官员以外，还包括很多科举得中的人，他们不只广有土地，而且做生意，开当铺，放高利贷。这是商品生产和货币经济发展的产物，但这个阶层在依附于旧有势力的情况下得不到正常的发展。明初，资本主义已有萌芽，明中叶后出现较多。清初以后，资本主义萌芽有所发展。但这个萌芽终不能茁壮成长，这是因为没有足够的力量把已经衰老的封建制度突破。

从对外关系上说，隋唐宋元都居于主动的地位，明清时期对外关系明显地逆转了。葡萄牙、西班牙、荷兰等国家，在16世纪初已经东来进行殖民活动，并侵占中国领土。此后，沙俄、英、美相继而来，对中国的野心日益扩大。明初郑和下西洋和清初对沙俄的侵略进行反击，这是对外关系史上的大事，但从总的形势来看，中国的处境日益被动。在鸦片战争后，中华民族日益陷入深重的灾难。①

① 以上概述参见白寿彝主编:《中国通史纲要》，上海人民出版社1980年版，第19—22页。

上述历史状况，不论是政治的、经济的、民族的及中外关系等方面，都对史学发展有直接、间接的影响。总起来看，从五代到清中叶，这个时期的史学有几个鲜明的特点。

第一个特点，是史学家的忧患意识十分突出。不论是北宋司马光作《资治通鉴》、范祖禹作《唐鉴》，还是南宋李焘作《续资治通鉴长编》、李心传作《建炎以来系年要录》、徐梦莘作《三朝北盟会编》，都极其鲜明地反映了这一特点。这个特点是由两个原因造成的，一是北宋的社会问题严重，经济、政治、军事亟待改革，二是尖锐复杂的民族矛盾。忧患意识是中国古代史家的优良传统，而以两宋史家最为突出。

第二个特点，是多民族史学的进一步发展。这是中国史学的优良传统之一，以元代史学最为突出，清代史学则继其余风。这个特点与统一的多民族国家的历史及其发展有直接的关系。

第三个特点，是史学向社会深层发展。这一方面表现为历史撰述更多地反映出社会经济领域各部门的具体内容；另一方面是更多地反映出人与自然的关系如治河、救灾等；再一个方面是反映出社会大众对史学的需要以及蒙童教育中历史内容的增多，促进了历史教育的发展；还有一个方面是历史笔记和地方志的兴盛，进一步扩大了史学的范围和影响；市民阶层的意识和要求，在史学中开始表现出来。

第四个特点，是历史著作反映了古代史学之总结与嬗变的趋势。这一趋势在历史理论、史学理论、历史文献学等方面表现为批判意识的增强，尤其是对君主专制的批判，同时也表现在旧的价值观念的动摇。

第五个特点，是自辽宋西夏金元以来直至明清，各民族历史文化认同的发展。这在历代正史、地理书、皇帝诏书、典章制度等历史文献中都有显著的反映，对统一的多民族国家的历史进程产生了巨大的影响。

第六个特点，是关于域外史地的记述增多了，反映了中国与世界的联系比以往更加密切。

（二）五代辽宋西夏金元明清时期历史理论繁荣与嬗变的标志

宋代理学的兴起和明清之际历史批判意识的滋长，从不同的方面影响到这一时期的历史观念，从而在历史理论中不同程度地表现出来。但是，古代历史理论发展的路径并未因此而出现方向性的变化。从总体上看，它沿着已经走过的轨迹继续前行，并踏进了繁荣的门槛，而在繁荣之际，也就出现了一些新的变化。如：

——关于天人关系。司马迁提出的“究天人之际”的问题，经过大约千年左右的讨论，“天”的神秘的面纱已被揭去，“人”理所当然地成了历史的主宰。由于理学的兴起，理学家们关于“天理”和“人欲”的诠释，不论其有多大的合理内核，都给史学的发展带来了某种消极影响，但它毕竟不能改变史学家循着“人事”的“势”与“理”去思考和解释历史。

——关于古今关系。当郑樵提出“会通之义”“会通之旨”“会通之道”时，他是把历史纵向考察视为既有“古今相因”，又有“古今之变”的；同时，他又把历史横向考察视为“百川异趣，必会于海”，“万国殊途，必通诸夏”。质而言之，“会通”不只是时间相通，而且也是空间相通。是否可以认为，这是把《史记·太史公自序》和《汉书·叙传》中说的“通古今之变”和“上下洽通”综合起来了；是否可以认为，这是中国古代史学家的“大历史观”的一种表述形式。还有，当马端临提出区别看待历史之“不相因”与“实相因”时，是否可以认为，中国古代史家对于古今关系又有了更深一层的认识，即对具体史事和制度沿革不作同等看待。当然，他说的“不相因”，是从事件本身去看待的，并不是指事件背后的“理”。他说的“实相因”则具有很高的理论价值，从今天的眼光来看，这是指出了中华文明之连续性发展的一个基本规律。

——关于地理条件与社会发展。地理思想在这一时期有了很大的发展，从现存的《太平寰宇记》可见宋人的地理观念之宏大和国家统一意识之明确。明清两代的大量的治河之书，反映了史家对水利的认识达到了新的高度，所叙经验教训在今天仍有现实参考价值。顾炎武的几部地理著作，反映地理与建都、水利与经济、地理建置与政治统治之关系的认识，都有丰富的理论内涵。顾祖禹的《读史方舆纪要》是古代军事地理的最高成就，其各部分的序文多系地理思想之杰作。其他散篇专文，亦不乏真知灼见，如龚自珍的新疆建省之议等。

——关于民族与民族关系。这时期的史学家们在这方面的认识，既有激烈的论争，又有理性的阐说，其总的趋势是走向历史文化认同：辽、金史家对中原历史文化的认同，元代史家对宋、辽、金三朝历史的认识以及对中原历史文化认同（其中包含对多种史书的重视与评价），清代史家表现出来的对中华历史文化的广泛认同、总结、继承和发展。这些历史文化认同的种种表述形式和理论上的阐发，乃是中华民族之民族认同的思想基础和理论基础。

——关于君主论。这时期的君主论，与前一时期相比，在正面的理论阐述上，建树不甚突出。司马光的《稽古录》略有评论，而《册府元龟》的"帝王部"在分目论列上颇有可采之处。值得关注的是明代由于专制主义集权，已难得有正面阐说君主的专书。到了明清之际，黄宗羲、顾炎武、王夫之乃是以批判君主专制为宗旨的史学家，这标志着中国古代君主论已经到了终篇的时候了。我们所说的此时历史观的嬗变，这是主要标志之一。

——关于国家论。司马光强调"国家盛衰""生民休戚"，王夫之强调"国是""民情""边防"，其间贯穿着国家职能之观念的不断增强。自宋迄清，在国家行政建置方面，各有论说，都有值得总结的地方。顾炎武的《郡县论》《钱粮论》《生员论》，都是论国家职能的大文章，具有古代国家论的总结性质。他说的"天下兴亡，匹夫有责"，指出了个人同国家的关系，这种关系已不是臣民和君主的关系了。

——关于正统论。欧阳修继承了《春秋》笔法而倡言"正统"，把以往朝代更迭、皇位继承、华夷之辨、史书起元等历史现象和史学现象上升到理论层面，这对于深化久已有之的制定"正朔"的传统之内涵，有一定的意义。关于"正统"之论，言人人殊，各有利弊，自可分别作出分析、判断。这里，首要的问题是要关注历史发展的大趋势。清朝统治者自谓遵循炎黄以来的"治统"，又恪守儒家学说的"道统"，这无疑是事实上的"正统"。可见，"正统"之辩，从表象上看，是探讨某一朝、某一帝、某一民族之政治统治的"合法性"问题；从深层次上看，这是对中华文明之连续性发展的种种论证。

——关于治乱兴亡问题。在这方面,西周汉唐以来,宏论迭出,影响巨大。宋代史家,深于忧患,考察前史,细绎真知。司马光的《稽古录》《资治通鉴》,范祖禹的《唐鉴》,孙甫的《唐史论断》等,都是佳作。李焘、李心传、徐梦莘等人的本朝史撰述,于得失成败之故,也多有深刻剖析。宋代史家在这方面达到一个新的高峰。元代史家论宋、辽、金三朝兴亡,不乏可采之论。明末清初,王夫之的《读通鉴论》《宋论》,可谓这方面理论的集大成者,中国古代历史理论至此达到它的最高境界。

——关于历史人物评价。前两个时期,在这方面已有丰富的理论和方法的积累;这时期史学家在历史人物评价方面,一则继承前人的理论和方法,一则也提出了新的认识,而重点在于后者。一是从学术史、名臣奏议、名臣事略一类的著作中,可看出作者的宗旨和理论;二是从李贽《藏书》对历史人物的分类及其标准,可看出其理论、方法、价值观等,这也是历史观念之嬗变趋势的表现之一;三是章学诚关于"知人论世"之评价历史人物的理念和方法,是中国古代史学关于评价历史人物之理论的最高成就,至今仍有方法论上的重要参考价值;等等。

纵观这一时期的中国古代历史理论的进程,一方面出现了繁荣的景象,另一方面是于繁荣之中显示出嬗变的趋势。概而言之,其繁荣的标志是:当理学家提出"天理"的命题时,史学家则把"天"从"理"中剥离出去,而把"理"放在事实中来考察。胡三省认为"道无不在,散于事为之间",章学诚认为"古人未尝离事而言理",这就是说,讨论"道",讨论"理",都不能脱离具体的历史事实。换言之,这是完全摆脱了神意的"天"来探讨理论问题。当郑樵、马端临对"会通"与"相因""不相因"作出了各自的论说时,表明史学家对古今关系的认识已超过了前人,而具有更深刻、更全面的理论内涵。此外,地理条件与社会发展之关系的理论,从宋代史家到明清之际"二顾",就其理论形态的整体性而言,也都超过了前一时期。顾炎武的国家论,继承杜佑、柳宗元的思想,但在分析细致和观念明确方面,却又超过了杜、柳,成为中国古代国家理论的代表。关于兴亡治乱的探讨与分析,宋代史家成就突出,明清之际的王夫之乃是这方面的集大成者。"正统"之辩的深层含义,从一个方面反映了史学家们对于中华文明之连续性发展的重视，理论价值与历史意义至为重要。辽、金、元、清四朝史家，把中国古代历史文化认同的优良传统极大地弘扬开来，其认识所得，是这时期中国古代历史理论中最重要的成就之一。以上这些，合而观之，确为中国古代历史理论之繁荣景象。至于李贽的历史人物论，黄宗羲的君主批判论，以及崔述的疑古、考信论等，则表明中国古代历史理论出现了嬗变的趋势，成为中国早期启蒙思想的一个部分。这个趋势，在1840年中英鸦片战争爆发后，其波及的领域愈来愈宽阔，其势头也愈来愈迅猛了。

第四节 本书撰写的旨趣和体例

本书旨在对中国古代史学中的历史理论遗产作初步的爬梳和分析，进而阐述中国古代历史理论发展脉络、基本面貌和主要成就，加深对中国古代史学的认识，从中获得更多的启示和借鉴，以裨益于当今中国史学的发展。

本书考察的对象，其时间上起先秦，下迄明清；其范围，从一则史论、一篇专文到一部著作，凡在历史见解、历史观念、历史思想方面提出了有价值的论说者，作者视野所及，均予以关注。历史文献浩如烟海，挂一漏万，在所难免。我们的设想是先把这一学术工作开展起来。在这个问题上，坐而言，不如起而行。

本书分上、中、下三卷。上卷讨论中国古代历史理论的产生和形成，时间范围上起先秦，下迄两汉。中卷讨论中国古代历史理论的丰富和发展，时间范围上起魏晋，下迄唐末。下卷讨论中国古代历史理论的繁荣和嬗变，时间范围上起五代，下迄明清（1840年前）。三卷内容自有内在的联系，不可截然分开，姑且分段论述，读者自会从中窥见全书的“会通”之意。

本书的性质是从历史学学科的视角探讨中国古代历史理论，这同从哲学学科的视角探讨中国古代历史哲学有所区别：前者是在历史层面上阐述理论问题，后者是在哲学层面上阐述理论问题。因此，中国古代思想家的哲学观点，一般不在本书考察范围之内；本书间或对其有所征引，则限于所征引的内容当与历史学有比较密切的关系。

本书在表述上继承中国古代史学“不离事而言理”的传统，即说事是为了言理，力争做到举事简而说理明，这是本书努力的目标。

本书在研究上是初步探索的著作，可资参考者不多，又限于撰述者的功底和学力，目前还不能做到与相同历史时期的外国史学的历史理论作比较研究。这种遗憾，往往是起步阶段的学术研究所不能避免的；当然，它也会给学术研究带来新的动力。

目　录

第一章
“究天人之际”:中国古代历史观的核心

中国先民在认识自身与外部世界的关系时,或是在试图说明自身所处的社会的变动时,往往把神秘的天同自身联系起来。于是,在漫长的年代里,先民不断探索天与人之间的关系,也就是“究天人之际”,从而形成了先民最早的历史观。这种历史观产生既久且影响深远,成为中国古代历史观的核心。这里,我们着重讨论的是先秦秦汉时期人们在天人关系问题上的认识。先秦秦汉时期人们关于天人关系的认识,大体上经历了由“帝命”到“天命”,再由“天命”到“天道”的认识过程,每一阶段的认识都伴随着对人的认识的深化,因而逐渐提出了“人”“人道”的思想。

第一节　中国古代最早的历史观念

一、“天命”专一的观念

“天”是先秦秦汉时期人们历史观念的核心所在,其含义比较复杂,最初指人格化的至上神。随着社会历史的发展,人们对天的认识也不断地变化,并不断地出现新的解释。大体来讲,有三层涵义:有意志的天、自然界的天和作为客观环境的天。“人”是当时人们历史观念中的一个重要概念,最初专指人君,即天子。天与人在人们思想上的结合之见于文字记载是在西周初年,“天亦惟休于前宁人”①,这里所提到的“宁人”就是指周文王。这是较早将天与人连起来表示一种历史见解,当时一般的人都叫“民”。起初人们认为天命主宰人事,后来怀疑天命而强调人事的作用,可见人类的认识能力是不断提高的。

殷商时期,上帝和天是指人格化的至上神,是那时人们历史观念的核心,它在很长时期内占统治地位,并在当时的文献中有突出的反映。殷商的至上神观念有一个演变的过程,起初称为“帝”,后来称为“上帝”,这个至上神就是殷人的祖宗神,即卜辞中所说的“高祖夒”。将自己的祖先移到天上去,是殷人的一大发明。“帝立子生商”②,也就是说,殷商统治者是上帝的子孙,是上帝在人间的代理人。郭沫若指出:“由卜辞看来可知殷人的至上神是有意志的一种人格神,上帝能够命令,上帝有好恶,一切天时上的风雨晦冥,人事上的吉凶祸福,如年岁的丰啬,战争的胜败,城邑的建筑,官吏的黜陟,都是由天所主宰。”③商朝王权不断强化,反映在神权思想上就是由多神教向一神教过渡,在卜辞记载中,上帝为日月山川诸神的宗王(帝宗)。殷人心目中的至上神即帝或上帝,是一种有意志的人格神:有好恶,能赏罚,自然界的风雨冥晦、年景好坏,人间的战争胜负、吉凶祸福都由上帝主宰。卜辞中记载了上帝的全职全能:

> 帝佳(唯)癸其雨?④ (老天爷在癸日下雨吗?)
>
> 帝其降堇(馑)?⑤ (上帝会降下饥馑吗?)

---

① 《尚书·大诰》,《十三经注疏》,中华书局1980年版,第200页。

② 《诗经·商颂·长发》,《十三经注疏》,中华书局1980年版,第626页。

③ 郭沫若:《先秦天道观之演进》,《郭沫若全集·历史编》第1卷,人民出版社1982年版,第324页。

④ 郭沫若:《卜辞通纂》364片,《郭沫若全集·考古编》第2卷,科学出版社1983年版,第364页。

⑤ 郭沫若:《卜辞通纂》371片,《郭沫若全集·考古编》第2卷,科学出版社1983年版,第366页。

王封邑，帝若。[1]（国王要建都城，上帝答应了）

上帝无所不能，殷人重视占卜，事无巨细，都要卜问上帝，就是要尽量摸清楚上帝的意旨。世俗的统治者是上帝在人间的代表，又称“下帝”或“王帝”，被赋予上帝的元子的神性，“殷人尊神，率民以事神，先鬼而后礼”[2]。据卜辞记载，殷人的上帝或帝，是掌管天象的主宰，有一个以日月风雨为其臣工的帝庭，上帝之令风雨、降祸福是以天象示其恩威，而天象中的风调雨顺实际是农业发展的基本条件。上帝不仅是自然界的最高统治者，能支配自然界的运动变化，而且它还主宰着人类的政治活动，能决定人的吉凶祸福。商朝所塑造的上帝，实际上是最高统治者的王权在天上的倒影。后来，帝逐渐变成了“天”，而天的意志、天的喜怒哀乐就成了“天命”，出现了对天及天命的膜拜。古人解释“天”的含义说：“天，颠也。至高无上，从一大。”[3]“天”字在甲骨文和金文中都像人形，人之上谓天，王国维说：“古文天字，本像人形。殷墟卜辞或作；盂鼎大丰敦作，其首独巨。案《说文》：‘天，颠也’。……是天本谓人颠顶，故象人形。”[4]

天在人之上，至高无上，天被人格化并赋予了神性。殷商以龟占卜，与古人“天圆地方”的观念有关。在古人看来，“方属地，圆属天，天圆地方”，“天圆如张盖，地方如棋局”[5]。头上的苍天是圆形的，像口倒扣的大锅；脚下的大地是方形的，像一盘棋。龟被古人用来占卜，可能与它的外形有天地之象有关，龟甲体现天圆，龟的四条腿突出四维的地位，“龟有圆圆的穹形的背甲和宽平的腹甲，这与古代中国人认为天是圆穹拱形的，地是平的这个想法有所联系”[6]。《尚书》中将“上帝”和“天命”经常交互使用，如“先王有服，恪谨天命，兹犹不常宁；不常厥邑，于今五邦。今不

① 郭沫若：《卜辞通纂》373 及 374 片，《郭沫若全集·考古编》第 2 卷，科学出版社 1983 年版，第 367 页。

② 《礼记·表记》，《十三经注疏》，中华书局 1980 年版，第 1642 页。

③ 许慎：《说文解字》，中华书局 1963 年版，第 7 页。

④ 王国维：《释天》，《观堂集林》卷六，河北教育出版社 2001 年版，第 139 页。

⑤ 《晋书》卷一一《天文志上》，中华书局 1974 年版，第 279 页。

⑥ 艾兰：《龟之谜》，四川人民出版社 1992 年版。转引自邹新明：《敬天的信仰》，北京语言文化大学出版社 2001 年版，第 156 页。

承于古,罔知天之断命,矧曰其克从先王之烈?若颠木之有由蘖,天其永我命于兹新邑,绍复先王之大业,底绥四方”①,“予迓续乃命于天”②,“肆上帝将复我高祖之德”③。盘庚迁都这样大的事情,自然是要经过上帝的许可,并且有天命的支持才能去实施。事实上也只有天命才能慑服那些安于现状、不愿意迁移的贵族。“天命玄鸟,降而生商”,商是天命所归,所以天下“莫敢不来王,曰商是常”④。

商代是天神至上的时代,神本位是其特征,由于生产力还很低下,笃信天命神权的宗教世界观占据了统治地位,宗教迷信观念主宰着人们的精神。恩格斯在讲到宗教问题时这样说道:

> 一切宗教都不过是支配着人们日常生活的外部力量在人们头脑中的幻想的反映,在这种反映中,人间的力量采取了超人间的力量的形式。在历史的初期,首先是自然力量获得了这样的反映,而在进一步的发展中,在不同的民族那里又经历了极为不同和极为复杂的人格化。……但是除自然力量外,不久社会力量也起了作用,这种力量和自然力量本身一样,对人来说是异己的,最初也是不能解释的,它以同样的表面上的自然必然性支配着人。最初仅仅反映自然界的神秘力量的幻想的形象,现在又获得了社会的属性,成为历史力量的代表者。在更进一步的发展阶段上,许多神的全部自然属性和社会属性都转移到一个万能的神身上,而这个神本身又只是抽象的人的反映。⑤

恩格斯的论断表明,任何神、宗教都不外乎是自然力量与社会力量在支配、统治芸芸众生时幻想的反映。为了听命于神,殷人以卜筮来决定自己的行动,殷墟所发现的甲骨文中大量占吉凶的卜辞,都与人们的占卜祭祀

① 《尚书·盘庚上》,《十三经注疏》,中华书局 1980 年版,第 168 页。

② 《尚书·盘庚中》,《十三经注疏》,中华书局 1980 年版,第 171 页。蔡沈注释:“我之所以迁都者,正以迓续汝命于天。”

③ 《尚书·盘庚下》,《十三经注疏》,中华书局 1980 年版,第 172 页。

④ 《诗经·商颂·殷武》,《十三经注疏》,中华书局 1980 年版,第 627 页。

⑤ 恩格斯:《反杜林论》,《马克思恩格斯选集》第 3 卷,人民出版社 2012 年版,第 703—704 页。

活动有关。

殷商国君对天命表示出极大的敬畏。据记载:“昔在殷王中宗,严恭寅畏,天命自度,治民祗惧,不敢荒宁。肆中宗之享国,七十有五年。”①“寅畏天命”,就是说能敬奉上帝的命令。为了表示对鬼神的敬畏,殷人不断举行大规模的祭祀活动,动辄杀牲畜四五百头。在大型的祭祀活动中,不仅有作为官员的巫师出来沟通人神,有时商王也会亲自出来致祭。“昔者汤克夏而正天下,天大旱,五年不收。汤乃以身祷于桑林,曰:‘余一人有罪,无及万夫。万夫无罪,在余一人。无以一人之不敏,使上帝鬼神伤民之命。’于是剪其发,鄽其手,以身为牺牲,用祈福于上帝。民乃甚说,雨乃大至,则汤达乎鬼神之化,人事之传也。”②汤以自己的诚挚“打动”了天神,使干旱得以缓解,他的地位也因此得到进一步的巩固。

殷人把天神看作是统率各种自然力的最高主宰,这与原始社会那种自发产生的自然崇拜相比,还是有很大的进步。天神主宰人间事务,实际上反映了殷代奴隶制的社会关系。殷人的天神已经有了一定的社会属性,但仍然有明显的原始崇拜的痕迹,因为在这个天神身上,具有不可思议的威力,他如同一个没有理性的暴君,人们只能诚惶诚恐地屈服于他的威权之下。正因为这样,殷商统治者可以以天命为借口随心所欲。周的勃兴对殷朝统治造成了威胁,祖伊在向殷纣王报告时说:“天既讫我殷命。”而殷纣王却坚持认为“我生不有命在天”③。因此,恩格斯所说的“以同样的表面上的自然必然性支配着人”的社会力量,在殷商时代,是体现、强调统治者的利益和意志的国家政权的力量,是统治者对被统治者造成他所希望和预定影响的能力。

二、“天命”转移的观念

周人起而代商,是中国历史上的一件大事。一方面周人还没有摆脱

① 《尚书·无逸》,《十三经注疏》,中华书局1980年版,第221页。
② 《吕氏春秋·顺民》,《诸子集成》,中华书局1954年版,第86页。
③ 司马迁:《史记》卷三《殷本纪》,中华书局1959年版,第107页。

天命观念,继续在宣扬天命的主宰力量。仅仅在《尚书》中的周诰中,“命”字就出现了104处,其中73处指天命或上帝之命。周人对天命充满了敬畏,“维天之命,於穆不已”[①],意思是天命肃穆,永远不会停息;“我其夙夜,畏天之威,于时保之”[②],意思是周人日夜不敢忘记上天的威严。殷革夏命、周革殷命被上升到了天命的高度。周人坚持认为推翻殷是天命所归,在《尚书·牧誓》和《逸周书·克殷解》中,还反复强调周人克商乃是“恭行天之罚”。《诗经》和周代青铜铭文中多次表达了这样的历史思想,如:

> 有命自天,命此文王;[③]
> 昊天有成命,二后受之;[④]
> 文王在上,于昭于天……在帝左右;[⑤]
> 天乃大命文王,殪戎殷,诞受厥命;[⑥]
> 文王受天有大命。[⑦]

周王怀着“不敢不敬天之休”[⑧]的天命思想,来对天下异邦方国与民人土地进行其王权统治,以为顺其天命而为之,天道即有福佑,周祚就会久远。

另一方面,殷商的灭亡,使人们对殷商贵族所宣扬的“天命”发生了怀疑。为什么奉天命的夏殷先后灭亡了呢?周人对此进行了深刻的思考。从牧野之战中奴隶们临阵倒戈致使殷商迅速灭亡的事实,周人得出了“天命靡常”的结论,认识到民心向背比天命更为重要,“天命靡常”原是由于“民心无常”[⑨],要取得民心,就要推行德政,只有敬德保民,才能配

---

① 《诗经·周颂·维天之命》,《十三经注疏》,中华书局1980年版,第583页。
② 《诗经·周颂·我将》,《十三经注疏》,中华书局1980年版,第588页。
③ 《诗经·大雅·大明》,《十三经注疏》,中华书局1980年版,第508页。
④ 《诗经·周颂·昊天有成命》,《十三经注疏》,中华书局1980年版,第587页。
⑤ 《诗经·大雅·文王》,《十三经注疏》,中华书局1980年版,第503—504页。
⑥ 《尚书·康诰》,《十三经注疏》,中华书局1980年版,第203页。
⑦ 《大盂鼎铭》,郭沫若:《奴隶制时代》卷首图版四,人民出版社1973年版。
⑧ 《尚书·洛诰》,《十三经注疏》,中华书局1980年版,第214页。
⑨ 《诗经·大雅·文王》《尚书·蔡仲之命》,《十三经注疏》,中华书局1980年版,第505、227页。

天受命，“惟王其疾敬德，王其德之用，祈天永命”①。如果不敬德保民，就违背了天命，会从受命转化为坠命。商朝不敬厥德，所以失去了天命：“我不敢知曰：有殷受天命，惟有历年，我不敢知曰：不其延，惟不敬厥德，乃早坠厥命。”②而文王能够明德慎罚，所以能受天命：“克明德慎罚，不敢侮鳏寡，庸庸，祗祗，威威，显民。用肇造我区夏，越我一二邦以修。”③从而告诫人们，天命也会发生变化，如果违背了天命，那么天命就会发生转移。按照周人的理解，天命并不是一成不变的，人的道德完善是对天命的积极顺从，其间包含着没有明确点破的理论前提，即道德是人事与天命相互联系的中介。这里所说的道德，包括敬天（敬畏天命）、孝祖（遵守祖宗遗教）和保民（缓和阶级矛盾）三层意思。周朝是受了上帝的命令替代商朝的：“天乃大命文王，殪戎殷，诞受厥命，越厥邦厥民惟时叙。”④

召公承认商朝也是受天命为王的，可是天命已经改了。周人继承并改造了殷商的天命神权思想，并将“德”的观念引入，用来解释王朝兴替、人事盛衰，并且成为其施政的准则。周朝提出“敬德保民”，“以德配天”，“皇天无亲，惟德是辅”。⑤ 所谓“敬德”就是要敬天保民，借助天的权威来维护统治阶级内部的团结和麻痹民众，同时要求统治者了解民间疾苦，体谅稼穑的艰难，减轻剥削，以缓和阶级矛盾。从天人关系的角度看，周人不再像殷商那样完全听命于天，而是尽人事以待天命。这种理解引发了对人作为道德主体所蕴含的力量的思考，从而在中国历史上第一次把人作为与天不同的力量来看待，思考人事在社会兴衰中的根本作用，同时也第一次把人作为独立的认识主体去面对，“周人尊礼尚施，事鬼敬神而远之”⑥，周人以人的主体意识取代神本意识。郭沫若认为：“周人根本在怀疑天，只是把天来利用着当成了一种工具，但是既已经怀疑它，那么这

---

① 《尚书·召诰》，《十三经注疏》，中华书局 1980 年版，第 213 页。

② 《尚书·召诰》，《十三经注疏》，中华书局 1980 年版，第 213 页。

③ 《尚书·康诰》，《十三经注疏》，中华书局 1980 年版，第 203 页。

④ 《尚书·康诰》，《十三经注疏》，中华书局 1980 年版，第 203 页。

⑤ 《左传·僖公五年》引《周书》，杨伯峻编著：《春秋左传注》，中华书局 1981 年版，第 309 页。

⑥ 《礼记·表记》，《十三经注疏》，中华书局 1980 年版，第 1642 页。

种工具也不是绝对可靠的。在这儿周人的思想便更进了一步,提出了一个'德'字来。"①天是人类社会道德的本原,人们不再像殷人那样盲从于天,而是把天十分尊重地放在一边,努力完善人自身的道德,从更高层次上秉承天命、体现天意,从而获得天的庇佑。这样就形成了一套将宗教、伦理、政治结合起来的新的天命观,在天命的框架内,为人的能动作用的发挥留下了充分的空间。

"天畏棐忱"②,表明在周人心目中,天作为政治和道德的立法者,其意旨有确定的内容,如果统治者不顺从天意而胡作非为,就无法指望得到天神的庇护。"天不可信"③是说不可专信赖天的保佑。天保佑不保佑,要看统治者有德无德。"'天命'可以转移,这是周人宗教思想的另一创新。殷人、周人都认为统治权是神给予的,在这一点上没有不同。不同的是殷人没有'天命'可以转移的观念。"④

"天命"是时常变动的,"皇天上帝,改厥元子……有王虽小,元子哉"⑤。这就是所谓"惟命不于常"⑥。天的儿子不止一个,天子不过是天的"元子",如果治理不好,就会丧失做元子的资格。天命可以转移,因而对天命不可过于乐观,有天命还要统治者用自己的德去配合,所谓"聿修厥德。永言配命,自求多福"⑦。"自求多福"并不是否认"福自天申",而是说,统治者只有在自己有德的条件下,才能与天命相配合。周初的统治者告诫贵族们,要保持他们的地位,必须"有德",专靠天命是不行的。他们说:"天难谌。"⑧这就在一定程度上对殷商以后的天命观作了一些修正,强调了人为的力量,限制了天命的作用,就这点讲在当时说还是有一定的进步性的。周朝的统治者与商朝的统治者,在对至上的神即"天"的

---

① 郭沫若:《先秦天道观之演进》,《郭沫若全集·历史编》第1卷,人民出版社1982年版,第335页。

② 《尚书·康诰》,《十三经注疏》,中华书局1980年版,第203页。

③ 《尚书·君奭》,《十三经注疏》,中华书局1980年版,第203页。

④ 张岂之:《中国思想史》,西北大学出版社1989年版,第14页。

⑤ 《尚书·召诰》,《十三经注疏》,中华书局1980年版,第212页。

⑥ 《尚书·康诰》,《十三经注疏》,中华书局1980年版,第205页。

⑦ 《诗经·大雅·文王》,《十三经注疏》,中华书局1980年版,第505页。

⑧ 《尚书·君奭》,《十三经注疏》,中华书局1980年版,第223页。

认识上是有所不同的,"商的至上神是专断的,周的至上神虽专断,但又有理性;商的至上神是商所独有的神,周的至上神并不认为周所独有而是超越于部落和王朝之上的"①。以《诗经》中《商颂》跟《周颂》比,也可以看出这个差异。《商颂》是宋国(商之后)祭祀先祖用的,但也反映一些原来商朝统治者的思想。《商颂》只赞美商朝先王的武力如何强大("如火烈烈,则莫我敢曷")和怎样受"天命"("殷受命咸宜,百禄是何"),没有提到一个"德"字。《周颂》就注重于赞美文王的"德",说文王、武王虽受天命,但是成王不敢"康",后来的王都"畏天之威"。

周朝的统治者认识到:"民之所欲,天必从之。""天视自我民视,天听自我民听。"②周公旦告诉被俘虏或投降的商朝贵族们说:"非我小国敢弋殷命。惟天不畀。"③因为你们是天所不畀的。何以见得殷是天所不畀呢? 周公接着说:"惟帝不畀,惟我下民秉为,惟天明畏。"④天是为民求主的,"天惟时求民主",只有能"保享于民"的,才能"享天之命"。⑤ 类似的说法还有很多。

以周公为代表的西周统治者继承了殷商敬畏天威的政治传统,重视宁王留下的"大宝龟",注意从商朝的灭亡中吸取教训。他们深深地认识到维持统治并不是很容易的事,如果做得不好就有可能被天帝抛弃,所以说:"惟王受命,无疆惟休,亦无疆惟恤,呜呼,曷其奈何弗敬!"⑥天命的予夺,上帝的喜恶,全在一个"德"字上,必须注意于"德",即"敬德"。"德"的具体内容,就是敬天保民,"德不失民,度不失事。民亲而事有序,其天所启也"⑦,也是强调亲民以敬天。统治阶级为了维护他们的统治,一方

---

① 白寿彝主编:《中国通史纲要》,上海人民出版社 1980 年版,第 75 页。

② 《尚书·泰誓》,《十三经注疏》,中华书局 1980 年版,第 181 页。

③ 《尚书·多士》,《十三经注疏》,中华书局 1980 年版,第 219 页。郑玄注:"非我周敢驱取汝殷之王命。"

④ 《尚书·多士》,《十三经注疏》,中华书局 1980 年版,第 219 页。孙星衍注释:"惟天不畀无形可见,当验之于我下民。下民所执所为,即是天降明威矣。"

⑤ 《尚书·多方》,《十三经注疏》,中华书局 1980 年版,第 228 页。

⑥ 《尚书·召诰》,《十三经注疏》,中华书局 1980 年版,第 212 页。蔡沈注释:"今王受命,固有无穷之美,然亦有无穷之忧。"

⑦ 《左传·襄公三十一年》,杨伯峻编著:《春秋左传注》,中华书局 1981 年版,第 1190 页。

面要“敬天”,借天的权威来维护统治阶级内部的团结和约束他们不要干危害统治阶级利益的事,另一方面还要“保民”。所谓“保民”并不是要真正地保护老百姓,而是为了保护统治阶级的统治不被推翻而讲究统治和剥削老百姓的方法。这就需要“知稼穑之艰难”,“知小人之依”①,要知道一点劳动人民的痛苦,对于“小民”要行一点小恩小惠,“以小民受天永命”②,只要老百姓不反抗,天命就可以长保。

周人对殷商的天命观进行了中和的变革,赋予其新的内涵。在尊天命的前提下注重人事,一方面进一步宣扬了天命支配人类活动的观点,另一方面也埋下了怀疑天命的种子。周人用“德”来沟通天神与人王两个世界的关系,以“德”作为受命自天的基础,那些由天神、天命体现出来的神权观念及神权的作用已经走下坡路了。

三、怀疑“天命”的思想

周初统治者提出“天行靡常”“惟德是辅”,表明对天已经有所怀疑,但是处于统治的地位上,他们不能不维护这个光环甚至用尽全力来维系这种对天的信仰,但殷商时期形成的神权思想及神权功能已经不再稳固。到了西周晚期,随着社会的衰落,周天子的权威逐渐失去,对于天的崇奉也发生着动摇,人们公然对天进行抱怨和责难,出现“怨天”“疑天”乃至“骂天”的思想。这种思想在《诗经》中表现得最集中,也最强烈。

首先是“疑天”。这种怀疑倾向在《诗经》中有形象的反映,如“民今方殆,视天梦梦”③“瞻卬昊天,则我不惠”④等等。对天的怀疑就引发了质问:“如何昊天,辟言不信?如彼行迈,则靡所臻。”⑤“民莫不穀,我独于罹。何辜于天?我罪伊何?”⑥

① 《尚书·无逸》,《十三经注疏》,中华书局1980年版,第221页。
② 《尚书·召诰》,《十三经注疏》,中华书局1980年版,第213页。
③ 《诗经·小雅·正月》,《十三经注疏》,中华书局1980年版,第442页。
④ 《诗经·大雅·瞻卬》,《十三经注疏》,中华书局1980年版,第577页。
⑤ 《诗经·小雅·雨无正》,《十三经注疏》,中华书局1980年版,第448页。
⑥ 《诗经·小雅·小弁》,《十三经注疏》,中华书局1980年版,第452页。

其次是对天的怨愤。人们责备天不公正,不讲德行,天已不再是人们心目中能够主宰人间祸福的至上神,而成为人们发泄不满的对象,在《诗经》中向天发难的诗句很多,如:"昊天不佣","昊天不平","昊天不惠","不吊昊天,不宜空我师"①,"浩浩昊天,不骏其德"②等。

第三是对天的诅咒。以往神圣的天成了人们诅咒的对象,如:"上帝板板,下民卒瘅,出话不然,为犹不远。靡圣管管,不实于亶,犹之未远,是用大谏。天之方难,无然宪宪。天之方蹶,无然泄泄……天之方虐,无然谑谑……匪我言耄,尔用忧谑。多将熇熇,不可救药。"③"荡荡上帝,下民之辟。疾威上帝,其命多辟。"④"国步蔑资,天不我将。靡所止疑,云徂何往?君子实维。秉心无竞,谁生厉阶,至今为梗?忧心慇慇,念我土宇。我生不辰,逢天僤怒。自西徂东,靡所定处。多我觏痻,孔棘我圉。……天降丧乱,灭我立王。"⑤人们不再将天当成只能敬畏的对象,天也不再是一个人们只能唯命是从的绝对权威。从这些诗篇中还可以看出,诅咒的声音不仅来自民间,也来自贵族。楚灵王占卜,祈祷上天保佑他扩大地盘,结果卦象不吉利,就把龟甲扔在地上,指着上天说:"是区区者而不余畀,余必自取之。"⑥楚灵王没有将希望寄托在天命中,而是相信以自己的力量照样可以实现目标。

人们的历史观念在发生变化,这种变化在思想家的身上显得更加清晰。在春秋战国社会大动乱的激荡下,进步思想家们利用以往的历史观念体系中的内在矛盾,排斥其蒙昧的一面,努力发展其重人事的一面。人们对天命、天道和人事、人道的认识不断向理性倾向发展,虽然由于历史条件的局限,对天命仍有一些困惑和辩难,但其总的趋势是向着轻"天命"、重"人事"的方向发展,反映了中国古代历史观念的进步。"天道""天命"的宗教迷信观念,经西周而进入春秋时期,便发生了动摇,进步政

① 《诗经·小雅·节南山》,《十三经注疏》,中华书局1980年版,第440—441页。
② 《诗经·小雅·雨无正》,《十三经注疏》,中华书局1980年版,第447页。
③ 《诗经·大雅·板》,《十三经注疏》,中华书局1980年版,第548—549页。
④ 《诗经·大雅·荡》,《十三经注疏》,中华书局1980年版,第552页。
⑤ 《诗经·大雅·桑柔》,《十三经注疏》,中华书局1980年版,第558—559页。
⑥ 《左传·昭公十三年》,杨伯峻编著:《春秋左传注》,中华书局1981年版,第1350页。

治家、思想家如史墨、孙武、子产、晏婴、墨翟、老聃,围绕着物质与精神、天道与人事的关系以及有神与无神等问题,提出了诘难,展开了争论。

在民、神关系上,进步思想家吸收周初的“民之所欲,天必从之”的积极成分,加以发挥和改造,向神的至高无上地位发出了挑战。随国大夫季梁在随侯筹划如何抗御楚国势力扩张的问题上,批评了随侯重神轻民、不体恤民力的行为,指出“夫民,神之主也,是以圣王先成民而后致力于神”①。虽然季梁没有彻底否定神的存在,但却将民与神的位置颠倒过来。在季梁看来,要使国力富强并能免遭强国的欺凌,关键在于注重人事,使民众过上温饱日子,而不在于祭祀神灵的祭品如何丰盛,对神如何虔诚。这种重民轻神的观点在春秋时期屡见不鲜。虢公暴虐民众,贪得无厌,却向神献祭祈求多赏赐土地,史嚚对此提出了激烈的批评:“虢其亡乎!吾闻之:国将兴,听于民;将亡,听于神。神,聪明正直而壹者也,依人而行。虢多凉德,其何土之能得?”②史嚚虽然仍承认神是“聪明正直”的,但是在他看来,神的意志必须服从人的意志。国家的兴旺,根本取决于民众,如果一味地听信于神,虐用百姓,不仅得不到土地,还将遭遇覆亡的厄运。这些事例反映出西周时期的重民思想得到了进一步的发展,而天命思想遭到更多的排斥。

从春秋时期开始,人们对天已逐渐有了新的认识和新的解释,这在史书中多有反映。例如,有五块陨石落在宋国,又有六只鹢鸟被巨风吹得倒退着飞过宋都城,这种现象被深受传统天命鬼神观念熏陶的人们看作是某种吉凶的前兆。周内史叔兴很不以为然,他认为此事纯粹“是阴阳之事,非吉凶所生也。吉凶由人”③。叔兴用阴阳的交互作用来解释自然界中的奇特现象,驳斥了吉凶的非人事原因,认为吉凶是由人事决定的。有的思想家干脆将神放置在一边,宣布天人无干。鲁国遭遇旱灾,鲁僖公认为是巫、尪在作怪,准备焚烧巫、尪以祈雨。臧文仲不同意,他认为:“非

① 《左传·桓公六年》,杨伯峻编著:《春秋左传注》,中华书局1981年版,第111页。

② 《左传·庄公三十二年》,杨伯峻编著:《春秋左传注》,中华书局1981年版,第252—253页。

③ 《左传·僖公十六年》,杨伯峻编著:《春秋左传注》,中华书局1981年版,第368页。

旱备也。修城郭、贬食、省用、务穑、劝分,此其务也。巫、尪何为?天欲杀之,则如勿生;若能为旱,焚之滋甚。”①臧文仲的意见是,如果说巫、尪致旱,焚之老天就会降雨的话,巫、尪就是违背天意而生,老天欲杀巫、尪,又何必要生巫、尪呢?如果老天不欲杀巫、尪,焚了巫、尪不就会使他们更加兴妖作怪,从而旱灾更重吗?缓和灾情,不在于焚巫、尪,而在于厉行节约,努力发展生产。臧文仲将天命与人事区别,在天人关系的问题上又向前推进了一步。

人们对天的热情也发生了变化。与人事分离的天,只是一少部分的专司其职者所应关注的目标,不再是所有人尊奉的对象。单襄公将天高高挂起,谈及晋将问罪于鲁时,“单子曰:‘君何患焉,晋将有乱,其君与三郤其当之乎!’鲁侯曰:‘寡人惧不免于晋。今君曰“将有乱”,敢问天道乎,抑人故也?’对曰:‘吾非瞽、史,焉知天道?’”②据韦昭的注解,瞽指的是乐太师,掌管音乐乐律,能够根据乐律观察风气的变化以断定吉凶;史指太史,掌管观察时序运行和天象变化。在出征中,瞽、史同坐在一辆车上,为国君或主帅提供天道的知识。单襄公所说的“天道”,尽管还没有完全否定天命的存在,但已包含了更多的自然天象成分。

国之大事与鬼神无关,人的祸福也与鬼神无关,因此人的疾病是不能靠祈祷消除的。齐景公患疥难愈,有人提出“是祝、史之罪也”,请求诛杀祝、史以去病。晏婴认为,景公之病不能归罪于祝、史,而应当从齐国政治实情中寻找原因,他指出:

> 外内颇邪,上下怨疾,动作辟违,从欲厌私,高台深池,撞钟舞女。斩刈民力,输掠其聚,以成其违,不恤后人,暴虐淫从,肆行非度,无所还忌。……县鄙之人,入从其政;偪介之关,暴征其私;承嗣大夫,强易其贿。布常无艺,征敛无度;宫室日更,淫乐不违。内宠之妾,肆夺于市;外宠之臣,僭令于鄙。私欲养求,不给则应。民人苦病,夫妇皆诅。祝有益也,诅亦有损。聊、摄以东,姑、尤以西,其为人也多矣。

① 《左传·僖公二十一年》,杨伯峻编著:《春秋左传注》,中华书局1981年版,第390页。

② 左丘明著,韦昭注:《国语·周语下》,上海古籍出版社1978年版,第90页。

虽其善祝,岂能胜亿兆人之诅?君若欲诛于祝、史,修德而后可。①

晏婴不相信景公的病是由于祝、史祈祷不力所致,他历数齐国之弊政,揭示其劳民伤财之过失,规劝齐景公为政以德、以仁,可谓用心良苦。疾病的产生主要是人的生理原因,未必都与政治有关,因此晏婴所讲的道理并不完全符合客观事实,但说明晏婴不相信鬼神,而是从人自身的活动中寻找原因,也是认识上的一种进步。这种对待疾病的态度反映了中国古代朴素唯物主义观念的发展。

春秋末年,人们对天人关系的认识趋于丰富,范蠡提出"天因人,圣人因天"的观点。"夫国家之事,有持盈,有定倾,有节事。……持盈者与天,定倾者与人,节事者与地。……夫圣人随时以行,是谓守时。天时不作,弗为人客;人事不起,弗为之始。"②这里所讲的,是治理国家要受到天时、人事和环境的影响,统治者的高明之处就在"随时以行",即"守时"。反之,"天时不作""人事不起"则不可轻举妄动。在范蠡的观念中,天道和天神的意志完全不相干,他借用当时人们所积累下来的天象知识,来阐发他对历史与现实的见解。从历史观点来看,范蠡说的"天时""人事""随时""守时"都是很重要的观念,他从"人事必将与天地相参"的角度来研究天道所体现的自然规则,反映出他对天人关系中的客观形势与主观判断的新认识。由此可见,当人们对"天"不断提出新的认识的时候,人们对天人关系的认识也不断发生变化,这是中国古代历史观念发展中最具有理论意义的思想成果,与西周的天人关系论相比有了明显的进步。

四、屈原《天问》在历史思想上的价值

战国末年,社会动荡更加剧烈,人们对天和天命的怀疑进一步加深了,对历代兴亡的历史思考得更多了。诗人屈原的《天问》,以诗歌的形式,反映了这个时期人们思想上的这些变化。在《天问》中,屈原提出了

① 《左传·昭公二十年》,杨伯峻编著:《春秋左传注》,中华书局 1981 年版,第 1416—1418 页。

② 左丘明著,韦昭注:《国语·越语下》,上海古籍出版社 1978 年版,第 641 页。

170多个问题,所“问”涉及上自宇宙生成、天道运行,下至地理地形、自然现象,其间又大量涉及人类社会历史,特别是夏商周的兴亡史,反映了屈原对自然界和人类社会的广泛思考。从历史和史学结合的观点来看,我们可以把《天问》作为一篇史诗看待。

屈原在《天问》中的一连串发问,向以天命观为代表的历史观念提出许多质疑,而其“篇内事虽杂举,而自天地山川,次及人事,追述往古,终之以楚先,未尝无次序存焉”①。

尤其值得注意的是,《天问》在“问”及三代历史的时候,提到了夏、殷、西周始祖的诞生:启生于石,契生于鸟卵,后稷出生则因姜嫄履巨人足迹。屈原把他所了解到的关于三代始祖都生而有神灵保佑的故事情节摆了出来,然后对这些都提出了疑问,实际上是否定传说和典籍中宣扬的夏、商、周三代皆受命于天的说法,发出对“天命”历史观念的诘问。在夏朝历史部分,屈原问道:为了使启顺利出生,上帝不惜屠母分尸,“何勤子屠母,而死分竟地?”上帝如此厚子而薄母,难道算得上仁义吗?在屈原的眼里,上帝绝不是道德上的典范。夏启之所以能从益的拘禁中逃脱,不是因为得人吗?“何承谋夏桀,终以灭丧?”夏桀失去了民心,因此无法避免丧国的命运。

在殷商历史部分,屈原有针对性地发问:“帝乃降观,下逢伊挚,何条放致罚,而黎服大说?”成汤能打败夏桀,不是因为有伊尹吗?殷得天下,本来在于得人,可是他们自己却忽视人的地位,去膜拜上帝,上帝根本无法拯救他们,“授殷天下,其位安施,反成乃亡,其罪伊何?”在西周史部分则问道:周武王能取殷天下,不是因为有吕望吗?“皇天集命,惟何戒之?受礼天下,又使至代之?”这些问题,既是深刻的质问,又是沉痛的历史感慨:夏、殷、西周三代不都是说君权神授,是上帝的旨意吗?何以顷刻之间就被推翻,大权旁落了呢?看来所谓“天命”也很脆弱,并不是牢不可破的。夏、商、西周其所以亡败,不也是因为羿、浞、浇、桀、纣、周昭王、周穆王、周幽王等,或耽于女色、或沉湎淫乐、或陷害忠贤造成的吗?综合起来

① 王夫之:《楚辞通释·天问》,上海人民出版社1975年版,第46页。

看,决定成败的关键并不在天,而是在人。

《天问》的基本旨意实际上是用历史的基本事实来辨明天命是没有的,不可靠的,人君要取得成功,关键还是在于实行“美政”。论者谓:《天问》“言虽旁薄,而要归之旨,则以有道而兴,无道则丧”①。“《天问》所陈,盖皆当日诸家竞说之事,而按之以实,则所陈事理、天道、性命,为孔子之所不言,而三代史实复远于邹鲁之儒与墨翟之说。”②这正是屈原《天问》的历史思想之价值所在。

屈原具有丰富的历史知识,他从现实出发,对以往历代兴亡盛衰充满了忧患,对历史上的天人关系的观念提出了有力的质疑。限于历史条件和认识水平,屈原在《天问》中提出的许多问题,是他当时所不能回答的。他的这些问题,不仅丰富了人们在历史观念方面的内涵,也给后人的思考、探索留下了广阔的空间。

第二节　在“天道”与“人道”之间

一、“天道远,人道迩”

“天道”与“人道”是人们对天人关系认识的进一步发展。“道”的本义为路,具有一定方向的路叫做“道”,“道,所行道也,一达谓之道”③,后来引申为人或物所遵循的轨道、法则。从春秋时期开始,人们便开始把道分为天道和人道,它们包含自然、社会与人的精神。天道与人道的关系在中国古代引起广泛而持久的讨论。

在天命观产生之后,出现了类似于天命的天道思想。人们把天道看作一种人力无法抵御的神秘力量,把卜筮和星占的推论比附于天道,给天

① 王夫之:《楚辞通释·天问》,上海人民出版社 1975 年版,第 46 页。

② 姜亮夫:《重订屈原赋校注》,天津古籍出版社 1987 年版,第 258 页。

③ 许慎:《说文解字》,中华书局 1963 年版,第 42 页。

道抹上神秘的色彩，这说明了人们对天道的认识还处在初始阶段。

随着历史认识的深化，在怀疑天命的同时，人们对天道作出了新的阐释。春秋末年，越国大夫范蠡说：“天道盈而不溢，盛而不骄，劳而不矜其功。”这里所谓“天道”，是指日月星辰运行的轨道，天气变化遵行的法则，是外部世界活动所遵循的法则。“天道皇皇，日月以为常，明者以为法，微者则是行。阳至而阴，阴至而阳，日困而还，月盈而匡。”[①]也就是说，日月的运行，阴阳的消息，都有其变化的法则和运行的轨道，所以在“道”的前面冠之以“天”，称为“天道”。因此，天地间事物的运动变化，也像自然界的天体运行一样具有内在必然性。人们认识到“盈必毁，天之道也”[②]，事物发展到了极盛就要走向毁灭，这是事物发展变化的客观规律。此外，人们还认识到天道是不以人的好恶为转移的。人们的思想行为“必顺于天”，“因天地之常，与之俱行”[③]，而不能违反天道，违背天道就要遭遇严重挫折甚至彻底失败。作为社会活动的一种方式，兴兵打仗也必须认识和遵守天时、阴阳、刚柔的变化规律，达到进退攻守莫不顺时，才能常胜不败。

“天道”不再是一个孤立的概念，往往与“人道”相对应而言。范宣子与叔孙豹讨论何为不朽，范宣子以为家族世代受禄，长盛不衰为不朽，叔孙豹则认为：“太上有立德，其次有立功，再次有立言。虽久不废，此之谓不朽。”[④]二人的意见虽然大异其趣，但都把眼光转射到了对后世人生的影响，在世俗人间求得不朽，而不是在虚幻的来世或上天追求不朽。鲁昭公时期，火星在傍晚出现，丙子日刮起东北风来。鲁国大夫梓慎和郑国善占星术的裨灶都认为，这是上天垂象，兆示将要发生火灾，并且预言宋、卫、陈、郑将有大火。不久宋、卫、陈、郑四个诸侯国凑巧都发生了火灾，裨灶威胁说，如果不赶快用国宝祭禳免灾，郑还将发生火灾。子产不以为然，他说：“天道远，人道迩，非所及也。何以知之？灶焉知天道？是亦多

---

① 左丘明著，韦昭注：《国语·越语下》，上海古籍出版社 1978 年版，第 641、653 页。
② 《左传·哀公十一年》，杨伯峻编著：《春秋左传注》，中华书局 1981 年版，第 1665 页。
③ 左丘明著，韦昭注：《国语·越语下》，上海古籍出版社 1978 年版，第 653 页。
④ 《左传·襄公二十四年》，杨伯峻编著：《春秋左传注》，中华书局 1981 年版，第 1088 页。

言矣,岂不或信?”[①]子产布置了一系列防备火灾的紧急措施来阻断火灾的蔓延。人们认识到天道与人道两不相及,用祷禳祭祀去祈求天道恩赐,是毫无益处的。齐国晏子也说:“天道不谄,不贰其命,若之何禳之?”[②]天道不会接受人的祭祀祷禳,不会随人的意志而转移。

子产所讲的天道指自然万物的运行法则,人道指为人处世的最高准则。在子产看来,天道神意渺茫而无从稽征,不可能干预人间事务,占卜所谓的应验只是偶然言中而已,不足凭信。人道就存在于社会人事之中,是人们必须遵守的共同的思想行为准则。天道“盈而不溢,盛而不骄,劳而不矜其功”,客观地在那里起作用。和传统的天道观相比,子产、晏子等人所说的天道不是预示人事吉凶的天意,而是自然现象本身的规则。这种观念说明,进入春秋时期历史观念有了一定的进步。

二、“推天道以明人事”

春秋战国时期,轻“天命”、重“人事”的思潮将天人关系的探讨引向一个新的高度,一方面否定了天命不可违的神话,另一方面则强调发挥人的聪明才智,利用天时、地利等自然条件来实现人的预定目的。兵家孙膑提出,“上知天之道,下知地之理,内得其民之心,外知敌之情”[③]是克敌制胜的基本条件。孟子从社会人事的角度提出“天时不如地利,地利不如人和”[④]。天时、地利、人和三者不可或缺,其中人和最为重要。孟子发挥了孔子“仁”的理论,发挥“天视自我民视,天听自我民听”的思想,以民意代替天意,认为民心向背决定着国家的兴衰荣辱。

中国历史在漫长的发展进程中,天命思想逐渐失去其显赫的地位,对天命与人事关系的探讨逐渐为天道与人道关系的讨论所取代,出现了天人相通、天人相分、天人相类等观念,天人关系的思想内涵更为丰富,人本

---

① 《左传·昭公十八年》,杨伯峻编著:《春秋左传注》,中华书局1981年版,第1395页。
② 《左传·昭公二十六年》,杨伯峻编著:《春秋左传注》,中华书局1981年版,第1479页。
③ 《孙膑兵法·八阵》,邓泽宗:《孙膑兵法注译》,解放军出版社1986年版,第31页。
④ 《孟子·公孙丑下》,杨伯峻译注:《孟子译注》,中华书局1960年版,第86页。

色彩更加浓重。

贯通天、地、人三道,推天道以明人道,是《周易》的主导精神和基本的思维模式。“立天之道,曰阴与阳;立地之道,曰柔与刚;立人之道,曰仁与义。”①人类历史和天地万物一样都遵循阴阳之道,但阴阳在不同的领域里有不同的表现,因而又有本质的区别。阴与阳是时间的体现,其消长变通为时间本质的内涵,所以阴阳为天之道。刚柔的本质是阴阳,但又不等同于自然界的阴阳,而仅限于大地的品格。刚主强劲坚硬,主不屈不挠;柔主顺和、安弱,主软韧不折。仁义则是刚柔在人类社会中的体现:“仁以爱人,主于柔;义以制事,主于刚。”②仁与义作为人之道表明,人类历史相对于宇宙大化运演既有统一性,又有特殊性。仁义既然源于阴阳,那么社会人事应当从阴阳的角度加以考察,在阴阳升降的推动下,人类社会表现为一个逐级演进的发展过程。天道表现了一种道德精神,天与人之间的联系乃是道德价值上的本质的一致性,在道的总体框架中规定人类社会的道德原则和生活秩序。人继天之道为善,把天之道化为自己的本质属性,并自觉效法天地之道而确立为人之道,于是人道也就有了它的真正价值。赵简子就“季氏出其君,而民服焉,诸侯与之;君死于外,而莫之或罪”的问题向史墨发问,史墨解释说:

> 物生有两、有三、有五、有陪贰。故天有三辰,地有五行,体有左右,各有妃耦,王有公,诸侯有卿,皆有贰也。天生季氏,以贰鲁侯,为日久矣。民之服焉,不亦宜乎!鲁君世从其失,季氏世修其勤,民忘君矣。虽死于外,其谁矜之?社稷无常奉,君臣无常位,自古以然。故《诗》曰:“高岸为谷,深谷为陵。”三后之姓于今为庶,主所知也。③

史墨认为,人类社会的变迁就像自然界的变动一样,是无法阻挡的,“社稷无常奉,君臣无常位”。虞、夏、商三代的后裔,到春秋时期已经变为庶民。变化乃是“天之道”,这个天,就包括自然和人事两个方面。

---

① 《周易·说卦》,《十三经注疏》,中华书局1980年版,第93—94页。

② 高亨:《周易大传今注》卷六,齐鲁书社1998年版,第455页。

③ 《左传·昭公三十二年》,杨伯峻编著:《春秋左传注》,中华书局1981年版,第1519—1520页。

第三节 “天”的新解(上):天道自然无为

一、天何言哉

西周后期,随着社会动荡的加剧,人们对天的怀疑情绪不断扩大。进入春秋战国和秦汉时期,对天的见解更加多样化。在当时的历史条件下,人们对天人关系的自觉思考出现各种新的分野,《左传》《国语》及《战国策》等历史著作,将这种争议记录下来,反映出天人关系论发展演变的新特点。

春秋时期,天的主宰地位动摇,其人格神的色彩不断淡化,其变化趋势是明显的。但当时的社会发展程度决定了人们的认识水平,这种认识水平使人们还不能完全抛弃对天的敬畏,因此对天的认识显得非常复杂。孔子接受了殷周的传统,把天命看成是一种神秘的力量,但同时对固有的天命观又有所损益。据统计,《论语》中出现“天”字 19 次,“天命”3 次,“天道”1 次,此外多次提到“命”,其意义与“天命”相同。其中有 5 条属于肯定的话,有 5 条属于存疑的话,有 9 条属于感叹的话。存疑与感叹的话共 14 条,大大超过了肯定的话,如:“子曰:‘予欲无言。’子贡曰:‘子如不言,则小子何述焉?’子曰:‘天何言哉? 四时行焉,百物生焉,天何言哉?’”①孔子的意思是说,这些道理也就是天地本身给我们每天演示的道理,所以我不用说,其实大家要真有心探索这个世界和自己,就会从观察事物和宇宙中得到相同的结论。这段对话从一个侧面反映了孔子对天道、天命的认识。孔子言及自然意义的天,“获罪于天,无所祷也”;反过来说,如果没有获罪于天,天是会听从人们的心愿的。孔子有关天命的言

① 《论语·阳货》朱熹注释:“四时行,百物生,莫非天理发见流行之实,不待言而可见。圣人一动一静,莫非妙道精义之发,亦天而已,岂待言而显哉?”见朱熹:《四书章句集注》,中华书局 1983 年版,第 132 页。

论,既有肯定,又有怀疑和感叹,说明他的天命观具有二重性。

首先,孔子承认天是最高的存在,认为天是一种神秘的异己力量,命运不可抗拒,因而他对命运充满了迷惑,“死生有命,富贵在天”①,命所决定的生死都无法知道,命运又怎能知道呢?类似的言论还有:

> 君子有三畏,畏天命;②
>
> 五十而知天命;③
>
> 不知命,无以为君子也。④
>
> 获罪于天,无所祷也。⑤
>
> 子罕言利与命与仁。⑥

孔子所说的“命”,即“时命”,由人力难以抗拒的时运决定。

其次,孔子认为天命、命是可知的,“五十而知天命”⑦。孔子对天命保持一定的怀疑。⑧ 他认为“祭如在,祭神如神在”⑨。这里用了两个“如”字,意即说祭祀时要“如”有神在,以敬其事,但并不是真有神在。鲁迅说:“‘祭如在祭神如神在’,只用他(孔子)修《春秋》的照例手段以两个‘如’字略寓‘俏皮刻薄’之意,使人一时莫名其妙,看不出他肚皮里的反对来。”⑩意即谓:孔子内心是反对鬼神的,但不直截了当说出来。孔子只着重人事,不愿涉及鬼神迷信。孔子在承认有鬼神的前提下,又提出对

---

① 《论语·颜渊》,杨伯峻译注:《论语译注》,中华书局 1980 年版,第 125 页。

② 《论语·季氏》,杨伯峻译注:《论语译注》,中华书局 1980 年版,第 177 页。

③ 《论语·为政》,杨伯峻译注:《论语译注》,中华书局 1980 年版,第 12 页。

④ 《论语·尧曰》,杨伯峻译注:《论语译注》,中华书局 1980 年版,第 211 页。

⑤ 《论语·八佾》,杨伯峻译注:《论语译注》,中华书局 1980 年版,第 27 页。

⑥ 《论语·子罕》,杨伯峻译注:《论语译注》,中华书局 1980 年版,第 86 页。

⑦ 《论语·为政》,杨伯峻译注:《论语译注》,中华书局 1980 年版,第 12 页。

⑧ “务民之义,敬鬼神而远之。”(《论语·雍也》,杨伯峻编著:《论语译注》,中华书局 1980 年版,第 61 页。下引《论语》,同此)意即说,专力使人民向义,对于鬼神则敬而远之。朱熹注:“专用力于人道之所宜,而不惑于鬼神之不可知,知者之事也。”(《论语集注》,朱熹:《四书章句集注》,中华书局 1983 年版,第 40 页)清刘宝楠则释此句为:“谓以礼敬事鬼神也。”(《论语正义》,上海古籍出版社 1993 年版)孔子不喜欢人们向他问此类问题。“子不语:怪、力、乱、神”(《论语·述而》),意即说,孔子不谈“神”。“未能事人,焉能事鬼……未知生,焉知死。”(《论语·先进》)

⑨ 《论语·八佾》,杨伯峻译注:《论语译注》,中华书局 1980 年版,第 27 页。

⑩ 鲁迅:《鲁迅选集》第 2 卷,人民文学出版社 1983 年版,第 58 页。

鬼神既不轻慢亦不予以亲近,这与其在日常生活、社会活动中强调先人事、后鬼神的态度是相一致的。①

楚昭王不相信周太史对"红鸟绕太阳飞三日"现象的迷信解释和卜者关于"黄河为祟"的神怪说法,拒绝举行祭祀禳灾。孔子对此大加称赞:"楚昭王知大道矣。其不失国也,宜哉!"②孔子称赞楚昭王不迷信,正说明他自己不迷信。子贡问孔子死人是否有知,孔子不做明确答复,只是说:"赐,欲知死人有知将无知也,死徐自知也,犹未晚也。"③孔子的口气显然是拒绝承认死后有知。郭沫若曾提出一个看法:"孔子所说的'天'其实只是自然,所谓'命'是自然之数或自然之必然性。"④这种观点符合孔子"天论"的实际。

孔子主张"敬鬼神而远之",认为社会进步和个体价值的实现不能仰赖神灵,只能靠自己的力量。《春秋》记述了242年的史事和122次灾异,没有突出宣扬鬼神的力量,在历史观的发展过程中具有重要意义。孔子讲"天",反映出人们对天的认识的矛盾性和过渡性。他一方面说"获罪于天,无所祷也",一方面又说"天何言哉?四时行焉,百物生焉,天何言哉?"⑤可见,孔子对天是持谨慎态度的。孔子是现存最早的史书《春秋》的编者。"《春秋》一书是中国史学上最早的重视人事的著作,它认真地记载了政治上的得失成败。它记水、旱、虫、雨雹、雷电、霜雪、地震等,都是作为与人事有关的自然现象来看待的。"⑥孔子对天的这种态度,在历史观的发展上具有重要的意义。

第三,孔子对传统的天命观既有继承也有发展。他承认天的至上神的地位,这是继承的一面;同时又肯定人的能动性以及仁德在天命转移中

---

① 《论语·先进》:"季路问事鬼神,子曰:'未能事人,焉能事鬼?'"杨伯峻译注:《论语译注》,中华书局1980年版,第113页。

② 《左传·哀公六年》,杨伯峻编著:《春秋左传注》,中华书局1981年版,第1636页。

③ 刘向:《说苑·辨物》,赵善诒疏证:《说苑疏证》,华东师范大学出版社1985年版,第558页。

④ 郭沫若:《先秦天道观之进展》,《郭沫若全集·历史编》第1卷,人民出版社1982年版,第358页。

⑤ 《论语·阳货》,杨伯峻译注:《论语译注》,中华书局1980年版,第188页。

⑥ 瞿林东:《中国史学史纲》,北京出版社1999年版,第53页。

的作用。孔子不相信天命可以完全支配人事,这实际上已包含了对天命的怀疑和不敬。“孔子的所谓的天命或天道或天,用最简捷的语言表达出来,实际是指道德的超经验的性格而言;因为它是超经验的,所以才有普遍性、永恒性。因为它是超经验的,所以在当时只能用传统的天、天命、天道来加以征表。”①孔子没有沿袭传统的天命观,而是以理性的态度改造了天,使它仅仅是一种最高的存在,并不对人事具有主宰权。孔子不再把天作为神秘的超自然的绝对物加以膜拜,这种理性态度是对人的主体能动性的发现和强调的结果。

孔子继承和发挥了周初“以德配天”的思想,在天人关系上强调人事的作用。他说:“咨!尔舜!天之历数在尔躬。允执其中。四海困穷,天禄永终。”②强调舜“允执其中”地尽人事,人事与天道同等重要。既然肯定了享有天命是以能否尽力于人事为衡量标准,那么天命的神秘性、天的意志力也就相对减弱了。处于大变革的时代,他看到了人事的力量,如言“桓公九合诸侯,不以兵车,管仲之力也”③。从重视人事的角度,孔子提出养民、富民、教民、安民、博施于民的主张,反对统治者对人民过分的压迫和剥削,体现了鲜明的人本思想。

孔子重视人事、轻视天命的思想是在调和天人矛盾,是对传统天命论的“损益”,这种体认与损益并不矛盾。他相信天命,又主张尽人事而自强不息。孔子认为,认识和把握天命的途径不是靠祈祷鬼神,而是靠实践仁德。“子罕言利与命与仁”④,将“命”与“仁”放在一块谈论。“不知命,无以为君子”也体现了他实践“仁”与“知命”的关系。既然“不知命”就不能成为君子,则“知命”是成为一个君子的必要条件。孔子主张君子要努力“修己”,他说:“不怨天,不尤人,下学而上达。知我者其天乎!”⑤人之所以修德,是因为德是上天的要求,道德来源于天命,只有知天命才能

① 徐复观:《中国人性论史(先秦篇)》,上海三联书店 2001 年版,第 77 页。
② 《论语·尧曰》,杨伯峻译注:《论语译注》,中华书局 1980 年版,第 207 页。
③ 《论语·宪问》,杨伯峻译注:《论语译注》,中华书局 1980 年版,第 151 页。
④ 《论语·子罕》,杨伯峻译注:《论语译注》,中华书局 1980 年版,第 86 页。
⑤ 《论语·宪问》,杨伯峻译注:《论语译注》,中华书局 1980 年版,第 156 页。

畏天命,不知天命就不可能畏天命。因此,为了保证人们的道德实践,不能不借助于天命。

以仁德知命的思想,实际是把具有时代特点的天命观念带进传统的天命论中,反映了天命观的深刻变化。孔子这种明智的态度,对后世有极其深远的影响,这也可以看作是孔子对中国古代历史理论的一个积极贡献。

二、天人之分与天行有常

进入战国时期,社会生产力有了很大的进步,与此相应的是,人们在自然面前不再是束手无策,而是积极地发挥主观能动性。思想家们提出,天与人是可以并立的,天有天的职责,人有人的使命,二者都有其独立存在的理由和深刻的内涵,任何一方都不可能完全取代另一方。考古发现的郭店楚简中有一段著名的论述:

> 有天有人,天人有分。察天人之分,而知所行矣。有其人,无其世,虽贤弗行矣。苟有其世,何难之有哉?舜耕于历山,陶埏于河浒,立而为天子,遇尧也。①

天和人是两回事,认清了天与人的不同职守,才能很好地把握哪些事情是人所能办的,哪些事情只能听天由命。"察天人之分,而知所行矣",深刻地揭示了天人之分是知其所行的前提。此处的"行",意谓"趋向"②,而"所行"就是指"天、人的内在本质通过潜在的实践活动而表现出来,或者简单地说'行'乃本质之显现,联系古典文本,所谓'知其所行'乃主要指知天道与人道二者而已"③。简文还以实证的办法列举一些圣哲贤达的事实,来阐发天人之分。舜虽然"贤"或"德为圣人",但其"尊为天子"却并非因为有"大德",而是因为"遇尧也"。这里的"贤"或"德"即

① 《穷达以时》,李零:《郭店楚简校读记》,北京大学出版社 2002 年版,第 86 页。

② 李学勤:《天人之分》,郑万耕主编:《中国传统哲学新论——朱伯崑教授七十五寿辰纪念文集》,九州图书出版社 1999 年版,第 240 页。

③ 丁四新:《郭店楚墓竹简思想研究》,东方出版社 2000 年版,第 258 页。

是人之职分,“遇尧也”则是天之职分。天决定人的穷达,此非人之所能为。“察天人之分”是强调要对待时、遇:

> 遇不遇,天也。动非为达也,故穷而不怨。隐非为名也,故莫之知而不吝。芝兰生于幽谷,非以无人嗅而不芳。无茖堇,逾宝山,石不为开,非以其善负己也。①

这里所谓的“天”,与殷周时期的“天”的概念不同,它既不是神意的,也是不伦理的,而是命运的。简文最后总结出:

> 穷达以时,德行一也。誉毁在旁,听之弋母。缁白不厘,穷达以时。幽明不再,故君子敦于反己。②

穷达取决于时运,毁誉在于旁人,这些都属于天而不属于人。但一个人的德行如何,就完全取决于个人,与天无关,因此以德安命、以德涵命、积极向善、完善德行才是人的职分所在,才是人应该努力追求的目标。明白了这种天人之分,就不应汲汲于现实的际遇,而应“敦于反己”,不断反省自己,关心属于自己职分的德行,“尽人事以待天命”。

郭店楚简《穷达以时》通过分析天与人错综复杂的关系,说明天的含义,同时也阐明了在天的面前人所处的地位。它所提出的“天人有分”思想,代表了战国时期天人关系的新思路。

荀子对以往的天人关系的观点进行总结,取长补短,建立了比较完整的天人相分的思想体系。荀子认为,自然界(天)自有其职分,这种责任与人无关,人没有必要去争天职、天功。他说:

> 不为而成,不求而得,夫是之谓天职。如是者,虽深,其人不加虑焉;虽大,不加能焉;虽精,不加察焉,夫是之谓不与天争职。天有其时,地有其财,人有其治,夫是之谓能参。舍其所以参,而愿其所参,则惑矣。③

人不要把自己的意志强加给自然,不要把自己的意志混同于天,就是不与天争职。人是自然界的一部分,但人的所作所为自有其因果联系,自然界

---

① 《穷达以时》,李零:《郭店楚简校读记》,北京大学出版社 2002 年版,第 86 页。

② 《穷达以时》,李零:《郭店楚简校读记》,北京大学出版社 2002 年版,第 86 页。

③ 《荀子·天论》,《诸子集成》,中华书局 1954 年版,第 205 页。

是不能给予祸福的,这是因为天人有别。天有其时,地有其财,人有其治,各有自己不同的职分。他认为天的变化与人的意志无关,而人类社会中的治乱盛衰也与天无关,自然界和人类社会各有自己的职责和行为规则,天道不能干预人事,“治乱非天也”“治乱非时也”“治乱非地也”。他说:

> 治乱,天邪?曰:日月、星辰、瑞历,是禹桀之所同也,禹以治,桀以乱;治乱非天也。时邪?曰:繁启蕃长于春夏,畜积收臧于秋冬,是又禹桀之所同也,禹以治,桀以乱;治乱非时也。地邪?曰:得地则生,失地则死,是又禹桀之所同也,禹以治,桀以乱;治乱非地也。……天不为人之恶寒也辍冬,地不为人之恶辽远也辍广,君子不为小人之匈匈也辍行。天有常道矣,地有常数矣,君子有常体矣。君子道其常,而小人计其功。……若夫志意修,德行厚,知虑明,生于今而志乎古,则是其在我者也。故君子敬其在己者,而不慕其在天者;小人错其在己者,而慕其在天者。君子敬其在己者,而不慕其在天者,是以日进也;小人错其在己者,而慕其在天者,是以日退也。故君子之所以日进,与小人之所以日退,一也。君子小人之所以相县者,在此耳。①

荀子认为,社会治乱兴衰的根源只能从人类社会自身去寻找。在同样的天底下,既能产生大禹之治,也能产生夏桀之乱。荀子对天的认识,突出地表现在否定天有人格意志,而只是自然之天。他说:“列星随旋,日月递照,四时代御,阴阳大化,风雨博施,万物各得其和以生,各得其养以成,不见其事而见其功,夫是之谓神;皆知其所以成,莫知其无形,夫是之谓天功。”②在这里,荀子给天下了一个定义,从理论上说明天的功能。荀子认为,日月星辰、四时交替以及其他的一切自然现象的变化,都是基于各自相适应的条件而发生,得到各自所需要的滋养而成长,这是自然而然的事情,并没有任何人格意志的规定性。这里所谓的“神”,并不是什么超自然的神秘的主宰和精神实体,而是自然界内在

---

① 《荀子·天论》,《诸子集成》,中华书局1954年版,第207页。

② 《荀子·天论》,《诸子集成》,中华书局1954年版,第206页。

的演变作用与机制,是看不见摸不着的类似于客观规律的东西。在荀子看来天就是自然之天,是没有人格意志的。基于这种认识,荀子又得出“天有常道”的主张,“天行有常,不为尧存,不为桀亡”。这一简短而朴素的论断生动有力地说明了自然规律的客观性。既然天有自己独特的运行规律,因此自然现象的产生和演变与人类社会的吉凶福祸就没有必然的联系,由此他又提出了“天地之变不可畏”的变化观念。在荀子看来,陨星的坠落,树木发出的轰鸣声等自然现象,都是自然万物自己独特的运行发展规律所致,没有什么可怕,这些现象与人类社会的吉凶祸福没有任何必然的联系,人们没有必要为自然界的变化而感到恐慌不安,更没有必要将之与人事强拉在一起。

荀子并不是孤立地谈自然变化,而是将之与社会历史嬗变比较而论。荀子提出天人相分的观点,用意并非在强调天的不可违背性,而在于强调人为、人治的重要性,也就是通过澄清天道来弘扬人道。

荀子提出“明于天人之分”的观点比郭店楚简要晚一些,①但其思想要深刻多了。有论者认为:“天人关系,在商周时代是社会意识的一个核心问题,时至战国时代,历史发展了,而它仍是社会意识中的重要问题,需要这一时代的学者在新的历史条件下作出新的解答。”②荀子的天人之分理论,把人作为独立的力量同天(自然)区别开来,将此前有关天人关系的探索向前推进了一步,是先秦天人关系认识的最高理论成果。从中国古代历史理论产生和形成来看,荀子关于天人关系的理论,是他把对于自然的认识和对于人类历史的认识结合起来形成的积极成果,为中国古代历史理论写下了极其重要的一页。

上文讲到,荀子认为天与人有各自不同的内容,天有其自身运行的法

① 李学勤认为:“荀子的生卒,前人估计为公元前340—公元前245年,他的鼎盛年与郭店墓相当,而《天论》所论与《穷达以时》差距甚大。这可能表示,《穷达以时》的著作年代要更早不少。”(李学勤:《天人之分》,郑万耕主编:《中国传统哲学新论——朱伯崑教授七十五寿辰纪念文集》,九州图书出版社1999年版,第239页)张立文认为:“《天人》(指《穷达以时》)篇可能作于孟子晚年,或孟子稍后,可能并非孟子之前的作品。”(张立文:《〈穷达以时〉的时与遇》,《中国哲学》第20辑,第220页)

② 尹达:《中国史学发展史》,中州古籍出版社1985年版,第54页。

则,并不因人间的兴衰而发生变化:

> 天行有常,不为尧存,不为桀亡。应之以治则吉,应之以乱则凶。强本而节用,则天不能贫;养备而动时,则天不能病;修道而不贰,则天不能祸。故水旱不能使之饥渴,寒暑不能使之疾,祆怪不能使之凶。本荒而用侈,则天不能使之富;养略而动罕,则天不能使之全;倍道而妄行,则天不能使之吉。故水旱未至而饥,寒暑未薄而疾,祆怪未至而凶。受时与治世同,而殃祸与治世异,不可以怨天,其道然也。①

这段著名的论述是对天所做的唯物主义阐释的典范,表明天是自然的天,是自然界及其变化法则。

荀子所说的"天",指地及地上生物以外的自然现象,包括日月星辰的运行、四时寒暑的更替、风雨水旱的变化等,一点都不神秘,"天行有常"即指此。"常"即常规,有稳定性的意思,天不以人的意志为转移,不因人的厌恶而改变:"天不为人之恶寒也辍冬,地不为人之恶辽远也辍广,君子不为小人之匈匈也辍行。天有常道矣,地有常数矣,君子有常体矣。"季节不因人的憎恶而改变自己,天有自己的职责,不因人的好恶而改变自身的形状,它"不为而成,不求而得,夫是之谓天职",天也不因明主而存在,也不因昏君而消失。天行虽然有常,也会有反常的时候,如"日月之有蚀,风雨之不时,怪星之党见",但是这些反常情况并不可怕:

> 星队木鸣,国人皆恐。曰:是何也?曰:无何也!是天地之变,阴阳之化,物之罕至者也。怪之,可也;而畏之,非也。夫日月之有蚀,风雨之不时,怪星之党见,是无世而不常有之。上明而政平,则是虽并世起,无伤也;上暗而政险,则是虽无一至者,无益也。夫星之队,木之鸣,是天地之变,阴阳之化,物之罕至者也;怪之,可也;而畏之,非也。②

荀子解释了自然界产生的种种变化及其原因,否定了自然现象主宰人间

---

① 《荀子·天论》,《诸子集成》,中华书局 1954 年版,第 205 页。

② 《荀子·天论》,《诸子集成》,中华书局 1954 年版,第 209 页。

祸福的说法。虽然他还无法对星坠木鸣作出科学的解释,但认为这是天地之变、阴阳之化,从而摈弃了神秘的外因论。“雩而雨,何也?曰:无何也,犹不雩而雨也。日月食而救之,天旱而雩,卜筮然后决大事,非以为得求也,以文之也。故君子以为文,而百姓以为神。以为文则吉,以为神则凶也。”以自然现象本身来解释其运动变化的根源,这是符合辩证法的。荀子承认自然规律,并非要讲人在自然变异面前束手无策,而是认为人是可以认识规律即“天行有常”的,历史的进步是人类不断利用“天行有常”的规则改造生存环境的结果。

荀子认为自然是可以认识的,他反对“怨天”,认为怨天是没有见识、没有志气的表现,“怨天者无志”①。荀子不赞成庄子抹杀人的主动性,批评“庄子蔽于天而不知人”,认为“水火有气而无生,草木有生而无知,禽兽有知而无义。人有气、有生、有知,亦且有义,故最为天下贵也”②。荀子把阴阳风雨等潜移默化的机能叫做“神”,把这种无形的机能所形成的自然界叫做“天”,一切现象都是天地之变、阴阳之化的结果。在水火、草木、禽兽和人中,人不仅有知(认识能力),而且有义(合时宜的言行),人能“群”,能组成社会,因而能役使其他自然物。在天人关系中,人是矛盾的主要方面,天与人各有其职分。产生人类社会和自然万物的是自然之天,而治理人类社会、管理万物的是人,“天能生物,不能辨物也;地能载人,不能治人也”③。在起源问题上,荀子强调天之能(天道),在谁主宰谁的问题上则强调人之能(人道)。荀子试图站在人类生存和发展的高度,用理性主义的思维方法对自然之天加以把握,摈除天的神秘意味,使天成为运动变化的客观现象的总称。

“天地有恒常”,恒常指四时、晦明,生杀、柔刚,意思是说四时、晦明,生杀、柔刚的变化是有规律的,这种规律就是“天常”。“日月星辰之期,四时之度,(动静)之立(位),外内之处,天之稽也。高下不敝其刑(形),

① 《荀子·荣辱》,《诸子集成》,中华书局1954年版,第36页。

② 《荀子·王制》,《诸子集成》,中华书局1954年版,第104页。

③ 《荀子·礼论》,《诸子集成》,中华书局1954年版,第243页。

美亚(恶)不匿其请(情),地之稽也。”①这里所说的“稽”指规律,日月星辰的运行、四时的交替都是有规律的。人应该按照自然规律的要求办事,否则“过极失当,天将降殃”,要受到自然规律的惩罚。当然,人对于自然规律,也不是消极的,可以发挥人的能动性,“人强胜(朕)天”②“天制寒暑,地制高下,人制取予,取予当,立为□王”③。人的作用是可以胜天的,通过积极的取予,可以与天地并立。荀子的“天行有常”观点在中国历史上第一次抹掉神和天的神秘主义色彩,给予唯物主义无神论的解释,为后来的朴素唯物主义历史观的发展奠定了理论基础。

政论家、史论家贾谊继承了荀子的天人思想,提出“世之有饥荒,天下之常也”④。人间的祸福不在天意,“非粹在天也,又在士民也”⑤。秦皇朝在农民起义的打击下迅速覆亡的事实,使贾谊认识到人民的力量,他的历史思想也因此得到深化:

> 闻之于政也,民无不为本也。国以为本,君以为本,吏以为本。故国以民为安危,君以民为威侮,吏以民为贵贱。此之谓民无不为本也。闻之于政也,民无不为命也。国以为命,君以为命,吏以为命,故国以民为存亡,君以民为盲明,吏以民为贤不肖,此之谓民无不为命也。闻之于政也,民无不为功也。故国以为功,君以为功,吏以为功。国以民为兴坏,君以民为强弱,吏以民为能不能,此之谓民无不为功也。闻之于政也,民无不为力也,故国以为力,君以为力,吏以为力。故夫战之胜也,民欲胜也;攻之得也,民欲得也;守之存也,民欲存也。故率民而守,而民不欲存,则莫能以存矣。故率民而攻,民不欲得,则莫能以得矣。故率民而战,民不欲胜,则莫能以胜矣。故其民之为其上也,接敌而喜,进而不能止,敌人必骇,战由此胜也。夫民之于其上

① 《经法·四度》,《马王堆汉墓帛书》,文物出版社1976年版,第24页。

② 《经法·国次》,《马王堆汉墓帛书》,文物出版社1976年版,第8页。

③ 《称》,《马王堆汉墓帛书》,文物出版社1976年版,第90页。

④ 贾谊:《新书·无蓄》,阎振益、钟夏校注:《新书校注》,中华书局2000年版,第164页。

⑤ 贾谊:《新书·大政上》,阎振益、钟夏校注:《新书校注》,中华书局2000年版,第338页。

也,接而惧,必走去,战由此败也。故夫灾与福也,非粹在天也,必在士民也。呜呼,戒之戒之! 夫士民之志,不可不要也。呜呼,戒之戒之!①

贾谊的这一长篇议论,把“士民”的作用阐述得十分透彻,认为造成社会动乱的不是自然界的怪异现象,而是在于是否得民心,重视“士民之志”是最重要的。贾谊的“民无不为本”的民本思想基于“畏民”,认为民众决定着国家的兴衰、君主的安危。相对于以荀子为代表的战国思想家而言,以贾谊为代表的汉初历史思想是社会变动的产物,在前人认识的基础上有了新的发展。

三、天道自然无为

在有关天人关系的讨论中,老子首创天道自然无为的学说,认为天是无目的、无意志的,万物皆由道产生,道生万物是自然而然的。他说:“道生之,德畜之,物形之,势成之,是以万物莫不尊道而贵德。道之尊,德之贵,夫莫之命而常自然。”②《老子》还明确提出“道法自然”,意思是说,道是自然而然,本来如此,以自己为法的。道听任万物自然而然地发展,生长万物而不据为己有,推动万物而不自恃有功,长育万物而不作其主宰。《老子》中“天”字凡 91 处,但并未有“天命”“天帝”的观念。③ 老子把“道”置于天之上、之先,又认为天道自然无为,这种思想,对反对以天为主宰的有神论历史观有一定积极意义。

庄子继承了老子的天道自然无为思想,他认为:“有天道,有人道。无为而尊者,天道也;有为而累者,人道也。”人只能顺应自然,不可能改变自然。“天”字在《庄子》中凡 655 处,但其间没有“天帝”“天命”“天

① 贾谊:《新书 · 大政上》,阎振益、钟夏校注:《新书校注》,中华书局 2000 年版,第 338— 339 页。

② 《老子注》五一章,《诸子集成》,中华书局 1954 年版,第 31 页。

③ 朱哲:《先秦道家哲学研究》,上海人民出版社 2000 年版,第 96 页。

神"的人格天、意志天的含义。[①] 庄子认为,天道是自然无为的,人不过是"道"产生的万物中的一种。天是自然而然的无为者,人是有意识活动的有为者。"知天之所为,知人之所为者,至也。知天之所为者,天而生也;知人之所为者,以其知之所知以养其知之所不知。"[②]庄子将天与人的关系概括为:"天在内,人在外,德在乎天。知天人之行,本乎天,位乎得。"[③]庄子所说的天与人的关系,就人在宇宙中的位置而言是渺小的,人的生命与宇宙相比是短暂的,这有其合理的一面,但无条件地夸大人的渺小性,也是有局限的,荀子《解蔽》批评庄子"蔽于天而不知人",持论是公允的。

王充继承了荀子"天行有常"的思想,认为天是由元气构成的无意志的客观物质实体,"天禀元气"[④],"天地,含气之自然也"[⑤]。正因为这样,天地都是无意志的,"夫天道自然也,无为"[⑥]。气化生万物是自然过程,物自生自灭,并不是上天的有意安排,"人生于天地也,犹鱼生于渊,虮虱之于人也。因气而生,种类相产,万物生天地之间,皆一实也"[⑦]。

王充将天与人加以对比,来论证天没有欲望、没有意志:"何以知天之自然也?以天无口目",天地没有耳朵、眼睛和口,更没有操纵人类行为的手;"如谓天地为之,为之宜用手,天地安得万万千千手,并为万万千千物乎?"他从天的物质性出发,吸取了道家的自然无为思想,指出"天地合气,万物自生","天动不欲以生物,而物自生,此则自然也。施气不欲为物,而物自为,此则无为也"。他认为一切都是自然的:"天地合气,万物自生,犹夫妇合气子自生矣。"季节的更替是自然变化的过程,并非天为了人们生产的需要所做的有意安排:"天道无为,故春不为生,而夏不为长,秋不为成,冬不为藏。阳气自出,物自生长,阴气自起,物自成

① 朱哲:《先秦道家哲学研究》,上海人民出版社 2000 年版,第 97 页。
② 《庄子·大宗师》,《诸子集成》,中华书局 1954 年版,第 37 页。
③ 《庄子·秋水》,《诸子集成》,中华书局 1954 年版,第 105 页。
④ 王充:《论衡·超奇》,上海人民出版社 1974 年版,第 215 页。
⑤ 王充:《论衡·谈天》,上海人民出版社 1974 年版,第 166 页。
⑥ 王充:《论衡·谴告》,上海人民出版社 1974 年版,第 224 页。
⑦ 王充:《论衡·物势》,上海人民出版社 1974 年版,第 47 页。

藏。”[①]对于一些人所宣传的天命王兴、吉凶祸福与天意相关,因此文王得赤雀、武王得白鱼乃兴的奇谈怪论,王充反驳道:“自然无为,天之道也。命文以赤雀,武以白鱼,是有为也。”鸟雀的出现完全是巧合,并非什么天意,“文王当兴,赤雀适来;鱼跃乌飞,武王偶见”[②]。天不能影响人间事物,人间的行动也不能影响天地的运动,如果天的变化与人的行动有时恰好先后发生,那也只是巧合而已,并无必然的因果关系,“外若相应,其实偶然”[③]。鱼跃乌飞,武王偶见是巧合,杞梁妻哭夫而城为之崩也属于巧合,“或时城适自崩,杞梁妻适哭”[④]。王充质问道,如果说祸福都由天意决定,那么,在长平之战中被白起坑杀的40万降卒并无违背天意之举,他们为什么却遭此惨祸呢?“如天审罚有过之人,赵降卒何辜于天?”[⑤]这说明天意根本无法反映人间善恶。

“天人感应”的神学目的论成为封建统治者立法建制的理论依据,是用来麻痹人民的精神麻醉剂,因而受到各个时代统治者的供奉。王充以坚实的论断批驳“天人感应”的荒谬性,在一定程度上遏制了“天人感应”的误导作用。王充继承和发展了先秦的自然天道观,认为天不是神,而是自然的物质实体,春夏秋冬四时的变化、阴阳交替完全是自然界本身的客观运动过程,并不是天的有目的的作为。这种对天的神圣性的驳斥从理论上挖掉了“天人感应”的基础。王充用大量的事实来驳斥“天人感应”的虚妄性,他说“天道无为”“人道有为”,自然界与人类社会有着不同的运演规则,天道与人道没有必然的联系。“天无为,故不言灾变。”[⑥]所谓灾变都是些自然现象,并非“天怒”所致,日月“食有常数,不在政治。百变千灾,皆同一状,未必人君政教所致”[⑦],所谓“谴言”完全是牵强附会,是人们为了各种目的精心编造出来的。王充以客观的事实和实践知识揭

① 王充:《论衡·自然》,上海人民出版社1974年版,第280—281页。
② 王充:《论衡·初禀》,上海人民出版社1974年版,第42、43页。
③ 王充:《论衡·寒温》,上海人民出版社1974年版,第223页。
④ 王充:《论衡·感虚》,上海人民出版社1974年版,第77页。
⑤ 王充:《论衡·祸虚》,上海人民出版社1974年版,第90页。
⑥ 王充:《论衡·自然》,上海人民出版社1974年版,第282页。
⑦ 王充:《论衡·治期》,上海人民出版社1974年版,第275页。

穿了"符瑞""谴言"的欺骗性,切断天人之间的神秘联系,指出"人不能以行感天,天亦不能随行而应人"①。雷电伤人并非老天爷在惩罚恶人,"雷者,火也",人被雷击死是天火烧死的,根本不是什么"天怒"。王充反问道,既然"善人顺道,恶人违天",为什么天不赏善人长寿而罚恶人早死,反而使"恶人之命不短,善人之年不长"②呢?如果天能谴告人君,就应该选择一个贤明的君主,为什么偏要让一些残暴昏庸的君主残害百姓呢?天为何不嫌麻烦呢?可见,"人不晓天所为,天安能知人所行"③,天没有意志,它不能"赏善罚恶","天人感应"完全是人编造出来的"惧愚者之言"。

当时有一种"符瑞"说,把一些自然的或想象的事物,如龙、麒麟、凤凰、雨露、嘉禾、芝草等等,称之为帝王的"受命之符"。如:夏的祖先是其母吃了一种叫做"薏苡"的草生下的,商人和秦人的祖先是其母吞吃玄鸟蛋而生的,汉高帝刘邦是其母在野地里与黑龙交合而生,东汉光武帝刘秀出生时室内有光,等等。针对这类荒唐之言,王充指出"薏苡""燕卵"根本不能生人,龙与人也不是同类,"不相与合者,异类故也","天地之间,异类之物,相与交接,未之有也","何则?异类殊性,情欲不相得也"④。人都是由父母生的,帝王亦不例外,所谓"圣人更禀气于天",乃是"虚妄之言",不足相信。既然天、人、物三者不是同类,不能相合,那么与"符瑞"也就毫不相干了。

针对汉代神学关于帝王不是人的后代而是天神的代理人的谬论,王充一针见血地指出:"人,物也。虽贵为王侯,性不异于物。"⑤王充也承认"天能动物",如"天且雨,蝼蚁徙,蚯蚓出,琴弦缓,固疾发",但这是"风雨之气,感虫物也"⑥。与汉朝流行的"天人感应"思想相对立,王充提出"人不能以行感天,天亦不能随行而应人"。如果说灾异是上天对失政者

① 王充:《论衡·明雩》,上海人民出版社 1974 年版,第 234 页。
② 王充:《论衡·福虚》,上海人民出版社 1974 年版,第 88 页。
③ 王充:《论衡·变虚》,上海人民出版社 1974 年版,第 66 页。
④ 王充:《论衡·奇怪》,上海人民出版社 1974 年版,第 52 页。
⑤ 王充:《论衡·道虚》,上海人民出版社 1974 年版,第 106 页。
⑥ 王充:《论衡·变动》,上海人民出版社 1974 年版,第 229 页。

的谴告，那么“尧遭洪水，汤遭大旱，如谓政治所致，尧、汤恶君也”①。王充以当时已经取得的自然科学成就为依据，并结合自己的合理设想，对天人观作出了新的阐发，他的这种思想既包含着鲜明的社会批判倾向，又是对朴素唯物主义的天人观研究的积极推进，在中国古代历史理论中具有突出的地位。

仲长统补充和发展了王充的天人观，强调人在历史运动中的主观能动作用。“人事之尽耳，无天道之学焉！然则王天下、作大臣者，不待于知天道矣。所贵乎用天之道者，则指星辰以授民事，顺四时而兴功业，其大略也。吉凶之祥又何取焉？故知天道而无人略者，是巫医卜祝之伍，下愚不齿之民也；信天道而背人略者，是昏乱迷惑之主，覆国亡家之臣也。”②荒废了人事，“而反求福佑于不祥之物，取信诚于愚惑之人，不亦误乎？”他把汉朝迷信宗教的君臣斥为败家子和下愚无知的迷信者。仲长统主张尽人力，不迷信神秘的天道，在考察社会政治历史中概括出“人事为本，天道为末”的原则。他所说的“天道”，已经除去了神灵意志的含义，而是指自然之天的日月星辰、四季运行和更替的规律。他认为天命是不存在的，只不过是“伪假天威”的骗局而已。刘邦能当皇帝，刘秀能够重建汉朝，“之所以震四海，布德生命，建功立业，流名万世者，唯人事之尽耳，无天道之学也”。君主地位的确立只不过是在角逐中取得了胜利，这与天意无关。他说：

> 豪杰之当天命者，未始有天下之分者也。无天下之分，故战争者竞起焉。于斯之时，并伪假天威，矫据方国，拥甲兵与我角才智，程勇力与我竞雌雄，不知去就，疑误天下，盖不可数也。角知者皆穷，角力者皆负，形不堪复伉，势不足复校，乃始羁首系颈，就我之衔绁耳。③

仲长统不仅批判了重天道而轻人道的荒谬性，而且以处理天人关系的态度来划分君主：“故自审已善，而不复恃乎天道，上也；疑我未善，引

---

① 王充：《论衡·明雩》，上海人民出版社1974年版，第236页。

② 《群书治要》卷四五《昌言》，北京理工大学出版社2013年版，第606页。

③ 范晔：《后汉书》卷四九《仲长统传》，中华书局1965年版，第1644页。

天道以自济者,其次也;不求诸己而求诸天,下愚之主也。”①相信自己能行善而不依靠天道者,是上等君主;对自己能否行善表示怀疑,希望借助天道帮助自己的,是次一等的君主;完全不依靠自己而求助上天保佑的,是最下等的昏君。仲长统有力地批判了君权神授论,警告统治者不要颠倒了天与人的关系。

王充、仲长统对天道自然的深刻剖析,不仅澄清了宇宙观的一些问题,而且对人在自然中的地位、人与自然的关系也做了很好的阐发,这种阐发从另一个方面深化了对社会历史的认识。他们对社会矛盾的揭露,有利于推动社会的进步,在汉朝谶纬之学盛行的时期,能够不随波逐流,而是进行深沉的思索,实属难能可贵,因此在古代历史理论的发展中闪耀着理性的光辉。

第四节 “天”的新解(下):“天人感应”论

一、董仲舒“天人感应”论的由来及其特征

我们注意到,“天”的新解,随着社会的进步,朝着唯物的方向发展,但为着一定时期的政治统治的需要,它也会朝着唯心的方向发展。“天人感应”论就是后者的一个代表。“天人感应”是“秦汉时期社会上普遍流行的一种思潮”②。在“天人感应”论中所宣扬的天,有着鲜明的人格,它有意志、有情感,人可以通过与它的交流并通过自己在道德或行为上的努力,改变它的意旨。这股思潮到了董仲舒那里得到系统的发展。

“天人感应”论的出现不是偶然的,它是古代天人关系思想发展的结果之一,也是对汉代政治制度的需求的反映。董仲舒的思想来源比较复

① 《群书治要》卷四五《昌言》,北京理工大学出版社 2013 年版,第 606 页。

② 任继愈主编:《中国哲学发展史(秦汉卷)》,人民出版社 1985 年版,第 338 页。

杂,概而言之,有以下数端:

一是“天人合一”的思想。如孟子说:“尽其心者,知其性也。知其性,则知天矣。”[①]性本于心,尽心则能知性,人之性受于天,知性就可以知天。《易传》提出“与天地合其德”的思想。“夫大人者,与天地合其德,与日月合其明,与四时合其序,与鬼神合其吉凶。先天而天弗违,后天而奉天时。”[②]所谓“与天地合其德”,是指人与自然界之间相互适应、相互协调。董仲舒的“天人感应”是天人合一论的另一种形式。他说:“事各顺于名,名各顺于天,天人之际,合而为一。”[③]其实质是以人顺天。

二是“以德配天”思想。西周政治家提出的天道转移论中,有一个重要的命题,就是“皇天无亲,惟德是辅”[④]。皇天是没有私亲的,谁有更大的美德,天就会辅佐谁;相反,如果不能实行德政,违背了天的意愿,就会被天所抛弃。西周初期的政治家认为天授予天命的根据,不是殷商所主张的血缘关系,而是承受天命者的德行。德行者,保民也。这样把天命和人事联系起来,在统治正当性的神性因素里纳入了世俗因素,甚至这个世俗因素即保民、爱民的德,在统治权的归属上,更具有决定性。“以德配天”所确立的统治正当性的实质性根据,在于德政,而天命是对这个根据的认可。

董仲舒接过“以德配天”的思想并作了他所需要的解释,并用此来证明人事的好坏会招致天的福佑或惩罚,人要顺天不能逆天。“王者配天,谓其道。天有四时,王有四政,四政若四时,通类也,天人所同有也。”[⑤]他在回答汉武帝“三代受命,其符安在? 灾异之变,何缘而起?”的“天人之应”问题时,进一步解释说:

> 臣谨案《春秋》之中,视前世已行之事,以观天人相与之际,甚可畏也。国家将有失道之败,而天乃先出灾害以谴告之;不知自省,又

① 《孟子·尽心上》,杨伯峻译注:《孟子译注》,中华书局 1960 年版,第 301 页。

② 《周易·乾卦·文言传》,《十三经注疏》,中华书局 1980 年版,第 17 页。

③ 董仲舒:《春秋繁露·深察名号》,《二十二子》,上海古籍出版社 1986 年版,第 791 页。

④ 《左传·僖公五年》,杨伯峻编著:《春秋左传注》,中华书局 1981 年版,第 309 页。

⑤ 董仲舒:《春秋繁露·四时之副》,《二十二子》,上海古籍出版社 1986 年版,第 797 页。

> 出怪异以警惧之;尚不知变,而伤败乃至。以此见天心之仁爱人君而欲止其乱也。自非大亡道之世者,天尽欲扶持而全安之,事在强勉而已矣。强勉学问,则闻见博而知益明;强勉行道,则德日起而大有功:此皆可使还至而有效者也。《诗》曰"夙夜匪解",《书》云"茂哉茂哉",皆强勉之谓也。
>
> 道者,所繇适于治之路也,仁义礼乐皆其具也。故圣王已没,而子孙长久安宁数百岁,此皆礼乐教化之功也。王者未作乐之时,乃用先王之乐宜于世者,而以深入教化于民。①

这就是他所发挥的"灾异"之说的意义。"天人感应"论把天人格化了,把自然界原本与人间无关的灾异与人事扯在一起。

三是同类相感的思想。《吕氏春秋·知分》篇认为:"类同相召,气同则合,声比则应。"②这本是表明事物之间存在某种联系和相互呼应关系的认识。而董仲舒从同类相感推导出天人同类,又由天人同类推导出"天人感应"。他认为"以类合之,天人一也"③,天与人在形体和性质上皆相关,他说:

> 天地之精所以生物者,莫贵于人。人受命乎天也,故超然有以倚。物疢疾莫能为仁义,唯人独能为仁义;物疢疾莫能偶天地,唯人独能偶天地。人有三百六十节,偶天之数也,形体骨肉,偶地之厚也。上有耳目聪明,日月之象也;体有空窍理脉,川谷之象也;心有哀乐喜怒,神气之类也。观人之体一,何高物之甚,而类于天也。④

董仲舒强调"人副天数",认为人的形体、性情皆类于天,人与天有着共同的道德伦理本质,又通过一连串的比附后,⑤董仲舒认为不需要再到自然之天以外寻找一个人格化的天帝,自然之天本身就是有意志、有人格的神

① 班固:《汉书》卷五六《董仲舒传》,中华书局1962年版,第2498—2499页。
② 《吕氏春秋·知分》,《诸子集成》,中华书局1954年版,第262页。
③ 董仲舒:《春秋繁露·阴阳义》,《二十二子》,上海古籍出版社1986年版,第796页。
④ 董仲舒:《春秋繁露·人副天数》,《二十二子》,上海古籍出版社1986年版,第797页。
⑤ 董仲舒:《春秋繁露·为人者天》,《二十二子》,上海古籍出版社1986年版,第793页。

之大君。

四是符瑞天谴的风气。这种风气由来已久,周幽王二年(前780年),三川地震,周史官伯阳父说:

> 周将亡矣!夫天地之气,不失其序;若过其序,民乱之也。阳伏而不能出,阴迫而不能烝,于是有地震。今三川实震,是阳失其所而镇阴也。阳失而在阴,川源必塞;源塞,国必亡。夫水土演而民用也。水土无所演,民乏财用,不亡何待?昔伊、洛竭而夏亡,河竭而商亡。今周德若二代之季矣,其川源又塞,塞必竭。夫国必依山川,山崩川竭,亡之征也。川竭,山必崩。若国亡不过十年,数之纪也。夫天之所弃,不过其纪。①

“三川竭,岐山崩”,九年之后,周幽王被犬戎消灭,周平王不得不迁都洛阳。《诗经》中也将百川山冢、高岸深谷的变化看作天对人间的谴责,是凶亡之征兆。② 其后,更有这样的概括性说法:“国家将兴,必有祯祥;国家将亡,必有妖孽。”③

以上这些有关天人关系的思想,似都对董仲舒的“天人感应”论有一定的影响。

董仲舒吸收了来自各方面的思想,形成了他自己的思想特征。

第一,“君权神授”的理论化。董仲舒把长期以来形成的纲常伦理学说说成是来源于天,认为天具有仁、义、礼、智、信和君臣、父子、夫妇等宗法道德属性,“王道之三纲,可求于天”④。这不仅为“三纲五常”制造了先天的根据,而且为“君权神授”制造了理论基础。这就是:“受命之君,天意之所予也。故号为天子者,宜视天如父,事天以孝道也。”⑤“唯天子受命于天,天下受命于天子。”⑥这就是说,天下听命于天子,就是听命于天,把殷周时的天子受命的说法又向前推进了一步。

---

① 左丘明著,韦昭注:《国语·周语上》,上海古籍出版社1978年版,第26—27页。
② 《诗经·十月之交》,《十三经注疏》,中华书局1980年版,第445—447页。
③ 《礼记·中庸》,《十三经注疏》,中华书局1980年版,第1632页。
④ 董仲舒:《春秋繁露·基义》,《二十二子》,上海古籍出版社1986年版,第797页。
⑤ 董仲舒:《春秋繁露·深察名号》,《二十二子》,上海古籍出版社1986年版,第791页。
⑥ 董仲舒:《春秋繁露·为人者天》,《二十二子》,上海古籍出版社1986年版,第793页。

因此,董仲舒进而以“顺天志”为根据,解释朝代的更迭和制度的变革,从而否定朝代更迭之间的历史联系。他说:

> 受命于天,易姓更王,非继前王而王也。若一因前制,修故业,而无有所改,是与继前王而王者无以别。受命之君,天之所大显也。事父者承意,事君者仪志,事天亦然。今天大显已,物袭所代而率与同,则不显不明,非天志。故必徙居处、更称号、改正朔、易服色者,无他焉,不敢不顺天志,而明自显也。①

更称号,易服色,不能简单地看成是制度或仪式的变化,而应当看作是君王受天命、顺天志的表现。董仲舒为证明天为社会最高主宰,王道三纲来源于天,君主必须按天意行事,还提出“人副天数”的思想。按照他的解释,人不仅和天具有相同的意志、道德属性,就连人的生理构造也和天相像,因为“人之人本于天,天亦人之曾祖父也。此人之所以乃上类天也”,并由此而演绎出一系列荒唐、附会之论,②为“天人感应”制造多方面的根据。于是,董仲舒就可以以同类相动作为天人感应的依据:“美事召美类,恶事召恶类,类之相应而起也。如马鸣则马应之,牛鸣则牛应之。帝王之将兴也,其美祥亦先见;其将亡也,妖孽亦先见。物固以类相召也。”“天将阴雨,人之病故为之先动,是阴相应而起也。天将欲阴雨,又使人欲睡卧者,阴气也。有忧亦使人卧者,是阴相求也;有喜者,使人不欲卧者,是阳相索也。”③他认为自然界感应现象背后有一个无形的主宰力量,即“天命”。

第二,“天人合一”的系统化。董仲舒在其著作中处处强调天人合一,“事各顺于名,名各顺于天。天人之际,合而为一”④,他从多方面论证天人合一:“天亦有喜怒之气,哀乐之心,与人相副。以类合之,天人一也。”⑤董仲舒认为“名”是圣人对天意的阐发,“名则圣人所发天意”,因

① 董仲舒:《春秋繁露·楚庄王》,《二十二子》,上海古籍出版社1986年版,第796页。

② 董仲舒:《春秋繁露》之《为人者天》《人副天数》《同类相动》《二十二子》,上海古籍出版社1986年版,第793页,第797—798页。

③ 董仲舒:《春秋繁露·同类相动》,《二十二子》,上海古籍出版社1986年版,第798页。

④ 董仲舒:《春秋繁露·深察名号》,《二十二子》,上海古籍出版社1986年版,第791页。

⑤ 董仲舒:《春秋繁露·阴阳义》,《二十二子》,上海古籍出版社1986年版,第796页。

此,做事依“名”而行,就是顺从天意,以此事天,就能实现人事与天事的一致。董仲舒所讲的“天人合一”,实际上是认为天人相类,或天人相副。根据他的同类相感、天人相副的说法,董仲舒把“天人合一”的思想进一步系统化了。

第三,“天”的进一步神秘化。董仲舒根据汉朝政治的需要,将人们已经认识到的自然之天重新塑造为有意志的天。董仲舒把天描绘成创造万物、支配一切的至上神,整个社会关系和社会制度,都是天意的安排和体现。他所设想的“主宰之天”是“藏其形而见其光”,通过阴阳、四时、五行等自然运行的规律来发挥作用。按照董仲舒的说法,“天”是一位有喜怒、司赏罚、有绝对权威的至上神,既主宰天上诸神,又支配人间的帝王,有绝对的权威。

董仲舒采用主观类比的方法论证天人感应,“复活”了商周时期的天人关系学说和天命思想,并赋予它一定的理论体系,是政治大一统的要求在思想上的反映。由此可以看出,历史思想的发展,是一个复杂的过程,而各种思想并进及其相互影响,促进了整个思想运动的发展。同时,我们也可以看到,在同一政治局面下不同的历史思想体系,也都会从自身的历史发展中,对当时的社会历史作出各具特色的解释。

二、“天人感应”论对社会历史的解释

“天”是董仲舒社会历史观的最终归宿,是其思想体系的核心。董仲舒采用自然拟人化的主观类比方法,通过附会并改造阴阳五行说,来论证天的神秘性和意志性,宣扬天是万物的创造者和主宰者,强调“天者,万物之祖,万物非天不生”①,试图以一种超自然的威力来解释和影响社会历史的活动。

首先,董仲舒以天与人之间的气的感应,来强调天对社会发展及人的活动的影响。董仲舒把五行的次序说成是由天所安排,并以此与五方四

① 董仲舒:《春秋繁露·顺命》,《二十二子》,上海古籍出版社1986年版,第802页。

时相配,认为五行是天用以主理五方、四时的辅助力量。“天有阴阳,人亦有阴阳。天地人之阴气起,而人之阴气应之而起;人之阴气起,而天地之阴气亦宜应之而起,其道一也。”①人依附于天地阴阳之气,天地人之间通过气产生感应。天以感应的形式来影响人的行为,使人不至于背离天道;而人通过气的变动可以观察到天的意志,“天意难见也,其道难理。是故明阴阳入出实虚之处,所以观天之志,辨五行之本末顺逆、小大广狭,所以观天道也”②。天子代表天意行事,他的权力外有礼法的规定,内有神权护卫,自然就不可动摇。

其次,用以说明天谴示警的作用。如前文所述,董仲舒认为,倘若君主逆天,不行德政,就会激起天的震怒,降下各种自然灾害,如水灾、旱灾、虫灾、地震、日月食等,以示对国君的谴责和惩罚。董仲舒的这种观点无疑包含着愚弄民众的作用,但同时也有警告国君的成分,在一定的程度上也是对国君行为的约束。当然,这种约束毕竟是有限的。

董仲舒的“天人感应”论,不论从历史观方面来说,还是从政治统治的需要来说,都有产生的必然性。这一学说,在当时和后世都有不小的影响;同时,在中国古代历史理论形成时期,它也遭到史学家的冷落、批评和质疑。司马迁的“究天人之际”的思想,可以看作是对“天人感应”论的否定;而荀悦也以具体的历史事实为基础,对“天人感应”的说法持怀疑的态度,指出:“东方主生,死者不鲜。西方主杀,生者不寡。南方火也,居之不焦。北方水也,蹈之不沉。故甲子昧爽,殷灭周兴;咸阳之地,秦亡汉隆。”③荀悦在历史撰述中走出“天人感应”阴影的笼罩,对“天人感应”提出了质疑:在“甲子昧爽”同样的时刻,一个王朝灭亡了,另一个王朝却在兴起;同样的地点,一个政权覆没了,另一个政权却兴旺起来,“这就公然是对‘天人感应’的否定了”④。

---

① 董仲舒:《春秋繁露·同类相动》,《二十二子》,上海古籍出版社1986年版,第798页。
② 董仲舒:《春秋繁露·如天之为》,《二十二子》,上海古籍出版社1986年版,第808页。
③ 荀悦:《申鉴·俗嫌》,《诸子集成》,中华书局1954年版,第15页。
④ 白寿彝:《白寿彝史学论集》下册,北京师范大学出版社1994年版,第908页。

三、“五行灾异”说与谶纬神学的社会历史观

西汉盛世出现了“天人感应”论,西汉末年尤其是东汉时期出现了谶纬思想。从本质上说,它们是神学思想的不同版本。谶纬思想是经学与神秘诡异之说的混合物,主要流行于东汉时期。谶的核心是传播神秘预言,预测吉凶,又称谶语,因通常配图,故又叫图谶。谶的本义是应验,凡是有“应验”的预言即称为“谶”,带有浓厚的诡秘性,宣扬者往往托名于天帝、神仙,并且力图证明预言事后有“应验”。宣扬这种预言的书就叫做“谶书”。纬是用诡秘荒诞的观点对儒家经典进行“解释”。汉代的神学家用神学观点赋予它神学的含义,将它与儒家的经典如《诗》《书》《礼》《易》《乐》《春秋》相对应,假托神意,把经学神学化,即所谓“圣人作经,贤者纬之”[①]。因此,用神学的观点来穿凿附会地解释经书的书,就叫做“纬书”。谶和纬的含义虽有不同,但都具有十分浓厚的神秘色彩,又都成为统治者手中的思想工具。

谶纬神学在西汉末年的哀、平之际大兴,这与哀、平之际的社会危机有很大关系。当时“阴阳错谬,岁比不登,天下空虚,百姓饥馑,父子分散,流离道路,以十万数。而百官群职旷废,奸轨放纵,盗贼并起,或攻官寺,杀长吏”[②]。王莽出于篡夺皇位的需要,多次利用所谓丹书著石、金匮策书等图谶,发布诸如“告安汉公莽为皇帝”“摄皇帝当为真皇帝”[③]之类的传言,为自己当皇帝制造根据。刘秀在反莽复汉时,为了证明自己是西汉统治者的合法继承人,也编造了“刘秀发兵捕不道,卯金修德为天子”等谶语。刘秀做了皇帝后,东汉朝廷用人施政都要以谶纬作根据,对各种重大问题所做的决策,也都以谶纬来决定。而对于儒家经典的解释,往往以谶纬为指归。光武帝死前所做的最后一件事情,就是“宣布图谶于天

① 朱彝尊:《经义考》卷二九八《说纬》,中华书局 1998 年版,第 1533 页。
② 班固:《汉书》卷八一《孔光传》,中华书局 1962 年版,第 3358 页。
③ 班固:《汉书》卷九九上《王莽传上》,中华书局 1962 年版,第 4079 页。

下”[①]。谶纬神学起初比较简单粗陋,并且各讲一套,刘秀当上皇帝后,便令尹敏、薛汉等人校定图谶,在中元元年(56年)正式宣布图谶于天下,于是图谶猖獗。“图谶本已迎合民众迷信的心理,现在又定为功令的必读书,当然钻入民间更深更普遍了。”[②]

东汉统治者召开白虎观会议,并由班固作《白虎通义》。《白虎通义》将董仲舒的“天人感应”学说和谶纬迷信融合起来,加以系统化、神圣化,其所涉及的范围,包括自然现象和社会现象、政治制度、思想文化和风俗习惯等,用阴阳五行、谶纬迷信加以神秘化。《白虎通义》说:“天道莫不成于三:天有三光,日、月、星;地有三形,高、下、平;人有三尊,君、父、师。”[③]将自然现象与社会现象强拉在一起比附,为君权涂上神秘的色彩。

《白虎通义》是一部反映东汉统治集团共同认识的法典性文献,其中“百分之九十的内容出于谶纬”[④]。谶纬和伦理纲常相糅合,成为东汉皇朝统治思想的一个主要部分。

值得注意的是,谶纬也影响了史学家的历史撰述思想,班固《汉书·五行志》记载了许多有价值的自然现象,但他在作“五行灾异”的判断时,往往会引用一些五行家的言论,这无疑是受到谶纬的影响。

谶纬的泛滥严重影响学术思想的发展,引起了进步思想家的批判。东汉初年,桓谭公开抨击图谶:“帝谓谭曰:‘吾欲[以]谶决之,何如?’谭默然良久,曰:‘臣不读谶。’帝问其故,谭复极言谶之非经。帝大怒曰:‘桓谭非圣无法,将下斩之。’”[⑤]王充痛疾虚妄,对谶纬神学观念进行全面的批判。王充从朴素的唯物观点出发,否定了“天人感应”学说和神鬼有知论,指出“人不能以行感天,天亦不能随行

① 范晔:《后汉书》卷一下《光武帝纪下》,中华书局1965年版,第84页。

② 顾颉刚:《汉代学术史略》,东方出版社1996年版,第128页。

③ 《白虎通义》卷四《封公侯》,陈立疏证:《白虎通疏证》,中华书局1994年版,第131页。

④ 侯外庐、赵纪彬、杜国庠等:《中国思想通史》第2卷,人民出版社1957年版,第229页。

⑤ 范晔:《后汉书》卷二八上《桓谭传》,中华书局1965年版,第961页。

而应人”①。

“天人感应”和谶纬思想是古代历史认识中的一股思潮,它与社会政治密切相关,尽管“维护皇权,但又有软弱的限制皇权的想法”②,但与荀子天人相分的观点相比,显然是历史理论的一种倒退。

第五节 “究天人之际”

一、社会历史观的根本问题

“究天人之际”是司马迁撰写《史记》时所提出的重大的命题。这一命题是史学家所无法回避的。如果说,董仲舒是用“天人感应”说对天人关系作出新的解释的话,那么,司马迁则是从人的重要性对天人关系作出新的解释。从本质上说,后者是作为前者的对立物而出现的。

从西周初年到西汉前期,在1000多年中,天人关系始终是人们极为关注的问题。对于这个问题,不同时期、不同身份的人,都提出过这样那样的解说。这究竟是一个什么现象?人们为什么如此关注这个问题。实际上,本章上述有关的讨论,已经从不同的论述中回答了这个问题:即社会历史变动的动因何在?不论是人们出于对“天神”的敬畏、对自然的猜测和探索、对社会和人事的认识,还是出于政治统治的需要等等,从根本上看,都是试图用各自的解释来回答上述问题。

这里,我们必须注意到这样一个历史现象,即每当历史发生重大变动之际,人们关于天人关系的思考和讨论,都会形成一次新的潮流,如殷周之际、西周末年、秦汉之际等。正因为如此,“如何看待天人之际,这是汉武帝时期重大的政治性理论问题”③。其所以成为一个“政治性

① 王充:《论衡·明雩》,上海人民出版社1974年版,第234页。

② 祝瑞开:《两汉思想史》,上海古籍出版社1989年版,第126页。

③ 白寿彝:《中国史学史论集》上册,中华书局1999年版,第70页。

理论问题”,就是希望人们从天人关系出发,来“证明”西汉皇朝存在的合理性。董仲舒适当其时,用“天人感应”论对此作了“证明”。大致与此同时,司马迁提出了“究天人之际”的问题,他的一个“究”字,反映他对以往关于天人关系的种种认识和说法,要作一番新的考察,进而提出自己的认识。从这个意义上说,司马迁提出的“究天人之际”的问题,恰是触及到社会历史观的根本问题,在中国古代历史理论上,具有重要的价值。

二、司马迁“究天人之际”命题的思想渊源

“究天人之际”这一命题的提出有其深刻的历史背景和思想渊源。西周以来对于“天道”与“人道”、“天命”与“人事”的讨论可以看作是司马迁天人观的历史渊源,司马迁从中汲取了思想养分,形成了自己的天人观。

第一,史官之学的影响。司马迁自述“司马氏世典周史”,太史令的职责包括天时、星历及记事等,史称“太史令尹咸校数术”①,数术所关注的是天人问题。司马谈曾经“学天官于唐都”,他临终时告诉司马迁太史令的职责说:“余先周室之太史也。自上世尝显功名于虞夏,典天官事。”②天官之学是司马迁的家学,是做太史令必备的知识。这种要求使司马迁对于天人之学有一定的素养,使他能够灵活地运用天学知识讨论人事。司马迁这样写道:

> 日变修德,月变省刑,星变结和。凡天变,过度乃占。国君强大,有德者昌;弱小,饰诈者亡。太上修德,其次修政,其次修救,其次修禳,正下无之。夫常星之变希见,而三光之占亟用。日月晕适,云风,此天之客气,其发见亦有大运。然其与政事俯仰,最近[天]人之符。此五者,天之感动。为天数者,必通三五。终始古今,深观时变,察其

① 班固:《汉书》卷三〇《艺文志》大序,中华书局1962年版,第1701页。

② 司马迁:《史记》卷一三〇《太史公自序》,中华书局1959年版,第3295页。

精粗,则天官备矣。①

尽管这里仍不免有天人附会之痕迹,但司马迁所讲的天变不同于承认天命者所说的有意志的天。

第二,儒家学说的影响。司马迁以孔子事业的继承者自居,他对儒家学说非常推崇,称孔子为“至圣”,其著述史书就是要绍继《春秋》。儒家学派对天道、天命有许多的讨论,要“厥协六经异传”,不可能回避天命、天道问题。孔子明智的天命观,必然对司马迁有一定的影响。司马迁引用孔子和董仲舒论《春秋》的话,并加以发挥,他写道:

余闻董生曰:“周道衰废,孔子为鲁司寇,诸侯害之,大夫壅之。孔子知言之不用,道之不行也,是非二百四十二年之中,以为天下仪表,贬天子,退诸侯,讨大夫,以达王事而已矣。”子曰:“我欲载之空言,不如见之于行事之深切著明也。”夫春秋,上明三王之道,下辨人事之纪,别嫌疑,明是非,定犹豫,善善恶恶,贤贤贱不肖,存亡国,继绝世,补敝起废,王道之大者也。②

由此可见,司马迁是把王道和人事置于重要位置。

第三,道家学说的影响。汉初,黄老无为而治思想一度成为政治统治思想,而司马谈“习道论于黄子”③,对道家学说多有关注,在其《论六家之要指》中,对阴阳家、儒家、墨家、法家、名家的学说都提出了批评,而对道家学说则予以充分的肯定,认为:“道家使人精神专一,动合无形,赡足万物。其为术也,因阴阳之大顺,采儒墨之善,撮名法之要,与时迁移,应物变化,立俗施事,无所不宜,指约而易操,事少而功多。”④班固父子批评司

① 司马迁:《史记》卷二七《天官书》,中华书局 1959 年版,第 1351 页。《集解》徐广曰:“适者,灾变咎徵也。”李斐曰:“适,见灾于天。刘向以为日、月蚀及星逆行,非太平之常。自周衰以来,人事多乱,故天文应之遂变耳。”骃案:孟康曰,“晕,日旁气也。适,日之将食,先有黑气之变”。《索隐》案:三谓三辰,五谓五星。

② 司马迁:《史记》卷一三〇《太史公自序》,中华书局 1959 年版,第 3297 页。

③ 司马迁:《史记》卷一三〇《太史公自序》,中华书局 1959 年版,第 3288 页。

④ 司马迁:《史记》卷一三〇《太史公自序》,中华书局 1959 年版,第 3289 页。王鸣盛说:“且又特举道家之指约易操,事少功多与儒家博而寡要,劳而少功,两两相校,以明孔不如老,此谈之学也。”参见王鸣盛:《十七史商榷》卷六《司马氏父子异尚》,中国书店 1987 年版。

马迁"论大道则先黄老而后六经"①,固然有失偏颇,但也不是没有一点根据,这与司马迁自身的知识素养还是有关系的。

三、司马迁"究天人之际"命题所阐明的社会历史观

司马迁在《史记》一书和《报任安书》中,曾经四次讲到"天人之际"(其首段乃引司马相如之论):

> 披艺观之,天人之际已交,上下相发允答。圣王之德,兢兢翼翼也。故曰"兴必虑衰,安必思危"。是以汤武至尊严,不失肃祗;舜在假典,顾省厥遗:此之谓也。②

> 夫天运,三十岁一小变,百年中变,五百载大变;三大变一纪,三纪而大备:此其大数也。为国者必贵三五。上下各千岁,然后天人之际续备。③

> 礼乐损益,律历改易,兵权山川鬼神,天人之际,承敝通变,作八书。④

> 网罗天下放失旧闻,考之行事,稽其成败兴坏之理,凡百三十篇,亦欲以究天人之际,通古今之变,成一家之言。⑤

这四次讲到"天人之际",其意大致是:论客观形势和人们兴衰安危意识,论历史变动的大趋势,论形势变化和制度变革的关系,以及论撰写《史记》的思想主旨。在这里,天或是指历史演进的趋势,或是指具体的历史环境。总的来说,在司马迁那里,天已不具有神的意义。司马迁提出探究"天人之际"的问题,在中国古代历史理论形成过程中具有划时代意义。

---

① 班固:《汉书》卷六二《司马迁传》,中华书局1962年版,第2738页。
② 司马迁:《史记》卷一一七《司马相如列传》,中华书局1959年版,第3072页。
③ 司马迁:《史记》卷二七《天官书》,中华书局1959年版,第1344页。
④ 司马迁:《史记》卷一三〇《太史公自序》,中华书局1959年版,第3319页。
⑤ 班固:《汉书》卷六二《司马迁传》,中华书局1962年版,第2735页。

其理论在于:

第一,将自然现象与阴阳五行的迷信说法区别开来。在司马迁生活的时代,阴阳五行之类的怪诞神学历史观充斥社会,已成为正统的政治理论基础。司马迁坚持实录的原则,不为世风所动,以朴素的唯物主义观点来分析自然现象,批评五行学说的虚妄。司马迁引其父的《论六家之要指》来分析阴阳五行学说:“夫阴阳四时、八位、十二度、二十四节,各有教令,顺之者昌,逆之者不死则亡。未必然也,故曰‘使人拘而多畏’。”他认为阴阳学说“未必然也”,批评人为地设置禁忌“使人拘而多畏”①。

司马迁极力淡化灾异在人事中的意义,将人的活动放在重要的地位,为后来的历史撰述树立了良好的典范。

第二,对当时盛行的封禅祭祀、祈求神仙的虚妄活动予以揭露和批判。司马迁批评汉武帝说:“今上封禅,其后十二岁而还,遍于五岳、四渎矣。而方士之候祠神人,入海求蓬莱,终无有验。而公孙卿之候神者,犹以大人之迹为解,无有效。天子益怠厌方士之怪迂语矣,然羁縻不绝,冀遇其真。”②由于皇帝欲罢不能,所以“自此之后,方士言神祠者弥众”,这就大大地破坏了社会风气,在明言“李少君病死”之后又说“天子以为化去不死”③。从这里可以看出司马迁对社会的责任和无畏的批判精神。他在《封禅书》后论中进一步指出:“余从巡祭天地诸神名山川而封禅焉。入寿宫侍祠神语,究观方士祠官之意,于是退而论次自古以来用事于鬼神者,具见其表里。后有君子,得以览焉。”④他要以自己的所见所闻来揭露方士、祠官的虚妄和笃信鬼神的最高统治者的荒诞。“他把自古以来侍奉鬼神的活动集中起来,‘具见其表里’。‘具见其表里’这五个字很厉害,说明他是洞悉这些活动真相的。他还着重指出,他这样写是为了要让后世的君子,看出一个究竟来,‘后世君子,得以览焉’。从这里,可以看

① 司马迁:《史记》卷一三〇《太史公自序》,中华书局1959年版,第3290页。

② 司马迁:《史记》卷二八《封禅书》,中华书局1959年版,第1403—1404页。

③ 司马迁:《史记》卷二八《封禅书》,中华书局1959年版,第1386页。

④ 司马迁:《史记》卷二八《封禅书》,中华书局1959年版,第1404页。

出他的'究天人之际'是针对阴阳五行之说开展的一场斗争。"①

第三,通过对人事的分析,说明天道与人事不相干,这突出反映在他对秦王朝灭亡的看法上。

司马迁引述并高度赞赏贾谊对秦灭亡原因的分析,即"仁义不施,攻守之势异也",显然,司马迁和贾谊都没有把秦王朝灭亡的原因归之于天命,而是归之于人事。他在《史记·伯夷列传》中直接对天道提出质疑:

> 或曰:"天道无亲,常与善人。"若伯夷、叔齐,可谓善人者非邪?积仁絜行如此而饿死!……若至近世,操行不轨,专犯忌讳,而终身逸乐,富厚累世不绝。或择地而蹈之,时然后出言,行不由径,非公正不发愤,而遇祸灾者,不可胜数也。余甚惑焉,傥所谓天道,是邪非邪?②

司马迁否定所谓"天道无亲,常与善人"的说法,并对其提出了激烈的批评。③

司马迁还对秦朝大将蒙恬之死作了分析。蒙恬为秦朝立下大功,却被赐死,蒙恬将自己的死归结为因修筑长城而绝了地脉,引起了天怒,因而遭到惩罚。司马迁大不以为然,评论说:

> 吾适北边,自直道归,行观蒙恬所为秦筑长城亭障,堑山堙谷,通直道,固轻百姓力矣。夫秦之初灭诸侯,天下之心未定,痍伤者未瘳,而恬为名将,不以此时强谏,振百姓之急,养老存孤,务修众庶之和,而阿意兴功,此其兄弟遇诛,不亦宜乎?何乃罪地脉哉?④

在此可以看出,司马迁认为蒙恬当初不强谏始皇,反而"阿意兴功",最终受诛是人事不是天意,他反对将人事的成败得失归结为神秘的天意。

司马迁对项羽所谓"天亡我"的说法提出尖锐的批评:"及羽背关怀

---

① 白寿彝:《史学遗产六讲》,北京出版社2004年版,第160—161页。

② 司马迁:《史记》卷六一《伯夷列传》,中华书局1959年版,第2125页。

③ 司马贞《史记索隐》分析说:"太史公惑于不轨而逸乐,公正而遇灾害,为天道之非而又是邪?深惑之也。盖天道玄远,聪听暂遗,或穷通数会,不由行事,所以行善未必福,行恶未必祸,故先达皆犹昧之也。"见司马迁:《史记》卷六一《伯夷列传》,中华书局1959年版,第2126页。

④ 司马迁:《史记》卷八八《蒙恬列传》,中华书局1959年版,第3570页。

楚,放逐义帝而自立,怨王侯叛己,难矣。自矜功伐,奋其私智而不师古,谓霸王之业,欲以力征经营天下,五年卒亡其国,身死东城,尚不觉寤而不自责,过矣。乃引‘天亡我,非用兵之罪也’,岂不谬哉!”①在司马迁看来,项羽的失败应当从其自身的所作所为中去寻找原因,根本不是天命的原因,用“天亡我”来推卸责任是十分荒谬的。这种批评包含着极明确的对天命的否定。

在反对天命决定论的同时,司马迁深刻地揭示人事在历史发展中的重要作用。这是司马迁历史思想中最光辉的地方,本书下一章将详加论述。

第四,揭示历史演进的内在原因。司马迁基本上排除了天命对社会历史的主宰作用,而从社会内部揭示社会历史演进的原因。他说的“事势之流,相激使然”,主要是讲事物和时势在历史演进中相互影响而造成的社会历史的变化。② 司马迁以“事势之流,相激使然”的观点说明社会历史演变的过程,认为历史的演进没有什么神秘的,不是天命所定,而是人世间各种事物相互冲突、关联而造成的。人们能够认识到这一点,其重要意义不仅在于对过往历史有一个大致正确的看法,而且还在于对现实的历史运动和未来的历史前景,会有比较清醒的认识。司马迁认识到物质利益在社会发展中的地位之重要,这一观点在《货殖列传》中有十分明确的阐发。他这样写道:

> 夫神农以前,吾不知已。至若《诗》《书》所述虞夏以来,耳目欲极声色之好,口欲穷刍豢之味,身安逸乐,而心诗矜势能之荣。使俗之渐民久矣,虽户说以眇论,终不能化。故善者因之,其次利道之,其次教诲之,其次整齐之,最下者与之争。
>
> ……
>
> 故曰:“仓廪实而知礼节,衣食足而知荣辱。”礼生于有而废于无。故君子富,好行其德;小人富,以适其力。渊深而鱼生之,山深而

① 司马迁:《史记》卷七《项羽本纪》,中华书局 1959 年版,第 339 页。

② 瞿林东:《中国简明史学史》,上海人民出版社 2005 年版,第 252 页。

> 兽往之,人富而仁义附焉。富者得势益彰,失势则客无所之,以而不乐,夷狄益甚。谚曰:“千金之子,不死于市。”此非空言也。故曰:“天下熙熙,皆为利来;天下壤壤,皆为利往。”夫千乘之王,万家之侯,百室之君,尚犹患贫,而况匹夫编户之民乎!①

司马迁认识到追求物质利益是人们的正当要求:“天下熙熙,皆为利来;天下壤壤,皆为利往。”物质利益也是促成社会稳定和社会进步的重要因素,居高位者不应当与百姓争利。司马迁还借用大夫芮良夫批评厉王的话表达了同样的意思。芮良夫指出:“夫利,百物之所生也,天地之所载也,而有专之,其害多矣。天地百物皆将取焉,何可专也?所怒甚多,而不备大难。以是教王,王其能久乎?夫王人者,将导利而布之上下者也。使神人百物无不得极,犹日怵惕惧怨之来也。故《颂》曰‘思文后稷,克配彼天,立我蒸民,莫匪尔极’。《大雅》曰‘陈锡载周’。是不布利而惧难乎,故能载周以至于今。今王学专利,其可乎?匹夫专利,犹谓之盗,王而行之,其归鲜矣。荣公若用,周必败也。”②司马迁阐述了无节制地、不择手段地追求财富可以使一些人甚至使一个国家的统治者走向反面,周厉王就是一个典型。

司马迁所说的“事势之流,相激使然”包含着对社会历史变化的必然性的见解,他认为事物发展到极盛就会转向衰落,有利的客观形势发展到顶也会转向不利的方面,这是各种事物之间的相互影响、冲突而造成的,是没有什么值得奇怪的。他肯定“汉兴,海内为一,开关梁,弛山泽之禁”的经济政策。他在详细胪列了各地的物产之后写道:

> 皆中国人民所喜好,谣俗被服饮食奉生送死之具也。故待农而食之,虞而出之,工而成之,商而通之。此宁有政教发征期会哉?人各任其能,竭其力,以得所欲。故物贱之征贵,贵之征贱,各劝其业,乐其事,若水之趋下,日夜无休时,不召而自来,不求而民出之。岂非道之所符,而自然之验邪?③

---

① 司马迁:《史记》卷一二九《货殖列传》,中华书局 1959 年版,第 3253—3256 页。
② 司马迁:《史记》卷四《周本纪》,中华书局 1959 年版,第 141 页。
③ 司马迁:《史记》卷一二九《货殖列传》,中华书局 1959 年版,第 3254 页。

司马迁将社会分工及互通有无、贵贱调节等看作是“自然之验”,即社会历史演变的自然过程,是“道之所符”,即合法则的社会变动趋向,就如同“水之趋下,日夜无休时”一样。司马迁从社会生活的诸多因素来考察历史变化的深层原因,从历史观念的发展来看,这些认识是从社会内部的各个方面的互相冲突来寻求社会历史变化的动因,这种见解达到了当时历史认识水平的高峰。

在汉朝特定的历史文化背景下,司马迁敢于冲破思想阻挠,提出“究天人之际”,大胆阐发自己的天人观,从一个新的高度对天人关系作出了回答,显示出一个历史学家的理论勇气和卓越史识。当然,司马迁也没有完全摆脱“天命”的窠臼,如他在讲刘邦建立汉朝时说:“岂非天哉,岂非天哉!非大圣孰能当此受命而帝者乎?”①对天命还有一定的保留。同时,我们也可以理解为“历史中的偶然性”②。因此,这同他以大量的史实充分肯定人在历史中的地位与作用相比较,只是很次要的。

小 结

天人关系问题,是中国古代历史理论中最早提出的问题,它深深地影响着中国古代历史思想的发展特点和方向。由于生产力水平和认识能力的局限,人们无法理解众多的自然现象,从而产生了对自然万物尤其是对天的畏惧心理。殷商时期人们认为天是主宰一切的至上神,具有无比的威力。尽管这种观念是人与自然、社会关系的虚幻的反映,是“人间的力量采取了超人间的力量的形式”,但是它还是殷商时期人们对天人关系的最高认识成果。西周的天命转移思想将“德”的观念渗透进去,使人类活动的影响力提高,其天人观更具进步色彩,在当时对天人关系的认识

① 司马迁:《史记》卷一六《秦楚之际月表》,中华书局1959年版,第760页。

② 徐复观:《两汉思想史》第3卷,华东师范大学出版社2001年版,第200页。

中,代表先进的思想。

从春秋战国的纷争到秦汉的统一,中国历史发生了剧烈的变化。政治和经济制度的嬗变不可能不影响学术思潮的变化。这就使得历史思想在某些方面出现了非常复杂的情况,一方面出现了维护政治统治的“天人感应”论,另一方面也出现了试图解释历史演变真正动因的“究天人之际”的理论。董仲舒和司马迁都对古老的天人关系作出了新的解释,但他们是朝着完全不同的方向作出的解释。而司马迁的“究天人之际”的理论,显示出一个史学家卓越的史识。

第二章

人在历史进程中的中心位置

关于天、人和天人关系的认识，是中国古代人们历史观念中最重要的问题。由于人在历史中的作用是客观存在的，是所有的人都可以观察到的，因此，即使在“天命”观念占据主导地位的年代，人的活动和作用也还是通过传说或记载得到一定程度的反映。这种反映，有个别的、具体的人，但大多是关于作为直接生产者的人。随着历史的进步、文明的发展，经过轻“天命”、重“人事”的认识阶段，史学家、思想家、政治家逐步走向了自觉阐说人在历史中的重要位置的阶段。这一自觉的认识过程，在先秦、秦汉时期的历史著作中，孔子《春秋》开其端，司马迁《史记》集大成。

第一节　直接生产者和历史进程

生产力是人类社会的“全部历史的基础”①，而劳动力则是社会生产力中起决定作用的因素。我们考察人在历史中的作用及其中心位置，这是最基本的出发点。

什么是劳动力？马克思作了这样的解释：

① 马克思：《马克思致帕·瓦·安年科夫(1846年12月28日)》，《马克思恩格斯选集》第4卷，人民出版社2012年版，第409页。

> 我们把劳动力或劳动能力,理解为人的身体即活的人体中存在的、每当人生产某种使用价值时就运用的体力和智力的总和。①

这就是说,劳动力是人拥有的从事物质资料生产过程中的体力和智力的总和。

尽管中国古代学者不懂得这些道理,但从他们的记载和描述中,我们多少可以看到在一定的历史时期的生产力的表现形式和劳动力的作用。在久远的古代,我们的先民,每一个参与生产活动的人都是推动生产力发展的劳动力。所谓"卧则居居,起则于于","耕而食,织而衣,无有相害之心"②,"男耕而食,妇织而衣,刑政不用而治,甲兵不起而王"③,虽是后人把原始社会的生活和生产状况理想化了,但从中可以看出那个时代的劳动力的大致面貌。值得注意的是,在有关的传说和记载中,原始社会里的氏族首领也是一个劳动力的体现者。例如,神农氏就是一个善于"因天之时,分地之利,制耒耜,教民农作。神而化之,使民宜之"④,"斫木为耜,揉木为耒,耒耨之利,以教天下"⑤的"劳动力"。再如,传说中建立夏朝的大禹,也是一个"身执耒臿以为民先"⑥的生产者,至少他没有完全脱离生产。

这些传说和记载,从本质上反映了中国远古文明进程中"全部历史的基础"。在进入阶级社会以后,由于生产的状况发生了变化,作为劳动力的体现者的人的地位也发生了变化。马克思在讲到阶级社会的种种独特的经济形式时写道:

> 从直接生产者身上榨取无酬剩余劳动的独特经济形式,决定着统治和从属的关系,这种关系是直接从生产本身产生的,而又对生产发生决定性的反作用。但是,这种由生产关系本身产生的经

① 马克思:《资本论》第1卷,《马克思恩格斯全集》第23卷,人民出版社1972年版,第190页。

② 《庄子·盗跖》,《诸子集成》,中华书局1954年版,第197页。

③ 《商君书·画策》,《诸子集成》,中华书局1954年版,第31页。

④ 《白虎通义》卷二《号》,陈立疏证:《白虎通疏证》,中华书局1994年版,第51页。

⑤ 《周易·系辞下》,《十三经注疏》,中华书局1980年版,第86页。

⑥ 《韩非子·五蠹》,《诸子集成》,中华书局1954年版,第340页。

> 济制度的全部结构，以及它的独特的政治结构，都是建立在上述的经济形式上的。任何时候，我们总是要在生产条件的所有者同直接生产者的直接关系——这种关系的任何形式总是自然地同劳动方式和劳动社会生产力的一定的发展阶段相适应——当中，为整个社会结构，从而也为主权和依附关系的政治形式，总之，为任何当时的独特的国家形式，找出最深的秘密，找出隐蔽的基础。①

在阶级社会中，生产状况变得复杂起来了，有了"生产条件的所有者"同"直接生产者"的区别，以及因此而形成了这二者之间的关系及其演变。于是，历史进程中"最深的秘密"和"隐蔽的基础"，都将一一被揭示出来。

在漫长的中国封建社会中，广大农民是主要的直接生产者。农民的主要特点是和土地密切结合。在以农业为主的中国封建经济发展中，农民作为"直接生产者"发挥了无可替代的作用。而作为"生产条件的所有者"地主阶级及其政治代表国家则深知此理，故以各种形式把农民固着在土地上，即所谓"理民之道，地著为本"②，就集中地反映了这一认识。这一认识的制度化和法典化，是封建国家制定的各种土地制度。可以认为："理民之道，地著为本"的观念及其制度化，最集中地反映了中国封建社会中"生产条件的所有者"的经济思想和社会思想。其间，农民作为"直接生产者"在反抗剥削和压迫的斗争中，也曾提出一些要求和口号。史载：北宋初年，"青城县民王小波聚徒为乱，谓其众曰：'吾疾贫富不均，今为汝均之。'附者益众"③。王小波提出的"均贫富"的主张，集中体现了封建社会中农民的财产要求和社会思想。尽管这种要求和思想在当时的历史条件下是不可能实现的，但它反映了原本产生于现实的矛盾，固有其必然性和一定的合理性。这种要求和思想到太平天国运动时，发展到了极致，同时也宣告了它的终结。

总之，直接生产者创造了巨大的物质财富，同时又以他们所能采取的

① 马克思：《资本论》第3卷，《马克思恩格斯全集》第25卷，人民出版社1974年版，第891—892页。

② 班固：《汉书》卷二四《食货志上》，中华书局1962年版，第1119页。

③ 脱脱等：《宋史》卷二七六《樊知传》，中华书局1977年版，第9396页。

方式推动着社会的变革,因此,他们在历史中的中心位置是首先应当肯定的。

第二节 “人学”与“仁政”学说

一、人与“人学”

对于人的作用和人的需要的发现,是人类文明史上最伟大的发现之一。在中国历史上,史学家、思想家是这一伟大发现的先驱。

研究表明,“早期儒学即人学”,这里说的“人学”,“是指关于人和人之间关系的学说,而不是关于人的科学”①。论者指出:孔子作为儒家学说的创始人,其“人学是一个内容复杂的多层次结构,而贯穿其中的主线就是‘仁’”。换言之,孔子的“人学”,“有一个基本的范畴贯穿其中,这个基本范畴就是‘仁’。‘仁’的伦理道理意义有三层:第一层是‘爱人’”(《论语·颜渊》)。“‘仁’的第二层含意,是克己复礼”(《论语·颜渊》)。“‘仁’的第三层含义,是‘荣’、‘敬’、‘惠’、‘义’、‘宽’、‘信’、‘敏’、‘静’、‘讱’、‘不忧’、‘先难而后获’”(分别见《论语》的《公冶长》《阳货》《颜渊》《学而》《宪问》《雍也》等篇)。同时,论者又从社会历史的变动出发,阐释了孔子人学的“两重性”,指出:孔子的人学“是一个充满矛盾的思想体系。这是当时社会变动的复杂性在思想领域中的一种反映”。这个矛盾的思想体系主要表现在:“一是‘复礼’与‘爱人’的矛盾”,“二是‘亲亲’与‘举贤’的矛盾”,“三是‘天命’与‘人为’的矛盾”。此外,论者又指出:“孔子的人学虽然具有两重性,但却闪烁着智慧之光。他对人的探讨富有哲理,可以说是人学的朴素辩证思维。”②

---

① 张岂之主编:《中国儒学思想史》,陕西人民出版社1990年版,第26页。

② 张岂之主编:《中国儒学思想史》,陕西人民出版社1990年版,第43页。

我们在这里转述这些研究所得，旨在说明作为《春秋》这部史书的编纂者孔子确是中国思想史上人学理论的创始者。

从中国古代历史理论来看，孔子的人学思想，包含着对于人的作用和价值的肯定、对于人的欲望的承认和对于人的不同类型的划分。

首先，孔子肯定人的主观能动性和人的才能的重要。孔子认为："人能弘道，非道弘人。"①这就是说，人能够弘扬道，道不能弘扬人。在人与道的关系上，孔子强调了人的主体作用。至于什么是"道"，按《老子》一书的说法，"道"是万物本原并有自己的运动法则，这就是："有物混成，先天地生，寂兮寥兮，独立而不改，周行而不殆，可以为天下（地）母。吾不知其名，强字之曰'道'。"②与这个说法不同的是，春秋时期郑国子产说过"天道远，人道迩"③的话，认为有"天道""人道"之别，而且两者并无直接关系。在子产看来，天有天之道，人有人之道，二者各有自己活动的法则。今人据孔子说过"吾道一以贯之"④的话，认为"道"有学说之意，指的是孔子的"人学"思想。⑤ 综而观之，所谓"人能弘道"之"道"，当介于"人道"与"学说"之间，或二者兼而有之。由此，是否可以认为，在人与意识、学说之间，孔子是把人摆在第一位的。

孔子的人学思想还有一个要点是重视人才。他说："可与言而不与之言，失人；不可与言而与之言，失言。知者不失人，亦不失言。"⑥孔子说的"失人"，是错过人才之意，他认为聪明的人是不会这样做的。孔子重视人才，是因为他认为人才对于治理政治是非常重要的。有这样一个事例：子游为武城宰。子曰："女得人焉耳乎？"曰："有澹台灭明者，行不由径。非公事，未尝至于偃之室也。"⑦子游当了武城这个地方的首长，孔子问他是否得到人才。由此看出，孔子把是否得到人才看作治理一方的关

① 《论语·卫灵公》，杨伯峻译注：《论语译注》，中华书局 1980 年版，第 168 页。

② 《老子注》第二五章，《诸子集成》，中华书局 1954 年版，第 14 页。

③ 《左传·昭公十八年》，杨伯峻编著：《春秋左传注》，中华书局 1981 年版，第 1395 页。

④ 《论语·里仁》，杨伯峻译注：《论语译注》，中华书局 1980 年版，第 39 页。

⑤ 张岂之主编：《中国儒学思想史》，陕西人民出版社 1990 年版，第 29 页。

⑥ 《论语·卫灵公》，杨伯峻译注：《论语译注》，中华书局 1980 年版，第 163 页。

⑦ 《论语·雍也》，杨伯峻译注：《论语译注》，中华书局 1980 年版，第 59 页。

键。还有一个事例是关系到评价历史人物的:有人问孔子,子产是一个怎样的人? 孔子回答说:“惠人也。”意谓子产是一个宽厚慈惠的人。又问孔子,管仲是一个怎样的人? 孔子回答说:“人也。”①意谓管仲是个人才。孔子学生子贡说,管仲不是一个“仁者”吧,齐国的公子纠被齐桓公杀了,管仲不以身殉职,反而去辅佐齐桓公,怎么说得过去呢! 孔子不赞成子贡的观点,他说:“管仲相桓公,霸诸侯,一匡天下,民到于今受其赐。微管仲,吾其被发左衽矣。”②孔子从政治大局着眼,充分肯定管仲的历史作用。他还指出,评价管仲不应局限于一般的小节小信那种“匹夫匹妇”的见识。

孔子的人学思想还有一个要点即人应当尊重人。子贡问孔子:“有一言而可以终身行之者乎?”这实际上是提出了什么可以作为座右铭并终身奉行的问题。孔子回答说:“其恕乎! 己所不欲,勿施于人。”③意即对人要宽容,自己不想要的事情,不要强加给别人;换言之,要尊重别人的意愿和他想要做的事情。子贡之问,使孔子说出了一句千古名言,其社会意义在于:宽容以及人人都尊重他人的意愿,才可以求同存异,才可能进而达到和谐。当然,在存在阶级和阶层利益冲突的历史条件下,“己所不欲,勿施于人”只可能在一定的范围内发挥作用。尽管如此,它对于后人在自省和修身方面所产生的作用,其主导方面的积极意义是非常突出而又非常重要的。

此外,“君子”和“小人”,是孔子人学思想中最常用的两个概念。我们可以认为,把人划分为君子、小人,也是孔子“人学”思想体系的一个重要方面。关于“君子”与“小人”的划分,《论语》中多处可见,略举数例如下:

君子周而不比,小人比而不周。④

① 《论语·宪问》,杨伯峻译注:《论语译注》,中华书局1980年版,第148页。

② 《论语·宪问》,杨伯峻译注:《论语译注》,中华书局1980年版,第151页。

③ 《论语·卫灵公》,杨伯峻译注:《论语译注》,中华书局1980年版,第166页。

④ 《论语·为政》,杨伯峻译注:《论语译注》,中华书局1980年版,第17页。

君子怀德，小人怀土；君子怀刑，小人怀惠。[①]

君子喻于义，小人喻于利。[②]

君子坦荡荡，小人长戚戚。[③]

季康子问政于孔子曰："如杀无道，以就有道，何如？"孔子对曰："子为政，焉用杀？子欲善而民善矣。君子之德风，小人之德草。草上之风，必偃。"[④]

君子上达，小人下达。[⑤]

君子不可小知而可大受也，小人不可大受而可小知也。[⑥]

君子有三畏：畏天命，畏大人，畏圣人之言。小人不知天命而不畏也，狎大人，侮圣人之言。[⑦]

凡此等等。可见，在孔子看来，"君子"和"小人"的区别，表现在性情、心胸、价值取向、气质等许多方面。而《论语》所记孔子关于"君子"的言论多达107处[⑧]，主要是指：有道德的人，如"人不知，而不愠，不亦君子乎"[⑨]；在高位的人，如"君子之德风"[⑩]。

当然，"君子"的含义很广泛。由于孔子经常同学生们谈到"君子"，学生们也不断向孔子请教何谓"君子"。如："子贡问君子。子曰：'先行其言而后从之。'"[⑪]意谓行动要先于语言。又如："司马牛问君子。子曰：'君子不忧不惧。'曰：'不忧不惧，斯谓之君子已乎？'子曰：'内省不疚，夫何忧何惧？'"[⑫]可见，对于不同学生所问，孔子的回答并不都是完全相同，

---

① 《论语·里仁》，杨伯峻译注：《论语译注》，中华书局1980年版，第38页。

② 《论语·里仁》，杨伯峻译注：《论语译注》，中华书局1980年版，第39页。

③ 《论语·述而》，杨伯峻译注：《论语译注》，中华书局1980年版，第77页。

④ 《论语·颜渊》，杨伯峻译注：《论语译注》，中华书局1980年版，第129页。

⑤ 《论语·宪问》，杨伯峻译注：《论语译注》，中华书局1980年版，第154页。

⑥ 《论语·卫灵公》，杨伯峻译注：《论语译注》，中华书局1980年版，第169页。

⑦ 《论语·季氏》，杨伯峻译注：《论语译注》，中华书局1980年版，第177页。

⑧ 见杨伯峻译注：《论语译注》附录《论语词典》"君子"条，中华书局1980年版，第241页。

⑨ 《论语·学而》，杨伯峻译注：《论语译注》，中华书局1980年版，第1页。

⑩ 《论语·颜渊》，杨伯峻译注：《论语译注》，中华书局1980年版，第129页。

⑪ 《论语·为政》，杨伯峻译注：《论语译注》，中华书局1980年版，第17页。

⑫ 《论语·颜渊》，杨伯峻译注：《论语译注》，中华书局1980年版，第124页。

但观其主旨,大都着眼于道德修养。如《论语·卫灵公》篇记孔子的话:“君子病无能焉,不病人之不已知也”,“君子疾没世而名不称焉”,“君子矜而不争,群而不党”,“君子不以言举人,不以人废言”等等。又如《论语·季氏》篇记孔子的话:“君子有三戒”,“君子有三畏”,“君子有九思”等等。

综观孔子所论,他所说的“君子”,乃是他的人学思想中理想人格的代称。这是作为一个思想家、教育家和史学家对于“人”的最为积极的理解和阐释,在中国历史上产生了极其深远的影响。

在史学领域继承和发展了孔子人学思想的司马迁,以他的理解和语言表达了他对《春秋》的评价。他在同壶遂的辩论中,有这样一段长篇讲话,他说:

> 余闻董生曰:“周道衰废,孔子为鲁司寇,诸侯害之,大夫壅之。孔子知言之不用,道之不行也,是非二百四十二年之中,以为天下仪表,贬天子,退诸侯,讨大夫,以达王事而已矣。”子曰:“我欲载之空言,不如见之于行事之深切著明也。”夫《春秋》,上明三王之道,下辨人事之纪,别嫌疑,明是非,定犹豫,善善恶恶,贤贤贱不肖,存亡国,继绝世,补敝起废,王道之大者也。《易》著天地阴阳四时五行,故长于变;《礼》经纪人伦,故长于行;《书》记先王之事,故长于政;《诗》记山川谿谷禽兽草木牝牡雌雄,故长于风;《乐》乐所以立,故长于和;《春秋》辩是非,故长于治人。是故《礼》以节人,《乐》以发和,《书》以道事,《诗》以达意,《易》以道化,《春秋》以道义。拨乱世反之正,莫近于《春秋》。《春秋》文成数万,其指数千。万物之散聚皆在《春秋》。《春秋》之中,弑君三十六,亡国五十二,诸侯奔走不得保其社稷者不可胜数。察其所以,皆失其本已。故《易》曰“失之豪厘,差以千里”。故曰“臣弑君,子弑父,非一旦一夕之故也,其渐久矣”。故有国者不可以不知《春秋》,前有谗而弗见,后有贼而不知。为人臣者不可以不知《春秋》,守经事而不知其宜,遭变事而不知其权。为人君父而不通于《春秋》之义者,必蒙首恶之名。为人臣子而不通于《春秋》之义者,必陷篡弑之诛,死罪之名。其实皆以为善,为之不

知其义,被之空言而不敢辞。夫不通礼义之旨,至于君不君,臣不臣,父不父,子不子。夫君不君则犯,臣不臣则诛,父不父则无道,子不子则不孝。此四行者,天下之大过也。以天下之大过予之,则受而弗敢辞。故《春秋》者,礼义之大宗也。夫礼禁未然之前,法施已然之后;法之所为用者易见,而礼之所为禁者难知。①

从这段言论可以看出,司马迁对"六经"的意义和作用作了最扼要的概括,而特别强调了"《春秋》辩是非,故长于治人"。他说的"辩是非",自然是着眼于儒家伦理原则,核心是君臣父子,故反复申言。值得注意的是,他说的"三王之道""人事之纪"都是历史进程中实实在在的事物,而这些事物正是通过君臣父子的关系表现出来。司马迁深知孔子所处的时代是一个动荡的时代,进而认为在历史进程中君臣父子的行为都应当受到一定的约束。因此,他把《春秋》同时代紧密联系起来,这就是"拨乱世反之正,莫近于《春秋》。《春秋》文成数万,其指数千。万物之散聚皆在《春秋》"。在司马迁看来,《春秋》的"以道义",对于人的历史活动具有重大的影响。

从上述分析来看,是否可以认为:孔子的人学强调了人的作用即"人能弘道";司马迁继承和发展了孔子的人学,把"人能弘道"具体化,即孔子作《春秋》"上明三王之道,下辨人事之纪",同时他又强调了"道能弘人",即《春秋》"善治人"。概而言之,就是人能弘扬道,道也能开导人,人与道是辩证统一的关系。司马迁的《史记》记述了人的活动,同时也表达了人的行为应遵循儒家的"道义"原则。这可以说是我们解读《史记》的一把钥匙。

二、"仁政"与人

孟子继承了孔子的人学思想而以倡言"仁政"为其突出特点。

孟子是一个关心史学的思想家,他对孔子作《春秋》有很高的评价。

① 司马迁:《史记》卷一三〇《太史公自序》,中华书局1959年版,第3297—3298页。

首先,他认为《春秋》是一个时代的标志。他说:“王者之迹熄而《诗》亡,《诗》亡然后《春秋》作。晋之《乘》、楚之《梼杌》、鲁之《春秋》,一也。其事则齐桓、晋文,其文则史。孔子曰:‘其义则丘窃取之矣’。”[①]这段话包含着几层意思:第一层意思是,孟子认为《诗》是同“王者之迹”相联系的,而《春秋》所记则是齐桓、晋文之事。这就是说,《诗》所反映的历史时代是西周时期,而《春秋》所反映的则是春秋时期了。这不仅说明了史学同时代的关系,而且表明《春秋》的出现正是一个时代的标志。第二层意思是,春秋时期各诸侯国多修国史,有的名为“春秋”,有的则是其他名称,反映了春秋时期官府修史的趋势。第三层含义是,一部史书兼有事、文、义三个方面,即文乃史文之文,事是反映时代特点的,而义表明史家的思想,因而是最重要的。这几层含义不仅大致反映了春秋时期史学发展的面貌,而且对后世史学有很大的影响。

其次,他高度评价《春秋》一书的社会作用。孟子在回答时人公都子的问题时说道:“世衰道微,邪说暴行有作,臣弑其君者有之,子弑其父者有之。孔子惧,作《春秋》。《春秋》,天子之事也;是故孔子曰:‘知我者其惟《春秋》乎? 罪我者其惟《春秋》乎?’”他又说:“昔者禹抑洪水而天下平,周公兼夷狄,驱猛兽而百姓宁,孔子成《春秋》而乱臣贼子惧。”[②]这两段话,前者指出了孔子作《春秋》的社会根源,而后者则指出了《春秋》的社会影响。尤其要强调的是,孟子把孔子作《春秋》同大禹治水、周公致治的业绩相提并论,一则表明他对孔子的尊崇,二则表明他对史书之社会功能的深刻理解。孟子的这些认识,同样对后世产生了深远的影响。

孟子继承孔子的人学思想,同他对《春秋》的认识和评价当有密切的联系。孟子继承孔子的人学思想,把人学的核心“仁”与“政”联结起来,提出“仁政”学说。孟子从战国时期的现实出发,对于“仁政”颇有具体的设想。从他同梁惠王的一段对话中,可以窥见孟子“仁政”学说提出的一些具体措施:

---

① 《孟子·离娄下》,杨伯峻译注:《孟子译注》,中华书局1960年版,第192页。

② 《孟子·滕文公下》,杨伯峻译注:《孟子译注》,中华书局1960年版,第155页。

> 梁惠王曰:“晋国,天下莫强焉,叟之所知也。及寡人之身,东败于齐,长子死焉;西丧地于秦七百里;南辱于楚。寡人耻之,愿比死者壹洒之,如之何则可?”
>
> 孟子对曰:“地方百里而可以王。王如施仁政于民,省刑罚,薄税敛,深耕易耨。壮者以暇日修其孝悌忠信,入以事其父兄,出以事其长上,可使制梃以挞秦楚之坚甲利兵矣。
>
> “彼夺其民时,使不得耕耨以养其父母,父母冻饿,兄弟妻子离散。彼陷溺其民,王往而征之,夫谁与王敌?故曰:‘仁者无敌。’王请勿疑!”①

由此可以看出,“仁政”的具体措施至少要包含这样一些方面:一是刑罚、税收、农耕要采取措施,使之有利于民;二是倡导教化,纯正风俗;三是有能力抗御强敌。孟子认为,“国”不在大小,“仁者无敌”。这说明“仁政”的指导思想是“仁”。

孟子的“仁政”学说之所以是孔子人学思想的继承和发展,其本质在于:“仁政”以“仁”为出发点而以“人”为落脚点。他和梁惠王的另一段对话道出了“仁政”的核心:

> 梁惠王曰:“寡人之于国也,尽心焉耳矣。河内凶,则移其民于河东,移其粟于河内。河东凶,亦然。察邻国之政,无如寡人之用心者。邻国之民不加少,寡人之民不加多,何也?”
>
> 孟子对曰:“王好战,请以战喻。填然鼓之,兵刃既接,弃甲曳兵而走。或百步而后止,或五十步而后止。以五十步笑百步,则何如?”
>
> 曰:“不可,直不百步耳,是亦走也。”
>
> 曰:“王如知此,则无望民之多于邻国也。
>
> “不违农时,谷不可胜食也;数罟不入洿池,鱼鳖不可胜食也;斧斤以时入山林,材木不可胜用也。谷与鱼鳖不可胜食,林木不可胜用,是使民养生丧死无憾也。养生丧死无憾,王道之始也。

① 《孟子·梁惠王上》,杨伯峻译注:《孟子译注》,中华书局1960年版,第10页。

“五亩之宅,树之以桑,五十者可以衣帛矣;鸡豚狗彘之畜,无失其时,七十者可以食肉矣;百亩之田,勿夺其时,数口之家可以无饥矣;谨庠序之教,申之以孝悌之义,颁白者不负戴于道路矣。七十者衣帛食肉,黎民不饥不寒,然而不王者,未之有也。”①

孟子首先指出梁惠王“好战”,在“好战”与“好战”之间相比,不过是“五十步笑百步”而已,既然如此,那就不要希望“民之多于邻国”。这里,孟子是为“仁政”的实行设置了一个前提:不要“好战”。孟子的“仁政”学说从“人”出发而落实到“人”,这是一个基本的社会保障。在这个基本的社会保障之下,一是处理好人与生态的关系;这个关系处理好了,“使民养生丧死无憾”,人民“养生丧死无憾,王道之始也”。今天看来,孟子关于生态平衡的理念、关于人与自然和谐的思想在这里显得十分突出,是古代优秀思想遗产中的精华。二是要落实“五亩之宅”“百亩之田”的问题,以及重视教育,使人人谨守“孝悌之义”,当“黎民不饥不寒”之时,“然而不王者,未之有也”,这就把“仁政”真正落实到“人”了。

孟子的“仁政”学说还有一个鲜明的特点,即反对战乱、反对杀人和渴望统一的政治局面。他同梁襄王的一次对话,强烈地反映了他的这些主张。《孟子·梁惠王上》记:

孟子见梁襄王。出,语人曰:“望之不似人君,就之而不见所畏焉。卒然问曰:‘天下恶乎定?’

“吾对曰:‘定于一。’

“‘孰能一之?’

“对曰:‘不嗜杀人者能一之。’

“‘孰能与之?’

“对曰:‘天下莫不与也。王知夫苗乎?七八月之间旱,则苗槁矣。天油然作云,沛然下雨,则苗浡然兴之矣。其如是,孰能御之?今夫天下之人牧,未有不嗜杀人者也。如有不嗜杀人者,则天下之民皆引领而望之矣。诚如是也,民归之,由水之就下,沛然谁能

① 《孟子·梁惠王上》,杨伯峻译注:《孟子译注》,中华书局1960年版,第5页。

御之?’”

孟子对梁惠王的儿子梁襄王,不像对梁惠王那样客气,认为他不像个人君的样子,也谈不上人君的威严。尽管如此,他们谈论的问题却是至关重要的,是中国思想史上的极有名的对话。孟子用生动的比喻说明人民反对诸侯国之间的战乱,反对一切好“杀人”的人,这可以看作是他关于“仁政”学说的另一种阐释,即战乱不已,“天下之人牧,未有不嗜杀人者”,就不可出现“仁政”。因此,反对战乱、反对杀人,是“仁政”学说之符合逻辑的政治主张。

尤为重要的是,在上述这段对话中,孟子提出了天下“定于一”的思想。可见,反对战乱还不是他的政治理念的终点所在,他是希望从消除战乱进而走向“定于一”即政治一统的局面。这个思想反映了战国时期历史发展的趋势和人民群众的要求,是中国古代统一多民族国家形成过程中的思想前提之一。同时,我们还应当注意,在谈论“孰能与之”这个问题时,从“如有不嗜杀人者”讲到“民归之,由水之就下,沛然谁能御之”,反映了孟子对民众力量的深刻认识,这同“仁政”学说的本质是要把“仁”落实到“人”进而落实到“民”是相表里的。孟子关于“民为贵,社稷次之,君为轻”①的历史观念,在这里也得到了一个最好的注解。

孟子的“仁政”学说在思想渊源上继承了孔子的人学思想,同时也得益于他对历史经验的重视。他同梁惠王的另一次谈话,十分强调历史经验的重要,意在希望梁惠王从中得到启示。他们的这番谈话,是由一件具体的事情引发的:

孟子见梁惠王。王立于沼上,顾鸿雁麋鹿,曰:“贤者亦乐此乎?”

孟子对曰:“贤者而后乐此,不贤者虽有此,不乐也。《诗》云:‘经始灵台,经之营之,庶民攻之,不日成之。经始勿亟,庶民子来。王在灵囿,麀鹿攸伏,麀鹿濯濯,白鸟鹤鹤。王在灵沼,于牣鱼跃。’文王以民力为台为沼,而民欢乐之,谓其台曰灵台,谓其沼曰灵沼,乐

① 《孟子·尽心下》,杨伯峻译注:《孟子译注》,中华书局1960年版,第328页。

其有麋鹿鱼鳖。古之人与民偕乐,故能乐也。《汤誓》曰:‘时日害丧,予及女偕亡。’民欲与之偕亡,虽有台池鸟兽,岂能独乐哉?”①

孟子举出周文王“与民偕乐”和夏桀“独乐”的两种截然相反的结果,说明“乐”的社会基础制约着“乐”的性质,性质不同必然导致结果的不同,这正是历史经验教训对后人的启示。从这里也可以再次看出,在孟子的“仁政”学说中,“民”占有极重要的地位,即所谓“民归之,由水之就下,沛然谁能御之”。

第三节 人在历史进程中的中心位置的确立

一、历史理论的本质性变革

自春秋时期开始,重人轻天的观念不断发展,《春秋》《左传》《国语》《战国策》等书,越来越突出地讲到人在历史发展中的作用。但这些记载或论述,还只是零星的和初步的。一部史书,不仅在观念上,而且在内容上和形式上,真正确立了人在历史发展中所占有的主要地位,则自《史记》开始。因此,司马迁所提出的“究天人之际”的问题的本质,归根到底是要全面地说明人在历史发展中的主体作用。

《史记》以前的史书,或以记言为中心,或以记事为中心,而《史记》则是以记人为中心的综合体史书。在《史记·太史公自序》中,司马迁在阐述这个问题时是从三个层面上来说明的:第一个层面,是记“王迹所兴”而“著十二本纪”;第二个层面,是记“辅拂股肱之臣”而“作三十世家”;第三个层面,是记“扶义俶傥,不令己失时,立功名于天下”的各阶层人物而“作七十列传”。这样,司马迁就不仅在观念上而且也在具体的撰述上

① 《孟子·梁惠王上》,杨伯峻译注:《孟子译注》,中华书局1960年版,第3页。

确立了以人在历史演进过程中的中心位置。这是中国史学上人本主义传统真正确立的标志。此外,司马迁为了厘清时代划分和事件纷繁而“作十表”,为了写出历代典章制度的“承敝通变”而“作八书”,“表”与“书”所记内容,也都反映了人的活动,从而揭示了以人物为中心的社会风貌和历史进程轨迹。这样,孔子以来的“人学”观,也就从思想领域进入到历史领域了。

这里,不妨举“表”“书”为例,以明其意。如《三代世表》序这样写道:

> 太史公曰:五帝、三代之记,尚矣。自殷以前诸侯不可得而谱,周以来乃颇可著。孔子因史文次《春秋》,纪元年,正时日月,盖其详哉。至于序《尚书》则略,无年月;或颇有,然多阙,不可录。故疑则传疑,盖其慎也。
>
> 余读谍记,黄帝以来皆有年数。稽其历谱谍终始五德之传,古文咸不同,乖异。夫子之弗论次其年月,岂虚哉!于是以《五帝系谍》《尚书》集世纪黄帝以来讫共和为《世表》。

殷以前的“诸侯”已不甚了然,故“不可得而谱”,周以来的诸侯“颇可著”,史家只能“疑则传疑,盖其慎也”。因此,司马迁只能以《五帝系谍》《尚书》作参考,“集世纪黄帝以来讫共和为《世表》”。表中所列,自黄帝以下,有颛顼属、俈属、尧属、舜属、夏属、殷属、周属等,而其先人皆出于黄帝。

又如《十二诸侯年表》序写道:

> 太史公读《春秋历谱谍》,至周厉王,未尝不废书而叹也。曰:呜呼,师挚见之矣!纣为象箸而箕子唏。周道缺,诗人本之衽席,《关雎》作。仁义陵迟,《鹿鸣》刺焉。及至厉王,以恶闻其过,公卿惧诛而祸作,厉王遂奔于彘,乱自京师始,而共和行政焉。是后或力政,强乘弱,兴师不请天子。然挟王室之义,以讨伐为会盟主,政由五伯,诸侯恣行,淫侈不轨,贼臣篡子滋起矣。齐、晋、秦、楚其在成周微甚,封或百里或五十里。晋阻三河,齐负东海,楚介江淮,秦因雍州之固,四海迭兴,更为伯主,文武所褒大封,皆威而服焉。是以孔子明王道,干

> 七十余君,莫能用,故西观周室,论史记旧闻,兴于鲁而次《春秋》,上记隐,下至哀之获麟,约其辞文,去其烦重,以制义法,王道备,人事浃。七十子之徒口受其传指,为有所刺讥褒讳挹损之文辞不可以书见也。鲁君子左丘明惧弟子人人异端,各安其意,失其真,故因孔子史记具论其语,成《左氏春秋》。铎椒为楚威王傅,为王不能尽观《春秋》,采取成败,卒四十章,为《铎氏微》。赵孝成王时,其相虞卿上采《春秋》,下观近势,亦著八篇,为《虞氏春秋》。吕不韦者,秦庄襄王相,亦上观尚古,删拾《春秋》,集六国时事,以为八览、六论、十二纪,为《吕氏春秋》。及如荀卿、孟子、公孙固、韩非之徒,各往往捃摭《春秋》之文以著书,不可胜纪。汉相张苍历谱五德,上大夫董仲舒推《春秋》义,颇著文焉。①

司马迁高度概括了西周末年与春秋之际的历史变化,指出孔子作《春秋》的时代背景以及《春秋》所产生的广泛影响。司马迁综合"历人""数家"谱牒,"于是谱十二诸侯,自共和讫孔子"。表中所列,自周王室以下,依次为鲁、齐、晋、秦、楚、宋、卫、陈、蔡、曹、郑、燕、吴等,分记诸侯之年,间有简要记事。其中,吴国当不在十二诸侯之列,但其在周简王元年(前 585 年)即吴王寿梦元年以后,便与十二诸侯有所盟战,故列于十二诸侯之下。

自《十二诸侯年表》以下诸侯,所列人与事,都很具体,其所反映的历史进程,亦大致可观。

"表"如此,"书"亦复如此。

《史记・礼书》实为一篇论"礼"的宏文,它着重论述了"礼"的本质和原则。司马迁写道:

> 太史公曰:洋洋美德乎!宰制万物,役使群众,岂人力也哉?余至大行礼官,观三代损益,乃知缘人情而制礼,依人性而作仪,其所由来尚矣。
>
> 人道经纬万端,规矩无所不贯,诱进以仁义,束缚以刑罚,故德厚

① 司马迁:《史记》卷一四《十二诸侯年表》序,中华书局 1959 年版,第 509—510 页。

者位尊，禄重者宠荣，所以总一海内而整齐万民也。人体安驾乘，为之金舆错衡以繁其饰；目好五色，为之黼黻文章以表其能；耳乐钟磬，为之调谐八音以荡其心；口甘五味，为之庶羞酸咸以致其美；情好珍善，为之琢磨圭璧以通其意。故大路越席，皮弁布裳，朱弦洞越，大羹玄酒，所以防其淫侈，救其雕敝。是以君臣朝廷尊卑贵贱之序，下及黎庶车舆衣服宫室饮食嫁娶丧祭之分，事有宜适，物有节文。①

司马迁认为，“宰制万物，役使群众”，必须“缘人情而制礼，依人性而作仪”。在他看来，“礼”和“仪”是不可少的，但“礼”和“仪”的制定，又应当以“人情”和“人性”为根据。这就是说，人和礼的关系是礼因人而定，人循礼而存。那么礼的作用、礼的本质是什么呢？司马迁说得非常清楚，即“总一海内而整齐万民”，是规范“君臣朝廷尊卑贵贱之序”，使“事有宜适，物有节文”，以确保上下尊卑等级社会的“有序”运行。

如果说《礼书》是规范人与人之间的伦理关系的话，那么《史记·河渠书》则是阐发人与自然的关系。司马迁在《河渠书》开篇写道：

《夏书》曰：禹抑洪水十三年，过家不入门。陆行载车，水行载舟，泥行蹈毳，山行即桥。以别九州，随山浚川，任土作贡。通九道，陂九泽，度九山。然河灾衍溢，害中国也尤甚。唯是为务。故道河自积石历龙门，南到华阴，东下砥柱，及孟津、雒汭，至于大邳。于是禹以为河所从来者高，水湍悍，难以行平地，数为败，乃厮二渠以引其河。北载之高地，过降水，至于大陆，播为九河，同为逆河，入于勃海。九川既疏，九泽既洒，诸夏艾安，功施于三代。②

这是阐述大禹治水所带来的“诸夏艾安，功施于三代”的社会效果。司马迁还论到李冰、郑国等人所兴修的水利工程，论到汉武帝时“河决于瓠子”，造成重大灾害，持续20余年。后汉武帝决心堵塞瓠之决，并亲临决河之地，“令群臣从官自将军已下皆负薪窴决河”，终于堵塞了瓠子决口，并于其上筑宣房宫，“而梁、楚之地复宁，无水灾”。在记述治水过程中，

① 司马迁：《史记》卷二三《礼书》，中华书局1959年版，第1157—1158页。

② 司马迁：《史记》卷二九《河渠书》，中华书局1959年版，第1405页。

司马迁还记下了汉武帝的《瓠子》之歌,生动地反映了当时人与自然的辩证关系。司马迁对此既有亲身感受,更有深刻认识,他在《河渠书》后论中写道:

> 太史公曰:余南登庐山,观禹疏九江,遂至于会稽太湟,上姑苏,望五湖;东窥洛汭、大邳,迎河,行淮、泗、济、漯洛渠;西瞻蜀之岷山及离碓;北自龙门至于朔方。曰:甚哉,水之为利害也!余从负薪塞宣房,悲《瓠子》之诗而作《河渠书》。①

司马迁的亲身考察固然值得后人学习,但他所发出的"甚哉,水之为利害也"的感叹和呼吁,当是更值得后人牢记和三思。

二、以"人事"为发展线索的历史进程

司马迁的《史记》"上记轩辕,下至于兹",写的是一部通史。从"十二本纪"来看,这一历史进程完全是由"人事"为发展线索显示出来的。如《五帝本纪》,是通过区别纷繁的文献和实地考察所得,弄清黄帝的事迹,"择其言尤雅者"入史。而夏、殷、周、秦四本纪,都是首叙各朝始祖之姓,次叙各朝大事。《秦始皇本纪》讲了秦始皇的功业和贾谊对秦始皇政治的批评。《项羽本纪》叙述项羽"将五诸侯灭秦,分裂天下,而封王侯,政由羽出"的史实,并揭示了项羽"身死东城,尚不觉悟而不自责"的悲剧。《高祖本纪》意在表述夏、殷、周、秦、汉政治的历史递变。《吕太后本纪》《孝文本纪》《孝景本纪》着意于写出当时的政治统治局面:如惠帝、吕后时"刑罚罕用,罪人是希,民务稼穑,衣食滋殖";孝文帝"德至盛也",孝景帝时"诸侯太盛"等等。"十二本纪"的后论表明,司马迁是完全抛开了天命在写一部贯通古今的人事的历史。这在历史观念上和历史撰述上,都是伟大的创举。

值得注意的是,"十二本纪"后论在着意强调的侧重点上,又并非完全雷同而富于变化,显示了司马迁对历史进程中有关人事的深入思考和

① 司马迁:《史记》卷二九《河渠书》,中华书局 1959 年版,第 1415 页。

卓越见识。如《五帝本纪》后论写道：

> 太史公曰：学者多称五帝，尚矣。然《尚书》独载尧以来；而百家言黄帝，其文不雅驯，荐绅先生难言之。孔子所传宰予问《五帝德》及《帝系姓》，儒者或不传。余尝西至空桐，北过涿鹿，东渐于海，南浮江淮矣，至长老皆各往往称黄帝、尧、舜之处，风教固殊焉，总之不离古文者近是。予观《春秋》《国语》，其发明《五帝德》《帝系姓》章矣，顾弟弗深考，其所表见皆不虚。《书》缺有间矣，其轶乃时时见于他说。非好学深思，心知其意，固难为浅见寡闻道也。余并论次，择其言尤雅者，故著为本纪书首。①

这一段话至少表明了两个问题：第一，司马迁对中国历史的开篇十分重视，故上限起自"五帝"。第二，关于"五帝"的传说或撰述，多有"不雅训"者，为慎重起见，司马迁一是从"孔子所传宰予问《五帝德》及《帝系姓》"得到启发，二是"南浮江淮"访问长老得到启发，三是以《春秋》《国语》所记得到启发，乃郑重写出《五帝本纪》。司马迁特别强调说，对此，"非好学深思，心知其意"者，是难以认识清楚的。由此可见，在司马迁时代，为了写出中国历史的开篇，他是慎而又慎才落笔的。有了这样一个好的开篇，往下的历史就有了源头了。司马迁的这一创见和《五帝本纪》的表述，对于后人认识中华民族先民的历史，有不可估量的思想影响。

如《夏本纪》后论写道：

> 太史公曰：禹为姒姓，其后分封，用国为姓，故有夏后氏、有扈氏、有男氏、斟寻氏、彤城氏、褒氏、费氏、杞氏、缯氏、辛氏、冥氏、斟戈氏。孔子正夏时，学者多传《夏小正》云。自虞、夏时，贡赋备矣。或言禹会诸侯江南，计功而崩，因葬焉，命曰会稽。会稽者，会计也。②

这里讲到了"用国为姓"的由来，讲到了"夏小正"问题，尤其是讲到了有人说"禹会诸侯江南，计功而崩"，而"会稽"即"会计"。这都是交代了比较重要的史事。

---

① 司马迁：《史记》卷一《五帝本纪》，中华书局 1959 年版，第 46 页。

② 司马迁：《史记》卷二《夏本纪》，中华书局 1959 年版，第 89 页。

如《周本纪》后论写道：

> 太史公曰：学者皆称周伐纣，居洛邑，综其实不然。武王营之，成王使召公卜居，居九鼎焉，而周复都丰、镐。至犬戎败幽王，周乃东徙于洛邑。所谓"周公葬于毕"，毕在镐东南杜中。秦灭周。汉兴九十有馀载，天子将封泰山，东巡狩至河南，求周苗裔，封其后嘉三十里地，号曰周子南君，比列侯，以奉其先祭祀。①

西周都于何地，这无疑是西周历史上的重大问题，故司马迁着重纠正了"学者皆称周伐纣，居洛邑"的说法，指出"周复都丰、镐"的史实，以及汉武帝时封"周苗裔"为"周子南君""以奉其先祭祀"之事。凡此，都给人以历史之连续性的深刻印象。

《秦始皇本纪》后论和《项羽本纪》后论是比较具体地评论历史人物的言论，在"十二本纪"后论中具有鲜明的特点。而这两则后论本身在表述上又各不相同。《秦始皇本纪》后论主要是引用贾谊的《过秦论》论秦之兴衰，其中对秦始皇的评论是核心内容，司马迁对贾谊之论极为赞同，说是"善哉乎贾生推言之也"。对此，本书他处有详细分析，此不赘述。需要指出的是，司马迁在征引贾谊所论之前有几句话是关于秦国历史的概括，司马迁写道：

> 秦之先伯翳，尝有勋于唐虞之际，受土赐姓。及殷夏之间微散。至周之衰，秦兴，邑于西垂。自缪公以来，稍蚕食诸侯，竟成始皇。始皇自以为功过五帝，地广三王，而羞与之侔。②

这几句话，从"唐虞之际""殷夏之间"到"周之衰，秦兴"，以及秦穆公的称霸和秦始皇的统一事业，勾画出了秦国走向秦朝的轨迹，从中人们可以再次看到，在司马迁的史笔之下，历史的连续性始终贯穿在他的历史思想和历史撰述中。而司马迁三言两语，则把秦始皇的不尊重历史的政治品质缺陷刻画得入木三分。

《项羽本纪》后论对于项羽的评论，可以说半是赞叹，半是批评，表明

---

① 司马迁:《史记》卷四《周本纪》，中华书局1959年版，第170页。

② 司马迁:《史记》卷六《秦始皇本纪》，中华书局1959年版，第276页。

了司马迁对这样一个悲剧英雄人物的确切的历史定位。司马迁写道：

> 太史公曰：吾闻之周生曰"舜目盖重瞳子"，又闻项羽亦重瞳子。羽岂其苗裔邪？何兴之暴也！夫秦失其政，陈涉首难，豪杰蜂起，相与并争，不可胜数。然羽非有尺寸，乘势起陇亩之中，三年，遂将五诸侯灭秦，分裂天下，而封王侯，政由羽出，号为"霸王"，位虽不终，近古以来未尝有也。及羽背关怀楚，放逐义帝而自立，怨王侯叛己，难矣。自矜功伐，奋其私智而不师古，谓霸王之业，欲以力征经营天下，五年卒亡其国，身死东城，尚不觉寤而不自责，过矣。乃引"天亡我，非用兵之罪也"，岂不谬哉！①

司马迁把项羽同舜的苗裔联系起来，似无充分根据，这或许反映了司马迁对这个英雄的钦佩之情。在这个评论中，最重要的论点是：第一，项羽是"近古以来未尝有"的历史人物，项羽的事迹证明了这一点。第二，项羽"身死东城，尚不觉寤而不自责，过矣"，这是对项羽"自矜功伐"、从不"自责"的批评和痛惜。从司马迁的评论中，不难看出项羽是一个恢宏和狭隘、强大和脆弱集于一身的人物。正因为如此，这个历史人物给后人留下了太多的教训和深刻的启示。

司马迁评论汉高祖刘邦，称赞他能够做到"承敝易变，使人不倦"②；称赞汉文帝治国，做到"德至盛也"③。以他们二人同秦始皇、项羽作一对比，可以极鲜明地看到，人在历史进程中所扮演的角色和所起的作用。

三、人在历史转折关头或重大事变中的作用

司马迁评价陈胜说："陈胜虽已死，其所置遣侯王将相竟亡秦，由涉首事也。"④他赞扬刘敬的胆识，说他"脱挽辂一说"，向刘邦献定都关中之

---

① 司马迁：《史记》卷七《项羽本纪》，中华书局1959年版，第338—339页。

② 司马迁：《史记》卷八《高祖本纪》后论，中华书局1959年版，第394页。

③ 司马迁：《史记》卷一〇《孝文本纪》后论，中华书局1959年版，第437页。

④ 司马迁：《史记》卷四八《陈涉世家》，中华书局1959年版，第1961页。

策,乃“建万世之安”①。他评价曹参说:“为汉相国,清静极言合道。然百姓离秦之酷后,参与休息无为,故天下俱称其美矣。”②他论周勃说:“始为布衣时,鄙朴人也,才能不过凡庸。及从高祖定天下,在将相位,诸吕欲作乱,勃匡国家难,复之乎正。虽伊尹、周公,何以加哉!”③司马迁不仅对在亡秦、建汉、安邦这些重大事件中对有关的历史人物作出评价,对于历史上类似的历史人物,也都能作出恰当的评价。他是一位善于从历史转折关头和重大事变中去发现起了关键作用的历史人物的史学家。

上举数事,都是秦末汉初历史上的大事,或是历史转折关头,或是重大事变,由此而论定人的作用,这是司马迁对历史进程的洞察,也是司马迁揭示人在历史进程中的重要作用的一个重要方法。

从以上司马迁的评论中,不难发现他的这个方法是建立在一定的理论原则的基础上的。如“首事”“定策”“合道”“复正”等等,都是极有分量的用语,不能作一般看待。如司马迁肯定陈涉在“亡秦”的历史转折关头起到了“首事”的作用,其中包含了两个相互关联的历史判断。一个历史判断是肯定“亡秦”之举是正义的行动,司马迁援引“三老”“豪杰”的话说,陈涉起事是“伐无道,诛暴秦”④,这同司马迁引用贾谊《过秦论》评论秦之兴亡是相为表里的。另一个历史判断是肯定陈涉“首事”的重要意义,司马迁就陈涉起事后的形势写道:

> 当此时,诸郡县苦秦吏者,皆刑其长吏,杀之以应陈涉。乃以吴叔为假王,监诸将以西击荥阳。令陈人武臣、张耳、陈馀徇赵地,令汝阴人邓宗徇九江郡。当此时,楚兵数千人为聚者,不可胜数。⑤

这种“亡秦”的形势,正是陈涉“首事”的结果。关于这一点,《史记·太史公自序》说得更加明白、清晰:

> 桀、纣失其道而汤、武作,周失其道而《春秋》作。秦失其政,而

① 司马迁:《史记》卷九九《刘敬叔孙通列传》后论,中华书局1959年版,第2726页。

② 司马迁:《史记》卷五四《曹相国世家》后论,中华书局1959年版,第2031页。

③ 司马迁:《史记》卷五七《绛侯周勃世家》后论,中华书局1959年版,第2080页。

④ 司马迁:《史记》卷四八《陈涉世家》,中华书局1959年版,第1952页。

⑤ 司马迁:《史记》卷四八《陈涉世家》,中华书局1959年版,第1953页。

陈涉发迹。诸侯作难，风起云蒸，卒亡秦族。天下之端，自涉发难。①

在这一段评论中，司马迁把陈涉提到了同汤、武、孔子并列的地位，足以表明司马迁对于在历史转折关头“首事”者的积极作用的高度评价。简言之，“亡秦”固是大势所趋，而“首事”者所起的作用正是这个趋势的前锋。

陈涉的“首事”是“亡秦”这一历史转折关头的重大事件；而萧何的“顺流”“更始”，则是汉兴这一历史转折关头的重大抉择。《萧相国世家》后论写道：

> 太史公曰：萧相国何于秦时为刀笔吏，录录未有奇节。及汉兴，依日月之末光，何谨守管籥，因民之疾秦法，顺流与之更始。淮阴、黥布等皆以诛灭，而何之勋烂焉。位冠群臣，声施后世，与闳夭、散宜生等争烈矣。②

其中最重要的一句评论是“因民之疾秦法，顺流与之更始”。司马迁观察历史，看待人在历史进程中的作用，均从大处着眼。这一句话，既反映了历史的客观形势，又反映了人的主观抉择。所谓“顺流”即“顺”民心之“流”，“顺”历史之潮流；所谓“更始”即变革不合时宜的制度，建立起符合民心的制度。司马迁写萧何在“亡秦”和楚汉战争时的作用，有这样两件事：

> 及高祖起为沛公，何常为丞督事。沛公至咸阳，诸将皆争走金帛财物之府分之，何独先入收秦丞相御史律令图书藏之。沛公为汉王，以何为丞相。项王与诸侯屠烧咸阳而去。汉王所以具知天下厄塞，户口多少，强弱之处，民所疾苦者，以何具得秦图书也。何进言韩信，汉王以信为大将军。语在《淮阴侯》事中。
>
> 汉王引兵东定三秦，何以丞相留收巴蜀，填抚谕告，使给军食。汉二年，汉王与诸侯击楚，何守关中，侍太子，治栎阳。为法令约束，立宗庙社稷宫室县邑，辄奏上，可，许以从事；即不及奏上，辄以便宜施行，上来以闻。关中事计户口转漕给军，汉王数失军遁去，何常兴

---

① 司马迁：《史记》卷一三〇《太史公自序》，中华书局1959年版，第3310—3311页。

② 司马迁：《史记》卷五三《萧相国世家》，中华书局1959年版，第2020页。

关中卒,辄补缺。上以此专属任何关中事。[①]

这两件事,一是了解和掌握全国形势,二是有条不紊地治理关中。正是这两件事,对于汉兴起到了关键的作用。萧何为汉相国时,曾"为民请苑"而激怒了汉高祖刘邦,后因有人指出"夫职事苟有便于民而请之,真宰相事"而得以释然,这也是"顺流与之更始"的一种表现。

司马迁称赞曹参"为汉相国,清静极言合道",曹参遵循萧何的政治方略,故也受到司马迁的赞扬。那么,什么是"合道"?"道"是什么?所谓"合道"就是合于理,"道"即是事物运行之理。[②] 在古代,"道"有多种含义,上文引"周失其道",这里的"道"是指治理[③],即周失去了治理天下的能力。而"桀、纣失其道"的"道",则兼有上述两层含义。在司马迁的历史词汇中,一般说来,"道"的含义的分量都是很重的。在《曹相国世家》后论中,司马迁没有过多评价曹参的战功,而是高度赞扬他的"清静极言合道",认为这是他之所以能与萧何齐名,"天下俱称其善"的原因。

四、人的智谋在历史进程中的重要意义

司马迁评论苏秦说:"起闾阎,连六国从亲,此其智有过人者。"[④]他赞扬陈平在汉初"常出奇计,救纷纠之难,振国家之患",后又在诸吕之乱中"定宗庙",于是"以荣名终,称贤相","非知谋孰能当此者乎?"[⑤]他比较晁错、主父偃在对待刘氏诸王策略上的得失时指出:"安危之机,岂不以谋哉?"[⑥]六国合纵,平诸吕、定宗庙,削弱诸王,这些都是重大的决策,司马迁认为人的智谋是其成功的重要因素。他批评项羽"不知自责",是从

① 司马迁:《史记》卷五三《萧相国世家》,中华书局 1959 年版,第 2014—2015 页。

② 《韩非子·解老》:"道者,万物之所然也,万理之所稽也。"《诸子集成》,中华书局 1954 年版,第 107 页。

③ "道"作治理解,可参见《论语·学而》:"道千乘之国,敬事而信,节用而爱人,使民以时。"杨伯峻译注:《论语译注》,中华书局 1980 年版,第 4 页。

④ 司马迁:《史记》卷六九《苏秦列传》后论,中华书局 1959 年版,第 2277 页。

⑤ 司马迁:《史记》卷五六《陈丞相世家》后论,中华书局 1959 年版,第 2063 页。

⑥ 司马迁:《史记》卷一一《孝景本纪》后论,中华书局 1959 年版,第 449 页。

另一个方面说明了只凭武力、不懂得运用智谋，是不会成功的。

在怎样看待人的智谋的作用和人的武力的作用的问题上，司马迁的认识十分明确，即充分肯定人的智谋的作用而不赞成一味依仗武力行事。司马迁对项羽仗恃武力的批评和对刘邦善于运用智谋的描述，恰成鲜明的对比，可以看作是司马迁在这个问题上的最集中的反映。司马迁用两个词作了概括，就是“斗智”与“斗力”。他写楚汉相持未决时，项羽与刘邦的不同的心理和表现：

> 楚汉久相持未决，丁壮苦军旅，老弱罢转漕。项王谓汉王曰：“天下匈匈数岁者，徒以吾两人耳，愿与汉王挑战决雌雄，毋徒苦天下之民父子为也。”汉王笑谢曰：“吾宁斗智，不能斗力。”项王令壮士出挑战。汉有善骑射者楼烦，楚挑战三合，楼烦辄射杀之。项王大怒，乃自被甲持戟挑战。楼烦欲射之，项王瞋目叱之，楼烦目不敢视，手不敢发，遂走还入壁，不敢复出。汉王使人间问之，乃项王也。汉王大惊。于是项王乃即汉王相与临广武间而语。汉王数之，项王怒，欲一战。汉王不听，项王伏弩射中汉王。汉王伤，走入成皋。①

项羽对形势的判断，认为“天下匈匈”只是项、刘二人相争之事，所以他急于“挑战”，“欲一战”而使天下安定。这显然是简略的认识，按照项羽恃用武力的做法，即使打败刘邦，天下也未必安定。刘邦力弱，故不能与项羽决战，但却镇定地对项羽说：“吾宁斗智，不能斗力。”这是实话，同时也是为了在思想上和心理上不向对方示弱。司马迁批评项羽“谓霸王之业，欲以力征经营天下”②，最终遭到失败，这实际上是批评了对武力的迷信。反之，在楚汉斗争中，刘邦确如他自己所言，始终是在同项羽“斗智”，只是到了项羽力量大为削弱时，刘邦联合各方面力量，最终打败了项羽，赢得了楚汉战争的胜利，建立起统一的西汉皇朝。

通观《史记·高祖本纪》，在楚汉斗争中，刘邦确实贯彻了“斗智”的方针。早在刘邦入关之前，项羽同刘邦的行事与形象已显示出明显的区

---

① 司马迁：《史记》卷七《项羽本纪》，中华书局 1959 年版，第 328 页。

② 司马迁：《史记》卷七《项羽本纪》后论，中华书局 1959 年版，第 339 页。

别。司马迁借他人之口说出了这种区别:

> 当是时,秦兵强,常乘胜逐北,诸将莫利先入关。独项羽怨秦破项梁军,奋,愿与沛公西入关。怀王诸老将皆曰:"项羽为人僄悍猾贼。项羽尝攻襄城,襄城无遗类,皆坑之,诸所过无不残灭。且楚数进取,前陈王、项梁皆败。不如更遣长者扶义而西,告谕秦父兄。秦父兄苦其主久矣,今诚得长者往,毋侵暴,宜可下。今项羽僄悍,今不可遣。独沛公素宽大长者,可遣。"卒不许项羽,而遣沛公西略地,收陈王、项梁散卒。乃道砀至成阳,与杠里秦军夹壁,破秦二军。①

项羽"僄悍猾贼",刘邦"宽大长者",这是"斗力"与"斗智"二者的外在形象的表述。这一决定之所以非常重要,是因为楚怀王"与诸将约,先入定关中者王之"。可见刘邦在当时的各种政治势力中,在舆论上已占有优势。尽管如此,刘邦在入定关中后,依然保持清醒的头脑,运用智谋,以待时变。史载:刘邦率军西进,因采纳郦食其建议而袭陈留"得秦积粟";因接受陈恢建议而约降宛守,以其为殷侯,于是"引兵西,无不下者";又用张良计,使秦将失去斗志而攻破武关,从而获得一连串军事上的胜利。凡此,大多用智取而非力攻。这表明刘邦所谓"斗智",并不限于对待项羽,而是他在秦汉之际的政治动荡中的基本策略。

在对待项羽的"斗智"方面,刘邦主要采取后发制人和争取民心的做法。史载刘邦率军进入咸阳后的所作所为是:

> 汉元年十月,沛公兵遂先诸侯至霸上。秦王子婴素车白马,系颈以组,封皇帝玺符节,降轵道旁。诸将或言诛秦王。沛公曰:"始怀王遣我,固以能宽容;且人已服降,又杀之,不祥。"乃以秦王属吏,遂西入咸阳。欲止宫休舍,樊哙、张良谏,乃封秦重宝财物府库,还军霸上。召诸县父老豪桀曰:"父老苦秦苛法久矣,诽谤者族,偶语者弃市。吾与诸侯约,先入关者王之,吾当王关中。与父老约,法三章耳:杀人者死,伤人及盗抵罪。余悉除去秦法。诸吏人皆案堵如故。凡吾所以来,为父老除害,非有所侵暴,无恐!且吾所以还军霸上,待诸

① 司马迁:《史记》卷八《高祖本纪》,中华书局1959年版,第356—357页。

侯至而定约束耳。”乃使人与秦吏行县乡邑，告谕之。秦人大喜，争持牛羊酒食献飨军士。沛公又让不受，曰：“仓粟多，非乏，不欲费人。”人又益喜，唯恐沛公不为秦王。

刘邦虽有犹豫，但还是“还军霸上”，这是后发制人的举动。而其不杀降者，与父老约法，遣人告谕民众，不接受献飨等等，都是争取人心的举动。

与此相反的是，项羽怨恨怀王，佯立其为义帝，“实不用其命”，自立为西楚霸王，负当初怀王之约，立刘邦为汉王，同时大封诸王，以示其号令天下。继而又杀义帝于江南；刘邦闻之，“袒而大哭”，为义帝发丧，表示“愿从诸侯王击楚之杀义帝者”。此后，“力”与“智”的较量从未间断，以至于刘邦有机会历数项羽的十大“罪状”，史载：

楚汉久相持未决，丁壮苦军旅，老弱罢转饟。汉王、项羽相与临广武之间而语。项羽欲与汉王独身挑战。汉王数项羽曰：“始与项羽俱受命怀王，曰先入定关中者王之，项羽负约，王我于蜀汉，罪一。项羽矫杀卿子冠军而自尊，罪二。项羽已救赵，当还报，而擅劫诸侯兵入关，罪三。怀王约入秦无暴掠，项羽烧秦宫室，掘始皇帝冢，私收其财物，罪四。又强杀秦降王子婴，罪五。诈坑秦子弟新安二十万，王其将，罪六。项羽皆王诸将善地，而徙逐故主，令臣下争叛逆，罪七。项羽出逐义帝彭城，自都之，夺韩王地，并王梁楚，多自予，罪八。项羽使人阴弑义帝江南，罪九。夫为人臣而弑其主，杀已降，为政不平，主约不信，天下所不容，大逆无道，罪十也。吾以义兵从诸侯诛残贼，使刑余罪人击杀项羽，何苦乃与公挑战！”项羽大怒，伏弩射中汉王。汉王伤匈，乃扪足曰：“虏中吾指！”汉王病创卧，张良强请汉王起行劳军，以安士卒，毋令楚乘胜于汉。汉王出行军，病甚，因驰入成皋。①

刘邦历数项羽的十条罪状，自有其判断是非的标准。但是有一点是非常明显的，即项羽依仗武力为所欲为，这决定了他从巅峰走向败亡的命运。司马迁是用项羽的迷信武力走向失败，进而衬托出人的智谋在历史重大

① 司马迁：《史记》卷八《高祖本纪》，中华书局1959年版，第376—377页。

关头的重要作用。

值得注意的是,司马迁推崇人的智谋的作用,但他并未把个人加以神化。刘邦之所以强调同项羽“斗智”,并不是刘邦本人智慧超群,而是他善于采纳别人的合理建议,化别人的智慧为自己的实践。这是一方面。另一方面,司马迁借刘邦之口,强调了众人智慧的发挥对历史转折的重大意义。汉高祖五年(前202年),刘、项决战垓下,项羽兵败自刎。未久,天下大定,汉定都洛阳,“诸侯皆臣属”。在一次庆祝的宴会上,刘邦提出了一个十分严肃的问题:

> 高祖置酒雒阳南宫。高祖曰:“列侯诸将无敢隐朕,皆言其情。吾所以有天下者何?项氏之所以失天下者何?”高起、王陵对曰:“陛下慢而侮人,项羽仁而爱人。然陛下使人攻城略地,所降下者因以予之,与天下同利也。项羽妒贤嫉能,有功者害之,贤者疑之,战胜而不予人功,得地而不予人利,此所以失天下也。”高祖曰:“公知其一,未知其二。夫运筹策帷帐之中,决胜于千里之外,吾不如子房。镇国家,抚百姓,给馈饟,不绝粮道,吾不如萧何。连百万之军,战必胜,攻必取,吾不如韩信。此三者,皆人杰也,吾能用之,此吾所以取天下也。项羽有一范增而不能用,此其所以为我擒也。”①

必须看到,这是一次很认真的关于政治经验得失的总结,同时也集中地反映出了司马迁对于人的智谋在历史运动中的作用。首先,刘邦提出的问题是“有天下”和“失天下”的根本性问题,可见这不是对局部的经验的总结,而是对楚汉之争中的全局性的经验的总结,反映了刘邦作为政治家的气度。其次,王陵的态度和见解很值得重视,他敢于把刘邦的“慢而侮人”和项羽的“仁而爱人”加以对比,不隐讳刘邦的缺点和项羽的优点。这很直率,也很重要。但是政治的较量之根本还在于对利益的处置,王陵指出刘邦是“与天下同利”,项羽是“不予人利”,言外之意是前者得人心,后者失人心。应当说,王陵的见解是深刻的。再次,刘邦所问,其意在于用人。值得注意的是,他没有否认王陵的见解,只是说他“知其一,未知

① 司马迁:《史记》卷八《高祖本纪》,中华书局1959年版,第380—381页。

其二”。所谓其二，就是刘邦用很有分量的语言，高度评价了张良、萧何和韩信三人的作用，认为这是他“所以取天下”的重要原因，而项羽则不能用人，其失败是必然的。

司马迁的这一段记述，在关于人的作用方面，有很深的寓意。第一，司马迁认为人无完人，如刘邦、项羽都各有长处和短处，重要的是哪一个方面是次要的，哪一个方面是主要的。第二，刘邦虽然“慢而侮人”，但在重大问题上却不失大度，承认自己的不足而肯定他人的长处，从而显示出一个有作为的君主的风范。第三，这是最重要的一条，刘邦对张良、萧何、韩信的专长的肯定，是表明群体智慧的作用。司马迁长于寓论断于序事之中，①他通过刘邦总结“有天下”的经验，就是肯定人的智谋的作用，尤其是肯定人的群体的智谋的作用。

五、用人当否与国家的存亡安危

司马迁重视人的作用，是把这种作用同国家的存亡安危联系起来看待，并不只是限于从个人的得失考虑。他认为，“君子用而小人退”，是“国之将兴”的征兆；反之，“贤人隐，乱臣贵”，则是“国之将亡”的迹象。于是他引用前人的话说：“甚矣，‘安危在出令，存亡在所任’，诚哉是言也！”司马迁在考察汉与匈奴的关系时，又寓意深长地指出：要使国家强盛、太平，“唯在择任将相哉！唯在择任将相哉！”②

君子与小人，贤人与乱臣，他们的得势与否，与国家兴亡有极大的关系，这是司马迁从丰富的历史事实中总结出来的认识。这一历史认识反映在治国方面，就与用人的得失直接联系起来。所谓“安危在出令，存亡在所任”，可以视为一种普遍性的法则。而“令”与“任”之关系最大者，又同“将相”相联系。从某种意义上说，这是一个具有自身逻辑关系的历史

① 参见顾炎武《日知录》卷二六“《史记》于序事中寓论断”，黄汝成集释：《日知录集释》，岳麓书社1994年版，第891—892页。

② 司马迁：《史记》卷五〇《楚元王世家》后论，卷一一〇《匈奴列传》后论，中华书局1959年版，第1990、2919页。

认识。

当然,司马迁深知,用人的得当和使所用之人得以发挥作用,却不是一件容易的事情。一方面有用人之人的心胸、气量及诚信的因素,另一方面也有所用之人是否有适当机会的因素。司马迁对这些复杂的关系都有极其深刻的认识,并在相关的人物传记及其评论中反映出来,从而把人在历史运动中的作用的认识进一步深化了。关于用人者的雅量,司马迁推崇魏公子信陵君。司马迁写道:“公子为人仁而下士,士无贤不肖皆谦而礼交之,不敢以其富贵骄士。士以此方数千里争往归之,致食客三千人。当是时,诸侯以公子贤,多客,不敢加兵谋魏十余年。”这是对信陵君的一个总的描述。值得注意的是,司马迁特意写了汉高祖刘邦对信陵君的崇敬之意:“高祖始微少时,数闻公子贤。及即天子位,每过大梁,常祠公子。高祖十二年,从击黥布还,为公子置守冢五家,世世岁以四时奉祠公子。”[①]刘邦作为一个成功的君主,一个重要的原因是善于用人,韩信说刘邦“善将将”[②],亦可为证。正因为如此,刘邦对信陵君崇敬有加,当是情理中事。司马迁于传末评论信陵君说:

> 吾过大梁之墟,求问其所谓夷门。夷门者,城之东门也。天下诸公子亦有喜士者矣,然信陵君之接岩穴隐者,不耻下交,有以也。名冠诸侯,不虚耳。高祖每过之而令民奉祠不绝也。[③]

信陵君访大梁夷门侯生等,最能反映信陵君的礼贤下士,司马迁亲往凭吊并慨然作这样的评论,反映了信陵君之为人对后世的深远影响。

此外,被用之人的机遇,也是其得以发挥作用的重要条件。对此,司马迁有较多的揭示。范睢、蔡泽二人的经历使司马迁认识到,人的作用的发挥同是否有机遇有很大的关系,而机遇往往是同形势相联系的。他这样写道:

> 韩子称“长袖善舞,多钱善贾”,信哉是言也!范睢、蔡泽世所谓一切辩士,然游说诸侯至白首无所遇者,非计策之拙,所为说力少也。

① 司马迁:《史记》卷七七《魏公子列传》,中华书局1959年版,第2385页。

② 司马迁:《史记》卷九二《淮阴侯列传》,中华书局1959年版,第2628页。

③ 司马迁:《史记》卷七七《魏公子列传》后论,中华书局1959年版,第2385页。

> 及二人羁旅入秦,继踵取卿相,垂功于天下者,固强弱之势异也。然士亦有偶合,贤者多如此二子,不得尽意,岂可胜道哉！然二子不困厄,恶能激乎?①

范、蔡二人游说诸侯而诸侯不能用,是因为游说的对象“力少”之故;一旦他们到了秦国,秦国势强而采用其说,故能“继踵取卿相,垂功于天下者”。值得注意的是,司马迁还从思想和心理上分析了范、蔡二人建功立业的原因,即因屡受“困厄”而更加激励了他们的政治热情。司马迁洞察历史人物的眼光之深邃,于此可见一斑。

一定的机遇和形势,往往能使一个平凡的人扮演着不平凡的角色。司马迁对此亦多有评论,反映了他在所谓“英雄”与“时势”之关系上的深刻见解。他评价汉相国萧何原本是一个“录录未有奇节”的“刀笔吏”,在秦汉之际的历史大变动中,在刘邦的领导下,始而“谨守管籥”,继而“因民之疾秦法,顺流与之更始”②,成就了轰轰烈烈的事业。显然,这是时势造就了这样一个杰出的历史人物。而同萧何的经历颇为类似的还有西汉大将周勃。司马迁这样评价周勃:

> 绛侯周勃始为布衣时,鄙朴人也,才能不过凡庸。及从高祖定天下,在将相位,诸吕欲作乱,勃匡国家难,复之乎正。虽伊尹、周公,何以加哉!③

一个“才能不过凡庸”的人,为什么能够扮演杰出人物的角色,以至于司马迁把他同伊尹、周公相提并论?显然,这是形势使然。

由此可见,司马迁对于一定的机遇和形势与人的作用的发挥,持有朴素的辩证认识,即一定的机遇和形势可以使“平庸”者成为杰出人物,而这样的杰出人物的所作所为,又反转过来影响到社会的进步,在相应的范围内推动历史的进步。司马迁的这一历史见解对后世有很大的影响,在历代“正史”撰述中,屡有类似的记述和评论,成为中国古代历史理论的积极成果之一。

---

① 司马迁:《史记》卷七九《范雎蔡泽列传》后论,中华书局 1959 年版,第 2425 页。

② 司马迁:《史记》卷五三《萧相国世家》后论,中华书局 1959 年版,第 2020 页。

③ 司马迁:《史记》卷五七《绛侯周勃世家》后论,中华书局 1959 年版,第 2080 页。

六、民众与社会历史

司马迁在《史记·太史公自序》中讲到几篇普通人的列传的撰述宗旨时,着意称赞他们的德行。他写道:

> 救人于厄,振人不赡,仁者有乎;不既信,不倍言,义者有取焉。作《游侠列传》。……不流世俗,不争势利,上下无所凝滞,人莫之害,以道之用。作《滑稽列传》。……布衣匹夫之人,不害于政,不妨百姓,取与以时而息财富,智者有采焉。作《货殖列传》。

司马迁称道游侠说:“今游侠,其行虽不轨于正义,然其言必信,其行必果,已诺必诚,不爱其躯。赴士之厄困,既已存亡死生矣,而不矜其能,羞伐其德,盖亦有足多者焉。”作为史学家,他感到有一种深深的遗憾。这就是他说的,“至如闾巷之侠,修行砥名,声施于天下,莫不称贤,是为难耳。然儒、墨皆排摈不载。自秦以前,匹夫之侠,湮灭不见,余甚恨之”。可见,他对于这些“闾巷之侠”确抱有深刻的敬意。他在《史记·游侠列传》序中说:“汉兴有朱家、田仲、王公、剧孟、郭解之徒,虽时捍当世之文网,然其私义廉洁退让,有足称者。名不虚立,士不虚附。至如朋党宗强比周,设财役贫,豪暴侵凌孤弱,恣欲自快,游侠亦丑之。余悲世俗不察其意,而猥以朱家、郭解等令与暴豪之徒同类而共笑之也。”司马迁所称道的是游侠的人格、品质,从正反两个方面说明他们不同于社会上的“暴豪之徒”,希望世人能够对他们有正确的认识。从这里,可以看出司马迁作为一个史学家站出来为游侠辩诬的良心,也可以看出他在评价历史人物的作用时,十分重视历史人物自身的道德情操。在《货殖列传》中,司马迁把“富”分为三等:“本富为上,末富次之,奸富最下。”他称道秦朝的乌氏倮和寡妇清:“夫倮鄙人牧长,清穷乡寡妇,礼抗万乘,名显天下。”是有名的富者。他以严肃的态度,考察汉兴以后“当世千里之中,贤人所以富者,令后世得以观择”,如蜀卓氏之以铁冶富,程郑亦以冶铸富,宛孔氏以铁冶致富,曹邴氏以铁冶富,刀闲以逐渔盐商贾之利起富,师史以转运致富,任氏以窖仓粟、力田畜富,桥姚以积蓄马、牛、羊、粟而富,无盐氏以贷钱而富，还有田啬、田兰、栗氏、杜氏等等。这些人“皆非有爵邑奉禄弄法犯奸而富，尽椎埋去就，与时俯仰，获其赢利，以末致财，用本守之，以武一切，用文持之，变化有概，故足术也”。司马迁所称道的“贤人所以富者”，是指这些人不是凭借“爵邑奉禄弄法犯奸而富”，而是靠着“椎埋去就，与时俯仰”而富，这就叫做“布衣匹夫之人，不害于政，不妨百姓，取与以时而息财富，智者有采焉”①。在司马迁看来，凭着自身的智慧，按正常途径致富，这对自己、对社会都是有益的；相反，“无岩处奇士之行，而长贫贱，好语仁义，亦足羞也”②。

司马迁关于人在历史进程中的作用，继承和发展了先秦时期的人本主义思想的萌芽和传统，大大丰富了对于人自身的力量、智慧、作用的认识。从这个意义上说，《史记》一书是历史之成为人的历史、史学之成为史家对于历史的理性认识的标志。这一点，对中国后来的史学有重大的影响，成为中国史学的一个优良的传统。

第四节　人的等第划分的观念

人在历史活动中占有中心的位置，人在历史运动中的作用表现在许多不同的方面，就某些个别人来说，人的作用的发挥是同机遇、形势相关联的，形势造就了杰出人物，而杰出人物的行为又影响着社会的进步和历史的发展。这是先秦、秦汉时期的史学在关于“人”的作用之认识上的重要理论成果。

与此同时，关于人的等第划分的观念也在发展。一般说来，西周和春秋时期，天子、诸侯、大夫、士是几个明显的等级，这些等级之下的是众多的“民”或“庶人”。战国时期，秦国实行变法，奖励耕战，开始突破世袭制的藩篱，以军功授爵，等级的界限依然存在。

① 司马迁：《史记》卷一三〇《太史公自序》，中华书局1959年版，第3319页。

② 司马迁：《史记》卷一二九《货殖列传》序，中华书局1959年版，第3272页。

在春秋战国时期的史籍中,还常有“君子”与“小人”之分,“国人”与“野人”之别,其中包含有伦理上、文化修养上、职业上和地域上的差别,虽不能完全排除等级的高下,但却并非严格的等级观念的表述。但是,“大夫”和“庶人”的界限却是异常分明的,所谓“礼不下庶人,刑不上大夫”①,是不可改变的等级差异的界限。至于孟子说的“民为贵,社稷次之,君为轻”②,本是思想家的一种理论,并不能反映当时的社会现实。

司马迁论人,与《春秋》紧密相连,认为“《春秋》辩是非,故长于治人”,“《春秋》文成数万,其指数千。万物之散聚皆在《春秋》”,故为人君父者、为人臣子者都必须懂得《春秋》,不可不通于《春秋》之义。③ 其核心思想是“辩是非”。班固著《汉书》,增立《古今人表》,是一大创造。《古今人表》把自秦以前所见于经传的人物列于表中,并按上上(圣人)、上中(仁人)、上下(智人)、中上、中中、中下、下上、下中、下下(愚人)九等排列,读来一览无余。班固把人分为九个等第的原则和标准是什么呢?他在《古今人表》序中写道:

> 自书契之作,先民可得而闻者,经传所称,唐、虞以上,帝王有号谥。辅佐不可得而称矣,而诸子颇言之,虽不考虖孔氏,然犹著在篇籍,归乎显善昭恶,劝戒后人,故博采焉。孔子曰:“若圣与仁,则吾岂敢?”又曰:“何事于仁,必也圣乎!”“未知,焉得仁?”“生而知之者,上也;学而知之者,次也;困而学之,又其次也;困而不学,民斯为下矣。”又曰:“中人以上,可以语上也。”“唯上智与下愚不移。”传曰:譬如尧舜,禹、稷、卨与之为善则行,鮌、讙兜欲与为恶则诛。可与为善,不可与为恶,是谓上智。桀、纣,龙逢、比干欲与之为善则诛,于莘、崇侯与之为恶则行。可与为恶,不可与为善,是谓下愚。齐桓公,管仲相之则霸,竖貂辅之则乱。可与为善,可与为恶,是谓中人。因兹以列九等之序,究极经传,继世相次,总备古今之略要云。④

---

① 《礼记·曲礼上》,《十三经注疏》,中华书局1980年版,第1249页。

② 《孟子·尽心下》,杨伯峻译注:《孟子译注》,中华书局1960年版,第328页。

③ 司马迁:《史记》卷一三〇《太史公自序》,中华书局1959年版,第3297页。

④ 班固:《汉书》卷二〇《古今人表》序,中华书局1962年版,第861页。

班固制表的原则是“显善昭恶，劝戒后人”，核心是道德准绳。但是他的这篇序文往往又超出了道德准绳。第一，他强调了“生而知之者，上也”，“困而不学，民斯为下矣”。且不说何来“生而知之”的人，就是“困而不学”又怎能用以概括“民”的本性呢？第二，他强调“中”与“上”可以沟通，“唯上智与下愚不移”，永远不可改变。他虽然是引用孔子的说法，但显然是赋予了浓厚的等级色彩。第三，班固对“上智”“下愚”的具体说明也过于绝对化，所谓“可与为善，不可与为恶，是谓上智”，所谓“可与为恶，不可与为善，是谓下愚”，换言之，“上智”者不会有任何恶行，“下愚”者不会有任何善行，这在历史上和现实中都是难得见到的。在这些问题上，班固的历史观念中显然是缺少了朴素辩证的思想，从而把“上智”“下愚”推向极端。

《古今人表》的历史认识价值在于：它把秦以前的历史人物（包括传说中的人物）按照作者的价值判断，一一分列于九等之中，每人的时代、等第一目了然。其判断不论是否妥帖，都能明确地反映作者的评价标准。如作者将夏启、伊尹、盘庚、比干、伯夷、叔齐、周成王、周史官史佚、周宣王、管仲、晋叔向、郑子产、左丘明、颜渊、子思、孟子、屈原、鲁仲连、蔺相如等，同列于第二等第即“上中仁人”一类，显示出了作者的胆识。又如作者将三苗、有扈氏、长狄侨如等，列于第九等第即“下下愚人”，则未必妥帖。

《古今人表》是关于历史人物的价值判断和表现形式相结合的对于“人”的认识。后世史家往往不察其意，或贬或褒，多从史书体例论其得失，似有未妥。[①]《古今人表》最值得关注的地方，是其不以人的政治、经

---

① 如刘知幾《史通·表历》（浦起龙：《史通通释》，上海古籍出版社 1978 年版）写道：“异哉，班氏之《人表》也！区别九品，网罗千载，论世则异时，语姓则他族。自可方以类聚，物以群分，使善恶相从，先后为次，何藉而为表乎？且其书上自庖牺，下穷嬴氏，不言汉事，而编入《汉书》，鸠居鹊巢，茑施松上，附生疣赘，不知翦截，何断而为限乎？”刘知幾的评论，本已涉及价值判断问题，但他最终还是落脚到体例上的批评。又如章学诚《文史通义·补遗·又与史余村》（中华书局 1961 年版）写道：“班氏《古今人表》，史家诟詈，几如众射之的；仆细审之，岂惟不可轻訾，乃大有关系之作，史家必当奉为不祧之宗。颇疑班氏未必出于创造，于古必有所受，或西京诸儒治《春秋》者所传，班氏删改入《汉书》耳。此例一复，则列传自可清其芜累，惜为丛毁所集，无人进而原其心尔。”这是充分肯定《古今人表》的价值，但他是着眼于“此例一复，则列传自可清其芜累”的编纂体例方面。梁启超讲《历史研究法补编》时，曾设有“人表及其做法”一目，惜未成文。

济地位论其高下,故有的贵为天子者而被列于“愚人”,有的贫为陋巷一书生而被列于第二等“仁人”。这种不以富贵、贫贱取人,而以贤愚、善恶作为判断历史人物标准的观念,包含着积极的意义,并对后世史家产生了影响。

第五节　历史活动及“时”与“势”

一、“时”与“时变”

人在历史中的重要作用,总是同一定的时间、机遇以及一定的趋势、形势结合在一起的。因此,人们在阐述人的重要作用时,也时时要论及这些条件。

所谓“时”,一般是指时间而言,如古人称春夏秋冬为四时。但在我们讨论的历史理论领域,“时”一般都是指时机或机遇。古代史官、史家非常重视对于“时”的概念的运用及其所反映的实际意义。如《左传》称:“文王帅殷之叛国以事纣,唯知时也。”①所谓“知时”,是指具有把握时机的能力。

战国时期,群雄纷争,人们对于“时”的认识和分析更加深刻,也进一步说明了它的实际意义的重要。这种情况在当时的史书中或有关的言论中,都有突出的反映。如战国策士们认为“时”是客观存在的,并不是人的意志的产物,即使“圣人”,也不能制造出来“时”,即:“圣人不能为时,时至而弗失。舜虽贤,不遇尧也,不得为天子;汤、武虽贤,不当桀、纣不王。故以舜、汤、武之贤,不遭时不得帝王。今攻齐,此君之大时也已。”②所谓“时至而弗失”,指的是一旦时机到来,就不要失去它,要善于抓住时

① 《左传·襄公四年》,杨伯峻编著:《春秋左传注》,中华书局 1981 年版,第 932 页。

② 刘向辑录:《战国策》卷五《秦策三·秦客卿造谓穰侯》,上海古籍出版社 1985 年版,第 171 页。

机。人们认识到，明时审势是事情成功的首要条件："时势者，百事之长也。故无权籍，倍时势，而能事成者寡矣。"[①]这就是说，任何事情的成功，都离不开一定的"时势"。策士江乙向楚王幸臣安陵君献固宠之计，安陵君虽然接受了江乙的建议，但却"三年而弗言"，直到有一次在楚王游云梦而不胜其乐时，安陵君抓住时机进言，说了一些奉承楚王的话，大得楚王的欢心，于是安陵君乃得以受封。时人发表评论说："江乙可谓善谋，安陵君可谓知时矣。"这里所谓"知时"[②]，同前引周文王"知时"，当是同一含义。在这个有趣的故事里，包含着深刻的启示。

《战国策》非一时一人所作，但对"时"的关注却是很突出的，书中多有反映，如"百世一时"[③]"务兴于时"[④]"时不可失"[⑤]等。

"时"的观念在黄老帛书所保留的材料中亦常有所见："当天时，与之皆断"，"圣人不巧，时反是守"[⑥]。帛书还用农业丰收不能违背农时为例，提出遵守"时"的重要性，反复强调"毋逆天时"，如

> 反义逆时，非而行之，过极失当。[⑦]
>
> 争（静）作得时，天地与之；静作失时，天地夺之。[⑧]
>
> 成功之术，必有巨获，必周于德，审于时。时德之遇，事之会也，若合符然。[⑨]

这里讲的"逆时""失时"，都在告诫人们要重视"时"，而把"时"同"德"结合起来，则是从积极的意义把"时"与"人"结合起来，是"事之会也"。

---

① 刘向辑录：《战国策》卷一二《齐策五·苏秦说齐闵王》，上海古籍出版社1985年版，第427页。

② 刘向辑录：《战国策》卷一四《楚策一·江乙说于安陵君》，上海古籍出版社1985年版，第491页。

③ 刘向辑录：《战国纵横家书·虞卿谓春申君章》，文物出版社1976年版，第102页。

④ 刘向辑录：《战国策》卷一二《齐策五·苏秦说齐闵王》，上海古籍出版社1985年版，第427页。

⑤ 刘向辑录：《战国策》卷六《秦策四·顷襄王二十年》，上海古籍出版社1985年版，第248页。

⑥ 《十六经·观》，《马王堆汉墓帛书》，文物出版社1976年版，第50页。

⑦ 《十六经·正乱》，《马王堆汉墓帛书》，文物出版社1976年版，第61页。

⑧ 《十六经·姓争》，《马王堆汉墓帛书》，文物出版社1976年版，第66页。

⑨ 《管子·宙合》，《诸子集成》，中华书局1954年版，第60页。

政论家贾谊提出“变化因时”的论点,认为人们应随着客观条件的变化而不断调整政策和法令,以适应时代的需要,即“相时而立仪,度务而制事,以驯其时也”①。司马迁在讲到对历史人物的评价时,提出“不令己失时,立功名于天下”②,所谓“不令已失时”,也是“知时”的另一种说法,而且也是“时”与人之“德”相结合的一种新的“版本”。

综上,从理论和实践来看,人的历史活动与“时”及“知时”的关系至为重要。

二、“势”与“时势”

所谓“势”,在历史理论的语境中,是指人的活动的客观形势或事物演变的趋势,往往与“时”连用称“时势”。在政治语境中,“势”往往是指权势、地位。在这里,我们讨论的是前者。

孟子在阐述实行“仁政”的必要性和迫切性时,指出:“虽有智慧,不如乘势;虽有镃基,不如待时。”他从三代讲到当世,认为实行“仁政”,“惟此时为然”③。他是从形势上强调国君应当实行“仁政”。

时势是重要的,但只有人们认识时势、把握时势,时势的作用才能发挥出来。商鞅在讲到变法之理与时势的关系时指出:“夫治国,舍势而任说,说则身修而功寡。”④“圣人知必然之理,必为之时势,故为必治之政,战必勇之民,行必听之令,是以兵出而无敌,令行而天下服从。”⑤意即把思想运用于时势,各项事业才能得到成功,这就是理与时势的关系。

孟子从实行“仁政”说时势,商鞅从实行变法论时势,到了贾谊,处于统一的政治局面之下,他进而综论“天下之势”。贾谊在论汉初中央与封国的关系时说:“天下之势方病大尰,一胫之大几如要,一指之大几如股,

① 贾谊:《新书·立后义》,阎振益、钟夏校注:《新书校注》,中华书局2000年版,第409页。

② 司马迁:《史记》卷一三〇《太史公自序》,中华书局1959年版,第3319页。

③ 《孟子·公孙丑上》,杨伯峻译注:《孟子译注》,中华书局1960年版,第57页。

④ 《商君书·算地》,《诸子集成》,中华书局1954年版,第14页。

⑤ 《商君书·画策》,《诸子集成》,中华书局1954年版,第33页。

臣闻‘尾大不掉，末大必折’，恶病也。平居不可屈信，一二指搐，身固无聊也。失今弗治，必为锢疾，后虽有扁鹊，弗能为已。”①他又说：“海内之势，如身之使臂，臂之使指，莫不从制。”②贾谊认为，对于这两种不同的形势，君主应有“患”、有所“明”，并采取适当措施，天下才得以安定。贾谊作为有才华的政论家和史论家，他的时势论，具有更普遍的意义。

司马迁在《史记·秦始皇本纪》中引用贾谊《过秦论》，并称道“善哉乎贾生推言之也”，表明他十分赞同贾谊对秦朝的政治形势的分析。他进而严肃地指出：“秦取天下多暴，然世异变，成功大。传曰‘法后王’，何也？以其近己而俗变相类，议卑而易行也。学者牵于所闻，见秦在帝位日浅，不察其终始，因举而笑之，不敢道，此与以耳食无异。悲夫！”③这里说的“世异变，成功大”“俗变相类”，都是指历史形势而言。司马迁作为史学家，他无情地嘲笑那些目光短浅之人，不能从历史的重大变动中观察问题和评论得失，从而陷于“耳食”的悲剧。司马迁不仅能从历史形势来判断、解说社会的变化，并揭示其中存在的法则，而且尤为难得的是，他非常深刻地从社会经济领域的情形来说明历史形势中的某些常态，这在《史记》的《平准书》和《货殖列传》中反映得极为突出。

司马迁在列举山西、山东、江南和龙门、碣石北等经济区域所生产的种种物产时，揭示了人类经济生活中的一个普遍现象。他这样写道：所有这些“皆中国人民所喜好，谣俗被服饮食奉生送死之具也。故待农而食之，虞而出之，工而成之，商而通之。此宁有政教发征期会哉？人各任其能，竭其力，以得所欲。故物贱之征贵，贵之征贱，各劝其业，乐其事，若水之趋下，日夜无休时，不召而自来，不求而民出之。岂非道之所符，而自然之验邪？”④司马迁认为，人们的经济生活所需以及由此产生的种种现象，并不是“政教”的作用，如同“水之趋下，日夜无休时”，是一种社会生活中的常态。他把这种常态称之为符合于“道”的“自然之验”，即是一个自然

---

① 贾谊：《新书·大都》，阎振益、钟夏校注：《新书校注》，中华书局2000年版，第43页。
② 贾谊：《新书·五美》，阎振益、钟夏校注：《新书校注》，中华书局2000年版，第67页。
③ 司马迁：《史记》卷一五《六国年表》序，中华书局1959年版，第686页。
④ 司马迁：《史记》卷一二九《货殖列传》序，中华书局1959年版，第3254页。

发展过程。当然,“政教”并非对社会经济生活不起任何作用,但“政教”不可能从根本上改变这种“自然之验”。司马迁的这一思想,还反映在他对社会财富的生成、集中、消耗的认识上,指出:“古者尝竭天下之资财以奉其上,犹自以为不足也。无异故云,事势之流,相激使然,曷足怪焉。”①这里讲的“事势之流,相激使然”,可以看作是对上文所说“自然之验”的解释或注脚。“事势之流”是客观存在,是变动不止的;而这种变动之所以存在,则是各种事物相互补充、制约、冲突而促成的。

总的来看,司马迁论“势”或“时势”,不仅说明了“势”或“时势”的客观性,而且强调了它的变动形态,以及这种变动是那些与“时势”有关的事物相互作用的结果。他从社会经济层面揭示这些理论、法则,显示出他的卓识。

小　　结

关于天、天和人的关系,以及人在历史中的位置等问题,是先秦、秦汉时期历史理论中最重要的问题,在一定的意义上说,也是中国古代历史理论中最重要的问题。当“天命”观念受到怀疑而逐渐动摇,重“人事”的思想逐渐发展起来,于是人在历史中的位置的问题便合乎逻辑地提到历史发展的日程上来了。换言之,关于人的作用的思考,是在轻“天命”、重“人事”的思想基础上才逐渐凸显出来。

从唯物主义的观念来看,人,尤其是直接生产者在社会中的作用,是最容易被人们观察到,进而成为人们认识人的作用的根据。从“通其变,使民不倦”,“神而化之,使民宜之”,到“理民之道,地著为本”,充分表明了直接生产者的作用被发现、被认识的历史过程。

与此同时,人们在思想上对人的思考也在发展,从孔子的“人学”思

① 司马迁:《史记》卷三〇《平准书》后论,中华书局1959年版,第1443页。

想到孟子的“仁政”学说，直到司马迁发展了孔子的“人学”思想，强调“《春秋》辩是非，故长于治人”，“《春秋》者，礼义之大宗也”，并在历史撰述上从不同的方面反映出人的作用和价值，从而在历史理论的发展上明确了人在历史进程中的中心位置，这是中国古代历史理论发展中的伟大里程碑。

在讨论人的作用时，还必须注意到人的历史活动和事物的演变，都离不开一定的“时”与“势”，即一定的机遇与形势。这就是说，人们的历史活动只能在一定的历史条件下展开，其进退皆与此有关。

第三章

古今之变与历史运动轨迹

怎样看待古今关系，是中国古代历史理论中的又一个核心问题。古今历史的变化，是前进的还是倒退的，是发展的还是循环的，这一问题引发了古代史学家、思想家、政治家的深思，他们在分析历史演化的途径和方向、社会治乱的根源，以及政治家在制定现实政策时，都会碰到这个问题。对此，在各种历史观念中，主要有两个方面，一方面是怎样看待历史的变化，另一方面则是怎样看待历史变化的方向。对于古今之变与历史运动的轨迹，先秦和秦汉的史学家、思想家、政治家进行了多方面的思考和论说，留下了丰富的思想遗产。如怎样看待古代制度的异同，"法先王"和"法后王"的争论，以"五德终始"说的观点解释历史变化，历史进程中的"通"与"变"以及"时"与"势"等等，都涉及对古今关系的认识。他们的许多见解，概括起来主要有倒退的历史观、循环的历史观和进化的历史观等。

第一节　怎样看待三代之礼的异同

一、礼的由来和作用

中国古代的礼起源于祭祀，尤其是祭祀祖先。[①] 到了夏、商、周时代，礼不仅成为贵族的行为准则，而且成为国家的主要制度和意识形态的集中反映。对于夏、商、周宗法社会来说，礼是意识形态的制度化，也是法典化的意识形态。

西周时期，宗法思想与制度逐渐系统化，礼发展成以维护宗法等级制为核心的礼制，并且由宗族内部扩展到国家的政治生活领域。这样，大到国家的根本制度、等级秩序、家庭关系，小到个人言行、待人接物等道德行为、生活细节，都属于礼的范围。

以推重道德为特征的周礼，是对礼的一次历史性变革。推重道德的核心是"尊尊"与"亲亲"。"亲亲"就是亲其亲者，按血缘关系确定亲疏长幼。"尊尊"即尊其尊者，按等级确定政治上的高低贵贱，突出地反映出血缘关系和等级关系的结合。值得注意的是，礼只适用于贵族阶层，所谓"刑不上大夫"，"礼不下庶人"，则十分鲜明地揭示了礼的贵族属性。

现在，我们所能见到的关于礼的文本，主要是反映周代社会礼制的《仪礼》和《周礼》，以及解释礼的专书《礼记》等。

在中国古代，礼的功能集中表现在两个方面。首先是管理国家，所谓礼可以"经国家，定社稷，序民人，利后嗣"[②]。由于周礼贯彻了"亲亲""尊尊"的原则，并通过国家权力保证实施，宗法等级制度被固定下来，从

① 关于礼的起源，学术界有几种不同的观点，除本篇所采用的"祭祀"说外，还有"礼仪"说、"交往"说、"风俗"说、"人情"说等。参见杨志刚：《礼学百年历程的回顾》（上），徐洪兴主编：《鉴往瞻来——儒学文化研究的回顾与展望》，复旦大学出版社 2006 年版，第 89—91 页。

② 《左传 · 隐公十一年》，杨伯峻编著：《春秋左传注》，中华书局 1981 年版，第 79 页。

而使族权、政权更好地融合起来,社会各种关系也得到了调整。礼在国家政治中十分重要,抛弃礼的原则就如同耕者没有耒耜一样:“治国不以礼,犹无耜而耕也。”①

其次,是规范社会秩序。礼是道德、民俗、人伦的标准与保障,其最主要的功用就是使人们遵循统一的伦理规范。所谓“缘人情而制礼,依人性而作仪”②的说法,就是强调用礼来整齐社会关系。礼俗对社会生活的规范是通过礼仪原则与礼俗规制的内外结合实现的。西周时期有“礼不下庶人”的说法,是说贵族所享有的礼仪包括祭庙、宴会、朝觐等,庶人是无权享有的,而不是说庶人可以逍遥于礼的规范之外而不受礼的制约,实际上周朝也制定了许多规范平民社会生活的礼,如祭祀限于家门等。

总起来说,礼的作用是:

> 夫礼,天之经也,地之义也,民之行也。天地之经,而民实则之。则天之明,因地之性,生其六气,用其五行。……简子曰:“甚哉,礼之大也!”对曰:“礼,上下之纪、天地之经纬也,民之所以生也,是以先王尚之。故人之能自曲直以赴礼者,谓之成人。大,不亦宜乎!”③

因为礼具有如此重要的作用,故“先王尚之”;而人只有自觉地遵循于礼,才可视为“成人”。

正因为礼有这样重要的作用,因此,对三代之礼的异同的看法,也就折射出人们对古今关系的认识。

二、“三代同礼”的观念

关于“三代同礼”的观念,孔子在追述周礼的渊源时说:“殷因于夏礼,所损益,可知也;周因于殷礼,所损益,可知也;其或继周者,虽百世可知也。”④夏礼和殷礼由于时代久远,文献不足而无法得知其详细内容,只

① 《礼记·礼运》,《十三经注疏》,中华书局1980年版,第1427页。
② 司马迁:《史记》卷二三《礼书》,中华书局1959年版,第1157页。
③ 《左传·昭公二十五年》,杨伯峻编著:《春秋左传注》,中华书局1981年版,第1437页。
④ 《论语·为政》,杨伯峻译注:《论语译注》,中华书局1980年版,第21—22页。

有在夏礼和殷礼基础上发展起来的周礼才是最丰富、最完善的。在孔子看来，西周以前的礼是比较落后的，如夏人“尊命，事鬼敬神”，殷人“尊神，率民以事神”[①]，“殷礼陟配天，多历年所”[②]，不仅指出殷商已有“礼”，并且认为已有所进步，有“率民”的作用，故其可以配天。到了西周时期，政治生活中的神意因素大为削弱，德的作用凸显出来。可见，周礼与前代礼制继承的关系是很清楚的。周公说：“王肇称殷礼，祀于新邑，咸秩无文。”[③]意思是东都建立时，还用殷礼祭祀。孔子对此发出了由衷的赞叹，表明他对周礼充满了仰慕之情。

孔子关于三代之礼的观念具有一定的积极意义，因为从中可以看到他承认古今制度之间有某种连续性，同时承认在连续性中也有某种变化即“有所损益”，这是应当肯定的。同时，我们也要看到，孔子对三代之礼的看法也有明显的局限性，由于他非常推崇周礼，所以他认为后代的制度只能是在周礼的基础上加以“损益”，不会有根本的变化，并过分自信地说“虽百世可知也”。这就说得比较绝对，反映了他思想中的保守的一面。在此后的两千多年间，中国宗法社会都需要用礼作为维系宗法政治的纽带，所以礼的运用在中国相当长的时期存在着连续性。

孔子所说礼的三代损益关系，是看到了礼乐因时变化的一些现象，他可以接受一些无关礼的实质的变动，但对于有损于礼的根本性问题，他不愿意作出让步，他说：“麻冕，礼也；今也纯，俭。吾从众。拜下，礼也；今拜乎上，泰也。虽违众，吾从下。”[④]总的来看，“孔子对于历史只看到局部的变化，看不到根本的变革。他认为周后来居上，也只是对夏殷有所损益，并且认为，将来的世变也不过是有所损益的问题，而简单地断言‘其或继周者，虽百世可知也’”[⑤]。

孔子的社会变易观念主张渐进，但不认为社会有根本的变化，而且武

① 《礼记·表记》，《十三经注疏》，中华书局 1980 年版，第 1641 页。

② 《尚书》卷五《周书·君奭》，《十三经注疏》，中华书局 1980 年版，第 224 页。

③ 《尚书》卷五《周书·洛诰》，《十三经注疏》，中华书局 1980 年版，第 214 页。

④ 《论语·子罕》，杨伯峻译注：《论语译注》，中华书局 1980 年版，第 87 页。

⑤ 白寿彝：《白寿彝史学论集》下册，北京师范大学出版社 1994 年版，第 851 页。

断地认为周礼将笼罩着他以后的"百世",最终又走向不变。这同他在天人关系上的矛盾看法有相似之处,而又不如后者机智。

三、"三代不同礼"的观念

与孔子观点不同的是,战国时期的改革家提出"三代不同礼"的观点,而商鞅是这方面的突出代表。公元前 359 年,商鞅辅佐秦孝公酝酿变法,以甘龙、杜挚为代表的秦国旧贵族出来反对变法,于是出现了一次激烈的关于古与今、变法与循古的论战。商鞅认为:"论至德者不和于俗,成大功者不谋于众。是以圣人苟可以强国,不法其故;苟可以利民,不循其礼。"他的看法得到秦孝公的支持。而秦国的旧贵族甘龙、杜挚提出相反的意见,强调说:"圣人不易民而教,知者不变法而治。因民而教者,不劳而功成;据法而治者,吏习而民安。""利不百,不变法;功不十,不易器。臣闻法古无过,循礼无邪。"商鞅一一予以驳斥,指出:"三代不同礼而王,五霸不同法而霸。""治世不一道,便国不必法古。汤武之王也,不修古而兴,殷夏之灭也,不易礼而亡。然则反古者未必可非,循礼者未足多。"①

在这场辩论中,争论双方都围绕着古与今制度的关系展开,表明了各自的历史观念。甘龙、杜挚坚持认为"不易民而教""不变法而治""法古无过,循礼无邪",古今没有什么变化,因此一切都应该按照旧章执行,这在本质上都是一种复古历史观,"从发展趋势来看,这种历史观念,在战国时代是越来越不得人心了"。②

从历史观念来看,这场辩论有着深刻的社会意义,它表明春秋以来的历史变易和社会进化思想已经得到更加广泛的传播,成为人们思考历史与现实问题以及变革社会的理论依据。

① 《商君书·更法》,《诸子集成》,中华书局 1954 年版,第 2 页。

② 瞿林东:《中国史学史纲》,北京出版社 1999 年版,第 155 页。

第二节　“法先王”与“法后王”的社会历史观

一、“法先王”与“法后王”

类似于“三代同礼”和“三代不同礼”的不同认识，还突出地反映在所谓“法先王”与“法后王”的不同历史观，以及“师今”与“循古”的历史观等方面。从古代历史理论的产生和形成来看，这些都有重要的思想价值。

这里，先说“法先王”与“法后王”。

“法先王”就是要取法古代圣王的言行，以理想化的古代圣王的思想和行为作为治理国家、管理社会的最高标准。而所谓“法后王”，其主张大致与此相类，不过顾名思义，“后王”当指较晚出现的圣王罢了。这方面的争论，是思想史研究者所关注的。而我们所关注的是，这种争论在古今关系的认识上包含着哪些有价值的思想。

不论是“法先王”，还是“法后王”，都是以“圣王”的名义来宣扬各自的历史观点，正如马克思在揭示类似现象时所指出的那样：

> 当人们好像刚好在忙于改造自己和周围的事物并创造前所未闻的事物时……战战兢兢地请出亡灵来为自己效劳，借用它们的名字、战斗口号和衣服，以便穿着这种久受崇敬的服装，用这种借来的语言，演出世界历史的新的一幕。
>
> …………
>
> ……使死人复生是为了赞美新的斗争，而不是为了拙劣地模仿旧的斗争；是为了在想象中夸大某一任务，而不是为了回避在现实中解决这个任务……①

① 马克思：《路易·波拿巴的雾月十八日》，《马克思恩格斯选集》第1卷，人民出版社2012年版，第669—670页。

我们注意到,从古今关系认识的理论价值来看,《荀子》和《吕氏春秋》都有十分值得关注的论述。

荀子所说的"后王"实质上就是孟子所讲的"先王"。荀子的"法后王"与孟子的"尊先王"毫无区别。[①] 在荀子的心目中,"先王"和"后王"实际上都是指周文王和周武王。有些地方称他们为"先王",因为他们距离自己生活的时代有七八百年之久;而在另外一些地方却称他们为"后王",因为他们是三代之王中的最后之王。可见荀况所说的"先王"和"后王",称呼不同,只是说明看问题的角度不同,其所指实际上是一致的。

荀子批判孟子的"法先王",并不是说孟子只赞同"法先王",不同意"法后王",而是说他"略法先王而不知其统"[②],意思就是说,孟子仅知"法先王"的枝叶皮毛,而不知先王的精神,不知先王的根本意思。荀子和孟子的对立,并不在于"法先王"或"法后王"这两个名词上。荀子认为,必须借鉴"先王"有益的东西,但不应该抱残守缺,"凡言不合先王,不顺礼义,谓之奸言;虽辩,君子不听。法先王,顺礼义,党学者,然而不好言,不乐言,则必非诚士也。故君子之于言也,志好之,行安之,乐言之,故君子必辩。凡人莫不好言其所善,而君子为甚。故赠人以言,重于金石珠玉;观人以言,美于黼黻文章;听人以言,乐于钟鼓琴瑟。故君子之于言无厌。鄙夫反是:好其实,不恤其文,是以终身不免埤污佣俗。故《易》曰:'括囊,无咎无誉。'腐儒之谓也"。[③] 他主张吸取前代留下的历史经验,"观往事,以自戒,治乱是非亦可识"[④];"若有王者起,必将有循于旧名,有作于新名"。荀子将"法先王"与"法后王"、循旧与创新辩证地统一起来,既看到了历史的连续性,注意从历史中汲取智慧,又看到历史的演进性,强调随着时代的发展必须有适应时代要求的新的策略。荀子的观点是先

① 郭沫若:《十批判书·荀子的批判》,《郭沫若全集·历史编》第2卷,人民出版社1982年版,第232页。

② 《荀子·非十二子》,《诸子集成》,中华书局1954年版,第59页。

③ 《荀子·非相》,《诸子集成》,中华书局1954年版,第53页。

④ 《荀子·成相》,《诸子集成》,中华书局1954年版,第311页。

秦时期关于“法先王”与“法后王”认识的最积极的成果，他认识历史的方法具有朴素的辩证色彩。

最能够集中反映“法先王”与“法后王”之争的是《吕氏春秋·察今》。针对战国时期诸子百家争论激烈的“法先王”的问题，其坚持法家“因时而变”的观点，认为时代变了，地域不同，世事各异，人情有殊，国家的法规制度也必须有所改变，顺应时代发展的需要，而不必机械地拘泥于古人而效法“不可得”之法：

> 上胡不法先王之法？非不贤也，为其不可得而法。先王之法，经乎上世而来者也，人或益之，人或损之，胡可得而法？虽人弗损益，犹若不可得而法。……凡先王之法，有要于时也。时不与法俱在，法虽今而在，犹若不可法。故择先王之成法，而法其所以为法。先王之所以为法者，何也？先王之所以为法者，人也，而己亦人也。故察己则可以知人，察今则可以知古。古今一也，人与我同耳。有道之士，贵以近知远，以今知古，以益所见知所不见。故审堂下之阴，而知日月之行，阴阳之变；见瓶水之冰，而知天下之寒，鱼鳖之藏也；尝一脟肉，而知一镬之味，一鼎之调。荆人欲袭宋，使人先表澭水。澭水暴益，荆人弗知，循表而夜涉，溺死者千有余人，军惊而坏都舍。向其先表之时可导也，今水已变而益多矣，荆人尚犹循表而导之，此其所以败也。今世之主法先王之法也，有似于此。其时已与先王之法亏矣，而曰此先王之法也，而法之以为治，岂不悲哉！故治国无法则乱，守法而弗变则悖，悖乱不可以持国。世易时移，变法宜矣。①

作者以“上胡不法先王之法”设问，然后自我解答：“非不贤也，为其不可得而法。”并非先王的法规制度不好，而是因为它实在没有办法拿来进行效法。“不可得而法”的原因是，先王的法规是经过上世几代而流传下来的，后来的人或者增补，或者删减，怎么能够随便拿来效法呢？即使先王之法无人改变，到了现在还是不能随便拿来效法的，因为“凡先王之法，

① 《吕氏春秋·察今》，《诸子集成》，中华书局1954年版，第176—177页。

有要于时也”。先王制定法规必须符合当时的实际情况,而“时不与法俱在,法虽今而在,犹若不可法”,“有要于时”,都充分说明《吕氏春秋》对法规的制定与客观环境的关系,有非常清醒的认识,因此先王之法“不可得而法”。统治者“释先王之成法,而法其所以为法”,舍弃先王流传下来的既定法规而寻找先王制定法规的依据。这就要求统治者必须体察民情、国情、时势。然后指出“先王之所以为法者,人也”,揭示出人是制定“法”的主导因素,只有抓住了这个因素,制定法规才有了真正的依据,也才能够真正做到合于时宜。古今制定法规的依据是一样的,“察己则可以知人,察今则可以知古”,要因人而异,因事而异,因势而变。进而指出,高明的人“贵以近知远,以今知古,以所见知所不见”,人们必须要有根据实际情况适时变通的能力。

在对古今关系的认识上,《荀子》和《吕氏春秋》同以往人们的认识相比较,其最明显的不同之处在于,它们都很倾向于重视“今”,但它们并不截然否定“今”与“古”的联系。因此,它们在这个问题的认识上,具有更重要的理论价值。

二、“师今”与“循古”

在中国古代历史理论发展史上,古今关系之所以被人们所关注,因为它不只是一个历史认识问题,还常常是同现实的社会活动尤其是政治活动相联系的。古是今的由来,今是古的延续,古今联系就是历史同现实的联系,否认这种联系,不仅在理论上是错误的,而且在实践中也是有害的。商鞅以“治世不一道,便国不法古”为理论依据,在秦国厉行变法,取得了巨大的成功。随着秦国的强大和统一事业的完成,人们把“便国不法古”的思想推向极致,理论认识走上极端,并最终成为秦朝国策失误而遭致速亡的一个重要原因。

秦朝统一后,在政治制度和文化政策的制定上,出现了“师今”与“循古”的争论,并且由此引起秦朝文化政策的重大调整。秦始皇三十四年(前 213 年),博士、齐人淳于越向秦始皇建议:“臣闻殷周之王千余岁,封子弟功臣，自为枝辅。今陛下有海内，而子弟为匹夫，卒有田常、六卿之臣，无辅拂，何以相救哉？事不师古而能长久者，非所闻也。”丞相李斯反对淳于越的建议，他认为：“五帝不相复，三代不相袭，各以治，非其相反，时变异也。今陛下创大业，建万世之功，固非愚儒所知。且越言乃三代之事，何足法也？”李斯进而提出一系列建议，他说：“今皇帝并有天下，别黑白而定一尊。私学而相与非法教，人闻令下，则各以其学议之，入则心非，出则巷议，夸主以为名，异取以为高，率群下以造谤。如此弗禁，则主势降乎上，党与成乎下。禁之便。臣请史官非秦记皆烧之。非博士官所职，天下敢有藏《诗》《书》、百家语者，悉诣守、尉杂烧之。有敢偶语《诗》《书》者弃市。以古非今者族。吏见知不举者与同罪。令下三十日不烧，黥为城旦。所不去者，医药卜筮种树之书。若欲有学法令，以吏为师。”①

这次论争是围绕现实政治中的问题展开的，但在理论上却是关于古今关系的论战。淳于越希望秦始皇能够“师古”，理由是“事不师古而能长久者，非所闻也”。这种“师古”的观念，显然是保守的。而李斯的看法自有合理的地方，他认识到时代不同，治理的方法自然应该不同，儒生们“不师今而学古”，是“道古以害今”，无益于秦朝统治的稳定。李斯看到了历史之变，主张因变而制事，不拘泥古法，这些看法是正确的。但他把“师今”的主张推到绝对的地步，建议禁毁秦记以外的史书及《诗》《书》、百家语，还建议严禁私学，欲求学者“以吏为师”，并以严酷的法律来推行这些主张，终于制造了“焚书”“坑儒”事件。

秦朝“焚书”“坑儒”的野蛮政策钳制了思想，摧残了文化，也加快了自己的覆亡。这是中国历史上，人们在思想领域和政治活动中，把“师今”与“师古”完全对立起来，粗暴地割断古今联系所造成的最严重的危害。历史事实表明，从理论上正确认识古今关系，的确是一个十分重要的问题。

① 司马迁：《史记》卷六《秦始皇本纪》，中华书局1959年版，第254—255页。

第三节 “五德终始”说与历史循环论

一、“五德终始”说与“三统循环”论

关于古今关系的认识,还涉及古今是否有变化,以及变化的趋势如何等问题。战国时期,邹衍以阴阳五行来阐释历史变化,创“五德终始”之说,在历史上影响甚大。汉代流行“三统循环”论,认为历史是在不断地循环往复。这些学说从另一个方面展示了古人对古与今变化认识的多样性。

“五德终始”说,又称“五德转移”说,是有关水、火、木、金、土五德相生相克,终而复始的转化过程的理论。以水、火、木、金、土为“五行”始见于《尚书·洪范》,它的主要思想是将水、火、木、金、土视为立国的五种资源。西周末年,史官史伯提出“先王以土与金、木、水、火杂,以成百物”①,原指五种立国资源的“五行”开始被看作构成万物的五种物质。春秋后期的史官史墨曾提到“火胜金”②“水胜火”③,还提到“子,水位也”④,这种认识意味着五行配物的历史观念在晋国史官那里已略具雏形。其后孙子提出“五行无常胜”⑤,表明当时人们对五行循环相胜关系的看法已初步形成。

邹衍从理论上总结了前代的认识成果,附会并推演历史,提出了自己的一套学说。邹衍“明于五德之传(转),而散消息之分”⑥,他将解释自

① 左丘明著,韦昭注:《国语·郑语》,上海古籍出版社1978年版,第515页。
② 《左传·昭公三十一年》,杨伯峻编著:《春秋左传注》,中华书局1981年版,第1514页。
③ 《左传·哀公九年》,杨伯峻编著:《春秋左传注》,中华书局1981年版,第1653页。
④ 《左传·哀公九年》,杨伯峻编著:《春秋左传注》,中华书局1981年版,第1654页。
⑤ 《孙子兵法·虚实》,《诸子集成》,中华书局1954年版,第103页。
⑥ 司马迁:《史记》卷二六《历书》,中华书局1959年版,第1259页。

然运演规则的观念用到解释历史上，提出“五德各以所胜为行”①。他认为人类社会历史的变化同自然界一样，受到金、木、水、火、土五种“德”的支配，每一个朝代的出现都体现着各种“德”的消长，“五德从所不胜，虞土、夏木、殷金、周火”②。《吕氏春秋》保存了这种“五德终始”说的基本含义：

> 凡帝王者之将兴也，天必先见祥乎下民。黄帝之时，天先见大螾大蝼，黄帝曰“土气胜”，土气胜，故其色尚黄，其事则土。及禹之时，天先见草木秋冬不杀，禹曰“木气胜”，木气胜，故其色尚青，其事则木。及汤之时，天先见金刃生于水，汤曰“金气胜”，金气胜，故其色尚白，其事则金。及文王之时，天先见火，赤乌衔丹书集于周社，文王曰“火气胜”，火气胜，故其色尚赤，其事则火。代火者必将水，天且先见水气胜，水气胜，故其色尚黑，其事则水。水气至而不知，数备，将徙于土。③

该篇文字当出于邹衍或其传人之手，反映了邹衍的基本思想。④ 根据五德终始的历史循环论体系，在政治上必须五行配列，定出相应的制度（改正朔，易服色）。这种历史演变学说表明，历史发展的最高主宰是天，天通过五行盛衰来表达其意志；朝代兴替只是崇尚颜色和具体政治措施发生了变化，而且在一个周期之后又要恢复过来，演变只是现象，循环才是历史运转的真谛。

邹衍认为历史上的改朝换代不过是金、木、水、火、土五德的循环往复在政治上的具体体现，每一种德相当于一个朝代，这种德为另外一种德所

---

① 司马迁：《史记》卷二八《封禅书》“集解”，中华书局 1959 年版，第 1369 页。

② 《文选》卷五九《齐故安陆昭王碑》，李善注引《邹子》，中华书局 1977 年版，第 2561 页。

③ 《吕氏春秋・应同》，《诸子集成》，中华书局 1954 年版，第 126—127 页。

④ 顾颉刚说：“这一段话，《史记》所谓‘五德转移，符应若兹’，如淳注所谓‘五行相次转用事，随方面为服’，与《七略》所谓‘终始五德，从所不胜，土德后木德继之……’的话完全符合，故虽录入《吕氏春秋》，仍可信其为邹衍的学说。”见顾氏《五德终始说下的政治和历史》，《古史辨》第 5 册，上海古籍出版社 1982 年版，第 420 页。许维遹认为这段文字为邹衍的佚文：“此阴阳家之说而散见于此者。马国翰《文选・魏都赋》李注引《七略》云‘邹子终始五德，从所不胜，木德继之，金德次之，水德次之’，定篇首至此为邹子佚文。”参见许维遹：《吕氏春秋集释》，中华书局 2016 年版，第 245 页。

取代,这个朝代也就完结了。邹衍认为,天地剖判以来的历史,按照“五德转移”的顺序,经过了黄帝(土德)、夏(木德)、商(金德)、周(火德)的更替过程,并预见以后的发展是“代火者必将水”。他认为历史是一个胜负转化的演变过程,按照土、木、金、火、水依次相胜而具有阶段性,又按照始于土、终于水、徙于土的循环往复而具有周期性。“阴阳消息”的矛盾运动推动着“五德转移”,又决定着当世的盛衰。“递兴废,胜者用事”,各个朝代按照既定的周期轮换,只有当运的兴盛者才能行使统治权。“凡帝王者将兴也,天必先见祥乎下民”,朝代的兴起,必有天意符瑞作为象征和预示。

邹衍的“五德终始”说旨在制定“规矩”,“邹子疾晚世之儒墨,不知天地之弘,昭旷之道,将一曲而欲道九折,守一隅而欲知万方,犹无准平而欲知高下,无规矩而欲知方圆也”①。这种学说得到诸侯的重视,史载:“是以邹子重于齐。适梁,惠王郊迎,执宾主之礼。适赵,平原君侧行撇席。如燕,昭王拥彗先驱,请列弟子之座而受业,筑碣石宫,身亲往师之。作《主运》。其游诸侯见尊礼如此。”②邹衍试图用事物转化的关系来论证政权更替的必然性,因此“邹衍以阴阳主运显于诸侯”③,在当时颇受欢迎。

邹衍的“五德终始”说传到秦国,引起极大的关注,“自齐威、宣之时,邹子之徒论著终始五德之运,及秦帝而齐人奏之,故始皇采用之”④。秦始皇对“五德终始”说深信不疑,他认为秦承尧运,为水德,所以依照水德办事,以十月为正月,朝贺皆从十月始,衣服、旌旗都以黑为上,把黄河改称“德水”。“始皇推终始五德之传,以为周得火德,秦代周德,从所不胜。方今水德之始,改年始,朝贺皆自十月朔。”⑤水主阴,阴主刑杀,因而秦厉行严刑峻法,凡事一决于法。秦始皇迷信“五德终始”,搞得乌烟瘴气。

“五德终始”说对西汉董仲舒的观点影响很大,并成为两汉谶纬学说

① 《盐铁论·论邹》,王利器:《盐铁论校注》,古典文学出版社1958年版,第331页。

② 司马迁:《史记》卷七四《孟子荀卿列传》,中华书局1959年版,第2345页。

③ 司马迁:《史记》卷二八《封禅书》,中华书局1959年版,第1369页。

④ 司马迁:《史记》卷二八《封禅书》,中华书局1959年版,第1368页。《史记集解》:“《汉书·郊祀志》曰:‘齐人邹子之徒论著终始五德之运,始皇采用。’”

⑤ 司马迁:《史记》卷六《秦始皇本纪》,中华书局1959年版,第237页。

的主要来源之一。

“五德终始”说的核心在于朝代的转移，意味着君主制度终始转移，在历史循环中永远存在下去。历史就是这样周而复始，往复不穷。这种学说编制了一个自成体系的系统，人类历史的发展永远都不能冲破这一系统，只能终而复始地在这一系统中往复循环。“五德终始”说的目的是为当时的社会变革进行论证，但却陷入了历史循环论。

与“五德终始”说同时流行的历史循环论是“三统”学说。董仲舒根据“天之道终而复始”的原则，吸取邹衍“五德终始”的思想，提出了“三正”“三统”的历史循环论。他认为黑、白、赤“三统”周而复始，循环无穷。按照董仲舒的说法，一年十二个月，有三个月可以被确定为岁首，即所谓“正月”，并以此月的颜色为本朝崇尚的色彩。每一个受命于天的新王朝，都要重新确定以子月（今农历十一月）、丑月（今农历十二月）、寅月（今农历正月）中的某月为岁首。“三正”就是夏以寅月为正月，商以丑月为正月，周以子月为正月，是为改正朔。一个新朝代表示自身受命于天，必须改制，就是要“徙居处、更称号、改正朔、易服色”①。从“王正月”入手，提出“王者必受命而后王。王者必改正朔，易服色，制礼乐，一统于天下，所以明易姓，非继人，通以已受之于天也”②。“统”蕴涵着开始、根本、纲领、纪要的意思，根据子月、丑月、寅月这三个月所建立起来的朔始律法、度制、服色，就叫“三统”。黑统、白统、赤统形成三种不同的历史依归，各个朝代依据自身不同的使命而各正一统。

按照董仲舒的说法，古代帝王受命都是按照黑统、白统、赤统“三统”的顺序变化的，“受命”的王者发生了变化，所属的那一统也跟着变化，夏为黑统、商为白统、周为赤统，历史是按照“三正”“三统”的次序循环，周而复始，永无止境。

“天人感应”说在历史观上是“天人合一”的“道统”观。如果统治者取得了这个“道统”，即奉天受命，并有足够的“德教”力量维护这个“道

① 董仲舒：《春秋繁露 · 楚庄王》，《二十二子》，上海古籍出版社1986年版，第768页。

② 董仲舒：《春秋繁露 · 三代改制质文》，《二十二子》，上海古籍出版社1986年版，第782页。

统”,就会造成社会太平。如果统治者没有足够的“德教”力量维护“道统”,就会出现变乱,新的统治者就取而代之,并把这个“道统”重新延续下去。这样,“天不变,道亦不变”的社会观和“一治一乱”的历史循环论也就结合起来了。这种历史观不仅在两汉时有很大影响,而且在中国古代历史思想发展史上,也有一定的影响。

二、历史循环论的特点

在中国古代历史理论发展史上,历史循环论有多种表现形式,说法也不尽相同,但它们都存在一些共同的特点。

第一,历史循环论虽然局部地承认了社会的演变,但在整体上却否定了社会的发展。历史循环论认为人类社会是一个不断循环的过程,只看到历史演进中的量变,而忽视乃至否认历史进程中的质的飞跃,“一方面他(董仲舒)肯定历史进化的客观性和合理性,认为历史可以划分为不同的发展阶段。另方面又将历史视为最终凝固化了的东西,认为其变迁只是一种周而复始的循环而已”①。孟子主张历史的运动就是一治一乱的循环,最终否定了社会的发展。

历史循环论的错误在于,夸大事物发展中出现的某些重复现象,抹杀了事物的低级阶段和高级阶段的本质区别。历史循环论片面夸大社会历史进程的曲折性,把一切事物的变化看成简单的周而复始,实质上否认了质变,否认了历史的进步,因此就其本质属性来看“是‘率由旧章’与‘顺时改制’相混糅调和的思想意识形态”②。

第二,历史循环论虽然局部承认了社会变化的趋势,但整体上否定了历史前进的方向。例如,孟子“在历史观点上,有肯定历史进化的说法”,“对于个别社会现象也表示过他的进化观点”③。孟子在描述尧舜时期的社会变化时说:

---

① 黄朴民:《何休历史哲学理论探析》,《求是学刊》1999 年第 1 期。

② 黄朴民:《何休历史哲学理论探析》,《求是学刊》1999 年第 1 期。

③ 白寿彝:《中国史学史》第 1 册,上海人民出版社 1986 年版,第 311—312 页。

当尧之时,天下犹未平,洪水横流,泛滥于天下。草木畅茂,禽兽繁殖,五谷不登,禽兽逼人,兽蹄鸟迹之道交于中国。尧独忧之,举舜而敷治焉。舜使益掌火,益烈山泽而焚之,禽兽逃匿。禹疏九河,瀹济、漯,而注诸海;决汝汉,排淮泗而注之江。然后中国可得而食也。……

后稷教民稼穑,树艺五谷;五谷熟而民人育。人之有道也,饱食、暖衣、逸居而无教,则近于禽兽。圣人有忧之,使契为司徒,教以人伦:父子有亲,君臣有义,夫妇有别,长幼有序,朋友有信。①

孟子的这些观点承认了远古社会的发展,但从社会历史发展的总趋势,尤其是从尧舜以后的发展方向看,却主张“一治一乱”,其思想的局限性又显露出来了。因此,“我们可以说孟子是一个半截子古代进化论者,这是上半截,下半截是‘一治一乱’论,孟子又成了一个历史循环论者”②。以孟子为代表的历史循环论者在分析历史进程时,“只是反映了中国历史发展的一定阶段上的带有规律性的现象,却不能反映中国历史发展的一般规律”③。

第三,虽然局部地解释历史,但整体上否定了社会历史的出路。阴阳五行学说在解释自然现象时,也是有唯物主义因素的,在解释个别历史现象时,也能坚持这样的观点。《洪范》中的“五行”讲的是万物皆有其性,“水曰润下,火曰炎上,木曰曲直,金曰从革,土爰稼穑”。各物之间存在密切联系,相互生克,具有“规律性”。要充分认识事物的本性及关系,然后调和治理起来就会有明确的方向性,效果自然也就明显。古代思想家用五行的观念,对一些自然现象、社会现象和精神现象作了分类。五行的水、火、木、金、土,都是与农业有关系的。这是人在农业生产劳动中所得到的对于自然界的认识。阴阳五行家企图用五行把自然现象和社会现象联系起来,用以说明世界是一个有秩序的统一的整体。在这种思想中含有一种唯物主义的因素,即肯定五行是世界的基

① 《孟子·滕文公上》,杨伯峻译注:《孟子译注》,中华书局 1960 年版,第 124—125 页。

② 白寿彝:《中国史学史》第 1 册,上海人民出版社 1986 年版,第 312 页。

③ 白寿彝主编:《史学概论》,宁夏人民出版社 1983 年版,第 33 页。

础,事物的性质都体现了水、火、木、金、土五种物质的性能。这正是西周以来五行思想的一个发展。但是“就历史的一定阶段或一定的方面而言常常是正确的,而一旦越出一定的界限就会成为错误的”①。五行学说也灌注着唯心主义的内容,使朴素唯物主义的五行说蜕变成唯心主义的五德终始说。而当邹衍将五行学说发展成了专门解释人类社会嬗变的理论模式时,便走进了历史的死胡同,无法正确解释历史的真相,不能看出社会发展的动力和方向,更不能找到社会发展的出路,只能以生硬的比附,来解释朝代的兴亡更替。

第四,曲解人类进化,曲解历史史实,因此时常陷于自相矛盾之中。董仲舒认为:“夏无道而殷伐之,殷无道而周伐之,周无道而秦伐之,秦无道而汉伐之。有道伐无道,此天理也。”②他将历史循环概括为“有再而复者,有三而复者,有四而复者,有五而复者,有九而复者”③五种形式。古人看到了社会危机,但是没有能够从社会经济因素去寻找危机的原因,而是从名号等因素寻找原因,试图通过改元来解除社会危机,实现顺利的循环,结果使社会危机进一步加深。汉哀帝在位期间,在官府重赋和地主兼并的压迫之下,百姓“有七亡而无一得”,“有七死而无一生”④,农民起义此起彼伏。为了缓和社会危机,汉哀帝于建平二年(前5年)接受夏贺良“改元易号,乃得延年”的建议,改建平二年为太初元年,自称陈圣刘太平皇帝,史载:

> 待诏夏贺良等言赤精子之谶,汉家历运中衰,当再受命,宜改元易号。诏曰:“汉兴二百载,历数开元。皇天降非材之佑,汉国再获受命之符,朕之不德,曷敢不通!夫基事之元命,必与天下自新,其大赦天下。以建平二年为太初元将元年。号曰陈圣刘太平皇帝。漏刻以百二十为度。”⑤

① 白寿彝主编:《史学概论》,宁夏人民出版社1983年版,第33页。

② 《春秋繁露·尧舜不擅移汤武不专杀》,《二十二子》,上海古籍出版社1986年版,第785页。

③ 《春秋繁露·三代改制质文》,《二十二子》,上海古籍出版社1986年版,第783页。

④ 班固:《汉书》卷七二《王贡两龚鲍传》,中华书局1962年版,第3088页。

⑤ 班固:《汉书》卷一一《哀帝纪》,中华书局1962年版,第340页。

然而社会危机并未因改元易号而得到解决，汉哀帝也在农民的反抗声中死去了。从汉哀帝易元改姓可以看出，历史循环论是维护君主制度的工具，意味着君主制度永久，任何想改变君主制度的想法和做法都是违背历史规则的荒谬之举。因此，其消极意义十分明显。

历史循环论对史学家的影响反映在两个方面：一方面，它使史学家在阐发历史变化时往往陷入循环论的误区，《汉书》的《五行志》《律历志》就是用“五德终始”循环史观来解释历史的突出例子。另一方面，它也为史学家认识社会、审视历史提供了一定的思想启示，对秦汉历史思想产生了深刻的影响。历史循环论是古代历史理论的一个部分，它激发了史学家、思想家在考察历史运动时的反思。史学家们在接受历史循环论的部分合理因素的同时，也以实证的方法和逻辑的方法证明了这种学说的荒谬性，从而提高了历史思维的水平。

第四节　通变思想与历史进程的阶段划分思想

一、从“大同”到“小康”的变化

在中国古代历史理论产生和初步发展时期，认为历史演进是“通”而“变”的思想，以及历史进程具有阶段性的思想，都开始滋生，这是关于古今关系认识方面最重要的理论遗产之一。《周易》较早提出了历史中贯穿着“通”与“变”的观念：“神农氏没，黄帝、尧、舜氏作，通其变，使民不倦，神而化之，使民宜之。易穷则变，变则通，通则久。是以自天佑之，吉无不利，黄帝、尧、舜，垂衣裳而天下治，盖取诸乾坤。”①这里主要讲了历史演进的法则，表明历史是进步的。首先，由于时代的嬗变，要求改变旧

① 《周易·系辞下》，《十三经注疏》，中华书局1980年版，第86—87页。

的制度,使人民不因拘于旧的制度而感到倦怠。其次,这种变化是在潜移默化中发生的,使人民能够适应。第三,事物发展到了极致,就要出现变化,变化才能使事物更加通达。在这种"通""变"观念的启示下,产生了各种对理想社会的描绘,其中最有影响的是对"大同"与"小康"社会的描述。

"大同"是中国先民所追求的理想社会的图景。由于它见于儒家经典《礼记》的《礼运》篇并假孔子之口说出,所以一般认为它集中代表了儒家思想向上为公精神。《礼运》篇以称颂尧、舜、禹的口气,对"大同"社会作了这样的描述:

> 大道之行也,天下为公,选贤与能,讲信修睦。故人不独亲其亲,不独子其子,使老有所终,壮有所用,幼有所长,矜寡孤独废疾者,皆有所养,男有分,女有归。货恶其弃于地也,不必藏于己;力恶其不出于身也,不必为己。是故谋闭而不兴,盗窃乱贼而不作,故外户而不闭。是谓大同。

其实,"大同"时代是人类原始的、素朴的时代,"货恶其弃于地也,不必藏于己;力恶其不出于身也,不必为己",固然意味着"大同"时代之风尚,却并不意味着它就是文明的。

在"大道"实行的时代,天下为天下人所有,选举贤者共同管理,人人彼此合作。所谓"大同之世",虽然没有具体展开说明,但仍然可以想象,那时人们聚集在一起,社会物质共同享有,没有劳动能力的得到社会的供养,人们"不独亲其亲,不独子其子"。在"大同"社会中,整个社会没有权谋欺诈和贼盗掠夺,人们和平地生活而没有战争。这种观念把夏朝建立以前的时期称为"大同之世",把夏朝建立及以后的时期称为"小康之世",二者的根本区别就在于,前者是"天下为公"的社会,后者是"天下为家"的社会。

随着社会的变化,大道既隐,人类历史就进入了"小康"时期。"小康"社会不同于"大同",有着自身的特点,这就是:

> 今大道既隐,天下为家,各亲其亲,各子其子,货力为己,大人世及以为礼,城郭沟池以为固,礼义以为纪;以正君臣,以笃父子,以睦

> 兄弟，以和夫妇，以设制度，以立田里，以贤勇知，以功为己。故谋用是作，而兵由此起。禹、汤、文、武、成王、周公，由此其选也。此六君子者，未有不谨于礼者也。以著其义，以考其信，著有过，刑仁讲让，示民有常。如有不由此者，在势者去，众以为殃。是谓小康。[①]

所谓“小康之世”，指的是三代时期，代表人物是禹、汤、文、武、成王、周公。“小康”社会虽政教修明，但毕竟需要礼来维系。故“小康”是一个与礼关联在一起的历史阶段。在这个阶段，人类聪明才智进一步发展起来，有了善恶观念，也出现了智谋奸诈，自私邪恶与攻掠抢夺也一并出现了，这就需要制定出一些对人们有约束力的制度，来规范人们的行为，于是礼乐出现了。“礼义以为纪；以正君臣，以笃父子，以睦兄弟，以和夫妇，以设制度，以立田里，以贤勇知，以功为己。”人类生活的一切领域都要为礼所规范，所以作为这个阶段的代表人物的禹、汤、文、武、成王、周公“未有不谨于礼者也”。

在“大同之世”，天下禅让，所以首领自身的德行就是其统治合法的基础；而在“小康”时代，由于家天下的世袭制成为权力接替的形式，所以，人君必须通过礼来确立并维护自己的地位的正当性，而礼本身同时也构成了人们相互间的，以及对人君行为的一种限制与约束。

从“大同”到“小康”，这一历史性的变化被理解为天道与人情自然变化的结果：“夫礼，先王以承天之道，以治人之情，故失之者死，得之者生。《诗》曰：‘相鼠有体，人而无礼；人而无礼，胡不遄死？’”《礼运》所表达的态度是：不是返回到“大同”时代，而是立足于礼乐，因为“圣人以礼示之，故天下国家可得而正也”[②]。这一生活样式立足于现实之时势，因而不是空想，但同时又在现实的时势中对“大同”的理想保持了一种向往。

总之，这种从“大同”到“小康”的观念变化，反映了人们对理想社会的向往和对现实社会的认可的思想。从唯物史观来看，这是对“野蛮”时代的深刻概括和对“文明”时代的合理解说。

---

① 《礼记·礼运》，《十三经注疏》，中华书局 1980 年版，第 1414 页。

② 《礼记·礼运》，《十三经注疏》，中华书局 1980 年版，第 1415 页。

二、上古、中古、近古的历史演进阶段理论

关于历史演进阶段的思想,是古今关系认识的又一种理论表现形式。商鞅是一位改革家,他从历史的演进论证改革的必要性,又从改革的实践中提炼出对历史进步性的认识。他根据以往的时代特征的演变,将历史划分为三个阶段,即昊英之世、神农之世、黄帝之世:

> 昔者昊英之世,以伐木杀兽,人民少而木兽多。黄帝之世,不麛不卵,官无供备之民,死不得用椁。事不同,皆王者,时异也。神农之世,男耕而食,妇织而衣,刑政不用而治,甲兵不起而王。神农既没,以强胜弱,以众暴寡。故黄帝作为君臣上下之义,父子兄弟之礼,夫妇妃匹之合;内行刀锯,外用甲兵,故时变也。由此观之,神农非高于黄帝也,然其名尊者,以适于时也。故以战去战,虽战可也;以杀去杀,虽杀可也;以刑去刑,虽重刑可也。①

在昊英之世,人民可以伐木杀兽为生,当时人民少而禽兽多。神农之世,男人耕田,大家吃饭,妇女织布,大家穿衣,不用刑罚而国家治。黄帝之世制定了礼仪,对内使用刀锯,对外使用甲兵。时代不同,所实行的办法就不同,这是因为"时变也",需要变革制度"以适于时也"。综观三世的变化可以看出,每出现一个新时代,都不是对旧时代的重复,而是一种超越。

商鞅又根据社会关系的变化把历史划分为"亲亲""尚贤""贵贵"三世:"亲亲"之世是先民社会的初期阶段,人们只知道自己的母亲,却不知有父亲,人们所走的道路是亲爱自己的亲人,贪图个人私利。亲爱自己的亲人,就要划分亲疏关系;贪图个人的私利,就有一些人会心存奸险。如果大家都趋于划分亲疏和心存奸险,那就要乱起来了。在这种情况下,就有主张去掉私心、创立中正之道的贤人出现,社会历史进入"尚贤"的时期。然而多人以贤达自居,社会也就会出现混乱,于是又有圣人出现,划定土地、财务、男女界限,创定法律、制度,设置官吏和国君,于是社会进入

① 《商君书·画策》,《诸子集成》,中华书局 1954 年版,第 30—32 页。

到“贵贵”即尊重贵人的阶段。商鞅认为：“此三者，非事相反也，民道弊而所重易也，世事变而行道异也。”①意谓这三个时期并不是相互矛盾的，而是社会演进的结果。

商鞅的“三世”说突出了历史演变中的递进关系，他已经朦胧地感觉到了历史演变中的进步趋势。商鞅的历史阶段划分方法是以人论时，特别强调制度的变化。

韩非的历史阶段论是对商鞅历史理论的发展。韩非把历史分为上古、中世、当今三个时代：

> 上古之世，人民少而禽兽众，人民不胜禽兽虫蛇，有圣人作，构木为巢，以避群害，而民悦之，使王天下，号之曰有巢氏。民食果蓏蚌蛤，腥臊恶臭而伤害腹胃，民多疾病，有圣人作，钻燧取火，以化腥臊，而民说之，使王天下，号之曰燧人氏。中古之世，天下大水，而鲧、禹决渎。近古之世，桀、纣暴乱，而汤、武征伐。②

韩非认为历史是不断变化的，也是不断进步的，不会走向倒退，每个时代都有自己时代的问题，每个时代自然应有不同的措施，如果一味地美化古代，幻想回到古代社会，过着古人的生活，就会遭到人们的耻笑。韩非更为明确地论证了“世变道异”的历史演进之理，他写道：

> 今有构木钻燧于夏后氏之世者，必为鲧、禹笑矣。有决渎于殷、周之世者，必为汤、武笑矣。然则今有美尧、舜、汤、武、禹之道于当今之世者，必为新圣笑矣。是以圣人不期修古，不法常可，论世之事，因为之备。③

他反对一味地守旧复古，讽刺复古是守株待兔。韩非还分析了各个历史时期的特点，他认为：“上古竞于道德，中世逐于智谋，当今争于气力。”时代变了，政令也应当变化，照搬古代的办法处理现实中的事物根本行不通，强调“世异则事异”，就是强调事物随着时代的变迁而变化，而各种措施也应当随着具体事物的变化而变化。

---

① 《商君书·开塞》,《诸子集成》,中华书局1954年版,第16页。

② 《韩非子·五蠹》,《诸子集成》,中华书局1954年版,第339页。

③ 《韩非子·五蠹》,《诸子集成》,中华书局1954年版,第339页。

尤其值得重视的是,韩非还试图从经济的发展和人口的增长来解释历史变化的根源,他指出:

古者丈夫不耕,草木之实足食也;妇人不织,禽兽之皮足衣也。不事力而养足,人民少而财有余,故民不争。是以厚赏不行,重罚不用而民自治。今人有五子不为多,子又有五子,大父未死而有二十五孙,是以人民众而货财寡,事力劳而供养薄,故民争,虽倍赏累罚而不免于乱。①

古代人口稀少,草木果实和禽兽之皮超过人们的需求,所以在物质上的争斗就会少一些。可是随着人口的增殖,社会生活之物质会显得相对匮乏,民众的物质之争是不可避免的,必须制定出相应的政策才能解决新出现的问题。

商鞅和韩非从理论上初步论证了历史递进的趋势。他们肯定社会历史是一个"古今异俗,新故异备"的演进过程,有其积极性,尤其是能够从经济和政治的原因解释历史的进步,包含着朴素唯物主义思想的合理因素,具有重要的理论价值。

三、"公羊三世"说的由来和价值

关于历史演进阶段论,还有另一种表述形式,这来源于《春秋公羊传》和公羊学者的解说。《春秋公羊传》曾先后三次讲到"所见异辞,所闻异辞,所传闻异辞"。其文如下:

公子益师卒。何以不日?远也。所见异辞,所闻异辞,所传闻异辞。②

三月,公会齐侯、陈侯、郑伯于稷,以成宋乱。内大恶讳。此其目言之何?远也。所见异辞,所闻异辞,所传闻异辞。③

《春秋》何以始乎隐?祖之所逮闻也。所见异辞,所闻异辞,所

① 《韩非子·五蠹》,《诸子集成》,中华书局1954年版,第339—340页。

② 《春秋公羊传·隐公元年》,《十三经注疏》,中华书局1980年版,第2200页。

③ 《春秋公羊传·桓公二年》,《十三经注疏》,中华书局1980年版,第2213页。

传闻异辞。①

“所见异辞”本义是《春秋》史料的来源不同，而用辞上就会有所区别，褒贬上也有所不同。主要是就书法问题而言，即根据时间上的远近不同，史料上的来源不同，而采用不同文辞和褒贬，详近略远，重内轻外。这种书法差异的存在又暗含一定的历史思想，即春秋时期的历史演进过程并非凝固不变，而是有古、近、今之分，各个阶段有自己的特点。这种历史变易的观点，成为公羊学者推演“三世”说的雏形。

西汉中期，“公羊三世”说的雏形也进而发展成为较完整的学说，董仲舒和司马迁对于“三世”说地位的确立起到了关键性的作用。

董仲舒肯定历史进化的客观性和合理性，认为历史可以划分为不同的阶段。他依据《春秋公羊传》“所见异辞，所闻异辞，所传闻异辞”的历史思想，提出了“张三世”的观点。他写道：

> 春秋分十二世以为三等，有见，有闻，有传闻。有见三世，有闻四世，有传闻五世。故哀、定、昭，君子之所见也。襄、成、宣、文，君子之所闻也。僖、闵、庄、桓、隐，君子之所传闻也。所见六十一年，所闻八十五年，所传闻九十六年。于所见微其辞，于所闻痛其祸，于传闻杀其恩，与情俱也。②

这里所讲的“三世”，是以孔子的出生为基点，依次分为所见世、所闻世和所传闻世。所见世历昭、定、哀三世，凡六十一年；所闻世，历文、宣、成、襄四世，凡八十五年；所传闻世历隐、桓、庄、闵、僖五世，共九十六年。“三世”说的历史三段论是以具体的时间和历史事实为依据的。可见公羊学之“三世”说确实有彰显历史演进不同阶段的意向。③

“三世”说在何休那里成为系统的古今之变学说。何休接受了董仲舒的观点，对三世异辞作了更进一步的阐发，认为：“异辞者，见恩有厚薄，义有浅深，时人衰义缺，将以理人伦，序人类，因制治乱之法。”④

---

① 《春秋公羊传・哀公十四年》，《十三经注疏》，中华书局 1980 年版，第 2253 页。

② 董仲舒：《春秋繁露・楚庄王》，《二十二子》，上海古籍出版社 1986 年版，第 769 页。

③ 姜广辉：《中国经学思想史》第 2 卷，中国社会科学出版社 2003 年版，第 67 页。

④ 《公羊传解诂・隐公元年》，《十三经注疏》，中华书局 1980 年版，第 2200 页。

根据何休的看法,历史的进化应该是衰乱世、升平世、太平世的依次递进,即:

> 于所传闻之世,见治起于衰乱之中,用心尚麄觕,故内其国而外诸夏,先详内而后治外。录大略小,内小恶书,外小恶而不书;大国有大夫,小国略称人;内离会书,外离会不书是也。于所闻之世,见治升平,内诸夏而外夷狄,书外离会,小国有大夫。……至所见之世,著治太平,夷狄近至于爵,天下远近小大若一,用心尤深而详,故崇仁义,讥二名。①

从时间上看,社会越来越发展,历史沿着由低级向高级、由落后到进步不断进化;而从空间上看,"王化"会不断向四周扩散,先进的东西会不断地为其他相对落后的地区所接受。

衰乱世、升平世、太平世的"三世"说是何休对公羊学理论的重大发展,它肯定了社会历史是一个不断变化、演进的过程,而且在演进中呈现出明显的阶段性。这一理论成果对后世产生了很大影响。后世的一些改革派思想家、社会活动家往往以"公羊三世"说为理论依据,倡言变法改革。②

第五节 "通古今之变"命题的历史认识论价值

一、"通古今之变"命题的提出

以上所论述的这一时期人们关于古今关系的认识,是从不同的方面回答了这个问题,具有不同的特点。这里所要讨论的,是司马迁从历史的

① 《公羊传解诂·隐公元年》,《十三经注疏》,中华书局1980年版,第2200页。

② 晚清今文经学代表龚自珍、魏源、康有为、梁启超等人在阐发自己的变革观点时,都曾经受到这种观点的启发。参见陈其泰:《清代公羊学》,东方出版社1997年版。

全局看待古今关系，提出了“通古今之变”的重要命题。

“通古今之变”是司马迁在撰写《史记》时提出的重要历史命题之一。“所谓‘通古今之变’，也就是通过研究历史，推断过去，观察未来。这在《史记》里表现得很突出。”①这一命题既体现了司马迁撰述史书的宗旨，又是他历史观的重要内容，在中国古代历史理论发展史上具有重要的价值。

司马迁“通古今之变”的命题，包含对古今关系的认识和通变思想的内涵，它把二者融会贯通起来，使其具有超越前人认识的理论价值。

司马迁“通古今之变”命题的提出，有其思想上的渊源，而主要是继承《周易》的思想。

《周易·系辞上》和《周易·系辞下》中反复强调，“变”和“通”，如：

阖户谓之坤，辟户谓之乾，一阖一辟谓之变，往来不穷谓之通。

化而裁之谓之变，推而行之谓之通。

法象莫大乎天地，变通莫大乎四时。

通变之谓事。

变通者，趣时者也。

从上引材料可以看出，“通变”或“变通”跟天时、人事有着密切的关系，包含着因时而变的思想：“有天地，然后有万物。有万物，然后有男女。有男女，然后有夫妇。有夫妇，然后有父子。有父子，然后有君臣。有君臣，然后有上下。有上下，然后礼仪有所错。”②社会的进化就是由这种相反相成的对立物形成的。《易传》强调“趣时”，就是说“变通”是一种选择，是对社会变化的回应。这种“通变”“变通”思想对中国古代历史观的产生与形成具有积极而深远的影响，成为司马迁历史研究的重要旨趣之一。

值得注意的是，司马迁的父亲司马谈“受《易》于杨何”；司马谈临去世前，又谆谆告诫司马迁要“正《易传》”。司马迁非常重视《易经》的通

① 白寿彝：《史学遗产六讲》，北京出版社 2004 年版，第 177 页。

② 《周易·序卦传》，《十三经注疏》，中华书局 1980 年版，第 95 页。

变思想,他说:“《易》著天地阴阳四时五行,故长于变。”[①]“太史公曰:盖孔子晚而喜《易》。《易》之为术,幽明远矣,非通人达才孰能注意焉!”[②]在《史记》中,司马迁多次引用《易》来阐发其历史见解。

同时,我们也要注意,在汉初,对古今之变的问题的关注多为学人所重视,如《淮南子》试图从理论上探讨古今的关系,即“观天地之象,通古今之事,权事而立制,度形而施宜”[③]。历史是因时而变的,故应制宜而适,不一定要废先王之道,也不必法古。董仲舒主张历史在形式上按三统循环变迁,但实质上“天不变,道亦不变”,认为朝代的更替在于天意。司马迁否认“天道有知”,着眼于从人事解释历史的变迁。

二、“通古今之变”思想在历史认识上的成就

司马迁不仅指出了历史变化的必然性,而且探讨了古今之变的原因。他说:“维三代之礼,所损益各殊务,然要以近性情,通王道,故礼因人质为之节文,略协古今之变。”[④]司马迁“通古今之变”思想在《报任安书》中表达得最为明确:“仆窃不逊,近自托于无能之辞,网罗天下放失旧闻,考之行事,稽其成败兴坏之理,凡百三十篇,亦欲以究天人之际,通古今之变,成一家之言。”[⑤]这说明《史记》中贯穿着“古今之变”这一重要的历史撰述思想,具体说来就是“《史记》十表是最大限度地集中表达古今之变的”,“八书本来也应该是集中表达古今之变的”,“本纪、世家和列传中最大的部分是有意于表达古今之变的。……如把有关各篇联系起来看,也就可以更多地看出来作者心中的某种古今之变了”。[⑥] 可以说,司马迁将探究古今之变作为《史记》全书的宗旨之一。值得注意的是,在《平准书》

① 司马迁:《史记》卷一三〇《太史公自序》,中华书局1959年版,第3297页。
② 司马迁:《史记》卷四六《田敬仲完世家》,中华书局1959年版,第1903页。
③ 《淮南子·要略》,《诸子集成》,中华书局1954年版,第376页。
④ 司马迁:《史记》卷一三〇《太史公自序》,中华书局1959年版,第3304页。
⑤ 班固:《汉书》卷六二《司马迁传》,中华书局1959年版,第2735页。
⑥ 白寿彝:《中国史学史论集》,中华书局1999年版,第75页。

中，他结合社会经济的发展对古今之变作了具体的阐发：

> 太史公曰：农工商交易之路通，而龟贝金钱刀布之币兴焉。所从来久远，自高辛氏之前尚矣，靡得而记云。故《书》道唐虞之际，《诗》述殷周之世，安宁则长庠序，先本绌末，以礼义防于利；事变多故而亦反是。是以物盛则衰，时极而转，一质一文，终始之变也。《禹贡》九州，各因其土地所宜，人民所多少而纳职焉。汤武承敝易变，使人不倦，各兢兢所以为治，而稍陵迟衰微。齐桓公用管仲之谋，通轻重之权，徼山海之业，以朝诸侯，用区区之齐显成霸名。魏用李克，尽地力，为强君。自是之后，天下争于战国，贵诈力而贱仁义，先富有而后推让。故庶人之富者或累巨万，而贫者或不厌糟糠；有国强者或并群小以臣诸侯，而弱国或绝祀而灭世。以至于秦，卒并海内。虞夏之币，金为三品，或黄，或白，或赤；或钱，或布，或刀，或龟贝。及至秦，中一国之币为二等，黄金以溢名，为上币；铜钱识曰半两，重如其文，为下币。而珠玉、龟贝、银锡之属为器饰宝藏，不为币。然各随时而轻重无常。于是外攘夷狄，内兴功业，海内之士力耕不足粮饷，女子纺绩不足衣服。古者尝竭天下之资财以奉其上，犹自以为不足也。无异故云，事势之流，相激使然，曷足怪焉？①

从物质生活方面来阐明古今变化，这是人们最容易理解的。司马迁概括了"农工商交易之路通，而龟贝金钱刀布之币兴"的历史进程，以及后来人们注意到的"先本绌末，以礼义防于利"的措施，夹叙夹议，发表自己的历史变易思想。司马迁认为，财富的积累是人心所向，终究是阻止不了的，这不仅与春秋时期诸侯"成霸名""为强君"有关，而且同战国时期"有国强者或并群小以臣诸侯，而弱国或绝祀而灭世。以至于秦，卒并海内"有关。到了汉代，钱币轻重无常，这对民众很不利，对社会稳定也带来了许多隐患，"于是外攘夷狄，内兴功业，海内之士力耕不足粮饷，女子纺绩不足衣服。古者尝竭天下之资财以奉其上，犹自以为不足也"。"农工商交易之路通"本应是社会发展的好事情，由于统治者对资财的无厌

---

① 司马迁：《史记》卷三〇《平准书》，中华书局1959年版，第1442—1443页。

追逐和积聚,却造成了贫富分化,社会关系失调。司马迁分析了出现这种现象的根源是“物盛则衰,时极而转”,指出事物本身存在着变化的法则。这是一种对事物的朴素的辩证认识。

从古代历史理论的发展来看,司马迁“通古今之变”思想——这一历史认识上的成就具有重要的意义。

首先,指出“承敝易变”的社会历史必变观点。司马迁明确指出“一质一文,终始之变”“承敝易变,使人不倦”,他说:

> 夏之政忠。忠之敝,小人以野,故殷人承之以敬。敬之敝,小人以鬼,故周人承之以文。文之敝,小人以僿,故救僿莫若以忠。三王之道若循环,终而复始。周秦之间,可谓文敝矣。秦政不改,反酷刑法,岂不缪乎?故汉兴,承敝易变,使人不倦,得天统矣。①

司马迁的这些话,还多少有一点历史循环论和“天命”论的影子,但他强调的是“承敝易变,使人不倦”。他在《太史公自序》中说:“礼乐损益,律历改易,兵权山川鬼神,天人之际,承敝通变。”就是说事物达到一定的程度,就会发生变化。事物变则通,只有在承弊之时进行变,才能够顺乎社会的要求。如果违背这一准则,就会被历史淘汰。秦国顺应时代发展的要求,任用商鞅进行变法,虽然变法之初“百姓苦之”,但“居三年,百姓便之”。变法使“秦民大悦”②,也使秦国发展成为七国中最强盛的一个,并最终完成了统一。但是在统一之后,秦朝不能根据形势的变化调整政策,一味地采用严刑峻法,使民众的生产和生活受到很大的影响,结果很快遭到失败的厄运。司马迁批评说:“秦政不改,反酷刑法,岂不缪乎?”借用贾谊的话,就是“仁义不施,而攻守之势异也”③。

司马迁指出,“汉兴,接秦之弊”,实行休养生息政策,70年后出现了富裕强盛的局面,于是社会又发生了变化:

> 当此之时,网疏而民富,役财骄溢,或至兼并豪党之徒,以武断于乡曲。宗室有土公卿大夫以下,争于奢侈,室庐舆服僭于上,无限度。

① 司马迁:《史记》卷八《高祖本纪》后论,中华书局1959年版,第393—394页。

② 司马迁:《史记》卷六八《商君列传》,中华书局1959年版,第2331页。

③ 司马迁:《史记》卷六《秦始皇本纪》,中华书局1959年版,第282页。

物盛而衰,固其变也。①

司马迁站在时代的高度,比较了秦汉之间的各种变化,批评了秦朝的弊政,也目睹了汉朝强盛富裕后的种种变化,指出“物盛而衰,固其变也”,是历史进程中的一个普遍性法则。人们只有认识到这一法则,才能自觉地“承敝易变”。

其次,对历史的变易过程进行全面的分析。司马迁着眼于会通古今,重视历史进程的连续性,对整个历史进程进行考察,所以其历史撰述“略推三代,录秦汉,上记轩辕,下至于兹”,他将当世历史看作“继五帝末流,接三代绝业”。这里,可以看出司马迁的器识和方法:“‘原始察终,见盛观衰’,是《史记》提出来有通古今之变的方法。总的来说,这八个字有要求考察诸历史现象、诸历史事件全部的发展过程的意思。分开来说,‘原始察终’似注意于考察原委者较多,而‘见盛观衰’似注意于历史的转折者较多。”②这种历史整体认识可以从《史记·太史公自序》中的有关序目及《史记》正文《三代世表》至《秦楚之际月表》的序文或后论中得到印证:

维三代尚矣,年纪不可考,盖取之谱牒旧闻,本于兹,于是略推,作《三代世表》第一。③

幽厉之后,周室衰微,诸侯专政,《春秋》有所不纪;而谱牒经略,五霸更盛衰,欲睹周世相先后之意,作《十二诸侯年表》第二。④

太史公曰:儒者断其义,驰说者骋其辞,不务综其终始;历人取其年月,数家隆于神运,谱谍独记世谥,其辞略,欲一观诸要难。于是谱十二诸侯,自共和讫孔子,表见《春秋》《国语》学者所讥盛衰大指著于篇,为成学治古文者要删焉。⑤

春秋之后,陪臣秉政,强国相王;以至于秦,卒并诸夏,灭封地,擅

① 司马迁:《史记》卷三〇《平准书》,中华书局1959年版,第1420页。
② 白寿彝:《中国史学史论集》,中华书局1999年版,第75—76页。
③ 司马迁:《史记》卷一三〇《太史公自序》,中华书局1959年版,第3303页。
④ 司马迁:《史记》卷一三〇《太史公自序》,中华书局1959年版,第3303页。
⑤ 司马迁:《史记》卷一四《十二诸侯年表》序,中华书局1959年版,第511页。

其号。作《六国年表》第三。①

余于是因《秦记》,踵《春秋》之后,起周元王,表六国时事,讫二世,凡二百七十年,著诸所闻兴坏之端。后有君子,以览观焉。②

秦既暴虐,楚人发难,项氏遂乱,汉乃扶义征伐;八年之间,天下三嬗,事繁变众,故详著《秦楚之际月表》第四。③

太史公读秦楚之际,曰:初作难,发于陈涉;虐戾灭秦,自项氏;拨乱诛暴,平定海内,卒践帝祚,成于汉家。五年之间,号令三嬗(引者按,《索隐》称:三嬗,谓陈涉、项氏、汉高祖也),自生民以来,未始有受命若斯之亟也。④

《三代世表》《十二诸侯年表》《六国年表》《秦楚之际月表》在时间上首尾相接,贯穿古今,各篇的序文都明确地指出了该时期的历史特点,厘清了上古到汉朝历史演进的基本脉络,反映出司马迁对历史进程的整体性和阶段性的卓越见解。可以认为,这四篇表“与本纪相配合,所以明历史的统系,兼以发明历史的变化及问题的症结”⑤。有论者对表所体现的历史演进整体思想作过精辟的分析,认为司马迁能够站在史的立场,批评他们(指铎椒、虞卿、吕不韦、荀子、孟子、公孙固、韩非)没有把握到史学的完整性,此即所谓“儒者断其义,驰说者骋其辞,不务综其终始;历人取其年月,数家隆于神运,谱谍独记世谥,其辞略,欲一观诸要难”,以见其“谱十二诸侯,自共和讫孔子,表见《春秋》《国语》学者所讥盛衰大指著于篇,为成学治古文者要删焉”。这说明能通过年表的形式,提纲挈领地以把握历史的完整性。能把握历史的完整性,始能把握由历史所透出的礼义的完整性。历史所透出的礼义,由历史的“盛衰大指”而见,所以表中所录的简单的情节,皆是史公所把握盛衰关键之所在。⑥

① 司马迁:《史记》卷一三〇《太史公自序》,中华书局 1959 年版,第 3303 页。
② 司马迁:《史记》卷一五《六国年表》序,中华书局 1959 年版,第 687 页。
③ 司马迁:《史记》卷一三〇《太史公自序》,中华书局 1959 年版,第 3303 页。
④ 司马迁:《史记》卷一六《秦楚之际月表》,中华书局 1959 年版,第 759 页。
⑤ 徐复观:《两汉思想史》第 3 卷,华东师范大学出版社 2001 年版,第 212 页。
⑥ 徐复观:《两汉思想史》第 3 卷,华东师范大学出版社 2001 年版,第 211 页。

后人研究古史所做的传说时期与三代时期、春秋时期、战国时期、秦汉之际的断限，大体上以司马迁的历史阶段划分为依据，这足以证明司马迁的卓识。

第三，“通古今之变”反映出历史进化与社会进步。司马迁提出的“通古今之变”历史观，不仅阐发了“通古今”，而且也包含着在“通古今”的基础上阐明历史进化和社会的进步。在《太史公自序》有关“八书”的序目中，司马迁通过考察自古以来礼乐的兴废来探索历史进化与社会进步，如：“维三代之礼，所损益各殊务，然要以近性情，通王道，故礼因人质为之节文，略协古今之变。作礼书。”“乐者，所以移风易俗也。自雅颂声兴，则已好郑卫之音，郑卫之音所从来久矣。人情之所感，远俗则怀。比乐书以述来古（《索隐》案：来古即古来也。言比乐书以述自古已来乐之兴衰也），作乐书。”司马迁批评了秦的暴政，同时从总的历史进程考察，肯定了秦朝“世异变，成功大”，批评了一些学者受到自己见识的局限，不能看到历史的进步，仅仅因“见秦在帝位日浅”而“举而笑之”，认为“此与以耳食无异”。[①] 司马迁不以成败论历史功过并作出了客观公正的分析，显示了他对历史进程的深刻理解。

三、早期朴素历史进化思想的发展及其局限性

在中国古代历史理论产生和初步发展时期，不论是历史著作还是史学家、思想家的言论，关于古今关系都有丰富的认识，这些认识从不同的方面反映出人们在这个问题认识上的特点。司马迁的“通古今之变”的思想，把这一认识推到这个时期的高峰，在中国古代的历史认识史上是空前的，并在历史编纂学上树立了一座丰碑。其主要内涵是：

其一，是通晓的意思，这里的“通古今之变”就是通晓古今变化

① 司马迁：《史记》卷一五《六国年表》“索隐”：“言俗学浅识，举而笑秦，此犹耳食不能知味也。”中华书局 1959 年版，第 687 页。

> 的意思。这是从历史学家的主观对于历史客观的了解的角度上说的,它的意思是比较具有直接性,所以不需要任何更多的解释。“通”还有另外一重意思,在司马迁对于历史的客观发展过程的说明中表现出来。他在《太史公自序》中说:“礼乐损益,律历改易,兵权山川鬼神,天人之际,承敝通变,作八书。”这里的“承敝通变”是指“礼乐损益,律历改易”这些历史过程的变化而言的。所以这里的“通”是指历史过程由变而通。①

司马迁的“通古今之变”思想是他留给后人的宝贵的精神遗产。他以贯通、变化的观点考察数千年的历史演进,对历史发展的整体趋势和阶段性特点提出了独到的见解,这在世界古代历史观和历史编纂学发展史上也是卓尔不群的。诚如有的论者所说:“希腊世界有文字记载的历史追溯不到很古远的时期。”“希腊人总是极其关心他们的当代史,而对于久远的历史很快就变得漠不关心了。”②这就限制了历史考察的眼光,很难从整体上把握历史的变化,因而希腊历史学家看到的只是变动,却“没有发展感,他们谈到原始时代时,他们很少觉得那些时代是原始的,而是把它们诗意地加以美化”③。与西方史学的早期发展相比,司马迁的“通古今之变”更加显示出可贵的品格。

当然,司马迁的“通古今之变”思想也还存在一定的局限性。这突出表现在司马迁还没有完全摆脱历史循环论的影响。比如,他在《秦始皇本纪》中,一方面肯定秦朝的功绩;一方面又说秦朝的建立“合五德之数”,同“五德终始”说扯到一起。在《高祖本纪》中,有“三王之道若循环,终而复始”的说法。这同司马迁的“通古今之变”伟大命题中那些闪耀着光辉的思想是不相协调的,但这并不影响“通古今之变”是中国古代历史理论最重要的成果之一和最基本的理论范畴之一。

① 刘家和:《史学、经学与思想》,北京师范大学出版社 2005 年版,第 45 页。

② [美]J.W.汤普森:《历史著作史》上卷,商务印书馆 1988 年版,第 27、31 页。

③ [意]贝奈戴托·克罗齐:《历史学的理论与实际》,商务印书馆 1982 年版,第 152 页。

小　　结

当先民有了历史意识之时，也就产生了如何认识古今关系的问题。这一问题在古代历史理论领域的较早的和较突出的反映，是怎样看待夏、商、周的制度相互间的关系，即三代之礼的关系。这个问题反映到人们的政治活动中，又有"法先王"和"法后王"的不同认识。所谓"先王""后王"，实质也是指的相关的制度、政策和措施等等。而"师今"与"循古"，更是人们政治活动中如何对待"古"与"今"之关系的最为直接的反映。如何认识上述问题并采取不同的政治措施及总结其得失，历史本身已提供了无可辩驳的经验教训。

古、今及未来是什么关系，从本质上看，是人们如何看待社会历史的演进轨迹及其前景的问题。"五德终始"说和"三统"论等历史循环论的观点，虽然主张古今存在变化，但却认为走不出一个固定的模式，从而也就否认了古今之"变"的存在。

司马迁提出了"通古今之变"的理论命题，并结合 3000 年历史演进的具体史实，从多方面阐述、论证了古今之间的通与变的关系及历史前进的轨迹，把先秦以后关于古今关系的认识推到一个新的高度。这是中国古代历史理论形成的主要标志之一，也是中国古代历史理论领域中的重要问题之一。

上述事实表明，思想的历史的发展有其艰难的历程和自身的规律。总的说来，人们的社会存在决定人们的思想。从孔子论三代之礼，到司马迁的"通古今之变"，中国历史经历了几次重大变动——从诸侯争霸到七国争雄，从秦的统一到秦亡汉兴。这些重大的历史变动，激发了人们对三代以后历史变迁的思考：思想家对古今关系的思考以形成或进一步丰富自己的思想体系，政治家对古今关系的思考以汲取历史经验，而史学家对古今关系的思考则重在探索古今的内在联系、表现形式和普遍性法则。这些思考所得汇聚成先秦、秦汉时期人们在古今关系认识上的理论成就,而司马迁“通古今之变”思想正是这一理论成就的里程碑。

第四章
地理条件与社会发展

中国先民的历史意识，首先萌发于有关自身民族由来的传说和故事，由此而渐渐涉及古今关系的一系列问题。中国先民关于自身民族以及与之相联系的广泛的共同体之活动的地域范围的意识，也是萌发于传说中所形成的地理观念，并渐渐认识到地理条件与社会发展的种种关系。

在中国史学史上，从较早的地理观念的产生，到有关地理条件与社会发展的多方面记载和论述，至少经历了几百年时间。而推动人们这一认识发展的动力，从根本上说，正是客观历史运动。大致说来，本章所涉及的内容应是战国至秦汉间有关地理条件与社会发展的认识和思想。

第一节　较早的地理观念

一、《禹贡》"九州"说

中国先民较早的地理观念，有《尚书·禹贡》所记的"九州"说，有邹衍的"大九州"说，有《山海经》的"五方之山""八方之海"说。从这三种文献的年代来看，《尚书·禹贡》在先，《山海经》当晚于邹衍所论，它们都是战国时期的作品。

《禹贡》起首写道:

> 禹别九州,随山浚川,任土作贡。
>
> 禹敷土,随山刊木,奠高山大川。[①]

大禹把全国划分为九州,又依据山势疏通河道,并按照土壤的不同情况制定贡赋。禹为了区分九州的"疆界",便在经过的山上插上木桩作为标记,同时对高山大河予以命名。[②]

禹是传说中的人物,说他划分了九州并制定了各地的贡赋的标准,自不可信。《禹贡》是中国历史上最早的地理著作,根据近代多数学者的考订,它当是战国时期的作品。《禹贡》提出的"九州"的地理观念,当是战国时人的地理观念的反映。但是,作为观念形态的"九州"说,自也有一个发展的过程,其萌芽或当早于《禹贡》写完的战国时期。

《禹贡》所列举的"九州",依次是冀州、兖州、青州、徐州、扬州、荆州、豫州、梁州、雍州。《禹贡》认为,这是上古时期的行政区划。这一说法,颇为战国及秦汉间的一些论著所认可,只是在"九州"的名目上略有不同罢了。[③] 但由此可见"九州"之说在战国、秦汉间的影响甚大,可以认为是当时人们的基本地理观念。

值得注意的是,《禹贡》的"九州"说,并不仅仅是列举一些地理条件名称,它所反映出来的地理观念包含有具体的内容,并在记述上遵循着一定的规范。如其记冀州,写道:

> 冀州既载,壶口治梁及岐。既修太原,至于岳阳;覃怀厎绩,至于衡漳。厥土惟白壤,厥赋惟上上错,厥田惟中中。恒、卫既从,大陆既作。岛夷皮服,夹右碣石,入于河。

从以上记载来看,它依次说到冀州的四至、土壤质量、贡赋等级和交通状

① 《尚书·禹贡》,《十三经注疏》,中华书局1980年版,第146页。下引《禹贡》,同此。

② 译文参阅王世舜:《尚书译注》,四川人民出版社1982年版,第45页。

③ 《周礼·夏官·职方》所记,有幽州、并州而无徐州、梁州。《吕氏春秋·有始览·有始》所记,有幽州而无梁州。《尔雅·释地》所记,有幽州、营州而无青州、梁州。东汉班固《汉书·地理志》认同《周礼·夏官·职方》所记,并以其为周制。以上,反映了"九州"说在战国、秦汉间的演变过程。

况，其中涉及许多地名和有关制度。

再如其记扬州，写道：

> 淮、海惟扬州。彭蠡既猪，阳鸟攸居。三江既入，震泽厎定。筱簜既敷，厥草惟夭，厥木惟乔。厥土惟涂泥。厥田惟下下，厥赋下上，上错。厥贡惟金三品，瑶、琨、筱簜，齿、革、羽、毛惟木。岛夷卉服。厥篚织贝，厥包橘柚锡贡。沿于江、海，达于淮、泗。

关于扬州的表述，除了讲到它的四至、土壤品质、贡赋等级和交通状况等以外，还讲到了它的物产和民族。

《禹贡》所记各州情况，大抵如此，不一一列举。由此可以看出，《禹贡》的地理观念包含这样几个要点：国家的整体范围，国家的行政区划，各地区（州）的范围及其山川、土壤、物产、民族、贡赋、交通等，虽记述简略，但包含的方面却很广泛，反映了地理环境与社会的密切关系。

《禹贡》的思想，由其地理观念而引申到人与自然的关系，这反映在关于“导山”“导水”的记述之中。关于“导山”，它写道：

> 导岍及岐，至于荆山，逾于河；壶口、雷首至于太岳；厎柱、析城至于王屋；太行、恒山至于碣石，入于海。
>
> 西倾、朱圉、鸟鼠至于太华；熊耳、外方、桐柏至于陪尾。
>
> 导嶓冢，至于荆山；内方，至于大别。
>
> 岷山之阳，至于衡山，过九江，至于敷浅原。

这里所说的一系列的“导山”，都同治水有关系，这与传说中的大禹用疏导的方法治理洪水有必然的联系。再看“导水”，它写道：

> 导弱水，至于合黎，余波入于流沙。
>
> 导黑水，至于三危，入于南海。
>
> 导河积石，至于龙门；南至于华阴，东至于厎柱，又东至于孟津，东过洛汭，至于大伾；北过降水，至于大陆；又北，播为九河，同为逆河，入于海。
>
> 嶓冢导漾，东流为汉，又东，为沧浪之水，过三澨，至于大别，南入于江。东，汇泽为彭蠡，东，为北江，入于海。
>
> 岷山导江，东别为沱，又东至于澧；过九江，至于东陵，东迆北，会

于汇;东为中江,入于海。

导沇水,东流为济,入于河,溢为荥;东出于陶丘北,又东至于菏,又东北,会于汶,又北,东入于海。

导淮自桐柏,东会于泗、沂,东入于海。

导渭自鸟鼠同穴,东会于沣,又东会于泾,又东过漆沮,入于河。

导洛自熊耳,东北,会于涧、瀍;又东,会于伊,又东北,入于河。

由上可知,起首两条所述"导水",一入于流沙,一入于南海;末两条所述"导水",均入于黄河;其余各条所述"导水",皆入于大海。这些,也都与相传大禹用疏导的方法治理洪水有必然的联系。把"导山"和"导水"所记结合起来,可以认为:第一,它在一定程度上反映了古代先民治水的经验及其成效;第二,它大致反映了九州之内山川形胜的面貌和走向。因而,人与自然的关系在这二者的结合中充分地体现出来。

《禹贡》的思想还反映了全国范围的行政管理以及有关制度和以德行政的要求。这就是:

九州攸同,四隩既宅,九山刊旅,九川涤源,九泽既陂,四海会同。六府孔修,庶土交正,厎慎财赋,咸则三壤,成赋中邦。锡土姓,祗台德先,不距朕行。

如此看来,《禹贡》作为中国古代最早的地理专文,其地理观念并不限于地理本身,而是同社会有密切的联系,同国家权力与行政管理相联系,并在很大程度上反映了人与自然的关系。这对后来的地理观念,尤其是对人们关于地理条件与社会发展之关系的思想的发展,都有深远的影响。

二、邹衍的"大九州"说

战国时期稍晚于孟子的思想家邹衍(亦作驺衍)提出了"大九州"的理论。司马迁记其学术思想要旨是:

驺衍睹有国者益淫侈,不能尚德,若《大雅》整之于身,施及黎庶矣。乃深观阴阳消息而作怪迂之变,《终始》《大圣》之篇十余万言。其语闳大不经,必先验小物,推而大之,至于无垠。先序今以上至黄帝，学者所共术，大并世盛衰，因载其机祥度制，推而远之，至天地未生，窈冥不可考而原也。先列中国名山大川，通谷禽兽，水土所殖，物类所珍，因而推之，及海外人之所不能睹。称引天地剖判以来，五德转移，治各有宜，而符应若兹。①

从这一简要的概括中，大致可知邹衍的政治思想是主张“尚德”，其自然观是“先验小物，推而大之，至于无垠”，其历史观是“五德转移，治各有宜”。

邹衍是齐人，故其“重于齐”，同时又受到魏、赵、燕等诸侯国的礼遇，与孔子“菜色陈、蔡”、孟子“困于齐、梁”形成极大的反差。但因邹衍主张“仁义节俭”，“王公大人”不能行之，故其学术思想在社会实践中并无太大影响。

邹衍有论著百余篇②，均已佚，其关于“大九州”的理论之遗文，见于后人著作的引证。司马迁述其要点是：

以为儒者所谓中国者，于天下乃八十一分居其一分耳。中国名曰赤县神州。赤县神州内自有九州，禹之序九州是也，不得为州数。中国外如赤县神州者九，乃所谓九州也。于是有裨海环之，人民禽兽莫能相通者，如一区中者，乃为一州。如此者九，乃有大瀛海环其外，天地之际焉。③

这段文字的大意是：天地之间如九州的地方有九块，每块又分为九分，共八十一分，“中国”为“赤县神州”，是为八十一分之一，故“禹之序九州”不当称为“州”。人们乃称此为“大九州”说。

司马迁批评邹衍的思想方法是“先验小物，推而大之，至于无垠”，又说“驺衍其言虽不轨，傥亦有牛鼎之意乎？”这都表明邹衍所论，在当时及后世，都被视为怪异。因为在当时看来，《禹贡》所述“九州”，可谓大矣；而在邹衍看来，这只是“天下”的八十一分之一，这是当时的人（包括邹衍

① 司马迁：《史记》卷七四《孟子荀卿列传》附《驺衍传》，中华书局 1959 年版，第 2344 页。

② 班固：《汉书》卷三〇《艺文志》阴阳家类记：“《邹子》四十九篇。名衍，齐人，为燕昭王师，居稷下，号‘谈天衍’。”又记：“《邹子终始》五十六篇。”中华书局 1962 年版，第 1733 页。

③ 司马迁：《史记》卷七四《孟子荀卿列传》附文，中华书局 1959 年版，第 2344 页。

本人在内)都不可能有充分的根据作出说明的。如此说来,可以认为,邹衍的确是出于某种想象力而描绘了这样一幅"大九州"的朦胧画面。当时,有一点是很清楚的,即邹衍同"儒者"的不同之处在于他认为"中国"与"九州"不是一个概念,"中国"即"赤县神州"是"天下"的八十一分之一。邹衍的这一地理观念,不论其是否具有自觉的认识,还是自觉认识达到何种程度,在今天看来,都是值得肯定的。

三、《山海经》的地理观念

如果说邹衍的"大九州"说的地理观念的一大特点,是"中国"即其所称赤县神州是"天下"的一部分的话,那么《山海经》在这方面则提出更加"奇特"的说法,体现出更加丰富的想象力。

《山海经》一书,非一人所作,亦非成书于一时。通常认为,它是战国时的著作。[①] 论者认为此书的性质是"史地之权舆""神话之渊府"[②],可谓概括了它的主要内容。西汉刘秀(歆)认为:"《山海经》者,出于唐虞之际。"并把它同禹、益联系起来:"禹乘四载,随山刊木,定高山大川。益与伯翳主驱禽兽,命山川,类草木,别水土。四岳佐之,以周四方,逮人迹之所希至,及舟舆之所罕到。内别五方之山,外分八方之海,纪其珍宝奇物,异方之所生,水土草木禽兽昆虫麟凤之所止,祯祥之所隐,及四海之外,绝域之国,殊类之人。禹别九州,任土作贡;而益等类物善恶,著《山海经》。皆圣贤之遗事,古文之著明者也。其事质明有信。"[③]刘秀所论,显然有过分夸大之处。但其所论反映了两汉时一些人对《山海经》一书的重视,是一个值得关注的事实。从地理观念来看,时人认为《山海经》同大禹治水有直接关联,所谓"随山刊木,定高山大川",显然是《禹贡》中"随山刊木,

① 参见白寿彝:《中国史学史》第1册,上海人民出版社1986年版,第238页;袁珂校注:《山海经校注》序,上海古籍出版社1980年版,第1页。

② 袁珂校注:《山海经校注》序,上海古籍出版社1980年版,第1页。

③ 刘秀:《上山海经表》,参见袁珂校注:《山海经校注》附录,上海古籍出版社1980年版,第477页。

奠高山大川”的另一种说法。所谓“内别五方之山，外分八方之海”，则是概括了《山海经》所记述的地理范围。所谓“及四海之外，绝域之国，殊类之人”，同邹衍所论“中国”为“天下”九州之一，在理念上亦有相通之处。总之，刘秀的这些看法，从一个方面概括了《山海经》的地理观念。

《山海经》的内容和结构，今传本大致分为三个部分：一是《山经》五篇，二是《海经》八篇，三是《大荒经》及《海内经》五篇。刘秀上书表称“所校《山海经》凡三十二篇，今定为一十八篇”，与上述篇数相合。且表文中有“五方之山”“八方之海”语，又有“及四海之外，绝域之国，殊类之人”等语，亦与十八篇暗合。《汉书·艺文志》著录《山海经》为十三篇，①疑其未将《大荒经》及《海内经》计入其中。而《旧唐书·经籍志》著录《山海经》为一十八篇，②显然是将《大荒经》及《海内经》计入在内，故出现《汉志》与《旧唐志》著录的差异。于是，就出现了《大荒经》及《海内经》由来及其性质的问题，有人说是刘秀述作，有人说是刘秀之后人们述作，有人说是原系旧文而未加整理者等等。③

由于《山海经》内容丰富而驳杂，所记涉及山川、道里、物产、风俗、帝王世系、历史人物、奇禽异兽、神话、传说等，故不同的研究者各有不同的关注方面。神话研究者认为：“《山海经》共十八卷，分《山经》五卷和《海经》十三卷两大类，其中《海经》部分最有价值。”④而对于史地研究者来说，所关注的侧重点显然就不一样了。白寿彝先生对《山经》的论述，简要而精辟，现移用于此，以明其特点：

“五藏山经，是全书中写得最有条理的部分。《南山经》和《北山经》都各包含三个分篇，《西山经》《东山经》都各有四个分篇，《中山经》有十二个分篇。五篇合计，共有二十六个分篇。每一个分篇记载了一系列的山，记了山的名称、方位、有关的道里和物产，物产中包含了矿藏、草木、鸟

① 班固：《汉书》卷三〇《艺文志》，中华书局 1962 年版，第 1774 页。

② 《旧唐书》卷四六《经籍志上》地理类，中华书局 1975 版，第 2014 页。

③ 参见袁珂校注：《山海经校注》“大荒东经”注文，上海古籍出版社 1980 年版，第 337—338 页。

④ 袁珂校注：《山海经校注》出版说明，上海古籍出版社 1980 年版，第 1 页。

兽、虫鱼。有水道者,记其水道。有药材者,记其药材及可治疗的病症。如《山经》开卷所记:

> 南山经之首曰䧿山。其首曰招摇之山。临于西海之上,多桂,多金玉。有草焉,其状如韭而青华,其名曰祝余,食之不饥,佩之不迷。有木焉,其状如谷而黑理。其华四照,其名曰迷谷。有兽焉,其状如禺而白耳,伏行,人走,其名曰狌狌,食之善走。丽麂之水出焉,而西流注于海。其中多育沛,佩之无瘕疾。
>
> 又东三百里,曰堂庭之山,多棪木,多白猿,多水玉,多黄金。

"《山经》所记各山,基本上是按照这样的体例写的,而分别有所详略。在每一分篇之末,有一小结,记山及道里之数,并记所在之神和应有的祀典,如《南山经》第一分篇的小结是:

> 凡䧿山之首,自招摇之山以至箕尾之山,凡十山,二千九百五十里。其神状,皆鸟身而龙首。其祠之礼,毛用一璋玉瘗,糈用稌米,一璧稻米白菅为席。

"《山经》五篇,又各有结语。《山经》的最后有总的结语,是这样说的:

> 禹曰:天下名山,经五千三百七十山,六万四千五十六里,居地也。言其五臧,其余小山甚众,不足记云。
>
> 天地之东西二万八千里,南北二万六千里。出水之山者八千里,受水者八千里。出铜之山四百六十七,出铁之山三千六百九十。此天地之所分壤树谷也,戈矛之所发也,刀铩之所起也。能者有余,拙者不足。封于太山,禅于梁父,七十二家。得失之数皆在此内,是谓国用。

"像五藏山经在体例上的条理整齐,在先秦撰述中是仅见的。书中所记山水的可考者,依近年学者的研究,①多可指出其方位所在,足以证明记载是井然有条的。可以说,五藏山经是流传下来的最古老而又有系统内容的地理书。从五藏山经在史学发展的意义上看,至少有两点是值得注意的。第一,五藏山经所记载的地理范围,很为辽阔,突破了诸侯王

① 参见谭其骧:《〈山经〉河水下游及其支流考》,《中华文史论丛》第7辑,中华书局1978年版,第173—192页。

国的行政区划，扩大了地域的视野。第二，五藏山经普遍注意了各地的物力资源，并在最后的结语中，着重指出了出水之山和受水之山的幅员，指出了铜铁对于制作农具、军器和手工业工具的重要性，最后还说‘得失之数，皆在此内，是谓国用’。这是朴素的唯物主义因素的体现。尽管五藏山经有浓厚的神怪色彩，但这并不妨碍书中的进步因素的同时存在。司马迁是读过《山海经》的。[①] 在对物力资源的重视上，司马迁可能是受到五藏山经的影响的。”[②]

“五藏山经”是《南山经》《西山经》《北山经》《东山经》《中山经》的总称。从白寿彝先生的征引和分析来看，它的地理观念明确而有序。尤其是它的两个特点，在古代地理观念发展史上占有重要的位置。

《山海经》的其余部分即《海经》《大荒经》与《海内经》，其地理观则远不如《山经》明确、具体。“《海外南经》以下八篇，记海内外各国，略记其方位而没有道里之数；多记怪异，也有一些传说和神话。各条记载之间，凌杂不相连属。材料来源，显然跟五藏山经不同，似主要得之传闻。简策当有脱遗倒错。《大荒西经》以下五篇，所记主题，有山，有丘，有国，有渊，有人，有神物，记述更无伦次，基本上连方位也没有了，传说和神话也更多一些。”[③]总之，从地理观念来看，《山海经》中的《山经》具有更重要的价值。

中国历史上较早的地理观念，当不限于《禹贡》“九州”说、邹衍“大九州”说以及《山海经》的有关记述，但它们是较早的地理观念的突出反映。从这些较早的地理观念的反映中，我们可以得到如下的认识：

第一，中国历史上较早的地理观念源于传说时代人们的社会生产、生活，尤其同大禹治水有密切的关系。

第二，中国历史上较早的地理观念形成于早期国家的产生，《禹贡》“九州”说和国家行政区划及贡赋制度有密切的关系。

第三，中国历史上较早的地理观念在视野上存在一个不断扩大的过

---

① 见司马迁：《史记》卷一二三《大宛列传》，中华书局 1959 年版，第 3179 页。

② 以上引自白寿彝：《中国史学史》第 1 册，上海人民出版社 1986 年版，第 245—247 页。

③ 白寿彝：《中国史学史》第 1 册，上海人民出版社 1986 年版，第 247 页。

程,不论是邹衍所论“中国”与“天下”的关系,亦即所谓“赤县神州”与“天地之际”的九州的关系,还是《山海经》所反映的“四海之外,绝域之国”,都表明至晚在战国时期人们已经认识到在“中国”之外,还存在广袤的地理空间和“殊类之人”的活动。

第四,中国历史上较早的地理观念,不论是以行政区划为主线,还是以“山”“海”为主线,都反映出地理环境与人及社会的密切结合,尤其重视有关先民生产、生活资源的记载,这对于后来地理思想的发展产生了深远的影响。

第二节　地理形势与政治统治

一、水利与文明

中国是一个有悠久的治水历史的国家,因此,有很多关于治水的传说和这方面的“英雄人物”的故事。① 史学产生以后,史学家们十分关注治水的历史以及治水与文明的关系,尤其是对于大禹治水对夏、商、周三代文明发展的影响最为关注。

司马迁《史记·河渠书》引《夏书》所记并发表评论,他写道:

> 《夏书》曰:禹抑洪水十三年,过家不入门。陆行载车,水行载舟,泥行蹈毳,山行即桥。以别九州,随山浚川,任土作贡。通九道,陂九泽,度九山。然河灾衍溢,害中国也尤甚。唯是为务。故道河自积石历龙门,南到华阴,东下砥柱,及孟津、雒汭,至于大邳。于是禹以为河所从来者高,水湍悍,难以行平地,数为败,乃厮二渠以引其河。北载之高地,过降水,至于大陆,播为九河,同为逆河,入于勃海。

① 参见白寿彝:《中国史学史》第1册,上海人民出版社1986年版,第197— 199页。

> 九川既疏，九泽既洒，诸夏艾安，功施于三代。①

司马迁以史家之笔盛赞大禹治水的艰难和功绩，并对大禹治水成功所产生的影响给予极高的历史评价：“九川既疏，九泽既洒，诸夏艾安，功施于三代。”这几句话，可谓一字千钧。当然，夏、商、周三代一千多年的历史过程中，会出现这样那样的问题，但这一过程并没有因重大自然灾害的袭击而中断。在司马迁这位伟大的史学家看来，“三代”既是一个历史阶段，又是一个整体，这可以从他作《三代世表》得到一点证明。正因为如此，所以他说的“诸夏艾安，功施于三代”才显示出无与伦比的历史感。

诚然，“功施于三代”只是一个概括的评价。为了进一步说明这个评价，司马迁继续写道：

> 自是之后，荥阳下引河东南为鸿沟，以通宋、郑、陈、蔡、曹、卫，与济、汝、淮、泗会。于楚，西方则通渠汉水、云梦之野，东方则通沟江淮之间。于吴，则通渠三江、五湖。于齐，则通菑济之间。于蜀，蜀守冰凿离碓，辟沫水之害，穿二江成都之中。此渠皆可行舟，有余则用溉浸，百姓飨其利。至于所过，往往引其水益用溉田畴之渠，以万亿计，然莫足数也。②

这是以春秋、战国时期的水利事业为例，说明水利与文明发展的关系，而交通和灌溉是最重要的两个方面。在这里，司马迁突出了水利对于各诸侯国之间联系的重要性，而“百姓飨其利”则直接得力于灌溉。是的，对于当时的农业文明来说，还有什么比这更重要的呢！

司马迁所论对后世有很大影响。班固著《汉书·沟洫志》，于序中完全袭用司马迁旧文，只是略改数字而已，表明两汉史家在这方面的共识。

水利作为地理形势的一个重要方面，在上古时代极大地影响到文明的进程，司马迁和班固都十分强调这一理论上的认识。而地理形势之综合因素对于政治局面之稳定或动荡的作用，往往是政治家和史学家更为关注的。

---

① 司马迁：《史记》卷二九《河渠书》序，中华书局1959年版，第1405页。

② 司马迁：《史记》卷二九《河渠书》序，中华书局1959年版，第1407页。

二、地理形势与政治中心

在尖锐、复杂的政治活动中,政治家们对于政治中心的确定,一般都要考虑到地理形势的影响。从较早的历史来看,盘庚迁殷的过程中,殷已经明确地提出了这方面的认识。盘庚迁殷之前,把贵族们集合起来告诫他们说:

> 殷降大虐,先王不怀。厥攸作视,民利用迁。汝曷弗念我古后之闻?承汝俾汝,惟喜康共,非汝有咎,比于罚。予若吁怀兹新邑,亦惟汝故,以丕从厥志。今予将试以汝迁,安定厥邦。①

意思是说,过去上天把灾难降落给我们,而先王不顾及自己的居所,为了人民的利益,决心迁徙到新的地方去。我现在要求你们迁到新邑去,目的也是要安定我们的国家。迁殷以后,贵族们很不适应新的居处,盘庚再次告诫他们说:

> 先王有服,恪谨天命,兹犹不常宁,不常厥邑,于今五邦。今不承于古,罔知天之断命,矧曰其克从先王之烈?若颠木之有由蘖,天其永我命于兹新邑,绍复先王之大业,底绥四方。②

意谓按照先王的制度,我们要谨遵天命,不可长时期地居处于一个地方。立国以来,我们已有五次迁徙了。我们迁到新邑来,是为了继续和复兴先王的事业,使四方得到安定。

迁殷前后,盘庚有多次谈话,上述两次是比较重要的谈话。一是说到"殷降大虐","视民利用迁";二是重温历史,指出殷人"不常厥邑,于今五邦"。出现这种情况的原因可能不仅仅是自然方面的原因,但自然方面的原因很可能是一个重要的因素。关于盘庚迁殷一事,司马迁是这样记述的:

> 帝阳甲崩,弟盘庚立,是为帝盘庚。帝盘庚之时,殷已都河北,盘

---

① 《尚书·盘庚中》,《十三经注疏》,中华书局1980年版,第170页。

② 《尚书·盘庚上》,《十三经注疏》,中华书局1980年版,第168页。

庚渡河南,复居成汤之故居,乃五迁,无定处。殷民咨胥皆怨,不欲徙。盘庚乃告谕诸侯大臣曰:“昔高后成汤与尔之先祖俱定天下,法则可修。舍而弗勉,何以成德!”乃遂涉河南,治亳,行汤之政,然后百姓由宁,殷道复兴。诸侯来朝,以其遵成汤之德也。

帝盘庚崩,弟小辛立,是为帝小辛。帝小辛立,殷复衰。百姓思盘庚,乃作《盘庚》三篇。①

史学家笔下的“百姓由宁,殷道复兴”,是对迁殷后的政治局面的高度评价。

在古代,当生产力水平还不发达时,人们抵御自然灾害的能力受到极大的限制,因此“不常厥邑”的现象是不奇怪的。从司马迁所记“帝盘庚之时,殷已都河北,盘庚渡河南”来看,盘庚迁殷的一个重要原因,或许是因黄河水患所致。“不常厥邑,于今五邦”这两句话包含了多么厚重的历史内容,其中自也有地理形势对政治中心的影响。

地理形势对政治中心的影响不限于自然灾害方面的原因,它往往是多种因素的综合影响。西汉初年,关于政治中心的选择,娄敬有一长篇建言,对地理形势与政治中心的关系作了精辟的分析,司马迁对此作了如下记述,先记刘邦“赐食”,已而记刘邦与娄敬对话,进而评论娄敬的建言:

已而问娄敬,娄敬说曰:“陛下都洛阳,岂欲与周室比隆哉?”上曰:“然。”娄敬曰:“陛下取天下与周室异。周之先自后稷,尧封之邰,积德累善十有余世。公刘避桀居豳。太王以狄伐故,去豳,杖马箠居岐,国人争随之。及文王为西伯,断虞芮之讼,始受命,吕望、伯夷自海滨来归之。武王伐纣,不期而会孟津之上八百诸侯,皆曰纣可伐矣,遂灭殷。成王即位,周公之属傅相焉,乃营成周洛邑,以此为天下之中也,诸侯四方纳贡职,道里均矣,有德则易以王,无德则易以亡。凡居此者,欲令周务以德致人,不欲依阻险,令后世骄奢以虐民也。及周之盛时,天下和洽,四夷乡风,慕义怀德,附离而并事天子,不屯一卒,不战一士,八夷大国之民莫不宾服,效其贡职。及周之衰

① 司马迁:《史记》卷三《殷本纪》,中华书局1959年版,第102页。

也,分而为两,天下莫朝,周不能制也。非其德薄也,而形势弱也。今陛下起丰沛,收卒三千人,以之径往而卷蜀汉,定三秦,与项羽战荥阳,争成皋之口,大战七十,小战四十,使天下之民肝脑涂地,父子暴骨中野,不可胜数,哭泣之声未绝,伤痍者未起,而欲比隆于成康之时,臣窃以为不侔也。且夫秦地被山带河,四塞以为固,卒然有急,百万之众可具也。因秦之故,资甚美膏腴之地,此所谓天府者也。陛下入关而都之,山东虽乱,秦之故地可全而有也。夫与人斗,不搤其亢,拊其背,未能全其胜也。今陛下入关而都,案秦之故地,此亦搤天下之亢而拊其背也。"①

娄敬的这一番话,可以认为是秦汉时期关于地理形势与政治中心之关系的杰作。从大的方面看,娄敬的话有两层含义,一是指出刘邦"取天下与周室异",一是指出"秦地被山带河,四塞以为固"的地理形势。第一层意思着眼于政治,即周之取天下"积德累善十有余世",而其营建成周洛邑,也是为了便于"诸侯四方纳贡职"。尽管如此,到了周室衰弱之时,"天下莫朝,周不能制也"。这就叫做"有德则易以王,无德则易以亡"。刘邦在短时期内以力战取天下,战争创伤历历在目,无法与周之成康比隆,故不可都洛阳。第二层意思着眼于地理形势,而这种地理形势的优胜之处,既反映在军事战守方面,也反映在生产资源方面。②

娄敬的建议为刘邦采纳,决定"西都关中";娄敬也因此被赐姓"刘",称刘敬,后被封二千户,为关内侯。

值得注意的是,娄敬关于地理形势与政治中心的关系的认识,一方面指出了地理形势的重要性,一方面认为"德"与"势"也会影响到地理形势作用的发挥。娄敬所讲的地理形势则包含山川形胜和生产资源两个方

① 司马迁:《史记》卷九九《刘敬叔孙通列传》,中华书局1959年版,第2715—2716页。

② 参见司马迁:《史记》卷五五《留侯世家》所记:"刘敬说高帝曰:'都关中。'上疑之。左右大臣皆山东人,多劝上都雒阳:'雒阳东有成皋,西有殽黾,倍河,向伊雒,其固亦足恃。'留侯曰:'雒阳虽有此固,其中小,不过数百里,田地薄,四面受敌,此非用武之国也。夫关中左殽函,右陇蜀,沃野千里,南有巴蜀之饶,北有胡苑之利,阻三面而守,独以一面东制诸侯。诸侯安定,河渭漕挽天下,西给京师;诸侯有变,顺流而下,足以委输。此所谓金城千里,天府之国也,刘敬说是也。'于是高帝即日驾,西都关中。"中华书局1959年版,第2043—2044页。

面，他讲的“德”是指德政，他讲的“势”是指力量。在娄敬看来，地理、德政和力量三者之间存在着相互影响的关系，这反映出他在这个问题认识上的朴素辩证思想。

三、地理形势与政治局面

地理形势的变化，也直接影响到政治局面的稳定与否。司马迁作《史记》，其中有《河渠书》。班固继承了司马迁的思想，于《汉书》中撰有《沟洫志》。《河渠书》和《沟洫志》凝结着人们治水的经验以及治水与政局之关系的认识。

《史记·河渠书》记战国水利，一是“西门豹引漳水溉邺，以富魏之河内”①，一是记“郑国渠”工程。关于“郑国渠”一事，司马迁写道：

> 而韩闻秦之好兴事，欲罢之，毋令东伐，乃使水工郑国间说秦，令凿泾水自中山西邸瓠口为渠，并北山东注洛三百余里，欲以溉田。中作而觉，秦欲杀郑国。郑国曰：“始臣为间，然渠成亦秦之利也。”秦以为然，卒使就渠。渠就，用注填阏之水，溉泽卤之地四万余顷，收皆亩一钟。于是关中为沃野，无凶年，秦以富强，卒并诸侯，因命曰郑国渠。

这里反映出在郑国渠兴修前后人们的不同认识：韩国的统治者想利用修渠一事使秦国疲惫而无力东进；秦国统治者始而认为可行，继而发觉中计要杀掉郑国，使修渠工程停止下来；唯有郑国这位水工最有远见，他承认自己是受了韩国的指使而建议秦国修渠，目的是要让秦国多用民力而疲惫不堪，以求得韩国的安全；但是他指出，“渠成亦秦之利也”。秦国统治者最终还是觉悟了：“秦以为然，卒使就渠。”这一工程所带来的结局是：

---

①　司马迁：《史记》卷二九《河渠书》，中华书局1959年版，第1408页。按：《史记》卷一二六《滑稽列传》，褚少孙补西门豹治邺事，称西门豹“发民凿十二渠，引河水溉民田”，与《河渠书》所记不同。又，《汉书》卷二九《沟洫志》记魏文侯曾孙魏襄王“以史起为邺令，遂引漳水溉邺，以富魏之河内。民歌之曰：‘邺有贤令兮为史公，决漳水兮灌邺旁，终古舄卤兮生稻粱。’”中华书局1962年版，第1677页。

“于是关中为沃野,无凶年,秦以富强,卒并诸侯,因命曰‘郑国渠’。”

在这件事情上,韩国统治者的短见和决策的失误,秦国统治者的动摇和觉悟,水工郑国的机敏和才智,都充分地显示出来,构成了一幅悲喜剧的历史画面,而其主题便是水利与政局。

西门豹治邺、郑国渠工程,都是人们在一定的认识的基础上,以人力改变了局部的地理形势从而影响到政治局面。同时,人们也面临着因自然力而引发的地理形势的变化对政局所产生的影响。《史记·河渠书》和《汉书·沟洫志》都比较详细地记载了西汉时期水利、水患与政局的关系,以及人们的有关认识。水利主要是用于漕运和溉田,多有举措;水患主要是黄河决口所造成的严重影响。

据《史记·河渠书》记:“汉兴三十九年,孝文时河决酸枣,东溃金堤,于是东郡大兴卒塞之。”“其后四十有余年,今天子元光之中,而河决于瓠子,东南注巨野,通于淮、泗。”汉武帝乃命汲黯、郑当时“兴人徒塞之,辄复坏”。其时,丞相田蚡为使自己的食邑地不受水灾,于是上言:“江河之决皆天事,未易以人力为强塞,塞之未必应天。”望气用数者附和田蚡之言,于是深好神仙之事的汉武帝“久之不事复塞也”,而将此重大之事搁置了二十多年,以致“岁因以数不登,而梁楚之地尤甚”。此种情况实已影响到西汉皇朝的政治稳定,汉武帝这才抛弃了田蚡和望气用数者的胡言,发动数万人堵塞瓠子之决,并“令群臣从官自将军已下皆负薪窴决河”,可见决心之大。“是时东郡烧草,以故薪柴少,而下淇园之竹,以为楗。”这是中国古代治河史上的一件大事,汉武帝亲临河决,“悼功之不成”,乃作歌寄怀,歌词曰:

瓠子决兮将奈何?皓皓旰旰兮闾殚为河!
殚为河兮地不得宁,功无已时兮吾山平。
吾山平兮巨野溢,鱼沸郁兮柏冬日。
延道弛兮离常流,蛟龙骋兮方远游。
归旧川兮神哉沛,不封禅兮安知外!
为我谓河伯兮何不仁,泛滥不止兮愁吾人?
啮桑浮兮淮、泗满,久不反兮水维缓。

歌词写出河水决口后泛滥成灾的严重局面，意谓汪汪洋洋四处都是河水，连吾山都要被淹没了，巨野这个地方都注满了河水，鬵桑也被河水所漂浮起来了。如此悲壮的歌词，饱含着忧患、焦虑的心情，因出于最高统治者之口，越发显示出地理形势的变化所造成的严重局面。所谓“殚为河兮地不得宁，功无已时兮吾山平”，反映出堵塞瓠子决口过程中的艰难，故有“功无已时”的忧虑。所谓“为我谓河伯兮何不仁，泛滥不止兮愁吾人”，相信神仙的汉武帝也表示出对“河伯”的不满了。这种局面的出现，起初当是黄河决口所致，然而与田蚡的利己误国之言和汉武帝的天命思想导致其决策的失误，也有很大的关系。而汉武帝在歌词中完全没有一点自责之意，反映了他在这个问题的认识上有太多的局限性。

司马迁还记下了汉武帝的另一篇歌词：

河汤汤兮激潺湲，北渡污兮浚流难。
搴长茭兮沉美玉，河伯许兮薪不属。
薪不属兮卫人罪，烧萧条兮噫乎何以御水！
颓林竹兮楗石菑，宣房塞兮万福来。

这篇歌词在内容和心境上都与前一篇不同，似是反映堵塞瓠子之决的措施及堵塞决口的成功，其末句“宣房塞兮万福来”，与司马迁所记“于是卒塞瓠子，筑宫其上，名曰‘宣房宫’”相合。

堵塞瓠子决口成功的直接现实利益是：“而道河北行二渠，复禹旧迹，而梁、楚之地复宁，无水灾。”而这一浩大工程在人们思想上所产生的积极影响和在实践中所产生的积极效果，都是深刻和长远的。司马迁对此作了这样的概括和评价，他写道：

自是之后，用事者争言水利。朔方、西河、河西、酒泉皆引河及川谷以溉田；而关中辅渠、灵轵引堵水；汝南、九江引淮；东海引巨定；泰山下引汶水：皆穿渠为溉田，各万余顷。佗小渠披山通道者，不可胜言。然其著者在宣房。①

“人们的观念、观点和概念，一句话，人们的意识，随着人们的生活条件、

① 以上均见司马迁：《史记》卷二九《河渠书》，中华书局1959年版，第1414页。

人们的社会关系、人们的社会存在的改变而改变”①。人们的思想的历史的确证明了这一点,或者说,这一表述揭示了人们思想史发展的规律。西汉中后期人们对地理形势与政治局面的认识,因受到瓠子塞决这个浩大工程及其积极效果的刺激、启示和鼓舞,于是才出现了“自是之后,用事者争言水利”的现象,才出现了星罗棋布的水利工程。

这里,我们应当特别关注史学家司马迁对于瓠子之决以及塞决工程的深刻感受,正是因为有了这样的感受,他的思想才进而升华到理论的层面。诚如他在《史记·河渠书》后论中所写的那样:

> 太史公曰:余南登庐山,观禹疏九江,遂至于会稽太湟,上姑苏,望五湖;东窥洛汭、大邳,迎河,行淮、泗、济、漯洛渠;西瞻蜀之岷山及离碓;北自龙门至于朔方。曰:甚哉,水之为利害也!余从负薪塞宣房,悲《瓠子》之诗而作《河渠书》。

从追寻大禹治水的踪迹,到“负薪塞宣房”,他经历了历史的启迪和现实的启迪,于是提出了“甚哉,水之为利害也”这一宏大的命题,于是才有“悲《瓠子》之诗而作《河渠书》”,在中国古代地理观念史上留下了如此生动、如此深刻的篇章。

《汉书·沟洫志》继承了《史记·河渠书》的传统,它补记了汉武帝以后西汉的水利事业以及王莽时期的许多治河之议。从一定的意义上说,《沟洫志》乃是《河渠书》的续篇,具有重要的历史价值和理论价值。尤其是它所记述的一些大臣的治河措施和治河思想,反映了人们对历史经验的借鉴和在实践中不断提出新的关于地理形势的认识。

西汉末年,人们对治河的认识发生重大变化,认为堵塞河决并非上策,既不能从根本上根除水患,又耗费大量财力和人力。汉哀帝时,待诏贾让上奏治河之言,是一篇讨论地理形势与政治局面之关系的大文章。

贾让首先提出一个原则性的认识,即:“古者立国居民,疆理土地,必遗川泽之分,度水势所不及。”“故曰:‘善为川者,决之使道;善为民者,宣

① 马克思、恩格斯:《共产党宣言》,《马克思恩格斯选集》第1卷,人民出版社2012年版,第419—420页。

之使言。'"其次，贾让回顾了历史，认为"堤防之作，近起战国，雍防百川，各以自利"，从而造成了无穷的后患。他以确凿的考察评述了这种危害。最后，也是其上言的主要内容，提出治河的上、中、下三策。他说的上策，是改变黄河入海口："徙冀州之民当水冲者，决黎阳遮害亭，放河使北入海。""此功一立，河定民安，千载无患。"他说的中策，是作渠溉田："若乃多穿漕渠于冀州地，使民得以溉田，分杀水怒，虽非圣人法，然亦救败术也。"他具体指出：

> 通渠有三利，不通有三害。民常罢于救水，半失作业；水行地上，凑润上彻，民则病湿气，木皆立枯，卤不生谷；决溢有败，为鱼鳖食：此三害也。若有渠溉，则盐卤下湿，填淤加肥；故种禾麦，更为粳稻，高田五倍，下田十倍；转漕舟船之便：此三利也。今濒河堤吏卒郡数千人，伐买薪石之费岁数千万，足以通渠成水门；又民利其溉灌，相率治渠，虽劳不罢。民田适治，河堤亦成，此诚富国安民，兴利除害，支数百岁，故谓之中策。

他说的下策是："若乃缮完故堤，增卑倍薄，劳费无已，数逢其害，此最下策也。"西汉末年，政局动荡，朝廷及大臣无力顾及治河之事，贾让之言自然被搁置起来。王莽之时，虽也"征能治河者以百数"，然所言亦各相异，"但崇空语，无施行者"①。

贾让之言，在有关地理形势的认识上，提出了这样一个理论问题：第一，从历史上，以筑堤的方法来防止河患，起于战国之时，其根本目的不在从全局上有利于治水，而是"雍防百川，各以自利"，正是这种政治上的群雄割据，导致了黄河河道的无序变动和其后的长年河患。第二，贾让提出治河有上、中、下三策，表明人在自然力面前，不仅存在着主动性，而且存在着这种主动性的多种选择，表明人与自然互动可能产生的不同效果。第三，贾让所说上策，是因势利导，顺其自然，使黄河有恰当的入海口；他说的中策，是"兴利除害"，把不利因素转变为有利因素。上策的效果是"河定民安"，后者的效果是"富国安民""支数百岁"，其间长期之效和中

① 以上均见班固：《汉书》卷二九《沟洫志》，中华书局1962年版，第1692—1697页。

长期之效的区别,而“民安”或“安民”都是决定基点;顺其自然与“兴利除害”都不应脱离这一基点。他说的“三利”“三害”也都立足于此。

班固在《汉书·沟洫志》后论中写道:“赞曰:古人有言:‘微禹之功,吾其鱼乎!’中国川原以百数,莫著于四渎,而河为宗。孔子曰:‘多闻而志之,知之次也。’国之利害,故备论其事。”班固所论,虽不如司马迁在《史记·河渠书》后论所表达的那样大气磅礴,但他也强调了治水的重要,认为“国之利害,故备论其事”,在理论上也是有深度的。

从水工郑国之言到《瓠子》之诗,再到贾让所论治河三策,一方面反映了地理形势对政治局面的影响,另一方面也反映了政治统治的形式及其决策对地理形势的影响,其效果存在很大的差异。此外,从《瓠子》之诗所反映的史实到王莽时期在治河问题上“但崇空语,无施行者”,反映出国家政权的能力在面对地理形势时的不同表现。再者,史学家司马迁、班固所撰《河渠书》《沟洫志》以及他们所发表的议论,表明两汉时期的史学家在认识地理形势与政治局面的关系方面,比之他们的前辈已有了更丰富、更深刻的认识。上述三点,都给后人留下了很多思想上、理论上的启示。

第三节　地理条件与社会经济

一、地理条件与区域经济

中国史学上关于地理条件与区域经济的思想,在《尚书·禹贡》和《周礼·职方》中已有萌芽。《禹贡》记九州,涉及各州贡赋,多与其特产有关。如兖州“厥贡漆、丝”,青州所贡有盐、细葛布、海产、丝、麻、锡、松树和怪石等等,大致反映了各州的特产。《周礼·职方》记九州,于扬州说“其利金锡竹箭”“其畜宜鸟兽,其谷宜稻”,于雍州说“其利玉石”“其畜宜牛马,其谷宜黍稷”等等,也大致反映了各地的特产。但是,这毕竟不是一种自觉的关于经济区域的记述，更不是关于划分区域经济的表述。尽管如此，《禹贡》和《职方》对各州之山川、土壤及其所出的异同的记载，在物产的地域特点及其对人们的影响方面，对后人无疑是一种启示。

司马迁是中国史学上最早明确提出划分经济区域的史学家，基于秦汉以后政治统一的历史局面，他把全国划分为四个经济区域，这就是：

> 夫山西饶材、竹、穀、纑、旄、玉石；山东多鱼、盐、漆、丝、声色；江南出柟、梓、姜、桂、金、锡、连、丹沙、犀、玳瑁、珠玑、齿革；龙门、碣石北多马、牛、羊、旃裘、筋角；铜、铁则千里往往山出棋置：此其大较也。皆中国人民所喜好，谣俗被服饮食奉生送死之具也。故待农而食之，虞而出之，工而成之，商而通之。此宁有政教发征期会哉？人各任其能，竭其力，以得所欲。故物贱之征贵，贵之征贱，各劝其业，乐其事，若水之趋下，日夜无休时，不召而自来，不求而民出之。岂非道之所符，而自然之验邪？①

可以认为，这是司马迁把汉朝的统治地方分为四个大的经济区域。山西地区，主要指关中地区；山东地区，即崤山函谷关以东直至沿海的广大地区；江南地区，即长江以南直至沿海的广大地区；龙门（在今山西省河津市西北）、碣石（在今河北省昌黎县北）以北地区，即今山西北部至河北北部一线以北直到汉朝北境的广大地区。从司马迁的这段话来看，他的经济区域的观念是明确的，他对经济区域的划分，主要是从地理条件来考虑的。②

司马迁对一些地区的记载，着重记载地理条件的状况、生产的状况以及经济生活的状况和社会风俗的表现、不同地区在这些方面的相异或相同之处。在这些记载中，几乎所有有关地理条件的因素，如地形、土壤、气候、森林、矿藏，以及江、河、湖、海之利与水陆交通状况等等，都涉及了。

---

① 司马迁：《史记》卷一二九《货殖列传》，中华书局 1959 年版，第 3253—3254 页。

② 史念海认为："司马迁论述战国秦汉时期的经济发展，分全国为四个地区。这是指的山西、山东和江南，另外还加上一个龙门、碣石以北的畜牧区域。四个地区，黄河流域便占了三个。这说明了黄河流域在当时的重要性。这里所说的山西和山东自是与关西和关东同一意义，也就是指崤山和函谷关的东西而言。司马迁说到山西的时候，特别着重叙述了关中。"见史念海：《河山集》三集，人民出版社 1988 年版，第 108 页。

司马迁以地理条件、生产状况划分经济区域的思想是明确的。尤其值得重视的是司马迁首先提出山西、山东、江南、龙门与碣石以北四个经济区域这一总的观念之后,接着又重点论述了关中、三河、燕赵、齐鲁、越楚等地的自然状况和社会状况,可见他关于经济区域的观念是有全局思想的。惟其如此,他才能一方面认识到各地之所处“皆中国人民所喜好”,另一方面又认识到各经济区域在发展上的种种差别。

此外,从上述引文中还可以看到,司马迁虽以地理条件来划分经济区域,但他总是以人和地理相结合进行表述的。因此,他所描绘的各经济区域都是一幅幅生动的、不断运动着的画面。所谓“农而食之,虞而出之,工而成之,商而通之”等等,反映出了一个个活生生的经济区域。

尤其重要的是上述引文的最后两句话,即“岂非道之所符,而自然之验邪”。在司马迁看来,这既符合“道”的法则,又是事物自然发展的表现。由此可见司马迁在《货殖列传》序的起首引用《老子》之语并提出质疑的深刻用意。他写道:“老子曰:‘至治之极,邻国相望,鸡狗之声相闻,民各甘其食,美其服,安其俗,乐其业,至老死不相往来。’必用此为务,挽近世涂民耳目,则几无行矣。”这些话,正好可以用来诠释他说的“自然之验”。

综上,可见司马迁关于经济区域之划分的思想具有丰富的内涵。班固在经济思想、地理思想两个方面均有突出贡献,但他在经济区域之划分的观念上,却没有提出新的认识。

二、地理条件与人口状况

在中国古代,随着历史的发展,人们对人口状况愈来愈关注。这是因为:第一,当人们从“天命”笼罩下解脱出来,不断认识到人在社会历史中的重要作用;第二,对于统治者来说,足够的人口不仅是生产的保证,也是军队士兵的来源;第三,人口的众多和密集,往往被看作社会安定、繁荣的标志,对于一些大的都会来说尤其是这样。例如,春秋末年,从叔向同晏婴的一番对话,可以看出人口的转移对于诸侯的衰败和大夫势力的兴起,起了多大的作用。《左传》记载了晋国大夫叔向同齐国大夫晏婴的这次对话：

既成昏，晏子受礼，叔向从之宴，相与语。叔向曰："齐其何如？"晏子曰："此季世也，吾弗知齐其为陈氏矣。公弃其民，而归于陈氏。齐旧四量，豆、区、釜、钟。四升为豆，各自其四，以登于釜。釜十则钟。陈氏三量皆登一焉，钟乃大矣。以家量贷，而以公量收之。山木如市，弗加于山；鱼、盐、蜃、蛤，弗加于海。民参其力，二入于公，而衣食其一。公聚朽蠹，而三老冻馁，国之诸市，屦贱踊贵。民人痛疾，而或燠休之。其爱之如父母，而归之如流水。欲无获民，将焉辟之？箕伯、直柄、虞遂、伯戏，其相胡公、大姬已在齐矣。"

叔向曰："然，虽吾公室，今亦季世也。戎马不驾，卿无军行，公乘无人，卒列无长。庶民罢敝，而宫室滋侈。道殣相望，而女富溢尤。民闻公命，如逃寇雠。栾、郤、胥、原、狐、续、庆、伯，降在皂隶，政在家门，民无所依。君日不悛，以乐慆忧。公室之卑，其何日之有？"①

一方面是"归之如流水"，另一方面是"如逃寇仇"，人口的流动和人民的意向在这里显示出极大的反差，以至于成为社会变革的标志之一。②

同样，在古代，一个都市的人口多寡，实为其是否繁荣的重要标志，甚至也是一方封国政治是否兴旺有活力的表现。有这样一个故事，也同晏婴有关：

晏子使楚，楚人以晏子短，为小门于大门之侧而延晏子。晏子不入，曰："使狗国者，从狗门入。今臣使楚，不当从此门入。"傧者更道，从大门入，见楚王。王曰："齐无人耶，使子为使？"晏子对曰："齐之临淄三百闾，张袂成荫，挥汗成雨，比肩继踵而在，何为无人！"王曰："然则何为使子？"晏子对曰："齐命使，各有所主：其贤者使使贤

① 《左传·昭公三年》，杨伯峻编著：《春秋左传注》，中华书局1981年版，第1235—1237页。

② 参见郭沫若：《中国古代史的分期问题》，《郭沫若全集·历史编》第3卷，人民出版社1982年版，第9—10页。

主,不肖者使使不肖主。婴最不肖,故宜使楚。”①

这或许是一个传闻,但晏婴炫耀齐国临淄人口之多,虽有夸张,似不无根据。战国时,在纵横家苏秦眼中,齐之临淄的确是一个人口众多的繁华大都市,史载:

> 苏秦为赵合纵,说齐宣王曰:“齐南有太山,东有琅邪,西有清河,北有渤海,此所谓四塞之国也。齐地方二千里,带甲数十万,粟如丘山。齐车之良,五家之兵,疾如锥矢,战如雷电,解如风雨。即有军役,未尝倍太山,绝清河,涉渤海也。临淄之中七万户,臣窃度之,下户三男子,三七二十一万,不待发于远县,而临淄之卒,固以二十一万矣。临淄甚富而实,其民无不吹竽、鼓瑟、击筑、弹琴,斗鸡、走犬、六博、蹹踘者;临淄之涂,车毂击,人肩摩,连衽成帷,举袂成幕,挥汗成雨;家敦而富,志高气扬。夫以大王之贤与齐之强,天下不能当。今乃西面事秦,窃为大王羞之。”②

苏秦的这一番话,从齐国的地理形势说到齐国的资源、军力以及临淄人口之多且“志高气扬”,显示出强大的综合实力。值得注意的是,苏秦所描述的临淄的人口状况,比之于晏婴所说要具体得多。春秋战国时期,齐国成为一个强有力的诸侯国,同它的地理形势、自然资源、人口状况都有密切的关系。司马迁写齐国的历史,发出这样的感叹:“太史公曰:吾适齐,自泰山属之琅邪,北被于海,膏壤二千里,其民阔达多匿知,其天性也。以太公之圣,建国本,桓公之盛,修善政,以为诸侯会盟,称伯,不亦宜乎?洋洋哉,固大国之风也!”③司马迁于三言两语中,把齐国的地理形势、自然资源、人口状况都讲到了,这就是它拥有“大国之风”的几个重要因素。

地理条件与人口状况之关系的思想确有一个发展过程,从《左传》《战国策》到《史记》《汉书》所反映出的思想脉络,显示出这一过程的清晰轨迹。

---

① 《晏子春秋》卷六《内篇 · 杂下第六》,《诸子集成》,中华书局 1954 年版,第 151—158 页。

② 刘向辑录:《战国策 · 齐策一》,上海古籍出版社 1985 年版,第 337 页。

③ 司马迁:《史记》卷三二《齐太公世家》后论,中华书局 1959 年版,第 1513 页。

司马迁《史记》中关于地理条件与人口状况之关系的思想，在其论述京师与关中地区时反映得最为突出，即把地理、历史、资源、人口、财富等因素以及它们之间的关系都论述到了，他写道：

汉兴，海内为一，开关梁，弛山泽之禁，是以富商大贾周流天下，交易之物莫不通，得其所欲，而徙豪杰诸侯强族于京师。

关中自汧、雍以东至河、华，膏壤沃野千里，自虞夏之贡以为上田，而公刘适邠，大王、王季在岐，文王作丰，武王治镐，故其民犹有先王之遗风，好稼穑，殖五谷，地重，重为邪。及秦文、德、缪居雍，隙陇蜀之货物而多贾。献公徙栎邑，栎邑北卻戎翟，东通三晋，亦多大贾。孝、昭治咸阳，因以汉都，长安诸陵，四方辐辏并至而会，地小人众，故其民益玩巧而事末也。南则巴蜀。巴蜀亦沃野，地饶卮、姜、丹沙、石、铜、铁、竹、木之器。南御滇僰，僰僮。西近邛笮，笮马、旄牛。然四塞，栈道千里，无所不通，唯褒斜绾毂其口，以所多易所鲜。天水、陇西、北地、上郡与关中同俗，然西有羌中之利，北有戎翟之畜，畜牧为天下饶。然地亦穷险，唯京师要其道。故关中之地，于天下三分之一，而人众不过什三；然量其富，什居其六。①

这一段论述，最后落脚到关中地域、人口、财富在当时全国的比例，突出了“关中之地，于天下三分之一，而人众不过什三；然量其富，什居其六”，关中在经济上的地位可以想见其重要性。用今天的话来说，就是以全国三分之一的土地、不足三分之一的人口，却创造了全国近于三分之二的财富。这是什么原因造成的呢？

在司马迁的论述中，他已经阐明了其中的几个重要原因：第一，是人口的集中，即在四个经济区中关中占有将近三分之一的人口；第二，是关中的自然条件，即“膏壤沃野千里”；第三，是兼有农业、商业、手工业、畜牧业等综合经济因素；第四，有“栈道千里，无所不通”的交通；第五，这是最重要的一个条件，即“海内为一”的政治统一局面所创造的种种积极因素。可见，地理条件、人口状况和政治局面是相互影响

① 司马迁：《史记》卷一二九《货殖列传》，中华书局1959年版，第3261—3262页。

的。在这种相互影响之下,财富创造和积累的数量并不取决于人口的数量。

当然,在京师所在的关中以外地区,情况差别很大,大致说来,地理条件影响人口状况的作用要更大一些,以至影响到不同地区的民俗民风。对此,司马迁在《货殖列传》中有明确的表述,本书下面还会有所涉及。问题在于,历史的发展向人们提出一个新的问题,即在统一政治局面下,由于地域辽阔,政权出于稳定社会和政治秩序的需要,除了为着某个具体目的而迁徙人口,如汉初“徙豪杰诸侯强族于京师”,此外,是否还有什么带有根本性的方法,以调整人口状况。班固根据历史记载和前贤的论述,概括出“理民之道,地著为本”的思想。“地著”思想本出于晁错。事情起因于贾谊在给汉文帝的上疏中根据当时的社会情况,指出:“世之有饥穰,天之行也,禹、汤被之矣。即不幸有方二三千里之旱,国胡以相恤?卒然边境有急,数十百万之众,国胡以馈之?兵旱相乘,天下大屈,有勇力者聚徒而衡击,罢夫羸老易子而咬其骨。政治未毕通也,远方之能疑者并举而争起矣,乃骇而图之,岂将有及乎?”“夫积贮者,天下之大命也。”于是晁错进而在上疏中分析道:

> 圣王在上而民不冻饥者,非能耕而食之,织而衣之也,为开其资财之道也。故尧、禹有九年之水,汤有七年之旱,而国亡捐瘠者,以畜积多而备先具也。今海内为一,土地人民之众不避汤、禹,加以亡天灾数年之水旱,而畜积未及者,何也?地有遗利,民有余力,生谷之土未尽垦,山泽之利未尽出也,游食之民未尽归农也。民贫,则奸邪生。贫生于不足,不足生于不农,不农则不地著,不地著则离乡轻家,民如鸟兽,虽有高城深池,严法重刑,犹不能禁也。①

晁错在上疏中还强调说:“是故明君贵五谷而贱金玉”,“欲民务农,在于贵粟。”可见,“积贮”“贵粟”是汉初政治统治所面临的重大问题,而不论是“积贮”还是“贵粟”,都离不开生产者,因此“地著”就成关键问题。这

① 班固:《汉书》卷二四上《食货志上》,中华书局1962年版,第1130—1131页。

就是说，必须使用政策的作用来影响人口状况。班固关于地理条件和人口状况之关系的思想，在这种历史条件下得到了发展。这具体表现在班固不仅在《汉书》中创立了《食货志》，把“地著”的思想明显地突出出来，而且又创立了《地理志》，并于《地理志》中尤详于人口的分布及其数量。这样，“地著”与“人口”就联系起来了。

首先，《汉书·地理志》记人口状况，尽可能求其正确。如其记京兆尹人口：“元始二年户十九万五千七百二，口六十八万二千四百六十八。”自注谓：惠帝时，“户八万八百，口二十四万六千二百”。汉平帝元始二年（公元2年），上距汉景帝一百四十余年，京兆尹地区的户、口变化，由此可知大概。

其次，《汉书·地理志》记人口状况，可以反映出两汉京师一带的繁盛局面。其记左冯翊的人口状况是：“户二十三万五千一百一，口九十一万七千八百二十二。”其记右扶风的人口状况是：“户二十一万六千三百七十七，口八十三万六千七十。”①

再次，《汉书·地理志》记人口状况，还具体地反映出各封国的户、口数量的变化，即汉武帝以前的封国，其户、口数量较大，武帝及其以后的封国，其户、口数量较小。如淮阳国，为“高帝十一年置”，“户十三万五千五百四十四，口九十八万一千四百二十三”；中山国，“景帝三年为国”，“户十六万八百七十三，口六十六万八千八十”；赵国，“高帝四年为赵国”，“户八万四千二百二，口三十四万九千九百五十二”等等。又如广平国，“武帝征和二年置为平干国，宣帝五凤二年复故”，“户二万七千九百八十四，口十九万八千五百五十八”；真定国，“武帝元鼎四年置”，“户三万七千一百二十六，口十七万八千六百一十六”等等。② 这些数字，是汉武帝以后，削弱封国势力、巩固中央集权政策的明显反映。

总之，在班固看来，对各地人口状况的了解，足以作为西汉皇朝之兴

---

① 以上见班固：《汉书》卷二八上《地理志上》，中华书局1962年版，第1545—1546页。

② 班固：《汉书》卷二八下《地理志下》，中华书局1962年版，第1630—1639页。

盛的一个标志,他在总结人口状况后写道:

本秦京师为内史,分天下作三十六郡。汉兴,以其郡太大,稍复开置,又立诸侯王国。武帝开广三边。故自高祖增二十六,文、景各六,武帝二十八,昭帝一,讫于孝平,凡郡国一百三,县邑千三百一十四,道三十二,侯国二百四十一。地东西九千三百二里,南北万三千三百六十八里。提封田一万万四千五百一十三万六千四百五顷,其一万万二百五十二万八千八百八十九顷,邑居道路,山川林泽,群不可垦,其三千二百二十九万九百四十七顷,可垦不可垦,定垦田八百二十七万五百三十六顷。民户千二百二十三万三千六十二,口五千九百五十九万四千九百七十八。汉极盛矣。①

这是西汉时期的行政区划(含郡国、县邑、侯国)、幅员、垦田、户口的"清单",而班固在这份"清单"的最后一句话是"汉极盛矣"。简短的几个字,集中地表达了他的地理与人口思想。

三、地理条件与生产资源

地理条件直接影响到生产、生活资源的思想,在《尚书·禹贡》《周礼·夏官·职方》中已有明确的反映。《禹贡》记各州的地理条件、土地等级、贡赋、物产、交通等,在讲到其特产时也就涉及其生产、生活资源。如其记青州:

海、岱惟青州。嵎夷既略,潍、淄其道。厥土白坟,海滨广斥。厥田惟上下,厥赋中上。厥贡盐絺,海物惟错。岱畎丝、枲、铅、松、怪石。莱夷作牧。厥篚檿丝。浮于汶,达于济。②

除农作物外,这里的盐、葛布、海产、丝、麻等等,也都是生产、生活资源。《禹贡》所记其他各州,也都包含这方面的内容,只是各州多有异同罢了。③ 当然,《禹贡》并没有把这种思想直接表达出来,而《周礼·夏

① 班固:《汉书》卷二八下《地理志下》,中华书局1962年版,第1639—1640页。

② 《尚书·禹贡》,《十三经注疏》,中华书局1980年版,第148页。

③ 参见本章第一节所引"扬州"。

官·职方》则有这一思想的表述了：

> 职方氏掌天下之图，以掌天下之地，辨其邦国、都鄙、四夷、八蛮、七闽、九貉、五戎、六狄之人民，与其财用九谷、六畜之数要，周知其利害，乃辨九州之国，使同贯利。①

这里概括地讲到了不同地区、不同民族、不同物产及其总体上的“利害”，文中一连用了两个“辨”字，意在区别情况、区别看待。

如本节上文所述，司马迁划分经济区域的思想，更加明确地体现了对地理条件与生产、生活资料的重视，以及不同经济区域在这些方面的差异，司马迁还强调说：“皆中国人民所喜好，谣俗被服饮食奉生送死之具也。故待农而食之，虞而出之，工而成之，商而通之。”正因为是各经济区域的资源，“商而通之”就成为十分必要的了。《史记·货殖列传》记各地区地理条件、世风民俗时，都要讲到有关生产、生活资源以及可以作为“商而通之”的特殊资源。

当人们把认识地理条件同与此有关的生产、生活资源，有系统地，且必须结合起来加以考察时，这就标志着人们对地理条件与社会发展之密切关系的认识已经达到一个新的境界。而《汉书·地理志》正是先秦、秦汉时期这一思想发展的新成果和新境界。《汉书·地理志》记全国行政建置，于各郡、国必记其户、口及所辖之县，而于注文则评记其沿革及境内之山脉、河湖、流向、里道，同时兼记物产资源以及与物产资源有关的设官。如其所记郡、县：

记京兆尹，于蓝田县之下注：“山出美玉”；

记左冯翊，于夏阳县之下注：“有铁官”；

记弘农郡，于宜阳县之下注：“在黾池有铁官也”；

记河东郡，于安邑、皮氏、平阳、绛诸县之下，分别注：“有铁官”；

记太原郡，于大陵县之下注：“有铁官”；

记陈留郡，于襄邑县之下注：“有服官”；

记颍川郡，于阳城县之下注：“有铁官”；

---

① 《周礼·夏官·职方》，《十三经注疏》，中华书局1980年版，第861—862页。

记南阳郡,于宛县之下注:“有工官、铁官”;

记南郡,于其下注:“有发弩官”,于巫县之下注:“有盐官”;

记庐江郡,于皖县之下注:“有铁官”;

记九江郡,于其下注:“有陂官、湖官”;

记山阳郡,于其下注:“有铁官”;

记魏郡,于武安县之下注:“有铁官”;

记巨鹿郡,于堂阳县之下注:“有盐官”;

记济南郡,于东平陵县之下注:“有工官、铁官”;

记泰山郡,于奉高县之下注:“有工官”,于嬴县之下注:“有铁官”;

记齐郡,于临淄县之下注:“有服官、铁官”;

记北海郡,于都昌县之下注:“有盐官”;

记东莱郡,于曲成县之下注:“有盐官”,于东牟县之下注:“有铁官、盐官”,于昌阳、当利县之下分别注:“有盐官”;

记琅邪郡,于海曲、长广县之下分别注:“有盐官”;

记东海郡,于下邳县之下注:“有铁官”;

记临淮郡,于盐渎县之下注:“有铁官”;

记会稽郡,于海盐县之下注“有盐官”;

记丹杨郡,于其下注:“有铜官”;

记汉中郡,于沔阳县之下注:“有铁官”;

记广汉郡,于其下注:“有工官”,于雒县之下注:“有工官”;

记蜀郡,于成都县之下注:“有工官”,于临邛县之下注:“有铁官、盐官”,于严道县之下注:“有木官”;

记犍为郡,于武阳县之下注:“有铁官”,于南安县之下注:“有盐官、铁官”,于朱提县之下注:“山出银”;

记越嶲郡,于邛都县之下注:“南山出铜”,于定莋县之下注:“出盐”;

记益州郡,于连然县之下注:“有盐官”,于律高县之下注:“西石空山出锡,东南盢町山出银、铅”,于贲古县之下注:“北采山出锡,西羊人出银、铅,南乌山出锡”,于来唯县之下注:“从陆山出铜”;

记巴郡,于朐忍县之下注:“有橘官、盐官”,于鱼腹县之下注:“有橘官”；

记陇西郡，于其下注：“有铁官、盐官”；

记金城郡，于临羌县之下注：“有盐池”；

记安定郡，于三水县之下注：“有盐官”；

记北地郡，于郁郅县之下注：“有牧师菀官”，于弋居县之下注：“有盐官”；

记西河郡，于富昌县之下注：“有盐官”；

记朔方郡，于朔方县之下注：“金连盐泽、青盐泽皆在南”，于墼县之下注：“有盐官”；

记五原郡，于成宜县之下注：“有盐官”；

记雁门郡，于楼烦县之下注：“有盐官”；

记渔阳郡，于渔阳县之下注：“有铁官”，于泉州县之下注：“有盐官”；

记右北平郡，于夕阳县之下注：“有铁官”；

记辽西郡，于海阳县之下注：“有盐官”；

记辽东郡，于襄平县之下注：“有牧师官”，于平郭县之下注：“有铁官、盐官”；

记南海郡，于其下注：“有圃羞官”，于中宿县之下注：“有洭浦官”；

记苍梧郡，于高要县之下注：“有盐官”；

记交趾郡，于羸\u5a04县之下注：“有羞官”；

记中山国，于北平县之下注：“有铁官”；

记胶东国，于郁秩县之下注：“有铁官”；

记城阳国，于莒县之下注：“有铁官”；

记东平国，于其下注：“有铁官”；

记楚国，于彭城县之下注：“有铁官”；

记广陵国，于其下注：“有铁官”，等等。

从以上这些记载来看，虽然有关资源的名目列举不多，但从设官来看，铁以及铜、锡、铅、银等金属以及盐，是其主要方面，其他如工官、服官、牧师官、橘官、羞官等当各有所职，多与资源及生产相关。值得注意的是，班固并没有像司马迁那样，直接发表言论，统说地理条件与生产、生活资源的关系,但他在《地理志》详细记载这方面的史实,充分表明他对此有高度自觉的意识和明确的思想。从这个意义上说,《汉书·地理志》不仅有史料上的价值,也有历史理论上的价值。

第四节 地理环境与民风民俗

先秦时期,统治者十分重视民风民俗,目的是通过民风民俗以了解下情。礼书记载说:"命大师陈诗以观民风;命市纳贾,以观民之所好恶,志淫好辟。"①诗采自各诸侯,故可知各地之风俗,进而观政令之得失。这是从思想上的考察。按照同样的道理,通过了解民间对什么样的物品的需求,则可推知民间的风尚。《礼记》的这个思想,对司马迁有很大的影响。这从他在撰写《货殖列传》时,十分关注各地风俗看得很清楚。上文讲到,司马迁论述各地的地理条件、自然资源时,一般都要论述这一地区的世风民俗。而司马迁在历史撰述中反映出来的关于地理与民俗关系的思想,在《史记·货殖列传》中有明确的论说。他写道:

> 太史公曰:夫神农以前,吾不知已。至若《诗》《书》所述虞夏以来,耳目欲极声色之好,口欲穷刍豢之味,身安逸乐,而心夸矜势能之荣。使俗之渐民久矣,虽户说以眇论,终不能化。故善者因之,其次利道之,其次教诲之,其次整齐之,最下者与之争。②

司马迁作为一个有朴素唯物主义思想的史学家,他对于人们追求"声色之好""刍豢之味"的本性毫不掩饰,对于人们以"身安逸乐"为荣的虚荣之心的揭露可谓入木三分。他还看到,这种风俗自虞夏以来"渐民久

① 《礼记·王制》,《十三经注疏》,中华书局1980年版,第1328页。陈澔注云:"大师,乐官之长。诗以言志,采录而观览之,则风俗之美恶可见,政令之得失可知矣。物之供用者皆出于市,而价之贵贱则系于人之好恶。好质则用物贵,好奢则侈物贵。志流于奢淫,则所好皆邪僻矣。"见陈澔:《礼记集说》,上海古籍出版社1987年版,第69页。

② 司马迁:《史记》卷一二九《货殖列传》序,中华书局1959年版,第3253页。

矣”，难以改变。因此，面对现实，人们可以有不同的选择。在这里，司马迁有明确的是非，但没有说教，他希望他的记述能使人们受到启示。而这些认识在班固那里得到了理论上的发展。

班固在《汉书·地理志》中用了大约四分之一的篇幅论述各地的地理、资源和世风民俗，这无疑是受到了《史记·货殖列传》的启发，而他对于民风民俗的认识，则得益于《礼记·王制》的启迪。班固这样写道：

> 凡民函五常之性，而其刚柔缓急，音声不同，系水土之风气，故谓之风；好恶取舍，动静亡常，随君上之情欲，故谓之俗。孔子曰：“移风易俗，莫善于乐。”言圣王在上，统理人伦，必移其本，而易其末，此混同天下一之乎中和，然后王教成也。汉承百王之末，国土变改，民人迁徙，成帝时刘向略言其地分，丞相张禹使属颍川朱赣条其风俗，犹未宣究，故辑而论之，终其本来著于篇。①

班固把人们的“刚柔缓急，音声不同”与地理环境联系，把人们的“好恶取舍，动静亡(无)常”与统治者的“情欲”联系，合而言之，即自然的影响和社会的影响，造成了“风”与“俗”的差异；统一的政治局面之下，“圣王”的责任是“移其本”“易其末”，这是“混同天下一之乎中和”的路径。应当说，这是关于“风俗”之形成以及“移风易俗”之重要性的极其精辟的论述。至于相传孔子所说“移风易俗，莫善于乐”的思想，在《礼记》有这样的说法：“乐也者，圣人之所乐也，而可以善民心，其感人深，其移风易俗，故先王著其教焉。”②

综上，从先秦经司马迁而至东汉班固，关于地理环境与世风民俗之关系的思想，以及移风易俗之重要的思想，已形成了基本的理论雏形。尤其是关于移风易俗与统一国家之关系的思想，对于地域辽阔的统一多民族国家来说，对于树立良好的政治风范和社会风气来说，更具有深远的意义。

上述引文还讲到《汉书·地理志》有关“国土变改，民人迁徙”和各地

---

① 班固：《汉书》卷二八下《地理志下》，中华书局1962年版，第1640页。

② 《礼记·乐记》，《十三经注疏》，中华书局1980年版，第1534页。

"风俗"之资料的来源,这从一个方面证明了《汉书·地理志》所记内容的历史价值。

如果说《礼记》所记,只是从制度上表明地理与风俗的关系,那么《史记》《汉书》则不仅在理论上有所认识,而且在具体的历史记述中有鲜明的反映,从而描绘出不同地域之社会生活的生动画面。

司马迁关于地理环境与世风民俗之关系的思想,在具体表述上,有三个特点。第一个特点,是认为地理环境同历史积淀相结合,是形成一定的世风民俗的基本原因。如他分析"三河"之地的民风说:

> 昔唐人都河东,殷人都河内,周人都河南。夫三河在天下之中,若鼎足,王者所更居也,建国各数百千岁,土地小狭,民人众,都国诸侯所聚会,故其俗纤俭习事。杨、平阳陈西贾秦、翟,北贾种、代。种、代,石北也,地边胡,数被寇。人民矜懻忮,好气,任侠为奸,不事农商。然迫近北夷,师旅亟往,中国委输时有奇羡。其民羯羠不均,自全晋之时固已患其僄悍,而武灵王益厉之,其谣俗犹有赵之风也。故杨、平阳陈掾其间,得所欲。温、轵西贾上党,北贾赵、中山。中山地薄人众,犹有沙丘纣淫地余民,民俗懁急,仰机利而食。丈夫相聚游戏,悲歌忼慨,起则相随椎剽,休则掘冢作巧奸冶,多美物,为倡优。女子则鼓鸣瑟,跕屣,游媚贵富,入后宫,遍诸侯。①

从上文可以看出,同是"三河"之地,风俗也不尽相同。凡"都国诸侯所聚会"之地,"其俗纤俭习事";而杨、平阳二邑,情况就不一样了,因相邻环境的影响,"人民矜懻忮,好气,任侠为奸,不事农商","僄悍"有赵之遗风;温、轵二邑,因受中山国的影响,男子则"悲歌忼慨"一类,女子则"游媚贵富"之属。总之,地理条件、周围环境、历史因素等,对于民俗民风的形成都有直接的影响。

司马迁关于地理环境与世风民俗之关系的思想的第二个特点,是在考察某一地区之地理环境的前提下,以人口比较集中的"都会"为中心揭示风俗的特点。如其关于临淄的风俗是这样评论的:"齐带山海,膏壤千

① 司马迁:《史记》卷一二九《货殖列传》,中华书局1959年版,第3262—3263页。

里，宜桑麻，人民多文采布帛鱼盐。临淄亦海岱之间一都会也。其俗宽缓阔达，而足智，好议论，地重，难动摇，怯于众斗，勇于持刺，故多劫人者，大国之风也。其中具五民。”①这里，司马迁首先讲到了齐地的地理环境和人民的生活，继而讲到临淄的风俗，并赞叹其有“大国之风也”。又如司马迁论颍川、南阳一带风俗，写道：“颍川、南阳，夏人之居也。夏人政尚忠朴，犹有先王之遗风。颍川敦愿。秦末世，迁不轨之民于南阳。南阳西通武关、郧关，东南受汉、江、淮。宛亦一都会也。俗杂好事，业多贾。其任侠，交通颍川，故至今谓之‘夏人’。”②这里也是先论述了颍川、南阳的地理和交通，而后说到“宛亦一都会也”以及其“杂好事，业多贾”的风俗。看来“杂好事”总是同“都会”人口多、行业多、纤葛多有关，而“业好贾”自然与交通条件相关联。

司马迁关于地理环境与世风民俗之关系的思想的第三个特点，是同他的宏观的经济区域的思想相吻合的。如他论越、楚一带即南方的地理环境与世风民俗，就具有很开阔的视野，同时又指出所谓“西楚”“东楚”“南楚”之间的差别。他写道：

> 越、楚则有三俗。夫自淮北沛、陈、汝南、南郡，此西楚也。其俗剽轻，易发怒，地薄，寡于积聚。江陵故郢都，西通巫、巴，东有云梦之饶。陈在楚夏之交，通鱼盐之货，其民多贾。徐、僮、取虑，则清刻，矜已诺。
>
> 彭城以东，东海、吴、广陵，此东楚也。其俗类徐、僮。朐、缯以北，俗则齐。浙江南则越。夫吴自阖庐、春申、王濞三人招致天下之喜游子弟，东有海盐之饶，章山之铜，三江、五湖之利，亦江东一都会也。
>
> 衡山、九江、江南、豫章、长沙，是南楚也，其俗大类西楚。郢之后徙寿春，亦一都会也。而合肥受南北潮，皮革、鲍、木输会也。与闽中、干越杂俗，故南楚好辞，巧说少信。江南卑湿，丈夫早夭。多竹

① 司马迁：《史记》卷一二九《货殖列传》，中华书局1959年版，第3265页。
② 司马迁：《史记》卷一二九《货殖列传》，中华书局1959年版，第3269页。

木。豫章出黄金，长沙出连、锡，然堇堇物之所有，取之不足以更费。九疑、苍梧以南至儋耳者，与江南大同俗，而杨越多焉。番禺亦其一都会也，珠玑、犀、玳瑁、果、布之凑。①

从这些分析中，可以看出，西楚和南楚的风俗特点比较突出。但西楚各地也有差别，有的地方“剽轻，易发怒”，有的地方“清刻，矜己诺”。南楚也如此，除“其俗大类西楚”外，因受到相邻之地的影响，又有了“好辞，巧说少信”的特点。至于东楚，似无自身的民俗特点，有的地方风俗近于齐地，而齐地风俗被司马迁称之为“大国之风”。

仅从《史记·货殖列传》所记来看，司马迁对当时西汉皇朝统治范围内大部分地区的风俗，都有一定的了解；而对风俗的了解又都是同一定的地理环境相联系的，因此也在很大程度上同社会发展面貌相关联。司马迁将这些记述在《货殖列传》中，其深刻的意蕴就是认为地理环境、生产与生活资源以及物质财富的创造，与人们在诸多因素中所形成的行为、操守、价值观念等有密切联系。譬如说西楚“地薄，寡于积聚”，说陈这个地方“通鱼盐之货，其民多贾”，说“江南卑湿，丈夫早夭”，都很具体、真切。这一方面同司马迁能够接触皇家藏书及有关档案、文书有关，另一方面也同他早年漫游的经历有关。

班固对地理环境与世风民俗之关系的认识，在很大程度上是受到了《史记·货殖列传》的启发。前引班固自己所说“丞相张禹使属颍川朱赣条其风俗，犹未宣究，故辑而论之。终其本末著于篇”，这是《汉书·地理志》中关于风俗内容来源之一。其实，《汉书·地理志》关于风俗方面的内容在许多地方都吸收了《史记·货殖列传》的说法，这说明班固不仅在思想上而且在撰述上都受到了司马迁的影响。

班固论地理环境与世风民俗之关系，也有通观全局的器识，既考虑到历史联系、地理环境，还注意到人文因素及其相互影响，从而造成“风俗不纯”的局面。同时，班固所论往往涉及“汉兴”或武帝以后各地风俗，并把它同西汉皇朝的有关政策及官吏为政之道联系起来，从而具有更鲜明

① 司马迁：《史记》卷一二九《货殖列传》，中华书局1959年版，第3267—3268页。

的时代气息。这些,都可以看作是班固在认识上的新贡献。譬如其论关中风俗,这样写道:

> 故秦地于《禹贡》时跨雍、梁二州,《诗·风》兼秦、豳两国。昔后稷封斄,公刘处豳,大王徙岐,文王作酆,武王治镐,其民有先王遗风,好稼墙,务本业,故《豳诗》言农桑衣食之本甚备。有鄠、杜竹林,南山檀柘,号称陆海,为九州膏腴。始皇之初,郑国穿渠,引泾水溉田,沃野千里,民以富饶。汉兴,立都长安,徙齐诸田,楚昭、屈、景及诸功臣家于长陵。后世世徙吏二千石、高訾富人及豪桀并兼之家于诸陵。盖亦以强干弱支,非独为奉山园也。是故五方杂厝,风俗不纯。其世家则好礼文,富人则商贾为利,豪桀则游侠通奸。濒南山,近夏阳,多阻险轻薄,易为盗贼,常为天下剧。又郡国辐凑,浮食者多,民去本就末,列侯贵人车服僭上,众庶放效,羞不相及,嫁娶尤崇侈靡,送死过度。①

这是一篇关于关中风俗的宏论,从中可以看到对于风俗的影响,除了地理因素以外,复杂的人文环境也起了重要的作用。所谓"风俗不纯"表现在:有"好礼文"者,有"商贾为利"者,有"游侠通奸"者,有"阻险轻薄"者,有"去本就末"者,有"车服僭上"者,而"嫁娶尤崇侈靡,送死过度"成为风气。而所有这些都是在"沃野千里,民以富饶"的地理环境中滋生出来的,可见人文的因素,尤其是阶层的差别,都在不同程度上影响着世风民俗的面貌和趋向。其中,贵族、功臣、高资富人、豪杰并兼之家对社会风俗的影响最为突出。从这里,人们可以看到西汉繁华社会的一幅缩影。

在班固看来,既然同一地区尚有"风俗不纯"的情形,那么不同地区的风俗自然各有特点了。他论武威以西的风俗,则是另一番景象:

> 自武威以西,本匈奴昆邪王、休屠王地,武帝时攘之,初置四郡,以通西域,鬲绝南羌、匈奴。其民或以关东下贫,或以报怨过当,或以诗逆亡道,家属徙焉。习俗颇殊,地广民稀,水草宜畜牧,故凉州之畜为天下饶。保边塞,二千石治之,咸以兵马为务;酒礼之会,上下通

① 班固:《汉书》卷二八下《地理志下》,中华书局1962年版,第1642—1643页。

焉,吏民相亲。是以其俗风雨时节,谷籴常贱,少盗贼,有和气之应,贤于内郡。此政宽厚,吏不苛刻之所致也。

对于这样一个人口成分复杂、"地广民稀"的地区,由于"此政宽厚,吏不苛刻"的缘故,竟然创造出"其俗风雨时节,谷籴常贱,少盗贼,有和气之应,贤于内郡"的社会风貌。这说明一定的地理环境和良好的政治风气相结合,对于良好的社会风气的形成有重大的作用。所谓"酒礼之会,上下通焉,吏民相亲",真是"和气之应"的图画,与关中风俗大为迥异。

此外,班固认为,"教民读书法令"对于改进社会风俗有重要的积极作用。他对巴、蜀、广汉当时属边鄙地区的风俗是这样看待的:

巴、蜀、广汉本南夷,秦并以为郡,土地肥美,有江水沃野,山林竹木疏食果实之饶。南贾滇、僰僮,西近邛、莋马旄牛。民食稻鱼,亡凶年忧,俗不愁苦,而轻易淫泆,柔弱褊厄。景、武间,文翁为蜀守,教民读书法令,未能笃信道德,反以好文刺讥,贵慕权势。及司马相如游宦京师诸侯,以文辞显于世,乡党慕循其迹。后有王褒、严遵、扬雄之徒,文章冠天下。繇文翁倡其教,相如为之师,故孔子曰:"有教亡类。"①

巴、蜀、广汉地理环境优越,人们满足于物质生活,但由于受到了"读书法令"方面的教育,其竟然成了酷爱文章辞赋之乡,以至于涌现出"文章冠天下"的人物。

从以上所举数例,可以认为,班固对于西汉地理环境与社会风俗之关系的认识,比之于司马迁来说确有更加深入的地方,一来是其所见资料更为丰富,二来也是断代为史的需要。

综上所述,先秦、秦汉时期,人们关于地理环境与世风民俗的认识,一方面揭示出地理环境对世风民俗的影响,另一方面也认为这种影响并不是绝对的,人文的因素与相关的政策也会影响到世风民俗的改变。此其一。其二,人们认识地理环境与世风民俗,根本目的在于了解人民之好恶、政令之得失。司马迁在这方面的思想核心是重在启迪,他强调人们对待物欲的

① 班固:《汉书》卷二八下《地理志下》,中华书局1962年版,第1644、1645页。

态度是“故善者因之,其次利道之,其次教诲之,其次整齐之,最下者与之争”,由此可以看出这位史学家的深刻思想和良苦用心。班固在这方面的思想核心是强调“移风易俗”,他认为“圣王在上,统理人伦,必移其本,而易其末,此混同天下一之乎中和,然后王教成也”。司马迁与班固比较,前者寄托希望的空间更大一些,而后者寄托希望所在更为集中。理想的情景,当然是二者互补,则移风易俗自当有更大的成效。由此看来,他们所论,各自成理,后人可以从中得到应有的启示。

小　结

中国先民很早就有关于治水的种种传说,其中蕴含着先民最早的地理观念。随着生产力的发展和社会生活的丰富,人们的地理观念也在不断发展。地理条件与政治中心所在地的关系,地理条件变化与政治层面的关系,地理条件与社会经济的关系(如不同地理条件地区的经济生活的差别、地理条件的不同与人口多寡的关系、不同地区的生产资源有所不同等等),则大多是从经验中总结出来的。

在此基础上,人们对人类赖以生存的空间也产生了丰富的想象,从《禹贡》的“九州”说到邹衍的“大九州”说,表明战国时期的学人已有了域外的观念;而《山海经》的地理思想则反映出作者更加丰富的想象力,这种想象力一方面包含着地理观念,另一方面又有鲜明的神化色彩,故给后人留下了广阔的研究空间。如果说上述三种地理观念主要反映了战国时期学人的思想成果的话,那么,《史记》的《河渠书》《平准书》和《汉书》的《沟洫志》《地理志》等,则是社会历史运动和史学家思想结合的产物。尤其是《汉书·地理志》的地理思想及其具体表现形式,上承《禹贡》“九州”说,下开历代正史“地理志”之先河,其丰富的思想内涵和清晰的撰述体例,使其成为先秦秦汉时期的地理观念以及地理条件与社会发展关系之认识的总结性著作。

第五章

早期的民族和民族观

中国自古是一个多民族国家。先秦文献中保存着有关古代民族的活动及民族之间交往的记录,也保存着当时人们对民族和民族关系的认识。秦汉统一皇朝建立后,史学家们对民族和民族关系有了新的认识,不仅写出了统一多民族国家的历史著作,而且把古代的民族观念发展到新的阶段。

第一节　诸华和诸戎

一、早期的民族活动

先秦文献记录了大量的民族活动。殷、周之际,武王伐纣,有许多部族参与其役。《尚书・牧誓》记:

> 时甲子昧爽,王朝至于商郊牧野,乃誓。
>
> 王左杖黄钺,右秉白旄以麾,曰:"逖矣,西土之人!"
>
> 王曰:"嗟! 我友邦冢君,御事司徒、司马、司空,亚旅、师氏,千夫长、百夫长,及庸、蜀、羌、髳、微、卢、彭、濮人。称尔戈,比尔干,立尔矛,予其誓。"①

---

① 《尚书・牧誓》,《十三经注疏》,中华书局1980年版,第183页。

这里说的庸、蜀、羌、髳、微、卢、彭、濮等部族，是当时很活跃的部族，有的部族在其后的历史中还继续产生重大的影响。

《诗经》中不少诗篇也涉及民族间的交往，而以夷族最为突出。[①]

《左传》一书记载各族间的战争和会盟，反映了春秋时期各族的斗争、融合进入到一个新的时期。[②] 如果说各族间的频繁的冲突打破了它们之间的地域界限，为各族间的交往、融合提供了可能性的话，那么各族间的一些重要会盟则为这种交往、融合创造了现实的条件。从上面有关的注文中可以看到，此类会盟或是交往的形式，或是修好的标志，或是"复修旧好"的一个环节，都具有重要的意义。

从殷商到西周，古代部族的名称很多，也不断发展变化。到了春秋时期，笼统地说，主要是处于中原地区的"诸华"或"诸夏"，与"诸戎"或"夷狄""戎狄"，或蛮、夷、戎、狄之间活动频繁。这些古代民族或部族的统称，见于《左传》甚多。[③] 关于蛮、夷、戎、狄的分支及其分布，非常复杂。《尔雅·释地》称"九夷、八狄、七戎、六蛮谓之四海"。郭璞注云："九夷在

① 这主要见于《诗经》的"雅""颂"部分，如《小雅》中的《六月》："薄伐猃狁，以奏肤功"，"薄伐猃狁，至于太原"；《采芑》："薄伐猃狁，蛮荆来威"。《鲁颂》中的《泮水》："既作泮宫，淮夷攸服"，"憬彼淮夷，来献其琛"；《閟宫》："至于海邦，淮夷来同"，"至于海邦，淮夷蛮貊。及被南夷，莫不率从"。《商颂》之《殷武》描述了更遥远的情景："昔有成汤，自彼氐羌，莫敢不来享，莫敢不来王，曰商是常。"见《十三经注疏》，中华书局 1980 年版，第 424、425、611、617、627 页。

② 仅就会盟来看，较重要的有：周平王五十年（前 721 年），鲁隐公"会戎于潜"，"秋，盟于唐，复修旧好也"（《左传·隐公二年》）。周桓王十年（前 710 年），鲁桓公"及戎盟于唐，修旧好也"（《左传·桓公二年》）。周襄王四年（前 648 年），"齐侯使管夷吾平戎于王，使隰朋平戎于晋"（《左传·僖公十二年》）。周襄王二十四年（前 628 年），"卫人及狄盟"（《左传·僖公三十二年》）。周襄王三十三年（前 619 年），鲁公子遂"会雒戎，盟于暴"（《春秋·文公八年》）。周定王六年（前 601 年），"白狄及晋平"（《左传·宣公八年》）。周定王九年（前 598 年），"晋郤成子求成于众狄……会于欑函"（《左传·宣公十一年》）。周灵王三年（前 569 年），晋悼公"使魏绛盟诸戎"（《左传·襄公四年》）。周景王七年（前 538 年），众诸侯与淮夷"会于申"（《左传·昭公四年》）。周敬王四十四年（前 476 年），楚伐东夷，"三夷男女及楚师盟于敖"（《左传·哀公十九年》）等等。以上均见《左传》，杨伯峻编著：《春秋左传注》，中华书局 1981 年版，第 22、23、91、314、565、713、939、1244、1714 页。

③ 如《左传·闵公元年》："诸夏亲昵，不可弃也。"《左传·襄公四年》："公说使魏绛盟诸戎。"《左传·襄公十一年》："和诸戎狄以正诸华"。《左传·成公二年》："蛮夷戎狄，不式王命。"等等。以上均见《左传》，杨伯峻编著：《春秋左传注》，中华书局 1981 年版，第 256、935、993、809 页。

东,八狄在北,七戎在西,六蛮在南。”其实,这只是一个大概的说法。各族的实际分布状况,不可能如此整齐划一。顾颉刚先生认为:“战国以下的人总喜欢把‘夷、蛮、戎、狄’四名分配‘东、南、西、北’四方。……拿‘夷、蛮、戎、狄’四名分配到四方,固也可以得其大齐,可是决不能看作有严密界限的称谓。”①顾先生所论极是。但为了叙述方便,即“得其大齐”,我们姑且还是沿用“战国以下的人”的说法。

但是,为了便于叙述和便于理解,我们有必要对东夷、南蛮、西戎、北狄的若干分支及其大致分布情况作简要的说明,凡不够精确处,也还是只能“得其大齐”了。其具体分布是:

东方夷族,主要有舒夷、淮夷、徐夷、莱夷。舒夷在今安徽中部(舒城、合肥一带有舒庸、舒蓼、舒鸠,统称“群舒”)。淮夷分布于今淮河下游苏北、皖北境内。徐夷,曾称徐戎或徐方②,在今安徽泗县北。莱夷在今山东半岛东北部。历史上有所谓“九夷”之说③;其实“九夷”不必一定是“九”夷,言其支系繁多而已。

南方蛮族,见于史书记载者较少。顾栋高云:春秋时期,中原各国“往往不能举其号,第称蛮曰‘群蛮’,称濮曰‘百濮’以概之。其种实繁,其地为今某州县亦难可深考”④。一般地说,群蛮分布在今湖北北部,百濮分布在今湖北西南部及湖南境内。此外还有卢戎,在今湖北南漳县境;庸,在今湖北竹山县东南。濮、卢、庸,曾在西周初年参加过武王伐纣的战争。⑤

西方戎族,支系甚多。司马迁称:当秦穆公时,“自陇以西有绵诸、绲戎、翟、貁之戎,岐、梁山、泾、漆之北有义渠、大荔、乌氏、朐衍之戎。而晋

① 顾颉刚:《从古籍中探索我国的西部民族——羌族》,载《社会科学战线》1980 年第 1 期。

② 《尚书·费誓》《诗经·大雅·常武》,《十三经注疏》,中华书局 1980 年版,第 254 页,第 576 页。

③ 《论语·子罕》,杨伯峻译注:《论语译注》,中华书局 1980 年版,第 91 页;《后汉书·东夷传》,中华书局 1965 年版。

④ 顾栋高:《春秋大事表·四裔表》,吴树平、李解民点校本,中华书局 1993 年版,第 2193 页。

⑤ 《尚书·牧誓》,《十三经注疏》,中华书局 1980 年版,第 183 页。

北有林胡、楼烦之戎，燕北有东胡、山戎。各分散居溪谷，自有君长，往往而聚者百有余戎，然莫能相一”①。足见戎族确是一个大族，但其不相统一，经常变动，“随地立名，随时易号”②，要确切弄清它的支系、分布，无疑是很困难的。对此，顾颉刚先生曾作详细考订，甚可参考。③ 值得重视的是范晔把深居秦国以东、同中原华夏族杂居的戎族各支，明确视为整个戎族的一部分的。④ 顾栋高把这部分戎族概括为七支⑤，姚彦渠则划分为十一支。⑥ 笔者认为姚说比较合理。其中，部分支系的分布情况是：戎（即戎州己氏戎），在山东曹县东南；骊戎，旧说在陕西临潼县东，顾颉刚先生考订在山西南部，⑦今从顾说；杨拒、泉皋、伊雒之戎，在河南卢氏县，一说在洛阳附近；陆浑之戎（亦称阴戎、九州戎），在河南嵩县东北；羌戎，在陆浑戎之北；茅戎，在河南陕县北，一说在山西平陆县；蛮氏戎（戎蛮），在河南许昌县西南；山戎（亦名北戎），在河北卢龙、迁安县境。

北方狄族，有三个主要支系：白狄、赤狄、长狄。白狄先在陕西延安、山西介休境，后徙至河北境内，分为三支：鲜虞，以正定为中心；肥，在藁城县西南；鼓，在晋县以西地。赤狄，主要分布于山西长治县及其以北一带，共六支：潞氏，在山西潞城县东北；东山皋落氏，在山西曲沃东，一说在乐平县；⑧留吁，在山西长治、屯留附近；铎辰，在山西长治县；廧咎如，在山西太原附近，一说初在晋国之西，后徙至河北境；⑨甲氏，在山西长治县一带。长狄，活动于山西临汾、长治至山东边境一带。鄋瞒，长狄之一支，在山东济南北。

---

① 司马迁：《史记》卷一一〇《匈奴列传》，中华书局 1959 年版，第 2883 页。

② 顾栋高辑，吴树平、李解民点校：《春秋大事表 · 四裔表》，中华书局 1993 年版，第 2162 页。

③ 顾颉刚：《史林杂识初编 · 秦与西戎》，中华书局 1963 年版，第 57—63 页。

④ 范晔：《后汉书》卷八七《西羌传》，中华书局 1965 年版，第 2869—2873 页。

⑤ 顾栋高辑，吴树平、李解民点校：《春秋大事表 · 四裔表》，中华书局 1993 年版，第 2162 页。

⑥ 姚彦渠：《春秋会要》卷一，参见王贵民、杨志清编著：《春秋会要》，中华书局 2009 年版，第 579—585 页。

⑦ 顾颉刚：《史林杂识初编 · 骊戎不在骊山》，中华书局 1963 年版，第 54—56 页。

⑧ 江永：《春秋地理考实》，上海鸿宝斋清光绪十七年（1891）本。

⑨ 马长寿：《北狄与匈奴》，生活 · 读书 · 新知三联书店 1962 年版，第 5 页。

春秋时期华族或夏族及夷、蛮、戎、狄等族分布,大抵如是。[①] “历史的发展使中国各民族多数是杂居的,互相同化,互相影响”[②],春秋时期亦然。是时,以黄河流域为中心,东起山东、江苏、浙江,西至陕西、宁夏、内蒙古,在这广袤的大地上,各族在军事、政治、经济、文化等方面,进行着激烈的斗争、频繁的交往和密切的联系,并逐步走向融合。

二、复杂的华夷观念

在如此纷繁复杂的民族、部族的相互关系之中,人们形成了各自的民族观和民族关系观,其中关于华夷或夷夏的观念是最突出的表现。

一种观念认为,蛮、夷、戎、狄等族与中原各诸侯国不存在血缘上的联系,且不按王命行事,故应区别看待。因此,在“礼”的执行过程中是有鲜明的区别的。史载:

> 晋侯使巩朔献齐捷于周。王弗见,使单襄公辞焉,曰:“蛮夷戎狄,不式王命,淫湎毁常,王命伐之,则有献捷。王亲受而劳之,所以惩不敬、劝有功也。兄弟甥舅,侵败王略,王命伐之,告事而已,不献其功,所以敬亲昵、禁淫慝也。今叔父克遂,有功于齐,而不使命卿镇抚王室,所使来抚余一人,而巩伯实来,未有职司于王室,又奸先王之礼。余虽欲于巩伯,其敢废旧典以忝叔父?夫齐,甥舅之国也,而大师之后也,宁不亦淫纵其欲以怒叔父,抑岂不可谏诲?”士庄伯不能对。王使委于三吏,礼之如侯伯克敌使大夫告庆之礼,降于卿礼一等。王以巩伯宴,而私贿之。使相告之曰:“非礼也,勿籍!”[③]

这是发生在春秋时期周定王十八年(前589年)的事情。文中单襄公受周定王之命批评晋侯使臣巩朔的一番话,反映了当时在周礼的框架中,对

① 为了论述的方便,这里所举并非囊括春秋时期所有民族,即使是夷、蛮、戎、狄各族,亦系其中较重要者。

② 周恩来:《关于我国民族政策的几个问题》,民族出版社1980年版,第11页。

③ 《左传·成公二年》,杨伯峻编著:《春秋左传注》,中华书局1981年版,第809—810页。

于蛮、夷、戎、狄,“王命伐之,则有献捷”,对于中原诸侯,“王命伐之,告事而已”。从单襄公的话中可以清晰看出,“献捷”与“告事”在性质上是不同的。因为这个缘故,加之晋侯使臣巩朔的身份不符合“先王之礼”,因而所受到的礼遇也就低于常礼了。这里,除了蛮、夷、戎、狄与中原诸侯并非“兄弟甥舅”的关系外,还有一个“不式王命”的原因。这就是说,蛮、夷、戎、狄一般不按周礼行事,而“兄弟甥舅”关系的中原各诸侯国或是同姓诸侯国的关系,或是异姓而相互通婚的关系,都按周礼行事。这是当时周王室和各诸侯国中贵族们占主流地位的夷夏观或华夷观。在上述的事件中,尽管周定王宴请了晋使巩朔,但事后嘱咐有关之人说,这不合于礼,不要记于史策。这从另一个方面反映了这种夷夏观或华夷观的影响之大。①

另一种观念认为,“戎狄无亲而贪”,不可与之交往。这反映了春秋时期一些诸侯国贵族对蛮、夷、戎、狄的偏见,而这种偏见自是当时各族在矛盾斗争中产生的,带有明显的敌对倾向。春秋时期魏绛“和戎”和晋悼公“复霸”的前前后后,充分地反映出上述观念的根深蒂固及其在历史发展中的微妙变化。史载:山戎族的一支无终的首领嘉父派使臣到晋国,通过晋国大夫魏绛“以请和诸戎”。魏绛向国君晋悼公转达其意,晋悼公说:“戎狄无亲而贪,不如伐之。”这种戎狄观显然是一种敌视的态度,在当时也有一定的代表性。但魏绛是一个有政治远见的贵族,他从当时晋国在各诸侯国中的地位和形势出发,认为“劳师于戎”,“诸华必叛”,并讲述了传说中后羿的历史教训,进而提出了“和戎”的主张,指出:

> 和戎有五利焉:戎狄荐居,贵货易土,土可贾焉,一也。边鄙不耸,民狎其野,穑人成功,二也。戎狄事晋,四邻振动,诸侯威怀,三也。以德绥戎,师徒不勤,甲兵不顿,四也。鉴于后羿,而用德度,远至迩安,五也。

晋悼公从晋国的利益出发,接受了魏绛“和戎”的建议,“使魏绛盟诸戎,

---

① 《左传·成公二年》,杨伯峻编著:《春秋左传注》,中华书局1981年版,第810页。

修民事,田以时"①。

从魏绛的言论来看,他对于"戎狄无亲而贪"的观念并未表示明确的看法,他除了说明戎狄的活动特点及可以为晋国所用外,强调了"以德绥戎""而用德度"的方针和原则。显然,魏绛的戎狄观是比较开明的和有远见的。尽管他是从晋国的实际利益出发而提出的"和戎"主张,但从当时民族关系的发展来看,这是符合客观历史趋势的戎狄观。

应当指出的是,所谓"戎狄无亲而贪"的戎狄观,在春秋时期可以说是带有一定普遍性的观念。齐国的管仲甚至说过:"戎狄豺狼,不可厌也;诸夏亲昵,不可弃也。"②在这个帮助齐桓公称霸的政治家看来,"诸夏"和"戎狄"本有天壤之别,以至用"豺狼"这样极端的比喻来看待"戎狄"。这一方面说明在管仲执政时期各族间矛盾、斗争的激烈,同时也说明管仲在民族观上的局限性。在大国争霸的历史形势下,管仲相桓公,提出"尊王攘夷"的方针,可以看作历史之必然,但把戎狄比作"豺狼",无疑是极端的偏见。

正因为如此,在魏绛"和戎"主张的背后,除了晋国的实际利益之外,也透露出"戎狄无亲而贪"的观念已受到某种抵制,而这种抵制因社会存在的变化而引起观念上的变化。这一点,从晋悼公"使魏绛抚诸戎,于是乎遂伯"③的过程中,反映得极为突出。魏绛"和戎"后八年,晋悼公同魏绛有一次重要的喜剧性的对话,凸现出他们在民族观上的变化。史载:

郑人赂晋侯以师悝、师触、师蠲;广车、軘车淳十五乘,甲兵备,凡兵车百乘;歌钟二肆,及其镈、磬;女乐二八。

晋侯以乐之半赐魏绛,曰:"子教寡人和诸戎狄以正诸华,八年之中,九合诸侯,如乐之和,无所不谐,请与子乐之。"辞曰:"夫和戎狄,国之福也;八年之中,九合诸侯,诸侯无慝,君之灵也,二三子之劳也,臣何力之有焉?抑臣愿君安其乐而思其终也。《诗》曰:'乐只君

① 以上均见《左传·襄公四年》,杨伯峻编著:《春秋左传注》,中华书局1981年版,第939页。参见韦昭注:《国语·晋语七》,上海古籍出版社1978年版,第441页。

② 《左传·闵公元年》,杨伯峻编著:《春秋左传注》,中华书局1981年版,第256页。

③ 左丘明著,韦昭注:《国语·晋语七》,上海古籍出版社1978年版,第441页。

子，殿天子之邦。乐只君子，福禄攸同。便蕃左右，亦是帅从。'夫乐以安德，义以处之，礼以行之，信以守之，仁以厉之，而后可以殿邦国、同福禄、来远人，所谓乐也。《书》曰：'居安思危。'思则有备，有备无患。敢以此规。"公曰："子之教，敢不承命？抑微子，寡人无以待戎，不能济河。夫赏，国之典也，藏在盟府，不可废也。子其受之！"魏绛于是乎始有金石之乐，礼也。①

从夷夏观或华夷观来看，这段谈话的意义是很重要的。在晋悼公看来，"和诸戎狄，以正诸华"这两件事是密切联系的，换言之，不和诸戎，也就难以"正诸华"。晋悼公用"如乐之和，无所不谐"来形容"和戎"后的政治形势，实已表明他的戎狄观念随着历史形势的变化也发生了变化。而在魏绛看来，他明确地指出，"夫和戎狄，国之福也"，也就是说，只有对戎狄采取和好的态度和政策，才可能给晋国带来福祉，这同他当初说服晋悼公时的思想是一致的。值得注意的是，魏绛在这里又进一步提出了"乐以安德，义以处之，礼以行之，信以守之，仁以厉之，而后可以殿邦国，同福禄，来远人"的见解。这一见解，当不只是就"诸华"而言，自也包含"诸华"同"戎狄"的关系。魏绛还引用"居安思危"的古训，认为"思则有备，有备无患"，显示出他的政治远见和政治胸怀。从晋悼公所说"抑微子，寡人无以待戎"，说明他对戎狄的看法已发生了很大的变化。

春秋时期还有一种观念，与上述两种观念不尽相同，这就是孔子所说的"裔不谋夏，夷不乱华"②。孔子认为，混淆了华、夷的界限，"于神为不祥，于德为衍义，于人为失礼"。这种从"礼"出发的华夷观念，同前引周定王所强调的"蛮夷戎狄"与"兄弟甥舅"的区别意甚相近。孔子的华夷观念，既不同于管仲，也不同于魏绛，他以"礼"作为衡量的标准，实际上

① 《左传·襄公十一年》，杨伯峻编著：《春秋左传注》，中华书局 1981 年版，第 991—994 页。

② 《左传·定公十年》，杨伯峻编著：《春秋左传注》，中华书局 1981 年版，第 1578 页。杨伯峻注引范文澜《中国通史简编》："裔指夏以外的地，夷指华以外的人。"按：顾栋高《春秋大事表·四裔表》，其意亦近是。

是以文化的异同为划分民族界限的标准。这是他的民族观的特点,也是他的民族观的价值所在。

第二节　民族观念与文化认同

一、关于“天子失官,学在四夷”

孔子以“礼”来划分民族间的界限,固然出于对周礼的敬重,如其所说:“周监于二代,郁郁乎文哉！吾从周。”①他认为诸夷同诸华的最大区别,在于诸夷在文化上落后,没有如周礼那样被他视为完美的制度。正是在这个意义上,他高度评价管仲相桓公成就霸业。他同子贡的一番对话,反映了他对这一历史事件的评价,也间接地反映了他的民族观念:

> 子贡曰:“管仲非仁者与？桓公杀公子纠,不能死,又相之。”子曰:“管仲相桓公,霸诸侯,一匡天下,民到于今受其赐。微管仲,吾其被发左衽矣。岂若匹夫匹妇之为谅也,自经于沟渎而莫之知也。”②

在孔子看来,夷狄的“被发左衽”是无法接受的,因为那是落后的、不文明的表现。

出于同样的道理,孔子甚至认为:“夷狄之有君,不如诸夏之亡也。”③显然,他是以周礼中所说的“君”的标准来看待“夷狄”中的君长。应当说,二者之间的差别是存在的,是符合事实的,但是孔子这种说法,还是隐约透露出历史上久已存在的偏见。这反映了孔子思想中保守的一面。

但是,在剧烈的历史变动中,孔子的思想也在发生变化。孔子向远方小国国君问学后发出感慨,反映出他的民族观与文化观的变化,史载:

① 《论语・八佾》,杨伯峻译注:《论语译注》,中华书局1980年版,第28页。
② 《论语・宪问》,杨伯峻译注:《论语译注》,中华书局1980年版,第151—152页。
③ 《论语・八佾》,杨伯峻译注:《论语译注》,中华书局1980年版,第24页。

秋，郯子来朝，公与之宴。昭子问焉，曰："少皞氏鸟名官，何故也?"郯子曰："吾祖也，我知之。昔者黄帝氏以云纪，故为云师而云名；炎帝氏以火纪，故为火师而火名；共工氏以水纪，故为水师而水名；大皞氏以龙纪，故为龙师而龙名。我高祖少皞挚之立也，凤鸟适至，故纪于鸟，为鸟师而鸟名：凤鸟氏，历正也；玄鸟氏，司分者也；伯赵氏，司至者也；青鸟氏，司启者也；丹鸟氏，司闭者也。祝鸠氏，司徒也；鴡鸠氏，司马也；鳲鸠氏，司空也；爽鸠氏，司寇也；鹘鸠氏，司事也。五鸠，鸠民者也。五雉为五工正，利器用、正度量，夷民者也。九扈为九农正，扈民无淫者也。自颛顼以来，不能纪远，乃纪于近。为民师而命以民事，则不能故也。"仲尼闻之，见于郯子而学之。既而告人曰："吾闻之：'天子失官，官学在四夷'，犹信。"①

其实，郯子并非夷狄君长，只是地处偏远，与夷杂居而已。从孔子的问学以及他所发出的感慨，可以得到这样的认识：第一，在最遵循周礼、文化素养最高的鲁国，人们对于与少嗥氏等有关的传说已不甚了解，而处在偏远地区的郯子却清晰地娓娓道来，这在当时实在是一件不可理解的现象，说明文化在传承和扩散过程中会出现人们始料不及的情况；第二，郯子的谈话，涉及多方面的历史传说，可以视为有关文化认同的一次有力的阐述；第三，孔子富有好学的精神，即使对来自偏远地区的郯子，也虚心求教；第四，问学之后，孔子感慨地认为，人们通常所说"天子失官，官学在四夷"的话，原本是真实可信的，由此引申出一个令人深思的文化现象，即文化的传播不受地域的局限，也不受民族的局限，即使居于夷地的小国之君，同样可以熟悉古代的典章。综而言之，孔子的民族思想，主要视其文化的先进与后进，只要是先进的或他所不知的，就主张学习，这种学习没有诸华与夷狄的界限。孔子的这种民族观和文化观，同他执着于周礼是完全吻合的。

正因为如此，孔子才产生了"欲居九夷"的打算："子欲居九夷。或

① 《左传·昭公十七年》，杨伯峻编著：《春秋左传注》，中华书局1981年版，第1386—1389页。

曰:'陋,如之何!'子曰:'君子居之,何陋之有?'"①"九夷"是泛指,实指夷人所居之地。有人说那里很落后,怎么能居住呢?孔子认为,文化修养高的君子去居住,就不会落后了,意即可以把进步的文化传播到落后的地区。

孔子的民族观反映了他那个时代的特点,即在社会大变动中人们思想的复杂性,既有保守的一方面,也有符合时代变动的一方面。他既强调"裔不谋夏,夷不乱华",又看到"天子失官,学在四夷"的现象,并有敢于去夷地居住的气度。总的看来,后一方面在孔子思想中是占有主要位置的。

二、《诗经》与文化认同

上述关于郯子回答鲁昭公所问少皞氏以鸟名官等问题,反映了文化的传承与传播中的一种现象。还有一种现象是诸华或诸夏文化在传承和传播过程中有些已被诸戎、诸夷所接受,成为其思想观念的重要方面,由此而影响到民族观念的变化。譬如,在"诗言志"的时代,《诗》即后人所说的《诗经》,往往被士人尤其是贵族们所征引,用以表达某种思想观念和倾向。

这里,我们还是从一个饶有兴味的历史事件谈起。周灵王十三年(前559年),晋国执政大夫范宣子(士匄)与一些诸侯国的代表将有一次集会。会前,范宣子或出于误会,或事出有因,表示要拒绝羌戎首领驹支与会,因而同驹支发生激烈的争论。双方在争论中涉及历史与现实的关系,从而透露出重要的历史信息,也反映出相关的民族观念。史载:

> 将执戎子驹支,范宣子亲数诸朝,曰:"来!羌戎氏!昔秦人迫逐乃祖吾离于瓜州,乃祖吾离被苫盖、蒙荆棘以来归我先君,我先君惠公有不腆之田,与女剖分而食之。今诸侯之事我寡君不如昔

① 《论语·子罕》,杨伯峻译注:《论语译注》,中华书局1980年版,第91页。杨伯峻注谓:"九夷就是淮夷。"又引前人之说,称:"九夷实散居于淮、泗之间,北与齐、鲁接壤。"

者，盖言语漏泄，则职女之由。诘朝之事，尔无与焉。与，将执女。”对曰：“昔秦人负恃其众，贪于土地，逐我诸戎。惠公蠲其大德，谓我诸戎，是四岳之裔胄也，毋是翦弃。赐我南鄙之田，狐狸所居，豺狼所嗥。我诸戎除翦其荆棘，驱其狐狸豺狼，以为先君不侵不叛之臣，至于今不贰。昔文公与秦伐郑，秦人窃与郑盟而舍戍焉，于是乎有殽之师。晋御其上，戎亢其下，秦师不复，我诸戎实然。譬如捕鹿，晋人角之，诸戎掎之，与晋踣之。戎何以不免？自是以来，晋之百役，与我诸戎相继于时，以从执政，犹殽志也，岂敢离逖？今官之师旅无乃实有所阙，以携诸侯而罪我诸戎！我诸戎饮食衣服不与华同，贽币不通，言语不达，何恶之能为？不与于会，亦无瞢焉！”赋《青蝇》而退。宣子辞焉，使即事于会，成恺悌也。①

从民族融合的视角来看，这是一件极有代表性的史实；从民族观念的视角来看，这也是极有价值的思想资料。

范宣子以如此严厉的态度斥责羌戎首领驹支，是认为驹支泄漏某些不应泄漏的事情，这在当时各诸侯国复杂的政治、军事活动中是可能带来严重后果的。范宣子进而指责驹支背弃了晋国和羌戎密切的历史关系。处于弱势地位的驹支，面对突如其来的严厉指责，不卑不亢，柔而有刚，以无可辩驳的历史事实和现实形势为羌戎也为自己作了辩护。驹支的这一篇辩词，至少提出了三个方面的重要历史事实：

第一，羌戎和晋国的密切关系，已近百年，晋国在政治上的称霸和经济上的开发，都有羌戎的参与，是为当时民族融合的典型事例之一。

第二，这一点非常重要，即晋惠公认为，“诸戎，是四岳之裔胄”。而四岳本尧时方伯，姜姓。② 这一方面反映了晋惠公的进步的华夷观念，另一方面也反映了驹支所代表的“诸戎”与“诸华”“诸夏”的历史认同。

第三，这是最有震撼力的一点，即驹支在振振有词地回顾晋国与羌戎

① 《左传·襄公十四年》，杨伯峻编著：《春秋左传注》，中华书局 1981 年版，第 1005—1007 页。

② 参见上文所引中之杜预注，杨伯峻编著：《春秋左传注》，中华书局 1981 年版，第 1005—1006 页。

族观念中的一种积极倾向,是值得重视的。

第二,“中国”与“夷狄”的差别,主要界限是视其是否严格遵循周礼。《公羊传·昭公二十三年》记,针对吴国败顿、胡、沈、蔡、陈、许之师于鸡父一事,写道:“此偏战也,曷为以诈战之辞言之?不与夷狄之主中国也。然则曷为不使中国主之?中国亦新夷狄也。”①当时吴国被视为“夷狄”,故不可使其居于“主”位;而蔡、陈这些“诸华”之国不尊周王室、不循礼制,故也不可使其居于“主”位。我们要十分注意的是“中国亦新夷狄也”这句话,它表明:原本是属于“中国”即“诸华”或“诸夏”者,因其不遵循礼制,亦当视作“夷狄”。这里反映出来的民族观念,可与孔子说的“天子失官,学在四夷”,以及“子欲居九夷”等言行作相同性质的民族观念看待。

以上两点,从不同的角度反映了当时民族观念中积极因素的多种表现形式。

战国、秦汉之际,还有一种民族观念,认为中国、夷、蛮、戎、狄为“五方之民”,各有特点,而这种特点是不可改变的。《礼记·王制》称:

> 中国戎夷五方之民,皆有性也,不可推移。东方曰夷,被发文身,有不火食者矣。南方曰蛮,雕题交趾,有不火食者矣。西方曰戎,被发衣皮,有不粒食者矣。北方曰狄,衣羽毛穴居,有不粒食者矣。中国、夷、蛮、戎、狄,皆有安居、和味、宜服、利用、备器。五方之民,言语不通,嗜欲不同。达其志,通其欲,东方曰寄,南方曰象,西方曰狄鞮,北方曰译。
>
> 凡居民,量地以制邑,度地以居民。地、邑、民居,必参相得也。无旷土,无游民,食节事时,民咸安其居,乐事劝功,尊君亲上,然后兴学。②

这一段话所反映出来的民族观念,颇有可关注之处。其一,它把中国、夷、蛮、戎、狄置于相同的位置上进行评论,是非常难得的。其二,它认为“五方之民,皆有性也,不可推移”,前人解释“皆有性也,不可推移”是由于“气禀”“习俗”或“地气”所致,③是环境的影响而使然,自有一定的道理;

① 《春秋公羊传·昭公二十三年》,《十三经注疏》,中华书局1980年版,第2327页。

② 《礼记·王制》,《十三经注疏》,中华书局1980年版,第1338页。

③ 参见以上引文之注文,《十三经注疏》,中华书局1980年版,第1338、2327页。

但说“不可移也”，则未免绝对化了。前引羌戎驹支说到羌戎开发晋国“南鄙之田”，证明其民族之“性”是有变化的。其三，在上述引文的最后几句，说到“无旷土，无游民，食节事时，民咸安其居，乐事劝功，尊君亲上，然后兴学”云云，显然，这是“王制”之下的理想社会，而在这种理想社会中，“五方之民”没有什么不同的地方，反映了这种民族观念和社会观念中的积极因素。这种积极因素，在其后统一的多民族国家历史发展中，越发显示出它的思想价值和社会意义。

第三节　“海内一统”与多民族国家的历史观念

一、大一统观念的多种表现

春秋战国时期，从大国争霸到燕、赵、韩、魏、齐、楚、秦的七雄兼并战争，一方面推进了各地区、各民族的联系，促进了民族间的交往和融合，另一方面也造成了社会的长期动荡、人民无法休养生息。因此，处于战国中期的孟子提出了天下应当“定于一”和“不嗜杀人者能一之”的历史性的命题。[①] 秦汉皇朝的先后建立，实现了“定于一”的历史形势。在政治大一统的历史条件下，史学家的民族观念有了新的发展。

统一的政治局面之所以能够出现，有其深刻的历史原因。政论家、史论家贾谊对此有深刻的分析，他指出：

秦并海内，兼诸侯，南面称帝，以养四海，天下之士斐然乡风，若是者何也？曰：近古之无王者久矣。周室卑微，五霸既殁，令不行于天下，是以诸侯力政，强侵弱，众暴寡，兵革不休，士民罢敝。今秦南面而王天下，是上有天子也。既元元之民冀得安其性命，莫不虚心而

① 《孟子·梁惠王上》，杨伯峻译注：《孟子译注》，中华书局1960年版，第12页。

仰上,当此之时,守威定功,安危之本在于此矣。[①]

贾谊的这些分析和判断,可以认为是从历史发展的高度揭示了秦皇朝统一事业得以成功的最深远的社会原因和主要动力。这些分析的本质是:社会需要统一,人民渴望统一。

历史形势的发展深刻地影响着史学家思想的发展。这不仅反映在史论家的言论之中,也反映在史学家的著作以及与史学家著作有关的著作之中。

《春秋》作为较早的编年史著作,又出于孔子之手,对后世影响很大。孟子说:"《春秋》,天子之事也。"[②]意谓《春秋》寓意褒贬、善善恶恶,本是周天子的地位和威望才可以这样做的;但孔子的忧虑之心使他不得不这样做。这是战国中期,孟子对《春秋》的认识。而随着历史形势的发展、政治统一局面的出现,人们对《春秋》的解说也在发生变化。如流传较早、写定稍晚的《春秋公羊传》,在解释《春秋》所记隐公元年之"春王正月"四字时,这样写道:

元年者何?君之始年也。春者何?岁之始也。王者孰谓?谓文王也。曷为先言王而后言正月?王正月也。何言乎王正月?大一统也。[③]

这里说的大一统观念,或许同"溥天之下,莫非王土。率土之滨,莫非王臣"[④]的观念有关;但是,这在更大程度上当是同秦汉的统一事业相联系。[⑤]

对这个问题,司马迁父亲司马谈临终时对他的谈话,反映得十分突

① 司马迁:《史记》卷六《秦始皇本纪》后论所引贾谊《过秦论》语,中华书局 1959 年版,第 283 页。

② 《孟子·滕文公下》,杨伯峻译注:《孟子译注》,中华书局 1960 年版。

③ 《春秋公羊传·隐公元年》,《十三经注疏》,中华书局 1980 年版,第 2196 页。

④ 《诗经·小雅·北山》,《十三经注疏》,中华书局 1980 年版,第 463 页。

⑤ 今人傅隶朴指出:"公羊释元年与春,都无甚异义,至谓王者'谓文王也',实属错误,古者天子建国,必改正朔,易服色,以示一新。但周之建国始于武王,夫子称文王之德,是'三分天下有其二,以服事殷',文王以西伯终,生前未尝称王,何能改正朔?公羊徒见周庙昭穆,自文武始,而以周正为文王之正,殊为无知。"(见《春秋三传比义》上册,中国友谊出版公司 1984 年版,第 4 页)傅著所作辨析,从历史事实上讲是完全正确的。武王伐纣之前,殷未灭,正朔未改,自无疑义。《春秋公羊传》之误,当是定论。《春秋公羊传》本为解经之书,重在阐说"《春秋》大义",故时有与历史事实不合者。此处意在尊周,尊周就要讲文、武、周公,以致陷于"殊为无知"之境。本文引用这一段话,意在强调大一统观念提出的重要意义。

出。司马谈说：

> 自获麟以来四百有余岁，而诸侯相兼，史记放绝。今汉兴，海内一统，明主贤君忠臣死义之士，余为太史而弗论载，废天下之史文，余甚惧焉，汝其念哉！①

在这里，司马谈强调了从“诸侯相兼”到“海内一统”的历史变化，而这正是他的史学事业的历史背景。从这里可以看出，司马谈所说的“海内一统”比之于《春秋公羊传》说的大一统，具有更明确的目的和更具体的历史内容。

诚然，“海内一统”的历史观念，无疑将反映在司马迁的《史记》之中，这是他继承父志的一个重要方面。因此，《史记》所反映出来的司马迁的大一统思想是极为丰富的。举例来说，它具体表现在：

——关于秦始皇的统一事业，司马迁写道：

> 秦既得意，烧天下《诗》《书》，诸侯史记尤甚，为其有所刺讥也。《诗》《书》所以复见者，多藏人家，而史记独藏周室，以故灭。惜哉，惜哉！独有《秦记》，又不载日月，其文略不具。然战国之权变亦有可颇采者，何必上古。秦取天下多暴，然世异变，成功大。传曰“法后王”，何也？以其近己而俗变相类，议卑而易行也。学者牵于所闻，见秦在帝位日浅，不察其终始，因举而笑之，不敢道，此与以耳食无异。悲夫！②

司马迁批评秦政的苛刻，但却肯定它的“成功”。

——司马迁论西汉的建立，写道：“子羽暴虐，汉行功德；愤发蜀汉，还定三秦；诛籍业帝，天下惟宁，改制易俗。”③这“天下惟宁，改制易俗”，当是对汉皇朝再建大一统的充分肯定。

——司马迁从社会经济发展方面，给予大一统的极高评价。他写道：“汉兴，海内为一，开关梁，弛山泽之禁，是以富商大贾周流天下，交易之

① 司马迁：《史记》卷一三〇《太史公自序》，中华书局 1959 年版，第 3295 页。

② 司马迁：《史记》卷一五《六国年表》序，中华书局 1959 年版，第 686 页。

③ 司马迁：《史记》卷一三〇《太史公自序》，中华书局 1959 年版，第 3302 页。

物莫不通,得其所欲,而徙豪杰诸侯强族于京师。”①显然,只有在大一统的政治局面下,才有可能“开关梁,弛山泽之禁”,通过商业贸易的发展把各地联系起来,互通有无,从而促进经济与社会的发展。司马迁在《史记·平准书》中详尽地描述了统一局面给社会经济带来的繁荣:

> 至今上即位数岁,汉兴七十余年之间,国家无事,非遇水旱之灾,民则人给家足,都鄙廪庾皆满,而府库余货财。京师之钱累巨万,贯朽而不可校。太仓之粟陈陈相因,充溢露积于外,至腐败不可食。众庶街巷有马,阡陌之间成群,而乘字牝者傧而不得聚会。守闾阎者食粱肉,为吏者长子孙,居官者以为姓号。故人人自爱而重犯法,先行义而后绌耻辱焉。当此之时,网疏而民富,役财骄溢,或至兼并豪党之徒,以武断于乡曲。宗室有土公卿大夫以下,争于奢侈,室庐舆服僭于上,无限度。物盛而衰,固其变也。②

这一段文字,可谓把汉武帝统治时的社会富庶景象,描绘得淋漓尽致。从政治和经济的关系来看,没有“汉兴七十余年之间,国家无事”的政治局面,就不可出现从民间到国家的种种富庶的景象。当然,司马迁作为一个正直而敏锐的史学家,他在这种繁荣、富庶的景象背后,已经看到了上层社会的“争于奢侈”和事物发展过程中由盛而衰的自然法则,反映出他的深刻的思想和卓越的见识。

——司马迁还从政治上着眼,反映了中央同周边偏远地区的关系,描绘了大一统的政治图景。他这样说明撰写周边地区历史的宗旨:“自三代以来,匈奴常为中国患害;欲知强弱之时,设备征讨,作《匈奴列传》”;“直曲塞,广河南,破祁连,通西国,靡北胡。作《卫将军骠骑列传》”;“汉既平中国,而佗能集杨越以保南藩,纳贡职。作《南越列传》”;“吴之叛逆,瓯人斩濞,葆守封禺为臣。作《东越列传》”;“燕丹散乱辽间,满收其亡民,厥聚海东,以集真藩,葆塞为外臣。作《朝鲜列传》”;“唐蒙使略通夜郎,而邛笮之君请为内臣受吏。作《西南夷列传》”③,等等。我们把司

---

① 司马迁:《史记》卷一二九《货殖列传》,中华书局1959年版,第3261页。

② 司马迁:《史记》卷三〇《平准书》,中华书局1959年版,第1420页。

③ 司马迁:《史记》卷一三〇《太史公自序》,中华书局1959年版,第3317页。

马迁的这些撰述要点综而观之，便可以看到“大一统”在政治、军事上的恢宏画面。

我们可以这样认为，没有大一统的政治局面，就不可能产生《史记》这样的巨著；换言之，大一统的政治、历史观念，必然贯穿于《史记》全书之中。

同样，大一统观念在班固的《汉书》中也有鲜明的反映。《汉书》中的大一统观念，首先反映在班固对其父班彪所作《王命论》的重视。《王命论》强调汉皇朝的统治因应“天”之所命，故不会灭亡，反复申言“刘氏承尧之祚，氏族之世，著乎《春秋》。唐据火德，而汉绍之”，“神器有命，不可以智力求也”。班固认为，这些言论在两汉之际的乱世，有“以极时难”的意义。[①] 这是班彪所设计的“历史传统”和“天命”威望，意在维护大一统的观念。

班固继承父志作《汉书》，但在大一统观念的表述上与班彪略有不同。他着重强调汉高祖刘邦的功业和《汉书》内容的恢宏。班固表述《汉书·高帝纪》的撰述宗旨是：

> 皇矣汉祖，纂尧之绪，实天生德，聪明神武。秦人不纲，罔漏于楚，爰兹发迹，断蛇奋旅。神母告符，朱旗乃举，粤蹈秦郊，婴来稽首。革命创制，三章是纪，应天顺民，五星同晷。项氏畔换，黜我巴、汉，西土宅心，战士愤怨。乘衅而运，席卷三秦，割据河山，保此怀民。股肱萧、曹，社稷是经，爪牙信、布，腹心良、平，龚行天罚，赫赫明明。述《高纪》第一。[②]

这段话中，有的地方带有神秘的色彩，但总的来看，是在讲历史，并通过历史上的人和事业进而肯定汉高祖刘邦的“赫赫明明”的建汉业绩。其间虽然没有出现大一统的字样，但大一统的思想观念却蕴含其中。在《汉书·叙传下》最后一段文字中，尽管班固是概括《汉书》的全部内容，即“凡《汉书》，叙帝皇，列官司，建侯王。准天地，统阴阳，阐元极，步三光。

① 班固：《汉书》卷一〇〇上《叙传上》，中华书局1962年版，第4208页。

② 班固：《汉书》卷一〇〇下《叙传下》，中华书局1962年版，第4236页。

分州域,物土疆,穷人理,该万方。纬《六经》,缀道纲,总百氏,赞篇章。函雅故,通古今,正文字,惟学林";但是,其内容所反映的也正是大一统的历史和史学家的大一统观念。

班固的大一统观念还间接地反映在《汉书·董仲舒传》中。应当提到的是,《史记》和《汉书》都有《董仲舒传》,它们的不同之处在于,《史记》只记述了董仲舒的有关史事,而《汉书》除了记述这些史事外,还收录了汉武帝关于天人关系问题向董仲舒发的三道策问以及董仲舒写的三篇策对。后人通常称作"天人三策"。在这三篇策对中,董仲舒充分阐述了他的"天人感应"思想,这或许就是司马迁没有收录这些文字的原因。在三篇策对的最后,董仲舒这样说:

> 《春秋》大一统者,天地之常经,古今之通谊也。今师异道,人异论,百家殊方,指意不同,是以上亡以持一统;法制数变,下不知所守。臣愚以为诸不在六艺之科孔子之术者,皆绝其道,勿使并进。邪辟之说灭息,然后统纪可一而法度可明,民知所从矣。①

董仲舒在这里所说的大一统是指思想的大一统,即要去"异道""异论",不允许"百家殊方"现象的存在,仅尊"六艺之科孔子之术",这就是历史所说的"罢黜百家,独尊儒术"。这个思想同司马迁谨遵其父司马谈的"六家指要"之论亦大为殊异,这或许是司马迁《史记·董仲舒列传》不收录"天人三策"的又一个重要原因。当然,董仲舒所倡言的思想大一统,从根本上说,仍然是政治大一统这一事实在观念形态上的反映。从班彪、班固父子的思想体系来看,他们是赞成董仲舒的学说的。

这里还要提到的是,班固的大一统政治、历史观念,还曾以文字的形式表现出来,其鲜明的特色并不亚于他所著的《汉书》。这就是他撰写的《两都赋》。"两都"分别指西汉的长安和东汉的洛阳。《两都赋》在歌颂"两都"繁华、壮美的基础上,抒发了班固的"宣汉"情怀,而其最终的落脚点又是在赞美东都洛阳和东汉皇朝重建大一统的功业。班固在《两都赋》中这样描述东汉光武帝的"中兴"事业:

---

① 班固:《汉书》卷五六《董仲舒传》,中华书局 1962 年版,第 3523 页。

> 往者王莽作逆，汉祚中缺，天人致诛，六合相灭。于时之乱，生民几亡，鬼神泯绝，壑无完柩，郛罔遗室，原野猒人之肉，川谷流人之血，秦、项之灾犹不克半，书契已来未之或纪也。故下民号而上诉，上帝怀而降鉴，致命于圣皇。于是圣皇乃握乾符，阐坤珍，披皇图，稽帝文，赫尔发愤，应若兴云，霆发昆阳，凭怒雷震。遂超大河，跨北岳，立号高邑，建都河洛。绍百王之荒屯，因造化之荡涤，体元立制，继天而作。系唐统，接汉绪，茂育群生，恢复疆宇，勋兼乎在昔，事勤乎三五。①

班固认为，在“汉祚中缺”的年代，光武帝“赫尔发愤”，终于实现了“系唐统，接汉绪”的目的，重建起大一统秩序。而这个大一统的政治秩序，在东汉明帝永平年间又进一步光大。《两都赋》这样写道：

> 至于永平之际，重熙而累洽，盛三雍之上仪，修衮龙之法服，敷洪藻，信景铄，扬世庙，正矛乐。人神之和允洽，君臣之序既肃。乃动大路，遵皇衢，省方巡狩，穷览万国之有无，考声教之所被，散皇明以烛幽。然后增周旧，修洛邑，翩翩巍巍，显显翼翼，光汉京于诸夏，总八方而为之极。②

在这里，班固用“翩翩巍巍，显显翼翼”，来形容东汉皇朝统治事业的辉煌，用“光汉京于诸夏，总八方而为之极”来形容东汉大一统局面的宏大。或许可以这样评论《两都赋》，它是以赋为论，或者说它是史论的文学形式，其宗旨也是“宣汉”。如果说《汉书》是在宣扬西汉的话，那么《两都赋》就是在宣扬东汉，而重点在于以“建武之理，永平之事”来“盛称洛邑制度之美”③。

人们的社会存在决定人们的思想。秦汉大一统的政治局面，促进了人们大一统观念的发展。在史学家这里，大一统观念大多以历史的形式表现出来；准确地说，其观念大多寓于历史事实的叙述之中，从《史记·太史公自序》强调“海内统一”到班固的《两都赋》“盛称洛邑制度之美”，

---

① 范晔：《后汉书》卷四〇下《班彪列传下》，中华书局1965年版，第1360页。

② 范晔：《后汉书》卷四〇下《班彪列传下》，中华书局1965年版，第1363页。

③ 范晔：《后汉书》卷四〇上《班彪列传上》范晔评语，中华书局1965年版，第1335页。

以及《史记》《汉书》的多处记述,都反映了大一统观念在史学家思想中占有极重的分量。

从多民族国家的历史来看,大一统观念的多种表现,在很大程度上促进了史学家的民族史观念的发展以及多民族国家历史观念的发展。

二、民族史观念的发展

这里所说的民族史观念,主要是指史学家对当时所处时代的民族或部族,与传说中的远古时期或上古时期的部族或民族具有某种联系的观念,同时也指史学家对某一民族的发展、演变历史的观念。

民族史观的发展,一方面由于历史的发展促进了民族间的交往,使人们对民族史有了新的认识;另一方面是各民族自身的发展,增强了在历史进程中的影响,引起了人们更多的关注;还有一个方面,就是大一统的政治局面,要求史学家们对多民族国家的历史作出应有的说明。

《史记》和《汉书》集中反映了两汉时期史学家的民族史观念发展到了一个新的阶段。

司马迁在撰写《史记》过程中,具有民族史考察的自觉意识。因此,他非常关注民族问题和民族活动地区问题。这在本纪、表、世家、列传中多有记述。

首先看本纪的有关记述。

《周本纪》记其先人不窋、公刘的事迹:

> 后稷卒,子不窋立。不窋末年,夏后氏政衰,去稷不务,不窋以失其官而奔戎狄之间。不窋卒,子鞠立。鞠卒,子公刘立。公刘虽在戎狄之间,复修后稷之业,务耕种,行地宜,自漆、沮度渭,取材用,行者有资,居者有畜积,民赖其庆。百姓怀之,多徙而保归焉。周道之兴自此始,故诗人歌乐思其德。①

① 司马迁:《史记》卷四《周本纪》,中华书局1959年版,第112页。

《秦本纪》说："秦之先，帝颛顼之苗裔孙曰女脩。"[①]《六国年表》说："秦始小国僻远，诸夏宾之，比于戎翟，至献公之后常雄诸侯。"[②]后来，秦国的称霸就是以戎狄之地为其支撑。《秦本纪》说：秦穆公时，"秦用由余谋伐戎王，益国十二，开地千里"[③]。可见，周、秦之兴，都与戎狄有所关联。

其次，看表的有关记述。

在《六国年表》序中，司马迁引用他人的两句话并阐述了自己的见解，他写道："或曰'东方物所始生，西方物之成孰'。夫作事者必于东南，收功实者常于西北。故禹兴于西羌，汤起于亳，周之王也以丰镐伐殷，秦之帝用雍州兴，汉之兴自蜀汉。"[④]这似乎是要总结出来事物发展的一个法则。西北多少数民族，而司马迁特意提到"禹兴于西羌"，给了人们一种含义深刻的启示。

再次，来看世家的有关记述。

《吴太伯世家》记周文王以前有关其家族之事，司马迁写道：

> 吴太伯，太伯弟仲雍，皆周太王之子，而王季历之兄也。季历贤，而有圣子昌，太王欲立季历以及昌，于是太伯、仲雍二人乃奔荆蛮，文身断发，示不可用，以避季历。季历果立，是为王季，而昌为文王。太伯之奔荆蛮，自号句吴。荆蛮义之，从而归之千余家，立为吴太伯。[⑤]

从太伯、仲雍"乃奔荆蛮，文身断发""荆蛮义之"等记述，联想"禹兴于西羌"、秦自戎地崛起称霸，这些都是民族史上极为重要的事件。

《楚世家》称"楚之先祖出自帝颛顼高阳。高阳者，黄帝之孙，昌意之子也"。其后人有季连，"芈姓，楚其后也"。"季连生附沮，附沮生穴熊。其后中微，或在中国，或在蛮夷，弗能纪其世"[⑥]。从这些记载中可以看

① 司马迁：《史记》卷五《秦本纪》，中华书局1959年版，第173页。
② 司马迁：《史记》卷一五《六国年表》序，中华书局1959年版，第685页。
③ 司马迁：《史记》卷五《秦本纪》，中华书局1959年版，第194页。
④ 司马迁：《史记》卷一五《六国年表》序，中华书局1959年版，第686页。
⑤ 司马迁：《史记》卷三一《吴太伯世家》，中华书局1959年版，第1445页。
⑥ 司马迁：《史记》卷四〇《楚世家》，中华书局1959年版，第1689—1690页。

到,在春秋时期,一方面楚国被各诸侯国视为南蛮落后之地,一方面人们又看到楚国确实存在许多先进文化。这种现象,或许正是上述历史渊源的合乎逻辑的结果。

又,《魏世家》记:“魏之先,毕公高之后也。毕公高与周同姓。武王之伐纣,而高封于毕,于是为毕姓。其后绝封,为庶人,或在中国,或在夷狄。其苗裔曰毕万,事晋献公。”[①]司马迁说毕公高与周同姓,这与《左传》言毕公是周文王之子略有不同。[②] 不论是与周同姓,还是为文王之子,似本不应为“夷狄”。但司马迁是从历史实际出发,毕公高之后人“或在中国,或在夷狄”,这表明在古代“中国”与“夷狄”在地域上并不是截然分割的,族与族之间的界限也不是不可逾越的。《越王句践世家》所记也有类似的性质,司马迁写道:“越王句践,其先禹之苗裔,而夏后帝少康之庶子也。封于会稽,以奉守禹之祀。文身断发,披草莱而邑焉。后二十余世,至于允常。允常之时,与吴王阖庐战而相怨伐。允常卒,子句践立,是为越王。”[③]“文身断发,披草莱而邑”,这也无异于“夷狄”了。这同样表明,在司马迁看来,在民族史上,“诸夏”(或曰“中国”)与“夷狄”存在许多交叉,也发生过不少转化,而地理环境和社会经济发展水准是影响这种交叉与转化的重要原因。

最后来看列传的有关记述。

《匈奴列传》记:“匈奴,其先祖夏后氏之苗裔也,曰淳维。唐虞以上有山戎、猃狁、荤粥,居于北蛮,随畜牧而转移。”[④]这里主要讲匈奴的渊源,同时也讲到了其他几个古代部族。又,《东越列传》记:“闽越王无诸及越东海王摇者,其先皆越王句践之后也,姓驺氏。秦已并天下,皆废为君长,以其地为闽中郡。”[⑤]关于越王的历史,《越王句践世家》有详细记

---

① 司马迁:《史记》卷四四《魏世家》,中华书局1959年版,第1835页。

② 司马迁:《史记》卷四四《魏世家》司马贞《索隐》称:“《左传》富辰说文王之子十六国有毕、原、丰、郇,言毕公是文王之子。此云与周同姓,似不用左氏之说。”按:富辰语见《左传·僖公二十四年》,杨伯峻编著:《春秋左传注》,中华书局1981年版,第420页。

③ 司马迁:《史记》卷四一《越王句践世家》,中华书局1959年版,第1739页。

④ 司马迁:《史记》卷一一〇《匈奴列传》,中华书局1959年版,第2879页。

⑤ 司马迁:《史记》卷一一四《东越列传》,中华书局1959年版,第2979页。

述，此处讲其后人在秦统一后“皆废为君长”，说明其在文化发展程度上同中原地区存在不小的差别。其余如《大宛列传》《南越列传》《西南夷列传》等，主要是记它们的社会状况及其与中原的关系。

以上这些记载表明，司马迁在撰写《史记》的过程中，确是把民族史的考察作为一项重要内容看待的。这种重视民族史的观念，把自先秦以后史书中关于多民族历史的撰述提高到了自觉的阶段。这就是说，从一般地反映多民族历史内容，到自觉地考察有关民族的历史渊源，是历史观念发展的一个重要方面。

由于深受司马迁《史记》的影响，班固《汉书》也撰写了几篇周边各民族的传记，一是《匈奴传》(上、下)，二是《西南夷两粤朝鲜传》，三是《西域传》(上、下)。但是，在民族传记分合的处理上，《汉书》的重视程度似不如《史记》。更重要的是，班固对周边民族带有明显的歧视态度，这是班固的见识不如司马迁的一个突出表现。这一点，我们在下面还会有所论述。

三、撰写统一的多民族国家历史的自觉意识

大一统的政治局面和民族史观念的发展，促进了两汉时期史学家撰写统一的多民族国家历史之自觉意识的增强。从司马迁、班固到荀悦，都显示出这方面的特点。

司马迁称他著《太史公书》是：“维我汉继五帝末流，接三代绝业”，“论考之行事，略推三代，录秦汉，上记轩辕，下至于兹”，“著十二本纪”，“作十表”，“作三十世家”，“作七十列传”等等，[①]表明他所撰写的是一部通史。而“下至于兹”，当然指西汉当时的社会。联系上文所论述的有关大一统的观念和民族史的观念，可以看到司马迁撰写统一的多民族国家历史的自觉意识。

《史记》把环绕中原的各民族历史，尽可能地展开为一幅极为广阔而

① 司马迁：《史记》卷一三〇《太史公自序》，中华书局1959年版，第3319页。

又井然有序的画卷。它写了《匈奴列传》《南越尉佗列传》《东越列传》《朝鲜列传》《西南夷列传》《大宛列传》,分别按地区写出北方、南方、东南、东北、西南、西北的民族历史。把这六个专篇合起来,可以说是一部相当完整的民族史,其中有些记载是超越当时和今日国境范围的。这与先秦记载之局限于一个民族或几个民族的有关事迹,是大不相同的。秦汉的空前统一局面及其对外交通的发展,使当时人大开眼界,也使我们的历史学家能写出这样包含广大的民族史。①

司马迁写《匈奴列传》,写它"居于北蛮,随畜牧而转移",评论其社会风俗和发展的历史,并着重记汉与匈奴或和亲或交兵的关系史。在记述汉、匈奴关系史的过程中,司马迁表明了既不赞成汉皇朝对匈奴的频繁用兵,也反对匈奴的南下攻扰,显示出他的独立见解。在《匈奴列传》最后,司马迁写道:

> 孔氏著《春秋》,隐桓之间则章,至定哀之际则微,为其切当世之文而罔褒,忌讳之辞也。世俗之言匈奴者,患其徼一时之权,而务谄纳其说,以便偏指,不参彼己;将率席中国广大,气奋,人主因以决策,是以建功不深。尧虽贤,兴事业不成,得禹而九州宁。且欲兴圣统,唯在择任将相哉!唯在择任将相哉!②

显然,这是含蓄地批评汉皇朝在对待匈奴的政策上存在不妥之处。值得注意的是,司马迁写《匈奴列传》,用力颇深,其材料之翔实、寓论断于叙事之中的表述方法,无愧是中国古代史学上民族史的杰作。

司马迁写《南越列传》,起首写秦汉之际尉佗的自立为王和刘邦对尉佗的政策,真切而平和。他写道:"秦已破灭,佗即击并桂林、象郡,自立为南越武王。高帝已定天下,为中国劳苦,故释佗弗诛。汉十一年,遣陆贾因立佗为南越王,与剖符通使,和集百越,毋为南边患害,与长沙接境。"其后,委婉曲折,写出了"尉佗初王后,五世九十三岁而国亡"的历史。③ 司马迁写《东越列传》,起于"秦已并天下,皆废为君长,以其地为闽

① 白寿彝主编:《中国通史》第1卷(导论),上海人民出版社1989年版,第6—7页。

② 司马迁:《史记》卷一一〇《匈奴列传》后论,中华书局1959年版,第2919页。

③ 司马迁:《史记》卷一一三《南越列传》,中华书局1959年版,第2967—2977页。

中郡”,止于汉武帝元封元年(前110年),“天子曰东越狭多阻,闽越悍,数反复,诏军吏皆将其民徙处江淮间。东越地遂虚”。司马迁评论说:“越虽蛮夷,其先岂尝有大功德于民哉,何其久也!历数代常为君王,句践一称伯。然余善至大逆,灭国迁众,其先苗裔繇王居股等犹尚封为万户侯,由此知越世世为公侯矣。盖禹之余烈也。”司马迁在《西南夷列传》最后写道:“西南夷君长以百数,独夜郎、滇受王印。滇小邑,最宠焉。”于是他评论说:“楚之先岂有天禄哉?在周为文王师,封楚。及周之衰,地称五千里。秦灭诸侯,唯楚苗裔尚有滇王。汉诛西南夷,国多灭矣,唯滇复为宠王。”①所有这些,都写出了绵绵深意的历史感和统一多民族国家发展的种种状况。

班固《汉书》所写民族史传记,在历史资料方面对《史记》有不少补充。其中,除补《匈奴列传》自武帝至西汉末王莽时之有关资料比较重要以外,于《西南夷两粤朝鲜传》中补充的汉文帝赐南粤王赵佗书及赵佗致汉文帝书,是民族关系史上的两篇重要文献。这两通书信产生的起因是:吕后主事时,赵佗借故称“南武帝”。汉文帝即位,乃“使告诸侯四夷从代来即位意”,陆贾奉诏使粤并带去文帝赐赵佗书;赵佗得文帝书后,乃去帝号并致书文帝。兹将二书照录如下。

汉文帝赐赵佗书曰:

皇帝谨问南粤王,甚苦心劳意。朕,高皇帝侧室之子,弃外奉北藩于代,道里辽远,壅蔽朴愚,未尝致书。高皇帝弃群臣,孝惠皇帝即世,高后自临事,不幸有疾,日进不衰,以故諄暴乎治。诸吕为变故乱法,不能独制,乃取它姓子为孝惠皇帝嗣。赖宗庙之灵,功臣之力,诛之已毕。朕以王侯吏不释之故,不得不立,今即位。乃者闻王遗将军隆虑侯书,求亲昆弟,请罢长沙两将军。朕以王书罢将军博阳侯,亲昆弟在真定者,已遣人存问,修治先人冢。前日闻王发兵于边,为寇灾不止。当其时,长沙苦之,南郡尤甚,虽王之国,庸独利乎!必多杀士卒,伤良将吏,寡人之妻,孤人之子,独人父母,得一亡十,朕不忍为

① 司马迁:《史记》卷一一六《西南夷列传》后论,中华书局1959年版,第2997页。

> 也。朕欲定地犬牙相入者,以问吏,吏曰“高皇帝所以介长沙土也”,朕不得擅变焉。吏曰:“得王之地不足以为大,得王之财不足以为富,服领以南,王自治之。”虽然,王之号为帝。两帝并立,亡一乘之使以通其道,是争也;争而不让,仁者不为也。愿与王分弃前患,终今以来,通使如故。故使贾驰谕告王朕意,王亦受之,毋为寇灾矣。①

赵佗见文帝赐书后,“于是下令国中曰:‘吾闻两雄不俱立,两贤不并世。汉皇帝贤天子,自今以来,去帝制黄屋左纛。’”同时,上书文帝称:

> 蛮夷大长老夫臣佗昧死再拜上书皇帝陛下:老夫故粤吏也,高皇帝幸赐臣佗玺,以为南粤王,使为外臣,时内贡职。孝惠皇帝即位,义不忍绝,所以赐老夫者厚甚。高后自临用事,近细士,信谗臣,别异蛮夷,出令曰:“毋予蛮夷外粤金铁田器;马牛羊即予,予牡,毋与牝。”老夫处辟,马牛羊齿已长,自以祭祀不修,有死罪,使内史藩、中尉高、御史平凡三辈上书谢过,皆不反。又风闻老夫父母坟墓已坏削,兄弟宗族已诛论。吏相与议曰:“今内不得振于汉,外亡以自高异。”故更号为帝,自帝其国,非敢有害于天下也。高皇后闻之大怒,削去南粤之籍,使使不通。老夫窃疑长沙王谗臣,故敢发兵以伐其边。且南方卑湿,蛮夷中西有西瓯,其众半羸,南面称王;东有闽粤,其众数千人,亦称王;西北有长沙,其半蛮夷,亦称王。老夫故敢妄窃帝号,聊以自娱。老夫身定百邑之地,东西南北数千万里,带甲百万有余,然北面而臣事汉,何也?不敢背先人之故。老夫处粤四十九年,于今抱孙焉。然夙兴夜寐,寝不安席,食不甘味,目不视靡曼之色,耳不听钟鼓之音者,以不得事汉也。今陛下幸哀怜,复故号,通使汉如故,老夫死骨不腐,改号不敢为帝矣!②

这两通书之重要,一是揭示了汉初民族关系史上一个重大事件的始末原委,二是反映了班固重视撰写统一多民族国家历史的自觉意识。

班固在《匈奴传》中收录了扬雄于汉哀帝建平四年(前3年)关于改

① 班固:《汉书》卷九五《西南夷两粤朝鲜传》,中华书局1962年版,第3849—3850页。
② 班固:《汉书》卷九五《西南夷两粤朝鲜传》,中华书局1962年版,第3851—3852页。

善汉、匈奴关系的上书，[①]以及班固本人在东汉章帝时关于对匈奴采取“建武、永平羁縻之义”的政策，[②]表明班固并未主张对匈奴滥用武力或拒绝联系。但是，他在对待匈奴的基本看法上，却与司马迁有很大的不同，他是抱着鲜明的民族歧视的态度。班固在《匈奴传》末了写道：“夷狄之人贪而好利，被发左衽，人面兽心，其与中国殊章服，异习俗，饮食不同，言语不通，辟居北垂寒露之野，逐草随畜，射猎为生，隔以山谷，雍以沙幕，天地所以绝外内也，是故圣王禽兽畜之，不与约誓，不就攻伐；约之则费赂而见欺，攻之则劳师而招寇。其地不可耕而食也，其民不可臣而畜也。”[③]这是历史上所谓“华夷之辨”种种观念中最为落后的观念的翻版。“这把匈奴看作天生的劣等民族，是不符合史实的。这种对少数民族极为恶劣的态度，是很不妥当的。”[④]

荀悦处在东汉末年社会动荡之际，他在撰写《汉纪》过程中，对于反映统一多民族国家的历史方面，也明确地提出了自己的见解。这表现在两个方面，一是他关于《汉纪》内容的概括，二是他关于戎狄和西汉朝廷之关系的认识。

荀悦在说明《汉纪》一书所包含的内容时，非常详尽地写道：

> 凡《汉纪》有法式焉，有监戒焉；有废乱焉，有持平焉；有兵略焉，有政化焉；有休祥焉，有灾异焉；有华夏之事焉，有四夷之事焉；有常道焉，有权变焉，有策谋焉，有诡说焉，有术艺焉，有文章焉，斯皆明主贤臣，命世立业，群后之盛勋、髦俊之遗事。是故质之事实而不诬，通之万方而不泥。可以兴，可以治，可以动，可以静，可以言，可以行，惩恶而劝善，奖成而惧败。兹亦有国之常训，典籍之渊林，虽云撰之者陋浅，而本末存焉尔。故君子可观之矣。[⑤]

荀悦把“有华夏之事焉，有四夷之事焉”作为民族关系方面同样重要的内

① 班固：《汉书》卷九四下《匈奴传下》，中华书局 1962 年版，第 3812—3813 页。

② 范晔：《后汉书》卷四〇下《班彪列传下》，中华书局 1965 年版，第 1374 页。

③ 班固：《汉书》卷九四下《匈奴传下》，中华书局 1962 年版，第 3834 页。

④ 白寿彝主编：《中国通史》第 1 卷（导论），上海人民出版社 1989 年版，第 13 页。

⑤ 荀悦：《汉纪》序，《两汉纪》上册，中华书局 2002 年版，第 2 页。

容,置于《汉纪》诸多内容之中,表明他撰写统一多民族国家历史的意识是明确的和毫不含混的。

更重要的是,他的这种明确的和毫不含混的自觉意识,还进一步表现在他对于西汉朝廷和戎狄双方关系的认识及其理论分析之中。汉宣帝甘露三年(前51年),"匈奴呼韩邪单于为郅支所破,遂称臣来朝"。在礼仪上大臣有不同意见,丞相黄霸、御史大夫于定国等认为:"圣主先诸夏而后夷狄,其礼仪宜如诸侯王,位次在下。"太子太傅萧望之认为:"单于夷狄礼仪非正朔所加,故称敌国,宜待以不臣之礼,位在诸侯上。"宣帝采纳了萧望之意见。荀悦对此事发表评论,认为戎狄并非"敌国",应按诸侯王礼仪相待,他这样写道:

> 《春秋》之义,王者无外,欲一于天下也。《书》曰"西戎即序",言皆顺从其序也。〔戎狄〕道里辽远,人迹介绝,人事所不至,血气所不沾,不告谕以文辞。故正朔不及,礼教不加,非尊之也,其势然也。王者必则天地,天无不覆,地无不载,故盛德之主则亦如之。九州之外谓之蕃国。蛮夷之君列于五服。《诗》云:"自彼氐羌,莫敢不来王。"故要荒之君,必奉王贡。若不供职,则有辞让号令加焉,非敌国之谓也。故远不间亲,夷不乱华,轻重有序,赏罚有章,此先王之大礼。①

在荀悦看来,依"《春秋》之义","九州之外,谓之蕃国。蛮夷之君,列于五服",而"五服"之内不应称为"敌国",这是"王者无外,欲一于天下"的原则。可以认为,在这里,荀悦把他对于统一的多民族国家的观念阐述得再清楚不过了。联想到他在《汉纪》序中所说的"有华夏之事焉,有四夷之事焉",可见他的这个观念是前后一贯的。

秦汉的大一统政治局面,推动了史学家对统一的多民族国家的历史有了新的认识,进而把这一认识反映在他们的历史著作及有关评论之中,这是这一时期中国古代历史理论的重大成就之一。

---

① 荀悦:《汉纪》卷二〇《孝宣皇帝纪四》,《两汉纪》上册,中华书局2002年版,第356—357页。按:此事原载《汉书》卷七八《萧望之传》,中华书局1962年版,第3282—3283页。

小　　结

中国自古是一个多民族国家，许多古代民族在同一个地理舞台上活动，各族间既有激烈的冲突，又不断走向融合，至秦汉时期形成统一的多民族国家。这是一个漫长的历史过程。所谓“华夷之辨”和复杂的夷夏观念，就是在这个过程中产生出来的。人们的社会存在决定人们的思想。由于民族间的冲突和交往从而不断走向融合是一个历史趋势，因此，在“夷夏之辨”思潮的格局下，同时也生长着以“礼”来断言民族的文明程度的思想以及各族间历史文化认同的思想，而孔子是战国时期以前这一思想趋势的代表。

秦汉时期的大一统政治局面和历史趋势，是战国纷争的结局，也是人们渴望统一的结局。在“海内一统”的历史条件下，历史文化认同的思想有了更大的发展。《史记》一书是这一发展趋势在史学领域的集中反映，而司马迁的民族观和民族史观，则是他写出统一的多民族国家历史长卷的重要原因之一。司马迁的民族史思想，上承孔子的民族观，也为此后历代史家重视民族史撰述开辟了思想认识的道路。

第六章
国家观念与政治大一统思想

中国是一个文明古国，不仅国家产生很早，而且在以后的发展中形成了较为发达的国家制度。一般来说，有了国家就会有国家观念，有了较发达的国家制度就会有较丰富的国家学说。中国古代的先哲们大都以治国平天下为己任，他们对国家问题非常重视，特别是对国家的起源、国家的职能、国家政权的性质与转变形式、国家的行政体制及其演变、国家的统一与分裂等理论问题，作了较多的思考和论述。这里着重阐述先秦秦汉时期在这方面的思想成就。

第一节 国家起源的观念

一、“家天下”与“公天下”的思想

“家天下”与“公天下”是中国古代两种截然不同的政治理论，也是前后相承的两个不同的社会历史发展阶段。《礼记·礼运》从“大同”讲到“小康”。“大同”即大道流行的五帝时期，也就是“天下为公”的时代；“小康”即禹、汤、文、武、成王、周公这些“三代之英”时期，其最突出的特

点是“天下为家”。《吕氏春秋·恃君览》也有类似的划分,该篇认为“昔太古尝无君矣”,后来为了禁暴止乱才设置了天子。“置君非以阿君也,置天子非以阿天子也,置官长非以阿官长也。德衰世乱,然后天子利天下,国君利国,官长利官,此国所以递兴递废也,乱难之所以时作也。”“阿”,私也。所谓“置君非以阿君”即设置君主不是让君主谋取私利,也就是“天下为公”的意思。可是等到“德衰世乱”之后,天子国君皆以天下国家为己利,由此引发了接连不断的社会动乱和朝代更迭。

古代的“公天下”论包含的内容很丰富,其中最主要的是三个方面。首先,立君为公。《尚书》有许多篇章提出了天为民立君之说,如《泰誓上》曰:“天佑下民,作之君,作之师,惟其克相上帝,宠绥四方。”今本《泰誓》虽出自伪《古文尚书》,但这段文字曾见于《孟子·梁惠王下》所引《尚书》佚文,应当是可信的。天既然是为民立君,那么君主的职责就应当利天下之民。关于这一点,三代之后的贤君良臣不乏知此义者。如春秋时期的邾文公卜迁于绎,占卜者称“利于民而不利于君”,邾文公则认为:“苟利于民,孤之利也。天生民而树之君,以利之也。民既利矣,孤必与焉。”遂迁于绎。① 再如,卫国人逐其国君,晋悼公同身边的大夫有一番对话:

> 晋侯曰:“卫人出其君,不亦甚乎?”对曰:“或者其君实甚。良君将赏善而刑淫,养民如子,盖之如天,容之若地。民奉其君,爱之如父母,仰之如日月,敬之如神明,畏之如雷霆。岂可出乎?夫君,神之主,而民之望也。……天之爱民甚矣,岂其使一人肆于民上,以纵其淫,而弃天地之性?必不然矣。”②

对于设君为公利民的思想,《吕氏春秋》进行了较为系统的理论总结。作者在《贵公》篇提出:“凡主之立也,生于公。”所谓“生于公”有两层含义:

---

① 《左传·文公十三年》,杨伯峻编著:《春秋左传注》,中华书局 1981 年版,第 597—598 页。

② 《左传·襄公十四年》,杨伯峻编著:《春秋左传注》,中华书局 1981 年版,第 1016—1018 页。参见刘向:《新序·杂事第一》,卢无骏注译:《新序今注今译》,天津古籍出版社 1987 年版,第 16 页。

一是立君出于公利,二是公则得天下。为什么立君之道必出于公利呢?因为“天下非一人之天下也,天下之天下也。阴阳之和,不长一类;甘露时雨,不私一物;万民之主,不阿一人”。作者由大自然“不私一物”,引申出“万民之主,不阿一人”。再从历史上看,自三皇五帝以来,“有得天下者众矣,其得之以公,其失之必以偏”。最后作者感叹:“私利而立公,贪戾而求王,舜弗能为也。”《吕氏春秋·恃君览》又从君主起源的角度,进一步论证了这一问题。作者认为君道出于群利,因为上古无君之时,人们内有无序之乱,外有禽兽侵袭。“群之可聚也,相与利之也。利之出于群也,君道立也。”由于社会无序,暴乱不止,“圣人深见此患也,故为天下长虑,莫如置天子也,为一国长虑,莫如置君也。置君非以阿君也,置天子非以阿天子也”。一句话,立君是为了群利和“天下长虑”,而不是利天子一人。

其次,王位传贤。《礼记·礼运》谈到“天下为公”,汉郑玄注曰:“公犹共也。禅位授圣,不家之睦亲也。”唐孔颖达疏曰:“天下为公谓天子位也。为公谓揖让而授圣德,不私传子孙,即废朱、均而用舜、禹是也。”由此可见,在古人看来,“天下为公”的首要标志便是王位传贤不传子。先秦时期,儒墨两家盛赞尧舜禹禅让,已含有“君位乃天下之公器”的观念。后来《吕氏春秋·去私》依据“天无私覆也,地无私载也,日月无私烛也,四时无私行也”,论证君位非一人所私有,并称赞:“尧有子十人,不与其子而授舜;舜有子九人,不与其子而授禹:至公也。”《说苑·至公》也认为:

> 《书》曰:“不偏不党,王道荡荡。”言至公也。古有行大公者,帝尧是也。贵为天子,富有天下,得舜而传之,不私于其子孙也,去天下若遗躧,于天下犹然,况其细于天下乎!非帝尧孰能行之。孔子曰:“巍巍乎,惟天为大,惟尧则之。”《易》曰:“无首,吉。”此盖人君之公也。夫以公与天下,其德大矣,推之于此,刑之于彼,万姓之所戴,后世之所则也。

尽管尧舜禅让之事很难再现于“家天下”时代,但秦汉时期仍有着君位非一家一姓私有的信条。如董仲舒认为:“天之无常予,无常夺也。”“夏无道而殷伐之,殷无道而周伐之,周无道而秦伐之,秦无道而汉伐之。有道伐无道,此天理也,所从来久矣。”[①]刘向向汉成帝上疏谏曰:“王者必通三统,明天命所授者博,非独一姓也。”[②]谷永也称:“臣闻天生蒸民,不能相治,为立王者以统理之,方制海内非为天子,列土封疆非为诸侯,皆以为民也。垂三统,列三正,去无道,开有德,不私一姓,明天下乃天下之天下,非一人之天下也。”[③]

其三,治国尚公。把“公天下”的观念用之于为君之道,那便是君心无私,治国尚公。孔子称赞:“巍巍乎,舜禹之有天下也,而不与焉。”[④]“不与”即不相关,意思是说舜禹虽拥有天下,但就像不与己事一般,一点也不为自己。子夏曾向孔子请教三王之德是如何参与天地的,孔子回答:“奉三无私以劳天下。”子夏又问:“何谓三无私?”孔子曰:“天无私覆,地无私载,日月无私照。奉斯三者以劳天下,此之谓三无私。”[⑤]这不仅把“无私”视为为政原则,而且奉为先王之道。后来不断有人提出明主“治天下终不以私乱公”[⑥],要求“人主有公赋无私求,有公用无私费,有公役无私使,有公赐无私惠,有公怒无私怨”[⑦]。比较而言,《吕氏春秋》的作者更加注重从理论上阐发贵公去私义。一方面,作者以“天无私覆,地无私载”的自然现象论证君主应大公无私,“诛暴而不私,以封天下之贤者,故可以为王伯;若使王伯之君诛暴而私之,则亦不可以为王伯矣”[⑧]。另一方面,作者又总结了历史经验,证明“用私”不如“用公”。“昔先圣王之治天下也,必先公,公则天下平矣。平得于公。”[⑨]治国尚公,公则天下平,这几乎成了一条公认的政治原则。

---

① 《春秋繁露·尧舜不擅移汤武不专杀》,《二十二子》,上海古籍出版社1986年版,第785页。

② 班固:《汉书》卷三六《楚元王传》附《刘向传》,中华书局1962年版,第1950页。

③ 班固:《汉书》卷八五《谷永传》,中华书局1962年版,第3467页。

④ 《论语·泰伯》,杨伯峻译注:《论语译注》,中华书局1980年版,第83页。

⑤ 《礼记·孔子闲居》,《十三经注疏》,中华书局1980年版,第1617页。

⑥ 司马迁:《史记》卷一〇八《韩长孺列传》,中华书局1959年版,第2860页。

⑦ 《申鉴·政体》,《诸子集成》,中华书局1954年版,第5页。

⑧ 《吕氏春秋·去私》,《诸子集成》,中华书局1954年版,第11页。

⑨ 《吕氏春秋·贵公》,《诸子集成》,中华书局1954年版,第8页。

“家天下”的内涵同样也很丰富,其中最主要的内容是君主化家为国,把天下视为个人或一家的私有财产,王位的继承或父死子继,或兄终弟及。当然,无论是作为政治制度还是思想观念,“家天下”都有一个形成和不断强化的过程。《礼记·礼运》认为三代的特点是“天下为家”。郑玄注曰:“传位于子。”孔颖达进一步解释说:“天下为家者,父传天位于子,是用天下为家也,禹为其始也。”古人一直认为禹传子是“家天下”的开端,并且对他名为传贤而实传子的行为提出批评。屈原《天问》:“启代益作后,卒然离蘖。何启惟忧,而能拘是达?”疑问的背后已流露出启得位不正的意思。《史记·燕召公世家》:“或曰:‘禹荐益,已而以启人为吏。及老,而以启人为不足任乎天下,传之于益。已而启与交党攻益,夺之。天下谓禹名传天下于益,已而实令启自取之。’”禹虽然举荐了益,但又以启臣为益吏,这就等于架空益而培植启的势力,所以后来启才能够从益手中夺取王位。这段材料又见于《战国策·燕策》和《韩非子·外储说右下》,文字略有出入。据《新序·节士》篇记述:

> 尧治天下,伯成子高为诸侯焉。尧授舜,舜授禹,伯成子高辞为诸侯而耕。禹往见之,则耕在野。禹趋就下位而问焉,曰:“昔者尧治天下,吾子立为诸侯焉。尧授舜,吾子犹存焉。及吾在位,子辞诸侯而耕,何故?”伯成子高曰:“昔尧之治天下,举天下而传之他人,至无欲也。择贤而与之其位,至公也。以至无欲至公之行示天下,故不赏而民劝,不罚而民畏。舜亦犹然。今君赏罚而民欲且多私,是君之所怀者私也。百姓知之,贪争之端,自此始矣。德自此衰,刑自此繁矣。吾不忍见,以是处野也。”

如果刘向的这段记载言出有据,那就说明早在大禹时代,时人就已觉察到他已怀有传子之私心,并预见到历史将为此而发生转折。果然,自夏王朝建立后,不仅是“溥天之下,莫非王土。率土之滨,莫非王臣”[①],而且“三代之后,子孙念重”[②],如周公就一再告诫:“欲至于万年,惟王子子孙孙永

① 《诗经·小雅·北山》,《十三经注疏》,中华书局 1980 年版,第 463 页。

② 张端义:《贵耳集》卷中,中华书局 1958 年版,第 43 页。

保民。”[①]

夏、商、周三代虽然是王位世袭，但“家天下”的色彩尚不似后世那样浓重。如西周分封虽以同姓为主，但也兼及异姓功臣和先王后裔，甚至连武庚和微子也先后受封。“昔者文王之治岐也……关市讥而不征，泽梁无禁。”[②]“泽梁无禁”，即山林川泽不设禁，与民共之。后来周厉王“专利”，引起芮良夫的批评，因为“夫利，百物之所生也，天地之所载也，而或专之，其害多矣”[③]。这说明在先秦时期视天下为私产的观念仍是有限度的。至秦汉则不然，秦始皇一统六国后，马上宣布：“朕为始皇帝。后世以计数，二世三世至于万世，传之无穷。”而且“六合之内，皇帝之土”，就连分封诸子的建议也一再被拒绝。[④] 刘邦与项羽争天下，为了笼络韩信、黥布等人，不得已而封其为王；等到得天下之后，在逐个消灭异姓诸侯王的同时，他大封同姓，并与群臣杀白马为盟：“非刘氏而王，天下共击之。”[⑤]这表明“家天下”已经法制化。另据《史记·高祖本纪》记载，天下初定，丞相萧何就营建未央宫，由于豪华过度，受到刘邦的指责。萧何解释说：“天子以四海为家，非壮丽无以重威。”刘邦听后转怒为喜。未央宫修成后，刘邦大宴群臣。“高祖奉玉卮，起为太上皇寿，曰：‘始大人常以臣无赖，不能治产业，不如仲力。今某之业所就孰与仲多？’殿上群臣皆呼万岁，大笑为乐。”在刘邦君臣的对语和笑谈中，“天子以四海为家”和天下乃皇帝个人“产业”不仅脱口而出，而且成了上下共识，说明“家天下”的观念已在人们的内心深处生了根。

综上所述，“五帝官天下，三王家天下，家以传子，官以传贤”[⑥]。古代的思想家对两者作过许多辨析和评议，虽然普遍的价值取向是“公天下”高于“家天下”，但历史发展的实际进程还是沿着“家天下”的道路走了下来。

---

① 《尚书·梓材》，《十三经注疏》，中华书局1980年版，第209页。

② 《孟子·梁惠王下》，杨伯峻译注：《孟子译注》，中华书局1960年版，第36页。

③ 左丘明著，韦昭注：《国语·周语上》，上海古籍出版社1978年版，第12页。

④ 司马迁：《史记》卷六《秦始皇本纪》，中华书局1959年版，第236—239页。

⑤ 司马迁：《史记》卷九《吕太后本纪》，中华书局1959年版，第400页。

⑥ 班固：《汉书》卷七七《盖宽饶传》，中华书局1962年版，第3247页。

二、除乱尚同的国家起源说

国家是一个历史范畴,是人类社会发展到一定阶段的产物。国家由何而来?因何产生?这是古代史学家、思想家所关注的问题。由于他们各自的政治主张不同,观察的角度和着眼点不同,所以对于国家起源问题有着各种各样的解说。

这里简要地谈谈除乱尚同说。据古史传说:"昔少典娶于有蟜氏,生黄帝、炎帝。黄帝以姬水成,炎帝以姜水成。成而异德,故黄帝为姬,炎帝为姜,二帝用师以相济也,异德之故也。"①所谓"异德",即德行不同。当时因与黄帝异德而作乱的不止炎帝,还有蚩尤等等,于是黄帝乃修德振兵,诛暴乱,和万国,定天下。到了尧舜时期,天下仍不时有凶人作乱,于是舜"流共工于幽州,放欢兜于崇山,窜三苗于三危,殛鲧于羽山,四罪而天下咸服"。正因为尧舜有除乱尚同之功,所以史书上称颂尧能"平章百姓""协和万邦",②称赞舜"是以尧崩而天下如一,同心戴舜,以为天子"③。

如果说上述传说所讲的除乱尚同,主要是强调黄帝、尧、舜诛除作乱之人从而使天下安定的话,那么司马迁则从礼的起源和作用的角度,对这一问题作了更深入的分析。《史记·礼书》说:

> 礼由人起。人生有欲,欲而不得则不能无忿,忿而无度量则争,争则乱。先王恶其乱,故制礼义以养人之欲,给人之求,使欲不穷于物,物不屈于欲,二者相待而长,是礼之所起也。

司马迁认为,人生而具有各种各样的欲望,为满足这些欲望就会有纷争,"争则乱",所以先王要制定礼义加以节制或者说调节。他所讲的"礼义"主要是指"贵贱有等,长少有差,贫富轻重,皆有称也",这些都是国家制度的主要内容。先王为"除乱"而"制礼义",而礼义"所以总一海内而整

① 左丘明著,韦昭注:《国语·晋语四》,上海古籍出版社1978年版,第358页。

② 《尚书·尧典》,《十三经注疏》,中华书局1980年版,第119页。

③ 《左传·文公十八年》,杨伯峻编著:《春秋左传注》,中华书局1981年版,第642页。

齐万民也”①。这是从制度的层面论述除乱尚同观念与国家起源的关系问题。

三、自然生成与国家起源

在先秦、秦汉时期，人们或者把国家的起源视为一个自然演变的过程，或者认为国家制度和社会法则来自于天道自然。《诗经·大雅·烝民》云：“天生烝民，有物有则。”“则”即法则，上天生此芸芸众民，也随之制定了各种常理和法则。关于这些天生的法则，春秋时期楚人无宇作了进一步的说明，他说：“天有十日，人有十等。下所以事上，上所以共神也。故王臣公，公臣大夫，大夫臣士，士臣皁，皁臣舆，舆臣隶，隶臣僚，僚臣仆，仆臣台。”②古人把一昼夜分为十日，无宇不仅由“天有十日”推衍出“人有十等”，而且把“下所以事上”看成了天然的法则。

《易传》也具有贯通天人的思维特点。作者认为天地人“三道”是统一的，社会政治结构本于自然，自然与人类社会是一种父子生成关系。《序卦》云：“有天地然后有万物，有万物然后有男女，有男女然后有夫妇，有夫妇然后有父子，有父子然后有君臣，有君臣然后有上下，有上下然后礼义有所错（措）。”从天地到万物是讲自然界的生成，从男女、夫妇到父子是讲人类社会的产生，从君臣、上下到礼义则是讲国家制度的形成，这种父子生成关系显然是把国家和君主制度自然化了，使之成为自然演进中的一个环节。《系辞上》有一个被广泛引用的命题：“天尊地卑，乾坤定矣。卑高以陈，贵贱位矣。”“天尊地卑”是自然法则，贵贱有等是社会法则和政治秩序，前者决定了后者，这叫做“天地设位”。另外，《说卦》认为乾是刚健的，坤是柔顺的。“乾为天，为圜，为君，为父。”“坤为地，为母……为众。”前者贵，后者贱。《文言》讲坤至阴至柔，代表着“地道”“妻道”和“臣道”，其特点是顺天从阳。《泰》卦《彖传》在解释卦辞时指

---

① 司马迁：《史记》卷二三《礼书》，中华书局1959年版，第1185页。

② 《左传·昭公七年》，杨伯峻编著：《春秋左传注》，中华书局1981年版，第1284页。

出:"天地交而万物通也,上下交而其志同也。内阳而外阴,内健而外顺,内君子而外小人,君子道长,小人道消也。"总而言之,人道与天地之道相对应,君臣上下也好,尊卑贵贱也罢,人世间的社会结构和政治秩序都是自然生成的、先天注定的,因而也是绝对合理的、不可抗拒的。

受《周易》的影响,两汉时人们也常常由天道推论人道。如汉初陆贾,认为人事皆出于天道,"于是先圣乃仰观天文,俯察地理,图画乾坤,以定人道,民始开悟,知有父子之亲,君臣之义,夫妇之道,长幼之序。于是百官立,王道乃生"①。纲常伦理也好,"百官""王道"也罢,都是先王依据天地之道制定出来的。对此,《白虎通义》的作者作了更为详细的说明:"古之时,未有三纲六纪,民人但知其母,不知其父。能覆前而不能覆后。卧之詓詓,行之吁吁,饥即求食,饱即弃余,茹毛饮血,而衣皮苇。于是伏羲仰观象于天,俯察法于地,因夫妇,正五行,始定人道。画八卦以治天下,下伏而化之,故谓之伏羲也。"②这里有两层意思,一是伏羲之前尚是茹毛饮血的原始时期,伏羲之后才有了"三纲六纪"和治国之道,可见国家的起源是一个自然演进的过程;二是伏羲氏所定的天下法则,都是他"仰观象于天,俯察法于地"的结果,即人道来自于天道。

四、其他的国家起源观念

除上述有关国家起源的说法外,还有禁暴兴利与国家起源说、群聚立君与国家起源说等。《管子》作者认为:

> 古者未有君臣上下之别,未有夫妇妃匹之合,兽处群居,以力相征。于是智者诈愚,强者凌弱,老幼孤独不得其所。故智者假众力以禁强虐,而暴人止;为民兴利除害,正民之德而民师之。是故道术德行,出于贤人,其从义理,兆形于民心,则民反道矣。名物处,违是非之分,则赏罚行矣;上下设,民生体而国都立矣。是故国之所以为国

① 陆贾:《新语·道基》,王利器:《新语校注》,中华书局1986年版,第9页。

② 《白虎通义》卷二《号》,陈立疏证:《白虎通疏证》,中华书局1994年版,第50—51页。

者，民体以为国；君之所以为君者，赏罚以为君。①

由此可以看出，《管子》的作者从分析社会中存在一些矛盾入手，强调国家、君主、礼制、赏罚是应社会需要而同时产生的，其目的在于为民兴利除害，禁暴止乱。

《淮南子》也经常谈到这一问题，如提出：

所为立君者，以禁暴讨乱也。②

古之立帝王者，非以奉养其欲也。圣人践位者，非以逸乐其身也。为天下强掩弱，众暴寡，诈欺愚，勇侵怯，怀知而不以相教，积财而不以相分，故立天子以齐一之。为一人聪明而不足以遍照海内，故立三公九卿以辅翼之。绝国殊俗僻远幽闲之处，不能被德成泽，故立诸侯以教诲之。是以地无不任，时无不应，官无隐事，国无遗利，所以衣寒食饥，养老弱而息劳倦也。③

在这里，作者不仅强调立天子是为了抑强扶弱，安定天下，还进而谈到"立三公九卿""立诸侯"等国家政权建设问题，这比《管子》的论述又进了一步。

还有一种观点，是人之有"群聚"而有"君道"而有"人备"，从而有国家。《吕氏春秋》作者认为："凡人之性，爪牙不足以自守卫，肌肤不足以扞寒暑，筋骨不足以从利辟害，勇敢不足以却猛禁悍，然且犹裁万物，制禽兽，服狡虫，寒暑燥湿弗能害，不唯先有其备，而以群聚邪。群之可聚也，相与利之也。利之出于群也，君道立也。故君道立则利出于群，而人备可完矣。"④这是从人类与自然的关系来说明国家的起源，故强调"利之出于群也，君道立也"。

史学家班固在讲刑法之所以产生的原因时，也是从"群"而"胜物"出发，既而因"群而不足，争心将作"，于是出现了"上圣"主张"敬让博爱之德"，于是"众心说而从之。从之成群，是为君矣；归而往之，是为王

① 《管子·君臣下》，《诸子集成》，中华书局 1954 年版，第 174 页。

② 《淮南子·兵略训》，《诸子集成》，中华书局 1954 年版，第 252 页。

③ 《淮南子·修务训》，《诸子集成》，中华书局 1954 年版，第 332—333 页。

④ 《吕氏春秋·恃君》，《诸子集成》，中华书局 1954 年版，第 255 页。

矣。……爱待敬而不败,德须威而久立,故制礼以崇敬,作刑以明威也”。[1] 这里,班固也是把人性和“能群”作为论说的起点,“能群”是讲社会的起源,“为君”“为王”是讲君主的起源。社会上出现了君主,又“制礼”“作刑”,也就意味着国家产生了。

国家起源是一个非常复杂的问题,而且与文明的产生密切相关。上述这些见解大都把国家视为历史演进的产物,并且从私有制的产生、人与自然的矛盾以及社会矛盾的存在等方面说明国家产生的原因,虽难免幼稚性,但都是从物质方面来说明问题的,在当时不乏启示的意义。

第二节　国家职能的观念

一、政治统治职能

由于国家是在贫富分化和阶级对立的条件下由原来的氏族、部落共同体演变而来的,所以它既是一种暴力机构,同时又是一种政治共同体。作为一种暴力机构,它当然要维护统治阶级特别是某些统治集团的利益和政治地位。作为一种政治共同体,它又代表着公共权力,肩负着维护社会秩序、调节社会矛盾、防止社会混乱和崩溃的管理职能。对此,古代的史学家、思想家也都基于他们所处的时代,提出了有关的认识和论述。

在对国家的政治统治职能的认识方面,夏朝的传说和殷商与西周以天命的名义所作的有关说教,这里就不讨论了。我们着重讨论的,是史书记载中所反映出来的下述几种观点。

第一,“政以治民,刑以正邪”[2]的观点。春秋时期,子产相郑,鉴于郑国衰乱,“制参辟,铸刑书,将以靖民”。此举虽招致晋国叔向批评,但子

---

① 班固:《汉书》卷二三《刑法志》,中华书局 1962 年版,第 1079 页。

② 《左传·隐公十一年》,杨伯峻编著:《春秋左传注》,中华书局 1981 年版,第 76 页。

产认为“吾以救世也”[1],他坚持以猛治国,郑国得以致治。子产临终前,谓子大叔曰:“我死,子必为政。唯有德者能以宽服民,其次莫如猛。夫火烈,民望而畏之,故鲜死焉;水懦弱,民狎而玩之,则多死焉,故宽难。”子产的这段话既是为自己为政风格作解释,同时也是提醒继任者治乱郑当用重刑。子产的话,大致反映了春秋时代的特点。其后,“大叔为政,不忍猛而宽”,结果郑国盗贼猖獗,大叔悔不听子产之言,乃“兴徒兵以攻萑苻之盗,尽杀之,盗少止”。这件事情,很典型地反映了以子产为代表的一种观点。

第二,宽猛相济,“政是以和”的观点。这是孔子评价郑国的上述事件时提出的。他说:“善哉!政宽则民慢,慢则纠之以猛。猛则民残,残则施之以宽。宽以济猛,猛以济宽,政是以和。”[2]可以认为,这是孔子在国家政治统治职能认识上极明智的看法,它对后世有很大的影响。

第三,“立武足兵”,“教以文德”的观点。班固从历史的角度进行考察,指出:“自黄帝有涿鹿之战以定火灾,颛顼有共工之陈以定水害。唐虞之际,至治之极,犹流共工,放讙兜,窜三苗,殛鲧,然后天下服。夏有甘扈之誓,殷、周以兵定天下矣。天下既定,戢臧干戈,教以文德,而犹立司马之官,设六军之众,因井田而制军赋。”[3]班固所说的“以兵定天下”“立武足兵”“教以文德”的观点,十分清楚地反映出国家政治统治职能的两个主要方面,也可以看作是孔子“宽猛相济”思想的汉代翻版。

二、社会管理职能

管理社会是国家职能的又一个方面。在这方面,人们论述甚多,思想十分丰富。概括说来,主要集中在社会秩序、经济与教化三个方面。

首先,关于社会秩序管理方面,《史记》的《礼书》《乐书》,《汉书》的《礼乐志》《刑法志》等,反映了史学家极为丰富的思想。司马迁说:“人道

---

① 《左传·昭公六年》,杨伯峻编著:《春秋左传注》,中华书局 1981 年版,第 1276—1277 页。

② 《左传·昭公二十年》,杨伯峻编著:《春秋左传注》,中华书局 1981 年版,第 1421 页。

③ 班固:《汉书》卷二三《刑法志》,中华书局 1962 年版,第 1081 页。

经纬万端,规矩无所不贯,诱进以仁义,束缚以刑罚……所以总一海内而整齐万民也。"①班固认为:"礼节民心,乐和民声,政以行之,刑以防之。礼乐政刑四达而不悖,则王道备矣。"②这几句话,比较全面地反映出国家的社会秩序管理职能。

关于国家的经济管理职能,人们谈论较多的是生产管理和财政管理。《洪范》言"八政",以"食"为首。子贡问政,孔子首先强调"足食"③。这些言论都包含着十分重要的思想。《礼记 · 王制》谈到冢宰"制国用"的问题时,强调要"量入以为出",并说:"国无九年之蓄曰不足,无六年之蓄曰急,无三年之蓄曰国非其国也。三年耕,必有一年之食,九年耕必有三年之食。以三十年之通,虽有凶旱水溢,民无菜色,然后天子食,日举以乐。"这种"量入以为出"的思想,是重要的理论遗产。司马迁《史记 · 平准书》和班固《汉书 · 食货志》在有关这方面的理论上,都有突出的贡献。班固称"殷周之盛,《诗》《书》所述,要在安民,富而教之。故《易》称:'天地之大德曰生,圣人之大宝曰位;何以守位曰仁,何以聚人曰财。'财者,帝王所以聚人守位,养成群生,奉顺天德,治国安民之本也。"他还介绍了"先王制土处民富而教之之大略",选录了贾谊、晁错和董仲舒等人的上书,从而保存了珍贵的思想资料和理论遗产。

关于货币、赋税和商业管理,《汉书 · 食货志》也从历史的角度作了总结。它先从西周的"九府圜法"讲起,然后讲到管仲的"轻重"理论,李悝的平籴法,桑弘羊的均输法,耿寿昌的常平法,以及王莽的币制改革等。最后,班固评论说:"顾古为之有数,吏良而令行,故民赖其利,万国作乂。及孝武时,国用饶给,而民不益赋,其次也。至于王莽,制度失中,奸轨弄权,官民俱竭,亡次矣。"这是说明政策的得失、官吏的清贪对财政管理的直接影响。

教化,在中国有古老的传统,被视为国家的重要职能之一。《诗经 ·

① 司马迁:《史记》卷二三《礼书》,中华书局 1959 年版,第 1157—1158 页。

② 班固:《汉书》卷二二《礼乐志》,中华书局 1962 年版,第 1028 页。

③ 《论语 · 颜渊》,杨伯峻译注:《论语译注》,中华书局 1980 年版,第 126 页。

小雅·绵蛮》云:“饮之食之,教之诲之。”孔子论政,曾提出“先富后教”的主张。[①] 对此,孟子作了进一步发挥。他说:“人之有道也,饱食、暖衣、逸居而无教,则近于禽兽。圣人有忧之,使契为司徒,教以人伦:父子有亲,君臣有义,夫妇有别,长幼有叙,朋友有信。”[②]并认为:“善政不如善教之得民也。善政,民畏之;善教,民爱之。善政,得民财;善教,得民心。”[③]孔、孟重教化的思想在历史上有很大的影响。西汉的贤良文学在盐铁会议上申言:“三代之盛无乱萌,教也;夏、商之季世无顺民,俗也。是以王者设庠序,明教化,以防道其民,及政教之洽,性仁而喻善。”[④]这是用比较的方法从历史上阐述了教化的重要性。东汉末年史学家荀悦深刻地揭示了教化与人们的荣辱的关系,他说:“君子以情用,小人以刑用。荣辱者,赏罚之精华也。故礼教荣辱以加君子,化其情也。桎梏鞭朴以加小人,治其刑也。君子不犯辱,况于刑乎?小人不忌刑,况于辱乎?若夫中人之论,则刑礼兼焉。教化之废,推中人而坠于小人之域。教化之行,引中人而纳于君子之途。是谓章化。”[⑤]在这里,荀悦所谓“君子”“小人”之分,虽有等级划分之嫌,但他强调“教化之废”和“教化之行”所产生的不同作用,突出了教化在国家的社会管理方面的重要地位。

三、王道、霸道之辩

王道、霸道是春秋至两汉时期人们关于治国原则与方法的两种不同观念。王道,指三代有德之君的治国之道。霸道,指春秋时期齐桓、晋文等以武力挟天子以令诸侯的治国之道。孔子称美先王,推崇王道,对霸者则有褒有贬。他说:“桓公九合诸侯,不以兵车,管仲之力也。如其仁!如其仁!”又说:“管仲相桓公,霸诸侯,一匡天下,民到于今受其赐。微管

① 《论语·子路》,杨伯峻译注:《论语译注》,中华书局1980年版,第137页。

② 《孟子·滕文公上》,杨伯峻译注:《孟子译注》,中华书局1960年版,第125页。

③ 《孟子·尽心上》,杨伯峻译注:《孟子译注》,中华书局1960年版,第306页。

④ 《盐铁论·授时》,《诸子集成》,中华书局1954年版,第38页。

⑤ 荀悦:《申鉴·政体》,《诸子集成》,中华书局1954年版,第2页。

仲,吾其被发左衽矣。”[①]对管仲的品德和功业表示称赞。但他又说:“管仲之器小哉!”并批评“管氏而知礼,孰不知礼?”[②]所谓“器小”,是讲管仲识浅量小,未能致桓公于王道。司马迁评论说:“管仲,世所谓贤臣,然孔子小之。岂以为周道衰微,桓公既贤,而不勉之至王,乃称霸哉?”[③]从孔子批评“管仲之器小哉”来看,他似乎认为王霸有别,霸道不及王道。其实,孔子也是矛盾的,从理想来说,他仰慕王道;从现实出发,他又称赞管仲相桓公。司马迁的评论,实已委婉地指出了这一点。

孟子不仅将王与霸严格加以区分,而且从理论上将其视为两种相互对立的治国方略。他认为霸道破坏了王道:“五霸者,三王之罪人也;今之诸侯,五霸之罪人也;今之大夫,今之诸侯之罪人也。”[④]比之于孔子,孟子的王霸观念显得偏激多了。

荀子对王道、霸道作出了比较合理的解释,认为王道与霸道两者并非是截然对立的。荀子指出治国之道各有不同,“故用国者义立而王,信立而霸,权谋立而亡。三者明主之所谨择也,仁人之所务白也”。所谓“义立而王”,是讲用国者完全按礼义处理政事,从而为国家打下稳固的根基。“綦定而国定,国定而天下定。……汤以亳,武王以鄗,皆百里之地也,天下为一,诸侯为臣,通达之属莫不从服,无它故焉,以济义矣。是所谓义立而王也。”总之,王道的特点是唯仁义是举。那么,什么是“信立而霸”呢?荀子解释说:

> 德虽未至也,义虽未济也,然而天下之理略奏矣,刑赏已诺信乎天下矣,臣下晓然皆知其可要也。政令已陈,虽睹利败,不欺其民;约结已定,虽睹利败,不欺其与。如是则兵劲城固,敌国畏之;国一綦明,与国信之。虽在僻陋之国,威动天下,五伯是也。……是所谓信立而霸也。[⑤]

---

① 《论语·宪问》,杨伯峻译注:《论语译注》,中华书局1980年版,第151页。

② 《论语·八佾》,杨伯峻译注:《论语译注》,中华书局1980年版,第31页。

③ 司马迁:《史记》卷六二《管晏列传》,中华书局1959年版,第2136页。

④ 《孟子·告子下》,杨伯峻译注:《孟子译注》,中华书局1960年版,第287页。

⑤ 《荀子·王霸》,《诸子集成》,中华书局1954年版,第132—133页。

在这里,荀子虽然认为霸者道德尚未完善,政事也未必都很适宜,这是它比不上王者的地方,但也肯定其“天下之理略奏矣”,并特别称赞其“不欺其民”,“不欺其与”,这种评价显然要比孟子高得多。另外,荀子还认为王者与霸者之间存在着相同或相通之处。如王者尚“义”,霸者守“信”,都是讲德教的。再如,霸者因“兵劲城固”而“威动天下,强殆中国”[①],王者也是“仁眇天下,义眇天下,威眇天下。仁眇天下,故天下莫不亲也。义眇天下,故天下莫不贵也。威眇天下,故天下莫敢敌也。以不敌之威,辅服人之道,故不战而胜,不攻而得,甲兵不劳而天下服,是知王道者也”[②]。可见,王、霸都需要“威”。正因为王者与霸者有相同或相通之处,“故君人者,立隆政本朝而当,所使要百事者诚仁人也,则身佚而国治,功大而名美。上可以王,下可以霸”[③]。荀子的意思是说,假若为君者能立礼义于朝堂,任仁人做宰相,那么,时机一旦成熟便可以王天下,时势未具至少也可以称霸诸侯。这样,王道与霸道就成了上下相连的两个阶梯。荀子的见解十分明智,他没有因推崇“王道”而否定“霸道”,而且着意肯定了“霸道”对立国治民的成功,实际上是肯定了历史的变化和进步。这反映出荀子在国家观念上的进步思想。

同时,荀子的王霸观,实已成为汉代治国方术的思想渊源。秦统一天下后,“废王道,立私权,禁文书而酷刑法,先诈力而后仁义,以暴虐为天下始”[④],结果导致二世而亡,这引起了汉代统治者的反思。汉宣帝明确地说:“汉家自有制度,本以霸、王道杂之。”[⑤]汉代之所以出现杂用王、霸的政治局面,与这一时期许多思想家王霸并用或尊王不贱霸的思想倾向不无关系。如汉初的陆贾在《新语》中提出“文武并用,长久之术”,董仲舒认为:“《春秋》之道,大得之则以王,小得之则以霸。……霸王之道,皆本于仁。”[⑥]看来,他也没有贬损霸道。司马迁一方面称美三代圣王的治

---

① 《荀子·王霸》,《诸子集成》,中华书局1954年版,第133页。

② 《荀子·王制》,《诸子集成》,中华书局1954年版,第100页。

③ 《荀子·王霸》,《诸子集成》,中华书局1954年版,第144—145页。

④ 司马迁:《史记》卷六《秦始皇本纪》,中华书局1959年版,第283页。

⑤ 班固:《汉书》卷九《元帝纪》,中华书局1962年版,第277页。

⑥ 董仲舒:《春秋繁露·俞序》,《诸子集成》,中华书局1954年版,第780页。

国之道,一方面又赞扬“桓公之盛,修善政,以为诸侯会盟,称伯”①。越王勾践,“苦身焦思,终灭强吴,北观兵中国,以尊周室,号称霸王。句践可不谓贤哉!”②两汉之际,桓谭著《王霸》一文,认为“王者之术”善于礼义教化,天下安乐,能够兴利除害;“霸者之术”则能够尊君卑臣,“赏罚必信,法令著明”。两者比较:“王道纯粹,其德如彼;霸道驳杂,其功如此。俱有天下,而君万民,垂统子孙,其实一也”③。这些思想言论既为汉代杂用王霸的治国之道提供了理论依据,同时也是后者在观念上的反映。

第三节　早期的政治大一统思想

在中国古代,大一统既是一种政治制度,又是一种思想观念,两者相伴相生,都很发达,由此成为中国传统政治文化中的一大特点。作为一种政治制度,人们总以为从秦始皇兼并六国、创建专制主义中央集权制的秦王朝开始,中国才有了大一统的政治局面。其实,“海内为郡县,法令由一统”的秦王朝固然是大一统,两周封邦建国,诸侯共奉王室也同样是大一统,只不过“一统”的方式和程度存在着差别而已。至于大一统的思想观念,起源更早,并且在国家和民族的形成和发展过程中不断地得以强化和深化。

一、《诗经》和《尚书》中的“天下王有”观念

在先秦文献中,《诗经》和《尚书》是保存历史资料较多的两部典籍。《尚书》即上代流传下来的书,到汉代有今古文之别。之后古文《尚书》失传,东晋以后出现的古文《尚书》是伪书。今文《尚书》各篇的写作年代很

① 司马迁:《史记》卷三二《齐太公世家》,中华书局 1959 年版,第 1513 页。
② 司马迁:《史记》卷四一《越王句践世家》后论,中华书局 1959 年版,第 1756 页。
③ 桓谭:《新论 · 王霸》,上海人民出版社 1977 年版,第 2 页。

复杂,其中少数为春秋战国时人所作,多数则是殷周时期的作品。《诗经》分风、雅、颂三部分,除《鲁颂》和《商颂》为春秋时人的创作外,其他都是西周人的作品。夏、商、西周是一个部族邦国林立的时代,许多部族邦国都经历了一个由小到大和不断迁徙的过程,其中夏、商、周三个王朝便是依次出现的三个中心,它们对于其他小邦居于不同程度的支配地位。殷人和周人从部族的扩张中很容易产生自我中心和自大的意识,这种意识再与"天邑商"和"大邦周"现实的支配地位相结合,自然就会产生"溥天之下,莫非王土。率土之滨,莫非王臣"①之类的思想观念。从《诗经》和《尚书》的内容看,殷周时期的这种大一统观念主要体现在三个方面。

第一,王者独尊,纲纪天下。

在夏、商、周三代,王是最高的统治者,其至高无上的地位首先体现在称谓上。《说文》:"王,天下所归往也"。戴侗《六书故》:"有天下曰王。帝与王,一也。周衰,列国皆僭号自王。"这里强调王与列国之君有别,有天下者才可以称王。《诗经·大雅·假乐》称赞周王"干禄百福,子孙千亿。穆穆皇皇,宜君宜王"。所谓"宜君宜王",孔颖达《疏》曰"宜为诸侯之君,宜为天子之王"。朱熹《集传》:"君,诸侯也;王,天子也。……言王者干禄而得百福,故其子孙之蕃,至于千亿。适为天子,庶为诸侯。无不穆穆皇皇,以遵先王之法者。"这里也是强调王与诸侯高下有别,王是大宗,是天下的共主。三代之王,有时也称为后或天子。《尔雅·释诂上》:"后,君也。"据说夏启在夺取最高权力不久,即正式称"后",表示他是凌驾于各个邦国部落之上的王者。在《诗》《书》等古文献中,夏启又称"夏后启""夏后帝启",称夏王室为"夏后氏"。古人认为君权为神所授,所以又把帝王称为"天子",即皇天上帝之子。武王灭商,周人把这件事解释为"皇天上帝,改厥元子"②。"元子"即长子,天之长子即人间的天子。通过上天"改厥元子",周王取得了君临天下的资格。更能体现王者独尊地位的称号是"一人"和"予一人"。在甲骨文、金文和《诗》《书》等古文

① 《诗经·小雅·北山》,《十三经注疏》,中华书局1980年版,第463页。

② 《尚书·召诰》,《十三经注疏》,中华书局1980年版,第212页。

献中,商王和周王常常自称“予一人”或“余一人”,臣下也称他为“一人”。《白虎通义·号》篇说:“王者自谓一人者,谦也,欲言己才能当一人耳。故《论语》曰:‘百姓有过,在予一人。’臣下谓之一人何?亦所以尊王者也。以天下之大,四海之内,所共尊者一人耳。”“余一人”也许最初是一种谦称,但当它为至高无上的王者所专用之后,含义便发生了变化。《逸周书·太子晋解》称:“君有广德,分任诸侯而敦信,曰‘予一人’。”朱右曾《逸周书集训校释》说:“曰‘予一人’,言天下莫有抗也。”

除了称谓充分体现了王者的独尊地位之外,《诗经》和《尚书》的许多篇章也都彰显了王者的威严和尊贵。譬如《尚书·甘誓》记夏启讨伐有扈氏的临战誓词:“用命,赏于祖;弗用命,戮于社,予则孥戮汝。”同样,商汤伐夏桀也说:“尔不从誓言,予则孥戮汝,罔有攸赦。”①《盘庚》记盘庚迁殷之事,他不仅告诫平民“明听朕言,无荒失朕命”,“今予命汝一”,即一律听从迁殷之命,“乃有不吉不迪,颠越不恭,暂遇奸宄,我乃劓殄灭之,无遗育,无俾易种于兹新邑”。对百官族姓他也警告:“勉出乃力,听予一人之作猷。”“自今至于后日,各恭尔事,齐乃位,度乃口。罚及尔身,弗可悔!”《洪范》对君王的权势和地位作了更高层次的概括,它把君主制定的至上法则称为“皇极”:“凡厥庶民,无有淫朋,人无有比德,惟皇作极。”“惟皇作极”就是要把君王制定的法则奉为最高准则。不仅如此,该篇还强调:“惟辟作福,惟辟作威,惟辟玉食。臣无有作福、作威、玉食。臣之有作福、作威、玉食,其害于而家,凶于而国。人用侧颇僻,民用僭忒。”意思是说,只有君王才可以造福于人,降罪于人,才可以享用美食,臣子百官则不能,不然就会害己,而且会祸乱国家,危害社会。《诗经》中也有不少称颂君王的诗篇,如《大雅·假乐》,先是颂扬周王的品德,然后赞美周王的仪表和政教法令,最后又说周王“受福无疆,四方之纲”,“百辟卿士,媚于天子”。媚即爱而顺之,周王为四方之纲,诸侯卿士都对他爱戴效忠。《泂酌》盛赞“君子”即周王品德高尚,称“岂弟君子,民之父母”,“岂弟君子,民之攸归”,“岂弟君子,民之攸塈”。《卷阿》也说“岂弟

① 《尚书·汤誓》,《十三经注疏》,中华书局1980年版,第160页。

君子,四方为则","岂弟君子,四方为纲","蔼蔼王多吉士,维君子使,媚于天子"。"媚于天子"也好,"四方为则""为纲"也好,都是在讲政治上要一统于周王。

第二,"溥天之下,莫非王土"。

《诗经·小雅·北山》称:"溥天之下,莫非王土。率土之滨,莫非王臣。"前者讲的是国土一统,后者谈的是治权一统。关于国家的疆域,《诗经》《尚书》首先强调的是三代之王,尽有天下。《尚书·尧典》不仅称赞帝尧"光被四表,格于上下","协和万邦",而且在谈设官分职时明确其统治范围已经是东至嵎夷,南至交趾,西至昧谷,北至朔方。虽然这四个地名现在都难以确考,但都是指四方极远之地。《诗经·商颂·长发》称:"洪水芒芒,禹敷下土方。外大国是疆,幅陨既长。"意思是说大禹治水安定了四方,扩大了夏朝的疆域,从此幅员又宽又广。关于商代的疆域范围,《商颂·玄鸟》先是称赞"殷土芒芒",然后讲"古帝命武汤,正域彼四方。方命厥后,奄有九有"。"域"指殷之封疆,"九有"即九州。商汤不仅治理殷人的本土,而且还管理四方,九州之地尽归商有。到了武丁时期,国势更盛,"邦畿千里,维民所止。肇域彼四海,四海来假,来假祈祈"。"畿"即王畿,从"邦畿千里"到"域彼四海",极言殷商疆域之广,四海一统。"四海来假,来假祈祈",是形容众多的诸侯前来朝见,完全是一派政治大一统的景象。关于周代的疆域,《尚书·金縢》称周武王"乃命于帝庭,敷佑四方"。《诗经·周颂·执竞》说:"自彼成康,奄有四方。"《桓》篇也说:"桓桓武王,保有厥士,于以四方。"这是强调西周疆域辽阔,广有四方。后来,周公勉励成王:"陟禹之迹,方行天下,至于海表,罔有不服。"①成王临终前,要求召公、毕公等元老重臣辅佐太子钊,"柔远能迩,安劝小大庶邦";并遗命太子:"临君周邦,率循大卞,燮和天下。"②这里不仅讲到"周邦",而且提到"天下""海表""小大庶邦",意在说明普天之下一统于周。

① 《尚书·立政》,《十三经注疏》,中华书局1980年版,第232页。

② 《尚书·顾命》,《十三经注疏》,中华书局1980年版,第238、240页。

正是有了天下王有、国土一统的观念,一旦出现地方叛乱或威胁王室的行为,王者兴兵征讨,就成了一件值得肯定的事情。例如,据说在黄帝和尧舜时期先后有蚩尤、共工、三苗之乱,《尚书》不仅将其定性为“作乱”,而且还称赞虞舜:“流共工于幽州,放驩兜于崇山,窜三苗于三危,殛鲧于羽山,四罪而天下咸服。”①周武王灭商不久,先后发生三监、武庚及淮夷叛乱。《尚书·金縢》称三监为“罪人”,《多方》称淮夷和奄是“自作不典”,《逸周书·作雒解》的定性更明确,称:“周公立,相天子,三叔及殷东徐、奄及熊盈以畔。”对于周公的东征,《诗经·豳风·破斧》反复称颂:“周公东征,四国是皇”,“周公东征,四国是吪”,“周公东征,四国是遒”。“皇”通“匡”,意思是匡正、平定。“吪”通作“化”,即顺服。“遒”,谓平定,稳定。这是歌颂周公东征,平定了许多叛乱的国家,重新安定了天下。此外,《诗经》和《尚书》中还有不少称赞王室征讨玁狁、徐夷、淮夷、荆蛮的篇章,反映了周人维护天下一统的思想观念。

在国土一统的观念之下,既然王者广有天下,如何治理便是一个问题,于是《诗经》《尚书》提出了居中御外的思想主张。居中御外有两层含义:一是天子以京师和王畿为根本,控制四方藩国。《诗经·大雅·民劳》说:“惠此中国,以绥四方。”《商颂·玄鸟》称“邦畿千里,维民所止,肇域彼四海”。这里的“中国”指京师,“邦畿”即王畿,都含有由内及外,居中御外之义。《尚书·顾命》引康王的话说:“皇天用训厥道,付畀四方。乃命建侯树屏,在我后之人。”上帝把天下四方授予周,先王分封诸侯,树立屏藩。京师王畿是根本,四方封国是屏藩。二是天子居天下之中,控御四方。武王克商后回到镐京,因为“未定天保”(顺从天意的国都)而忧心忡忡。当时周人认为洛居天下之中,于是武王有营建洛邑之意,并把“定天保,依天室”②的任务托付给周公。“周公敬念于后,曰:‘予畏周室克追,俾中天下。’及将致政,乃作大邑成周于土中。”③“成周”即洛邑,“土中”即天下之中。意思是说周公为子孙后代考虑,为

① 参见《尚书·吕刑》及《舜典》等篇,《十三经注疏》,中华书局 1980 年版,第 247、128 页。

② 《逸周书·度邑解》,黄怀信:《逸周书校补注译》修订本,三秦出版社 2006 年版,第 217 页。

③ 《逸周书·作雒解》,黄怀信:《逸周书校补注译》修订本,三秦出版社 2006 年版,第 235 页。

了周王朝的长治久安，他在归政成王之前，在天下之中建成了洛邑。从此，洛邑就成了周人的东都，成了他们统御四方的基地。《尚书·召诰》说："王来绍上帝，自服于土中。"《洛诰》也说："其自时中乂，万邦咸休，惟王有成绩。""中"即天下之中，指洛邑所处的位置。"乂"即治理、安定，指治理四面八方的众多邦国。"中乂"相连，显然是强调居中御外之意。

第三，"率土之滨，莫非王臣"。

在殷人和周人的宗教观念中，上帝或者天是至高无上的神，是万物和整个人类的主宰。与此相对应，人世间最尊贵的是天子或名曰王。因为王是天之长子，《尚书·召诰》称为"元子"，是代表上帝来到下界管理土地和人民的。《尚书·多方》说："天惟时求民主。"《洪范》称："天子作民父母，以为天下王。"王的特殊身份，决定了他是民之父母，天下的主宰。反过来讲，普天之下，不论贵贱，不论远近，所有的人都是天子（王）的臣民。《诗经》说："率土之滨，莫非王臣。"《尚书·皋陶谟》称："光天之下，至于海隅苍生，万邦黎献，共惟帝臣。"强调的都是这个意思。

在《诗经》和《尚书》中，不仅有关于天下之人尽为王臣的泛泛之论，也有许多具体的议论和描述。例如，《诗经·商颂·殷武》称："昔有成汤，自彼氐羌，莫敢不来享，莫敢不来王。"这是赞美成汤之世广有天下，连氐羌之远也要前来朝见。《大雅·文王有声》说："镐京辟雍，自西自东，自南自北，无思不服，皇王烝哉！"这是颂扬武王居镐京，天下不论东西南北，无不归心于周。《下武》称："媚兹一人，应侯顺德。"也是讲天下之人皆爱戴武王，以为天子。如果说得再具体一些，《文王》讲："商之孙子，其丽不亿。上帝既命，侯于周服。"这是说武王灭商后，商王朝的子孙要臣服于周天子。《鲁颂·閟宫》说："王曰叔父，建尔元子，俾侯于鲁。大启尔宇，为周室辅。"可见受封的诸侯要共奉王室，辅佐周天子。据《尚书·多方》记载，周公东征凯旋之后，向管蔡奄殷和众诸侯国发布诰令，称："天惟式教我用休，简畀殷命，尹尔多方。"这说明不论同姓异姓，各诸侯国都要臣属于周王。至于卿士百官，更是王者之臣。《诗经·大雅·假乐》说："百辟卿士，媚于天子。"《卷阿》一再强调"王多吉士，维君子使，媚于天子"，"王多吉士，维君子命，媚于庶人"。《烝民》是一篇赞美周宣王时卿士仲山甫的作品,诗中先讲上帝为了"保兹天子,生仲山甫","天子是若,明命使赋",然后称赞"肃肃王命,仲山甫将之","夙夜匪懈,以事一人"。在作者看来,仲山甫就是卿士的榜样、"王臣"的代表。

《诗经》中还有许多描写战争和徭役的诗篇,同样也反映了"率土之滨,莫非王臣"的思想观念。周人把战争和徭役视为"王事",作为天子的臣民,参加战争与服徭役是应当履行的义务。《小雅·出车》叙述文王兴兵征讨玁狁,出征将士感叹:"王事多难,不遑启居。岂不怀归?畏此简书。"《六月》记述周宣王北伐玁狁,尹吉甫奉命出征。诗云:"玁狁孔炽,我是用急。王于出征,以匡王国。……王于出征,以佐天子。"对于一些正常的徭役,服役者也能够"黾勉从事,不敢告劳"①。周人如此听从王命,勤于王事,反映的正是一种尊君和治权一统的思想观念。

二、《禹贡》的"九州攸同"观念

《禹贡》是《尚书·夏书》中的一篇,扼要叙述了大禹治水、划分九州、任土作贡,以及各地山川方位走向、土壤性质、物产分布和交通情况等等,是我国古代最早最有价值的地理学著作。关于该篇的作者及成书年代,古人以为作者是大禹本人,《禹贡》是禹时代治水功绩的历史记录,今人则认为旧说不可信,或认为成书于西周,或认为成书于春秋,而倾向性的看法则是写成于战国。对于《禹贡》在自然地理和经济地理上的价值,学术界已有深入的研究,且予以高度评价,但对其中的"九州"说和五服制度等则往往斥为臆想或虚构。其实,不论《禹贡》所讲的政区划分和政治制度是否符合历史实际,作为一种思想观念,其最大的价值在于它从地理的角度论述了"四海会同"即疆域一统的思想。

《禹贡》全篇内容大致可以分为三个部分,第一部分是讲禹划分九州,任土作贡。论其主旨,一是"禹域"辽阔,九州一统。在古史传说中,大禹是一位平治洪水、安定天下的圣王,所以《诗经》《尚书》和金文中常

① 《诗经·小雅·十月之交》,《十三经注疏》,中华书局1980年版,第447页。

有“禹甸”“禹迹”的说法。“禹迹”是指禹治水时足迹所至之地，“禹甸”指禹所垦辟之地。由于大禹治水的足迹遍及当时的“天下”，所以“禹甸”“禹迹”与“天下”成了同一个概念。《禹贡》开篇就讲“禹敷土”，“敷土”即划分疆界，也就是划分冀、兖、青、徐、扬、荆、豫、梁、雍九州。冀州相当于今山西省和河北、河南的一部分，兖州在今河北与山东省之一部分，青州在今山东省东部，徐州在今山东南部、江苏北部和安徽的东北部，扬州相当于今淮河以南安徽、江苏等地，荆州相当于今湖南、湖北和江西省的一部分，豫州在今河南省，梁州包括今四川及陕西省的一部分，雍州跨有今陕甘地区。九州的范围如此广阔，这都是禹足迹所至，是禹平定的，九州也是他为了治理天下作出的划分，所以九州也就是禹的疆域，一统于禹。正因为如此，后人把九州称为“禹域”，二者也都成了“天下”或“中国”的代名词。

二是任土作贡，政治一统。《禹贡》讲的九州不是一个单纯的自然地理区划，因为它还根据土壤和物产规定了各州应上缴的赋税和贡物。如冀州，“厥土惟白壤，厥赋惟上上错”，就是说冀州是白色土壤，其赋税是一等或二等，视收成情况交错征收。兖州，“厥贡漆丝，厥篚织文”，即上缴的贡物是漆和丝，以及用筐子盛着的彩色丝织品。“上之所取谓之赋，下之所供谓之贡”①，赋税和贡物反映的是上下之间的权利和义务关系。禹划九州，明确规定了各州应上缴的赋贡，反映了禹和九州之间的上下隶属关系。《禹贡》以“贡”名篇，其用意正是强调这种政治一统的关系。

三是首列冀州，尊奉京师。《禹贡》言九州，首列冀州，但独不言其疆界。南宋学者蔡九峰解释说：

> 冀州，帝都之地。三面距河，兖河之西，雍河之东，豫河之北。《周礼·职方》：河内曰冀州，是也。八州皆言疆界，而冀不言者，以余州所至可见。晁氏曰：亦所以尊京师，示王者无外之意。②

唐尧虞舜和夏禹皆都冀州，所以冀州要位列九州之首。不言其疆界，也带

① 蔡沈：《书经集传》卷二，中国书店 1994 年版，第 35 页。
② 蔡沈：《书经集传》卷二，中国书店 1994 年版，第 35 页。

有"尊京师,示王者无外之意"。《禹贡》叙九州赋贡,最后一句往往是"达于河"。只有青州讲"达于济",扬州讲"达于淮泗",但这是承上州而省文,因为上两州的济水和淮泗都是可以达于河的。冀州作为帝都,三面距河,讲"达于河"即达于帝都。《禹贡》叙述九州贡道,强调天下的赋贡都要向冀州帝都输送,这无疑也带有尊京师和大一统的意味。

《禹贡》的第二部分是"导山""导水",讲大禹开通了九条山脉,疏通了九条水系。这里有两点值得注意:一是导山、导水的"导"字。"导"者,道也,《史记·夏本纪》和《汉书·地理志》都写作"道"。王夫之《书经稗疏》说:

> 夫导者有事之辞。水流而禹行之,云导可也。山峙而不行,奚云导哉?然则"导"者,为之道也。洪水被野,草木畅茂。下者沮洳潴停,轨迹不通。禹乃循山之麓,因其高燥,刊木治道以通行旅。"刊旅"之云,正"导"之谓矣。

由于洪水泛滥,草木茂盛,导致"州境隔绝,未得径通"①,所以大禹要"导山""导水"。"导山"即开通山路,"导水"即疏通水道。《禹贡》叙述"导山"的句式通常是"导"某山"至于"某山,讲"导水"的句式一般是"导"某水"至"某处"入于"某江、河或海,都是在强调"导之使通"之意。通过"导山""导水",建起了四通八达的交通网,这样山水不再阻断,州境不再隔绝,九州大地连成了一体。

二是在叙述过"导山"和"导水"的情况之后,作者总结说:"九州攸同;四隩既宅,九山刊旅,九川涤源,九泽既陂,四海会同。六府孔修,庶土交正,厎慎财赋,咸则三壤成赋。中邦锡土姓,祗台德先,不距朕行。"所谓"九州攸同",是指九州之内无论是土地、山川河流,还是生产和征税规则,都得到了治理,这是九州所共同的。所谓"四海会同",孔氏《传》曰:"四海之内,会同京师。九州同风,万国共贯。"孔颖达《疏》曰:"礼,诸侯之见天子,时见曰会,殷见曰同。此言'四海会同',乃谓官之与民皆得聚

① 孔颖达:《尚书正义·禹贡》,《十三经注疏》,中华书局1980年版,第146页。

会京师,非据诸侯之身朝天子也。”①如果说“九州攸同”和“四海会同”是以京师为中心,强调的是疆域一统,那么“不距朕行”一语则是说以君权为核心,强调的是治权一统。

《禹贡》的第三部分是讲五服制度。“服”者事也,指藩属对王室承担的职责和纳贡义务。畿服之说最早见于《国语》,《周语》称:“夫先王之制,邦内甸服,邦外侯服,侯卫宾服,夷蛮要服,戎狄荒服。甸服者祭,侯服者祀,宾服者享,要服者贡,荒服者王”,是谓五服。《禹贡》承受此说而稍变其制,称:

> 五百里甸服。百里赋纳总,二百里纳铚,三百里纳秸服,四百里粟,五百里米。五百里侯服。百里采,二百里男邦,三百里诸侯。五百里绥服。三百里揆文教,二百里奋武卫。五百里要服。三百里夷,二百里蔡。五百里荒服。三百里蛮,二百里流。

显然,《禹贡》五服制已无“邦内”和“邦外”之分,大一统的色彩更浓。其特点是以王城为中心,把四面八方广大的土地按照距离王城道路的远近,以五百里为单位,由近及远,划分成甸服、侯服、绥服、要服、荒服五个等级,同时规定了各服属等级对王室应当承担的职责和贡赋。按照这种制度设计,天子身居王城,居中御外。五服各有职责,向心王室,完全是一派理想的大一统局面。王树民先生评论说:“总起来看,在《禹贡》五服说中,虽不排除封国的存在,而主要是从统一王国的角度立说,这反映了一个重要的政治思潮。”②值得注意的是《禹贡》的作者在谈过五服之后又讲到“四至”,即:“东渐于海,西被于流沙,朔南暨,声教讫于四海。”五百里为一服,五服方五千里。作者认为中国的疆域不限于五服,五服之外,东至大海,西至沙漠,从北方到南方的极远之地,四海之内都是王者之政令教化所要达到的地方。这种“四至”说不仅超过了先秦时期中国的疆域范围,也达到了当时地理视野的极限,无疑是一种空前范围的大一统设想。

---

① 《尚书正义·禹贡》,《十三经注疏》,中华书局1980年版,第152页。

② 王树民:《畿服说考略》,《曙庵文史杂著》,中华书局1997年版,第70页。

综上所述,《禹贡》的“九州”说、“导山导水”说和五服制度都不是单纯地谈地理问题,而是从地理的角度谈政区划分以及有关的政治制度,表现出鲜明的疆域一统的思想观念,这在中国早期的大一统思想中别具一格。由于《尚书》是中国古代最为重要的经典之一,所以《禹贡》的这种思想观念,在历史上产生了深远的影响。例如,“九州”的概念虽然早就出现在一些金文和《诗经》《逸周书》等文献中(在《诗》《书》中有时也称“九有”“九围”“九隅”等),但那只是一个没有具体范围的空泛的概念。从《禹贡》开始,九州有了具体的方位、名称和疆界。后来,《吕氏春秋·有始览》《尔雅·释地》《周礼·职方氏》也谈到九州,虽不尽相同,但显然受到了《禹贡》的影响。正因为如此,顾炎武在《日知录》卷二二“九州”条中说:“九州之名,始见于《禹贡》。”另据《汉书·地理志》讲:“至武帝攘却胡、越,开地斥境,南置交阯,北置朔方之州,兼徐、梁、幽并夏、周之制,改雍曰凉,改梁曰益,凡十三部,置刺史。”这说明汉代的州制直接或间接地受到了《禹贡》“九州”说的影响。此外,《禹贡》的“四至”说也影响到后人的疆域观念。如秦始皇《琅邪台刻石》称秦朝的疆域:“六合之内,皇帝之土。西涉流沙,南尽北户。东有东海,北过大夏。人迹所至,无不臣者。”①《淮南子·主术训》言神农治天下:“其地南至交阯,北至幽都。东至旸谷,西至三危,莫不听从。”从中都可以看到《禹贡》“四至”说的影子。此外,司马迁和班固都把《禹贡》的“九州”说和五服制视为大禹疆理天下的制度,所以《史记·夏本纪》和《汉书·地理志》都是全文录入。杜佑写《通典》,他认为古时虽有划野分疆之制,但辨别九州疆界则始于《禹贡》,于是他说:“今辨《禹贡》九州并南越之地,历代郡国,析于其中。”②其《州郡典》的结构安排颇受《禹贡》的影响。总之,《禹贡》不仅以地理上的大视野论述了“九州一统”的思想观念,而且对以后中国疆域意识和疆域一统观念的进一步发展,以及行政区划的演变都具有相当大的奠基意义。

---

① 司马迁:《史记》卷六《秦始皇本纪》,中华书局1959年版,第245页。

② 《通典·州郡典二》,中华书局1988年版,第4495页。

三、孟子、荀子天下“定于一”的思想

在先秦诸子蜂起、百家争鸣的情况下，许多思想家谈史论政，程度不同地表现出大一统的思想倾向。特别是到了战国中后期，七雄兼并愈来愈激烈，统一的趋势已经隐约可见，相应地，思想家们政治大一统的思想主张也就越来越明晰，孟子和荀子堪称其中的代表。

孟子是战国中期儒家的代表性人物。“当是之时，秦用商君，富国强兵。楚、魏用吴起，战胜弱敌；齐威王、宣王用孙子、田忌之徒，而诸侯东面朝齐。天下方务于合纵连衡，以攻伐为贤，而孟轲乃述唐、虞、三代之德，是以所如者不合。”[①]孟子的治国主张虽不合时宜，但他对七雄兼并前景的预测却是准确的。孟子见梁襄王，襄王问：“天下恶乎定?”孟子对曰“定于一”，并强调只有“不嗜杀人者能一之”[②]。

何谓“定于一”？赵岐认为“孟子谓仁政为一也”[③]。朱熹解释说：“王问列国分争，天下当何所定。孟子对以必合于一，然后定也。”[④]这里揭示了“定于一”的两层含义：首先是天下“必合于一”，即定一尊于王者。孟子很注意“天下”与“国家”的区别，说：“人有恒言，皆曰‘天下国家’。天下之本在国，国之本在家，家之本在身。”[⑤]“国”即诸侯之国，“家”指公卿大夫之家，而“天下”则是各诸侯国之上的中央政权。就空间范围而言，天下是一个整体，归王者或者说天子所有，而诸侯的封国只是天下的一个组成部分。正因为如此，孟子谈为政，常常由“治国”再到“平天下”。就政治秩序而言，孟子认为“得乎丘民而为天子，得乎天子为诸侯，得乎诸侯为大夫”[⑥]。天子因为天下归心，广有四海，所以最为尊贵。诸侯只有得到天子的信任，通过“胙土”“授民”而享有封国。按照正常的政治秩

① 司马迁：《史记》卷七四《孟子荀卿列传》，中华书局1959年版，第2343页。
② 《孟子·梁惠王上》，杨伯峻译注：《孟子译注》，中华书局1960年版，第12页。
③ 孙奭：《孟子正义·梁惠王章句上》，《十三经注疏》，中华书局1980年版，第2670页。
④ 朱熹：《孟子集注》卷一，《四书章句集注》，上海书店1987年版，第7页。
⑤ 《孟子·离娄上》，杨伯峻译注：《孟子译注》，中华书局1960年版，第167页。
⑥ 《孟子·尽心下》，杨伯峻译注：《孟子译注》，中华书局1960年版，第328页。

序,天子独尊,“天子适诸侯曰‘巡狩’,诸侯朝于天子曰‘述职’。……一不朝,则贬其爵;再不朝,则削其地;三不朝,则六师移之。是故天子讨而不伐,诸侯伐而不讨”①。但是,自春秋战国以来,五霸七雄擅自征伐,导致天下越来越纷乱无序。要想使天下安定下来,就必须定一尊于天子,使其能够“朝诸侯,有天下”②。

“定于一”的第二层含义是统一于施仁之道者,因为只有仁政才能使天下真正走向安定和统一。孟子强调“仁者无敌”③,从历史上看,“以善养人,然后能服天下。天下不心服而王者,未之有也”④。所谓“以善养人”就是以美德培育人,以仁道对待人。“尧舜之道,不以仁政,不能平治天下。”从尧舜到成汤、文、武,历史一再说明:“夫国君好仁,天下无敌。今也欲无敌于天下而不以仁,是犹执热而不以濯也。”⑤孟子对当时不行仁政而好战殃民的行为提出尖锐批评,认为:“君不向道,不志于仁,而求为之强战,是辅桀也。由今之道,无变今之俗,虽与之天下,不能一朝居也。”⑥

孟子之所以提出天下将“定于一”,首先是根据历史发展的规律。他认为:“天下之生久矣,一治一乱”。譬如,尧时有洪水泛滥然后有大禹治水安天下,此一乱一治;桀、纣暴乱然后有汤、武征伐,此又一乱一治。自春秋以来,“圣王不作,诸侯放恣,处士横议”⑦,这又是一乱,历史的发展将会由乱到治。在历史治乱交替的过程中还有一个规律性的现象,那就是“五百年必有王者兴,其间必有名世者”。如果按照“五百年必有王者兴”的周期计算,从周初到战国中期已有七百多年了,时间是超过了。但如果从世乱待治的时势来看,也该有圣贤出来平治天下了。孟子不仅作此推测,而且自认为是名世之士,称:“(天)如欲平治天下,当今之世,舍

① 《孟子·告子下》,杨伯峻译注:《孟子译注》,中华书局1960年版,第287页。
② 《孟子·公孙丑上》,杨伯峻译注:《孟子译注》,中华书局1960年版,第57页。
③ 《孟子·梁惠王上》,杨伯峻译注:《孟子译注》,中华书局1960年版,第10页。
④ 《孟子·离娄下》,杨伯峻译注:《孟子译注》,中华书局1960年版,第190页。
⑤ 《孟子·离娄上》,杨伯峻译注:《孟子译注》,中华书局1960年版,第168页。
⑥ 《孟子·告子下》,杨伯峻译注:《孟子译注》,中华书局1960年版,第293页。
⑦ 《孟子·滕文公下》,杨伯峻译注:《孟子译注》,中华书局1960年版,第155页。

我其谁也?”[①]其次,从七雄兼并的现象看已出现“定于一”的要求和趋势。当时,周室将亡,诸侯愈强,特别是魏、齐、秦、楚几个大国,各有席卷天下之势。齐宣王坦承自己有“大欲”,孟子指出他的“大欲”就是“欲辟土地,朝秦、楚,莅中国而抚四夷也”[②]。在当时的诸侯王中像齐宣王这样有此“大欲”的当不止一人。就民心而言,孟子认为自春秋以后,民众长期遭受战乱和暴政之苦,渴望有王者平治天下。他说:“且王者之不作,未有疏于此时者也;民之憔悴于虐政,未有甚于此时者也。饥者易为食,渴者易为饮。……当今之时,万乘之国行仁政,民之悦之,犹解倒悬也。”[③]基于这种判断,孟子乐观地估计:“诸侯有行文王之政者,七年之内,必为政于天下矣。”[④]

荀子也是儒家的代表性人物,生活年代比孟子略晚,是战国末期人。这时候七雄兼并已进入最后阶段,天下统归于一的趋势已非常明显,因此荀子大一统的政治主张更加明确,思想内容也更为丰富。荀子的大一统思想大都用“一天下”来表述,如:“一天下,财万物”;“笞捶暴国,齐一天下”;“臣使诸侯,一天下”;“全道德,致隆高,綦文理,一天下”[⑤]等。另外,荀子还多次引述《诗经》“溥天之下,莫非王土。率土之滨,莫非王臣”和“自西自东,自南自北,无思不服”[⑥]的诗句,来表达他希望统一的思想主张。

荀子之所以反复强调“一天下”,首先,他认为统一天下是“人情之所同欲”。从追求功名权势上讲,“夫贵为天子,富有天下,名为圣王,兼治人,人莫得而制也,是人情之所同欲也”[⑦]。从物质享受上讲,“合天下而

---

① 《孟子·公孙丑下》,杨伯峻译注:《孟子译注》,中华书局1960年版,第109页。

② 《孟子·梁惠王上》,杨伯峻译注:《孟子译注》,中华书局1960年版,第16页。

③ 《孟子·公孙丑上》,杨伯峻译注:《孟子译注》,中华书局1960年版,第57页。

④ 《孟子·离娄上》,杨伯峻译注:《孟子译注》,中华书局1960年版,第174页。

⑤ 散见《荀子》之《非十二子》《儒效》《王霸》《王制》等篇,《诸子集成》,中华书局1954年版,第61、87、108、141页。

⑥ 见《诗经》之《小雅·北山》和《大雅·文王有声》,《十三经注疏》,中华书局1980年版,第463页。

⑦ 《荀子·王霸》,《诸子集成》,中华书局1954年版,第140—141页。

君之,饮食甚厚,乐声甚大,台榭甚高,园囿甚广,臣使诸侯,一天下,是又人情之所同欲也”。荀子认为,不仅统治者希望“合天下而君之”,天下民众为了摆脱虐政或战乱之苦,也期望有王者一统天下。例如武王伐纣而王天下,“近者歌讴而乐之,远者竭蹶而趋之。无幽闲辟陋之国,莫不趋使而安乐之。四海之内若一家,通达之属莫不从服”①。其次,“一天下”古已有之,而且是大儒之效,圣王之业。荀子认为:“夫尧舜者,一天下也。”又说:“全道德,致隆高,綦文理,一天下,振毫末,使天下莫不顺比从服,天王之事也。”反之,如果“天下不一,诸侯俗反,则天王非其人也”②。荀子不仅以尧、舜、文、武为例,把“一天下”视为圣王之业,而且又借周公为喻,称其辅佐成王,“兼制天下,立七十一国。……夫是之谓大儒之效”③。在荀子看来,尧舜是“先王”,文、武、周公是“后王”,他们的“一天下”很值得今天的君主和儒者效法。

关于“一天下”的内容,荀子比孟子论述得更为具体,也更为丰富。其一,王权一统。荀子认为:“天子者势位至尊,无敌于天下。……南面而听天下,生民之属,莫不振动从服以化顺之,天下无隐士,无遗善,同焉者是也,异焉者非也。”又说:“古者天子千官,诸侯百官。以是千官也,令行于诸夏之国,谓之王。”上至诸侯,下至民众,莫不听从王命,从服于天子,这是强调天子“尊无上矣”④。不仅如此,荀子还强调君不可二,势在独尊。他认为:“君者国之隆也,父者家之隆也。隆一而治,二而乱。”⑤王先谦《荀子集解》:“隆,犹尊也。”正因为天子独尊,所以“天子无妻,告人无匹也。四海之内无客礼,告无适也”⑥。“妻”,齐也。“无匹”,无与相匹。这也是强调天子独尊、“王者无外”之意。

其二,制度一统。春秋战国,“诸侯异政”。特别是经过各国变法之后,在政治、军事、法律和经济制度方面彼此差别很大。针对这种情况,荀

① 《荀子·议兵》,《诸子集成》,中华书局1954年版,第185页。

② 《荀子·王制》,《诸子集成》,中华书局1954年版,第108—109页。

③ 《荀子·儒效》,《诸子集成》,中华书局1954年版,第73—74页。

④ 《荀子·正论》,《诸子集成》,中华书局1954年版,第215页。

⑤ 《荀子·致仕》,《诸子集成》,中华书局1954年版,第175页。

⑥ 《荀子·君子》,《诸子集成》,中华书局1954年版,第300页。

子明确提出“统礼义，一制度”①，为此他还专门写了篇《王制》。“天下之大隆，是非之封界，分职名象之所起，王制是也”②。这就是说，王制是天下的最高标准，判断是非的界线，置官设职和名物典章的依据。在《王制》中，荀子从政治制度、经济制度和社会礼仪制度等几个方面论述了王制的具体内容。如“王者之制……衣服有制，宫室有度，人徒有数，丧祭械用皆有等宜”。这是讲王者的礼仪制度。“田野什一，关市几而不征，山林泽梁，以时禁发而不税。相地而衰政，理道之远近而致贡，通流财物粟米，无有滞留，使相归移也。”这是讲王者的赋税制度。当然，荀子最强调的还是以礼治国，因为“礼义者，治之始也”，所以要用礼仪作为统一天下的基本制度。

其三，疆域一统。和孟子一样，荀子也认为“国”与“天下”有别。国是“小具”，范围有限。天下是“大具”③，范围广大。天下是一个整体，应该归王者所有，所以他讲的“一天下”和“王天下”通常是一个意思。荀子提出“笞箠暴国，齐一天下”④“县天下，一四海”⑤“四海之内若一家，通达之属莫不从服”⑥。这都是在强调天下王有，疆域一统。尽管当时是七雄并争，但荀子对天下归一的前景似乎很乐观。他说：“用大儒，则百里之地久，而后三年，天下为一，诸侯为臣。用万乘之国，则举错而定，一朝而伯。”⑦

其四，思想文化一统。战国时期诸子蜂起，各派各家都著书立说，议论政治，相互批判，出现了“百家争鸣”的局面。对于这种现象，荀子非常不满，认为“天下无二道，圣人无两心。今诸侯异政，百家异说，则必或是或非，或治或乱”⑧。所谓“天下无二道，圣人无两心”，强调的就是治国之

---

① 《荀子·儒效》，《诸子集成》，中华书局 1954 年版，第 89 页。
② 《荀子·正论》，《诸子集成》，中华书局 1954 年版，第 228 页。
③ 《荀子·正论》，《诸子集成》，中华书局 1954 车版，第 215 页。
④ 《荀子·儒效》，《诸子集成》，中华书局 1954 年版，第 87 页。
⑤ 《荀子·王霸》，《诸子集成》，中华书局 1954 年版，第 139 页。
⑥ 《荀子·议兵》，《诸子集成》，中华书局 1954 年版，第 185 页。
⑦ 《荀子·儒效》，《诸子集成》，中华书局 1954 年版，第 89—90 页。
⑧ 《荀子·解蔽》，《诸子集成》，中华书局 1954 年版，第 258 页。

道和思想观念必须统一，不然就会引起混乱。为了充分说明“百家异说”的危害，荀子专门写了一篇《非十二子》。在这篇文章中，荀子开宗明义，说：“假今之世，饰邪说，文奸言，以枭乱天下，矞宇嵬琐，使天下混然不知是非治乱之所存者，有人矣。”在把各家的学说定性为扰乱天下的“奸言”“邪说”之后，荀子把它嚣、魏牟，陈仲、史鳍，墨翟、宋钘，慎到、田骈，惠施、邓析，子思、孟轲分为六家十二子，逐一加以批评，认为“知而险，贼而神，为诈而巧，言无用而辩，辩不惠而察，治之大殃也”。因此他要求“齐言行，壹统类”，并且认为：

今夫仁人也，将何务哉？上则法舜禹之制，下则法仲尼子弓之义，以务息十二子之说。如是，则天下之害除，仁人之事毕，圣王之迹著矣。

关于统一天下的方式和手段，荀子也作了专门探讨和论述。他认为从历史到现实，“凡兼人者有三术：有以德兼人者，有以力兼人者，有以富兼人者”。以武力统一天下，虽能得地获人，但人心不服，而且消耗太大。用财富统一天下，虽能让民众归附，但国力难支。只有用德行统一天下，不仅会使民众安顺，而且会更加强大。因此荀子赞成“以德兼人”，认为“以德兼人者王”。值得注意的是，荀子不仅关心天下统一的问题，而且还提出能否稳定的问题。他说：“兼并易能也，唯坚凝之难焉。”历史上的齐闵王和燕昭王等人能夺人之地，但“不能凝之”。“古者汤以薄，武王以滈，皆百里之地也，天下为一，诸侯为臣，无它故焉，能凝之也。故凝士以礼，凝民以政。礼修而士服，政平而民安。士服民安，夫是之谓大凝。以守则固，以征则强。令行禁止，王者之事毕矣。”①在大一统的局面尚未出现的时候，荀子提出兼并易“坚凝”难的问题，并强调“凝士以礼，凝民以政”，这是非常有理论价值和历史眼光的。

四、董仲舒对大一统的阐释

董仲舒是西汉时期的儒学大师，主要活动于汉景帝和汉武帝时期，以

① 《荀子·议兵》，《诸子集成》，中华书局 1954 年版，第 192 页。

物之本”,“在乎天地之前”,一方面强调“其义以随天地终始也”,即“元”与万物相即不二,随天地相终始。他又释“春”为天的表征,“春者,天之所为也”。而“王”则是人间的代表,“正者,王之所为也”①。《春秋》首书“元年”,然后置“王”于“春”“正”之间,这便是以元统天,以天统人王,“元”成了人世间大一统政治秩序的形而上的根源。

所谓立元正始,就是指从价值上讲要谨始、重本,宇宙万物和人之活动都必须以“元”为本,必须有一个纯正的开端。董仲舒认为:

> 《春秋》何贵乎元而言之?元者,始也,言本正也。②
>
> 案《春秋》谓一元之意,一者万物之所从始也,元者辞之所谓大也。谓一为元者,视大始而欲正本也。③

“视大始而欲正本”是讲称元年的政治意义,“万物之所从始”则是从本体论上讲“一元”之意。为什么“元年”之后要书“春王正月”呢?董仲舒解释说:“案《春秋》之文,求王道之端,得之于正。正次王,王次春。春者,天之所为也;正者,王之所为也。”④又说:“《春秋》之道,以元之深正天之端,以天之端正王之政,以王之政正诸侯之即位,以诸侯之即位正竟内之治。五者俱正而化大行。”⑤“元”代表宇宙的本原,天地的开始,而“天之端”是指四季的开始即“春”。先说“元年”而次说“春”,即表示“以元之深正天之端”。先说“春”后说“王正月”,是因为“王之所为”本于“天之所为”,所以要“以天之端正王之政”。诸侯要服从天子,奉行受命而王者所改的正朔,所以“正月”之后书“公即位”,这表示“以王之政正诸侯之即位”。经过这样一番解释,董仲舒把《春秋》经文中简单的一句话演绎成了一幅复杂而富有哲理的天人秩序图。“元不仅先天而正天,使天有一合理的开端可被理解,还要正王之政与诸侯之即位,使王与诸侯建立的政治秩序有一形而上的根基,获得一超越的合法性。”⑥

---

① 班固:《汉书》卷五六《董仲舒传》,中华书局 1962 年版,第 251—252 页。

② 董仲舒:《春秋繁露·王道》,《二十二子》,上海古籍出版社 1986 年版,第 775 页。

③ 班固:《汉书》卷五六《董仲舒传》,中华书局 1962 年版,第 2502 页。

④ 班固:《汉书》卷五六《董仲舒传》,中华书局 1962 年版,第 2501—2502 页。

⑤ 董仲舒:《春秋繁露·二端》,《二十二子》,上海古籍出版社 1986 年版,第 780 页。

⑥ 蒋庆:《公羊学引论》,辽宁教育出版社 1995 年版,第 283 页。

在董仲舒的大一统学说中,还有一点值得关注,那就是他"独尊儒术"的思想主张。早在先秦时期,商鞅、荀子、韩非等人都曾提出过统一思想的要求。秦汉大一统政治局面的出现,为实现这一要求提供了必要条件。由于秦始皇试图通过暴力手段把人们的思想统一于法家而招致失败,所以汉初又出现了诸子复兴的局面。针对这种情况,董仲舒在他的《天人三策》中提出:

> 《春秋》大一统者,天地之常经,古今之通谊也。今师异道,人异论,百家殊方,指意不同,是以上亡以持一统;法制数变,下不知所守。臣愚以为诸不在六艺之科孔子之术者,皆绝其道,勿使并进。邪辟之说灭息,然后统纪可一而法度可明,民知所从矣。①

关于董仲舒这种"罢黜百家,独尊儒术"的思想主张,其利弊得失这里暂不作讨论,就大一统思想的发展而言,与前人相比,他的思想主张有三点值得关注。其一,董仲舒在提出思想文化统一的要求之前,先提出"《春秋》大一统者,天地之常经,古今之通谊也",这就不同于先秦诸子仅仅站在一家之言的立场上主张息"奸言邪说",而是以大一统的天地之常经为依据,这就为思想文化的统一找到了形而上的根基。其二,董仲舒把"师异道,人异论,百家殊方,指意不同",与"上亡以持一统"和"下不知所守"直接联系起来,表明他已经深刻理解了政治一统与思想文化一统的关系,他的主张是为了统一汉王朝治国的指导思想,更是为了巩固西汉大一统的政治局面。其三,先秦诸子讲思想统一还仅仅是理想,秦虽有"以法为教""以吏为师"的实践,但失败了,董仲舒提出"罢黜百家,独尊儒术",汉武帝表示采纳,于是乎"绌黄老、刑名百家之言,延文学儒者数百人,而公孙弘以《春秋》白衣为天子三公,封以平津侯。天下之学士靡然乡风矣"②。这说明董仲舒的主张付诸了政治实践,并且逐步地得以实现。

---

① 班固:《汉书》卷五六《董仲舒传》,中华书局1962年版,第2523页。

② 司马迁:《史记》卷一二一《儒林列传》,中华书局1959年版,第3118页。

五、司马迁、班固的大一统历史思想

从西汉到东汉，先后出现了司马迁和班固两位杰出的史学家。司马迁"通古今之变"，撰成《史记》；班固则断代为史，著成《汉书》。如果说公羊学家董仲舒完成了大一统思想的哲理化，那么作为史学家的司马迁和班固则进而为大一统思想探寻历史依据，或者说他们从历史总结的角度为大一统思想的发展作出了特殊的贡献。

首先，《史记》《汉书》的编纂目的和体例结构体现了大一统的历史观念。据《太史公自序》介绍，司马迁子承父业，之所以执著于编修《史记》，是仿效"《春秋》采善贬恶，推三代之德，褒周室"。他认为：

> 汉兴以来，至明天子，获符瑞，封禅，改正朔，易服色，受命于穆清，泽流罔极，海外殊俗，重译款塞，请来献见者，不可胜道。臣下百官力诵圣德，犹不能宣尽其意。且士贤能而不用，有国者之耻；主上明圣而德不布闻，有司之过也。且余尝掌其官，废明圣盛德不载，灭功臣世家贤大夫之业不述，堕先人所言，罪莫大焉。

显然，在司马迁看来，面对历史上空前的大一统局面，作为史家他有责任把帝王的统一大业和功臣世家贤大夫的贡献记载下来。《史记》开创了纪传史体，分本纪、表、书、世家、列传五个部分。对于这种体例结构，司马迁在《太史公自序》中解释说：

> 网罗天下放失旧闻，王迹所兴，原始察终，见盛观衰，论考之行事，略推三代，录秦汉，上记轩辕，下至于兹，著十二本纪，既科条之矣。并时异世，年差不明，作十表。礼乐损益，律历改易，兵权山川鬼神，天人之际，承敝通变，作八书。二十八宿环北辰，三十辐共一毂，运行无穷，辅拂股肱之臣配焉，忠信行道，以奉主上，作三十世家。扶义俶傥，不令己失时，立功名于天下，作七十列传。

《史记》五体建构，本纪记"王迹所兴"即王者大一统事业的兴衰变化，是全书的纲。司马迁说："既科条之矣。""科条"即科分其朝代而加以条理。《史记正义》引裴松之《史目》云："天子称本纪，诸侯曰世家。本者，系其本系,故曰本。纪者,理也,统理众事,系之年月,名之曰纪。”刘知幾也说:“盖纪者,纲纪庶品,网罗万物,考篇目之大者,其莫过于此乎。”又说:“盖纪之为体,犹《春秋》之经,系日月以成岁时,书君上以显国统。”①世家记“辅拂股肱之臣”,是本纪的配角,司马迁比作“二十八宿环北辰,三十辐共一毂”,蕴含着群臣一统于天子之意。刘知幾评论说:“自有王者,便置诸侯,列以五等,疏为万国。当周之东迁,王室大坏,于是礼乐征伐自诸侯出。迄乎秦世,分为七雄。司马迁之记诸国也,其编次之体,与本纪不殊。盖欲抑彼诸侯,异乎天子,故假以他称,名为世家。”②列传记“立功名于天下者”,等级和规格较世家又低了一级。刘知幾认为:“夫纪传之兴,肇于《史》《汉》。盖纪者,编年也。传者,列事也。编年者,历帝王之岁月,犹《春秋》之经。列事者,录人臣之行状,犹《春秋》之传。《春秋》则传以解经,《史》《汉》则传以释纪。”③此外,表记兴亡理乱,书记朝章国典,也都是与本纪相“配焉”。总之,《史记》以本纪为核心,五体合一,形象地反映了大一统王朝的社会结构和政治秩序。

如果说司马迁修史是为了“尊汉”,班固写《汉书》更是有意识地“宣汉”。《汉书·叙传下》自述其著书的目的是:

> 固以为唐虞三代,《诗》《书》所及,世有典籍,故虽尧舜之盛,必有典谟之篇,然后扬名于后世,冠德于百王,故曰:“巍巍乎其有成功,焕乎其有文章也!”汉绍尧运,以建帝业,至于六世,史臣乃追述功德,私作本纪,编于百王之末,厕于秦、项之列。太初以后,阙而不录,故探篹前记,缀辑所闻,以述《汉书》。

由此可见,班固认为“汉绍尧运,以建帝业”,而这种天下一统的盛况是空前的,只有独为一史才能彰显大汉功德。所以,他的“宣汉”就是想使汉大一统的丰功伟业能够“扬名于后世”。《汉书》在总体布局上继承了《史记》的体裁,但略有调整。一是取消“世家”,将汉初异姓和同姓诸侯王并入列传。“世家”本来是记诸侯之事的,表示他们开国成家,世代相续,地

① 《史通·本纪》,浦起龙:《史通通释》,上海古籍出版社 1978 年版,第 37 页,第 38 页。
② 《史通·世家》,浦起龙:《史通通释》,上海古籍出版社 1978 年版,第 41—42 页。
③ 《史通·列传》,浦起龙:《史通通释》,上海古籍出版社 1978 年版,第 46 页。

位虽卑于“本纪”，但高于“列传”。班固此举固然是武帝以后诸侯仅衣食租税这种时势变化的反映，同时也反映了他对中央集权和国家一统的肯定。二是增设了一些篇目。如司马迁鉴于惠帝柔懦，吕后专政，所以没给汉惠帝立本纪。班固从尊君的角度出发，补写了《惠帝纪》，虽然内容很简略，但毕竟起到了“书君上以显国统”的作用。

班固还改“书”为“志”，在《史记》的基础上，增设刑法、地理、艺文等志。他写《刑法志》是因为古圣先王“威实辅德，刑亦助教”；他写《艺文志》一方面盛赞孔子整理六经，一方面批评战国时期“群言纷乱，诸子相腾”，目的在于展示汉王朝在搜求整理典籍方面的“洪烈”①。这些都涉及政治和文化大一统的问题。班固创立《地理志》，更是意义重大。讲历史离不开空间概念，特别是从大一统的角度讲历史，更有必要叙述历代疆域范围。《汉书·地理志》可分为三大部分，第一部分全文录入《尚书·禹贡》和《周礼·职方氏》，在《禹贡》之前增加黄帝至大禹时期中国的范围，《职方》之后缀述西周至秦的疆域，旨在说明历代疆域概况和地理沿革。第二部分写西汉政区，以郡为纲，以县为目，反映了汉王朝疆域之辽阔和国家行政管理的职能。第三部分综论各地的山川、物产和社会习俗。这样的内容介绍和结构安排，目的就是让人树立天下为一、疆域一统的历史观念。

其次，司马迁、班固在评述历史中突出了大一统的价值取向。

司马迁撰写《史记》，上起黄帝，下迄汉武，前后相连，首尾呼应，不仅给纷乱复杂的历史理出了一条清晰的线索，而且具体记述了中国历史从原始的部落统一走向封建大一统的发展变化过程。司马迁的《史记》从黄帝开始写起，其着眼点就在大一统上。其一，“轩辕之时，神农氏衰。诸侯相侵伐，暴虐百姓，而神农氏弗能征。于是轩辕氏乃习用干戈，以征不享，诸侯咸来宾从”。黄帝之前还是一个部族纷争时代，通过“修德振兵”，黄帝战胜炎帝，擒杀蚩尤，“诸侯咸尊轩辕为天子，代神农氏，是为黄帝。天下有不顺者，黄帝从而征之，平者去之”。可见，黄帝是中国历史

① 班固：《汉书》卷一〇〇下《叙传下》，中华书局1962年版，第4244页。

上第一个结束混战、完成统一的帝王。其二,黄帝的统治范围,“东至于海”,“西至于空桐”,“南至于江”,“北逐荤粥,合符釜山,而邑于涿鹿之阿”,这便勾勒出了我们民族立国的初步规模。其三,黄帝平定天下之后,巡察四方,“以师兵为营卫。官名皆以云命,为云师。置左右大监,监于万国”。又举风后、力牧、常先、大鸿以治理百姓,顺应天地阴阳四时,播种百谷,蓄养鸟兽。这说明有许多大一统的政治制度已萌芽于此。其三,“黄帝二十五子,其得姓者十四人”。“自黄帝至舜、禹,皆同姓而异其国号。”①司马迁讲到三代之君、秦汉帝王、春秋以后列国诸侯以及四方民族,或追其世系,或探其族源,最后几乎都追溯至黄帝。由此说明,包括华夏族和周边各民族在内,整个中华民族同源共祖,黄帝是大家共同的祖先,这就从血缘上和伦理上证明了实现和维护天下政治大一统的必要性和必然性。从这三点可以看出,司马迁写黄帝是有着深刻的大一统含义的。

在对黄帝以后的历史评述中,司马迁也充满着反对分裂割据,颂扬天下一统的思想倾向。譬如,秦因暴政二世而亡,汉人论政治得失,常以秦为喻,秦朝便成了受讥笑的对象。司马迁则不同于流俗,对于秦朝的统一大业他从不同的方面给予了肯定。其一,司马迁认为秦始皇吞灭六国建立帝业,是一位划时代的人物,所以从他开始为帝王个人立纪。在《秦始皇本纪》中,司马迁不仅概要介绍了秦始皇统一六国的过程和各种大一统政治制度创设情况,而且还详细记述了秦始皇巡游时的五篇刻石。秦始皇统一六国后多次巡行天下,所到之处都要刻石“颂秦德”。所谓“颂秦德”,主要就是颂扬秦始皇统一天下的历史功勋。如《琅琊台刻石》云:“普天之下,抟心辑志。器械一量,同书文字。日月所照,舟舆所载。皆终其命,莫不得意。……六合之内,皇帝之土。西涉流沙,南尽北户。东有东海,北过大厦。人迹所至,无不臣者。”《之罘刻石》云:“圣法初兴,清理疆内,外诛暴强。武威旁畅,振动四极,禽灭六王。阐并天下,灾害绝息,永偃戎兵。”会稽刻石云:“皇帝休烈,平一宇内,德惠修长。……圣德

① 司马迁:《史记》卷一《五帝本纪》,中华书局1959年版,第45页。

广密，六合之中，被泽无疆。皇帝并宇，兼听万事，远近毕清”。司马迁之所以不厌其烦地记述这些歌功颂德的刻石，是取其含有颂扬大一统的内容和意义。在《秦始皇本纪》的最后，司马迁引述贾谊《过秦论》的话说："秦并海内，兼诸侯，南面称帝，以养四海，天下之士斐然向风，若是者何也？曰：近古之无王者久矣。"看来，司马迁是想把秦朝的暴政和帝业区别开来，认为其统一天下是人心所向，是历史的进步，值得肯定。

其二，司马迁认为秦完成统一大业并非易事，有一个日积月累的过程。在《秦楚之际月表·序》中他感叹："秦起襄公，章于文、缪，献、孝之后，稍以蚕食六国，百有余载，至始皇乃能并冠带之伦。以德若彼，用力如此，盖一统若斯之难也。"正是基于这种认识，司马迁在《周本纪》和《秦始皇本纪》之间，加了一篇《秦本纪》。对此很多人表示不解，其实司马迁此举一方面是追述秦统一大业的基础，用他自己的话说就是"昭襄业帝，作《秦本纪》"，所以该篇的内容前略而后详。另一方面，在诸侯并争时代，秦国常雄霸天下。特别是周灭亡后，秦实际上已经开始主宰天下。司马迁写《秦本纪》就是为了"科条"这段历史。《六国年表》也表达了这层意思，该表起周元王迄秦二世，共分三个阶段。第一阶段分八栏，第一栏周，尊天下共主。第二栏秦，实际上是天下的主宰者。两者地位特殊，都不在"六国"之内。从周赧王卒后，第一栏暂时空格。从秦始皇元年开始，该表进入第二阶段，共分七栏，秦升至第一栏，其余为六国。秦统一天下后为第三阶段，此时六国已亡，通栏记秦的历史。司马迁的这种写法就是为了突出秦由霸业到帝业的艰难历程。在此表的《序》中司马迁说："秦取天下多暴，然世异变，成功大。传曰：'法后王。'何也？以其近己而俗变相类，议卑而易行也。学者牵于所闻，见秦在帝位日浅，不察其终始，因举而笑之，不敢道，此与以耳食无异。悲夫！"在一片"过秦"声中，司马迁能如此肯定秦一统六国的功勋和贡献，完全是大一统的历史价值观使然。

班固论古今之变，也同样带有大一统的价值取向。譬如，在《汉书·游侠传》中他很赞赏三代大一统的政治制度，认为"古者天子建国，诸侯立家，自卿大夫以至于庶人各有等差，是以民服事其上，而下无觊觎"。但是自平王东迁之后，"周室既微，礼乐征伐自诸侯出。桓、文之后，大夫世权,陪臣执命。陵夷至于战国,合纵连衡,力政争强”。于是信陵君、平原君、孟尝君、春申君“皆借王公之势,竞为游侠。……于是背公死党之议成,守职奉上之义废矣”。如果按照“礼乐征伐自天子出”的原则衡量,“五伯,三王之罪人也;而六国,五伯之罪人也。夫四豪者,又六国之罪人也”。显然,在班固看来,三代时期人各安其等,礼乐征伐自天子出,是最合理的现象,是历史的常态,而春秋战国时期的“五伯”“六国”“四豪”破坏了这种秩序,是乱相,是一种反常的历史现象。谈到汉代的历史,班固也同样是反对分裂割据,颂扬汉家一统。在楚汉战争中,刘邦曾分封了一批异姓诸侯王。汉王朝建立不久,虽然逐个消灭了这些异姓诸侯,但刘邦鉴于秦“孤立”败亡,又分封了一批同姓诸侯王,由此引起了长期的中央与诸侯王的矛盾斗争。在评述这段历史时,班固明确指出汉初大封同姓,“藩国大者夸州兼郡,连城数十,宫室百官同制京师,可谓挢枉过其正矣”①。他称吴王刘濞等是“逆乱”②,称赞景帝“克伐七国,王室以定”③。对于文、景和武帝时期的削藩,班固总结说:“文帝采贾生之议分齐、赵,景帝用晁错之计削吴、楚。武帝施主父之册,下推恩之令,使诸侯得分户邑以封子弟,不行黜陟,而藩国自析。”④对汉王朝最终解决藩国问题作出了积极的评价。

班固生活于东汉,对光武中兴和东汉大一统的局面更是赞美有加。如在《东都赋》中,他借东都主人之口痛陈:“往者王莽作逆,汉祚中缺,天人致诛,六合相灭。于时之乱,生民几亡,鬼神泯绝,壑无完柩。”然后称赞光武帝刘秀“霆发昆阳”,“建都河洛。绍百王之荒屯,因造化之荡涤,体元立制,继天而作。系唐统,接汉绪,茂育群生,恢复疆宇,勋兼乎在昔,事勤乎三五”。接着又颂扬光武帝的功业——“普天率土,各以其职”⑤。这是用诗的语言描绘了一幅大一统的盛世局面。

① 班固:《汉书》卷一四《诸侯王表》序,中华书局 1962 年版,第 394 页。
② 班固:《汉书》卷三五《荆燕吴传》,中华书局 1962 年版,第 1918 页。
③ 班固:《汉书》卷一〇〇下《叙传下》,中华书局 1962 年版,第 4237 页。
④ 班固:《汉书》卷一四《诸侯王表》序,中华书局 1962 年版,第 395 页。
⑤ 范晔:《后汉书》卷四〇下《班彪传下》,中华书局 1965 年版,第 1360 页。

第四节　关于国家体制的不同见解

一、殷周时期的“封建”之制

在中国古代较早出现的地方行政体制是分封制，后来渐渐被郡县制取代。大体说来，夏、商、西周实行的是分封制度，春秋战国时期各诸侯国先后开始置县设郡，至秦统一六国全部实行郡县制。汉初鉴于秦孤立而亡，先是分封异姓诸侯王，然后又大封同姓诸侯王，于是造成郡国并存的局面。自“七国之乱”平定后，汉室大力削藩，至汉武帝时封国已与郡县无别。由于分封制与郡县制在历史上长期存在，而且两者时常处于此消彼长的对立状态，加上这两种制度都事关国之政体，也事关统治集团的利益分配，所以自先秦以来，政治家和思想家对这两种制度十分关注，议论评说，提出了各种各样的思想主张。

古人谈及分封之制，往往追溯得很久远，甚至上溯至尧舜时代。《尚书·尧典》不仅称颂尧能使“百姓昭明，协和万邦”，而且已有了“五载一巡守，群后四朝”之制。该篇还多次提到“四岳”，“四岳”即四方诸侯之长。《尚书·禹贡》称大禹在“导山”“导水”、划分九州之后，曾将“中邦锡土姓，祗台德先，不距朕行”，并且制定了五服之制。《史记·夏本纪》“中邦”作“中国”，裴骃《集解》引郑玄曰：“中即九州也。天子建其国，诸侯祚之土，锡之姓，命之氏，其敬悦天子之德既先，又不距违我天子政教所行。”“锡土姓”是讲夏王室赐姓建国，而“五服制”则进而规定了众邦国的爵位等级及政治秩序。

商王朝的行政体制分内服和外服，内服即商王室直接治理的王畿之地，外服则是指商人所封的诸侯或臣属于商王朝的方国。商代王畿的具体范围无详载，《诗经·商颂·玄鸟》称武丁时有“邦畿千里”，可能带有一些诗人的夸张。《尚书·酒诰》提到殷时有内服、外服，其中“越在外服,侯、甸、男、卫、邦伯”,甲骨文中也有侯、伯、子、男、任等称,这些都是商代的诸侯,散布在王畿之外。《诗经·商颂·殷武》曰:“昔有成汤,自彼氐羌,莫敢不来享,莫敢不来王,曰商是常。”这说明当时远在西方的氐羌也成了商的属邦。

关于两周的分封制,文献中有较多的记述和评议。《左传·昭公二十六年》说:“昔武王克殷,成王靖四方,康王息民,并建母弟,以蕃屏周。”事实上西周分封的有同姓也有异姓,并不限于“母弟”。《左传·昭公二十八年》曰:“昔武王克商,光有天下。其兄弟之国者十有五人,姬姓之国者四十人。”《荀子·儒效》则说:周公“兼制天下,立七十一国,姬姓独居五十三人焉”。虽然对封国的数量诸说不一,但周初行分封之制则是公认的事实。从武王克商到周公完成第二次东征,其间周王室如此大规模地分封诸侯,其目的何在?《左传·僖公二十四年》解释说:“昔周公吊二叔之不咸,故封建亲戚以蕃屏周。管、蔡、郕、霍、鲁、卫、毛、聃、郜、雍、曹、滕、毕、原、酆、郇,文之昭也。邘、晋、应、韩,武之穆也。凡、蒋、邢、茅、胙、祭,周公之胤也。……周之有懿德也,犹曰‘莫如兄弟’,故封建之。其怀柔天下也,犹惧有外侮;捍御侮者,莫如亲亲,故以亲屏周。”《尚书·康王之诰》也说:“昔君文武丕平富,不务咎,厎至齐信,用昭明于天下。……乃命建侯树屏,在我后之人。”由此看来,周行分封,利用的是宗法关系,遵循的是亲亲之道,其目的则在于“以蕃屏周”。

西周的分封制度,其核心内容是“赐姓”“胙土”“命氏”。《左传·隐公八年》云:“天子建德,因生以赐姓,胙之土而命之氏。诸侯以字为谥,因以为族。官有世功,则有官族,邑亦如之。”所谓“因生以赐姓”,即在功臣生时赐予一定的被征服的异族。“胙之土”,即封赐诸侯以土地。“命之氏”,即命功臣建国于某一地区。《左传·定公四年》载卫国子鱼的一段话谈得更为具体,他说:

昔武王克商,成王定之,选建明德,以蕃屏周。故周公相王室,以尹天下,于周为睦。分鲁公以大路、大旂,夏后氏之璜,封父之繁弱,殷民六族,条氏、徐氏、萧氏、索氏、长勺氏、尾勺氏,使帅其宗氏,辑其分族,将其丑类,以法则周公。用即命于周。是使之职事于鲁,以昭周公之明德。分之土田陪敦、祝、宗、卜、史，备物、典策，官司、彝器；因商奄之民，命以《伯禽》而封于少皞之虚。分康叔以大路、少帛、綪茷、旃旌、大吕，殷民七族，陶氏、施氏、繁氏、锜氏、樊氏、饥氏、终葵氏；封畛土略，自武父以南及圃田之北竟，取于有阎之土以共王职；取于相土之东都以会王之东搜。聃季授土，陶叔授民，命以《康诰》而封于殷虚。皆启以商政，疆以周索。分唐叔以大路、密须之鼓、阙巩、沽洗，怀姓九宗，职官五正。命以《唐诰》而封于夏虚，启以夏政，疆以戎索。三者皆叔也，而有令德，故昭之以分物。

这里较为详细地叙述了周王室分封鲁、卫、晋三国之事，不仅有“赐姓”“胙土”和“命氏”的具体内容，还有赏赐车马、旗号、彝器的具体情况。西周分封诸侯时一般都要有隆重的“册命”典礼，从有关文献和金文的册命记载来看，其仪式和程序主要有三步：首先是行礼于太庙，由傧者赞礼，赐以诰命；然后明确划分所赐的土地、人民、职官及相应的礼物；最后是受封者稽首拜谢，称颂天子万寿。

关于分封诸侯的爵位等级，《春秋公羊传·隐公五年》说：“诸侯者何？天子三公称公，王者之后称公，其余大国称侯，小国称伯子男。”《白虎通义·爵》称：“《含文嘉》曰‘殷爵三等，周爵五等’，各有宜也。”讲殷爵三等尚无实据，至于说西周的爵制，《尚书》中西周诸诰和金文只提到诸侯有侯、甸、男、卫等称谓，说明当时五等爵制尚未确立。到了春秋，讲诸侯中有了公、侯、伯、子、男五等爵位则是可信的。《孟子·万章下》曰：“天子一位，公一位，侯一位，伯一位，子、男同一位，凡五等也。”《国语·周语》称：“昔我先王之有天下也，规方千里以为甸服……其余以均分公、侯、伯、子、男。”《礼记·王制》云：“王者之制禄爵，公、侯、伯、子、男凡五等。”《周礼·地官·大司徒》称：“凡建邦国，以土圭土其地而制其域。诸公之地，封疆方五百里，其食者半；诸侯之地，封疆方四百里，其食者参之一；诸伯之地，封疆方三百里，其食者参之一；诸子之地，封疆方二百里，其食者四之一；诸男之地，封疆方百里，其食者四之一。”这些说法大同小异，说明春秋时期确有五等爵制存在。与诸侯五等爵制有关的还有畿服制。所谓畿服制，是指以王畿为中心向外扩展，由近及远，划分若干个区域,各区域内的诸侯对王室履行不同的职责和纳贡义务。由于各书所说内容杂乱,名称互异,服数也或五或六或九,限于篇幅,在此不一一赘述。

周王室在封邦建国时通过"赐姓""胙土""命氏"以及五等爵制和畿服制的规定,使各诸侯国与王室之间确立了相应的权利和义务关系。就诸侯对于天子的义务而言,主要有四个方面。首先是朝聘。诸侯必须定期朝觐天子,谓之述职,也表示承认自己与天子的君臣隶属关系。诸侯亲自去朝觐谓之朝,派卿大夫代替前往谓之聘。关于朝聘的时间,《礼记·王制》说:"诸侯之于天子也,比年一小聘,三年一大聘,五年一朝。"周王室对诸侯的朝聘看得很重,据《孟子·告子下》讲,"一不朝则贬其爵,再不朝则削其地,三不朝则六师移之"。

其次是纳贡,即诸侯对天子负有纳贡方物的义务。《左传·昭公十三年》载子产的话,说:"昔天子班贡,轻重以列。列尊贡重,周之制也。卑而贡重者,甸服也。"杜预注:"甸服谓天子畿内共职贡者。"《左传》和《国语》有许多诸侯方国向周王室纳贡的实例,如《国语·鲁语下》载孔子论楛矢,说:"昔武王克商,通道于九夷、百蛮,使各以其方贿来贡,使无忘职业。于是肃慎氏贡楛矢、石砮,其长尺有咫。"这说明周初连远在东北的肃慎氏也要履行贡职。《左传·昭公十二年》记楚国祖先熊绎在康王时,"辟在荆山,筚路蓝缕,以处草莽,跋涉山林以事天子。唯是桃弧、棘矢以共御王事"。共即贡,可见楚国也曾以桃弧、棘矢进奉王室。关于各地诸侯所贡方物,《周礼·天官·大宰》罗列了九种:"以九贡致邦国之用:一曰祀贡,二曰嫔贡,三曰器贡,四曰币贡,五曰材贡,六曰货贡,七曰服贡,八曰斿贡,九曰物贡。"这九种贡品也许与实际情况不尽相符,但诸侯须向天子纳贡则是不容否认的事实。

其三,力役。王室若有重大工程,诸侯须提供力役。如周成王要兴建东都成周,"周公乃朝用书,命庶殷侯、甸、男邦伯"①。可见除殷民外,侯、甸、男各诸侯国的君主也要奉命参加营建新都。几百年后,周敬王欲修缮成周城墙,派使臣富辛、石张到晋国劝说晋侯联络诸侯,说:"昔成王合诸

① 《尚书·召诰》,《十三经注疏》,中华书局1980年版,第211页。

侯城成周，以为东都。”晋国答称：“天子有命，敢不奉承以奔告于诸侯？迟速衰序，于是焉在。”①这说明直到春秋时期诸侯仍然有向王室提供力役的义务。

其四，蕃屏周室。周于王畿之外众建诸侯，意在使之蕃屏王室，所以各诸侯国皆有从征或勤王的义务。据《班簋》铭文讲，成王东征时，“王命吴伯曰：以乃师左比毛公。王命吕伯曰：以乃师右比毛公”。毛公奉王命统率大军出征东夷，吴伯和吕伯也奉命率领本国军队配合作战。《国语·鲁语下》称：“天子作师，公帅之，以征不德。元侯作师，卿帅之，以承天子。”“元侯”即大国之君，可作三师，其三卿皆由周天子册命，所以可随从周天子出征。另据《史记·周本纪》和《秦本纪》记载，西周末年，周幽王宠爱褒姒。当他为博褒姒一笑而举烽火戏诸侯时，起初“诸侯悉至”，克尽勤王之责。后来幽王数举烽火，诸侯不信。等到犬戎杀幽王于骊山之下，诸侯方知王室真出了大事。秦国、晋国、郑国等发兵救周，其中秦襄公先是力战救周，后又护送平王有功，“平王封襄公为诸侯，赐之岐以西之地”。进入春秋之后，仍不时出现诸侯勤王之事。

二、秦废“封建”的历史论证

在前人的认识和议论中，西周封邦建国，是分封制的典型时期和兴盛时期。秦一统天下，海内尽为郡县，郡县制取代了分封制，秦也由此成为郡县制度的典型代表。实际上，秦王朝在应该选择什么样的地方行政体制上，曾有过激烈的争论。

第一场大的争论发生在秦始皇二十六年（前221年）初并天下不久，当时“丞相绾等言：‘诸侯初破，燕、齐、荆地远，不为置王，毋以填之。请立诸子，唯上幸许。’始皇下其议于群臣，群臣皆以为便。廷尉李斯议曰：‘周文武所封子弟同姓甚众，然后属疏远，相攻击如仇雠，诸侯更相诛伐，

① 《左传·昭公三十二年》，杨伯峻编著：《春秋左传注》，中华书局1981年版，第1517—1518页。

周天子弗能禁止。今海内赖陛下神灵一统,皆为郡县,诸子功臣以公赋税重赏赐之,甚足易制。天下无异意,则安宁之术也。置诸侯不便。'始皇曰:'天下共苦战斗不休,以有侯王。赖宗庙,天下初定,又复立国,是树兵也,而求其宁息,岂不难哉!廷尉议是。'"①尽管王绾的建议得到大多数朝臣的赞同,但李斯关于分封制与郡县制利弊的分析却得到了秦始皇的认同,所以这场争论便以"廷尉议是"而告终。

第二场大的争论发生在秦始皇三十四年(前213年)的寿宴上,先是仆射周青臣称颂始皇帝:"他时秦地不过千里,赖陛下神灵明圣,平定海内,放逐蛮夷,日月所照,莫不宾服。以诸侯为郡县,人人自安乐,无战争之患,传之万世。自上古不及陛下威德。"秦始皇听后十分高兴,不料博士齐人淳于越不以为然,反驳说:"臣闻殷周之王千余岁,封子弟功臣,自为枝辅。今陛下有海内,而子弟为匹夫,卒有田常、六卿之臣,无辅拂,何以相救哉?事不师古而能长久者,非所闻也。今青臣又面谀以重陛下之过,非忠臣。"始皇把淳于越的意见交给群臣评议,丞相李斯认为:"五帝不相复,三代不相袭,各以治,非其相反,时变异也。今陛下创大业,建万世之功,固非愚儒所知。且越言乃三代之事,何足法也?异时诸侯并争,厚招游学。今天下已定,法令出一,百姓当家则力农工,士则学习法令辟禁。今诸生不师今而学古,以非当世,惑乱黔首。丞相臣斯昧死言:古者天下散乱,莫之能一,是以诸侯并作,语皆道古以害今,饰虚言以乱实,人善其所私学,以非上之所建立。今皇帝并有天下,别黑白而定一尊。私学相与非法教,人闻令下,则各以其学议之,入则心非,出则巷议,夸主以为名,异取以为高,率群下以造谤。如此弗禁,则主势降乎上,党与成乎下。禁之便。"②于是李斯趁机提出焚书的建议,秦始皇再次肯定李斯的意见,并下令焚书。

对于司马迁所述秦王朝的这两次廷议,前人有些误解。其一,认为秦始皇二十六年(前221年)王绾与李斯的意见之争事关当时秦采取什么

---

① 司马迁:《史记》卷六《秦始皇本纪》,中华书局1959年版,第238—239页。

② 司马迁:《史记》卷六《秦始皇本纪》,中华书局1959年版,第254—255页。

样的国家行政体制，而争论的结果是“分天下以为三十六郡”①。事实上，秦早在武公十年（前688年），伐邽、冀戎，“初县之”②。以后随着疆域的扩展，不断地置县设郡。等到嬴政即位之时，“秦地已并巴、蜀、汉中，越宛有郢，置南郡矣；北收上郡以东，有河东、太原、上党郡；东至荥阳，灭二周，置三川郡”③。以后秦每得新地则设置郡县。如秦王嬴政十七年（前230年），内史腾灭韩，俘韩王安，“尽入其地，为颍川郡”④。十九年（前228年），王翦破赵，俘赵王迁，“尽定赵地为郡”⑤。二十二年（前225年），秦灌大梁，虏魏王假，“遂灭魏以为郡县”⑥。二十四年（前223年），“秦将王翦、蒙武遂破楚国，虏楚王负刍，灭楚名为郡云”⑦。《史记集解》引孙检曰：“秦虏楚王负刍，灭去楚名，以楚地为三郡。”二十六年（前221年），“秦兵击齐。……秦虏王建，迁之共，遂灭齐为郡”⑧。由此可见，秦是一边兼并六国，一边推行郡县制。等到灭齐统一，天下已遍置郡县矣。第一次秦廷议分封时李斯就明确指出“今海内赖陛下神灵一统，皆为郡县”，说明当时郡县制已是既成事实，王绾只是建议将远离咸阳的齐、燕、楚之地改封诸子，并不存在秦始皇因采纳李斯的主张才“分天下以为三十六郡”之事。其二，认为王绾和淳于越主张效法三代的分封制度，完全是复古之论。事实上，王绾强调的是“诸侯初破，燕、齐、荆地远，不为置王，毋以填之，请立诸子”，分封的范围只限于燕、齐、荆这些偏远之地，分封的对象也仅限于秦始皇“诸子”，这显然是一种有限的分封制。后来淳于越也认为“今陛下有海内，而子弟为匹夫”，一旦天下有变，将会有孤立无援的隐患。可见，他们二人建议的分封已非三代“封子弟功臣”的旧制，也不是在天下普遍地改行分封制，而是为消除海内尽为郡县的隐患所

① 司马迁：《史记》卷六《秦始皇本纪》，中华书局1959年版，第239页。
② 司马迁：《史记》卷五《秦本纪》，中华书局1959年版，第182页。
③ 司马迁：《史记》卷六《秦始皇本纪》，中华书局1959年版，第223页。
④ 司马迁：《史记》卷四五《韩世家》，中华书局1959年版，第1878页。
⑤ 司马迁：《史记》卷七三《白起王翦列传》，中华书局1959年版，第2338页。
⑥ 司马迁：《史记》卷四四《魏世家》，中华书局1959年版，第1864页。
⑦ 司马迁：《史记》卷四〇《楚世家》，中华书局1959年版，第1737页。
⑧ 司马迁：《史记》卷四六《田敬仲完世家》，中华书局1959年版，第1902页。

采取的补救措施。

虽然这两次争论并不是秦废分封制而行郡县制的原因,但争论所涉及的问题却值得我们关注和思考。

首先,争论的双方对于三代分封制的得与失有着不同的认识和评判。丞相王绾之所以建议在偏远之地“请立诸子”,显然是以西周大封同姓为借鉴,认为那样可以起到“以亲屏藩”的作用。淳于越的话更直白,认为殷周之所以能享国千余岁,关键在于“封子弟功臣,自为枝辅”。所以建议秦始皇“师古”,分封子弟以求国祚长久。李斯的看法恰恰相反。他用变化的眼光看西周的分封制度,虽然没有明确否定分封子弟同姓在西周时期所起的积极作用,但强调到了春秋战国时期,“然后属疏远,相攻击如仇雠,诸侯更相诛伐,周天子弗能禁止”。再说治国之道在于因时制宜,既然“今陛下创大业,建万世之功”,那么,“三代之事,何足法也?”显然,李斯与王绾、淳于越的政见之争源于两种不同的历史认识,一方主要着眼于殷周时期分封制所起的积极作用,另一方则着重强调春秋战国时期所表现出来的分封制的消极后果。

其次,秦始皇之所以“以诸侯为郡县”,为的是永绝战争之患。据《史记·秦始皇本纪》记载:

> 秦初并天下,令丞相、御史曰:“异日韩王纳地效玺,请为藩臣,已而倍约,与赵、魏合纵叛秦,故兴兵诛之,虏其王。寡人以为善,庶几息兵革。赵王使其相李牧来约盟,故归其质子。已而倍盟,反我太原,故兴兵诛之,得其王。赵公子嘉乃自立为代王,故举兵击灭之。魏王始约服入秦,已而与韩、赵谋袭秦,秦兵吏诛,遂破之。荆王献青阳以西,已而畔约,击我南郡,故发兵诛,得其王,遂定其荆地。燕王昏乱,其太子丹乃阴令荆轲为贼,兵吏诛,灭其国。齐王用后胜计,绝秦使,欲为乱,兵吏诛,虏其王,平齐地。……”

看来,秦在灭六国的过程中,一再发生降而复叛之事,这些教训促使秦始皇认定只有废诸侯为郡县才能安定天下,“灾害绝息,永偃戎兵”。由此可见,秦始皇君臣之所以废分封而行郡县,并不仅仅是出于自私或贪欲,而是基于历史和现实的教训以及要创“万世之安”而考虑的。关于这一点，司马迁似乎也有同感，他在《史记·李斯列传》中称李斯佐秦始皇灭六国，“夷郡县城，销其兵刃，示不复用。使秦无尺土之封，不立子弟为王、功臣为诸侯者，使后无战攻之患”。

再次，王绾的有限分封建议虽不为秦始皇接受，但并非毫无道理。虽然自战国中后期以来不少国家都在置郡设县，但作为一种国家行政体制，郡县制是一项颇为复杂的政治工程。它走向成熟需要一个较长的过程，取代分封制也不可能一蹴而就。秦兼并六国之后，在交通和通讯条件较为落后的情况下，面对全国各地以及社会各阶层诸多的旧恨新仇和错综复杂的矛盾，要靠“一刀切”的郡县制治理好幅员空前辽阔的秦帝国，这对官僚队伍的数量、质量以及行政管理机构之间的运行机制都有很高的要求。但是，当时郡县制并没有发育到这种程度，特别是在人们的思想观念上分封制仍有相当的市场。在此情况下，秦选择郡县制虽然从总体上看符合历史发展的趋势，但“无尺土之封”的举措仍显得有些操之过急。几年之后，陈胜揭竿而起，秦帝国很快便土崩瓦解。时人都认为秦是孤立而亡，于是先后出现了项羽和刘邦的分封之举。这与其说是历史的倒退，不如说是对秦“一刀切”的郡县制的矫枉过正，或者说是郡县制发展过程中的正常反复。

三、司马迁、班固的记述与分析

从先秦到秦汉，是国家行政体制变化最明显，分封制与郡县制矛盾斗争最激烈的一个历史时期。司马迁和班固都强调“通古今之变”，因而《史记》和《汉书》对于分封、郡县制的产生及发展特别是在汉代的矛盾斗争都作了很好的历史总结。

《汉书·叙传》中有一段话：“自昔黄、唐，经略万国，燮定东西，疆理南北。三代损益，降及秦汉，革刬五等，制立郡县。”一言以蔽之，先秦是立封疆而统理之，秦汉则是废分封而立郡县。这当然是从大处着眼，极为概括的一种归纳总结。事实上，分封、郡县制的演变在时间上没这样泾渭分明，过程上也颇多反复。

谈到分封制度,司马迁和班固都从黄帝开始写起。据《史记·五帝本纪》和《汉书·地理志》介绍,面对蚩尤、炎帝等暴乱,黄帝“乃修德振兵”,“从而征之,平者去之”,“建万国,亲诸侯”,“协和万国”。后来大禹治平洪水,“更制九州,列五服”,“锡土姓”,“任土作贡”,使分封制度进一步完善。至于殷商时期,由于“殷因于夏,亡所变改”,所以司马迁和班固均一提带过。

关于西周封邦建国的情况,因时隔不远,文献有征,司马迁和班固言之颇详。《史记·周本纪》记述了武王克殷后大封子弟功臣和先王之后,以及周公第二次东征后分封微子、康叔、唐叔等情况。《史记·汉兴以来诸侯王年表》又结合周朝的五等爵制对其分封制度及前后的变化作了进一步说明:

> 太史公曰:殷以前尚矣。周封五等:公,侯,伯,子,男。然封伯禽、康叔于鲁、卫,地各四百里,亲亲之义,褒有德也;太公于齐,兼五侯地,尊勤劳也。武王、成、康所封数百,而同姓五十五,地上不过百里,下三十里,以辅卫王室。管、蔡、康叔、曹、郑,或过或损。厉、幽之后,王室缺,侯伯强国兴焉,天子微,弗能正。非德不纯,形势弱也。

对于周分封诸侯的效果,班固的评价似乎更充分一些,也更高一些。《汉书·诸侯王表》序说:

> 昔周鉴于二代,三圣制法,立爵五等,封国八百,同姓五十有余。周公、康叔建于鲁、卫,各数百里;太公于齐,亦五侯九伯之地。《诗》载其制曰:“介人惟藩,大师惟垣。大邦惟屏,大宗惟翰。怀德惟宁,宗子惟城。毋俾城坏,毋独斯畏。”所以亲亲贤贤,褒表功德,关诸盛衰,深根固本,为不可拔者也。故盛则周、邵相其治,致刑错;衰则五伯扶其弱,与共守。自幽、平之后,日以陵夷,至虖阸陋河洛之间,分为二周,有逃责之台,被窃铁之言。然天下谓之共主,强大弗之敢倾。历载八百余年,数极德尽,既于王赧,降为庶人,用天年终。号位已绝于天下,尚犹枝叶相持,莫得居其虚位,海内无主,三十余年。

一般的论者谈到周代分封制的得与失,总是以西周的强盛论其得,以东周的混乱衰亡证其失。班固既看到了西周时的盛况,也看到了东周时的衰败景象,而且对“幽、平”之后的情况作两面观。他并不否认“周室既衰,礼乐征伐自诸侯出,转相吞灭,数百年间列国耗尽”①,就连周天子也“有逃责之台,被窃铁之言”。但东周王室虽然微弱,“然天下谓之共主”,诸侯国之间“尚犹枝叶相持”,仍然表现出分封制“深根固本”的功效,这样的分析和评价显然有不同于流俗的地方。

秦一统六国后,认为春秋战国数百年间“天下共苦战斗不休,以有侯王”,所以在全国范围内实行了单一的郡县制度。对此,司马迁作了客观性的描述。《史记·秦楚之际月表》序曰:“秦既称帝,患兵革不休,以有诸侯也,于是无尺土之封,堕坏名城,销锋镝,锄豪桀,维万世之安。然王迹之兴,起于闾巷,合纵讨伐,轶于三代,乡秦之禁,适足以资贤者为驱除难耳。”汉人“过秦”,往往认为其废分封造成了孤立无援之弊,班固也不例外。《汉书·诸侯王表》序认为秦始皇“窃自号为皇帝,而子弟为匹夫,内亡骨肉本根之辅,外亡尺土藩翼之卫。陈、吴奋其白梃,刘、项随而毙之”。《汉书·异姓诸侯王表》序也说“今汉独收孤秦之弊”。

秦亡汉兴,刘邦吸取周秦以来分封、郡县制的经验教训,将两者加以折中,一方面置郡设县,一方面又分封王侯。这种郡国并存的局面引发了日后长时期的中央与封国的矛盾斗争,如何削藩便成了汉王朝的一大政治问题。其实,“汉初受命,诸侯并政,制自项氏,十有八姓”②。及“高祖定天下,功臣异姓而王者八国。张耳、吴芮、彭越、黥布、臧荼、卢绾与两韩信,皆徼一时之权变,以诈力成功,咸得裂土,南面称孤。见疑强大,怀不自安,事穷势迫,卒谋叛逆,终于灭亡”③。等到“高祖末年,非刘氏而王者,若无功上所不置而侯者,天下共诛之。高祖子弟同姓为王者九国,唯独长沙异姓,而功臣侯者百有余人。自雁门、太原以东至辽阳,为燕、代国;常山以南,大行左转,度河、济,阿、甄以东薄海,为齐、赵国;自陈以西,南至九疑,东带江、淮、穀、泗,薄会稽,为梁、楚、淮南、长沙国:皆外接于胡、越。而内地北距山以东尽诸侯地,大者或五六郡,连城数十,置百官宫

① 班固:《汉书》卷二八上《地理志上》,中华书局1962年版,第1542页。

② 班固:《汉书》卷一〇〇下《叙传下》,中华书局1962年版,第4240页。

③ 班固:《汉书》卷三四《韩彭英卢吴传》后论,中华书局1962年版,第1895页。

观,僭于天子。汉独有三河、东郡、颍川、南阳,自江陵以西至蜀,北自云中至陇西,与内史凡十五郡,而公主列侯颇食邑其中。何者?天下初定,骨肉同姓少,故广强庶孽,以镇抚四海,用承卫天子也”①。

刘邦这种“大启九国”,分封同姓的做法,对于稳定汉王朝的统一,挫败吕氏集团的篡权图谋曾经起到了一定的积极作用。对此,司马迁和班固都给予了充分的肯定。如淮南王英布反,先后击荆王刘贾和楚王刘交,两人皆“发兵与战”,虽然一死一败,但多少尽到了“镇抚四海,用承卫天子”的职责。后来诸吕谋乱,齐王刘襄举兵讨之,朱虚侯刘章居中为应,皆为平乱作出了贡献。正因为如此,《汉书·诸侯王表》序评价说:

> 汉兴之初,海内新定,同姓寡少,惩戒亡秦孤立之败,于是剖裂疆土,立二等之爵。功臣侯者百有余邑,尊王子弟,大启九国。……虽然,高祖创业,日不暇给,孝惠享国又浅,高后女主摄位,而海内晏如,亡狂狡之忧,卒折诸吕之难,成太宗之业者,亦赖之于诸侯也。

对于汉初大封同姓的弊端,司马迁和班固也作了具体分析。司马迁的批评主要有两点,一是吴王等同姓封国太大。他认为,“古者诸侯地不过百里,山海不以封”②,以免有尾大不掉之患。然而汉初的同姓封国往往跨州连郡,王数十城,这就为强藩谋反埋下了隐患。二是诸侯王权位太重。司马迁在《史记·五宗世家》中说:“高祖时诸侯皆赋,得自除内史以下,汉独为置丞相,黄金印。诸侯自除御史、廷尉正、博士,拟于天子。”正是由于诸侯不仅可以临土治民,而且如此位高权重,所以他们才敢于而且能够与朝廷分庭抗礼,甚至举国叛乱。班固不仅完全认同司马迁的上述批评,而且作了进一步的分析。首先,他直言汉初“藩国大者夸州兼郡,连城数十,宫室百官同制京师,可谓挢枉过其正矣”③。“挢枉过其正”五字不仅含义深刻,也比司马迁的批评直接明了,一语中的。其次,深入分析了诸侯王骄淫失道或谋逆丧国的深层原因。他在《汉书·景十三王

① 司马迁:《史记》卷一七《汉兴以来诸侯王年表》序,中华书局 1959 年版,第 801—802 页。

② 司马迁:《史记》卷一〇六《吴王濞列传》,中华书局 1959 年版,第 2836 页。

③ 班固:《汉书》卷一四《诸侯王表》序,中华书局 1962 年版,第 394 页。

传》后论中感叹：

> 昔鲁哀公有言："寡人生于深宫之中，长于妇人之手，未尝知忧，未尝知惧。"信哉斯言也！虽欲不危亡，不可得已。是故古人以宴安为鸩毒，亡德而富贵，谓之不幸。汉兴，至于孝平，诸侯王以百数，率多骄淫失道。何则？沈溺放恣之中，居势使然也。自凡人犹系于习俗，而况哀公之伦乎！

在《汉书·贾谊传》中，班固又借贾谊之口分析异姓诸侯王谋反之事：

> 臣窃迹前事，大抵强者先反。淮阴王楚最强，则最先反；韩信倚胡，则又反；贯高因赵资，则又反；陈豨兵精，则又反；彭越用梁，则又反；黥布用淮南，则又反；卢绾最弱，最后反。长沙乃在二万五千户耳，功少而最完，势疏而最忠，非独性异人也，亦形势然也。

这两段分析评议，前者着眼于环境习俗的影响，认为众多诸侯王之所以骄淫失道，主要是从小就"未尝知忧""未尝知惧"，"沈溺放恣之中，居势使然也"。后者主要强调"形势"的作用，诸侯王或反叛或忠顺，主要原因不在于性格差异，而在于实力如何，强者先反而势疏者最忠是普遍的规律。班固能如此从"居势"和"形势"上看问题，反映了一个杰出史学家深刻的历史洞察力。

封国实力坐大，诸侯王骄纵不法，迫使汉王朝着手削藩。对于这一过程，《汉书·诸侯王表》序介绍说：

> 然诸侯原本以大，末流滥以致溢，小者淫荒越法，大者睽孤横逆，以害身丧国。故文帝采贾生之议分齐、赵，景帝用晁错之计削吴、楚。武帝施主父之册，下推恩之令，使诸侯王得分户邑以封子弟，不行黜陟，而藩国自析。自此以来，齐分为七，赵分为六，梁分为五，淮南分为三。皇子始立者，大国不过十余城。长沙、燕、代虽有旧名，皆亡南北边矣。景遭七国之难，抑损诸侯，减黜其官。武有衡山、淮南之谋，作左官之律，设附益之法，诸侯惟得衣食税租，不与政事。

汉朝削藩的方法和途径主要有两种，一是分割大的封国，主要是通过增加诸侯数量而达到缩小封国面积的目的，贾谊的"众建诸侯而少其力"之策和主父偃的"推恩令"皆属此类。二是"减黜其官"，即通过减少诸侯国官

吏数量和降低其品秩的办法削夺诸侯王的权力。《汉书·百官公卿表上》序云:

> 诸侯王,高帝初置,金玺盭绶,掌治其国。有太傅辅王,内史治国民,中尉掌武职,丞相统众官,群卿大夫都官如汉朝。景帝中五年令诸侯王不得复治国,天子为置吏,改丞相曰相,省御史大夫、廷尉、少府、宗正、博士官,大夫、谒者、郎诸官长丞皆损其员。武帝改汉内史为京兆尹,中尉为执金吾,郎中令为光禄勋,故王国如故。损其郎中令,秩千石;改太仆曰仆,秩亦千石。成帝绥和元年省内史,更令相治民,如郡太守,中尉如郡都尉。

自汉文帝以来,汉王朝不断通过"众建诸侯"和"减黜其官"双管齐下的办法削夺藩国,到武帝以后"诸侯惟得衣食税租,不与政事",封国与郡县实际上已无多大区别了。

在汉朝削藩的过程中,除文帝、景帝和武帝外,贾谊、晁错和主父偃是三个关键性的人物。虽然他们都意在解决藩国的威胁问题,但因面临的形势不同,具体建议和削藩的方式方法也不尽相同。比较而言,司马迁和班固似乎更推崇贾谊和主父偃,而对晁错强硬的削藩之策则有所保留。班固不仅在《汉书·贾谊传》中详细记载了贾谊"众建诸侯而少其力"的建议和以亲制疏、以藩制藩的策略,而且在《汉书·叙传》中称赞:"建设藩屏,以强守圉,吴楚合纵,赖谊之虑。"晁错鉴于吴等强藩"今削之亦反,不削之亦反。削之,其反亟,祸小。不削,反迟,祸大"①,所以"请诸侯之罪过,削其地,收其枝郡"②。显然晁错是要求朝廷公开地以罪责罚诸侯,夺其边郡以为中央,而不是分割给诸侯王自己的子弟,这样一来朝廷与吴、楚的矛盾骤然激化,由此引发了七国之乱。后来主父偃接受了晁错的教训,建议汉武帝"令诸侯得推恩分子弟,以地侯之"。表面上看这是皇帝推恩于诸侯王诸子,大家都封王封侯,"人人喜得所愿,上以德施,实分其国,不削而稍弱矣"③。在司马迁看来,主父偃的办法比

① 司马迁:《史记》卷一〇六《吴王濞列传》,中华书局 1959 年版,第 2825 页。

② 司马迁:《史记》卷一〇一《袁盎晁错列传》,中华书局 1959 年版,第 2747 页。

③ 司马迁:《史记》卷一一二《平津侯主父列传》,中华书局 1959 年版,第 2961 页。

晁错高明，也更有实效，所以《史记·孝景本纪》写道："太史公曰：汉兴，孝文施大德，天下怀安。至孝景，不复忧异姓，而晁错刻削诸侯，遂使七国俱起，合纵而西乡，以诸侯太盛，而错为之不以渐也。及主父偃言之，而诸侯以弱，卒以安。安危之机，岂不以谋哉？"所谓"错为之不以渐"，就是批评晁错削藩的办法过于强硬，操之过急。班固也说："错之琐材，智小谋大。"[①]似乎与司马迁有同感。

还有一个问题值得讨论：汉王朝持续不断地削藩固然消除了藩国的威胁，但把诸侯王削夺到"惟得衣食税租，不与政事"，甚至"贫者或乘牛车"[②]的程度，是否也失去了汉初本有的分封树藩的宗旨呢？班固有一段话很耐人寻味，他在《汉书·诸侯王表》序中说：汉家王侯"至于哀、平之际，皆继体苗裔，亲属疏远，生于帷墙之中，不为士民所尊，势与富室亡异。而本朝短世，国统三绝，是故王莽知汉中外殚微，本末俱弱，亡所忌惮，生其奸心……诈谋既成，遂据南面之尊，分遣五威之吏，驰传天下，班行符命。汉诸侯王厥角稽首，奉上玺韨，惟恐在后，或乃称美颂德，以求容媚，岂不哀哉！"把吕氏之乱与王莽篡汉时汉家同姓诸侯王的不同表现加以比较，的确令人感慨良多。班固虽没明言汉家削藩亦有矫枉过正之处，但"王莽知汉中外殚微，本末俱弱，亡所忌惮，生其奸心"的话中似乎隐含着这层意思。

从先秦到秦汉，中国的地方行政体制经历了由分封制到郡县制的历史演变。秦汉之后，虽然郡县制始终居主导地位，但分封制度又往往以与西周"封邦建国"不同的形式长期延续了下来。与此相联系的是关于分封制与郡县制得失优劣的争论，也长期延续了下来。司马迁和班固对先秦、秦汉时期的分封、郡县制及其演变过程作了较为系统的总结，当然这种总结是初步的，阶段性的，因为分封、郡县制在延续，人们对它们的认识也在不断深化。尽管如此，司马迁和班固的有关记述和分析评议都为后人的进一步思考提供了难得的历史资料和思想资料。

---

① 班固：《汉书》卷一〇〇下《叙传下》，中华书局 1962 年版，第 4252 页。

② 班固：《汉书》卷三八《高五王传》，中华书局 1962 年版，第 2002 页。

小　结

先秦、秦汉时期，是中国由原始社会进入阶级社会，由部族到阶级对抗国家的历史发展阶段。在这一过程中，许多思想家、史学家对国家问题非常关注，他们或者对有关的现象有着自己的观察和认识，或者对国家发展的历史进程进行分析和总结。关于国家的起源，先哲们提出了种种说法。而国家的起源是一个非常复杂的历史问题，而且与文明的产生和君主制度的起源等问题有着密切的联系。由于政治主张不同，观察的角度和着眼点不同，先哲们对国家的起源产生了不同的认识和见解。这些认识和见解都有其合理性，先哲们大都把国家视为历史发展的产物，从私有制观念的产生、人与自然的矛盾以及社会矛盾的发展等方面揭示国家产生的原因和条件，这是非常难能可贵的。关于国家的职能，先哲们从不同的方面提出了许多深刻的见解。尤其是史学家论治国，大多重视"和""安"，这种认识至今仍具有一定的启迪意义。

在中国古代，大一统既是一种政治制度，又是一种政治主张和历史观念。大一统的思想观念产生于商周，丰富于春秋战国，至秦汉进一步系统化、理论化。早期的大一统思想主要强调的是天下王有，也就是《诗经·小雅·北山》所讲的"溥天之下，莫非王土。率土之滨，莫非王臣"。以后，大一统的思想内涵不断丰富，不仅涉及疆域一统、皇权一统，而且还包括民族统一和中央集权以及思想文化的统一等等。需要特别指出的是，西汉公羊学大师董仲舒通过对"《春秋》之义"的解释，完成了大一统思想的哲理化。而司马迁本着大一统的观念撰写《史记》，通过历史总结，使大一统变成了一种历史思想。

分封制和郡县制是先秦和秦汉时期实行的两种不同的地方行政体制，其利弊得失，古人有不少议论评说。对于三代的分封制，特别是西周的"封邦建国"，先秦文献有不少介绍和评价，大都持肯定的态度。秦灭六国实现统一后，对三代分封制的得失，朝廷上曾有过两次激烈的争论，其结果秦始皇是郡县而非分封。后来，司马迁和班固对分封制和郡县制及其演变进行了历史总结，他们认为：西周的分封制发挥了蕃屏周室的作用，甚至直到春秋战国仍具有“深根固本”之效。秦朝海内尽为郡县，结果孤立而亡。汉“惩戒亡秦孤立之败”，搞郡、国并行之制，但有些封国太大，诸侯王的权位也太重，于是出现了“七国之乱”之类的问题，迫使朝廷逐步地削夺藩国。

第七章

历代兴亡之辩与历史鉴戒思想

在中国先民的历史观念中，重视总结历史经验是一个古老的传统，由此积累起来的历史鉴戒思想，成为中国古代历史理论的一个重要方面。史学家、思想家、政治家，从三代更迭、秦亡汉兴，以及两汉交替的重大历史变动中，对历代兴亡的原因及其经验教训进行了认真的思考，提出了许多有价值的思想认识和理论见解。

第一节　夏殷之亡与历史鉴戒思想的产生

一、周人从历史中获得的启示

桀纣暴乱引起汤武征伐，于是就有了殷革夏命和周革殷命。夏桀的灭亡曾经给殷人怎样的震撼和教训，因文献记载不详，我们不得而知。但经历了三代兴亡之后，周人的确有了许多的历史感悟，并且明确产生了以夏殷之亡为历史鉴戒的思想。

其一，认识到"天命靡常，惟德是辅"的道理。

透过三代更迭，周人不仅认识到天命是可以转移的，而且发现天命转移并不是任意的,而是根据一定的原则进行,可以为人们所认识的。《尚书·召诰》谈到夏殷之亡,认为夏朝和殷朝之所以不能延长国命,主要在于他们的王"惟不敬厥德,乃早坠厥命"。《尚书·多方》也强调:

> 非天庸释有夏,非天庸释有殷,乃惟尔辟,以尔多方,大淫图天之命,屑有辞。乃惟有夏图厥政,不集于享,天降时丧,有邦间之。乃惟尔商后王,逸厥逸,图厥政,不蠲烝,天惟降时丧。

所谓"大淫""图天之命""不蠲烝""逸厥逸""图厥政",都是"不敬厥德"的具体表现。总之,不是上天要舍弃夏和殷,而是因为他们的王和诸侯失德太甚,所以"天惟降时丧"。据《尚书·多士》讲,"上帝引逸"。上天本来是希望民众能长久安乐的,但夏桀却不听从上天之命,"大淫泆有辞",因此上天不再眷念怜悯他,"废元命,降致罚",命令成汤革去夏命。从成汤到帝乙,殷之先王"罔不明德恤祀",所以上天也"保乂有殷"。但自从纣王即位以后,"诞罔显于天,矧曰其有听念于先王勤家?诞淫厥泆,罔顾于天显民祇,惟时上帝不保,降若兹大丧"。其实,不仅桀纣之亡体现了天命依德转移的原则,"惟天不畀不明厥德,凡四方小大邦丧,罔非有辞于罚"。

在周人看来,桀纣是因失德而丧失天命,周文王则是因"明德"而成为受命之主。如《尚书·康诰》说:"惟乃丕显考文王,克明德慎罚,不敢侮鳏寡,庸庸,祇祇,威威,显民。用肇造我区夏,越我一二邦以修。我西土惟时怙冒,闻于上帝,帝休,天乃大命文王,殪戎殷,诞受厥命,越厥邦厥民惟时叙。"意思是说,周文王能崇尚德教,慎用刑罚,尊贤任能,救助老弱,把西土治理得很好。上帝闻知此事非常高兴,于是降大命于文王,并且帮助灭掉了大邦殷。《诗经·大雅》有不少赞颂周文王的诗篇,如《文王》称:"穆穆文王,於缉熙敬止。假哉天命,有商孙子。"《大明》称:"维此文王,小心翼翼。昭事上帝,聿怀多福。厥德不回,以受方国。"《皇矣》先申称:"皇矣上帝,临下有赫。监观四方,求民之莫。维此二国,其政不获。维彼四国,爰究爰度。上帝耆之,憎其式廓。乃眷西顾,此维与宅。"然后又说:"帝谓文王,予怀明德。不大声以色,不长夏以革。不识不知,顺帝之则。"这些赞颂之词,都在说明周文王之所以能受命于天,在于他

"勤用明德"。

正是由于天命依据德而转移,"皇天无亲,惟德是辅"①,所以周人提出"敬德"以济天命之穷。如《尚书·梓材》所说:"皇天既付,中国民越厥疆土于先王,肆王惟德用,和怿先后迷民,用怿先王受命。"这是称赞先王施行德政,既愉悦了民众,也愉悦了所受天命。《召诰》反复强调:"王其疾敬德!""王敬作所,不可不敬德。""宅新邑,肆惟王其疾敬德。王其德之用,祈天永命。"这里反反复复劝告成王"疾敬德",希望用德祈求得到永久的国命。《君奭》也说:"嗣前人,恭明德。"又说:"'天不可信'。我道惟宁王德延,天不庸释于文王受命。"这是强调只有奉行明德,才能继承先王之业,把文王接受的天命延续下去。周人这样翻来覆去地强调敬德、明德、奉德、用德,显然是接受了殷纣恃天命"暴德"而亡的教训,要求统治者要特别在"德"字上下工夫,以德济天命之穷,以德延续先王之业,由此形成了鲜明的德政思想。

其二,认识"敬天保民"的重要性。

周人从殷商灭亡中悟出了"德"的重要性。"德"是一个综合概念,至少包括敬天、孝祖、勤政、保民等,其中最重要的莫过于敬天保民。《尚书·周书》中有许多敬天的言论,如《大诰》:"予惟小子,不敢替上帝命。""呜呼!天明畏,弼我丕丕基。""天命不僭,卜陈惟若兹。"《洛诰》:"公不敢不敬天之休","公其以予万亿年敬天之休"。《多士》:"惟天明畏。""尔克敬,天惟畀矜尔。"《立政》:"以敬事上帝。"《顾命》:"在后之侗,敬迓天威。""眇眇予末小子,其能而乱四方以敬忌天威。"《吕刑》:"尔尚敬逆天命,以奉我一人。""无简不听,具严天威。"周人之所以如此强调"敬天之休""敬忌天威",一方面是因为相信周受命于天,而天是可以赏善罚恶的;另一方面是接受了商纣王迷信天命却不敬事上帝而招致惩罚的历史教训。周人认为,"在昔殷先哲王,迪畏天显小民,经德秉哲"②。但到了商纣王,自以为"有命在天","殄废先王明德,侮蔑神祇不祀,昏暴商邑

① 《左传·僖公五年》引《周书》,杨伯峻编著:《春秋左传注》,中华书局1981年版,第309页。

② 《尚书·酒诰》,《十三经注疏》,中华书局1980年版,第206—207页。

百姓，其章显闻于天皇上帝”①。后来，周武王评论说：

> 恶乎君子！天有显德，其行甚章。为鉴不远，在彼殷王。谓人有命，谓敬不可行，谓祭无益，谓暴无伤。上帝不常，九有以亡；上帝不顺，祝降其丧。惟我有周，受之大帝。②

显然，在武王看来，纣王因迷信“吾有命”，“不肯事上帝，弃厥先神祇不祀”，结果“天亦纵弃纣而不葆”。③ 这是应该汲取的历史教训。

除“敬天”之外，周人还特别强调“保民”。如《尚书·康诰》反复讲：“往敷求于殷先哲王，用保乂民。”“别求闻由古先哲王，用康保民。”“往尽乃心，无康好逸豫，乃其乂民。”“汝惟小子，乃服惟弘王应保殷民。”“若有疾，惟民其毕弃咎。若保赤子，惟民其康乂。”“我时其惟殷先哲王德，用康乂民作求。”《无逸》则反复强调：“爰知小人之依，能保惠于庶民，不敢侮鳏寡。”“怀保小民，惠鲜鳏寡。”“用咸和万民。”此外，《梓材》希望“子子孙孙永保民”，《洛诰》希望“和恒四方民，居师”，《文侯之命》则希望“柔远能迩，惠康小民，无荒宁”。《周书》之所以这样反复申说“保民”“惠民”，首先是由于对上天与民众的关系有了新的认识。《尚书·洪范》认为：“惟天阴骘下民，相协厥居。”《大诰》也说：“今天其相民。”《诗经·皇矣》云：“皇矣上帝，临下有赫。监观四方，求民之莫。”为了保护安定民众，上帝在不断地寻找能够为民作主的人。《尚书·多方》说：“天惟时求民主。”由于夏人“大不克明保享于民，乃胥惟虐于民”，所以上天就抛弃了夏，命成汤“代夏作民主”。到了纣王时期，“天惟五年须暇之子孙，诞作民主”。上帝用了五年的时间等待成汤的子孙悔悟，使其继续作民之主。但是纣王“罔可念听”，不顺从天意，所以上天便“简畀殷命”，使周人取代殷王为民作主。周人不仅认为“天惟时求民主”，而且以为天意来自于民意。《尚书·泰誓》表示：“天视自我民视，天听自我民听。”④又说：

① 司马迁：《史记》卷四《周本纪》，中华书局1959年版，第126页。
② 《墨子·非命下》引《泰誓》，《诸子集成》，中华书局1954年版，第175页。
③ 《墨子·天志中》引《泰誓》，《诸子集成》，中华书局1954年版，第128页。
④ 《孟子·万章上》引《泰誓》，杨伯峻译注：《孟子译注》，中华书局1960年版，第219页。

"民之所欲,天必从之。"①正是由于天命以民意为转移,所以周人在"敬天"的同时,认为自己有责任保护、安定小民。《尚书·梓材》称:"王启监,厥乱为民。"王者封建诸侯大率是为了人民,所以他要告诫诸侯"无胥戕,无胥虐,至于敬寡,至于属妇,合由以容"。最理想的状态是"引养引恬",即长久地保养百姓,长久地安定百姓。能长久地保养和安定百姓,自然就会得到长久的国祚。周人强调"保民"的另外一个原因是从殷周兴亡中看到了民众的力量和作用。《左传·成公二年》引"《泰誓》所谓:商兆民离,周十人同者"。《左传·昭公二十四年》又引"《泰誓》曰:纣有亿兆夷人,亦有离德;余有乱臣十人,同心同德"。由于商纣王暴虐于民,淫乱不止,"诸侯多叛纣而往归西伯"。后来武王举行盟津之会,"诸侯叛殷会周者八百"②。等到牧野决战,"纣师虽众,皆无战之心,心欲武王亟入。纣师皆倒兵以战,以开武王。武王驰之,纣兵皆崩畔纣"③。牧野之战,周兴殷亡,周人从中看到了民众的力量,看到了民心向背的作用。《尚书·康诰》于是说:"天畏棐忱,民情大可见,小人难保。"正因为感到"小人难保",所以《无逸》要求"治民祗惧",即治理民众要小心谨慎。《酒诰》强调"人无于水监,当于民监"。《洛诰》告诫要"作民明辟",就是说要做民众的好君主,千万不可像商王那样暴虐于民而招致灭亡。

其三,增强了忧患意识。

这里说的忧患意识,主要表现为对天道自然的深沉思索和对民生国运刻骨铭心的忧虑。早在殷商末年,纣王的荒淫暴虐,使箕子、商容、梅伯、比干等人对殷商的命运充满着忧虑,先后冒死劝谏,或被囚禁,或被杀害,成为一代富有忧患感的志士仁人。在经历了殷亡周兴的历史震荡之后,周初人的忧患意识更加普遍和强烈。

首先,殷周鼎革,天命转移。周人能否稳定自己的统治?能否长久地

① 左丘明著,韦昭注:《国语·周语中》《国语·郑语》及《左传·襄公三十一年》《左传·昭公元年》引。左丘明著,韦昭注:《国语》,上海古籍出版社1978年版,第85、515页;《左传》,杨伯峻编著:《春秋左传注》,中华书局1981年版,第1204、1184页。

② 司马迁:《史记》卷三《殷本纪》,中华书局1959年版,第108页。

③ 司马迁:《史记》卷四《周本纪》,中华书局1959年版,第124页。

保有天命？这使周初的统治者忧心忡忡。周公称自己摄政称王“若游大川”，承担了“无疆之恤”。他说：“我受命无疆惟休，亦大惟艰。”让他感到艰难的是“天命不易，天难谌”，“天降丧于殷，殷既坠厥命，我有周既受。我不敢知曰，厥基永孚于休。若天棐忱，我亦不敢知曰，其终出于不祥”。若要长保国命，就必须敬天保民。所以，周公表示“予惟用闵于天越民”①。召公与周公颇有同感，他告诫成王：“惟王受命，无疆惟休，亦无疆惟恤。呜呼！曷其奈何弗敬？”他认为只要能“上下勤恤，其曰我受天命，丕若有夏历年，式勿替有殷历年”②。此外，《诗经》中也有不少感叹天命难保、为王不易的诗句。如《文王》云：“宜鉴于殷，骏命不易。命之不易，无遏尔躬。”这是提醒天命长保不易，千万不要断送在自己身上。《大明》曰：“明明在下，赫赫在上。天难忱斯，不易维王。”这是感叹天命难测，为王不易。《敬之》也感叹：“敬之敬之，天维显思，命不易哉。”意思是说上天明察，赏善罚恶，长保天命实属不易，因此要时刻怀有儆戒谨慎之心。

其次，周人深感局势不稳，小民难安。武王克商后，深感天下“初定未集”③，特别是殷商势力还在，殷民并未心服。武王死，成王年少，周公摄政，管叔、蔡叔、武庚联合淮夷等部族趁机发动叛乱，于是就有了周公东征和《大诰》之作。这篇告谕反复强调“民未静”，“有大艰于西土，西土人亦不静，越兹蠢。殷小腆诞敢纪其叙。天降威，知我国有疵，民不康。曰予复！反鄙我周邦，今蠢”。即使在平定叛乱之后，周公仍感到“今惟民不静，未戾厥心，迪屡未同”。所以他告诫：“呜呼！小子封，恫瘝乃身，敬哉！天畏棐忱，民情大可见，小人难保。往尽乃心，无康好逸豫，乃其乂民。”④正因为认识到“小人难保”，所以周初的统治者才会有“惴惴小心，如临于谷。战战兢兢，如履薄冰”的感觉。⑤

再次，周人强调要以史为鉴，“休兹知恤”，居安思危。周公东征获

① 《尚书·君奭》，《十三经注疏》，中华书局1980年版，第225页。
② 《尚书·召诰》，《十三经注疏》，中华书局1980年版，第213页。
③ 司马迁：《史记》卷四《周本纪》，中华书局1959年版，第126页。
④ 《尚书·康诰》，《十三经注疏》，中华书局1980年版，第225页。
⑤ 《诗经·小雅·小宛》，《十三经注疏》，中华书局1980年版，第452页。

胜,又成功地营建洛邑,然后归政于成王。虽然当时天下已趋于安定,但周公仍不断告诫成王要"居安思危"①。如在《尚书·立政》中周公就感叹道:"呜呼!休兹知恤,鲜哉!"为了能让成王居安思危,他先是从正反两个方面总结了夏商二代在设官用人方面的经验教训,然后又阐述了文王、武王所建立的官制及用人经验,最后告诫成王"其勿误于庶狱","其惟克用常人"。另据《史记·鲁周公世家》记载,周公还政后,"恐成王壮,治有所淫佚,乃作《多士》,作《毋逸》。《毋逸》称:'为人父母,为业至长久,子孙骄奢忘之,以亡其家,为人子可不慎乎!'"为了使成王有所戒惧,周公历述了殷中宗、高宗、祖甲和周文王如何勤劳天下,"不敢荒宁",结果都享国长久。而那些"生则逸"的君主则很少长寿,至于商纣王更是迷惑昏乱,"酗于酒德"。最后,周公再次提醒:"呜呼!嗣王其监于兹。"②居安思危的忧患意识在《周易》中也有明确的体现。《周易·系辞下》有这样的话:"《易》之兴也,其于中古乎?作《易》者,其有忧患乎?""《易》之兴也,其当殷之末世,周之盛德邪?当文王与纣之事邪?是故其辞危。危者使平,易者使倾。其道甚大,百物不废。惧以终始,其要无咎,此之谓《易》之道也。"《系辞下》进而论述了居安思危的道理:"危者,安其位者也。亡者,保其存者也。乱者,有其治者也。是故君子安而不忘危,存而不忘亡,治而不忘乱,是以身安而国家可保也。《易》曰:'其亡其亡,系于苞桑。'"一个人身处困境当然要保持戒惧,难能可贵的是"安而不忘危,存而不忘亡,治而不忘乱"。这两段话虽然出于后人的评论,但着眼于殷周更迭而发,所论包含着深刻的历史意识和鲜明的辩证观点,对秦汉以下人们关注和思考安危、存亡、治乱等问题并进行理论上的阐发,产生了深远的影响。

二、周公的历史鉴戒思想

周初统治者从朝代兴亡的思考中,认识到历史鉴戒的重要,这是他们

① 《左传·襄公十一年》引《书》,杨伯峻编著:《春秋左传注》,中华书局 1981 年版,第 994 页。

② 《尚书·无逸》,《十三经注疏》,中华书局 1980 年版,第 223 页。

在总结历史经验中得出的又一个有深远影响的思想成果。召公深沉地指出："我不可不监于有夏，亦不可不监于有殷。"[①]《诗经·大雅·文王》有："宜鉴于殷，骏命不易"的诗句。《诗经·大雅·荡》云："殷鉴不远，在夏后之世。"这说明在周初贵族普遍具有历史鉴戒思想。

在周初的政治家中，周公的历史鉴戒思想最为突出。他所恪守的一句格言是："人无于水监，当于民监。"[②]这就是说，要把前人行事的成败得失，作为一面镜子来对照自己，从而合理地吸收其中的经验和教训。周公在摄政期间以及归政于成王之初，发布了许多文诰，创设了许多制度。他总是一方面分析现实所面临的严峻形势，一方面又总结历史经验教训，为西周的巩固和发展作出了重大贡献。

周公在发布的诰文中总结了许多前人的政治得失，从许多方面提出了周代贵族要引为鉴戒的历史教训，其中尤为重要的是：

——"不腆于酒"。殷朝末年，纣王沉湎酒色，淫乐无度。臣民竞相仿效，风气日靡，国力日衰，最终导致国家覆亡。康叔的封国为殷商故地，周公担心他为酒风熏染而腐败堕落，重蹈纣王覆辙，故有《酒诰》之作。周公指出周之所以能取代殷接受上天之命，是因为周人上上下下"尚克用文王教，不腆于酒"。而殷纣王"酣身"，"惟荒腆于酒，不惟自息乃逸"，以致"诞惟民怨，庶群自酒，腥闻在上。故天降丧于殷"。在周公看来，殷商因酗酒而亡国是一个深刻的历史教训，所以他反复告诫康叔要以殷人为戒，要"刚制于酒"，"勿辩乃司民湎于酒"。如果有人报告"群饮"，"尽执拘以归于周，予其杀"。

——"君子所其无逸"。周公还政成王，因担心成王贪图安逸，荒废政事，故有《无逸》之作，旨在劝勉成王以史为鉴，力戒逸乐，勤劳政事。为此，周公首先回顾了殷朝的兴盛和衰亡过程，认为殷中宗、高宗和祖甲等在位时期，"治民祇惧，不敢荒宁"，不仅"嘉靖殷邦"，自己也享国长久。"自时厥后立王，生则逸，生则逸，不知稼穑之艰难，不闻小人之劳，惟耽

---

① 《尚书·召诰》，《十三经注疏》，中华书局1980年版，第213页。

② 《尚书·酒诰》，《十三经注疏》，中华书局1980年版，第207页。

乐之从。”到了末代之君纣王,更是迷惑昏乱,“酗于酒德”。周公还称赞周太王、王季“克自抑畏”,周文王更是勤劳政事,“自朝至于日中昃,不遑暇食”。在阐述了正反两方面的经验教训之后,周公要求成王“其监于兹”,并强调“君子所其无逸”。

——“勿以憸人,其惟吉士”。周公认为“爽邦由哲”,即要使邦国政治清明就必须任用圣哲之人。东征平叛之前,他因得到了一批贤人辅佐而欣喜,称“今翼日,民献有十夫予翼,以于敉宁武图功”①。后来伯禽代周公就封于鲁,为使其尊贤任能,周公告诫伯禽:“我文王之子,武王之弟,成王之叔父,我于天下亦不贱矣。然我一沐三捉发,一饭三吐哺,起以待士,犹恐失天下之贤人。子之鲁,慎无以国骄人。”②周公之所以如此礼贤下士,尊重人才,主要得益于他对前人用人得失的认识和总结。从《尚书·君奭》可以看出,周公广泛征引殷周史事,说明有辅臣的重要性。他说成汤有伊尹,太甲有保衡,太戊有伊陟、臣扈和巫咸,祖乙有巫贤,武丁有甘盘,“率惟兹有陈,保乂有殷”。周朝同样也是因有贤人辅佐而兴,文王所以能受命于天,“惟文王尚克修和我有夏;亦惟有若虢叔,有若闳夭,有若散宜生,有若泰颠,有若南宫括”。武王时上述贤臣尚有四人健在,“惟兹四人,昭武王惟冒,丕单称德”。周公告诉召公,为了更好地辅佐成王,完成文王的事业,“其汝克敬德,明我俊民”。意思是说希望你能够敬重贤德,举用杰出人才。在《尚书·立政》中,周公先从正反两个方面总结了夏商两代在用人方面的经验教训,一方面称赞夏代先王和成汤“克用三宅三俊”,另一方面批评桀和纣“弗作往任”,“惟羞刑暴德之人,同于厥邦”。周公赞颂文王和武王的用人经验及创设的制度,称赞他们设官分职,“以克俊有德”。周公得出这样的结论:自古以来,“国则罔有立政用憸人,不训于德,是罔显在厥世。继自今立政,其勿以憸人,其惟吉士,用励相我国家”。“憸人”指奸佞之人,“吉士”指善良贤能之人。“勿以憸人,其惟吉士。”在周公看来,这是政治原则,更是历史经验。

---

① 《尚书·大诰》,《十三经注疏》,中华书局 1980 年版,第 198 页。

② 司马迁:《史记》卷三三《鲁周公世家》,中华书局 1959 年版,第 1518 页。

——慎始敬终,光大文武之业。周公有很强的“慎始而敬终”意识①,始终以光大文王和武王的事业为己任。在《尚书·大诰》中,周公一再表示“予不敢不极卒宁王图事”。他认为自己东征武庚,就是在完成文王和武王的未竟之业。他不能废弃先王的基业,提出:“肆予曷敢不越卬敉宁王大命?”在《尚书·梓材》中,周公又以种田、建房、制做器物为喻,说明为政治国要接续前人的德业,“惟曰欲至于万年,惟王子子孙孙永保民”。在《尚书·洛诰》中,周公告诫成王:“汝惟冲子,惟终。”“惟终”,即要考虑如何完成先王未竟的功业。他自己则表示:“予旦以多子越御事,笃前人成烈。”在《尚书·君奭》中,周公更多地表示了对能否善终的担忧。他说:周代殷受命,“我不敢知曰,厥基永孚于休”。因为“惟乃知民德,亦罔不能厥初,惟其终”。正因为担心能善始未必能善终,所以他念念不忘“嗣前人,恭明德”,并勉励召公:“我咸成文王功于不怠。”周公从历史经验中认识到“守成”的重要性,而他那“慎始而敬终”的观念和实践也成了他的历史鉴戒思想极其重要的一个方面。

周公的历史鉴戒思想,是中国史学上历史鉴戒思想最早的和有体系的篇章,对后来中国古代历史理论的发展,以至对中国历史的发展,都产生了极其重大的影响。

第二节 关于周、秦兴亡的认识

一、春秋时期人们对周代兴亡的讨论

春秋末年,孔子说:“周监于二代,郁郁乎文哉!吾从周。”②灿烂的西周文明在孔子心目中有崇高的地位。然而,正是在春秋时期,西周的治乱

① 《左传·襄公二十五年》引《书》,杨伯峻编著:《春秋左传注》,中华书局1981年版,第1109页。

② 《论语·八佾》,杨伯峻译注:《论语译注》,中华书局1980年版,第28页。

盛衰问题,已经引起了史官、史学家和政治家们的关注。

从史学的观点来看,《诗经》中的有关篇章,是反映西周兴亡的史诗。从诗篇《文王》到《板》《瞻印》《召旻》等,可以看出从文王到厉王、幽王兴亡的过程。

从历史思想的观点来看,《左传》《国语》二书,反映了春秋时期人们对西周兴亡之故的关注,也反映了史家对这一问题的重视。从《左传》一书的记载来看,大约在春秋中期以后,人们对西周兴亡的讨论便逐步展开。

《左传》记载中所关注的问题主要是:

第一,关于"明德"与"昏德"的对比。《左传・成公二年》记:"《周书》曰'明德慎罚',文王所以造周也。明德,务崇之之谓也;慎罚,务去之之谓也。"周文王之所以能开创周朝,主要在于他能够"明德慎罚"。《左传・襄公十三年》以周之兴衰为例论及谦让之道,说:"周之兴也,其诗曰,'仪刑文王,万邦作孚',言刑善也。及其衰也,其诗曰,'大夫不均,我从事独贤',言不让也。世之治也,君子尚能而让其下,小人农力以事其上,是以上下有礼,而谗慝黜远,由不争也,谓之懿德。及其乱也,君子称其功以加小人,小人伐其技以冯君子,是以上下无礼,乱虐并生,由争善也,谓之昏德。国家之敝,恒必由之。"周朝兴起的时候,大家都"仪刑文王",取法于善。等到它衰弱的时候,便出现了自夸而不相让的局面。向善不争谓之"懿德",自夸而不相让谓之"昏德",两者关系到国之盛衰。

第二,君有威仪,以服天下。《左传・襄公三十一年》记北宫文子谈到君主的威仪问题,说:"有威而可畏谓之威,有仪而可象谓之仪。君有君之威仪,其臣畏而爱之,则而象之,故能有其国家,令闻长世。……《周书》数文王之德,曰'大国畏其力,小国怀其德',言畏而爱之也。《诗》云'不识不知,顺帝之则',言则而象之也。纣囚文王七年,诸侯皆从之囚,纣于是乎惧而归之,可谓爱之。文王伐崇,再驾而降为臣,蛮夷帅服,可谓畏之。文王之功,天下诵而歌舞之,可谓则之。文王之行,至今为法,可谓象之。有威仪也。"总之,文王既有德又有力,"大国畏其力,小国怀其德"。因为他有威仪,所以能让人"爱之""畏之""则之""象之"。

第三,慎始而不能敬终。《左传·昭公二十六年》有一段王子朝关于西周兴盛衰亡过程的评论:"昔武王克殷,成王靖四方,康王息民,并建母弟,以蕃屏周,亦曰:'吾无专享文、武之功,且为后人之迷败倾覆而溺入于难,则振救之。'至于夷王,王愆于厥身,诸侯莫不并走其望,以祈王身。至于厉王,王心戾虐,万民弗忍,居王于彘。诸侯释位,以间王政。宣王有志,而后效官。至于幽王,天不吊周,王昏不若,用愆厥位。"在这里,王子朝从武王伐纣克殷讲到幽王丧身失位。谈到成康之治,他强调封邦建国的作用。言及西周的衰亡,他归咎于厉王和幽王的昏乱及暴虐。由此可见,周代诸王,未能慎始敬终。

《国语》对西周兴亡的议论大都关注于厉王和幽王之乱。

其一,论"弭谤""专利"而致乱。《国语·周语上》有两章谈到厉王被流放于彘的史事,其中"邵公谏厉王弭谤"的史事着重批评厉王为政暴虐,称:"厉王虐,国人谤王。邵公告王曰:'民不堪命矣!'王怒,得卫巫,使监谤者。以告,则杀之。国人莫敢言,道路以目。王喜,告邵公曰:'吾能弭谤矣,乃不敢言。'"邵公警告说:"防民之口,甚于防川。川壅而溃,伤人必多,民亦如之。"然而"王不听,于是国莫敢出言,三年,乃流王于彘"。邵公所说"防民之口,甚于防川",言浅意深,堪称哲理。"芮良夫论荣夷公专利"的史事则揭露和批判了周厉王的另一项弊政及其危害。荣夷公"好专利而不知大难",厉王却很欣赏他。芮良夫认为利乃百物之所生,不可专也。后稷和文王等先公先王始终坚持"导利而布之上下",尚且担心招来怨恨。他指出:"今王学专利,其可乎?匹夫专利,犹谓之盗,王而行之,其归鲜矣。荣公若用,周必败。"厉王不听劝谏,"既,荣公为卿士,诸侯不享,王流于彘"①。这就是最高统治者"专利"的结果。

其二,"去和取同",弊政丛生。《国语·郑语》有"史伯为桓公论兴衰"一章,所记周的史官史伯回答周幽王司徒郑桓公提出的问题。桓公问:"周其弊乎?"史伯回答:

> 殆于必弊者也。《泰誓》曰:"民之所欲,天必从之。"今王弃高明

① 左丘明著,韦昭注:《国语·周语上》,上海古籍出版社1978年版,第9—13页。

昭显,而好谗慝暗昧;恶角犀丰盈,而近顽童穷固。去和而取同。夫和实生物,同则不继。……王将弃是类也,而与刬同。天夺之明,欲无弊,得乎?

“和”即同善相济,“同”指同恶相济。“君子和而不同”,幽王却“去和而取同”。史伯进一步分析了具体的朝政弊端及其危险:

夫虢石父谗谄巧从之人也,而立以为卿士,与刬同也;弃聘后而立内妾,好穷固也;侏儒戚施,寔御在侧,近顽童也;周法不昭,而妇言是行,用谗慝也;不建立卿士,而妖试幸措,行暗昧也。是物,不可以久。①

政治危机是太子的废立所引发的。幽王宠幸褒姒,要废申后、杀太子以成就褒姒所生的伯服。但“申、缯、西戎方强,王室方骚”。幽王的做法势必招致缯、吕、西戎援申而伐周,那样的话周必不保,“凡周存亡,不三稔矣!”史伯所论“去和取同”而致乱的道理,不仅反映了周幽王时期的政治,同时也是对这一政治现象所作的极其深刻的理论概括,在历史理论和政治实践上都具有很高的价值。

二、贾谊的秦朝兴亡之论

贾谊是西汉初期著名的政论家、史论家。刘向评论说:“贾谊言三代与秦治乱之意,其论甚美,通达国体,虽古之伊、管未能远过也。”②可见贾谊的历代兴亡之论有很高的理论价值。秦任刑黩武,国祚短促,二世而亡。汉初士人常以秦亡为鉴,“过秦”成为一股思潮。贾谊所著《过秦论》,探讨秦朝兴亡的原因,是古代历史理论中的佳作。

关于秦自穆公以来不断强大、终于统一全国的原因,贾谊主要从两个方面作了具体分析。首先是秦国所处的地理形势有利。贾谊认为:

秦地被山带河以为固,四塞之国也。自缪公以来,至于秦王,二

① 左丘明著,韦昭注:《国语·郑语》,上海古籍出版社1978年版,第515—519页。

② 班固:《汉书》卷四八《贾谊传》,中华书局1962年版,第2265页。

> 十余君,常为诸侯雄。岂世世贤哉?其势居然也。且天下尝同心并力而攻秦矣。当此之世,贤智并列,良将行其师,贤相通其谋,然困于阻险而不能进,秦乃延入战而为之开关,百万之徒逃北而遂坏。岂勇力智慧不足哉?形不利,势不便也。秦小邑并大城,守险塞而军,高垒毋战,闭关据厄,荷戟而守之。诸侯起于匹夫,以利合,非有素王之行也。其交未亲,其下未附,名为亡秦,其实利之也。彼见秦阻之难犯也,必退师。安土息民,以待其敝,收弱扶罢,以令大国之君,不患不得意于海内。①

在这里,贾谊强调秦"常为诸侯雄"的原因在于"其势居然也"。居,通"踞"。势居,指秦所处的地理形势。其特点是"被山带河以为固,四塞之国也"。这种地理形势在军事上的优势是:山东六国叩关攻秦,秦可以逸待劳,"守险塞而军,高垒毋战,闭关据阨,荷戟而守之"。这样一来,六国逐渐疲惫,而秦国则锐气养成,加上政治上的"远交近攻"方略,遂能分化瓦解,各个击破,最终完成统一大业。关中地区在地理上的这种优势,在以后的政治和军事斗争中曾经保持了相当长的时间,历代政治家、思想家、史学家都有所论述。贾谊是较早总结这一历史经验的思想家,他的这一看法对司马迁、班固等以后的史学家产生了很大影响。

其次,秦的崛起有一个发展过程。在贾谊看来,秦的兴盛非一朝一夕之事,而是经历了一个漫长的发展过程。《过秦论》把秦之兴追溯到秦孝公,认为孝公得商鞅之助,变法改革,富国强兵,从而逐渐取得了对东方六国战略上的优势。其后,惠文王、武王、昭襄王"蒙故业,因遗策",攻城略地,使秦国的实力不断壮大。孝文王和庄襄王在位时间虽短,但"国家无事"。降至秦王嬴政继位,"继六世之余烈,振长策而御宇内,吞二周而亡诸侯",终于完成了国家的统一。贾谊认为从孝公至秦始皇是秦攻取天下的时期,而秦之所以能完成自己的历史使命,不仅靠几代君王"并心于进取"②,而且还有相应的政策和措施。以孝公为例,"秦孝公据殽函之

① 贾谊:《过秦论》,《史记・秦始皇本纪》,中华书局 1959 年版,第 277 页。

② 班固:《汉书》卷四八《贾谊传》,中华书局 1962 年版,第 2244 页。

固,拥雍州之地,君臣固守而窥周室。有席卷天下,包举宇内,囊括四海之意,并吞八荒之心。当是时,商君佐之,内立法度,务耕织,修守战之备;外连衡而斗诸侯,于是秦人拱手而取西河之外"。秦孝公不仅有霸诸侯、并天下的雄心大志,而且还善于利用秦国的地理形势,特别是他信用商鞅实行变法,奖励耕战,富国强兵,使秦国走上了富强之路;同时实行"外连衡而斗诸侯"的策略,使秦得以蚕食诸侯,拓展疆域。孝公之后,历代秦王皆能"蒙故业,因遗策"。对内以法治国,重视耕战,广揽人才,赏罚分明;对外以连横对付合纵,远交近攻,宰割天下。总之,秦在百余年间,既有进取之心,又有进取之道,于是其统一大业便一步步走向成功。贾谊认为:

> 秦并海内,兼诸侯,南面称帝,以养四海,天下之士斐然乡风,若是者何也?曰:近古之无王者久矣。周室卑微,五霸既没,令不行于天下,是以诸侯力政,强侵弱,众暴寡,兵革不休,士民罢敝。今秦南面而王天下,是上有天子也。既元元之民冀得安其性命,莫不虚心而仰上。当此之时,守威定功,安危之本在于此矣。①

贾谊强调秦灭六国,从而结束了长达几百年的"诸侯力政"的混乱局面,使人民得以离开战乱之苦。显然,这种统一不仅是历史的必然,也是时代的要求,历史的进步,因而意义重大。

秦始皇统一天下之后,"以六合为家,殽函为宫"。"南取百越之地,以为桂林、象郡,百越之君俛首系颈,委命下吏。乃使蒙恬北筑长城而守藩篱,却匈奴七百余里,胡人不敢南下而牧马,士不敢弯弓而报怨。"如此强大的秦王朝竟然仅仅维持了十几年,"一夫作难而七庙堕,身死人手,为天下笑者,何也?"对于秦亡的原因,贾谊主要从三个方面进行了分析和论述。

其一,秦始皇"不知守成之数"。谈及秦二世而亡的原因,贾谊得出的总的结论是"仁义不施而攻守之势异也"②。他认为,秦灭六国之前处在攻取天下阶段,一统天下之后则转入守成时期。攻与守面临的形势不

① 贾谊:《过秦论》,《史记·秦始皇本纪》,中华书局1959年版,第283页。

② 贾谊:《过秦论》,《史记·秦始皇本纪》,中华书局1959年版,第282页。

同，治国之道也应作相应的调整，而秦始皇却不明了攻守之势的转变，以攻天下、取天下之术为守天下、治天下之具。《过秦论》论秦始皇之过，称：

> 秦王怀贪鄙之心，行自奋之智，不信功臣，不亲士民，废王道，立私权，禁文书而酷刑法，先诈力而后仁义，以暴虐为天下始。夫并兼者高诈力，安定者贵顺权，此言取与守不同术也。秦离战国而王天下，其道不易，其政不改，是其所以取之守之者无异也。孤独而有之，故其亡可立而待。

"并兼者高诈力，安定者贵顺权"中的"诈力"，指诈谋和武力，这是兼并天下的人所崇尚的，"顺权"指顺应当前的形势而加以权衡。那么当时的形势是什么呢？"今秦南面而王天下，是上有天子也。既元元之民冀得安其性命，莫不虚心而仰上。"当时的形势是天下已经统一，社会需要安定，民众希望安居乐业，统治者应该顺应这种时代要求，弃诈力而施仁义，与民休息。然而秦"其道不易，其政不改，是其所以取之、守之者无异也"。由于秦始皇在统一六国之后继续采用"先诈力而后仁义"的霸术治国，于是就把秦朝政治推向了"暴虐"，从而产生了严重的后果。《过秦论》称：秦始皇"废先王之道，焚百家之言，以愚黔首"。这是批评秦始皇不遵循古圣先王的治国之道，为了愚民而焚书。《过秦论》又指出：

> 秦俗多忌讳之禁，忠言未卒于口而身为戮没矣。故使天下之士，倾耳而听，重足而立，拑口而不言。是以三主失道，忠臣不敢谏，智士不敢谋，天下已乱，奸不上闻，岂不哀哉！……故秦之盛也，繁法严刑而天下振；及其衰也，百姓怨望而海内畔矣。故周王序得其道，而千余岁不绝。秦本末并失，故不长久。

这里所讲的"本"指立国的根本，即仁政；末，指刑罚。秦在兼并天下之后依然是不施仁政，"繁法严刑"，"多忌讳之禁"，结果是"本末并失"，加速了秦的灭亡。此外，贾谊在《治安策》中还专门从风俗的角度批评秦始皇"不知守成之数"。他说：

> 商君遗礼义，弃仁恩，并心于进取，行之二岁，秦俗日败。故秦人家富子壮则出分，家贫子壮则出赘。借父耰鉏，虑有德色；母取箕箒，

立而谇语。抱哺其子,与公併倨;妇姑不相说,则反唇而相稽。其慈子耆利,不同禽兽者亡几耳。然并心而赴时,犹曰蹶六国,兼天下。功成求得矣,终不知反廉愧之节,仁义之厚。信并兼之法,遂进取之业,天下大败;众掩寡,智欺愚,勇威怯,壮陵衰,其乱至矣。①

贾谊认为,要使政权长治久安,最根本的一点是人与人之间能够互助互信,而要建立这样的社会,必须要有礼义廉耻加以维持。商鞅变法虽然收到了一时富强之功,但却破坏了人与人的内在关联,使秦国的风俗日益浇薄。这个问题本应在统一天下之后加以解决,但秦始皇却“不知反廉愧之节,仁义之厚”,结果导致“秦灭四维而不张,故君臣乖乱,六亲殃戮,奸人并起,万民离叛,凡十三岁,而社稷为虚”②。正是因为秦始皇忽视了风俗的改造,没能做到“移风易俗,使天下移心而向道”③,所以贾谊批评他“不知守成之数、得之之术也”④。在贾谊之前,把风俗提到如此高度来认识,似未多见。这是贾谊在理论上的一个贡献。

其二,秦始皇“过而不变”,秦二世“因而不改”。贾谊认为:

今秦二世立,天下莫不引领而观其政。夫寒者利裋褐而饥者甘糟糠,天下之嗷嗷,新主之资也。此言劳民之易为仁也。向使二世有庸主之行,而任忠贤,臣主一心而忧海内之患,缟素而正先帝之过,裂地分民以封功臣之后,建国立君以礼天下,虚囹圄而免刑戮,除去收帑污秽之罪,使各返其乡里,发仓廪,散财币,以振孤独穷困之士,轻赋少事,以佐百姓之急,约法省刑以持其后,使天下之人皆得自新,更节修行,各慎其身,塞万民之望,而以威德与天下,天下集矣。即四海之内,皆欢然各自安乐其处,唯恐有变,虽有狡猾之民,无离上之心,则不轨之臣无以饰其智,而暴乱之奸止矣。

显然,在贾谊看来,二世继位时秦国的政治局势不是不可以挽回,只要他能够“正先帝之过”,施惠于民,天下便会“欢然各自安乐其处”。那样即

① 班固:《汉书》卷四八《贾谊传》,中华书局1962年版,第2244页。
② 班固:《汉书》卷四八《贾谊传》,中华书局1962年版,第2246—2247页。
③ 贾谊:《新书·俗激》,《二十二子》,上海古籍出版社1986年版,第738页。
④ 贾谊:《新书·时变》,《二十二子》,上海古籍出版社1986年版,第739页。

使有奸邪之徒作乱，也不会有人响应。然而“二世不行此术，而重之以无道，坏宗庙与民，更始作阿房宫，繁刑严诛，吏治刻深，赏罚不当，赋敛无度，天下多事，吏弗能纪，百姓困穷而主弗收恤。然后奸伪并起，而上下相遁，蒙罪者众，刑戮相望于道，而天下苦之。自君卿以下至于众庶，人怀自危之心，亲处穷苦之实，咸不安其位，故易动也。是以陈涉不用汤武之贤，不藉公侯之尊，奋臂于大泽而天下响应者，其民危也。”①正是由于秦始皇“以暴虐为天下始”，秦二世又“重之以无道”，从而使秦不可避免地走向了灭亡。所以贾谊总结说：“秦王足己不问，遂过而不变。二世受之，因而不改，暴虐以重祸。子婴孤立无亲，危弱无辅。三主惑而终身不悟，亡，不亦宜乎？”②贾谊这一分析，反映出他认为事物在其发展过程中，总是有转机存在的，问题在于人们是否能够认识并把握这一转机，发挥它的作用。这种对于历史问题的辩证认识，在当时是很高明的见解。

其三，太子教育不当。贾谊非常重视太子教育，认为：

> 夫存亡之变，治乱之机，其要在是矣。天下之命，悬于太子；太子之善，在于早谕教与选左右。夫心未滥而先谕教，则化易成也；开于道术智谊之指，则教之力也。若其服习积贯，则左右而已。……夫教得而左右正，则太子正矣，太子正而天下定矣。

为了说明太子教育的重要性，贾谊通过历史比较，提出了这样一个问题：

> 夫三代之所以长久者，以其辅翼太子有此具也。及秦而不然。其俗固非贵辞让也，所上者告讦也；固非贵礼义也，所上者刑罚也。使赵高傅胡亥而教之狱，所习者非斩劓人，则夷人之三族也。故胡亥今日即位而明日射人，忠谏者谓之诽谤，深计者谓之妖言，其视杀人若艾草菅然。岂惟胡亥之性恶哉？彼其所以道之者非其理故也。③

在贾谊看来，问题出在秦始皇“使赵高傅胡亥而教之狱”。赵高本是奸险之徒，居心叵测，他专以“狱律令法事”教胡亥，使其走上了暴君之路，秦

① 贾谊：《过秦论》，《史记·秦始皇本纪》，中华书局1959年版，第284页。

② 贾谊：《过秦论》，《史记·秦始皇本纪》，中华书局1959年版，第278页。

③ 贾谊：《治安策》，班固：《汉书》卷四八《贾谊传》，中华书局1962年版，第2251页。

朝自然加速灭亡。

贾谊的《过秦论》是一篇论述一个大朝代之所以兴、之所以亡的大文章,也是中国古代历史理论发展史上第一篇全面而深刻的朝代兴亡论。它以历史发展的眼光看待秦朝的兴亡,深刻阐发了攻守异势的思想观念,明确指出了事物演变过程中存在着转机,其中包含着丰富的辩证思想。这篇秦朝兴亡论对后世探讨历代兴亡问题有很大的启示意义。

三、汉初士人总结秦亡教训的理论成就

西汉初期,除贾谊之外,陆贾、贾山、晁错等也都震惊于秦朝的速亡,纷纷探讨秦朝的为政之失,总结其二世而亡的原因所在。

陆贾是汉初著名的思想家和史学家,据《史记·陆贾列传》记载:他曾"以客从高祖定天下,名为有口辩士,居在右,常使诸侯"。天下稳定之后,"陆生时时前说称《诗》《书》。高帝骂之曰:'乃公居马上而得之,安事《诗》《书》!'陆生曰:'居马上得之,宁可以马上治之乎?且汤武逆取而以顺守之,文武并用,长久之术也。昔者吴王夫差、智伯极武而亡;秦任刑不变,卒变赵氏。乡使秦已并天下,行仁义,法先圣,陛下安得而有之?'高帝不怿而有惭色,乃谓陆生曰:'试为我著秦所以失天下,吾所以得之者何?及古成败之国。'陆生乃粗述存亡之征,凡著十二篇。每奏一篇,高帝未尝不称善,左右呼万岁,号其书曰《新语》。"在这里,陆贾提出了"逆取而顺守"这样一个意义重大而又影响深远的命题。这一命题,是从历代兴亡历史中总结出来的,具有普遍的意义,是中国古代历史理论中一个极有价值的命题。所谓"逆取"是指以武力夺取天下,这要靠实力和谋略;所谓"顺守"则是顺应时势和民心,平治天下,成就王业,这就要求要发政施仁,以民为本。从这一基本认识出发,陆贾在《新语》中对秦朝之亡作了全面的分析:

——指出秦始皇"举措太众,刑罚太极"。陆贾认为,"道莫大于无为,行莫大于谨敬"。然而秦则不然:"秦始皇设刑罚,为车裂之诛,以敛奸邪,筑长城于戎境,以备胡、越,征大吞小,威震天下,将帅横行,以服外

国，蒙恬讨乱于外，李斯治法于内，事逾烦天下逾乱，法逾滋而天下逾炽，兵马益设而敌人逾多。秦非不欲治也，然失之者，乃举措太众、刑罚太极故也。”这是批评秦始皇好大喜功，“举措太众”，暴兵极刑而乱天下。

——指出秦始皇的“骄奢靡丽”，“以乱制度”。陆贾说：“秦始皇骄奢靡丽，好作高台榭，广宫室，则天下豪富制屋宅者，莫不仿之，设房闼，备厩库，缮雕琢刻画之好，博玄黄琦玮之色，以乱制度。”①这是批评秦骄奢之失。

——指出秦不讲仁义道德，“尚刑而亡”。陆贾认为：“治以道德为上，行以仁义为本。”②“夫谋事不并仁义者后必败，殖不固本而立高基者后必崩。故圣人防乱以经艺，工正曲以准绳。盛德者威广，力盛者骄众。齐桓公尚德以霸，秦二世尚刑而亡。”③这是“尚德”与“尚刑”的鲜明对比。对于秦朝之亡，陆贾打比喻说：“秦以刑罚为巢，故有覆巢破卵之患。”④

——批评秦用人不当。陆贾认为治国不仅要“尚德”，而且要任贤。他把仁义比作君主之“巢”，而把圣贤喻为君主之“杖”。他说：“夫居高者自处不可以不安，履危者任杖不可以不固。自处不安则坠，任杖不固则仆。是以圣人居高处上，则以仁义为巢，乘危履倾，则以圣贤为杖，故高而不坠，危而不仆。”秦朝的情况恰恰与之相反，“秦以刑罚为巢，故有覆巢破卵之患；以李斯、赵高为杖，故有顿仆跌伤之祸，何者？所任者非也。故杖圣者帝，杖贤者王，杖仁者霸，杖义者强，杖谗者灭，杖贼者亡”⑤。这里不是就事论事，而是从国之存亡的高度来看待用人的得失。

《新语》一书，是中国史学上一部较早的系统的史论、政论著作，它的产生，固然有重要的政治背景，而其问世后的思想和理论影响之大，恐怕不是刘邦和陆贾始料所及的。

---

① 陆贾：《新语·无为》，王利器撰：《新语校注》，中华书局1986年版，第67页。
② 陆贾：《新语·本行》，王利器撰：《新语校注》，中华书局1986年版，第142页。
③ 陆贾：《新语·道基》，王利器撰：《新语校注》，中华书局1986年版，第29页。
④ 陆贾：《新语·辅政》，王利器撰：《新语校注》，中华书局1986年版，第51页。
⑤ 陆贾：《新语·辅政》，王利器撰：《新语校注》，中华书局1986年版，第50、51页。

贾山也是汉初一位著名的思想家、史论家,据《汉书》本传,他于“孝文时言治乱之道,借秦为喻,名曰《至言》”。关于秦亡的原因,贾山认为,一是“赋敛重数,百姓任罢,赭衣半道,群盗满山”。他说:

> 昔者,秦政力并万国,富有天下,破六国以为郡县,筑长城以为关塞。秦地之固,大小之势,轻重之权,其与一家之富,一夫之强,胡可胜计也!然而兵破于陈涉,地夺于刘氏者,何也?秦王贪狼暴虐,残贼天下,穷困万民,以适其欲也。……秦皇帝以千八百国之民自养,力罢不能胜其役,财尽不能胜其求。一君之身耳,所以自养者驰骋弋猎之娱,天下弗能供也。劳罢者不得休息,饥寒者不得衣食,亡罪而死刑者无所告诉,人与之为怨,家与之为仇,故天下坏也。①

繁重的赋敛,弄得“人与之为怨,家与之为仇”,岂有不亡之理。

二是无“辅弼之臣”“进谏之士”。秦始皇的残暴统治已使得天怒人怨,危机四伏,但秦始皇却“弗自知也”。于是贾山提出了这样一个值得思考的问题:“秦皇帝居灭绝之中而不自知者何也?”他的回答是:“天下莫敢告也。”“其所以莫敢告者何也?亡养老之义,亡辅弼之臣,亡进谏之士,纵恣行诛,退诽谤之人,杀直谏之士,是以道谀媮合苟容,比其德则贤于尧舜,课其功则贤于汤武,天下已溃而莫之告也。”②在贾山看来,秦朝的灭亡固然与其暴政有关,但无“辅弼之臣”“进谏之士”,使秦始皇成了一个不知天下之事的暴君,一旦天下有变,岂有不亡之理。

贾山的这些分析,看似浅显,实则深刻。前者所论,意在如何真正安民;后者所论,意在如何善于用人、敢于用人。

此外,《淮南子》、晁错、董仲舒等,也多有评论秦亡的言论,大意不出上述范围,这里不再赘述。

---

① 班固:《汉书》卷五一《贾邹枚路传》,中华书局1962年版,第2331—2332页。

② 班固:《汉书》卷五一《贾邹枚路传》,中华书局1962年版,第2333页。

第三节 司马迁的"稽其成败兴坏之理"的方法论

一、"原始察终,见盛观衰"

在先秦、秦汉时期,把人们关于历代兴亡之故的具体分析,提升到理论上来认识,并提出如何认识的方法,这是司马迁在历史理论上的贡献之一。

司马迁著《史记》,传人记事,谈成败,论兴亡,目的之一是"稽其成败兴坏之理"①。稽,即考察;理,即头绪或道理。为了厘清历史上成败兴亡的头绪,揭示其中的原因、道理,司马迁很重视从方法论上着眼,明确提出"原始察终,见盛观衰""物盛而衰,固其变也"两个命题。

这里,先说"原始察终,见盛观衰"问题。司马迁在《史记·太史公自序》中称其撰写《史记》,旨在"网罗天下放失旧闻,王迹所兴,原始察终,见盛观衰"。《报任安书》也说:"仆窃不逊,近自托于无能之辞,网罗天下放失旧闻,考其行事,综其终始,稽其成败兴坏之理。""终始"即始终,也就是事情的本末、原委。所谓"原始察终",就是强调历史不是孤立、静止的,而是一个过程。司马迁非常重视"原始察终",特别是在《史记》十表序中,他反复申说:"综其终始","谨其终始","咸表始终",并且在《十二诸侯年表》序中批评"儒者断其义,驰说者骋其辞,不务综其终始"。春秋时期的历史特点是王室衰微,大国争霸,两者不仅有因果联系,而且有个演变的过程。在评价这段历史时,儒家学者偏重义理,纵横家和杂家则夸张文辞,都没有考察前后的发展演变,所以司马迁批评他们"不务综其终始"。同样,在《六国年表》序中司马迁称秦由僻远小国逐步发展壮大,认

① 班固:《汉书》卷六二《司马迁传》,中华书局1962年版,第2735页。

为“秦取天下多暴,然世异变,成功大”,并且批评“学者牵于所闻,见秦在帝位日浅,不察其终始,因举而笑之,不敢道,此与以耳食无异。悲夫!”司马迁不仅在理论上强调“原始察终”,而且贯穿于《史记》全书的撰述之中。他在撰述历史时,大至一个时代,小至一个人物、事件,也都能“谨其始终”,尽其本末。

如司马迁把夏、商、西周称为“三代”,视为一个历史时期。他鉴于许多文献言三代世系不详,甚至相互矛盾,“于是以《五帝系谍》《尚书》集世纪黄帝以来讫共和为《世表》”①。该表先谱列五帝嬗代,然后叙述三代世次,中国上古时期的历史统系清晰可辨。司马迁认为对于春秋这段历史各家虽有议论评说,但文辞简略,使人很难从中了解历史变迁的形势,他“于是谱十二诸侯,自共和讫孔子,表见《春秋》《国语》学者所讥盛衰大指著于篇”。值得注意的是该表的上限不是断自平王东迁而是断自共和行政,因为在司马迁看来,春秋时期的历史大势是王室衰微,齐、晋、秦、楚先后崛起,“四海迭兴,更为伯主”。但从溯源的角度看,厉王奔彘,“乱自京师始,而共和行政焉。是后或力政,强乘弱,兴师不请天子”②。由此可见,共和行政是源,诸侯“力政”是流。司马迁把春秋时期的时势大事“综其终始”,撰成此表。论者评价说:“太史表次,抑有条理。起自共和,终于孔子。十二诸侯,各编年纪。兴亡继及,盛衰臧否。”③所谓“有条理”,所谓“兴亡继及,盛衰臧否”,都是对司马迁纵向考察春秋这一历史时期“终始之变”的肯定。其他几个表如《六国年表》和《秦楚之际月表》等,或“著诸所闻兴坏之端”,或表秦汉之际“五年之间,号令三嬗”④,都是司马迁“综其终始”历史观的具体表现。

又如司马迁考察典章制度的历史,也是如此。举《礼书》为例,司马迁称:“维三代之礼,所损益各殊务,然要以近性情,通王道,故礼因人质

① 司马迁:《史记》卷一三《三代世表》序,中华书局 1959 年版,第 488 页。

② 司马迁:《史记》卷一四《十二诸侯年表》序,中华书局 1959 年版,第 509 页。

③ 司马迁:《史记》卷一四《十二诸侯年表》索隐述赞,中华书局 1959 年版,第 683 页。

④ 司马迁:《史记》卷一五《六国年表》序及卷一六《秦楚之际月表》序,中华书局 1959 年版,第 687、759 页。

为之节文，略协古今之变。作《礼书》第一。”①正是为了总结贯通礼的古今之变，司马迁在《礼书》中不仅讲到了礼之起源，而且历述了从三代到秦汉礼的兴废损益概况。

司马迁所讲的“见盛观衰”，包含两层意思：其一，历史的演变有兴盛也有衰亡，人们看待历史，既要见其盛，又要观其衰，把盛衰变化联系起来考察，完整地认识和把握兴盛衰亡的过程。

历史的盛衰变化并不限于一人一事，它往往是一种非常复杂的历史现象和过程。就纵向而言，历史的演进不仅有盛与衰，而且盛衰有交替，有反复，呈现出一个盛衰不断变动的过程。如殷商王朝的兴盛衰亡，《史记·殷本纪》在记述汤灭夏而兴之后，出现了盛衰交替的复杂过程。太甲：因暴虐而被伊尹“放之于桐宫”，后“悔过自责”而复位，“修德，诸侯咸归殷，百姓以宁”。雍己：“殷道衰，诸侯或不至”。太戊：“殷复兴，诸侯归之，故称中宗”。河亶甲：“殷复衰”。祖乙：“殷复兴”。阳甲：“殷衰”。盘庚：“殷道复兴”。小辛：“殷复衰”。武丁：“殷道复兴”。祖甲：“殷复衰”。帝乙：“殷益衰”。纣：牧野“兵败”，“赴火而死”。由此可见，殷商王朝从兴到亡，其间的盛衰变化几经反复，是一个非常曲折复杂的历史过程。就横向而言，历史上的许多事物都不是孤立存在的，它们总是在相互联系、相互影响、相互制约中向前发展，其间的盛衰变化也是相互牵连交织在一起的。譬如春秋的历史变化，一方面是王室衰微，一方面是大国争霸。两者互为因果，相互关联。

“见盛观衰”的第二层含义是，在事物发展的过程中，盛与衰两个方面很难截然分开，盛中时常潜伏着危机，同样，衰中也往往孕育着转机。因此，研究历史要注意盛中观衰，衰中观盛。而于盛中看出衰象，有更重要的意义。如司马迁写《秦始皇本纪》，阐述秦始皇统一天下之后，改名号，创制度，巡游天下，刻石记功，这是言其“盛”。但同时也言其北征匈奴，南戍五岭，刑杀为威，徭役苛重，同时又记述其兰池遇盗和星坠东郡等事，这是言其衰亡之兆，实际上是强调秦始皇生前就已埋下了王朝灭亡的

① 司马迁：《史记》卷一三〇《太史公自序》，中华书局1959年版，第3304页。

种子。《史记·平准书》言汉兴，接秦之弊，轻徭薄赋，与民休息，走向兴盛的局面，他写道：

> 至今上即位数岁，汉兴七十余年之间，国家无事，非遇水旱之灾，民则人给家足，都鄙廪庾皆满，而府库余货财。京师之钱累巨万，贯朽而不可校。太仓之粟陈陈相因，充溢露积于外，至腐败不可食。众庶街巷有马，阡陌之间成群，而乘字牝者傧而不得聚会。守闾阎者食粱肉，为吏者长子孙，居官者以为姓号。故人人自爱而重犯法，先行义而后绌耻辱焉。

面对如此兴盛繁荣的局面，司马迁以敏锐的眼光觉察到在这繁盛背后蕴含着种种衰败迹象，他深刻地指出："当此之时，网疏而民富，役财骄溢，或至兼并豪党之徒以武断于乡曲。宗室有土公卿大夫以下，争于奢侈，室庐舆服僭于上，无限度。物盛而衰，固其变也。"在中国古代历史理论发展史上，这又是一段盛中观衰的经典论述。

司马迁所言"原始察终，见盛观衰"，其理论意义在于强调历史是一个不断演变的过程，它有始有终，有本有末，有盛有衰。因此，观察和认识历史上的成败兴亡，不能孤立静止地看问题，而应具有发展变化的眼光和相互联系的观念，既推究其始，又探求其终，纵向考察其本末经过和盛衰演变，并且能够盛中见其衰，衰中见其变。只有这样才能够全面、完整地认识和把握历史的进程，才能够对历史上的成败兴亡作出合理的分析和评价。

二、"物盛而衰，固其变也"

司马迁在《史记·平准书》中写道："物盛而衰，固其变也。""是以物盛则衰，时极而转，一质一文，终始之变也。"他在《史记·范雎蔡泽列传》中又引蔡泽的话说："语曰'日中则移，月满则亏'。物盛则衰，天地之常数也。"所谓"物盛而衰"，"时极而转"，是指事物的发展总是向相反的方面转化。这是司马迁"稽其成败兴坏之理"方法论的又一体现。

司马迁论人之成败祸福，反复强调物极必反、福祸无常的道理。如

《吴太伯世家》所言吴王阖庐和夫差之事，阖庐因得伍子胥和孙武等人的辅佐，国力大增，西破强楚，南败越国，强盛一时。但转眼之间，内有夫概之乱，不久又惨败于越，“病伤而死”。夫差继位后，为报父仇，励精图治。然后兴兵伐越，报姑苏之耻。接着又北威齐、晋，显名于诸侯。就在夫差志得意满之时，越王句践发愤图强，乘夫差北上争霸之机兴兵伐吴。吴屡败于越，最后夫差“遂自刭死”。从阖庐的兴亡到夫差的成败，一再说明“物盛则衰，时极而转”的道理。《范雎蔡泽列传》言应侯范雎相秦，禄位贵盛，计不下席，谋不出廊庙，坐制诸侯，可谓盛极一时。燕人蔡泽入秦，为了劝说范雎急流勇退，列举了历史上正反两个方面的事例：

昔者齐桓公九合诸侯，一匡天下，至于葵丘之会，有骄矜之志，畔者九国。吴王夫差兵无敌于天下，勇强以轻诸侯，陵齐晋，故遂以杀身亡国。夏育、太史嗷叱呼骇三军，然而身死于庸夫。此皆乘至盛而不返道理，不居卑退处俭约之患也。夫商君为秦孝公明法令，禁奸本，尊爵必赏，有罪必罚，平权衡，正度量，调轻重，决裂阡陌，以静生民之业而一其俗，劝民耕农利土，一室无二事，力田稸积，习战阵之事，是以兵动而地广，兵休而国富，故秦无敌于天下，立威诸侯，成秦国之业。功已成矣，而遂以车裂。楚地方数千里，持戟百万，白起率数万之师以与楚战，一战举鄢郢以烧夷陵，再战南并蜀汉。又越韩、魏而攻强赵，北坑马服，诛屠四十余万之众，尽之于长平之下，流血成川，沸声若雷，遂入围邯郸，使秦有帝业。楚、赵天下之强国而秦之仇敌也，自是之后，楚、赵皆慑伏不敢攻秦者，白起之势也。身所服者七十余城，功已成矣，而遂赐剑死于杜邮。吴起为楚悼王立法，卑减大臣之威重，罢无能，废无用，损不急之官，塞私门之请，一楚国之俗，禁游客之民，精耕战之士，南收杨越，北并陈、蔡，破横散纵，使驰说之士无所开其口，禁朋党以励百姓，定楚国之政，兵震天下，威服诸侯。功已成矣，而卒枝解。大夫种为越王深谋远计，免会稽之危，以亡为存，因辱为荣，垦草入邑，辟地殖谷，率四方之士，专上下之力，辅句践之贤，报夫差之仇，卒擒劲吴，令越成霸。功已彰而信矣，句践终负而杀之。此四子者，功成不去，祸至于此。此所谓信而不能诎，往而不能返者也。范蠡知之,超然辟世,长为陶朱公。

对于蔡泽上述“进退盈缩,与时变化”的观念,司马迁是赞同的。如《史记·李斯列传》写李斯位极人臣、富贵已极之后,有“物极则衰,吾未知所税驾也”的忧虑。《史记·留侯世家》称赞张良于功成名就之后,“愿弃人间事,欲从赤松子游耳”。《史记·淮阴侯列传》则为韩信表示惋惜,称“假令韩信学道谦让,不伐己功,不矜其能,则庶几哉”。这都说明,在司马迁看来,盛极则衰,功成身退,乃人生经验的总结,事物变化之法则。

在叙述一个诸侯国的发展演变时,司马迁也很注意揭示物极必反、盛极而衰的道理。譬如《史记·齐太公世家》,司马迁在铺叙齐桓公如何开创霸业时,于“桓公于是始霸焉”之下,忽然插入陈厉公的儿子陈完奔齐为工正一段,并特意说明:“田成子,常之祖也。”这一段与篇末“田常曾孙田和始为诸侯,迁康公海滨”,“吕氏遂绝其祀,田氏卒有齐国”几句遥遥相应,意在说明齐桓称霸是姜氏齐国发展的顶峰,同时也是它走向衰败的开始。

关于古代政治的变化法则,司马迁也有所论述,《史记·高祖本纪》太史公曰:“夏之政忠。忠之敝,小人以野,故殷人承之以敬。敬之敝,小人以鬼,故周人承之以文。文之敝,小人以僿,故救僿莫若以忠。三王之道若循环,终而复始。周秦之间,可谓文敝矣。秦政不改,反酷刑法,岂不谬乎?故汉兴,承敝易变,使人不倦,得天统矣。”司马迁的这番议论有两点值得注意,其一,夏、商、周三代的政治都有个由正到偏、物极则反的变化过程。夏朝政治的特点是“忠”,“忠”即质朴,但质朴过了头就会失之于粗俗少礼。殷朝政治的特点是“敬”,“敬”即“敬奉”,过分地敬奉天地鬼神和祖先就会陷于迷信。周朝的政治特点是“文”,“文”即礼仪文明,但繁多的礼制将导致虚伪。可见,三代之政都存在物极必反的问题。其二,因为物极必反,所以要“承敝易变”。夏政之弊在于“野”,“故殷承之以敬”。殷政之弊在于“鬼”,“故周人承之以文”。周政之弊在于“僿”,但“秦政不改,反酷刑法”,而汉则“承敝易变,使人不倦,得天统矣”。这就是说,两汉的一些政治措施,符合了历史演变的法则。

从上文的有关论述和主要观点来看,从人之祸福到国家的政治和朝代兴亡，都存在"物盛则衰，时极而转"的普遍现象。司马迁从不同的层次和方面，对事物的两极转化法则作了很好的概括和阐述。

司马迁考察事物成败兴衰的方法论，一则着重于从历史演变的过程考察，这就是"原始察终"的方法；一则着重于从事物自身的变化考察，这就是"物盛而衰"的方法。这两种方法都是贯穿着辩证的观点和变化的观点。

小　结

三代以后，社会有盛有衰，朝代有兴有亡。先秦、秦汉时期，人们对朝代兴亡十分关注，并力图从历代兴亡中总结经验教训，从而提出了许多有思想价值和理论价值的观点。

关于殷兴夏亡，周兴殷亡。夏殷之亡给周人以极大的震动，通过历史的反思，他们认识到"天命靡常"，"惟德是辅"。而要想长保天命，就必须敬天保民，也就是以德济天命之穷。天是最高的主宰，所以要"敬事上帝""敬忌天威"。民是天眷顾的对象，而且"天视自我民视，天听自我民听"，"民之所欲，天必从之"，所以必须"保民""惠民"，"怀保小民"。与此同时，面对朝代更迭，周人产生了深刻的忧患意识，他们一方面担心天下"初定未集"，新建立的周王朝能否巩固下来，另一方面又忧虑天命无常，天命难保，周人能否长久地保有天命。更难能可贵的是，周人强调要以史为鉴，"休慈知恤"，"安而不忘危，存而不忘亡，治而不忘乱"，这无疑是一种更高境界的忧患意识。

周公是周初著名的政治家，其历史鉴戒思想表现得尤为突出。首先，他继承了殷周先王的成功经验，确立了"明德慎罚"的治国原则。其次，他总结了前人的许多政治得失，并引以为戒，如"不腆于酒""君子所其无逸""勿以憸人，其惟吉士"，以及慎始敬终、光大文武之业等。此外，周公还以史为鉴，调整了对待殷人的政策，确立了嫡长子王位继承制，为周王朝的长治久安作出了贡献。

关于西周的兴亡,先秦秦汉时期的思想家和史学家议论颇多。普遍的看法是:周之兴归功于周文王,文王明德受命,武王兴兵灭商。西周之亡,罪在厉王、幽王。厉王“专利”,又使卫巫“监谤”。幽王时更加混乱,导致西周覆亡。

秦始皇横扫六国,实现统一。但好景不长,二世而亡。汉初士人常以秦亡为鉴,“过秦”遂成为一股时代思潮。首先是陆贾为汉高祖“著秦所以失天下”,认为秦是“尚刑而亡”,并提出“逆取而顺守”的思想主张。其后,“贾谊言三代与秦治乱之意,其论甚美”。关于秦朝的统一,陆贾强调了秦“被山带河”的优越地理形势,并指出秦自孝公任商鞅变法以后,百年期间“并心于进取”,其吞灭六国非一朝一夕之事。关于秦二世而亡的原因,贾谊批评秦始皇让“赵高傅胡亥而教之狱”,又“怀贪鄙之心”废分封而尽行郡县,结果孤立而亡。不过导致秦二世而亡最根本的原因在于秦始皇“不知守成之数”,“仁义不施而攻守之势异也”。此外,贾山、伍被、晁错、董仲舒以及《淮南子》的作者等人也都从不同角度探讨秦朝的为政之失,总结其二世而亡的原因所在。

面对历代兴亡,司马迁也着力于“稽其成败兴坏之理”。他不仅历史视野更加开阔,而且很重视方法论的探讨。首先,他认为历史的发展有古今终始之变和盛衰的相互转化,所以探讨历史上的兴衰成败,必须“原始察终,见盛观衰”。其次,司马迁认为“物盛而衰,固其变也”。这是在揭示古今盛衰之变的法则,强调事物发展的方向总是向相反的方面转化。上述命题的提出表明了中国古代史学家的理论旨趣和思想深度。

第八章

君主论的早期形态

中国的君主制度产生很早，从夏殷迄明清，前后延续约4000年之久。其中，夏商周三代，君主称天子，或称王；秦汉至明清，君主称皇帝，有时也称天子。这些称谓，都可泛称为君或君主。在如此长久的君主制度下，古代中国必然会有丰富的君主观念、君主理论产生出来。先秦秦汉时期，许多史学家、思想家就曾对君主的起源以及君德、君责、君道、君臣和君民关系等问题进行过思考和讨论，并不断地使之系统化、理论化，形成了中国古代历史理论中的早期君主论。

第一节　君主起源的观念

一、“君权神授”的观念

君主和君主制度由何而来，因何而设？在古代，人们有不同的认识。首先是“君权神授”说，它包括各种上帝立君说和“天作君”说。其基本思路是，天、帝、神至高无上，造就并主宰人世间的一切。君主和君主制度也是由上帝、天命设立的，是其意志的体现，因而是神圣不可侵犯的。

“君权神授”的观念由来已久,据传世和出土文献记载,最迟在商代就已产生。殷人的至上神是“帝”或曰“上帝”,它拥有绝对的权威,既是人间一切祸福的最高主宰,也是殷商王朝政治权力的来源。《尚书·汤誓》说:“有夏多罪,天命殛之”,“予畏上帝,不敢不正(征)”。这说明殷商的创业之主汤自认为受命于上帝,伐夏桀而代之。《诗经·商颂·玄鸟》称:“古帝命武汤,正域彼四方。”可见,很久以后,商汤的后裔仍坚信其先王是奉上帝之命而抚有天下四方的。以后的商王,遇事都要通过占卜向上帝请示,表现出一种绝对的神权政治观念。直到殷商末年,商纣王仍声称:“呜呼!我生不有命在天。”①

武王伐纣后,出于神化王权以维护统治的需要,周人继承了殷人“君权神授”的观念,并且把“天”与“上帝”同指,只要一提到周王朝的建立,几乎都强调那是恭受天命。如《尚书·牧誓》说:“今予发(武王自称),惟恭行天之罚。”《大诰》说:“予(周公)惟小子,不敢替上帝命。天休于宁(文)王,兴我小邦周。”《康诰》说:“天乃大命文王,殪戎殷,诞受厥命,越厥邦厥民惟时叙。”值得注意的是《召诰》把周之代殷说成“皇天上帝,改厥元子”。元子即长子或首子,郑玄解释说:“言首子者,凡人皆天之子,天子为之首耳。”②这不仅把殷周更替解释为是天改授命于周,而且把周王说成了天之长子。这样一来,周天子便成了人与神之间的媒介,他以天之长子的身份接受上帝的委派,来到人世间执行上帝的意志,管理土地和人民。从理论上看,这种“君权神授”观念显然要比殷人精致了许多。

中国史学上最早的一些历史著作表明,史学家在探讨天人关系时,虽然更多地偏重于人事,但也或多或少表现出“君权神授”的思想观念。如《左传》不仅提出“天生民而立之君,使司牧之,勿使失性”③,而且把晋文公等人的兴起称霸视为天意,称“天之所置,其可废乎?”④《国语》论夏之兴起,称大禹在四岳的帮助下,疏川导滞,平治九州,“皇天嘉之,祚以天

① 《尚书·西伯戡黎》,《十三经注疏》,中华书局1980年版,第177页。

② 孔颖达:《尚书正义》引,《十三经注疏》,中华书局1980年版,第212页。

③ 《左传·襄公十四年》,杨伯峻编著:《春秋左传注》,中华书局1981年版,第1016页。

④ 《左传·僖公二十八年》,杨伯峻编著:《春秋左传注》,中华书局1981年版,第456页。

下,赐姓曰'姒',氏曰'有夏',谓其能以嘉祉殷富生物也。祚四岳国,命以侯伯,赐姓曰'姜',氏曰'有吕',谓其能为禹股肱心膂,以养物丰民人也"①。从"祚以天下"到"祚四岳国",一个"祚"字显示出天子甚至诸侯的权位都来自于上天的嘉奖。

汉代的董仲舒竭力宣扬"天子受命于天",从而为"君权神授"观念的系统化、理论化奠定了基础。他大致从三个方面论述了这一问题。首先,通过深察名号证明天子的神圣地位。他指出:"古之造文者,三画而连其中,谓之王。三画者,天地与人也,而连其中者,通其道也。取天地与人之中以为贯而参通之,非王者孰能当是?故王者唯天之施,施其时而成之。"②因为只有王者才能将天地人三者贯而参通之,所以他可以受命于天,法天以治人。他又说:"受命之君,天意之所予也。故号为天子者,宜视天如父,事天以孝道也。"③"德侔天地者称皇帝,天祐而子之号称天子。"④天子即天之子,这就意味着他受命于天,代表着天意,而且受天之护佑。其次,从"天人相与"的角度论证"天子受命于天"。董仲舒认为天为万物之本原,"人之为人,本于天,天亦人之曾祖父也"⑤。天不仅创造了人,而且还主宰着人类社会。当然这种主宰不是直接的,而是通过王代行其意志。他指出:"天生民性有善质,而未能善。于是为之立王以善之,此天意也。民受未能善之性于天,而退受成性之教于王。王承天意,以成民之性为任者也。"⑥总之,在"天人相与"中,王是媒介,"王者承天意以从事"⑦,"惟天子受命于天,天下受命于天子"⑧。此外,董仲舒还讲到"天人相副""天人感应""灾异谴告"等等,其根本目的都是在论证"天子受命于天",为"君权神授"说寻找理论根据。其三,列举一些荒诞的传

① 左丘明著,韦昭注:《国语·周语下》,上海古籍出版社 1978 年版,第 104 页。

② 董仲舒:《春秋繁露·王道通三》,《二十二子》,上海古籍出版社 1986 年版,第 794 页。

③ 董仲舒:《春秋繁露·深察名号》,《二十二子》,上海古籍出版社 1986 年版,第 791 页。

④ 董仲舒:《春秋繁露·三代改制质文》,《二十二子》,上海古籍出版社 1986 年版,第 783 页。

⑤ 董仲舒:《春秋繁露·为人者天》,《二十二子》,上海古籍出版社 1986 年版,第 793 页。

⑥ 董仲舒:《春秋繁露·深察名号》,《二十二子》,上海古籍出版社 1986 年版,第 792 页。

⑦ 班固:《汉书》卷五六《董仲舒传》,中华书局 1962 年版。

⑧ 董仲舒:《春秋繁露·为人者天》,《二十二子》,上海古籍出版社 1986 年版,第 793 页。

说来证明王者受命于天。①

董仲舒的"君权神授"理论,对汉代的史学家产生了一定的影响。司马迁曾师从董仲舒,虽然他对天道表示怀疑,但在"究天人之际"时仍表现出一定的"君权神授"的思想倾向。如《史记》之《殷本纪》《周本纪》和《秦本纪》叙述商、周、秦部族来源时,分别采用了"吞玄鸟卵"和"履巨人迹"的说法,意在说明"圣人无父感天而生",其后人称王完全是天神所授。关于刘邦,《高祖本纪》说他生有异征,体貌非凡,醉卧时"其上常有龙",即使是隐居芒、砀,其上也"常有云气"。至刘邦称帝,又说:"此乃传之所谓大圣乎? 岂非天哉,岂非天哉! 非大圣孰能当此受命而帝者乎?"②司马迁的这些看法,未必完全来自董仲舒的影响,但至少说明他还没有完全摆脱天命的窠臼。

班彪、班固父子生活在谶纬神学兴盛一时的东汉前期,因而"君权神授"的思想十分突出。在两汉之际群雄逐鹿之时,班彪作《王命论》,其主旨有二,一是列举历代兴亡之事,证明"神器有命,不可以智力求也";二是强调"刘氏承尧之祚",必将复兴,告诫人们"审神器之有授,毋贪不可幾"③。班固也极力宣扬"汉绍尧运",受命而王。他为叙汉德而作《典引》,开篇即提出了一个自唐尧以来的天授系统,其终点便是:"天乃归功元首,以授汉刘。""是以高(祖)、光(武)二圣,辰居其域,时至气动,乃龙见渊跃。……盖以膺当天之正统,受克让之归运。"④《汉书》着力渲染天命,认为:"汉承尧运,德祚已盛,断蛇着符,旗帜上赤,协于火德,自然之应,得天统矣。"⑤从"天乃归功元首,以授刘汉"来看,班固所谓"天统",比之于司马迁所说的"天统",其天命论的色彩要浓厚得多。

---

① 董仲舒:《春秋繁露·三代改制质文》等,《二十二子》,上海古籍出版社 1986 年版,第 782—784 页。

② 司马迁:《史记》卷一六《秦楚之际月表》序,中华书局 1959 年版,第 760 页。

③ 班固:《汉书》卷一〇〇下《叙传下》,中华书局 1962 年版,第 4235 页。

④ 范晔:《后汉书》卷四〇下《班彪列传下》,中华书局 1965 年版,第 1377 页。

⑤ 班固:《汉书》卷一下《高祖纪下》,中华书局 1962 年版,第 82 页。

二、“修德振兵”而君出的观念

先民在文明初始阶段，时有冲突，于是乃有“修德振兵”而君出的观念。司马迁叙黄帝、炎帝之事反映了这种观念，称黄帝“修德振兵”，先是“与炎帝战于阪泉之野。三战，然后得其志”，然后又“与蚩尤战于涿鹿之野，遂禽杀蚩尤。而诸侯咸尊轩辕为天子……天下有不顺者，黄帝从而征之，平者去之”①。

《吕氏春秋·荡兵》也谈到“胜者为长”的问题：

> 古圣王有义兵而无有偃兵。兵之所自来者上矣，与始有民俱。凡兵也者，威也；威也者，力也。民之有威力，性也。性者所受于天也，非人之所能为也。武者不能革，而工者不能移。兵所自来者久矣，黄、炎故用水火矣，共工氏固次作难矣，五帝固相与争矣。递兴废，胜者用事。人曰“蚩尤作兵”，蚩尤非作兵也，利其械矣。未有蚩尤之时，民固剥林木以战矣，胜者为长。长则犹不足治之，故立君。君又不足以治之，故立天子。天子之立也出于君，君之立也出于长，长之立也出于争。争斗之所自来者久矣，不可禁，不可止，故古之贤王有义兵而无有偃兵。

这里，作者虽然主要是在论证争斗由来已久，所以兵“不可禁，不可止”，但却涉及君主的起源问题。从历史上看，兵争“与始有民俱”，其结果总是“胜者用事”，“胜者为长”。小范围的胜者为首领，大范围的胜者为君王，更大范围的胜者则为天子。总之，兵争由来已久，天子出自胜者，这种“天子之立也出于君”的观念也可看作是“修德振兵”的一种形式。

东汉的仲长统在叙述朝代兴亡过程时，也涉及君主的起源或者说是君权的来源问题。其《理乱》篇说：“豪杰之当天命者，未始有天下之分者也。无天下之分，故战争者竞起焉。于斯之时，并伪假天威，矫据方国，拥甲兵与我角才智，程勇力与我竞雌雄，不知去就，疑误天下，盖不可数也。

---

① 司马迁：《史记》卷一《五帝本纪》，中华书局1959年版，第3页。

角知者皆穷,角力者皆负,形不堪复抗,势不足复校,乃始羁首系颈,就我之衔绁耳。"[①]凡创业之主,一开始并不具有统治天下的天子名分,只是在群雄竞争中靠斗智斗力而成为最后的胜利者。其他人虽然也"伪假天威",无奈智力和勇力不足,成了失败者,不得不俯首称臣。当天下无人与其抗衡时,他便成了"当天命"的天子。可见,所谓"当天命"者,原是斗智斗力的结果,仲长统的描述具有更多的理论色彩。

史家班固综合各家之说,认为初民从"能群""胜物"到上圣止争息乱而君生。他写道:

> 夫人宵天地之貌,怀五常之性,聪明精粹,有生之最灵者也。爪牙不足以供耆欲,趋走不足以避利害,无毛羽以御寒暑,必将役物以为养,任智而不恃力,此其所以为贵也。故不仁爱则不能群,不能群则不胜物,不胜物则养不足。群而不足,争心将作,上圣卓然先行敬让博爱之德者,众心说而从之。从之成群,是为君矣;归而往之,是为王矣。[②]

在这里,班固从"胜物"讲到"能群",从止争讲到立君、立王,也是在说明"为君""为王"的意义就在于使人们息"争心"而"能群"而"胜物"。从实质上看,这也是"修德振兵"的一种观念。

三、以民悦之"使王天下"的观念

韩非认为,最早出现的君主,都是因为有所发明,人民悦而王之。他写道:

> 上古之世,人民少而禽兽众,人民不胜禽兽虫蛇。有圣人作,构木为巢,以避群害,而民悦之,使王天下,号之曰有巢氏。民食果蓏蚌蛤腥臊恶臭,而伤害腹胃,民多疾病。有圣人作,钻燧取火,以化腥臊,而民说之,使王天下,号之曰燧人氏。[③]

① 范晔:《后汉书》卷四九《仲长统传》,中华书局 1965 年版,第 1646 页。
② 班固:《汉书》卷二三《刑法志》,中华书局 1962 年版,第 1079 页。
③ 韩非:《韩非子·五蠹》,《诸子集成》,中华书局 1954 年版,第 339 页。

有巢氏因“构木为巢”而“王天下”,燧人氏则因“钻燧取火”而“王天下”,两者都是因功而王,这是一种以功业成就而致君的观念。

关于君主的起源问题,古人有各种不同的见解,也有各式各样的论述,或着眼于历史过程的描述,或侧重于理论的抽象和概括。以上所列几种观念,是其中影响较大且具有代表性的说法。其中,“君权神授”说起源最早,其思想特点是从人类社会之外寻找君主产生的原因,认为君主和君主制度的产生是天帝鬼神意志的体现及其作用的结果,君主的职责便是代上帝、天命以司民。虽然这种说法是荒谬的,表现出人类在愚昧时期的一种政治思维,但由于它很切合历代统治者神化王权或皇权的需要,所以一直被大力宣扬,影响十分广泛。与“君权神授”说相比,后两种观念则把思考的对象由上帝、天命转向了人间,把君主的起源归因于人与自然的矛盾,特别是人类社会内部的利害冲突和矛盾对抗,这在理论思维上显然是一种进步,在一定程度上也符合历史发展的实际情况。有的观念强调君主的个人品德和功业,脱离了历史发展和社会矛盾谈君主起源,这或许同最早的英雄史观有极大的关系。而因有所发明,人民悦而王之的观念,则包含了朴素的历史进化思想。

值得注意的是,君主的起源是一个非常复杂的问题,中国古代先贤在这方面各持其说,甚至同一人、同一书中也包含着不同的说法,这些都不足为怪。重要的是,这些不同的观念反映了这一时期人们的思考和理想。

第二节　关于为君之道的思想

一、“内圣外王”的理想君主观

国君的明暗善恶事关社会的治乱兴衰。那么,理想的君主是什么样子,他应当如何修身治国,这个问题古人称为“君道”,即为君之道。对此,史学家、思想家们有许多有关的叙述和评议,思想家们也有各种不同的设想和见解。

“内圣外王”是人们关于君主的理想人格及理想政治局面的概括。《庄子·天下》篇认为:“古之人其备乎!配神明,醇天地,育万物,和天下,泽及百姓,明于本数,系于末度,六通四辟,小大精粗,其运无乎不在。”意思是说古时得道之人很完备,兼有圣和王两个方面,内有圣人之德,外施王者之政。可是后来天下大乱,“是故内圣外王之道,暗而不明,郁而不发,天下之人各为其所欲焉以自为方。悲夫!”古时候的“内圣外王之道”虽已暗淡不明,但“旧法、世传之史尚多有之;其在《诗》《书》《礼》《乐》者,邹鲁之士、搢绅先生多能明之”。可见,“内圣外王”是人们关于理想君主的美好的记忆。而在庄子时代,这种君主已不复存在了。

先秦、秦汉时期的经史文献和其他学者虽然没有明确提出或沿用“内圣外王”这一术语,但有许多相同或相近的概念和论题,从而使“内圣外王”的思想内涵不断地得以充实和扩展。概而言之,主要有三个方面:

第一,圣者“仁且知(智)”。在古代典籍中,“圣”以及以它为本词所构成的一系列相关词,如圣人、圣哲、圣贤、圣明、圣王等,出现的频率非常高,说明古时候圣人观念非常普遍而且强烈。“圣”的本义是聪明睿智,事无不通。《尚书·洪范》:“聪作谋,睿作圣。”《说文·耳部》:“圣,通也。从耳,呈声。”《文子·道德》:“文子问圣智。老子曰:闻而知之,圣也;见而知之,智也。”《后汉书·范升传》:“今众人咸称朝圣,皆曰公明,盖明者无不见,圣者无不闻。”由于“圣”即通达事理,智慧超群,所以古人便将一切创造发明归功于圣人。《左传·昭公六年》叔向引《书》曰:“圣作则。”《礼记·乐记》称:“作者之谓圣。”《易经·系辞》认为圣人观物取象而制作百工,荀子则认为圣人为“化性起伪”而制作礼仪法度,就连韩非也把“构木为巢”和“钻燧取火”说成是“有圣人作”的结果。

在历史发展的过程中,“圣”和“圣人”在不断被智慧化的同时,也被赋予了最高“道德境界”的品性,从而使之成为“道德”和“人伦”完美的体现者。《左传·昭公七年》提到“圣人有明德者”,这是把“圣人”与“道德”联系起来的较早的例证。《论语·雍也》:“子贡曰:‘如有博施于民而能济众,何如?可谓仁乎?’子曰:‘何事于仁!必也圣乎!’”孔子把“博施于民而能济众”视为比仁还要高一等的圣德,这就把“圣”的道德含义具体化了。

按照传统看法,历史上“仁且知”的圣人只有尧、舜、禹、汤、文、武、周公和孔子。由于这些历史人物绝大多数都是王者,所以需要将圣人政治化。所谓政治化是指把身处王位的圣人称之为“圣王”,圣与王同体,合二而一。在德才方面,圣王既具有治国之才,又具有为政之德。后来人们谈及圣王之治道,大都着眼于治国之才和为政之德两个方面。关于治国之才,主要表现为明察善断,知人善任。关于为政之德,人们看得更重,谈论得更多。

第二,“非圣人莫之能王”。人们论圣与王的关系,一层是表里关系,“圣”指内在的人格修养,表现为才智品德卓绝,“王”指外在的文治武功,表现为发政施仁,平治天下。内圣是根据,外王是表现。由内圣开出外王,以外王彰显内圣。另一层是因果关系,“圣”是前提,是原因,而“王”则是结果。这叫做因圣而王,或者说是由圣到王。总之,“圣”是“王”的前提条件,一个理想的王者必先成为圣人。《大戴礼记·诰志》称:“古之治天下者必圣人。”《荀子·正论》也说:“天下者,至重也,非至强莫之能任;至大也,非至辨莫之能分;至众也,非至明莫之能和。此三至者,非圣人莫之能尽。故非圣人莫之能王。圣人,备道全美者也,是悬天下之权称也。”在人们心目中,古圣先王因圣而王者的莫过于舜。据《史记·五帝本纪》记载,当尧年老有意禅位时,四岳推荐舜,原因是他能尽孝道,其“父顽,母嚚,弟傲,能和以孝,烝烝治,不至奸”。然后尧又通过各种办法试探观察舜是否有理家治国之才,“于是尧妻之二女,观其德于二女。舜饬下二女于妫汭,如妇礼。尧善之,乃使舜慎和五典,五典能从。乃遍入百官,百官时序。宾于四门,四门穆穆,诸侯远方宾客皆敬。尧使舜入山林川泽,暴风雷雨,舜行不迷。尧以为圣,召舜曰:‘女谋事至而言可绩,三年矣。女登帝位。’舜让于德不怿。正月上日,舜受终于文祖。文祖者,尧大祖也。”舜通过自己的行为证明自己“仁且知”,尧也“以为圣”,这样就具备了“登帝位”的条件,于是便通过禅让走完了由圣到王的路程。

第三,因王而圣。“内圣外王”说的本意是强调圣、王一体,由圣而王,但理想不等于现实。在现实的政治生活中,王权和皇权高于一切。虽然称王称帝者未必既仁且智,但他们也以圣自居。史家和学者们也往往自觉或不自觉地将王权圣化,在王者、皇帝的头上冠以“圣”字。如刘邦称帝后,司马迁称赞说:“王迹之兴,起于闾巷……非大圣孰能当此受命而帝者乎?”[①]司马迁还说:“汉兴以来,至明天子,获符瑞,封禅,改正朔,易服色,受命于穆清,泽流罔极,海外殊俗,重译款塞,请来献见者,不可胜道。臣下百官力诵圣德,犹不能宣尽其意。且士贤能而不用,有国者之耻;主上明圣而德不布闻,有司之过也。且余尝掌其官,废明圣盛德不载,灭功臣世家贤大夫之业不述,堕先人所言,罪莫大焉。”[②]在这里,司马迁不仅连用了几个“圣”字,而且把圣王的范围由刘邦扩大到“今上”汉家天子,并表示自己有责任论载其“明圣盛德”。班固也是如此,他在《典引》篇中称刘邦、刘秀为“高、光二圣”,称章帝为“圣上”。在《两都赋》中,他一再称刘秀为“圣皇”,并称赞他:“勋兼乎在昔,事勤乎三五。岂特方轨并迹,纷纶后辟,理近古之所务,蹈一圣之险易云尔哉?”[③]意思是说光武帝刘秀功德勤劳兼于前代百王,非某一位圣王可比。司马迁和班固都是严肃的史学家,他们对汉家天子尚且因其为帝而许其为圣,其他人更是以为王者必圣。所以在古代,不仅皇帝被习惯地称作“圣上”,皇帝的意志称为“圣志”,皇帝的命令称为“圣旨”,皇帝的子孙称为“圣子神孙”,就连皇帝的身体也被称为“圣体”,皇帝的容貌气色被称为“圣容”。总之,凡是与皇帝有关的一切都要加一个“圣”字。显然,这些所谓“圣”的用语,早已不是理想中的“内圣外王”的“圣”的含义了,而蜕变成了一种习惯上的褒美之辞。

综上所述,“内圣外王”之说原本是强调圣、王一体,或由圣到王。它首先要求王者要具有超凡的品德才智,这叫“内圣”,然后由内圣致外王,即王者把自己内在的人格修养外化为治国之道,通过施行仁政德教,来建立一个和谐安康的王道社会。这当然是一种理想,一种对君主人格修养

① 司马迁:《史记》卷一六《秦楚之际月表》序,中华书局1959年版,第760页。

② 司马迁:《史记》卷一三〇《太史公自序》,中华书局1959年版,第3299页。

③ 范晔:《后汉书》卷四〇下《班彪列传下》,中华书局1965年版,第1630页。

及其功业的期待，其积极意义在于它对为君者提出了很高的条件和要求，而且也试图对君主的行为加以约束或规范，在客观上也许或多或少地起到了一些作用。不过，"内圣外王"也很容易被曲解为"王者必圣"，从而将王权、皇权圣化。由此可见，"内圣外王"与其说是一种为君之道，不如说是一种理想化的君主观。现实中的"王"与"圣"同理想中的"王"与"圣"是不可作同等看待的。

二、君道无为及其理论依据

在先秦秦汉时期，许多思想家都倡言无为。有的人把无为当作修身之道，有的人把无为奉为政治原则，也有的人把无为视为一个哲学范畴。不过大多数情况下，人们都把它说成是一种为君之道或治国原则。

最先提出"无为"这一命题的是老子。《老子》一书先后 15 次出现"无为"的用语，不仅大谈"无为之益"[①]，而且极力主张"圣人处无为之事，行不言之教"[②]。这里所说的"圣人"是指有道的君主，理想的君主就应该任其自然，无为而治。老子之所以把"无为"尊奉为君主治国的最高准则，首先，与他"道法自然"的思想有关。老子认为"道"是宇宙万物的本原，而"道常无为而无不为"[③]，"故道大，天大，地大，人亦大。域中有四大，而人居其一焉。人法地，地法天，天法道，道法自然"[④]。既然"道"纯任自然，"无为而无以为"，那么体道之君当然应该以"自然""无为"为政治法则。其次，这与老子的社会历史观有关。老子把"道"体现于人类社会称为"德"，在人类社会之初，大道流行，他称为"上德无为而无以为"。可是后来"失道而后德，失德而后仁，失仁而后义，失义而后礼。夫礼者，忠信之薄而乱之首"[⑤]。道、德、仁、义、礼代表着社会演变的几个阶段，前

① 《老子注》第四三章，《诸子集成》，中华书局 1954 年版，第 27 页。

② 《老子注》第二章，《诸子集成》，中华书局 1954 年版，第 2 页。

③ 《老子注》第三七章，《诸子集成》，中华书局 1954 年版，第 21 页。

④ 《老子注》第二五章，《诸子集成》，中华书局 1954 年版，第 14 页。

⑤ 《老子注》第三八章，《诸子集成》，中华书局 1954 年版，第 23 页。

两个阶段是自然无为时期,从第三阶段开始,人类社会活动离开了体现“道”的“德”,从“无为”走向了“有为”,先后出现了道德规范和典章制度,天下也因此陷入衰乱。对于现实的“有为”政治,老子给予猛烈的抨击,称“民之难治,以其上之有为,是以难治”[①]。要想使社会安定下来,就必须变“有为”为“无为”。再次,这与老子以反求正的方法论有关。老子的思维方式,往往从成规的反面出发,遵循与成规相反的思路和行为方式。就治国而言,他认为“有为”所不能达到的目的,可以通过“无为”加以实现。譬如治国者无不追求国泰民安,然而“天下多忌讳,而民弥贫;民多利器,国家滋昏;人多伎巧,奇物滋起;法令滋彰,盗贼多有。故圣人云:我无为而民自化,我好静而民自正,我无事而民自富,我无欲而民自朴”[②]。统治者为治国安民而想方设法,结果却适得其反。可是采取清静无为的办法,反而能使百姓富足安康。这就叫做“无为而无不为。取天下常以无事,及其有事,不足以取天下”[③]。表面上看“无为”有些保守,甚至有些消极,但它却有“无不为”的妙用。由此可见,老子所讲的“无为”只是一种手段,其真正的目的仍在于“无不为”。为更好地实现“无不为”的目的,老子又将“无为”的原则具体化,要求君主“无欲”“好静”“不争”。后来司马谈的《论六家之要指》,称“道家无为,又曰无不为”,“其术以虚无为本,以因循为用”。所谓“以虚无为本,以因循为用”,是强调人的修养要以清心寡欲为本,不劳倦形神。这应用到政治上,就是顺任自然,与时推移,无为而治。司马迁也把老子的思想概括为:“无为自化,清净自正。”[④]即为君者若能清静无为,民众将会自然发展,自归于正。

孔子讲经世,也讲“无为而治”,彼此并不矛盾。这主要有三点:一是修德尚贤,垂拱而治。《论语·卫灵公》引孔子的话说:“无为而治者,其

① 《老子注》第七五章,《诸子集成》,中华书局 1954 年版,第 44 页。
② 《老子注》第五七章,《诸子集成》,中华书局 1954 年版,第 35 页。
③ 《老子注》第四八章,《诸子集成》,中华书局 1954 年版,第 29 页。
④ 司马迁:《史记》卷一三〇《太史公自序》,中华书局 1959 年版,第 3313 页。

舜也與？夫何为哉？恭己正南面而已矣。”[①]二是为政尚简，少扰民。《论语·雍也》记：“仲弓问子桑伯子，子曰：‘可也简。’仲弓曰：‘居敬而行简，以临其民，不亦可乎？居简而行简，无乃大简乎？’子曰：‘雍之言然。’”[②]三是重因循，不改先王之道。《论语·子张》：“曾子曰：‘吾闻诸夫子：孟庄子之孝也，其他可能也；其不改父之臣，与父之政，是难能也。’”这是称赞孟庄子“不改父之臣与父之政”。《汉书·董仲舒传》载其对策曰：“先王之道必有偏而不起之处，故政有眊而不行，举其偏者以补其弊而已矣。三王之道所祖不同，非其相反，将以捄溢扶衰，所遭之变然也。故孔子曰：‘亡为而治者，其舜乎！’改正朔，易服色，以顺天命而已；其余尽循尧道，何更为哉！故王者有改制之名，亡变道之实。”在这里，董仲舒以舜“尽循尧道”为例，说明“王者有改制之名，亡变道之实”，从而把因循先王之道上升为一条普遍的政治原则。

西汉王朝建立之初，基于秦朝“举措太众，刑罚太极”而导致灭亡的教训，黄老“无为”之说兴盛一时，并且由理论形态转向政治实践，成为当时社会的主导思想。汉初的思想家、史论家陆贾，对秦汉之际的兴亡得失进行了认真总结。他在“过秦”的同时，明确提出了无为而治、与民休息的思想主张。陆贾认为：

> 道莫大于无为，行莫大于谨敬。何以言之？昔舜治天下也，弹五弦之琴，歌《南风》之诗，寂若无治国之意，漠若无忧天下之心，然而天下大治。周公制作礼乐，郊天地，望山川，师旅不设，刑格法悬，而四海之内，奉供来臻，越裳之君，重译来朝。故无为者乃有为也。

而秦朝的情况恰恰与之相反：“秦始皇设刑罚，为车裂之诛，以敛奸邪，筑长城于戎境，以备胡、越，征大吞小，威震天下，将帅横行，以服外国，蒙恬

① 朱熹《论语集注》曰：“无为而治者，圣人德盛而民化，不待其有所作为也。独称舜者，绍尧之后，而又得人以任众职，故尤不见其有为之迹也。恭己者，圣人敬德之容。既无所为，则人之所见如此而已。”见《四书章句集注》，上海书店 1987 年版，第 114 页。

② 朱熹《论语集注》曰：“简者，不烦之谓；大，音泰。言自处以敬，则中有主而自治严，如是而行简以临民，则事不烦而民不扰，所以为可。”见《四书章句集注》，上海书店 1987 年版，第 35 页。

讨乱于外,李斯治法于内,事逾烦天下逾乱,法逾滋而天下逾炽,兵马益设而敌人逾多。秦非不欲治也,然失之者,乃举措太众,刑罚太极故也。”①针对秦多欲极刑而亡的教训,陆贾提出:

> 是以君子之为治也,块然若无事,寂然若无声,官府若无吏,亭落若无民,闾里不讼于巷,老幼不愁于庭,近者无所议,远者无所听,邮无夜行之卒,乡无夜召之征,犬不夜吠,鸡不夜鸣,耆老甘味于堂,丁男耕耘于野,在朝者忠于君,在家者孝于亲;于是赏善罚恶而润色之,兴辟雍庠序而教诲之,然后贤愚异议,廉鄙异科,长幼异节,上下有差,强弱相扶,大小相怀,尊卑相承,雁行相随,不言而信,不怒而威,岂待坚甲利兵、深牢刻令、朝夕切切而后行哉?②

陆贾的上述见解很切合“反秦之弊,与民休息”③的时代要求,从而为汉初的统治者提供了合理的治国之策。

作为史学家,司马迁对汉初无为而治、与民休息的政策,给予高度评价。他在《史记》中写道:“孝惠皇帝、高后之时,黎民得离战国之苦,君臣俱欲休息乎无为,故惠帝垂拱,高后女主称制,政不出房户,天下晏然。刑罚罕用,罪人是希。民务稼穑,衣食滋殖。”④他引用民间赞颂萧何、曹参的歌谣:“萧何为法,顜若划一,曹参代之,守而勿失。载其清静,民以宁一。”司马迁评论曹参说:“参为汉相国,清静极言合道。然百姓离秦之酷后,参与休息无为,故天下俱称其美矣。”⑤

从司马迁的上述言论来看,他对司马谈关于道家的评价是赞同的,对汉初的无为而治、与民休息的政策及其效果是肯定的。由此可以进一步看出,在司马迁的历史理论中,道家思想的影响占有一定的分量。

自汉武帝“罢黜百家,独尊儒术”之后,虽然“无为”学说已不再是社会的主导思想,但其思想影响仍然存在。

---

① 陆贾:《新语·无为》,王利器撰:《新语校注》,中华书局1986年版,第62页。

② 陆贾:《新语·至德》,王利器撰:《新语校注》,中华书局1986年版,第118页。

③ 班固:《汉书》卷八九《循吏传》序,中华书局1962年版,第3623页。

④ 司马迁:《史记》卷九《吕太后本纪》后论,中华书局1959年版,第412页。

⑤ 司马迁:《史记》卷五四《曹相国世家》后论,中华书局1959年版,第2031页。

第三节　君主与天下

一、"天下非一人之天下"

君主与天下的关系,是中国早期君主论中的一个重要方面,是后世"非君"思想的渊源。

君主与天下关系的思想,萌发于《尚书》。孟子曾引《尚书》的话说:"天降下民,作之君,作之师,惟曰其助上帝宠之。四方有罪无罪惟我在,天下曷敢有越厥志。"[①]《尚书》强调天是为民立君而非为君生民,既然是为民立君,君主就不能奉天下以自养,而是应当以帮助上帝惠民养民为职责。这一认识被后世思想家、政治家、史学家所发挥,具有越来越丰富的内涵。如《慎子·威德》说:"古者立天子而贵之者,非以利一人也。曰天下无一贵,则理无由通。通理以为天下也,故立天子以为天下,非立天下以为天子也。立国君以为国,非立国以为君也。"《商君书·修权》也说:"故尧舜之位天下也,非私天下之利也,为天下位天下也。"正因为天是为民而立君,为了天下公利而立君,所以《吕氏春秋·贵公》进而强调"天下非一人之天下也,天下之天下也"。《六韬》虽是一部兵书,但起首第一篇《文师》也强调"天下非一人之天下,乃天下之天下"。这里说的"立天子以为天下""为天下位天下""天下非一人之天下"等思想,尽管没有也不可能有非君、无君之意,但都有一个共同的认识:天下是天下人之天下,非君主一人之天下。这是君主论中最宝贵的思想,甚至可以认为,在封建专制主义出现以前,它也是君主论中的主流思想。

在上述思想的影响下,人们提出君主当以"公心"治天下,"治天下者当用天下之心为心"。《吕氏春秋》之《贵公》《去私》两篇,作者一方面从

---

① 《孟子·梁惠王下》引,杨伯峻译注:《孟子译注》,中华书局1960年版,第31页。

天道论及人道,说“天无私覆也,地无私载也,日月无私烛也,四时无私行也,行其德而万物得遂长焉”,“王伯之君亦然,诛暴而不私,以封天下之贤者,故可以为王伯”;另一方面又总结历史上的经验教训,认为:“昔先圣王之治天下也,必先公,公则天下平矣。平得于公。尝试观于上志,有得天下者众矣,其得之以公,其失之必以偏。”这些认识,鲜明地反映出早期君主论的特点,即强调一个“公”字。直到汉代,谏议大夫鲍宣上疏哀帝痛陈时政之失,仍声称:“天下乃皇天之天下也,陛下上为皇天子,下为黎庶父母,为天牧养元元,视之当如一……夫官爵非陛下之官爵,乃天下之官爵也。陛下取非其官,官非其人,而望天说民服,岂不难哉!……治天下者当用天下之心为心,不得自专快意而已也。”①显然,这种观念不仅在理论上强调“公”和“天下之心”,而且在实践上也希望对君主有所约束,具有突出的进步意义。

君主以“公心”治天下、“以天下之心为天下”,自不应专天下之利,这是从物质利益方面对君主提出的要求。早在春秋时期,大夫芮良夫批评周厉王以荣夷公专利一事,尖锐地指出:

> 王室其将卑乎!夫荣夷公好专利而不知大难。夫利,百物之所生也,天地之所载也,而或专之,其害多矣。天地百物,皆将取焉,胡可专也?所怒甚多,而不备大难,以是教王,王能久乎?夫王人者,将导利而布之上下者也,使神人百物无不得其极,犹日怵惕,惧怨之来也。故《颂》曰:“思文后稷,克配彼天。立我烝民,莫匪尔极。”《大雅》曰:“陈锡载周。”是不布利而惧难乎?故能载周,以至于今。今王学专利,其可乎?匹夫专利,犹谓之盗,王而行之,其归鲜矣。荣公若用,周必败。②

周厉王“专利”的具体内容史无详述,但从芮良夫谏语的内容和语气看似乎是指垄断山泽之利。按照传统,山林川泽之利是公共的,天子不可独占。《周礼·地官》:“山虞,掌山林之政令。物为之厉,而为之守禁。仲

① 班固:《汉书》卷七二《鲍宣传》,中华书局1962年版,第3089—3090页。

② 左丘明著,韦昭注:《国语·周语上》,上海古籍出版社1978年版,第12—13页。

冬斩阳木,仲夏斩阴木。凡服耜,斩季材,以时入之。令万民时斩材,有期日。""泽虞,掌国泽之政令。为之厉禁,使其地之人守其财物,以时入之于玉府,颁其余于万民。"这说明周代虽设有专掌山林川泽政令的官职,但天子并不是专其利,而是与当地居民共享其利,只是规定其要取之有时而已。《春秋穀梁传》则对鲁君的专利行为多次提出批评,认为"山林薮泽之利,所以与民共也。虞之,非正也。"[①]芮良夫批评周厉王"专利"和《春秋穀梁传》强调君民共享山林薮泽之利,都是从物质利益的角度说明了"天下非一人之天下",这是早期君主论中的一个优良的思想传统。

二、"民臣不可一日无君"

在先秦秦汉时期,既有"天下非一人之天下"的观念,也有君权至上、君主至尊的观念,而且伴随着专制主义中央集权制的形成和发展,后者逐渐占据了思想的主导地位。这反映了早期君主论的复杂性及其内涵的矛盾性。

《易传》的作者称"天地设位"[②],"有天地然后有万物,有万物然后有男女,有男女然后有夫妇,有夫妇然后有父子,有父子然后有君臣,有君臣然后有上下,有上下然后礼义有所错"[③]。这是强调民之有君是自然而然的事情。《白虎通义・爵》解释天子即位改元之事时也一再强调:"天子大敛之后称王者,明民臣不可一日无君也。""王者既殡而即继体之位何?缘民臣之心不可一日无君也。故先君不可得见,则后君继体矣。""不可旷年无君,故踰年乃即位改元。"总之,先君死新君即位也好,新君即位逾年改元也好,都是缘于"民臣不可一日无君"。换言之,也就是天下不可一日无君。这就从根本的意义上,强调了君主对于天下的重要。这也证明"天下非一人之天下"的思想,并不是不要君主,只是要对君主有所约

① 《春秋穀梁传・庄公二十八年》《春秋穀梁传・成公十八年》,《十三经注疏》,中华书局1980年版,第2388、2424页。

② 《周易・系辞上》,《十三经注疏》,中华书局1980年版,第79页。

③ 《周易・序卦》,《十三经注疏》,中华书局1980年版,第95页。

束。这两种思想同时存在,反映了早期君主论的丰富内容。

同这种“民臣不可一日无君”的思想相联系的,是人们十分强调“器”与“名”的重要。春秋时期史官史墨对鲁国季氏执政,鲁昭公被放逐而死一事,评论说:“政在季氏,于此君也四公矣。民不知君,何以得国?是以为君慎器与名,不可以假人。”①卫国与齐国发生战争,大夫仲叔于奚因立功请求得到诸侯所用的乐器“曲县”,卫侯竟然应允了。孔子对这件事评论说:

> 惜也,不如多与之邑。唯器与名,不可以假人,君之所司也。名以出信,信以守器,器以藏礼,礼以行义,义以生利,利以平民,政之大节也。若以假人,与人政也。政亡,则国家从之,弗可止也已。②

这里所说的“器”指象征权力和地位的礼器,“名”指代表名分的称号,两者都是君主治国牧民的工具,所以史墨和孔子都强调为君者要慎守勿失,不可假于他人。如果与臣下分享,则是君主政治的大忌,甚至还会因此失去权位甚至导致灭亡。这种对于“器”与“名”的重视,是当时重礼的时代特点的反映。其后,在专制主义政治中,也为君主所利用,或为尊君之论所利用。

所谓“民臣不可一日无君”,说明君的重要,君的特殊地位。《仪礼·丧服》:“君,至尊也。”《荀子·君子》:“天子也者,势至重,形至佚,心至愈,志无所诎,形无所劳,尊无上矣。”《春秋繁露·威德所生》:“为人主者,居至德之位,操杀生之势,以变化民,民之从主也,如草木之应四时也。”《白虎通义》:“或称天子,或称帝王何?以为接上称天子者,明以爵事天也。接下称帝王者,明位号天下至尊之称,以号令臣下也。”“王者自谓一人者,谦也。……臣下谓之一人何?亦所以尊王者也。以天下之大,四海之内,所共尊者一人耳。”③这些见解,或是“民臣不可一日无君”的来源,或是“民臣不可一日无君”的推演,都在强调君主的至尊地位。在专制主义体制下,这种思想发展到极致,成为新的君主论的核心所在。

---

① 《左传·昭公三十二年》,杨伯峻编著:《春秋左传注》,中华书局1981年版,第1520页。
② 《左传·成公二年》,杨伯峻编著:《春秋左传注》,中华书局1981年版,第788—789页。
③ 《白虎通义》卷二《号》,陈立疏证:《白虎通疏证》,中华书局1994年版,第47页。

对于君主至尊至贵的权位，先哲们不仅有理论上的阐述，而且还通过各种比喻，形象地加以说明。《史记·太史公自序》说："维高祖元功，辅臣股肱……作《高祖功臣侯者年表》。"这是以"元首"和"股肱"比喻君为主臣为辅的关系。《汉书·武帝纪》说："君者心也，民犹肢体。"这是以腹心和四肢比喻君与臣民的主从关系。贾谊论君主之尊，相对臣民比喻说："人主之尊譬如堂，群臣如陛，众庶如地。"君主高高在上，"高者难攀，卑者易陵，理势然也"[①]。把天子比作"堂"，是强调其"尊不可及也"。

值得注意的是，这种君主至尊的观念，在宗法社会中，已被罩上一层宗法的神圣外衣。《尚书·洪范》："天子作民父母，以为天下王。"春秋战国之后，特别是到了汉代，"君臣如父子""事君犹事父"之类的观念更为普遍。如《春秋公羊传·定公四年》："事君犹事父也。"《礼记·祭义》："事君不忠，非孝也。"班固记严助上书汉武帝，自称"臣事君犹子事父母也"[②]。记李陵劝苏武投降匈奴，苏武也表示："武父子亡功德，皆为陛下所成就，位列将，爵通侯，兄弟亲近，常愿肝脑涂地。今得杀身自效，虽蒙斧钺汤镬，诚甘乐之。臣事君，犹子事父也，子为父死亡所恨。"[③]所有这些把父和君相互比拟，即君为臣民之君父、臣民为君之子民的说法与做法，是把家庭伦理与政治伦理合一，从而使尊君思想得到更广泛的传播，并伴随着君主制度而流传久远。

第四节　君主的类型

一、圣王与暴王

在先秦秦汉时期的君主论中，思想家、史学家们都从传说与历史中，

---

① 班固:《汉书》卷四八《贾谊传》，中华书局 1962 年版，第 3254 页。

② 班固:《汉书》卷六四上《严助传》，中华书局 1962 年版，第 2790 页。

③ 班固:《汉书》卷五四《苏武传》，中华书局 1962 年版，第 2464 页。

概括出他们对君主类型及其界限的种种认识。这些认识有两个特点:一是承认君主存在的必要,二是反映出他们对君主的批判精神。

墨子以“三利”和“三不利”为依据,把君主区分为“圣王”和“暴王”两大类。他说:

> 处大国不攻小国,处大家不篡小家,强者不劫弱,贵者不傲贱,多诈者不欺愚。此必上利于天,中利于鬼,下利于人。三利无所不利,故举天下美名加之,谓之圣王。力政者则与此异,言非此,行反此,犹倖驰也。处大国攻小国,处大家篡小家,强者劫弱,贵者傲贱,多诈欺愚。此上不利于天,中不利于鬼,下不利于人。三不利无所利,故举天下恶名加之,谓之暴王。①

在这里,墨子主要根据君主在道德实践上的状况提出了划分圣王和暴王的标准。在他看来,圣王的典型是尧、舜、禹、汤、文王、武王。“若昔三代圣王尧、舜、禹、汤、文、武者是也。尧、舜、禹、汤、文、武焉所从事?曰:从事‘兼’,不从事‘别’。兼者,处大国不攻小国,处大家不乱小家,强不劫弱,众不暴寡,诈不谋愚,贵不傲贱。观其事,上利乎天,中利乎鬼,下利乎人,三利无所不利,是谓天德,聚敛天下之美名而加之焉,曰:‘此仁也,义也。爱人、利人,顺天之意,得天之赏者也。’”与此相对应,暴王的典型则是桀、纣、周幽王和周厉王:“若昔者三代暴王桀、纣、幽、厉是也。桀、纣、幽、厉焉所从事?曰:从事‘别’,不从事‘兼’。别者,处大国则攻小国,处大家则乱小家,强劫弱,众暴寡,诈谋愚,贵傲贱。观其事,上不利乎天,中不利乎鬼,下不利乎人,三不利无所利,是谓天贼。聚敛天下之丑名而加之焉,曰:‘此非仁也、非义也。憎人、贼人,反天之意,得天之罚者也。’”②

墨子论治国之道,往往列举三代圣王和暴王作为正反两个方面的例证。墨子对圣王和暴王的区别,最终以“顺天之意”和“反天之意”划分,但他强调的是“爱人”“利人”与“憎人”“贼人”的不同,这是墨子思想中极其宝贵的地方。

---

① 《墨子·天志上》,《诸子集成》,中华书局1954年版,第121—122页。

② 《墨子·天志中》,《诸子集成》,中华书局1954年版,第128页。

在墨子之前,《尚书》常将禹、汤、文王等称作“明辟”或“先哲王”,称赞他们“严恭寅畏,天命自度,治民祗惧,不敢荒宁”。与之相对应的是桀、纣,一个是“弗作往任,是惟暴德”,一个是“德瞀”,“迷乱,酗于酒德”。① 这里讲的“哲王”“暴德”,或许对墨子有所影响。其后,史家著史,也有类似的品评。如《左传》有“圣王”和“暴君”或“淫君”的提法,前者通常是指尧、舜、禹、汤和周文王、周武王等,后者是指桀、纣,有时也包括周厉王和周幽王。“圣王”和“有德之君”的特点是“外内不废,上下无怨,动无违事”。“淫君”和“暴君”的特点是“外内颇邪,上下怨疾,动作辟违,纵欲厌私,高台深池,撞钟舞女,斩刈民力,输掠其聚,以成其违,不恤后人”。② 司马迁的《史记》从黄帝开始写起,他把黄帝视为“法天则地”、平治天下的一代圣王,把颛顼、帝喾、尧、舜尊为“四圣”,称“四圣遵序,名成法度”;同时又批评“夏桀淫骄”,“帝辛湛湎”,“幽厉昏乱”。③ 两者形成鲜明对比。

以上这些论述,尽管有的来自传说,但却折射出人们对“理想”君主的期待和对现实中不良政治的抨击。

二、有道之君与无道之君

春秋战国时期,社会处在动荡、变革当中,思想家们的思想异常活跃。他们从传说和历史文献中汲取资料,作为阐发各自思想的依据。其中自然也与评论君主有密切的联系,形成了早期君主论的种种见解。孔子评论君主政治,提出“有道”和“无道”两个概念。政治清明就叫“邦有道”,政治昏暗就是“邦无道”。④ 他批评卫灵公是无道之君,⑤批评齐景公“有

① 参见《尚书》之《酒诰》《洛诰》《多士》《无逸》《立政》等篇,《十三经注疏》,中华书局1980年版。

② 《左传·昭公二十年》,杨伯峻编著:《春秋左传注》,中华书局1981年版,第1416页。

③ 司马迁:《史记》卷一三〇《太史公自序》,中华书局1959年版,第3301页。

④ 参见《论语·公冶长》《论语·卫灵公》等篇,杨伯峻译注:《论语译注》,中华书局1980年版,第42、163页。

⑤ 参见《论语·卫灵公》,杨伯峻译注:《论语译注》,中华书局1980年版,第163页。

马千驷,死之日,民无德而称焉”[①]。“无德”也就是“无道”。按照“为政以德”的标准衡量,历史上的有道之君莫过于尧、舜、禹和周文王等。孔子称:“大哉尧之为君也!巍巍乎,唯天为大,唯尧则之。荡荡乎,民无能名焉。巍巍乎,其有成功也。焕乎其有文章!”“巍巍乎,舜、禹之有天下也,而不与焉。”谈到周文王,他说:“三分天下有其二,以服事殷。周之德,其可谓至德也已矣。”[②]

《管子·四称》记管仲与齐桓公讨论有道之君与无道之君的问题,是中国历史上早期君主论的一篇重要文献。为了以史为鉴,齐桓公向管仲问及从前有道之君的情况,管仲回答说:

> 夷吾闻之于徐伯曰:“昔者有道之君,敬其山川、宗庙、社稷,及至先故之大臣。收聚以忠而大富之。固其武臣,宣用其力。圣人在前,贞廉在侧,竞称于义。上下皆饰。形正明察,四时不贷,民亦不忧,五谷蕃殖。内外均和,诸侯臣伏,国家安宁,不用兵革,受其币帛,以怀其德;昭受其令,以为法式。”此亦可谓昔者有道之君也。

接着桓公又问无道之君,管仲对曰:

> 夷吾闻之徐伯曰:“昔者无道之君,大其宫室,高其台榭,良臣不使,谗贼是舍。有家不治,借人为图,政令不善,墨墨若夜,辟若野兽,无所朝处。不修天道,不鉴四方,有家不治,辟若生狂,众所怨诅,希不灭亡。进其谀优,繁其钟鼓,流于博塞,戏其工瞽。诛其良臣,敖其妇女,獠猎毕弋,暴遇诸父,驰骋无度,戏乐笑语。式政既輮,刑罚则烈。内削其民,以为攻伐,辟犹漏釜,岂能无竭。”此亦可谓昔者无道之君矣。

如果说这里的评论只是从前的有道之君和无道之君,那么《管子·七臣七主》又将历史上和现实中的君主结合起来分为七类,而分类的标准则带有法家的思想倾向。该篇所论“七主”是:

> 申主:任势守数以为常,周听近远以续明。皆要审,则法令固;赏

① 《论语·季氏》,杨伯峻译注:《论语译注》,中华书局1980年版,第178页。

② 《论语·泰伯》,杨伯峻译注:《论语译注》,中华书局1980年版,第83—84页。

罚必，则下服度。不备待而得和，则民反素也。

惠主：丰赏厚赐以竭藏，赦奸纵过以伤法。藏竭则主权衰，法伤则奸门闿。故曰："泰则反败矣。"

侵主：好恶反法以自伤，喜决难知以塞明。从狙而好小察，事无常而法令申。不眄，则国失势。

芒主：目伸五色，耳常五声，四邻不计，司声不听，则臣下恣行，而国权大倾。不眄，则所恶及身。

劳主：不明分职，上下相干，臣主同则。刑振以丰，丰振以刻。去之而乱，临之而殆，则后世何得？

振主：喜怒无度，严诛无赦，臣下振怒（恐），不知所错，则人反其故。不眄，则法数日衰而国失固。

亡主：通人情以质疑，故臣下无信。尽自治其事则事多，多则昏，昏则缓急俱植。不眄，则所见不善，余力自失而罚。

作者认为就治国的得失而言，以上"七主"是"六过一是"。"一是"指申主，古申、信同义，任势而守理，出政而信于民，故曰申主。申主也就是"明主"。"六过"是指惠主、侵主、芒主、劳主、振主、亡主，这六主各有过失，也可以统称为"暴主迷君"。论及大臣，也是"六过一是"。"一是"指法臣，"六过"是指饰臣、侵臣、谄臣、愚臣、奸臣、乱臣。

孟子把君主分为"仁"与"不仁"两类，并认为"以至仁伐至不仁"是理所当然的事情。[①] 这同孟子提倡"仁政"是相关联的。

荀子根据君主的人格对政治影响的程度，将君主分为"圣君""明主""贪主""愚主""暗主""暴君"。例如，《荀子·正论》誉禹汤为"圣王"，称桀纣为"暴国之君"，并认为："汤武非取天下也，修其道，行其义，兴天下之同利，除天下之同害，而天下归之也。桀纣非去天下也，反禹汤之德，乱礼义之分，禽兽之行。积其凶，全其恶，而天下去之也。天下归之之谓王，天下去之之谓亡。"汤武修道行义而得天下，成为一代圣

① 《孟子·滕文公下》《孟子·尽心下》，杨伯峻译注：《孟子译注》，中华书局 1960 年版，第 325 页。

王,而桀纣因“反禹汤之德”而亡天下,成为一代暴君。荀子还论述了如何根据国之治乱来分辨“贪主”“暗主”“明主”和“愚主”。他说:

> 入其境,其田畴秽,都邑露,是贪主已。观其朝廷,则其贵者不贤。观其官职,则其治者不能。观其便嬖,则其信者不悫,是暗主已。……观其朝廷,则其贵者贤。观其官职,则其治者能。观其便嬖,则其信者悫,是明主已。……故田野荒而仓廪实,百姓虚而府库满,夫是之谓国蹶。伐其本,竭其源,而并之其末。然而主相不知恶也,则其倾覆灭亡可立而待也。以国持之而不足以容其身,夫是之谓至贪,是愚主之极也。①

荀子虽然把君主分成很多类型,但大致不外乎有道之君和无道之君两类。

三、上君、中君、下君

思想家关于君主类型的划分,除有德与无德,有道与无道,仁与不仁,功与过等标准外,还有以等级作为区分其类型的。最常见的是分为上君、中君和下君三等。例如,《荀子·王制》论及为君之道时,认为“平政爱民”“隆礼敬士”和“尚贤使能”,可称之为“三节”,这三者是为君之“大节”,其余则是“小节”。“大节是也,小节是也,上君也。大节是也,小节一出焉一入焉,中君也。大节非也,小节虽是也,吾无观其余矣。”这是根据君主大节与小节的情况将其分成三等,相对于上君和中君而言,所谓“大节非也”,显然就是下君。《荀子·臣道》专论为臣之道,作者认为:“事圣君者,有听从,无谏争;事中君者,有谏争,无谄谀;事暴君者,有补削,无挢拂。迫胁于乱时,穷居于暴国,而无所避之,则崇其美,扬其善,违其恶,隐其败。言其所长,不称其所短,以为成俗。”这里说的圣君、中君和暴君,也可视为君主的上、中、下三个等次。

① 《荀子·富国》,《诸子集成》,中华书局1954年版,第125—127页。

《韩非子·八经》论及做君主的原则时，认为君主治国不能仅凭个人智力，而应该利用臣下的一切智慧和力量。他说："力不敌众，智不尽物。与其用一人，不如用一国，故智力敌而群物胜。揣中则私劳，不中则在过。下君尽己之能，中君尽人之力，上君尽人之智。"这是根据发挥臣下智力的程度，将君主区分为上君、中君和下君三等。

贾谊在《新书·连语》论及君主的才性时，说：

> 抑臣又窃闻之曰：有上主者，有中主者，有下主者。上主者，可引而上，不可引而下。下主者，可以引而下，不可引而上。中主者，可引而上，可引而下。故上主者，尧舜是也，夏禹、契、后稷与之为善则行，鲧、讙兜欲引而为恶则诛。故可与为善，而不可与为恶。下主者，桀纣是也，推侈、恶来进与为恶则行，比干、龙逢欲引而为善则诛。故可与为恶，而不可与为善。所谓中主者，齐桓公是也，得管仲、隰朋则九合诸侯，任竖貂、易牙则饿死胡宫，虫流而不得葬。故材性乃上主也，贤人必合，而不肖者必离，国家必治，无可忧者也。若材性下主也，邪人必合，贤正必远，坐而须亡耳，又不可胜忧矣。故其可忧者，唯中主尔。又似练丝，染之蓝则青，染之缁则黑，得善佐则存，不得善佐则亡。此其不可不忧者耳。

在这里，贾谊根据君主的才性不同将其分为上主、中主和下主，并且分别列举了相关的历史人物加以具体说明。

四、六主六臣

受先秦思想家的影响，东汉末年的史学家荀悦在专制主义政治形势下，把君主划分为六种类型，与之相应的也有六种臣子，反映出他在理论上的勇气。

这里，我们首先要阐述荀悦在理论上对圣王和凡主的对比。他不赞成"圣王以天下为乐"的说法，说：

> 圣王以天下为忧，天下以圣王为乐；凡主以天下为乐，天下以凡主为忧。圣王屈己以申天下之乐，凡主伸己以屈天下之忧。申

天下之乐,故乐亦报之;屈天下之忧,故忧亦及之。天下之道也。①

显然,在荀悦看来,在忧国忧民方面圣王与凡主正好相反,一个"以天下为忧",而且能"屈己以申天下之乐"。一个则是"以天下为乐",并且"伸己以屈天下之忧"。这就是圣王与凡主的区别所在。

在《汉纪·孝昭皇帝纪》中,他又对君臣的类型作了进一步的区分,提出了"六主六臣"说。荀悦在写到昌邑王之废时,有感而发,写下了这样一段史论:

故曰有六主焉:有王主,有治主,有存主,有哀主,有危主,有亡主。体正性仁,心明志固,动以为人,不以为己:是谓王主。克己(恕)[恕]躬,好问力行,动以从义,不以纵情:是谓治主。勤事守业,不敢怠荒,动以先公,不以先私:是谓存主。悖逆交争,公私并行,一得一失,不纯道度:是谓哀主。情过于义,私多于公,制度殊限,政令失常:是谓危主。亲用谗邪,放逐忠贤;纵情遂欲,不顾礼度;出入游放,不拘仪禁;赏赐行私以越公用,忿怒施罚以逾法制;遂非文过,知而不改;忠信拥塞,直谏诛戮:是谓亡主。故王主能致兴平;治主能行其政;存主能保其国;哀主遭无难则庶几得全,有难则殆;危主遇无难则幸而免,有难则亡;亡主必亡而已矣。

与六主相应的,还有六臣。荀悦继续写道:

故有六主,亦有六臣:有王臣,有良臣,有直臣,有具臣,有嬖臣,有佞臣。以道事君,匪躬之故,达节通方,立功兴化,是谓王臣。忠顺不失,夙夜匪懈,顺理处和,以辅上德,是谓良臣。犯颜逆意,抵失不挠,直谏遏非,不避死罪,是谓直臣。奉法守职,无能往来,是谓具臣。便辟苟客,顺意从谀,是谓嬖臣。倾险谗害,诬下惑上,专权擅宠,唯利是务,是谓佞臣。或有君而无臣,或有臣而无君,同善则治,同恶则乱,杂则交争,故明主慎所用也。六主之有轻重,六臣之有简易,其存亡成败之机,在于是矣,可不尽而深览乎!

① 荀悦:《申鉴·政体》,《诸子集成》,中华书局1954年版,第7页。

在这里,荀悦根据君臣的政治品格和为政善恶,将君主分为王主、治主、存主、哀主、危主和亡主,将臣区分为王臣、良臣、直臣、具臣、嬖臣和佞臣。在他看来,要平治天下必须是君明臣贤,但历史上君臣之善恶并不总是相互配合、相互对应的,“或有君而无臣,或有臣而无君,同善则治,同恶则乱,杂则交争”。因此他强调说:“六主之有轻重,六臣之有简易,其存亡成败之机,在于是矣,可不尽而深览乎!”

以上关于君主的各种评价和区分,有两点值得注意。其一,在君主至尊的古代社会,这种品评君主的意义不仅在于它突破了政治迷信,把君主作为评论对象,而且还在于它承认“帝王之德有优劣”①,优者可以褒,劣者可以贬。在区分君主类型时,既有圣王与暴王、明主与暗主、有道之君与无道之君的区分,也用了仁、贤、申、昏、贪、愚等用语,有褒有贬。至于把君主划分为上、中、下三等,褒善贬恶的色彩更浓。前人通过这种对君主的分类和分等,不仅使历史学带有了强烈的批判意识,而且对现实的君主也起到了一定的警诫作用。其二,前人在评价和区分君主时,既着眼于君主的政治品格及其道德实践,也涉及其功业、成败等因素,但从总体上看最强调的还是君主的政治品格。对君主进行分类时是如此,区分等级时也是如此。这种把政治品格作为评价君主的主要标准,既具有一定的合理性,也具有明显的局限性。

小　　结

中国的君主制度产生很早,并有丰富的君主理论。在先秦秦汉时期,关于君主的起源,见解不同,说法不一。其中,“君权神授”说起源最早,其特点是从人类社会之外寻找君主产生的原因,认为是“天作君”或者是“天子受命于天”,君主的职责便是体察天意,代天施治。这种说法虽然

① 《白虎通义》卷一《爵》,陈立疏证:《白虎通疏证》,中华书局 1994 年版,第 2 页。

很荒谬,但却具有神化王权和皇权的作用,因而被大力宣扬,影响十分广泛。其他种种见解,把关注的对象由上帝、天命转向了人类社会本身,把君主的起源,归因于人与自然的矛盾,特别是人类社会内部的利害冲突和矛盾对抗,这在理论思维上显然是一种进步,在某种程度上也符合历史发展的实际。其中,“以德致君”说着眼于君主的品德功业,重视君主的个人因素和条件,但脱离了历史的进程和社会冲突谈君主的起源,显得浮浅和片面。

关于君主的理想人格和理想政治,人们讨论较多的是“内圣外王”和无为而治。“内圣外王”说的基本含义有三,一是圣者“必仁且知”,二是“非圣人莫之能王”,三是因王而圣。这种圣、王一体观念的积极意义在于,它对为君者提出了较高的条件和要求,而且也试图对君主的行为加以约束或规范;其消极作用在于“内圣外王”很容易被曲解为“王者必圣”,从而将君主圣化,这样它也就成了君主专制和帝王崇拜的思想基础和理论依据。先秦思想家中很多人主张君道无为,他们或强调任其自然,无为而治;或主张修德尚贤,垂拱而治。其共同点是把“无为”视为君主的修身之道和治国原则,强调君主应心清事简,少生事扰民。而“无为”的最终目的是“无不为”。西汉的思想家和史学家也讲无为,但有了秦朝的“举措太众,刑罚太极”的历史教训在前,所以他们总是把无为而治同与民休息联系起来,前者是施政原则,后者是追求的社会效果。

根据君主的人格特征、政治实践和功业成败,将其区分为不同的类型或等级,这是古代早期君主论的一大特点。有的着眼于君主的个人行为和政治状况,把君主区分为有道之君和无道之君;有的综合考察君主的品德、才智和功业,将其归纳为圣王和暴王两个极端;也有的根据君主的政治品格和治国得失,将君主和臣下细分为七臣七主或六主六臣。各种类型的划分,不仅名目清晰,而且能大致反映其特征,带有鲜明的褒贬意识。区分君主类型的积极意义在于它把君主作为认识对象,评善恶,分高下,带有较强的批判意识,对现实的君主具有一定的警诫作用;但过于强调君主的人格和品德,则明显带有时代的局限性。

第九章

评价历史人物的观念和方法

先秦秦汉时期历史思想的演进轨迹,是逐步地从"天上"到"人间",史学家对人的活动愈来愈关注,以至出现了主要以记述各类人物活动为特点的纪传体史书。这是一个漫长的过程。在这个过程中,评价历史人物的观念由此滋生并发展起来,即有了所谓"方人""论人",与之相适应,也逐步明确了评论历史人物的标准、原则和方法。

第一节　评价历史人物观念的滋生和发展

一、远古传说与评价人物观念的滋生

最初的评价人物的观念,滋生于先民对远古传说中英雄人物的敬仰。这些英雄人物或是为公众造福的人,或是克服种种困难而使本部族得以发展和强大的部族的祖先。这些英雄人物的故事,大多保存在远古的神话、传说中,后被史官们记述而得以流传开来。

远古的传说主要是关于氏族社会里英雄人物的故事。其中包含两大类:一类是战胜自然灾害和在生产中取得成功的传说,一类是氏族由来和

氏族、部落间原始战争的传说。

治水和耕稼的故事是第一类传说中最重要的内容。有许多氏族都曾流传着治水有功的英雄人物的故事。原在今山西境内居住的金天氏的昧及其子台骀,都是善于治水的人物,台骀后来成为汾水之神。① 原在今山东境内居住的少皞氏的脩和熙,因能治水而"世不失职",受到后人的祭祀。② 原在今河南北部居住的共工氏,是一个善于治水的氏族,产生了后土、四岳这样的治水能手。③ 相传,四岳曾协同禹治水,而禹是传说中最杰出的治水英雄。禹在"洪水横流,泛滥于天下"的严重情况下,采用疏导的办法,制服了洪水,④备受后人景仰。女娲补天的故事,是中国南方和西南方许多氏族中广泛流传的治水女英雄的传说。女娲补天、正极、治水、除害,使人们得以生存,⑤成为有大功的女神。

水患而外,人们还要同干旱作斗争。相传,在羿的时候,"十日并出,焦禾稼,杀草木",人们没有吃的,还有许多妖物为害。羿射下了九个太阳,除掉了妖物,人们都很感激他,⑥他也成了神。

耕稼的英雄人物,也在不同的氏族中出现过。柱,是烈山氏的耕稼英雄。⑦ 弃,是周人的始祖,是比柱更有影响的耕稼英雄,他在传说中的地位,差不多是同禹相等的。⑧ 柱和弃都成了农神。弃也被称为稷或后稷。

关于氏族由来的故事,大多反映了母系氏族社会的特点。相传,夏后氏的始祖禹,是从鲧腹中生出来的;⑨商族是由于其老祖母简狄吞了燕子

---

① 《左传·昭公元年》,杨伯峻编著:《春秋左传注》,中华书局 1981 年版,第 1218—1219 页。

② 《左传·昭公二十九年》,杨伯峻编著:《春秋左传注》,中华书局 1981 年版,第 1503 页。

③ 左丘明著,韦昭注:《国语·鲁语上》《国语·周语下》,上海古籍出版社 1978 年版,第 166、104 页。

④ 《孟子·滕文公上》,杨伯峻译注:《孟子译注》,中华书局 1960 年版,第 124 页;左丘明著,韦昭注:《国语·周语下》,上海古籍出版社 1978 年版,第 103—104 页。

⑤ 《淮南子·览冥训》,《诸子集成》,中华书局 1954 年版,第 95 页。

⑥ 《淮南子·本经训》,《诸子集成》,中华书局 1954 年版,第 117 页。

⑦ 左丘明著,韦昭注:《国语·鲁语上》,上海古籍出版社 1978 年版,第 166 页。

⑧ 《尚书·吕刑》《诗经·鲁颂·闷宫》《论语·宪问》,《十三经注疏》,中华书局 1980 年版,第 247—251、614—618、2510—2514 页。

⑨ 《楚辞·天问》,董楚平译注:《楚辞译注》,上海古籍出版社 1986 年版,第 87 页;袁珂校注:《山海经校注》,上海古籍出版社 1980 年版,第 472—475 页。

的蛋,生了契,才开始有了这个氏族;[①]周族的始祖弃,是因姜嫄践巨人迹怀孕所生的。[②] 禹、契、弃后来被尊为夏、商、周三个王朝的始祖。关于氏族、部落间原始战争的传说,《山海经·大荒北经》所记黄帝与蚩尤之战是最有名的。黄帝、蚩尤都是神通广大的英雄,他们的时代比禹、弃还要早。

传说虽然不能全面和真实地反映历史,但其中毕竟包含着一些后人无法抹去的历史真实,为后人认识和研究古史留下了可以追寻的踪迹。传说一方面提供了关于史学研究的最原始的资料,一方面又在相当长的年代里影响着文明时代史家历史观点的发展和史学的面貌。

正因为如此,先民对传说中英雄人物的敬仰之意,包含着对历史人物评价的因素,但这只是一种不自觉地评价人物的观念,这同传说毕竟不是史学是相适应的。

同传说的这种作用相近的,还有古代的史诗。这里说的史诗,主要是指《诗经》中的《大雅》。《诗经》是西周至春秋时期的一部诗歌总集,包含风、雅、颂三个部分。风,以抒情为主;雅、颂,以咏事为主。《大雅》中的一些诗篇,反映周族和周王朝某些发展阶段的传说和历史,可以作为史诗看待。如《生民》《公刘》《绵》《皇矣》和《大明》,歌咏后稷、公刘、古公亶父建立基业,王季继续经营,直至文王、武王的武功。《下武》《假乐》等篇歌咏成、康以下"率由旧章""绳其祖武"的升平时期。《崧高》《江汉》等篇咏颂宣王的中兴,《桑柔》《召旻》等篇感叹、讽刺厉王和幽王时的失政与衰败。它们大致写出了西周的盛衰史。作为史诗来看,他们半是诗歌,半是史篇,写得笼统而夸张,但它们对先王的歌颂或讥刺,也反映出人们对先王不自觉地予以评价的观念。

---

① 《诗经·商颂·玄鸟》,《十三经注疏》,中华书局1980年版,第623—625页;《楚辞·天问》,董楚平译注:《楚辞译注》,上海古籍出版社1986年版,第105页。

② 《诗经·大雅·生民》,《十三经注疏》,中华书局1980年版,第528—532页。

二、评价历史人物观念的发展

评价历史人物观念的发展,其主要标志是,史学家、思想家和政治家评价历史人物的自觉意识的出现。

孔子所修《春秋》,是中国史学上目前所见到的最早的编年体史书,也是中国历史上第一部私人编纂的历史著作。后人评价此书说:"属辞比事,《春秋》教也。""属辞比事而不乱,则深于《春秋》者也。"①这两句话都是说《春秋》一书在编撰上有严格的体例。属辞,指遣词造句;比事,指排比史事。比如同是记军事活动,有伐、侵、战、围、救、取、执、溃、败等不同写法,需根据军事冲突各方的名分、地位、结局而采用不同的文辞。又比如同是写人的死去,有崩、薨、卒等不同的写法;同是写杀人,记本国(指诸侯国)之人杀国君曰"弑",别国之人杀其国君曰"戕",本国人之贱者杀国君曰"杀"等。这种因人的地位、身份和情节的不同而有不同的写法,统称为"书法"。"类似这样一些在'属辞'上严谨有序的区别,其实是反映了撰者对有关历史事件、历史人物的不同认识和评价。"②《春秋》一书以编年记事为主,但它涉及人的时候,通过"属辞"反映出来的自觉的评论意识,是十分鲜明的。

这种评论历史人物的自觉意识,在《左传》一书中有更加突出的表现,其鲜明的特征是以"君子曰"的名义对历史人物进行评论。这种"君子曰",大多是《左传》作者的认识,有时也以时人的口吻发表评论。与"君子曰"相近的口吻,还有"君子谓",这也是借时人之口来发表评论的一种形式。如卫国的石厚与州吁弑其君,石厚的父亲石碏设计杀掉石厚和州吁,《左传》作者对此事发表评论:

> 君子曰:"石碏,纯臣也。恶州吁而厚与焉。'大义灭亲',其是之谓乎!"③

---

① 《礼记·经解》,《十三经注疏》,中华书局1980年版,第1609页。

② 瞿林东:《中国史学史纲》,北京出版社1999年版,第138页。

③ 《左传·隐公四年》,杨伯峻编著:《春秋左传注》,中华书局1981年版,第38页。

又如郑国大夫子产将安葬国君郑简公,为了避免拆毁他人祖庙与房屋,以致拖延了下葬时间,“君子谓子产于是乎知礼。礼,无毁人以自成也”①。这就是借时人之口来评价子产的。

《左传》多次引用孔子的话,对史事或历史人物进行评论。如宣公二年(前607年)晋国发生了这样一件重大事情:

> 赵穿杀灵公于桃园。宣子未出山而复。大史书曰:“赵盾弑其君。”以示于朝。宣子曰:“不然。”对曰:“子为正卿,亡不越竟,反不讨贼,非子而谁?”宣子曰:“呜呼!《诗》曰:‘我之怀矣,自诒伊慼。’其我之谓矣。”孔子曰:“董狐,古之良史也,书法不隐。赵宣子,古之良大夫也,为法受恶。惜也,越竟乃免。”②

这是孔子说的很有影响的一段话,在中国史学史上可谓经典之言,两千多年来不断为人们所引用。

以上事实表明,《左传》一书,不仅以“君子曰”发表作者的评论,而且借时人之口发表评论,同时又引用名人的言论加强评论的分量,可见《左传》评价历史人物的自觉意识,比之于《春秋》,不仅有所继承,而且有所发展。

降至两汉时期,司马迁著《史记》、班固著《汉书》,都是以大量的人物传记为主要内容,又附之以“太史公曰”“史臣曰”的后论,评价历史人物的自觉性之突出,自不待言。从整体而言,司马迁说:“扶义俶傥,不令己失时,立功名于天下,作七十列传。”③这不仅反映了他评价历史人物的自觉意识,而且还表明了他评价历史人物的标准。《汉书·古今人表》把秦末以前的人物划分为九个等级,且不论其划分是否合理,其评价人物的自觉性无疑是十分突出的。

综上,从《春秋》《左传》到《史记》《汉书》,史学家们评价历史人物从不自觉的阶段发展到自觉的阶段,这是中国古代历史理论发展史上史学

---

① 《左传·昭公十二年》,杨伯峻编著:《春秋左传注》,中华书局1981年版,第1332页。

② 《左传·宣公二年》,杨伯峻编著:《春秋左传注》,中华书局1981年版,第662—663页。

③ 司马迁:《史记》卷一三〇《太史公自序》,中华书局1959年版,第3319页。

家评价历史人物之观念发展的重要标志。

三、评价历史人物之意义的初步认识

评价历史人物观念的发展的又一标志,是这个时期的史学家们对于评价历史人物的社会意义已经有了明确的认识。

《左传》作者评论孔子之《春秋》说:

> 《春秋》之称,微而显,志而晦,婉而成章,尽而不汙,惩恶而劝善,非圣人,谁能修之?①

这是人们多次引用的一段话,而我们在这里引用的关注点,即在《春秋》的“惩恶而劝善”的撰述宗旨及其社会意义。所谓“惩恶而劝善”,总离不开人和事,而就人来说,它反映了《左传》作者(应当说不限于《左传》作者)对于史家之评价历史人物的社会意义的认识。

同样是从《春秋》中得到启示,司马迁是这样说的:

> 夫《春秋》,上明三王之道,下辨人事之纪,别嫌疑,明是非,定犹豫,善善恶恶,贤贤贱不肖,存亡国,继绝世,补敝起废,王道之大者也。……《春秋》辩是非,故长于治人。……拨乱世反之正,莫近于《春秋》。《春秋》文成数万,其指数千。万物之散聚皆在《春秋》。②

前一段话,包含了广泛的内容,而我们所关注的,仍然是“善善恶恶,贤贤贱不肖”,因为它同评价人物有关;后一段话,其意甚明,强调《春秋》的“辩是非”,故“长于治人”,所谓“治人”,一则可以理解为管理人,二则也可理解为教育人或人的自我教育。司马迁把《春秋》的“善善恶恶,贤贤贱不肖”和“辩是非”的评价历史人物的活动,看作是“王道之大者”,可见他对评价历史人物的意义有很深刻的认识。

《汉书》的作者班固和《汉纪》的作者荀悦,对评价历史人物的社会

① 《左传·成公十四年》,杨伯峻编著:《春秋左传注》,中华书局1981年版,第870页。

② 司马迁:《史记》卷一三〇《太史公自序》,中华书局1959年版,第3297页。

意义也各有自己的认识。班固认为:“古之王者世有史官,君举必书,所以慎言行,昭法式也。”①尽管这里所论及的只是“君举必书”,而其目的则在于“昭法式”,即对于君主的言与行的记录(记录中自包含着是与非),既可以使为君者引为鉴戒,也可以昭示于世人。这里,不难看出班固对于古代史官之“君举必书”的意义的认识。《汉纪》的作者荀悦认为,撰写历史著作,应包含五个目标,他说:“夫立典有五志焉:一曰达道义,二曰彰法式,三曰通古今,四曰著功勋,五曰表贤能。”②他说的“彰法式”,同班固说的“昭法式”意甚相近,似指皇帝之言与行;而他说的“著功勋”“表贤能”,当是指一般大臣或有特殊能力与作用的人。其所言“彰”“著”“表”等,也都包含着对其社会意义的认识。

综上,这一时期的史家,对评价历史人物的社会意义的认识,集中在它的社会教育意义方面。这种意义,一则表现为对社会的个体方面,使人们通过历史著作而受到教育,进一步懂得如何做人;二则表现为对全社会的影响,此即上面所说的“昭”“彰”“著”“表”的作用,甚至可以视为“王道”的一个重要部分。

这里,我们要格外强调司马谈、司马迁父子共同关注的一点,即司马谈临终前所说的一段话:

> 自获麟以来四百有余岁,而诸侯相兼,史记放绝。今汉兴,海内一统,明主贤君忠臣死义之士,余为太史而弗论载,废天下之史文,余甚惧焉,汝其念哉!③

所谓“明主贤君忠臣死义之士”,无疑涉及许多年以来出现的大量历史人物,而司马谈认为不对这些历史人物予以“论载”,实为史官之失职。司马迁还说过同样的话:“废明圣盛德不载,灭功臣世家贤大夫之业不述,堕先人所言,罪莫大焉。”④可以看出,司马迁著《史记》,除了史职的责任感外,又增加了“先人所言”即父亲的遗命,所以他认为倘不有所为,就是

---

① 班固:《汉书》卷三〇《艺文志》,中华书局1962年版,第1715页。

② 荀悦:《汉纪》卷一《高祖皇帝纪》,《两汉纪》上册,中华书局2002年版,第1页。

③ 司马迁:《史记》卷一三〇《太史公自序》,中华书局1959年版,第3295页。

④ 司马迁:《史记》卷一三〇《太史公自序》,中华书局1959年版,第3299页。

“罪莫大焉”。如果说,上文所说的一些关于社会意义的认识,是着眼于客观环境的话,那么司马氏父子所论,就是着眼于个人的主观要求了。这就充分表明,这时期的史家对评价历史人物之社会意义的认识,确已达到十分自觉的阶段了。正如宋人所说的那样:“品第人材以示劝诫,古人之本意,史氏之常职也。”①

第二节　评价历史人物的标准和原则

一、礼　与　仁

史家评论历史人物,必然会涉及评价的标准和原则,在这个问题上,先秦、秦汉时期,自有相通之处,也显示出一定的变化。一般说来,先秦时期重“礼”与“仁”,秦汉时期重“义”与“功”。

孔子曾论及三代之礼而尤其推崇周代之礼。从西周至春秋时期,礼是社会伦理最高准则,也是国家制度的基本规范。在政治活动和人们交往中,都必须遵循礼。因此,在先秦时期,人们评价历史人物的最重要的标准,就是礼。春秋时期,人们十分重视学礼、知礼、守礼,并且把礼视为安身立命之本。楚庄王时,大夫申叔时论教导太子,认为:“教之礼,使知上下之则。”②鲁国孟僖子将死,召其大夫曰:“礼,人之干也。无礼,无以立。”乃命其子师事孔子“而学礼焉,以定其位”③。孔子也反复强调“不学礼,无以立”④,认为对君子必须“约之以礼”⑤,做到“非礼勿视,非礼勿

① 叶适:《习学记言序目》卷二一“古今人表”,中华书局 1977 年版,第 304 页。

② 左丘明著,韦昭注:《国语·楚语上》,上海古籍出版社 1978 年版,第 529 页。

③ 《左传·昭公七年》,杨伯峻编著:《春秋左传注》,中华书局 1981 年版,第 1295、1296 页。

④ 《论语·季氏》,杨伯峻译注:《论语译注》,中华书局 1980 年版,第 178 页。

⑤ 《论语·雍也》,杨伯峻译注:《论语译注》,中华书局 1980 年版,第 63 页。

听，非礼勿言，非礼勿动”①。《左传》《国语》在评人论事时，常以礼作为判断的标准。如《左传》记鲁庄公时曹刿论礼一事，十分具体：

> 二十三年夏，公如齐观社，非礼也。曹刿谏曰：“不可。夫礼，所以整民也。故会以训上下之则，制财用之节；朝以正班爵之义，帅长幼之序；征伐以讨其不然。诸侯有王，王有巡守，以大习之。非是，君不举矣。君举必书，书而不法，后嗣何观？”②

于礼，诸侯非有朝会征伐之大事，不出境。祭祀社神之事，鲁庄公竟越境观看，作者批评他“非礼也”，并引曹刿的谏语进一步说明其失礼之处及其危害。《左传》作者十分强调礼对于治国的重要作用，认为“礼，国之干也”③，“礼，王之大经也”④，“礼，经国家，定社稷，序民人，利后嗣者也”⑤。这是很扼要地说明礼的重要性。

齐景公与晏婴谈到陈氏有取代姜氏齐室的趋势，景公问用什么办法才能阻止，晏子对曰：“唯礼可以已之。在礼，家施不及国，民不迁，农不移，工贾不变，士不滥，官不滔，大夫不收公利。”并且强调：“礼之可以为国也久矣，与天地并。君令、臣共，父慈、子孝，兄爱、弟敬，夫和、妻柔，姑慈、妇听，礼也。君令而不违，臣共而不贰；父慈而教，子孝而箴；兄爱而友，弟敬而顺；夫和而义，妻柔而正；姑慈而从，妇听而婉：礼之善物也。”⑥晏子从君臣关系谈到社会等级进而谈到家庭伦理，充分说明了礼在治国齐家中的地位和作用。

对于历史上以礼治国而获得成功的政治家，史家们总是给予高度评价。如晋公子重耳在外流落 19 年后回到晋国即位，是为晋文公，他入国即位后便着手创立霸业，《左传》概要叙述了这一过程：“晋侯始入而教其民，二年，欲用之。子犯曰：‘民未知义，未安其居。’于是乎出定襄王，入

① 《论语·颜渊》，杨伯峻译注：《论语译注》，中华书局 1980 年版，第 123 页。

② 《左传·庄公二十三年》，杨伯峻编著：《春秋左传注》，中华书局 1981 年版，第 225—226 页。

③ 《左传·僖公十一年》，杨伯峻编著：《春秋左传注》，中华书局 1981 年版，第 338 页。

④ 《左传·昭公十五年》，杨伯峻编著：《春秋左传注》，中华书局 1981 年版，第 1374 页。

⑤ 《左传·隐公十一年》，杨伯峻编著：《春秋左传注》，中华书局 1981 年版，第 76 页。

⑥ 《左传·昭公二十六年》，杨伯峻编著：《春秋左传注》，中华书局 1981 年版，第 1480 页。

务利民,民怀生矣。将用之。子犯曰:‘民未知信,未宣其用。’于是乎伐原以示之信。民易资者,不求丰焉,明征其辞。公曰:‘可矣乎?’子犯曰:‘民未知礼,未生其共。’于是乎大搜以示之礼,作执秩以正其官。民听不惑,而后用之。出榖戍,释宋围,一战而霸,文之教也。”①从知义、知信到知礼,这是晋文公霸业发展的过程。所谓“文之教也”,实际上就是对以礼治国的赞颂。

对于晋文公治国之举,周王室的史官内史兴对其前景似有所认识。史载:晋文公初即位,周襄王派内史兴等到晋国赐文公命圭。由于晋文公知礼、遵礼,所以内史兴归以告王,说:

> 晋,不可不善也。其君必霸,逆王命敬,奉礼义成。敬王命,顺之道也;成礼义,德之则也。则德以导诸侯,诸侯必归之。且礼所以观忠、信、仁、义也,忠所以分也,仁所以行也,信所以守也,义所以节也。忠分则均,仁行则报,信守则固,义节则度。分均无怨,行报无匮,守固不偷,节度不携。若民不怨而财不匮,令不偷而动不携,其何事不济!中能应外,忠也;施三服义,仁也;守节不淫,信也;行礼不疚,义也。臣入晋境,四者不失,臣故曰:“晋侯其能礼矣,王其善之!”树于有礼,艾人必丰。②

内史兴根据“晋侯其能礼矣”,断定晋文公“必霸”,几年之后果然有践土之盟,晋文公始霸诸侯,说明史家的眼光十分敏锐。

晏婴、子犯、内史兴关于礼的谈话,是春秋时期论礼的重要文献。他们对于礼的作用,似有过于夸大的成分,但由此也可看出,这个时期史家用“礼”作为评论历史人物重要标准的时代因素。

在这个时期,“仁”也是评价历史人物的一个重要标准。从《论语》一书中,可以看到孔子和他的学生们有很多关于仁的讨论;从《孟子》一书中,还可以看到孟子是如何在努力地倡言“仁政”。从历史著作来看,《左传》一书,有很多论及仁的地方,其中有些就涉及对历史人物的评价。

---

① 《左传·僖公二十七年》,杨伯峻编著:《春秋左传注》,中华书局 1981 年版,第 447 页。

② 左丘明著,韦昭注:《国语·周语上》,上海古籍出版社 1978 年版,第 41 页。

春秋时期，管仲辅佐齐桓公成就霸业，孔子称赞管仲说：“桓公九合诸侯，不以兵车。管仲之力也，如其仁！如其仁！”①这个地方连用了两个“如其仁”，以此来表达对管仲的评价，足见其分量之重。从上面的评论来看，这个“仁”，是同“不以兵车”相关联的。《左传》作者说：“度功而行，仁也。”②可见仁与功是有关联的，这同孔子评价管仲是相吻合的。在孔子那里，仁还有另一种境界，即为了维护崇高的事业或目标，不惜以自己的生命相殉。班固《汉书》为苏武立传，并在后论中引用孔子的话对苏武加以赞扬，他写道：“孔子称：‘志士仁人，有杀身以成仁，无求生以害仁。’‘使于四方，不辱君命。’苏武有之矣。”③孔子称赞伯夷、叔齐二人说：“不降其志，不辱其身，伯夷、叔齐与！”④他表彰他们“求仁而得仁”⑤。

司马迁对孔子关于仁的思想有很深的理解，他在《史记》中作《仲尼弟子列传》，就是感慨“孔氏述文，弟子兴业，咸为师傅，崇仁厉义”⑥。在司马迁看来，孔子的弟子们都是“崇仁厉义”之士，他为他们立传，既表示对孔子的敬意，也反映了他是用这个标准来评价他们的。

二、义　与　功

秦汉时期，历史条件发生了重大变化，已不是遵周礼的社会环境了。自战国商鞅变法以来，人们更注重事功。秦的统一，秦汉之际和两汉之际的社会动荡，使人们对事功的作用看得更加清楚。这种变化直接影响到史学家对历史人物评价的标准。同时，史学家对社会观察的视野更加开阔，尤其是对人与人之间的复杂关系，也有了更全面的认识。在尖锐、残酷的矛盾冲突中，史学家逐渐突破笼罩在等级界限上的一层外衣，因而也突破了与之相联系的伦理界限，那些原本是用来评价贵族、君子们的道德

---

① 《论语·宪问》，杨伯峻译注：《论语译注》，中华书局 1980 年版，第 151 页。
② 《左传·昭公二十年》，杨伯峻编著：《春秋左传注》，中华书局 1981 年版，第 1408 页。
③ 班固：《汉书》卷五四《苏武传》后论，中华书局 1962 年版，第 2469 页。
④ 《论语·微子》，杨伯峻译注：《论语译注》，中华书局 1980 年版，第 197 页。
⑤ 《论语·述而》，杨伯峻译注：《论语译注》，中华书局 1980 年版，第 70 页。
⑥ 司马迁：《史记》卷一三〇《太史公自序》，中华书局 1959 年版，第 3313 页。

原则,也开始走向更广泛的社会层面。因此,史学家更看重人们的行为是否合乎于“义”,从而把“义”作为评价历史人物的又一个重要标准。

司马迁在说到“作七十列传”时,一是强调“扶义俶傥”,一是强调“立功名于天下”,正是明显地反映了时代的特点。这里先说义作为评价历史人物的重要标准。司马迁称颂孔子弟子们是“崇仁厉义”之士,故为他们作传;①同时,他又为游侠作传,并评价他们说:

> 今游侠,其行虽不轨于正义,然其言必信,其行必果,已诺必诚,不爱其躯,赴士之厄困,既已存亡死生矣,而不矜其能,羞伐其德,盖亦有足多者焉。②

司马迁这里说的“其行虽不轨于正义”,是指游侠的行为与常人相比,有其特殊的地方。他评价游侠“言必信”“行必果”、诚其然诺而不显其德等值得称道的品质。他进而把这些评价概括为“救人于厄,振人不赡,仁者有乎;不既信,不倍言,义者有取焉”③。

从司马迁的上述评价中,可以看出这样两个特点:第一,司马迁重视以义作为评价历史人物的标准,但他没有把它同仁对立起来,没有把它们割裂开来。他评价孔子弟子们是“崇仁厉义”,评论游侠也是说“仁者有乎”“义者有取焉”。这说明,从春秋时期的重仁,到西汉时期的重义,不是截然分开的。第二,司马迁突破了阶层和群体之间的界限,既称颂孔子弟子“崇仁厉义”,也称颂属于下层群体游侠的仁与义,这是司马迁在评价历史人物方面的观念上的重大变化,反映了史学家历史观的发展。

在重视以“义”作为评价历史人物标准的同时,司马迁更着重从“功”的角度评价历史人物。

司马迁著《史记》,既有史官职责,又有父亲遗命,这种双重的责任,使他总有一种“废明圣盛德不载,灭功臣世家贤大夫之业不述,堕先人所

① 司马迁:《史记》卷一三〇《太史公自序》、卷六七《仲尼弟子列传》,中华书局 1959 年版,第 3313、2185—2226 页。

② 司马迁:《史记》卷一二四《游侠列传》,中华书局 1959 年版,第 318 页。

③ 司马迁:《史记》卷一三〇《太史公自序》,中华书局 1959 年版,第 3318 页。

言，罪莫大焉”[①]的忧虑。正是这种忧虑之情和奋发之志，使他完成了《史记》这一巨著。《史记》以《五帝本纪》开篇，称颂“厥美帝功，万世载之”[②]。在《五帝本纪》中，司马迁历数黄帝至尧、舜的功业，阐明“万世载之”的具体原因。

“功臣世家贤大夫之业”，是《史记》以主要篇幅进行叙述与评论的对象。《史记·高祖本纪》记刘邦君臣论楚汉胜败的原因，刘邦以为：“夫运筹策帷帐之中，决胜于千里之外，吾不如子房。镇国家，抚百姓，给馈饷，不绝粮道，吾不如萧何。连百万之军，战必胜，攻必取，吾不如韩信。此三人者，皆人杰也，吾能用之，此吾所以取天下也。”这是借刘邦之口评点张良、萧何和韩信的过人才干以及在楚汉之争中所作出的丰功伟业。为此，司马迁分别为张良、萧何立世家，为韩信立传，表彰其不朽业绩。在《萧相国世家》中，司马迁借汉高祖刘邦和关内侯鄂君谈话时刘邦之口说：“萧何功最盛。”其根据是“陛下虽数亡山东，萧何常全关中以待陛下，此万世之功也”。在《留侯世家》中，司马迁称：“高祖离困者数矣，而留侯常有功力焉。”又借刘邦之口评价说：“运筹策帷帐中，决胜千里外，子房功也。”在《淮阴侯列传》中，司马迁写韩信仗剑从刘邦打天下，拜为大将。楚汉战争中，刘邦采纳韩信的建议，兵出陈仓，先定关中。刘邦与项羽相持成皋时，韩信率军袭击项羽后路：“涉西河，虏魏王，禽夏说，引兵下井陉，诛成安君，徇赵，胁燕，定齐，南摧楚人之兵二十万，东杀龙且，西乡以报，此所谓功无二于天下，而略不世出者也。”这三个人，都是“立功名于天下”的代表人物。通观《史记》全书，不论在世家还是在列传，那些在秦统一过程中，在楚汉战争中，以及在汉初的恢复和巩固过程中，以谋略、施政和军事等方面才能建功立业的历史人物，都在司马迁的高度评价之列。

班固著《汉书》，一则受到司马迁《史记》的影响，二则出于他的“宣汉”的撰述宗旨，故于书中将西汉历史人物的功业作为其重要评价标准。

---

① 司马迁:《史记》卷一三〇《太史公自序》，中华书局 1959 年版，第 3299 页。

② 司马迁:《史记》卷一三〇《太史公自序》，中华书局 1959 年版，第 3301 页。

至于荀悦,生于东汉衰亡之世,对立功之人,自有更深刻的感受,故把"著功勋"作为其撰述旨趣之一。

三、评价历史人物的原则

评价历史人物的标准,可以视为总纲,而历史人物是多样的,仅依总纲,往往难以作出判断,故在总纲的规范下,尚须作比较灵活的考察,但又不脱离总纲的要求,这似可称评价历史人物的原则。先秦、秦汉时期,人们在这方面提出了一些很有价值的认识。

(一)论大功,赦小过,"无求备于一人"

"无求备于一人"是周公告诫伯禽的话,见《论语·微子》,说的是用人之道。孔子在评价人物时也坚持这一原则,主张"赦小过",论大功。如子路、子贡对管仲未能自杀以殉公子纠提出非议,而孔子认为这只是小节,管仲辅佐桓公尊王攘夷,成就霸业,这是大功,所以不仅许之以"仁",而且称赞说:"微管仲,吾其被发左衽矣。岂若匹夫匹妇之为谅也,自经于沟渎而莫之知也。"①由于孔子论人必恕,所以曾子感叹地说:"夫子见人之一善而忘其百非。"②

司马迁、班固论人,也都持"无求备于一人"的原则。如伍子胥没有像他兄长那样随父应召而俱死,但他最终能成功地为父兄报仇雪耻。司马迁评价说:"向令伍子胥从奢俱死,何异蝼蚁。弃小义,雪大耻,名垂于后世,悲夫!方子胥窘于江上,道乞食,志岂尝须臾忘郢邪?故隐忍就功名,非烈丈夫孰能致此哉?"③又如,陈平家贫,且"不视家生产","一县中尽笑其所为",以后更有"盗嫂受金"之说。但他足智多谋,为汉屡立奇功,所以司马迁评价他:"六奇既用,诸侯宾从于汉;吕氏之事,平为本谋,

① 《论语·宪问》,杨伯峻译注:《论语译注》,中华书局1980年版,第151—152页。

② 刘向:《说苑·杂言》,赵善诒疏证:《说苑疏证》,华东师范大学出版社1985年版,第507页。

③ 司马迁:《史记》卷六六《伍子胥列传》后论,中华书局1959年版,第2183页。

终安宗庙,定社稷。”①司马迁把陈平看作是社稷之臣。

班固评论历史人物,亦多如此。西汉之杨王孙、胡建、朱云、梅福、云敞五人皆一节之士。以圣贤之道绳之,各有所偏;以流俗之人较之,皆翘然自异,足以风末世而励薄俗。所以班固传杨王孙,只取其裸葬一节;传胡建,只取其斩监军御史一节;传朱云,只取其折槛一节;传梅福,只取其上书一节;传云敞,只取其葬吴章一节。然后于传末评论中引孔子“不得中行,则思狂狷”之语称赞:“杨王孙之志,贤于秦始皇远矣。”“胡建临敌敢断,武昭于外。斩伐奸隙,军旅不坠。梅福之辞,合于《大雅》,虽无老成,尚有典刑。”“云敞之义,著于吴章,为仁由己,再入大府,清则濯缨,何远之有?”②班固评薛宣,认为他长于治郡而短于立朝。所以传中叙其为临淮太守,曰“教大行”;为陈留太守,曰“盗贼禁止”;入守左冯翊,曰“赏罚明,用法平”,“郡中清静”。及入朝为相,曰:“官属讥其烦碎无大体,不称贤。”“广汉郡盗贼群起,丞相御史遣掾吏逐捕,不能克。”在传末评论中班固感叹说:“宣所在而治,为世吏师,及居大位,以苛察失名,器诚有极也。”③西汉末期的陈汤是一位颇有争议的人物,他素贫无行,但他曾出使西域,矫制发兵击匈奴,破康居,立下盖世功勋,后乃获罪。班固不仅为之立传,而且详载刘向、谷永、耿育等人的上书,反复申言“论大功者不录小过,举大美者不疵细瑕”,以表明陈汤功大而罪小,宜加赦免。传末评论谓:“陈汤傥莽,不自收敛,卒用困穷,议者闵之。”④反映了史家对陈汤的惋惜之情。

西汉初年成书的《淮南子》中有一段话,对如何看人之“小过”与“大美”的关系,作了比较透彻的分析。书中这样写道:“夫人之情,莫不有所短,诚其大略是也。虽有小过,不足为累。”如:“尧舜汤武,世主之隆也;齐桓、晋文,五霸之豪英也;然尧有不慈之名,舜有卑父之谤,汤武有放弑

① 参见司马迁:《史记》卷五六《陈丞相世家》及卷一三〇《太史公自序》,中华书局 1959 年版,第 2051、3312 页。

② 班固:《汉书》卷六七《杨胡朱梅云传》,中华书局 1962 年版,第 2928 页。

③ 班固:《汉书》卷八三《薛宣朱博传》,中华书局 1962 年版,第 3409 页。

④ 班固:《汉书》卷七〇《傅常郑甘陈段传》,中华书局 1962 年版,第 3017、3031 页。

之事,五伯有暴乱之谋。”“自古及今,五帝三王,未有能全其行者也。”“是故君子不责备于一人”,“人有厚德,无问其小节;而有大誉,无疵其小故”,不能“以人之小过,掩其大美”。[①] 这些话,可作为上述原则的理论上的说明。

(二)不以言貌取人,不以贵贱、成败论人

孔子论人,强调要听其言观其行,认为不可以言貌取人。他说:“论笃是与,君子者乎?色庄者乎?”[②]意思是说:听人议论笃实便去赞许,哪里知道他真是一个君子呢?还是神情上伪装庄重呢?孔子的弟子宰予能言善辩,但却反对“三年之丧”,又曾“昼寝”,因此受到孔子的指责。子羽状貌甚恶,孔子以为材薄,但受业之后,退而修行,志行高洁,名施诸侯。于是,孔子感叹道:“吾以言取人,失之宰予;以貌取人,失之子羽。”[③]又说:“始吾于人也,听其言而信其行;今吾于人也,听其言而观其行。”[④]“夫以言揆其行,虽有奸轨之人,无以逃其情矣。”[⑤]这位史家兼哲人的教训和经验,成为评价人物、识别人物的真理,听言观行遂成为考察和评判人物的一项重要原则。

《国语》记晋国的太傅阳处父到卫国聘问,返回时经过宁城,在宁嬴氏的馆舍里住了一夜。宁嬴氏见其外貌以为他是位君子,于是便起身跟随阳处父走了。但在路上经过长时间的交谈和观察,宁嬴氏发现阳处父“其言匮,非其实也”,“且刚而主能”,容易招致怨恨,所以就离开了阳处父返回去了。用宁嬴氏的话说,这是“吾见其貌而欲之,闻其言而恶之”[⑥]。《史记》中也有多处述及不可以貌取人,如司马迁在《留侯世家》后论中说:“余以为其人计魁梧奇伟,至见其图,状貌如妇人好女。盖孔

① 《淮南子·氾论训》,《诸子集成》,中华书局1954年版,第225页。

② 《论语·先进》,杨伯峻译注:《论语译注》,中华书局1980年版,第116页。

③ 司马迁:《史记》卷六七《仲尼弟子列传》,中华书局1959年版,第2206页。

④ 《论语·公冶长》,杨伯峻译注:《论语译注》,中华书局1980年版,第45页。

⑤ 刘向:《说苑·尊贤》,赵善诒疏证:《说苑疏证》,华东师范大学出版社1985年版,第218页。

⑥ 左丘明著,韦昭注:《国语·晋语五》,上海古籍出版社1978年版,第394页。

子曰:‘以貌取人,失之子羽。’留侯亦云。”在《游侠列传》后论中,司马迁论及郭解,说:“吾视郭解,状貌不及中人,言语不足采者。然天下无贤与不肖,知与不知,皆慕其声,言侠者皆引以为名。谚曰:‘人貌荣名,岂有既乎!’於戏,惜哉!”司马迁的结论是:张良和郭解的情况都说明“人貌”与“荣名”之间没有必然联系。

孔子的弟子仲弓,其父虽为“贱人”,但他不仅有从政之才,而且以德行见称。孔子称赞说:“犁牛之子骍且角,虽欲勿用,山川其舍诸?”[①]《论语·季氏》有针对性地说:“齐景公有马千驷,死之日,民无德而称焉。伯夷叔齐饿于首阳之下,民到于今称之。”[②]这都是不以贵贱贫富论人的突出事例。《战国策》的作者从历史上举出几个虽有“诟丑”,但若任而用之,则可成就宏伟之业的人:

> 太公望,齐之逐夫,朝歌之废屠,子良之逐臣,棘津之仇不庸,文王用之而王。管仲,其鄙人之贾人也,南阳之弊幽,鲁之免囚,桓公用之而伯。百里奚,虞之乞人,传卖以五羊之皮,穆公相之而朝西戎。文公用中山盗,而胜于城濮。此四士者,皆有诟丑,大诽天下,明主用之,知其可与立功。[③]

所谓“皆有诟丑”,是指四人的出身和经历而言。他们均非富贵出身,有的甚至非常低贱,但却能凭其才干建功立业。《淮南子·主术训》也认为人贤与不贤,并不在于尊卑贵贱。“使言之而是,虽在褐夫刍荛,犹不可弃也;使言之而非也,虽在卿相人君,揄策于庙堂之上,未必可用。是非之所在,不可以贵贱尊卑论也。”这都是从历史经验中总结出来的评价历史人物或看待时人的原则。

人在历史活动中,有成功者,也有失败者。从历史的观点来看,成功者固然可以称道,而失败者亦未必无可称道。这是史家评价历史人物的又一原则。司马迁的《史记》不仅记述了许多失败的历史人物,而且多有好评。如宋襄公败于泓,不仅谋霸不成,而且因伤致死,成了受人讥笑的

---

① 司马迁:《史记》卷六七《仲尼弟子列传》,中华书局 1959 年版,第 2190 页。

② 《论语·季氏》,杨伯峻译注:《论语译注》,中华书局 1980 年版,第 178 页。

③ 刘向辑录:《战国策》卷七《秦策五》,上海古籍出版社 1985 年版,第 296 页。

对象,司马迁却称赞说:“宋襄之有礼让也。”[①]再如苏秦,曾以合纵游说诸侯,一度并相六国,为纵约长。后来合纵为张仪连横所破,苏秦寄居于齐为客卿,最后因反间罪而死。司马迁评叙其事迹并发表评论说:“苏秦兄弟三人,皆游说诸侯以显名,其术长于权变。而苏秦被反间以死,天下共笑之,讳学其术。然世言苏秦多异,异时事有类之者皆附之苏秦。夫苏秦起闾阎,连六国从亲,此其智有过人者。吾故列其行事,次其时序,毋令独蒙恶声焉。”[②]这显然是在为苏秦翻案,反映出史学家的严谨和勇气。还有项羽之败亡,韩信之遭诛灭,田横之自刎,晁错之被斩等,司马迁也都一一列其行事,或评其功业,或褒其德行志节。相反,对公孙弘、武安侯田蚡、卫青和霍去病等显赫一时的王侯将相,司马迁则多有讥评。司马迁的《史记》被后人称为“实录”,这应是一个重要原因。

(三)“虽小道,必有可观焉”

此语出自《论语·子张》,是子夏所言,《汉书·艺文志》在引述这句话时说是孔子之言,并加以引申,称:“闾里小知者之所及,亦使缀而不忘。如或一言可采,此亦刍荛狂夫之议也。”所谓“小道”,即细小的知识技能,也就是“闾里小知者之所及”,如农、圃、医、卜、百家众技,擅一曲之长,应一节之用者皆是。把这句话用在历史人物评价上,那便是注意小人物或者说普通人物的历史作用。

《左传》评述人物,既关注天子、诸侯和卿大夫,也涉及不少社会下层人物。如晋文公要把曹国的土地分割给诸侯。鲁国派臧文仲前往,住在重地的馆舍里。“馆人告曰:‘晋新得诸侯,必亲其共。不速行,将无及也。’从之。分曹地,自洮以南,东傅于济,尽曹地也。”[③]《国语》也记述这件事,而且内容更详细。说臧文仲因为采纳了馆人的建议,“获地于诸侯为多。反,既复命,为之请曰:‘地之多也,重馆人之力也。臣闻之曰:“善

① 司马迁:《史记》卷三八《宋微子世家》后论,中华书局1959年版,第1633页。

② 司马迁:《史记》卷六九《苏秦列传》后论,中华书局1959年版,第3277页。

③ 《左传·僖公三十一年》,杨伯峻编著:《春秋左传注》,中华书局1981年版,第485—486页。

有章，虽贱赏也；恶有衅，虽贵罚也。”今一言而辟境，其章大矣，请赏之。’乃出而爵之”[①]。馆人地位虽低，但能够“一言而辟境”，为鲁国作出贡献，所以不仅得到国君的厚赏，也受到史家注目。

《史记》评论人物的范围更为广泛，也更多地涉及社会下层人物的历史活动。司马迁为那些布衣之侠写了《游侠列传》，并且说：“自秦以前，匹夫之侠，湮灭不见，余甚恨之。以余所闻，汉兴有朱家、田仲、王公、剧孟、郭解之徒，虽时扞当世之文罔，然其私义廉洁退让，有足称者。”[②]滑稽人物多身材矮小，在乐伎中扮演丑角。他们虽然其貌不扬，地位低下，但他们诙谐机智，善于讽谏。司马迁不仅为这些地位卑微的人写了《滑稽列传》，而且在传末评论中称：“淳于髡仰天大笑，齐威王横行。优孟摇头而歌，负薪者以封。优旃临槛疾呼，陛楯得以半更。岂不亦伟哉！”[③]此外，司马迁还分别为占卜之人和工商业者立传。在《货殖列传》中，司马迁记述了白圭、猗顿、乌氏倮和巴蜀寡妇清等一批货殖之人，并称赞说：“布衣匹夫之人，不害于政，不妨百姓，取与以时而息财富，智者有采焉。”[④]为社会下层人物立传并给予恰如其分的评价，反映了司马迁传记思想中的一个重要方面，在历史理论和历史编纂两个方面都具有重要的意义。在其后的古代史书尤其是历代正史中，我们很难再读到这些精彩的人物传记。

第三节　评价历史人物的方法

一、知 人 论 世

评价历史人物的方法，是史学家评价历史人物之标准和原则的具体

---

① 左丘明著，韦昭注：《国语·鲁语上》，上海古籍出版社 1978 年版，第 164 页。

② 司马迁：《史记》卷一二四《游侠列传》，中华书局 1959 年版，第 3183 页。

③ 司马迁：《史记》卷一二六《滑稽列传》，中华书局 1959 年版，第 3203 页。

④ 司马迁：《史记》卷一三〇《太史公自序》，中华书局 1959 年版，第 3319 页。

运用。这就是说,史学家不论采用何种方法评价历史人物,都是有关的标准和原则的体现。这种方法的运用,因史家的旨趣不同和评价对象的不同,而存在多种形式,不同方法之间也存在着一定的联系,并不是截然分开的。先秦、秦汉时期的史家、史书,在这方面表现出多种多样的做法。

这里,先说“知人论世”的方法。

孟子在讲到交友识人之道时曾说:倘若“以友天下之善士为未足,又尚论古之人。颂其诗,读其书,不知其人,可乎? 是以论其世也。”①这里虽然讲的是今人与古人的交友之道,但却提出了一个评价历史人物的重要的方法论问题。今人评论古人,古今悬隔,要想“知其人”,必先“论其世”,也就是先了解古人所处的时代和环境,由其世以知其人。孟子的这一见解,在史家评价历史人物方面,具有极其重要的意义,也是孟子对中国史学理论的最重要的贡献之一。

《史记》《汉书》中也有不少知人论世的地方。在评价历史人物时,都注意到历史人物的具体环境及其不同遭际。如范睢和蔡泽,皆长于口辩,但在东方六国游说诸侯均不遇。后相继入秦,范睢以远交近攻之策说昭王,出任相国,对山东六国各个击破;又纵反间,令赵括代廉颇为将,大破赵于长平。蔡泽代范睢为相,献东收周王室之策,为昭王采纳。司马迁评价说:

> 韩子称:“长袖善舞,多钱善贾。”信哉是言也! 范睢、蔡泽世所谓一切辩士,然游说诸侯至白首无所遇者,非计策之拙,所为说力少也。及二人羁旅入秦,继踵取卿相,垂功于天下者,固强弱之势异也。②

所谓“强弱之势异也”,是强调秦国的强大为他们二人建功立业提供了条件。

汉代的东方朔以“博闻辩智”闻名,博士诸先生问他为什么不能像苏秦、张仪那样取得卿相之位,东方朔作了十分精彩的答辩:

① 《孟子·万章下》,杨伯峻译注:《孟子译注》,中华书局1960年版,第251页。

② 司马迁:《史记》卷七九《范睢蔡泽列传》后论,中华书局1959年版,第2425页。

彼一时也，此一时也，岂可同哉！夫张仪、苏秦之时，周室大坏，诸侯不朝，力政争权，相禽以兵，并为十二国，未有雌雄，得士者强，失士者亡，故说听行通，身处尊位，泽及后世，子孙长荣。今非然也。圣帝在上，德流天下，诸侯宾服，威振四夷……使张仪、苏秦与仆并生于今之世，曾不能得掌故，安敢望常侍侍郎乎？传曰："天下无害灾，虽有圣人，无所施其才；上下和同，虽有贤者，无所立功。"故曰时异则事异。①

一言以蔽之，东方朔与苏秦、张仪所处的时代不同，一治一乱，所以其事业和命运也各不相同。司马迁所记东方朔的这一段话，可以看作是对知人论世的极好的诠释。

赵充国和辛庆忌皆汉之名将，又都是西北人而制敌建功于西北边郡。班固对这种现象作了分析，他写道："秦汉已来，山东出相，山西出将。秦将军白起，郿人；王翦，频阳人。汉兴，郁郅王围、甘延寿，义渠公孙贺、傅介子，成纪李广、李蔡，杜陵苏建、苏武，上邽上官桀、赵充国，襄武廉褒，狄道辛武贤、庆忌，皆以勇武显闻。苏、辛父子著节，此其可称列者也，其余不可胜数。何则？山西天水、陇西、安定、北地处势迫近羌胡，民俗修习战备，高上勇力鞍马骑射。故《秦诗》曰：'王于兴师，修我甲兵，与子皆行。'其风声气俗自古而然，今之歌谣慷慨，风流犹存耳。"②这是从西北边郡"迫近羌胡"而民风尚武的角度，论证了"山西出将"的历史传统，也说明了产生赵充国和辛庆忌的原因所在。

以上这些史论，虽角度不同，或自觉或不自觉，都是知人论世方法的具体运用。

二、两两比较

评价历史人物，有比较才有鉴别，孔子曰："晋文公谲而不正，齐桓公

① 司马迁：《史记》卷一二六《滑稽列传》，中华书局 1959 年版，第 3206 页。

② 班固：《汉书》卷六九《赵充国辛庆忌传》后论，中华书局 1962 年版，第 2998 页。

正而不谲。"①孔子善于用比较之法评论人物,这在《论语》中多有反映。

《国语》虽以记言为主,但偶尔也有人物比较。如《周语中》对鲁国的几位大夫作了对比,称:"季文子、孟献子皆俭,叔孙宣子、东门子家皆侈。"《晋语四》借宋公孙固之口,比较了跟随重耳流亡的几个人的特点,称:狐偃"惠以有谋",赵衰"文以忠贞",贾佗"多识以恭敬"。《晋语八》记赵文子缅怀先贤,认为"阳子行廉直于晋国,不免其身,其知不足称也","舅犯见利而不顾其君,其仁不足称也",而随武子则"纳谏不忘其师,言身不失其友,事君不援而进,不阿而退"。从比较中可以清楚地看清这三个人的特点。

司马迁和班固在评价历史人物时,更多地运用了比较的方法。《史记·管晏列传》称鲍叔牙荐管仲相桓公,"以身下之","天下不多管仲之贤而多鲍叔能知人也"。这是就相关人物进行比较。管子和晏子同为春秋时期齐之名相,司马迁将其合传,称:"晏子俭矣,夷吾则奢;齐桓以霸,景公以治。作《管晏列传》。"②这是对同类人物的品德和功业进行比较。《史记·萧相国世家》评萧何功业,称其"位冠群臣,声施后世,与闳夭、散宜生等争烈矣"。萧何是汉初功臣,闳夭、散宜生是辅佐周文王和周武王的两大功臣,这是拿古今同类人物进行纵向比较。《史记·张丞相列传》记述了张苍、周昌、申屠嘉、任敖等人的事迹,实际上是一篇汉初丞相和御史大夫的合传。司马迁于传末评论中对他们的个性德行一一加以评价,最后称:"申屠嘉可谓刚毅守节矣,然无术学,殆与萧、曹、陈平异矣。"这是拿汉初同类人物进行横向比较。《史记·老子韩非列传》记述了老子、庄子、申不害和韩非等立言之士,实际上是道家和法家人物的合传。司马迁于传末评论中称:"老子所贵道,虚无,因应变化于无为,故著书辞称微妙难识。庄子散道德,放论,要亦归之自然。申子卑卑,施之于名实。韩子引绳墨,切事情,明是非,其极惨礉少恩。皆原于道德之意,而老子深远矣。"这段评论运用比较的方法,不仅分析了老、庄、申、韩思想学说的区

① 《论语·宪问》,杨伯峻译注:《论语译注》,中华书局1980年版,第151页。

② 司马迁:《史记》卷一三〇《太史公自序》,中华书局1959年版,第3313页。

别与联系，而且辨其高下优劣，称“老子深远矣”。

班固的《汉书》对不同层面的人物也都有所比较。首先是帝王比较。《汉书·景帝纪》后论曰：“周秦之敝，罔密文峻，而奸轨不胜。汉兴，扫除烦苛，与民休息。至于孝文，加之以恭俭，孝景遵业，五六十载之间，至于移风易俗，黎民醇厚。周云成康，汉言文景，美矣！”《汉书·宣帝纪》后论曰：“孝宣之治，信赏必罚，综核名实，政事文学法理之士咸精其能，至于技巧工匠器械，自元、成间鲜能及之，亦足以知吏称其职，民安其业也。遭值匈奴乖乱，推亡固存，信威北夷，单于慕义，稽首称藩。功光祖宗，业垂后嗣，可谓中兴，侔德殷宗、周宣矣。”这是通过古今帝王比较，表彰“文景之治”和“昭宣中兴”。《汉书·景帝纪》载丞相申屠嘉等奏：“世功莫大于高皇帝，德莫盛于孝文皇帝。”这是就汉家几代帝王的德业作比较，盛推高祖之“功”和文帝之“德”。其次是功臣比较。《汉书·郦陆朱刘叔孙传》后论称五人皆“骋其知辩，并成大业”。其中，“刘敬脱挽辂而建金城之安，叔孙通舍枹鼓而立一王之仪，遇其时也。郦生自匿监门，待主然后出，犹不免鼎镬。朱建始名廉直，既距辟阳，不终其节，亦以丧身。陆贾位止大夫，致仕诸吕，不受忧责，从容平、勃之间，附会将相以强社稷，身名俱荣，其最优乎！”这是汉初功臣间的横向比较。《汉书·魏相丙吉传》述昭宣中兴时期魏相、丙吉两位贤相的事迹，传末评论说：“近观汉相，高祖开基，萧、曹为冠，孝宣中兴，丙、魏有声。”这是将西汉开基和中兴时期的贤相作纵向比较。除此之外，《汉书·王贡两龚鲍传》记述了西汉晚期的一批“清节之士”，王吉、贡禹、龚胜、龚舍、鲍宣五人皆明经术，又都质直敢言，以风节著称。班固在传末评论中对他们作了比较，认为：“王、贡之材，优于龚、鲍。守死善道，胜实蹈焉。贞而不谅，薛方近之。郭钦、蒋诩好遁不污，绝纪、唐矣！”《汉书·刑法志》言用兵之道，仁暴有别，批评白起、王翦等为“豺狼之徒”，并将其与吕尚、伊尹比较，称：“伊、吕之将，子孙有国，与商、周并。至于末世，苟任诈力，以快贪残，争城杀人盈城，争地杀人满野。孙、吴、商、白之徒，皆身诛戮于前，而〔功〕[国]灭亡于后。报应之势，各以类至，其道然矣。”

以上这些历史人物事迹的编次、叙述和评论，都反映出史学家在运用比较方法上的自觉性与广泛性。

三、连类而论

史家评述人物还注意到以类相从,以突出其群体特征。具体做法主要有以下三种:

其一,对若干同类人物作集中论述和总体评价。如刘向论述"人臣之行有六正、六邪"。所谓"六正",即圣臣、良臣、忠臣、智臣、贞臣、直臣;所谓"六邪",即具臣、谀臣、奸臣、谗臣、贼臣、亡国之臣。"贤臣处六正之道,不行六邪之术,故上安而下治,生则见乐,死则见思,此人臣之术也。"在对贤臣的表现和特点作了高度归纳和概括之后,刘向又列举了大量贤臣的事迹,具体地加以说明。① 他还概括了节义之士的群体特征,称:"士有杀身以成仁,触害以立义,倚于节理而不议死地,故能身死名流于来世,非有勇断,孰能行之?"且分别评述了比干、尾生、伯夷、叔齐、狐突、鉏之弥等人的"立节行义"之事。②

把若干人物合为一传,以突出其共同特征,也是连类而论的一种方法。如楚之屈原与汉之贾谊前后相距百余年,但两人皆忠君谋国,一个为佞臣谗毁,投江自尽,一个为庸臣所害,忧伤而死。志节相近,命运相同,司马迁将二人合传,以突出其怀才不遇的共同特点。传末评论中有"同生死,轻去就"一语,可谓画龙点睛之笔。在汉初功臣中,樊哙曾以屠狗为事,郦商曾聚少年东西略人,滕公夏侯婴曾为沛厩司御,灌婴曾在睢阳贩缯。四人出身微贱同,因依附刘邦而贵同,所以司马迁将其合为一传,在传末评论中,司马迁又说:"吾适丰沛,问其遗老,观故萧、曹、樊哙、滕公之家,及其素,异哉所闻!方其鼓刀屠狗卖缯之时,岂自知附骥之尾,垂名汉廷,德流子孙哉?"从而进一步强调了这些布衣将相的特点。

---

① 刘向:《说苑·臣术》,赵善诒疏证:《说苑疏证》,华东师范大学出版社 1985 年版,第 37—38 页。

② 刘向:《说苑·立节》,赵善诒疏证:《说苑疏证》,华东师范大学出版社 1985 年版,第 83 页。

《汉书》中也有不少这样的合传。如《季布栾布田叔传》,写季布重死而栾布、田叔轻死,但三人任侠同,气节同,皆有古烈士之风。所以传末评论又称赞季布之“勇”,“贤者诚重其死”;“栾布哭彭越,田叔随张敖,赴死如归,彼诚知所处,虽古烈士,何以加哉!”《傅常郑甘陈段传》所传傅介子、常惠、郑吉、甘延寿、陈汤、段会宗六人虽然性情品行不一,结局也不尽相同,但六人皆从事于西域而建功立业。传末评论说:“自元狩之际,张骞始通西域,至于地节,郑吉建都护之号,讫王莽世,凡十八人,皆以勇略选,然其有功迹者具此。”既说明了立传之旨,又突出了所传六人的共同特征。《匡张孔马传》写匡衡、张禹、孔光、马宫四人皆以明经术而至大位,又皆持禄固宠,总其生平之所为,盖孔子所谓“患得患失”之鄙夫也,故合为一传。传后评论说:“自孝武兴学,公孙弘以儒相,其后蔡义、韦贤、玄成、匡衡、张禹、翟方进、孔光、平当、马宫及当子晏,咸以儒宗居宰相位,服儒衣冠,传先王语,其酝藉可也。然皆持禄保位,被阿谀之讥。彼以古人之迹见绳,乌能胜其任乎!”先是“以儒宗居宰相位”,然后便“持禄保位”,正是这些人的共同之处。

设立类传,突出人物的群体特征。最能充分体现分类评价人物这一方法的莫过于正史中的类传。这种体例首创于《史记》,司马迁以开阔的视野,通过细心观察和高度的综合概括,分别撰写了刺客、循吏、儒林、游侠、酷吏、佞幸、日者、货殖等类传,其名称或以从事的职业标目,或以人物的行事风格定名。在这些类传中,司马迁除分别介绍有关人物的生平事略外,传首传尾一般还有序和论,总论该类人物的特点和善恶功罪。如《史记·循吏列传》,司马迁于传序中强调为政之本在德不在威,并揭示导民禁奸、奉职循理是为循吏。然后举孙叔敖、子产、公仪休、石奢、李离五人为代表,分别叙述其事迹。此五人皆先修身而后及于民,其中孙叔敖、子产、公仪休皆以能导民禁奸而无愧为循吏,石奢、李离则以能奉职循理而无愧为循吏。传后评论又对五人分别作了点评,要言不烦,意在凸显他们恤民教民和尽职守法的美德与为政风格。在《酷吏列传》,司马迁首先提到“法令者治之具,而非制治清浊之源也”,然后叙述郅都、宁成、周阳由、赵禹、张汤、义纵、王温舒、尹齐、減宣、杜周为政严酷的情况,传后评论总结说:“自郅都、杜周十人者,此皆以酷烈为声。”尽管这些人或“廉”或“污”,但“酷烈”是其共同的特征。此外,《刺客列传》记曹沫、专诸、豫让、聂政、荆轲之事,司马迁评价说:“自曹沫至荆轲五人,此其义或成或不成,然其立意较然,不欺其志,名垂后世,岂妄也哉!”“立意较然,不欺其志”八字点出了刺客的品质特征。《佞幸列传》专门写邓通、李严年、韩嫣等皇帝身边的弄臣,其特点是“以色媚”,即善于察言观色以取悦人主,进而干预朝政。

班固的《汉书》不仅有循吏、酷吏、货殖、游侠、佞幸传,而且还设立《外戚传》。该传以时间为序叙述西汉后妃出身行事及得宠见废之由,然后附以外戚之事。传后评论说:

> 夫女宠之兴,繇至微而体至尊,穷富贵而不以功,此固道家所畏,祸福之宗也。序自汉兴,终于孝平,外戚后庭色宠著闻二十有余人,然其保位全家者,唯文、景、武帝太后及邛成后四人而已。至如史良娣、王悼后、许恭哀后身皆夭折不辜,而家依托旧恩,不敢纵恣,是以能全。其余大者夷灭,小者放流,乌呼!鉴兹行事,变亦备矣。①

这使人们对西汉后妃、外戚之祸福有了总体认识。

总而言之,类传这种形式,不仅可以集中反映某一类人物的历史活动,突出其群体特征,而且能够揭示其时代特点和风尚,从而使人物研究和评价更加深入。

四、“知美之恶,知恶之美”

《吕氏春秋·去尤》有一句名言:“知美之恶,知恶之美,然后能知美恶矣。”意思是说只有知道美中之丑和丑中之美,然后才能知道真正的美丑。把“知美之恶,知恶之美”这一包含辩证思想的见解,运用于评价历史人物方面,具有重要的意义。司马迁评价历史人物,瑕瑜不掩,形式多样,反映了他具有鲜明的朴素辩证思维方法。如司马迁评论孙子、吴起

① 班固:《汉书》第九七下《外戚传》,中华书局1962年版,第4011页。

说:“语曰:‘能行之者未必能言,能言之者未必能行。’孙子筹策庞涓明矣,然不能蚤救患于被刑。吴起说武侯以形势不如德,然行之于楚,以刻暴少恩亡其躯。悲夫!”①有抑有扬,有褒有贬。又如评论商鞅变法及商鞅本人,写道:“行之十年,秦民大说,道不拾遗,山无盗贼,家给人足。民勇于公战,怯于私斗,乡邑大治。”“商君,其天资刻薄人也。”因其“少恩”,“卒受恶名于秦”。② 在《酷吏列传》中,司马迁于传内叙酷吏“惨酷”之行,极言其短,于传后所论中又节取郅都等酷吏之长,称其“伉直”,“据法守正”,“其廉者足以为仪表”。这都是以传文与评论相结合,一褒一贬,善恶俱见。

综上,中国古代史学家在评价历史人物时,很早就已提出并运用了言其善而不掩其恶、揭其短而不弃其长,这种包含着朴素辩证思想的方法。

小　　结

历史活动主要是人的活动,当先民逐步认识到人的活动对于社会和人自身十分重要时,便逐渐产生了评价历史人物的观念。这一观念的滋生源于对传说中的英雄人物包括氏族或部族的祖先的崇敬,因而还不是自觉地评价历史人物。而中国第一部编年体史书《春秋》的“属辞”,则体现了史家评价历史人物之自觉观念。这一观念的发展,一方面反映在“君子曰”“太史公曰”等言论中,另一方面也反映在史家对评价历史人物之社会意义的认识中。随着史学家自觉评价历史人物观念的产生和发展,史学家和思想家们提出了评价历史人物的标准和原则。而由于历史条件的变化和时代特点的不同,先秦时期史家评价历史人物的重要标准是“礼”与“仁”,秦汉时期则为“义”与“功”。评价的原则是评价标准的

---

① 司马迁:《史记》卷六五《孙子吴起列传》,中华书局1959年版,第2168—2169页。

② 司马迁:《史记》卷六八《商君列传》,中华书局1959年版,第2231、2237页。

反映,而评价的方法则是评价标准和评价原则的具体体现。这就是说,标准和原则是要通过方法来实现的,而评价的方法也在一定的程度上反映了评价标准和评价原则。

先秦秦汉时期的史学家、思想家在评价历史人物方面提出的一些有理论价值的观念和命题,对推动后世史学在历史理论方面的发展具有积极的意义;而这些观念和命题的进一步明确,尚须后世史家作出新的探索与阐述。

主要参考文献

[1]《马克思恩格斯选集》第1—4卷,人民出版社2012年版。

[2]《毛泽东选集》第1—4卷,人民出版社1991年版。

[3]《十三经注疏》,中华书局1980年版。

[4]《诸子集成》,中华书局1954年版。

[5]《二十二子》,上海古籍出版社1986年版。

[6]杨伯峻编著:《春秋左传注》,中华书局1981年版。

[7]杨伯峻译注:《论语译注》,中华书局1980年版。

[8]杨伯峻译注:《孟子译注》,中华书局1960年版。

[9]左丘明著,韦昭注:《国语》,上海古籍出版社1978年版。

[10]黄怀信:《逸周书校补注译》修订本,三秦出版社2006年版。

[11]《战国策》,上海古籍出版社1985年版。

[12]司马迁:《史记》,中华书局1959年版。

[13]刘向撰,赵善诒疏证:《说苑疏证》,华东师范大学出版社1985年版。

[14]班固等撰,陈立疏证:《白虎通疏证》,中华书局1994年版。

[15]班固:《汉书》,中华书局1962年版。

[16]《两汉纪》上下,张烈点校,中华书局2002年版。

[17]刘邵:《人物志》,红旗出版社1996年版。

[18]范晔:《后汉书》,中华书局1965年版。

[19]朱熹:《四书章句集注》,上海书店1987年版。

[20]严可均校辑:《全上古三代秦汉三国六朝文》,中华书局1958年版。

[21]侯外庐、赵纪彬、杜国庠等:《中国思想通史》第一、二卷,人民出版社1957年版。

[22]王国维:《观堂集林》,河北教育出版社 2001 年版。
[23]白寿彝主编:《中国通史纲要》,上海人民出版社 1980 年版。
[24]郭沫若:《郭沫若全集 · 历史编》第 1—4 卷,人民出版社 1982 年版。
[25]郭沫若:《郭沫若全集 · 考古编》第 2 卷,科学出版社 1983 年版。
[26]白寿彝主编:《史学概论》,宁夏人民出版社 1983 年版。
[27]陈鼓应:《老子注译及评介》,中华书局 1984 年版。
[28]白寿彝:《中国史学史》第 1 册,上海人民出版社 1986 年版。
[29]杨翼骧编:《中国史学史资料编年》第 1 册,南开大学出版社 1987 年版。
[30]袁珂:《中国神话史》,上海文艺出版社 1988 年版。
[31]白寿彝主编:《中国通史》第 1 卷,上海人民出版社 1989 年版。
[32]祝瑞开:《两汉思想史》,上海古籍出版社 1989 年版。
[33]刘泽华主编:《中国古代政治思想史》,南开大学出版社 1992 年版。
[34]张岂之主编:《中国思想史》,西北大学出版社 1993 年版。
[35]白寿彝:《白寿彝史学论集》上下册,北京师范大学出版社 1994 年版。
[36]刘泽华主编:《中国政治思想史》先秦卷,浙江人民出版社 1996 年版。
[37]白寿彝:《中国史学史论集》,中华书局 1999 年版。
[38]瞿林东:《中国史学史纲》,北京出版社 1999 年版。
[39]朱哲:《先秦道家哲学研究》,上海人民出版社 2000 年版。
[40]徐复观:《两汉思想史》第 1—3 卷,华东师范大学出版社 2001 年版。
[41]李零:《郭店楚简校读记》,北京大学出版社 2002 年版。
[42]姜广辉:《中国经学思想史》第 2 卷,中国社会科学出版社 2003 年版。
[43]杜维运:《中国史学史》第 1—3 册,(台北)三民书局 2004 年版。
[44]瞿林东:《中国史学的理论遗产》,北京师范大学出版社 2005 年版。
[45]刘家和:《史学、经学与思想》,北京师范大学出版社 2005 年版。
[46]瞿林东:《中国简明史学史》,上海人民出版社 2005 年版。
[47]白寿彝主编:《中国史学史》第 1—6 卷,上海人民出版社 2006 年版。
[48]金春峰:《汉代思想史》,中国社会科学出版社 2006 年版。
[49]龚书铎、瞿林东主编:《中华大典 · 历史典 · 史学理论与史学史分典》,上海古籍出版社 2007 年版。

人民文库 第二辑

中国古代历史理论

（中）

瞿林东｜主编

瞿林东　李　珍｜著

人民出版社

目　录

第一章

天人相分说的进一步发展：历史观中的自然与社会

西汉时期，董仲舒赋予天命史观以理论的形式，这就是他的“天人感应”论。与此相对立的是，司马迁的《史记》确立了古代史家在历史观方面的人本主义传统，对后世产生了极大的影响，这是一方面。另一方面，天命史观也以其变化了的形式，继续留在人们的思想中，并往往用来说明现实生活中的重大事变，尤其是用以附会朝代的更迭、盛衰。

因此，在魏晋南北朝隋唐时期，一方面我们看到朴素唯物史观提出新的命题，把朴素唯物史观继续推向前进；另一方面我们也会看到“天人感应”论的新形式，即天命一是同东汉以后的谶纬相结合，一是同兴盛起来的佛教相结合。

事物总是在矛盾、对立中发展的。与此同时，重人事、轻天命的历史观也在发展。这个发展，沿着两条线索延伸。一条线索是否认有神的存在，从而也否认有佛和鬼的存在；另一条线索是沿着“究天人之际”路线发展，进一步走向天与人相分的思想境界，并明确赋予天以物质的含义，以及“天之能”与“人之能”的不同功能及互补作用的观念。

这两种历史观，在魏晋南北朝隋唐时期经过激烈的冲突和演变，从总的趋势来看，是后一种历史观进一步扩大了影响，谱写了天人关系领域里的新的一页，成为中国古代历史理论发展中的一座里程碑。

第一节　朴素唯物史观的新命题

一、"天下决无佛鬼"

这个命题是南朝刘宋时期的史学家范晔提出来的。范晔的历史思想具有丰富的内涵。古老的"天人关系"的讨论在他那里已演变成一个具体的问题:天下有无佛鬼?范晔的回答是:"天下决无佛鬼!"从广义的思想史的历程来看,这是对天人关系认识的新命题。范晔作为史学家,着重从人事和"信顺"来说明历史,可见这二者之间本有密切的联系,这种联系在本质上是朴素的唯物史观的表现。

范晔是一个无神论者,①这一点在上个世纪关于范晔和《后汉书》的研究中,史学界已有越来越多的共识。这里我们要作进一步深入讨论的是,范晔的无神论或者说"天下决无佛鬼"的思想是在怎样的社会氛围中倔强地存在着,它跟范晔对历史的认识有何联系?

东晋、南朝佛教大盛,上自皇帝,下至平民,大多受到佛教的影响。东晋最后一个皇帝晋恭帝就是一个笃信佛教的人,史载:

> 帝幼时性颇忍急,及在藩国,曾令善射者射马为戏。既而有人云:"马者国姓,而自杀之,不祥之甚。"帝亦悟,甚悔之。其后复深信浮屠道,铸货千万,造丈六金像,亲于瓦官寺迎之,步从十许里。②

正是这个笃信佛教的人成了东晋皇朝的末代皇帝,而且在逊位不久,便被刘裕派人杀了。史家把这两件事记载在一起,可以说是对晋恭帝的极大讽刺。

刘宋皇朝的彭城王刘义康也是一个笃信佛教的显贵,但他后来以谋

① 白寿彝:《中国史学史论集》,中华书局1999年版,第145—149页。

② 房玄龄等:《晋书》卷一〇《恭帝纪》,中华书局1974年版,第269—270页。

反罪被处死。刘义康的死,更带有戏剧性。史书记载说:

> [元嘉]二十八年正月,遣中书舍人严龙赍药赐死。义康不肯服药,曰:“佛教自杀不复得人身,便随宜见处分。”乃以被掩杀之,时年四十三,以侯礼葬安成。①

这两个事例表明,在晋、宋皇朝的高层统治者中,笃信佛教有一定的普遍性。尽管其中一些人的结局是悲剧性的,他们也不放弃这种信念。南北朝时期,佛寺香烟缭绕,弥漫大江南北。

范晔的父亲范泰也是一个相信佛教的高官。范泰“博览篇籍,好为文章,爱奖后生,孜孜无倦。撰《古今善言》二十四篇及文集传于世。暮年事佛甚精,于宅西立祇洹精舍”②。一个私家居宅能建立佛寺,既表明其社会地位之高,又表明其对于佛教的虔诚。尽管范泰在“踞食”习俗上同释慧义发生过争执,并多次向宋文帝上表陈述他的见解③,但这并不影响他对佛教的笃信。他曾撰《佛赞》一首,其文曰:

> 精粗事阻,始末理通。舍事就理,即朗祛蒙。惟此灵觉,因心则崇。四等极物,六度在躬。明发储寝,孰是化初。夕灭双树,岂还本无。渺渺远神,遥遥安(和)[如]。愿言来期,免兹沦滑。④

所谓“愿言来期,免兹沦滑”,则不但是虔诚,而且也有所期盼。而宋文帝也是一个信佛的人,因此,范泰在上表中一方面说自己“少信大法”,一方面赞扬宋文帝“体达佛理,将究其致,远心遐期,研精入微”⑤。宋文帝不愿自己的大臣同僧人在“踞食”问题上有太多的争论,所以他在答范泰诏书中希望双方能够“更求其中”⑥。从上层统治者的这些言行中,人们可

---

① 沈约:《宋书》卷六八《武二王传·彭城王义康》,中华书局1974年版,第1796—1797页。

② 沈约:《宋书》卷六〇《范泰传》,中华书局1974年版,第1623页。

③ 参见僧佑:《弘明集》卷一二《论沙门踞食表》三首,上海古籍出版社1991年版,第80—81页;严可均校辑:《全宋文》卷一五,中华书局1958年版,第5030—5032页。

④ 道宣:《广弘明集》卷一五《佛赞》,上海古籍出版社1991年版;严可均校辑:《全宋文》卷一五,中华书局1958年版,第5035页。

⑤ 僧佑:《弘明集》卷一二《论沙门踞食表》第一表,上海古籍出版社1991年版,第80页;严可均校辑:《全宋文》卷一五,中华书局1958年版,第5030页。

⑥ 僧佑:《弘明集》卷一二范泰第二表表文所引,上海古籍出版社1991年版,第80页;严可均校辑:《全宋文》卷二,中华书局1958年版,第4904页。

以想见当时佛教的盛行。

范泰卒于宋文帝元嘉五年(428年)。范晔对其生父的这种信仰和相关的做法,当是了若指掌的,至少是比较熟悉的。但是,范晔并没有追随父亲的这一信仰,甚至也没有苟同这种信仰,而是恰恰相反,他站在反对这种信仰的立场上,批判佛鬼的存在。

生活在这种社会条件下的范晔,勇敢地、公开地批判笃信佛鬼的思潮,表明他的思想的深刻和理论的勇气。可以说,他为此而斗争,坚持到生命的最后一息。《宋书·范晔传》记范晔因牵连"谋反"于临刑前有如下记载:"晔常谓死者神灭,欲著《无鬼论》。至是与徐湛之书,云'当相讼地下'。其谬乱如此。又语人:'寄语何仆射,天下决无佛鬼。若有灵,自当相报。'"这一段记载,是《范晔传》的作者用来嘲笑范晔的文字。其实,这段记载恰恰表明:第一,范晔有一个坚定的信念:"死者神灭"。他打算根据这一基本认识写一篇《无鬼论》,可惜没有来得及写出来,这给中国古代无神论思想史留下了一个遗憾。第二,他在临刑前再次明确地表明"天下决无佛鬼"这一信念,坚持了"死者神灭"的论点。第三,范晔说的"相讼地下""若有灵,自当相报"等语,是对徐、何等人表示自己的愤慨和蔑视。《范晔传》的作者没有完全懂得范晔所说这些话的深意,认为这是范晔思想"谬乱"的表现,诚然可笑;但这样一来反倒给后人留下了一段很有意义、很有价值的记载,这是当时的作者始料不及的。

如果说范晔终于未能把《无鬼论》写出来,实为思想史上一件憾事,那么他对于佛教的看法却形成了文字,并流传下来,我们不妨把它称为"无佛论"。这就是他在《西域传》中所写的后论。他写道:

> 至于佛道神化,兴自身毒,而二汉方志莫有称焉。张骞但著地多暑湿,乘象而战,班勇虽列其奉浮图,不杀伐,而精文善法导达之功靡所传述。余闻之后说也,其国则殷乎中土,玉烛和气,灵圣之所[降]集,贤懿之所挺生,神迹诡怪,则理绝人区,感验明显,则事出天外。而骞、超无闻者,岂其道闭往运,数开叔叶乎?不然,何诬异之甚也!汉自楚英始盛斋戒之祀,桓帝又修华盖之饰。将微义未译,而但神明之邪?详其清心释累之训,空有兼遣之宗,道书之流也。且好仁恶

杀,蠲敝崇善,所以贤达君子多爱其法焉。然好大不经,奇谲无已,虽邹衍谈天之辩,庄周蜗角之论,尚未足以概其万一。又精灵起灭,因报相寻,若晓而昧者,故通人多惑焉。盖导俗无方,适物异会,取诸同归,措夫疑说,则大道通矣。①

这一篇"无佛论",首先讲到了佛教的来历,讲到了它是怎样传入中国的,以及在中国引起的反应,虽然讲得很概括,但脉络清晰。其次讲到了佛教主旨也讲求"好仁恶杀,蠲敝崇善",同中国儒家的思想传统有某些相似之处,故能为"贤达君子"所认同,这是指出了佛教为什么能够在中国流行的原因。再次讲到了佛教的宣扬存在着"好大不经,奇谲无已"的地方,尤其是关于"精灵起灭,因报相寻"的说教,似是而非,博雅明智之人都对其抱怀疑的态度。最后,范晔还讲到了思想对于引导社会的重要性,故应慎重对待。从这篇史论来看,范晔对佛教是有相当了解的,他作的这些评论,也是心平气和讲道理,不仅反映了他思想的敏锐,也反映了他持论的严谨。这也有力地表明,《宋书·范晔传》说他思想"谬乱",是毫无道理的。

值得注意的是,范晔"天下决无佛鬼"的无神论思想,并非只是停留在一般的思想与信仰领域,由于他是一个关注历史的人,所以他的这个思想必然要伸延到历史认识领域,从而在他所撰写的《后汉书》中反映出来。这样,范晔的"天下决无佛鬼"便与他的历史思想结合起来,使其历史思想具有鲜明的朴素唯物史观的突出特点。

二、慎言天道,看重人事和信顺

范晔的历史思想,其特点之一,是慎言天道,看重人事,深察信顺。这几个方面的结合,可以看出范晔对社会历史的存在及其变化的基本认识。

东汉末年,政治已经腐败、混乱到不可收拾的地步,而最高统治者却在做着一些毫无意义的事情,使颓势进一步恶化。范晔在评论汉桓帝时,

① 范晔:《后汉书》卷八八《西域传》后论,中华书局1965年版,第2931—2932页。

尖锐地指出:“前史称桓帝好音乐,善琴笙。饰芳林而考濯龙之宫,设华盖以祠浮图、老子,斯将所谓‘听于神’乎!”①(濯龙,李贤注谓殿名)范晔这短短的几句评论,分量极重,可以说一字千钧。范晔所引的“听于神”,本是深刻的讽刺,典出《左传》,原文是:

> 秋七月,有神降于莘。
>
> 惠王问诸内史过曰:“是何故也?”对曰:“国之将兴,明神降之,监其德也;将亡,神又降之,观其恶也。故有得神以兴,亦有以亡,虞、夏、商、周皆有之。”王曰:“若之何?”对曰:“以其物享焉。其至之日,亦其物也。”王从之。内史过往,闻虢请命,反曰:“虢必亡矣。虐而听于神。”
>
> 神居莘六月。虢公使祝应、宗区、史嚚享焉。神赐之土田。史嚚曰:“虢其亡乎!吾闻之:国将兴,听于民;将亡,听于神。神,聪明正直而壹者也,依人而行。虢多凉德,其何土之能得?”②

内史过是周的大夫,他说的话前后稍有不同:前面说的是神可以“监其德”“观其恶”,是从神的角度来说的;后面说的是虢国国君“虐而听于神”,是从人的角度来说的。前面说的“监”与“观”,并没有说到神在起什么作用;后面就明确说了“虐而听于神”是没有用的。这样一来,神的作用实际上是被架空了,只是内史过没有直说,而是委婉地表达了他的认识。至于虢国的太史史嚚说的话,就直接得多,所谓“国将兴,听于民;将亡,听于神”的话可以把次序反过来说,即“听于民,国将兴;听于神,将亡”。这个道理很显然:只有民的支持,国才可以兴起来;国将亡,说明统治者与民的矛盾尖锐,不可能得到民的支持,只好求助于神,而神是起不了什么作用的,祈求无用,只有等着灭亡了。范晔在这里引用了这个典故,一方面反映了他对汉桓帝一些做法的批评,认为这是“听于神”的愚蠢活动;一方面也反映了他对自古以来人们“听于神”的思想和行动的否

---

① 范晔:《后汉书》卷七《孝桓帝纪》后论,中华书局 1965 年版,第 320 页。按:范晔此处所说的“前史”,是指《东观汉记》。

② 《左传·庄公三十二年》,杨伯峻编著:《春秋左传注》,中华书局 1981 年版,第 251—253 页。

定。他把汉桓帝“设华盖以祠浮图”和“听于神”联系起来,也反映了他的“天下决无佛鬼”思想和中国古老的“天人之际”问题之辩论的密切联系。

关于这种密切联系,在范晔对谶纬的无情揭露和激烈抨击中,表现得尤为突出。范晔《后汉书》记载:李通是与刘秀一同起事的伙伴之一。李通与刘秀的结合,并不是出于审时度势的原因,而是受到了谶语的“启示”。原来,李通的父亲李守,“好星历谶记,为王莽宗卿师”。王莽新朝末年,百姓愁怨,李通常常听到他父亲说谶,意谓“刘氏复兴,李氏为辅”。李通记住了这句谶语,并时时想到它。后来,他终于找到了机会,和刘秀起事,虽然他全家遭到了王莽的杀害,但他自己却在刘秀做了皇帝后成就了功名。范晔对此大不以为然,他针对此事发表评论说:

> 子曰:“富与贵是人之所欲,不以其道得之,不处也。”李通岂知夫所欲而未识以道者乎!夫天道性命,圣人难言之,况乃亿测微隐,猖狂无妄之福,污灭亲宗,以觖一切之功哉!①

在范晔看来,李通之企求“富与贵”的愿望是符合常情的,但他以谶语为根据,十分可悲。至于他因此而造成“污灭亲宗,以觖一切之功”的后果,同样是可悲的。值得注意的是,范晔强调了“天道性命,圣人难言之”,说明他对于孔子的不语怪、力、乱、神和慎于说天的优良传统是十分看重的,正因为如此,他对于说谶和信谶之人,自然会表示出轻蔑的态度。

范晔记邓晨与刘秀称帝前的交往,也反映了类似的情况,当然也透露出他的辛辣的讽刺。范晔写道:

> 邓晨字伟卿,南阳新野人也。世吏二千石。父宏,豫章都尉。晨初娶光武姊元。王莽末,光武尝与兄伯升及晨俱之宛,与穰人蔡少公等宴语。少公颇学图谶,言刘秀当为天子。或曰:“是国师公刘秀乎?”光武戏曰:“何用知非仆邪?”坐者皆大笑,晨心独喜。及光武与家属避吏新野,舍晨庐,甚相亲爱。晨因谓光武曰:“王莽悖暴,盛夏斩人,此天亡之时也。往时会宛,独当应邪?”光武笑不答。②

① 范晔:《后汉书》卷一五《李王邓来列传》,中华书局1965年版,第577页。

② 范晔:《后汉书》卷一五《李王邓来列传》,中华书局1965年版,第582页。

事情竟然如此简单而又愚昧:谶云"刘秀当为天子",刘秀说"何用知非仆邪",这就把邓晨打动了,于是,"心独喜",进而追随刘秀,也是弄得居室被污,冢墓被焚,"宗族皆恚怒"①。这不也是十分可笑的事情吗?范晔用非常概括的语言评论他们:"李、邓豪赡,舍家从谶"②,这样尖锐的揭露,当然不包含对其家族命运的同情,也不表示对其本人后来之荣耀的夸奖,而只是对其愚昧的慨叹而已。

在《后汉书》中,范晔对于这类愚昧的揭露和鞭笞,在在皆是。他记东汉末年的权势人物袁术,也近于此意。范晔写道:

> 初,术在南阳,户口尚数十百万,而不修法度,以钞掠为资,奢恣无厌,百姓患之。又少见谶书,言"代汉者当涂高",自云名字应之。又以袁氏出陈为舜后,以黄代赤,德运之次,遂有僭逆之谋。③

且不说这里又是"少见谶书",就说为什么"代汉者当涂高",就同袁术的"名字应之"呢?原来袁术自己的解释是"术"与"路"皆是"涂",故当"应之"。这个横行当时、不可一世的人物,最后弄到"遂大困穷,士卒散走","因愤慨结病,欧血死"的结局。在范晔的史笔之下,这个东汉末年的枭雄,竟是以"少见谶书"而起,以"愤慨结病"致死而终,可以说是把谶纬的编造、胡说,揭露得淋漓尽致。范晔指出:

> 天命符验,可得而见,未可得而言也。然大致受大福者,归于信顺乎!夫事不以顺,虽强力广谋,不能得也。谋不可得之事,日失忠信,变诈妄生矣。况复苟肆行之,其以欺天乎!虽假符僭称,归将安所容哉!④

这些话虽是针对袁术的皇帝梦而说的,但在这里,可以看出,范晔不再重复谶书之如何荒谬的话,而是进而讲到"天命符验"的问题了。尽管他说"可得而见,未可得而言也"是模棱两可的话,但却明确地提出了凡事要取得成功,必讲求"信顺"。"顺"是什么?以"夫事不以顺"的表述来看,

---

① 范晔:《后汉书》卷一五《李王邓来列传》,中华书局 1965 年版,第 583 页。

② 范晔:《后汉书》卷一五《李王邓来列传》后论,中华书局 1965 年版,第 593 页。

③ 范晔:《后汉书》卷七五《刘焉袁术吕布列传》,中华书局 1965 年版,第 2439 页。

④ 范晔:《后汉书》卷七五《刘焉袁术吕布列传》后论,中华书局 1965 年版,第 2444 页。

"顺"是顺其事。"信"是什么?是"忠信"。所谓"忠信"讲的是人与人之间的关系。要之,顺于事而信于人,则事可成。这样,范晔就以"信顺"否定了"天命符验"的观念。

同时,范晔在《后汉书》中,对以天文历算之学与巫术图谶相结合的行为,予以抨击。他记郎颉其人,先说他父亲郎宗善风角、星算之术,曾预见有暴风而被验证,于是朝廷以博士征用郎宗。不料郎宗"耻以占验见知,闻征书到,夜悬印绶于县廷而遁去,遂终身不仕"。而"少传父业"的郎颉则不然,朝廷以"公车征",他乃上奏章,阐说"天垂妖象,地见灾符,所以谴告人主,责躬修德,使正机平衡,流化兴政",文颇长,范晔均予以载之。范晔于同卷记襄楷事,说他"好学博古,善天文阴阳之术","自家诣阙上疏",阐说"皇天不言,以文象设教"等等,文亦颇长。最后,范晔就郎、襄二人所为发表评论,认为:

> 古人有云:"善言天者,必有验于人。"而张衡亦云:"天文历数,阴阳占候,今所宜急也。"郎颉、襄楷能仰瞻俯察,参诸人事,祸福吉凶既应,引之教义亦明。此盖道术所以有补于时,后人所当取鉴者也。然而其敝好巫,故君子不以专心焉。①

这里,有两点很值得注意,一是范晔把天文历数同巫妄之谈区别开来,而对于"好巫"这一套东西,"君子不以专心"。二是他特地引用了张衡的话,表明他并不反对张衡这样的学者所从事的天文历算研究。

与上述见解相呼应,范晔在《张衡列传》中记载了张衡批评图谶的上疏,其疏文曰:

> 臣闻圣人明审律历以定吉凶,重之以卜筮,杂之以九宫,经天验道,本尽于此。或观星辰逆顺,寒燠所由,或察龟策之占,巫觋之言,其所因者,非一术也。立言于前,有征于后,故智者贵焉,谓之谶书。谶书始出,盖知之者寡。自汉取秦,用兵力战,功成业遂,可谓大事,当此之时,莫或称谶。若夏侯胜、眭孟之徒,以道术立名,其所述著,无谶一言。刘向父子领校秘书,阅定九流,亦无谶录。成、哀之后,乃

① 范晔:《后汉书》卷三〇下《郎颉襄楷列传》后论,中华书局1965年版,第1085页。

> 始闻之。《尚书》尧使鲧理洪水,九载绩用不成,鲧则殛死,禹乃嗣兴。而《春秋谶》云"共工理水"。凡谶皆云黄帝伐蚩尤,而《诗谶》独以为"蚩尤败,然后尧受命"。《春秋元命包》中有公输班与墨翟,事见战国,非春秋时也。又言"别有益州"。益州之置,在于汉世。其名三辅诸陵,世数可知。至于图中讫于成帝。一卷之书,互异数事,圣人之言,势无若是,殆必虚伪之徒,以要世取资。往者侍中贾逵摘谶互异三十余事,诸言谶者皆不能说。至于王莽篡位,汉世大祸,八十篇何为不戒?则知图谶成于哀、平之际也。且《河》《洛》《六艺》,篇录已定,后人皮傅,无所容篡。永元中,清河宋景遂以历纪推言水灾,而伪称洞视玉版。或者至于弃家业,入山林。后皆无效,而复采前世成事,以为证验。至于永建复统,则不能知。此皆欺世罔俗,以昧势位,情伪较然,莫之纠禁。且律历、卦候、九宫、风角,数有征效,世莫肯学,而竞称不占之书。譬犹画工,恶图犬马而好作鬼魅,诚以实事难形,而虚伪不穷也。宜收藏图谶,一禁绝之,则朱紫无所眩,典籍无瑕玷矣。①

张衡的这一篇上疏,从历史事实上说明秦朝"功成业遂,可谓大事",无人称谶;刘向父子校书,"阅定九流,亦无谶录",说明了图谶产生是很晚的事情,当起于成帝、哀帝之后。其所宣扬往往无从验证,于是乃从历史上寻找例证,以附会其说,手法极为卑劣。可见,它的产生,不过是"虚伪之徒,以要世取资"罢了。张衡还以生动的比喻说:"譬犹画工,恶图犬马而好作鬼魅,诚以实事难形,而虚伪不穷也。"这就是说,谶语谶录是可以任人杜撰而不受任何约束的。因此他建议:"宜收藏图谶,一禁绝之,则朱紫无所眩,典籍无瑕玷矣",人世间的是非真伪也就清楚了。

范晔在《张衡列传》中对文献作这样的处置,显然是寓有深意的。张衡作为天文学家,强调"朱紫无所眩,典籍无瑕玷",在谶纬盛行的时代,确实起到了别人不可替代的重要作用。这正是范晔在他人传记的后论中要引用张衡的话作为根据的缘故。

---

① 范晔:《后汉书》卷五九《张衡列传》,中华书局 1965 年版,第 1911—1912 页。

范晔的朴素的唯物历史观点,从“天下决无佛鬼”,到坚定地揭露和反对图谶的虚妄,以及提倡“信顺”的思想等,都从不同的方面有所反映。而他为《方术列传上》所写的序,则把他的朴素的唯物历史观点阐述得更加全面。他这样写道:

仲尼称《易》有君子之道四焉,曰“卜筮者尚其占”。占也者,先王所以定祸福,决嫌疑,幽赞于神明,遂知来物者也。若夫阴阳推步之学,往往见于坟记矣。然神经怪牒,玉策金绳,关扃于明灵之府,封縢于瑶坛之上者,靡得而窥也。至乃《河》《洛》之文,龟龙之图,箕子之术,师旷之书,纬候之部,钤决之符,皆所以探抽冥赜,参验人区,时有可闻者焉。其流又有风角、遁甲、七政、元气、六日七分、逢占、日者、挺专、须臾、孤虚之术,及望云省气,推处祥妖,时亦有以效于事也。而斯道隐远,玄奥难原,故圣人不语怪神,罕言性命。或开末而抑其端,或曲辞以章其义,所谓“民可使由之,不可使知之”。

汉自武帝颇好方术,天下怀协道艺之士,莫不负策抵掌,顺风而届焉。后王莽矫用符命,及光武尤信谶言,士之赴趣时宜者,皆骋驰穿凿,争谈之也。故王梁、孙咸名应图箓,越登槐鼎之任,郑兴、贾逵以附同称显,桓谭、尹敏以乖忤沦败,自是习为内学,尚奇文,贵异数,不乏于时矣。是以通儒硕生,忿其奸妄不经,奏议慷慨,以为宜见藏摈。子长亦云:“观阴阳之书,使人拘而多忌。”盖为此也。

夫物之所偏,未能无蔽,虽云大道,其硋或同。若乃《诗》之失愚,《书》之失诬,然则数术之失,至于诡俗乎?如令温柔敦厚而不愚,斯深于《诗》者也;疏通知远而不诬,斯深于《书》者也;极数知变而不诡俗,斯深于数术者也。故曰:“苟非其人,道不虚行。”意者多迷其统,取遣颇偏,甚有虽流宕过诞亦失也。①

这篇序文,从总的方面来看,似并未完全否定方术的作用,但范晔的深意所在也是值得探究的。

第一,认为用占卜来确定祸福、嫌疑等大事,人们在古代文献中可以

---

① 范晔:《后汉书》卷八二上《方术列传上》,中华书局1965年版,第2703—2706页。

看到,但"神经怪牒、玉策金绳",人们就"靡得而窥",根本见不到了;至于《河图》《洛书》之类,人们也只是听到一些传闻罢了。总的来说,"斯道隐远,玄奥难原",所以"圣人不语怪神,罕言性命"。这些话的中心意思是说对于仅是见到记载、听到传闻的事情,"圣人"是不会看重的,更不会去提倡、宣扬。

第二,汉家由于武帝"颇好方术",把社会风气弄坏了,后来光武帝又"尤信图谶",于是"趣时"的人受到重用,"乖忤"之士受到排斥,有识之士大为不满,"奏议慷慨",认为应当摈弃图谶。太史公司马迁早就指出,阴阳之书会把人引入歧路,人们应当吸取这些教训才是。

第三,任何事物都有两个方面,就连《诗经》《尚书》也是如此。因此,人们对于任何思想、学说,都应当像对待《诗经》那样,做到"温柔敦厚而不愚";都应像对待《尚书》那样,做到"疏通知远而不诬";对待数术就应"知变而不诡俗"。

范晔从孔子说到司马迁,并予以正面的评价,表明他坚持了中国史学上朴素唯物历史思想的优良传统;他从汉武帝好方术,说到汉光武帝信图谶,指出这种上行下效导致社会风气的败坏,表明他的历史理性精神和现实批判精神是结合在一起的,这是他的历史思想的鲜明特点之一。

第二节 "天人感应"论的新形式

一、"天人感应"论与谶纬的结合

董仲舒宣扬"天人感应"说,赋予天命史观以理论的色彩;而汉武帝好方术、信神仙,使"天人感应"同谶纬之说得到了结合的条件。谶纬之说在西汉末年和两汉之际大为流行。东汉光武帝召开白虎观会议,以谶纬之说附会儒家经典,一则使儒学走向神学化,二则使谶纬得以合法化。

谶的特点是“诡为隐语,预决吉凶”[①],是神学迷信的表现。这种思想倾向,在三国两晋南北朝时期,在史学领域仍有比较明显的反映。陈寿《三国志》记曹操说:“太祖少机警,有权数,而任侠放荡,不治行业,故世人未之奇也;惟梁国桥玄、南阳何颙异焉。玄谓太祖曰:‘天下将乱,非命世之才不能济也,能安之者,其在君乎!’年二十,举孝廉为郎,除洛阳北部尉,迁顿丘令,征拜议郎”[②]。对于一个不到二十岁的少年,桥玄便已预知其未来,这无疑是荒唐的记载。

陈寿记刘备少时,更有过之。他写道:“先主少孤,与母贩履织席为业。舍东南角篱上有桑树生高五丈余,遥望见童童如小车盖,往来者皆怪此树非凡,或谓当出贵人。先主少时,与宗中诸小儿于树下戏,言:‘吾必当乘此羽葆盖车。’叔父子敬谓曰:‘汝勿妄语,灭吾门也!’年十五,母使行学,与同宗刘德然、辽西公孙瓒俱事故九江太守同郡卢植。德然父元起常资给先主,与德然等。元起妻曰:‘各自一家,何能常尔邪!’起曰:‘吾宗中有此儿,非常人也。’”[③]看来刘元起同桥玄是同一类人物,都是可以“预知吉凶”的人物。

陈寿记孙权,亦如此。他写道:“孙权字仲谋。兄策既定诸郡,时权年十五,以为阳羡长。郡察孝廉,州举茂才,行奉义校尉。汉以策远修职贡,遣使者刘琬加锡命。琬语人曰:‘吾观孙氏兄弟虽各才秀明达,然皆禄祚不终,惟中弟孝廉,形貌奇伟,骨体不恒,有大贵之表,年又最寿,尔试识之。’”[④]从“形貌奇伟,骨体不恒”,可以预知其“有大贵之表,年又最寿”等等,刘琬也是一个可以“预知”未来的人物。

以上这些“预言”,本是史家不应写入史书之中的;即使社会有这样的传闻,史家亦不应轻信。所谓“异辞疑事,学者宜善思之”[⑤],就是这个道理。陈寿是一个优秀的史家,这样书写历史,一方面说明他不能脱俗,

---

① 永瑢等:《四库全书总目》卷六《经部·易类六·易纬坤灵图》馆臣案,中华书局1965年版,第47页。

② 陈寿:《三国志》卷一《魏书·武帝纪》,中华书局1959年版,第2页。

③ 陈寿:《三国志》卷三二《蜀书·先主传》,中华书局1959年版,第871页。

④ 陈寿:《三国志》卷四七《吴书·吴主传》,中华书局1959年版,第1115页。

⑤ 刘知幾:《史通·采撰》,浦起龙:《史通通释》,上海古籍出版社1978年版,第118页。

另一方面也说明谶纬之说在当时还有很大的影响。

这个影响,在南朝史家的历史著作中,反映得更为突出。南朝梁人沈约所撰《宋书》,在历代正史中首创"符瑞志",堪称天命与谶纬结合的代表作。其上篇,记述从太昊、炎帝、黄帝、尧、舜、禹、汤、文、武、汉高祖、文帝、景帝、武帝、昭帝、元帝,直至东汉诸帝、三国君主、南朝刘宋诸帝等事,或出生,或登位,都有祥瑞出现,笼罩着浓厚的神秘气氛。西周以前诸多传说且不论,自春秋以下,谶纬之说所编造的各种故事,荒唐至极。如其论孔子与西汉的关系,写道:

> 鲁哀公十四年,孔子夜梦三槐之间,丰、沛之邦,有赤烟气起,乃呼颜渊、子夏往视之。驱车到楚西北范氏街,见刍儿摘麟,伤其左前足,薪而覆之。孔子曰:"儿来,汝姓为赤诵,名子乔,字受纪。"孔子曰:"汝岂有所见邪?"儿曰:"见一禽,巨如羔羊,头上有角,其末有肉。"孔子曰:"天下已有主也,为赤刘,陈、项为辅,五星入井从岁星。"儿发薪下麟示孔子,孔子趋而往,麟蒙其耳,吐三卷《图》,广三寸,长八寸,每卷二十四字,其言赤刘当起,曰:"周亡,赤气起,大耀兴,玄丘制命,帝卯金。"孔子作《春秋》,制《孝经》;既成,使七十二弟子向北辰星罄折而立,使曾子抱《河》《洛》事北向。孔子斋戒向北辰而拜,告备于天曰:"《孝经》四卷,《春秋》、《河》、《洛》凡八十一卷,谨已备。"天乃洪郁起白雾摩地,赤虹自上下,化为黄玉,长三尺,上有刻文。孔子跪受而读之曰:"宝文出,刘季握。卯金刀,在轸北。字禾子,天下服。"①

这段荒唐的文字,诡称孔子作《孝经》《春秋》《河图》《洛书》,同二百多年后的西汉刘邦的称帝有联系,而把孟子的称说《春秋》、司马迁的称说《春秋》,以及《春秋》尊王道、重人事的特点,抛弃得干干净净。在这里,孔子不是一位学人和思想家,而是一个神秘的预言家。

不仅孔子是预言家,秦始皇、吕后都是预知吉凶的人物。沈约记秦汉间事,写道:"秦始皇帝曰:'东南有天子气。'于是东游以厌之。高帝隐于

① 沈约:《宋书》卷二七《符瑞志上》,中华书局1974年版,第766页。

芒、砀山泽之间,吕后常知其处。高帝怪问之,对曰:‘季所居,上常有云气,故知之。’高帝为沛公,入秦,五星聚于东井,岁星先至,而四星从之。占曰:‘以义取天下。’”[①]秦始皇能看出“东南有天子气”,吕后能看到刘邦所居处“上常有云气”,刘邦入秦有五星“从之”等等,所要表达的是,历史的发展,在天象的配合下,都是可以“预知”的了。

这种谶纬之说,不仅能够“预知吉凶”,而且还善于把过往的谎言同现实的谎言联系起来,杜撰出新的谎言。沈约记汉元帝王皇后事,写道:

> 元帝王皇后,齐田氏之苗裔。祖父翁孺,自东平陵徙元城。元城建公曰:“昔《春秋》沙鹿崩,晋史卜之,阴为阳雄,土火相乘,故沙鹿崩。后六百四十五年,宜有圣女兴,其齐田乎?今翁孺之徙,正值其地,日月当之。元城郭东有五鹿之墟,即沙鹿地。后八十年,当有贵女兴天下。”翁孺生禁。禁妻李氏方任身,梦月入其怀,生女,是为元后。每许嫁,未行,所许者辄死。卜相者云:“当大贵。”遂为元帝皇后,生成帝。[②]

这个建公把春秋时卜者所言同他自己的“预言”相符合,已很荒唐,而沈约又通过他所知的“史事”加以“验证”,使他自己也直接参与到编造谎言的行列,把自己的史学家身份变成了一个宣扬谶纬的传教士了。

谶纬还有一个特点,是善于玩弄数字游戏。沈约记西汉的皇帝数,是这样说的:“初,秦始皇世,有长人十二,身长五丈,足迹六尺,见于陇西临洮,前史以为秦亡之征,史臣以为汉兴之符也。自高帝至于平帝,十二主焉。”[③]以十二“长人”“预示”秦亡,同时又是汉兴之符,象征西汉有十二帝。且不说这种“长人”的存在纯属臆造,而以同一事物作为“秦亡之征”和“汉兴之符”两种结果的征兆,已不能自圆其说。

再看沈约记两汉之际,他写道:“汉元、成世,道士言:‘谶者云:赤厄三七。三七,二百一十年,有外戚之篡。祚极三六,当有龙飞之秀,兴复祖

---

① 沈约:《宋书》卷二七《符瑞志上》,中华书局 1974 年版,第 767 页。
② 沈约:《宋书》卷二七《符瑞志上》,中华书局 1974 年版,第 769 页。
③ 沈约:《宋书》卷二七《符瑞志上》,中华书局 1974 年版,第 769 页。

宗。'及莽篡汉,汉二百一十年矣。莽十八年而败,光武兴焉。"①这是直接引用谶语来暗示西汉国祚的长短和王莽政权存在的年数。文中解释"三七"为"二百一十年",解释"三六"为"十八年",不仅表明谶语编造者在计算方法上的随意性,而且也极明显地暴露出这都是好事者事后的附会之言。

沈约用同样的方法来表明汉魏之际的所谓符瑞现象:

> 初桓帝之世,有黄星见于楚、宋之分。辽东殷馗曰:"后五十年,当有真人起于谯、沛之间,其锋不可当。"灵帝熹平五年,黄龙见谯。光禄大夫桥玄问太史令单飏曰:"此何祥也?"飏曰:"其国后当有王者兴,不及五十年,亦当复见天事恒象,此其征也。"内黄殷登默记之。其后曹操起于谯,是为魏武帝。建安五年,于黄星见之,岁五十年矣。而武帝破袁绍,天下莫敌。②

在这段文字中,殷馗、单飏都成了"预知"后事的人,前者说是"后五十年"、后者说是"不及五十年",都是以天象推知人事,且"预知"的年数亦相互吻合。值得注意的是,沈约是惯于在"五"这个数字上大做文章的人,这段文字,一连用"后五十年""不及五十年""岁五十年",以及"熹平五年""建安五年"等,这同上文记刘邦入秦,有"五星相随",也都反映了沈约的同一意识。

按照沈约的说法,对于曹魏的建立,四百年前,已有人"预知"了。《宋书》写道:

> 于是魏王受汉禅,柴于繁阳,有黄鸟衔丹书,集于尚书台,于是改元为黄初。汉中平二年,洛阳民讹言虎贲寺有黄人,观者日数万,道路断绝。中平元年,黄巾贼起,云:"苍天已死,黄天当立。"此魏氏依刘向自云土德之符也。先是,周敬王之四十七年,宋景公问大夫邢史子臣:"天道何祥?"对曰:"后五年五月丁亥,臣将死。死后五年五月丁卯,吴将亡。亡后五年,君将终。终后四百年,邾王天下。"皆如其

---

① 沈约:《宋书》卷二七《符瑞志上》,中华书局 1974 年版,第 774 页。

② 沈约:《宋书》卷二七《符瑞志上》,中华书局 1974 年版,第 775 页。

言。郏王天下,盖谓魏国之后。言四百年则错。疑年代久远,传记者谬误。①

曹魏自认是"土德",故应"黄天当立"之说。尤其荒诞的是,四百年前的这位大夫邢史子臣所说的两个"后五年五月"和一个"后五年"、一个"后四百年",竟然"皆如其言"! 此处,沈约又是一连用了五个"五"字。至于年代有误的问题,他认为是"传记者谬误"。作为一个史学家,沈约应当知道,周敬王在位四十四年,故"周敬王之四十七年"一说,本无根据,其余则更无从谈起。

沈约在《宋书》中,以很大的篇幅来证明南朝刘宋皇朝的合理。首先,他宣扬刘裕可现身为蛟龙,意为是天命所寄,他写道:

> 宋武帝居在丹徒,始生之夜,有神光照室,其夕,甘露降于墓树。皇考以高祖生有奇异,名为奇奴。皇妣既殂,养于舅氏,改为寄奴焉。少时诞节嗜酒,自京都还,息于逆旅。逆旅妪曰:"室内有酒,自入取之。"帝入室,饮于盎侧,醉卧地。时司徒王谧有门生居在丹徒,还家,亦至此逆旅。逆旅妪曰:"刘郎在室内,可入共饮酒。"此门生入室,惊出谓妪曰:"室内那得此异物?"妪遽入之,见帝已觉矣。妪密问:"向何所见?"门生曰:"见有一物,五彩如蛟龙,非刘郎。"门生还以白谧,谧戒使勿言,而与结厚。

这表明刘裕必将"贵为天子"。

其次,又以沙门法称之语及其他迹象,证明刘宋国祚长短乃是天意。沈约写道:

> 冀州有沙门法称将死,语其弟子普严曰:"嵩皇神告我云,江东有刘将军,是汉家苗裔,当受天命。吾以三十二璧,镇金一饼,与将军为信。三十二璧者,刘氏卜世之数也。"普严以告同学法义。法义以十三年七月,于嵩高庙石坛下得玉璧三十二枚,黄金一饼。汉中城固县水际,忽有雷声,俄而岸崩,得铜钟十二枚。又巩县民宋耀得嘉禾九穗。后二年而受晋禅。孔子《河雒谶》曰:"二口建戈不能方,两金

① 沈约:《宋书》卷二七《符瑞志上》,中华书局1974年版,第779页。

相刻发神锋,空穴无主奇入中,女子独立又为双。”二口建戈,“刘”字也。晋氏金行,刘姓又有金,故曰两金相刻。空穴无主奇入中,为“寄”字。女子独立又为双,“奴”字。

沈约既引沙门法称之语,以言刘氏“卜世之数”;又引用《河雒谶》之语,一则暗含“两金相刻”,一则暗含“寄奴”之人。

再次,沈约又引用刘向谶语,以证明与宋武帝、宋文帝名讳相吻合。他写道:“刘向谶曰:‘上五尽寄致太平,草付合成集群英。’前句则陛下小讳,后句则太子讳也。十一年五月,西明门地陷,水涌出,毁门扉阈。西者,金乡之门,为水所毁,此金德将衰,水德方兴之象也。太兴中,民于井中得栈钟,上有古文十八字,晋自宣帝至今,数满十八传。义熙八年,太社生桑,尤著明者也。夫六,亢位也。汉建安二十五年,一百九十六年而禅魏。魏自黄初至咸熙二年,四十六年而禅晋。晋自泰始至今元熙二年,一百五十六年。三代数穷,咸以六年。”①宋武帝刘裕,小名寄奴,宋文帝名义隆,故“预言”刘氏将兴。为了进一步证明谶纬之言的神奇和可信,沈约又在“六”字上做文章,即东汉存在一百九十六年,曹魏存在四十六年,两晋存在一百五十六年,足见“三代数字,咸以六年”的神奇。

以上这些,足以证明谶纬与神意的结合极其荒诞可笑。尽管如此,沈约对沙门法称的“预言”还是作了进一步发挥,他写道:“史臣谨按,冀州道人法称所云玉璧三十二枚,宋氏卜世之数者,盖卜年之数也。谓卜世者,谬其言耳。三十二者,二三十,则六十矣。宋氏受命至于禅齐,凡六十年云。”②沈约把本已荒诞的种种说法和故事加以发挥,加上对于数字的任意附会和解释,“三十二”可以说成是“二三十”,“二三十”可以解释为两个三十从而成为“六十”,以与宋祚相符,证明沙门法称预见的不诬。

① 沈约:《宋书》卷二七《符瑞志上》,中华书局 1974 年版,第 786 页。按:引文中有“陛下”“太子”等语,疑此乃刘宋时史臣所书,非沈约亲自所撰,但《宋书》成于沈约之手,应视为沈约所认可。

② 沈约:《宋书》卷二七《符瑞志上》后论,中华书局 1974 年版,第 786 页。按:此处已记宋、齐更迭,应出于沈约之手。

这些都充分表明,沈约对于谶纬之说的浓厚兴趣,也从一个方面表明了《宋书》志的严重的时代局限性。

同沈约同时代的史家萧子显,在梁武帝时撰成的《齐书》即《南齐书》[①],一则受到时代的影响,一则也受到沈约《宋书》的影响,故在宣扬谶纬方面,也非常明显。萧子显认为,谶纬之书有"启觉天人之期,扶奖帝王之运"的作用,故周、汉、魏、晋等朝代的出现,都可以由此得到说明。他进而明确地指出:"齐氏受命,事殷前典。黄门郎苏偘撰《圣皇瑞应记》,永明中庾温撰《瑞应图》,其余众品,史注所载。今详录去取,以为志云。"[②]萧子显所说的志,即《祥瑞志》,这既源于《宋书》中的《符瑞志》,又与所谓"瑞应记""瑞应图"相侔。

萧子显同沈约一样,也是在朝代的年数上不遗余力地进行附会。他引用谶语来解释刘宋的国祚,写道:"老子《河洛谶》曰:'年历七七水灭绪,风云俱起龙麟举。'宋水德王,义熙十四年,元熙二年,永初三年,景平一年,元嘉三十年,孝建三年,大明八年,永光一年,泰始七年,泰豫一年,元徽四年,昇明三年,凡七十七年,故曰七七也。"为了拼凑"年历七七"之数,萧子显把刘宋的年历上推至东晋义熙之年(405—418年),其根据当指义熙十四年刘裕"受相国宋公九锡之命",元熙元年(419年)刘裕又被"进公爵为王",元熙二年(420年)"晋帝禅位于王"[③]。为了附会"年历七七",竟然把宋的年历提前到了东晋,谶纬的可笑可叹,已到了极点。然而更可笑可叹的,是萧子显对于萧齐皇朝开启之年的解释:

> 谶曰:"周文王受命,千五百岁,河雒出圣人,受命于己未,至丙子为十八周。旅布六郡东南隅,四国安定可久留。"案周灭殷后七百八十年,秦四十九年,汉四百二十五年,魏四十五年,晋百五十年,宋六十年,至建元元年,千五百九年也。

---

① 按:唐初李百药撰成《北齐书》,后人乃将萧子显《齐书》称为《南齐书》。

② 萧子显:《南齐书》卷一八《祥瑞志》,中华书局1972年版,第349页。以下所引未注者,均见 此志。

③ 沈约:《宋书》卷二《武帝纪中》,中华书局1974年版,第44—45页。

"建元"是齐高帝萧道成称帝之年。以上引"年历七七"的谶语,到这里引用的"千五百岁",既可以看出谶语的无稽之谈,也可以看出萧子显的荒唐可笑、自相矛盾:为了拼凑"年历七七",可以把宋的年历提前到东晋,而此处又可以把"千五百岁"同"千五百九年"完全等同起来。这正是谶语的编造谎言和"解释"谶语者的随心所欲。

可以认为,萧子显在引用大量谶语来堆砌《南齐书·祥瑞志》方面,比沈约的《宋书·符瑞志》有过之而无不及。关于齐高帝萧道成之"瑞应"种种谶语,萧子显不厌其烦地大量采用,写入《祥瑞志》。以下是所引其他几条谶语:

> 谶又曰:"肃草成,道德怀书备出身,形法治吴出南京。"上即姓讳也。南京,南徐州治京口也。
>
> 谶又曰:"墇埸河梁塞龙渊,消除水灾泄山川。"墇埸河梁,为路也,路即道也。渊塞者,譬路成也。即太祖讳也。消水灾,言除宋氏患难也。
>
> 谶又曰:"上参南斗第一星,下立草屋为紫庭。神龙之岗梧桐生,凤鸟舒翼翔且鸣。"南斗第一星,吴分也。草屋,萧字也。又箫管之器,像凤鸟翼也。
>
> 谶又曰:"箫为二士,天下大乐。"二士,主字也。
>
> 谶又曰:"天子何在草中宿。"宿,肃也。

"肃草成"解释为"萧","路"可以解释为"道","消水灾"可以解释为"除宋氏患难","草屋"可以解释为"萧",而"萧"又可以解释为"箫管之器"、"像凤鸟翼也","二士"可以解释为"主","草中宿"可以解释为"草中肃"即"萧"也,等等,下文甚多,不再赘引。从这些荒唐可笑的解释中,只能得到一个结论,即谶纬之说,是罩着神秘外衣的数字游戏加上文字游戏,是当时最庸俗的社会风气和最落后的思想潮流的反映。

魏晋南北朝时期,在历史思想领域,天人感应同谶纬的结合,是历史思想落后性的一个方面,它还有另外一个方面,即天人感应同宗教神学的结合。这两个方面,在有的史学家那里,是没有直接联系的,而在有的史学家那里确是密切相关的。

二、“天人感应”论与宗教神学的结合

东汉以来,佛教在中国迅速传播,至三国两晋南北朝时期达到兴盛的程度。北齐魏收著《魏书》,有《释老志》专篇,叙述佛、道二教的发展状况,强调释老乃“当今之重”。其所以为“当今之重”者,魏收这样认为:

> 魏有天下,至于禅让,佛经流通,大集中国,凡有四百一十五部,合一千九百一十九卷。正光已后,天下多虞,王役尤甚,于是所在编民,相与入道,假慕沙门,实避调役,猥滥之极,自中国之有佛法,未之有也。略而计之,僧尼大众二百万矣,其寺三万有余。流弊不归,一至于此,识者所以叹息也。

这里讲到佛教经书、人口和调役,寺院与僧尼,流弊与社会反应等,真可谓是“当今之重”。

佛教作为一种信仰,一种意识形态,已经渗透到社会各阶层人物,下起民众,上至皇帝。北魏有几位皇帝笃信佛教,到了“天下承风,朝不及夕”①的程度。南朝梁武帝更是一位笃信佛教的皇帝,他在位期间,多次“幸同泰寺”,讲经说法,以至“舍身”于佛门,弄得“公卿以下,以钱一亿万奉赎”②。这种闹剧,在中国古代政治史和佛教史上,都是罕见的。

在这种社会氛围中,史学也不能不受到影响。唐初史家撰《五代史志》即《隋书》志,于《经籍志》中附录道、佛典籍,其序称:“右道、佛经二千三百二十九部,七千四百一十四卷。道、佛者,方外之教,圣人之远致也。俗士为之,不通其指,多离以迂怪,假托变幻乱于世,斯所以为弊也。故中庸之教,是所罕言,然亦不可诬也。故录其大纲,附于四部之末。”③这表明,佛教经典已受到士人们的普遍关注,正史不可不为之著录。

这种影响之最深刻者,还是表现在历史观方面。齐、梁时期在思想领域发生的一桩公案,是这种影响在此时最典型的事件之一,这就是梁武帝

① 魏收:《魏书》卷一一四《释老志》,中华书局1974年版,第3036页。

② 姚思廉:《梁书》卷三《武帝纪下》,中华书局1973年版,第73页。

③ 魏徵等:《隋书》卷三五《经籍志四》,中华书局1973年版,第1099页。

下诏发动僧俗要人对无神论思想家范缜的辩难和围剿。

范缜是南朝齐、梁之际人,他针对佛教的盛行和有神论思想的泛滥,乃撰《神灭论》予以驳斥。

范缜著《神灭论》的直接原因,是他同萧齐的竟陵王萧子良关于有佛、无佛的讨论。史载:"初,缜在齐世,尝侍竟陵王子良。子良精信释教,而缜盛称无佛。子良问曰:'君不信因果,世间何得有富贵,何得有贱贫?'缜答曰:'人之生譬如一树花,同发一枝,俱开一蒂,随风而堕,自有拂帘幌坠于茵席之上,自有关篱墙落于粪溷之侧。坠茵席者,殿下是也;落粪溷者,下官是也。贵贱虽复殊途,因果竟在何处?'子良不能屈,深怪之。"[1]这一讨论的后果,不仅远远超出了范缜与萧子良二人之间的范围,也不仅仅成为齐、梁之际意识形态领域的重大事件,而且成了中国思想史上极重要的一页。

《神灭论》以问答的表述形式,就"形"与"神"的关系,展开"神灭"与"神不灭"两种对立观点的激烈辩难。《神灭论》起首的几则问答,是就"神灭"的原因着眼,以此对形、神关系,以及有知之人与无知之物的本质区别,不可用来比附形与神的关系等展开辩难,逻辑清晰、说理透彻。范缜写道:

或问予云:"神灭,何以知其灭也?"答曰:"神即形也,形即神也;是以形存则神存,形谢则神灭也。"

问曰:"形者无知之称,神者有知之名。知与无知,即事有异,神之与形,理不容一,形神相即,非所闻也。"答曰:"形者神之质,神者形之用;是则形称其质,神言其用;形之与神,不得相异也。"

问曰:"神故非质,形故非用,不得为异,其义安在?"答曰:"名殊而体一也。"

问曰:"名既已殊,体何得一?"答曰:"神之于质,犹利之于刃;形之于用,犹刃之于利;利之名非刃也,刃之名非利也。然而舍利无刃,舍刃无利。未闻刃没而利存,岂容形亡而神在?"

① 姚思廉:《梁书》卷四八《儒林·范缜传》,中华书局 1973 年版,第 665 页。

问曰："刃之与利，或如来说；形之与神，其义不然。何以言之？木之质无知也，人之质有知也；人既有如木之质，而有异木之知，岂非木有其一、人有其二邪？"答曰："异哉言乎！人若有如木之质以为形，又有异木之知以为神，则可如来论也。今人之质，质有知也；木之质，质无知也。人之质非木质也，木之质非人质也，安在有如木之质而复有异木之知哉！"

问曰："人之质所以异木质者，以其有知耳。人而无知，与木何异？"答曰："人无无知之质，犹木无有知之形。"

问曰："死者之形骸，岂非无知之质邪？"答曰："是无人质。"

问曰："若然者，人果有如木之质，而有异木之知矣。"答曰："死者有如木之质，而无异木之知；生者有异木之知，而无如木之质也。"①

这些辩难，是围绕着人的形体同人的精神及其相互关系而展开的。辩难的本质是深刻的，而辩难的着眼点又是人们不难理解的。范缜反复论证，形与神是相互依存的统一体，驳斥"形神相异"的观点。他以人们可以理解的比方说："神之于质，犹利之于刃；形之于用，犹刃之于利"，无刃则无利可言，脱离了形还有什么神。范缜尤其重视人的有知的特点，强调"人之质，质有知也，木之质，质无知也"；人若死了，"有如木之质"，从而否定了灵魂的存在。

范缜在《神灭论》的最后明确地表明了他著《神灭论》的现实意义，他这样写道：

问曰："知此神灭，有何利用邪？"答曰："浮屠害政，桑门蠹俗。风惊雾起，驰荡不休。吾哀其弊，思拯其溺。夫竭财以赴僧，破产以趋佛，而不恤亲戚，不怜穷匮者何？良由厚我之情深，济物之意浅。是以圭撮涉于贫友，吝情动于颜色；千钟委于富僧，欢意畅于容发。岂不以僧有多稌之期，友无遗秉之报，务施阙于周急，归德必于在己。

① 姚思廉：《梁书》卷四八《儒林·范缜传》，中华书局1973年版，第665—666页；并参见僧佑：《弘明集》卷九，上海古籍出版社1991年版，第55—56页。

又惑以茫昧之言,惧以阿鼻之苦,诱以虚诞之辞,欣以兜率之乐。故舍逢掖,袭横衣,废俎豆,列瓶钵;家家弃其亲爱,人人绝其嗣续。致使兵挫于行间,吏空于官府,粟罄于惰游,货殚于泥木。所以奸宄弗胜,颂声尚拥,惟此之故,其流莫已,其病无限。若陶甄禀于自然,森罗均于独化;忽焉自有,怳尔而无,来也不御,去也不追,乘夫天理,各安其性。小人甘其垄亩,君子保其恬素;耕而食,食不可穷也;蚕而衣,衣不可尽也;下有余以奉其上,上无为以待其下,可以全生,可以匡国,可以霸君,用此道也。"①

在这里,范缜极鲜明地阐述了佛教的广泛传播,带来了严重的社会问题,一是"害政",二是"蠹俗","致使兵挫于行间,吏空于官府,粟罄于惰游,货殚于泥木"。范缜从儒家观念出发,希望人们都能"各安其性",以达到"全生""匡国""霸君"的社会秩序和社会理想。

值得注意的是,范缜辩难有佛、无佛的起因,是因萧子良而起的。而萧子良是萧齐皇朝的宗室,位至侍中,他的信佛、奉佛,名震当世,其"招致名僧,讲语佛法,造经呗新声。道俗之盛,江左未有也"②。这样一个显赫人物,自然不能容忍范缜对佛门的批评和对佞佛之风的抨击。因此,范缜的《神灭论》发布出来,"朝野喧哗,子良集僧难之而不能屈"③。于是萧子良又派人劝说范缜毁论取官,史载:"子良使王融谓之曰:'神灭既自非理,而卿坚执之,恐伤名教。以卿之大美,何患不至中书郎,而故乖剌为此,可便毁弃之。'缜大笑曰:'使范缜卖论取官,已至令仆矣,何但中书郎邪?'"④由此可见范缜坚持自己信念的勇气和决心。

然而,这一辩难并未因此而结束,到了梁武帝时期,他发动了新的一轮对范缜《神灭论》的围剿。梁武帝亲自撰文表明态度,他在《敕答臣下〈神灭论〉》中说道:

位现致论,要当有体。欲谈无佛,应设宾主,标其宗旨,辨其短

① 姚思廉:《梁书》卷四八《儒林·范缜传》,中华书局1973年版,第670页。
② 萧子显:《南齐书》卷四〇《竟陵文宣王子良传》,中华书局1972年版,第698页。
③ 姚思廉:《梁书》卷四八《儒林·范缜传》,中华书局1973年版,第670页。
④ 李延寿:《南史》卷五七《范云传》附《范缜传》,中华书局1975年版,第1421—1422页。

长,来就佛理,以屈佛理,则有佛之义既蹶,神灭之论自行。岂有不求他意,妄作异端,运其隔心,鼓其腾口,虚画疮痏,空致诋诃?笃时之虫,惊疑于往来;滞甃之蛙,河汉于远大。其故何也?沦蒙怠而争一息,抱孤陋而守井干,岂知天地之长久,溟海之壮阔!孟轲有云:"人之所知,不如人之所不知。"信哉!观三圣设教,皆云不灭,其文浩博,难可具载,止举二事,试以为言。《祭义》云:"惟孝子为能飨亲。"《礼运》云:"三日齐必见所祭。"若谓飨非所飨,见非所见,违经背亲,言语可息。神灭之论,朕所未详。①

梁武帝批评范缜著《神灭论》是"妄作异端",把范缜比作"笃时之虫""滞甃之蛙",认为范缜所论,正应了孟子说的"人之所知,不如人之所不知",表示对范缜及其《神灭论》的蔑视。梁武帝最后表明:"神灭之论,朕所未详"。

梁武帝的这一番议论,无疑是一篇"讨伐"范缜《神灭论》的"檄文"。僧人法云起而响应,给王公朝贵们写了一封信,名为《奉敕难范缜〈神灭论〉与王公朝贵书》,鼓动人们起而"讨伐"范缜。法云写道:

主上答臣下审《神灭论》,今遣相呈。夫神妙寂寥,可知而不可说。义经丘而未晓,理涉旦而犹昏。主上凝天照本,袭道赴机,垂答臣下,旨训周密。孝享之礼既彰,桀怀曾史之慕;三世之言复阐,纣协波仑之情。预非草木,谁不歌叹!希同挹风猷,共加弘赞也。释法云呈。②

法云的信写得很温和,主要是赞颂了梁武帝的思想和文字,说是"旨训周密","谁不歌叹"。正因为如此,他的这封信,也就更具有"动员"的作用,他信中最后两句话"希同挹风猷,共加弘赞也",可以说是最准确地贯彻了梁武帝的意图。

在僧人法云的鼓动之下,王公朝贵们纷纷撰文"难范缜《神灭论》",现见于严可均所辑《全梁文》者,有四十余位作者。其中有梁朝名将韦

① 僧佑:《弘明集》卷一〇,上海古籍出版社 1991 年版,第 61 页;严可均校辑:《全梁文》卷五,中华书局 1958 年版,第 5946 页。

② 僧佑:《弘明集》卷一〇,上海古籍出版社 1991 年版,第 61 页;严可均校辑:《全梁文》卷七四,中华书局 1958 年版,第 6793 页。

叡,有谱学家、礼学家徐勉,有谱学家王僧孺,有史学家沈约等。这里,我们要特别提出史学家沈约在这次意识形态辩难中所持的见解,这同上文讲到的他同谶纬之学的关系也是密切相关的。

在这次重大的辩难中,沈约先后撰写了四篇文字:一是《答释法云书〈难范缜《神灭论》〉》,二是《形神论》,三是《神不灭论》,四是《难范缜〈神灭论〉》[①]。他的《答释法云书〈难范缜《神灭论》〉》,论点之鲜明、态度之坚决,跃然纸上:

> 神本不灭,久服所膺。神灭之谈,良用骇惕。近约法师殿内出,亦蒙敕答臣下一本。欢受顶戴,寻览忘疲。岂徒伏斯外道,可以永摧魔众,孔、释兼弘,于是乎在。实不刊之妙旨,万代之舟航。弟子亦即彼论,微厝疑核,比展具以呈也。沈约呈。[②]

沈约表示"神本不灭,久服所膺",对范缜《神灭论》将"微厝疑核,比展具以呈也"。

沈约在《形神论》一文中,主张"形"与"神"是分离的,所不同的是这种分离有"甚促"和"甚远"的区别。他认为:"但凡人之暂无其无,其无甚促;圣人长无其无,其无甚远。凡之与圣,其路本同。一念而暂忘,则是凡品;万念而都忘,则是大圣。"[③]之所以会出现这种区别,是因为"圣人无己,七尺本自若空",因此可以完全忘记自己的"形",而凡人忘记自己的"形"则远不如圣人长远。这就是说,不仅"形"与"神"可以分离,而且其中还有凡人和圣人的区分。

沈约的《神不灭论》使用改换概念的手法,认为人的"五情各有分域,耳目各有司存,心运则形忘,目用则耳废"[④]。在这里,沈约用"五情"替换了"神"即精神,又把耳目的功能同精神混为一谈,同时断言"心"的活动

---

① 严可均校辑:《全梁文》卷二八、二九,中华书局 1958 年版,第 6229、6239—6242 页。

② 僧佑:《弘明集》卷一〇,上海古籍出版社 1991 年版,第 62 页;严可均校辑:《全梁文》卷二八,中华书局 1958 年版,第 6229 页。

③ 道宣:《广弘明集》卷二二,上海古籍出版社 1991 年版,第 263 页;严可均校辑:《全梁文》卷二九,中华书局 1958 年版,第 6239 页。

④ 道宣:《广弘明集》卷二二,上海古籍出版社 1991 年版,第 263 页;严可均校辑:《全梁文》卷二九,中华书局 1958 年版,第 6240 页。

可以离开"形"的存在等,难免有诡辩的性质。沈约的《难范缜〈神灭论〉》针对范缜"形即是神,神即是形""人体是一,故神不得二"等论点,仍采用上述手法辩诘,认为"若如雅论,此二物不得相离,则七窍百体,无处非神矣"。他又认为:"若如来论,七尺之神,神则无处非形,形则无处非神矣"①。沈约把"形"化为"七窍百体",又把"七窍百体"之用同"神"等同起来,这就是完全改变了范缜的理论,并在此基础上进行诘难,正表明沈约无法从本质上针对范缜的"神灭"之论进行辩难,同时证明范缜《神灭论》的高明和深刻。

齐、梁时期意识形态的这一场严峻的辩难,涉及的王公朝贵非常多,我们这里尤其关注沈约的言论,因为他是当时有影响的史学家,是最后完成《宋书》的作者,由此可以更加深入地认识到,这个时期的史学领域在历史理论发展上的曲折道路。

在这次辩难中,还有一件事是值得关注的,即范缜曾著专文驳斥曹思文的诘难。曹思文不仅作书应答僧人法云的号召,而且先后两次上书梁武帝,报告了他是如何诘难范缜的。他的答法云《难范缜〈神灭论〉》,说范缜"述滞若斯,良为可叹";又说梁武帝的《敕答臣下〈神灭论〉》"此旨一行,虽复愚暗之识,可知神不灭矣"②。事实证明,曹思文的两个判断都错了。曹思文在上梁武帝第一启中表示,他的《难范缜〈神灭论〉》,是从两个方面提出诘问,"庶欲以此倾其根本"③。曹思文引用秦穆公曾"七日乃寤,并神游于帝所"的传说,来驳斥范缜的神灭之论,可见其荒唐至极。曹思文又引用周公"郊祀后稷"和孔子曾"菜羹瓜祭,祀其祖祢",来驳斥范缜的"非有鬼"之论,④同样是荒唐至极。针对曹思文的诘难,范缜作答

---

① 道宣:《广弘明集》卷二五,上海古籍出版社 1991 年版,第 263 页;严可均校辑:《全梁文》卷二九,中华书局 1958 年版,第 6241 页。

② 僧佑:《弘明集》卷一〇,上海古籍出版社 1991 年版,第 66 页;严可均校辑:《全梁文》卷五四,中华书局 1958 年版,第 6545 页。

③ 僧佑:《弘明集》卷九,上海古籍出版社 1991 年版,第 59 页;严可均校辑:《全梁文》卷五四,中华书局 1958 年版,第 6544 页。

④ 僧佑:《弘明集》卷九,上海古籍出版社 1991 年版,第 59 页;严可均校辑:《全梁文》卷五四,中华书局 1958 年版,第 6545—6546 页。

指出:在"形"与"神"分合问题上,"子本意欲难战,而定为我援兵邪"。范缜又引据儒家经典,说明祭祀的目的在于倡导"诚心"、培育"忠信",使"声教昭于上,风俗淳于下",并不表明鬼神的存在。① 其后,曹思文又作《重难范缜〈神灭论〉》,从四个方面继续诘难,但他只是从形式上来证明"形灭而神不灭",并自信地认为:"斯四证既立,而根本自倾,其余枝叶,庶不待风而靡也。"②其实,曹文所论,并未真正触及"形"与"神"关系的本质所在,这从他的第一篇诘难文章中已可看得十分清楚。曹思文在给梁武帝两次上书中都说到他自己"情用浅匮,惧不能征折诡经""情识愚浅,无以折其锋锐"③,事实诚然如此。如果范缜的《神灭论》像曹思文所说的"根本"容易动摇,那何须梁武帝下诏、僧人法云出面动员!曹思文的所作所为,从一个局部范围反映了这次意识形态领域辩难的激烈程度。

从思想发展的历程来看,范缜的无神论是对范晔"天下决无佛鬼"思想的展开和深化;从天人关系的发展史来看,范缜的《神灭论》是对天命的否定之一种新的命题和新的表现形式。

第三节　历史观中天人相分观念的发展

一、主流史学中历史思想的变化

三国两晋南北朝隋唐时期,对于前朝史和本朝史亦称国史的撰述十分兴盛,往往一朝一代之史就有几家或十几家,甚至多达二十几家,是历代主流史学发展最为突出的时期。当时,主流史学的历史思想却也在发

---

① 僧佑:《弘明集》卷九,上海古籍出版社1991年版,第59页;严可均校辑:《全梁文》卷五四,中华书局1958年版,第6422页。

② 僧佑:《弘明集》卷九,上海古籍出版社1991年版,第60页;严可均校辑:《全梁文》卷五四,中华书局1958年版,第6547页。

③ 曹思文:《上武帝启〈难范缜神灭论〉》《又启》,严可均校辑:《全梁文》卷五四,中华书局1958年版,第6545页。

生变化。

变化之一，是唐初所修正史，没有设立“符瑞志”“祥瑞志”“灵征志”一类的志目，从而远离了谶纬之说。唐初所修“五代史志”（即《隋书》志）和《晋书》志，都恢复了《汉书》的体例，重设“五行志”。当然，“五行志”也是建立在“天人感应”的思想基础之上的，如《晋书·五行志》序称：

> 夫帝王者，配德天地，叶契阴阳，发号施令，动关幽显，休咎之征，随感而作，故《书》曰：“惠迪吉，从逆凶，惟影响。”昔伏羲氏继天而王，受《河图》，则而画之，八卦是也。禹治洪水，赐《洛书》，法而陈之，《洪范》是也。圣人行其道，宝其真，自天祐之，吉无不利。三五已降，各有司存。爰及殷之箕子，在父师之位，典斯大范。周既克殷，以箕子归，武王虚己而问焉。箕子对以禹所得《洛书》，授之以垂训。然则《河图》《洛书》相为经纬，八卦、九章更为表里。殷道绝，文王演《周易》；周道弊，孔子述《春秋》。奉乾坤之阴阳，郊洪范之休咎，天人之道粲然著矣。①

这里，《晋书·五行志》的撰者还是借用伏羲、大禹、武王、孔子的名义，来说明“天人之道粲然著矣”。不过，《晋书·五行志》的根本意图还是在于人事。其序文最后写道：“综而为言，凡有三术。其一曰，君治以道，臣辅克忠，万物咸遂其性，则和气应，休征效，国以安。二曰，君违其道，小人在位，众庶失常，则乖气应，咎征效，国以亡。三曰，人君大臣见灾异，退而自省，责躬修德，共御补过，则消祸而福至。此其大略也。”②其所记自不免有太多附会之处，但从这里所说“君治以道，臣辅克忠”“君违其道，小人在位，众庶失常”“人君大臣见灾异，退而自省”等，可以看出《五行志》的重点是借“天道”“灾异”来说人事，其神秘色彩已有所淡化。《隋书·五行志》亦大致如此，但它更强调“《春秋》以灾祥验行事，则仲尼所以垂法也”；又说，“是以圣王常由德义消伏灾咎也”③。这是更明显地淡化符瑞、灾异的神秘成分。

上述变化，除了有思想本身的发展趋势外，也还有政治的因素在起作

① 房玄龄等：《晋书》卷二七《五行志上》，中华书局1974年版，第799页。

② 房玄龄等：《晋书》卷二七《五行志上》序，中华书局1974年版，第800页。

③ 魏徵等：《隋书》卷二二《五行志上》序，中华书局1973年版，第617、618页。

用。具体说来，谶纬受到隋朝最高统治者的反对而走向衰落。唐初史家撰《隋书·经籍志》，于经部的“经部总议”之后，著录谶纬之书 13 部 92 卷。其小序简述了谶纬之学兴衰的过程，最后写道：“至宋大明中，始禁图谶，梁天监已后，又重其制。及高祖受禅，禁之逾切。炀帝即位，乃发使四出，搜天下书籍与谶纬相涉者，皆焚之，为吏所纠者至死。自是无复其学，秘府之内，亦多散亡。”①由此看来，隋文帝、隋炀帝在打击谶纬之学、禁毁谶纬之书方面，是很坚决的，成效也很突出，以致“自是无复其学”，这在思想上是有积极作用的，在历史观的发展上当然也是有积极作用的。

变化之二，是史学批评的成熟，史学家对史书撰述自觉反省的意识更加突出，这反映在对史学的内容和形式以及语言表述等方面的检讨，同时也反映在对史书在历史思想方面的检讨。唐中宗景龙四年（710 年），史学批评家刘知幾著成《史通》一书，这是一部系统的史学批评著作。其《疑古》《惑经》两篇，批评的对象直接是儒家经典《尚书》《春秋》，充分显示了作者的批判精神。这里，要特别提到的，是刘知幾《史通》对《汉书·五行志》的批评，凡两篇，一是《五行志错误》，二是《五行志杂驳》。他指出：“班氏著志，抵牾者多。在于《五行》，芜累尤甚。今辄条其错缪，定为四科：一曰引书失宜，二曰叙事乖理，三曰释灾多滥，四曰古学不精。又于四科之中，疏为杂目，类聚区分，编之如后。”他对“第三科”即“释灾多滥”作了进一步“类聚区分”，指出：“释灾多滥者，其流有八：一曰商榷前世，全违故实；二曰影响不接，牵引相会；三曰敷演多端，准的无主；四曰轻持善政，用配妖祸；五曰但伸解释，不显符应；六曰考核虽说，义理非精；七曰妖祥可知，寝默无说；八曰不循经典，自任胸怀。”②

刘知幾并未完全否定《汉书·五行志》撰述的必要性，但他却尖锐地指出《汉书·五行志》存在“商榷前世，全违故实”、“轻持善政，用配妖祸”的严重弊端，这两条前者指事实而言，后者则指思想而言。

值得注意的是，刘知幾并未提及《晋书·五行志》和《隋书·五行

① 魏徵等：《隋书》卷三二《经籍志一》纬书类小序，中华书局 1973 年版，第 941 页。

② 以上均见《史通·汉书五行志错误》，浦起龙：《史通通释》，上海古籍出版社 1978 年版，第 533、540 页。

志》，而上述二志或多或少也存在如同《汉书·五行志》那样性质的问题。这是为什么呢？这里我们只能作一种推测：《晋书》是唐太宗提出重修的，而且唐太宗还亲自写了几篇史论，故此书当时曾题为“御撰”，这或许是刘知幾不便论及的原因。《隋书·志》即《五代史志》，虽然成书于唐高宗，但其亦在贞观年间为唐太宗所诏命撰写，一先一后关系到两个本朝皇帝，而“五行志”又都是上述二书所具备的，这或许也是刘知幾不便论及的原因。尽管如此，刘知幾尖锐地批评了《汉书·五行志》，其实也未必没有针对《晋书·五行志》和《隋书·五行志》之意。

变化之三，是史学家和政治家们从人事方面讨论兴亡盛衰之故的言论愈来愈多。对此，本卷有专章详细论述。与此相对应的，是人们对于天的本质的探讨更加深入了。

二、天是物质，是运动着的自然

春秋时期，人们怀疑天，但没有否定它，其特点是表现出重人轻天的思想倾向，孔子所作《春秋》一书，是有代表性的。战国时期，荀子论天，说它同人事没有关系，但并未进一步揭示天的本质。司马迁著《史记》，主要写人事，写了大量的人的活动，他或者是怀疑天有意志，或者是把天放到一边去了，只是偶尔还会提到它；而且天的含义也在发生变化，变得越来越模糊了。但是，在董仲舒提出“天人感应”理论的影响下，加上谶纬之学的兴起，似乎天又活了起来，在历史著作中不断有所反映。然而，当着谶纬之书被禁行，史学家的批判意识走向成熟之后，人们也就会合乎逻辑地要来进一步探讨天的本质了。

唐代有两部重要的类书，都论及天。一为唐高祖武德年间由欧阳询等人编纂而成的《艺文类聚》，一为唐玄宗开元年间由徐坚、韦述等人编纂的《初学记》，前者优点在于博，后者优点在于精。[①] 从两书对天的解释

---

① 永瑢等：《四库全书总目》卷一三五《子部·类书类一》称，《初学记》“在唐人类书中，博不及《艺文类聚》，而精则胜之”。中华书局 1965 年版，第 1143 页。

来看,前者在天与人之间,似还有一些模糊的表述,多少保留着天人感应的成分;后者则基本上对天作了物质的解释,凡引前人所论,多属此种性质。《初学记》虽是一部通俗读物,是唐玄宗命大臣为皇子学习、阅读而编纂的,但编纂者徐坚、韦述等都是史学名家,在当时有很大的影响,可以认为他们关于天的认识,反映了当时的新进展。《初学记》关于天的认识是这样表述的:

> 《河图括地象》云:"《易》有太极,是生两仪。两仪未分,其气混沌。清浊既分,伏者为天,偃者为地。"《释名》云:"天,坦也,坦然高而远也。"《物理论》云:"水土之气升为天。"《尔雅》云:"春为苍天,夏为昊天,秋为旻天,冬为上天。"《广雅》云:"南方曰炎天,西南方曰朱天,西方曰成天,西北方曰幽天,北方曰玄天,东北方曰变天。九天之际曰九垠,九天之外次曰九陔。凡天去地二亿一万六千七百八十一里半度,地之厚与天高等。天南北相去二亿三万三千五十七里二十五步;东西短,减四步。"《纂要》云:"东西南北曰四方,四方之隅曰四维,天地四方曰六合。天地曰二仪,以人参之曰三才。四方上下谓之宇,往古来今谓之宙,或谓天地为宇宙。凡天地元气之所生,天谓之乾,地谓之坤。天圆而色玄,地方而色黄。日月谓之两曜,五星谓之五纬。日月星谓之三辰,亦曰三光。日月、五星谓之七曜。天河谓之天汉。"《五经通义》云:"天神之大者曰昊天上帝,其佐曰五帝。"①

从编纂者所引之文来看,意在说明天是一种气,这种气有清浊之分,随季节变化而变化。在这里,天的意志不存在了,甚至天的神秘感也不存在了。总之,不论认为天本身是气,还是认为"天地元气之所生",都确实无疑地认为天是物质。这是在天人关系上的极其重大的进步。而对这一重大进步作进一步阐述的,则是同史学有密切关系的柳宗元。

柳宗元作为文学家和诗人,在中国文学史上的崇高地位是早已被承认了的。作为思想家,他在中国唯物主义无神论发展史上的杰出贡献,也为当代的中国思想史研究者所肯定。我们这里所要讨论的问题,是柳宗元和历史学

① 徐坚等:《初学记》卷一,中华书局 1962 年版,第 1—2 页。

的关系以及他在中国古代历史理论发展中所取得的成就。

从史学的观点来看,柳宗元的学术活动及其撰述,实为中唐史学的重要组成部分。这个判断的根据是:

——柳宗元年轻时即有志于史学,他曾说过:“昔与退之(韩愈)期为史,志甚壮。”①

——柳宗元爱读史书,且以观察古今得失成败为其旨趣,他有诗作《读书》一首,首六句是:“幽沈谢世事,俛默窥唐虞。上下观古今,起伏千万途。遇欣或自笑,感戚亦以吁!”②

——柳宗元谙究《国语》,作《非国语》两卷,这是就一部史著进行评论的专书;唐人以前所撰此类著作流传至今者,已甚寥寥。

——柳宗元曾作《与韩愈论史官书》,同韩愈论辩史官职责,是为“柳韩争辩文字中一巨案”③;柳书代表了古代史家的优良传统,并对启迪史家的自我意识和自身修养产生了深远的影响。他在实地调查的基础上写成了《段太尉逸事状》,反映出他在历史撰述上的实录精神和他对史学活动的关注与支持。

——柳宗元所撰的《贞符》《封建论》《天说》《天对》等文章,都是中唐时期历史理论方面的杰作;以此为标志,形成了唐代史学在史论发展上一个新的高峰。

以上这些,有力地说明了柳宗元和史学的密切关系。侯外庐指出,柳宗元“有一种巨大的‘历史感’”④。有的研究者也指出,柳宗元在永贞改革失败后被贬官永州时期所从事的理论研究,“有着更丰富的历史知识做基础,渗透着深刻的历史发展观念”⑤。显然他们是分别从思想史和文学史的研究来看待这个问题的,如果我们从史学发展上对柳宗元的思想和著作进行探讨的话,则这种探讨不仅是史学史研究所必需的,而且也有

① 柳宗元:《柳河东集》卷三一《与史官韩愈致段秀实太尉逸事书》,中华书局 1960 年版,第 500 页。

② 柳宗元:《柳河东集》卷四三,中华书局 1960 年版,第 740 页。

③ 章士钊:《柳文指要》上卷,中华书局 1971 年版,第 920 页。

④ 侯外庐:《柳宗元哲学选集》序,中华书局 1964 年版,第 21 页。

⑤ 孙昌武:《柳宗元传论》,人民文学出版社 1982 年版,第 235 页。

助于人们从文、史、哲三个方面去全面评价柳宗元在中国文化史上的地位。

本书在前面的论述中表明,在很长的历史年代里,关于“天人之际”的问题一直为史学家、思想家、政治家所关注。它既是哲学问题,又是史学问题和政治问题。唐肃宗时人尚衡曾撰《文道元龟》,指出:“古人之贵有文者,将以饰行表德,见情著事,杼轴乎天人之际,道达乎性命之元,正复乎君臣之位,昭感乎鬼神之奥。”①他讲的是“文道”,其实同史学、思想、政治都有关系。

隋末唐初,佛教在南北朝大盛的基础上继续发展,唐高祖武德七年(624年)科学家傅奕上疏,请求废除佛教,根据之一是:“生死寿夭,由于自然;刑德威福,关之人主。乃谓贫富贵贱,功业所招,而愚僧矫诈,皆云由佛。窃人主之权,擅造化之力,其为害政,良可悲矣!”此后“又上疏十一首,词甚切直”,但当“高祖付群官详议”时,只有太仆卿张道源一人支持傅奕。太宗继位,傅奕又指出,佛教“于百姓无补,于国家有害”,太宗“颇然之”。傅奕跟唐初史学也有关系,他曾“集魏、晋已来驳佛教者为《高识传》十卷,行于世”②。值得注意的是,这一时期的正史撰述,大多没有跳出天命论的窠臼。《宋书》《南齐书》《魏书》自不待言,③就是以重人事著称的魏徵,在其所撰史论中亦难免有所流露。④ 即便是以对前史进行严肃批评而著称的刘知幾,也没有否认“天道”的存在和“灾祥之作,以表吉凶”的传统观念,他只是怀疑一切天道都与人事有联系、怀疑前史有关灾祥与休

① 董诰等编:《全唐文》卷三九四,中华书局1983年版,第4014页。

② 以上见刘昫等:《旧唐书》卷七九《傅奕传》,中华书局1975年版,第2715、2716、2717页。《高识传》,欧阳修、宋祁:《新唐书》卷五八《艺文志二·杂传记类》有著录,中华书局1975年版,第1483页。

③ 沈约:《宋书》卷二七《符瑞志》序:“夫龙飞九五,配天光宅,有受命之符,天人之应。”沈约:《宋书》卷三〇《五行志》序:“夫天道虽无声无臭,然而应若影响,天人之验,理不可诬。”中华书局1974年版,第759、879页。《南齐书》卷二《高帝纪》赞:“于皇太祖,有命自天。”其帝纪后论多称说“天命”“天意”。中华书局1972年版,第40页。《魏书》卷一《序纪》后论:“帝王之兴也,必有积德累功博利,道协幽显,方契神祇之心。”《魏书》卷二《太祖纪》后论:“将人事不足,岂天实为之。”中华书局1974年版,第16、45页。

④ 姚思廉:《梁书》卷六本纪总论:“上天降鉴,此焉假手,天道人事,其可诬乎!”《隋书》卷二《高祖纪》后论:“斯乃非止人谋,抑亦天之所赞也。”中华书局1973年版,第152、55页。

咎的记载的可靠性和必要性。他在这些问题上的态度是:“子曰:‘盖有不知而作之者,我无是也。’又曰:‘君子于其所不知,盖阙如也。’又曰:‘知之为知之,不知为不知,是知也。’呜呼!世之作者,其鉴之哉!谈何容易,驷不及舌,无为强著一书,受嗤千载也。”①他是主张把不可捉摸的天道搁在一边,只研究和撰述人事的。刘知幾具有唯物主义倾向,但他并没有对天道进行解释,更没有对它作较系统的批判。这不仅是刘知幾史学思想的缺陷,也是汉唐之际历史理论发展中尚未解决的重大课题。柳宗元的关于天人相分的理论就是在这样的历史条件下提出来的。

柳宗元的《天说》《与韩愈论史官书》《非国语》《天对》等文,系统地反映了其关于天的理论。其中,《天说》和《与韩愈论史官书》,都是因韩愈而作。

《天说》一文,是为回答韩愈的“言天之说”而撰写的。韩愈的“言天之说”见于《天说》前半部分所引,其文曰:

> 韩愈谓柳子曰:若知天之说乎?吾为子言天之说。今夫人有疾痛倦辱饥寒甚者,因仰而呼天曰:残民者昌,佑民者殃。又仰而呼天曰:何为使至此极戾也?若是者,举不能知天。夫果蓏饮食既坏,虫生之。人之血气败逆壅底,为痈疡疣赘瘘痔,虫生之。木朽而蝎中,草腐而萤飞,是岂不以坏而后出耶!物坏,虫由之生。元气阴阳之坏,人由之生。虫之生而物益坏,食啮之,攻穴之,虫之祸物也滋甚。其有能去之者,有功于物者也。繁而息之者,物之仇也。人之坏元气阴阳也亦滋甚,垦原田,伐山林,凿泉以井饮,窾墓以送死,而又穴为偃溲,筑为墙垣城郭台榭观游,疏为川渎沟洫陂池,燧木以燔,革金以镕,陶甄琢磨,悴然使天地万物不得其情。幸幸冲冲。攻残败挠而未尝息,其为祸元气阴阳也,不甚于虫之所为乎!吾意有能残斯人使日薄岁削,祸元气阴阳者滋少,是则有功于天地者也,繁而息之者,天地之仇也。今夫人举不能知天,故为是呼且怨也。吾意天闻其呼且怨,

① 刘知幾:《史通·书志》,浦起龙:《史通通释》,上海古籍出版社1978年版,第67页。

则有功者受赏必大矣。其祸焉者受罚亦大矣。子以吾言为何如?①

从柳宗元《天说》所引韩愈的“言天之说”的全部内容和思想倾向来看,可以得到两点认识:第一,韩愈“言天之说”中所举的“虫由之生”“人由之生”,虽未尽合理,但都是从物的角度分析问题,因而是有一定道理的。第二,他认为,人的缺陷是“举不能知天”,只有采取“呼且怨”的做法,结论是“吾意天闻其呼且怨,则有功者受赏必大矣,其祸焉者受罚亦大矣”。这样一来,韩愈就把天的“赏功”“罚祸”的作用突出出来了,而这正是他的“言天之说”的核心和本质。

人们的认识和理论都是在实践中和辩论中发展的。柳宗元对于韩愈的“言天之说”表示不能赞同,其《天说》一文的后半部分,即是对韩愈“言天之说”的回应,柳宗元写道:

> 柳子曰:子诚有激而为是耶,则信辩且美矣,吾能终其说。彼上而玄者,世谓之天;下而黄者,世谓之地;浑然而中处者,世谓之元气;寒而暑者,世谓之阴阳。是虽大,无异果蓏痈痔草木也。假而有能去其攻穴者,是物也,其能有报乎?蕃而息之者,其能有怒乎?天地,大果蓏也;元气,大痈痔也;阴阳,大草木也。其乌能赏功而罚祸乎!功者自功,祸者自祸,欲望其赏罚者大谬。呼而怨,欲望其哀且仁者,愈大谬矣!子而信子之义以游其内。生而死尔,乌置存亡得丧于果蓏痈痔草木耶!

在柳宗元看来,天地、元气、阴阳都是物质,是没有意志的,因而不具有赏功、罚祸的能力;功与祸都只有通过其自身去说明,希望天来赏罚、给予人们同情和爱护,真是再荒谬不过了。我们知道,“天人感应”论在社会实践中的主要作用,是为君权神授制造理论根据。宣扬天能赏功罚祸,无非是要人们敬畏天,从而敬畏天所庇护的人君,承认现成的社会等级秩序和伦理秩序。柳宗元指出天是物质,不能赏功罚过,当然也不会庇护人君。这就从根本上否定了君权神授的种种编造,对于人们重新认识历史和社会,有重要的积极意义。

---

① 柳宗元:《柳河东集》卷一六,中华书局1960年版,第285—286页。

柳宗元除了《天说》是为回答韩愈“言天之说”外，《与韩愈论史官书》也是为批评韩愈而作。

唐宪宗元和八年(813 年)，韩愈任史馆修撰。有位刘秀才致书韩愈，希望他在史事方面有所贡献。韩愈复书刘秀才，谈到他对史事的一些看法。次年正月，谪降永州的柳宗元读到了韩愈的《答刘秀才论史书》①，当即致书韩愈，阐述了他同韩愈的不同看法，此即《与韩愈论史官书》②。

这两封书信所反映的对于史事的不同见解，从历史观点来看，仍然是天命论历史观同朴素的唯物论历史观的辩论，而与韩愈“言天之说”同柳宗元《天说》的辩论在性质上是一致的。韩愈在信中列举历代史家如孔子、齐太史、左丘明、司马迁、班固、陈寿、王隐、习凿齿、崔浩、范晔、魏收、宋孝王、吴兢等，都因作史而没有好结果，结论是：“夫为史者，不有人祸则有天刑，岂可不畏惧而轻为之哉？”又说：

> 且传闻不同，善恶随人所见；甚者附党，憎爱不同，巧造语言，凿空构立。善恶事迹，于今何所承受取信，而可草草作传记，令传万世乎？若无鬼神，岂可不自心惭愧？若有鬼神，将不福人。

这里讲的“为史者，不有人祸则有天刑”以及“若有鬼神，将不福人”，同韩愈的“言天之说”一样，认为天是有意志的，可以赏福罚祸。这里也还讲到历史撰述上的一些具体困难，如对同一事物却往往有不同的判断，但它是属于另一种性质的问题。

柳宗元的信，严肃而又充满激情。他直率地表明：见到韩愈信稿，“私心甚不喜，与退之(韩愈)往年言史事甚大谬”。他从唯物主义无神论观点出发来看待史学活动，并对韩愈的观点提出批评，指出：“退之以为纪录者有刑祸，避不肯就，尤非也。”柳宗元根据历史事实，具体分析前代史家的种种不幸结局，并不都是因为作史才造成的。因此，他认为：“‘不有人祸则有天刑’，若以罪夫前古之为史者，然亦甚惑。”这表明他同韩愈在所谓刑祸看法上的根本分歧。柳宗元进而热情地鼓励韩愈：“凡鬼神

① 见韩愈：《韩昌黎集》外集卷二，中华书局 1964 年版。

② 见柳宗元：《柳河东集》卷三一，中华书局 1960 年版，第 498—500 页。

事,眇茫荒惑无可准,明者所不道,退之之智而犹惧于此”,这是使人不能理解的。应当指出:关于天的性质及其作用的不同认识,并且直接与历史撰述联系起来,甚至影响到史学的发展的,这两封信很有代表性,在中国史学史上不应忽略。

三、天与人各有其能及其互补作用

饶有兴味的是,柳、韩关于天的辩难,引出了刘禹锡的《天论》三篇和柳宗元的《答刘禹锡〈天论〉书》,从而把这个讨论推向更深入的程度。刘禹锡在《天论上》中开宗明义地写道:

> 世之言天者二道焉。拘于昭昭者则曰:“天与人实影响,祸必以罪降,福必以善徕,穷厄而呼必可闻,隐痛而祈必可答,如有物的然以宰者。”故阴骘之说胜焉。泥于冥冥者则曰:“天与人实剌异;霆震于畜木,未尝在罪,春滋乎堇荼,未尝择善。跖、蹻焉而遂,孔、颜焉而厄,是茫乎无有宰者。”故自然之说胜焉。余之友河东解人柳子厚作《天说》,以折韩退之之言,文信美矣,盖有激而云,非所以尽天人之际。故余作《天论》,以极其辩云。①

在这里,刘禹锡首先表达了三层含义。第一层意思是明确指出人们对于天有两种截然不同的认识,即所谓“世之言天者二道”,其一是“天与人实影响”,这种认识“如有物的然以宰者”,人受着天的支配;其二是“天与人实剌异”,这种认识“是茫乎无有宰者”,人并不受到天的主宰。第二层意思是称赞柳宗元《天说》一文“文信美矣”,表明他赞同柳宗元的对韩愈“言天之说”的批评。第三层意思是刘禹锡认为柳宗元的《天说》“非所以尽天人之际”,因此他“作《天论》以极其辩”,说明他关于天的认识还有更深入的思考。

刘禹锡《天论》在理论上的贡献是:第一,把天的作用和人的作用作

① 刘禹锡:《刘禹锡集》卷五《天论上》,中华书局 1990 年版,第 67 页;又见柳宗元:《柳河东集》卷一六《天说》附录,中华书局 1960 年版,第 287 页。

了严格的区别。他指出："天，有形之大者也；人，动物之尤者也。天之能，人固不能也；人之能，天亦有所不能也，故余曰：天与人交相胜耳。"这就补充了柳宗元《天说》只说了天而没有说人的不足，同时划清了"天之能"与"人之能"的界限。

第二，论证了"天之能"是自然作用，"人之能"是社会作用，他指出：

> 天之道在生植，其用在强弱；人之道在法制，其用在是非。阳而阜生，阴而肃杀；水火伤物，木坚金利；壮而武健，老而耗眊；气雄相君，力雄相长：天之能也。
>
> 阳而艺树，阴而揫敛；防害用濡，禁焚用光；斩材窾坚，液矿硎铓；义制强讦，礼分长幼；右贤尚功，建极闲邪：人之能也。

通过说明"天之能"和"人之能"的不同的表现形式，进一步论证了天是客观存在的自然，是万物生植的条件，而人则是按照法制进行生产活动和政治活动、伦理活动的。当然，刘禹锡把"气雄相君，力雄相长"也看作是"天之能"，显然是不对的；但他在这里所表述的主要思想倾向是进步的。

第三，试图从认识论根源上说明人们在"天人之际"问题上的不同看法。刘禹锡结合对于社会历史的考察，认为在"法大明""法小弛""法大弛"的不同社会条件下，人们对于天命的认识是不同的。他的结论是："生乎治者，人道明，咸知其所自，故德与怨不归乎天；生乎乱者，人道昧，不可知，故由人者举归乎天，非天预乎人尔。"①这就是说，天命是乱世造成的；天命本不存在，是人们在"是非易位"的情况下，无法解释现实中的问题而"举归乎天"，并不是天真的能够干预人事。

刘禹锡从社会的治与乱来说明人对于天的不同认识，以"法大行""法小弛""法大弛"来解释人对天是否预于人事的不同态度，这是反映了自古以来至他所处那个时代的恒情，其根本性质的结论是：人们把许多世事的结果归结于天的意志，但其实天是不能预于人事的。

刘禹锡的《天论》产生了两个方面的效果，一个方面是它丰富了柳宗

① 以上所引均见刘禹锡：《刘禹锡集》卷五《天论上》，中华书局 1990 年版，第 69 页；又见柳宗元：《柳河东集》卷一六《天说》附录，中华书局 1960 年版，第 288—289 页。

元的《天说》,尤其在"天之能"与"人之能"的分析上,更清晰地说明了自然与社会之存在的区别及联系,颇具有认识论上的启发性。另一个方面是它引发了柳宗元写出《答刘禹锡〈天论〉书》,进一步阐发了天的本质,同时也批评了刘禹锡《天论》一文有太多的"枝叶"。这两个方面的效果,在关于天的讨论和认识史上,都是很有意义的。柳宗元在《答刘禹锡〈天论〉书》中写道:

> 发书得《天论》三篇,以仆所为《天说》为未究,欲毕其言。始得之,大喜,谓有以开明吾志虑。及详读五六日,求其所以异吾说,卒不可得。其归要曰:非天预乎人也。凡子之论,乃吾《天说》传疏耳,无异道焉。谆谆佐吾言,而曰有以异,不识何以为异也。子之所以为异者,岂不以赞天之能生植也欤!夫天之能生植久矣,不待赞而显。且子以天之生植也,为天耶,为人耶,抑自生而植乎?若以为为人,则吾愈不识也。若果以为自生而植,则彼自生而植耳。何以异夫果蓏之自为果蓏,痈痔之自为痈痔,草木之自为草木耶?是非为虫谋明矣,犹天之不谋乎人也。彼不我谋,而我何为务胜之耶!子所谓交胜者,若天恒为恶,人恒为善,人胜天,则善者行,是又过德乎人,过罪乎天也。又曰:天之能者生植也,人之能者法制也,是判天与人为四而言之者也。余则曰:生植与灾荒,皆天也;法制与悖乱,皆人也。二之而已,其事各行不相预,而凶丰理乱出焉,究之矣。凡子之辞,枝叶甚美,而根不直取以遂焉。①

在这封信里,柳宗元一方面表示刘禹锡的《天论》,没有超出他的《天说》的范围,并直率地认为:"凡子之论,乃吾《天说》传疏耳";另一方面又指出刘禹锡《天论》的不足之处:"凡子之辞,枝叶甚美,而根不直取以遂焉"。这是强调刘禹锡《天论》在讲到"天之能生植也"的命题时,没有明确指出"则彼自生而植耳"的本质,这样才能揭示"天之不谋乎人"的自然属性。至于说到天与人交相胜时,也应当指出"天之能"与"人之能"是相

---

① 柳宗元:《柳河东集》卷三一《答刘禹锡〈天论〉书》,中华书局 1960 年版,第 503—504 页。

比较而存在,即“生植与灾荒,皆天也;法制与悖乱,皆人也。二之而已,其事各行不相预,而凶丰理乱出焉”。这样。柳宗元为了说明刘禹锡《天论》在表述上不够周密而充实了他的《天说》之论。由此可见,理论的发展,总是在各种见解的讨论和辩难中获得的,韩愈、柳宗元、刘禹锡三人关于言天之论、说天之辞的讨论和辩难,大大推动了人们对天的本质的认识,就是一个有力的明证。

四、历史批判与史学批判以及对古老历史问题之系统的新认识

如果说《天说》还只是柳宗元关于“天人相分”的一个论纲的话,那么他为答复屈原《天问》而作的《天对》,则包含着他在这方面的极其丰富的思想和论点。《天问》是文学作品,但它提出了自然和历史方面近 170 多个问题,在一定程度上反映了战国时人的思想和认识,因而在思想史和科学史上占有重要的地位。千年以下,柳宗元以当时所能达到的自然知识和历史知识的水平,回答了屈原所提出的问题,其理论价值同样是很高的,在历史理论发展史上占有突出的地位。

在《天问》里,关于“天人之际”的问题和关于远古历史的问题常常是结合在一起提出来的。如《天问》一开始就提出:

> 遂古之初,谁传道之?上下未形,何由考之?冥昭瞢暗,谁能极之?冯翼惟像,何以识之?

屈原问的是:关于远古开始的情形,是谁传说下来的?天地还未形成,根据什么来考察?昼夜未分,混沌一片,谁能弄得清楚?天地未形成时,只有盛满的大气,这种无形的“像”是怎么认识的呢?

柳宗元《天对》的回答是果断而又明确的:“本始之茫,诞者传焉。鸿灵幽纷,曷可言焉!”①意思是:关于天地形成以前的种种恍惚无凭的情

① 上引《天问》依朱熹集注:《楚辞集注》,上海古籍出版社 1979 年版,第 49 页;《天对》依柳宗元:《柳河东集》,中华书局 1960 年版,第 228 页;译语,参照复旦大学中文系古典文学教研组:《〈天问〉〈天对〉注》,上海人民出版社 1973 年版。

形,都是荒诞的人传述下来的。那些开天辟地的神灵事迹,都是混乱不清的传说,有什么可讲的呢!

接着前面的问题,屈原继续问道:“明明暗暗,惟时何为?阴阳三合,何本何化?”意思是说:昼夜交替,这是为了什么?(阴、阳、天)这三者的结合,什么是本源?又如何变化?柳宗元回答说:“曶黑晰眇,往来屯屯,庞昧革化,惟元气存,而何为焉!”“合焉者三,一以统同,吁炎吹冷,交错而功。”意为:昼夜交替,万物从蒙昧状态变化发展起来,这一切都是由于存在着元气的缘故,哪里是谁造成的呢!阴、阳、天的结合,同样是受元气支配的。元气缓缓地吹动,造成炎热的天气,迅疾地吹动,造成寒冷的天气,冷热交替而发生作用。

此外,柳宗元还反复讲到:天是由阳气凝聚而成的,是出于自然,谁也没有为此建立功绩,有过劳作(“无营以成,沓阳而九”,“冥凝玄厘,无功无作”);天没有边际,它广大无垠(“无极之极,漭瀰非垠”),没有中心和边缘(“无中无旁”);等等。

从《天对》对《天问》的这些回答中,可以清楚地看出,柳宗元在关于宇宙起源、运动等问题上,继承了自荀子、王充以来的元气一元论的思想,认为天是由物质构成的,是自然形成的,自然的变化,是元气运动所造成的等。柳宗元完全否定了任何造物主的存在,从而比较彻底地揭穿了自古以来人们对于天的神秘感和敬畏感,为重新探讨“天人之际”问题开辟了一条接近于科学认识的道路。侯外庐评论这一问题时指出:《天对》说的“合焉者三,一以统同。吁炎吹冷,交错而功”,是“明确肯定阴阳二气之外没有其他动力;它们参错相合为一;阴阳二气本身的‘吁炎吹冷’的相反相成的作用,这就是它们‘交错而功’的内在根源。很明显,柳宗元将运动的主体归结为‘元气’本身对立物‘交错’的作用,这在中国唯物主义史上是值得大书特书的见解”①。

《天对》中的唯物主义思想,同样贯穿在作者对历史的看法上,从而

① 侯外庐:《柳宗元哲学选集》序,中华书局1964年版,第9页。按:侯外庐先生将“合焉者三,一以统同”释为阴阳二气参错相合而为一,与上文所引将“三”解释为阴、阳、天有所不同。

显示出柳宗元广阔的历史视野和深刻的释古智慧。

恩格斯曾经这样说过:“我们要求把历史的内容还给历史,但我们认为历史不是‘神’的启示,而是人的启示,并且只能是人的启示。”①柳宗元的认识当然还不能达到这样明确、这样科学的高度。但是,当我们以这样的认识去看待柳宗元的上述思想和论点时,就会惊异地发现:《天对》中这些以回答问题的方式所阐述的对于历史的种种看法,都是力图在否定传统观念中所宣扬的天命的启示,而努力揭示人事的启示。从这个意义上看,柳宗元的《天说》《天对》在中国古代历史理论发展史上无疑应占有崇高的地位。而《天对》对后世唯物主义思想发展的影响,从南宋杨万里作《天问天对解》、明代王廷相作《答天问》和明清之际王夫之在《楚辞通释》中对《天问》的注释等撰述中,足可窥其渊源。

还应当说明的是,柳宗元关于“天人相分”的理论,在他的另外一些论著中也有不少精彩的论述。如他在《禬说》中写道:“夫圣人之为心也,必有道而已矣。非于神也,盖于人也。”②在《时令论上》中说:“圣人之道,不穷异以为神,不引天以为高,利于人,备于事,如斯而已矣。”认为《月令》之说“特瞽史之语,非出于圣人者也”③。在《断刑论下》中更是直言不讳地指出:“古之所以言天者,盖以蠢蚩蚩者耳,非为聪明睿智者设也。”④此外,在《贞符》里,尤其是在《非国语》里,还有许多这样的论述。所有这些,都表明柳宗元在思想上力图把天与神完全从历史领域中排除出去的意向。这在中国古代历史理论发展史上具有划时代的意义。诚如章太炎所说:

> 昔无神之说,发于公孟;(原注:《墨子·公孟》篇:公孟子曰:无鬼神。是此说所起,非始晋代阮瞻。阮瞻但言无鬼,而公孟兼言无神,则识高于阮矣。)排天之论,起于刘、柳。(原注:王仲任已有是

① 恩格斯:《英国状况——评托马斯·卡莱尔的〈过去和现在〉1843年伦敦版》,《马克思恩格斯全集》第3卷,人民出版社2002年版,第520页。

② 柳宗元:《柳河东集》卷一六,中华书局1960年版,第296页。

③ 柳宗元:《柳河东集》卷三,中华书局1960年版,第53、55页。

④ 柳宗元:《柳河东集》卷三,中华书局1960年版,第58页。

说,然所排者惟苍苍之天而已,至刘、柳乃直拨天神为无。)①

我们不妨把这看作是对柳宗元天人相分理论所作的历史结论。

柳宗元关于"天人之际"的看法带有鲜明的批判性。这些批判,如上面所举诸文,都是从历史事实出发所作的理论批判,且具有宏观的性质和普遍的意义。在柳宗元的著作中,还有一种批判是从具体的史学著作入手的。这种批判,从史学来说则具有直接的意义;但因涉及的问题是多方面的,所以同样具有普遍的意义和理论的价值。这两种批判在形式上有所不同,在思想上、理论上则是互相联系、互为补充的。《非国语》就是这后一种批判的代表著作。

《非国语》67 篇,②一般被看作是柳宗元的哲学著作,同时它也是一部史学评论著作:评史事,评人物,评史家,评史书编撰,而于其中见作者的思想和旨趣。

《国语》这部书,是战国早期的私人撰述之一,也是记述春秋时期史事的重要著作之一。《国语》的作者,相传为左丘明,但不可信。③ 可是在历史上这种说法有长时期的影响,认为左丘明同时撰有《左传》和《国语》,《左传》为"内传",《国语》为"外传"。④ 柳宗元似亦执此说。他为什么把史学批判的锋芒首先对着《国语》?这并不是偶然的。柳宗元撰《非国语》,既有理论上的原因,又有社会实践方面的考虑。他在《非国语》序中写道:

> 左氏《国语》,其文深闳杰异,固世之所耽嗜而不已也;而其说多诬淫,不概于圣。余惧世之学者溺其文采而沦于是非,是不得由中庸以入尧舜之道,本诸理,作《非国语》。

---

① 章炳麟:《太炎文录初编》别录卷二《答铁铮》,《章太炎全集》第 4 册,上海人民出版社 1985 年版,第 372 页。

② 见柳宗元:《柳河东集》卷四四、四五,是为《非国语》上、下卷。下引《非国语》,不另注。

③ 见白寿彝:《中国史学史》第 1 册,上海人民出版社 1986 年版,第 228 页。

④ 如魏徵等:《隋书》卷三二《经籍志一·春秋类》著录《春秋外传国语》注本五种,注者为贾逵、虞翻、韦昭、孔晁、唐固,以及王肃《春秋外传章句》一种,中华书局 1973 年版,第 932 页;《新唐书·艺文志一·春秋类》首录左丘明《春秋外传国语》,中华书局 1975 年版,第 1437 页。

“本诸理”，就是从理论上的考虑。他在《非国语》跋文中又写道：

吾乃今知文之可以行于远也。以彼庸蔽奇怪之语，而黼黻之，金石之，用震曜后世之耳目，而读者莫之或非，反谓之近经，则知文者可不慎耶？呜呼！余黜其不臧，以救世之谬，凡六十七篇。

柳宗元担心后世读者不能看出其中错误，甚至把它抬高到近于经书的地步；他为了“救世之谬”，而作《非国语》。“救世之谬”，也还是从理论上说的。他撰《非国语》的社会实践的目的，在他给友人的两封书信中讲得很真切、具体。一是《与吕道州温论〈非国语〉书》，一是《答吴武陵论〈非国语〉书》。柳宗元在前一封书信的一开始就说：“近世之言理道者众矣，率由大中而出者咸无焉。其言本儒术，则迂回茫洋而不知其适；其或切于事，则苛峭刻核，不能从容，卒泥乎大道。甚者好怪而妄言，推天引神，以为灵奇，恍惚若化而终不可逐，故道不明于天下，而学者之至少也。”这是指出当时从事政治活动的人缺少正确的治世之道的几种表现，最严重的当是“好怪而妄言，推天引神，以为灵奇”一类的人了。接着他再次讲了他对《国语》的看法，最后表示：“苟不悖于圣道，而有以启明者之虑，则用是罪余者，虽累百世滋不憾而恧焉。”只要对世人有所启迪，他不担心因《非国语》之作而被加上种种罪名。

一种强烈的社会责任感，使柳宗元产生了批判的勇气。在后一封书信里，他申述了自己的“以辅时及物为道”的志向，自永贞事件后这种志向已无法实现了，“然而辅时及物之道，不可陈于今，则宜垂于后。言而无文则泥，然则文者固不可少耶”。柳宗元是要通过著书来发挥他的“辅时及物之道”的社会影响和历史影响。他比喻《国语》的危害“是犹用文锦覆陷阱也，不明而出之，则颠者众矣”；他撰《非国语》，是“为之标表，以告夫游乎中道者焉”。[①] 这两封书信，除了继续讲到作者撰《非国语》的理论上的原因外，着重讲了在社会实践方面的目的和作者的深沉的用心。柳宗元撰《非国语》于被贬永州之后，尽管作者是“身编夷人，名列囚籍”的罪人的身份，但仍然具有这样的思想和抱负。

---

① 以上所引均见柳宗元：《柳河东集》卷三一，中华书局 1960 年版，第 508 页。

《非国语》据《国语》所记史事而择其“诬怪”“阔诞”之处,予以分析、评论。其体例大致是先转录《国语》有关记载,继而在“非曰”之下“黜其不臧”,以明作者之意,内容广泛,笔锋犀利。作为史学评论的专书,《非国语》提出的主要理论问题是天人关系问题,历史发展中的因果关系问题,历史评价的标准问题,史家书法问题等。这里,我们着重阐述前两个问题。

第一,关于天人关系问题。这是《非国语》中最突出的部分和最重要的成果。据粗略统计,《非国语》67 篇中约有三分之一的篇幅是批评《国语》在天人之际问题上的错误观点的,如《三川震》《料民》《神降于莘》《问战》《卜》《杀里克》《伐宋》《祈死》《褒神》诸篇,则尤为突出。

前文已经讲到,柳宗元在“天人之际”问题上继承和发展了“天人相分”的唯物主义、无神论传统。他运用这样的观点来审视历史和现实,也运用这样的观点来审视前人撰写的史书。他批评《国语》“其说多诬淫”,主要是就天人关系来说的;这跟他批评现实中有的人“好怪而妄言,推天引神”,是完全一致的。联系到作者在《天说》《天对》中对“天人感应”论的批判,我们可以看到柳宗元在这方面的思想的丰富性和连贯性。

《非国语》在天人关系问题上的基本思想,是明确地否定天命的存在,同时指斥种种占卜、预言、梦寐、童谣与人事相比附的虚妄。如《国语·周语上》记:周幽王二年(前 780 年),“西周三川(按:指泾、渭、洛三水)皆震。伯阳父曰:‘周将亡矣!夫天地之气,不失其序,若过其序,民乱之也,阳伏而不能出,阴迫而不能烝,于是有地震。今三川实震,是阳失其所而镇阴也。阳失而在阴,川源必塞;源塞,国必亡。夫水土演而民用也。水土无所演,民乏财用,不亡何待?昔伊、洛竭而夏亡,河竭而商亡。今周德若二代之季矣,其川源又塞,塞必竭。夫国必依山川,山崩川竭,亡之征也。川竭,山必崩。若国亡不过十年,数之纪也。夫天之所弃,不过其纪。’是岁也,三川竭,岐山崩。十一年,幽王乃灭,周乃东迁。”《国语》所记印证了伯阳父说的“亡国不过十年”的话。此外,伯阳父还讲到自然条件跟国家盛衰、兴亡的关系,并且从历史上来论证这一看法。从今天的观点来看,在这一点上伯阳父所说未必没有一定的道理。但是,他的这段话的基调是在宣扬天命,是为了证明“天之所弃,不过其纪”(按:十年为一纪)的天数难逃,以及“天地之气,不失其序;若过其序,民乱之也”的“天人感应”论。这在《国语》宣扬天人相合的观点中是很典型的一段文字。柳宗元在《非国语·三川震》中批评了伯阳父的这些说法,认为:

> 山川者,特天地之物也;阴与阳者,气而游乎其间者也。自动自休,自峙自流,是恶乎与我谋?自斗自竭,自崩自缺,是恶乎为我设?彼固有所逼引而认之者,不塞则惑。

这就是说,自然界的运动、变化都是出自其内在的原因,既不是为人们作打算的,也不是为人们所安排的;自然界自身就存在着互相排斥和相互吸引的现象,而把这看作是与国家兴亡有关的征兆,那是太可笑了。柳宗元进而质问说:所谓“天之所弃,不过其纪”,那就更加荒谬了!

侯外庐在评论《三川震》的理论价值时写道:

> 柳宗元不仅肯定“天地”为物质的自然存在,而且在自然运动问题上提出了“自”的观点,即自然自己运动的观点。……
>
> 按“自”这一范畴,取之于道家,王充以来的旧唯物主义者对它作了唯物主义改造,以与“天”意的“故”作(有目的有意志的最初推力)对立起来。柳宗元的这种自然自己的运动观,更含有朴素辩证法因素。在自然界运动的根源问题上,他继承并发展了王充的传统,肯定无穷的阴阳二气的宇宙间不断运动,必然呈现出各种形态(如“动”与“休”、“峙”与“流”等等),它们并不受任何意志力的支配,而是“自动自休,自峙自流”、“自斗自竭,自崩自缺”,这八个“自”的四对命题是超越前人的理论。①

这是从思想史上对柳宗元所提出的“自”的范畴之极高的评价,对我们从历史理论的发展上来评价这一问题有很大的启发。这是因为:第一,天人之际的问题,首先要辨明天是什么?是神,还是物?是有意志的,还是没有意志的?第二,是天人相合(天人感应),还是天人相分?第三,人事(社会、历史)变化的原因是什么(是天?是圣人之意?是生人之意?是

① 侯外庐:《柳宗元哲学选集》序,中华书局1964年版,第4—5页。

势)?仅仅回答了这三个问题,关于天人之际的问题还没有完全解决,即:天运动的根源何在?柳宗元关于自然自己运动的观点,正确地回答了这个问题。这样,他就把司马迁提出“究天人之际”以来有关这方面的认识,推进到一个新的阶段。当人们不仅在对历史的认识中驱逐了天命的影响,而且也在对自然的认识中驱逐了天命的影响时,天命就无处藏身而最终失去其神秘性的欺骗的作用。《三川震》所提出的理论创见,可以看作是古代历史理论在天人相分问题上走向更加成熟的标志。在其他有关各篇著作中,柳宗元反复阐述了天命是不存在的观点。如在《伐宋》篇中针对赵宣子宣扬“天诛”“天罚”之说,指出:“若乃天者,则吾焉知其好恶而暇征之耶?”并从历史事实上证明“天之诛”的说法是没有根据的。如在《神在于莘》篇中针对所谓“有神降于莘”的记载,更进一步指出:“力足者取乎人,力不足者取乎神。”这无疑是说神不过是那些“力不足者”制造出来的,用以为自己壮胆或用来欺骗他人的偶像罢了。

柳宗元从否定天有意志进而批判一切怪异神奇之事。如《晋孙周》篇批评单襄公说晋国孙周这个人具备十一种好的品德正符合“天六地五”的说法,并非“德义之言”;至于“又征卦、梦以附合之,皆不足取也”。《虢梦》篇嘲笑虢国的舟之侨因虢公做了一个梦,“众谓虢不久”,于是率领族人适晋是——“由梦而去,则吾笑之矣”!柳宗元不仅指出以梦寐来附会人事是“不足取的”,而且对梦的产生作了唯物主义的说明。《黄熊》篇认为:“凡人之疾,魄动而气荡,视听离散,于是寐而有怪梦,罔不为也。夫何神奇之有?”这是从生理现象上来说明梦寐的产生和“神奇”的虚无。《祈死》篇转述了这样一条记载:晋国的范文子因“君骄泰而有烈”,必将有祸,为避免连累自己,乃请宗、祝为其“祈死”;次年,范文子果然死了。[①]柳宗元幽默而辛辣地指出:“死亡长短而在宗、祝,则谁不择良宗、祝而祈寿焉?文子祈死而得,亦妄之大者。”这几句话,反映出柳宗元的唯物主义、无神论观点的坚定性,也表现了他作为一个思想家的幽默感。在历史

① 事见左丘明著,韦昭注:《国语·晋语六》,上海古籍出版社1979年版,第423页。

上,有多少帝王、显贵为了祈寿干了多少蠢事。在柳宗元看来,这实在是可悲、可叹而又可笑。作者针对晋献公"卜伐骊戎"一事,在《卜》篇中指出:"卜者,世之余伎也,道之所无用也。"又说:"卜史之害于道也多,而益于道也少,虽勿用之可也。"跟鄙夷卜史相联系的,作者在《童谣》篇中明确地指出:"童谣无足取者,君子不道也。"柳宗元从否定天命而旁及梦寐、卜史、童谣等与人事的关系,表明他把朴素的唯物主义思想贯穿到社会和历史方面,确比他的前辈们更加彻底。《非国语》中所包含的这一部分思想与《天说》《天对》相互发明,构成柳宗元的唯物主义、无神论思想的独特的体系,亦是他把天人相分的历史理论推进到比较完整的理论形式。

第二,关于历史发展中的因果关系问题。历史现象是复杂的,有些历史现象之间存在着一定的联系,甚至有因果的关系;而有些历史现象之间并不存在这样的联系。人们在认识和记载史事的时候,对于这些不同的情况,应作具体的分析。《国语》一书,有时把本来并没有任何联系的历史现象生拉硬扯到一块,甚至说成是因果关系,其思想认识上的根源仍是天命论的表现。《非国语》对此有不少评论。如《国语》记周灵王二十二年(前550年),谷水、洛水暴涨,因为洪水冲击,王宫受到威胁。灵王打算堵塞洪水,以保王宫。太子晋认为不能这样做,讲了一大篇理由,并断言:"王将防斗川以饰宫,是饰乱而佐斗也,其无乃章祸且遇伤乎?自我先王厉、宣、幽、平而贪天祸,至于今未弭。我又章之,惧长及子孙,王室其愈卑乎?其若之何?"灵王不听,命人堵塞洪水。《国语》接着写道:"及景王多宠人,乱于是乎始生。景王崩,王室大乱。及定王,王室遂卑。"①这一段记载,是把灵王堵塞洪水这件事,跟后来景王时期的"乱于是乎始生"和定王时期的"王室遂卑"直接联系起来,看成是因果关系。针对这一记载,柳宗元在《谷洛斗》篇中评论道:

> 谷洛之说,与"三川震"同。天将毁王宫而勿壅,则王罪大矣,奚

---

① 以上见左丘明著,韦昭注:《国语·周语下》,上海古籍出版社1978年版,第110、113页。

以守先王之国？壅之诚是也。彼小子之诡诡者，又足记耶？王室之乱且卑，在德，而又奚谷洛之斗而征之也？

柳宗元尖锐地指出，《国语》的这一记载，同在《三川震》篇里他所批判的错误观点是一样的，即仍是宣扬“上天示警”的“天人感应”论。他认为灵王为保护王宫而堵塞洪水的行为并没有什么不对；至于说王室的“乱”且“卑”，那完全是由于政治上的原因，怎么能以谷、洛二水相激这件事作为预兆呢？柳宗元这一段话的理论意义在于，他不是停留在就事论事的水平上，而是从《三川震》和《谷洛斗》所批判的错误观点，上升到普遍性的认识。所谓“谷洛之说，与‘三川震’同”，就是从个别事物的认识上升到对一般事物的认识；在这里，也就是从具体的批判到理论的批判。柳宗元说的“彼小子之诡诡者，又足记耶”当是从这个意义上提出来的。

《国语》还记了这样一件事：周敬王十年(前510年)，刘文公和苌弘计划扩建成周城，晋国魏献子也同意这么做，并打算会合各诸侯国一齐来进行此事。卫国的彪傒得知此事后，对单穆公说：苌弘不得好死，而且灾祸来得很快；魏献子也将不免于灾难；至于刘文公，不仅他本人，就是他的子孙也会有祸的。果然，第二年魏献子就在大陆这个地方被火烧死了；周敬王二十八年(前492年)，苌弘被杀；到了周定王时，刘文公的子孙亦遭灭亡。对这一记载，柳宗元的友人吕温曾撰《古东周城铭》(并序)予以驳斥，其中有两句是：“无天无神，惟道是信”；“兴亡理乱，在德非运，罪之违天，不可以训”。① 柳宗元在《城成周》篇中肯定了吕温的这些看法，也肯定了牛僧孺在《颂忠》一文中对苌弘忠诚于周王室的赞扬；同时认为，所谓苌弘、魏献子、刘文公的子孙都会遭到灾祸的说法，不过是“巫之无恒者之言也，追为之耳”，是不怀好心的巫者之说，并在事后追合附会的罢了，跟他们城成周之举并无直接联系。《城成周》和《谷洛斗》都是说明周王室的衰微的原因应从政治方面去考察，以毫不相干的史事进行附会并同天命联系起来，那就都成了无稽之谈。这两条记载都跟宣扬天命论有

---

① 董诰等编：《全唐文》卷六三〇，中华书局1983年版，第6353页。

关。《国语》中也有这种记载,即撇开了天命而讲事情的因果关系。这在当时无疑是一种进步,但也有讲得不尽恰当的。其记周简王十一年(前575年),诸侯会于柯陵。单襄公因见晋厉公"视远步高"、郤锜"其语犯"、郤犨"其语迂"、郤至"其语伐"、齐国佐"其语尽",即断言:"晋将有乱,其君与三郤其当之乎!""虽齐国子亦将与焉"。果然,第二年"晋杀三郤",第三年晋厉公被弑、"齐人杀国武子"。在单襄公同鲁成公谈论此事时,鲁成公问单襄公是根据天道还是根据人故来判断的,单襄公自称"吾非瞽、史,焉知天道"[①]? 这说明他是根据人事来做这些判断的,即根据人们仪态、举止、言论来判断的。柳宗元认为这种判断是极不近情理的,他在《柯陵之会》篇中写道:

> 是五子者,虽皆见杀,非单子之所宜必也。而曰合诸侯,人之大事,于是乎观存亡。若是,则单子果巫史矣。视远步高、犯、迂、伐、尽者,皆必乎死也,则宜死者众矣! 夫以语之迂而曰宜死,则单子之语,迂之大者,独无谪邪?

在柳宗元看来,虽然单襄公不承认自己是瞽、史,但他的言论证明他是在起着巫史的作用。柳宗元尖锐地反问道:如果一个人因为说话迂就一定有杀身之祸的话,那么单襄公说的话是最迂不过的了,为什么偏偏他不受到惩罚呢? 在这里,柳宗元辛辣的幽默感又一次表现出来。

在《非国语》有关类似的评论中,柳宗元坚持以唯物的观点来看待历史现象,包括事情的因果、国家的兴亡、人物的祸福等等,反对把毫无关系的自然现象或社会现象联系到一起并用以说明历史现象的因果关系,反对以人们的言谈举止来判定人们的命运。他把这些统统斥为类似巫史的无稽之谈。这对于人们正确地认识历史现象和分析它们之间的内在的联系,具有理论上的启发作用。

① 事见左丘明著,韦昭注:《国语·周语下》,上海古籍出版社1978年版,第89—90页。

小　　结

古代历史理论在天人关系问题上,始终受到人们的关注,对这方面的探讨代有其人,未曾间断。在司马迁之后,范晔是在这一领域提出新的命题的史学家,其理论贡献是他的命题本身的明朗和毫不含糊,这就把问题提到十分明确的境界。而柳宗元的历史批判和史学批判则对天作了唯物的论证,从而使历来具有神意功能和神秘色彩的天退出了人们的历史观和自然观。这是司马迁提出“究天人之际”以来的最重大的思想成果。

在魏晋南北朝至隋唐时期的史学中,有的史学家的历史观,虽受谶纬的泛滥和宗教神学的影响,但都是短暂的和局部的,并未阻碍史学主流中历史理论的发展。

第二章

朴素进化史观视野的扩大

魏晋南北朝隋唐时期，史学家对天与人的认识，以及天与人的作用及其相互关系的认识，已发展到一个新的阶段，具有越来越浓厚的理论色彩。

与此同时，史学家、思想家对于古今关系的认识，也有了新的发展，这主要表现在：一是认识到历史发展中的“古”同历史记载上的“古”有区别，也有联系；二是产生了明确的疑古思想，同时也产生了系统的释古见解；三是随着历史经验不断地积累，人们的历史智慧愈益丰富，故大多重视比较近期的经验教训，对于三代也好，文武周公也好，虽也称道但并不主张效法，认为近期的楷模是政治的榜样。这几个方面的综合，把中国古代历史理论中的古今关系论推进到一个新的阶段。

第一节　古今关系认识的深化

一、客观历史中的“古”与史书记载中的“古”

这里要讨论的问题，是人们区别两种不同的“古”的概念和含义。

当人们讨论、认识古今关系时，所说的“古”往往是两种形式的“古”，一是曾经存在于历史发展中的“古”,一是史书上人们所记载的“古”。这两种“古”,有时是接近的甚至是相同的,有时是不相同的甚至是相互抵触的。这种现象,反映了历史过程本身和人们所书写的历史之间的复杂关系。举例来说,如史载“古者天子守在四夷”①,这说的是西周时期周王室同周边各族的关系,是客观存在的事实。又如“古者包羲氏之王天下也”②,这里说的恐怕就是后人想象的“古”了,因为即使有包羲氏的存在,也不至于有“王天下”的局面。可见,客观历史中的“古”同史书记载上的“古”存在着复杂的关系。

但是,客观历史中的“古”已经逝去了,是不可能重现和复制的,因此,后人要了解和认识历史上的“古”,只能通过史书记载中的“古”来达到这一目的。在这个问题上,南朝刘勰的《文心雕龙·史传》和盛唐刘知幾的《史通》都在理论上提出了自己的认识。这一方面反映了人们对于历史和史学的区别更加明确了,一方面也反映了人们在古今关系认识上的自觉性进一步提高了。

刘勰这样写道:

开辟草昧,岁纪绵邈,居今识古,其载籍乎?轩辕之世,史有仓颉,主文之职,其来久矣。《曲礼》曰:“史载笔。”史者,使也;执笔左右,使之记也。古者左史记事者,右史记言者。言经则《尚书》,事经则《春秋》也。唐虞流于典谟,商夏被于诰誓。洎周命维新,姬公定法,细三正以班历,贯四时以联事。诸侯建邦,各有国史,彰善瘅恶,树之风声。自平王微弱,政不及雅,宪章散紊,彝伦攸斁。

昔者夫子闵王道之缺,伤斯文之坠,静居以叹凤,临衢而泣麟,于是就太师以正《雅》《颂》,因鲁史以修《春秋》。举得失以表黜陟,征存亡以标劝戒;褒见一字,贵逾轩冕;贬在片言,诛深斧钺。然睿旨幽隐,经文婉约;丘明同时,实得微言。乃原始要终,创为传体。传者,转也;转受经旨,以授于后,实圣文之羽翮,记籍之冠冕也。

---

① 《左传·昭公二十三年》,杨伯峻编著:《春秋左传注》,中华书局1981年版,第1448页。

② 《周易·系辞下》,《十三经注疏》,中华书局1980年版,第86页。

这里所讲到的，起首四句非常重要：前两句讲的是客观历史，后两句讲的是今人要认识古事必须借助于载籍，即通过历史记载上的“古”去认识客观历史中的“古”。同时，这里也极鲜明地表明了作者的朴素历史进化思想，即人类是从“开辟草昧”的时代发展而来的。为了说明载籍在“居今识古”中的重要作用，刘勰评述了史官制度的演变及史官的活动。刘勰的思想如江河奔流，一泻而下，从“轩辕之世”讲到“晋代之书”，三千多年的发展过程，流淌于作者的笔端。上文所引，只截止于春秋时期，已足见作者的会通之旨和中国古代载籍的源远流长。

刘勰进一步指出，前人之所以如此重视载籍，是因为载籍具有极其重要的作用。他认为：“原夫载籍之作也，必贯乎百氏，被之千载，表征盛衰，殷鉴兴废，使一代之制，共日月而长存，王霸之迹，并天地而久大。”[①] 在刘勰看来，载籍的作用主要表现在三个方面：一是使历史得以延续，“贯乎百氏，被之千载”；二是反映“盛衰”“兴废”，后人可以引为借鉴；三是反映制度的延续和“王霸之迹”的彰显。一言以蔽之，人们只有通过这些史书记载上的“古”，才有可能了解、认识上述三个方面的“古”。

在这里，刘勰揭示了人们在历史认识上的一个基本道理，即人们在谈论“古”与“今”的关系时，一般说来，所谓“古”乃是史书记载上的“古”；为了认识这个“古”，人们必须借助于载籍，这样才能使古今联系起来。不论是孔子说的“殷因于夏礼，所损益，可知也；周因于殷礼，所损益，可知也；其或继周者，虽百世，可知也”[②]，还是司马迁说的“通古今之变”[③]的旨趣，都可以在这里得到理论上的解释。这就是，第一，历史发展中的“古”虽已逝去，不可重现，但人们还是可以通过载籍而在一定程度上认识历史中的“古”。第二，载籍在古今关系中起到了中介和桥梁的作用，从而使古今的联系成为可能。因此可以认为，当客观历史上的“古”已经成为过去而只是部分地驻足于载籍上的时候，古往今来的人们所讨论的

① 以上均见刘勰：《文心雕龙·史传》，周振甫：《文心雕龙今译》，中华书局1986年版，第140—141、148页。

② 《论语·为政》，杨伯峻译注：《论语译注》，中华书局1980年版，第21—22页。

③ 班固：《汉书》卷六二《司马迁传》，中华书局1962年版，第2735页。

古今关系,大多只是这种意义上的古今关系。①

二、“居今识古”的途径与意义

“居今识古,其载籍乎”,这是历史认识的一个重要概念,也是一个重要的方法。

上文引刘勰说的“居今识古,其载籍乎”,接着他讲到载籍的多种作用,实则已经讲到了“居今识古”的途径与意义了。刘勰是文学批评家,他所阐述的问题具有史学上的重要意义。其实这也就是对“彰往而察来”的古训的发挥。这个古训,在不同的历史时期和不同身份的人们中,都会以各自的方式予以发挥,从而形成一种优良传统。

这里,有必要提到作为政治家的唐高祖、唐太宗和作为史学批评家的刘知幾,他们在这个问题上的见解,鲜明地反映了各自的特点。

武德五年(622年),唐高祖在《命萧瑀等修六代史诏》中指出:“经典存言,史官纪事,考论得失,究尽变通,所以裁成义类,惩恶劝善,多识前古,贻鉴将来。”②他从伏羲讲到晋、宋,肯定记事和修史的重要;他提出的六代史是梁、陈、魏、齐、周、隋六朝史。值得注意的是,他说的“多识前古,贻鉴将来”,正是“彰往而察来”的另一种说法,充分反映出人们对于古与今以至将来之间关系的重视。

贞观二十年(646年),唐太宗在《修晋书诏》中把古今关系以及认识这种关系的重要性,阐述得更加透彻了。他写道:

> 朕拯溺师旋,省方礼毕;四海无事,百揆多闲。遂因暇日,详观典府,考龟文于羲载,辨鸟册于轩年。不出岩廊,神交千祀之外;穆然旒纩,临睨九皇之表。是知右史序言,由斯不昧;左官诠事,历兹未远;发挥文字之本,导达书契之源,大矣哉,盖史籍之为用也!③

① 近代以来,随着考古学和人类学的兴起,人们可以通过人类活动的遗物和遗迹去认识历史发展中的“古”;即使如此,对于历史时期的“古”的认识,载籍仍然起着主要的作用。

② 宋敏求编,洪丕谟等点校:《唐大诏令集》卷八一,学林出版社1992年版,第422页。

③ 宋敏求编,洪丕谟等点校:《唐大诏令集》卷八一,学林出版社1992年版,第422页。

在这番话的下面，唐太宗从传说中的黄帝的史官讲起，一直讲到他所敕修的《梁书》《陈书》《北齐书》《周书》《隋书》五代史止。他认为史官记事和修史之所以必要，是因为可以由此而考定"羲载""轩年"，了解远古伏羲和黄帝时候的事情，可以"神交千祀之外""临睨九皇之表"。他的结论是"大矣哉，盖史籍之为用也"。这是一个政治家思想中的古今观和史学观。这里既包含历史溯源的思想，也包含与古人对话的心情和渴望，史籍极大地拓展了人们在空间和时间中活动的范围，这对于一个有作为的政治家来说，是十分重要的。可见，唐太宗的感叹是自然的、真诚的。唐太宗一生高度重视史学和修史，绝不是偶然的。

在唐太宗看来，古今关系不只是认识上的问题，同时也是实践中的问题。他之所以要同古人神交，是要从古人那里获得智慧，得到启发和借鉴。对此，他有明确的表示。史载：贞观十年(636 年)，当大臣们根据唐太宗的指示，以七年的时间同时修成梁、陈、齐、周、隋五代史时，唐太宗十分高兴，讲了下面一段话：

> 朕睹前代史书，彰善瘅恶，足为将来之戒。秦始皇奢淫无度，志存隐恶，焚书坑儒，用缄谈者之口。隋炀帝虽好文儒，尤疾学者，前世史籍竟无所成，数代之事殆将泯绝。朕意则不然，将欲览前王之得失，为在身之龟镜。公辈以数年之间，勒成五代之史，深副朕怀，极可嘉尚。①

所谓"览前王之得失，为在身之龟镜"，完全可以视为汉高祖刘邦对陆贾所说的"试为我著秦所以失天下、吾所以得之者何，及古成败之国"②这些话的唐代版本。

其实，在政治家那里，关于古今关系认识的社会实践意义，司马迁早已从理论上作了概括，这就是他说的"居今之世，志古之道，所以自镜也，未必尽同。帝王者各殊礼而异务，要以成功为统纪，岂可绲乎？观所以得尊宠及所以废辱，亦当世得失之林也，何必旧闻"③？从司马迁说的"观所

---

① 王钦若等编：《册府元龟》卷五五四《国史部·恩奖》，中华书局 1960 年版，第 6657 页。

② 司马迁：《史记》卷九七《郦生陆贾列传》，中华书局 1959 年版，第 2699 页。

③ 司马迁：《史记》卷一八《高祖功臣侯者年表》序，中华书局 1959 年版，第 878 页。

以得尊宠及所以废辱”来看,这个认识的实践意义,又不只是限于帝王,而是包含了帝王以外的一些政治人物。不论是经验还是教训,人们都可以从古中得到裨益。

史学家看待古今关系及其意义,同政治家比较起来,有相同之处,也有史学家的独特之处。刘知幾认为:

> 夫人寓形天地,其生也若蜉蝣之在世,如白驹之过隙,犹且耻当年而功不立,疾没世而名不闻。上起帝王,下穷匹庶,近则朝廷之士,远则山林之客,谅其于功也名也,莫不汲汲焉,孜孜焉。夫如是者何哉?皆以图不朽之事也。何者而称不朽乎?盖书名竹帛而已。向使世无竹帛,时阙史官,虽尧、舜之与桀、纣,伊、周之与莽、卓,夷、惠之与跖、跻,商、冒之与曾、闵,但一从物化。坟土未干,则善恶不分,妍媸永灭者矣。苟史官不绝,竹帛长存,则其人已亡,杳成空寂,而其事如在,皎同星汉。用使后之学者,坐披囊箧,而神交万古,不出户庭,而穷览千载,见贤而思齐,见不贤而内自省。若乃《春秋》成而逆子惧,南史至而贼臣书,其记事载言也则如彼,其劝善惩恶也又如此。由斯而言,则史之为用,其利甚博,乃生人之急务,为国家之要道。有国有家者,其可缺之哉!①

刘知幾所说与政治家所说的相同之处,是他们都强调了史官的作用和史书(载籍、史籍、竹帛等)的价值,即所谓“神交万古”“穷览千载”“见贤而思齐,见不肖而内自省”云云。刘知幾所说不同于政治家的地方,一是他把史书的重要性上升到普遍的意义,“乃生人之急务,为国家之要道”。从这个意义上说,认识古今及其重要性就具有普遍的社会意义。二是他特别强调了史家的责任,这在《史通》的许多篇章中都有反映,这里只举出他所讲的一个原则:“夫人之生也,有贤不肖焉。若乃其恶可以诫世,其善可以示后,而死之日名无得而闻焉,是谁之过欤?盖史官之责也。”②史官不仅在连接人们关于古今关系的认识上有重要的责任,而且在善恶

① 刘知幾:《史通·史官建置》,浦起龙:《史通通释》,上海古籍出版社 1978 年版,第 303—304 页。

② 刘知幾:《史通·人物》,浦起龙:《史通通释》,上海古籍出版社 1978 年版,第 237 页。

的判断和表述上也有重要的责任。

从上述的阐说中可以看到，政治家关于古今关系及其重要性的认识和史学家关于古今关系及其重要性的认识，有密切的互补作用。

那么，人们如何才能达到“居今识古”的目的呢？当然，通过阅读载籍即史书和相关的文献是毫无疑问的。但是，要真正达到“居今识古”的目的，并使这个目的具有现实的实际意义，就必须明确以什么态度去阅读史书，在阅读史书的过程中要注意什么。对此，这一时期的人们也提出了精辟的见解。

首先，要有“以古为镜”的自觉性。唐太宗对身边的大臣说：“夫以铜为镜，可以正衣冠；以古为镜，可以知兴替；以人为镜，可以明得失。”①唐太宗对“以古为镜”有很高的自觉性，这同贞观之治局面的形成有很大的关系。可以认为，唐代史家吴兢所撰《贞观政要》一书，就是唐太宗和他的大臣们谈古论今、以求治国安邦的生动记录。《贞观政要》一书在中国史学史和中国政治思想史上具有重要价值，其真谛即在于此。

其次，是善于“商略古今”。这就是说，在考察“古”的时候，要联系它与“今”有什么关系，或者说今人应当怎样看待“古”。在这方面，唐太宗亦堪称楷模。这从他对虞世南的敬重中反映得十分突出。史载：

> 太宗重其博识，每机务之隙，引之谈论，共观经史。世南虽容貌懦愞，若不胜衣，而志性抗烈，每论及古先帝王为政得失，必存规讽，多所补益。太宗尝谓侍臣曰：“朕因暇日，与虞世南商略古今，有一言之失，未尝不怅恨，其恳诚若此，朕用嘉焉。群臣皆若世南，天下何忧不理！”②

从这段文字的记载中可以看出，唐太宗同虞世南“商略古今”的内容及其认真的态度。其内容多涉及“古先帝王为政得失”；其与现实联系则“必有规讽，多所补益”；其认真的态度“有一言之失，未尝不怅恨”。这表明，“居今识古”并不是一件很容易的事情，其间一定要伴随着“商略”、讨论

① 吴兢：《贞观政要·任贤》，上海古籍出版社1978年版，第33页。

② 刘昫等：《旧唐书》卷七二《虞世南传》，中华书局1975年版，第2566页。参见吴兢：《贞观政要·任贤》，上海古籍出版社1978年版，第40页。

和探索。这时期的人们在古今关系的认识方面,是更加深刻了。

再次,要有鉴识的能力和眼光。这是“居今识古”而从“古”中获得正确的价值判断和经验教训所必需的。刘知幾认为:

> 夫人识有通塞,神有晦明,毁誉以之不同,爱憎由其各异。盖三王之受谤也,值鲁连而获申;五霸之擅名也,逢孔宣而见诋。斯则物有恒准,而鉴无定识,欲求铨核得中,其唯千载一遇乎!况史传为文,渊浩广博,学者苟不能探赜索隐,致远钩深,乌足以辩其利害,明其善恶。①

所谓“物有恒准,而鉴无定识”,是指出了人们对客观历史的认识常有歧异,为了使这种认识“铨核得中”即近于中肯,需要下一番“探赜索隐,致远钩深”的工夫。对于认识历史中的“古”和史书记载上的“古”来说,这当然不只是学者们的事情,而是每一个具备一定历史知识的人都应当关注的。

综上所论,人们要真正达到“居今识古”的目的,并使“古”与“今”有机地联系起来,从而产生应有的现实意义,唐太宗和刘知幾所提出的这些认识和做法,是对古今关系认识的新发展,因而是格外值得重视的。

三、疑古思想的产生

人们通过历史记载,逐渐认识了历史发展中的古,从而积累了一定的历史知识。而当着这种历史知识积累到一定程度时,便发现其中存着抵牾和矛盾,于是便产生了疑问,进而产生了疑古思想,这是人们在古今关系认识上走向深刻的表现。

刘勰在《文心雕龙·史传》篇中指出,历史记载和史书撰述中存在的一个非常值得关注的问题,这就是如何遵循信史原则的问题,而这同人们怎样正确对待远与古的态度有直接关系。他写道:

> 然纪传为式,编年缀事,文非泛论,按实而书。岁远则同异难密,

① 刘知幾:《史通·鉴识》,浦起龙:《史通通释》,上海古籍出版社1978年版,第204页。

事积则起讫易疏，斯固总会之为难也。或有同归一事，而数人分功，两记则失于复重，偏举则病于不周，此又铨配之未易也。故张衡摘史班之舛滥，傅玄讥《后汉》之尤烦，皆此类也。

若夫追述远代，代远多伪。公羊高云“传闻异辞”，荀况称“录远详近”；盖文疑则阙，贵信史也。然俗皆爱奇，莫顾实理。传闻而欲伟其事，录远而欲详其迹。于是弃同即异，穿凿傍说，旧史所无，我书则传，此讹滥之本源，而述远之巨蠹也。至于记编同时，时同多诡，虽定、哀微辞，而世情利害。勋荣之家，虽庸夫而尽饰；迍败之士，虽令德而[常]嗤，[理欲]吹霜煦露，寒暑笔端，此又同时之枉，可为叹息者也！故述远则诬矫如彼，记近则回邪如此，析理居正，唯素心乎！①

这里说的“岁远”“事积”“代远多伪”等等，是历史记载和史书撰述中常见的现象，可以说是难以避免的问题。关键在于人们怎样对待它。刘勰提出了很好的见解，并且认为这是撰写信史、保存信史所必须坚持的原则。从刘勰的言论来看，已经包含了对某些史书记载上的“古”的怀疑，但他并没有明确地指出来。

具有批判意识的史学批评家刘知幾在《史通》中则鲜明地反映了他的疑古思想。他所疑之“古”，主要是史书记述上的“古”，进而触及客观历史中的“古”。

刘知幾的疑古有几个根据：其一，是自古以来，人们重言轻事，故于事往往粗疏。他说：“古人所学，以言为首”，“凡有游谈、专对、献策、上书者，莫不引为端绪，归其的准”；“其于事也则不然”，自陶唐以下，至夏、商之时，凡涉及“开国承家，异闻其事。而后世学者，罕传其说。唯夫博物君子，或粗知其一隅。此则记事之史不行，而记言之书见重，断可知矣”。他进而指出：两汉学者轻《左传》，重《论语》，“由斯而谈，并古人轻事重言之明效也。然则上起唐尧，下终秦穆，其《书》所录，唯有百篇。而《书》之所载，以言为主。至于废兴行事，万不记一。语其缺略，可胜道哉！”“万

① 刘勰：《文心雕龙·史传》，周振甫：《文心雕龙今译》，中华书局 1986 年版，第 149—150 页。

不记一”,当然有过分的夸张,但“缺略”的情况,肯定是不会少的。这样言与事不能吻合,故不能不有所疑。其二,是人们在评价史事时极易走向偏颇,即美则不胜其美、恶则不胜其恶的倾向。他写道:

案《论语》曰:“君子成人之美,不成人之恶。”又曰:“成事不说,遂事不谏,既往不咎。”又曰:“民可使由之,不可使知之。”夫圣人立教,其言若是。在于史籍,其义亦然。是以美者因其美而美之,虽有其恶,不加毁也;恶者因其恶而恶之,虽有其美,不加誉也。故孟子曰:“尧、舜不胜其美,桀、纣不胜其恶。”魏文帝曰:“舜、禹之事,吾知之矣。”汉景帝曰:“言学者无言汤、武受命,不为愚。”斯并曩贤精鉴,已有先觉。而拘于礼法,限以师训,虽口不能言,而心知其不可者,盖亦多矣。

显然,用这种态度来记述历史,自然会留下一些可疑之处。对此,刘知幾专以鲁史为例,指出:

观夫子之定礼也,隐、闵非命,恶、视不终,而奋笔昌言,云“鲁无篡弑”。观夫子之删《诗》也,凡诸《国风》,皆有怨刺,在于鲁国,独无其章。观夫子之《论语》也,君娶于吴,是为同姓,而司败发问,对以“知礼”。斯验世人之饰智矜愚,爱憎由己者多矣。加以古文载事,其词简约,推者难详,缺漏无补。遂令后来学者莫究其源,蒙然靡察,有如聋瞽。①

刘知幾列举“夫子之定礼”即以《春秋》定伦理之准绳、“夫子之删《诗》”“夫子之《论语》”(指《论语》中所载孔子之语)等,用以证明“世人之饰智矜愚,爱憎由己者多矣”,而《史通·疑古》篇批评的对象又是直指《尚书》,这充分显示了刘知幾的疑古意识和批判精神。

刘知幾举出《尚书》所记有十条可疑之处。今列举数条,以明其意:

其一,对尧、舜之世社会风尚的质疑。刘知幾写道:

盖《虞书》之美放勋也,云“克明俊德”。而陆贾《新语》又曰:

---

① 以上所引均见刘知幾:《史通·疑古》,浦起龙:《史通通释》,上海古籍出版社 1978 年版,第 379—381 页。

"尧、舜之人，比屋可封。"盖因《尧典》成文而广造奇说也。案《春秋传》云：高阳、高辛二氏各有才子八人，谓之"元"、"凯"。此十六族也。世济其美，不陨其名，以至于尧，尧不能举。帝鸿氏、少昊氏、颛顼氏各有不才子，谓之"浑沌"、"穷奇"、"梼杌"。此三族也，世济其凶，增其恶名，以至于尧，尧不能去。缙云氏亦有不才子，天下谓之"饕餮"，以比三族，俱称"四凶"。而尧亦不能去。斯则当尧之世，小人君子，比肩齐列，善恶不分，贤愚共贯。且《论语》有云：舜举咎繇，不仁者远。是则当咎繇未举，不仁甚多，弥验尧时，群小在位者矣。又安得谓之"克明俊德"、"比屋可封"者乎？

尧、舜是传说时代的人物，姑且不论，刘知幾从前人所记的相互抵牾中，指出既有"四凶"的存在，又怎能称得上"克明俊德""比屋可封"？这显然是不可理喻的。

其二，对于尧让国于舜传说的质疑。刘知幾写道：

《尧典·序》又云："将逊于位，让于虞舜。"孔氏《注》曰："尧知子丹朱不肖，故有禅位之志。"案《汲冢琐语》云："舜放尧于平阳。"而书云其地有城，以"囚尧"为号。识者凭斯异说，颇为禅授为疑。然则观此二书，已足为证者矣，而犹有所未睹也。何者？据《山海经》谓放勋之子为帝丹朱，而列君于帝者，得非舜虽废尧，仍立尧子，俄又夺其帝者乎？观近古有奸雄奋发，自号勤王，或废父而立其子，或黜兄而奉其弟，始则示相推戴，终亦成其篡夺。求诸历代，往往而有。必以古方今，千载一揆。斯则尧之授舜，其事难明，谓之让国，徒虚语耳。

这一条质疑，涉及禅授传说中尧、舜、丹朱、放勋等人物的复杂关系，以及诸书所记的许多矛盾。刘知幾联系"近古有奸雄奋发"等事，进而怀疑所谓让国之说乃是虚构的故事。古今历史形势不同，刘知幾此处所论，多有推测之意。但由于魏晋南北朝时期所谓禅位的闹剧连连不断，刘知幾以今测古，亦并非全无道理。

其三，关于桀、纣之恶的质疑。刘知幾认为：

夫《五经》立言，千载犹仰，而求其前后，理甚相乖。何者？

> 称周之盛也,则云三分有二,商纣为独夫;语殷之败也,又云纣有臣亿万人,其亡流血漂杵。斯则是非无准,向背不同者焉。又案武王为《泰誓》,数纣过失,亦犹近代之有吕相为晋绝秦,陈琳为袁檄魏,欲加之罪,能无辞乎?而后来诸子,承其伪说,竟列纣罪,有倍《五经》。故子贡曰:桀、纣之恶不至是,君子恶居下流。班生亦云:安有据妇人临朝!刘向又曰:世人有弑父害君,桀、纣不至是,而天下恶者必以桀、纣为先。此其自古言辛、癸之罪,将非厚诬者乎?

前面所举二例,都是传说中的故事,这里所举当是属于真实的史事。刘知幾以子贡、班固、刘向等人的言论为据,证明"《五经》之言",也有"理甚相乖"的地方;而桀、纣所承担的罪名,是否自古以来就存在"厚诬"之处呢。此条质疑,包含两点。一是"求其前后,理甚相乖",即不符合逻辑。二是"厚诬"过甚。不论是文献所记的自相矛盾,还是前人已经提出异议,都表明刘知幾的疑古是有根据的。

清人浦起龙对《史通·疑古》篇作出这样的解释:一方面严厉指责刘知幾把批评的矛头指向《尚书》:"通观十条,显斥古圣,罪无辞矣。"另一方面又为刘知幾进行开脱,认为刘知幾眼见"自王莽始祸"下至南北朝的朝代更迭,"累朝践代,类以攘窃之诈,俺为推挹之文","引经作册,居然旧章",弄得乌烟瘴气,揭露"近古奸雄",乃"其意之所妄"①。浦起龙所论,有合理之处,即刘知幾于文中多处抨击近古以来朝代更迭过程中的政治阴谋,这一点十分突出。但是,刘知幾批评《尚书》,也是出于实事求是,谈不上什么"显斥古圣,罪无辞矣",反映了浦起龙在见识上和理论上,均不及刘知幾的犀利和胆识。

① 刘知幾:《史通·疑古》,浦起龙:《史通通释》,上海古籍出版社 1978 年版,第 381、384 页。

第二节　历史认识的发展与系统的释古见解

一、关于治水及有关传说的解释

中国古代先贤曾经对自然、社会、历史有很深的思考，在思考中常常也有一些在当时是难以找到答案的问题。这些思考和问题，激发着后人在新的历史条件下，继续进行思考，并试图作出回答。这些，也是中国古代思想发展史的一部分。

我们在上一章中讲到，战国时期末年的屈原作了《天问》，提出了许多关于自然和历史的问题。从社会历史发展进程来看，这些问题从人类初始阶段起直到屈原生活的时代止。屈原是一个有思想、有社会责任感的诗人，同时又是一个善于思考的哲人。他提出的一些历史问题，都是中国古代史上的重要问题。他之所以把这些问题提出来，是因为他感到迷茫不解，他希望得到答案。从中国古代历史思想发展来看，屈原在当时提出的历史问题，以及他希望得到的答案，在他那个时代是无与伦比的。从这个意义上说，《天问》是中国古代历史理论的宝贵资料之一。

在屈原作《天问》的千年以后，同史学有密切关系的思想家柳宗元有感于《天问》的重要，欣然作《天对》宏文，一一回答了《天问》提出的问题。《天对》充分展现了柳宗元丰富的自然知识和历史知识。从《天问》到《天对》，反映了中国古代人们对历史认识的重大进步，也反映了中国古代历史理论的重大发展。①

---

① 柳宗元：《柳河东集》卷一四《天对》题解云："《天问》者，屈原之所作也。旧录之于《楚辞》。按汉王逸序其篇首曰：'屈原放逐，忧心愁悴。彷徨山泽，经历陵陆。嗟号昊旻，仰天叹息。见楚有先王之庙，及公卿祠堂，图画天地山川神灵，琦玮僪佹及古圣贤、怪物行事，因书其壁，呵而问之。以渫愤懑，舒写愁思，乃假天以为言焉。故作《天问》。子厚取《天问》所言，随而释之，遂作《天对》。'"中华书局1960年版，第227页。

如上一章所说,《天对》在天人关系这个古老问题的回答方面,具有重要的理论价值,同时《天对》一文还充分显示出柳宗元的丰富的历史认识与深刻的释古思想,因而在关于古今关系的认识上也具有重要的理论价值。

治水历来是先民关注的大事,因为它同先民的生产、生活都有极大的关系。关于治水,先民有许多传说,屈原对此十分有兴趣,而有些传说却不得其解。因此,屈原在《天问》中继"遂古之初"的有关问题之后,便"问"到了治水问题。他问道:"不任汩鸿,师何以尚之？佥曰'何忧',何不课而行之?"从柳宗元下面的"对",可知这是屈原在问有关大禹之父鲧(亦作鲧)治水的事情。其意是问:鲧不能胜任治水的任务,众人为什么推举他呢？大家都说"何必担忧",为什么不让他试验一下就加以任用呢?① 屈原此问表明鲧治水的失败,在历史上有非常久远的传说,因而有广泛的社会影响。对此,柳宗元回答说:"惟鲧诡诡,邻圣而孽。恒师庬蒙,乃尚其圮。后惟师之难,颙颙使试。"意思是说:鲧经常与人争吵,虽跟圣人关系亲近,而他自己却是凶恶的。长期以来,众人不明白鲧的实际情况,于是推举了他这种败坏善类的人。尧因为众人的意见难于拒绝,勉强派鲧试着去治水。从上述的问、对中,人们可以看出尧、鲧、众人的关系,这种关系应是父系氏族社会的反映。

治水既是生产、生活中的大事,屈原问到了鲧,必然也会问到禹。他这样发问:"伯禹腹鲧,夫何以变化。纂就前绪,遂成考功。何续初继业,而厥谋不同?"其所问之意是:伯禹(即禹)从鲧腹中生出来,为什么跟鲧有不同的表现？禹继续鲧的事业,完成鲧开始的工作。为什么禹继续鲧的事业,而做法不一样呢?② 这是从禹的来历而问及禹为什么在治水事业上与鲧的方法不同。诚然,这是在治水方面的一个关键性问题。可见,禹与鲧治水方法的不同,在先秦时期确为许多人所关注,因为这涉及治水

① 复旦大学中文系古典文学教研组:《〈天问〉〈天对〉注》,上海人民出版社 1973 年版,第 12—13 页。

② 以上见复旦大学中文系古典文学教研组:《〈天问〉〈天对〉注》,上海人民出版社 1973 年版,第 13、15 页。

的成功与否。屈原发出此问，与其说是反映他的疑惑，毋宁说是反映他对于这个问题的重视，即在强调禹的睿智和功绩。屈原提出的这个问题，引起了柳宗元的极大关注，所以他十分认真而详尽地“对”道：“气孽宜害，而嗣续得圣，污涂而蕖，夫固不可以类。胝躬躄步，桥楯勩踣。厥十有三载，乃盖考丑。宜仪刑九畴，受是玄宝。昏成厥孽，昭生于德，惟氏之继，夫孰谋之式！”其意是说：鲧气质凶恶，该遭灾祸，而他的儿子却很圣明。污泥中长出荷花，本来就不能把两者等同起来。禹在治水过程中，皮肤上长出了老茧，足也跛了；他依靠桥和楯在山路和泥路上奔波，由于劳苦而跌仆。禹辛苦了十三年，才平定洪水，掩盖了他父亲的丑名。由于禹的功绩，由他来制定各种制度和法式，并接受玄圭，都是很适当的。鲧的昏愚使他凶孽，禹的好品质产生了他的明哲；禹只是继承了鲧的姓氏，为什么要效法鲧的谋划呢！① 从上述“问”“对”的比较，可以看出，柳宗元所“对”已丰富了屈原所“问”的内容，反映了柳宗元对于禹的崇敬。在这里，“凶孽”和“圣明”、“昏愚”和“明哲”的对比极为鲜明。值得注意的是：屈原所“问”，主要涉及鲧与禹治水方法的不同，而柳宗元的“对”则不限于此，而涉及其他的制度、法式，包含着禹作为一个时代的开端的认识。这一点是意味深长的。

当然，屈原也“问”到了禹是怎样把洪水治理好了的。他“问”道：“洪泉极深，何以填之？地方九则，何以坟之？”意思是说：禹是怎样填塞洪水的呢？禹把土地定为九等，是怎样划分的？针对此“问”，柳宗元的“对”也包含了更多的解释：“行鸿下隤，厥丘乃降。焉填绝渊，然后夷于土！从民之宜，乃九于野，坟厥贡艺，而有上中下。”柳宗元所“对”的意思是：疏通水道，使洪水向下游低处流去，水势就减弱了。哪里用填平极深的水渊，才能使土地平整呢！禹根据农业生产情况，把全国的土地和赋税分为九等。② 这表明：第一，国家产生了，因而有了赋税及赋税的等级。第二，

① 复旦大学中文系古典文学教研组：《〈天问〉〈天对〉注》，上海人民出版社 1973 年版，第 15—16 页。

② 复旦大学中文系古典文学教研组：《〈天问〉〈天对〉注》，上海人民出版社 1973 年版，第 16—17 页。

统一国家的观念,这在屈原的时代还只是一个理想,而在柳宗元时代则早已成为现实了。

关于治水,屈原还问到了一个古老的传说,即禹治水是得到了应龙(有翼的龙)的帮助,于是他发“问”说:“应龙何划? 河海何历?”意谓应龙怎样用尾划地? 河海怎样随着应龙所划而流通?[①] 对此,柳宗元不以为然,他这样“对”道:“胡圣为不足,反谋龙智? 畚锸究勤,而欺划厥尾!”大意是说:难道像禹这样的圣人还不足以治理洪水,反而要靠龙的智慧吗? 治理好洪水是人们用畚锸极尽勤劳的结果,应龙划地的传说是欺人之谈![②] 在这里,柳宗元完全排除了神力在治水中的作用,认为这种传说是无稽之谈,而是强调了人和人的勤劳以及工具在治理洪水中的作用,表明他作为一个唯物思想家对历史的认识和理解。

屈原《天问》中关于治水还有一些问题,柳宗元都一一有所“对”,此处不一一列举。从上述的“问”“对”中,我们可以看到:由于时间的跨度,屈原和柳宗元在历史认识方面有极其明显的差异。应当指出:屈原的历史知识是丰富的,他以诗人的想象力发现了许多问题,而这些问题在当时又难以得到明确的解释。柳宗元处于千年之后,人们对历史的认识不断提升,因而对于以往一些难以解释的问题,可以逐步地赋予明确的解释。仅以治水这件大事为例,柳宗元所对,包含着司马迁《史记·夏本纪》等文献中的有关记述,并把这些记述进一步提升为释古的思想和方法。这正是《天对》释古的理论价值所在。

二、关于夏、商、周三代更迭的解释

屈原《天问》所问历史问题,主要是关于夏、商、周三代历史的问题,尤其是三代更迭的问题。

---

① 复旦大学中文系古典文学教研组:《〈天问〉〈天对〉注》,上海人民出版社 1973 年版,第 17—18 页。

② 复旦大学中文系古典文学教研组:《〈天问〉〈天对〉注》,上海人民出版社 1973 年版,第 18 页。

关于夏史,屈原首先提出禹的婚配问题。屈原“问”道:“禹之力献功,降省下土四方。焉得彼涂山女,而通之于台桑?闵妃匹合,厥身是继。胡为嗜不同味,而快鼂饱?”其意是问:禹为了尽力完成治水功业而下去视察各地情况,怎么在这过程中又得到涂山之女而在台桑同她通婚呢?禹爱怜涂山女,并同她结婚,是为了自身有人继嗣。为什么禹的爱好与众不同,不像常人那样贪图男女之欢呢?① 这里,既有屈原的自问自答,但也留下了一个禹与常人不同的问题。柳宗元之“对”,有同屈原自问自答相同之处,也有超出屈原所问范围的地方。他写道:“禹惩于续,涂妇亟合。胈离厥肤,三门以不眂。呱呱之不畫,而孰图厥味!卒燥中野,民攸宇攸塈。”其大意是说:禹担心后嗣,赶快同涂山女结婚。禹勤劳得腿上的汗毛也掉光了,三次经过家门都没有进去看看。他连呱呱地哭的儿子都不顾惜,还贪图什么情欲!终于使洪水退尽,人民建造了房屋,得到安居。② 在屈原看来,禹是一个治水的英雄,此外他应当同常人一样,当有应有的欲望才是。但是在柳宗元看来,禹不仅是一个治水的英雄,他还是一个英明的统治者,他要使人民得到安居,因此他就顾不上如常人应有的那些欲望了。显然,柳宗元的解释,赋予禹以更伟大的形象。当然,柳宗元和屈原也有共同的看法,即禹同涂山女结婚,是为了后嗣有人。从今天的认识来看,这是意味着传子制度的产生,是中国先民从野蛮跨入文明门槛的标志之一。

说到后嗣,屈原又提出一个与此有直接关系的问题:“启代益作后,卒然离孽。何启惟忧,而能拘是达?皆归射鞠,而无害厥躬。何后益作革,而禹播降?”其意是问:启代益为帝,有的部落发动叛乱,启毅然平定了叛乱。叛乱者是凶恶的,启平定他们是正义的,故自身并未受到伤害。益为什么被启所革替,而禹却为后代播下昌盛的种子?③ 关于益和启的

① 复旦大学中文系古典文学教研组:《〈天问〉〈天对〉注》,上海人民出版社1973年版,第29—30页。

② 复旦大学中文系古典文学教研组:《〈天问〉〈天对〉注》,上海人民出版社1973年版,第30—31页。

③ 复旦大学中文系古典文学教研组:《〈天问〉〈天对〉注》,上海人民出版社1973年版,第31—32页。按:此处意译,与原书相比,稍有变通。

关系，有不同的传说。从屈原所“问”来看，他认为益不应被启所革替。对此，柳宗元是这样看待的，他写道：“彼呱克臧，俾姒作夏。献后益于帝，谆谆以不命。复为叟耆，曷戚曷孽。呱勤于德，民以乳活。扈仇厥正，帝授柄以挞凶穷。圣庸夫孰克害！益革民艰，咸粲厥粒。惟禹授以土，爰稼万亿。违溺践堉，休居以康食。姑不失，胡往不道。”此处所“对”，是涉及夏朝建立的大事，故柳宗元讲得很具体，而他的所“对”，也反映了他对益与启之关系的一种见解，其大意是说：启能够行善，使姒姓得以建立夏朝。禹虽已举行了“后益于帝”的仪式，但益很恳切地表示不愿为帝。启勤于施行德政，人民得以生活下去。有扈氏仇视启的正道，启就发下武器派兵征伐。启又圣又善，谁能够害他呢！启革除了人民的艰难，大家都能够吃到饭了。然而，是禹把土地授予了人民，才能种植成亿成万的庄稼，才能摆脱洪水威胁而在陆地上安居乐业。而且禹没有什么过失，所行皆合于正道。[①] 对于这一段有不同传说的历史，柳宗元极其鲜明地表明了自己的论点。在他看来，益、启的矛盾和冲突是不存在的，而启又是一个勤于施行德政的统治者，其结果是人民得以安居乐业。这里，他尤其强调了土地和种植，反映了夏朝的建立是跟农耕文明的发展相联系的。此外，柳宗元十分肯定禹、启行为的连续性及其良好的社会效果，表明他对于当时的社会变化是持高度评价的态度的。

关于夏朝的历史，屈原还“问”了不少问题，如羿的出现及其结局、少康时的政治等等，柳宗元都一一有所“对”。

关于商史，屈原从商汤说起。屈原“问”道：“汤谋易旅，何以厚之？覆舟斟寻，何道取之？”其意是问：汤想变易夏众，使之从己，是怎样厚待他们的？夏少康灭斟寻像打翻船一样，所用是什么方法呢？[②] 柳宗元是这样解释的：“汤奋癸旅，爰以伛拊。载厥德于葛，以诘仇饷。康复旧物，

① 复旦大学中文系古典文学教研组：《〈天问〉〈天对〉注》，上海人民出版社 1973 年版，第 32—34 页。

② 复旦大学中文系古典文学教研组：《〈天问〉〈天对〉注》，上海人民出版社 1973 年版，第 45—46 页。按：此四句，后人理解多有歧异，原书注文已讲得很清楚，为与柳宗元之“对”呼应，今采用此说。

寻焉保之？覆舟喻易，尚或艰之！”在柳宗元看来，事情是非常清楚的：汤用施恩惠的手段来争取夏桀的部众。汤先施德于葛，他的征葛，是诘责葛伯的“仇饷”罪状，所以能得人心。少康恢复夏朝，斟寻怎能抵御？用“覆舟”比喻灭寻的容易，可能还嫌把它比喻得太艰难了。① 如上文所述，柳宗元在讲到启的时候，着重肯定了启的施德于众，这里讲商汤同样是肯定他的施德行为。由此可见，柳宗元在看待古代历史人物时，有德、无德是基本原则之一。

夏商之际，夏桀也是一个关键人物。屈原“问”到一个具体问题：“桀伐蒙山，何所得焉？妹嬉何肆，汤何殛焉？”意谓：夏桀伐蒙山，他得到了什么呢？妹嬉有什么放荡的地方，以致被汤所流放？这两个问题，屈原并非不知，他之所以作为问题提出来，其意当在于警示后人。柳宗元所“对”，亦极明快，他写道：“惟桀嗜色，戎得蒙妹。淫处暴娱，以大启厥伐。”桀嗜好女色，兴兵伐蒙，得到蒙的妹嬉。桀荒淫无道，纵侈享乐，引起汤的讨伐。② 这说到了夏朝灭亡的原因，妹嬉只是一个引子，根本原因在于夏桀的腐败无道。

关于商汤的故事，屈原还提出一个有趣的问题：“成汤东巡，有莘爰极。何乞彼小臣，而吉妃是得？”成汤东巡到有莘，为什么原来索取小臣（伊尹），结果却得到一位善良的妃子？③ 柳宗元认为二者之间没有必然联系，他“对”道：“莘有玉女，汤巡爰获。既内克厥合，而外弼于德。伊知非妃，伊之知臣，曷以不识！”其意是说：有莘氏有一个美好的女子，汤因出巡而获得，内既和睦相处，外又能有助于德政。汤得伊尹和他娶有莘氏没有关系。伊尹这样有智慧的臣子，怎会不受汤的赏识呢？这里，柳宗元再一次讲到了汤的德政，他不仅把汤索取伊尹同获得有莘氏女区别开来，而且肯定了有莘氏女是一个美好的女子，内外都有助于汤。这同夏桀获

① 复旦大学中文系古典文学教研组：《〈天问〉〈天对〉注》，上海人民出版社 1973 年版，第 46 页。

② 复旦大学中文系古典文学教研组：《〈天问〉〈天对〉注》，上海人民出版社 1973 年版，第 46—47 页。

③ 复旦大学中文系古典文学教研组：《〈天问〉〈天对〉注》，上海人民出版社 1973 年版，第 60 页。

妹嬉形成鲜明的对比。他这样解释历史,是非鲜明,给人以深刻的印象。

由伊尹又引起一个传说,屈原发“问”说:“水滨之木,得彼小子。夫何恶之,媵有莘之妇?”其意是问:以滨空桑中得到伊尹,为什么要憎恶他,把他充作有莘之妇的陪嫁奴隶呢?[①] 对此,柳宗元明确地“对”道:“胡木化于母,以蝎厥圣!喙鸣不良,谩以诡正。尽邑以垫,孰译彼梦?”为什么用伊尹的母亲变成空桑的说法来诬蔑圣人!关于伊尹的这些传说不是好东西,是谎言在歪曲事实。既然整邑的人都被大小溺死了,那么还有谁能来转述伊尹母亲见到神女的梦呢![②] 柳宗元不相信荒诞无稽的传说,这在他撰写的《非〈国语〉》中多有阐述,而他把伊尹称作圣人,表明他对前贤的尊崇。

夏殷之际的更迭关系,在一定意义上是通过夏桀同商汤的关系反映出来的。屈原对此进行追问:“汤出重泉,夫何罪尤?不胜心伐帝,夫谁使挑之?”意谓汤被囚禁于重泉,后来才获释,究竟犯了什么罪?汤不胜愤怒,起兵攻桀,这到底是谁挑动他干的呢?[③] 其实,夏桀囚禁汤,汤起兵攻桀,这都是深层矛盾的表象。柳宗元的“对”,从本质上揭示了其中的原因,他写道:“汤行不类,重泉是囚。违虐立辟,实罪德之由。师凭怒以割,癸挑而仇。”意即汤的行为和桀不一样,所以桀把他囚于重泉。桀的立法不公正而暴虐,这就是加罪于有德者的原因。[④] 柳宗元完全排斥了他人挑动的因素,而汤的起兵反桀,正是以德易暴的必然趋势。

从上文可知,在屈原的时代,对于夏商更迭之际以及桀、汤关系,还是存在一些不尽相同的传说。到了柳宗元时代,人们接触到更多的历史文献,认识历史、解释历史的能力也随之提高,这些问题也就得到了比较合

---

① 复旦大学中文系古典文学教研组:《〈天问〉〈天对〉注》,上海人民出版社 1973 年版,第 60 页。

② 复旦大学中文系古典文学教研组:《〈天问〉〈天对〉注》,上海人民出版社 1973 年版,第 61 页。

③ 复旦大学中文系古典文学教研组:《〈天问〉〈天对〉注》,上海人民出版社 1973 年版,第 61—62 页。

④ 复旦大学中文系古典文学教研组:《〈天问〉〈天对〉注》,上海人民出版社 1973 年版,第 62 页。

理的解释。

关于周史，屈原是从雄伟宏大的盟津之会提出问题的，他“问”道：“会朝争盟，何践吾期？苍鸟群飞，孰使萃之？”其意是：众多诸侯何以能够遵守周武王的约期，于清晨赶到盟津与武王会师，争着参加盟誓呢？将帅勇猛，如群鹰飞翔，是谁集合起来的呢？[①] 屈原以其诗人的丰富想象力，写出了盟津之会的威武而有序的历史场面，于是发出惊叹：是谁的力量能够创造出来这样的历史事件？对于这个问题，柳宗元所“对”显得十分平实，他写道：“胶鬲比漦，雨行践期。捧盎救灼，仁兴以毕随。鹰之咸同，得使萃之。”其意是说：由于胶鬲（纣的使臣）接近死亡，武王冒雨行军，实践约定的日期以保全胶鬲。武王伐纣是救人于苦难，如同捧了盆水去救被烧灼的人，仁者兴师，大家都跟随他。[②] 柳宗元的“对”，强调了两点：一是周武王是一个言必信、行必果的人，宁可冒雨行军也要实践约定的日期；二是他大会诸侯共同伐纣，符合于仁，因而得到各方诸侯的拥护。屈原、柳宗元关于这个问题的“问”“对”，正是商、周更迭的转折点。

应当看到，屈原在《天问》里提出的一些历史问题，有些是涉及重大历史转折的问题，有些则是历史事件中的细节问题，表明屈原对历史问题的思考是比较全面的。例如，他就武王对纣的尸体的处置而质疑周公，他这样发“问”：“列击纣躬，叔旦不嘉。何亲揆发足，周之命以咨嗟？”其意是问：既然周公不赞成武王分解纣的尸体，为什么他当初参与谋划兴兵伐纣，后来对周灭商的功业又加以赞美呢？[③] 这里，我们应当客观地承认，诗人屈原此问，在逻辑上是说不通的，因为周公不赞成武王对纣的尸体的处置，并不表明周公不赞成灭商之举，这是有联系的两件事，但毕竟不是同一件事。诚如柳宗元所“对”：“颈纣黄钺，旦孰喜之！民父有禧，嗟以美之。”柳宗元把两件事分别看待，意思是说：武王以黄钺斩纣的头颈，周

① 复旦大学中文系古典文学教研组：《〈天问〉〈天对〉注》，上海人民出版社1973年版，第62—63页。

② 复旦大学中文系古典文学教研组：《〈天问〉〈天对〉注》，上海人民出版社1973年版，第63页。

③ 复旦大学中文系古典文学教研组：《〈天问〉〈天对〉注》，上海人民出版社1973年版，第63页。

公哪里会高兴！但周公对武王的平定天下，则嗟叹而赞美之。[①] 在这个问题上，可以证明周公比武王更有远见，这是因为：第一，周公更重视礼，即使对败亡之君的尸体的处置，也应合于礼。第二，合于礼的处置，可以争取更多殷民的信任和拥护。周公的不高兴，是从大处着眼；但灭商毕竟是根本大计，他当然要加以赞美。

继而屈原又从宏观方面提出问题，他在思考全部的殷商历史，希望把它的兴亡弄个明白。他“问”道：“授殷天下，其德安施？及成乃亡，其罪伊何？”其意是问：天帝把天下授予殷，由于殷施行了什么德政？殷成功了又灭亡，它的罪过又是什么？[②] 这是从德与罪来思考殷的兴亡问题。作为诗人的屈原，他或许不曾考虑到这个问题是很难用几句话说清楚的。当然，他作《天问》，确实不曾预期在千年之后会有一位思想家来作《天对》的，更难以设想这位思想家怎样来回答这个难题。柳宗元毕竟是一位睿智的思想家，他具有丰富的历史知识和高屋建瓴、指陈形势的器识。对于屈原的这个问题，柳宗元极其概括地从根本上出其所“对”，他写道：“位庸庇民，仁克莅之。纣淫以害，师殛圮之。”其意是：王位是用来保护民众的，有仁德的人才能担任这个职位。纣荒淫无道而害人，所以众人把他推翻消灭。[③] 柳宗元把王位同仁德联系起来，是一个高度的概括，意谓殷的君主只要有仁德，就可以保住这个地位，但是像纣这样暴虐无道的人，就不能继续坐在王位上了。他这样一虚一实地来回答屈原所“问”，既概括又具体，不仅节省了许多文字，而且也使人读来易于理解。

关于周史，屈原所“问”，还涉及牧野之战的作战场面、周穆王游历四方直至周幽王被国人诛杀等事件和人物，柳宗元据其所知作了解释，不一一详说。

---

① 复旦大学中文系古典文学教研组：《〈天问〉〈天对〉注》，上海人民出版社 1973 年版，第 64 页。

② 复旦大学中文系古典文学教研组：《〈天问〉〈天对〉注》，上海人民出版社 1973 年版，第 64 页。

③ 复旦大学中文系古典文学教研组：《〈天问〉〈天对〉注》，上海人民出版社 1973 年版，第 64 页。

这里，我们之所以一再引用屈原在《天问》中对历史的追问和柳宗元在《天对》中的逐一回应，是为了以充分的事实证明，在相距千年的历史发展的形势下，我们的先贤对于历史的认识，是如何在许多相同的问题上发生了什么样的变化，取得了什么样的进展，进而在古今关系这个历史理论的重要领域中取得了怎样的进步。

我们有必要进一步指出的是：屈原对历史的一再追问，既反映了时代的思想历程，也反映了屈原本人的渊博、浪漫和困惑，这是他在历史的时空中遨游所表现出的复杂的状态。而柳宗元面对屈原对历史的一再追问，能够从容地一一回应，因为他不仅有条件继承荀子、王充以来的唯物思想的传统，而且有条件继承自《史记》《汉书》以下至唐初所修“八史”的精华，尤其是《隋书》志（即《五代史志》）的朴素唯物史观的影响。从这个意义上说，《天对》正是历史和时代的产物。而柳宗元对《天问》的一一回应，无疑也充分显示出他作为一个哲人和一个名副其实的、眼光犀利的历史批判者与史学批判者的气质，显示出了他的深邃、理性和睿智。

这是《天问》《天对》在古代历史理论方面给予我们的启示。

三、释古的原则、方法及历史认识中的古今关系

屈原《天问》，“问”了许多古史问题。柳宗元《天对》，所“对”大致包含两层含义，一是“对”屈原所“问”的古史问题，二是“对”屈原之“问”本身所存在的问题。正是这两层含义，使《天对》具有鲜明的释古价值和历史理论色彩。

柳宗元《天对》在释古过程中，主要是根据作者所积累的历史知识阐发的；如果脱离了历史知识作基础，释古也就无从谈起。从《天对》中可以看出柳宗元具有丰富的历史知识，这是他敢于撰写《天对》的最重要的条件。

其次，柳宗元《天对》在释古过程中，洋溢在字里行间的是作者的历史见解。对于同一历史事件往往存在不同的认识，这是历史见解的差异所形成的。《天对》的历史见解，往往反映了作者的释古原则、方法及历

史认识中的古今关系。不把人事、天道混为一谈,这是《天对》释古最重要的原则和方法。

屈原就齐桓公称霸及其结局发出这样的“问”:“天命反侧,何罚何佑? 齐桓九合,卒然身杀。”其意是:天命反复无常,根据什么进行惩罚和施加保佑? 齐桓公九合诸侯,为什么结果又被杀死?[①] 柳宗元是不相信天命的,他的《天说》一文,就是彻底否定天命存在的力作。[②] 因此,柳宗元此“对”与屈原的认识迥异,他写道:“天邈以蒙,人幺以离。胡克合厥道,而诘彼尤违。桓号其大,任属以傲。幸良以九合,逮孽而坏。”柳宗元的意思是说:天高高在上,昏昧无知,人渺小而与天无关,怎么能够把人事同天道相附会,去责问上天赏罚不当呢! 齐桓公自恃强大,傲慢对待臣属。幸而得到良臣,才能九合诸侯;遭逢奸臣,就坏事了。[③] 屈原还“问”到晋献公宠爱的骊姬设计害死太子申生,申生无罪而死,冤气感动天地,她猖狂至极,还怕谁呢?[④] 对于这一事件,柳宗元的见解是:申生中了骊姬的谗毁而不分辩,献公发怒,他就恭顺地自缢而死。骊姬的谗谮如同虫类干害人勾当,哪里会引起天地的变化![⑤]

如同此类的“问”“对”,还可以举一些。这就提出了一个历史认识上的古今关系问题:在屈原的时代,天命思想虽早已发生动摇,但它在人们的历史观念中并未完全清除掉,即使在秦汉及秦汉以后时期,人们的历史观念中仍有天命痕迹。因此,屈原就齐桓公、骊姬所提出的问题是可以理解的,也可以说有其合理的地方。但是,到了柳宗元时代,人们的天命观念已经大为淡化了,一般说来,人们已不再用天命而是用人事来解释历史了,这是人们历史观的进步的反映。从《天问》到《天对》,在许多问题上

---

① 复旦大学中文系古典文学教研组:《〈天问〉〈天对〉注》,上海人民出版社 1973 年版,第 68 页。

② 柳宗元:《柳河东集》卷一六,中华书局 1960 年版,第 285—287 页。

③ 复旦大学中文系古典文学教研组:《〈天问〉〈天对〉注》,上海人民出版社 1973 年版,第 69 页。

④ 复旦大学中文系古典文学教研组:《〈天问〉〈天对〉注》,上海人民出版社 1973 年版,第 77 页。

⑤ 复旦大学中文系古典文学教研组:《〈天问〉〈天对〉注》,上海人民出版社 1973 年版,第 77 页。

都反映了这种历史观的进步，而柳宗元很明确地把握住了历史认识中的这一古今变化，鲜明地指出古之认识的不妥和今之认识的要领，从而达到作者释古的目的。

不相信荒诞的传说，是《天对》释古的又一重要原则和方法。

传说和历史有一定的联系，因为传说中包含着某些历史的踪影。但是，随着历史的发展，人们认识历史的能力提高了，对于传说尤其是一些荒诞的传说，应把它们同历史加以区别，这是历史认识中的一个古今关系问题。屈原“问”及简狄和帝喾的故事：“简狄在台，喾何宜？玄鸟致贻，女何喜？”意思是说：简狄、帝喾向天求什么福？燕子赠卵，简狄为什么欢喜？[①] 这是一个古老而美丽的传说，司马迁在《史记·殷本纪》中也有类似的记述。但它毕竟不能直接用来解释某一具体的历史事件。对此，柳宗元是十分清楚的，正如他所“对”的那样：“喾、狄祷禖，契形于胞。胡乙鷇之食，而怪焉以嘉。”其意是：帝喾和简狄曾向禖神祷告求子，但契是经过正常的怀孕过程而诞生的，哪有吞燕卵而生的事，而某些人却把它当作神怪加以称道！[②] 在柳宗元看来，历史是真切可知的，无须用神怪把它神秘化，更不应对神怪之说加以渲染。前文所引柳宗元批评关于伊尹母亲变成空桑的说法，也是基于这一认识的。

此外，屈原还对周穆王的周游天下提出疑问：“穆王巧梅，夫何为周流？环理天下，夫何索求？”其大意是说：贪心的周穆王周游天下，他希望得到些什么呢？[③] 这是一个流传很广的传说，屈原所“问”没有涉及神怪，但这个传说是包含了神怪内容的，故柳宗元所“对”，补充了对涉及神怪的解释。他写道：“穆懵《祈招》，猖洋以游。轮行九野，惟怪之谋。胡给娱戴胜之兽，觞瑶池以迭谣！”这里的意思是：周穆王不懂《祈招》（《诗经》篇名）所讲的道理，无节制地远游。穆王周游天下，一心追求怪异事

---

① 复旦大学中文系古典文学教研组：《〈天问〉〈天对〉注》，上海人民出版社1973年版，第53页。

② 复旦大学中文系古典文学教研组：《〈天问〉〈天对〉注》，上海人民出版社1973年版，第54页。

③ 复旦大学中文系古典文学教研组：《〈天问〉〈天对〉注》，上海人民出版社1973年版，第66页。

物。为什么要用穆王和西王母这种怪兽一起娱乐、在瑶池饮酒并互相唱和的事情来骗人呢![1] 周穆王同西王母饮酒、唱和的传说,屈原并未提及,但柳宗元还是在“对”中提出来并加以解释,说明这个传说在漫长的年代里有很大的影响,并见于有关的文字记述,故确有必要予以澄清。从这里,人们可以看到柳宗元《天对》释古的良苦用心和高度责任感。

天命和神话传说曾经用来叙述历史、解释历史,这是先民历史认识过程中“古”的阶段;天命和神话传说不能用来说明历史,应还历史以平实、真切的面目,这是先民历史认识过程中走向“今”的阶段。可以认为,《天问》和《天对》在一定程度上反映了前贤在历史认识上的这一古今联系与古今变化。《天问》的价值在于,它提出了许多历史问题,从而保留了一些古老的传说和人们的认识,并激发了后人的思考;《天对》的价值在于,它尊重前人的所思所问,而又能以认真的态度、严谨的精神对它们一一作出解释。从这个意义上说,《天问》《天对》反映了古人在历史认识过程中相距千年的两个坐标:前者思古之深刻,后者释古之精彩,都具有历史认识上的理论意义。

第三节　古今世风与致治之要

一、风俗教化与古今之辩

人们对古今关系的认识,往往影响到对政治措施的判断,甚至影响到重大的政治决策。这是历史理论与政治理论密切联系的反映之一。商鞅与秦孝公论变法之必要,[2]汉高祖刘邦命陆贾著书论古成败之国,[3]都给

① 复旦大学中文系古典文学教研组:《〈天问〉〈天对〉注》,上海人民出版社 1973 年版,第 66—67 页。

② 司马迁:《史记》卷六八《商君列传》,中华书局 1959 年版,第 2229 页。

③ 司马迁:《史记》卷九七《郦生陆贾列传》,中华书局 1959 年版,第 2699 页。

后人留下深刻的启示。

唐朝建立之初,也存在类似的问题,由是否实行教化政策而引发了关于古今关系的辩论。具体说来,唐初实行"偃武修文"的教化之政的重大决策,是经过一番激烈的争论才确定下来的。唐太宗即位之初,"尝与群臣语及教化"。他说:"今承大乱之后,恐斯民未易化也。"魏徵不赞同这种看法,认为:"久安之民骄佚,骄佚则难教;经乱之民愁苦,愁苦则易化,譬犹饥者易为食,渴者易为饮也。"唐太宗认为魏徵说得很对。大臣封德彝反对魏徵的意见,他说:"三代以还,人渐浇讹,故秦任法律,汉杂霸道,盖欲化而不能,岂能之而不欲邪?魏徵书生,未识时务,若信其虚论,必败国家。"魏徵反驳说:"若谓古人淳朴,渐致浇讹,则至于今日,当悉化为鬼魅矣,人主安得而治之!"唐太宗最后采纳了魏徵的主张,收到了突出的政治效果,数年之后他兴奋地对长孙无忌等重臣们说:"贞观之初,上书者皆云人主当独运威权,不可委之臣下,又云宜震耀威武,征讨四夷。唯魏徵劝朕偃武修文。中国既安,四夷自服……徵之力也。"①这里充分肯定了关于教化的决策。

魏徵的见识本来自于历史经验,并把这种经验提升到理论的认识。他结合隋朝的历史,阐述了教化之政的思想,认为:"古之善牧人者,养之以仁,使之以义,教之以礼,随其所便而处之,因其所欲而与之,从其所好而劝之。"他称道隋朝的循吏梁彦光等"内怀直道,至诚待物,故得所居而化,所去见思"的风范。他指出,"有无能之吏,无不可化之人"②。魏徵借讨论教化政策和评论历史,提出了一个理想的统治秩序和政治环境,也对各级官吏提出了"立身从政"的目标。这对唐初的政治生活显然是十分重要的。

在这个辩论中,清晰地反映出当时的主流思想是认识到了社会历史是在不断进步的。这种思想还反映在人才观念上。史家吴兢记唐太宗同大臣封德彝关于人才的谈话,表明了他们在古今观与人才观方面的歧异。

---

① 范祖禹:《唐鉴》卷二,上海古籍出版社 1984 年版,第 39—40 页。

② 魏徵等:《隋书》卷七三《循吏传》序及后论,中华书局 1973 年版,第 1673、1688 页。

吴兢写道:

> 贞观二年,太宗谓右仆射封德彝曰:"致安之本,惟在得人。比来命卿举贤,未尝有所推荐。天下事重,卿宜分朕忧劳,卿既不言,朕将安寄?"对曰:"臣愚岂敢不尽情,但今未见有奇才异能。"太宗曰:"前代明王使人如器,皆取士于当时,不借才于异代。岂得待梦傅说,逢吕尚,然后为政乎?且何代无贤,但患遗而不知耳!"德彝惭赧而退。①

所谓"借才于异代"虽是一种讥讽的口吻,即历史不可能倒退到傅说、吕尚的时代,但却包含着一个深刻的道理:每个时代都会有那个时代的人才,可怕的是"遗而不知"。这是承认历史和社会都在不断的进步中,人们的思想和实践应当适应这种进步。

唐太宗君臣在这方面的讨论具有非常突出的现实意义。史载:

> 贞观元年,太宗曰:"朕看古来帝王以仁义为治者,国祚延长,任法御人者,虽救弊于一时,败亡亦促。既见前王成事,足是元龟,今欲专以仁义诚信为治,望革近代之浇薄也。"黄门侍郎王珪对曰:"天下凋丧日久,陛下承其余弊,弘道移风,万代之福。但非贤不理,惟在得人。"太宗曰:"朕思贤之情,岂舍梦寐!"给事中杜正伦进曰:"世必有才,随时所用,岂待梦傅说,逢吕尚,然后为治乎?"太宗深纳其言。②

唐太宗说的"专以仁义诚信为治",王珪说的"弘道移风"、"非贤不理",以及杜正伦说的"世必有才,随时所用"等,都是明智之见,这些见解的结合和融洽,成为贞观年间政治思想的一个重要方面。唐太宗时人才辈出,而唐太宗君臣合理地看待古今关系及其实践价值,自是一个重要的思想基础。唐太宗自然十分看重这一点,所以他在贞观二年(628年)向身边的大臣再次强调说:"朕谓乱离之后,风俗难移,比观百姓渐知廉耻,官民奉法,盗贼日稀,故知人无常俗,但政有治乱耳。是以为国之道,必须抚之

① 吴兢:《贞观政要·择官》,上海古籍出版社1978年版,第89页。按:此处记"贞观二年",似误。据《旧唐书》卷六三《封伦传》记:"贞观元年,(封伦)遘疾于尚书省,太宗亲自临视,即命尚辇送还第,寻薨,年六十。"中华书局1975年版,第2397页。

② 吴兢:《贞观政要·仁义》,上海古籍出版社1978年版,第149页。

以仁义，示之以威信，因人之心，去其苛刻，不作异端，自然安静。公等宜共行斯事也！”[①]这一方面是强调教化政策对于“为国之道”的重要性，一方面也是强调政策的连续性，以使其得以收到长时期的积极效果。

二、致治之要务在当今

魏晋时期，还有人称道三代的政治，认为那是先王所设计的理想的政治格局，如曹冏的《六代论》、陆机的《五等论》，是这个时期赞美分封制的代表作。但这种是古非今的思想倾向，在隋唐时期遭到严厉的批评，而柳宗元的《封建论》以历史发展之势否定所谓“圣人之意”，正是倡言历史在不断进步的代表作。

人们的社会存在，决定人们的思想。唐太宗君臣开创的贞观之治局面，在历史上产生了重大的影响。这个影响表现在两个方面，一是实践方面，一是思想方面。因此，人们心目中的政治局面，已不是三代圣人所造就的政治格局，而是更多地关注近代的政治蓝图。唐初马周向唐太宗上书陈述政事，虽也称道“自夏、殷及汉氏之有天下，传祚相继，多者八百余年，少者犹四五百年”，但其所关注的问题则是：“凡修政教，当修于可修之时，若事变一起而后悔之，则无益者也”；“自古以来，国之兴亡，不由积畜多少，唯在百姓苦乐”；“自汉、晋以来，乱天下者，何尝不是诸王”等等，都是针砭时政之言。马周在所上之书最后写道：

> 临天下者，以人为本。欲令百姓安乐，唯在刺史、县令。县令既众，不能皆贤，若每州得良刺史，则合境苏息。天下刺史悉称圣意，则陛下端拱岩廊之上，百姓不虑不安。自古郡守、县令，皆妙选贤德，欲有擢升宰相，必先试以临人，或从二千石入为丞相。今朝廷独重内官，县令、刺史，颇轻其选。刺史多是武夫勋人，或京官不称职，方始外出。而折冲果毅之内，身材强者，先入为中郎将，其次始补州任。边远之处，用人更轻，其材堪宰莅，以德行见称擢者，十不能一。所以

① 吴兢：《贞观政要·仁义》，上海古籍出版社1978年版，第149页。

百姓未安,殆由于此。①

马周所说用人,把重点放在刺史、县令上面,即放在基层官员身上,进而认为选拔朝廷大员亦应以此为基础,表明他的政治主张是面对当今,面对现实。唐太宗读了马周的上书,“称善久之”,足见他们的思想是相通的。

在关于政治之要务在当今方面,史学家吴兢同样是十分突出的。他撰写的《贞观政要》一书,主要是在称道“今圣”,而不在歌颂“古圣”。正如他在《贞观政要》序中所写的那样:

> 有唐良相曰侍中安阳公、中书令河东公,以时逢圣明,位居宰辅,寅亮帝道,弼谐王政,恐一物之乖所,虑四维之不张,每克己励精,缅怀故实,未尝有乏。太宗时政化,良足可观,振古而来,未之有也。至于垂世立教之美,典谟谏奏之词,可以弘阐大猷,增崇至道者,爰命不才,备加甄录,体制大略,咸发成规。于是缀集所闻,参详旧史,撮其指要,举其宏纲,词兼质文,义在惩劝,人伦之纪备矣,军国之政存焉。凡一帙一十卷,合四十篇,名曰《贞观政要》。庶乎有国有家者克遵前轨,择善而从,则可久之业益彰矣,可大之功尤著矣,岂必祖述尧舜,宪章文武而已哉!

在这里,吴兢非常直率地提出,当朝天子和大臣们只要学习、效法“太宗时政化”,就可以达到致治的目的,而不必“祖述尧舜,宪章文武”。这些话,在当时看来,是要有几分叛逆思想才能提出来的。在这一点上,吴兢同他的挚友刘知幾在思想上是相通的:刘知幾疑古,吴兢是今,可谓相得益彰。

小　　结

魏晋南北朝隋唐时期,人们自觉地提出通过从载籍记述上的“古”进

① 刘昫等:《旧唐书》卷七四《马周传》,中华书局1975年版,第2618页。

而认识历史发展中的“古”，这是古今关系认识上的又一重大进步；而这种进步的积累和发展，使人们发现载籍中的记述存在着不尽合理之处，甚至是相互抵牾和矛盾的，于是产生了困惑，由困惑不解进而产生了疑古思想；同时，上述这种积累和发展也产生了另一种作用，即由于历史知识的丰富以及其他社会原因，人们认识历史的能力大大增强了，从而对古老的传说和历史有可能作系统的解说。人们从信古、疑古到释古，这是从肯定、否定到否定之否定的辩证发展过程。在魏晋南北朝隋唐时期，史学家、思想家和政治家在历史理论领域的古今关系认识上，经历了这样一个思想历程，把古今关系的认识向前推进了，从而在历史理论和政治活动中都有突出的反映。

第三章
地理条件对社会历史发展的影响

对地理条件与社会历史发展之间关系的探讨，是中国史学上的古老话题，也是一个不断取得进展的话题。作为历史理论的有机组成部分，魏晋南北朝隋唐时期的地理思想在研究的自觉意识，在地理条件与政治统治、与民俗面貌、与民族发展等许多方面，都有新的认识。其原因大致可归结为：首先，这一时期生产力的发展导致了人们对自然界的认识水平不断提高，这为包括地理学在内的所有学科的认识进入新的历史阶段、取得新的学术进展提供了基本前提。其次，空前的多民族融合、政治上追求与巩固大一统的客观历史条件，又促使相关地理思想不断发展起来。再次，地理学本身的发展在上述两方面因素的共同作用下，体现出新的特点，比如研究范围的扩大、准确性的提高、科学因素的积累，等等。

第一节　史学发展与地理思想的进步

一、地理思想发展的连续性

从中国地理学的发展历程来看，最早的有系统的地理著作是《山海经》与《禹贡》。它们在政治上大一统的思想逐步形成及相应的历史形势之下,开始有意识地从全国范围来进行复杂的地理描述。[①] 而从史学发展的角度来看,它们也反映了春秋战国时期人们对于政治、社会、历史的一些基本认识,因而也都与历史学有着密切的联系。其中所包含的地理思想,对以后史学中关于地理形势及其与社会历史发展进程的关系的认识,有着深远的影响。随着中国历史学前后连贯的发展,尤其是随着史学在巩固封建统治方面所起作用不断增强,史学中的地理思想也体现出突出的连续性特征。

第一,对地理形势及地理思想的记述成为中国史学的传统。《史记》以《河渠书》记叙统一的汉皇朝的水利事业,以《货殖列传》记述各地的地理条件及其经济、民风状况。另外,在其朝鲜、大宛等列传中,也保存了丰富的域外地理资料。《史记》所述,已经涉及我们今天所言之自然地理与经济地理两大方面的内容,尤其是它关于开发地利、发展生产等方面的思想,对后世史学的相关内容与认识,具有不可忽视的理论启迪意义。《汉书》在体例上承其做法,以《地理志》记述全国地理形势及州郡之设置,以《沟洫志》记述治水历史。这样,《汉书》不仅在体例上进一步规范了纪传体,为两千年来我国有关疆域政区的地理著述树立了一定之规。我国沿革地理这门学问自此发端;而且在内容上,也将地志的内容与记述范围都加以充实、扩大了。另一方面,《汉书》贯穿于全书同时也鲜明地体现于地志当中的撰述思想——着力阐发"汉极盛"[②]的历史现实,则突出地反映了班固为政治统治服务的自觉意识。上述两点,使《汉书》成为后世史学尤其是正史在地志设置与撰述上的榜样。《后汉书》以《郡国志》五卷记天下州郡之设置,《宋书》以《州郡志》四卷记天下州郡沿革;《南齐书》志书简略,但也以两卷篇幅来记述天下行政区划的设置;《隋书》《晋书》也分别以三卷、两卷的篇幅记述天下州郡之设置。《魏书》成于为少数民族政权服务的汉族史家魏收之手,为突出其"天下正统"的思想,书中也

① 参见侯仁之:《中国古代地理学简史》,商务印书馆 1962 年版,第 5 页。

② 班固:《汉书》卷二八下《地理志下》,中华书局 1962 年版,第 1640 页。

以三卷论天下之地形。《梁书》《陈书》《北齐书》《周书》《南史》《北史》诸史无地志,这一方面是由于政治上的原因,这几部史书均成于唐初,大概当时史家从大一统的角度出发,以其未能完成政治统一,所以在体例上加以区别。另一方面是由于资料上的原因,魏晋南北朝时期政局动荡,详备的地理资料不易获得,这也必然成为限制南北朝诸史在地志上有所成就的重要原因。综上,魏晋南北朝隋唐时期的史学发展,一方面重视从自然地理、沿革地理、经济地理的角度对地理条件加以记述,对相关的思想加以继承;一方面也将影响人类历史进程的地理条件作为政治大一统的标志,并通过史书体例的形式加以体现。

第二,从文献学的角度对前代地理书的整理与续作。魏晋南北朝时期的政治局势动荡及学术文化的长足发展,对地理学的发展也产生了影响。随着各分裂国家之间兼并战争与进行割据统治的需要,地理学在多方面都取得了积极的进步。北魏郦道元的《水经注》是其中的典型代表。它通过为《水经》作注的形式,将全国范围内的河流的源流脉络、经行地方,都尽可能地作了详细的描述。其描述的范围,从地理情况一直到历史事迹,内容丰富多彩,而且文笔绚烂,体例谨严,不但是一部地理著作,还具有很高的文学价值。从史学发展史的角度来看,《水经注》的贡献不仅在于它是对前代专门地理书的续作,而且还在撰述过程中,对前代地理著作的成就与特点作了条分缕析的概括。

> 《易》称天以一生水,故气微于北方,而为物之先也。《玄中记》曰:天下之多者水也,浮天载地,高下无不至,万物无不润,及其气流届石,精薄肤寸,不崇朝而泽合灵寓者,神莫与并矣。是以达者不能测其渊冲而尽其鸿深也。昔大禹记著山海,周而不备;地理志其所录,简而不周;《尚书》、《本纪》与《职方》俱略;都赋所述,裁不宣意,《水经》虽粗缀津绪,又阙旁通。所谓各言其志,而罕能备其宣导者矣。今寻图访迹者,极聆州域之说,涉土游方者,寡能达其津照,纵仿佛前闻,不能不犹深汀营也。余少无寻山之趣,长违问津之性,识绝深经,道沦要博,进无访一知二之机,退无观隅反三之慧。独学无闻,古人伤其孤陋;捐丧辞书,达士嗟其面墙。默室求深,闭舟问远,故亦

> 难矣。然毫管窥天，历筒时昭；饮河酌海，从性斯毕。窃以多暇空倾岁月，辄述《水经》布广前闻。《大传》曰：大川相间，小川相属，东归于海。脉其枝流之吐纳，诊其沿路之所躔，访渎搜渠，缉而缀之。经有谬误者考以附正，文所不载，非经水常源者，不在记注之限。但绵古芒昧，华戎代袭，郭邑空倾，川流戕改，殊名异目，世乃不同，川渠隐显，书图自负。或乱流而摄诡号，或直绝而生通称，枉渚交奇，洄湍决洑，缠络枝烦，条贯手夥，十二经通，尚或难言，轻流细漾，固难辩究。正可自献迳见之心，备陈举徒之说，其所不知，盖阙如也。所以撰证三经，附其枝要者，庶备忘误之矜，求其寻省之易。①

郦道元在这里所述，固然没有对前代所有地理类著作的总结与评价，但其撰述的主旨与参照，显然是前代有代表性的地理著作，因而也就体现出明显的地理思想方面的接续性与继承性。《水经注》在地理思想方面对前代的继承性，还体现在它对于政治与地理条件的密切关系的理解上。这一方面虽未在书中有明确的文字描述，但郦道元通过饱含热情的笔触，对祖国全境不分南北地域加以全面描述的做法，将他对政治大一统的向往与对祖国山水的热爱，表露无遗。

魏晋南北朝隋唐时期的史学，其中的地理思想在地理条件与政治统治的具体联系、与经济发展状况的内在关系、与不同民族特点的形成的内在关系等方面，对前代的相关思想既有继承，又有不同程度的发展。以下将分别述之。

二、从史学发展中总结的新认识

魏晋南北朝时期政治局势的动荡，一方面给社会历史的发展带来了消极影响，一方面也给学术的自由发展在客观上提供了可能，进而为当时及其后学术的繁荣提供了前提。具体而言，地理形势与政治割据的直接关联，为地理学的发展提供了政治上的条件；长期的战乱、人民在各地的

---

① 郦道元：《水经注·叙》，王国维：《水经注校》，上海人民出版社1984年版，第1—2页。

迁移、各民族在更广程度上的融合、新的思想意识形态如佛教的传入与传播,为地理学的普及与深化提供了现实可能;前代在地理学的各个方面已取得的成就,则为地理学取得新进展提供了学术上的基础。几方面结合,推动了魏晋南北朝隋唐时期在地理学上取得新的成就。其主要方面有:

(一)地理著作本身的大发展

魏晋南北朝时期地理学上成就最大者首推《水经注》。这是我国六世纪初的一部以水系为纲领和坐标来记述全国地理状况的著作。它在记述我国137条河流水道的古籍《水经》的基础上加以补充,使河流水道增加到1252条,注文20倍于原文。它在地理学上的贡献,可以概括为如下几点:一是对所记大小河流及流域区的介绍是综合的、全面的,内容丰富;二是史料价值突出,这主要缘于作者对不少河流的亲自考察,以及《水经注》所引用的大量书籍(据称达437种),与不少汉、魏碑刻及民间采访的谚语及传说。这样,此书事实上成为此前我国古代地理知识的总结。

地方志的发展在魏晋南北朝时期有了长足的进步。但由于历史的原因,魏晋南北朝时期的地理著作大多亡佚,惟东晋常璩的《华阳国志》完整保存至今,可认为是其中的代表著作。本书12卷,分别记述了梁、益、宁三州的历史概况、地理建置、自然状况,以及活动于此地的人物、历史,兼及民族、风俗、物产,是一部内容丰富的地方史。常璩撰著此书,有着明确的政治目的,同时,《华阳国志》在体例上也是一部有鲜明特色的史书。

除上述著作之外,魏晋南北朝时期在地理学的发展上有重要意义的著作还有:东晋法显的《佛国记》(又名《法显传》《佛游天竺记》《历游天竺记传》等),记法显在西域、印度、巴基斯坦、斯里兰卡等地区30多个国家的山川地理、风土人情、物理气候、宗教文化等方面的见闻,是我国和上述区域陆、海交通最早的详细记录,也是现在所能见到的我国记述中亚、印度、南海地理风俗的第一部著作。其地理内容之丰富,在世界上四至五世纪的各国游记中,也是十分罕见和珍贵的。它第一次明确提出和记载了“信风”的概念,并以生动简洁的语言,如实记载了所经地区的宗教、经典、山川形势、风土人情、自然气候特点和人民的经济生活状况。其世界性的眼光与内容,打开了中国人民的视野,也为中国古代地理学的发展注入了新的因素。

进入隋唐时期,地理著作的发展有了新的时代特点,由于国力的强盛,对外交流、民族融合的规模进一步扩大,唐代地方性、全国性乃至关于域外的地理著作,都有了突出的发展。

隋代短祚,但其在地理学上也并非无所作为。如裴矩之《西域图记》,即是关于当时西域44国历史、风俗、山川险易等情况的重要著作。

在全国性总志方面,唐初较为重要的地理著作为李世民之子李泰于贞观十五年(638年)撰成的全国总地志《括地志》。本书共550卷,记述当时全国10道、360州、1556县的建置沿革、山川形势、关津城池、亭台宫殿、河流沟渠、风俗物产、名胜古迹、人物故实、冢庙寺观,以及所谓"外夷"的大概情况。它在地理学上的意义在于:一是在文献传承上,据孙星衍辑本序所说,它"称述经传山川城冢,皆本古说,载六朝时地理书甚多",因而保留了许多已失传的文献;二是在记述的范围上,它以唐代全盛时期的地理建置为依据,而其后的《元和郡县图志》以唐宪宗时期的行政建置为据,《旧唐书·地理志》则反映了晚唐时期的行政区划。《括地志》的这一特点,使得我们有可能更为准确地了解唐代地理区划的演变过程。

李吉甫的《元和郡县图志》成于元和八年(813年),以当时行政区10道47方镇为纲领。内容有当时的政区沿革、范围、户口、贡赋、物产、山川形势、水利、古迹史事等。《四库全书总目提要》说:"舆记图经,隋、唐《志》所著录者,率散佚无存。其传于今者,惟此书最古,其体例亦为最善。后来虽递相损益,无能出其范围,今录以冠地理总志之首,著诸家祖述之所自焉。"①此书是我国魏晋以来保存至今的最早的一部总地志。本书鲜明的经世致用的目的,是其在学术与政治上的突出特点。

受民族关系发展的影响,唐代关于云南地区的历史撰述增多。主要有韦齐休的《云南行记》、李德裕的《西南备边录》、窦滂的《云南别录》和

① 永瑢等:《四库全书总目》卷六八《史部·地理类一》,中华书局1965年版,第595页。

《云南行记》、徐云虔的《南诏录》、卢携的《云南事状》、达奚洪的《云南风俗录》、樊绰的《蛮书》等。但这些著作大多亡佚,幸存的只有《蛮书》10卷。它是我国现存最早系统记录西南边疆及东南半岛的综合地理专著。它以区域地理的各要素为篇章框架,分别记述了这一地区的山川、河流、气候等自然地理状况,农业、手工业、矿产、交通、城镇等经济地理状况,人种、风俗、民族、文化、宗教、语言等人文地理的相关内容,体现了公元9世纪前后我国区域地理研究的水平。尤为可贵的是,本书关于东南半岛地理状况的系统记载,还具有重要的世界地理文献的价值。

中唐时期的贾耽,生活在中央政权和地方藩镇割据斗争尖锐的时代,边疆领土沦丧的现实,使他留心地理之学,"率土山川,不忘寤寐"。他遵循裴秀的"制图六体"编制了当时陇右、山南的地图10卷,图幅范围达到当时人们地理视野的极限——"外薄四海"。国内的政区,则依古代所言九州分区。他编制的《海内华夷图》积17年之功而成,表示了汉族和各少数民族的分布,而且把当时所能认识到的大地面貌与地理知识都包纳进去,是一幅当时人们心中的世界地图。另外,他还写成《古今郡国县道四夷述》40卷。其记载范围东至朝鲜、日本,西至甘英出使的伊朗、伊拉克一带,西南至克什米尔、印度河流域,将"古来通儒,罕遍详究"的内容都作了表达,是一部图文并茂的全国历史地图集。

关于中外交通和域外情况的较重要的撰述,还有贾耽的《皇华四达记》和杜环的《经行记》。另外,《大唐西域求法高僧传》《海内寄归传》《往五天竺国行传》,也都是知名之作。玄奘的《大唐西域记》是代表作品。这部著作记述了作者亲身到过和传闻所及的138个国家、城邦、地区,所涉及地区西至新疆、中亚地区及伊朗、地中海东岸,南到印度半岛与斯里兰卡隔海相望的半岛沿岸;北到中亚细亚、阿富汗东北部,东北到孟加拉国附近。其所记述的内容包括山川形势、城邑、交通道路、风土习俗、物产气候、宗教文化等情况,文字朴质严谨、简洁流畅。从世界地理的角度来看,今天仍是研究中亚、印度一带地理不可缺少的文献。法显和玄奘相距约250年,在古代中印文化交流的历史上前后辉映。他们所写下的两部游记,使我们得以知道汉、唐间商业文化交通的几条主要路线,有着极为重要的历史价值。

（二）在前人基础上提出的新认识

在地理著作本身取得很大进展的情况下，对其从理论上进行概括的论述也开始出现。

第一，从史学发展的角度对地理学的演变作梳理。

魏晋南北朝时期，裴秀“以职在地官，以《禹贡》山川地名，从来久远，多有变易。后世说者或强牵引，渐以暗昧。于是甄摘旧文，疑者则阙，古有名而今无者，皆随事注列，作《禹贡地域图》18 篇，奏之，藏于秘府”。在本书的序文中，裴秀写道：

> 图书之设，由来尚矣。自古立象垂制，而赖其用。三代置其官，国史掌厥职。暨汉屠咸阳，丞相萧何尽收秦之图籍。今秘书既无古之地图，又无萧何所得，惟有汉氏《舆地》及《括地》诸杂图。各不设分率，又不考正准望，亦不备载名山大川。虽有粗形，皆不精审，不可依据。或荒外迂诞之言，不合事实，于义无取。
>
> 大晋龙兴，混一六合，以清宇宙，始于庸蜀，采入其岨。文皇帝乃命有司，撰访吴蜀地图。蜀土既定，六军所经，地域远近，山川险易，征路迂直，校验图记，罔或有差。今上考《禹贡》山海川流，原隰陂泽，古之九州，及今之十六州，郡国县邑，疆界乡陬，及古国盟会旧名，水陆径路，为地图十八篇。①

这一段相当概括的议论，事实上为我们粗线条地描述了前代地图学发生、发展，及相关著作的优劣长短，并阐释了作者本着经世致用的目的，对当代地理状况作反映的意图。这是中国较早专门论述地图之学发展的记载。而且，由于裴秀在制图标准方面所取得的重要成就，他的上述议论就更加值得今人关注。

隋唐时期的政治承乱世而来。从辩证的观点看，这种“乱”一方面是坏事，给社会历史发展、人民生活都带来了不安定甚至是灾难；但另一方

① 房玄龄等：《晋书》卷三五《裴秀传》，中华书局 1974 年版，第 1039—1040 页。

面,这种“乱”又在客观上促进了先进生产力的传播与学术思想的活跃发展。这样,隋唐时期的学术,在政治一统的现实需要下,在各个方面都自然地体现出整理、总结与创新的气象。地理学也是如此。《隋书·经籍志》是对前代学术发展的全面总结,在中国史学与目录学发展史上都有着重要的地位。其史部地理类的小序,也是对古代地理思想与地理学发展的简略概括:

> 昔者先王之化民也,以五方土地,风气所生,刚柔轻重,饮食衣服,各有其性,不可迁变。是故疆理天下,物其土宜,知其利害,达其志而通其欲,齐其政而修其教。故曰广谷大川异制,人居其间异俗。《书》录禹别九州,定其山川,分其圻界,条其物产,辨其贡赋,斯之谓也。周则夏官司险,掌建九州之图,周知山林川泽之阻,达其道路。地官诵训,掌方志以诏观事,以知地俗。春官保章,以星土辨九州之地,所封之域,以观祆祥。夏官职方,掌天下之图地,辨四夷八蛮九貉五戎六狄之人,与其财用九谷六畜之数,周知利害,辨九州之国,使同其贯。司徒掌邦之土地之图,与其人民之教,以佐王扰邦国,周知九州之域,广轮之数,辨其山林川泽丘陵坟衍原隰之名物,及土会之法。然则其事分在众职,而冢宰掌建邦之六典,实总其事。太史以典逆冢宰之治,其书盖亦总为史官之职。汉初,萧何得秦图书,故知天下要害。后又得《山海经》,相传以为夏禹所记。武帝时,计书既上太史,郡国地志,固亦在焉。而史迁所记,但述河渠而已。其后刘向略言地域,丞相张禹使属朱贡条记风俗,班固因之作《地理志》。其州国郡县山川夷险时俗之异,经星之分,风气所生,区域之广,户口之数,各有攸叙,与古《禹贡》《周官》所记相埒。是后载笔之士,管窥末学,不能及远,但记州郡之名而已。晋世,挚虞依《禹贡》《周官》,作《畿服经》,其州郡及县分野封略事业,国邑山陵水泉,乡亭城道里土田,民物风俗,先贤旧好,靡不具悉,凡一百七十卷,今亡。而学者因其经历,并有记载,然不能成一家之体。齐时,陆澄聚一百六十家之说,依其前后远近,编而为部,谓之《地理书》。任昉又增陆澄之书八十四家,谓之《地记》。陈时,顾野王抄撰众家之言,作《舆地志》。隋大业

> 中,普诏天下诸郡,条其风俗物产地图,上于尚书。故隋代有《诸郡物产土俗记》一百五十一卷,《区宇图志》一百二十九卷,《诸州图经集》一百卷。其余记注甚众。今任、陆二家所记之内而又别行者,各录在其书之上,自余次之于下,以备地理之记焉。[①]

此篇议论在理论上最重要的意义在于,它在我国古代史学上第一次将地理作为一个单独的学科分类加以认识。它首先指明了地理学的起源与"先王之化民"的政治需要是相一致的。这是对我国古代地理学的起源非常准确的认识。它在客观上也反映了人类在与自然条件作斗争的过程中,逐渐有了对政治管理的需要这一社会历史的实际情况。正如经典作家所阐述的那样:"节省用水和共同用水是基本的要求,这种要求,在西方,例如在佛兰德和意大利,曾促使私人企业结成自愿的联合;但是在东方,由于文明程度太低,幅员太大,不能产生自愿的联合,因而需要中央集权的政府进行干预。所以亚洲的一切政府都不能不执行一种经济职能,即举办公共工程的职能。"[②]其次,它还对地理之学的发展脉络作了梳理。在政治上"疆理天下"的需要之下,九州分界及后世相应的官吏设置,都不同程度地发展起来。随着这种发展的日益完善,掌管诸吏之典册的官职也出现了。这种国家典册集中管理的情况,使得汉初"得秦图书",就可以"知天下要害"。汉代以来,以太史掌天下地志,其中以班固之《汉书》水平最高,记述最详,与"古《禹贡》《周官》所记相埒"。其后的"载笔之士",则因循守旧,不能成一家之体。南北朝以来,诸家地理书蜂起,"记注甚众",故自成一家,单独列之。

从理论上来看,这篇议论的不足之处在于:首先,包括地理条件在内的所有物质因素都是处于不断的变化之中,产生于不同的客观背景之下的人的心理与习俗,更是如此。而作者认为土地、风气、饮食、衣服等,都是"不可迁变"的,这显然是不正确的。其次,从地理学的角度来看,司马

---

① 魏徵等:《隋书》卷三三《经籍志二》史部地理类小序,中华书局 1973 年版,第 987—988 页。

② 马克思、恩格斯:《马克思恩格斯选集》第 1 卷,人民出版社 2012 年版,第 850—851 页。

迁所撰《史记·河渠书》虽然篇幅不长,但却包含了许多作者实地考察的第一手资料,因而有较高的文献价值。而班固《汉书》的《地理志》虽体例完备,叙述赅备,但却少有来自于实际的资料,因而后世对其评价并不像《隋志》这样高。这或许从一个侧面反映了政治大一统对史学及史家的要求,以及史家通过史著反映这种要求的自觉意识。

继《隋书》之后,《史通·杂述》论郡书说:"汝颍奇士,江、汉英灵,人物所生,载光郡国。故乡人学者,编而记之。"又论地理书说:"九州土宇,万国山川,物产殊宜,风化异俗,如各志其本国,足以明此一方。若盛弘之《荆州记》、常璩《华阳国志》、辛氏《三秦》、罗含《湘中》。此之谓地理书者也。"①前者以人物为主,侧重记社会;后者以地理为主,侧重记自然、风俗。它们的共同点是记一方之史。《隋书·经籍志》杂传类著作,自《蜀文翁学堂像题记》以上,大多属于刘知幾说的郡书;地理类著录诸书,则比刘知幾所说要广泛得多。②《史通》与《隋书·经籍志》对地理书及其基本内容与体例的认识,对后世影响深远。

第二,从学科发展的角度对地理著作的性质作概括。

与刘氏的认识角度不同,中晚唐时期的宰相史家杜佑是这样评价当时的地理学著作内容与高下的:

> 凡言地理者多矣,在辨区域,征因革,知要害,察风土,纤介毕书,树石无漏,动盈百轴,岂所谓撮机要者乎!如诞而不经,遍记杂说,何暇编举。(原注:谓辛氏《三秦记》、常璩《华阳国志》、罗含《湘中记》、盛弘之《荆州记》之类,皆自述乡国灵怪,人贤物盛。参以他书,则多纰缪,既非通论,不暇取之矣。)或览之者,不责其略焉。③

作为一部典制体通史,《通典》在对前人成果的选择、取舍方面是非常审慎的。这一段评价,事实上体现出杜佑本人关于地理学的基本认识。他认为,地理书的关键在于"撮机要",而不在于辨区域、征因革、知要害、察

① 刘知幾:《史通·杂述》,浦起龙:《史通通释》,上海古籍出版社1978年版,第274—275页。

② 瞿林东:《中国史学史纲》,北京出版社1999年版,第267页。

③ 杜佑:《通典》卷一七一《州郡典》序,中华书局1988年版,第4451页。

风土等具体的记叙性工作。至于那些"诞而不经,遍记杂说"之作,更是不值得提倡。杜佑所说的"机要",当是他始终围绕的撰述中心"将施有政",即儒家的政治理想"德治",这一点在下文将要谈到。这是杜佑之论地理与地理著作的突出特点,也是他经世致用的学术主张的突出体现。从这个角度来看,他将《华阳国志》这样的地理学名著也作为"自述乡国灵怪,人贤物盛"的、不甚可靠的地方史著作,从而认为"不暇取之",也是情有可原的了。这是《通典》之与作为正史的《隋书》的不同之处,究其根源,是两者在撰述宗旨上的不同所致。

第三,基于地理学学科的发展,提出相关的学科标准。

这个方面的突出代表是魏晋南北朝时期裴秀的"制图六体"说。据《汉书》记载,秦末刘邦入秦时,萧何收秦之"律令图书",使"天下厄塞,户口多少,强弱处,民所疾苦"①等方面情况,尽为汉知。而今天的考古学通过对马王堆汉墓的研究进一步证明,早在汉文帝统治时期,我国就已经有了绘制水平、精确程度很高的地形图与驻军图。裴秀对地理学的贡献主要在于三个方面:一是对古代图书学的总结;二是对制图事业的巨大贡献;②三是编纂了汉朝的全国地图《方丈图》。③ 其中尤以"制图六体"的认识对后世地理学的发展影响最大:

> 制图之体有六焉。一曰分率,所以辨广轮之度也。二曰准望,所以正彼此之体也。三曰道里,所以定所由之数也。四曰高下,五曰方邪,六曰迂直,此三者各因地而制宜,所以校夷险之异也。有图象而无分率,则无以审远近之差;有分率而无准望,虽得之于一隅,必失之于他方;有准望而无道里,则施于山海绝隔之地,不能以相通;有道里而无高下、方邪、迂直之校,则径路之数必与远近之实相违,失准望之正矣,故以此六者参而考之。然远近之实定于分率,彼此之实定于道里,度数之实定于高下、方邪、迂直之算。故虽有峻山巨海之隔,绝域

① 班固:《汉书》卷三九《萧何传》,中华书局1962年版,第2006页。

② 房玄龄等:《晋书》卷三五《裴秀传》,中华书局1974年版,第1039页。

③ 虞世南:《北堂书钞》卷九六:"(《方丈图》)备载名山都邑,王者可不下堂而知四方也。"中国书店1989年影印本,第367页。

殊方之迥,登降诡曲之因,皆可得举而定者。准望之法既正,则曲直远近无所隐其形也。①

它的前三条法则,阐述了地图的比例、方位和距离,是现代地图绘制不可缺少的数理元素。后三项原则论述如何正确表达两点间距离。这一理论是汉魏制图实践的理论总结,奠定了中国中古时期制图的理论基础,使古老的制图学奠定在数学科学的基础上。此理论一直应用到明朝末年,影响达一千四百余年。裴秀因此被科技史学家李约瑟称为"中国制图学之父"。

以上论述所代表的地理学思想,主要从地理学本身的性质、内容、特点、标准等方面立论,是从不同角度对前代地理思想的深化与发展。从历史理论发展的角度来看,对社会历史进程以及地理学本身影响最大者,还是地理学与社会历史之间的辩证联系,它体现了魏晋南北朝隋唐时期社会发展与学术发展双重影响下的地理学的新面貌,对今天的研究来说,具有更为重要的理论与实践意义。

第二节　地理与政治

一、割据皇朝存在的地理条件

地理思想的产生与发展,始终与政治局势的变化有着密切的联系。对此,古代的史家很早就已经认识到,并有了初步的概括。如我国地理学上最早产生的"九州"之说,就与古代人们对"天下""国家""君主"等基本政治问题的理解有着不可分割的联系。从某种程度上说,它就是人们的一种政治理想的反映。随着中国史学产生发展的进程,以及历代史家对"据实直书"精神的提倡与传承,地理学也逐渐具有了政治与学术的双

① 房玄龄等:《晋书》卷三五《裴秀传》,中华书局1974年版,第1040页。

重特点，两者互为依托，构成了古代地理学的突出特征。

魏晋南北朝隋唐时期历史发展的最主要特征，是由统一到分裂，再由分裂到统一。在这种历史的辩证运动过程中，每一次相似的历史状况都成为更高层次上的重复。在这一时期，分裂的广度与深度是空前的，而其后的政治大一统也是规模空前的。处在这一历史变动时期的学术，无不在不同程度上反映与体现着这种历史的存在。地理学也不例外。

总体而言，从宏观理论的层次上对地理与政治的关系作辩证认识者，当以杜佑《通典》的《州郡典》序为代表。杜佑这样写道：

> 天下之立国宰物尚矣，其画野分疆之制，自五帝始焉。道德远覃，四夷从化，即人为治，不求其欲，斯盖羁縻而已，宁论封域之广狭乎！尧舜地不过数千里，东渐于海，西被流沙，朔南暨声教，五帝之至德也。武丁、成王东则江南，西氐羌，南荆蛮，北朔方，三代之大仁也。秦氏削平六国，南取百越，北却匈奴，筑塞河外，地广而亡，逮战国之酷暴也。汉武灭朝鲜、闽越，开西南夷，通西域，逐北狄，天下骚然，人不聊生，追悔前失，引咎自责，下诏哀痛，息戍轮台，既危复安，幸能觉悟也。隋炀逐吐谷浑，开通西域，招来突厥，征伐高丽，身弑祀绝，近代殷鉴也。夫天生烝人，树君司牧，是以一人治天下，非以天下奉一人，患在德不广，不患地不广。秦汉之后，以重敛为国富，卒众为兵强，拓境为业大，远贡为德盛，争城杀人盈城，争地杀人满野，用生人膏血，易不殖土田。小则天下怨咨，群盗蜂起；大则殒命歼族，遗恶万代，不亦谬哉！则五帝三王可以师范。①

这段论述在杜佑的《通典》中，是关于地理思想的重要认识。它的实质是，将天下地理形势与政治统治的关系置于政治统治的价值取向背景下加以讨论。这是儒家思想影响的表现。首先，它从历史发展的角度，对自五帝以来的疆域、赋税以及与之相关的统治思想作了大致的梳理与评价。杜佑认为，政治统治的关键，不在于疆域的广狭，而在于“四夷从化，即人为治”的道德理想是否能够得到实现。“患在德不广，不患地不广”。因

① 杜佑：《通典》卷一七一《州郡典》序，中华书局1988年版，第4450—4451页。

此,地广不等于真正的强盛,而“地不过数千里”的尧舜统治时期,同样可以声教广于天下。强秦虽在地域上广于前代,军事上也空前强大,但由于不懂得政治统治在德不在地的辩证道理,所以终不能逃避短祚的命运,“地广而亡,逮战国之酷暴也”。后世隋炀帝重蹈覆辙,远征他国,更落得个“身弑祀绝”的可悲下场。从政治统治的对内方面而言,统治者的盲目征伐,还会导致“小则天下怨咨,群盗蜂起;大则殒命歼族,遗恶万代”的恶果。在这里,杜佑还提出了“天生烝人,树君司牧,是以一人治天下,非以天下奉一人”的卓越见识。这些认识,从前代及当代正史的民族等相关列传中,都能找到某种继承或相通的关联。但它们无疑更具有理论上的自觉意义。

魏晋至隋唐时期关于地理条件与政治统治的不同方面的具体论述,这里分以下几方面加以探讨,首先说割据皇朝存在的地理条件。

从历史发展的全局来看,由于中国地域辽阔,极易形成一些地理条件较好的天然区域,这些区域的土壤、气候和物产,可以造成若干个并立的经济、政治中心。在古代交通不便的历史条件下,这种形势正是各地封建势力分疆割据的有利的客观条件。[1] 因此,生产力愈不发达,包括地理条件在内的自然条件对政治形势的影响就愈大。

在历史上持续了近千年的分封制和郡县制之争,影响其形成的一个重要因素,就是地理条件。在讨论历史上的政治兴衰时,西汉贾谊就明确主张“众建诸侯而少其力”,认为“力少则易使以义,国小则无邪心”。[2] 这句话明显地考虑到封国地域范围的广狭及其所能提供的物质条件与封建割据的关系。

东汉末年皇朝衰微,地方豪杰并起。在当时纷乱的时势之下,诸葛亮能够预见到三国鼎立的政治局面,正是充分考虑到江东“国险而民附”、“益州险塞,沃野千里,天府之土”这些地理条件,对政治局势所必然产生的决定性影响。他在著名的《隆中对》中认为:

① 参见邓拓:《论中国历史的几个问题》,生活·读书·新知三联书店 1979 年版,第 56 页。

② 贾谊:《新书·藩强》,《贾谊集》,上海人民出版社 1976 年版,第 21 页。

> 自董卓已来，豪杰并起，跨州连郡者不可胜数。曹操比于袁绍，则名微而众寡，然操遂能克绍，以弱为强者，非惟天时，抑亦人谋也。今操已拥百万之众，挟天子而令诸侯，此诚不可与争锋。孙权据有江东，已历三世，国险而民附，贤能为之用，此可以为援而不可图也。荆州北据汉、沔，利尽南海，东连吴会，西通巴、蜀，此用武之国，而其主不能守，此殆天所以资将军，将军岂有意乎？益州险塞，沃野千里，天府之土，高祖因之以成帝业。刘璋暗弱，张鲁在北，民殷国富而不知存恤，智能之士思得明君。将军既帝室之胄，信义著于四海，总揽英雄，思贤如渴，若跨有荆、益，保其岩阻，西和诸戎，南抚夷越，外结好孙权，内修政理；天下有变，则命一上将将荆州之军以向宛、洛，将军身率益州之众出于秦川，百姓孰敢不箪食壶浆以迎将军者乎？诚如是，则霸业可成，汉室可兴矣。①

这既是一篇著名的政治形势分析文章，也是一篇关于地理条件与政治形势关系的精辟剖析之作。在当时的群雄之中，诸葛亮认为曹操政治谋略上占先，有“人谋”的优势，还有“挟天子以令诸侯”的政治影响，因而“不可与争锋”；而孙权据有江东，有“国险”与“民附”两方面的优势，在地理条件与政治基础上也有其长处。因而，刘备要想成就一番事业，只有占据广大的政治版图上的薄弱地带，利用各种有利条件，以图更大发展。诸葛亮提出，荆州乃交通要道，地理位置极其重要，而“其主不能守”，这是有利条件；益州地势险要，且土壤肥沃，民殷国富，其统治者也“不知存恤”，这是又一个有利条件。两者相加，再加上恰当的政治举措，外结孙权，改善民族关系，内修政理，就有机会成就霸业，汉室可兴。应当说，这段话体现了诸葛亮在如下几方面的卓识：首先，他能够于当时的形势之中，准确地看到天下三分的发展趋势；其次，他对当时的主要割据政权的政治分析结合了自然条件与主观条件两方面因素，因而是深刻、准确的；第三，是他对以刘备为代表的第三个割据势力出现的主、客观条件的透彻分析。基于上述认识，他主要从地理条件角度出发，指出了中国西南对刘备霸业的

① 陈寿：《三国志》卷三五《蜀书·诸葛亮传》，中华书局1959年版，第912—913页。

至关重要的意义。诸葛亮的可贵之处还在于,他虽然极为重视自然地理与经济地理对政治形势的重要影响,但并没有将其绝对化,而是结合人的主观能动性,动态地、辩证地看待它起作用的方式与程度。正因为如此,《隆中对》才会产生巨大的现实与历史影响。

魏晋南北朝时期,关于地理条件与割据政权的关系的论述,较重要者还有东晋伏滔的《正淮》。伏滔曾任东晋大司马桓温的参军,“从温伐袁真,至寿阳,以淮南屡叛,著论二篇,名曰《正淮》”。《正淮》分上、下两篇,其上篇分析了淮南屡叛在天、地、人三方面的原因,下篇主要论述统治者在用人方面的得失。这里摘录其上篇主要内容如下:

> 淮南者,三代扬州之分也。当春秋时,吴、楚、陈、蔡之与地。战国之末,楚全有之,而考烈王都焉。秦并天下,建立郡县,是为九江。刘项之际,号曰东楚。爰自战国至于晋之中兴,六百有余年,保淮南者九姓,称兵者十一人,皆亡不旋踵,祸溢于世,而终莫戒焉。其天时欤,地势欤,人事欤?何丧乱之若是也!试商较而论之。
>
> 夫悬象著明,而休征表于列宿;山河衿带,而地险彰于丘陵;治乱推移,而兴亡见于人事。由此而观,则兼也必矣。昔妖星出于东南而弱楚以亡,飞孛横于天汉而刘安诛绝,近则火星晨见而王凌首谋,长彗宵暎而毌丘袭乱。斯则表乎天时也。彼寿阳者,南引荆、汝之利,东连三吴之富;北接梁、宋,平途不过七日;西援陈、许,水陆不出千里;外有江湖之阻,内保淮、肥之固。龙泉之陂,良畴万顷,舒六之贡,利尽蛮越,金石皮革之具萃焉,苞木箭竹之族生焉,山湖薮泽之隈,水旱之所不害,土产草滋之实,荒年之所取给。此则系乎地利者也。其俗尚气力而多勇悍,其人习战争而贵诈伪,豪右并兼之门,十室而七;藏甲挟剑之家,比屋而发。然而仁义之化不渐,刑法之令不及,所以屡多亡国也。
>
> 昔考烈以衰弱之楚屡迁其都,外迫强秦之威,内遘阳、申之祸,逃死劫杀,三世而灭。黥布以三雄之选,功成垓下,淮阴既囚,梁、越受戮,嫌结震主之威,虑生同体之祸,遂谋图全之计,庶几后亡之福,众溃于一战,身脂于汉斧。刘长支庶,奄王大国,承丧乱之余,御新化之

> 俗，无德而宠，欲极祸发。王安内怀先父之憾，外眩奸臣之说，招引宾客，沉溺数术，藉二世之资，恃戈甲之盛，屈强江、淮之上，西向而图宗国，言未绝口，身嗣俱灭。李宪因亡新之余，袁术当衰汉之末，负力幸乱，遂生僭逆之计，建号九江，称制下邑，狼狈奔亡，倾城受戮。及至彦云、仲恭、公休之徒，或凭宿名，或怙前功，握兵淮楚，力制东夏，属当多难之世，仍值废兴之会，谋非所议，相系祸败。祖约助逆，身亡家族。彼十乱者，成乎人事者也。然则侵弱昏迷，以至绝灭，亡楚当之。恃强畏逼，遂谋叛乱，黥布有焉。二王遘逆，宠之之过也。公路僭伪，乘衅之盗也。二将以图功首难，士少以骄矜乐祸。本其所因，考其成迹，皆宠盛祸淫，福过灾生，而制之不渐，积之有由也。①

伏滔在这里首先介绍了淮南之地的历史沿革，指出自战国以来至晋，据有其地者不在少数，但皆“亡不旋踵，祸溢于世”，那么，在这种历史存在的背后，是否有某种必然的规律在起作用呢？伏氏从天时、地势、人事三方面进行了分析。他认为，天、地、人之间存在着必然的联系，因而，三者共同影响着历史发展的趋势，“兼也必矣”。但他论述的重点显然并不在天，而在后两方面。他认为，寿阳之地南接荆、汝，东连三吴，北靠梁、宋，西濒陈、许，交通便利，所以经济发达；土地肥沃，且已经经过良好的开发，所以粮食供给充裕。这些都是淮南容易产生割据、反叛现象的客观条件。从主观条件来看，淮南易叛的原因有两方面：一是当地民俗尚气力而多勇悍，封建皇朝的政策法令不易施行，在多富豪大贾的情况下，就易于滋生与中央皇朝的对抗势力；二是从主逆乱之事的历史人物来看，自古以来有着不同的情形，但其中有规律性的现象，即这些逆乱之事皆由“宠盛祸淫，福过灾生”而起，当朝者“制之不渐”，没有做到防微杜渐，所以出现地方尾大不掉的情况是必然的。从理论发展的角度看，伏滔指出政治形势与地理条件的必然联系，并看到了地理条件与人的因素共同影响政治发展的走向，无疑是积极的，具有了某种程度的科学因素。他认为天与地、人共同决定政治形势，这固然是不正确的，但与那种以天作为影响历史进

① 房玄龄等:《晋书》卷九二《文苑·伏滔传》，中华书局1974年版，第2399—2401页。

程的决定性因素的认识相较,还是有其积极的理论意义。至于他将历史上所有的地方势力不加分析地归入叛乱一类,则是其历史局限性的具体体现。

魏晋南北朝以来,由于政治形势的剧烈变动,关于兴亡的讨论成为人们关注的焦点。三国时魏人曹冏撰《六代论》,总结夏、殷、周、秦、汉、魏六代政治经验教训,认为夏、殷、周三代之所以"历世数十",根本原因在于分封制,因为这种制度使"与人共治""与人共守"的政治格局得以形成。[①] 其后,西晋陆机撰《五等论》,提出与曹冏相类的观点,认为分封制是先王早已认识到并加以肯定的一种政治制度,"于是乎立其封疆之典,财其亲疏之宜,使万国相维,以成磐石之固"[②]。可见,分封制在中国历史上的深远影响。唐代大一统的政治局面形成之后,还曾有过关于分封制的讨论与举措。据《贞观政要》记载,"贞观十一年,太宗以周封子弟,八百余年,秦罢诸侯,二世而灭,吕后欲危刘氏,终赖宗室获安,封建亲贤,当是子孙长久之道。乃定制,以子弟荆州都督荆王元景、安州都督吴王恪等二十一人,又以功臣司空赵州刺史长孙无忌、尚书左仆射宋州刺史房玄龄等一十四人,并为世袭刺史"。这件事在当时引起了朝臣的不同反应。魏徵、李百药等人及后世杜佑、柳宗元等人,都对此种认识持反对态度。李百药认为,在新的历史条件下实行分封制,使"天下五服之内,尽封诸侯;王畿千里之间,俱为采地",势必要造成"纪纲弛紊"的局面。[③] 对此,柳宗元认为,周代"裂土田而瓜分之",而周王"徒建空名于公侯之上",是其衰微丧亡的主要原因。[④] 从政治统治层面以及理论影响的范围来看,这场关于分封制的讨论更多地着眼于政治统治的兴衰得失,着眼于对封建国家的有效统治,因而不是本章所论述的重点。但从这场讨论的实质来看,它无疑是关于土地这一农业国家最为重要的自然、经济因素的分配问题的理论表现形式。由此可以想见,对于地理条件与政治统治的内在

① 萧统:《文选》卷五二,中华书局1977年版,第721页。

② 萧统:《文选》卷五四,中华书局1977年版,第742—743页。

③ 吴兢:《贞观政要·封建》,上海古籍出版社1978年版,第99—100、102页。

④ 参见柳宗元:《柳河东集》卷三,中华书局1960年版,第44、45页。

联系，在魏晋南北朝隋唐乃至此后的政治家、史学家的认识中，所占据的重要位置。

事实上，魏晋南北朝隋唐以来数量众多的地志，无论是记一方之史，还是记全国地理，无不具有突出的记述与阐扬大一统的政治倾向。如常璩在撰《华阳国志》时，既有史学上的考虑，也有政治上的考虑。他在《序志》中明确提出："巴、蜀厥初开国，载在书籍，或因文纬，或见史记，久远隐没，实多疏略。"他称道陈寿撰《益都耆旧记》，但又认为此书"三州土地，不复悉载"，是一个缺憾。又说"李氏据蜀，兵连战结，三州倾坠，生民歼尽"，"桑梓之域，旷为长野"，因而"惧益遐弃，城陴靡闻"。这是其历史意识与史学意识的突出反映。更为重要的是，他撰述《华阳国志》，是要通过自己的著述，来表明这样一个政治认识："夫恃险凭危，不阶历数，而能传国垂世，所未有也。故公孙、刘氏以败于前，而诸李踵之，覆亡于后。天人之际，存亡之术，可以为永鉴也。""所以防狂狡，杜奸萌，以崇《春秋》贬绝之道也；而显贤能，著治乱，亦以为奖劝也"，"天命不可以诈诡而邀，神器不可以侥幸而取也"。这里，常璩无疑体现出鲜明的儒家政治说教的思想倾向，但他关于"恃险凭危，不阶历数，而能传国垂世，所未有也"的认识，则是对地理条件与政治局势之关系的相对客观的认识。他对割据政权的谴责，一方面有着突出的伦理道德的特点，一方面也是对割据政权能够存在的客观条件所作的分析。

作为我国史学上第一部典制体通史，《通典》在史学思想与历史思想的诸多方面都有创新之处。从历史理论的角度看，这种积极的创新更多地体现于他关于客观物质条件在影响历史发展进程与特点方面的相关论述。这些观点更多地体现于杜佑关于天下形势、物产的政治作用的论述中。他在《州郡典》叙述各地的自然条件与相应的风俗时提出，巴蜀之地，"土肥沃，无凶岁。山重复，四塞险固。王政微缺，跋扈先起"；青州，"古齐，号称强国，凭负山海，擅利盐铁。太公用之而富人，管仲资之而兴霸"；扬州，"江淮滨海，地非形势，得之与失，未必轻重，故不暇先争。然长淮、大江，皆可拒守。闽越遐阻，僻在一隅，凭山负海，难以德抚"；荆楚之地,“风俗略同扬州,杂以蛮左,率多劲悍。南朝鼎立,皆为重镇。然兵强财富,地逼势危,称兵跋扈,无代不有”。[①] 从维护政治统治的角度出发立论,是《通典》的核心思想,而在通过具体的历史撰述来阐述这一思想的过程中,杜佑能够从当时的历史环境出发,从地理条件和历史经验来说明政治统治不安定的原因,见解是很深刻的。

中唐以后,藩镇割据日甚一日,这与安史之乱后中央集权的衰弱有很大的关系,但因地理条件而造成的各地经济、政治发展的相对独立性,仍然是一个基本的原因。前述中晚唐时期的地理著作,在撰述的动机与目的方面,大多具有突出的对割据势力的忧虑与对政治大一统的向往。如《元和郡县图志》《蛮书》等,其撰述的出发点,也是鉴于地方势力的强大以至影响到中央政权的稳固的现实,试图通过对一地区的地理条件与社会发展情况的记述,为政治统治提供有益的材料。对割据势力的担忧,必然导致人们在理论上的另一个倾向,即对政治大一统的强调,在魏晋南北朝统一与分裂的不断交替变化中,史家们就此问题也提出了积极的认识。

二、统一皇朝总揽地理形势的重要

在《史记》中,司马迁的地理思想主要体现于两个方面:从自然地理的方面看,他从“水之利害,自古而然”的角度出发,记述了自大禹治水以来的水利事业发展史,这主要体现于《河渠书》中;从经济地理的方面看,他从“布衣匹夫之人,不害于政,不妨百姓,取与以时而息财富”的角度出发,对当时“中国”范围内广大地域的风土人情、经济优势等情况作了大致的梳理,这主要反映在《货殖列传》中。在这两方面的思想当中,司马迁有一个基本的结合点,即他对天下地理形势的认识,建立在对“天有九道,地有九州”这一传说中的地理范围的认可基础上。至《汉书》,遂将这一认识以更加完整的方式确定下来,在《地理志》中,班固将黄帝以来的

① 分别见杜佑:《通典》卷一七六《州郡典六》、卷一八〇《州郡典一〇》、卷一八二《州郡典一二》、卷一八三《州郡典一三》,中华书局 1988 年版,第 4638、4777、4849—4850、4892 页。

行政建置做了记述，指出自黄帝以来，就已经有了“旁行天下，方制万里，画野分州，得百里之国万区”的行政地域的划分。至尧时，分天下为十二州，使禹治之。水土既平，更制九州，列五服，任土作贡，“帝王图籍相踵而可知”。自此，天下行政区划随政治局势变动而不断变化，地名也有相应的变动。① 这种系统的梳理，说明了这样一个事实：至少从春秋战国时起，伴随着人们对政治大一统的向往，地理思想中对总揽天下形势的重要性，就已经有了充分的认识。

如果说，上述关于总揽天下地理形势的论述，是从对内进行有效的政治管理与发展社会经济的角度入手，那么，成书于西汉的《盐铁论·险固》，就是从军事上的防御与进攻的辩证关系入手，对地理条件的利弊所作的论述。它以对话的形式，提出了如下两方面基本观点：一是“为国必察土地、山陵阻险、天时地利，然后可以王霸”；一是“地利不如人和，武力不如文德。周之致远，不以地利，以人和也。百世不夺，非以险，以德也”②。这两方面的认识，如果联系起来加以分析，事实上说明了从地理的角度来看待国家的统治，存在着一对基本的矛盾，即客观条件与主观条件的关系。把两者割裂开来，片面地进行强调，都存在着偏颇之处。只有辩证地处理二者关系，使其相互促进，才能充分发挥地理条件的优势，保证对政治统治起到积极的作用。

魏晋南北朝时期，对兴亡问题的关注使得人们对地理条件的政治作用作了更多的讨论。北魏的豫州中正袁翻认为，在边境问题上，必须依据不同的地理与民族情况，采取不同的举措：“臣闻两汉警于西北，魏晋备在东南。是以镇边守塞，必寄威重；伐叛柔服，实赖温良。故田叔、魏尚声高于沙漠，当阳、钜平绩流于江汉，纪籍用为美谈，今古以为盛德。”③西北地势险要，少数民族剽悍好战，所以要以“威重”之策“警之”；东南地势相对平缓，民族易以柔御，故当以“温良”之策驭之。这是把地理条件上的

① 参见班固：《汉书》卷二八上《地理志上》，中华书局 1962 年版。

② 桓宽：《盐铁论》卷九《险固》，王利器校注：《盐铁论校注》，中华书局 1992 年版，第 525 页。

③ 魏收：《魏书》卷六九《袁翻传》，中华书局 1974 年版，第 1538 页。

总体特征与不同民族的特点结合起来,探讨其对民族政策的影响了。

作为我国第一部记述少数民族历史的正史,《魏书》无论是在撰述体例,还是在撰述宗旨上,都与前代正史一脉相承。其在地理思想上,同样也具有这个特点。它的《地形志》开首写道:

> 《夏书》《禹贡》、周氏《职方》中画九州,外薄四海,析其物土,制其疆域,此盖王者之规摹也。战国分并,秦吞海内,割裂都邑,混一华夷。汉兴,即其郡县,因而增广。班固考地理,马彪志郡国,魏世三分,晋又一统,《地道》所载,又其次也。自刘渊、石勒倾覆神州,僭逆相仍,五方淆乱,随所跨擅。□□□长,更相侵食,彼此不恒,犬牙未足论,绣错莫能比。魏定燕赵,遂荒九服,夷翦逋伪,一国一家,遗之度外,吴蜀而已。正光已前,时惟全盛,户口之数,比夫晋之太康,倍而已矣。孝昌之际,乱离尤甚。恒代而北,尽为丘墟;崤潼已西,烟火断绝;齐方全赵,死如乱麻。于是生民耗减,且将大半。永安末年,胡贼入洛,官司文簿,散弃者多,往时编户,全无追访。今录武定之世以为《志》焉。州郡创改,随而注之,不知则阙。内史及相仍代相沿。魏自明、庄,寇难纷纠,攻伐既广,启土逾众,王公锡社,一地累封,不可备举,故总以为郡。其沦陷诸州户,据永熙绾籍,无者不录焉。①

这里明确指出,“王者之规摹”自古就是以“中画九州,外薄四海”为特点,即对天下大势的总体把握。这种总体把握,在后世演变为主要包含地理区划的建置与相应的人口消长的趋势两大方面。随着封建国家的统一与分裂,两方面的变化也体现出不同的时代特点。通过简短的历史回顾,《魏书》将天下地理形势的变更作了粗线条的描述。这种描述,事实上就是当时史家的一种全局性思考的出发点。魏收在这里还体现出明确的对前代相关文献、资料的整理、采录的意识,这种意识,是他的史学意识的有机组成部分,同时也对正史中地理思想的传承起了重要作用。

隋唐时期的史学,由于受政治上空前的大一统格局的影响,在认识的视野与水平上都有超越前人之处。如隋炀帝时,裴矩撰《西域图记》三

---

① 魏收:《魏书》卷一〇六《地形志》序,中华书局 1974 年版,第 2455 页。

卷，入朝奏之。其序称隋朝为“无隔华夷”的时代，如果对西域诸族的历史、地理、风俗无所记载，就“无以表威化之远也”。因此，为了达到表现“混一戎夏”局面的目的，他在“寻讨书传，访采胡人，或有所疑，即详众口”的基础上，撰成“纵横所亘，将二万里”的一部地理书。裴矩在这篇序中所体现的撰述思想，固然是一种开疆拓土的观念，因而受到后世史家的诟病，但它将包括各民族在内的历史与地域的统一，看作是封建皇朝不可或缺的任务，并把这种统一在史学上的反映，当作史家应当承担的责任，却是值得肯定的。唐代地志名著《括地志》《皇华四达记》《经行记》等均有这种撰述思想上的积极特征。《云南记》《云南行记》《蛮书》等关于唐代南诏地区历史、地理、民族状况的专书，其具体撰述目的与缘由各有不同，但都有着突出的为统治者提供总揽天下大势参考的自觉意识。

唐代正史中的地理思想，以《隋书·地理志》与《晋书·地理志》序为代表，体现了这一时期人们对统治者总揽天下地理形势与统治稳固之关系的看法。《隋书》是这样论述的：

> 自古圣王之受命也，莫不体国经野，以为人极。上应躔次，下裂山河，分疆画界，建都锡社。是以放勋御历，修职贡者九州；文命会同，执玉帛者万国。洎乎殷迁夏鼎，周黜殷命，虽质文之用不同，损益之途或革，而封建之制，率由旧章。于是分土惟三，列爵惟五，千里以制畿甸，九服以别要荒。十国为连，连有帅，倍连为卒，卒有正。皆所以式固鸿基，蕃屏王室，兴邦致化，康俗庇人者欤！周德既衰，诸侯力政，干戈日用，戎马生郊。强陵弱，众暴寡，鲁灭于楚，郑灭于韩，田氏篡齐，六卿分晋。其余弑君亡国，不得守其社稷者，不可胜数。逮于七雄竞逐，二帝争强，疆场之事，一彼一此。秦始皇据百二之岩险，奋六世之余烈，力争天下，蚕食诸侯，在位二十余年，遂乃削平宇内，惩周氏之微弱，恃狙诈以为强，蔑弃经典，罢侯置守。子弟无立锥之地，功臣无尺土之赏，身没而区宇幅裂，及子而社稷沦胥。汉高祖挺神武之宏图，扫清祸乱，矫秦皇之失策，封建王侯，并跨州连邑，有逾古典，而郡县之制，无改于秦。逮于孝武，务勤远略，南兼百越，东定三韩。通邛、筰之险途，断匈奴之右臂，虽声教远洎，而人亦劳止。昭、宣之

后，罢战务农，户口既其滋多，郡县亦有增置。至于平帝，郡国一百有三，户一千二百二十三万。光武中兴，承王莽之余弊，兵戈不戢，饥疫荐臻，率土遗黎，十才一二，乃并省郡县四百余所。明、章之后，渐至滋繁，郡县之数，有加曩日。逮炎灵数尽，三国争强，兵革屡兴，户口减半。有晋太康之后，文轨方同，大抵编户二百六十余万。寻而五胡逆乱，二帝播迁，东晋洎于宋、齐，僻陋江左，苻、姚之与刘、石，窃据中原，事迹纠纷，难可具纪。

梁武帝除暴宁乱，奄有旧吴，天监十年，有州二十三，郡三百五十，县千二十二。其后务恢境宇，频事经略，开拓闽、越，克复淮浦，平俚洞，破牂牁，又以旧州遐阔，多有析置。大同年中，州一百七，郡县亦称于此。既而侯景构祸，台城沦陷，坟籍散逸，注记无遗，郡县户口，不能详究。逮于陈氏，土宇弥蹙，西亡蜀、汉，北丧淮、肥，威力所加，不出荆、扬之域。州有四十二，郡唯一百九，县四百三十八，户六十万。后齐承魏末丧乱，与周人抗衡，虽开拓淮南，而郡县僻小。天保之末，总加并省，洎乎国灭，州九十有七，郡一百六十，县三百六十五，户三百三万。周氏初有关中，百度草创，遂乃训兵教战，务谷劝农，南清江、汉，西兼巴、蜀，卒能以寡击众，戡定强邻。及于东夏削平，多有省废。大象二年，通计州二百一十一，郡五百八，县一千一百二十四。

高祖受终，惟新朝政，开皇三年，遂废诸郡。洎于九载，廓定江表，寻以户口滋多，析置州县。炀帝嗣位，又平林邑，更置三州。既而并省诸州，寻即改州为郡，乃置司隶刺史，分部巡察。五年，平定吐谷浑，更置四郡。大凡郡一百九十，县一千二百五十五，户八百九十万七千五百四十六，口四千六百一万九千九百五十六。垦田五千五百八十五万四千四十一顷。其邑居道路，山河沟洫，沙碛咸卤，丘陵阡陌，皆不预焉。东西九千三百里，南北万四千八百一十五里，东南皆至于海，西至且末，北至五原，隋氏之盛，极于此也。①

① 魏徵等:《隋书》卷二九《地理志上》,中华书局 1973 年版,第 806—808 页。

从这一段叙述中，可以看出作者的这样几层意思：一是“体国经野，以为人极”，“分疆画界”是自古以来政治统治的一个传统。这种概括，包含了自然地理条件、行政区域划分、作为统治主体的人三个方面。从政治统治的角度来看，它实际上是一个由自然到人、以统治方式为中间环节的统治理路。即使以今天的眼光看，这一理路也是合乎逻辑的。从地理思想的角度来看，它再次强调了客观物质条件对于封建统治的实现、发展的重要意义。从这样一个理论立场来分析历代的行政建置与人口变迁，无疑跳出了就事论事的局限，而具有了全局的、整体的眼光。历代统治者虽在具体的制度设置上有所变革，但核心都没有变。这个核心，实际上就是指土地在不同等级与层次的统治者之间的分配，以及相应的政治统治秩序。它在秦汉以前主要表现为分封制，秦汉以后则主要表现为郡县制。这一认识指出了地理条件是统治者制定政策的重要依据这一基本事实。二是关于分封制与郡县制的关系。这事实上涉及中国古代历史理论的数个方面的重要问题，如古今关系、关于政治兴亡的认识等等。而从地理条件与政治兴亡的关系角度来看，无论分封制还是郡县制，都只是政治统治的方式或手段，采用哪一种更符合历史发展的需要与政治统治的需要，必须具体问题具体分析，而不能以“蔑弃经典”为由加以简单的是非判断。但作者的论述重点显然并不在这里，所以他对自秦汉以来的制度变迁还是作了相对客观的梳理与评析，指出自汉代以来，分封制逐渐退出政治舞台，郡县制成为统治者治理国家的主要形式。三是对历代地理建置与人口数量变化的描述。这种看似流水账式的记述，实际上也体现出史家对从整体上把握地理沿革、经济地理态势的自觉意识。

《晋书·地理志》从人类的起源讲起，就地理条件对历史进程的重要影响，以及人类对它的认识利用过程，作了大致的梳理：

> 昔者元胎无象，太素流形，对越在天，以为元首，则《记》所谓冬居营窟，夏居橧巢，饮血茹毛，未有麻丝者也。及燧人钻火，庖牺出震，风宗下武，炎胤昌基，画野无闻，其归一揆。黄帝则东海南江，登空蹑岱，至于昆峰振辔，崆山访道，存诸汗竹，不可厚诬。高阳任地依神，帝喾顺天行义。东逾蟠木，西济流沙，北至幽陵，南抚交阯，日月

> 所经,舟车所至,莫匪王臣,不逾兹域。帝尧时,禹平水土,以为九州。虞舜登庸,厥功弥劭,表提类而分区宇,判山河而考疆域,冀北创并部之名,燕、齐起幽、营之号,则《书》所谓肇十有二州,封十有二山者也。夏功在于唐尧,殷因无所损益。周武克商,自丰徂镐。至成王时,改作《禹贡》,徐、梁入于青、雍,冀野析于幽、并。职方掌天下之土,以周厥利;保章辩九州之野,皆有分星。东南曰扬州,正南曰荆州,河南曰豫州,正东曰青州,河东曰兖州,正西曰雍州,东北曰幽州,河内曰冀州,正北曰并州。始皇初并天下,惩忿战国,削罢列侯,分天下为三十六郡。①

这实际上是关于地理思想发展的贯通认识。而这种认识的思想基础,仍是从全局上把握天下地理形势的政治需要。自这段引文之下,史家用了更大的篇幅,将历代的郡县设置情况,作了详尽的介绍。应当说,这种介绍本身,也是对其撰述思想的体现与阐扬。与《隋书》的相关论述相较,前者侧重从政治统治的角度立论,而本书则更注重从历史的角度对地理思想作梳理。

与前述唐代的方志相类,李吉甫的《元和郡县图志》有着鲜明的经世致用特色,他在序文中说:“汉祖入关,诸将争走金帛之府,惟萧何收秦图书,高祖所以知山川厄塞,户口虚实。厥后受命汜水,定都洛阳,留侯演委辂之谋,田肎贺入关之策,事关兴替,理切安危,举斯而言,断可识矣。”他申明自己撰写《元和郡县图志》的目的是要“佐明王扼天下之吭,制群生之命,收地保势胜之利,示形束壤制之端”。他甚至认为,中唐以来,“成当今之务,树将来之势,则莫若版图地理之为切也”②。这固然是在讲地理学的重要意义,但也同时揭示了“山川厄塞,户口虚实”这些客观的地理条件对于政治统治的极端重要性,把地理条件和人们对地理条件的认识和利用,看作是“事关兴替,理切安危”的问题,这是唐代政治家和历史、地理学者的政治经历和学术研究得出的一个共同的结论。由于《元

① 房玄龄等:《晋书》卷一四《地理志上》,中华书局 1974 年版,第 405—406 页。

② 李吉甫:《元和郡县图志》序,中华书局 1983 年版,第 1、2 页。

和郡县图志》是我国现存最早又较完整的全国总志,其总揽天下地理形势的特点就更为鲜明。

李吉甫在序文中接着指出,当时的地理学著作"尚古远者或搜古而略今,采谣俗者多传疑而失实,饰州邦而叙人物,因丘墓而征鬼神,流于异端,莫切根要。至于丘壤山川,攻守利害,本于地理者,皆略而不书"。所以,他的撰述目的是"审户口之丰耗","辨州域之疆理",而记述内容着重于"丘壤山川,攻守利害"方面,这都是作者"所以精研",也是皇帝"所宜周览"的部分。① 李吉甫的这一撰述思想,表明他已经把经世致用的宗旨与史家的求真精神,通过对天下地理状况的总体概括有机地结合起来了。具体地说,《元和郡县图志》还在撰述立目,在对各道、州的历史沿革所作概述两方面,通过强调大一统原则、强调客观看待民族关系发展史,将总揽地理形势对政治统治的重要性,将封建国家空前恢廓的统一局势,落实到更为具体、丰富的层次上,突出体现了从全局的角度看待地理条件的特点。

三、地理环境与政治中心的关系

都城是历代皇朝政治统治的中心,都城的地理条件历来受到更多的重视。上文所述地理条件跟政治统治的关系,有些就是和都城相关联的。总体来说,在中国历史进程的早期,由于生产力水平的限制,自然条件对政治统治而言有着举足轻重的作用。长安成为魏晋以前历代统治者选择的都城,与其在交通、经济、军事等方面都有其得天独厚的优势有着密不可分的联系。魏晋南北朝以来,各族统治者上演了一幕幕政权更迭的历史剧,其活动的主要舞台,也是生产力水平相对发达、自然地理与经济地理条件都占优势、以中原为核心的北方地区;洛阳作为少数民族政权北魏的首都,也得到不同程度的开发,成为继长安之后北方的又一个重要的政治中心。而南方地区则由于北方统治阶层及拥有相对高水平的生产力人

① 李吉甫:《元和郡县图志》序,中华书局 1983 年版,第 2 页。

口的大规模迁徙,在政治、经济、文化上都迅速发展起来,形成了以建康为中心的政治统治核心。这从另一个角度说明,随着生产力水平的提高,改造自然的能力增强,人们对自然条件的依赖性逐步减弱,他们的政治活动与经济活动也在不同程度上影响着地理环境的变迁,并促成了新的地理核心区域的形成、发展。地理环境与政治中心的关系,始终沿着这种辩证的轨迹此消彼长,不断地达到某种程度的平衡。在追求这种平衡的过程中,人们的认识也不断地得到深化。

汉元帝时期,中郎翼奉进言谈及政事时指出:先王的许多政治举措都是正确的,但"如令处于当今,因此制度,必不能成功名"。因为"天道有常,王道亡常,亡常者所以应有常也。必有非常之主,然后能立非常之功"。从历史发展的辩证关系出发,他提出徙都于成周,其理由为这里地理位置优越,且经济条件良好,"左据成皋,右阻黾池,前乡崧高,后介大河,建荥阳,扶河东,南北千里以为关,而入敖仓;地方百里者八九,足以自娱";军事上也有着很好的防御作用:"东厌诸侯之权,西远羌胡之难"[①]。这是中国古代史学中较早言及地理条件与政治中心的有机联系的认识。与翼奉相左,东汉光武帝时杜笃因为关中表里山河,且为先帝旧京,不宜改营洛邑,上奏《论都赋》提出,前代帝王在定都问题上"遭时制都,不常厥邑","或弃去阻阸,务处平易;或据山带河,并吞六国;或富贵思归,不顾见袭;或掩空击虚,自蜀汉出;即日车驾,策由一卒;或知而不从,久都墝埆"。这些做法各有优长,也都有其不足之处。而雍州在经济、地势、军事上都有难以相比的优势,"本帝皇所以育业,霸王所以衍功,战士角难之场","用霸则兼并,先据则功殊;修文则财衍,行武则士要;为政则化上,篡逆则难诛;进攻则百克,退守则有余:斯固帝王之渊囿,而守国之利器也"[②]。这一认识虽然主张都城不宜随意变更,但其提出的"不常厥邑"的认识,与前代的认识也有着思路上的相通之处。前代的这些思想成果,为魏晋南北朝隋唐时期的认识提供了积极的理论基础。

① 班固:《汉书》卷七五《翼奉传》,中华书局1962年版,第3176页。

② 范晔:《后汉书》卷八〇上《文苑列传上·杜笃传》,中华书局1965年版,第2595、2603、2604页。

三国时期，由于政治割据、诸国争雄的形势，各国在定都时多着重考虑军事上便于防御的因素。如东吴初期，孙策曾先后以会稽（今绍兴）、曲阿（今丹阳）、吴（今苏州）、秣陵（今南京）等作为统治中心。至孙权，最终选择定都建业（今南京）。这些选择与变动，都与军事防御有着密切关联。建业的自然形势很险要，据晋张勃《吴录》所载，诸葛亮出使东吴，谓孙权曰，秣陵地形，“钟山龙蟠，石头虎踞，此帝王之宅”[①]。对于这句话的解释，历来人们有不同的认识，但从今天的角度来看，这里北依复舟山和玄武湖，南近秦淮，东凭钟山西麓，西有冶城山和石头城相护，的确有着得天独厚的天然屏障。所以，南北朝结束以前，南朝诸国均以建康为都城。而蜀国之所以选择成都为都城，无疑也考虑到它位于成都平原，且四周有山、土地肥沃等因素。曹魏选择东汉旧都洛阳作为都城，则受传统认识的影响较深。《史记·周本纪》记载，周公经营洛邑，称赞这里乃“天下之中，四方入贡道里均”。居天下之中，且交通便利，这是自古以来选择都城的一个基本原则。而且，从政治影响来说，定都洛阳，更能体现出魏继汉来，在政治正统上占据有利因素。

南北朝时期，相比较而言，北方割据政权的都城变动更为频繁，这是因为北方少数民族的政治经济军事力量发展迅速、政治影响南下的趋势不断增强，所以其都城需要随之不断迁移。从对历史发展的影响来看，北魏时期的迁都最为著名，因其同时涉及民族融合与政治改革两方面因素，因而在历史思想发展史上，也有着不可忽视的地位。

北魏继代国而来，其创建者拓跋珪于天兴元年（398 年）都平城（今山西大同）。从当时的政治与军事形势来看，这一举措无疑是有利于鲜卑族发挥军事优势、巩固统治的。但随着鲜卑族军事实力的扩张，其统治内部民族矛盾的加剧，迁都成为统治者不得不面临的重大问题。据《魏书》记载，北魏时期关于迁都问题有两次较大规模的讨论。第一次发生在明元帝神瑞二年（415 年），因秋谷收成不好，太史令王亮、苏垣因华阴公主

① 李昉编纂，夏剑钦等校点：《太平御览》卷一五六引《吴录》，河北教育出版社 1994 年版，第 482 页。

等言谶书国家当治邺,提出迁都。当时,史家崔浩与特进周澹对此明确表示反对,事遂不行。第二次发生在孝文帝迁都洛阳之前,以拓跋丕为代表的北魏统治阶层有许多人都对迁都持反对意见,且提出不同的理由。这场规模更大的讨论以孝文帝坚持改革措施而结束。从这两次讨论的具体内容、特点与结果来加以比较,可以看出当时人在都城问题上的一些观念。

在第一次讨论中,崔浩与周澹是从救饥的实际出发讨论问题的:

> 浩与特进周澹言于太宗曰:"今国家迁都于邺,可救今年之饥,非长久之策也。东州之人,常谓国家居广漠之地,民畜无算,号称牛毛之众。今留守旧都,分家南徙,恐不满诸州之地。参居郡县,处榛林之间,不便水土,疾疫死伤,情见事露,则百姓意沮。四方闻之,有轻侮之意。屈丐、蠕蠕必提挈而来,云中、平城则有危殆之虑。阻隔恒代千里之险,虽欲救援,赴之甚难。如此则声实俱损矣。今居北方,假令山东有变,轻骑南出,耀威桑梓之中,谁知多少?百姓见之,望尘震服。此是国家威制诸夏之长策也。至春草生,乳酪将出,兼有菜果,足接来秋。若得中熟,事则济矣。"太宗深然之,曰:"唯此二人,与朕意同。"复使中贵人问浩、澹曰:"今既糊口无以至来秋,来秋或复不熟,将如之何?"浩等对曰:"可简穷下之户,诸州就谷,若来秋无年,愿更图也。但不可迁都。"太宗从之,于是分民诣山东三州食,出仓谷以禀之。来年遂大熟。赐浩、澹妾各一人,御衣一袭,绢五十匹,绵五十斤。①

在这里,崔浩、周澹分别讲到了若迁都于邺,虽然在经济上会暂时解决饥荒的问题,但同时也会带来一些负面影响。如这样会使鲜卑族人落入汉族的汪洋大海中,同时也会带来北方柔然和西方匈奴族赫连氏乘虚而入的危险。如此,则对鲜卑族的统治多有不利,"声实俱损"。而在旧都平城,上述问题就相对较容易得到解决。他们甚至将国家政治中心居于北方,视为"威制诸夏之长策"。这些认识得到了明元帝拓跋嗣的赞同。事

---

① 魏收:《魏书》卷三五《崔浩传》,中华书局 1974 年版,第 808 页。

实上,迁都问题之所以得不到认同,固然与自然、地理等因素有着密切关联,但从根本上而言,是由鲜卑族的统治尚未巩固的事实所决定的。

孝文帝时,北魏统治已得到很大的巩固,对来自北方柔然族的威胁也有了新的认识,于是孝文帝在总结前代经验教训的基础上,为了根本解决都城粮食供应及民族矛盾等问题,决计迁都中原。这一次,元宏遭到了诸大臣的强烈反对。①

> 及高祖欲迁都,临太极殿,引见留守之官大议。乃诏丕等,如有所怀,各陈其志。燕州刺史穆罴进曰:"移都事大,如臣愚见,谓为未可。"高祖曰:"卿便言不可之理。"罴曰:"北有猃狁之寇,南有荆、扬未宾,西有吐谷浑之阻,东有高句丽之难。四方未平,九区未定。以此推之,谓为不可。征伐之举,要须戎马,如其无马,事不可克。"高祖曰:"卿言无马,此理粗可。马常出北方,厩在此置,卿何虑无马?今代在恒山之北,为九州之外,以是之故,迁于中原。"罴曰:"臣闻黄帝都涿鹿。以此言之,古昔圣王不必悉居中原。"高祖曰:"黄帝以天下未定,居于涿鹿,既定之后,亦迁于河南。"尚书于果曰:"臣诚不识古事,如闻百姓之言,先皇建都于此,无何欲移,以为不可。中原其如是所由拟,数有篡夺。自建邑平城以来,与天地并固,日月齐明。臣虽管见肤浅,性不昭达,终不以恒代之地,而拟伊洛之美。但以安土重迁,物之常性,一旦南移,惧不乐也。"丕曰:"陛下去岁亲御六军讨萧氏,至洛,遣任城王澄宣旨,敕臣等议都洛。初奉恩旨,心情惶越。凡欲迁移,当讯之卜筮,审定吉否,然后可。"高祖谓丕曰:"往在邺中,司徒公诞、咸阳王禧、尚书李冲等皆欲请龟占移洛吉凶之事。朕时谓诞等曰,昔周邵卜宅伊洛,乃识至兆。今无若斯之人,卜亦无益。然卜者所以决疑,此既不疑,何须卜也?昔轩辕卜兆龟焦,卜者请访诸贤哲,轩辕乃问天老,天老谓为善。遂从其言,终致昌吉。然则至人之量未然,审于龟矣。朕既以四海为家,或南或北,迟速无常。南

① 按:是时只有李韶对迁都持支持态度,魏收:《魏书》卷三九《李韶传》记载:"高祖将创迁都之计,诏引侍臣访以古事。韶对:'洛阳九鼎旧所,七百攸基,地则土中,实均朝贡,惟王建国,莫尚于此。'高祖称善。"中华书局1974年版,第886页。

> 移之民,朕自多积仓储,不令窘乏。”丕曰:“臣仰奉慈诏,不胜喜舞。”高祖诏群官曰:“卿等或以朕无为移徙也。昔平文皇帝弃背率土,昭成营居盛乐;太祖道武皇帝神武应天,迁居平城。朕虽虚寡,幸属胜残之运,故移宅中原,肇成皇宇。卿等当奉先君令德,光迹洪规。”前怀州刺史青龙,前秦州刺史吕受恩等仍守愚固,帝皆抚而答之,辞屈而退。①

从这段引文可见,大臣们反对迁都,主要有如下几方面理由:从军事上看,四方未定,迁都中原势必影响战马的供给;从地域上看,帝王不必悉居中原;从传统上看,先皇建都于平城,且人都有安土重迁的心理,一旦南移,“惧不乐也”;从天命上看,当以卜筮的结果为依据。将这几方面理由联系起来看,不难看出大臣们反对迁都的明确意图,以及他们为此竭力寻求各方面论据的努力。但由于北魏的统治已然巩固,其南向发展、欲图大计的政治趋势已经形成,所以元宏对这些意见进行了逐个的解答与反驳,并借此表明了自己坚定的决心。他关于卜筮的认识,关于所谓祖宗传统的认识,尤其鲜明地反映了这一点。在魏晋南北朝的历史舞台上,最为活跃的政治力量是北方的少数民族政权,他们从无到有,由弱到强,与南方处于守势的汉族政权形成鲜明的对比。在这个过程中,他们在生产力的发展、社会形态的进步、意识形态的学习等方面,都体现出蓬勃向上与民族融合两方面的突出特征。元宏与大臣们在迁都问题上的尖锐对立,一方面反映出北魏政权在迅速发展的同时,必然带来的人们思想认识上的分歧,一方面也反映出统治阶层对于迁都问题在思想认识上的基本观念。值得注意的是,在这一场大规模的讨论中,人们对客观条件本身的关注并不十分突出,而是更注重迁都的政治与精神方面的影响。这从另一角度印证了元宏迁都在经济上的正确性,同时也说明了随着生产力水平的提高,人们在考虑对封建政权的方方面面都产生着重大影响的都城问题时,对自然条件的依赖性的减弱。

隋代承魏晋南北朝几百年的乱局而来,建前所未有之统一局面,在定

① 魏收:《魏书》卷一四《拓跋丕传》,中华书局1974年版,第359—360页。

都问题上也有相应的举措。开皇二年(582 年),隋文帝杨坚下诏,在原有长安城之东南,新建大兴城,作为首都:

朕祗奉上玄,君临万国,属生人之敝,处前代之宫。常以为作之者劳,居之者逸,改创之事,心未遑也。而王公大臣陈谋献策,咸云羲、农以降,至于姬、刘,有当代而屡迁,无革命而不徙。曹、马之后,时见因循,乃末代之晏安,非往圣之宏义。此城从汉,凋残日久,屡为战场,旧经丧乱。今之宫室,事近权宜,又非谋筮从龟,瞻星揆日,不足建皇王之邑,合大众所聚,论变通之数,具幽显之情,同心固请,词情深切。然则京师百官之府,四海归向,非朕一人之所独有。苟利于物,其可违乎!且殷之五迁,恐人尽死,是则以吉凶之土,制长短之命。谋新去故,如农望秋,虽暂劬劳,其究安宅。今区宇宁一,阴阳顺序,安安以迁,勿怀胥怨。龙首山川原秀丽,卉物滋阜,卜食相土,宜建都邑,定鼎之基永固,无穷之业在斯。公私府宅,规模远近,营构资费,随事条奏。①

这段诏书,将兴建新都的历史原因与现实原因、政治原因与经济原因等方面,都讲到了。从历史上来看,上古立国,无不有迁都之举,改朝换代者必迁,就是一朝之中,屡次改易都城者也非少见。因此,隋另建新都也无可非议。而从当时的实际情况来看,经过魏、晋时期的战乱,长安城已没有旧时的繁华,“凋残日久”。这一情况与统一的中央皇朝的政治局面相较,是不相称的。更重要的是,魏、晋乃“末代之晏安”,并非政治上的正统,且定都长安,并没有经过“谋筮从龟”的环节,因而不具备政治上的合法性。从自然的物质条件来看,汉长安城的自然环境、地理条件有局限性。汉长安城位于龙首原上,距渭水很近,城内不仅潮湿,还有被水淹的危险,再加上“水皆咸卤,不甚宜人”②,都城又残破,宫室狭小,不适合作为统一的隋朝的都城。而旧城的东南位于龙首之南,地带开阔,平原面积较大,有扩建的余地,从政治上讲,这里才与当时大一统的形势相适应。由此可以看到,在统一的政治条件下,统治者在考虑定都问题时,除了传

① 魏徵等:《隋书》卷一《高祖纪上》,中华书局 1973 年版,第 17—18 页。

② 李延寿:《北史》卷八九《文艺传》,中华书局 1974 年版,第 2949 页。

统的经济、军事等因素之外,还更多地从政治上的正统、通过卜筮体现出来的天命角度看待问题。这一方面表现了都城问题在中国古代政治史及思想史中的重要地位,同时也表现出,从根本的意义上看,决定都城的位置、功能等方面的关键因素,依然是客观的地理环境及其所决定的交通、经济等条件。

从开皇二年(582 年)起,经左仆射高颎、太子左庶子宇文恺、将作大臣刘龙、工部尚书贺楼子干、太府少卿高龙义等人的努力,大兴城修成。大业九年(613 年),开始修外郭城。修建完成的大兴城就是以后唐代的长安城。但是,经过魏晋以来几百年的战乱,关中地区的自然与生产条件有所恶化,对外地粮食与物资的依赖加重。因此,洛阳再次成为统治者考虑统治中心时的选择。大业元年(605 年),刚刚登基的隋炀帝下了一道诏书,讲到了营建东都洛阳的缘起:

> 乾道变化,阴阳所以消息,沿创不同,生灵所以顺叙。若使天意不变,施化何以成四时,人事不易,为政何以厘万姓!《易》不云乎:"通其变,使民不倦";"变则通,通则久"。"有德则可久,有功则可大"。朕又闻之,安安而能迁,民用丕变。是故姬邑两周,如武王之意,殷人五徙,成汤后之业。若不因人顺天,功业见乎变,爱人治国者可不谓欤!
>
> 然洛邑自古之都,王畿之内,天地之所合,阴阳之所和。控以三河,固以四塞,水陆通,贡赋等。故汉祖曰:"吾行天下多矣,唯见洛阳。"自古皇王,何尝不留意,所不都者盖有由焉。或以九州未一,或以困其府库,作洛之制所以未暇也。我有隋之始,便欲创兹怀、洛,日复一日,越暨于今。念兹在兹,兴言感哽!
>
> 朕肃膺宝历,纂临万邦,遵而不失,心奉先志。今者汉王谅悖逆,毒被山东,遂使州县或沦非所。此由关河悬远,兵不赴急,加以并州移户,复在河南。周迁殷人,意在于此。况复南服遐远,东夏殷大,因机顺动,今也其时。群司百辟,佥谐厥议。但成周墟塉,弗堪葺宇。今可于伊、洛营建东京,便即设官分职,以为民极也。①

① 魏徵等:《隋书》卷三《炀帝纪上》,中华书局 1973 年版,第 60—61 页。

这里，杨广将兴建东京的举措与“因人顺天”的政治兴衰联系在一起，论证了它的合理性与必然性。具体到洛阳，他认为从历史上看，从地理位置上看，从阴阳协调的角度看，都有着巨大的优越性。而其“控以三河，固以四塞，水陆通，贡赋等”的天下之中的地势，是这些优越性的根本所在。而从现实的政治形势来看，关中由于距离山东之地过于遥远，遂使军事上的调动变得困难许多，“兵不赴急”，坐失许多机会。加之洛阳也有许多并州的大户人家移居在此。几方面因素相结合，使得营建洛阳新都成为必然。抛开杨广好大喜功的因素，这里的认识应当说还是相对客观的。

随着人们对都城及与其相关的地理条件的认识的不断丰富与深入，至唐代，史学理论对这些认识，从历史编纂学的角度作了总结与概括。刘知幾在《史通》中提出：“盖可以为志者，其道有三焉：一曰都邑志，二曰氏族志，三曰方物志。何者？京邑翼翼，四方是则。千门万户，兆庶仰其威神；虎踞龙蟠，帝王表其尊极。兼复土阶卑室，好约者所以安人；阿房、未央，穷奢者由其败国。此则其恶可以诫世，其善可以劝后者也。且宫阙制度，朝廷轨仪，前王所为，后王取则。故齐府肇建，诵魏都以立宫；代国初迁，写吴京而树阙。故知经始之义，卜揆之功，经百王而不易，无一日而可废也。至如两汉之都咸、洛，晋、宋之宅金陵，魏徙伊、瀍，齐居漳、滏，隋氏二世，分置两都，此并规模宏远，名号非一。凡为国史者，宜各撰都邑志，列于舆服之上。”这是从史学社会功用的角度出发，对都城的建置、礼制等方面的历史作用及其重要性作了分析。针对有人关于“史之有志，多凭旧说，苟世无其录，则阙而不编，此都邑之流所以不果列志”的认识，他还指出：“案帝王建国，本无恒所，作者记事，亦在相时。远则汉有《三辅典》，近则隋有《东都记》。于南则有宋《南徐州记》《晋宫阙名》，于北则有《洛阳伽蓝记》《邺都故事》。盖都邑之事，尽在是矣。……凡此诸书，代不乏作，必聚而为志，奚患无文？譬夫涉海求鱼，登山采木，至于鳞介修短，柯条巨细，盖在择之而已。苟为鱼人、匠者，何虑山海之贫罄哉？”①这说明，刘知幾不仅对于都城的历史功用格外重视，而且对于具体承载着这

① 刘知幾：《史通·书志》，浦起龙：《史通通释》，上海古籍出版社 1978 年版，第 74 页。

种功用的地志,也给予了充分的肯定。在《史通》宏阔的理论体系之中,这些议论表明了他对于都城在国史编纂内容上的重视。不过刘知幾主要还是从政治统治的历史经验提出这个问题的,没有着重于地理条件的考察。

唐中叶大历年间,元载提出建中都的建议。他认为:

> 自古建大功者,未尝不用天因地,故高祖保关中,光武据河内,深根固本,以制天下。臣等考天地之心,本圣人之意,验古往之事,切当今之务,则莫若建河中为都,隶陕、虢、晋、绛、汾、潞、仪、隰、慈、石等十城为藩卫。长安去中都三百里,顺流而东,邑居相望,有羊肠底柱之险,浊河孟门之限,以轘辕为襟带,与关中为表里,刘敬所谓扼天下之吭而抚其背,即此之谓。推是而言,则建中都,将欲固长安,非欲外之也;将欲安成周,非欲舍之也;将欲外制蛮夷,非欲惧之也;将欲定天下,非欲弱之也。河中之地,左右王都,黄河北来,太华南倚,总水陆之形势,壮关河之气色,每岁白露既降,凉风已高,陛下据金城汤池,内绥华夏,登信臣骁将,外驭戎狄。出于仲秋,还于农隙。有漕运泛舟之便,无登高履途之虞。不伤财,不害人,得养威而时狩。如此,则国有保安之所,家无系虏之忧矣。①

这里,元载讲到了"用天因地"对于封建统治的重要性,认为建设都城具有"深根固本"的作用。他提出,从古往今来的历史经验来看,结合当时的实际情况,应建一个离长安三百里,统辖陕、虢、晋等十城的中都,以与关中互为表里。并强调这样做的目的一是为了巩固长安的政治经济地位,二是为外制蛮夷,三是为进一步安定天下形势。《旧唐书》的作者以元载权倾当时,且为政专断,为人骄横,称此表乃元载"抗表以建中都"的结果,且"自以为表入事行,潜遣所由吏于河中经营"②。事实上,如果抛开元载在政治上邀功的因素,这封上书考虑到了地理因素及相应的经济条件对都城建设的重要性,并基于这一认识,提出了建设中都,以辅卫都

① 董诰等编:《全唐文》卷三六九《建中都议》,中华书局1983年版,第3743页。

② 刘昫等:《旧唐书》卷一一八《元载传》,中华书局1975年版,第3411页。

城的建议,应当说还是有一定的眼光与积极意义的。

至宪宗时期,宰相史家杜佑撰成我国史学上第一部典章制度通史《通典》。本着"将施有政"的宗旨,杜佑将封建统治的主要方面,按照历史与逻辑的演进方法,作了逐一的考察与分析。在地理方面,他以《州郡典》容纳相关的认识。具体到都城问题,他也提出了自己的见解。他认为,关中地区的地理与经济条件最为优越,自古以来就是统治者借以掌控天下的根据地。因而,关中的地理条件对于政治上的巩固和统一是很重要的:"雍州之地,厥田上上,鄠杜之饶,号称'陆海',四塞为固,被山带河。秦氏资之,遂平海内。汉初,高帝纳娄敬说而都焉。又徙齐诸田,楚昭、屈、景,燕、赵、韩、魏之后及豪族名家于关中,强本弱末,以制天下。"这是从历史上来看的。同时,针对时人关于关中之自然条件与周边环境已非同昔日的疑问,杜佑作了长篇的反驳,认为自秦以来,由于"仕宦之途猥多,道释之教渐起,浮华浸盛,末业日滋。今大率百人方十人为农,无十人习战,其余皆务他业",加之秦汉时期开凿的郑渠、白渠,至唐代灌溉面积已经大大缩小,"永徽中,两渠所溉,唯万许顷。洎大历初,又减至六千二百余顷,比于汉代,减三万八九千顷"。"地利损耗既如此,人力散分又如彼,欲求强富,其可得乎!"至于吐蕃对边境的威胁,他认为凭其国力与文明程度,是难以与唐相抗衡的。基于此,他提出:"诚能复两渠之饶,究浮食之弊,恤农夫,诱其归,趣抚战士,励其勋伐,酌晁错之策,择险要之地,缮完城垒,用我所长,渐开屯田,更蓄财力,将冀收复河陇,岂唯自守而已哉!加以幅员万里之所资,宣布皇王之大政,则何向不济、何为不成者乎!"对于在其他地方建都的建议,杜佑也逐个作了分析与批驳:

> 或又曰:"关中寓内西偏,天下劳于转输。洛阳宫室正在土中,周汉以还,多为帝宅、皇舆巡幸之处。则是国都何必重难迁移,密迩勍寇,择才留镇,以息人勤,自然无虞,孰不庆幸。"答曰:"古今既异,形势亦殊。当周之兴也,虽定鼎郏鄏,而王在镐京。幽王之乱,平王东徙,始则晋、郑夹辅,终乃齐、晋主盟,咸率诸侯,共尊王室,犹有请隧之僭,中肩之师。东汉再兴,巨寇皆殄。魏晋以降,理少乱多。今咸秦陵庙在焉,胜兵计数十万,海内财力,云奔风趋,倘议迁都,得非

蹙国,斯乃示弱天下,何以统临四方。洛阳地埆,凋弊尤甚,万乘所止,千官毕臻,樵牧难资,稿秸难赡,又无百二之固,虑启奸凶之心,岂得舍安而就危,弃大而从小也!汉高初平项羽,将宅洛师,娄敬请居关中,张良赞成其计,田肯称贺,方策备存。武德中,突厥牙帐在于河曲,数十万骑将过原州,时以伤夷未平,财力且乏,百辟卿士震恐,皆请迁都山南。太宗献计,固争方止,永安宗社,实赖圣谟。"

议者又曰:"洛阳四战之地,既将不可,蒲坂虞舜旧国,表里山河,江陵亦尝设都,控压吴蜀。远道避翟,宁不堪居?"答曰:"蒲坂土瘠人贫,困竭甚于洛邑;江陵本非要害,梁王数岁国亡。夫临制万国,尤惜大势。秦川是天下之上腴,关中为海内之雄地。巨唐受命,本在于兹,若居之则势大而威远,舍之则势小而威近,恐人心因斯而摇矣,非止于危乱者哉,诚系兴衰,何可轻议。"①

杜佑的上述认识,进一步体现了他关于都城问题的主张。一方面,他继承了汉代史家的看法,认为关中的地理条件是对封建皇朝有重要意义的因素。而另一方面,他又不仅仅立足于自然条件发论,而是综合考虑政治、经济、军事等方面因素的相互作用。定都洛阳,他认为是"示弱天下"之举,而且洛阳"理少乱多",经济上无力支撑庞大的中央政府,军事上也缺乏必要的屏障。至于时人所提到的蒲坂与江陵,客观条件更差。所以,无论从哪个角度看,关中都有着无可替代的地位。事实上,从隋唐时期的地理状况来看,关中地区由于战乱、人口增长的压力等因素,其原先具有的各种优势已经逐步在失去。这是客观存在的事实。对于这一点,杜佑本人也是认可的。但是,对关中地区历史上的重要地位的关注,以及对它"巨唐受命,本在于兹"的政治地位的关注,使他得出了"居之则势大而威远,舍之则势小而威近","诚系兴衰"的结论。杜佑的观点以及时人的疑问,说明在唐代中叶,人们在地理条件与都城问题上的矛盾认识。这种矛盾反映出,随着生产力水平的提高,封建国家经济、政治、军事建设的不断发展,客观地理条件在都城问题上的影响,以及这种表现的不同形式。值

① 杜佑:《通典》卷一七四《州郡典四》,中华书局 1988 年版,第 4564—4565 页。

得注意的是,无论持何种具体观点,地理条件都是时人立论的基础。所不同的只是它的影响程度而已。结合中唐时期的政治形势,应当说杜佑综合考虑问题的认识角度,更有其历史的合理性。

唐昭宗时,国势已然走向颓亡,“天子失政”。在这种情况下,国子博士朱朴曾上书言当世事,并从地理条件的得失提出迁都的建议,认为:

> 古王者不常厥居,皆观天地兴衰,随时制事。关中,周、隋所都,我实因之,凡三百岁,文物资货,奢侈僭伪皆极焉;广明巨盗陷覆京阙,局署帑藏,里闬井肆,所存十二,比幸石门、华阴,十二之中又亡八九,高祖、太宗之制荡然矣。夫襄、邓之西,夷漫数百里,其东,汉舆、凤林为之关,南,菊潭环屈而流属于汉,西有上洛重山之险,北有白崖联络,乃形胜之地,沃衍之墟。若广浚漕渠,运天下之财,可使大集。自古中兴之君,去已衰之衰,就未王而王。今南阳,汉光武虽起而未王也。臣视山河壮丽处多,故都已盛而衰,难以兴已;江南土薄水浅,人心嚣浮轻巧,不可以都;河北土厚水深,人心强愎狠戾,不可以都。惟襄、邓实惟中原,人心质良,去秦咫尺,而有上洛为之限,永无夷狄侵轶之虞,此建都之极选也。①

这一建议没有被唐昭宗采纳。这时的唐皇朝已岌岌可危,非迁都之举可以挽回颓势,足见朱朴在政治上的迂阔。但是,这一议论透露出,由于地理条件的变化,关中地区已逐渐失去了经济上的优势;由于社会的动乱、政治的腐败,长安已不再具有盛唐气象。这跟中唐时期杜佑、李吉甫对长安的看法已有很大的不同。朱朴建议中的这一点启示是不应被忽视的。而他的“观天地兴衰,随时制事”的见解,也还包含着辩证的因素。郑樵在《通志·都邑略》里引证了朱朴的迁都议,认为“其论‘去已衰之衰,就未王而王’,则前此或未有之及矣”②,这也是赞成他的“随时制事”的主张。

① 欧阳修、宋祁:《新唐书》卷一八三《朱朴传》,中华书局1975年版,第5385—5386页。

② 郑樵:《通志》卷四一《都邑略》,中华书局1987年版,第553页。

第三节　地理与民俗

一、关注民俗的思想传统

所谓民俗,简而言之是指民间的风俗习惯。它指一个国家或民族中由广大民众所创造、享用和传承的生活文化。它起源于人类社会群体生活的需要,在特定的民族、时代和地域中不断形成、扩大和演变,为民众的日常生活服务。它所包含的内容十分丰富。概而言之,包含生产劳动、日常生活、社会组织、岁时节日、人生仪礼、游艺、民间观念、民间文学等方面。中国传统民俗作为中国传统文化的一个组成部分,是在中华民族特有的自然环境、经济方式、社会结构、政治制度等因素的制约下孕育、发生并传承的,因而中国传统民俗既有人类民俗的共性,又有不同于其他国家和民族的独特个性。这种独特个性的形成与发展,与中国的地理条件有着密切的关联。

对于不同的地理条件对民俗的影响,我国历代的史学家都很关注。成书于战国、两汉时期的《礼记·王制》就说过:"中国戎夷,五方之民,皆有性也,不可推移。东方曰夷,被发文身,有不火食者矣;南方曰蛮,雕题交趾,有不火食者矣;西方曰戎,被发衣皮,有不粒食者矣;北方曰狄,衣羽毛穴居,有不粒食矣。中国、夷、蛮、戎、狄,皆有安居、和味、宜服、利用、备器。五方之民,语言不通,嗜欲不同"①。它认为,各地人民不可推移的生活与生产习俗是为性,而这种性与地理方位有着直接的关联。虽然《礼记》将地理条件的影响仅仅归于不同的方位,但这种将客观条件与人的不同习性直接联系的认识,还是具有可贵的思想价值。

司马迁在《史记》中,对地理条件与不同地区人们不同风俗习惯形成

① 《十三经注疏》,中华书局1980年版,第1338页。

的关系，作了前所未有的辩证认识。《史记·货殖列传》篇，是这些辩证认识的集中体现。司马迁在本卷一开始就提出："夫神农以前，吾不知已。至若《诗》《书》所述虞夏以来，耳目欲极声色之好，口欲穷刍豢之味，身安逸乐，而心夸矜势能之荣。使俗之渐民久矣，虽户说以眇论，终不能化。故善者因之，其次利道之，其次教诲之，其次整齐之，最下者与之争。"这事实上是指出了对物质生活的追求，是人类自古以来就形成的一种习惯。他已经朦胧地意识到了物质生产活动在人类社会发展中的重要地位。而整篇传文也正是围绕这一认识而展开的。在接下来的撰述中，司马迁还依不同地区的自然与经济地理的实际，把各地人们的习俗作了大致的概括与分析。如他认为有的地区人们"好稼穑"，有的地方人们则"业多贾"等等。[①] 这些具有理论色彩的概括，为后世史家在其著作中作进一步的探讨提供了基础。

据《汉书》所载，汉元帝初年，中郎翼奉关于地理条件与人之性情的关系有一段论述："臣闻之于师，治道要务，在知下之邪正。人诚乡正，虽愚为用；若乃怀邪，知益为害。知下之术，在于六情十二律而已。北方之情，好也；好行贪狼，申子主之。东方之情，怒也；怒行阴贼，亥卯主之。贪狼必待阴贼而后动，阴贼必待贪狼而后用，二阴并行，是以王者忌子卯也。《礼经》避之，《春秋》讳焉。南方之情，恶也；恶行廉贞，寅午主之。西方之情，喜也；喜行宽大，巳酉主之。二阳并行，是以王者吉午酉也。《诗》曰：'吉日庚午。'上方之情，乐也；乐行奸邪，辰未主之。下方之情，哀也；哀行公正，戌丑主之。辰未属阴，戌丑属阳，万物各以其类应。"[②]翼奉所论，有着鲜明的五行说的特点，因而是不科学的。但与此同时，由于五行说本身与地理条件有着密切关联，因此以其为基础的关于人之性情的认识，也必然有其合理的成分。作为思想史上影响深远的理论，五行说在中国古代史学中有着重要的地位。

《汉书》对风俗及形成不同风俗的原因，提出了更为深刻的认识："凡

---

① 司马迁：《史记》卷一二九《货殖列传》，中华书局 1959 年版，第 3261 页。

② 班固：《汉书》卷七五《翼奉传》，中华书局 1962 年版，第 3167—3168 页。

民函五常之性,而其刚柔缓急,音声不同,系水土之风气,故谓之风;好恶取舍,动静亡常,随君上之情欲,故谓之俗。孔子曰:'移风易俗,莫善于乐。'言圣王在上,统理人伦,必移其本,而易其末,此混同天下一之虖中和,然后王教成也。汉承百(年)[王]之末,国土变改,民人迁徙,成帝时刘向略言其(域)[地]分,丞相张禹使属颍川朱赣条其风俗,犹未宣究,故辑而论之。"①班固对"风俗"二字的解释,虽与今天有所不同,但他关于不同的习俗系于"水土之风气"的认识,无疑是客观的。而且,作为一部以颂扬大一统为己任的史著,《汉书》在记述统治阶层对风俗的重视,将其纳入史书记载范围方面,也有着突出的自觉意识。在概括总结各地风俗基本状况及其形成原因时,也体现出综合考虑客观物质条件与主观条件的影响的特点。如它提出:"秦汉已来,山东出相,山西出将。秦时将军白起,郿人;王翦,频阳人。汉兴,郁郅王围、甘延寿,义渠公孙贺、傅介子,成纪李广、李蔡,杜陵苏建、苏武,上邽上官桀、赵充国,襄武廉褒,狄道辛武贤、庆忌,皆以勇武显闻。苏、辛父子著节,此其可称列者也,其余不可胜数。何则?山西天水、陇西、安定、北地处势迫近羌胡,民俗修习战备,高上勇力鞍马骑射。故《秦诗》曰:'王于兴师,修我甲兵,与子皆行。'其风声气俗自古而然,今之歌谣慷慨,风流犹存耳。"②凡此种种,不一而足。

东汉末年,应劭著《风俗通义》,认为:"风者,天气有寒暖,地形有险易,水泉有美恶,草木有刚柔也。俗者,含血之类,像之而生,故言语歌讴异声,鼓舞动作殊形,或直或邪,或善或淫也。圣人作而均齐之,咸归于正;圣人废,则还其本俗。《尚书》:'天子巡守,至于岱宗,觐诸侯,见百年,命大师陈诗,以观民风俗。'《孝经》曰:'移风易俗,莫善于乐。'传曰:'百里不同风,千里不同俗,户异政,人殊服。'由此言之:为政之要,辩风正俗,最其上也。"③应氏所论,一是指出了自然条件,包括气候、地理、水源、树木等客观因素对人类习性的决定性作用,同时也指出了人类"像之而生",由此形成的一系列的习惯。"风"与"俗"二者之间,似可作客观物

① 班固:《汉书》卷二八下《地理志下》,中华书局1962年版,第1640页。
② 班固:《汉书》卷六九《赵充国辛庆忌传》后论,中华书局1962年版,第2998—2999页。
③ 应劭:《风俗通义》序,王利器校注:《风俗通义校注》,中华书局1981年版,第8页。

质条件与人的主观特点两个概念去理解；二是指出了风俗会随着社会发展而变化，而变化的关键，在于“圣人”发挥作用的程度。这一认识体现了应氏思想中的历史局限性；三是指出了“辩风正俗”对于维护封建统治的极端重要性。总体而言，这一从自然而人类性情，从人类性情而人类社会，从风俗变易而政治统治的思路，是有着认识上的积极启示的。

综上，从地理条件这一客观物质因素出发去分析人类社会的风俗形成过程及其特点，是我国古代历史思想史上的一个鲜明特点。而这一特点及其具体表现，在史学中有着丰富的反映。至魏晋南北朝隋唐时期，这一反映的深度与广度都得到了加强。

二、民俗与社会发展特点

魏晋南北朝隋唐时期，各种地理方面的史书得到空前的发展。正史中的地志、专门的地方史、民族史以及域外地理书等等，在数量与质量上都有了长足的进步。其中的地理类专书，一方面记述了不同地方在不同历史时期的历史、地理、人物、民族、风俗、物产等情况，可与正史相互补充；一方面则对上述客观情况形成的原因，作了分析，提出了有益的认识。这些认识，反映了魏晋南北朝以后的社会经济、政治发展给不同地区的风俗带来的深刻影响。这里重点要探讨的，是第二方面的问题。

成书于三国时期的刘邵所著《人物志》，是关于人伦鉴识的著作，论述品藻人物的理论与人物的分类。其立论的基本依据是：

> 盖人物之本，出乎情性。情性之理，甚微而玄，非圣人之察，其孰能究之哉？凡有血气者，莫不含元一以为质，禀阴阳以立性，体五行而著形。苟有形质，犹可即而求之。……
>
> 若量其材质，稽诸五物。五物之征，亦各著于厥体矣。
>
> 其在体也，木骨、金筋、火气、土肌、水血，五物之象也。五物之实，各有所济。是故骨植而柔者，谓之弘毅。弘毅也者，仁之质也。气清而朗者，谓之文理。文理也者，礼之本也。体端而实者，谓之贞固。贞固也者，信之基也。筋劲而精者，谓之勇敢。勇敢也者，义之

> 决也。色平而畅者,谓之通微。通微也者,智之原也。五质恒性,故谓之五常矣。
>
> 五常之别,列为五德。是故温直而扰毅,木之德也。刚塞而弘毅,金之德也。愿恭而理敬,水之德也。宽栗而柔立,土之德也。简畅而明砭,火之德也。虽体度无穷,犹依乎五质。
>
> 故其刚柔明畅贞固之征,著乎形容,见乎声色,发乎情味,各如其象。故心质亮直,其仪劲固。心质休决,其仪进猛。心质平理,其仪安闲。夫仪动成容,各有态度。直容之动,矫矫行行。休容之动,业业跄跄。德容之动,颙颙卬卬。①

上述所论,看似与风俗没有直接的联系,但由于它是对人(人类)的性情形成所作的理论概括,所以对于讨论作为社会整体生活习性的风俗,也有着重要的借鉴意义。它的理论基础是汉代以后流行的五行说,人的个性特征、性格倾向,无一不与五行有密切关联。如上所述,五行说本身是非科学的。但它提出了在人的主观力量之外,尚有与之相对应的客观条件在起作用,从认识风俗问题的方法论来看,从这一角度论述是客观的。

《华阳国志》是魏晋南北朝时期地方史的代表性著作。作者常璩对记述《禹贡》九州之一的梁州地区历史有着强烈的自觉意识,认为“巴、蜀厥初开国,载在书籍,或因文纬,或见史记,久远隐没,实多疏略”。后世虽有补作或续作,但都有所不足。加之魏晋以来战乱频仍,“嗟乎三州,近为荒裔!”对此,作者表示了深切的忧虑:“桑梓之域,旷为长野。反侧惟之,心若焚灼。”②于是乃广搜史料,撰集成书。本书卷一至卷四,以介绍古梁州的历史概况、地理建置、自然状况为中心,详述各州郡的山川、交通、风土、物产、民俗、族姓、文化等情况。这些记述,一方面反映了魏晋时期西南地区的社会、民族发展的情况;一方面则反映了作者常璩对风俗问题的若干思考。如他在卷一中写道:“其地(引者按:指巴地),东至鱼复,西至僰道,北接汉中,南极黔、涪。土植五谷,牲具六畜。桑、蚕、麻、苎、

① 刘邵:《人物志》卷上《九征》,红旗出版社 1996 年版,第 19—22 页。

② 常璩:《华阳国志》卷一二《序志》,刘琳校注:《华阳国志校注》,巴蜀书社 1984 年版,第 891、894 页。

鱼、盐、铜、铁、丹、漆、茶、蜜、灵龟、巨犀、山鸡、白雉、黄润、鲜粉，皆纳贡之。其果实之珍者：树有荔芰，蔓有辛蒟，园有芳蒻、香茗、给客橙、葵。其药物之异者，有巴戟、天椒。竹木之璜者，有桃支、灵寿。其名山有涂籍、灵台，石书刊山。其民质直好义，土风敦厚，有先民之流。……而其失，在于重迟鲁钝，俗素朴，无造次辨丽之气。其属有濮、賨、苴、共、奴、獽、夷蜑之蛮。”“涪陵郡，巴之南鄙，从枳南入，泝舟涪水。本与楚商於之地接，……土地山险水滩，人多戆勇，多獽、蜑之民。县邑阿党，斗讼必死。无蚕桑，少文学，惟出茶、丹、漆、蜜、蜡。汉时赤甲军常取其民，蜀丞相亮亦发其劲卒三千人为连弩士，遂移家汉中……其人性质直，虽徙他所，风俗不变，故迄今有蜀、汉、关中、涪陵；及为军在南中者犹存。”①在卷二中写道：“魏兴郡，本汉中西城县。……土地险隘，其人半楚，风俗略与荆州沔中郡同。”“梓潼郡，本广汉属县也。……土地出金、银、丹、漆、药、蜜也。世有隽彦，人侔于巴、蜀。”“阴平郡，本广汉北部都尉。……土地山险，人民刚勇。……风俗、所出与武都略同。”②这些记述说明，巴蜀之地在魏晋时期，虽保持着自古以来形成的各种习俗，如质直好义、土风敦厚，但在当时的政治形势之下，也发生了一些在建置、生活习俗上的变化。

对这些风俗，常璩从不同角度作了分析。他认为，从历史上看：

巴国远世则黄、炎之支封，在周则宗姬之戚亲，故于《春秋》班侔秦、楚，示甸卫也。若蔓子之忠烈，范目之果毅，风淳俗厚，世挺名将，斯乃江、汉之含灵，山岳之精爽乎！观其俗足以知其敦壹矣。③

…………

蜀之为国，肇于人皇，与巴同囿。至黄帝，为其子昌意娶蜀山氏之女，生子高阳，是为帝(喾)[颛顼]；封其支庶于蜀，世为侯伯。历夏、商、周，武王伐纣，蜀与焉。其地东接于巴，南接于越，北与秦分，西奄

---

① 常璩：《华阳国志》卷一《巴志》，刘琳校注：《华阳国志校注》，巴蜀书社 1984 年版，第 25—28、83—84 页。

② 常璩：《华阳国志》卷二《汉中志》，刘琳校注：《华阳国志校注》，巴蜀书社 1984 年版，第 128—129、144—145、165 页。

③ 常璩：《华阳国志》卷一《巴志》，刘琳校注：《华阳国志校注》，巴蜀书社 1984 年版，第 101 页。

峨嶓。地称天府,原曰华阳。故其精灵则井络垂耀,江、汉遵流。①

而从天文与地理条件来看蜀地:

> 其卦值坤,故多斑采文章;其辰值未,故尚滋味;德在少昊,故好辛香;星应舆鬼,故君子精敏,小人鬼黠;与秦同分,故多悍勇。在《诗》,文王之化,被乎江汉之域;秦豳同咏,故有夏声也。其山林泽渔,园囿瓜果,四节代熟,靡不有焉。
>
> …………
>
> 蜀之为邦:天文,井络辉其上;地理,岷嶓镇其域;五岳,则华山表其阳;四渎,则汶江出其徼。故上圣则大禹生其乡,媾姻则黄帝婚其族,大贤彭祖育其山,列仙王乔升其冈。而宝鼎辉光于中流,离龙仁虎跃乎渊陵。开辟及汉,国富民殷,府腐谷帛,家蕴畜积。《雅》《颂》之声,充塞天衢,《中和》之咏,侔乎二《南》。蕃衍三州,土广万里。方之九区,于斯为盛。固乾坤之灵囿,先王之所经纬也。②

在常璩的观念里,巴蜀之地地灵人杰,风淳俗厚,而造成这一特点的原因,一在于黄、炎帝乃至周代先人的遗风余韵在起作用,所谓“江汉之含灵,山岳之精爽”,指的就是这个意思。二则在于这里独特的天文地理条件与所谓的卦象。前者尚有其历史与逻辑的合理性,后者则多附会之词。《华阳国志》在地理条件与风俗之间的关系问题上的理论贡献,更多地体现于作者对此问题自觉地进行探讨的意识。

《蛮书》是唐代地方史的代表性著作。其书有“蛮夷风俗”一章,专记云南地区少数民族的风俗习惯,有珍贵的史料价值。如它记载:“南诏有妻妾数百人,总谓之诏佐。清平官、大军将有妻妾数十人。”“本土不用钱,凡交易缯帛、毡罽、金、银、瑟瑟、牛、羊之属,以缯帛幂数计之,云某物色直若干幂。”“言语音白蛮最正,蒙舍蛮次之,诸部落不如也。但名物或与汉不同,及四声讹重。大事多不与面言,必使人往来达其词意,以此取

① 常璩:《华阳国志》卷三《蜀志》,刘琳校注:《华阳国志校注》,巴蜀书社 1984 年版,第 175 页。

② 常璩:《华阳国志》卷三《蜀志》,刘琳校注:《华阳国志校注》,巴蜀书社 1984 年版,第 175—176、330 页。

定，谓之行诺”①；等等。这些记载，生动地反映了南诏地区在社会发展阶段及民族特征上的一些真实情况。但作者对形成这些特点的原因，并未作相应的深入探讨。

魏晋南北朝隋唐时期的正史，在风俗问题上有较为集中的讨论者，当为《隋书》的《地理志》。与前代的地方史志相比，它的全局眼光是最值得关注的。

《隋书·地理志》这样记载梁州的地理及风俗状况：

> 梁州于天官上应参之宿。周时梁州，以并雍部。及汉，又析置益州。在《禹贡》，自汉川以下诸郡，皆其封域。汉中之人，质朴无文，不甚趋利。性嗜口腹，多事田渔，虽蓬室柴门，食必兼肉。好祀鬼神，尤多忌讳，家人有死，辄离其故宅。崇重道教，犹有张鲁之风焉。每至五月十五日，必以酒食相馈，宾旅聚会，有甚于三元。傍南山杂有獠户，富室者颇参夏人为婚，衣服居处言语，殆与华不别。西城、房陵、清化、通川、宕渠，地皆连接，风俗颇同。汉阳、临洮、宕昌、武都、同昌、河池、顺政、义城、平武、汶山，皆连杂氐羌。人尤劲悍，性多质直。皆务于农事，工习猎射，于书计非其长矣。蜀郡、临邛、眉山、隆山、资阳、泸川、巴东、遂宁、巴西、新城、金山、普安、犍为、越嶲、牂柯、黔安，得蜀之旧域。其地四塞，山川重阻，水陆所凑，货殖所萃，盖一都之会也。昔刘备资之，以成三分之业。自金行丧乱，四海沸腾，李氏据之于前，谯氏依之于后。当梁氏将亡，武陵凭险而取败，后周之末，王谦负固而速祸。故孟门不祀，古人所以诫焉。其风俗大抵与汉中不别。其人敏慧轻急，貌多蕞陋，颇慕文学，时有斐然，多溺于逸乐，少从宦之士，或至耆年白首，不离乡邑。人多工巧，绫锦雕镂之妙，殆侔于上国。贫家不务储蓄，富室专于趋利。其处家室，则女勤作业，而士多自闲，聚会宴饮，尤足意钱之戏。小人薄于情礼，父子率多异居。其边野富人，多规固山泽，以财物雄役夷、獠，故轻为奸藏，

① 樊绰：《蛮书》卷八《蛮夷风俗》，向达校注：《蛮书校注》，中华书局1962年版，第210、214、216页。

权倾州县。此亦其旧俗乎?又有獽狿蛮賨,其居处风俗,衣服饮食,颇同于獠,而亦与蜀人相类。①

与《华阳国志》相比,《隋志》的特点在于将古梁州的地理方位、历史沿革、不同区域的风俗习惯,作了条分缕析的交代,文字简洁,叙事清晰。

在论及其他地区如扬州、荆州时,《隋志》也大致依上述思路,分别说明之。如记扬州:"火耕水耨,食鱼与稻,以渔猎为业,虽无蓄积之资,然而亦无饥馁。……人性并躁劲,风气果决,包藏祸害,视死如归,战而贵诈,此则其旧风也。自平陈之后,其俗颇变,尚淳质,好俭约,丧纪婚姻,率渐于礼。其俗之敝者,稍愈于古焉。丹阳旧京所在,人物本盛,小人率多商贩,君子资于官禄,市廛列肆,埒于二京,人杂五方,故俗颇相类。京口东通吴会,南接江湖,西连都邑,亦一都会也。其人本并习战,号为天下精兵。俗以五月五日为斗力之戏,各料强弱相敌,事类讲武。宣城、毗陵、吴郡、会稽、余杭、东阳,其俗亦同。然数郡川泽沃衍,有海陆之饶,珍异所聚,故商贾并凑。其人君子尚礼,庸庶敦厖,故风俗澄清,而道教隆洽,亦其风气所尚也。豫章之俗,颇同吴中,其君子善居室,小人勤耕稼。衣冠之人,多有数妇,暴面市廛,竞分铢以给其夫。及举孝廉,更要富者,前妻虽有积年之勤,子女盈室,犹见放逐,以避后人。俗少争讼,而尚歌舞。一年蚕四五熟,勤于纺绩,亦有夜浣纱而旦成布者,俗呼为鸡鸣布。"

记荆州:"其风俗物产,颇同扬州。其人率多劲悍决烈,盖亦天性然也。南郡、夷陵、竟陵、沔阳、沅陵、清江、襄阳、舂陵、汉东、安陆、永安、义阳、九江、江夏诸郡,多杂蛮左,其与夏人杂居者,则与诸华不别。其僻处山谷者,则言语不通,嗜好居处全异,颇与巴、渝同俗。诸蛮本其所出,承盘瓠之后,故服章多以班布为饰。其相呼以蛮,则为深忌。自晋氏南迁之后,南郡、襄阳,皆为重镇,四方凑会,故益多衣冠之绪,稍尚礼义经籍焉。九江襟带所在,江夏、竟陵、安陆,各置名州,为藩镇重寄,人物乃与诸郡不同。大抵荆州率敬鬼,尤重祠祀之事,昔屈原为制《九歌》,盖由此也。……(南郡、襄阳)二郡又有牵钩之戏,云从讲武所出,楚将伐吴,以

① 魏徵等:《隋书》卷二九《地理志上》,中华书局1973年版,第829—830页。

为教战，流迁不改，习以相传。……其死丧之纪，虽无被发袒踊，亦知号叫哭泣。始死，即出尸于中庭，不留室内。敛毕，送到山中，以十三年为限。先择吉日，改入小棺，谓之拾骨。……长沙郡又杂有夷蜒，名曰莫徭，自云其先祖有功，常免徭役，故以为名。其男子但著白布裈衫，更无巾裤；其女子青布衫、班布裙，通无鞋屦。婚嫁用铁钴莽为聘财。武陵、巴陵、零陵、桂阳、澧阳、衡山、熙平皆同焉。其丧葬之节，颇同于诸左云。"①

此两段之记述，广及两州的风俗物产、经济生活、民俗演进、民族性格、社会生活等诸多方面，为我们描绘了一幅多民族共同生活、共同推动社会历史前进的生动画面。尤为可贵的是，作者所述两地多有"商贾并凑"、重镇云集的情况，表明了经过魏晋南北朝时期对南方的开发，其经济发展的繁荣；而荆州地区"诸蛮""与夏人杂居者，则与诸华不别"，"其相呼以蛮，则为深忌"的情况，则从更深的层面上反映了民族融合的历史大势在南方地区的发展程度。

从地志的角度来看，《通典》的州郡、边防二典，将前代正史及各类地理专书的相关记载、论述都容纳进来，并结合唐代的实际及作者的认识，提出了新的见解。《州郡典》继承了《史记》以来重视风俗的传统，对各地风俗民情作了总结，如："荆河之间，四方辐辏，故周人善贾，趋利而纤啬"②；"兖州旧疆界于河济，地非险固，风杂数国。秦汉以降，政理混同，人情朴厚，俗有儒学"③；"五岭之南，人杂夷獠，不知教义，以富为雄。……大抵南方遐阻，人强吏懦，豪富兼并，役属贫弱，俘掠不忌，古今是同。其性轻悍，易兴迷节"④。这些总结，既是对风俗民情的客观描述，又为他在民族理论方面作出超越前人的贡献，提供了积极的认识基础。《边防典》的序文说：

覆载之内，日月所临，华夏居土中，生物受气正。（自注：李淳风云，谈天者八家，其七家，甘氏、石氏、浑天之类。以度数推之，则华夏

① 魏徵等：《隋书》卷三一《地理志下》，中华书局1973年版，第897—898页。
② 杜佑：《通典》卷一七七《州郡典七》，中华书局1988年版，第4678页。
③ 杜佑：《通典》卷一八〇《州郡典一〇》，中华书局1988年版，第4768页。
④ 杜佑：《通典》卷一八四《州郡典一四》，中华书局1988年版，第4961页。

居天地之中也。又历代史,倭国一名日本,在中国直东;扶桑国复在倭国之东,约去中国三万里,盖近于日出处。贞观中,骨利干国献马,使云,其国在京师西北二万余里,夜短昼长,从天色暝时煮羊胛,才熟而东方已曙,盖近于日入处。今崖州直南水行便风十余日到赤土国,其国到五月,亭午物影却在南,一日三食,饭皆旋炊,不然,逡巡过时,即便臭败。热气特甚,盖去日较近。其地渐远转寒,盖去日稍远。则洛阳告成县土圭居覆载之中明矣。唯释氏一家论天地日月,怪诞不可知也。)其人性和而才惠,其地产厚而类繁,所以诞生圣贤,继施法教,随时拯弊,因物利用。三五以降,代有其人。君臣长幼之序立,五常十伦之教备,孝慈生焉,恩爱笃焉。主威张而下安,权不分而法一。生人大赉,实在于斯。①

此段论述开宗明义地指出:“华夏居土中,生物受气正”,所以“人性和而才惠,地产厚而类繁”,进而“诞生圣贤,继施法教,随时拯弊,因物利用”。杜佑认为,华夏的政治与伦理道德体系都是最优秀的,“生人大赉,实在于斯”。而其他诸国,或近日,或酷热,或远日,均不在地之中心。值得注意的是,杜佑的这些认识,是建立在对当时的天文地理学的总结概括基础之上的,这反映了他自觉总结地理条件与民族差异的内在关联的意识,同时也说明了他立论的严谨态度。这一自觉意识与严谨态度体现在关于华夏内部诸民族问题的探讨上,促成了他在理论上的一系列重大进展。

第四节　地理条件与民族发展

一、关于地理条件与民族差别的认识

从某种意义上说,对民俗与对民族差异的讨论,在中国古代往往有着

① 杜佑:《通典》卷一八五《边防典》序,中华书局 1988 年版,第 4978—4979 页。

密切的关联。越是时间久远，这一特点似乎就越明显。比如，《礼记》所言“五方之民，言语不通，嗜欲不同”，“皆有性也，不可推移”，可作对不同民族差异的描述理解，亦可作对处于不同地域的不同人们共同体差异的理解，因为其所言“中国”，本身就是一个不断变动着内涵与外延的概念。这与中国自古以来就是一个多民族的国家的现实状况相关，也与人们对“民族”概念的认识水平有关。随着生产力的发展，民族融合程度的加深，人们不断地认识到，“华”与“夷”的界限不仅仅局限于地理方位，而是体现在文化、习俗、经济生活、民族心理等诸多方面，并且对这些方面的实际情况及形成原因，都作了有益的讨论。

关于物质条件与不同人群性格特征的关系，我国史学著作中很早就有这方面的论述。如《史记·货殖列传》就曾记载：“自汧、雍以东至河、华，膏壤沃野千里……故其民犹有先王之遗风，好稼穑，殖五谷，地重，重为邪。……[孝]、昭治咸阳，因以汉都，长安诸陵，四方辐凑并至而会，地小人众，故其民益玩七而事末也。”而河东、河内、河南之地由于“土地小狭，民人众，都国诸侯所聚会，故其俗纤俭习事。杨、平阳陈西贾秦、翟，北贾种、代。种、代，石北也，地边胡，数被寇。人民矜懻忮，好气，任侠为奸，不事农商。……中山地薄人众，犹有沙丘纣淫地余民，民俗怀急，仰机利而食。”这些论述，都说明了司马迁在讨论经济问题时对各地的地理、风俗、政治、文化传统之间相互联系的认识与分析，表现了司马迁在把物质文化背景与人物性格相结合考察方面的自觉意识。但在中国史学中，直接把地理条件与民族特点联系起来，还是魏晋南北朝以后的事情。随着魏晋南北朝时期史家对民族融合的认识及对少数民族了解的增多，从物质条件方面来探讨产生不同的民族特性的原因，成为民族史观中重要的一个方面。

从理论角度剖析少数民族特性，在魏晋南北朝的史著中，东晋袁宏的《后汉纪》是较为典型的。如该书在卷九永平元年（58 年）的记事中，针对西羌徙三辅一事发论曰：“夫民之性也，各有所禀，生其山川，习其土风。山川不同则刚柔异气，土风乖则楚夏殊音。是以五方之民，厥性不均，险阻平易，其俗亦异。况乃殊类绝域，不宾之旅，以其所禀受，有异于人。先王知其如此,故分其内外,阻以山川,戎狄蛮夷,即而序之。”如果说这一概括还有民族歧视的色彩包含其中,那么,《后汉书》从五行角度出发的论述就更多一些对东方民族的赞赏。如范晔讲到东夷的民族特点时认为:“《王制》云:‘东方曰夷。’夷者,柢也,言仁而好生,万物柢地而出。故天性柔顺,易以道御,至有君子、不死之国焉。”[①]而西羌的民族特点则表现为:“性坚刚勇猛”,其原因就在于他们“得西方金行之气焉”。“金行气刚,播生西羌。氐豪分种,遂用殷强。”李贤注曰:“《黄帝素问》曰:‘西方者,金(玉)[王]之域,沙石之处,其人山居而多风,水土刚强。’”[②]产生民族差异的原因,物质条件尤其是地理环境是一个重要的因素,对物质文化比较落后的民族来说,其民族特性受自然条件的影响更甚。《后汉纪》与《后汉书》的论述,在对这个基本因素的强调方面,应当说是继承了《史记》的传统并进一步发展了。这种发展在《后汉纪》中表现为将地理条件纳入民族特性的探讨中,并恰当地运用;而在《后汉书》中,则体现为从地理条件及其相应的五行之说角度谈不同地域民族的特点。两者均具有从普遍性的角度讨论民族特性的色彩。虽然这种讨论还不能说完全符合客观事实的发展现状,但这种思路对后世人们从理论上进一步认识民族与民族关系的发展,还是多有启发的。

隋唐时期,随着生产力的发展,民族的组合、融合的推进,人们认识水平的不断提高,在史著当中,对民族问题出现了更为理性、客观的探讨。

地理条件影响民族性格与特点,是中国古代史学中朴素辩证认识的突出表现。唐初正史继承并发展了这一点,使之更为深入与具体。如《周书·异域传上》就认为,地形与水土等自然条件决定了不同的民族特性:“盖天地之所覆载,至大矣;日月之所临照,至广矣。然则万物之内,民人寡而禽兽多;两仪之间,中土局而庶俗旷。求之邹说,诡怪之迹实繁;考之《山经》,奇谲之词匪一。周、孔存而不论,是非纷而莫辩”。“凡民肖形天地,禀灵阴阳,愚智本于自然,刚柔系于水土。故雨露所会,风流所

① 范晔:《后汉书》卷八五《东夷列传》,中华书局 1965 年版,第 2807 页。

② 范晔:《后汉书》卷八七《西羌传》,中华书局 1965 年版,第 2869、2902、2870 页。

通，九川为纪，五岳作镇，此之谓诸夏。生其地者，则仁义出焉。昧谷、嵎夷、孤竹、北户，限以丹徼紫塞，隔以沧海交河，此之谓荒裔。感其气者，则凶德成焉。”这里，不仅讲到了地理特点与民族社会历史进程、风俗习惯、性格为人之间所存在的直接联系，从而带有了从物质条件角度谈民族差异的特征；而且，对邹衍、《山海经》的“诡怪”之谈有所批评，亦可见作者在民族问题的认识上所具有的积极因素。

《周书》所论，在唐代诸史中都有不同程度的体现。如《晋书·四夷传》认为：“夫宵形禀气，是称万物之灵；系土随方，乃有群分之异。蹈仁义者为中宇，肆凶犷者为外夷，譬诸草木，区以别矣。夷狄之徒，名教所绝，窥边候隙，自古为患，稽诸前史，凭陵匪一。”①自然条件，包括地理与抽象的“形”“气”，决定了人的不同特点与高下之分，而这种差别所导致的“名教所绝”，又造成了夷夏之间的隔阂与冲突。

《隋书》以史论见长，其“四裔传”诸论在民族理论的探讨上亦多有新见。如关于东部诸族，它是这样论述的：“广谷大川异制，人生其间异俗，嗜欲不同，言语不通，圣人因时设教，所以达其志而通其俗也。”②在《经籍志二》地理类后序中，这种有关地理与民族特性关系的认识得到了进一步的发挥：“昔者先王之化民也，以五方土地，风气所生，刚柔轻重，饮食衣服，各有其性，不可迁变。是故疆理天下，物其土宜，知其利害，达其志而通其欲，齐其政而修其教。故曰广谷大川异制，人居其间异俗。《书》录禹别九州，定其山川，分其圻界，条其物产，辨其贡赋，斯之谓也。”与上引袁宏《后汉纪》《周书》的观点相较，这一论述的积极意义在于，它不是从民族差别的角度来探讨地理因素的影响，而是认为，不同的地域环境会造成不同的人类性格，从而具有了某些普遍性的意义。但它以不同民族的民族性格为“不可迁变”，这又是其认识上的局限之处。

---

① 房玄龄等：《晋书》卷九七《四夷传》后论，中华书局 1974 年版，第 2550 页。

② 魏徵等：《隋书》卷八一《东夷传》后论，中华书局 1974 年版，第 1828 页。

二、贾耽《海内华夷图》所反映的民族观念

中唐时期,地理学家贾耽先后撰成《关中陇右及山南九州等图》及《别录》与《海内华夷图》《古今郡国县道四夷述》。这几部书或在地理学学科的发展方面,或在地理思想方面,都取得了突出的成绩。据《旧唐书》本传记载:"耽好地理学,凡四夷之使及使四夷还者,必与之从容,讯其山川土地之终始。是以九州之夷险,百蛮之土俗,区分指画,备究源流。自吐蕃陷陇右积年,国家守于内地,旧时镇戍,不可复知。"在这种情况下,"耽乃画陇右、山南图,兼黄河经界远近,聚其说为书十卷"。其中《关中陇右及山南九州等图》是以裴秀所创制图六体为据绘成,"以洮、湟旧墟,连接监牧;甘、凉右地,控带朔陲。岐路之侦候交通,军镇之备御冲要,莫不匠意就实,依稀像真。如圣恩遣将护边,新书授律,则灵、庆之设险在目,原、会之封略可知。"而《别录》六卷则由于"诸州诸军,须论里数人额;诸山诸水,须言首尾源流。图上不可备书,凭据必资记注"而撰。此外,"又黄河为四渎之宗,西戎乃群羌之帅,臣并研寻史牒,翦弃浮词,罄所闻知,编为四卷,通录都成十卷"。作为一名地理学家,贾耽没有将绘制全国地图作为首要的任务,而是将对当时政治统治更为有价值的"陇右一隅"作为关注的重点,他对此的解释是,这一地区"久沦蕃寇,职方失其图记,境土难以区分",担心日后对绘图工作产生消极的影响。而从他的上表中所言的绘制、记录重点,如"军镇之备""诸州诸军"等等,可以看到他鲜明的经世致用的目的,以及对政治大一统的格外关注。值得注意的是,他称吐蕃为异国,是立足于当时的政治局面而言,从知人论世的角度而言,这是可以理解的。

至贞元十七年(781年),贾耽又撰成《海内华夷图》及《古今郡国县道四夷述》40卷。其表文如下:

臣闻地以博厚载物,万国棋布;海以委输环外,百蛮绣错。中夏则五服、九州,殊俗则七戎、六狄,普天之下,莫非王臣。昔毌丘出师,东铭不耐;甘英奉使,西抵条支;奄蔡乃大泽无涯,罽宾则悬度作险。

或道理回远，或名号改移，古来通儒，罕遍详究。臣弱冠之岁，好闻方言，筮仕之辰，注意地理，究观研考，垂三十年。绝域之比邻，异蕃之习俗，梯山献琛之路，乘舶来朝之人，咸究竟其源流，访求其居处。阛阓之行贾，戎貊之遗老，莫不听其言而掇其要。闾阎之琐语，风谣之小说，亦收其是而芟其伪。

然殷、周以降，封略益明，承历数者八家，浑区宇者五姓，声教所及，惟唐为大。秦皇罢侯置守，长城起于临洮；孝武却地开边，障塞限于鸡鹿；东汉则哀牢请吏；西晋则裨离结辙；隋室列四郡于卑和海西，创三州于扶南江北，辽阳失律，因而弃之。高祖神尧皇帝诞膺天命，奄有四方。太宗继明重熙，柔远能迩，逾大碛通道，北至仙娥，于骨利干置玄阙州。高宗嗣守丕绩，克广前烈，遣单车赍诏，西越葱山，于波剌斯立疾陵府。中宗复配天之业，不失旧物。睿宗含先天之量，惟新永图。玄宗以大孝清内，以无为理外，大宛骥騄，岁充内厩，与贰师之穷兵黩武，岂同年哉！肃宗扫平氛祲，润泽生人。代宗划除残孽，彝伦攸叙。伏惟皇帝陛下，以上圣之姿，当太平之运，敦信明义，履信包元，惠养黎蒸，怀柔遐裔。故泸南贡丽水之金，漠北献余吾之马，玄化洋溢，率士沾濡。

臣……近乃力竭衰病，思殚所闻见，丛于丹青。谨令工人画《海内华夷图》一轴，广三丈，从三丈三尺，率以一寸折成百里。别章甫左衽，奠高山大川；缩四极于纤缟，分百郡于作绘。宇宙虽广，舒之不盈庭；舟车所通，览之咸在目。并撰《古今郡国县道四夷述》四十卷，中国以《禹贡》为首，外夷以《班史》发源，郡县纪其增减，蕃落叙其衰盛。前地理书以黔州属酉阳，今则改入巴郡；前西戎志以安国为安息，今则改入康居。凡诸疏舛，悉从厘正。陇西、北地，播弃于永初之中；辽东、乐浪，陷屈于建安之际。曹公弃陉北，晋氏迁江南，缘边累经侵盗，故墟日致堙毁。旧史撰录，十得二三，今书搜补，所获太半。《周礼·职方》，以淄、时为幽州之浸，以华山为荆河之镇，既有乖于《禹贡》，又不出于淹中，多闻阙疑，讵敢编次。其古郡国题以墨，今州县题以朱，今古殊文，执习简易。臣学谢小成，才非博物。伏波之

> 聚米,开示众军;鄜侯之图书,方知厄塞。企慕前哲,尝所寄心,辄罄庸陋,多惭纰缪。①

这篇表文,突出地体现了贾耽的大一统的思想,基于“普天之下,莫非王臣”的认识,他将“万国棋布”、“百蛮绣错”的广大地域,都作为强大的唐皇朝理想的疆域范围,这无疑是不现实的,但他也实事求是地指出,“中夏”包括“五服、九州”,这又与传统的对中国地理范围的认识有着契合之处。贾耽生活在中晚唐时期,对他在具体的地理认识上的谬误,我们暂且不论,仅从于今有益的角度来看,上述文字体现了贾耽对多民族国家历史的重视,并具有继承这一传统的强烈愿望。作者将自殷周以来的历代守边、拓边的历史加以粗线条的梳理,并对唐代诸帝的历史功绩作高度评价,以及他对“道里回远,名号改移,古来通儒,罕遍详究”的状况的担忧,都充分说明了这一点。当然,它还体现出作者在制图上大胆创新、精益求精,在撰述上多闻阙疑、辩证史实的严肃态度。

小　　结

魏晋南北朝隋唐时期的史学,在地理条件对社会历史发展的影响这一问题上,所取得的成果是突出的,具体体现为如下几个方面:

第一,对地理条件与社会发展关系问题探讨的自觉意识大大增强。巩固边防、开疆拓土,是封建国家存在与发展的基本前提,而对国家疆域内的自然状况、经济条件、风俗特征等情况的关注,则是维持、巩固封建统治的重要内容。史家通过史著体例、撰述内容等途径,对此问题给予专门的论述、总结,提出新见,一方面表现出突出的服务于现实政治需要的特点;另一方面,从史学本身的发展来看,这也是对史学理论与历史理论领域的充实与扩充。两相结合,使魏晋南北朝时期史学在理论探讨与经世

① 刘昫等:《旧唐书》卷一三八《贾耽传》,中华书局 1975 年版,第 3785—3786 页。

致用的自觉性、广度、深度方面，都取得了超越前代的成就。

第二，在继承前人相关理论研究成果的基础上，魏晋南北朝隋唐时期的史学对地理条件的社会历史发展影响作了深化，提出了新的见解。比如，对于前代的大小九州之说，这一时期的史家将其具体化为统治者总揽天下地理大势的重要性；对天下的理解，也随着科学技术的发展、人们视野的开阔，更趋于合理；对前代所提出的地理形势与军事关系的命题，则深化为对地形之胜与王治之化的内在关联的思考；尤其是在民族问题上，从物质条件出发考虑民族差异，再深入到民族发展进化的普遍法则，取得了空前的认识成果。由此，是否可以认为，魏晋南北朝隋唐时期之所以成为史学理论与历史理论的重要发展阶段，关于地理条件与社会发展问题的探讨所取得的成就，是一个重要的原因。

第三，魏晋南北朝隋唐时期史学之所以取得上述成就，除了本章前述的社会生产力发展、文化发展等基本原因之外，还受一些具体的时代与学术发展特点的影响。如对总揽天下地理形势的关注，既与前代相关思想有着内在的关联，同时也反映出这一历史时期政权更迭频繁的现实需求；对割据皇朝存在与发展的地理条件的探讨，则与当时割据政权林立的状况相对应；对各地风俗的总结与归纳，则与更好地维护政治统治的客观要求相一致。从学术发展的内在逻辑来看，经过了史学产生、发展的早期的理论积淀，魏晋南北朝隋唐时期的史学得以在地理条件与社会历史发展问题上提出更深入的认识。在民族问题上结合地理条件，以更加客观、理性的态度来看待相关问题，既是空前的多民族融合与统一的现实政治的需要，同时也是人们的理论认识不断发展到更高层次的必然体现。扩而言之，我国古代的历史理论，无一不是在客观历史条件与学术内在发展的双重影响下，体现出不同的面貌与特征。只是在不同的时代与历史阶段，起作用的具体因素与起作用的程度有所不同而已。遵循这样的发展轨迹，后世关于地理条件与社会历史发展的认识，将不断取得新的进展。

第四章

民族观、民族史观的变化和发展

中国是一个多民族国家,这在历史研究中,早已受到人们的关注。不论是中国民族史撰述,还是多民族统一国家的中国史撰述,在近百年来不断有新的成果问世。民族史学的研究,不仅可以有力地说明中国史学多民族的特点,而且也可以有力地证明,中国自秦汉以来就是一个多民族统一的国家,这在史学上始终有着充分的反映。

这里说的民族史观,简单地说,是指在史学活动、史学思潮及史家思想中存在的民族观念;具体地说,它是史学中关于历史上各民族历史地位、相互关系及相关问题的认识,属于客观历史中民族观的组成部分,同时也是中国民族史学的重要研究领域。在中国史学发展中,民族观念在不同的历史时期随着历史形势的变化而演进,并有着不同的特点与内涵。与此同时,它的发展还受史学本身发展的制约,从而在理论认识与史学活动中体现出独有的特征。

民族史观的研究,在史料上的主要依据有两大方面:一是少数民族关于自身及其他民族历史考察的史学成就,二是汉族史家的民族史撰述。它主要包括皇朝史中的民族史专篇、少数民族所建政权的"国史"以及正史中所著录的民族史专书三大部分。我国现在主要留存的十几种文字的少数民族文献资料,有相当一部分由于语言文字的障碍,还未进行系统的清理。而从史学史角度对这些文献进行分析、研究则更为少见。因此,本章的论述仍然建立在对汉文主要相关史籍的研究基础之上。

魏晋南北朝隋唐时期在历史与史学发展两个方面，都有其独特之处：第一，这个时期是秦统一后，中国历史上多民族活动最为活跃的时期，也包含着秦汉统一皇朝之后新的统一局面的出现。因而，它在民族活动和政治统一两层含义上，都具有十分突出的重要性和代表性。这一时期是中国封建社会发展成熟，封建生产关系由中原地区逐渐向周边地区扩展，从而在今天中国的地域范围内基本确立下来的历史时期；同时，它在中国民族关系史的发展中，同样具有重要的意义。无论是魏晋南北朝时期的政权更迭，还是隋唐时期空前统一的政治格局，都与民族关系的现实状况密切相关。认识这一长时段的历史，对认识整个中国历史具有十分重要的价值。第二，在这一相对完整的民族史发展阶段中，中国古代史学经历了多途发展、重大转折、理论深入和多民族史学的进一步确立的演进过程；反映各民族历史观念及相互关系认识的民族史观亦不断成长、发展、丰富和成熟起来，随着历史形势的变动体现出鲜明的时代特色，经历了曲折的演变、发展过程而达到理性倾向，进而走向新的发展阶段。这一事实表明，在中国历史中，尽管各民族间有过种种冲突和矛盾，人们在华夷之辨思想的笼罩下，但终究还是踏出了一条新的路径。

第一节　多民族国家的历史观和民族观

一、政治割据中华夷混一的历史趋势

在中国历史上，魏晋南北朝时期是民族关系最为活跃的历史时期之一，也是封建社会的发展时期。随着生产力的发展，各民族之间交往的增多，民族关系的变动成为影响这个时期历史进程的重要因素。不论是魏晋南北朝时期的政权更迭，还是十六国的骤兴骤亡，南北朝的长期对峙，都与民族关系的现实状况密切相关。这些变动十分突出地表明，从魏晋

南北朝时期起,少数民族在中国古代历史中扮演的角色愈来愈重要,他们的历史作用亦愈来愈重大。在这种历史条件下,史学中的民族史观必然反映出鲜明的时代特征。如不同民族史家对传统儒家大一统思想的极力阐发,将民族因素与正闰问题交叉讨论,南北朝史著对华夷之辨的不同认识,以及这一时期史学中对民族特性的理论探讨,构成了魏晋南北朝时期民族史观的基本面貌,与先秦秦汉时期的民族史观相比,它具有蓬勃发展的特点。

(一)政治割据中民族融合的进一步发展

从历史发展的总形势来看,无论是三国鼎立还是东晋与十六国、南朝与北朝的对峙,政治割据与统一战争是基本的时代特征。因此,这一阶段既有东征西讨、南征北伐的军事冲突,又有婚聘交好、互通有无的和平往来。这一方面使得整个中国处于分裂割据的状态,给生产力发展及人民生活带来了很大的破坏;另一方面,从民族关系发展的角度来看,这种局面又使得各割据政权都重视、发展与周边民族的关系,在民族政策上注重和平交往,注重开发边境地区的生产力,从而在客观上推动了广大边区的发展,加速了少数民族汉化的进程与各民族之间的融合;而各政权之间的战争,以及各民族被压迫阶层的联合反抗斗争,又使得大批民众在不同地区与民族间流动,在客观上也推动了民族融合的进程;少数民族政权主动采取措施汉化以巩固、发展本民族政权,亦成为这一历史时期民族融合的途径之一。北魏孝文帝改革即是这方面最为主动也是最为彻底的一次改革,它不仅把本民族的发展推进了一大步,而且在推动其统治下的其他民族汉化方面也起到了积极的作用。几方面因素结合,造成了山西、陕西、河北、河南等地杂居匈奴、鲜卑、乌桓、氐、羌、高句丽诸族的状况,①“西北诸郡,皆为戎居,内及京兆、魏郡、弘农,往往有之”②,“关中之人百余万口,率其少多,戎狄居

① 参见翁独健主编:《中国民族关系史纲要》,中国社会科学出版社1990年版,第213页。

② 司马光:《资治通鉴》卷八一,晋纪三,武帝太康元年,中华书局1956年版,第2575页。

半”[①]。《洛阳伽蓝记》对此方面多有记载，生动地描述了当时洛阳各民族云集、佛教发达的盛况。[②] 而边地少数民族聚居区，也多有汉族居住，据《北史·高昌传》载，“国有八城，皆有华人”。而汉族对少数民族风俗文化亦有所吸纳。作为鲜卑化的汉人，北齐文宣帝高洋因“太子殷自幼温裕开朗，礼士好学，关览时政，甚有美名”，而“嫌太子‘得汉家性质，不似我’，欲废之”[③]。这一“用夷变夏”之例，事实上反映了一种民族间更深层次的融合与认同。

在民族大融合的时代背景之下，各少数民族都在不同程度上接受并发展了汉族文化。如匈奴南迁以后，由于多年受汉、魏、晋的直接统治，很多匈奴首领读汉书，习汉礼，跻身于士大夫阶层。如反晋建汉的刘元海，“幼好学，师事上党崔游，习《毛诗》《京氏易》《马氏尚书》，尤好《春秋左氏传》《孙吴兵法》，略皆诵之，《史》《汉》、诸子，无不综览”[④]；刘聪年仅十四岁，即“究通经史，兼综百家之言，《孙吴兵法》靡不诵之。工草隶，善属文，著述怀诗百余篇，赋颂五十余篇”[⑤]；拓跋嗣“礼爱儒生，好览史传”[⑥]；后赵石勒初建国，即立经、律、史学，我国历史上第一次出现了“史学”一词；前秦苻坚则致力于发展儒家文化，“召郡国学生通一经以上充之，公卿已下子孙并遣受业……号称多士”[⑦]；拓跋珪建立北魏后，也设国子太学，并为五经群书置博士官；拓跋焘“起太学于城东，祀孔子，以颜渊配”[⑧]等等。其他如刘曜，卢水胡沮渠蒙逊，鲜卑慕容廆、慕容翰、慕容宝、慕容德、元宏，氐族苻融、苻登，羌族姚苌、姚兴、姚泓等人汉化程度都很深，有相当高的文化修养。

---

① 房玄龄等：《晋书》卷五六《江统传》，中华书局 1974 年版，第 1533 页。

② 参见杨衒之：《洛阳伽蓝记》卷三、卷四，周祖谟校释：《洛阳伽蓝记校释》，中华书局 1963 年版，第 113—178 页。

③ 司马光：《资治通鉴》卷一六七，陈纪一，武帝永定二年，中华书局 1956 年版，第 5180 页。

④ 房玄龄等：《晋书》卷一〇一《刘元海载记》，中华书局 1974 年版，第 2645 页。

⑤ 房玄龄等：《晋书》卷一〇二《刘聪载记》，中华书局 1974 年版，第 2657 页。

⑥ 魏收：《魏书》卷三《太宗纪》，中华书局 1974 年版，第 64 页。

⑦ 房玄龄等：《晋书》卷一一三《苻坚载记上》，中华书局 1974 年版，第 2888 页。

⑧ 魏收：《魏书》卷四《世祖纪上》，中华书局 1974 年版，第 71 页。

民族融合与各民族文化的发展,使得不同民族政权之间的文化融合、交流甚至竞争成为可能。由于错居杂处,也由于经济文化交流和联合反抗斗争的需要,汉语逐渐成为北方诸族的通用语言。西晋时,匈奴、羯、氐、羌、乌桓等族大多已用汉语,至北魏统一后,中原地区通行的则只有汉语和鲜卑语。南北朝时期,北凉卢水胡沮渠蒙逊及其子均曾遣使向南朝刘宋求取《周易》、子、集诸书,刘宋一一送之,北凉也赠刘宋《敦煌实录》《凉书》《甲寅元历》等史书;[①]南齐永明六年(488 年),宕昌王梁弥承遣使至齐,求军仪和乐伎方面的书籍,齐给《五经集注》和《论语》各一部[②];汉族的文化典制传入西域,使许多地区比于内地,如高昌“风俗政令,与华夏略同。……文字亦同华夏,兼用胡书。有《毛诗》《论语》《孝经》,置学官弟子,以相教授。……其刑法、昏姻、丧葬与华夏小异而大同”[③]。

由于熟习同一种文化,南北通使在答对中各抒己见,互赠诗赋之举,在史书记载中屡见不鲜,南北之间互以文化相夸亦成为一时风尚。“时南、北通好,务以俊乂相夸,衔命接客,必尽一时之选,无才地者不得与焉。每梁使至邺,邺下为之倾动,贵胜子弟盛饰聚观,礼赠优渥,馆门成市。宴日,高澄常使左右觇之,一言制胜,澄为之拊掌。魏使至建康亦然。”[④]由此可见,当时中原文化影响很大,北方与南方,边地与中原,已遍受其泽。这种与政治上的分裂割据颇为矛盾的文化现象,为魏晋南北朝时期民族史观的蓬勃发展提供了现实依据,也提供了思想认识上的基础。

(二)民族大融合中的民族观念

对于魏晋南北朝时期的民族关系在历史撰述中的表现,隋唐之际史家李大师有一个很好的概括:“南书谓北为‘索虏’,北书指南为‘岛夷’。”[⑤]这一概括虽在讲史书,但同时也反映了当时南、北方民族政权之

① 沈约:《宋书》卷九八《氐胡》,中华书局 1974 年版,第 2415—2416 页。

② 萧子显:《南齐书》卷五九《芮芮虏河南氐羌列传》,中华书局 1972 年版,第 1033 页。

③ 李延寿:《北史》卷九七《西域传》,中华书局 1974 年版,第 3215 页。

④ 司马光:《资治通鉴》卷一五七,梁纪一三,武帝大同三年,中华书局 1956 年版,第 4879 页。

⑤ 李延寿:《北史》卷一〇〇《序传》,中华书局 1974 年版,第 3343 页。

间相互对立的历史事实。其实,这种对立不仅存在于南北两大统治集团之间,还存在于北方各少数民族政权之间。它在民族观上的具体表现,大致可归纳为如下两点:

第一,统一与正统观念的强化。如上所述,在各民族文化都有不同程度发展的大背景之下,以儒家思想为主的汉族文化逐渐为各民族政权所接受。大一统随之成为各民族政权的政治理想,不论是三国鼎立,还是南北方对峙,每个割据政权都以统一天下为最高政治目标。而为实现这一目标,首先就要在理论上,证明自己是"受天明命"的正朔所在,其他割据势力则是"僭伪"。由于这些政权大多带有较为明显的民族色彩,故而它们对正闰问题的争论,往往与对民族关系的看法交织在一起,这一点成为当时民族史观的主要特色。

东晋永和八年(352 年),慕容儁即皇帝位,并脱离对东晋名义上的臣服关系。他对晋使者说:"汝还白汝天子,我承人乏,为中国所推,已为帝矣。"①前燕在正统观念上的这一表现,在当时是有普遍性的。如太元七年(382 年),苻坚在与群臣讨论是否南下灭东晋时,其理由为"吾统承大业垂二十载,芟夷逋秽,四方略定,惟东南一隅未宾王化。吾每思天下不一,未尝不临食辍铺",俨然自视为天下之主,他关于"帝王历数岂有常哉,惟德之所授耳"②的认识,更突出地表明了他对汉族正统的挑战;高车国阿伏至罗"自立为王,国人号之曰'候娄匐勒',犹魏言大天子也"。其弟"穷奇号'候倍',犹魏言储主也。二人和穆,分部而立"③;《南齐书·芮芮虏传》亦载其国相邢基祇罗回与齐的表文④,言词之间,亦以正朔自居。《魏书》《宋书》所保留的一些各政权之间的往来书表中,关于各民

---

① 房玄龄等:《晋书》卷一一〇《慕容儁载记》,中华书局 1974 年版,第 2834 页。

② 房玄龄等:《晋书》卷一一四《苻坚载记下》,中华书局 1974 年版,第 2911、2936 页。

③ 魏收:《魏书》卷一〇三《高车传》,中华书局 1974 年版,第 2310 页。

④ 萧子显:《南齐书》卷五九《芮芮虏河南氐羌列传》:"……皇芮承绪,肇自二仪,拓土载民,地越沧海,百代一族,大业天固。虽吴(汉)[漠]殊域,义同唇齿,方欲剋期中原,龚行天罚。治兵缮甲,俟时大举。振霜戈于并、代,鸣和铃于秦、赵,扫殄凶丑,枭剪元恶。然后皇舆迁幸,光复中华,永敦邻好,侔蹤齐、鲁。使四海有奉,苍生咸赖,荒余归仰,岂不盛哉!"中华书局 1972 年版,第 1024—1025 页。

族统治者自相君长的记载,亦俯拾皆是。这些都表明,随着民族关系的变动,正闰之说已超出华夏族内部的争论范围,成为各民族共有的思想武器了。这一思想领域的对立,一方面是民族斗争程度在文化上的折射,另一方面则揭示出这样一个事实:在儒家文化的熏陶之下,各民族的观念与价值取向都逐渐地趋向一个中心,即对中原统治权的向往与争夺。

第二,夷夏之辨的淡化。魏晋南北朝时期民族融合的重要特点之一,是汉族虽为融合的核心,但汉化和胡化往往交叉进行。内迁民族与汉族融合,内迁民族之间、留在塞外的各族之间也相互融合,各族之间出现了合而复分、分而复合、交叉融合的现象。正是这种大融合,使各族在经济生活、社会制度,包括心理素质、语言、习俗等方面日趋一致,胡汉或夷夏区别的观念随之淡薄,族别之偏见也逐渐减少。如《资治通鉴》记晋元帝太兴三年(320年),“裴嶷至建康,盛称慕容廆之威德,贤隽皆为之用;朝廷始重之。帝谓嶷曰:‘卿中朝名臣,当留江东,朕别诏龙骧送卿家属。’嶷曰:‘臣少蒙国恩,出入省闼,若得复奉辇毂,臣之至荣。但以旧京沦没,山陵穿毁,虽名臣宿将,莫能雪耻,独慕容龙骧竭忠王室,志除凶逆,故使臣万里归诚。今臣来而不返,必谓朝廷以其僻陋而弃之,孤其向义之心,使懈体于讨贼,此臣之所甚惜,是以不敢徇私而忘公也。’”胡三省注曰:“谓留江东乃是徇一身之私计,归棘城则可辅廆以讨贼,乃天下之公义也。嶷之心,盖以廆可与共功名,鄙晋之君臣宴安江沱,为不足与共事而已。”①这一典型事例,在某种程度上表达了时人夷夏观念的普遍面貌及特点。北魏太和年间,韩显宗在上言时务时说:“伏见洛京之制,居民以官位相从,不依族类。”②南方汉族地主阶级也改变了对北方的传统看法。如中大通元年(529年),梁朝将领陈庆之至北魏洛阳,醉谓:“魏朝甚盛,犹曰五胡,正朔相承,当在江左。秦朝玉玺,今在梁朝。”而杨元慎则讥吴为鱼鳖之徒,互相贬抑。然庆之南还,谓朱异曰:“自晋宋以来,号洛

① 司马光:《资治通鉴》卷九一,晋纪一三,元帝太兴三年,中华书局1956年版,第2877页。

② 魏收:《魏书》卷六〇《韩显宗传》,中华书局1974年版,第1340页。

阳为荒土，此中谓长江以北尽是夷狄。昨至洛阳，始知衣冠士族并在中原。”[①]这种夷夏观念的变化，既是对传统的“中国亦新夷狄也”[②]的观念的继承，同时也是对魏晋南北朝时期民族关系发展现状的直接反映。

第三，民族政策的灵活。从历史形势的发展来看，魏晋南北朝尤其是南北朝各政权都是多民族的国家。北朝以鲜卑族为主，南朝以汉族为主。受政治形势及自身实力的消长变化的影响，各政权为了巩固与发展自身实力，在处理民族关系时常常会采取羁縻甚至“永敦邻好”[③]的政策，以求得内部政治局面的稳定。曹魏对鲜卑等北方民族，就采取安抚怀柔政策，只要对方不内犯，尽量保持和平交往，并设一定的行政职官以管理之。而少数民族政权也在民族政策上颇有建树，如前秦苻坚就提出并实行“黎元应抚，夷狄应和”[④]的主张，缓和了前秦与鲜卑等族的关系，稳固了政权。但总的说来，各民族政权之间统一性质的战争从未停止过。无论是前秦苻坚、北魏拓跋焘、孝文帝的执意南征，还是东晋南朝祖逖、桓温、刘裕、宋明帝的多次北伐，都说明了这一点。这样，统治者的相互隔阂、敌对心理，就不可避免地影响到民族史观，导致夷夏之辨思想在某种程度上得到了强化。但与此同时，上述无法阻挡的民族融合的客观事实，则在潜移默化地改变着这一民族心理，并为新的统一局面下出现“天下一家”的观念铺就了基石。这两种相互矛盾的历史现象，在魏晋南北朝时期的史学中，有着相应的表现形式。

二、民族史观的深入发展

魏晋南北朝是中国古代史学大发展的历史时期，这种大发展，是包含了民族史学在内的。白寿彝先生指出：“魏晋南北朝隋唐时期史学的特

① 杨衒之：《洛阳伽蓝记》卷二，周祖谟校释：《洛阳伽蓝记校释》，中华书局 1963 年版，第 105—108 页。

② 《春秋公羊传·昭公二十三年》，《十三经注疏》，中华书局 1980 年版，第 2327 页。

③ 萧子显：《南齐书》卷五九《芮芮虏河南氐羌列传》，中华书局 1972 年版，第 1024 页。

④ 房玄龄等：《晋书》卷一一三《苻坚载记上》，中华书局 1974 年版，第 2896 页。

点,除适应当时的门阀地主的需要外,还有其他的时代特点。其一,为民族史的撰述。《晋书》、南北朝各史中关于少数民族建立的政权、民族间的矛盾及其他史事,都有记载。中国历史是国内各民族的历史,这在魏晋南北朝隋唐时期的史学上已有相当具体的体现。这是中国史学发展上的大事。"[①]概括地讲,民族史学在魏晋南北朝时期所达到的成就,突出表现在如下几个方面:一是汉族政权对少数民族史事记载传统的继承。在《三国志》《后汉书》《宋书》《南齐书》中,都保留了民族列传的立目;而西晋常璩所撰《华阳国志》,则是今天所见关于当时西南民族史最详尽的记述。二是少数民族政权对史学活动的重视。如后赵石勒立经、律、史学,北魏一朝国史、私人修史的发达,都是史学史上影响深远的事件。[②] 虽然这些史著大多已散佚,遗留下来的也多为一鳞半爪,难以窥其全貌,但民族史学发达的客观事实却不容忽视;而且,从现存的民族史著来看,它们所反映的民族观念具有重要的理论与现实意义。

(一)先秦秦汉时期的民族史观

自古以来,中国就是一个多民族国家。存在决定意识。对于民族问题,古代史家很早就有涉及,而相应的民族史观也就发生、发展起来。如《尚书·牧誓》记武王伐纣,有庸、蜀、羌、髳、微、卢、彭、濮等多种民族参与。《诗经》的《大雅·尚武》叙述周宣王伐徐方,《小雅·六月》叙述尹吉甫伐猃狁等,也都涉及多民族史事。《春秋》《左传》《国语》等书,对于多民族活动的史事有更多的记载,对于"诸华""诸夏"与东夷、南蛮、西戎、北狄之关系的历史,如其相互间的矛盾、冲突、交往、融合的演进过程,有许多生动的表述。从广泛的意义上看,这些客观上记述了早期中国多

① 白寿彝:《中国史学史》第1册,上海人民出版社1986年版,第63页。

② 参见瞿林东:《中国史学史纲》第三章《史学的多途发展》之相关部分,北京出版社1999年版,第223—273页;刘节:《中国史学史稿·魏晋南北朝史学概观》,中州书画社1982年版,第78—81页;以及谢继忠:《五凉史学述略》,《兰州学刊》1987年第2期;吴振清:《十六国史学述评》,《史学史研究》1989年第3期;韩杰:《北魏时期"十六国史"的撰述》,《史学史研究》1989年第3期;赵荧:《五凉史学述论》《五凉史学家考》,《西北师范大学学报》1992年第2期、1993年第4期。

民族历史活动的文献资料，都可视为中国史学上最早的民族史观的表现形式。

从思想领域来看，先秦时期的史家也在不同层面上注意到民族史的有关问题。如作为影响最为深远的儒家思想的代表，孔子对“夷狄”这一概念的运用，包含两个方面的内容：“言忠信，行笃敬，虽蛮貊之邦行矣；言不忠信，行不笃敬，虽州里行乎哉？”①这里的“蛮貊”“州里”并举，显系一种地理名词；而“夷狄之有君，不如诸夏之亡也”②“裔不谋夏，夷不乱华”③的论断，则是谈不同民族之间客观存在的差别④。另外，孔子还十分注重对边地民族知识的了解与学习。这一点可以从他所说的“天子失官，学在四夷”⑤中得到证实。由此可见，孔子对“夷狄”的态度，非但少有歧视，甚而有些赞许的倾向。孔子的这一认识，对后世史家产生了极为深远的影响，而它的现实基础，是春秋时期民族关系与民族观念的发展。春秋时期另一史学代表作《左传》，更从多个方面反映了多民族共同创造历史的思想意识，以及人们在这一点上的共识。从这些记载来看，它们或深刻地揭示了春秋时期民族融合的历史进程，或体现当时民族关系的正确处理，同时也反映出战国时期史家相对客观的民族史观。

当然，先秦时期的民族史观，还处在它的早期发展阶段。华夷之辨的

---

① 《论语·卫灵公》，杨伯峻译注：《论语译注》，中华书局1958年版，第169页。

② 《论语·八佾》，杨伯峻译注：《论语译注》，中华书局1958年版，第26页。这句话历代有不同解释，此处以朱熹引程子之说“夷狄且有君长，不如诸夏之僭乱，反无上下之分也”为据。见朱熹《论语章句集注》卷二，中国书店1985年版，第9页。

③ 《左传·定公十年》，杨伯峻编著：《春秋左传注》，中华书局1981年版，第1578页。

④ 陈垣：《通鉴胡注表微·夷夏篇》：“夷夏者，谓夷与夏之观念，在今语为民族意识。《公羊》成十五年传：‘《春秋》内其国而外诸夏，内诸夏而外夷狄。’非尊己而卑人也，内外亲疏之情，出于自然，不独夏对夷有之，夷对夏亦宜然，是之谓民族意识。”（科学出版社1958年版）此说颇为平实，符合夷夏观产生之时的原意，而非如今之所谓“夷狄”是一种侮辱性、歧视性的称呼。冯友兰先生在《中国哲学简史》中亦曾言：“从先秦以来，中国人鲜明地区分‘中国’或‘华夏’与‘夷狄’，这是事实，但是，这种区分是从文化上来强调的，不是从种族上来强调的。”（北京大学出版社1985年版，第221页）

⑤ 《左传·昭公十七年》：“秋，郯子来朝。公与之宴，昭子问焉，曰：‘少皞氏鸟名官，何故也？’郯子曰：‘吾祖也，我知之。……’仲尼闻之，见于郯子而学之。既而告人曰：‘吾闻之，“天子失官，学在四夷”，犹信。’”见杨伯峻编著：《春秋左传注》，中华书局1981年版，第1386—1389页。

民族观不仅在现实生活中有强烈的反映,在史家的民族史观中同样也有强烈的反映。这是多民族国家历史舞台上不可避免的现象,如孟子的“今也南蛮鴃舌之人,非先王之道”①,即是一典型例证。同时,我们还要看到,中国历史进程的总趋势,总是在调整着人们的民族观和民族史观。当着“定于一”的政治思潮成为先秦时期的主要思潮时,华夷之辨也就一时被淡化了。②

当中国历史进入到秦汉统一皇朝的时代,人们在新的历史条件下看待民族问题和民族史问题,从而促进了民族史观的发展。这在史学家方面,司马迁、班固的民族史观,无疑是最具有代表性的见解。

《史记》作为我国古代史学中第一部正史,首设民族列传,在民族史观上有多方面的成就:第一,它从广阔的视野出发,把周边民族匈奴、西域、西南夷等都纳入史学考察的范围,详尽地考究了周边各族的社会、经济、文化、风俗等方面的情况,是中国史学史上首次从中国通史的角度,对周边诸民族历史所作的系统介绍。第二,《史记》还追溯了所记少数民族的世系,认为他们历史上都与汉族有着种种联系。通过史学著作,说明少数民族与中原汉族的同源,这一认识及其所蕴含的大一统思想③,在后代正史当中一直沿袭下来,成为凝聚各民族的基本历史意识。第三,在史书立目上,《史记》还表现出可贵的民族平等意识。从这个角度说,《史记》既是史学史上的一个里程碑,同时也是民族史学思想发展的一个重要转折点。第四,在对民族关系的记述与评论方面,《史记》倾向于和亲与遣使往来、互通贸易等政策,反对互相侵害和连年兴师动众的征伐。在这一点上,司马迁对汉武帝亦加以不客气的批评。④《史记》在民族政策上的

① 《孟子·滕文公上》,杨伯峻译注:《孟子译注》,中华书局1960年版,第125页。

② 参见顾颉刚、王树民《“夏”和“中国”——祖国古代的称号》:“‘诸夏’‘华夏’等名号多用于春秋时期。到战国时,由于民族融合,原先‘诸夏’和‘夷狄’的对立逐渐消除,因而‘诸夏’‘华夏’等名号就很少再用。偶尔也作为地理名词用一下,如《荀子·儒效》说:‘居楚则楚,居越则越,居夏则夏’。这个‘夏’和楚、越对称,只是表示中原地区而已。”见史念海主编:《中国历史地理论丛》第1辑,陕西人民出版社1981年版,第13页。

③ 参见白寿彝主编:《中国通史》第1卷即《导论》卷,上海人民出版社1989年版,第7页。

④ 参见司马迁:《史记》卷一一〇《匈奴列传》,中华书局1959年版,第2919页。

这一态度，代表与阐扬了传统儒家主张“定于一”但又反对武力征讨的特点，对后世史家著史亦有着深远的影响。

《史记》所开创的以民族史事作为史书有机组成部分，并给其以重要地位的做法，奠定了我国古代正史撰述的基本模式，成为后世史家遵从的定规。这一做法在班固所撰我国第一部皇朝史《汉书》中得到了继承与发展。这种继承与发展，突出地体现为民族列传在记述的范围与内容上都大大增加了。[①] 并且，在大量掌握民族史事的基础上，《汉书》还体现出某种对少数民族特性进行总结的思想特点。但由于受正统观念以及当时汉朝与匈奴关系现状的影响，《汉书》在民族问题上的认识更多地体现了华夷之辨的色彩。这与司马迁的《史记》相比，固然有着本质上的差别与高下之分，但是，由于民族关系发展的复杂性与人们认识水平的局限性，与先秦时期存在着两种不同的民族史观相类，司马迁、班固的民族观念亦分别成为后代史著中评价相关史事的重要标准。

（二）魏晋南北朝时期民族史观的积极进展

——民族史撰述意识的增强。民族史撰述在中国史学上有着悠久的传统，至魏晋南北朝时期，这种传统开始演变为一种更为自觉与突出的史书撰述意识。包括正史、皇朝史、地方史等在内的史书，成为史家通过各种形式自觉记述民族史事的表现，魏收《魏书》即是这种自觉意识的典型表现，也是他在史学史上最重要的成就所在。[②]《魏书》所保存的当时史家论述本朝史撰述的内容，则成为这种自觉意识增强并不断普及的例证。

北魏孝文帝时，史臣李彪与高祐共同上表请修国史：

> 臣等闻典谟兴，话言所以光著；载籍作，成事所以昭扬。然则《尚书》者记言之体，《春秋》者录事之辞。寻览前志，斯皆言动之实录也。夏殷以前，其文弗具。自周以降，典章备举。史官之体，文质不同；立书之旨，随时有异。至若左氏，属词比事，两致并书，可谓存

---

① 参见白寿彝：《司马迁与班固》，《白寿彝史学论集》下册，北京师范大学出版社 1994 年版，第 750—751 页。

② 参见瞿林东：《中国史学史纲》，北京出版社 1999 年版，第 264—265 页。

> 史意,而非全史体。逮司马迁、班固,皆博识大才,论叙今古,曲有条章,虽周达未兼,斯实前史之可言者也。至于后汉、魏、晋咸以放焉。惟圣朝创制上古,开基《长发》,自始均以后,至于成帝,其间世数久远,是以史弗能传。臣等疏陋,忝当史职,披览《国记》,窃有志焉。……宜依迁固大体,令事类相从,纪传区别,表志殊贯,如此修缀,事可备尽。伏惟陛下先天开物,洪宣帝命,太皇太后淳曜二仪,惠和王度,声教之所渐洽,风译之所覃加,固已义振前王矣。……而秘府策勋,述美未尽。将令皇风大猷,或阙而不载;功臣懿绩,或遗而弗传。著作郎已下,请取有才用者,参造国书,如得其人,三年有成矣。然后大明之德功,光于帝篇;圣后之勋业,显于皇策。佐命忠贞之伦,纳言司直之士,咸以备著载籍矣。①

孝文帝从之。但其后李彪被解免史职,宣武帝即位后,他谋求修史之职,乃再次上表,请求接续自《尚书》以来的史书撰述传统:"唯我皇魏之奄有中华也,岁越百龄,年几十纪。……史官叙录,未充其盛。……臣窃谓史官之达者,大则与日月齐明,小则与四时并茂。其大者孔子、左丘是也,小者史迁、班固是也。故能声流于无穷,义昭于来裔。是以金石可灭而流风不泯者,其唯载籍乎? ……史职不修,事多沦旷,天人之际,不可须臾阙载也。是以谈迁世事而功立,彪固世事而名成,此乃前鉴之轨辙,后镜之蓍龟也。……窃寻先朝赐臣名彪者,远则拟汉史之叔皮,近则准晋史之绍统,推名求义,欲罢不能,荷恩佩泽,死而后已。"②这两封上书,前者立足于保存北魏统治者史事,使其"皇风大猷""功臣懿绩"流传后世,后者则从个人对修史的热情角度,阐发了李彪"远则拟汉史之叔皮,近则准晋史之绍统"的撰述旨趣。这固然有其通过修国史以立功名的意图,但是,作为一名汉族史家,李彪对少数民族政权史事强烈的自觉撰述意识,却是极为突出的;而且,他把这种撰述本朝史的工作与历史上自孔子以来的史家的著史工作相提并论,亦反映出他在史学史意识上对汉族史家的继承。

① 魏收:《魏书》卷五七《高祐传》,中华书局 1974 年版,第 1260—1261 页。
② 魏收:《魏书》卷六二《李彪传》,中华书局 1974 年版,第 1394—1397 页。

这种继承因为北魏统治者的民族成分与历史地位而显得更具有特殊意义。

崔鸿在北魏宣武帝年间典起居之职，亦曾上表述其史学志趣："自晋永宁以后，虽所在称兵，竞自尊树，而能建邦命氏成为战国者，十有六家。善恶兴灭之形，用兵乖会之势，亦足以垂之将来，昭明劝戒。但诸史残缺，体例不全，编录纷谬，繁略失所，宜审正不同，定为一书。……区分时事，各系本录；破彼异同，凡为一体；约损烦文，补其不足。"①与李彪相比，崔鸿私撰的《十六国春秋》更看重对包括北魏在内的各民族政权历史兴亡的总结与对史事的拾遗补阙，两者的撰述目的并不完全一致，因而在中国史学史上的地位与影响亦不相同，但是他们的史学活动所体现出来的民族史撰述意识，在本质上却是相通的。这成为魏晋南北朝民族史观进步的具体表现之一。

——对民族历史研究的总结。与民族史撰述意识的增强相关的是，南北朝史家在史著中还表达了对民族史研究的关注。上引崔鸿关于诸家十六国史撰述"体例不同，编录纷谬，繁略失所"的评价，就是一种对民族历史研究的总体认识。范晔在撰著《后汉书》的过程中，对此方面有更为完整的论述。《后汉书·西域传》的后论，是他对前人关于西域的记述所作的梳理与评述：

> 西域风土之载，前古未闻也。汉世张骞怀致远之略，班超奋封侯之志，终能立功西遐，羁服外域。……其后甘英乃抵条支而历安息，临西海以望大秦，拒玉门、阳关者四万余里，靡不周尽焉。若其境俗性智之优薄，产载物类之区品，川河领障之基源，气节凉暑之通隔，梯山栈谷绳行沙度之道，身热首痛风灾鬼难之域，莫不备写情形，审求根实。至于佛道神化，兴自身毒，而二汉方志莫有称焉。张骞但著地多暑湿，乘象而战，班勇虽列其奉浮图，不杀伐，而精文善法导达之功靡所传述。余闻之后说也，其国则殷乎中土，玉烛和气，灵圣之所[降]集，贤懿之所挺生，神迹诡怪，则理绝人区，感验明显，则事出天

① 魏收：《魏书》卷六七《崔光传》，中华书局1974年版，第1503—1504页。

外。而骞、超无闻者，岂其道闭往运，数开叔叶乎？不然，何诬异之甚也！汉自楚英始盛斋戒之祀，桓帝又修华盖之饰。将微义未译，而但神明之邪？详其清心释累之训，空有兼遣之宗，道书之流也。且好仁恶杀，蠲敝崇善，所以贤达君子多爱其法焉。然好大不经，奇谲无已，虽邹衍谈天之辩，庄周蜗角之论，尚未足以概其万一。又精灵起灭，因报相寻，若晓而昧者，故通人多惑焉。盖导俗无方，适物异会，取诸同归，措夫疑说，则大道通矣。①

此段文字在范晔史论中是一篇重要的文献，它突出表明了范晔“笔势纵放”的气度与特点。从民族史观的角度来分析，它的价值首先在于从民族史撰述的角度，对前代关于西域的记述与了解作了大略的概括与分析，指出了前人在此方面的功绩与不足，这是史学史意识在民族史学中的进一步延伸；其次，通过对前人论述的梳理，范晔还指出当时关于佛教认识的“好大不经，奇谲无已”之处，这就不仅是一种对待民族史事的客观求实态度，而且还具有了朴素唯物的思想倾向。② 与沈约《宋书》所包含的明显的崇佛倾向相较，范晔在民族史观上的这一特点尤具宝贵价值。

——对少数民族历史的认识与总结。自《史记》首述民族史事，《汉书》继之而有所发扬之后，魏晋南北朝所撰正史均继承了这一撰述传统，并在不同民族评价上有着各自的特点。如《三国志·魏书·乌丸鲜卑东夷传》一方面称，“《书》载‘蛮夷猾夏’，《诗》称‘猃狁孔炽’，久矣其为中国患也”；一方面又认为，中原亦有不如夷狄之处：“虽夷狄之邦，而俎豆之象存。中国失礼，求之四夷，犹信。”③这一认识显然是继承与发扬了先秦时期民族观念的积极成果。《后汉书》对此则作了进一步的发挥：“东夷率皆土著，憙饮酒歌舞，或冠弁衣锦，器用俎豆。所谓中国失礼，求之四夷者也。凡蛮、夷、戎、狄总名四夷者，犹公、侯、伯、子、男皆号诸侯云”④；“昔箕子违衰殷之运，避地朝鲜。始其国俗未有闻也，及施八条之约，使

① 范晔：《后汉书》卷八八《西域传》，中华书局1965年版，第2931—2932页。
② 参见瞿林东：《中国史学史纲》，北京出版社1999年版，第243页。
③ 陈寿：《三国志·魏书》卷三〇《乌丸鲜卑东夷传》，中华书局1982年版，第831、840—841页。
④ 范晔：《后汉书》卷八五《东夷列传》，中华书局1965年版，第2810页。

人知禁，遂乃邑无淫盗，门不夜扃，回顽薄之俗，就宽略之法，行数百千年，故东夷通以柔谨为风，异乎三方者也。苟政之所畅，则道义存焉。……若箕子之省简文条而用信义，其得圣贤作法之原矣！”[①]这两段文字突出表现了范晔在民族史观上的卓识：一是对“四夷”的文化进行了相当程度的肯定，这有其认识上的基础，即对儒家思想中“夷狄”亦有优长之处的观念的继承，但范晔的论述更为具体了。他甚至认为，东夷民族在早期的发展阶段，保留了更多“圣贤作法”的本意。二是对“四夷”历史地位的确认。所谓“四夷”之称，事实上与前代诸侯之称属同一性质，这一认识在当时，不可不谓是惊人之语，它将客观历史观念中对少数民族的认可，以史学认识的形式确立下来，具有了更为突出的学术与理论价值。范晔的这一认识上的特点，在《后汉书》其他民族列传中亦有体现。在中国史学史中，范氏以史论见长，这一点在其民族史观上也得到了证实。

范晔的这种见解，在《宋书》《南齐书》中也有不同程度的体现。如《南齐书·芮芮虏传》客观记载：“宋世，其国相希利垔解星算数术，通胡、汉语”的事实[②]；《宋书·氐胡传》亦描述其“颇尚礼文”：“氐藉世业之资，胡因倔起之众，结根百顷，跨有河西，虽戎夷猾夏，自擅荒服，而财力雄富，颇尚礼文”；并承认“中国”在统兵作战、号令严明方面不如少数民族[③]；《南齐书》则认为，夷狄亦可被于“声教之道”。[④]

在客观描述民族史事方面，《宋书》的民族列传较为突出。与当时其他几部正史相较，它所记史事较详。其《索虏传》保留了许多北魏对其他政权进行征伐时的诏书及各地守将的答词，从中可以看到当时人在正统、民族观念上的特点；《东夷传》中记有关于佛教的大段论述，由此可见各民族在文化方面相互影响的范围与程度，也反映出沈约本人的思想轨迹；而且，书中关于一些史实的记载，还具有订正前说的作用，如卷九七《夷

① 范晔：《后汉书》卷八五《东夷列传》后论，中华书局1965年版，第2822页。

② 萧子显：《南齐书》卷五九《芮芮虏河南氐羌传》，中华书局1972年版，第1023页。

③ 沈约：《宋书》卷九八《氐胡传》，中华书局1974年版，第2418页。

④ 萧子显：《南齐书》卷五八《蛮东南夷传》后论：“史臣曰：书称‘蛮夷猾夏’，盖总而为言矣。至于南夷杂种，分屿建国，四方珍怪，莫此为先，藏山隐海，瓌宝溢目。商舶远届，委输南州，故交、广富贵，牣积王府。充斥之事差微，声教之道可被。”中华书局1972年版，第1018页。

蛮传》序称:“南夷、西南夷,大抵在交州之南及西南,居大海中洲上,相去或三五千里,远者二三万里,乘舶举帆,道里不可详知。外国诸夷虽言里数,非定实也。”

——关于民族政策、民族关系的认识。魏晋南北朝史家受现实政治的影响,均对现实民族政策与民族关系有自己的认识。北魏史家崔浩长期参与国策制定,他对这一问题的认识,就具有一定的典型意义。太武帝拓跋焘神䴥二年(429 年),群臣议伐蠕蠕、高车,张渊、徐辩等持反对态度,并以“蠕蠕,荒外无用之物,得其地不可耕而食,得其民不可臣而使,轻疾无常,难得而制”为理由。崔浩认为,此种认识是“汉世旧说常谈,施之于今,不合事宜也”,并进一步反驳说:“夫蠕蠕者,旧是国家北边叛隶,今诛其元恶,收其善民,令复旧役,非无用也。漠北高凉,不生蚊蚋,水草美善,夏则北迁。田牧其地,非不可耕而食也。蠕蠕子弟来降,贵者尚公主,贱者将军、大夫,居满朝列,又高车号为名骑,非不可臣而畜也。”①魏晋南北朝之间的民族关系纷繁复杂,对它们的客观历史评价亦比较困难,但崔浩在这段话中所表现出来的主张各民族统一与加强交往的思想倾向,无疑是具有积极意义的。

与崔浩的民族政策看法相异,崔鸿通过《十六国春秋》的撰述,表现出他对当时民族关系的开阔认识。他在史书立目上,并列十六国史事(包括北魏建国之前的先祖),“不附正朔,自相君长”②,并通过对当时各割据政权的历代统治者相对客观的生平介绍,勾勒出这些政权兴亡的基本脉络。这在中国民族史学发展中,是一个重要的思想认识。范晔在《后汉书》中对民族关系的认识也具备了一些客观的叙述与分析。如他认为,西域与中原关系的恶化是由于汉族政权行为不当所致:“王莽篡位,贬易侯王,由是西域怨叛,与中国遂绝,并复役属匈奴。”③然而在民族政策方面,范晔却明确

① 魏收:《魏书》卷三五《崔浩传》,中华书局 1974 年版,第 816—817 页。

② 刘知幾:《史通·表历》:“当晋氏播迁,南据扬、越,魏宗勃起,北雄燕、代,其间诸伪,十有六家,不附正朔,自相君长。崔鸿著表,颇有甄明,比于《史》《汉》群篇,其要为切者矣。”见浦起龙:《史通通释》,上海古籍出版社 1978 年版,第 54 页。

③ 范晔:《后汉书》卷八八《西域传》序,中华书局 1965 年版,第 2909 页。

反对华夷相融，在民族史观上体现出华夷之辨的色彩。这在魏晋南北朝民族融合的大背景之下，是民族史观对现实政治的反映与回应。

（三）民族史观的时代特征：正统之争与夷夏之辨的双重影响

关于正统论的起源，一般以邹衍五行说为其发端。它对史学的影响很早就在史著中有所体现，如《春秋》纪年以分主次；《史记·封禅书》与《高祖本纪》本诸《春秋繁露》之义，记汉高祖得天统，亦是这种体现之一例："汉兴，承敝易变，使人不倦，得天统矣"①；班氏父子阐发继统之论，对后代史学影响深远。② 习凿齿作《汉晋春秋》，以蜀为正统，以纠《三国志》之失，是为本着不同的正统观念改撰史书之始。

魏晋南北朝时期，史学中的正统之争，在理论上体现为对正闰的讨论，当时的史家几乎在著史时都要遇到这样的一个难题。此方面的代表为晋习凿齿的《晋承汉统论》，它的基本特点是以功业言正统；晋、北魏史臣亦有论五德之说。③ 从正统论发展的阶段来说，魏晋时期的讨论大多没有考虑到民族因素，而南北朝的相关讨论，则已经明确地把民族因素纳入争"天下之统"的讨论范围，这是由当时的历史形势所决定的。

在历史撰述活动中，正统观体现为两个方面，一是出奴入主，为不同民族统治者争天下之正统地位。二则是颂扬大一统，力图使天下在名实两方面均归于本政权统治之下。这是一个问题的两个方面。前者为政治割据提供了思想文化基础，使得各民族政权都通过史学来阐扬自己的政治理念与主张，从而在客观上推动了史学的发展；后者则为各政权逐步走向统一，出现新的一统局面奠定了理论基础。这两个看似相互矛盾的方面结合在一起，是为魏晋南北朝时期乃至后世正统观念最基本的特征。它虽然使得魏晋南北朝时期民族史观呈现出各持己见、议论纷起的芜杂局面，但从历史发展的长远观点来看，这一特征对民族史观向更高层次发

① 司马迁：《史记》卷八《高祖本纪》后论，中华书局1959年版，第394页。

② 参见饶宗颐：《中国史学上之正统论》，上海远东出版社1996年版，第6页。

③ 参见沈约：《宋书》卷一二《律历志中》，中华书局1974年版，第259—260页；魏收：《魏书》卷一〇八《礼志》，中华书局1974年版，第2744—2747页。

展、出现新的进展具有积极的意义。

在上述正统观念的影响下,魏晋南北朝时期的史著,尤其是南北朝时期的正史,均带有一方面体现出明显的华夷之辨的色彩,一方面又对大一统思想着意阐发的特点。从民族史观的角度来看,由于北齐承少数民族政权北魏而来,它的统治者本身又有浓重的鲜卑化特点,故与其他几部史书相较,《魏书》在民族问题上着力最多,可以说是一部正统与民族意识都极强的正史,也是将正统与民族问题交织在一起的典型代表,它的认识较鲜明地反映了南北朝时期民族史观的特点。

——在史书标目上。如前所述,"夷狄"在中国古代文献中,最初指的是与中原(中国)相对应的地域概念,或是泛称与"诸华"、"诸夏"相对应的少数民族。而在《魏书》中,所谓"夷狄",在更大成分上是政治上"僭伪"的同义词,民族观与正闰问题的交织体现得非常突出与具体。如《魏书》在编目时,将司马睿、萧道成、萧衍等建立的汉族统治者为主的政权,刘聪、石勒、苻坚等为首的少数民族政权,与西域、东夷等少数民族事迹,全都不加区分地列入四裔传中,且一方面称司马睿等为"僭盗",一方面又对其冠以"岛夷""海夷"之称;一方面称匈奴为"异类",一方面又以其为"僭盗"。由此可见,在魏收的观念中,所谓"夷狄",主要指"非正统"的"僭伪"政权。通过这样一些编目,魏收将北魏一朝百余年间的历史作了系统的描述与概括,并以北魏为中心,将当时的历史状况依据正统原则作了编次。以汉族统治者为主的政权入四裔传,这在中国古代正史中可谓空前绝后,而这一点也正是《魏书》在标目上最大的特点。从这个角度说,《魏书》可视为受出奴入主的正统观念制约最著之史书。刘知幾在《史通》中对《魏书》多有批评,其中有一条是指斥它在标目上的繁琐:"其有魏世邻国编于魏史者,于其人姓名之上,又列之以邦域,申之以职官;至如江东帝王,则云僭晋司马睿、岛夷刘裕;河西酋长,则云私署凉州牧张寔、私署凉王李暠。此皆篇中所具,又于卷首具列。"①从史书撰述

① 刘知幾:《史通·题目》,浦起龙:《史通通释》,上海古籍出版社 1978 年版,第 93 页。

的体例要求与客观态度来说，这确实表明了魏收在立目时的不妥之处，但同时也正反映了他在撰述过程中所具有的鲜明的民族意识与正统观念。

——在记述史事与历史评价上。魏收体现出对其他民族政权明显的贬斥与歧视态度。如他以汉族士人常用来贬低少数民族的“夷狄之有君，不如诸夏之亡也”①，形容、讽刺司马睿政权的衰弱与名实不符：“司马睿之窜江表，窃魁帅之名，无君长之实，跼天蹐地，畏首畏尾，对之李雄，各一方小盗，其孙皓之不若矣”②。“二萧竞涂泥中，同蜗角之战，或年才三纪，或身不获终，而偷名江徼，自拟王者，考之遂古，所未前闻。昔勾践致贡而延世，夫差争长而后死，两寇方之吴越，不乃劣乎？”③对东、西、西北、北部其他少数民族的论述，则在民族歧视的基础之上，主张以“羁縻之道”待之，“夷狄之于中国，羁縻而已”④。

与这种突出的华夷之辨观念相应的是，《魏书》对北齐政权治统所自，即拓跋氏统治者在文治武功方面的功绩作了详尽的描述，如记高祖文学才艺颇高，天文、经学、治乱之道均颇知之；而他关于北齐文宣帝“好直笔，我终不作魏太武诛史官”⑤的记述，在反映北齐统治者对史学的认识程度的同时，更反映出魏收着意记述当朝统治者“善绩”的特点。魏收的正统观念，在《私署凉州牧张寔、鲜卑乞伏国仁、鲜卑秃发乌孤、私署凉王李暠、卢水胡沮渠蒙逊传》中进一步得到体现，魏收认为：“周德之衰，七雄竞跱，咸分割神州，睥睨尊极。至是，张寔等介在人外，地实戎墟，大争鸮张，潜怀不逊，其不知量，固为甚矣……”⑥魏收的这一认识，与上述范晔的观点有其相通之处，即以当时的分裂局面与战国七雄之争相提并论，是为对南北朝对峙时期历史的客观认识，但其

① 按：此言历代解释不一，魏收用于此处，当为贬义。

② 魏收：《魏书》卷九六《僭晋司马睿传》，中华书局1974年版，第2113页。

③ 魏收：《魏书》卷九八《岛夷萧道成岛夷萧衍传》，中华书局1974年版，第2188页。

④ 魏收：《魏书》，卷一〇〇《高句丽百济勿吉失韦豆莫娄地豆于库莫溪契丹乌洛侯》，中华书局1974年版，第2224页。

⑤ 魏收：《魏书》卷一〇四《自序》，中华书局1974年版，第2326页。

⑥ 魏收：《魏书》卷九九后论，中华书局1974年版，第2210页。

中所包含的为北魏统治者正名的思想意识,同样是非常突出的。这一方面显示了魏收在从华夷之辨的角度出发,记录、总结少数民族史事上所作的努力,一方面也充分显示了魏收民族意识中明显的正统观念。

——在正统论的认识上。如上所述,《魏书》是正统问题与民族问题交织的典型著作,这样,在书中就必然贯穿着这样一种认识:鲜卑族不仅丝毫不逊色于包括汉族在内的其他民族,而且"受天明命"的拓跋氏政权还是"继圣载德"的正统所在。如《魏书》所载天兴三年十二月(401 年)的诏书,①反映出北魏统治者的正统观念,亦表现了魏收的相关意识。《魏书·匈奴刘聪等传》的序论从理论角度明确、集中地说明了魏收的这一意识。在这里,魏收主要采纳了《春秋公羊传》大一统之说,"天无二日,土无二王"是其正统之说的基本出发点,与此相应,所谓"正"的标准即是"吞列国""并天下",否则只能是"偷名窃位"之徒。这种以功业言正统的思路,在当时有其明显的政治与现实意义。从史学观念的变迁来看,它一方面对大一统思想作了新的阐扬,一方面在客观上也起到了淡化夷夏之辨的历史作用。从这一点来说,魏收的民族史观有着相互矛盾又相互联系的两个方面。

通过在立目、史事记述与正统观念方面的全面处置和阐说,《魏书》对少数民族及其统治者作出极高的评价,这在中国史学史上还是第一次。值得注意的是,从相关的记述来看,魏收的观念在当时是有一定的普遍性的。如在史书直笔方面颇有美称的崔浩就认为,太祖道武皇帝拓跋珪"应天受命,开拓洪业,诸所制置,无不循古"②。另一史家张彝在《上历帝

---

① 魏收:《魏书》卷二《太祖纪》:"《春秋》之义,大一统之美,吴、楚僭号,久加诛绝,君子贱其伪名,比之尘垢。自非继圣载德,天人合会,帝王之业,夫岂虚应。历观古今,不义而求非望者,徒丧其保家之道,而伏刀锯之诛。有国有家者,诚能推废兴之有期,审天命之不易,察征应之潜授,杜竞逐之邪言,绝奸雄之僭肆,思多福于止足,则几于神智矣。如此,则可以保荣禄于天年,流余庆于后世。夫然,故祸悖无缘而生,兵甲何因而起? 凡厥来世,勗哉戒之,可不慎欤!"中华书局 1974 年版,第 37 页。

② 魏收:《魏书》卷三五《崔浩传》,中华书局 1974 年版,第 822 页。

图表》中亦对北魏政权极力颂扬,①他对夷夏之辨的认识,可以说从理论上对魏收的民族史观作了补充与进一步证实。

第二节　新的政治统一局面和天下一家思想的发展

一、天下一家局面的出现与民族观念的演进

隋唐时期大一统的政治局面,对中国历史各个方面的发展,都产生了巨大的影响,各民族融合也进一步发展起来。在对魏晋南北朝时期的民族融合历史成果接受并进而消化、吸收、提升的情况下,隋唐时期汉族居住的中原地区成为各民族融合的熔炉;而唐代文化在民族大混杂与大融合中,发展成为中华文化的一个高峰。② 这种时代背景与特点,使隋唐民

---

① 魏收:《魏书》卷六四《张彝传》(中华书局 1974 年版,第 1429 页):"伏惟太祖拨乱,奕代重光。世祖以不世之才,开荡函夏;显祖以温明之德,润沃九区。高祖大圣临朝,经营云始,未明求衣,日昃忘食,开翦荆棘,徙御神县,更新风轨,冠带朝流。海东杂种之渠,衡南异服之帅,沙西毡头之戎,漠北辫发之虏,重译纳贡,请吏称藩。积德懋于夏殷,富仁盛于周汉,泽教既周,武功亦匝。犹且发明诏,思求直士,信是苍生荐言之秋,祝史陈辞之日。"这段话表明了这样几层意思:一是魏接续前代历代帝王之统,这一点当以史书的形式确立下来;二是北魏在文治武功上都不逊于前代,而魏的历代君主,也具备了天下之主的修养;三是魏已经处于夷狄之外,而其四边的少数民族,由于文化及生活习俗的缘故,还是未开化的民族。这说明在当时史家的心目中,文明的发展程度及其与中原儒家文化的融合程度,是判断一个政权与一个民族是否为"夷狄"的标准。张彝作为一个汉族士人,能够从北魏统治者的角度出发,从正统观念、民族认识两方面,通过史书撰述的形式来宣扬北魏,且以之为与汉族政权相类的封建皇朝,这在民族史观的发展上无疑有其积极意义。

② 费孝通主编:《中华民族多元一体格局》修订本,中央民族大学出版社 1999 年版,第 16 页。向达先生亦认为:"李唐起自西陲,历事周隋,不唯政制多袭前代之旧,一切文物亦复不问华夷,兼收并蓄。第七世纪以降之长安,几乎为一国际的都会,各种人民,各种宗教,无不可于长安得之。……开元、天宝之际,天下升平,而玄宗以声色犬马为羁縻诸王之策,重以蕃将大盛,异族入居长安者多。于是长安胡化盛极一时,此种胡化大率为西域风之好尚,服饰、饮食、宫室、乐舞、绘画,竞事纷泊,其及社会各方面,隐约皆有所化,好之者盖不仅帝王及一二贵戚达官而已也。"见向达:《唐代长安与西域文明》,生活·读书·新知三联书店 1957 年版,第 41 页。

族观与民族史观在理论探讨与史学观念、史学活动等方面都有了重大进步。

各民族之间的融合、交流达到一定程度,民族的界限逐渐消失,民族矛盾也逐渐成为影响政治局面的次要因素。北方的经济,尤其是军事力量经过长期的恢复与发展,与南方相比已经具有了更多的优势。在这种情况下,政治上的重新统一就成为历史必然之势。与前代不同的是,少数民族力量在重新统一的过程中起到了更为突出的作用。这一方面是由于少数民族本身长于攻战的特点所致;另一方面则是由于他们经过长期与汉族的相互融合,已经不可避免地成为汉族的一部分,成为影响中华民族历史进程的一支重要力量。据统计,在《魏书》的《官氏表》中,原有的126个胡姓已有一半不见于官书。① 因此,空前的天下一家局面的出现,成为隋唐皇朝比之于前代最明显的特征。

隋唐皇朝开创的天下一家的气象,极大地拓展了人们的视野,开阔了人们的胸襟。尤其是有唐一代,统治者在民族问题上的见解较之前代,已经非常成熟。唐高祖曾自信地说,"胡、越一家,自古未有也"②,唐太宗更提出了"自古皆贵中华,贱夷狄,朕独爱之如一"③的观点。这些认识在封建帝王中屈指可数,在促进各民族关系发展,巩固唐代政权方面起到了不可低估的历史作用:唐朝初年,朝中五品以上的少数民族官员曾达到朝士的一半左右;④广泛的和亲政策,成为唐朝政治生活中重要的组成部分;由于对外政策的开通,唐都长安成为当时国际性的都市……凡此种种,都表明中国古代民族关系的发展出现了从未有过的融洽局面,唐太宗也因

---

① 向达:《唐代长安与西域文明》,生活·读书·新知三联书店1957年版,第15页。

② 司马光:《资治通鉴》卷一九四,唐纪一〇,太宗贞观七年:"十二月,……戊午,……置酒故汉未央宫。上皇命突厥颉利可汗起舞,又命南蛮酋长冯智戴咏诗,既而笑曰:'胡、越一家,自古未有也!'……殿上皆呼万岁。"中华书局1956年版,第6103—6104页。

③ 司马光:《资治通鉴》卷一九八,唐纪一四,太宗贞观二十一年,中华书局1956年版,第6247页。

④ 参见吴兢《贞观政要·安边》:"自突厥颉利破后,诸部落首领来降者,皆拜将军中郎将,布列朝廷,五品已上百余人,殆与朝士相半,唯拓跋不至,又遣招慰之,使者相望于道。"上海古籍出版社1978年版,第275页。

此而被当时诸少数民族奉为“天可汗”①。这是在政治统一的时代背景之下,针对民族关系的现状提出适时的认识,所取得的积极成果。

（一）“务共安人”与民族观念

据《旧唐书》记载,唐高祖李渊关于民族问题曾有这样的见解,“名实之间,理须相副。高丽称臣于隋,终拒炀帝……朕敬于万物,不欲骄贵,但据有土宇,务共安人,何必令其称臣,以自尊大”,并命臣下“为诏述朕此怀也”。后在裴矩、温彦博的劝说之下,“高祖乃止”②。这反映了唐初统治者在吸取隋亡的教训,致力于边境稳定方面的基本思路。

《旧唐书·突厥传》亦载:唐高祖李渊起兵太原时,曾求援于突厥首领始毕可汗,因此在立国后给了他很高的地位。而始毕在这种情况下,“自恃其功,益骄踞,每遣使者至长安,颇多横恣”③,与唐朝廷的矛盾不断激化。贞观四年(630年),唐师生擒突厥颉利可汗,太宗针对这一事件,发表自己的见解说,“凡有功于我者,必不能忘,有恶于我者,终亦不记。论尔之罪状,诚为不小,但自渭水曾面为盟,从此以来,未有深犯,所以录此,不相责耳”,并“诏还其家口,馆于太仆,廪食之”④。但如何处置东突厥十万余归附人口,朝中存在两种尖锐的对立意见。以中书令温彦博为代表的意见认为,应仿两汉置匈奴降者于五原塞下之例,“于河南处之。……全其部落,得为捍蔽,又不离其土俗,因而抚之,一则实空虚之地,二则示无猜之心”;以秘书监魏徵为代表的意见则认为,“匈奴自古至今,未有如斯之破败,此是上天剿绝,宗庙神武。且其世寇中国,万姓冤仇……宜遣发河北,居其旧土”。如果以之处河南之地,“数年之后,滋息

① 刘昫等:《旧唐书》卷三《太宗纪下》:“(贞观四年)夏四月丁酉,御顺天门,军吏执颉利以献捷。自是西北诸蕃咸请上尊号为‘天可汗’,于是降玺书册命其君长,则兼称之。”中华书局1975年版,第39—40页。《通典》卷二〇〇《边防典十六》:“……是后以玺书赐西域、北荒之君长,皆称‘皇帝天可汗’。诸蕃渠帅死亡者,必诏册立其后嗣焉。临统四夷,自此始也。”中华书局1988年版,第5494页。

② 刘昫等:《旧唐书》卷一九九上《东夷列传》,中华书局1975年版,第5321页。

③ 刘昫等:《旧唐书》卷一九四上《突厥传上》,中华书局1975年版,第5154页。

④ 刘昫等:《旧唐书》卷一九四上《突厥传上》,中华书局1975年版,第5159页。

过倍,居我肘腋,甫迩王畿”,必将发展成为“心腹之疾”。最后太宗选择了前者的意见,“卒用彦博策,自幽州至灵州,置顺、祐、化、长四州都督府以处之,其人居长安者近且万家”①。

几方面的史料结合,我们不难发现,唐初统治者在民族问题上之所以有较之前代开阔许多的认识,是有思想观念上的根源的,即他们均吸取了隋代尤其是隋炀帝贪私欲、求虚名的政治教训,代之以相对平等与宽容的态度对待少数民族,以“天覆地载”、“含育万物”的心态来处理民族问题,以求得“务共安人”的积极效果。

受上述观念影响,唐代统治者在处理民族问题时有一个重要的原则,即以“信”待之。贞观元年(627 年),北方大雪,突厥部落因惧唐师乘机伐之,故而“引兵入朔州地,声言会猎”。大臣因其背约,请太宗发兵征之。唐太宗认为:“匹夫不可为不信,况国乎？我既与之盟,岂利其灾,邀险以取之耶？须其无礼于我,乃伐之。”②这一原则在处理民族关系的过程中发挥了积极的作用,使得汉与突厥“虽云异域,何殊一家”③,“蕃汉百姓,皆得一处,养畜资生,种田未作”④。贞观二十一年(647 年),唐太宗与大臣们总结他在政治上“所以成今日之功”的五个原因,其中有一个方面即与民族问题相关,“自古皆贵中华,贱夷狄,朕独爱之如一,故其种落皆依朕如父母”,这是他能够成就一统天下、远迈古人的事业的重要基础:“自古帝王虽平定中夏,不能服戎、狄。朕才不逮古人而成功过之。”⑤唐太宗这一番分析,说明他对于民族政策的制定和实施,有着一定程度的自觉意识和很高程度的自信;这种自觉意识与他的修史诏书相类,也是一种历史认识和文化心理的反映。⑥ 而从唐代历史发展来看,这种观念的产生及相应的民族政策的推行,与唐初统治者巩固政权、稳定边疆形势的

① 吴兢:《贞观政要 · 安边》,上海古籍出版社 1978 年版,第 274—275 页。

② 欧阳修、宋祁:《新唐书》卷二一五上《突厥列传上》,中华书局 1975 年版,第 6034 页。

③ 引自张九龄:《曲江集 · 敕突厥苾伽可汗书》,广东人民出版社 1986 年版,第 472 页。

④ 王钦若等:《册府元龟》卷九七九《外臣部 · 和亲二》,中华书局 1960 年版,第 11504 页。

⑤ 司马光:《资治通鉴》卷一九八,唐纪一四,太宗贞观二十一年,中华书局 1956 年版,第 6247 页。

⑥ 参见瞿林东:《中华文化通志 · 史学志》,上海人民出版社 1998 年版,第 252 页。

政治目的不无关联，但它无疑是基于唐初民族关系发展现状而作出的政策决定。这一方面折射出唐代天下一家局面出现的历史基础；一方面也对有唐一代及后世民族关系的发展，产生了深远影响。

事实证明，突厥、回纥、吐蕃以及东北、西南、南方诸少数民族在与唐廷和好、争战不断交错进行的过程中，虽然也带来了许多民族间的隔阂与伤害，成为后世史家对高祖之“屈己求可汗之援”而导致“匈奴寻犯于便桥，京邑咸忧于左衽”有所微词的认识基础，①但从整个中华民族发展的角度来看，唐朝积极的民族政策，不仅巩固、开发了边疆，进一步推动了魏晋以来民族融合的进程，而且在更深层次上促进了各民族之间在文化心理上的认同与融合。

（二）国家职能及其制度所反映的民族观念

在中国历史上，中原皇朝从未停止过对边地少数民族的统治。这一历史进程在魏晋南北朝时期亦没有中断，只是统治者的身份从民族成分的角度而言有了更多的变化。这种统治在国家行政如职官设置等方面都有所体现。如蜀汉对南中的郡县加以调整，采取“因俗而治”的政策，对当地民族的俊杰委以重用，诸葛亮因此也被南中景颇族人民传说为各种制度的创造者；西晋对境内少数民族基本上沿袭了汉魏的统治制度，除设郡县统治之外，还设护东夷校尉、护匈奴中郎将、护西戎校尉、护羌校尉、戊己校尉和西域长史、西夷校尉、南夷校尉、南蛮校尉等，管理各地少数民族。与此相应的是，少数民族政权在统治制度上，也多借鉴前代及当时他族政权的经验。如后赵石勒继前赵之制，实行“胡汉分治”，郡设内史，以治汉人，另置大单于“镇抚百蛮”；前燕慕容氏采用“立郡以统流人”的办法，冀州人为冀阳郡，豫州人为成周郡，青州人为营丘郡，并州人为唐国郡，等等；前秦苻坚在灭前燕之后，也令“州县牧守令长，皆因旧以授之”；北魏孝文帝的汉化改革，更是为了对被征服的汉民族和其他民族的统治，不得不在更广范围与更深程度上采取汉族的封建制度和文化，并使鲜卑

① 刘昫等：《旧唐书》卷一《高祖纪》，中华书局1975年版，第18—19页。

趋于汉化的举措。

隋唐时期在封建统治制度的确立与完善方面,也在中国历史中占有重要的地位。由于它们对于多民族统一国家的发展与巩固的空前推动,其在制度设立上也必然体现出鲜明的民族特色。一般而言,隋唐皇朝的民族统治政策,基本上可以概括为四个方面:羁縻州府统治,德化政策,和亲政策,武力征伐。其中形成常制,可以称之为制度建设者,就是羁縻州府与侨置州县的设置。由此可见,唐皇朝在其统治的广大地区,都设立了较为整齐的行政区划。这种制度上的完备,一方面巩固了封建皇朝的政治统治,提高了中央政权的威望,使空前统一的天下一家的局面得到更为有力的保障;一方面也大大推动了汉代以来就已经开始形成的民族融合的局面。

无论是羁縻州府还是侨置州县,都反映了唐统治者在民族观念上的突出特征:一是力图将少数民族纳入中原皇朝的统治范围之内,这种努力更多的不是依赖武力,而是通过德政与有效的行政手段的结合,以达到目的。二是通过制度的形式,力图将少数民族化为生产力发展水平先进的中原民族的一部分。这虽然不免有从政治上消弭分歧乃至分裂的考虑,但从促进少数民族封建化的角度而言,还是具有进步的历史意义。三是通过"胡汉分治"的统治原则,将中央皇朝的统治机构与对少数民族自身的首领地位的认可,有效地统一起来,从而最大限度地保证了唐朝政治局势的稳定。但需要说明的是,这种统治原则仍然是中原民族的统治阶级与少数民族的实力对比带来的结果。当有更为强大的民族介入边地少数民族的统治时,唐朝往往不得不默许多种力量并存带来的行政划分不一、各种职官杂设的局面。这是经济基础决定上层建筑的原理在民族关系史上的突出表现。

(三)经济文化交流的深入在民族观念上的表现

所谓天下一家,除了政治上的大一统,还体现在各民族之间经济文化交流与融合在更深更广的层面上展开。如唐朝在统一西域之后,在边地所推行的屯田驻守,就使得汉族地区先进的生产技术传播到西域,推动了当地社会的发展。同时,汉族的传统文化和科学技术也得到广泛的传播。吐鲁番地区出土的儒家典籍和史书,如《毛诗》、郑玄注《论语》《伪孔传尚书》《孝经》《急就篇》以及佚名的《晋书》等,都是唐代流行或是经过官方修订的书籍,这说明了在文化发展上边地与中原的一致性。① 再如,文成公主入藏时曾带去不少包括史籍在内的汉族文化成果,并"遣酋豪子弟,请入国学以习《诗》《书》,又请中国识文之人典其表疏"②;金城公主在入藏后亦曾向内地请求汉族经史书籍,开元十九年(731 年),唐赐吐蕃《毛诗》《礼记》《春秋》等书。这些通过不同方式进入吐蕃的汉族典籍,不仅促进了民族融合,而且在影响藏族史学发展的进程方面,也起到了积极的作用。③ 东北民族在吸取汉族文化,发展本民族文化方面,也有很大进展。如渤海国"其王数遣诸生诣京师太学,习识古今制度"④,"求写唐礼及《三国志》《晋书》《三十六国春秋》"⑤,并"于其国内设文籍院,以储图书;设胄子监,以教诸子弟。稽古右文,颇极一时之盛"⑥。至元代,渤海已成为"汉人八种"⑦之一,渤海之称不复见于史载。西南、东方民族亦"率以儒教为先,彬彬然与诸夏肖矣。其新罗大姓,至有观艺上国,科举射策,与国子偕鸣者。……其向风仰流,归吾化哉"⑧。《周书·异域传》所载的民族融合状况,"浇淳之变,无隔华戎。……戎夏离错,风俗混并。夷裔之情伪,中国毕知之矣;中国之得失,夷裔备闻之矣"⑨,在唐代得到了更为丰富的体现。

在民族交往与融合不断扩大与深入的背景之下,当时士人在民族问题的认识上也具有了新的时代特点,显示出在民族问题认识上的理性倾

---

① 参见新疆社会科学院考古研究所编:《新疆考古三十年》,新疆人民出版社 1983 年版,第 14 页。

② 刘昫等:《旧唐书》卷一九六上《吐蕃列传上》,中华书局 1975 年版,第 5222 页。

③ 参见王尧、沈卫荣:《试论藏族的史学和藏文史籍》,《史学史研究》1988 年第 3 期。

④ 欧阳修、宋祁:《新唐书》卷二一九《北狄渤海传》,中华书局 1975 年版,第 6182 页。

⑤ 王溥:《唐会要》卷三六《蕃夷请经史》,上海古籍出版社 1991 年版,第 778 页。

⑥ 金毓黻:《渤海国志长编》卷一六《族俗考》,辽阳金氏千华山馆 1934 年版,第 20a 页。

⑦ 陶宗仪:《南村辍耕录》卷一《氏族》,中华书局 1959 年版,第 13 页。

⑧ 孙樵:《序西南夷》,《全唐文》卷七九四,中华书局 1983 年版,第 8326 页。

⑨ 令狐德棻等:《周书》卷五〇《异域下》,中华书局 1971 年版,第 921 页。

向。这种理性倾向突出地表现为对司马迁的华夷互变观念的理论阐述。在唐代士人看来,华与夷是可以相互转化的,地处夷域而实为华心,与地处华域而实为夷心,都应辩证地看待。“苟以地言之,则有华夷也,以教言之,有华夷乎?夫华夷者辩在乎心,辩心在察其趣向。有生于中州,而行戾乎礼义,是形华而心夷也;生于夷域而行合乎礼义,是形夷而心华也。若卢绾、少卿之叛亡,其夷人乎?金日磾之忠赤,其华人乎?由是观之,皆任其趋向耳。……盖华其心,而不以其地也。”①“四夷之民长有重译而至,慕中华之仁义忠信,虽身出异域,能驰心于华,吾不谓之夷矣。中国之民长有倔强王化,忘弃仁义忠信,虽身出于华,反窜心于夷,吾不谓之华矣。”②韩愈亦曾在《原道》中认为:“孔子之作《春秋》也,诸侯用夷礼则夷之,进于中国则中国之”,这种解释与传统的以《春秋》为辩夷夏之作的观点相比,是一种极大的进步。而这一观念在唐代成为一种影响普遍的观念,对民族史观的发展与进步则起到了重要的作用。

值得注意的是,上述民族观念在隋唐时期通过历史撰述,以更为具体、丰富的方式保留下来。总的说来,大一统的政治局面,使得隋唐时期的民族史撰述在更为开阔的范围内继续发展,取得了多方面的成就,民族史观在各种体裁的史学著作中都有体现,并在整体上显示出重大的理论进步。其最重要者,表现在正史、典制史、地理书及史学批评等类著作中。

二、多民族国家之历史观在史学中的反映

(一)正史观念与民族史观

第一,正史修撰主张与民族政权的历史地位。

有隋一代,史学甚为寥落。③ 但统治者还是表现了对史学工作的重视,如隋文帝就以“魏收所撰书,褒贬失实,平绘为《中兴书》,事不伦序”,

① 陈黯:《华心》,李昉等编:《文苑英华》卷三六四,中华书局 1966 年版,第 1868 页。

② 程晏:《内夷檄》,董诰等编:《全唐文》卷八二一,中华书局 1983 年版,第 8650 页。

③ 参见瞿林东:《隋朝修史的失误》,《中国史学散论》,湖南教育出版社 1992 年版,第 194—200 页。

令魏澹别撰魏史。重新撰写成的《魏书》“以西魏为真，东魏为伪”①，且“甚简要，大矫收、绘之失。上览而善之”。从现存的魏澹《魏书》义例来看，它的改进主要表现在对其中不合“礼”、失实、褒贬及体例失当之处的修订。其中在讲到魏晋南北朝史事时说：“自晋德不竞，宇宙分崩，或帝或王，各自署置。当其生日，聘使往来，略如敌国，及其终也，书之曰死，便同庶人。存没顿殊，能无怀愧！今所撰史，诸国凡处华夏之地者，皆书曰卒，同之吴、楚。”②由此可见，魏澹虽以西魏为真，但并不主张前人著述中出奴入主的褒贬，而是给予当时并存各政权以同等的地位，“同之吴、楚”。而隋文帝对这种做法的赞赏，则表明了统治者在民族史观上的相对开阔认识。

唐武德四年(622年)十一月，令狐德棻向唐高祖建议修前朝史，其理由为：“近代已来，多无正史，梁、陈及齐，犹有文籍。至周、隋遭大业离乱，多有遗阙。当今耳目犹接，尚有可凭，如更十数年后，恐事迹湮没。陛下既受禅于隋，复承周氏历数，国家二祖功业，并在周时。如文史不存，何以贻鉴今古？”③他的这番话，明确地指出唐继隋来，而隋承周运，事实上是承认了少数民族与汉族政权在正统接续上的一致性。他的这一主张被唐高祖李渊所采纳，并促成了次年十二月《命萧瑀等修六代史诏》的发布。诏书在谈到南北朝时期政权时，指出：“自晋南徙，魏乘机运，周、隋禅代，历世相仍。梁氏称邦，跨据淮海，齐迁龟鼎，陈建宗祊，莫不自命正朔，绵历岁祀，各殊徽号，删定礼仪。至于发迹开基，受终告代，嘉谋善政，名臣奇士，立言著绩，无乏于时。”④从这段话中，我们可以看到，无论是汉族还是少数民族政权，对他们政治上的功绩，李渊都从大一统的政治局势出发给予了肯定，无所谓正闰，民族歧视的色彩几乎已经消失了。贞观三

① 刘知幾：《史通·古今正史》，浦起龙：《史通通释》，上海古籍出版社1978年版，第365页。

② 此段引文未加注者，均出自《隋书》卷五八《魏澹传》，中华书局1973年版，第1417—1419页。

③ 刘昫等：《旧唐书》卷七三《令狐德棻传》，中华书局1975年版，第2597页。

④ 宋敏求编，洪丕谟等点校：《唐大诏令集》卷八一，学林出版社1992年版，第422页。

年(629年),太宗复议修撰前代史,“众议以魏史既有魏收、魏澹二家,已为详备,遂不复修”①。两家《魏书》在正统观念及事实褒贬上所存在的差异,在唐代史家看来都无关紧要,可并行于世。如果说唐高祖的观念代表了统治者在前代史上的看法,那么,这一条史料则说明唐初史家群体对民族史的客观认识。而对北魏历史的认可,亦通过这一修史主张表现为史学上的认可。贞观二十年(646年),唐太宗下《修晋书诏》,他认为,晋书虽有十八家,但从总体而言,“虽存记注,而才非良史,事亏实录,绪繁而寡要,思劳而少功”,而造成这一状况的原因,除了史家个人的才能不足以外,对晋以来“中朝鼎沸,江左嗣兴,并宅寰区,各重徽号”②的历史事实不能做全面反映是一个重要原因。这也表现出唐太宗对客观、全面表述前代历史的重视。这些对历史上的民族问题相对开阔的认识,成为唐初正史修撰的指导思想,并在其中得到具体的反映。

唐初所修八史,除《南史》《北史》外,都是奉旨撰修;《南史》《北史》虽出于李延寿私修,但其借助史馆条件,又得令狐德棻审阅和推荐,并由唐高宗作序颁行,亦可视为官修性质;《晋书》因收入了唐太宗亲撰的四篇史论,还被称为“御撰”。在这种情况下,八史的民族史观,无疑是对上述修史主张的具体实践。

第二,务从其实的撰史态度。

在对民族问题有相对客观认识的撰述宗旨指导之下,唐初正史均能将民族历史放在整个中国历史大背景之下进行总结。这种撰史态度表现为客观记述与评价少数民族历史,同时也表现在史书目录学的发展当中。

——客观记述民族史事。从总体上把握前代史事,客观描述历史发展进程,这在唐初为南北朝各对峙政权分别作史的史实中即可看出来。如果说,魏晋南北朝以来的国史撰述的基本目的,是通过史学著作来表明本民族政权为天下之正,那么,唐初的这一活动已经完全抛开了正闰之争的意图,更着意于从史书撰述中得到治国的经验教训。这一认识在《梁

① 刘昫等:《旧唐书》卷七三《令狐德棻传》,中华书局1975年版,第2598页。

② 宋敏求编,洪丕谟等点校:《唐大诏令集》卷八一,学林出版社1992年版,第422页。

书》《陈书》《齐书》《周书》《隋书》等五代史中都有体现，对各政权历史的客观描述代替了“索虏”、“岛夷”的相互攻讦。在《南史》《北史》中，由于其统领全局的撰述特点，这一点体现得尤为突出。李大师以南北朝时“南书谓北为‘索虏’，北书指南为‘岛夷’。又各以其本国周悉，书别国并不能备，亦往往失实”，立志“编年以备南北”①，而最终未能如愿，到李延寿撰成《南史》《北史》，这本身就是唐史家在追求史书真实性方面努力的结果。在书中，李延寿对北魏、西魏、东魏、北齐、北周等朝史事，均于《北史》中立“本纪”以述之；对宋、齐、梁、陈各朝史事，亦于《南史》中立“本纪”，从而一概取消了所谓“索虏”和“岛夷”之称。并在具体叙事中各书国号与谥号、庙号。其论南北战争，就在详尽考察相关史料的基础上，略述当时各政权之间的战争，改变了南北朝史书中各自夸胜讳败，“互陈闻见，同异甚多”②，使后人不知所以的失实情况。③ 这既是李延寿在史才上的具体表现，同时也是他在平等对待南北朝时期各政权方面的卓识。《南史》《北史》所贯穿的这一客观求实的撰史态度，不仅从史料上辨清了南北朝史书中的失误，而且更体现出当时史家民族史观上的重大进步。

在具体撰史过程中，唐初史家亦能以相对客观的态度，对物质文化不发达、没有建立封建政权的少数民族史事进行描述。如《周书》的《异域传》首列突厥、稽胡等民族史事，《隋书》则在此基础上进一步具体与深入，客观地记述了当时各民族的发展情况，并对它们的优长多加赞许：“隋末乱离，中国人归之者无数，遂大强盛，势陵中夏。迎萧皇后，置于定襄。薛举、窦建德、王世充、刘武周、梁师都、李轨、高开道之徒，虽僭尊号，皆北面称臣，受其可汗之号。使者往来，相望于道也”④；“（隋时）群盗并兴，于此浸以雄盛，豪杰虽建名号，莫不请好息民。于是分置官司，总统中

---

① 李延寿：《北史》卷一〇〇《序传》，中华书局 1974 年版，第 3343 页。

② 李延寿：《北史》卷一〇〇《序传》，中华书局 1974 年版，第 3345 页。

③ 参见赵翼：《廿二史札记》卷一三《南北史两国交兵不详载》，王树民校证：《廿二史札记校证》，中华书局 1984 年版，第 273—275 页；瞿林东：《〈南史〉和〈北史〉》，人民出版社 1987 年版，第 62—69 页。

④ 魏徵等：《隋书》卷八四《北狄传》，中华书局 1973 年版，第 1876 页。

国,子女玉帛,相继于道,使者之车,往来结辙"[1];"九夷所居,与中夏悬隔,然天性柔顺,无犷暴之风,虽绵邈山海,而易以道御。……今辽东诸国,或衣服参冠冕之容,或饮食有俎豆之器,好尚经术,爱乐文史,游学于京都者,往来继路,或亡没不归。非先哲之遗风,其孰能致于斯也?"[2]

——客观评价少数民族历史地位。这在《晋书·载记》及《北史·四裔传》中体现得尤为突出。前者不仅摒弃了对少数民族政权的侮辱性称呼,而且对他们的历史功绩作了较高评价。如《晋书》记刘渊的好儒学、崇德义,称其为"人杰";记石勒"雅好文学",对其"始建社稷,立宗庙,营东西宫",倡儒学、定制度的情况详加记载,并赞其"天资英达如此";记慕容廆史事,则嘉其审时度势、慎于刑法、心向教化,以及其从容纳谏的风度,"慕容廆英姿伟量,是曰边豪";记苻坚,《晋书》更多着墨于其纳谏多谋、志图远略的俊杰风范;就是对颇有微词的慕容德与赫连勃勃,《晋书》也毫不吝惜地分别给予他们"禀俶傥之雄姿,韫纵横之远略……观其为国,有足称焉","器识高爽,风骨魁奇,姚兴睹之而醉心,宋祖闻之而动色"的赞词。虽然在记事过程中,《晋书》还不可避免地带有对少数民族及其政权的蔑称,前代史书中类似"彼戎狄者,人面兽心,见利则弃君亲,临财则忘仁义者也"的记载还不可能消除,但与前代对少数民族种种诬蔑、夸大的记载相较,这不但体现出《晋书》作者在全面、客观评价历史人物方面的卓越史识,更体现出他们在民族史观上可贵的平等倾向。《北史》作者李延寿对隋文帝"奇谋内运,神机密动,遂使百世不羁之虏,一举而灭。瀚海龙庭之地,尽为九州,幽都穷发之乡,隶于编户"的功绩大加称道,但在《突厥列传》中,他同样直书了"沙钵略勇而得众,北夷皆归附之。隋文帝受禅,待之甚薄",从而导致了边境战事的历史事实。虽然作者于此事未加议论,但人们同样可以明白他的褒贬倾向。在唐初其他诸史中,民族歧视的称呼及思想也都非常淡薄。这从整体上反映了唐初史学中民族史观的进步性。

---

① 魏徵等:《隋书》卷八四《北狄传》后论,中华书局 1973 年版,第 1884 页。

② 魏徵等:《隋书》卷八一《东夷传》后论,中华书局 1973 年版,第 1828 页。

第三，华夷界限与“正闰”问题的淡化。

有唐一代，由于空前的大一统局面的建立，各民族融合的历史进程进一步展开，为史学思想中对民族问题的认识出现新的进步提供了现实依据；而太宗被称为“天可汗”，统领天下，这一民族关系现状又使得正闰问题不再成为史学中的主要议题。从唐初正史来看，民族界限与正闰问题的淡化主要表现于以下几个方面：

——民族与统一问题的分离。由于隋唐时期统一问题已不再是时代的主要议题，因此，在记述、评价南北朝史事时，唐初史家都能把民族关系与政权正闰区分开来加以讨论。这与《魏书》相较，无论在史学思想还是在民族史观本身的发展中，都具有突出的积极意义。如《晋书》采用《东观汉记》首创的“载记”体例①，就不仅仅是立目上的便利之举，更重要的还在于它是一种对《魏书》民族史观的纠偏补弊。在《载记》卷首，作者即指出，“古者帝王乃生奇类，淳维、伯禹之苗裔，岂异类哉？反首衣皮，餐膻饮湩，而震惊中域，其来自远。……前史载之，亦以详备”，把载记的范围明确限定于各少数民族之内；作者还列举了一百余年来各地方政权的名称，其范围大致与后来所言十六国相同，其中包括四个汉族政权。而在编次立目时，除了冯跋、冉闵由于“因鲜卑之昏虐”，已少数民族化，而被附入相关少数民族载记之下以外，前凉创建者张寔、西凉创建者李暠及称成都王的谯纵，均因其祖上门第显赫，曾为重臣而归入列传。这一篇目上的安排说明，《晋书》的撰者在著述过程中，是考虑到这样一些因素的：一是所谓载记，主要记述少数民族割据政权史事，汉族割据政权则作它类处理；二是不曾建立过割据政权的少数民族或其部族，采取传统的四夷传形式容纳其史事。这两点表明，在民族与正闰，史料去取与体例安排上，作者的思路都十分清晰，体现了历史内容与著述宗旨的统一。虽然这种安排仍难免带有民族歧

① “载记”之名，始于班固。据《后汉书·班固传》记载，东汉明帝时，班固奉命撰述开国以来史事，“撰功臣、平林、新市、公孙述事，作列传、载记二十八篇”，始列此目。晋裴松之《三国志注》引有乐资（汉）《献帝春秋》，又有《山阳公载记》。《晋书》以十六国主列于载记，例即本此。《史通·题目》称其“巧于师古”，见浦起龙：《史通通释》，上海古籍出版社 1978 年版，第 92 页。

视的意味,但作者在史识与史才方面的贡献,仍足可嘉道。

与《晋书》的表述方式不同,《北史》在《僭伪附庸传》中明确反对以往民族与正闰问题混为一谈的做法。“晋自永嘉之乱,宇县瓜分,胡羯凭陵,积有年代,各言膺运,咸居大宝。竟而自相吞灭,终为魏臣。然魏自昭成已前,王迹未显,至如刘、石之徒,时代不接,旧书为传,编之四夷,有欺耳目,无益缃素。且于时五马浮江,正朔未改,《阳秋》记注,具存纪录。虽朝政丛脞,而年代已多。太宗文皇帝爰动天文,大存刊勒,其时事相接,已编之《载记》。今断自道武已来所吞并者,序其行事,纪其灭亡。其余不相关涉,皆所不取。至如晋、宋、齐、梁虽曰偏据,年渐三百,鼎命相承。《魏书》命曰《岛夷》,列之于传,亦所不取。故不入今篇。萧詧虽云帝号,附庸周室,故从此编,次为《僭伪附庸传》云尔。”这段话表明,李延寿是以南北朝时期各政权有无割据建鼎之实为依据,来判断其是否入“僭伪”列传。“僭伪”“附庸”均指与“正统”相对立的概念,而与民族问题不相关涉。至于因民族隔阂、对立而导致的歧视性编目,他认为是“有欺耳目,无益缃素”的。基于这一认识,他采取《晋书》的做法,亦把民族列传与割据政权分别立目,各叙其事。这就不仅在正闰问题,即政治见识上摆脱了传统夷夏之辨的影响,更在史才、史识上认识到了民族问题对史学任务、作用及其客观性的重要影响。李延寿的这一看法,体现出唐初史家在民族史观上所达到的水平,同时也在某种程度上证明,《南史》《北史》并非仅为抄撮前史之作,至少在史识方面,它们具有高出前代史著的旨趣与识见,因此其史学地位应有更为公允的评价。

综上,可以大致得出这样一个认识:统一问题与民族问题是魏晋南北朝史学的主要议题,隋唐时期史家如何认识这些问题,如何在史书编著中妥善处理、合理说明这些问题,便成为判断其史著高下的重要标准。《晋书》《北史》比较中肯地回答了这些问题,故《晋书》撰成后诸家晋史皆佚,《南史》《北史》刊行后,“学者止观其书,沈约、魏收等所撰皆不行”。①

---

① 晁公武:《郡斋读书志》卷六《杂史类》,上海古籍出版社1990年版,第241页。

——相安共处的民族政策。受隋唐时代天下一家的政治观与民族观的影响，唐初诸史在反映民族政策上表现出一致的思想倾向，即反对逞私欲、好攻伐，主张各民族之间相安共处。《隋书》史论在总结隋亡教训方面着力甚多，在民族问题上，作者对隋朝政治进行了尖锐的批评，认为“炀帝规摹宏侈，掩吞秦、汉，裴矩方进《西域图记》以荡其心，故万乘亲出玉门关，置伊吾、且末，而关右暨于流沙，骚然无聊生矣……若深思即叙之义，固辞都护之请，返其千里之马，不求白狼之贡，则七戎九夷，候风重译，虽无辽东之捷，岂及江都之祸乎！”①“不能怀以文德，遽动干戈。内恃富强，外思广地，以骄取怨，以怒兴师。若此而不亡，自古未之闻也。然则四夷之戒，安可不深念哉！”②与此相类，《周书》在《异域传》中表达了“见机而行”的主张：“是以先王设教，内诸夏而外夷狄；往哲垂范，美树德而鄙广地。”“若乃不与约誓，不就攻伐，来而御之，去而守之；夫然则敌有余力，我无宁岁，将士疲于奔命，疆场苦其交侵”，因而应采取“使臣畜之与羁縻，和亲之与征伐，因其时而制变，观其几而立权”。这些立足于民族相安共处原则的主张，既是唐代统治者民族史观的体现，同时也是对魏晋时期史学中处理民族问题的主张的继承与发展。它既表现了唐初在民族政策上的特点，又可视为史学与政治密切相关的又一佐证。③

（二）多种体裁的历史撰述和丰富的民族史观内容

正史修撰过程和正史本身所反映出来的进步的民族史观，具有极为重要的意义，这是毋庸置疑的。在唐代，民族史观的进步在史学上有广泛的反映，这也是值得十分关注的。这里我们要进一步讨论的，是在唐代各种体裁史书中，如典制史、地理书、史学批评著作乃至谱学著作、④历史笔

① 魏徵等：《隋书》卷八三《西域传》，中华书局 1973 年版，第 1859—1860 页。

② 魏徵等：《隋书》卷八一《东夷传》，中华书局 1973 年版，第 1829 页。

③ 参见瞿林东：《唐代史学论稿》，北京师范大学出版社 1989 年版，第 54—60 页。

④ 谱学在唐代有着重要的地位，王涯在《元和姓纂》序中即认为：“大凡邦国之会计，可以备应对者，著《元和国计簿》；地形之远近，可以知要害者，著《元和郡邑图》。洎百执事所涖之司，士大夫所分之隶族，无不穷其本末，申明其宪度。今之《姓纂》，即其一也。”中华书局 1994 年版《元和姓纂》是存留至今的最完整的全国总谱，它所记述的族姓，事实上包括了许多少数民族的姓氏。

记等等,所蕴含的丰富的民族史观的内容。本章择其要者,略述如下。

《通典》的民族观念:制度史和民族史观。作为我国古代史学中第一部系统的典制史著作,《通典》的价值表现于体例创新、贯通古今、梳理社会历史面貌、讨论历史兴衰、指陈政策得失等诸多方面,史界对此已多有探讨。从民族史观的角度来看,它的创见主要体现于以下几个方面:

第一,是从“将施有政”的角度,即从国家发展的总体角度对民族历史与民族关系作了政治与史学的定位。《通典》共有食货、选举、职官、礼、乐、兵、刑法、州郡、边防九门。其中州郡、边防两门,是作为关系国家的稳定和统一的方面出现的。从《史记》到唐初八史,民族列传始终是作为与人物列传平行的史书类别出现的,而且总被置于全书最末部分,地位很不重要。而《通典》的这种分类方法,无疑是在对封建国家政治大事作排比、定位的同时,将民族历史与民族关系的重要性从史书立目的角度作了强调。这一思路随着《通典》所开创的典制体通史撰述形式,对后世同类史书的影响极其深远。

第二,从《通典》的记述内容上看,凡是前代历史中有影响的典章制度,无分华夷,均在杜佑的考察范围之内。如在各典中,南北朝各政权晋、宋、齐、梁、陈、后魏、北齐、后周,都被置于平等的地位加以叙述,这是《通典》对前代民族史观中开阔认识的继承,并通过典制史这一史书体裁,将其进一步发扬光大。而且,杜佑还对民族政权与汉族政权在制度上的延续性作了如实的记载。如《礼典》所记:“后魏道武帝举其大体,事多阙遗;孝文帝率由旧章,择其令典,朝仪国范,焕乎复振。北齐则阳休之、元循伯、熊安生,后周则苏绰、卢辩、宇文弼,并习于《仪礼》,以通时用。隋文帝命牛弘、辛彦之等采梁及北齐仪注,以为五礼。”[①]《通典》的《边防典》是对前人史书中所有民族列传的重新整齐排比,它按地理方位将其分为东夷、南蛮、西戎、北狄分别加以描述。这些描述主要包括两个方面的内容,一是记述它们本身民族发展;二是记述它们在不同历史时期与中原皇朝及其他民族的关系。而每篇序说,则是对东夷、南蛮、西戎、北狄诸

① 杜佑:《通典》卷四一《礼典一·沿革一》,中华书局1988年版,第1121页。

民族历史与现状的综述。通过这些不同的评论方式,把历代史事加以系统归纳,事实上起到了总结与概括前代民族政策与民族关系理论发展脉络的作用。这使得《通典》在民族史事记述方面成为最完整的史书,而且,还使得杜佑在论述各民族历史时,具备了上下贯通的眼光与识见。

第三,《通典》还继承与发展了前人在民族认识上的积极成果。这集中地体现于州郡、边防两门中。如《边防典一·东夷上·序略》就沿袭了《后汉书》的提法,认为东方少数民族"冠弁衣锦,器用俎豆,所谓中国失礼,求之四夷者也","凡蛮、夷、戎、狄,总名四夷者,犹公、侯、伯、子、男,皆号诸侯"①;匈奴则为"先祖夏氏之裔"。② 杜佑对前人成果的发展体现于两个方面,一是关于少数民族的平实认识。如他认为匈奴冒顿"天姿豁达,不矜智能,沈谋内断";二是在选择、编次史料上的见识。如拓跋氏由于曾经建立过封建政权,杜佑就在《边防典》中记其未立国之时的历史,而在其他部分介绍其政治制度。这再次凸现出他明确的经世致用的撰述目的,同时也反映出他在客观描述民族历史上的匠心。另外,《州郡典》还继承了《史记》以来重视风俗的传统,对各地风俗民情作了总结,如:"荆河之间,四方辐辏,故周人善贾,趋利而纤啬"③;"兖州旧疆界于河、济,地非险固,风杂数国。秦汉以降,政理混同,人情朴厚,俗有儒学"④;"五岭之南,人杂夷獠,不知教义,以富为雄。……大抵南方遐阻,人强吏懦,豪富兼并,役属贫弱,俘掠不忌,古今是同。其性轻悍,易兴迷节"⑤。这些总结,既是对风俗民情的客观描述,又为他在民族理论方面做出超越前人的贡献,提供了积极的认识基础。这一点将在下一部分作详细分析。

与此同时,受时代及认识的局限,杜佑在民族政策及民族关系方面也有一些消极的看法,如他基于"四夷之猾夏,尚矣"的认识,赞成"限隔华

---

① 杜佑:《通典》卷一八五《边防典一·东夷上》,中华书局 1988 年版,第 4984 页。
② 杜佑:《通典》卷一九四《边防典十·匈奴上》,中华书局 1988 年版,第 5302 页。
③ 杜佑:《通典》卷一七七《州郡典七》,中华书局 1988 年版,第 4678 页。
④ 杜佑:《通典》卷一八〇《州郡典十》,中华书局 1988 年版,第 4768 页。
⑤ 杜佑:《通典》卷一八四《州郡典十四》,中华书局 1988 年版,第 4961 页。

夷”的民族政策与民族关系主张,以其为“笃论,言详理切,度越前古”①。杜佑在《通典》中所体现的这些认识,与他所处的安史之乱后唐朝国力衰弱及尾大不掉的政治格局密切相关,与他“将施有政”的政治目的亦是密切相关的。

在中晚唐时期通史撰述复兴的史学背景之下,②《通典》的出现既是其中的一个重要部分,同时也是它的重要体现。这反映了唐代史家在总体把握与探讨历史发展过程的各个环节方面所作的努力。从民族关系发展角度来说,这一史学现象还从某种程度上体现与推动了唐代史家从整个中国历史的大背景下去思考民族关系的发展,从而提出“中华与夷狄同”的理论认识,在客观上推动了中华民族凝聚意识的发展。

《元和郡县图志》的民族观念:地理、方志类史书和民族史观。地理书在隋唐时期有很大的发展,由于大一统的政治格局,人们对于民族关系和民族史的认识,具有超越前人的开阔视野和新的境界。如隋炀帝时,裴矩以表现“混一戎夏”局面为目的而撰《西域图记》三卷,入朝奏之。这种民族史撰述的视野,是值得肯定的。唐代地志名著《括地志》《皇华四达记》《经行记》等均有这种撰述思想上的积极特征。《云南记》《云南行记》《蛮书》则是关于唐代南诏地区历史、地理、民族状况的专书。但这些著作除《蛮书》以外,大都亡佚。

《元和郡县图志》是我国现存最早又较完整的全国总志。作者李吉甫经世致用的撰述思想,本书第三章已有论述。我们可以认为,经世致用与补偏救弊是他著述此书的主要目的。从民族史观的角度来看,此书值得重视的有如下几个方面:

第一,在撰述立目上,体现大一统的原则。在序文中,李吉甫对唐初的繁盛状况极力赞扬:“吾国家肇自贞观,至于开元,兼夏、商之职贡,掩秦、汉之文轨,梯航累乎九译,厩置通乎万里,然后分疆以辨之,置吏以康之,任所有而差贡赋,因所宜而制名物,守其要害,险其走集,经理之道,冠

① 杜佑:《通典》卷二〇〇《边防典一六》后论,中华书局1988年版,第5503页。

② 参见瞿林东:《唐代史家的通史撰述——兼论中国史学发展中的一个转折》,《唐代史学论稿》,北京师范大学出版社1989年版,第71—89页。

乎百王，巍巍乎，无得而称矣！”[①]而事实上，本书成书时唐实际控制的疆域，与贞观年间相比，已有很大的不同。唐宪宗时，黄河南北五十余州为藩镇所割据，川西沦于吐蕃，所谓十道已经不能完整，但本书仍依十道之名展开[②]，盖志在恢复旧土，重回唐初大一统的局面。这反映出唐代地理书的普遍倾向，也与唐代政治上的特点相一致。

第二，在具体撰述过程中，十分重视对民族关系发展事实的客观描述。这一点在作者对各道、州的历史沿革所作概述中表现得非常突出。如他在讲到陇右道秦州时首先指出：“《禹贡》雍州之域。古西戎地，周孝王时，其地始为秦邑。”以后随着周、秦、汉、魏、隋及唐武德、天宝、乾元期间的不断治理与行政设置，至“宝应二年陷于西蕃”[③]。在讲到凉州时，他说：“《禹贡》雍州之西界。自六国至秦，戎狄及月氏居焉。后匈奴破月氏，杀其王，以其头为饮器。月氏乃远过大宛，西击大夏而臣之。匈奴使休屠王及浑邪王居其地。汉武帝之讨北边，休屠、浑邪数见侵掠，单于怒，遣使责让之，二王恐见诛，乃降汉”。其后汉昭帝、汉献帝，魏、晋、前凉、后凉、北凉、后魏、北周、隋都在此地进行过不同方式的管理，民族关系在这一地区也不断地有所反复与发展，至“广德二年陷于西蕃”[④]。在民族构成较为复杂、地形较为险要的剑南道成都府等论述中，作者同样依据古代史籍及历史发展的事实，作客观的描述。由此可见，客观叙述民族历史及民族关系，不为汉族政权回护，是《元和郡县图志》的基本撰述思想。这种对待史实的客观态度，一方面从地理学的角度表现了史学在自身发展中所取得的成就；一方面更说明了唐代史家对民族问题的态度，即将历史与现实中的民族问题，均作为统一国家必须要解决的任务看待的基本

① 李吉甫：《元和郡县图志》序，中华书局 1983 年版，第 1 页。

② 永瑢等：《四库全书总目》卷六八《史部·地理类一》：“贞观初，分天下为十道：一关内道，二河南道，三河东道，四河北道，五山南道，六陇右道，七淮南道，八江南道，九剑南道，十岭南道。此书移陇右为第十，殆以中叶后陷没吐蕃，故退以为殿。”中华书局 1965 年版，第 595 页。

③ 李吉甫：《元和郡县图志》卷三九《陇右道上·秦州》，中华书局 1983 年版，第 979 页。

④ 李吉甫：《元和郡县图志》卷四〇《陇右道下·凉州》，中华书局 1983 年版，第 1017—1018 页。

思路。这种思路与前代往往将边地少数民族作为外夷看待的认识相较，无疑更符合历史与现实的实际。如果说，杨衒之的《洛阳伽蓝记》是从具体而细致的角度展现了民族融合的程度，那么《元和郡县图志》就是从宏观而开阔的层面上反映了唐代大一统的政治局面对民族关系的影响。

《史通》的民族观念：史学批评中的民族观念。史学批评是史学发展到一定程度时的产物，它反映了史家对史学工作自觉的反思，而系统的史学批评著作，则表明这种反思已成为一种理论化的总结。这种总结对史学发展的具体方向，有着更为深远的影响。作为我国古代史学理论的里程碑式著作，《史通》的民族史观同样具有鲜明的时代特色。

从《史通》所表现的观念看，刘知幾维护正统的意识十分强烈。《史通》的重点在讲纪传体史书，而在纪传体体裁中，刘知幾认为，本纪是最为重要的部分："盖纪之为体，犹《春秋》之经，系日月以成岁时，书君上以显国统。曹武虽曰人臣，实同王者，以未登帝位，国不建元。陈《志》权假汉年，编作《魏纪》，亦犹《两汉书》首列秦、莽之正朔也"①。这事实上表明了刘氏对本纪的性质的一个概括，即它是关乎帝王之正的史书体裁。这个概括与同时代司马贞《史记索隐》"本其事而记之，故曰本纪"的概括相比，更可看出刘知幾的这一思想特征。

受上述观念的制约，刘知幾在民族问题上的看法，主要通过对魏晋南北朝史学的分析，表现为如下两大方面：

第一，以北魏为代表的北朝少数民族政权不得为"正"。基于此，《史通》对魏收在史书体例及内容编次、人物称谓等方面的做法予以严厉的批评，斥之为"心挟爱憎，词多出没"②。如《断限》篇批评《魏书》之断限："自五胡称制，四海殊宅，江左既承正朔，斥彼魏胡，故氐、羌有录，索虏成传。魏本出于杂种，窃亦自号真君。其史党附本朝，思欲凌驾前作，遂乃

① 刘知幾：《史通·本纪》，浦起龙：《史通通释》，上海古籍出版社1978年版，第37—38页。

② 刘知幾：《史通·浮词》："题目不定，首尾相违，则百药、德棻是也；心挟爱憎，词多出没，则魏收、牛弘是也。斯皆鉴裁非远，智识不周，而轻弄笔端，肆情高下。故弥缝虽洽，而厥迹更彰，取惑无知，见嗤有识。"见浦起龙：《史通通释》，上海古籍出版社1978年版，第160—161页。

南笼典午，北吞诸伪，比于群盗，尽入传中。但当有晋元、明之时，中原秦、赵之代，元氏膜拜稽首，自同臣妾，而反列之于传，何厚颜之甚邪！又张、李诸姓，据有凉、蜀，其于魏也，校年则前后不接，论地则参商有殊，何预魏氏而横加编载？"《称谓》篇论《魏书》之称谓："至如元氏，起于边朔，其君乃一部之酋长耳。道武追崇所及，凡二十八君。自开辟已来，未之有也。而《魏书·序纪》，袭其虚号，生则谓之帝，死则谓之崩，何异沐猴而冠，腐鼠称璞者矣。……魏收远不师古，近非因俗，自我作故，无所宪章。其撰《魏书》也，乃以平阳王为出帝，司马氏为僭晋，桓、刘已下，通曰岛夷。夫其谄齐则轻抑关右，党魏则深诬江外。爱憎出于方寸，与夺由其笔端，语必不经，名惟骇物。"①在刘氏看来，当时天下之正朔，依然在偏居一隅的东晋，故而南北诸少数民族政权，应入伪史类。② 因此，他认为以魏为"正"的做法是少见的曲笔："逮乎近古，无闻至公，国自称为我长，家相谓为彼短。而魏收以元氏出于边裔，见侮诸华，遂高自标举，比桑乾于姬、汉之国；曲加排抑，同建邺于蛮貊之邦。……夫史之曲笔诬书，不过一二，语其罪负，为失已多。而魏收杂以寓言，殆将过半，固以仓颉已降，罕见其流。"③类似这样的批评，在《史通》中还有很多，正如浦起龙所言"刘氏凡涉魏书，只是一味斥夸"④。《说〈魏书〉非"秽史"》一文中亦曾指出，在《魏书》被定位为"秽史"的过程中，《史通》起了比较重要的作用。⑤ 通过

① 刘知幾：《史通·称谓》。类似例子还有《探赜》篇之论述："于时中原乏主，海内横流，逖彼东南，更为正朔。适使素王再出，南史重生，终不能别有异同。……但伯起躬为《魏史》，传列《岛夷》，不欲使中国著书，推崇江表，所以辄假言崔志，用纾魏羞。且东晋之书，宋、齐之史，考其所载，几三百篇，而伪邦坟籍，仅盈百卷。若使收矫鸿之失，南北混书，斯则四分有三，事归江外。非唯肥瘠非类，众寡不均，兼以东南国史，皆须纪传区别，兹又体统不纯，难为编次者矣。收之矫妄，其可尽言乎！"见浦起龙：《史通通释》，上海古籍出版社 1978 年版，第 108—109、212—213 页。

② 刘知幾：《史通·因习》："当晋宅江、淮，实膺正朔，嫉彼群雄，称为僭盗。故阮氏《七录》，以田、范、裴、段诸记，刘、石、苻、姚等书，别并一名，题为'伪史'。"见浦起龙：《史通通释》，上海古籍出版社 1978 年版，第 138 页。

③ 刘知幾：《史通·曲笔》，浦起龙：《史通通释》，上海古籍出版社 1978 年版，第 197—198 页。

④ 刘知幾：《史通·杂说中》，浦起龙：《史通通释》，上海古籍出版社 1978 年版，第 488 页。

⑤ 参见瞿林东：《中国史学散论》，湖南教育出版社 1992 年版，第 184 页。

上述分析,我们是否可以认为,《魏书》在民族观念上的悖于“正统”之处,是刘氏对其大加挞伐的重要原因之一。

第二,本着求实的态度对民族政权及其史学作评价。与对魏收的严厉态度形成鲜明对照的是,刘知幾在论及少数民族史事时,还是本着相对求实的态度作了评价。如《称谓》篇在论正统时指出:“金行版荡,戎羯称制,各有家国,实同王者。晋世臣子,党附君亲,嫉彼乱华,比诸群盗,此皆苟狥私忿,忘夫至公,自非坦怀爱憎,无以定其得失。至萧方等始存诸国名谥,僭帝者皆称之以王,此则赵犹人君,加以主号;杞用夷礼,贬同子爵。变通其理,事在合宜。小道可观,见于萧氏者矣。”一方面指责东晋臣子在叙述时势时“苟狥私忿,忘夫至公”,一方面称赞萧方等所著《三十国春秋》“僭帝者皆称之以王”做法的变通之道,认为是“合宜”的。这说明在刘知幾的观念中,史学批评的基本尺度还是历史事实。他的这一看法通过系统的史学批评表现出来,具有更为重要的理论与现实意义。

在《本纪》篇,刘知幾进一步提出,魏与其他少数民族政权不宜入纪,但亦不可入传,这样会使其“下同臣妾”,与史实不合,故而应当以“世家”之体容纳其史事。①《史官建置》篇对历代史官设置作了纵向的考察,其中少数民族政权史学发展亦占有一定位置:“至若偏隅僭国,夷狄伪朝,求其史官,亦有可言者”,“如魏收之擅名河朔,柳虬之独步关右,王劭、魏澹展效于开皇之朝,诸葛颍、刘炫宣功于大业之世,亦各一时也”。《史通》还将蜀、吴、汉、前凉、蜀李、南凉等割据政权的史官建置放在一起加以介绍,而没有着意于表现民族区别,并着重考察了魏的史官设置。② 不

---

① 刘知幾:《史通·世家》:“魏有中夏,而扬、益不宾,终亦受屈中朝,见称伪主。为史者必题之以纪,则上通帝王;榜之以传,则下同臣妾。梁主敕撰《通史》,定为吴、蜀世家。持彼僭君,比诸列国,去太去甚,其得折中之规乎!次有子显《齐书》,北编魏虏;牛弘《周史》,南记萧詧。考其传体,宜曰世家。”见浦起龙:《史通通释》,上海古籍出版社1978年版,第43页。

② 刘知幾:《史通·史官建置》:“元魏初称制,即有史臣,杂取他官,不恒厥职。故如崔浩、高闾之徒,唯知著述,而未列名号。其后始于秘书置著作局,正郎二人,佐郎四人。其佐参史者,不过一二而已。普泰以来,参史稍替,别置修史局,其职有六人。当代都之时,史臣每上奉王言,下询国俗,兼取工于翻译者,来直史曹。及洛京之末,朝议又以为国史当专任代人,不宜归之汉士,于是以谷纂、山伟更主文籍。凡经二十余年,其事阙而不载。斯盖犹秉夷礼,有互乡之风者焉。”见浦起龙:《史通通释》,上海古籍出版社1978年版,第315页。

仅如此,《古今正史》篇对南北朝、十六国史还加以详细的罗列与叙述。由此看来,《史通》的“正史”范围已比《隋书·经籍志二》所言“正史”大大拓展了。这就在保存了历史事实的同时,反映出刘知幾这样一种思路:一方面视少数民族政权为“偏隅僭国”,一方面亦明确把他们“求其史官,亦有可言者”的史迹作为统一国家中不可分割的一部分看待。

《史通》所表现出来的上述两个方面的特点,表明刘知幾与唐初史家一样,注重直书其事,反映客观历史的发展脉络与趋势;但是,正如他在强调直笔的同时,更致力于维护名教一样,刘知幾在正统问题上的执著,也妨碍了他在民族史观的理论探讨中取得更重要的成就。他对史学发展的责任感与对现实政治的认识,在其史学批评中表现出理论上的两难境地。这一方面是客观历史发展阶段所带来的必然结果,一方面也是封建史学本质的客观体现。

三、杜佑论华夷历史发展之不同的地理因素

任何一种思想认识,经过长时间的发展与积累,都会以理论的形式表现出来,以至在当时及后世产生深远的影响。随着不同时代民族关系及社会政治局势的变动,民族史观的历史与史学形式逐渐归纳为相对集中与升华的理论观点。这些观点在隋唐时期,以杜佑的《通典》为代表,而唐初正史的理论探索,则为其提供了理论基础。

唐代在民族理论上的认识,以杜佑《通典》的《礼典》与《边防典》的成就为最高。在书中,杜佑从民族学与民俗学角度,对“古之中华”与“今之夷狄”作了一番比较。在比较的基础上,他提出:“缅惟古之中华,多类今之夷狄。有居处巢穴焉,有葬无封树焉,有手团食焉,有祭立尸焉,聊陈一二,不能遍举。”①据此,他得出“古之人朴质,中华与夷狄同”的卓识,并通过具体史实的考证来进一步论述。“古之人朴质,中华与夷狄同,有祭立尸焉,有以人殉葬焉,有茹毛饮血焉,有巢居穴处焉,有不封不树焉,有

① 杜佑:《通典》卷一八五《边防典》序,中华书局1988年版,第4979—4980页。

手抟食焉,有同姓婚娶焉,有不讳名焉(自注:按后魏文成帝拓跋濬时,高允献书云:'祭尸久废。今风俗则取其状貌类者以为尸,祭之宴好,敬之如夫妻,事之如父母,败损风化,黩乱情礼。'据文成帝时,其国犹在代北。又按周隋《蛮夷传》,巴、梁间俗,每秋祭祀,乡里美鬓面人,送迎为尸以祭之。今郴、道州人,每祭祀,迎同姓丈夫、妇人伴神以享,亦为尸之遗法,有以知古之中华则夷狄同也)。"①在解释中华与夷狄在后世发展的不同状况时,杜佑提出,是地理位置及其"气"的差异导致了这种情况:"中华地中而气正,人性和而才惠,继生圣哲,渐革鄙风。今四夷诸国,地偏气犷,则多仍旧。"②杜佑的这些论点在理论上的成就,主要在于说明了这样几点认识:

第一,不同民族在最初的发展状况是相同或相通的,中华并不比诸夷先进。这一结论不仅是对同时代史家相关论述的继承与突破,而且,与江统"种类乖殊"的见解相比,更是一种巨大的进步。"它们进一步打破了中国历史上这样一个传统观念,即'中华'一向就是先进的民族,而'夷狄'从来就是落后的民族;同时,作者已经朦胧地认识到,上古之时'中华'与'夷狄'本是一家。"③

第二,在各民族发展的历程中,是物质条件而非别的原因,造成了他们各自发展的不平衡性。在杜佑的观念中,"地"与"气"是造成民族间差异的主要原因。而从今天的角度来看,前者无疑属于物质条件的范畴,同时,它对民族特点会产生不同的影响,也符合民族学理论中的相关观点。所谓"气",从杜佑的论述来看,虽然带有一些先验的与非客观的色彩,但它无疑是从属于"地"这一物质基础的。因此,他的"中华与夷狄同"的结论就具有了更为可靠的依据与基础,同时也使他相对客观的立论角度,对后世具有了重要的启迪意义。

第三,基于上述两点认识,所谓中华与夷狄是可以转变的。既然中华

① 杜佑:《通典》卷四八《礼典八·沿革八·吉礼七》"立尸义",中华书局1988年版,第1355页。

② 杜佑:《通典》卷四八《礼典八·沿革八·吉礼七》"立尸义",中华书局1988年版,第1355页。

③ 瞿林东:《唐代史学论稿》,北京师范大学出版社1989年版,第285页。

与夷狄在上古时期是没有差别的，只是因为物质条件的差异，导致了在文化发展程度上的差异，那么，只要物质条件许可，“夷狄”也可以“生圣哲”，“革旧风”。杜佑在《通典》中所体现的通变的思想特点，在民族认识方面同样很突出。把杜佑的结论与唐初史家的认识结合起来，我们可以清晰地看出它们在逻辑上的内在联系与承继关系，也可以更完整地了解有唐一代民族史观的进展与成就。

作为一名政治家，杜佑的理论旨在“征诸人事，将施有政”，为唐统治者提供更为切实可行的政策依据，这是他在《通典》中讨论民族政策时体现出某些与其理论认识不相一致的观点的原因；①同时，作为一个在史学发展史上具有突出地位的史学家，他的上述论点又代表了唐代史学中民族理论的最高成就。这种看似矛盾的地方，事实上也是唐代史学与政治密切相关所致。这是因为当民族史观要转换成一种具体政策或政治措施时，影响后者的往往不仅仅是史学本身了。在这种情况下，产生变异的可能性很大。

从“徙戎论”到“中华与夷狄同”的理论认识的转变，在民族理论的发展中是一个重要的转折。它不仅显现了人们在认识上提高的轨迹，并借助史学这一载体，从更为深刻的层面上揭示了不同社会政治形势对人们思想观念的影响，以及这种思想观念对社会历史进程的反作用；同时，它还在很大程度上改变了以往史学的面貌，使其从编纂体例到记载内容、思想认识方面，均体现出新的特点。

第三节　华夷之辨观念的继续存在

一、“徙戎”之论产生的思想基础及其影响

“徙戎”之论在魏晋南北朝时期是一个带有普遍性的思潮，同时也是

① 参见杜佑：《通典》卷二〇〇《边防典一六》后论，中华书局 1988 年版，第 5503 页。

影响不同政权民族政策的重要观念。它产生于魏晋南北朝时期民族对立的背景之下,有其现实的社会政治原因。如魏嘉平年间,邓艾提出"羌胡与民同处者,宜以渐出之,使居民表崇廉耻之教,塞奸宄之路"①之议;晋武帝泰始七年(271年),匈奴刘猛反,侍御史郭钦亦有"裔不乱华,渐徙平阳、弘农、魏郡、京兆、上党杂胡"②的提议。而徙戎论产生的一个重要的理论根据,从史学发展的角度来看,是对边地少数民族天性所具有的一些特点的理论总结。这一总结可追溯至《礼记·王制》中的相关论述。③ 在魏晋南北朝时期,这一理论总结的典型代表是江统的《徙戎论》。从这篇文献所具备的理论特点讲,可以大致归结为如下几个方面:

第一,对区分不同民族标准的初步归纳。《徙戎论》的开篇指出:"夫夷蛮戎狄,谓之四夷,九服之制,地在要荒。《春秋》之义,内诸夏而外夷狄。以其言语不通,贽币不同,法俗诡异,种类乖殊;或居绝域之外,山河之表,崎岖川谷阻险之地,与中国壤断土隔,不相侵涉,赋役不及,正朔不加,故曰'天子有道,守在四夷'。禹平九土,而西戎即叙。"点明所谓夷狄在地域上及语言、制度、风俗、部族上与诸夏的不同。在回顾自殷周以来民族政策的得失之后,他还指出,"非我族类,其心必异,戎狄志态,不与华同"。这事实上是指明了夷狄与诸夏在心理状态上的差异。江统所提及的这几方面民族评判标准,与先秦、秦汉时期的相关论述相比,一是具备了系统性,二是具备了深入性。如果说,在认识少数民族的客观情况方面江统更多的是对前人的继承,那么,他"非我族类,其心必异"④的结论,就已经是一种相当理论化的总结了。

第二,对少数民族"性气"的归纳与总结。既然夷狄志态"不与华

---

① 陈寿:《三国志》卷二八《魏书·邓艾传》,中华书局1973年版,第776页。

② 房玄龄等:《晋书》卷九七《北狄·匈奴列传》,中华书局1974年版,第2549页。

③ 《礼记·王制》:"中国戎夷五方之民,皆有性也,不可推移。东方曰夷,被发文身,有不火食者矣。南方曰蛮,雕题交趾,有不火食者矣。西方曰戎,被发衣皮,有不粒食者矣。北方曰狄,衣羽毛穴居,有不粒食矣。中国、夷、蛮、戎、狄,皆有安居、和味、宜服、利用、备器。五方之民,语言不通,嗜欲不同。"见《十三经注疏》,中华书局1980年版,第1338页。

④ 参见黄烈:《〈徙戎论〉考析》,《文史》1987年第28期,中华书局1987年版,第103—104页。

同”，那么这种志态又具体体现在哪些方面呢？江统认为，“性气贪婪，凶悍不仁，四夷之中，戎狄为甚。弱则畏服，强则侵叛。虽有贤圣之世，大德之君，咸未能以通化率导，而以恩德柔怀也”。这些都是夷狄的天性所在，是不可教化的痼疾。诸夷与华夏在本性上的这些不同之处，决定了它们无法改变，这一点成为江统提出“徙戎”主张的直接理论依据。

第三，对历史上民族关系发展的总体评价。基于“内诸夏而外夷狄”的认识，江统对三代以来的民族政策作了梳理，认为夷夏由于存在上述种种不可逾越的差距，本不应有种种联系。而汉武帝、曹操迁徙少数民族，使之居于内地的方法是“权宜之计，一时之势，非所以为万世之利也”。因而为万代千秋的基业考虑，不应让戎狄在关中有容身之地。“当今之宜，宜及兵威方盛，众事未罢”，徙羌、氐等边地民族返其旧土。这样，就会“戎晋不杂，并得其所，上合往古即叙之义，下为盛世永久之规。纵有猾夏之心，风尘之警，则绝远中国，隔阂山河，虽为寇暴，所害不广”。

江统的见解，一方面反映了民族关系中的消极因素；一方面强化了前人在华夷之辨的论争中对少数民族的若干认识上的偏见；再一方面则是就现实情况而发。尽管如此，由于它没有客观反映历史发展的事实与趋势，故而与之相应的民族政策亦不能成为民族关系中的主流。

从理论上讲，江统的认识在识见的高低方面逊于孔子的主张，更落后于唐代史家的卓识，在今天看来，无任何可取之处。而且，江统在理论上的这些总结与归纳，还使得民族理论、民族政策上的隔阂、偏见以貌似理性的形式固定下来，从而使“内诸夏而外夷狄”的古训对当时及后世产生了更为消极的影响。“徙戎”论提出之后，并未得到当时统治者的赞赏，但“未及十年，而夷狄乱华，时服其深识”①，就反映了这种影响在当时思想认识领域所起的作用。不仅如此，《徙戎论》对后世民族观念、政策，也有很大的负面影响。因此，在民族史观的发展上，应对其作深入的辨析。也正因为如此，我们在分析唐代民族理论的成就时，才能体会

---

① 房玄龄等：《晋书》卷五六《江统传》，中华书局1974年版，第1534页。

到它的可贵与不易,也更能了解它在中国古代民族理论上的重要地位与意义。

二、民族政策及史书撰述中的华夷之辨

魏晋南北朝政治上的对峙表现在史学著作中,最基本的特点即强调华夷之辨。概括说来,当时少数民族政权的史家讲华夷之辨,多与正统问题放在一起讨论,从而在民族史观上体现出一些积极因素,这一点上面已详细论述;而汉族政权史家则为时局所限,虽在具体撰述过程中能够做到相对客观,但在相关史事的认识上,就多持狭隘的民族偏见。

作为成书于南朝的正史,《后汉书》《宋书》《南齐书》在夷夏之辨问题上均着力甚多。除在史书标目上如《魏书》一样对北朝政权进行攻讦以外,他们对少数民族的历史认识上,亦有明显的偏激之处。这在《宋书》与《南齐书》中表现尤为明显。如《宋书》卷九五《索虏列传》:"索头虏姓讬跋氏,其先汉将李陵后也。陵降匈奴,有数百千种,各立名号,索头亦其一也。"①《南齐书》则更为具体地表述了这一历史认识:"魏虏,匈奴种也,姓托跋氏……被发左衽,故呼为索头","(隆昌元年)宏徙都洛阳,改姓元氏。初,匈奴女名托跋,妻李陵,胡俗以母名为姓,故虏为李陵之后,虏甚讳之,有言其是陵后者,辄见杀,至是乃改姓焉"②。究竟拓跋氏是否为李陵后裔,今天已无从考察,但这一记载所反映的民族心理,无疑与各民族政权都宣称自己是炎黄后代,以示对中原文化的继承一样,称匈奴拓跋氏为李陵之后,事实上是说明了它在这个文化范围之内的地位是很低下的。《宋书》的这寥寥数语,包含了明显的褒贬意图。在《宋书·夷蛮传》后论中,华夷之辨的倾向表现得更为明显。③《南齐书》卷五九后

① 沈约:《宋书》卷九五《索虏列传》,中华书局1974年版,第2321页。

② 萧子显:《南齐书》卷五七《魏虏传》,中华书局1972年版,第983页。

③ 沈约:《宋书》卷九七《夷蛮列传》后论:"夫四夷孔炽,患深自古,蛮、僰殊杂,种众特繁,依深傍岨,充积畿甸,咫足华甿,易兴狡毒,略财据土,岁月滋深。"中华书局1974年版,第2399页。

论是史家对当时民族关系与民族政权总的评价，[①]亦表现了当时史家对少数民族及其政权的歧视与敌意。

在民族政策上，《后汉书·南匈奴传》的主张是从华夷之辨、“夷不乱华”的角度提出的。范晔主张对匈奴“因其时势，及其虚旷，还南虏于阴山，归(河)西[河]于内地，上申光武权宜之略，下防戎羯乱华之变”，并激烈批评窦宪“矜三捷之效，忽经世之规，狼戾不端，专行威惠。遂复更立北虏，反其故庭，并恩两护，以私己福，弃蔑天公，坐树大鲠”，“永言前载，何恨愤之深乎”！《西羌传》以更为系统的论述阐释了他的这一主张：“昔先王疆理九土，判别畿荒，知夷貊殊性，难以道御。故斥远诸华，薄其贡职，唯与辞要而已。若二汉御戎之方，失其本矣。何则？先零侵境，赵充国迁之内地；(当)煎[当]作寇，马文渊徙之三辅。贪其暂安之执，信其驯服之情，计日用之权宜，忘经世之远略，岂夫识微者之为乎？”这些论述表明，范晔在民族政策上的基本态度，与江统所提出的徙戎论有着本质上的相通之处。这种观念既反映了对边疆少数民族实力发展的一种戒备心理，也反映了当时民族政权之间在力量对比上逐渐接近的事实。但是，徙戎论在魏晋南北朝时期颇为流行，却无法成为当时尤其是隋唐时期民族关系与民族政策中有影响力的观念，其根本原因也恰恰在于中原皇朝与边疆民族在生产力发展程度、文化观念、政治观念上的不断接近，多民族之间交往与融合成为无法抗拒的历史潮流这一客观事实。

由于历史的与认识的原因，各民族融合的同时，民族隔阂与冲突在唐代民族观念中也有不同程度的反映。它在认识上的表现，以于休烈开元十九年(731年)，针对金城公主请“《毛诗》《礼记》《左传》《文选》各一部”之事，给朝廷的一封上书为典型。他的观点可以概括为如下几个

---

① 萧子显：《南齐书》卷五九后论：“氐、胡犷盛，乘运迭起，秦、赵僭差，相系覆灭，余类蠢蠢，被西疆而奄北际。芮芮地穷幽都，戎马天隔。氐杨密迩华、夷，分民接境，侵犯汉、漾，浸逼狼狐，疆埸之心，窥望威德，梁部多难，于斯为梗。残羌遗种，际运肇昌，尽陇凭河，远通南驿，据国称蕃，并受职命。晋氏衰(故)[败]，中朝沦覆，灭余四夷，庶雪戎祸，授以兵杖，升进军麾，后代因仍，贪广声教，绥外怀远，先名后实。贸易有无，世开边利，羽毛齿革，无损于我。若夫九种之事，有□□至于此也。”中华书局1972年版，第1033页。

方面:

一是国家典籍,不可轻与他族。“戎狄,国之寇也;经籍,国之典也。戎之生心,不可以无备;典有恒制,不可以假人”,其原因在于:“《传》曰:‘裔不谋夏,夷不乱华。’所以格其非心,在乎有备无患。”所以,汉代以“《史记》多兵谋,诸子杂诡术”,而不予东平王,“今西戎,国之寇仇,岂可贻经典之事!”

二是从吐蕃的民族特点来看,“慓悍果决,敏情持锐,善学不回。若达于书,必能知战。深于《诗》,则知武夫有师干之试;深于《礼》,则知月令有兴废之兵;深于《传》,则知用师多诡诈之计;深于《文》,则知往来有书檄之制。何异借寇兵而资盗粮也!”

三是从具体的处理办法来看,“公主下嫁从人,远适异国,合慕夷礼,返求良书,愚臣料之,恐非公主本意也。虑有奔北之类,劝教于中。若陛下虑失蕃情,以备国信,必不得已,请去《春秋》。当周德既衰,诸侯强盛,礼乐自出,战伐交兴,情伪于是乎生,变诈于是乎起,则有以臣召君之事,取威定霸之名。若与此书,国之患也。……狄固贪婪,贵货易土,正可锡之锦绮,厚以玉帛,何必率从其求,以资其智。”①

于氏此论,代表了时人对民族问题的消极认识,但由于不能正确地反映社会历史的发展现状与趋势,所以不能在政治实践中起到相应的作用。而从民族史观的角度来看,这些议论从另一侧面说明了吐蕃民族同样具有发展自身政治文化的性格、特质,这一点与汉族没有区别。剔除其中民族歧视与偏见的部分,这些总结与认识也有其积极意义。

在唐代民族史学发展的潮流中,对民族问题的阐述、认识还有许多有待挖掘之处,如隋及唐初的民族史观在某种程度上还保留有传统的民族隔阂的痕迹,夷夏之辨与徙戎论始终没有消除其影响。如在魏徵的观念中,就还存在着“匈奴人面兽心……强必寇盗,弱则卑伏,不顾恩义”②的认识。从历史发展的规律来看,这种局限性的存在是必然的,在生产力尚

① 刘昫等:《旧唐书》卷一九六上《吐蕃传上》,中华书局 1975 年版,第 5232 页;并见王溥:《唐会要》卷三六《蕃夷请经史》,上海古籍出版社 1991 年版,第 778 页。

② 吴兢:《贞观政要·安边》,上海古籍出版社 1978 年版,第 247 页。

未发展到足以使人们对民族问题有全面、深入的认识之前，它就会以不同形式制约着人们的思维。

小　　结

从中国古代史学发展的进程来看，魏晋南北朝时期民族史观的史学地位与意义可以概括为以下几个方面：

第一，魏晋南北朝民族史观的发展鲜明地体现了客观历史对史学发展的推动与影响。这是因为魏晋南北朝时期史学的大发展与社会政治局势及其相应的文化思潮的推动密不可分。从民族史观来看，它的进展依托于两个方面的历史契机：一是各民族及其政权在争夺一统天下的主动权过程中所必然带来的多层次、多方向的民族融合；二是各民族政权在发展文化方面的初步建树。两者结合，使得这一时期的民族史观在史学活动上体现出突出的时代特征。民族史撰述在中国史学中开始成为一个重要的部分，且在史部目录书中有所体现，并直接导致了正史、霸史之分成为史学分类的定制。这些特征贯穿于整个中国古代史学中，成为后世民族史观发展的基本特点。

第二，与秦汉时期相较，魏晋南北朝时期的史学对民族问题给予了更多的关注，视野与研究范围都有了很大的拓展，这在当时正史的四裔传中即可看得很清楚。在对民族问题的认识上，魏晋南北朝时期尤其是南北朝时期史家的认识，虽然夷夏之辨的色彩很突出，但他们对大一统的论述在理论上比司马迁、班固有所深入；尤其是他们在复杂的历史条件下关于民族理论方面的探讨，于纷繁中显示出前进的趋势。这一方面是客观历史发展所带来的必然结果，一方面也是史学本身发展的结果。这两种因素共同作用于民族史观，使得它具有积极与消极方面并存的特点。

第三，从民族史观的理论内涵来看，魏晋南北朝时期史学所取得的最重要的进展，是对于旧有正统说的新的阐释。这一方面体现为这一时期史家从民族政权发展的现实出发,对《春秋》公羊学所倡导的大一统之说的着力强调,一方面还体现为他们从各自的政治立场出发,对夷夏之辨所作的截然不同的解释。而两方面相互交织,共同影响当时的史学面貌,成为民族史观中最具有时代特色的因素。它代表了对儒家思想传统的继承,但同时也有新的现实与理论的着眼点。它的历史影响在于,民族观念开始成为"正统"论中一个必不可少的论题。

隋唐时期民族史观的演变及其进步的趋势,在历史与史学两方面都是很突出的,并对后世产生了巨大的影响。

从历史发展的角度来看,隋唐时期民族史观的演变,不仅使统治者在民族政策上采取了更为合理和正确的做法,并为后世制定民族政策提供了借鉴。更重要的是,天下一家的观念在唐代成为占据主导地位的思想,影响到思想领域及社会生活的各个方面,从而在更深更广的层面上推动了中国各民族融合的进程。如果说,魏晋南北朝时期的民族融合主要是通过受各政权实力影响的战争、迁徙、贸易、通好等物质领域进行的,那么,隋唐时期这一进程不但在思想观念上得到认可与深化,而且成为一种较为自觉的行为。在中华民族多元统一格局的形成过程中,这一转变带来的积极影响,具有重要的历史意义。

从史学发展的角度看,其意义主要在于在史学与社会的关系上,受隋唐时期民族关系发展的现实状况的影响,以及由史学本身性质所决定,史著成为反映民族斗争、融合之潮流的重要方面。这一历史阶段成书的正史四裔传,不仅成为记载民族交往与融合的重要史料,而且,其中所保留的史家及时人关于民族问题的见解,同样以更深入、更理论化的形式,表现了这个时期民族史观的面貌,反映了这个时期民族观念的巨大转变在史学中的映射。从这个意义上说,史学与社会、与政治的密切关系在这一时期得到了很大程度的发展。隋唐时期民族史观在历史形式与史学形式两方面都取得了巨大成就,就充分证明了这一点。

然而,事物总是在矛盾中发展的。历史运动也是在矛盾中前进的。唐代民族关系的发展是一个变化的过程,也就是说,唐朝与边地少数民族的关系并不是直线发展的。随着唐廷的由盛转衰,边疆一些民族如契丹则逐渐由弱小发展到强大，建立起独立的政权。如前所述，这种状况为开发、巩固广大边区奠定了基础；但与此同时，它也加快了唐皇朝的消亡，中国历史上第二次南北对峙在这一时期开始酝酿。从史学上来说，它造成了唐代在民族史观中积极与消极并存、理论认识上进取与保守对立的状况。这种民族史观发展过程中不可避免的复杂性特征，亦随着新的政治割据局面的到来而出现新的特点。

第五章

关于国家起源和国家职能的新认识

国家起源与国家职能，是思想史和政治史中更为关注的理论命题。当恩格斯的《家庭、私有制和国家的起源》为人们指出了探讨这一问题的正确方法之后，对中国国家起源问题的认识，在我国史学界是一个更受关注的话题，同时也是一个异见纷呈的话题。但在已有的各种探索成果之中，少见有对古代史家的相关认识的梳理与剖析。从一定程度上说，这反映了史学理论研究与思想史、政治史研究之间，尚有着广阔的探索空间。

魏晋南北朝隋唐时期，政局动荡、政权更迭频繁，在给人们生活带来战乱、逃亡等消极影响的同时，也在客观上带来了各民族文化交流、融合的发展，从而为文化知识的广泛传播与思想的繁荣提供了基础。另外，现实政治、经济的剧烈变动，也为人们从思想上更深入地探讨、分析前代的思想认识，并随着时代要求提出新的理论课题，提供了现实依据。国家学说在这一时期，虽然还不能说已经成为历史理论中一个完整的独立的概念范畴，这是由这一概念范畴所具有的更为抽象的特点所决定的，但从人们的相关论述来看，已经在前代人的基础上，有了明显的进展。

第一节　国家起源说

一、“强者凌弱，智者诈愚”

从我国文化发展的历史来看，早期的哲学与思想史的经典著作，往往也是史学上的重要代表作。国家起源说在先秦诸子的著作中已经有了较为集中的论述。其中有代表性的有如下几种认识：一是以老子的小国寡民的理想为基础：“小国寡民，使有什佰之器而不用，使民重死而不远徙。虽有舟舆，无所乘之，虽有甲兵，无所陈之。使民复结绳而用之。甘其食，美其服，安其居，乐其俗。邻国相望，鸡犬之声相闻，民至老死，不相往来。”①这里所描述的国家状态，事实上是氏族公社的社会形态。但是，社会生产的发展，导致不同人群之间的分化日益严重，人亲己之亲，长己之长，君权系统得以确立，有智慧者出则专有政权，于是“大道废，有仁义；慧智出，有大伪；六亲不和，有孝慈；国家昏乱，有忠臣”②。二是以墨子的“尚同”论为理论基础：“古者民始生，未有刑政之时，盖其语，人异义……是以人是其义，以非人之义，故交相非也。是以内者父子兄弟作怨恶，离散不能相和合。天下之百姓，皆以水火毒药相亏害。……夫明乎天下之所以乱者，生于无政长，是故选天下之贤可者，立以为天子。”③三是以荀子的“性恶”论为理论基础：“故古者圣人以人之性恶……故为之立君上之势以临之……使天下皆出于治，合于善也……今当试去君上之势，无礼义之化，去法正之治，无刑罚之禁，倚而观天下民人之相与也；若是，则夫强者害弱而夺之，众者暴寡而哗之，天下之悖乱而相亡不待顷矣。”④四是

① 《老子注》八〇章，《诸子集成》，中华书局 1954 年版，第 46—47 页。
② 《老子注》一八章，《诸子集成》，中华书局 1954 年版，第 10 页。
③ 《墨子·尚同上》，《诸子集成》，中华书局 1954 年版，第 44 页。
④ 《荀子·性恶》，《诸子集成》，中华书局 1954 年版，第 293 页。

以韩非子的“圣人”论为理论基础:“上古之世,人民少而禽兽众,人民不胜禽兽虫蛇;有圣人作,构木为巢,以避群害,而民悦之,使王天下,号之曰有巢氏。民食果蓏蚌蛤,腥臊恶臭而伤害腹胃,民多疾病;有圣人作,钻燧取火,以化腥臊,而民悦之,使王天下,号之曰燧人氏。中古之世,天下大水,而鲧、禹决渎。近古之世,桀、纣暴乱,而汤、武征伐。”①这是当时最接近于历史真相的一种理论设想。它依据历史的发展,企图寻求其中的经济原因,并注意到历史发展的客观形势,②对后世影响深远。此外,还有《商君书》所言“古者,民藂生而群处,乱,故求有上也。然则天下之乐有上也,将以为治也”③;及相传为管子所撰的《管子》所言:“古者未有君臣上下之别,未有夫妇妃匹之合,兽处群居,以力相征。于是智者诈愚,强者凌弱,老幼孤独不得其所。故智者假众力以禁强虐,而暴人止。为民兴利除害,正民之德,而民师之。……上下设,民生体,而国都立矣,是故国之所以为国者,民体以为国,君之所以为君者,赏罚以为君。”④这些看法表明,先秦诸子显然相信,古代中国曾经有过不知君主为何物的社会,虽然在对这种社会的评价及发展趋势问题上,他们有着互不相同的认识。他们同时还认为,这种无君主的社会是一种不能长久存在的状态,并将使天下的百姓只能过一种以“力争”为特征的低生产力水平的生活。因此一致主张,为了制止天下百姓的相互侵害,保障群生皆得其命,需要一位“将以为治”的君主。

秦汉以后,随着儒家思想的发展、改造,及其在政治统治领域独尊地位的确立,在自然起源、天人关系等问题上,神学影响日渐显著,“君权神授”在国家起源问题中的核心地位也建立起来。如《白虎通义》认为,“君有众民何法?法天有众星也”⑤。就连在社会思想上有着唯物主义倾向的司马迁也在《史记》中说:“洋洋美德乎!宰制万物,役使群众,岂人力

① 《韩非子·五蠹》,《诸子集成》,中华书局1954年版,第339页。

② 参见侯外庐、赵纪彬、杜国庠:《中国思想通史》第1卷,人民出版社1957年版,第608页。

③ 《商君书·开塞》,《诸子集成》,中华书局1954年版,第17页。

④ 《管子·君臣》,《诸子集成》,中华书局1954年版,第174页。

⑤ 《白虎通义》卷四,陈立:《白虎通疏证》,中华书局1994年版,第196页。

也哉？余至大行礼官，观三代损益，乃知缘人情而制礼，依人性而作仪，其所由来尚矣。人道经纬万端，规矩无所不贯，诱进以仁义，束缚以刑罚，故德厚者位尊，禄重者宠荣，所以总一海内而整齐万民也。”①这种历史思想与史学思想发展的实际，限制了后代史家从历史的、具体的角度出发，继承诸子思想的优良传统，在国家起源问题上取得更多的进展。

魏晋南北朝隋唐时期，在历史思想及史学思想的发展史上，都是一个多途发展、成就突出的历史时期。在历史思想方面，这一时期对天人关系论、兴亡论、人物论、治国论等，都有着丰富的认识。这些在本书的其他章节都有论述。从国家起源论的角度来看，随着两汉以后“君权神授”的正统观念的地位逐渐丧失，朴素唯物思想在新的时代条件下的继续发展，人们在讨论这一问题时具有了更多相对客观与接近于历史实际的倾向。当然，这些认识的出现与取得进展，与这一时期思想领域内唯物与唯心两种思想倾向斗争的实际是密切相关的。

这一时期的史学著作，主要是十三部正史，在国家起源问题上的认识相对欠缺。其理由大概有如下几点：一是这些正史均为断代的皇朝史，《南史》《北史》看似以地域为界，事实上在撰述过程中还是以不同皇朝的出现次序为史书记载的基本线索。这一特点造成了作者更多地倾向于从所撰皇朝的历史出发编排史事，展开论述，而较少考虑到从人类历史及中华民族发展的整体角度分析相对抽象的理论问题。惟有《隋书》诸志（或曰《五代史志》）贯通古今，并提出了一些理论思考，取得了重要的思想成果，得到了后世的重视。二是这些正史的成书均为封建皇朝政府力量支持的结果，其作者即使相对集中，且均为朝中重臣或史臣，因而他们在社会政治思想上，不可能有更多超越传统君主论的地方，而更倾向于体现出一种与前代儒家的“圣人作则”之类观念的继承关系。这一点也是成书于封建社会的正史的共同特点。正是由于上述原因，这一时期在国家起源这个理论问题上所取得的进展，主要不是在正史领域内。在一些正史的志书中，也或多或少地涉及对国家起源的设想，但更多的是一种对历史

---

①　司马迁：《史记》卷二三《礼书》，中华书局1959年版，第1157—1158页。

旧说的传承与描述,理论探讨的成分要少一些。如《晋书·地理志》认为:“昔者元胎无象,太素流形,对越在天,以为元首,则《记》所谓冬居营窟,夏居橧巢,饮血茹毛,未有麻丝者也。及燧人钻火,庖牺出震,风宗下武,炎胤昌基,画野无闻,其归一揆。”①与我们今天在国家起源问题上所达到的认识程度相较,这种描述有其合理之处,在某种程度上反映了人类在原始社会阶段的实际情况,以及掌握着先进生产力的“圣人”在这一阶段所起的历史作用。但对于决定国家起源的客观规律、影响这一历史进程的因素等理论问题,就没有涉及。这是由作者的认识与客观历史两方面的局限所决定的。

尽管如此,如上所述,唯物主义倾向的思想传统在这一时期并未中断,而是得到了某种程度的发展。在对国家问题的探讨方面,同样如此。如西晋时虽清谈之风甚烈,但已有了嵇康、阮籍的某些唯物主义思想和观点。嵇康的《养生论》《声无哀乐论》,阮籍的《大人先生传》《达庄论》等,均为别出心裁的专著。尤其是阮籍在其《大人先生传》一文中提出:“君立而虐兴,臣设而贼生,坐制礼法,束缚下民。”尖锐地指出了君臣之兴、礼乐之设均为封建统治者用来束缚庶民的制度的实际。这些观点为后来鲍敬言著《无君论》提出更为深刻的思想认识提供了理论依据。

鲍敬言,东晋时期思想家。他所著《无君论》一书是在与葛洪论战中关于无君的论述。其身世不详,《无君论》也仅见于葛洪《抱朴子·诘鲍》篇内,可窥探其某些片段。

《诘鲍》一文开头写道:“鲍生敬言,好老庄之书,治剧辩之言,以为古者无君,胜于今世。”②这点明了鲍敬言的思想渊源,即老庄思想。

《无君论》从唯物主义自然观出发,批判了君权神授说。它开宗明义地指出:“儒者曰:‘天生烝民而树之君。’岂其皇天谆谆言,亦将欲之者为辞哉!夫强者凌弱,则弱者服之矣;智者诈愚,则愚者事之矣。服之,故君臣之道起焉;事之,故力寡之民制焉。然则隶属役御,由乎争强弱而校愚

---

① 房玄龄等:《晋书》卷一四《地理志上》,中华书局1974年版,第405页。

② 葛洪:《抱朴子·外篇·诘鲍》,《诸子集成》,中华书局1954年版,第190页。下引《无君论》之文,见本书第190—195页。

智。彼苍天果无事也。夫混茫以无名为贵，群生以得意为欢。故削桂刻漆，非木之愿；拔鹖裂翠，非鸟所欲；促辔衔镳，非马之性；荷轭运重，非牛之乐。诈巧之萌，任力违真，伐生之根以饰无用，捕飞禽以供华玩，穿本完之鼻，绊天放之脚，盖非万物并生之意。”即是说，儒者宣称，皇天生下了老百姓，并为他们设立了君主。难道皇天真的这样谆谆告诫人们吗？这大概是那些想做皇帝的人捏造的吧！“强者凌弱”“智者诈愚”，是人类社会发展过程中的必然。于是，弱者不得不服从于强者，“愚者”在不明情况下服务于“智者”。在这种上下等级关系形成的过程中，才出现了所谓的“君臣之道”与“力寡之民制焉”的统治秩序，而与苍天没有关联，它在这其中没有起到什么作用，“果无事也”。这就说明，被儒家所津津乐道的君臣之道，不过是“力争”与“欺诈”的结果。不仅如此，天下万物以无名为贵，所有的“诈巧之萌，任力违真”之事，都不是“万物并生之意”，而是人为的结果。

与君主密切相关的繁琐奢靡的制度之设所带来的必然后果，就是百姓的困顿与灾难：“有司设则百姓困，奉上厚则下民贫。壅崇宝货，饰玩台榭，食则方丈，衣则龙章……采难得之宝，贵奇怪之物，造无益之器，恣不已之欲。非鬼非神，财力安出哉？夫谷帛积则民有饥寒之俭，百官备，则坐靡供奉之费。宿卫有徒食之众，百姓养游手之人。”在统治阶级的剥削和压迫之下，百姓没有生活的出路，只能起来造反：“民乏衣食，自给已剧；况加赋敛，重以苦役。下不堪命，且冻且饥，冒法斯滥，于是乎在……劳之不休，夺之无已，田芜仓虚，杼柚之空，食不充口，衣不周身。欲令勿乱，其可得乎？”而封建统治者力图用礼法钳制人民，用刑罚镇压人民，只能适得其反。“闲之以礼度，整之以刑罚，是犹辟滔天之源，激不测之流，塞之以撮壤，障之以指掌也。”这就好像辟开滔天的大水，却又用一撮土、一只掌去堵塞，结果只能被大水所淹没。而他们的一切旨在维护、巩固封建统治的暴力手段，只能激起人民更加强烈的反抗。君主制本身包含不可克服的矛盾，统治者所采取的维护自己存在的一切措施，都将走向自己的反面。“救祸而祸弥深，峻禁而禁不止也。关梁所以禁非，而猾吏因之以为非焉；衡量所以检伪，而邪人因之以为伪焉；大臣所以扶危，而奸臣恐主之不危;兵革所以静难,而寇者盗之以为难。此皆有君之所致也。”所有这一切的困难、混乱以至灾祸,其根源都在于君主制度,而与君主本人的关联并不十分明显。“若令斯人(指桀、纣)并为匹夫,性虽凶奢,安得施之?使彼肆酷恣欲,屠割天下,由于为君,故得纵意也。”

《无君论》进而指出,社会上人与人之间的关系本来应该是平等的。它写道:“夫天地之位,二气范物,乐阳则云飞,好阴则川处。承柔刚以率性,随四八而化生。各附所安,本无尊卑也。”这是说,天地以及万事万物都是阴阳二气化生的,各有各的本性,各有各的位置,根本没有什么上下尊卑的等级差别。《无君论》认为,摒弃罪恶的出路就是不要君主,回到原始的混沌的自然状态。在这样的社会里,人与人之间没有矛盾,没有争夺,也没有战争。因为无君无臣,也没有剥削,没有压迫。在鲍敬言的心目中,理想的社会状态应当是:“曩古之世,无君无臣,穿井而饮,耕田而食,日出而作,日入而息,泛然不系,恢尔自得,不竞不营,无容无辱,山无蹊径,泽无舟梁。川谷不通,则不相并兼;士众不聚,则不相攻伐。”不仅如此,人与物之间也不分彼此,不相侵害,以至“凤鸾栖息于庭宇,龙鳞群游于园池。饥虎可履,虺蛇可执,涉泽而鸥鸟不飞,入林而狐兔不惊”。总之,“万物玄同,相忘于道”。

与鲍敬言的认识截然对立,葛洪一方面对《无君论》提出了强烈的反对意见,一方面也就君主及相应的制度建设的必然与必要性作了论证。他认为,“天尊地卑,以著人伦之体;近取诸身,则元首股肱,以表君臣之序,降杀之轨”,是人类产生以来的定规,而“有圣人作,受命自天”,他们对人类的生产生活各个方面作了改进与发明,人们至今仍受其惠泽,于是“备物致用,去害兴利,百姓欣戴,奉而尊之,君臣之道于是乎生,安有诈愚凌弱之理”?认为君主及其制度的出现,是人类发展进步的必然结果。那些“扰龙驯凤,河图洛书”一类的祥瑞之征,也说明了这一点。而鲍生所指出的“田芜廪虚,皆由有君”,更是荒谬不实的。因为田芜廪虚是自然灾害的结果,而非人事之祸。如果真的像鲍生所言,君主为所欲为,奢淫狂暴,也就不存在君主制度的产生与发展了。“鲍生独举衰世之罪,不论至治之义”,是有偏颇的。若使人类社会回复到不分乾坤的自然状态,则识母忘父，居巢穴之陋，尊卑失序，社会必将归于混乱。这事实上是从历史、制度、逻辑等诸多方面，对“无君”论作了批评。客观地讲，其中对于“圣人”的历史作用，及关于国家产生的过程的描述，存在着相对平实的认识，但由于其立论的基础，仍然是“受命自天”的旧说，因而其积极意义是很有限的。

从《无君论》的主要观点来看，它的理论意义首先在于，对传统儒家“天生烝民而树之君”的认识作了深刻的揭露和批判，并尖锐地指出，君主及其大小官吏所构成的统治秩序，是天下百姓陷于水火之中的根源所在。这在当时的历史与理论环境之下，是十分可贵的。其次，更重要的是，它在对儒家旧说进行批判的过程中，触及了国家产生的客观历史过程，指出了“强者凌弱”“智者诈愚”这一“力争”现实在国家及相应的统治秩序确立过程中的基础地位，并从具有唯物主义倾向的观点出发，指出了天地及万事万物的产生来源于“阴阳二气”，且“各附所安，本无尊卑”，这就不仅在社会政治领域而且更从广阔无垠的自然界角度，摒弃了儒家“天生烝民”的谎言。虽然鲍敬言所使用的理论武器是老子的小国寡民理想，其对国家起源的解释也并不正确，论述的过程中也夹杂着其他不正确的认识，从而离科学的国家起源论有着相当的距离，但在当时条件下，它能够摆脱统治阶级的思想束缚，提出上述新论，本身就代表着一种理论与实践上的重要改变；同时，它对君主制度的抨击，也有着积极的现实意义，在一定程度上反映了动荡时代人民的痛苦和期望。再次，这里还需要指出，鲍敬言所论虽然在当时有着突出的积极意义，但他毕竟受他生活的那个时代所限制，其认识也代表了基于小农意识的安居乐业、小国寡民的思想和要求，多少也受到了老庄复古和虚无论的影响。因此，无君论所具有的理论锋芒，在这种理论前提之下，必然要失去其应有的社会与理论影响。最后，从思想发展的长过程来看，“智者诈愚，强者凌弱”之论首见于《管子・君臣下》，但它立论的目的，在于说明君主与君主制度的出现，恰恰是为了智不诈愚，强不凌弱，众不暴寡，邪不压正，盗贼不兴，强不虐弱；使民安其居，乐其业。而《无君论》则以此来说明君主存在的不合理性。两相对照，我们可以发现，前者虽旨在强调维护、巩固封建统治的重要性，但其对国家起源的理论设想，更接近于历史的真实；而后者所论，虽目的、立场迥异，但却认可同样的假设。这说明，鲍敬言的主张，既是对管子的继承，同时也是对他的改造。

从魏晋南北朝的思想实际来看，当时攻击君主制的言论甚烈，而尤以《无君论》为最著。其主要原因是当时阶级矛盾的空前尖锐，以及统治阶级内部矛盾的突出。在统治者之间绵延不断的争战过程中，以君主为代表的统治阶级对普通百姓的经济、政治上的残酷剥削和压迫，使得在这种动荡局面中受到牵连或者感到生不逢时的士人阶层感到了深深的忧虑与不满。这就是“无君”论出现与发展的现实依据，是人们对君主制的不满、怀疑、批判，甚至否定的根本原因。当然，这只是历史发展的一个侧面。把它放在中国历史发展的全过程来看，就会发现，魏晋南北朝时期仍然是封建社会向上发展的历史时期，并为其后的隋唐皇朝的繁荣奠定了基础。随着这样一条历史主线的渐次展开，儒家正统的君主论及国家起源说必将重新占据思想界的主流地位，以鲍敬言为首的“无君”论则必然无法产生长久的历史影响。这既是中国历史发展的实际状况，同时也是历史发展的辩证法。同样受这一辩证法决定的历史现象是，尽管以“无君”论为代表的相对客观的认识在魏晋南北朝时期不占主流地位，在其后的隋唐时期也不占主流地位，但思想意识的发展源于社会现实，同时又在不同程度上独立于且反作用于社会现实。所以，在国家起源问题上的进步认识，始终未曾消失，而且在不同时代体现出不同的特点，也有着不同程度的进步，从而不断地为后世历史理论宝库的丰富与发展积累着经验，提供着素材。隋唐时期，这方面的突出代表是柳宗元的相关论述。

二、“争而不已，必就其能断曲直者而听命”

柳宗元是中唐时期的思想家与文学家。在对他的研究中，人们更多地关注他在文学史上的成就。至侯外庐主编《中国思想通史》①，对他在

① 参见侯外庐主编《中国思想通史》第4卷上册第七章相关论述，人民出版社1959年版。

思想史上的成就作了较为充分的论说；瞿林东先生所著《唐代史学论稿》[①]《中国史学史纲》[②]，则对他在历史理论领域的突出贡献作了迄今为止最为详尽的剖析。本节所论，就是在上述几部书的论述基础上，尤其是在参阅了瞿先生所著《唐代史学论稿》的基础上撰成。有些内容，则是直接引用。

在柳宗元的论著中，《贞符》和《封建论》比较集中地讨论了有关国家起源和历史进程的问题，这反映出他对历史理论问题进行探讨的自觉意识，同时也代表了当时人们思考历史理论问题的深度与广度。

《贞符》采用问答的形式展开论述。在文章的序中，柳宗元这样写道："负罪臣宗元惶恐言：臣所贬州流人吴武陵为臣言：'董仲舒对三代受命之符，诚然非耶？'臣曰：'非也。何独仲舒尔？自司马相如、刘向、扬雄、班彪、彪子固，皆沿袭嗤嗤，推古瑞物以配受命，其言类淫巫瞽史，诳乱后代，不足以知圣人立极之本，显至德，扬大功，甚失厥趣。'"[③]这就明确地指出，他的撰述目的，是为了对自董仲舒以来关于"三代受命之符"之类的谎言进行纠正，其批评的锋芒，直指历代以来的文史大家，称他们的学说"类淫巫瞽史，诳乱后代"。那么，究竟什么样的认识最符合人类初始的实际情况呢？《贞符》接着论述道：

> 孰称古初朴蒙空侗而无争，厥流以讹，越乃奋敚斗怒震动，专肆为淫威？曰：是不知道。惟人之初，总总而生，林林而群。雪霜风雨雷雹暴其外，于是乃知架巢空穴，挽草木，取皮革；饥渴牝牡之欲驱其内，于是乃知噬禽兽，咀果谷，合偶而居。交焉而争，睽焉而斗。力大者搏，齿利者啮，爪刚者决，群众者轧，兵良者杀。披披藉藉，草野涂血。然后强有力者出而治之，往往为曹于险阻，用号令起，而君臣什伍之法立。[④]

这段话包含着两层含义：一是明确反对老庄之学所言"古初朴蒙空侗而

① 参见瞿林东：《唐代史学论稿》，北京师范大学出版社 1989 年版，第 329— 368 页。

② 参见瞿林东《中国史学史纲》第四章第五节的相关论述，北京出版社 1999 年版。

③ 柳宗元：《柳河东集》卷一《贞符》，中华书局 1960 年版，第 18 页。

④ 柳宗元：《柳河东集》卷一《贞符》，中华书局 1960 年版，第 18—19 页。

无争”,其后乃民心浇讹,民俗日坏,遂致“奋敚斗怒震动,专肆为淫威”的观点,认为这是“不知道”的表现。二是从朴素唯物的角度出发,指出“雪霜风雨雷雹暴其外”,“饥渴牝牡之欲驱其内”这两大方面主、客观的因素,是人类在生产生活上不断通过各种方式,寻求改善外部环境、满足身体各种需求的决定性因素。而在这一过程中,由于人们的相互交往,必然产生基于不同原因的争斗。值得注意的是,在最初的时期,这种争斗更多地表现为搏、啮、决、轧、杀等暴力形式,其结果是“披披藉藉,草野涂血”。在这种情况下,而且往往是在有危险困难的情况下,“强有力者”出而治之,通过一定的法令制度,天下得以安宁,相应的“君臣什伍之法”也随之确立。这里没有采用儒家一贯所津津乐道的“圣人作而天下安”的说法,而是指出“强有力者”是人类最初建立统治秩序的承担者。可见,柳宗元在阐述人类初始生活状况和国家起源问题时,是从人类自身的历史来说明的,这里完全排除了任何天与神的意志和作用。

《封建论》是柳宗元的另一篇宏文。这里所谓“封建”,是历史上沿袭下来的一个政治概念,即指所谓“封国土,建诸侯”的分封制。在论述分封制起源的过程中,柳宗元讲到了人类从蒙昧到确立统治秩序的过程。

> 天地果无初乎?吾不得而知之也。生人果有初乎?吾不得而知之也。然则孰为近?曰:有初为近。孰明之?由封建而明之也。
>
> 彼封建者,更古圣王尧、舜、禹、汤、文、武而莫能去之。盖非不欲去之也,势不可也。势之来,其生人之初乎?不初,无以有封建。封建,非圣人意也。彼其初与万物皆生,草木榛榛,鹿豕狉狉,人不能搏噬,而且无毛羽,莫克自奉自卫,荀卿有言:必将假物以为用者也。夫假物者必争,争而不已,必就其能断曲直者而听命焉。其智而明者,所伏必众;告之以直而不改,必痛之而后畏:由是君长刑政生焉。①

这里所说的“生人果有初乎”的“初”,即从无封建到有封建的发展过程。从今天的观点来看,这些论述所阐述的分封制产生的历史原因并不符合历史事实。但是,从国家起源论的角度来看,它的理论价值在于,指出了

① 柳宗元:《柳河东集》卷三《封建论》,中华书局1960年版,第43—44页。

人类从“与万物皆生”的阶段，发展到具有一系列完备的封建统治秩序的客观过程，并对这一过程的若干细节，作了具体的设想与分析。作者从人类处于“草木榛榛，鹿豕狉狉”的初始阶段，为了“自奉自卫”必须“假物以为用”到“假物者必争”，从“争而不已”到听命于“能断曲直者”，从“告之以直而不改”到“君长刑政生焉”，一直说到里胥、县大夫、诸侯、方伯、连帅、天子的出现。对于这样一个历史发展过程，柳宗元认为是“封建”出现的过程。在这一过程中，“能断曲直者”的出现成为“争而不已”的必然后果，同时也为国家及相应的暴力机关的出现奠定了基础。

事实上，在柳宗元的上述认识中，隐含着这样一个概念，即所谓封建，产生于人类最初的统治秩序之中，也就是说，它与国家、法制等暴力统治手段，在出现的历史阶段上，是同步的。这一认识表明，这里所谓的“封建”制度确立的过程，就是国家产生的过程。当然，这一认识是不正确的，但其所论的基本内容，却触到了人类从野蛮步入文明亦即国家起源的那一段历史。在这一点上，《封建论》同《贞符》是有共同之处的。而且，它们都突出强调了“争”这种手段以及“争而不已”这种历史实际状况，在国家产生及封建统治秩序不断完善中的关键性作用，从而在根本上对“天生烝民，树君司牧”，及老庄小国寡民的社会理想，作了彻底的揭露与批判。两者的不同之处，是前者特别强调了“势”是历史发展的动因，强调在国家产生、发展过程中所存在的历史必然性。同时，人类从原始阶段发展到以君主制为代表的封建社会的历史进程，在这里也得到了更为具体的、条分缕析的表现。而后者强调的则是“生人之意”的作用。论述的侧重点不同，主旨与立场却完全相同。

从今天的认识来看，柳宗元上述所论，事实上已经涉及国家起源和历史进程的物质动因了。而且，对这些因素的关注，在这里已经不是如前代一些进步认识一样，是一种零散的不完整的思想片断，而是作者主观上着力论述并有着相对完备的逻辑思路的理论观念了。无论是以基于物质需求而产生的“力争”反对“天生烝民”的谎言，还是以“势”反对所谓的“圣人之意”，都已经具备了理论上的自觉与相对完整的逻辑体系。更进一步地说，柳宗元在这里所提出并加以阐述的“势”的概念，是自司马迁以来首次真正赋予它以历史明确含义者。作为一个历史哲学的概念,它的影响不仅止于国家起源论,更广及历史思想的方方面面,从而达到了历史思想领域的空前高度。这一点在本书的论天人关系、论分封制等相关章节中都会提及,此不赘述。

三、"非德不树"

在《贞符》与《封建论》中,柳宗元对"争而不已,必就其能断曲直者而听命","君长刑政生"之后的国家发展演进的历程,作了进一步的分析。《贞符》在批判了前代儒家关于"受命之符"的种种说教类似"淫巫瞽史"之言,起了"诳乱后代"的坏作用,并初步指明了人类社会政治制度产生的客观原因与结果之后,又进而探讨了"君臣什伍之法立"的情况下,统治制度得以延续、维护的根本原因与具体途径:

> ……强有力者出而治之,往往为曹于险阻,用号令起,而君臣什伍之法立。德绍者嗣,道息者夺。于是有圣人焉曰黄帝,游其兵车,交贯乎其内,一统类,齐制量。然犹大公之道不克建。于是有圣人焉曰尧,置州牧四岳,持而纲之,立有德有功有能者参而维之,运臂率指,屈伸把握,莫不统率。尧年老,举圣人而禅焉,大公乃克建。由是观之,厥初罔非极乱,而后稍可为也。非德不树。故仲尼叙《书》,于尧曰"克明俊德",于舜曰"浚哲文明",于禹曰"文命祗承于帝",于汤曰"克宽克仁,彰信兆民",于武王曰"有道曾孙"。稽揆典誓,贞哉!惟兹德实受命之符,以奠永祀。后之妖淫嚣昏好怪之徒,乃始陈大电、大虹、玄鸟、巨迹、白狼、白鱼、流火之乌以为符。斯为诡谲阔诞,其可羞也,而莫知本于厥贞。①

在柳宗元看来,在国家用以维护统治的基本制度确立之后,人类社会不同政权与统治者的变更,关键在于他们是否具备了"德"的基本要求。这是决定国家政权长久存在的根本。"德绍者嗣,道息者夺",这是一条亘古

① 柳宗元:《柳河东集》卷一《贞符》,中华书局1960年版,第19—20页。

不变的客观规律。从圣人尧、舜、禹直到后世的商汤、周武，莫不是由于遵循了这一规律，并善于使用“有德有功有能者”，才得以建功立业，成就流传千古的伟业。而孔子编选《尚书》，对这些古代圣人的评价，也无一不是从“德”的角度来立论的。接下来，柳宗元文锋一转，又回到篇首的问题上：因而，所谓“贞符”，哪里是那些妖淫嚚昏好怪之徒所讲的自然异象，事实上，人类社会的“受命之符”，就是一个“德”字啊！从交争、搏斗，到出现“强有力者出而治之”，“君臣什伍之法立”，再到“州牧四岳”的设置，这是人类社会制度确立的过程，在这个过程中，“强有力者”是起主导作用的因素，这也是与人类社会初始阶段的实际状况相应的。但若要达到“大公之道”的政治理想，则不能仅靠“力争”，更要靠儒家反复强调的“德”。柳宗元更是把它提到“非德不树”的高度，表明了它在维护巩固封建统治中的不可替代性。

如果说，在《贞符》的论述过程中，我们可以看到作者对“争”与“德”在国家起源与发展过程中的历史地位，有着较为明确的阶段划分的话，那么，在《封建论》中，柳宗元对这一问题的认识，就具有了一些细微的变化，这一变化基于他朴素的辩证观念，从而在对历史发展进程的设想上更为接近客观实际：

> 其智而明者，所伏必众；告之以直而不改，必痛之而后畏；由是君长刑政生焉。故近者聚而为群，群之分，其争必大，大而后有兵有德。又有大者，众群之长又就而听命焉，以安其属，于是有诸侯之列，则其争又有大者焉。德又大者，诸侯之列又就而听命焉，以安其封，于是有方伯、连帅之类，则其争又有大者焉。德又大者，方伯、连帅之类又就而听命焉，以安其人，然后天下会于一。是故有里胥而后有县大夫，有县大夫而后有诸侯，有诸侯而后有方伯、连帅，有方伯、连帅而后有天子。自天子至于里胥，其德在人者，死必求其嗣而奉之。故封建非圣人意也，势也。[①]

如前所述，《封建论》在讲述国家起源的历史进程时，较之《贞符》更为具

---

① 柳宗元：《柳河东集》卷三《封建论》，中华书局1960年版，第44页。

体、详尽。在这里,柳宗元论述的重点,在于强调“争”与“德”二者在这一进程中交相为用,共同决定了封建统治的面貌与特征。他指出,“智而明者”的出现,使人类社会“聚而为群”,在维持这个群体内部的稳定过程中,“君长刑政生”,为了解决群体内部及群与群之间的各种争端,于是出现了“兵”与“德”两种手段并用的情况。再向前发展,依照同样的逻辑理路,为了解决更高层次、情况更为复杂的争端,依次出现了诸侯、方伯、连帅,直至天子,天子出而天下“会于一”,统一的国家形式出现了。由此不难看出,“争”是作为推动人类社会向文明时代发展的关键因素,而“德”则是圣人解决这些社会矛盾的有效手段,至于从里胥到天子的官僚体制(事实上,这里可以将它看作是整个国家统治机关的代表),则是作为外在的制度保障存在的。这里值得指出的还有:人类社会由分散到相对聚集,是一个客观发展的过程,而相应的为多数人所认可的制度,即随着这种聚集程度的复杂与提高,逐渐完善起来;“群”即较为稳定的共同体的范围、规模愈大,其中存在的纷争、矛盾就愈多,愈难处理;在人类聚集及制度设置的初始阶段,力量强大及智慧超群者,往往成为一个集体的领导人物,但愈往后来,能够具备政治统治的最高要求“德”者,才可能在更大的范围内稳定局面,从而受到被统治者的拥戴,延续自己的统治。可以说,“德”的重要性是随着社会秩序的不断稳定、统治规模的不断扩大,而不断凸显出来的。

由《贞符》到《封建论》,可以看出柳宗元在历史思想上演进的大致轨迹:前者为反对古代儒家所谓“受命之符”之说而作,以“生人之意”与天命相对立,反映了在天人关系上将人的作用加以强调的努力;《封建论》成文时间较晚,名曰讨论古已有之的“封建”问题,事实上包含了对国家起源与演进的认识,它的主要理论命题“封建非圣人意也,势也”,以“势”这一相对客观的理论概念与“圣人之意”相对立,则将对天人关系问题的讨论又向前推进了一大步。如果说,前者是将人的意志、愿望和要求从天的束缚下解脱出来,廓清了有关天神的历史的种种迷障,使人们对国家起源问题的理解有了最起码的理论基础,那么,后者则接近于抽象出一种不以人的主观动机为转移的历史发展的趋势、情势,而这种趋势、情势,又是与人的社会活动息息相关,不可须臾分离的。

柳宗元在国家起源问题上所取得的这些成就,有着历史的现实的理论的等诸多方面的原因。从我国古代思想史与史学史发展的历程来看,有着唯物主义倾向的人与著作始终未曾中断。在对人类社会起源与国家问题的认识上,荀子、韩非子、司马迁、王充等思想家、史家是其中的突出代表。他们的相关认识,为柳宗元提出更进一步的认识提供了历史基础,这一点从上述引文中也可以看得十分清楚。从现实的条件来看,唐代中晚期藩镇势力发展过快,出现了尾大不掉的局势,柳宗元的《封建论》之作,也是为唐宪宗等对藩镇用兵提供历史方面的说明,《贞符》则是要通过对于历史的考察,证明"唐家正德,受命于生人之意",并进而证明历代皇朝的兴起"受命不于天,于其人,休符不于祥,于其仁",强调人事的作用和政策的作用。这些可以视为其著论的政治原因。在现实历史的其他因素中,理论的影响与铺垫当是最重要的方面。隋唐继魏晋南北朝文化大融合与大发展的历史而来,在哲学、史学、艺术、科技等诸多领域都体现出总结、归纳以至创新的特点,这也为柳宗元在国家起源问题上提出新的见解提供了当代的思想资源。如,要彻底摒弃"受命之符"之类的谎言,只有斗争的勇气与胆略是不够的,理论上的底蕴更为重要。这里首先需要的是对天的客观认识。在"天人感应",天能赏功、罚祸的思想笼罩下,要想具有对国家起源有朴素的、客观的认识,是不可能的。事实上,在柳宗元的其他论著中,恰恰有相当的内容在这个问题上同样提出了承前启后的重要观点。他与韩愈关于天人关系、自然生成等哲学、史学基本问题的讨论,实是思想史与史学史中的重大事件。他明确提出:"天地,大果蓏也;元气,大痈痔也;阴阳,大草木也。其乌能赏功而罚祸乎?"①从根本上否定了君权神授的合理性,对于人们重新认识历史和社会,有很大的积极意义。他的另一篇关于天人相分问题的名作《天对》,则继承了自荀子、王充以来的朴素唯物主义观念,结合当时科技、思想认识所发展的程度,从正面对宇宙生成之类问题,从客观事实出发作了解释。他与刘禹锡

① 柳宗元:《柳河东集》卷一六《天说》,中华书局1960年版,第286页。

关于“天人之际”的讨论,更将相关问题的认识推进到一个前所未有的高度。诸如此类的事实说明,在当时的思想界,存在着一种相对客观地看待与分析历史发展进程的倾向。这种倾向对于思想史的发展,对于柳宗元个人在国家起源问题上取得长足的理论进展,具有重要的前提与推动意义。当然,柳宗元个人的理论修养,是他取得上述成就的另一方面的必要条件。

我们在这里指出柳宗元在国家起源问题上的成就,并给予其充分的肯定,并不意味着对他的思想的全面认同,更不意味着以他的思想作为相关问题上的最高成就。在他的认识中,虽然有着较多的唯物主义倾向,但儒家思想的影响仍很明显。比如,他在天人关系上否定了天的意志的决定性作用,但并没有走向比较彻底的无神论;他在一定程度上批驳了“圣人之意”对历史发展进程的影响,提出“势”与之相对立,但又以抽象的伦理道德观念“德”作为决定国家统治政权的根本因素。这说明,柳宗元的唯物主义思想,从今天的角度来看,还远未达到完备的程度。他的思想产生于一定的历史条件之下,对这种条件的超越使他取得了过人的成就,而对这种条件的回应,则使他不可避免地继承了时代所赋予的局限性。

尽管如此,柳宗元在历史思想领域所取得的成就,在与同一时期的史著相比较时,仍显示出突出的时代与学术意义。

四、“天生烝人,树君司牧”

从魏晋南北朝隋唐时期历史思想发展的总相来看,虽然在前代朴素唯物思想的基础上,出现了上述积极的思想因素,取得了突出的成就,但由于在中国历史发展的长河中,这一时期仍然属于封建社会蓬勃向前、有着旺盛生命力的阶段,所以,儒家思想的正统地位并没有发生根本的改变。在这一时期关于国家起源问题的认识中,“天生烝人,树君司牧”的观念仍然有相当的影响。在官修正史中尤其如此。它们在涉及国家起源问题时的寥寥数语,其核心观念都是这样。如沈约在《宋书·符瑞志》开首便提出:

夫体睿穷几,含灵独秀,谓之圣人,所以能君四海而役万物,使动植之类,莫不各得其所。百姓仰之,欢若亲戚,芬若椒兰,故为旗章舆

> 服以崇之，玉玺黄屋以尊之，以神器之重，推之于兆民之上，自中智以降，则万物之为役者也。性识殊品，盖有愚暴之理存焉。见圣人利天下，谓天下可以为利；见万物之归圣人，谓之利万物。力争之徒，至以逐鹿方之，乱臣贼子，所以多于世也。夫龙飞九五，配天光宅，有受命之符，天人之应。《易》曰："河出《图》，洛出《书》，而圣人则之。"符瑞之义大矣。①

这里，他将"君四海而役万物"的"圣人"打扮成"体睿穷几，含灵独秀"的天之骄子，并认为"龙飞九五，配天光宅"，必然要有"受命之符，天人之应"。而那些力争之徒、乱臣贼子，以为"天下可以为利"，遂群起而争之，是不知天命的表现。沈约完全继承了自董仲舒之后关于天人感应的观点，在历史思想上没有积极意义。但正如他在上述引文中所言，这种观念的存在，可以有效地消弭乱臣贼子的"犯上"之心，使其安天命，顺天意，认可并顺从现有的统治秩序。这才是它虽历经政权更迭、历史变动，具体形式多有变化，但始终受到居于统治地位的阶层重视的根本原因。

除《宋书》的相对集中的论述之外，成书于这一时期的其他几部正史，也都有相关的论述。这些论述可以大略地分为如下几个方面：一是与《宋书》相类，通过讲符瑞之说，为当世皇朝的存在提供理论依据。如《南齐书》认为："天符瑞命，遐哉邈矣。灵篇秘图，固以蕴金匮而充石室，炳《契决》，陈《纬候》者，方策未书。启觉天人之期，扶奖帝王之运。三五圣业，神明大宝，二谋协赞，罔不由兹。夫流火赤雀，实纪周祚；雕云素灵，发祥汉氏；光武中兴，皇符为盛；魏膺当涂之谶，晋有石瑞之文，史笔所详，亦唯旧矣。齐氏受命，事殷前典。"②除了志书的"符瑞志""灵异志"等之外，各史中关于开国帝王的身世、治国等记载，也充斥着"天人相应""灵瑞集现"等荒诞、夸大的因素。二是从叙述历史过程的角度，将天、人、君、臣直接联系起来。"自夫有天地焉，有人物焉，树司牧以君临，悬政教而成务，莫不拟乾坤之大象，禀中和以建极，揆影响之幽赜，成律吕之精

---

① 沈约：《宋书》卷二七《符瑞志上》，中华书局 1974 年版，第 759 页。

② 萧子显：《南齐书》卷一八《祥瑞志》，中华书局 1972 年版，第 349 页。

微。是用范围百度,财成万品。”[①]“自古圣王之受命也,莫不体国经野,以为人极。上应躔次,下裂山河,分疆画界,建都锡社。”[②]这就将人世间的统治秩序与天地万物的自然秩序完全等同起来,认为它们都是天命所定、无法更改的。三是从“天人相应”的理论体系角度,论说天与君之间的关联。“日为太阳之精,主生养恩德,人君之象也。人君有瑕,必露其慝以告示焉。故日月行有道之国则光明,人君吉昌,百姓安宁……月为太阴之精,以之配日,女主之象;以之比德,刑罚之义;列之朝廷,诸侯大臣之类”[③],“奉乾坤之阴阳,效《洪范》之休咎,天人之道粲然著矣”[④]。“德刑之设,著自神道。圣人处天地之间,率神祇之意。”[⑤]上述种种,反映了当时史家在历史理论问题上的局限性,同时也反映出贯穿中国古代史学,尤其是中国古代正统史学的神意历史观的巨大影响。

至隋代,李德林所作长文《天命论》[⑥],从理论、历史、现实诸方面相结合的角度,将“君权神授”观念作了集中的阐发,是这一时期“符命”之说最为典型的代表。文章一开始就明确指出:“粤若邃古,玄黄肇辟,帝王神器,历数有归。生其德者天,应其时者命,确乎不变,非人力所能为也。”接下来,他用了一系列的史实来论证自己的观点:“龙图鸟篆,号谥遗迹,疑而难信,缺而未详者,靡得而明焉。其在典文,焕乎缃素,钦明至德,莫盛于唐、虞,贻谋长世,莫过于文、武。大隋神功积于文王,天命显于唐叔。……逮皇家建国,初号大兴,箕子必大之言,于兹乃验。天之眷命,悬属圣朝,重耳区区,岂足云也!有娀玄鸟,商以兴焉;姜嫄巨迹,周以兴焉;邑姜梦帝,隋以兴焉。古今三代,灵命如一,本枝种德,奕叶丕基。”写到这里,作者立论的目的已经十分明确,即为隋皇朝的建立与巩固作理论上的阐释。再进一步,文章又通过对若干“反面”史实的评析,说明“天下

① 魏徵等:《隋书》卷一六《律历志上》,中华书局1973年版,第385页。

② 魏徵等:《隋书》卷二九《地理志上》,中华书局1973年版,第806页。

③ 房玄龄等:《晋书》卷十二《天文志中》,中华书局1974年版,第317—318页。

④ 房玄龄等:《晋书》卷二七《五行志上》,中华书局1974年版,第799页。

⑤ 魏收:《魏书》卷一一一《刑罚志》,中华书局1974年版,第2871页。

⑥ 魏徵等:《隋书》卷四二《李德林传》,中华书局1973年版,第1203—1206页。以下几段引文均见此篇。

之重不可妄据”的道理：

> 若夫天下之重，不可妄据，故唐之许由，夏之伯益，怀道立事，人授而弗可也。轩初四帝，周余六王，藉世因基，自取而不得也。孟轲称仲尼之德过于尧、舜，著述成帝者之事，弟子备王佐之才，黑不代苍，泣麟叹凤，栖栖汲汲，虽圣达而莫许也。蚩尤则黄帝抗衡，共工则黑帝劲敌，项羽诛秦摧汉，宰割神州，角逐争驱，尽威力而无就也。其余欻起妖妄，曾何足数！贼子逆臣，所以为乱，皆由不识天道，不悟人谋，牵逐鹿之邪说，谓飞凫而为鼎。若使四凶争八元之诚，三监同九臣之志，韩信、彭越深明帝子之符，孙述、隗嚣妙识真人之出，尉迥同讴歌之类，王谦比狱讼之民，福禄蝉联，胡可穷也！而违天逆物，获罪人神。呜呼！此前事之大戒矣。诛夷烹醢，历代共尤，僭逆凶邪，时烦狱吏，其可不戒慎哉！盖积恶既成，心自绝于善道，物类相感，理必至于诛戮。天夺其魄，鬼恶其盈故也。

这是用了一系列古往今来的史实，来说明天道难任，虽圣贤如许由、伯益、孔子之类，也不能得天命而为政。至于自蚩尤、项羽以来的诸多“贼子逆臣”，其下场更为可悲，凡此种种，均为“违天逆物，获罪人神”之事，后人当深以为戒。至此，作者在理论论述的逻辑上必然面临这样一个问题：既然逆臣贼子之类不能干天命，那么，同样通过起兵谋反而得天下的隋皇朝，其统治的合理性又在哪里呢？作者的解释是，“国家当混一之运”时，同样是天命所定，所以，如南方金陵是“殄灭之期，有命不恒，断可知矣”。而其他诸割据皇朝，同样是由于“未辨玄天之心，不闻君子之论”，所以不能识天道，顺天意，落了个覆灭的下场。

唐代皇甫湜的名作《东晋元魏正闰论》，在正统论方面是一篇有着积极意义的文章，但其在关于国家起源问题上，也持“君权神授”的观点。作者认为：“王者受命于天，作主于人，必大一统，明所受，所以正天下之位，一天下之心。”①

这种理论上的沉闷局面，由于典制体通史《通典》的相关论述而得以

① 李昉等：《文苑英华》卷七五六《东晋元魏正闰论》，中华书局1966年版，第3958页。

改变。在论述封建制的起源与发展时,它也讲到了国家的起源问题。杜佑这样写道:

> 法古者多封国之制,(原注:魏曹元首《六代论》、晋陆士衡《五等论》皆言封建之利。)是今者贤郡县之理,(原注:贞观中,朝议封建,李百药盛陈不可,马周继言之,遂止。)虽备征利病,而终莫究详。尝试论之曰:在昔制置,事皆相因。物土疆,建万国,成则肇于轩后,方有可称。不应创择万人,首令分宰。盖因其豪而伏众,即其地而名国。或循沿旧政,简朴不传;或坟籍散亡,建兹复纪。涂山之会,亦云万数。夏祚经四百,已丧七千,殷氏六百年间,又损千二百矣。爰及周赧,八百余祀,离为十二,合为六七。始皇荡定,天下一家,历载千九百,并万而为一。众暴寡,且无虚月;大灭小,未尝暂宁。迭寻干戈,挤人涂炭。……自兹以还,建侯日削,欲行古道,势莫能遵。天生烝人,树君司牧。人既庶焉,牧之理得,人既寡焉,牧之理失。庶则安所致,寡则危所由。汉、隋、大唐,海内统一,人户滋殖,三代莫俦。(原注:唐虞之前,记录简略,人户损益,不可复知。夏氏以来,载籍渐备。西汉有千二百余万户,东汉有千余万户,隋及大唐皆有九百余万户。虽三代致理,亦莫比焉。魏晋之后,凋耗则甚。)若以为人而置君,欲求既庶,诚宜政在列郡,然则主祀或促矣。若以为君而生人,不病既寡,诚宜政在列国,然则主祀可永矣。主祀虽永乃人鲜,主祀虽促则人繁。建国利一宗,列郡利万姓,损益之理,较然可知。夫立法作程,未有不弊之者,固在度其为患之长短耳。①

杜佑认为,所谓封建,应从"物土疆,建万国"的时期讲起。而这些最初的"国家"建立,都有两个必要的前提条件,一是"因其豪而伏众",一是"即其地而名国"。在人类初始的生产生活条件下,这样的"国"为数众多,但今天已经不可能知道它们的具体情况了。作者进一步认为,禹统治时期的涂山之会,参加的"国"尚有万数之多。后经夏、商、周,尤其是周末的大动乱,"国"之数目大大减少,至秦统一天下,遂达致"天下一家,并万而

---

① 杜佑:《通典》卷三一《职官典一三·王侯总叙》,中华书局 1988 年版,第 848—849 页。

为一”的政治局面。我们抛开上述认识中史实上的不正确因素，可以看到，杜佑在这里所说的“国”，事实上是分别指从原始社会向奴隶社会、封建社会过渡过程中，出现的众多部落与诸侯国。他关于这些早期的人类政治统治形式的概括，也接近于同时代进步史家们的认识，从而具有理论上的积极意义，至于“即其地而名国”的认识，则是关于国家起源的更为具体的论述了。值得注意的是，作者关于“众暴寡，且无虚月；大灭小，未尝暂宁。迭寻干戈，挤人涂炭”的认识，更为真实地反映了国家兼并、统一过程中的状况，而只字未提为传统儒家传颂的禅让之事。更为重要的是，在接下来的论述中，作者虽然也认可“天生烝人，树君司牧”的观念，但同时又为它的具体落实于人类社会提出了限制条件：“人既庶焉，牧之理得，人既寡焉，牧之理失”，并指出了这个因素所必然导致的结果：“庶则安所致，寡则危所由”。结合封建与郡县制孰优孰劣的争论，杜佑指出，“若以为人而置君，欲求既庶，诚宜政在列郡，然则主祀或促矣。若以为君而生人，不病既寡，诚宜政在列国，然则主祀可永矣”，“建国利一宗，列郡利万姓，损益之理，较然可知”。由此可见，在天与人的关系中，杜佑更看重的是人的多寡，而户口的多寡，在封建时代，是一个社会政治局势安定与否的关键标志。也就是说，虽然杜佑从总体上没有否认传统的“天生烝人，树君司牧”的认识，但是，他通过以人的因素来对天的作用加以要求、限制，提出了封建统治的一个重要原则，同时也反映出他在思想观念中，对天能赏罚、有绝对意志等认识的淡化乃至某种程度的摒弃。换句话说，天在这里所指代的，更多地强调了它作为自然孕育万物的特点，而不是如前所述，强调的是它的绝对意志。从这个角度来看，杜佑观念中的积极因素，是值得给予充分肯定的。

在《通典》中，还有其他几处提到“天生烝人，树君司牧”的观点，但其强调的重点都与上文相类。如《州郡典》有论：“天下之立国宰物尚矣，其画野分疆之制，自五帝始焉。……夫天生烝人，树君司牧，是以一人治天下，非以天下奉一人，患在德不广，不患地不广。”①《边防典》讲：“夫天生

① 杜佑：《通典》卷一七一《州郡典》序，中华书局1988年版，第4450页。

烝人,而树君司牧,语治道者,固当以既庶而安为本也。昔贤有言曰:失道而后德,失德而后仁,失仁而后义,失义而后礼,诚谓削厚为薄,散醇为醨。"①这些前后一致、内涵相通的认识,说明上述关于杜佑使用这一观点时的实际含义的分析,适用于《通典》中所有类似的情况。也就是说,杜佑的上述认识,不是偶尔出现的思想片断,而是有着相应的历史理论作为基础的。正因为如此,杜佑关于"天生烝人,树君司牧"的理解与应用于历史著作,就代表了唐代史学发展中一种可贵的倾向。这种倾向通过《通典》这部皇皇巨著体现出来,更具有不可忽视的理论意义与现实意义。也正由于这样一个思想基础,杜佑才得以在国家职能问题上取得更为重要的成就。

第二节　国家的社会职能

一、正史诸志关于国家职能的认识

与关于国家起源问题的认识的情况相类,中国古代的史家与思想家对国家的社会职能问题,虽然也缺乏相对系统、完备的理论论述,但在中国古代史学发展进程中,已经有史家、史著在不同程度上认识到了这一问题的存在,并试图以不同的方式加以阐释。从中国古代史学发展的实际来看,包含有此方面内容的史书体裁主要有两种:一是正史中的志,二是专门的典制体史书。而后者从严格的意义上来讲,也是对前者的一种继承与发展。在典制体史书作为一种独立的史书体裁出现的唐代,这种情况更为明显一些。

《史记》在我国古代正史中首列八书。《太史公自序》对设置这一体裁的缘由作了交代:"礼乐损益,律历改易,兵权山川鬼神,天人之际,承

① 杜佑:《通典》卷一八五《边防典》序,中华书局1988年版,第4979页。

敝通变，作八书。”①由此可见，《史记》以纪、表、书、世家、列传反映社会历史的五个方面，而志则属于其中的制度史层面的内容。从司马迁“天人之际，承敝通变”的撰述宗旨来看，它又是服从于全书对这一问题的探讨、阐发任务的。因此，尽管“八书”对秦汉及其以前的礼、乐、律、历、天文、封禅、地理、经济等方面制度，作了前所未有的概括与总结，也客观上反映出司马迁对封建国家社会职能的组成部分及其相互关联的理论思考，虽然如此，在当时的历史条件与思想条件下，《史记》不可能有完整的国家职能思想。但作为正史之首，《史记》对国家典章制度的重视及其在史书体例上的体现，对后世史学产生了深远的影响，从而为我们今天讨论国家职能问题在古代中国史学中的具体面貌，提供了宝贵的文献资料。

班固撰《汉书》的逻辑思路是：“叙帝皇，列官司，建侯王。准天地，统阴阳，阐元极，步三光。分州域，物土疆，穷人理，该万方。纬《六经》，缀道纲，总百氏，赞篇章。函雅故，通古今，正文字，惟学林。”②即首叙帝、王、百官，天文、五行、律历次之，地理、沟洫、郊祀又次之，艺文又次之，末叙各种人物。由此可以看出，班固虽然在认识人类社会历史的逻辑方法、对人类社会构成要素的认识等方面，与司马迁有着些许不同，但他们的撰述宗旨，从总体上看是一致的。由于《汉书》对封建史学的发展而言，提供了体例更为完备、思想更趋于正统化的东西，因而它对后世正史所起的作用，同样是极其深远的。在某些具体的历史条件下，它的影响甚至更突出。总之，后世正史的撰著者，在志书的撰述方面，或对《史记》与《汉书》的体系有所增补，或有所删减，但其总体的逻辑理路与框架，都未能超越二者。魏晋南北朝隋唐时期的情况，也大致如此。

魏晋南北朝隋唐时期正史诸志，在前代史书的基础上都有程度不同的发展，从而在更为全面、完整地反映历史面貌与制度演进过程方面，具有不同的史料价值。《宋书》在诸志之首有一篇序文，对前代史书中关于制度史的记述作了大致的分类概括，同时也就志书的撰述原则、目的等问

① 司马迁：《史记》卷一三〇《太史公自序》，中华书局 1959 年版，第 3319 页。

② 班固：《汉书》卷一〇〇下《叙传下》，中华书局 1962 年版，第 4271 页。

题作了论说,其主要观点可简单归纳为如下几个方面:

一是志书之撰,服从于史书"昭述前史,俾不泯于后"的基本宗旨。也就是说,是以记述客观历史为首要任务的。司马迁撰《史记》,有感于"礼仪刑政,有所不尽",才"于纪传之外,创立八书"。班固因之,"靡违前式,网罗一代,条流遂广"。《艺文志》的出现,也是汉代以来"耆生硕老,常以亡逸为虑"的结果。这是讲志书出现的基本缘由。

二是志书所记内容,当是影响国家经济社会之重要方面。如"沟洫志"之设立,是因为水利对于农业社会来说,有着不可替代的重要作用。"河自龙门东注,横被中国,每漂决所渐,寄重灾深,堤筑之功,劳役天下。且关、洛高垲,地少川源,是故镐、酆、潦、潏,咸入礼典。漳、滏、郑、白之饶,沟渠沾溉之利,皆民命所祖,国以为天,《沟洫》立志,亦其宜也。"

三是随着具体条件的变化,志书记载的侧重点,应当有所不同。如《汉书》将礼乐、郊祀分为两志,司马彪也仿其形式,立祭祀、礼仪两志,后世史家有朝会、舆服诸志,而事实上,"礼之所苞,其用非一,郊祭朝飨,匪云别事,旗章服物,非礼而何?"所以,它们均由《礼志》加以记载,是合宜的。另外,自汉代以至南朝宋,"圣帝哲王,咸有瑞命之纪,盖所以神明宝位,幽赞祯符,欲使逐鹿弭谋,窥觊不作,握河括地,绿文赤字之书,言之详矣",史书应当专列《符瑞志》,以示重视,并"补前史之阙"①。

抛开时代局限对沈约思想的影响,如强调"符瑞"在社会历史发展中的重要性,上述认识事实上体现了志书撰述的一些基本原则。由于沈约未能将思想认识深入到影响社会历史进程更为根本的因素,如生产力、人的因素等方面(他在天人观上突出的唯心倾向,也限制了他作这种努力),所以与我们今天所言的国家学说,尚有一定的距离。

从魏晋南北朝隋唐时期成书的正史书志来看,它们所反映的国家职能思想可粗略地概括为如下几个方面:

第一,从这一时期正史书志的总体框架来看。魏晋南北朝隋唐时期

① 以上所引,均出自沈约:《宋书》卷一一《志序》,中华书局 1974 年版,第 203—206 页。

共有十三部正史问世,其中设独立的志书者有六部:《后汉书》《宋书》《南齐书》《魏书》《晋书》《隋书》。六部史书均设有礼、天文、地理、职官诸志,五部设有乐(除《后汉书》外)、五行(除《魏书》外)、律历(除《南齐书》外)诸志,三部设食货(《魏书》《隋书》《晋书》)、刑法(同前)、舆服(《后汉书》《南齐书》《晋书》)、祥瑞(《宋书》《南齐书》《魏书》)诸志,一部设祭祀(《后汉书》)、释老(《魏书》)、经籍(《隋书》)诸志。其中舆服、释老是这一时期新出现的志书。这反映出当时史家对社会历史的政治、文化背景的认识程度的加深。这种体例安排,似乎可以从总体上反映出当时正史撰述者们对"国家之要道"的理解:与天人关系相关的诸要素,如天文、地理、礼乐、职官、五行、律历,被置于最重要的位置加以考察;其他如食货、刑法等政治统治的具体问题,则被看作是次要的。值得注意的是,"祥瑞志"虽然仅有三部史书予以关注,但它们均成书于南北朝时期,这反映出当时史学发展中的一种普遍倾向。当然,这种粗线条的分析,远不能反映这一时期正史书志的全貌。在看似笼罩于天人感应观念之下的史书撰述中,还是有不少值得肯定的积极认识。这一点下文将会谈到。

第二,关于礼乐、律历等在国家职能中的地位。如上所述,它们在正史诸志中是必不可少的部分。而且,对于它们在封建国家统治中的作用,各史都给予了充分的阐述。如司马彪所撰《续汉书·礼仪志》的序说:"夫威仪,所以与君臣,序六亲也。若君亡君之威,臣亡臣之仪,上替下陵,此谓大乱。大乱作,则群生受其殃,可不慎哉!"①《宋书·礼志》也认为:"夫有国有家者,礼仪之用尚矣。然而历代损益,每有不同,非务相改,随时之宜故也。"②《南齐书》认为:"礼仪繁博,与天地而为量,纪国立君,人伦攸始。"③作为服务于北方少数民族政权的汉族史家,魏收在《魏书》中对礼仪的重视程度与理论认识,与汉族史家并无二致:"夫在天莫明于日月,在人莫明于礼仪。先王以安上治民,用成风化,苟或失之,斯亡

① 范晔:《后汉书》书后志第四《礼仪上》,中华书局 1965 年版,第 3101 页。
② 沈约:《宋书》卷一四《礼志一》,中华书局 1974 年版,第 327 页。
③ 萧子显:《南齐书》卷九《礼志上》,中华书局 1972 年版,第 117 页。

云及。”①《隋书》则将礼仪之设视为“弥纶天地,经纬阴阳,辨幽赜而洞几深,通百神而节万事”的大事,认为它能起到“旁垂祇训,以劝生灵”的历史作用。②《晋书》的观念虽与上述诸史相类,但它在论述礼产生、发展的过程时,颇有一些客观、辩证的成分:“夫人含天地阴阳之灵,有哀乐喜怒之情。乃圣垂范,以为民极,节其骄淫,以防其暴乱;崇高天地,虔敬鬼神,列尊卑之序,成夫妇之义,然后为国为家,可得而治也。《传》曰:‘一日克己复礼,天下归仁。’若乃太一初分,燧人钻火,志有畅于恭俭,情不由乎玉帛,而酌玄流于春涧之右,焚封豕于秋林之外,亦无得而阙焉。轩项依神,唐虞稽古,逮乎隆周,其文大备。……若夫情尚分流,堤防之仁是弃;浇讹异术,洙泗之风斯泯。是以汉文罢再期之丧,中兴为一郊之祭,随时之义,不其然欤!”③

对于乐,《隋书》认为它是“升平之冠带,王化之源本”,“其用之也,动天地,感鬼神,格祖考,谐邦国。树风成化,象德昭功,启万物之情,通天下之志。若夫升降有则,宫商垂范。礼逾其制,则尊卑乖,乐失其序,则亲疏乱。礼定其象,乐平其心,外敬内和,合情饰貌,犹阴阳以成化,若日月以为明也。”④由此可见,礼与乐相辅相成,共同从根本上维护着封建统治。

对于律历、天文,这一时期正史同样作了“天人相应”的解释。“夫历有圣人之德六焉:以本气者尚其体,以综数者尚其文,以考类者尚其象,以作事者尚其时,以占往者尚其源,以知来者尚其流。大业载之,吉凶生焉,是以君子将有兴焉,咨焉而以从事,受命而莫之违也。”⑤“昔者圣人拟宸极以运璇玑,揆天行而序景曜,分辰野,辨躔历,敬农时,兴物利,皆以系顺两仪,纪纲万物者也。然则观象设卦,扐闰成爻,历数之原,存乎此也。”⑥“自夫有天地焉,有人物焉,树司牧以君临,悬政教而成务,莫不拟乾坤之

① 魏收:《魏书》卷一〇八之一《礼志一》,中华书局1974年版,第2733页。
② 魏徵等:《隋书》卷六《礼仪志》,中华书局1973年版,第105页。
③ 房玄龄等:《晋书》卷一九《礼志上》,中华书局1974年版,第579页。
④ 魏徵等:《隋书》卷一三《音乐志上》,中华书局1973年版,第285页。
⑤ 范晔:《后汉书》书后志第三《律历下》,中华书局1965年版,第3057页。
⑥ 房玄龄等:《晋书》卷一七《律历志中》,中华书局1974年版,第497页。

大象，禀中和以建极，揆影响之幽赜，成律吕之精微。是用范围百度，财成万品。”①“昔在庖牺，观象察法，以通神明之德，以类天地之情，可以藏往知来，开物成务。故《易》曰：‘天垂象，见吉凶，圣人象之。’此则观乎天文以示变者也。《尚书》曰：‘天聪明自我人聪明。’此则观乎人文以成化者也。是故政教兆于人理，祥变应乎天文，得失虽微，罔不昭著。”②

以上种种认识，反映了魏晋南北朝隋唐时期思想发展的实际，以及这种现状对史学的深刻影响。在这样的认识前提下，封建国家在礼乐方面的职能，必然是“顺天命”以治人。在历史思想的发展上，这一认识无疑具有有效巩固封建统治的作用，但其在理论上的积极意义，则是十分有限的。

第三，关于物质条件与物质生产在政治统治中的地位与作用。魏晋南北朝隋唐时期的正史中，有《魏书》《晋书》《隋书》三部设“食货志”。它们在相关问题的认识上，都提出了一些可贵的见解。《魏书》写道：

> 夫为国为家者，莫不以谷货为本。故《洪范》八政，以食为首，其在《易》曰“聚人曰财”，《周礼》以九职任万民，以九赋敛财贿。是以古先哲王莫不敬授民时，务农重谷，躬亲千亩，贡赋九州。且一夫不耕，一女不织，或受其饥寒者。饥寒迫身，不能保其赤子，攘窃而犯法，以至于杀身。迹其所由，王政所陷也。夫百亩之内，勿夺其时，易其田畴，薄其税敛，民可使富也。既饱且富，而仁义礼节生焉，亦所谓衣食足，识荣辱也。晋末，天下大乱，生民道尽，或死于干戈，或毙于饥馑，其幸而自存者盖十五焉。③

由此可见，魏收是将保证、促进生产力的发展作为封建统治的根本看待的。因为只有民饱，脱离了饥寒迫身的生存状态，才能保证国家稳定，而如果统治者能够做到“勿夺其时，易其田畴，薄其税敛”，更可以使民“富也”。再进一步说，“既饱且富”之后，“仁义礼节”才有可能得到认可，在更广泛的范围内得以推行，天下安定的局面才可能出现。与《汉书·食

① 魏徵等：《隋书》卷一六《律历志上》，中华书局1973年版，第385页。
② 房玄龄等：《晋书》卷一一《天文志上》，中华书局1974年版，第277页。
③ 魏收：《魏书》卷一一〇《食货志》序，中华书局1974年版，第2849页。

货志》的相关论述相比较,可以看出二者在思想上的某种继承关系。

《隋书》与《晋书》在撰述时间上相近,它们关于食货的认识也较为相近。前者认为:“王者量地以制邑,度地以居人,总土地所生,料山泽之利,式遵行令,敬授人时,农商趣向,各本事业。《书》称懋迁有无,言谷货流通,咸得其所者也。《周官》太府,掌九贡九赋之法,王之经用,各有等差。所谓取之以道,用之有节,故能养百官之政,勖战士之功,救天灾,服方外,活国安人之大经也。爰自轩、顼,至于尧、舜,皆因其所利而劝之,因其所欲而化之。不夺其时,不穷其力,轻其征,薄其赋,此五帝三皇不易之教也。”“马迁为《平准书》,班固述《食货志》,上下数千载,损益粗举。自此史官曾无概见。夫厥初生人,食货为本。圣王割庐井以业之,通货财以富之。富而教之,仁义以之兴,贫而为盗,刑罚不能止。”①后者认为:“昔者先王量地以制邑,度地以居民,因三才以节其务,敬四序以成其业,观其谣俗而正其纪纲。勖农桑之本,通鱼盐之利,登良山而采符玉,泛瀛海而罩珠玑。日中为市,总天下之隶,先诸布帛,继以货泉,贸迁有无,各得其所。……是以农官泽虞,各有攸次,父兄之习,不玩而成,十五从务,始胜衣服,乡无游手,邑不废时,所谓厥初生民,各从其事者也。”②从这些认识可以看出,它们的作者已经比魏收要更进一步,对食货范围的理解要更宽泛一些,扩大到社会经济生活的各个方面了。它们还明确提出,封建统治者的主要任务,就是根据土地、山泽等客观条件,以及各地方不同的经济生活习俗,“式遵行令,敬授人时”,以达到“农商趣向,各本事业”的目的。用我们今天的话来说,社会生产关系中各阶层的劳动者各司其职、各尽其责,是封建统治在经济方面的最高目标。应当指出的是,《晋书》以班固《汉书》以后,“自此史官曾无概见”,是不正确的。这些论述,虽然仍然没有脱开“圣人之意”的历史影响,但其所包含的主要观念,即使从今天的角度来看,也有着重要的现实意义与理论意义。唐代是我国封建社会发展的高峰,其经济社会的持续发展,当是出现这种积极的理论认识的

① 魏徵等:《隋书》卷二四《食货志》,中华书局 1973 年版,第 671、673 页。

② 房玄龄等:《晋书》卷二六《食货志》,中华书局 1974 年版,第 779 页。

基础。

这里还要指出的一点是，无论是成书于南北朝时期的《魏书》，还是成书于盛唐时期的五代史志、《晋书》，都给予了经济活动以“国之根本”的地位。这似乎与前述它们对礼乐、天人等儒家政治思想的核心观念的相关认识，有着理论上的矛盾之处。事实上，对这个矛盾的解释，仍然要从天人关系这一历史思想的根本问题入手。在当时的史家看来，礼乐五行关乎天与人的关系问题，关乎天命在人世间的体现问题，同时也关乎在这个大前提之下人与人之间的关系问题，所以任何一个统治政权或是统治者，都必然以之为国家的根本。但是，在具体实行对封建国家的政治统治时，也就是说，在只涉及“生人”社会问题时，饮食问题就转而成为最根本的问题了。似乎自相矛盾的理论认识，实际上是两个不同层次上的问题。与此同时，这些理论命题中所包含的积极成分，又为后世在相关问题上不断取得进展作了某种意义上的铺垫。

第四，关于刑罚在国家统治中的地位与作用。在这个问题上，《魏书》《隋书》《晋书》的看法大致一致，即对于国家而言，刑罚是必不可少的，但又不是治国的首选手段，“德治”是封建统治的最高目标，即“刑之而无刑”是也。几部正史之认识的不同之处，主要在于论述的侧重点。如《魏书》重在讲刑罚产生与自然五行的有机联系：“二仪既判，汇品生焉，五才兼用，废一不可。金木水火土，咸相爱恶。阴阳所育，禀气呈形，鼓之以雷霆，润之以云雨，春夏以生长之，秋冬以杀藏之。斯则德刑之设，著自神道。圣人处天地之间，率神祇之意。生民有喜怒之性，哀乐之心，应感而动，动而逾变。淳化所陶，下以惇朴。故异章服，画衣冠，示耻申禁，而不敢犯。其流既锐，奸黠萌生。是以明法令，立刑赏。”①这里虽然讲了许多天道神设的道理，但它也在客观上讲到了刑罚产生的社会原因。《隋书》重点讲了刑之本质、实行刑罚的原则等：“夫刑者，制死生之命，详善恶之源，翦乱除暴，禁人为非者也。圣王仰视法星，旁观习坎，弥缝五气，取则四时，莫不先春风以播恩，后秋霜而动宪。是以宣慈惠爱，导其萌

① 魏收：《魏书》卷一一一《刑罚志》，中华书局1974年版，第2871页。

芽,刑罚威怒,随其肃杀。仁恩以为情性,礼义以为纲纪,养化以为本,明刑以为助。”它甚至提出,刑罚的作用大小,与统治者的作为也有密切的关联:“上有道,刑之而无刑;上无道,杀之而不胜也。《记》曰:‘教之以德,齐之以礼,则人有格心。教之以政,齐之以刑,则人有遁心。’而始乎劝善,终乎禁暴,以此字人,必兼刑罚。至于时逢交泰,政称忠厚,美化与车轨攸同,至仁与嘉祥间出,岁布平典,年垂简宪。昭然如日月,望之者不迷,旷乎如大路,行之者不惑。”①事实上,这里强调的,仍然是政治统治的重点不在刑罚,刑罚只是一种不得已而为之的统治手段,理想的社会秩序还是儒家所设想的上下有序、各司其职的状态。《晋书》的观念与《隋书》相通,并将刑与礼的关系作了分析,认为“刑之不可犯,不若礼之不可逾,则昊岁比于牺年,宜有降矣”,并明确指出,封建统治要达到的目的是“引导休和,取譬琴瑟,不忘衔策,拟阳秋之成化,若尧舜之为心”,所以,刑罚的使用必然是退而求其次的措施,“具严天刑,以惩乱首,论其本意,盖有不得已而用之者焉”②。

上述关于刑罚的认识,固然与儒家的政治理想有着直接的内在联系,同时与《史记》以来的相关思想也有着一以贯之的承继关系。事实上,在整个中国古代史学发展进程中,在礼与刑的关系问题上,似乎都是以这种认识作为立论的标准。从我们今天的角度来看,抛开古代史家思想观念中的唯心成分,以他们的认识为依据,客观地去看待理论教化与法律强制、道德教育与严刑峻法之间的联系,还是会得到很多有益的启示。

第五,关于职官与封建国家政治统治的关系。与前述几种封建制度相类,魏晋南北朝隋唐时期正史对职官制度的认识,也与天人关系、圣人之意有着直接的逻辑关联。如《续汉书》将职官制度之设,追溯至周公,以为“周公作《周官》,分职著明,法度相持,王室虽微,犹能久存。今其遗书,所以观周室牧民之德既至,又其有益来事之范,殆未有所穷也”③。

---

① 魏徵等:《隋书》卷二五《刑法志》,中华书局1973年版,第695页。

② 房玄龄等:《晋书》卷三〇《刑法志》,中华书局1974年版,第915页。

③ 范晔:《后汉书》书后志第二四《百官一》,中华书局1965年版,第3555页。

《南齐书》更将其上溯至炎昊时期，以为在周代已经有了相当的规模。[①]与之相较，《魏书》的认识更为客观一些，认为职官设置是由客观历史发展的形势所决定的："百姓不能以自治，故立君以司牧；元首不可以独断，乃命臣以佐之。然则安海内，正国家，非一人之力也。书契已外，其事蔑闻，至于羲、轩、昊、顼之间，龙、火、鸟、人之职，颇可知矣。唐虞六十，夏商倍之，周过三百，是为大备。而秦、汉、魏、晋代有加减，罢置盛衰，随时适务。且国异政，家殊俗，设官命职，何常之有。帝王为治，礼乐不相沿；海内作家，物色非一用。其由来尚矣。"[②]魏收在这里提出的"元首不可以独断，乃命臣以佐之"，"安海内，正国家，非一人之力也"，表明他已经模糊地认识到政治统治中的一些规律性的东西，而不是简单地对"君权神授"这样的陈词滥调进行阐发，从而在对国家职能的认识上，达到了很高的水平。另外，他指出包括礼乐在内的统治制度遵循"何常之有"的规律发展，也是符合客观实际的。在他之后，《隋书》与《晋书》虽然也提出过制度随时而变的思想，但它们仍继承了前代"圣人法乾坤以作则"的思想，认为职官之设，是由先知先觉的圣人制作、流传而来，从而对它的物质基础，没有作深入的探讨。[③] 当然，对前代职官制度发展的叙述，《魏书》同样存在着错误的认识，这是我们应当注意的。

以上是对魏晋南北朝隋唐时期正史诸志关于封建国家社会生活中的重大方面的认识的粗略爬梳。从这种爬梳中，我们可以大致得出如下结论：首先，这一时期的正史诸志，不论其内容多少、体例如何设置，从总体上来看，它们既是对典章制度史的一种记述，同时也是对当时社会生活中的一些重大方面的认识和概括，虽然在不同时代的不同史家，这种认识和概括的水平不尽相同。其次，在这一时期正史的书志中，我们既可以看到儒家关于天人关系、圣人之意等问题的理论认识的深刻影响，同时也可以看到当时史家在制度演变、社会生活的物质基础等问题上的积极认识。

---

① 萧子显：《南齐书》卷一六《百官志》，中华书局 1972 年版，第 311 页。

② 魏收：《魏书》卷一一三《官氏志》，中华书局 1974 年版，第 2971 页。

③ 参见魏徵等：《隋书》卷二六《百官志上》，中华书局 1973 年版，第 719 页；房玄龄等：《晋书》卷二四《职官志》，中华书局 1973 年版，第 723 页。

这反映出这一时期之整体的历史思想的积极变化趋向。

二、《通典》关于国家职能的系统认识

《通典》是我国史学上第一部典章制度通史。这种性质决定了它与正史中的书志有着必然的联系。事实上,《通典》中对相关制度的考镜源流、辨析考论,其所依据的基本史料,就是历代正史,而且,在有些地方还是对正史书志的直接引用与编纂。但是,在这种直接的继承之外,《通典》在编纂思想上,还有着突出的、超越前代正史的成就。从对社会历史的构成系统的认识角度来看,这种成就主要体现于两个方面。第一,《通典》不列律历、天文、五行、祥瑞、舆服等内容;第二,《通典》增加了选举、兵、边防等门类。这两个方面,也是《通典》与前代正史书志最为显著的不同。其所以出现这两个变化,是因为《通典》的作者更注重那些跟社会经济、政治、军事有直接关系的内容,是他贯彻自己确定的宗旨"征诸人事"的结果。在《通典》自序中,杜佑鲜明地提出,自己"不达术数之艺,不好章句之学。所纂《通典》,实采群言,征诸人事,将施有政"①。他不赞成前人"多主于规谏而略于体要"②的撰述宗旨,而认为应当把历史撰述跟"理道"直接联系起来,"理道不录空言",必须"探讨理法刑政",应当"详古今之要,酌时宜可行"③。由此可见,经世致用是杜佑撰述《通典》最为核心的宗旨。其所叙历代典章制度,多与现实有直接联系。在他之前的史学发展中,尚没有这样一部完全以"将施有政"为撰述目的的史书。正因为如此,《通典》较之于以往正史书志来说,也就更接近于能够比较真实地反映出它所由产生的那个时代的社会结构。这是《通典》在历史编纂上最突出的成就之一。④ 此外,《通典》在反映古代国

① 杜佑:《通典》自序,中华书局 1988 年版,第 1 页。

② 杜佑:《理道要诀》自序,《玉海》卷五一,江苏古籍出版社、上海书店 1987 年版,第 971 页。

③ 杜佑:《进〈理道要诀〉表》,《玉海》卷五一,江苏古籍出版社、上海书店 1987 年版,第 971 页。

④ 参见瞿林东:《唐代史学论稿》,北京师范大学出版社 1989 年版,第 267—290 页。本节所论,基本观点均引自此书。

家社会结构的自觉意识、认识的朴素辩证倾向等方面,也有丰富的、相对完整的见解,从而达到这一时期关于国家职能问题的理论探讨的最高水平。

第一,关于封建国家的社会结构的认识。

《通典》分九门。与前代正史书志设置多沿袭前人不同,杜佑对这九门在封建统治中的地位及其相互关系有着明确的认识。他认为:

> 夫理道之先在乎行教化,教化之本在乎足衣食。……夫行教化在乎设职官,设职官在乎审官才,审官才在乎精选举,制礼以端其俗,立乐以和其心,此先哲王致治之大方也。故职官设然后兴礼乐焉;教化隳然后用刑罚焉,列州郡俾分领焉,置边防遏戎敌焉。是以食货为之首,选举次之,职官又次之,礼又次之,乐又次之,刑又次之,州郡又次之,边防末之。或览之者庶知篇第之旨也。①

杜佑的这一段话,是用大手笔勾画出的封建社会的经济、政治结构及其相互关系。在他看来,应当通过教化去达到"致治"的目的,而教化则应以食货为基础。在这个基础上,制定出一套选举办法和职官制度,所谓"行教化在乎设职官",就是着重强调了这一点。而礼、乐、兵、刑等,则是各级官吏代表最高封建统治者行使的几种职能,这些职能主要表现为两个方面,一是教化,一是刑罚,所谓"职官设然后兴礼乐焉,教化隳然后用刑罚焉",就是这个意思。至于州郡,需要各级官吏分领;边防,也需要各级官吏处置:这是实施上述各种职能的必不可少的环节。由此可以看出,杜佑所叙封建社会上层建筑的各个部分,大致有三个层次:一,选举、职官;二,礼、乐、兵、刑;三,州郡、边防。这三个层次,把封建国家在政治领域的几个主要方面都涉及了,反映了作者对历史和现实的卓越的认识。上述各门的设置及其之间的逻辑联系,反映了作者杜佑在当时的历史条件下,对封建社会上层建筑各部门的关系及其重要性相当完整的,尤其是自觉的认识。将这一认识与前代正史书志的设置相较,更能看出它在理论上的重要性。更为重要的是,在杜佑的认识中,天人关系、圣人之意这些被

---

① 杜佑:《通典》自序,中华书局 1988 年版,第 1 页。

正统儒家视为历史发展理论的核心的范畴,已经不再是考察的重点,建立在“足衣食”基础上的世俗社会的统治规则,成为《通典》最为关注的问题。如上所述,这与杜佑的撰述宗旨有着直接的关系,而且,我们也不能因此就认为杜佑已经完全脱离了神意史观的束缚,但通过史书撰述这种形式,杜佑在客观上为后人提供了一个从更为客观的角度去看待人类社会历史的范本。从这个意义上说,《通典》的理论意义更超出了国家职能的范围,而具有普遍的性质了。

以上是从《通典》的宏观框架方面来看,从微观的逻辑思路方面来看,《通典》在对封建社会每一经济与政治领域作考察的过程中,也体现出严密完整的体系,如《食货典》共包含12卷,从田制、水利田、屯田、乡党、赋税、历代盛衰户口、钱币、漕运、盐铁、鬻爵、榷酤、算缗、杂税、平准、轻重等多个方面,论述了封建经济的不同侧面。这样一个逻辑体系,极其鲜明地反映了作者研究封建社会经济的几个层次:从基本的生产资料出发,依次叙述劳动组织形式、赋税关系、人口关系和其他社会经济关系。在这里,作者研究问题的逻辑方法,跟封建经济的特点是相吻合的。杜佑通过《食货典》所反映出来的这个特点,在《通典》其他各门中也有不同程度的反映。这体现出杜佑在考察封建国家社会职能诸要素时所具有的整体观念与清晰的逻辑层次。这是作者观察和分析历史、特别是观察和分析现实社会所取得的成果。通过上面的分析,是否可以认为,杜佑研究历史,并不是按照某种传统的思想模式(特别是儒家的思想模式)来铸造历史;恰恰相反,他大致上是按照历史发展的本来面貌来撰写历史。虽然他也照例要受到历史条件和阶级地位的局限,但跟他的那些杰出的前辈或同辈比起来,毕竟又朝着历史的真实向前跨越了一步。也正因为这一点,杜佑在国家职能问题上的认识,也达到了当时历史思想领域内的最高点。

第二,从研究和表述历史的方法来看,杜佑把《食货典》置于《通典》各门之首,然后分别论述了上层建筑的一些重要方面,可以说在根本点上体现了历史和逻辑的一致。杜佑认为,将食货置于各门之首,有着悠久的理论传统:“《洪范》八政,一曰‘食’,二曰‘货’。《管子》曰:‘仓廪实知礼节，衣食足知荣辱。'夫子曰：'既富而教'。斯之谓矣。"①从思想史的角度来看，这似乎只是对前人之说的引述，或者说是集中了古代思想家在同一问题上的一些思想资料的片断而已。但是，在杜佑之前的所有史家，都没有像他这样重视前人的这些思想资料，并把它们作为首先必须研究社会经济制度的理论根据。仅此而论，他的史学思想和史学方法已经远远超过了他的前辈。如果把这一史学思想放在国家职能这个理论范畴内去加以观察，就会发现，杜佑"以食货为之首"的观念与做法，事实上已经触及了唯物史观的基本原则，已朦胧地意识到物质生活本身在人类历史发展中的重要作用。关于人类的物质生产与生活在历史发展中的基础性作用，中国古代史家都有程度不同的认识，但能够明确地从史书体例的角度突出其重要作用，在杜佑之前是不曾有过的。当然，一个不容忽视的事实是，虽然杜佑在《通典》中升《食货典》为第一门，降《礼典》《乐典》于《选举典》《职官典》之下，这在中国史学上是前所未有的创举，但由于《礼典》占了《通典》全书的半数，不仅使各门之间在比例上过于悬殊，而且因为《礼典》受内容和性质所限，不能不进而影响到《通典》在经世致用方面的社会应用价值。这是从总体框架上来看，但如果从具体的历史认识角度分析，即使在《礼典》中，杜佑也具有一些可贵的理论见解。

第三，从《通典》九门在封建统治中的地位来看，杜佑也提出了许多积极的观点。下面分而述之。

在《通典·食货典》之首，杜佑对物质生活对封建统治的极端重要性，作了进一步的分析。他指出，谷、地、人，是从经济上达到"治政"的三个关键："谷者，人之司命也；地者，谷之所生也；人者，君之所治也。有其谷则国用备，辨其地则人食足，察其人则徭役均。知此三者，谓之治政。夫地载而不弃也，一著而不迁也，安固而不动，则莫不生殖。"②在杜佑看来，只要解决好粮食、土地、劳动人手这三个问题，就能达到"国用备""人食足""徭役均"的目的，社会经济就能不断发展。对照马克思主义经典

---

① 杜佑：《通典》自序，中华书局1988年版，第1页。

② 杜佑：《通典》卷一《食货典·田制上》序，中华书局1988年版，第3页。

作家关于唯物史观的基本原则的论述,我们可以看到,杜佑在讨论封建国家"治政"的首要问题时,已经认识到物质经济生活是一切政治措施的基础这一原理。这与他之前的史家普遍地将"天人相应"或"圣人作则"作为历史发展的动因相较,具有突出的理论与现实意义。有的研究者认为:杜佑的这种认识和做法,"在某种程度上,反映了经济基础对建筑在其上的全部庞大的上层建筑的主要的决定作用"①。这种评价是并不过分的。我们可以认为,在经济和政治的关系的认识上,杜佑是我国古代史家中第一个达到这种成就的人。

在《选举典》中,杜佑在理论上的成就,一是指出了选举之制出现的客观原因,二是指出了人才选拔的作用,关键在于"施政立本"的方法与目的。他认为,在人类社会的初始阶段,"事简人淳,唯以道化,上无求欲于下,下无干进于上,百姓自足,海内乂安,不是贤而非愚,不沽名而尚行"②,在这种质朴简单的社会生活中,选举之制是无从产生的。这事实上揭示了政治统治制度的产生,必然依赖于社会生产力的发展与人们之间相互关系的改变这一道理。后世随着人口的增殖,选举制度一步步地发展起来,形成了一整套的规范。秦汉以来,由于其人才选拔的制度急于求成,"其行教也不深,其取材也务速,欲人浸渍于五常之道,皆登仁寿之域,何可及已"。从人才培养的规律来讲,"上材盖寡,中材则多,有可移之性,敦其教方善。若不敦其教,欲求多贤,亦不可及已"。所以,"非今人多不肖,古人多材能,在施政立本,使之然也。而况以言取士,既已失之,考言唯华,失之愈远。若变兹道,材何远乎?"③杜佑所论,在理论方法上有朴素辩证的思想倾向,在实践上则跳出了前人关于古今关系的纷扰,立足于现实制度的变革,讨论政治制度的改良,因而也有积极的意义。

关于《礼典》,从总体上看,杜佑是重视"礼"之在政治统治中的作用的,他认为,"礼"乃"圣人"依天地鬼神之征而做,他还引孔子的话说:"夫礼,先王以承天之道,以理人之情,失之者死,得之者生。故圣人以礼示

---

① 胡寄窗:《中国经济思想史》中册,上海人民出版社 1963 年版,第 450 页。

② 杜佑:《通典》卷一三《选举典》序,中华书局 1988 年版,第 308 页。

③ 杜佑:《通典》卷一三《选举典》序,中华书局 1988 年版,第 308 页。

之，天下国家可得而正也。”而且，以全书一半的篇幅来论述“礼”之演变，这在他之前还没有出现过。这是一个方面，但是，从杜佑的其他认识，结合他“将施有政”的撰述宗旨来看，就会发现，杜佑之对“礼”的考察，其立足点仍然在于“人”。他认为，所谓“三礼”，指的是“事天事地与人”三者。而在嘉、吉、军、宾、凶五礼之中，他以为只有吉礼与天地相关，其余四者则“并人事兼之”①。按照传统的看法，“礼”是跟天、地、人有关系的。这就透过“礼”的神圣面纱而更多地看到它的真面目。依照这种思路，我们似乎可以明白杜佑为何用如此大的篇幅，来探讨在我们今天看来没有多少实际意义的“礼”的问题。在杜佑的观念中，“礼”更多地不是一种天人相应的产物，而是与食货、选举等一样，是与封建国家的治理、与世俗社会的稳定，有着密不可分的关联的重要因素之一。从这个角度说，杜佑在当时的历史条件下，一方面不可能不重视“礼”，一方面他所重视的角度与方法，也还是服从于《通典》的撰述宗旨，努力从人事的角度立论的。同样，对“乐”的讨论，杜佑也是紧紧围绕着它对于稳定封建统治的作用这一核心展开的。他认为，“乐也者，圣人之所乐，可以善人心焉”，“古者因乐以著教，其感人深，乃移风俗”。②

杜佑关于刑法的讨论，其理论上的积极意义在于与国家起源问题的有机结合。而在国家起源问题上，杜佑也体现出可贵的唯物倾向。他赞成前人这样的认识：“夫人，有生万物之最灵者也。然而爪牙不足供其欲，趋走不足避其害，无毛羽以御寒暑，必役物以为养，任智而不恃力者也。故不仁爱则不能群，不能群则不能胜物。群而聚之，是为君矣；归而往之，是为王矣。人既群居，不能无喜怒交争之情，乃有刑罚轻重之理兴矣。刑于百度，其最远乎！”③在这里，我们已经看不到“神意”与“圣人”在刑法产生中的历史作用，作者完全是从人类社会发展的客观进程的角度考察问题的。而这一考察的结论，即使从今天的角度来看，也包含着可贵的理性精神。再者，杜佑《通典》撰于柳宗元《封建论》与《贞

---

①　杜佑：《通典》卷四一《礼典》序，中华书局1988年版，第1119—1120页。

②　杜佑：《通典》卷一四一《乐典》序，中华书局1988年版，第3587—3588页。

③　杜佑：《通典》卷一六三《刑法典》序，中华书局1988年版，第4189页。

符》之前,其理论上的价值与地位,更值得作进一步的肯定。至于统治者施行刑法的原则,杜佑强调“善用”的重要性,认为“善用则治,不善用则乱。在乎无私绝滥,不在乎宽之与峻。又病斟酌以意,变更屡作”①。这些认识,也具有理论与实践上的双重意义。

杜佑在州郡、边防两门中,从“将施有政”的角度出发,同样提出了一系列关于封建国家职能的重要方面的积极认识。由于本书的其他章节对它们都作过专门的阐述,这里不再赘述。

以上是对杜佑《通典》在国家职能问题上所取得成就的大致概括。我们这里需要指出的,还有两点。其一,杜佑所取得的理论成果,与其说是思维发展的必然结果,毋宁说是历史现实的必然产物。唐自安史之乱以后,不仅政治上从极盛的顶点跌落下来,社会秩序极不稳定,而且社会经济也出现了日益严重的危机,国家财政十分窘迫。对于这样一个巨大的历史变化,盛唐以后的政治家、思想家、史学家、诗人在他们的著述、作品和言论里都有反映。而整顿社会经济,增加财政收入,则是人们关注的重大问题。于是,在肃、代、德、顺、宪、穆、敬、文、武等朝的八九十年间,讨论经济问题的学者纷至沓来,相继于世。其中,比杜佑略早或大体跟杜佑同时的,有刘晏、杨炎、陆贽、齐抗;比杜佑稍晚的,有韩愈、李翱、白居易、杨于陵、李珏等。这些政治家的经济改革活动和经济思想,都是当时的历史现实的产物。而这样的历史现实、经济改革和经济思想,在很大程度上影响着、启迪着杜佑的史学理论和史学方法。从这个角度而言,客观现实及与之密切相关的理论认识,比之于历史思想的传统,对杜佑撰述《通典》的旨趣与方法,可能所起的作用要更大一些。也正是在回答现实所提出的迫切问题的过程中,《通典》才提出了前述宝贵的思想认识,取得了突出的成就。

其二,与任何一位封建史家一样,杜佑虽然为历史思想领域作出了许多前人所不曾有过的贡献,但从历史科学的角度来看,这种贡献也只是为更进一步的探讨提供了基础,而决非真理。如《通典》虽然有对国

① 杜佑:《通典》卷一六三《刑法典》序,中华书局1988年版,第4189—4190页。

家职能的较为完整的认识，并达到了封建史学的最高水平，但在《通典》的各部分具体展开论述时，依然以对前代正史书志部分的总结、概括为主，与这些总结、概括相关的评论，从根本上来说，也与传统史家的认识有着诸多相似之处，也就是说，在很大程度上并未脱离传统思想认识的影响。同时，杜佑所提出的一些治国理政的原则，从根本上说，也并未超出儒家的政治观念的范围。如他认为不能对周边少数民族滥施兵革，提出了“来则御之，去则备之”的方针，并将其上升到治国理政的高度来认识：“持盈知足，岂特治身之本，亦乃治国之要道欤！”这一认识从当时的情况来看，是有其理论上的积极意义的，但从本质上看，与前代史家所秉持的治史原则，即儒家的中庸、德治思想，并没有根本的区别。这两个局限，是由杜佑所处的历史与理论环境所决定的，对此，我们不能给予更多的指摘。

小　结

魏晋南北朝隋唐时期的国家学说，主要在国家起源和国家职能问题上取得了重要的进展。这种进展主要体现在以下几个方面：一是在魏晋南北朝隋唐以后的社会历史与理论进展的前提下，出现了以柳宗元的《封建论》《贞符》为代表的对国家起源问题的朴素唯物认识；二是在对前代正史书志继承、改进的基础上，这一时期共有六部正史通过书志的撰述，在更为丰富、更为广阔的层面上，反映了封建国家社会生活的方方面面，并在一些具体的封建国家职能问题上，提出了一些积极的理论见解；三是在“征诸人事，将施有政”的理论宗旨下，杜佑通过其皇皇巨著《通典》，构建了关于封建社会国家统治职能的完整体系，提出了一系列深刻的理论认识，达到了这一时期历史理论领域的最高水平。同时，它也从思想发展的角度，从更深刻的层面上，启迪着人们对国家起源、职能等问题的进一步思考。从这个意义上说，杜佑所做的，是史学上的一件开启新局的大事,同时也是思想发展史中引领着人们前进的一条路径。

这一时期在国家学说上所取得的成就,可以归纳出以下两点规律性的认识:

第一,任何理论的进步,从根本上说都是现实的客观条件的产物。这一点在魏晋南北朝隋唐时期国家学说的进展中体现得尤为明显。理论、学说的发展进步,一般说来要受到三方面因素的制约:一是社会历史发展的阶段与特点;二是与这种阶段、特点相应的社会理论背景,如一定的思潮、居于主流地位的观念等等;三是这种理论、学说本身所积累的成果的水平。而其中后两方面因素的发展面貌,在根本上又必然受到第一方面因素的制约。魏晋南北朝隋唐时期,在社会发展阶段上是我国古代封建社会进一步发展、繁荣的历史时期。这一历史发展的主线,决定了儒家正统的政治思想必然得到强化,但在这种强化的过程中,结合对现实问题的阐释、回答,人们对儒家思想的理解,必然要出现某种程度的变化,正是这种变化,导致了理论的进步与发展。而魏晋南北朝隋唐时期社会政治局势的变动之频繁、现实问题之复杂尖锐,又成为这种变化最大的推动力量。柳宗元为了给唐代统治者提供历史依据而作《封建论》,杜佑为了"将施有政"的目的而著《通典》,正史诸志为了更好地反映社会面貌而新列书志类目,都突出地说明了这一点。

第二,理论发展的复杂性,在这一时期的国家学说中也体现得十分明显。这反映出中国古代历史理论发展的一个重要特点。在近代科学意义上的史学产生以前,中国古代的历史思想与史学思想,不论关注的是何种问题,都始终无法脱开儒家政治、社会理论的束缚。在这个大的前提下,历代的史家通过各种方式的努力,艰难地取得了一个又一个理论进展,为我们提供了丰富的理论成果。魏晋南北朝隋唐时期的国家学说,同样也体现出这样一个特点。在上述几方面的成果中,我们一方面可以看到可贵的唯物辩证的思想倾向,它们甚至已经非常接近于科学的认识;但是另一方面,我们也看到其中挥之不去的儒家关于政治、历史、社会等方方面面的认识的影响,而且,这种影响往往不是细枝末节、具体的、片断的。这反映出适应了封建统治需要的儒家学说,在封建时代具有顽强的生命力;同时也说明,在这样的理论占主导地位的前提下,魏晋南北朝隋唐时期的史家们所取得的成就,才显得尤为可贵,值得后人加以深入挖掘和阐发。

第六章
“正朔”论及其理论意义

所谓“正朔”论，在中国史学发展史上又被称为“正统”论、“正闰”论。其本质的内容与特点，是通过运用“天人感应”“五德终始”等理论，来论证统治者的地位之“正”。从史学发展的实际过程来看，这种论证在魏晋南北朝之前，更多地表现为以“天统”来证明政治之“正统”的合法与合理性。而这里的“天统”，又更多地表现为类似于“春王正月”的历法，所以本章以“正朔”为名。当然，随着历史的发展，理论探讨也不断地具有了新的形式与内容，文化程度、政治功业等因素被更多地纳入对统治合法性的考虑之中，魏晋南北朝隋唐时期这种趋势就已经出现。在此后的史学进程中，这种趋势逐渐成为主流，“天统”的地位日益衰微。在这种情况下，“正统”论的提法就更加符合实际情况了。

第一节 “正朔”论出现的历史基础

社会生产力的发展、生产关系的改变，必然促进相应的思想意识形态的产生与发展，而一定的思想意识形态，又会反过来影响社会存在的面貌、形态与发展进程。从历史上来看，春秋战国时期各种思想认识的大发展、魏晋南北朝时期儒学在新历史条件下的变化，都缘于社会历史进程中政治局势大变动的出现及其对思想发展提出的一定的要求。而与此同时，值得注意的另一方面现象是，形成于春秋战国时期的儒学，为其后的封建统一国家汉朝的巩固起到了重要的促进作用；而魏晋南北朝时期的长期分裂所导致的儒、释、道并存，及一系列关于民族问题的积极认识，也为唐朝的文化空前繁荣与边疆巩固起到了重要的推动作用。这种社会历史与思想意识形态之间的互动，贯穿着中国历史发展的全过程，而只是在上举两个时期表现得更为典型、突出而已。我们研究、探讨魏晋南北朝隋唐时期的“正朔”论，同样应遵循这一思路。

如上所述，“正朔”论的本质内容，是为一定的政权及统治者寻求天命、人事的合法与合理性。对任何时代的统治者而言，正朔都是一个要高度重视的理论与现实问题。在中国有文字记载的历史之初，“学在官府”的现实使得对天文历法、对人事的解释都成为某种政治权威的代表，在这种情况下，正朔不可能成为普通人可以认识的范畴。因而，对于夏、商、周三代的政权更迭，后人更多地用自己时代的概念如“敬德保民”加以解释。到了春秋战国时代，随着生产力的发展、王室衰微而出现了诸多并立的封建政权，使得“正朔”问题空前突出起来。无论在中国历史发展进程中，还是在中国思想史的发展进程中，统治政权地位之正与否的讨论，都是这一时期重要的议题。这种变化说明，复杂的政治局面及其所预示的历史大变动的存在，为思想认识的新变化提出了现实要求，提供了现实背景。正如《中国思想通史》所言，研究古代思想发展史，所依据的一个基本的原则是：“每到了历史发展的划期关头，就有学人出来作综合各派思想而考竟源流的研究。”今人的研究，即可在他们对“思想史的批判”的基础上展开。① 这一基于存在与意识的辩证关系而提出的研究原则，对于我们研究中国史学发展史中的“正朔”论，也有着普遍的方法论意义。在春秋战国时期礼崩乐坏、战乱纷争不已的大背景之下，失去了统一的“共主”、争夺政治霸权的各诸侯国，需要思想家为自己提供理论支持，而经

① 侯外庐、赵纪彬、杜国庠：《中国思想通史》第1卷，人民出版社1957年版，第18页。

过几百年的漫长时间才得到自由发展的文化思想界,也迫切需要通过对现实与未来的解释与预测,求得在政治与学术上的相应地位,于是“百家争鸣”得以出现。在争鸣的过程中,实际上已经提出了若干关于确定统治之正的概念,如孔子通过纂修《春秋》,以事系年,又以纪年表明自己的是非判断,事实上已经昭示着史学史中“正闰”论的出现。而《春秋》“为尊者讳,为亲者讳,为贤者讳”等一系列所谓的笔法,事实上也为后世史学的发展提供了一种模式与一种“纪统”。又如孟子所提出的“定于一”①,“孔子曰:天无二日,民无二王”②,事实上也是结合着当时的实际所提出的关于政治之“正统”的认识。这一认识与孔子的认识不同之处在于,前者在以事系年的过程中,是以对礼乐制度的遵行为标准的,而后者则更具有了客观、实际的色彩。另外,在这一时期还出现了一种对后世同样有着深远影响的认识,即“五德终始”说。一般以为它出于邹衍,但饶宗颐先生认为,“以新旧资料合证之,实当起于子思”③,除此之外还有其他不同的看法。④ 上述几种认识,在汉代儒家定于一尊之后,都在中国古代史学发展史中有着不同的体现。

魏晋南北朝时期的政治局面之复杂,与春秋战国时期相比,有着类似之处。从思想认识发展的状况来看,也与春秋战国时期有着相似之处,即政治上的动荡,从另一个角度促进了学术思想的发展与繁荣。但这一时期的学术思想发展,尤其是史学的发展,比之于春秋战国时期,无论是在政治与学术地位,还是在其本身的完备程度方面,都大大前进了。史学“蔚为大国”的状况,使得与之相应的史学思想的内涵扩大与深入发展,都具有了可能。面对当时政权林立、更迭频繁的政治局面,以及少数民族社会经济的空前发展、民族政权的出现,史学家们不得不在自己的著述中,更多地面临着“正朔”问题的解决。因为无论是编年,还是纪传,都无法绕开“正统”这一中国史学的核心问题。于是,本着各种正朔观念而

① 《孟子·梁惠王上》,杨伯峻译注:《孟子译注》,中华书局1960年版,第12页。
② 《孟子·万章上》,杨伯峻译注:《孟子译注》,中华书局1960年版,第215页。
③ 饶宗颐:《中国史学上之正统论》,上海远东出版社1996年版,第10页。
④ 参见吴怀祺:《中国史学思想史》,安徽人民出版社1996年版,第51页。

作、而编、而改的史书大量出现，以致当时及唐代的史家不得不从目录学上加以辨正，提出“正史”“霸史”“伪史”等类别相区分。

当然，我们在这里指出“正朔”论产生、发展的社会基础是复杂的政治局面，并不意味着在国家统一、政局相对稳定的封建社会，“正朔”论就消亡了或是不发展了。事实上，在中国封建社会的大发展时期，如汉、唐，“正朔”论都有着具体的表现与内容，只不过是在政治上的合法性不再成为可以讨论的问题时，对所谓“正朔”的探讨，更多地表现为从不同角度对当朝统治的合法性作阐发而已。

“正朔”论产生的思想基础，从古代思想史的角度来看，首先是受生产力发展水平的限制，人们对国家、政治统治及历史发展进程等一系列基本问题的解释，不得不更多地依赖于天与神的权威，这也是古代巫史不分的根本缘由。随着生产力发展及人们认识自然能力的不断提高，天与神逐渐地具有了人的意味，成为“一般的主宰之神”及“祖先神”①。但以维护“家天下”的格局为首要任务的封建国家的本质，决定了它必然要把天与人之间的神秘关系作为一个重要工具使用。两方面的因素相结合，导致了“正朔”论的产生与延绵不断的存在、发展。其次，是受人们认识水平的影响。如果说，在政治局面较为复杂、动荡的历史时期，统治者需要“正朔”论为自己的统治合法性作阐释，从而客观上推动了这一观念的发展的话，那么，在政治局面相对稳定、封建统治较为巩固的历史时期，“正朔”论的面貌与特点，就更多地受到当时人们认识水平的影响。通观中国史学思想史，我们可以大致地看到这样一条脉络：随着人们征服自然能力的不断提高，封建国家的不断发展成熟，中国古代的“正朔”论对天人关系的讨论越来越少，而逐渐地侧重于对文化发展程度、对建功立业、对政权更迭的道义性等人事的关注。这种在“正朔”论上的理性化倾向，一方面从根本上来说是受上述生产力因素的影响所致，一方面也与思想意识形态本身的发展规律密切相关。物质基础与上层建筑的相互关系，从来就是在辩证的互动中共同推动着历史发展的进程，决定着人们在其中

① 侯外庐、赵纪彬、杜国庠：《中国思想通史》第1卷，人民出版社1957年版，第81页。

的地位与作用。

从史学思想史的角度来看,“正朔”论产生的思想基础,首先在于历史意识与史学意识的产生与发展。在文字产生以前,先民已经有了原始的历史意识,这从口口相传的神话、传说中得以反映出来,其中包含着先民对于自身历史的记忆。在文字出现以后,先民的这种原始历史意识逐渐发展为自觉的历史意识,这从卜辞、金文、官文书和史官记事中得以反映出来,其中包含着对于时事的记载和对于历史的追述。[①] 在这种逐步发展起来的历史意识中,最早和最突出的方面,就是历史鉴戒思想。我们翻检关于三代时期的历史记载,对前代历史经验教训的总结,是十分典型的例证。“我不可不监于有夏,亦不可不监于有殷”[②],“殷鉴不远,在夏后之世”[③]等记载,表明对前代历史的是非判断,在文字记载中是一个重要的内容。而从我们今天的眼光来看,这种是非判断不仅仅表现为扬长避短,而是包含着对政权合法性的探讨。如周人将自己对殷商王朝的代替称为“受天命”的结果,并表示要用小民的安乐争取“受天永命”,以避免殷商那样的结局。“上下勤恤,其曰我受天命,丕若有夏历年,式勿替有殷历年。欲王以小民受天永命。”[④]这一认识既是周人对统治者的一种警示,同时也反映出这样一种事实:早在人们的历史意识产生之初,伴随着国家、阶级社会的形成,他们对政治统治的缘起、地位、替代等一系列问题,就已经有了朦胧的认识。虽然这些认识与祖先崇拜、天神崇拜等特定的思想认识状况密切相关,但它们在史学思想史中的出现,毫无疑问是值得重视的。在后世史学不断发展完善的过程中,古代思想家们的历史意识不断丰富、深刻,对正朔论的认识也相应地取得了新的成就。

从史学意识的角度来看,“正朔”论的产生可以追溯到我国最早的史学著作《春秋》。历史意识与史学意识密不可分。人们一旦有了记录历史以垂戒后人的意识,并通过文字的创制来完成这一目的,史学意识就必

① 瞿林东:《中国古代史学批评纵横》,中华书局 1994 年版,第 185 页。
② 《尚书·召诰》,《十三经注疏》,中华书局 1980 年版,第 213 页。
③ 《诗经·大雅·荡》,《十三经注疏》,中华书局 1980 年版,第 554 页。
④ 《尚书·召诰》,《十三经注疏》,中华书局 1980 年版,第 213 页。

然在这一过程中得以形成。但在较为成熟的史学著作出现之前,它又是不明确、不十分自觉的。从流传下来的史学著作中,《春秋》在史学意识方面应当说已经非常成熟了。它在这方面的突出反映,一是“属辞比事”,这是指编年纪事的排比史事、遣词造句方面的特点,同时也包含了它在史学意识上的第二个突出表现,即用例的思想。① 在“以事系日,以日系月,以月系时,以时系年”②的过程中,周王朝及列国发生的重大史事如何在时间、空间上有序地编排起来,更重要的是如何对诸多史事进行是非、轻重的取舍,除了要具备史书编撰方面的技巧,更要对包括政治统治的“正朔”问题在内的一系列重大理论问题有明确的认识。在这个方面,《春秋》无疑对后世史学发展起到了重要的规范与榜样的作用。孔子所谓“窃取”而来的“义”,将礼乐道德作为政治生活的首要原则加以强调,也为后世史家在正朔论上的探索提供了思想与认识基础。在其后的史学发展进程中,史学意识更为明确与完善,唐代刘知幾所撰系统的史学批评著作《史通》的出现,可以认为是这种意识发展成果的一种具体表现。在这部著作中,刘知幾结合从孔子以后的整个史学发展过程,对“正朔”论也作了突出的强调与充分的阐述。只不过是他的“正朔”论具有更多的时代发展及史学本身发展的烙印,从而与前人有所不同而已。

第二节 分裂割据形势下的“正朔”论

一、“正朔”论的缘起与内涵

中国各民族的历史意识,突出的特点有两个:一是时间上的延续性。从对自身历史的记忆与总结,到有意识地对历史发展进程作出概括与讨

① 瞿林东:《中国古代史学批评纵横》,中华书局1994年版,第2页。

② 杜预:《春秋经传集解》序,《十三经注疏》,中华书局1980年版,第1703页。

论,一直发展到后世各种史书体例的出现与完善,尤其是作为正史的各朝纪传体史书不间断的传承,把中华民族几千年的历史相对完整地保存下来,我们的历史意识在世界历史上是少见的。黑格尔就此曾指出:"中国'历史作家'的层出不穷、继续不断,实在是任何民族所比不上的。"[①]二是突出的深刻性。这种深刻性的主要表现,是在中国史学产生、发展的早期阶段,史家就已经意识到历史、现实、未来之间的联系,历史上的成败得失,可以为现实提供有益的借鉴,并认识到历史是处于永恒变化之中的;后来的史家在认识与总结历史时又进一步提出,历史在变化中总体上是趋于进步的。上述两个特点,使中国历史上的各政权都极为重视与前人在文化、政治、地域、心理等方面的连续性,并以此作为论述自身地位的重要依据。这又直接导致了对历史的解释成为"正朔"论中不可或缺的一方面,同时也使得正朔论成为史学思想中的重要内容。由此可知,所谓历史连续性观念与政治合法性观念,事实上是一个问题的两个方面,无法截然分开,只是论述的侧重点有所不同而已。

"正朔"论的本意,是指年代历法的更替。正,指一年的开始;朔,指一月的开始。在文化知识掌握在少数人手中的原始社会,对天文历法的了解与掌握、制定无疑代表着联结天人、统治庶民的具有某种神意的政治权威。在这种情况下,正朔成为历代统治者改朝换代之始极为重视的大事。《礼记·大传》说:"圣人南面而治天下,必自人道始矣,立权度量,考文章,改正朔,易服色,殊徽号。"《疏》曰:"正谓年始,朔谓月初。言王者得政,示从我始,改故用新,随寅、丑、子所损也。"自汉武帝沿用夏正,即以建寅之月为岁首,后代封建统治者才一直袭用下去,直到清末。由此可见,"正朔"论自产生时起所包括的内涵,就与历史发展的连续性有着天然的联系。在后世对"正朔"论不断的演绎、发展过程中,这一联系始终不曾中断。

魏明帝即位之初,有意改正朔,群臣意见不一,于是公卿以下博议。侍中高堂隆主张更改,并就此事发表了一大篇议论,《宋书·礼志》全文

① 黑格尔:《历史哲学》,王造时译,生活·读书·新知三联书店 1956 年版,第 161 页。

加以照录。其大意是从古以来,“王者必改正朔易服色也”①。从这篇议论可以看出,对前人正朔的改变或是继承,在中国思想史与史学史上,都有着悠久的传统。如果从历史意识与史学意识的发展来看,在中国史学发展史上,这种历史延续性的观念,还从时间空间扩展到对礼制的遵从、对道统的继承等等方面。

《春秋》作为我国最早的较为成熟的史学著作,在历史观念上也有着多方面的成就。《左传》认为它“惩恶而劝善”,但这里的“惩恶而劝善”事实上并非一种简单的伦理道德的标尺,而是有着鲜明的时代背景与特征。孟子对此有着深刻的认识:“世衰道微,邪说暴行有作,臣弑其君者有之,子弑其父者有之。孔子惧,作《春秋》”;“孔子成《春秋》而乱臣贼子惧”。② 这说明,孔子编写《春秋》,其深意在于匡救时弊,拯救摇摇欲坠的旧制度与旧秩序的规范。据《论语》记载,他曾充满向往地说“周监于二代,郁郁乎文哉!吾从周”③。虽然孔子在这里未曾提到“统”“正朔”这样的字眼,但上述材料可以充分地说明,他是希望并通过自己的撰述工

① 《宋书·礼志》载高堂隆议曰:“按自古有文章以来,帝王之兴,受禅之与干戈,皆改正朔,所以明天道,定民心也。《易》曰:‘《革》,元亨利贞。’‘有孚改命吉。’‘汤武革命,应乎天,从乎人。’其义曰,水火更用事,犹王者必改正朔易服色也。《易通卦验》曰:‘王者必改正朔,易服色,以应天地三气三色。’《书》曰:‘若稽古帝舜曰重华,建皇授政改朔。’初‘高阳氏以十一月为正,荐玉以赤缯。高辛氏以十三月为正,荐玉以白缯’。《尚书传》曰:‘舜定钟石,论人声,乃及鸟兽,咸变于前。故更四时,改尧正。’《诗》曰:‘一之日觱发,二之日栗烈,三之日于耜。’《传》曰:‘一之日,周正月,二之日,殷正月,三之日,夏正月。’《诗推度灾》曰:‘如有继周而王者,虽百世可知。以前检后,文质相因,法度相改。三而复者,正色也,二而复者,文质也。’以前检后,谓轩辕、高辛、夏后氏、汉,皆以十三月为正;少昊、有唐、有殷,皆以十二月为正;高阳、有虞、有周,皆以十一月为正。后虽百世,皆以前代三而复也。《礼大传》曰:‘圣人南面而治天下,必正度量,考文章,改正朔,易服色,殊徽号。’《乐稽曜嘉》曰:‘禹将受位,天意大变,迅风雷雨,以明将去虞而适夏也。是以舜禹虽继平受禅,犹制礼乐,改正朔,以应天从民。夏以十三月为正,法物之始,其色尚黑。殷以十二月为正,法物之牙,其色尚白。周以十一月为正,法物之萌,其色尚赤。能察其类,能正其本,则岳渎致云雨,四时和,五稼成,麟皇翔集。’《春秋》:‘十七年夏六月甲子朔,日有蚀之。’《传》曰:‘当夏四月,是谓孟夏。’《春秋元命苞》曰:‘王者受命,昭然明于天地之理,故必移居处,更称号,改正朔,易服色,以明天命圣人之宝,质文再而改,穷则相承,周则复始,正朔改则天命显。’凡典籍所记,不尽于此,略举大较,亦足以明也。”中华书局 1974 年版,第 329—330 页。

② 《孟子·滕文公下》,杨伯峻译注:《孟子译注》,中华书局 1960 年版,第 155 页。

③ 《论语·八佾》,杨伯峻译注:《论语译注》,中华书局 1958 年版,第 30 页。

作来实现延续周礼、恢复周制,即“从周”的政治理想的。这种理想对时人及后人在从政、著史上产生影响,就构成了贯穿于“正朔”论中的重要方面。

汉代司马迁在《史记》中提出了关于历史变化的认识,对后世有着深远的影响。尤为可贵的是,他已经看到了这种变化前后相因,有着某种必然的联系。在统治者的“正朔”问题上,他也有着类似的认识:“夫天运,三十岁一小变,百年中变,五百载大变;三大变一纪,三纪而大备。”①这里的“大备”,显然并不是指历史发展的终结,而是指历史发展的某个特定的阶段。抛开其中的天命论色彩,这种关于历史发展的前后一贯性及对历史规律的某种探索,在历史理论的发展史中无疑是有其积极意义的。在《高祖本纪》的后论中,司马迁又对历史发展的规律作了分析:“夏之政忠。忠之敝,小人以野,故殷人承之以敬。敬之敝,小人以鬼,故周人承之以文。文之敝,小人以僿,故救僿莫若以忠。三王之道若循环,终而复始。周秦之间,可谓文敝矣。秦政不改,反酷刑法,岂不缪乎?故汉兴,承敝易变,使人不倦,得天统矣。”②这种三王之道相循环的认识,是汉代天人相应说的重要内容。经《史记》的引用,遂对后世史学产生了影响,成为“正朔”论的理论依据之一。从今天的角度来看,它虽然没有科学性,但对人们从更深刻的层面上认识中国历史发展的延续性,对各朝统治者从“承敝易变”的角度来看待前代的经验与当代的政治,无疑都是有益的启示。

与《史记》相比,《汉书》在论证汉代得“天统”方面下了更大的工夫。这在对当时与后世“正朔”论的影响方面,也有着不可忽视的作用。从对历史延续性的阐发方面来看,它的主要做法首先是将对“天统”的论证与对祖先功业的继承直接联系起来。在《高帝纪》后论中,班固从考察刘氏祖先姓氏说起,一直论到“汉承尧运”的结语,其论证思路正是从天到人再到具有某种神的特征的人的后裔,其中有着必然的、人力不可抗拒的联系。“《春秋》晋史蔡墨有言:陶唐氏既衰,其后有刘累,学扰龙,事孔甲,

① 司马迁:《史记》卷二七《天官书》,中华书局1959年版,第1344页。

② 司马迁:《史记》卷八《高祖本纪》后论,中华书局1959年版,第393—394页。

范氏其后也。而大夫范宣子亦曰:‘祖自虞以上为陶唐氏,在夏为御龙氏,在商为豕韦氏,在周为唐杜氏,晋主夏盟为范氏。’范氏为晋士师,鲁文公世奔秦。后归于晋,其处者为刘氏。刘向云战国时刘氏自秦获于魏。秦灭魏,迁大梁,都于丰,故周市说雍齿曰‘丰,故梁徙也’。是以颂高祖云:‘汉帝本系,出自唐帝。降及于周,在秦作刘。涉魏而东,遂为丰公。’丰公,盖太上皇父。其迁日浅,坟墓在丰鲜焉。及高祖即位,置祠祀官,则有秦、晋、梁、荆之巫,世祠天地,缀之以祀,岂不信哉! 由是推之,汉承尧运,德祚已盛,断蛇著符,旗帜上赤,协于火德,自然之应,得天统矣。”①其次,在论述这种联系时,班固是以“五德终始”说作为理论工具的。他认为汉得火德,所以会有种种“应天”之兆,而秦由于是水德,“非其次序”,所以“不永”②。在《郊祀志》中,他又明确地提出:“祖宗之制盖有自然之应,顺时宜矣。究观方士祠官之变,谷永之言,不亦正乎! 不亦正乎!”③他甚至认为,西汉末年的王莽之乱,也是天运的结果,非人力能达致,“亦天时,非人力之致矣”,至于王莽败亡,也如历史上秦朝短祚一样,乃是天命的必然,“昔秦燔《诗》《书》以立私议,莽诵《六艺》以文奸言,同归殊途,俱用灭亡,皆炕龙绝气,非命之运,紫色蛙声,余分闰位,圣王之驱除云尔”④! 再次,在《郊祀志》中,班固明确提出了“正统”一词:“宣帝即位,由武帝正统兴。”⑤这是中国史学史上较早提出的“正统”概念,其内涵也与今天相类。这里的政治之“正统”,就是指对一姓本宗传位的传承。《汉书》的上述认识,客观上巩固了“五德终始”说在历史理论中的地位,同时也有效地巩固了东汉封建政权,因而受到统治者及后世正统史家的赞同。但从另一方面来看,这些认识也表明了汉代人们对历史规律的一种探索。

除《史记》《汉书》之外,汉代此方面重要的文献还有班彪的《王命

① 班固:《汉书》卷一下《高帝纪下》后论,中华书局 1962 年版,第 81—82 页。
② 班固:《汉书》卷二五下《郊祀志下》后论,中华书局 1962 年版,第 1271 页。
③ 班固:《汉书》卷二五下《郊祀志下》后论,中华书局 1962 年版,第 1271 页。
④ 班固:《汉书》卷九九下《王莽传下》后论,中华书局 1962 年版,第 4194 页。
⑤ 班固:《汉书》卷二五下《郊祀志下》,中华书局 1962 年版,第 1248 页。

论》与傅干的《王命叙》。其共同之处都在于强调了天命与“人鬼协谋”在决定封建统治的正统方面的重要性。而这两者的理论依据,又可追溯至汉初董仲舒的天人感应之说。

《王命论》在“正朔”论的发展进程中是一篇重要的理论文献,其主要观点有如下两大方面:

第一,强调天命在决定正朔中的关键地位。文章开篇指出:“昔在帝尧之禅曰:‘咨尔舜,天之历数在尔躬。’舜亦以命禹。暨于稷、契,咸佐唐、虞,光济四海,奕世载德,至于汤、武,而有天下。虽其遭遇异时,禅代不同,至于应天顺民,其揆一也。”据此标准,班彪依据《春秋》,再加上五德终始的推算,以“刘氏承尧之祚”,并罗列了一系列“神母夜号”之类的天授神异之事,然后总结说:“帝王之祚,必有明圣显懿之德,丰功厚利积累之业”方可。世人以汉高祖刘邦兴于布衣,故信奉天下逐鹿之说,是“不知神器有命,不可以智力求”的愚昧偏见,是“暗于天道”,又“不睹之于人事”的表现。他甚至进一步提出:“贫穷亦有命也。况乎天子之贵,四海之富,神明之祚,可得而妄处哉?”只有正确地认识天命并顺从之,才可能趋利避害,所谓“穷达有命,吉凶由人”讲的就是这个道理。

第二,系统地论述刘氏得天下之正的缘由。“盖在高祖,其兴也有五:一曰帝尧之苗裔,二曰体貌多奇异,三曰神武有征应,四曰宽明而仁恕,五曰知人善任使。加之以信诚好谋,达于听受,见善如不及,用人如由己,从谏如顺流,趣时如向赴;当食吐哺,纳子房之策;拔足挥洗,揖郦生之说;寤戍卒之言,断怀土之情;高四皓之名,割肌肤之爱;举韩信于行陈,收陈平于亡命,英雄陈力,群策毕举:此高祖之大略,所以成帝业也。”[①]在这五条原因之中,天的因素有一条,祖先的因素有一条,个人的客观条件有一条,个人的主观努力有两条。至于后面所列,应视为主观努力之类。从这段论述来看,班彪的王命之说,还是非常强调人事在天人相应中的地位。事实上,这也是正朔论自产生以来就具有的鲜明特征。这既与中国

① 以上所引均见班固:《汉书》卷一〇〇上《叙传上》,中华书局1962年版,第4208—4212页。

思想史的发展脉络相一致，也与中国史学重视人的历史作用与地位的传统相一致。也正是这一点，为后世“正朔”论不断取得进展提供了理论上的可能性。

班彪之后，有傅干论东汉正朔之《王命叙》，后人以其为续《王命论》而作。它的主要观点与班彪几无二致，甚至行文的格式、论述的逻辑也颇为相似，不同之处只是在批评后人不明天命时，对象改为王莽而已。因而，其在理论上的价值是有限的，此处不多加分析。① 通过上述简单的概括，我们可以发现，无论在“正朔”问题上持何种具体认识，在魏晋南北朝以前，史家们通过自己的历史撰述与理论探索，力图从历史发展的延续性入手，阐发自己的观点。这种观念既是中国史学自产生之时起的天性，同时也是中国古代思想史贯穿始终的特征之一。

二、对“正朔”问题的空前重视

魏晋南北朝时期是中国史学大发展的历史时期。在这一时期，史学获得了在政治上的明确地位，成为与经学、律学等并立的学术分支。而从学术发展史的角度来看，史学在编撰体例、涵盖内容、著作数量等方面的进展，可以说是最为突出的。各门学科发展的界限日益明显的另一面，是它们彼此之间在性质、内容等方面的共通性依然存在，并在新的历史条件下具有了新的特点。史学的情况也是如此。在它本身得到空前发展的情况下，史学思想与历史思想之间固有的联系也进一步发展起来。

受魏晋南北朝以后各政权林立的现实政治形势影响，“正朔”论在历史与史学中的分量空前加重了。从当时留传至今的几部正史来看，正朔问题均是他们关注的核心。在各政权之间相互攻讦，为其服务的史著也“南书谓北为‘索虏’，北书指南为‘岛夷’”②的情况下，正朔论也随之获得了新的表现形式与时代特点。但在纷纷扰扰的论议之中，有一点却始

① 《王命叙》的主要内容见《艺文类聚》卷一〇《符命部》，上海古籍出版社 1982 年版，第 189—190 页。

② 李延寿：《北史》卷一〇〇《序传》，中华书局 1974 年版，第 3343 页。

终未被忽视,那就是对中华文明的继承与发扬。东晋永和八年(352 年),慕容儁即皇帝位,并脱离对东晋名义上的臣服关系。他对晋使者说:“汝还白汝天子,我承人乏,为中国所推,已为帝矣。”[①]这里值得注意的是,出身于少数民族的慕容氏在与汉族政权争天下时,使用的是“中国”的概念。太元七年(382 年),苻坚在与群臣讨论是否南下灭东晋时,其理由为“吾统承大业垂二十载,芟夷逋秽,四方略定,惟东南一隅未宾王化。吾每思天下不一,未尝不临食辍餔”[②]。这番表白所包含的思想基础,无疑也是中华民族共有的文化观念:“王化”是儒家最早与最重要的政治观念之一;“临食辍餔”显然也来自于“周公吐哺”的政治说教。诸如此类的例子,在这一时期的历史与史学中俯拾皆是,可以说在正朔观念上的这一特征,在当时是有普遍性的。

讲到魏晋南北朝的史学思想,还有一点必须加以注意,那就是史学发展意识的强化与新的表现形式。所谓史学发展意识,不止是涉及有关史学的某些方面的认识,而且极为看重史学是史学家们不应为之中断的具有连续性的神圣事业。司马迁在撰述《史记》时,就已经体现出鲜明而又强烈的史学发展意识。首先,他把自周公至孔子,自孔子至当代的史学事业看作是一个有机联系的整体,而当代人“绍明世,正《易传》,继《春秋》,本《诗》《书》《礼》《乐》之际”的工作,他认为自己是有义务承担起来的。其次,他明确地提出了自己的撰述目的是“成一家之言”,这就是说,在前代所形成的诸子百家争鸣而“史记放绝”的局面下,司马迁要使历史撰述也成为一“家”。[③] 这种鲜明的史学发展意识与《史记》本身在多方面取得的伟大成就,使得后世续作者蜂起,遂为中国史学“蔚为大国”奠定了思想基础与现实基础。在后来的史学著作尤其是正史著作中,这种突出的史学发展意识始终存在。如班彪“继采前史遗事,旁贯异闻”,作《太史公书》“后传”数十篇[④];其子班固又“以彪所续前史未详,乃潜精研思,欲

① 房玄龄等:《晋书》卷一一〇《慕容儁载记》,中华书局 1974 年版,第 2834 页。
② 房玄龄等:《晋书》卷一一四《苻坚载记下》,中华书局 1974 年版,第 2911 页。
③ 参见瞿林东:《中国史学史纲》,北京出版社 1999 年版,第 196 页。
④ 范晔:《后汉书》卷四〇上《班彪列传上》,中华书局 1965 年版,第 1324 页。

就其业”,在父亲的基础上撰述《汉书》。[①] 中国最早的编年体皇朝史、荀悦所著的《汉纪》,其撰述目的是“谨约撰旧书,通而叙之”[②],表明对前代历史著作的重视与继承,等等。

魏晋南北朝时期,这一史学发展意识在对正朔问题的关注过程中得到了空前的强化,其表现首先在于皇朝史的撰写出现了一个高潮。

这一时期由于各政权的割据和频繁更迭,出现了大批的皇朝,虽兴替匆匆,然皆各修其史。此乃所谓“高潮”出现的史学上的和历史上的原因。《隋书·经籍志》在总结这个高潮时说道:“世有著述,皆拟班、马,以为正史,作者尤广。一代之史,至数十家。”这里有两个问题可以讨论:一是“一代之史,至数十家”的状况的出现,固然与当时政权相互阻隔,使史学著作不能广泛流传,文献资料不能广泛传播有关,但本着不同的正朔观念对同一段历史加以排比与阐说,无疑也是造成这一局面的重要原因。西晋习凿齿作《汉晋春秋》,以蜀为正统,以纠《三国志》之失,是为本着不同的正统观念改撰史书之始。二是《隋书》的作者为什么没有按照历史发展的先后,以“马、班”为序,而是称“班、马”?结合魏晋南北朝时期的历史现实,我们似乎可以作这样的推断:马、班相较,在阐发封建统治的“正宗”或“正统”方面,后者更为鲜明与自觉,对不同统治者而言也更为有用,故而成为当时人们争相效仿的对象。范晔作《后汉书》,对几百年来纷纷扰扰的马、班优劣之争下了颇有总结意味的断语:“司马迁、班固父子,其言史官载籍之作,大义粲然著矣。议者咸称二子有良史之才。迁文直而事核,固文赡而事详。若固之序事,不激诡,不抑抗,赡而不秽,详而有体,使读之者亹亹而不厌,信哉其能成名也。彪、固讥迁,以为是非颇谬于圣人。然其论议常排死节,否正直,而不叙杀身成仁之为美,则轻仁义,贱守节愈矣。固伤迁博物洽闻,不能以智免极刑;然亦身陷大戮,智及之而不能守之。呜呼,古人所以致论于目睫也!”[③]从这段话来看,似乎范晔对司马迁的评价比班固要更高一些,但在其表明自己的撰述宗旨的

① 范晔:《后汉书》卷四〇上《班彪列传上》,中华书局1965年版,第1333页。

② 荀悦:《汉纪》卷一《高祖皇帝纪》,《两汉纪》上册,中华书局2002年版,第1页。

③ 范晔:《后汉书》卷四〇下《班彪列传下》后论,中华书局1965年版,第1386页。

《狱中与诸甥侄书》中,他是将《后汉书》与《汉书》放在一起加以比较的:"非但不愧之而已"。而在《后汉书》的诸纪、传中,也处处可见他对《汉书》的继承、对照、议论。这或许也可以从另一侧面反映出范晔在"正朔"论上的思想倾向。这种皇朝史撰述高潮的出现及其特点,一方面表明史学在封建社会意识形态领域中的作用更加重要了;一方面也表明史学所反映出来的历史文化传统,即使在分裂割据时期,仍然是联结人们思想的纽带。[①] 而这种纽带所赖以形成的内在思想依据,无疑是"正朔"论与史学本身所具有的历史延续性的有机互动。

魏晋南北朝时期史学发展意识得到强化的第二方面的表现,是史学著作中关于"正朔"论的认识,都无一例外地具有历史发展延续性观念。

据《三国志》裴松之注所载,魏文帝曹丕代汉之初,以受禅于汉,因循汉正朔弗改。明帝在东宫时,"以为五帝三王虽同气共祖,礼不相袭,正朔自宜改变,以明受命之运",即位后,"史官复著言宜改,乃诏三公、特进、九卿、中郎将、大夫、博士、议郎、千石、六百石博议,议者或不同"。明帝乃据古典,甲子诏曰:"夫太极运三辰五星于上,元气转三统五行于下,登降周旋,终则又始。故仲尼作《春秋》,于三微之月,每月称王,以明三正迭相为首。今推三统之次,魏得地统,当以建丑之月为正月。考之群艺,厥义章矣。其改青龙五年三月为景初元年四月。"[②]在这段记载之下,裴松之还旁征博引,作了一段关于"魏为土行,故服色尚黄"的议论,在随后的注文中,裴松之又引《魏书》所载诏书以证明说:"盖帝王受命,莫不恭承天地以章神明,尊祀世统以昭功德。故先代之典既著,则禘郊祖宗之制备也。昔汉氏之初,承秦灭学之后,采摭残缺,以备郊祀,自甘泉后土、雍宫五畤,神祇兆位,多不见经,是以制度无常,一彼一此,四百余年,废无禘祀。古代之所更立者,遂有阙焉。"[③]我们在这里引用这几段史料,是为了揭示魏晋南北朝时期历史及史学发展中,人们对历史运动的辩证观念

① 参见瞿林东:《中国史学史纲》,北京出版社1999年版,第234页。

② 陈寿:《三国志》卷三《魏书·明帝纪》裴松之注引《魏书》,中华书局1959年版,第108页。

③ 以上均见陈寿:《三国志》卷三《魏书·明帝纪》裴松之注,中华书局1959年版,第108、110页。

的认识与阐发。首先,这种观念体现在时人对于历史发展的延续性的认识。即通过对“五德终始”说的阐发,表明政治统治在天运上的合法性;并通过引经据典,对前代礼制的剖析,以为这种合法性作进一步的证明。其次,这种观念还体现在对“礼不相袭”“制度无常,一彼一此”的认识,表明魏晋时期人们对制度沿革上的继承与变革的辩证看法。再次,《三国志》作者陈寿及其注者裴松之对此类史实的关注与解释,又从一个侧面反映出这一时期史家在正朔及历史发展延续性问题上的认识水平。

关于上述这段改正朔的争论,《宋书·礼志》是这样记载的:魏文帝虽受禅于汉,而以夏数为得天,故黄初元年诏曰:“孔子称‘行夏之时,乘殷之辂,服周之冕,乐则《韶舞》。’此圣人集群代之美事,为后王制法也。《传》曰‘夏数为得天’。朕承唐、虞之美,至于正朔,当依虞、夏故事。若殊徽号,异器械,制礼乐,易服色,用牲币,自当随土德之数。每四时之季月,服黄十八日,腊以丑,牲用白,其饰节旄,自当赤,但节幡黄耳。其余郊祀天地朝会四时之服,宜如汉制。宗庙所服,一如《周礼》。”魏明帝曹叡即位之初,便有改正朔之意,而大臣朝议,意见多分歧,相持未决。在这种情况下,明帝乃下诏曰:“黄初以来,诸儒共论正朔,或以改之为宜,或以不改为是,意取驳异,于今未决。朕在东宫时闻之,意常以为夫子作《春秋》,通三统,为后王法。正朔各从色,不同因袭。自五帝、三王以下,或父子相继,同体异德;或纳大麓,受终文祖;或寻干戈,从天行诛。虽遭遇异时,步骤不同,然未有不改正朔,用服色,表明文物,以章受命之符也。由此言之,何必以不改为是邪!”侍中高堂隆力主改正朔,此次朝议之争遂以明帝改元太和为结束。青龙五年(237年),由于“山茌县言黄龙见”,明帝再次改动正朔,其理由为:“虽炎、黄、少昊、颛顼、高辛,唐、虞、夏后,世系相袭,同气共祖,犹豫昭显所受之运,著明天人去就之符,无不革易制度,更定礼乐,延群后,班瑞信,使之焕炳可述于后也。至于正朔之事,当明示变改,以彰异代,曷疑其不然哉!”[1]通观这些历史记载,无论是魏文帝曹丕“集群代之美事”、“如汉

① 沈约:《宋书》卷一四《礼志一》,中华书局1974年版,第328—330页。

制”的做法,还是魏明帝曹叡借先帝“革易制度”、孔子“为后王法”的事实,为改正朔寻求理论依据的做法,都是在力图运用历史(具体地说是对先人的礼制)知识与史学知识,来为当时的行为合理性作恰当的解释,这种解释的内在思路,同样也是以历史与史学发展的延续性为前提的。在这一点上,《宋书》的作者沈约与裴松之是一致的。于此,我们可以大概推知这一时期汉族贵族为主所建皇朝及其史家在接续传统礼制与正朔方面的努力。

作为少数民族第一部正史,《魏书》在“正朔”论上有多方面的特点。这里要强调指出的,是它在继承中原文化方面的自觉性。在开篇中,它是这样描述拓跋族的历史的:“昔黄帝有子二十五人,或内列诸华,或外分荒服,昌意少子,受封北土,国有大鲜卑山,因以为号。其后,世为君长,统幽都之北,广漠之野,畜牧迁徙,射猎为业,淳朴为俗,简易为化,不为文字,刻木纪契而已。世事远近,人相传授,如史官之纪录焉。黄帝以土德王,北俗谓土为托,谓后为跋,故以为氏。其裔始均,入仕尧世,逐女魃于弱水之北,民赖其勤,帝舜嘉之,命为田祖。爰历三代,以及秦汉,獯鬻、猃狁、山戎、匈奴之属,累代残暴,作害中州,而始均之裔,不交南夏,是以载籍无闻焉。积六十七世,至成皇帝讳毛立,聪明武略,远近所推,统国三十六,大姓九十九,威振北方,莫不率服。”①从今天的眼光来看,这种记载没有什么可信的文献依据,因而是不足为凭的,但其中所蕴含的思想意识却值得重视,即当时的少数民族割据政权,力图通过史书撰述活动,将自身历史与中原文明起始阶段的人或事联系起来,以表明在政治统治上的正统地位。与此相联的是,对其他与自身地位相当的少数民族及其政权,必然要作诋毁、贬低,以之为中原文明的旁支甚至异类。《魏书》将东晋皇朝称为“僭”,称宋、齐、梁为“岛夷”,是分别从政治统治与文化发展程度方面入手,说明北魏是中原先进文化的继承者;它在诸志中或追叙两汉沿革,或引两汉魏晋制度为依据,也是为了表明北魏在典章制度上与先前这些皇朝的连贯性,等等。

---

① 魏收:《魏书》卷一《序纪》,中华书局1974年版,第1页。

另据《魏书·礼志》记载，北魏太和十四年（491年），朝议北魏当继何朝、为何德，此为据“五德终始”说以定正朔。朝中重臣就此展开了激烈的争论。主张继秦德者有之，主张继晋德者亦有之。其具体内容，事实上已经超出了传统的“五德终始”说，而是将影响历史进程的诸多因素考虑在内了。这一点下文将有所涉及。这里要指出的，是这一历史事件本身所反映出来的思想观念，即少数民族及其政权对汉族千百年来形成的关于历史发展的延续性观念的继承与阐发；在讨论中，秘书丞李彪、著作郎崔光等对中书监高闾所议魏继秦来的观点提出疑义：“臣职掌国籍，颇览前书，惜此正次，慨彼非绪。辄仰推帝始，远寻百王。魏虽建国君民，兆眹振古，祖黄制朔，绵迹有因。然此帝业，神元为首。案神元、晋武，往来和好。至于桓、穆，洛京破亡。二帝志摧聪、勒，思存晋氏，每助刘琨，申威并冀。是以晋室衔扶救之仁，越石深代王之请。平文、太祖，抗衡苻石，终平燕氏，大造中区。则是司马祚终于郏鄏，而元氏受命于云代。盖自周之灭及汉正号，几六十年，著符尚赤。后虽张、贾殊议，暂疑而卒从火德，以继周氏。排虐嬴以比共工，蔑暴项而同吴广。近蠲谬伪，远即神正，若此之明也。宁使白蛇徒斩，雕云空结哉！自有晋倾沦，暨登国肇号，亦几六十余载，物色旗帜，率多从黑。是又自然合应，玄同汉始。且秦并天下，革创法度，汉仍其制，少所变易。犹仰推五运，竟踵隆姬。而况刘、石、苻、燕，世业促褊，纲纪弗立。魏接其弊，自有彝典，岂可异汉之承木，舍晋而为土邪？夫皇统崇极，承运至重，必当推协天绪，考审王次，不可杂以僭窃，参之强狡。神元既晋武同世，桓、穆与怀、愍接时。晋室之沦，平文始大，庙号太祖，抑亦有由。绍晋定德，孰曰不可，而欲次兹伪僭，岂非惑乎？”①这段议论的核心，在于政治统治之“统”的接续应遵循何种原则，高闾主张以地域为原则，李彪等则主张以历史上的政治联系密切程度为原则，其中还隐含了以先进的文化程度为原则的认识。这是传统的以历史延续性出发定正朔的认识的一种新的表现，其外在的理论形式仍然是五德终始，内在的理论内核却已具有了更多的客观因素。而在论述自己的

① 魏收：《魏书》卷一〇八之一《礼志四之一》，中华书局1974年版，第2745—2746页。

观点的过程中,史臣提出的“臣职掌国籍,颇览前书”与“仰推帝始,远寻百王”的理论依据表明,在制定当时被认为是国家大事的礼制时,少数民族政权不仅在历史方面接续了汉族政权的传统,而且在史学方面也继承了汉族的传统,以前史之记载作为争天下“正朔”的理论依据。由此我们可以看到,在中国历史上自古以来就存在的历史延续性观念,在魏晋南北朝时期通过“正朔”论的发展,体现为两个方面的理论形态:一是历史发展之“统”,即对前代相关历史观念的继承与发展;二是史学发展之“统”,即对前代相关史学观念的继承与发展。由于这一历史时期特殊的时代背景,即边地少数民族在政治、经济各方面的大发展及其对中原地区的渗透,上述两方面的表现具有了更为突出的政治与历史意义。

如果说,上述诸例都是着重从历史的角度对前代正朔论的有意识继承的话,那么,北魏孝文帝时,史臣李彪与高祐上表请修国史的事实,就是从史学的角度强调政治之正朔的典型例证:“臣等闻典谟兴,话言所以光著;载籍作,成事所以昭扬。然则《尚书》者记言之体,《春秋》者录事之辞。寻览前志,斯皆言动之实录也。夏殷以前,其文弗具。自周以降,典章备举。史官之体,文质不同;立书之旨,随时有异。至若左氏,属词比事,两致并书,可谓存史意,而非全史体。逮司马迁、班固,皆博识大才,论叙今古,曲有条章,虽周达未兼,斯实前史之可言者也。至于后汉、魏、晋咸以放焉。惟圣朝创制上古,开基《长发》,自始均以后,至于成帝,其间世数久远,是以史弗能传。臣等疏陋,忝当史职,披览《国记》,窃有志焉。愚谓自王业始基,庶事草创,皇始以降,光宅中土,宜依迁、固大体,令事类相从,纪传区别,表志殊贯,如此修缀,事可备尽……然后大明之德功,光于帝篇;圣后之勋业,显于皇策。佐命忠贞之伦,纳言司直之士,咸以备著载籍矣。”①孝文帝从之。宣武帝即位后,李彪再次上表,请求接续自《尚书》以来的史书撰述传统:“唯我皇魏之奄有中华也,岁越百龄,年几十纪……窃谓史官之达者,大则与日月齐明,小则与四时并茂。其大者孔

① 魏收:《魏书》卷五七《高祐传》,中华书局1974年版,第1260—1261页。

子、左丘是也，小者史迁、班固是也。故能声流于无穷，义昭于来裔。是以金石可灭而流风不泯者，其唯载籍乎……史职不修，事多沦旷，天人之际，不可须臾阙载也……窃寻先朝赐臣名彪者，远则拟汉史之叔皮，近则准晋史之绍统，推名求义，欲罢不能，荷恩佩泽，死而后已。”①这两封上书，其共同之处首先在于都强调了“载籍”即史书与史官在保存史事、阐扬流风中的极端重要性；其次在于两者都强调了自《尚书》以来的史书撰述之“统”的延续性，主张当朝的统治者有义务继续这种传统，以使“声流于无穷，义昭于来裔”，并使自“圣朝创制”以来的历史“备著载籍”。其共同的认识，则是以北魏为接续夏、殷、周、汉、魏、晋等中原皇朝的正统，同时以与其对立的东晋、宋、齐等南方朝廷为“伪”。这一正朔论的鲜明特点，与北魏政权的民族性质及史家的汉族身份相结合看，其历史意义尤为突出。

三、异见纷呈的“正朔”之说

如前所述，正朔论产生与发展的内在思路，其核心都是为某一政权的合法性提供理论基础。但在中国史学发展的不同时期，其表现形态随着历史发展的特点而有所不同。在中国早期的历史观念、史学发展中，对正朔论的阐发，大都通过两种方式进行：一是阐说天命。其主要表现是运用“五德终始”说或“天人相应”理论来论证封建政权的合法性；二是探究当代统治者与先圣的种种联系，如血缘等，以证明当朝统治的合法性。由于在早期的历史观念中，先圣作为一种有着超人能力与品德的代表，往往集中了人们观念中政治理想人物的所有完美品格，具有了神的某些特征，因而，上述两个方面往往又是相互交叉、难以截然分开的。这就使得中国史学在早期关于正朔论的认识中，对历史延续性的论证给予了极大的关注。但与此同时，这种关于历史延续性的认识，强调的又不仅仅是一种简单地重复过去，而是在继承的基础上的发展与前进。如“五德终始”说与“三正”说，本身就是一种关于连续的变化的理论，只不过它在理论上包含了

---

① 魏收：《魏书》卷六二《李彪传》，中华书局 1974 年版，第 1394—1397 页。

大量神秘的循环论的成分而已。孔子遵从周礼编著《春秋》,并非泥古,而是根据春秋时期政治形势的实际,制定了一套令"乱臣贼子惧"的史学义例。司马迁撰《史记》,"以求亲媚于主上",以保存当朝统治者的文治武功为己任,其理论上的根据是"汉兴,承敝易变,使人不倦,得天统矣"①,以"承敝易变,使人不倦"作为"得天统",进而得到政治上正统地位的前提。至魏晋南北朝隋唐时期,史学本身的发展使得"正朔"论又体现出新的时代特征。其中最重要者,莫过于从新的更多的角度入手,阐发政治上之正统。

三国鼎立时期,蜀后主刘禅初立,政局不稳,建兴元年(223 年),魏司徒华歆、司空王朗、尚书令陈群、太史令许芝、谒者仆射诸葛璋等奉命递书诸葛亮,"陈天命人事,欲使举国称藩"。诸葛亮作《正议》一篇予以驳斥:

> 昔在项羽,起不由德,虽处华夏,秉帝者之势,卒就汤镬,为后永戒。魏不审鉴,今次之矣;免身为幸,戒在子孙。而二三子各以耆艾之齿,承伪指而进书,有若崇、竦称莽之功,亦将逼于元祸苟免者邪!昔世祖之创迹旧基,奋羸卒数千,摧莽强旅四十余万于昆阳之郊。夫据道讨淫,不在众寡。及至孟德,以其谲胜之力,举数十万之师,救张郃于阳平,势穷虑悔,仅能自脱,辱其锋锐之众,遂丧汉中之地,深知神器不可妄获,旋还未至,感毒而死。子桓淫逸,继之以篡。纵使二三子多逞苏、张诡靡之说,奉进驩兜滔天之辞,欲以诬毁唐帝,讽解禹、稷,所谓徒丧文藻、烦劳翰墨者矣。夫大人君子之所不为也。又《军诫》曰:"万人必死,横行天下。"昔轩辕氏整卒数万,制四方,定海内,况以数十万之众,据正道而临有罪,可得干拟者哉!②

这番慷慨陈词强调了政治运动中"德"与"道"的根本性作用,而它们又是与"神器"这一天命因素密切联系的。在这里,诸葛亮还否定了地域在决定正朔问题中的决定性作用。由于蜀在政治上以汉朝的继承者自居,因而在正朔问题的认识上,也必然要沿袭汉代儒家的认识,以"道德"这一

① 司马迁:《史记》卷一《高祖本纪》,中华书局 1959 年版,第 394 页。

② 陈寿:《三国志》卷三五《蜀书·诸葛亮传》裴松之注,中华书局 1959 年版,第 918—919 页。

相对空泛的概念立论,而对古已有之的一统观念避而不谈。但分裂割据的事实已经形成,而且在短时间内也不可能有根本的变化,在这种情况下,“正朔”论的内容与形式必将发生相应的改变。这种改变体现在社会思想领域的诸多方面,在史学发展方面,它主要表现于史书立目、史书断限、具体理论认识等方面。

三国鼎立局面结束之后,魏、蜀、吴三者何为正,成为西晋与南北朝史学中的重要议题。王鸣盛《十七史商榷》认为,左思《三都赋》即为抑吴、蜀,申魏都而作,“以晋承魏统耳”①。此为文学上“正朔”论之表现。这种观念在两晋时期颇为流行,其原因不外乎它更便于从历史延续性的角度对当朝政治统治合法性作论证而已。西晋统一后,对于其史宜断自何年,史家们颇费了一番思量,《晋书·贾谧传》对此是这样记载的:

> 先是,朝廷议立晋书限断,中书监荀勖谓宜以魏正始起年,著作郎王瓒欲引嘉平已下朝臣尽入晋史,于时依违未有所决。惠帝立,更使议之。谧上议,请从泰始为断。于是事下三府,司徒王戎、司空张华、领军将军王衍、侍中乐广、黄门侍郎嵇绍、国子博士谢衡,皆从谧议。骑都尉济北侯荀畯、侍中荀藩、黄门侍郎华混以为宜用正始开元。博士荀熙、刁协谓宜嘉平起年。②

关于这场参与人数众多的讨论,后代史家束皙有一个十分中肯的分析:“恐晋朝之议,是并论受命之元,非止代终之断也。”③这一分析精辟地指出了所谓史书断限之争与政治上的正朔之间的必然联系。这说明,西晋史家仍然是以历史的延续性作为讨论正朔问题的一个基本前提。因而在这场讨论中,“汉—魏—晋”的传承关系没有人提出疑问。但其后不久,习凿齿就这一传承关系提出了新的认识。在东晋皇朝衰微、桓温“觊觎非望”的情况下,他作《汉晋春秋》,以蜀为正统,起汉光武,终于晋愍帝,以纠《三国志》之失,是为本着不同的正统观念改撰史

① 王鸣盛:《十七史商榷》卷五一《三江扬都》,中国书店 1987 年版,卷五一第 3a 页。

② 房玄龄等:《晋书》卷四〇《贾谧传》,中华书局 1974 年版,第 1173—1174 页。

③ 魏徵等:《隋书》卷四二《李德林传》,中华书局 1973 年版,第 1197 页。

书之始。从书名上来看,他主张以晋继汉,否认三国在历史上的正统地位。为证明己说,他撰写了著名的《晋承汉统论》。文章以问答形式写成,从理论上回答了时人这样两个疑问,一是:“魏武帝功盖中夏,文帝受禅于汉,而吾子谓汉终有晋,岂实理乎?”二是“魏之见废,晋道亦病,晋之臣子宁可以同此言哉!”即从历史发展的顺序来看,魏是汉朝事实上的继承者;而从史学为政治服务的角度来看,若否定了魏的地位,由之而来的晋也必然被置于尴尬的境地。这两个问题提出的思路,从政治与史学两个方面来看,都是本章上节所言的历史延续性,即从历史发展的先后顺序来考虑问题,提出观点。对此,习凿齿从以下几个方面给予了回答:

第一,自己立论的目的是为了提高晋的地位。“此乃所以尊晋也,但绝节赴曲,非常耳所悲,见殊心异,虽奇莫察”。

第二,以三国时期为乱世,因而仍属汉末,不能为独立的历史阶段。“昔汉氏失御,九州残隔,三国乘间,鼎跱数世,干戈日寻,流血百载,虽各有偏平,而其实乱也”,“自汉末鼎沸五六十年,吴魏犯顺而强,蜀人杖正而弱,三家不能相一,万姓旷而无主”。在这种情况下,司马氏自“宣皇帝”司马懿起,“势逼当年,力制魏氏”,在魏武之后,又“南擒孟达,东荡海隅,西抑劲蜀,旋抚诸夏,摧吴人入侵之锋,扫曹爽见忌之党”。景帝司马师、文帝司马昭继之,进一步巩固其地位,“克伐贰违,以定厥庸,席卷梁益,奄征西极”;至武帝司马炎“遂并强吴,混一宇宙,乂清四海,同轨二汉”。至此,汉末之乱局才可以称得上结束,“除三国之大害,静汉末之交争,开九域之蒙晦,定千载之盛功”。如果以晋承魏,“自托纯臣”,就等于降低了晋在历史上的地位,“岂不惜哉”!

第三,从政治功业上否定魏。“今若以魏有代王之德,则其道不足;有静乱之功,则孙、刘鼎立。道不足则不可谓制当年,当年不制于魏,则魏未曾为天下之主;王道不足于曹,则曹未始为一日之王矣。昔共工伯有九州,秦政奄平区夏,鞭挞华戎,专总六合,犹不见序于帝王,沦没于战国,何况暂制数州之人,威行境内而已,便可推为一代者乎!”

第四,从道义上为“晋尝事魏”作开脱。“若以晋尝事魏,惧伤皇德,拘惜禅名,谓不可割,则惑之甚者也。何者?隗嚣据陇,公孙帝蜀,蜀、陇之人虽服其役,取之大义,于彼何有!且吴楚僭号,周室未亡,子文、延陵不见贬绝。宣皇帝官魏,逼于性命,举非择木,何亏德美?禅代之义,不同尧舜,校实定名,必彰于后,人各有心,事胡可掩!定空虚之魏以屈于己,孰若杖义而以贬魏哉!”而从历史上来看,晋相比于魏,更可称得上是汉之功臣,“宣皇祖考立功于汉,世笃尔劳,思报亦深。魏武超越,志在倾主,德不素积,义险冰薄,宣帝与之,情将何重!虽形屈当年,意申百世,降心全己,愤慨于下,非道服北面,有纯臣之节,毕命曹氏,忘济世之功者也。”

第五,从历史经验的总结中得出结论:“夫成业者系于所为,不系所藉;立功者言其所济,不言所起。”他从汉代历史入手,回顾刘邦创业的故事:“汉高禀命于怀王,刘氏乘毙于亡秦,超二伪以远嗣,不论近而计功,考五德于帝典,不疑道于力政,季无承楚之号,汉有继周之业,取之既美,而己德亦重故也。”在此基础上,进一步举例说:“凡天下事有可借喻于古以晓于今,定之往昔而足为来证者。当阳秋之时,吴、楚二国皆僭号之王也,若使楚庄推鄢郢以尊有德,阖闾举三江以奉命世,命世之君、有德之主或藉之以应天,或抚之而光宅,彼必自系于周室,不推吴、楚以为代明矣。”这事实上表明了习凿齿的如下认识:晋之得天下,一方面来自于“积勋累功,静乱宁众”的政治功业,一方面来自于“数之所录,众之所与”的天人相协的政治运数,而与其他因素关联不大,“不资于燕哙之授,不赖于因藉之力”,因而能够“长辔庙堂,吴、蜀两毙,运奇二纪而平定天下,服魏武之所不能臣,荡累叶之所不能除”。

至此,习凿齿笔锋一转,又回到最初立论的角度阐说己意:“夫有定天下之大功,为天下之所推,孰如见推于暗人,受尊于微弱?配天而为帝,方驾于三代,岂比俯首于曹氏,侧足于不正?即情而恒实,取之而无惭,何与诡事而托伪,开乱于将来者乎?是故故旧之恩可封魏后,三恪之数不宜见列。以晋承汉,功实显然,正名当事,情体亦厌,又何为虚尊不正之魏而亏我道于大通哉!”“今子不疑共工之不得列于帝王,不嫌汉之系周而不系秦,何至于一魏犹疑滞而不化哉!夫欲尊其君而不知推之于尧舜之道,欲重其国而反厝之于不胜之地,岂君子之高义!"①

习凿齿此番长论,其立意固然如他所说,是为了更好地阐发晋之正统地位。但在论述过程中,他事实上提出了一系列与前代的"正朔"论有所不同的观念。第一,以统一作为判断正朔的依据。他认为三国时期不能算作独立的历史时期,即以此为据,所谓"三家不能相一,万姓旷而无主"是也。而且,通过"吴魏犯顺而强,蜀人杖正而弱"的认识,事实上否定了传统的以历史延续性为判断正朔的根据这一认识,即虽有传承之"正"但无统一之"实",仍不得为正朔;第二,在重视政治功业的同时,也重视统治者的"德运",以作为论正统的次要因素,即"为天下之所推","数之所录,众之所与",同样对决定正朔起着重要的历史作用;第三,重视运用历史事实,为自己的观点提供佐证。这与历史上的统治者及史家单纯从历史延续性角度入手,去理解、引用史实,有着很大的不同。这三个方面的新意,固然与传统的历史思想、史学思想不能作截然相异的理解,其中的具体理论观点,也没有超出传统儒家的思想框架,但与前代的"正朔"论相比,它的确提供了一种认识、判断正朔的全新思路。它标志着史学在更大的程度上服务于现实政治的自觉意识的进一步发展,同时也标志着史学思想本身在随着客观物质条件变化而变化的同时,逐渐地体现出与其他学科不同的特点,不断地向着丰富多样与相对独立的层面发展。

四、民族与"正朔"问题的相互交织

在当时纷纷扰扰的讨论中,少数民族政权也有着自己的看法。早在天兴三年(400 年)底,拓跋珪就在诏书中说过这样一段话:"《春秋》之义,大一统之美,吴、楚僭号,久加诛绝,君子贱其伪名,比之尘垢。自非继圣载德,天人合会,帝王之业,夫岂虚应。历观古今,不义而求非望者,徒丧其保家之道,而伏刀锯之诛。有国有家者,诚能推废兴之有期,

---

① 房玄龄等:《晋书》卷八二《习凿齿传》,中华书局 1974 年版,第 2155—2158 页。

审天命之不易,察征应之潜授,杜竞逐之邪言,绝奸雄之僭肆,思多福于止足,则几于神智矣。如此,则可以保荣禄于天年,流余庆于后世。夫然,故祸悖无缘而生,兵甲何因而起?凡厥来世,勖哉戒之,可不慎欤!”①这实际上是借讲天命,突出了大一统的认识。

北魏孝文帝太和十四年(490年)八月下诏,令群臣讨论五德异同:“丘泽初志,配尚宜定,五德相袭,分叙有常。然异同之论,著于往汉,未详之说,疑在今史。群官百辟,可议其所应,必令合衷,以成万代之式。”中书监高闾在参与这场讨论时,提出了关于正朔的认识:

> 帝王之作,百代可知,运代相承,书传可验。虽祚命有长短,德政有优劣,至于受终严祖,殷荐上帝,其致一也。故敢述其前载,举其大略。臣闻居尊据极,允应明命者,莫不以中原为正统,神州为帝宅。苟位当名全,化迹流洽,则不专以世数为与夺,善恶为是非。故尧舜禅揖,一身异尚;魏晋相代,少纪运殊。桀纣至虐,不废承历之叙;厉惠至昏,不阙周晋之录……魏承汉,火生土,故魏为土德。晋承魏,土生金,故晋为金德。赵承晋,金生水,故赵为水德。燕承赵,水生木,故燕为木德。秦承燕,木生火,故秦为火德。秦之未灭,皇魏未克神州,秦氏既亡,大魏称制玄朔。故平文之庙,始称“太祖”,以明受命之证,如周在岐之阳。若继晋,晋亡已久;若弃秦,则中原有寄。推此而言,承秦之理,事为明验……又秦赵及燕,虽非明圣,各正号赤县,统有中土,郊天祭地,肆类咸秩,明刑制礼,不失旧章。奄岱逾河,境被淮汉。非若龌龊边方,僭拟之属,远如孙权、刘备,近若刘裕、道成,事系蛮夷,非关中夏。伏惟圣朝,德配天地,道被四海,承乾统历,功侔百王。光格同于唐虞,享祚流于周汉,正位中境,奄有万方。今若并弃三家,远承晋氏,则蔑中原正次之实。存之无损于此,而有成于彼;废之无益于今,而有伤于事。②

表面上看来,高闾所论是以不同的政权与五德相比附,最后推论北魏当

---

① 魏收:《魏书》卷二《太祖纪》,中华书局1974年版,第37页。

② 魏收:《魏书》卷一〇八之一《礼志四之一》,中华书局1974年版,第2744—2745页。

继何朝、为何德，与前代的诸种“五德终始”说没有本质的差别。但在这种比附的过程中，他也贯穿了一条重要的原则：“居尊据极，允应明命者，莫不以中原为正统，神州为帝宅”，即以政治统治的核心区域是否居于中原地带为判定正朔的关键因素。他甚至进一步提出，只要“位当名全”，“化迹流洽”，正朔问题与“世数”，包括儒家极为看重的善恶，都可以没有必然的联系。依此标准，他认为北魏当继秦而来，而不是如大多数人所认为的那样继晋而来，因为秦、赵及燕，虽然在政治上“非明圣”，自命正统，但“统有中土”，“奄岱逾河，境被淮汉”，加之“明刑制礼，不失旧章”，所以可称“正号赤县”。而三国时期的吴、蜀及南朝的宋、齐，因为处于“龌龊边方”，“事系蛮夷，非关中夏”，所以与正朔无缘。高闾此论，一方面与传统的以“道统”或“治统”或“道德”的延续性言正统的观念相异，一方面也是当时南北对立、民族冲突的现实的反映。但他的提法受到了秘书丞李彪、著作郎崔光的明确反对。群臣经过数月讨论，认为“彪等职主东观，详究图史，所据之理，其致难夺”，多数赞同后者意见，以魏继晋德，孝文帝也表示“朝贤所议，岂朕能有违夺。便可依为水德，祖申腊辰”。[①] 这说明，传统的正朔论依然在政治与学术上占有主导地位。但从“正朔”论的角度来看，高闾提出的认识，无疑为传统的理论认识注入了新的积极因素。

在继北魏而来的北齐，魏收在《魏书》中对传统儒家的思想加以发挥，进一步提出了关于大一统的认识。

> 夫帝皇者，配德两仪，家有四海，所谓天无二日，土无二王者也。三代以往，守在海外，秦吞列国，汉并天下。逮桓灵失政，九州瓦裂，曹武削平寇难，魏文奄有中原，于是伪孙假命于江吴，僭刘盗名于岷蜀。何则？戎方椎髻之帅，夷俗断发之魁，世崇凶德，罕闻王道，扇以跋扈，忻从放命。加以中州避地，华士违仇，思托号令之声，念邀风尘之际。因虞候隙，仍相君长，偷名窃位，胁息一隅。至乃指言井络，假上帝之祉；妄说黄旗，云人君之气。论土不出江汉，

① 魏收：《魏书》卷一〇八之一《礼志四之一》，中华书局 1974 年版，第 2745—2747 页。

语地仅接褒斜,而谓握皇符,秉帝籍,三分鼎立,比踪王者。溺人必笑,其在兹乎？若是鳖灵可拟于周王,夫差容比于汉祖,尉他定黄屋之尊,子阳成绾玺之贵,岂其然哉？及钟会一将之威,士治偏师之势,而使骡车西至,侯盖北首,天人弗许,断可知焉。

晋年不永,时逢丧乱,异类群飞,奸凶角逐,内难兴于戚属,外祸结于藩维。刘渊一唱,石勒继响,二帝沉沦,两都倾覆。徒何仍衅,氐羌袭梗,夷楚喧聒于江淮,胡虏叛换于瓜凉,兼有张赫山河之间,顾恃辽海之曲。各言应历数,人谓迁图鼎。或更相吞噬,迭为驱除;或狼戾未驯,俟我斧钺。

太祖奋风霜于参合,鼓雷电于中山,黄河以北,靡然归顺矣。世祖睿略潜举,灵武独断,以夫僭伪未夷,九域尚阻,慨然有混一之志。既而戎车岁驾,神兵四出,全国克敌,伐罪吊民,遂使专制令、擅威福者,西自流沙,东极沧海,莫不授馆于东门,悬首于北阙矣。

……魏德虽衰,天命未改,援坠扶危,齐武电发,屈身宰世,大济横流。①

魏收在此处主要采纳了《春秋公羊传》大一统之说,“天无二日,土无二王”是其正统之说的基本出发点,与此相应,所谓“正”的标准即是“吞列国”、“并天下”,否则只能是“偷名窃位”之徒。从这个角度上说,他认可西晋为魏晋时期最初的正统所在,而其他的割据政权由于在地域、文化上不能与中原相抗衡,故而不得为正,“天人弗许,断可知矣”。而在晋统丧失、天下离心的情况之下,拓跋氏是当然的一统局面者,“天道人事,卒有归焉”。魏收对正统僭伪的这一番讨论,虽然更系统地体现了他在民族史观上主张夷夏之辨、在正统问题上出奴入主的特点,但这种以功业言正统的思路,在当时有其明显的政治与现实意义。从史学观念的变迁来看,它一方面对传统的大一统思想作了新的阐扬,使其与政治上的“正朔”直接联系起来,一方面在客观上也起到了淡化夷夏之辨的历史作用。

魏晋南北朝时期,史学中关于正朔的争论,还有一个新的特点,就是

① 魏收:《魏书》卷九五卷首序,中华书局1974年版,第2041—2043页。

将民族因素纳入争“天下之统”的讨论范围,这是由当时的历史形势所决定的。在这方面,魏晋南北朝时期的正史在立目、叙事、评价等方面都有着明显的表现。这一点在本书第四章已有较详细的论述,此不赘述。

在传统的“正朔”论的特征依然存在,同时又出现了新的认识的情况下,随着政治局面由分裂重新走向统一,史学由多途发展走向更高层次的繁荣,隋唐时期史学对“正朔”论的探讨有了更大的进展。

第三节　多民族统一的政治格局与“正朔”论的新发展

一、对历史连续性的继续关注

随着五行、历法、礼制等在阐说正朔方面越来越不具有充分的说服力,至隋唐时期,人们对正朔的认识,已经更多地从正统的角度立论,更为看重实际的政治功业、道德品质等人的因素,天人相应的色彩已经愈来愈淡了。事实上,正如本章第二节所分析的那样,这一进程早在魏晋南北朝割据分裂、难以接续传统的“正朔”之时,就已经开始了。这与中国思想史的变化、发展轨迹是吻合的,也是中国古代史学理论对客观历史进程探讨的必然结果。

隋朝由于短祚,对其在“正朔”问题上的认识,今天难以有明确的结论,但通过当时的一些史料,还是可以大致推断其基本特征。如隋炀帝时,裴矩在“寻讨书传,访采胡人,或有所疑,即详众口”的基础上,撰成“纵横所亘,将二万里”的《西域图记》三卷,①入朝奏之。裴矩的撰述思想,固然是一种开疆拓土的观念,但他由此而在政治上受到重用,以及隋炀帝按其建议所推行的一系列政策,都从一个侧面反映出隋代统治者及

① 魏徵等:《隋书》卷六七《裴矩传》,中华书局1973年版,第1579页。

其史家致力于大一统的实现的基本目标。

唐代是一个在政治、经济、文化各方面都具有里程碑意义的封建政权。这种历史意义，集中地体现于它达到了我国整个封建社会发展的鼎盛时期；其具体表现则是唐皇朝所采取的许多政策措施，所获得的经济文化成就与历史地位，都起到了承前启后的重要作用。在这种时代背景之下，唐代史学也呈现出前所未有的宏大气象与理论成就。这种成就首先在于唐代修成的正史达到了八部，占我国正史总数的三分之一；其次则在于唐代史学所体现的历史观念与史学观念，一方面开始摆脱魏晋南北朝以后史学站在不同政治立场上出奴入主的主观色彩，一方面也承接了魏晋以后史学与其他学科尤其是经学逐渐分离的趋势，出现了专门的史学理论著作。从“正朔”论来看，这一时期的特点主要体现于如下三个方面：一是对传统的以“五德终始”论正朔的继承；二是对魏晋以来关于正朔的认识的总结与发展；三是结合唐代新的政治局势，对“正朔”论作出新的解释。具体地说，有唐一代，其在“正朔”论上所取得的积极进展主要在于民族与正朔问题在理论上开始分离。这是唐代“正朔”论最突出的进步。

隋朝短祚，在史学上的贡献也有限。但从统治集团所表现出来的意识来看，在历史撰述与历史思想方面还是有着明显的接续前代的自觉认识，隋朝史学也因此而体现出鲜明的政治干预的色彩。这一时期史学上的大事，一是开皇十三年(593年)关于禁绝民间“撰集国史、臧否人物”①的诏书，这说明了新的大一统的历史条件下，封建统治者对历史与史学传统的高度重视及为之采取的相应措施，史学自此被更加严格地置于政治控制之下；二是《汉书》学的兴盛。如前所述，由于《汉书》在阐扬大一统方面着力更多，在宣扬封建皇帝的文治武功方面更具有典范的作用，因而在魏晋南北朝国家分裂的情况下得到了空前的重视，其地位也不断提高。隋统一后，发扬了这一史学传统，《汉书》学成为国学，这反映出隋朝统治者对汉朝大一统局面及其历史撰述的重视，同时也反映出他们对与之相关的“正朔”问题的基本态度，即隋是继汉朝以来的统一的中央集权的强

① 魏徵等：《隋书》卷二《高祖纪下》，中华书局1973年版，第38页。

大皇朝;三是隋文帝杨坚"以魏收所撰书,褒贬失实,平绘为《中兴书》,事不伦序,诏澹别成《魏史》"①。这在隋代史学中是一件重要的事情,在反映其正朔观念方面也较有代表性,兹分析如下:

第一,《魏书》作为我国历史上第一部少数民族正史,在其后的史学发展中多被指摘,而隋文帝杨坚以之"褒贬失实",说明主要是对它的观念不赞同,而所谓褒贬,其核心无疑是政治上的是非判断。刘知幾在《史通》中就认为,"至隋开皇,敕著作郎魏澹与颜之推、辛德源更撰《魏书》,矫正收失。澹以西魏为真,东魏为伪,故文、恭列纪,孝靖称传。合纪、传、论例,总九十二篇"②。也就是说,改作之后的《魏书》,最大的变化在于真伪问题上的认识。依修撰魏史的传统,改撰《魏书》,一方面是对前代史学工作与史学意识的继承,一方面也是本着不同的正统观念修史的表现。

第二,据史书记载,澹书成而隋文帝"览而善之"③。从今天所保留下来的新的《魏史》义例来看,其与魏收《魏书》的不同之处主要在于如下几个方面:一是"讳皇帝名,书太子字,欲以尊君卑臣,依《春秋》之义",改正自班固以后在皇帝、太子称呼上的不妥做法;二是纠正《魏书》"太祖远追二十八帝,并极崇高,违尧、舜宪章,越周公典礼"的做法,"裁而正之",仅以道武帝、孝文帝等三代皇帝称谥。但与此同时,又认为其中关于北魏始祖神元皇帝力微"天女所诞,灵异绝世,尊为始祖"的记载"得礼之宜";三是"分明直书"北魏历史上"杀主害君"的"逆臣贼子"之事,以还历史之本来面目;四是仿效孔子"刊经"的做法,以晋为当时中国之正统:"自晋德不竞,宇宙分崩,或帝或王,各自署置。当其生日,聘使往来,略如敌国,及其终也,书之曰死,便同庶人。存没顿殊,能无怀愧!"因而,"诸国凡处华夏之地者,皆书曰卒,同之吴、楚";五是慎作论语,仅对"窃有慕焉,可为劝戒者","论其得失",而对"无损益者",则"不论也"。同时结合前人

① 魏徵等:《隋书》卷五八《魏澹传》,中华书局1973年版,第1417页。

② 刘知幾:《史通·古今正史》,浦起龙:《史通通释》,上海古籍出版社1978年版,第365页。

③ 魏徵等:《隋书》卷五八《魏澹传》,中华书局1973年版,第1417—1419页。本段所引,俱出此篇。

相关认识，对魏收“鲁史既修，达者贻则，子长自拘纪传，不存师表，盖泉源所由，地非企及”的认识加以辨正，认为这是“逊辞畏圣，亦未思纪传所由来也”。通观这几方面的不同，其首要的内容在于“书法”上的补偏救弊；其次则在于对正朔问题的新看法，提出“诸国凡处华夏之地者，皆书曰卒，同之吴、楚”，似乎同魏晋时期高闾的认识有着相通之处，即更看重地域在正朔之中的地位。

第三，关于魏澹所著《魏书》得到的评价。《隋书》称其“甚简要，大矫收、绘之失”[①]，并在《魏澹传》中用一半以上的篇幅照录了其史书义例。《史通·古今正史》的记载则是：“炀帝以澹事犹未能善，又敕左仆射杨素别撰，学士潘徽、褚亮、欧阳询等佐之。会素薨而止。今世称魏史者，犹以收本为主焉。”[②]这是关于重修《魏书》的又一疑点。其真实情况如何，这里暂且不论，但可以明确的几点是：在隋朝统治者的推动下，本着不同的正统观念（不论这种正统观念的具体内容如何）对北魏这一中国历史上的重要皇朝的历史做重修工作，本身就是一种历史意识与史学意识加强的表现；而新修《魏书》在面貌与观念上的诸多不同，也反映出隋代史家在更好地接续历史与史学之统方面的努力；唐代史家对于新修《魏书》，显然是持肯定态度的，他们对魏澹史书义例的重视，也佐证了这一点。把这几点结合起来，可以看出隋代史学的一个鲜明的特点：在继承与发展前代的史学传统时，力图将魏晋南北朝以来的具体历史背景包纳进来，并试图通过在正朔问题上提出新的认识，来论证当朝的正统地位，为政治上空前的统一服务。这种思路在唐代史学中得到了进一步的体现与发展。

唐代影响史学发展的头等大事，是史馆的正式设立，并专门负责国史修撰。宰相负责监修，后称监修国史，成为定制。修撰史事，以他官兼领，称兼修国史；或以卑品而有史才者任之，称直史馆；凡专职修史者，称史馆修撰。此后，历代修史机构大致袭用此制。这一制度的确立与完善，对中国史学发展的面貌及其延绵不断，起到了至关重要的作用。而中国史学

---

① 魏徵等：《隋书》卷五八《魏澹传》，中华书局 1973 年版，第 1419 页。

② 刘知幾：《史通·古今正史》，浦起龙：《史通通释》，上海古籍出版社 1978 年版，第 365—366 页。

与“正朔”论的关系,遂变得更为密切。

唐初史学活动中,与“正朔”论密切相关的,是唐高祖武德五年(623年)所颁《命萧瑀等修六代史诏》。诏书指出:“自有晋南徙,魏乘机运,周、隋禅代,历世相仍。梁氏称邦,跨据淮海,齐迁龟鼎,陈建宗祊,莫不自命正朔,绵历岁祀,各殊徽号,删定礼仪。至于发迹开基,受终告代,嘉谋善政,名臣奇士,立言著绩,无乏于时”。[①] 从这段话中,我们可以看到唐初统治者的正朔观念的突出特点,即评价前代政权历史功过时,更为注重历史发展的继承性,民族歧视的色彩几乎已经消失了。唐初统治者之所以有如此之广的胸怀,自然与政治上的空前一统与其个人识见有着必然的关联,但这种思路,对唐代史学在正朔论上取得更大的进展提供了思想基础。

贞观十年(636年),梁、陈、齐、周、隋五代史同时修成,唐太宗为此下诏说:“朕睹前代史书,彰善瘅恶,足为将来之诫。秦始皇奢淫无度,志存隐恶,焚书坑儒,用缄谈者之口。隋炀帝虽好文儒,尤疾学者,前世史籍,竟无所成,数代之事,殆将泯绝。朕意则不然,将欲览前王之得失,为在身之龟镜。”[②]这段话表明了唐太宗作为一名封建君主,对史学功用的基本认识,及对史学经验的极端重视。唐太宗通过这种比较,事实上为唐代史学提供了一个基本的思路:充分吸收前代历史观念与史学观念之优长,为当前政治提供有益借鉴。在这种思路的指导下,唐代史学在规模、体例、观念上都取得了空前的成就。在通过对“正朔”论的阐发来维护唐皇朝的正统地位方面,同样也是如此。

二、“五德终始”说影响的淡化

以“五德终始”论“正朔”,在汉代以后的政治生活中始终未曾中断过,只不过不同时代的人们由于不同的政治需要,对它的推算与解释大相径庭而已。魏晋南北朝时期,由于国家分裂,各命正朔,事实上这一充满

① 宋敏求编,洪丕谟等点校:《唐大诏令集》卷八一,学林出版社1992年版,第422页。

② 王钦若等编:《册府元龟》卷五五四《国史部・恩奖》,中华书局1960年版,第6657页。

神秘色彩与主观臆断的理论,已经完全成为一种统治者不得不用、但又缺乏对于客观历史的解释力的工具了。但理论发展总是遵循一定的客观规律,在唯物辩证的观念尚未成为人的基本认识时,人们的思想认识虽然会随着客观与主观条件的变化而取得新的变化与进展,但从总体上说,还是很难彻底地摆脱唯心主义的窠臼。因而,即使唯物主义的萌芽很早就出现于中国古代思想史中,而且中国古代史学思想中也不乏此类的认识,但在天人关系问题上出现的根本性变化,还是近代以来的事情。唐代的正朔论,也同样受这一规律的制约。

综观唐代成书的几部正史,对以“五德终始”说论“正朔”已经不是很关注了,在它们的礼、天文等志中,更多的是对所记载朝代的典章制度、天文历法等内容的平实记录,而不像《魏书》《宋书》等魏晋南北朝史书那样,着重通过对五德循环的推算来论证朝代兴替的合理性。但与此同时,“五德终始”说在唐代也并未完全退出理论领域。唐代历史琐闻笔记《封氏闻见记》对此有一个简明的概括:

> 自古帝王五运之次凡有二说:邹衍则以五行相胜为义,刘向则以五行相生为义。汉、魏共遵刘说。
>
> 国家承隋氏火运,故为土德。衣服尚黄,旗帜尚赤,常服赭赤也。赭黄,黄色之多赤者,或谓之柘木染,义无所取。
>
> 高宗时,王勃著《大唐千年历》:“国家土运,当承汉氏火德。上自曹魏,下至隋室,南北两朝,咸非一统,不得承五运之次。”勃言迂阔,未为当时所许。
>
> 天宝中,升平既久,上书言事者多为诡异以希进用。有崔昌袭勃旧说,遂以上闻,玄宗纳焉。下诏以唐承汉,自隋以前历代帝王皆屏黜之,更以周、汉为二王。后是岁,礼部试天下造秀,作《土德惟新赋》,则其事也。
>
> 及杨国忠秉政,自以隋氏之宗,乃追贬崔昌并当时议者,而复酅、介二公焉。①

① 封演:《封氏闻见记》卷四《运次》,中华书局2005年版,第27页。

此段文字表明,至少在中唐以前,“五德终始”说还有着对政治生活的巨大影响。王勃在唐初的一番议论,虽然未能得到重视,但后来借他人之力,不但得到了最高统治者的认可,而且还在礼制变动甚至科举考试中发挥了作用。关于这件事,新旧《唐书》均有记载:

> 勃聪警绝众,于推步历算尤精,尝作《大唐千岁历》,言唐德灵长千年,不合承周、隋短祚。其论大旨云:“以土王者,五十代而一千年;金王者,四十九代而九百年;水王者,二十代而六百年;木王者,三十代而八百年;火王者,二十代而七百年。此天地之常期,符历之数也。自黄帝至汉,并是五运真主,五行已遍,土运复归,唐德承之,宜矣。魏、晋至于周、隋,咸非正统,五行之沴气也,故不可承之。”①

《新唐书·王勃传》进一步记上述议论之历史影响说:

> 武后时,李嗣真请以周、汉为二王后,而废周、隋。中宗复用周、隋。天宝中,太平久,上言者多以诡异进,有崔昌者,采勃旧说,上《五行应运历》,请承周、汉,废周、隋为闰,右相李林甫亦赞佑之。集公卿议可否,集贤学士卫包、起居舍人阎伯玙上表曰:“都堂集议之夕,四星聚于尾,天意昭然矣。”于是玄宗下诏以唐承汉,黜隋以前帝王,废介、酅公,尊周、汉为二王后。②

直到天宝十二年(753年),才以魏、周、隋“依旧为二王后,封韩公、介、酅公”③。由此可见,“五德终始”之说在唐代的影响。

后代依五德终始立说的史著还有萧颖士依《春秋》义类,为传百篇,“黜陈闰隋,以唐土德承梁火德,皆自断,诸儒不与论也。有太原王绪者,僧辩裔孙,撰《永宁公辅梁书》,黜陈不帝。颖士佐之,亦著《梁萧史谱》,及作《梁不禅陈论》,以发绪义例,使光明云”④;陈鸿撰《大统纪》30卷,依编年体,记太易至元和六年间史事,“正统年代随甲子纪年,书事条贯兴废,举王制之大纲,天地变裂,星辰错行,兴帝之理,亡后之乱,毕书之,通

---

① 刘昫等:《旧唐书》卷一九〇上《文苑上·王勃传》,中华书局1975年版,第5006页。

② 欧阳修、宋祁:《新唐书》卷二〇一《文艺上·王勃传》,中华书局1975年版,第5740页。

③ 刘昫等:《旧唐书》卷二四《礼仪志四》,中华书局1975年版,第916页。

④ 欧阳修、宋祁:《新唐书》卷二〇二《萧颖士传》,中华书局1975年版,第250页。

讽谕,明劝戒也”,其撰述目的,就是为了理清自古以来的正朔,因为“历数正朔,纪乎帝也”[1];唐末柳璨亦著有《正闰位历》3卷。[2] 柳氏曾“以刘子玄所撰《史通》讥驳经史过当”,因而“纪子玄之失,别为十卷,号《柳氏释史》,学者伏其优赡”[3],应当说有相当的史学识见才能做到,但在正闰问题上,也难以摆脱传统认识的局限。不过上述这些史家及其认识,都未能在唐代史学中产生很大的影响,唐代正史及其他体例的史书的正朔观念,则有着完全不同的新气象。

三、民族与“正朔”问题在理论上的分离倾向

如本卷第四章所述,由于空前的大一统局面的建立,各民族融合的历史进程进一步展开,唐太宗被称为“天可汗”,统领天下,这一民族关系现状使得民族因素不再成为讨论正闰时的主要议题。这是唐代史学在正朔问题上所取得的最为突出的积极成果。唐初正史在记述、评价南北朝史事时,都能做到相对客观地把民族关系与政权正闰问题区分开来加以讨论。在本书第四章,已经就《晋书》《北史》在民族史观上的特点作了梳理。此处,则重点分析《隋书》所体现出来的民族观念与正朔问题在理论上分离的倾向。

《隋书·经籍志》是我国古代目录学的重要著作,它以四部分类法,对历代文献分别加以著录,通过各部大、小序,综论学术源流,阐述文献与社会的关系、学术流变、学风得失,以及各具体部类的发展轮廓,是《汉书·艺文志》开创的学术史研究的新发展。其中,《经籍志二》在史书分类上奠定了史部目录学的基础。它把当时存在的各种史书依据体例、内容性质两大原则,分为正史、古史、杂史、霸史、起居注、旧事、职官、仪注、刑法、杂传、地理、谱系、簿录共13类。在这些史书类别中,有关魏晋南北

① 姚铉编:《唐文粹》卷九五《大统纪》序,浙江人民出版社1986年影印本,第3册卷九五第2a页。

② 欧阳修、宋祁:《新唐书》卷五八《艺文志二》,中华书局1975年版,第1461页。

③ 刘昫等:《旧唐书》卷一七九《柳璨传》,中华书局1975年版,第4669页。

朝时期各民族政权的史书,都与汉族政权所修史籍放在一起进行分类,并无民族的区分。这说明《隋书》在史书分类思想上,并没有以华夷相异作为分类的标准。如它对正史的定义为国史,是“拟班、马,以为正史”。这一概念包含了政治与史书体裁两个方面的标准。在此类所列 67 部史著中,魏收及魏澹所撰《魏书》均在其中。这说明,不仅从学术分类上,唐代史家认可它们是正史之体裁,即纪传体史书,而且在政治上,也认可魏是当时独立的封建政权。与正史相对,霸史类列“九州君长,据有中原者”的相关史著,这明显是一个基于正统观念的史书分类。但它同样包含了汉族与少数民族两类史著,民族界限亦不明显。再从“霸史”类小序来看,它认为自晋以后,“据有中原者甚众,或推奉正朔,或假名窃号,然其君臣忠义之节,经国字民之务,盖亦勤矣”,对这些以少数民族为主的割据政权的历史还是给予了相对的肯定。这一认识随着其分类思想一起,对后世产生了深远影响。饶有意味的是,在“起居注”类中,自汉、晋、南朝、北魏以至后周、隋朝诸帝起居注都在收录范围之内,但南燕一朝起居注却被视为“伪国起居”,只是因其“不可别出”,而暂“附之于此”。由此可见,在唐初史家的观念中,后魏为正,而同为少数民族政权的南燕却为“伪”。而且,这在唐代史学中是一个带有普遍性的观点。这或许可以从一个侧面展示出唐史家对大一统的看重与着力阐发。

与《经籍志》的观念相应,在《东夷传》中,《隋书》的作者还有这样一段议论:“九夷所居,与中夏悬隔,然天性柔顺,无犷暴之风,虽绵邈山海,而易以道御……今辽东诸国,或衣服参冠冕之容,或饮食有俎豆之器,好尚经术,爱乐文史,游学于京都者,往来继路,或亡没不归。非先哲之遗风,其孰能致于斯也?”①此段话与前代正史关于东夷诸族的评价相比,大致没有差别。不同的是,这里强调了他们的两个新特点:一是“好尚经术,爱乐文史”,一是“游学于京都者,往来继路,或亡没不归”,与中原民族的联系或者说融合已经大大加深了。作者最后的结论是“非先哲之遗风,其孰能致于斯也”,这说明,在唐代的史家与政治家们看来,文化交

① 魏徵等:《隋书》卷八一《东夷传》后论,中华书局 1973 年版,第 1828 页。

流、认可同一种先进文明，乃至民族个性、民族经济等与民族心理的融合，与政治上的连续性一样，同样也是一种值得重视的传统。而这种“统”的现实意义，无疑比政治上的正朔更为重要。

作为中国古代史学中第一部系统的典制史著作，《通典》在客观认识民族问题、进而客观看待正朔问题方面，有着独特的理论贡献。杜佑对于民族历史与民族关系史的重视，关于“中华与夷狄同”[①]的卓越见识，在中国古代历史理论的发展上有着重要的地位。把杜佑的结论与唐初史家的认识结合起来，我们可以清晰地看出它们在逻辑上的内在联系与承继关系，也可以更完整地了解有唐一代在民族观与正朔论的探讨中所取得的进展与成就。

四、史学批评著作中的“正朔”论

作为中国历史上第一部系统的史学批评著作，《史通》在史学理论发展史中具有里程碑式的意义。其中所包含的丰富的关于史书撰述与历史认识的思想，为后人提供了多方面的启示，也集中展现了唐代以前史学理论发展的成果。刘知幾自认为“《史通》之为书也，盖伤当时载笔之士，其义不纯。思欲辨其指归，殚其体统。夫其书虽以史为主，而余波所及，上穷王道，下掞人伦，总括万殊，包吞千有”[②]。从今天的角度来看，《史通》也确实包含了历史理论与史学理论两大方面的诸多问题，但正如清代史家章学诚在《文史通义》中所言，刘言史法而己言史意，“刘知幾得史法而不得史意”[③]，《史通》无论从其撰述宗旨，还是从其理论框架的安排上来看，都更加着意于史书撰述过程中的体例规范与据实直书两大方面问题。在明了了这一点之后，再去研究刘知幾在正朔问题上的看法，似乎更接近

① 按：相关内容详见本卷第四章。

② 刘知幾：《史通·自叙》，浦起龙：《史通通释》，上海古籍出版社 1978 年版，第 291—292 页。

③ 参见《章学诚遗书》外编卷一六《和州志一·志隅自序》，文物出版社 1985 年版，第 552 页。

于“知人论世”的史学研究原则。

作为一名封建史家,刘知幾维护伦理道德的自觉意识十分强烈。但正朔问题与伦理道德既有联系又有区别,尤其是经过魏晋南北朝的政治、文化大变动与大发展之后,两者的关系更发生了很大的变化。这一点在前面的章节中已有涉及。《史通》中对正朔问题讨论较多的篇目有《本纪》《断限》《古今正史》等。在这些篇目中,刘知幾主要通过对《史记》《魏书》以及魏晋南北朝史学的评价,从不同角度阐发自己对于正朔的认识。

首先,刘知幾认为,记述帝王之事的本纪,是史著的核心部分。他延续了古人对《春秋》的认识,以“纪”为“纲纪庶品,网罗万物”的史著之“经”。司马迁在《史记》中所使用的“本纪”,指的是“天子行事”,“盖纪之为体,犹《春秋》之经,系日月以成岁时,书君上以显国统”。自此之后,历代史家因之,“后世因之,守而勿失。譬夫行夏时之正朔,服孔门之教义者,虽地迁陵谷,时变质文,而此道常行,终莫之能易也”①。依据这一标准,刘知幾指摘《史记》不当以项羽之事入本纪,其原因为“项羽僭盗而死,未得成君。求之于古,则齐无知、卫州吁之类也”。既然没有成就君主之业,就不能称之为王,也就不能入“本纪”之列,“安得讳其名字,呼之曰王者乎!”接下来,他又从“名”的角度,来论证自己的观点:“春秋吴、楚僭拟,书如列国,假使羽窃帝名,正可抑同群盗,况其名曰西楚,号止霸王者乎?”②在《列传》篇中,他又进一步指出,项羽之所以不可入本纪,“非唯羽之僭盗,不可同于天子,且推其序事,皆作传言,求谓之纪,不可得也”;而五帝、夏殷之所以可以不纪年而入本纪,是因为他们“正朔相承,子孙递及”,所以“虽无年可著,纪亦何伤”?③ 这里,刘知幾事实上提出了他关于正朔问题的三个基本的标准:一是政治上所取得的功业,这是从历

① 按:即使在唐代,人们对“本纪”的认识也有所不同,如司马贞的《史记索隐》就认为,“本其事而记之,故曰本纪”,似乎没有更多的正朔观念。因而,刘知幾此说,一方面说明了他在规范史学体例方面的思考,一方面也说明了他维护正朔的强烈意识。

② 刘知幾:《史通·本纪》,浦起龙:《史通通释》,上海古籍出版社1978年版,第36—37页。

③ 刘知幾:《史通·列传》,浦起龙:《史通通释》,上海古籍出版社1978年版,第46页。

史事实的角度立论;二是道义上与实际上所具有的地位与名声;三是有无帝王之实,即年号、传承等表征帝王身份的因素。从这三个方面来看,刘知幾的正朔论与传统的认识相比,虽然还有着某种继承性,但其中的客观性因素还是大大增加了。这缘于刘氏从史学事业角度出发立论的撰述特点,也缘于时代在正朔问题上提供了积极的变化基础。

其次,对魏晋南北朝历史及其史学的总体认识,同时表明了自己对魏晋时期历史与史学上的正朔问题的看法。刘知幾认为:“当汉氏云亡,天下鼎峙,论王道则曹逆而刘顺,语国祚则魏促而吴长。但以地处函夏,人传正朔,度长絜短,魏实居多。二方之于上国,亦犹秦缪、楚庄与文、襄而并霸。逮作者之书事也,乃没吴、蜀号谥,呼权、备姓名。方于魏邦,悬隔顿尔,惩恶劝善,其义安归?续以金行版荡,戎、羯称制,各有国家,实同王者。晋世臣子党附君亲,嫉彼乱华,比诸群盗。此皆苟徇私忿,忘夫至公。自非坦怀爱憎,无以定其得失。至萧方等始存诸国名谥,僭帝者皆称之以王。此则赵犹人君,加以主号;杞用夷礼,贬同子爵。变通其理,事在合宜。”[①]这段话对于认识刘知幾的正朔论有着重要的意义。它主要批驳了当时史家如下几方面的不正确做法:一是治三国史之史家如鱼豢、孙盛等以地势而蔑统祚;二是治北朝史者无视北方各少数民族政权的发展实际,不据实给其以相应历史地位。前者会使史学失去其惩恶劝善的基本功能,而后者则会损害史学的求真本质,两者均为“苟徇私忿,忘夫至公”的错误做法,会导致“无以定其得失”的严重后果。由此可以看出,刘知幾在正朔问题上的基本观念,是历史事实与伦理道德并重。但在他的观念中,伦理道德似乎也要服从于史学求真的需要,从上述文字以及他在《史通》中其他地方的多处论述中可以看到,他在提到“夷狄”、“戎羯”这些词语时,有时也有强烈的民族情绪,但更多的是一种相对客观的民族称呼;而在进行史事评价时,他又能够明确地把民族因素排除在外,尽可能客观地作出分析。

基于上述认识,刘知幾对陈寿《三国志》记魏、蜀、吴史事的处理办法

① 刘知幾:《史通·称谓》,浦起龙:《史通通释》,上海古籍出版社1978年版,第107页。

作了评价,认为以魏入纪,是史书体例上的一种变通,“曹武虽曰人臣,实同王者,以未登帝位,国不建元,陈《志》权假汉年,编作魏纪,亦犹两《汉书》首列秦、莽之正朔也”。但以蜀、吴入传,则与史实不相符合,“陈寿《国志》,载孙、刘二帝,其实纪也,而呼之曰传”①。他进而提出,吴、蜀及南北朝时的割据政权,以世家容纳其史事较为合宜:“及魏有中夏,而扬、益不宾,终亦受屈中朝,见称伪主,为史者必题之以‘纪’,则上通帝王;榜之以传,则下同臣妾。梁主敕撰《通史》,定为吴蜀世家,持彼僭君,比诸列国,去太去甚,其得折中之规乎?次有子显《齐书》,北编魏虏,牛弘《周史》,南记萧詧。考其传体,宜曰世家。”②所谓世家,刘知幾的概括是“开国承家,世代相续”,即只要建立了政治实体,并有政权的传承,就可以入世家,而不考虑其民族因素。这与前人及时人所言正朔相比,还是有着较大的不同。这里还需要补充的是,他讲孙权、刘备两政权为纪,是从本纪的概念,即“系日月以成岁时”的标准而言的;而在《世家》篇中认为梁代《通史》以孙权、刘备政权为世家是“得折中之规”,则是从其所建立的历史功业,即没有完成国家统一的角度而言的。由于立论角度不同,所以也不存在根本的矛盾之处。另外,在《探赜》篇中,刘知幾还明确地提出,“习凿齿之撰《汉晋春秋》,以魏为伪国者,此盖定邪正之途,明顺逆之理耳”③,这说明,他对三国史事之道德上的是非善恶问题,是有着明确的看法的,尽管如此,他还是从史实出发,认为以蜀、吴之事入世家为妥,这又从一个侧面表现了他立论的核心是历史的真实,即魏完成了统一,故以“纪”记之。

与上述认识相应,刘知幾在《史官建置》篇对自古以来的史官建置作梳理的过程中,也未拘泥于传统的正朔认识,将少数民族割据政权与汉族政权放在一起加以罗列。在魏晋南北朝,他将魏晋及南朝的史官建置放

---

① 以上见刘知幾:《史通·本纪》《史通·列传》,浦起龙:《史通通释》,上海古籍出版社1978年版,第37—38、47页。

② 以上见刘知幾:《史通·世家》,浦起龙:《史通通释》,上海古籍出版社1978年版,第43页。

③ 刘知幾:《史通·探赜》,浦起龙:《史通通释》,上海古籍出版社1978年版,第212页。

在一小节中加以叙述，而将蜀、吴、南凉、后燕等“偏隅僭国，夷狄伪朝”之史官建置专列一节，北魏专列一节，北齐及隋专列一节；而且对这些政权的史官建置作了认真的考察，认为“至若偏隅僭国，夷狄伪朝，求其史官，亦有可言者”①。

再次，关于唐代史学的认识。由于唐代所修大多是南北朝政权之史，因而刘知幾这方面的评价，也多涉及对魏晋南北朝历史的评价。他认为，十六国史事入载记较为允当：“夫战争方殷，雄雌未决，则有不奉正朔，自相君长，必国史为传，宜别立科条。至如陈项诸雄，寄编汉籍；董袁群贼，附列魏志。既同臣子之例，孰辨彼此之殊？唯《东观》以平林、下江诸人列为载记，顾后来作者，莫之遵效。逮新《晋》，始以十六国主持，载记表名，可谓择善而行，巧于师古者矣。”②刘氏此论，当以“晋为正统”的认识为基础，而十六国由于“雄雌未决”，“不奉正朔，自相君长”，所以不可入传。这虽在讲史书体例，事实上也反映出刘知幾据实给少数民族及其他割据政权以相对客观的历史地位的努力。与之相应，他还对《隋书·经籍志》的“伪史”类提出了批评：“当晋宅江淮，实膺正朔，嫉彼群雄，称为僭盗，故阮氏《七录》，以田、范、裴、段诸记，刘、石、苻、姚等书，别创一名，题为伪史。及隋氏受命，海内为家，国靡爱憎，人无彼我，而世有撰《隋书·经籍志》者，其流别群书，还依阮《录》。案国之有伪，其来尚矣。如杜宇作帝，勾践称王，孙权建鼎峙之业，萧詧为附庸之主，而扬雄撰《蜀纪》，子贡著《越绝》，虞裁《江表传》，蔡述《后梁史》，考斯众作，咸是伪书，自可类聚相从，合成一部，何止取东晋一世十有六家而已乎？”③如前所述，《隋志》立伪史类以记述少数民族割据政权史事，在“正朔”论的发展上已经是一个进步，但刘氏尤以其为不足，将伪史的范围扩大到有史以来的“偏纪”，从而将隋唐以来“正朔”论中已经淡化的民族因素，从史学

① 刘知幾:《史通·史官建置》，浦起龙:《史通通释》，上海古籍出版社 1978 年版，第 312 页。

② 刘知幾:《史通·题目》，浦起龙:《史通通释》，上海古籍出版社 1978 年版，第 92 页。

③ 刘知幾:《史通·因习》，浦起龙:《史通通释》，上海古籍出版社 1978 年版，第 138—139 页。

理论的角度更加彻底地加以摒弃了。这无论从“正朔”论的发展来看,还是从史学理论发展的角度来看,无疑都是一种巨大的进步。

第四,关于对魏收《魏书》的批评。刘知幾在《史通》中,对魏收所撰《魏书》提出了严厉的批评,涉及此书的立目、观点、内容等各个方面。清人浦起龙认为,“刘氏凡涉魏书,只是一味斥夸”[①]。今人谈到这一问题,也多以之为刘知幾维护正统观念的典型例证。事实上,如果对《史通》中的相关内容结合它的撰述宗旨加以分析的话,就会发现,刘知幾对《魏书》的批评,正统观念固然是一个重要方面,但更多的是从史学体例、规范等方面提出的。如他关于《魏书》的总体评价:“魏收远不师古,近非因俗,自我作故,无所宪章。其撰《魏书》也,乃以平阳王为出帝,司马氏为僭晋,桓、刘已下,通曰‘岛夷’。夫其谄齐则轻抑关右,党魏则深诬江外,爱憎出于方寸,与夺由其笔端,语必不经,名惟骇物。”[②]这虽然对《魏书》的评价过于严苛,在某种程度上导致了“秽史”之说的形成,但此处的批评重点显然在于它爱憎由己、无所宪章的弊端,而不是其正朔观念。再如,《题目》篇称:“(魏收)其有魏世邻国,编于魏史者,于其人姓名之上,又列之以邦域,申之以职官,至如江东帝主,则云‘僭晋司马叡’‘岛夷刘裕’,河西酋长则云‘私署凉州牧张实’‘私署凉王李暠’。此皆篇中所具,又于卷首具列……可谓滋章之甚者乎?”[③]此处乃从立目繁琐角度发论,与正朔无关。《曲笔》篇则因魏收撰史时不能做到客观、求实,对拓跋氏统治者颇多溢美之词而提出批评:“魏收以元氏出于边裔,见侮诸华,遂高自标举,比桑乾于姬、汉之国;曲加排抑,同建邺于蛮貊之邦。夫以敌国相仇,交兵结怨,载诸移檄,用可致诬,列诸缃素,难为妄说。苟未达此义,安可言于史邪?”[④]当然,我们指出《史通》在正朔问题上的着眼点首先在于历史事实,并不意味着否认它也存在着理论上的局限性。比如它虽然

① 刘知幾:《史通·杂说中》,浦起龙:《史通通释》,上海古籍出版社 1978 年版,第 488 页。

② 刘知幾:《史通·称谓》,浦起龙:《史通通释》,上海古籍出版社 1978 年版,第 109 页。

③ 刘知幾:《史通·题目》,浦起龙:《史通通释》,上海古籍出版社 1978 年版,第 93 页。

④ 刘知幾:《史通·曲笔》,浦起龙:《史通通释》,上海古籍出版社 1978 年版,第 197 页。

认为应当在史著中给少数民族及其政权以相应的地位，但又无法完全摒弃大民族主义的影响，对少数民族政权的评价也有严苛、歧视之弊。① 当然，即使在这些言辞激烈的批评之中，刘知幾也并未离开历史事实这个基本的评价尺度发论。

中唐以后，治史学者在理论上提出较为系统的“正朔”论者，是皇甫湜。他作了一篇著名的《东晋元魏“正闰”论》，论晋为当时天下正朔，而北魏则为僭伪。在这一过程中，他对前代正朔论的种种依据事实上作了简明的概括：

> 王者受命于天，作主于人，必大一统，明所受，所以正天下之位，一天下之心。舜传之尧，禹传之舜，以德禅者也。桀放于汤，纣杀于武，以时合者也。秦灭二周，兼六国，以力成者也。汉除秦社稷，以义取者也。故自尧以降，或以德，或以时，或以力，或以义，承授如贯，始终可明，虽殊厥迹，皆得其正。以及魏取于汉，晋得于魏，史册既载，彰明可知，百王既通行万代无异辞矣。惠帝无道，群胡乱华，晋之南迁，实曰：元帝与夫祖乙之圮耿，盘庚之徙亳，幽王之灭戏，平王之避戎，有异乎哉！而拓跋氏种实匈奴，来自幽代，袭有先王之桑梓，自为中国之位号，谓之灭邪？晋实未改，谓之禅邪？已无所传。而昔之著书者，有帝元；今之为录者，皆闰晋，可谓失之远矣。
>
> 或曰：元之所据，中国也。
>
> 对曰：所以为中国者，以礼义也。所以为夷狄者，无礼义也，非系于地。杞用夷礼，杞即夷矣。子居九夷，夷不陋矣。沐纣之化，殷氏为顽人矣。因戎之迁，伊川为陆浑矣。非系于地也。晋之南渡，人物

① 如《史通·断限》篇批评《魏书》之断限：“自五胡称制，四海殊宅。江左既承正朔，斥彼魏胡，故氐、羌有录，索虏成传。魏本出于杂种，窃亦自号真君。其史党附本朝，思欲凌驾前作，遂乃南笼典午，北吞诸伪，比于群盗，尽入传中。但当有晋元、明之时，中原秦、赵之代，元氏膜拜稽首，自同臣妾，而反列之于传，何厚颜之甚邪！又张、李诸姓，据有凉、蜀，其于魏也，校年则前后不接，论地则参商有殊，何预魏氏而横加编载？”《称谓》篇论《魏书》之称谓：“至如元氏，起于边朔，其君乃一部之酋长耳。道武追崇所及，凡二十八君。自开辟已来，未之有也。而《魏书》序纪，袭其虚号，生则谓之帝，死则谓之崩，何异沐猴而冠，腐鼠称璞者矣。”见浦起龙：《史通通释》，上海古籍出版社 1978 年版，第 97、108 页。

> 攸归,礼乐咸在,流风善政,史实存焉。魏氏恣其暴强,虐此中夏,斩伐之地,鸡犬无余,驱士女为肉薦,委之戕杀;指衣冠为刍狗,逞其屠刈。种落繁炽,历年滋多。此而帝之,则天下之士有蹈海而死,而天下之人必登山而饿,忍食其粟而立其朝哉!至于孝文,始用夏变夷,而易姓更法,将无及矣。且授受无所,谓之何哉?
>
> 又曰:周继元,隋继周,国家之兴,实继隋氏,子谓是何?
>
> 对曰:晋为宋,宋为齐,齐为梁,江陵之灭,则为周矣。陈氏自树而夺,无容于言,况隋兼江南,一天下,而授之于我?故推而上,我受之隋,隋得之周,周取之梁,推梁而上,以至于尧舜,得天统矣。则陈奸于南,元闰于北,其不昭昭乎?其不昭昭乎?[①]

在这篇不长的文章里,皇甫湜提出了关于正朔的几条重要的原则:一是何谓"正朔"。在他看来,"王者受命于天,作主于人,必大一统,明所受,所以正天下之位,一天下之心"。天命、人心、大一统、政治传承,几者都必不可少。二是得正朔的途径。"或以德,或以时,或以力,或以义",在历史上都"承授如贯,始终可明,虽殊厥迹,皆得其正"。这事实上是对以前种种正朔理论的一个基本评价,即不论方式如何,只要建立了大一统的政治功业,就可称之为"正"。三是统治政权所居之地,不足为判断正朔的根据。因为"所以为中国者,以礼义也。所以为夷狄者,无礼义也,非系于地"。这是从"正朔"论的角度明确地提出礼义的重要性,并将其作为"中国"与"夷狄"的分界线,从而在客观上否定了民族因素在"正朔"论中的作用。与前面所述韩愈、陈黯、程晏等人观念相较,这一观念具有更为明确与深刻的理论形态。上述几点,在"正朔"论的发展过程中都有着积极的作用。但皇甫湜在此处提出的"江陵之灭,则为周"的认识,无疑是牵强的,有悖于历史的,这一点后人也有所批评。[②] 作为论史者,出现这种史实上的错误,只能认为是观念不同所致。在忠实于历史立论方面,他与刘知幾相比,还是有着一定的差距。

---

① 李昉等:《文苑英华》卷七五六《东晋元魏正闰论》,中华书局 1966 年版,第 3958 页。

② 如宋洪迈在《客斋随笔》卷九中指出:"灭梁江陵者,魏文帝也,时岁在甲戌。又三年丁丑,周乃代魏。不得云江陵之灭,则为周也。"上海古籍出版社 1978 年版,第 114 页。

小 结

“正朔”论随着中国史学的产生而产生,并随着中国历史及史学的发展而不断具有新的特征与理论内涵。“正朔”论的理论依据,大致有如下几种:第一,天命,主要以“五德终始”说为代表;第二,道德,其判断根据是儒家学说;第三,祖先道统,或者说治统,主要指政治统治的前后延续与子孙相承;第四,功业,主要指政治上的统一;第五,礼义,主要指文化发展的程度。但在具体的论述过程中,上述几种因素往往又不是单独出现,而是交织在一起共同起作用。大致说来,在“正朔”论发展的早期,天命在其中的地位与作用更为重要,但随着人们历史意识的发展,道德的理论价值在判断正朔的过程中逐渐凸显出来,并与天命相结合,以天人相应的形式决定着政治统治之正的延续与变动。即使是充满了主观臆断与神秘色彩的“五德终始”说,人们在利用它来论述“正朔”问题时,也总是将道德问题置于同等重要的地位加以考虑。随着生产力与人们认识水平的提高,社会发展阶段的推进,在天人关系的讨论中,人的因素与其他客观条件逐渐受到更多的重视。如魏晋以后逐步出现的以地域言正统、以政治功业言正统、以文化发展程度言正统、以民族因素言正统等等,出现了“正朔”论内容的多样性趋向。虽然在这种多样化的发展过程中,天与人的因素共同起作用,前者具有核心地位这一整体框架并未发生质的变化,但在上述极其粗浅的梳理中,我们还是可以清晰地看出一条由寻求天命的合理性向寻求人世的合理性发展的脉络。从这个意义上说,中国古代历史理论中的这一重要观念,积极的思想因素是逐渐增加的。对于这种变化,我们应给予肯定。

历来学者对“正朔”之说的解释与运用,随着时代变迁而有不同特点。在历史理论与史学理论的发展过程中,尽管它的内容随着历史条件的变化而有种种变化,但其服务于现实政治、服务于封建统治的本质却始终没有改变,从这个角度说,它对后世理论发展的影响是双重的:当政治与史学发展的需要、目的相一致时,两者就会出现良性的互动。前者给后者以相对宽松的发展空间、环境,促进后者的繁荣;而后者也会在保持求真本质的同时,从维护国家统一、民族融合,促进文化发展的角度更好地服务于政治的需要。而当政治与史学的发展目标有所偏离时,两者之间就会出现不协调甚至是激烈的碰撞。崔浩国史案是一个典型的例证,另外,魏晋南北朝时期出现的大量史著,保存至今者却只有一小部分的事实,也从一个侧面说明了它们在处理政治与史学关系上可能存在的缺陷。

如本章开头所述,“正朔”论的核心,是以非人力所能改变的一般规律来论述政治统治的合法性。而这种规律,在古代的历史理论与史学理论中,往往更多地被冠之以天命的称呼,从而具有了神秘与不可知的特点,因此“正朔”论从理论上来说是唯心的,从现实政治的角度来说又是实用的,从历史理论角度来看,其本身所具有的积极意义似乎很有限。但历史的发展是辩证的,理论的发展过程及其历史作用也遵循这一规律。在“正朔”论以消极的方式影响着历史理论的发展与史学面貌,束缚着人们的思想认识的同时,社会发展的客观实际及人们对这一实际的反映,也从不同的方面影响着“正朔”论的内容与特征,使其不断体现出时代与思想变化的脉络。而不同时代的史家,站在不同的立场上对“正朔”论的解释与发展,也在客观上反映了这一时代史学理论的发展程度,并推动着史学对客观历史进行更为深入与趋于合于理性的探讨。中国古代史学在“正朔”这一核心观念的影响下,不但在数量上取得了令世人瞩目的成就,而且在关于历史发展进程、关于史学本身的发展理论上,也不断取得了新的进展。这些进展改变了“正朔”论的面貌,使之不断向着更加符合客观实际的理性方向发展,同时也丰富、充实了中国古代史学理论这一学术领域。

魏晋南北朝隋唐时期的史学理论在讨论“正朔”问题上所取得的积极进展,为后世在这一问题上出现新的认识提供了可能,虽然从唯心向唯物、由主观向客观的变化,以及它们在史学上的反映,需要历代史家对历史与现实不断地思考、推动,经过相当长的时期才能够完成,但毕竟变化在这一时期的史学中开始出现了。从史学理论发展的长过程来看，魏晋至隋唐“正朔”论对后世具有的启示主要有如下几点：

第一，如上文所说，是从对天命的关注逐步地转向对人世的更多关注，对大一统、对政治功业、对统治地域的强调，都是这种转变的具体表现。这些表现在后世的“正朔”论中得到了不同程度的发展，为出现更为平实的“正朔”观念提供了理论基础。

第二，是将民族因素从关于“正朔”问题的讨论中逐渐分离出去。魏晋南北朝隋唐时期是我国历史上民族变动与民族融合的第一次高潮，在国家分裂、割据政权林立的情况下，民族因素往往与“正朔”问题交织在一起加以讨论，民族歧视与政治对立是统一的；而在国家统一、民族关系较为融洽的历史时期，人们又往往能将民族因素与政治上的正朔区别对待，从而推动“正朔”论与民族观同时取得新的成果。这一成果在中国后来的历史发展中影响极为深远。它使得宋以来的政治家与史家对民族问题有了相对开阔的认识，同时也使得“正朔”论的理论形式更为多样，内容更为客观。当然，民族问题与政治形势的密切联系，使得“正朔”论在这个方面的进展并不十分顺利，甚至会随着封建皇朝的变更出现某种程度的倒退。事实上，任何理论的发展从总体上而言，都是在曲折中向前行进的。

第三，是传统“正朔”论中始终强调的历史延续性观念，在后世的理论探讨中得以保存，这在实际上是中华民族作为一个整体，其政治统治始终未曾中断的结果，在理论上则是中华民族的历史意识与史学意识都极为发达的结果。这一事实在客观上增强了中华诸族认可同一种文化、同一种祖先传承的大民族意识，同时也使得多民族国家的统一成为各个时代不同民族统治者共同的政治目标，即使在国家四分五裂、民族隔阂严重的历史时期，这一目标也没有改变，而且随着历史发展愈益深入人心，成为一种深层的民族心理与民族意识，进而为今天的多民族统一国家局面打下了一定的思想认识基础。

第七章

关于兴亡之故认识的进一步展开

关于朝代兴亡问题,是中国古代政治家、史学家、思想家历来所关注的。这既是一个现实问题,也是一个历史问题和理论问题。因为当人们提出这个问题的时候,或直接地或间接地都是从现实出发的;同时,人们关于这个问题的思考和探究,又总是离不开对于历史的回顾,以及从这些回顾中提炼出合乎常理的认识。

第一节 备受关注的历代兴亡之故

一、频频面世的兴亡之论

早在魏晋南北朝隋唐以前,从《尚书·周书》中的周初八诰①,到《左传》一书所说的"国将兴,听于民;将亡,听于神"②,再到西汉初年陆贾著《新语》、贾谊的宏文《过秦论》面世等,关于兴亡讨论的历史已近千年。

---

① 周初八诰是:《大诰》《康诰》《酒诰》《梓材》《召诰》《洛诰》《多士》《多方》。

② 《左传·庄公三十二年》,杨伯峻编著:《春秋左传注》,中华书局1981年版,第252页。

魏晋南北朝隋唐时期，一方面由于朝代的骤兴骤亡，激发了人们的思考；另一方面由于“风行万里”的、强大的隋朝的短祚，如同秦汉更迭一样，又一次使人们感到震惊，从而“逼迫”着人们更加深入地来探究其中的原因。因此，在魏晋南北朝隋唐时期，关于兴亡之论的讨论，就成了政治家、史学家、思想家热切关注的问题，反映了人们对这一问题讨论的连续性和走向系统性认识的发展过程。

值得注意的是，不论是兴亡论，还是“辩兴亡”①，这些讨论、探究，都具有鲜明的理论色彩和对于历史的深刻的思考。要而言之，这时期关于兴亡之论的专文有：

三国魏人曹冏《六代论》；

西晋陆机《辩亡论》；

东晋干宝《晋纪》总论；

南朝梁人裴子野《宋略》总论；

南朝何之元《梁典》总论；

隋朝卢思道《北齐兴亡论》《后周兴亡论》；

隋朝李德林《天命论》；

唐朝魏徵《隋书》总论、《梁书》总论、《陈书》总论、《北齐书》总论；

唐朝朱敬则《魏武帝论》《晋高祖论》《宋武帝论》《北齐高祖论》《北齐文襄论》《北齐文宣论》《梁武帝论》《陈武帝论》《陈后主论》《隋高祖论》《隋炀帝论》；②

唐朝权德舆《两汉辩亡论》；

唐朝罗衮《秦论》上下两篇；

---

① 刘昫等：《旧唐书》卷九〇《朱敬则传》称“敬则尝采魏、晋已来君臣成败之事，著《十代兴亡论》”，中华书局1975年版，第2915页；吴兢《贞观政要》卷八有《辩兴亡》篇，上海古籍出版社1978年版，第256页。

② 刘昫等：《旧唐书》本传载朱敬则著有《十代兴亡论》。欧阳修、宋祁：《新唐书》卷五九《艺文志三》“杂家类”著录：“朱敬则《十代兴亡论》十卷。”疑上述各篇或许为此书的部分佚文。刘昫等：《旧唐书》卷四六《经籍志上》“杂史类”作《十代兴王论》，误。

唐朝李德裕《鼎国论》(亦作《三国论》)、《宋齐论》;等等。①

这些关于兴亡之论的专文,或论一代兴衰的发展过程,或论一朝政治之得失成败,或评论某一开国君主的为政之道,或总结某一败亡之主的历史教训,都发表了各自的见解。其间,既有共同之处,也存在相互歧异的看法,但其总的旨趣,都是探讨治国安邦之理,寻求长治久安之策。历史和现实,史学和社会,在这些讨论中,都非常紧密地联系在一起,反映了历史意识和忧患意识相结合的特点。

二、历史意识与忧患意识的结合

魏晋南北朝隋唐时期,人们关于朝代兴亡之故的讨论,有一个发展趋势,这就是:由制度层面的讨论而逐步走向为政之本的探究。讲制度,就要追溯历史而联系现实;讲为政之本,必当着眼于现实而同时考察历史。

从人们讨论对象的历史轨迹来看,涉及秦、两汉、三国、魏、晋、南朝、北朝、隋,即秦以下的历史到隋朝的兴亡,皆在考察之中。这在关于朝代兴亡之故探讨的历史上是前所未有的,历史意识的强化在这里表现得十分突出。从人们对现实的关注来看,曹冏的《六代论》、干宝的《晋纪》总论、卢思道的《北齐兴亡论》和《后周兴亡论》,以及魏徵的《隋书》总论等等,都深刻地反映了撰者的忧患意识。

说到历史意识与忧患意识的结合,这里要特别地提到唐代史家吴兢所撰的《贞观政要》一书。这是因为,吴兢撰写《贞观政要》的出发点,就是对于唐玄宗后期政治统治的忧患,而他在《贞观政要》一书中专有一篇《辩兴亡》,所记唐太宗的言论,则充分地反映了唐太宗在兴亡问题的思考方面所具有的深刻的历史意识。吴兢在序文中写道:

> 太宗时政化,良足可观,振古而来,未之有也。至于垂世立教之美,典谟谏奏之词,可以弘阐大猷,增崇至道者,爰命不才,备加甄录,

① 参见萧统《文选》卷四九至五〇“史论”、卷五一至五五“论”,中华书局 1977 年版,第 686—760 页;李昉等《文苑英华》卷七五一至七五三“兴亡论”上、中、下等篇,中华书局 1966 年版,第 3927—3945 页。

体制大略，咸发成规。于是缀集所闻，参详旧史，撮其指要，举其宏纲，词兼质文，义在惩劝，人伦之纪备矣，军国之政存焉。凡一帙一十卷，合四十篇，名曰《贞观政要》。庶乎有国有家者克遵前轨，择善而从，则可久之业益彰矣，可大之功尤著矣，岂必祖述尧舜，宪章文武而已哉！①

从唐太宗到唐玄宗，已近百年。在吴兢看来，尧、舜、文、武固然应当效法，但那毕竟是遥远的过去了，而本朝贞观年间的种种措施、政治风貌，就是为政之要的表率。可见，在吴兢这里，历史意识与忧患意识的结合，表现得更加切实。他撰写《贞观政要》一书，正是这种思想的集中表现。

吴兢称颂贞观之治，也包含着对唐太宗君臣能够时时关注兴亡成败大事，不断地相互探讨，从历代兴亡成败中汲取经验教训的赞赏。在今天看来，这也反映出唐太宗君臣之深刻的历史意识和忧患意识。吴兢记载说：

贞观二年，太宗谓黄门侍郎王珪曰："隋开皇十四年大旱，人多饥乏。是时仓库盈溢，竟不许赈给，乃令百姓逐粮。隋文不怜百姓而惜仓库，比至末年，计天下储积，得供五六十年。炀帝恃此富饶，所以奢华无道，遂致灭亡。炀帝失国，亦此之由。凡理国者，务积于人，不在盈其仓库。古人云：'百姓不足，君孰与足？'但使仓库可备凶年，此外何烦储蓄！后嗣若贤，自能保其天下；如其不肖，多积仓库，徒益其奢侈，危亡之本也。"②

在这里，唐太宗尖锐地批评了隋朝的两代统治者。隋文帝作为开国之君，主张节俭本是好事，但他主张节俭竟然到了"不怜百姓而惜仓库"的地步，这就违背了节俭的初衷，以致走向自己的反面。隋炀帝与此相反，他凭借隋文帝节俭积聚起来的财富而"恃此富饶""奢华无道"，终于走向灭亡。

值得重视的是，唐太宗从这一历史现象中总结出了一个具有哲理的

① 吴兢：《贞观政要》序，上海古籍出版社1978年版，第1页。

② 吴兢：《贞观政要·辩兴亡》，上海古籍出版社1978年版，第256页。

历史经验,即:“后嗣若贤,自能保其天下;如其不肖,多积仓库,徒益其奢侈,危亡之本也。”联想到唐太宗晚年亲撰《帝范》,用以教导他的继承人,可见他的政治思想的一贯性。忧患意识,居安思危,这些关系到政治统治之长远考虑的思想启迪、见识、智慧,往往都是从历史经验教训中得到的,所以它们又都同人们的历史意识有密切的关系。唐太宗的这一认识,不仅对最高统治者来说是十分重要的,而且具有普遍的意义。历史上那些身居高位的有识之士,以不治产业而洁身自好,也是出于同样的认识。

吴兢称颂唐太宗时期的“政化”,唐太宗总结隋朝灭亡的教训,有一个共同点,即都是着眼于较近时期的历史。但是唐太宗的历史意识和忧患意识,并未停留在此,由于他深受身边一些大臣的影响,有很强的史学意识,从而具有丰富的历史知识,这也就促使他的历史意识具有深厚的基础。关于唐太宗和大臣讨论兴亡问题,吴兢还记述了这样一次谈话:

> 贞观初,太宗从容谓侍臣曰:“周武平纣之乱,以有天下,秦皇因周之衰,遂吞六国,其得天下不殊,祚运长短若此之相悬也?”尚书右仆射萧瑀进曰:“纣为无道,天下苦之,故八百诸侯,不期而会。周室微,六国无罪,秦氏专任智力,蚕食诸侯。平定虽同,人情则异。”太宗曰:“不然,周既克殷,务弘仁义;秦既得志,专行诈力。非但取之有异,抑亦守之不同。祚之修短,意在兹乎!”①

这是从周、秦相比较而讨论其“祚运”之长短悬殊的原因。萧瑀认为,周、秦取天下的背景不同:周武王是伐“无道”,秦始皇是“蚕食”“无罪”,故“人情”相异,以致造成了“祚运”长短不同。唐太宗不完全同意萧瑀的分析,指出:“非但取之有异,抑亦守之不同。祚之修短,意在兹乎!”萧瑀显然认为秦灭六国是灭“无罪”的行为,而唐太宗对此没有明确表态,只是含糊地赞同“取之有异”,而重点则强调“守之不同”,周是“务弘仁义”,秦是“专行诈力”。联想到汉初人们对秦之兴亡之故的探讨,唐太宗强调“守之不同”更接近汉初人们的认识,认为“取”与“守”当采用不同的方略。这一认识的重要性,在于它是制定国策的思想基础,汉唐出现盛大的

---

① 吴兢:《贞观政要·辩兴亡》,上海古籍出版社 1978 年版,第 256 页。

局面与此有密切关系。

在中国历史上,关于兴亡成败的探讨,其认识的提高、智慧的积累,往往会转化为明智的抉择和正确的措施,使社会在较长的时间里得到发展,出现长治久安的局面,如西周、汉、唐即是如此。这里有一个重要的前提,那就是最高统治集团的自觉意识和真诚参与。这是一方面。另一方面,在中国历史上,关于这方面的探讨,虽未能形成上述那样的局面,但在经验和智慧的积累上仍有其极重要的价值。不论是正确的结论,还是不正确的结论,都会激发后人的思考,从而把问题的探讨引向深入,并在历史提供了一定的条件的时候,发挥其积极的作用。

第二节　体制之争与兴亡之辩

一、主分封说的历史见解

本书上卷"国家观念与政治大一统思想"一章中,论述了分封制与郡县制的相关认识,当时人们多是从国家体制上提出问题进而涉及历史评价,而魏晋南北朝隋唐时期,这种认识上和评价上的分歧,多从朝代兴亡出发,进而追问历史,问题的焦点在于兴亡,故将这一内容置于本章讨论范围。

在中国历史上曾经实行过两种主要的政治体制,一种是西周实行的分封制,一种是秦朝开始实行的郡县制。在秦朝实行郡县制以后,各个朝代仍在不同程度上有限地继承了分封制的做法。然而,由于秦朝的短祚,所以导致了秦以后的人们关于分封、郡县两种政体是否从根本上影响到朝代兴亡成败的问题,展开了千余年的争论。其中,主分封说者,大多认为废分封导致了政治统治的削弱,以致败亡。主郡县说者,一般认为兴亡成败各有其他原因,并非由于实行郡县制带来的必然结果。

魏晋南北朝隋唐时期,史学家、政论家和政治家围绕这两种政体孰是孰非的问题,发表了很多见解。

曹冏的《六代论》①,一方面,可以说是历史意识和忧患意识交织在一起的一篇有代表性的兴亡论。曹冏在文中分析夏、殷、周、秦、汉等五代的历史经验教训,揭示曹魏统治面临的现实问题,进而指出:"观五代之存亡,而不用其长策,睹前车之倾覆,而不改于辙迹。子弟王空虚之地,君有不使之民;宗室窜于闾阎,不闻邦国之政。权均匹夫,势齐凡庶,内无深根不拔之固,外无盘石宗盟之助,非所以安社稷,为万世之业也。"曹冏所说的"六代",是对以往全部历史的考察,其中周、汉两代当是最具吸引力的朝代;而相比之下,曹冏面对现实,已感到当时曹魏的政治统治(以曹爽、齐王芳为代表)实已面临"疾风卒至"、"天下有变"的危机了。

另一方面,《六代论》是从政治体制上总结朝代兴亡的史论和政论,是一篇主分封说的代表作。《六代论》的思想核心是"亲亲""贤贤",以此结合历史论述分封制的必要性。曹冏在《六代论》的上书表文中写道:

> 臣闻古之王者,必建同姓以明亲亲,必树异姓以明贤贤。故《传》曰"庸勋亲亲,昵近尊贤";《书》曰"克明俊德,以亲九族";《诗》云"怀德维宁,宗子维城"。由是观之,非贤无与兴功,非亲无与辅治。夫亲亲之道,专用则其渐也微弱;贤贤之道,偏任则其弊也劫夺。先圣知其然也,故博求亲疏而并用之;近则有宗盟藩卫之固,远则有仁贤辅弼之助,盛则有与共其治,衰则有与守其土,安则有与享其福,危则有与同其祸。夫然,故能有其国家,保其社稷,历纪长久,本枝百世也。今魏尊尊之法虽明,亲亲之道未备。《诗》不云乎:"鹡鸰在原,兄弟急难"。以斯言之,明兄弟相救于丧乱之际,同心于忧祸之间,虽有阋墙之忿,不忘御侮之事。何则?忧患同也。今则不然,或任而不重,或释而不任,一旦疆埸称警,关门反拒,股肱不扶,胸心无卫。臣窃惟此,寝不安席,思献丹诚,贡策朱阙。谨撰合所闻,叙论成败。

① 陈寿:《三国志》卷二〇《魏书·武文世王公传》注引《魏氏春秋》,中华书局 1959 年版,第 592—595 页。以下《六代论》引文均出此篇。萧统《文选》卷五二选入此篇,但无上表,中华书局 1977 年版,第 721—725 页。

这篇上书，实为《六代论》的总论，它引经据典，强调“必建同姓以明亲亲，必树异姓以明贤贤”的政治原则。其政治蓝图是“盛则有与其共治，衰则有与守其土，安则有与享其福，危则有与其同祸”。在这一基本思路指导下，《六代论》展开了它的“叙论成败”的历史见解。

曹冏首先提出一个问题：“夏、殷、周历世数十，而秦二世而亡。何则？”他的论述归结到一点：夏、商、周行分封，秦皇朝废分封，以致其结果有天壤之别。曹冏写道：“三代之君，与天下共其民，故天下同其忧。秦王独制其民，故倾危而莫救。夫与民共其乐者，人必忧其忧；与民同其安者，人必拯其危。先王知独治之不能久也，故与人共治之；知独守之不能固也，故与人共守之。兼亲疏而两用，参同异而并建。是以轻重足以相镇，亲疏足以相卫，并兼路塞，逆节不生。”这俨然是一幅太平的政治景象。但对于春秋、战国时期的历史，曹冏的说法就难以自圆其说了。一方面说“诸侯傲而复肃”，一方面又说“诸姬微矣”，这种局面持续了四百年左右，用分封制的合理性是难以讲清楚的。曹冏难免陷于自相矛盾之中。

但是，当曹冏说到秦朝“二世而亡”时，似乎又拥有了充分的历史根据。在他看来：“秦观周之弊，以为小弱见夺，于是废五等之爵，立郡县之官，弃礼乐之教，任苛刻之政；子弟无尺寸之封，功臣无立锥之地，内无宗子以自毗辅，外无诸侯以为藩卫，仁心不加于亲戚，惠泽不流于枝叶；譬犹芟刈股肱，独任胸腹，浮舟江海，捐弃楫棹，观者为之寒心，而始皇晏然。自以为关中之固，金城千里，子孙帝王万世之业也，岂不悖哉！”一方面承认“周之弊”，一方面又批评秦朝“仁心不加于亲戚，惠泽不流于枝叶”，曹冏再次表现出认识上的自相矛盾。为了证明分封制的正确，曹冏还提出这样的假设：“向使始皇纳淳于之策，抑李斯之论，割裂州国，分王子弟，封三代之后，报功臣之劳，士有常君，民有定主，枝叶相扶，首尾为用，虽使子孙有失道之行，时人无汤、武之贤，奸谋未发，而身已屠戮，何区区之陈、项，而复得措其手足哉？故汉祖奋三尺之剑，驱乌集之众，五年之中，遂成帝业。”

当然，历史是不好假设的。秦国自商鞅变法起，就开始废除世袭制度,这是从根本上改变分封制的基础。“君子之泽,五世而斩”①,“三后之姓,于今为庶”②,这是自战国以来的历史发展趋势,即使没有秦始皇、李斯,也会有另外的政治人物出来继承商鞅变法所推行的政策。

在曹冏之后,西晋陆机撰《五等论》③,从历史上和道理上反复论证“圣王经国,义在封建”,这是又一篇主分封制的力作。陆机《五等论》的总的看法是:“夫体国经野,先王所慎,创制垂基,思隆后叶。然而经略不同,长世异术。五等之制,始于黄唐,郡县之治,创于秦汉,得失成败,备在典谟,是以其详可得而言。”在他看来,“五等之制”与“郡县之治”,其“得失成败”在历史上都写得清清楚楚,是可以说明白的。

陆机认为,五等之制即分封之制的主要优势在于:“夫王者知帝业至重,天下至广。广不可以偏制,重不可以独任。任重必于借力,制广终乎因人。故设官分职,所以轻其任也;并建伍长,所以弘其制也。于是乎立其封疆之典,裁其亲疏之宜,使万国相维,以成盘石之固;宗庶杂居,而定维城之业。”在陆机看来,这种建立在血缘的亲疏关系上的分封制度,可以“使万国相维,以成盘石之固;宗庶杂居,而定维城之业”。在这种制度之下,“世平足以敦风,道衰足以御暴。故强毅之国不能擅一时之势,雄俊之人无所寄霸王之志”。这可谓是一个治国安邦的最佳制度。

值得注意的是,陆机是一个面对历史事实的人。他不得不承认,任何合理的制度,也都有它的缺陷;同时,同样的制度,由不同的人去实施,其结果也不一样。他指出:“盛衰隆弊,理所固有,教之废兴,系乎其人。原法期于必谅,明道有时而暗。”指出了人与制度的关系,而强调人对制度的重要。他进而指出:“固知百世非可悬御,善制不能无弊。”由此可以看出,陆机对于“五等之制”虽怀有景仰之情,但当他结合历史事实来作考察时,他的认识多少包含了一些辩证的因素。因此,他认为,周的灭亡,终究不能避免分封制的“承微积弊”的一面,这是“事势使之然”的结果。陆

① 《孟子·离娄下》,杨伯峻译注:《孟子译注》,中华书局1960年版,第193页。

② 《左传·昭公三十二年》,杨伯峻编著:《春秋左传注》,中华书局1981年版,第1520页。

③ 房玄龄等:《晋书》卷五四《陆机传》,中华书局1974年版,第1476—1479页。以下《五等论》引文均出此篇。

机所论的高明之处，是他没有完全否认分封制本身也是有缺陷的。

正因为如此，他一方面批评秦朝废分封、立郡县，是“思五等之小怨，亡万国之大德”，以致于走向覆灭。一方面指出，汉初的七国之乱，是“境土逾溢，不遵旧典”，“过正之灾，而非建侯之累也”，即分封的王国超过了古制，并不是分封制本身的错误；而西汉中期的制度，又走向另一个极端，“割削宗子，有名无实，天下旷然，复袭亡秦之轨矣”。陆机的这一番分析，反映出他对于分封制确有比较全面的认识，既肯定它的作用，又看到它的消极一方面，同时指出了分封制的“境土逾溢”和“有名无实”两种倾向之不可取。他认为东汉的灭亡，也是因无分封之制，故一旦有乱，则“上非奥主，下皆市人，师旅无先定之班，君臣无相保之志”，这是“大汉之灭”的根本原因。

陆机在《五等论》一文的最后，以设问的形式，从理论上分析了郡县制与分封制的利弊得失。他写道：

> 或以“诸侯世位，不必常全，昏主暴君，有时比迹，故五等所以多乱。今之牧守，皆官方庸能，虽或失之，其得固多，故郡县易以为政”。夫德之休明，黜陟日用，长率连属，咸述其职，而淫昏之君，无所容过，何则其不治哉！故先代有以兴矣。苟或衰陵，百度自悖，鬻官之吏以货准财，则贪残之萌皆群后也，安在其不乱哉！故后王有以之废矣。且要而言之，五等之君，为己思政；郡县之长，为吏图物。何以征之？盖企及进取，仕子之常志；修己安人，良士所希及。夫进取之情锐，而安人之誉迟，是故侵百姓以利己者，在位所不惮；损实事以养名者，官长所夙慕也。君无卒岁之图，臣挟一时之志。五等则不然。知国为己土，众皆我民。民安，己受其利；国伤，家婴其病。故前人欲以垂后，后嗣思其堂构，为上无苟且之心，群下知胶固之义。使其并贤居政，则功有厚薄；两愚处乱，则过有深浅。然则八代之制，几可以一理贯；秦、汉之典，殆可以一言蔽也。

这里，陆机假设了一个对立面所提出的问题：以诸侯和牧守对比，认为“五等所以多乱”，“郡县易以为政”，其根本原因在于“世位”和选官的差别。对此，陆机予以驳斥，认为历史上许多事实证明：“鬻官之吏以货准财,则贪残之萌皆群后也,安在其不乱哉”! 这是从历朝政治的腐败现象中概括出来的结论,当是言之成理的。陆机并不否认存在着一些有识之士,希望把社会治理好,但在非世封的制度下,“君无卒岁之图,臣挟一时之志”,正是这些有识之士不能实现自己政治抱负的原因。显然,这就有点牵强了,与两汉以来的政治发展实际并不吻合。至于他在理论上为“五等之制”所作的概括,以历史的观点来看,那就更加荒唐了,即所谓“五等则不然。知国为己土,众皆我民。民安,己受其利;国伤,家婴其病。故前人欲以垂后,后嗣思其堂构,为上无苟且之心,群下知胶固之义”等等,这完全是为以血缘为纽带、以天下为一姓之私的辩词。

由此可见,陆机的《五等论》虽然包含着某些合理的认识,但它在根本上是一种倒退的历史理论。

二、主郡县说的历史见解

曹冏、陆机从历史上和理论上对分封制的肯定和辩护,在本质上是对秦汉以后历朝政治体制的批评。这种批评在他们所处的时代,并未产生明显的政治影响,但对其后的政治活动和思想辩难,却产生了影响。这种影响在盛唐和中唐最为突出。

唐太宗作为一代明君,在分封制的认识上和实践上,都处于矛盾之中。贞观初年,他明确地认识到:“自两汉以降,惟分子及兄弟,其疏远者,非有大功……并不得受封。若一切封王,多给力役,乃至劳苦万姓,以养己之亲属。”于是,他改变了唐高祖先前“举宗正籍,弟侄、再从、三从孩童已上封王数十人”的做法,把其中无功者一律降为公。唐太宗尖锐地指出,大封宗室为王,是“劳苦万姓,以养己之亲属”①。这一认识,多少包含着天下非一家之天下的思想,与陆机的认识有很大的不同。但是,唐太宗并没有完全废除封王之制。

---

① 吴兢:《贞观政要·封建》,上海古籍出版社 1978 年版,第 98 页。下引未注明出处者,均出此篇。

贞观中期,唐太宗对分封制的认识出现了倒退的倾向,史载:“贞观十一年,太宗以周封子弟,八百余年,秦罢诸侯,二世而灭,吕后欲危刘氏,终赖宗室获安,封建亲贤,当是子孙长久之道。”唐太宗的这一认识上的变化,其基本思想同曹冏、陆机几乎如出一辙。这一变化,无疑是出于政治统治的考虑。由此可见,他对于秦、汉历史经验的总结,也存在着认识上的盲区,这似应看作是唐太宗政治思想上的一个缺陷。正是基于这一认识,唐太宗封子弟 21 人为王,封功臣 14 人为“世袭刺史”。这一举措,在朝廷上引起了强烈的反响,也激发了人们对分封制和郡县制的深入思考,进而作出理论上的阐说。

史学家李百药对唐太宗此举提出反对意见,他当时任礼部侍郎,于是“奏论驳世封事”。在这篇约两千字的长篇奏论中,李百药从以下几个方面剖析了实行分封的不可取。

首先,李百药肯定谋求长治久安之策,本是人们的共同愿望,然而历史事实却又并非如此,他指出:

> 臣闻经国庇民,王者之常制;尊主安上,人情之大方。思阐治定之规,以弘长世之业,万古不易,百虑同归。然命历有赊促之殊,邦家有治乱之异。遐观载籍,论之详矣。

这就是说,国祚有长短之殊,“邦家有治乱之异”,本是历史上常见之事。现在人们动辄就以周遵古制、秦不师古来论“存亡之理”,并不符合历史上的记载。李百药在这里把自己的见解和为分封制辩护的见解同时提出来,以便于针锋相对地予以驳论。

第二,李百药分析了国运长短、政治兴衰的原因:

> 臣以为自古皇王,君临宇内,莫不受命上玄,册名帝录,缔构遇兴王之运,殷忧属启圣之期。虽魏武携养之资,汉高徒役之贱,非止意有觊觎,推之亦不能去也。

这里说的“受命上玄”“册名帝录”,以及什么“运”、什么“期”等,颇带有几分神秘的命定色彩。但李百药在举出若干具体历史事实后,紧接着又指出:“是知祚之长短,必在于天时;政或兴衰,有关于人事。”从他的下文论证来看,所谓天时,是指时势和机遇;所谓人事,是指具体的人的德与才。他的这种分析,似乎又扫除了先前所论的那种神秘色彩。

第三,李百药批评曹冏、陆机所论是一种倒退的、复古的观点,是同现实并不相符合的主张。他尖锐地指出:

> 然则得失成败,各有由焉。而著述之家,多守常辙,莫不情忘今古,理蔽浇淳,欲以百王之季,行三代之法,天下五服之内,尽封诸侯,王畿千里之间,俱为采地。是则以结绳之化行虞、夏之朝,用象刑之典治刘、曹之末,纪纲弛紊,断可知焉。锲船求剑,未见其可;胶柱成文,弥多所惑……此乃钦明昏乱,自革安危,固非守宰公侯,以成兴废。且数世之后,王室浸微,始自藩屏,化为仇敌。家殊俗,国异政,强凌弱,众暴寡,疆埸彼此,干戈侵伐……陆士衡方规规然云:"嗣王委其九鼎,凶族据其天邑,天下晏然,以治待乱。"何斯言之谬也!而设官分职,任贤使能,以循良之才,膺共治之寄,刺举分竹,何世无人。至使地或呈祥,天不爱宝,民称父母,政比神明。曹元首方区区然称:"与人共其乐者人必忧其忧,与人同其安者人必拯其危。"岂容以为侯伯则同其安危,任之牧宰则殊其忧乐?何斯言之妄也!

李百药的这一段驳论,写得酣畅淋漓,鞭辟入里,有很强的说服力。从理论上看,他批评了"著述之家,多守常辙,莫不情忘今古"的保守观点,反映了他的朴素的进化思想。从事实上看,他列举了在分封制之下的种种弊端,如"始自藩屏,化为仇敌。家殊俗,国异政,强凌弱,众暴寡,疆埸彼此,干戈侵伐"等等,"不可胜数"。从讨论问题的方法,他批评陆机的不顾历史事实而强词夺理,"何斯言之谬也";批评曹冏的片面、武断,"何斯言之妄也"。

第四,李百药进一步从任官制度上比较分封与郡县两种政治制度的长短、优劣。他写道:"封君列国,藉其门资,忘其先业之艰难,轻其自然之崇贵,莫不世增淫虐,代益骄侈。离宫别馆,切汉凌云,或刑人力而将尽,或召诸侯而共乐……乃云为己思治,岂若是乎?"而在郡县制下,"内外群官,选自朝廷,擢士庶以任之,澄水镜以鉴之,年劳优其阶品,考绩明其黜陟",这种制度,不能说成是"为利图物"。李百药进而得到这样的结论:"总而言之,爵非世及,用贤之路斯广;民无定主,附下之情不固。此乃愚智所辨，安可惑哉？”这就涉及用人制度了：是用贤还是任亲，是选拔还是世袭。李百药还指出，“春秋二百年间，略无宁岁”，即使是西汉末年和东汉末年，也不至于暴乱到那种程度。

第五，李百药高度概括地总结了自汉魏迄于隋朝的历史教训，一言以蔽之，即“余风之弊未尽”。这就是说，“五等”之制的积弊时隐时现，虽各朝具体情势各异，但终究避免不了由此而引起的政治混乱局面。

李百药从以上几个方面进行分析，极言“五等”之制不可复行，确为批驳主分封之议的一篇宏文。他在论述之中，处处显示了他作为史学家所具有的历史智慧。当然，李百药在这篇奏论的最后，笔锋稍稍缓和了一些，认为唐太宗具备了前代帝王所具备的几个条件，所谓“生民以来，一人而已”，他结合当时的形势写道：

> 弘兹风化，昭示四方，信可以期月之间，弥纶天壤。而淳粹尚阻，浮诡未移，此由习之久，难以卒变。请待斲雕成器，以质代文，刑措之教一行，登封之礼云毕，然后定疆理之制，议山河之赏，未为晚焉。《易》称：“天地盈虚，与时消息，况于人乎？”美哉斯言也。

这一段话，一方面是为了缓和一下驳论的气氛，一方面也是显示出对唐太宗的尊重，以尽君臣之谊。

与此同时，另一位大臣、中书舍人马周也上疏表示不可复行分封之制。马周所论，大意没有超出李百药的分析。值得注意的是，马周援引了汉光武帝对待功臣的做法，他在奏疏中说：“昔汉光武不任功臣以吏事，所以终全其世者，良由得其术也。愿陛下深思其宜，使夫得奉大恩，而子孙终其福禄也。”可见汉光武帝的政治经验，颇为唐初政治家所重视。

由于李百药的“驳世封事”之论和马周的相关上疏，以及其他一些大臣的反对，唐太宗“并嘉纳其言，于是竟罢子弟及功臣世袭刺史”。这是李百药等对于分封、郡县之制在理论上阐述的积极结果。这些阐述，既是对秦朝实行郡县制以来的一个历史性的总结，也是对曹、陆二人为分封制张目的驳斥。

从双方的主要论点来看，其根本的区别在于：分封制强调以亲疏即血缘关系为政治制度的核心，郡县制则主张以地缘即行政建置为政治制度的核心;分封制要求实行世袭的、任亲为主的用人制度,郡县制则实行选拔的、用贤为主的用人制度。从国家学说来看,从以血缘为单位的分封制到以地缘为单位的郡县制,从世袭的用人制度到选拔的用人制度,无疑都是历史的进步。在这些问题上,陆机和李百药所发表的言论,都具有鲜明的代表性。后者在理论上所取得的成功,其意义并不亚于其在政治实践上的成功。

前面讲到,唐太宗在分封制的问题上,始终处于矛盾的状态。贞观中期,他虽然接受了李百药等人的意见,没有实行世袭刺史的制度,但他到了贞观末年撰写《帝范》时,又一次提出了"封建"的问题。他这样写道:

> 夫六合旷道,大宝重任。旷道不可偏治,故与人共治之;重任不可以独居,故与人共守之。是以封建亲戚,以为藩卫,安危同力,盛衰一心,远近相持,亲疏两用,则并兼路塞,逆节不生……夫封之太强,则为噬脐之患;致之太弱,则无固本之隆。由此而言,莫若众建宗亲而少力,使轻重相镇,忧乐是同,则上无猜忌之心,下无侵冤之虑,此封建之鉴也。①

尽管唐太宗注意到了"封之太强"与"致之太弱"二者的关系,表明他还是重视了历史所提供的教训,但他依然不能从根本上认识到郡县制代替分封制是历史的进步,也不能完全摆脱天下乃是一家之天下的这一根深蒂固的观念。他在政治理论上的局限性,在这里表现得十分突出。

三、历史演进之"势"与"圣人之意"

凡主分封说者,有一个共同点,即实行分封制,是先王或先圣认识到"天下至广,广不可以偏制",故封诸侯以为屏藩。因此,秦朝的废分封、立郡县,是违背了圣人之意。因此,主分封说者就拥有了一面"圣人之意"的旗帜,使反对分封的人感到敬畏。李百药的"驳世封"之论写得十

---

① 唐太宗:《帝范·建亲》,见吴云等编校:《唐太宗集》,陕西人民出版社 1986 年版,第 210—211 页。

分精彩，但他没有对此发表集中的评论。

中唐时期，藩镇割据，有的藩镇不仅尾大不掉，无视朝廷，而且擅自形成节度使的世袭局面。这种形势，类似诸侯，有识之士，深以天下为忧。在这种历史条件下，思想家和史学批评家柳宗元写出了《封建论》这篇宏文。同《封建论》有密切关联的，还有《贞符》一文。在这两篇文章中，柳宗元从国家的产生说起，论到分封制的实行本是历史演进之“势”的要求，并不是圣人预先所设置的政治模式，从而揭去了“圣人之意”的面纱，还历史以本来的面目。

在柳宗元的论著中，《贞符》和《封建论》比较集中地讨论了有关国家起源和历史进程问题，在他以前的浩繁的历史文献中，这样的理论著作并不多见。《贞符》是一篇宏文，作者视此文甚重，认为，“苟一明大道，施于人代（世），死无所憾”。可见他是把生命倾注在这篇论文中的。《贞符》的主旨是要以历史事实批判传统的符命之说，阐明“生人之意”（即“生民之意”）在历史发展中的作用。柳宗元在《贞符》序文中写道：

> 负罪臣宗元惶恐言：臣所贬州流人吴武陵为臣言：“董仲舒对三代受命之符，诚然非耶？”臣曰：“非也。何独仲舒尔？自司马相如、刘向、扬雄、班彪、彪子固，皆沿袭嗤嗤，推古瑞物以配受命，其言类淫巫瞽史，诳乱后代，不足以知圣人立极之本，显至德，扬大功，甚失厥趣。”①

此文始作于作者在长安任尚书郎时，完成于永贞改革失败作者贬谪永州之时，故称“负罪臣”。序文一开始就把批判的锋芒指向前代名儒硕学，斥责他们关于“受命之符”的种种说教类似“淫巫瞽史”之言，起了“诳乱后代”的坏作用。这是何等巨大的理论勇气！

柳宗元不赞成所谓“古初朴蒙空侗而无争，厥流以讹，越乃奋敚斗怒震动，专肆为淫威”的说法，自称对此“是不知道”。如前文所说，他在《天对》中也表明了对于一些没有根据的有关远古的传说是不相信的。因此，柳宗元在《贞符》这篇名作中，勾勒出的一幅人类从初始时期开始进

---

① 以上所引见柳宗元：《柳河东集》卷一，中华书局1960年版，第18页。

入国家产生时代的历史画卷。[①] 以今天的眼光来看,这幅画卷未免过于粗糙、幼稚,有的地方距离历史真实太远。但是应当看到,在他之前能够作这样的历史描绘的人是不多见的。当然,从思想渊源上看,柳宗元无疑是继承了荀子和韩非子关于国家起源的进化观点[②],其中《王制》和《五蠹》对他的影响会更大一些;同时,他也会参考前人某些在他看来是有益的思想资料。值得注意的是,柳宗元在描绘这幅历史画卷时,是从外在的自然条件("雪霜风雨雷雹暴其外")和人类的生理欲望("饥渴牝牡之欲驱其内")来说明人类社会的进化的。即人类为了吃、穿、住、"牝牡之欲"而逐步懂得"架巢空穴""噬禽兽,咀果谷"和"合偶而居";而后由于对物质生活资料的争夺,而产生交争、搏斗,于是才有"强有力者出而治之",才有"君臣什伍之法立",才有"州牧四岳",才达到"大公之道",而"大公之道"的实现,又是"非德不树"。可见,柳宗元在阐述人类初始生活状况和国家起源问题时,是从人类自身的历史来说明的,这里完全排除了任何天与神的意志和作用。他的这些看法,包含着对于人类如何从原始社会进入阶级社会的"天才的猜想",在古代历史理论发展上闪现出耀眼的光辉。从世界范围来说,诚如恩格斯所指出的:在19世纪60年代以前,"根本谈不到家庭史。历史科学在这一方面还是完全处在摩西五经的影响之下"[③];这是就家庭史说的,如果从原始社会史来说,那是在1877年摩尔根的《古代社会》一书出版后,才在原始历史观中引起了革命。这说明,整个人类对于本身初始阶段的历史的认识,确是一个十分艰难的过程。柳宗元在9世纪初提出的这些看法,是很难得的。

《贞符》的理论意义,是通过对于历史的考察,证明"唐家正德,受命于生人之意",并进而证明历代皇朝的兴起"受命不于天,于其人;休符不于祥,于其仁",强调人事的作用和政策的作用。作者痛斥历史上那些

---

① 参见本卷第五章第一节。

② 侯外庐说,见侯外庐等编:《柳宗元哲学选集》序,中华书局1964年版,第20页。

③ 恩格斯:《家庭、私有制和国家的起源》,《马克思恩格斯选集》第四卷,人民出版社2012年版,第16页。

“妖淫嚣昏好怪之徒”制造“诡谲阔诞”，“用夸诬于无知氓”，并公开反对帝王的封禅活动。所有这些，对于揭去笼罩在历史上的神秘外衣，恢复历史的世俗面貌，启发人们正确地认识历史，都起了积极的作用。但是，柳宗元关于历史进程的理论并没有只停留在这个认识上，他在《封建论》一文中进一步探讨了历史变化、发展的原因，从而把他的史论又推向一个新的境界。

《封建论》的主旨，是作者提出“势”这个哲学范畴作为“圣人之意”的对立面来说明历史变化、发展的原因。柳宗元首先指出“封建”存在的客观性，指出：“天地果无初乎？吾不得而知之也。生人果有初乎？吾不得而知之也。然则孰为近？曰：有初为近。孰明之？由封建而明之也。”他进而指出“封建”产生的原因，认为：“彼封建者，更古圣王尧、舜、禹、汤、文、武而莫能去之，盖非不欲去之也，势不可也。势之来，其生人之初乎？不初，无以有封建。封建，非圣人意也。”柳宗元在详细叙述了“封建”产生的过程后，强调说：“故封建非圣人意也，势也。”[①]这里说的“生人果有初乎”的“初”，同《贞符》里说的“惟人之初”，是同一个意思，即从无“封建”到有“封建”的发展过程。柳宗元说的“封建”，是历史上沿袭下来的一个政治概念，即指所谓“封国土，建诸侯”的分封制。作者从分封制的产生和沿袭去推究分封制产生的原因，这在方法论上是由近及远、由现代去认识过去的一种方法。从今天的观点来看，柳宗元所阐述的分封制产生的历史原因显然是很肤浅的；他把分封制一直上溯到尧、舜、禹时代，也是不符合历史事实的。但是，我们不能以此来判断《封建论》的理论价值。《封建论》的理论价值在于，它提出了“不初，无以有封建”和“封建，非圣人意也”这两个前后相关联的命题。作者从人类处于“草木榛榛，鹿豕狉狉”的初始阶段，为了“自奉自卫”必须“假物以为用”到“假物者必争”，从“争而不已”到听命于“能断曲直者”，从“告之以直而不改”到“君长刑政生焉”，一直说到里胥、县大夫、诸侯、方伯、连帅、天子的出现。对于这样一个历史发展过程，柳宗元认为是“封建”出现的过程。

---

① 柳宗元：《柳河东集》卷三《封建论》，中华书局1960年版，第44页。

如同前文所指出的,其实作者是触到了人类从野蛮步入文明亦即国家起源的那一段历史。在这一点上,《封建论》同《贞符》是有共同之处的。《封建论》与《贞符》的不同之处,是前者特别强调了“势”是历史发展的动因,而后者强调的是“生人之意”的作用。

“势”作为“圣人之意”的对立面而提出来,柳宗元是以丰富的历史知识和深刻的理论洞察力来加以说明的。除了阐明“封建,非圣人意也”之外,他又列举周、秦、汉、唐四朝为例,认为:“周之丧久矣,徒建空名于公侯之上耳!得非诸侯之强盛,末大不掉之咎欤?”这是“失在于制,不在于政”。秦朝废“封建”,设郡县,“此其所以为得也”,但“不数载而天下大坏”,是因为它“亟役万人,暴其威刑,竭其货贿”的缘故,此所谓“咎在人怨,非郡邑之制失也”,或者叫做“失在于政,不在于制”。汉代,“有叛国,而无叛郡”,可见“秦制之得,亦以明矣”。唐代,“有叛将,而无叛州”,证明“州县之设,固不可革也”。他反复论证:在殷周时代,实行分封制是带有必然的趋势:“圣贤生于其时,亦无以立于天下,封建者为之也。岂圣人之制使至于是乎?吾固曰:‘非圣人之意也,势也。’”他对分封制和郡县制得失的分析,从政治和历史的角度看,都包含了不少真知灼见。他反复强调“封建”的出现是“生人”初始阶段不可避免的一种现象,是客观情势所决定的,并不是圣人的主观意图的实现,同样,自秦以下,废分封而设郡县,也是一种必然的趋势,“其不可变也固矣”,不能看作是违背了圣人的意愿。这些论述不仅在历史理论上有重要的价值,从中唐社会藩镇林立的局面来看,它也有重大的现实意义。我们可以认为:柳宗元的《封建论》,是为唐宪宗等人从政治上和军事上对藩镇势力进行斗争提供了历史的根据和理论的根据。

历史证明:自秦始皇废分封、立郡县,逮至柳宗元的时代,上下一千余年,关于分封与郡县在政治实践中的反复和理论上得失优劣的争论,出现过多次。只唐代而言,贞观五年(631年)就出现这样的反复和争论,由于多数大臣不主“封建”,事遂未行。[1] 安史之乱后,藩镇割据势力迅速发

① 范祖禹:《唐鉴》卷二,上海古籍出版社1984年版,第8页上。

展，逐渐形成“末大不掉”之势，成为中唐严重的政治问题。有识之士，无不关注于此。柳宗元的《封建论》不能不受到前人的启发，但由于他对历史的洞察和对政治的识见，都有过人之处，所以他的论证带有浓厚的理论色彩和鲜明的现实意义。《封建论》真正是作者的历史感和时代感闳于其中而肆于其外的杰作，受到后人的高度评价。①

《贞符》和《封建论》都讲国家起源和历史进程，这是它们的共同之处。但《贞符》提出“生人之意”以与天命对立，《封建论》提出“势”以与“圣人之意”对立，这是它们的不同之处。“生人之意”认为历史变化的动力是人们的意志、愿望和要求，还没有摆脱历史唯心主义的束缚，“势”是情势、趋势，接近于认为历史发展是一种自然过程的看法，属于历史唯物主义之萌芽的一种见解。《封建论》作于《贞符》之后，于此可以看到柳宗元历史思想的变化和发展。末了，还要指出一点：柳宗元提出的“势”这一范畴，是对前人如司马迁所讲的“形势”的继承和发展，又为后人如王夫之讲“势”与“理”的统一提供了新的思想资料，在有关“势”与“理”的理论发展上占有承前启后的重要地位。

---

① 宋人苏轼说：“昔之论‘封建’者，曹元首、陆机、刘颂，及唐太宗时魏徵、李百药、颜师古，其后有刘秩、杜佑、柳宗元。宗元之论出，而诸子之论废矣，虽圣人复起，不能易也。”（苏轼：《东坡志林》卷五《秦废封建》，中华书局1981年版，第104页）这是对《封建论》的很高的评价。当然，自柳宗元以下，对《封建论》的研究评论、赞扬普议和褒贬轩轾，代有其人，但它在历史理论发展上所起的辉煌的作用，却是人们无法抹杀的。近人章士钊著《柳文指要》，对《封建论》作历史的研究和理论的分析，多所发明，他认为这是“从来无人写过之大文章”。值得注意的是，章士钊是从史论的角度评价了《封建论》的学术影响：“从来史论扎定脚跟，无人动得分毫，唯见子厚（宗元）此论，罔识其他。”他赞扬叶适之政治论，“叹其洞明天下大势，为柳子厚后一人”，甚至不无浪漫地说，“吾安得挈子厚、水心（叶适）两公，同登天安门重与细论之”。他认为顾炎武的《郡县论》，“论中未提及子厚一字，文字声气之求，固千载犹旦暮云”。他指出，魏源《古微堂内集·治篇九》“有论封建者二则，其言熟于史例，足与子厚所论互为发明”。他批评袁枚之论柳宗元《封建论》的文章“全是诡辩，此殆帖括家风檐见巧之作，不足与于史家通识也”，而龙翰臣之《续柳子厚封建论》则“词旨瞀乱，语无可采”，“曚于史识”（以上见章士钊：《柳文指要》上卷，中华书局1971年版，第83、85、96—99、109、118页）等等。千余年来，视《封建论》为史论并进行系统研究，章士钊可谓第一人矣。

第三节　历史形势与皇朝兴亡

一、中兴何以走向灭亡

魏晋南北朝隋唐时期的史家们的兴亡论，一方面表现为许多关于兴亡的专论，一方面也表现在皇朝史撰述中。皇朝史撰述，总是离不开对于这个皇朝的兴起、发展、衰败、灭亡的阐述，故关于它的兴亡之论，自是题中应有之义。在这方面，范晔所撰《后汉书》对东汉皇朝兴亡的纵论、魏徵对有隋一代兴亡的剖析，是比较突出的，前者评论一个运祚较长的朝代，后者分析一个二世而亡的朝代，都具有代表性。

范晔是一个优秀的史家，他关于东汉历史发展进程中的几个重大转折的把握和评论，反映出他看待历史形势的卓识。

范晔认为，东汉社会，以光武帝、明帝、章帝三朝为兴盛时期。他对于光武帝建武年间的政治有很高的评价。举其要者，例如，他感慨于"中兴之业，诚艰难也"，称赞光武帝居安思危，常自危惧，能谨慎而妥当地处理与西域、匈奴各族的民族关系。① 他高度评价光武帝善于总结历史经验，妥当地对"中兴二十八将"进行安置，他写道：

> 光武鉴前事之违，存矫枉之志，虽寇、邓之高勋，耿、贾之鸿烈，分土不过大县数四，所加特进、朝请而已。观其治平临政，课职责咎，将所谓"导之以政，齐之以刑"者乎！若格之功臣，其伤已甚。何者？直绳则亏丧恩旧，桡情则违废禁典，选德则功不必厚，举劳则人或未贤，参任则群心难塞，并列则其敝未远。不得不校其胜否，即以事相权。故高秩厚礼，允答元功，峻文深宪，责成吏职。建武之世，侯者百余，若夫数公者，则与参国议，分均休咎，其余并优以宽科，完其封禄，

① 范晔：《后汉书》卷一八《吴盖陈臧列传》后论，中华书局1965年版，第697页。

莫不终以功名延庆于后。

他最后归结到政治上说:“夫崇恩偏授,易启私溺之失,至公均被,必广招贤之路,意者不其然乎!”①在如何安置开国功臣的问题上,西汉有深刻的历史教训,而光武帝则正确对待这一历史教训,进而创造了成功的经验。东汉中兴之业的确立和巩固,这是关键的决策之一。范晔还充分肯定光武帝关注民生、整顿风俗的措施,指出:“光武长于民间,颇达情伪,见稼穑艰难,百姓病害,至天下已定,务用安静,解王莽之繁密,还汉世之轻法……数引公卿郎将,列于禁坐。广求民瘼,观纳风谣。故能内外匪懈,百姓宽息。自临宰邦邑者,竞能其官。”②这是称赞光武帝对于肃清吏治、纯净风俗和安定社会所起的积极作用。范晔对于光武帝尊儒学、重教化更是给予极高的评价,认为这是中兴事业的一个重要方面。他写道,“昔王莽、更始之际,天下散乱,礼乐分崩,典文残落。及光武中兴,爱好经术,未及下车,而先访儒雅,采求阙文,补缀漏逸。先是四方学士多怀协图书,遁逃林薮。自是莫不抱负坟策,云会京师”,“于是立《五经》博士,各以家法教授”。他又进一步指出这样的措施给社会带来的积极影响:“自是其风世笃焉。其服儒衣,称先王,游庠序,聚横塾者,盖布之于邦域矣……所谈者仁义,所传者圣法也。故人识君臣父子之纲,家知违邪归正之路。”③当然,这些评论,都出于《后汉书》的有关列传,但它们着实反映了范晔对光武帝统治时期所采取的各种重大措施的高度赞扬和评价,并时时称为“建武之治”。范晔认为,明帝、章帝时期的政治,是“建武之治”的继续或延续,成为中兴之业的象征。他在《后汉书·孝明帝纪》后论中特别强调了明帝的“善刑理,法令分明”,以至达到了“内外无倖曲之私,在上无矜大之色”的局面。从政治上看,应当说这是很难得的,虽非创业之功,却有守成之效,使后人对“建武、永平之政”称道不已。

---

① 范晔:《后汉书》卷二二《朱景王杜马刘傅坚马列传》后论,中华书局 1965 年版,第 788 页。

② 范晔:《后汉书》卷七六《循吏列传》序,中华书局 1965 年版,第 2457 页。

③ 范晔:《后汉书》卷七九上《儒林列传上》序、卷七九下《儒林列传下》后论,中华书局 1965 年版,第 2545、2588—2589 页。

汉明帝19岁被立为皇太子,30岁即皇帝位,他对于光武帝的中兴之业是亲身经历并有比较深刻的感受的。因此,其即位之时,便有一种"夙夜震畏,不敢荒宁"的忧患意识。他在即位诏书中说:

> 先帝受命中兴,德侔帝王,协和万邦,假于上下,怀柔百神,惠于鳏寡。朕承大运,继体守文,不知稼穑之艰难,惧有废失。圣恩遗戒,顾重天下,以元元为首。公卿百僚,将何以辅朕不逮?……方今上无天子,下无方伯,若涉渊水而无舟楫。夫万乘至重而壮者虑轻,实赖有德左右小子。①

不难看出,这一番话,一是指出了继承中兴之业的重要,二是强调了"顾重天下,以元元为首"的原则,三是表明了自己阅历、思虑不深,要依靠左右大臣们的辅助。我们是否可以认为,正是这样一篇从根本上对政治形势作出估量和对策的诏书,奠定了被范晔称为"永平之政"的基础。

有兴趣的读者可以从《后汉书·孝明帝纪》里读到明帝的许多诏书,在这些诏书中,很少有歌颂太平盛世的词句和满足现状的思想;反之,人们倒是可以读到许多类似这样的忧虑和自责的言论,如:"比者水旱不节,边人食寡,政失于上,人受其咎。有司其勉顺时气,劝督农桑,去其螟蜮,以及蝥贼;详刑慎罚,明察单辞,夙夜匪懈,以称朕意。"这里讲的是重农桑、慎刑罚。又如:"朕奉承祖业,无有善政……有司勉思厥职,以匡无德。古者卿士献诗,百工箴谏。其言事者,靡有所讳。"这是勉励人们上书直谏,以杜绝弊政。再如,针对有官员献宝鼎一事,明帝下诏指出:"先帝诏书,禁人上事言圣,而间者章奏颇多浮词,自今若有过称虚誉,尚书皆宜抑而不省,示不为谄子蚩也。"明帝甚至可以做到,要求"群司勉修职事,极言无讳";"于是在位者皆上封事,各言得失。帝览章,深自引咎,乃以所上班示百官"。他就此下诏说:"群僚所言,皆朕之过。人冤不能理,吏黠不能禁;而轻用人力,缮修宫宇,出入无节,喜怒过差……永览前戒,竦然兢惧。徒恐薄德,久而致怠耳。"②从这些诏书来看,所谓永平之政,

① 范晔:《后汉书》卷二《孝明帝纪》,中华书局1965年版,第95—96页。
② 范晔:《后汉书》卷二《孝明帝纪》,中华书局1965年版,第111页。

贯穿着居安思危、兢兢业业的政治思想和政治作风，这正是它得以继续“建武之政”的关键所在。

汉章帝19岁即位，33岁辞世，是一个年轻的皇帝。他不仅在阅历上和认识上无法与明帝对中兴之业的感受与理解相比，就是在主政的独立见解和重要措施上，比之于明帝也相去甚远。范晔在《后汉书·孝章帝纪》后论起首引用他人的评价来评论章帝，表明他对章帝难以有更恰当更高标准的评价了。范晔这样写道：“魏文帝称‘明帝察察，章帝长者’。章帝素知人厌明帝苛切，事从宽厚。”所举事例如“除惨狱之科”“著胎养之令”，以及“尽心孝道”“平徭简赋”等等。看来，这只是建武、永平之政的余绪了。然而，范晔在认识上还是把中兴之业所带来的辉煌下延到和帝永元年间（89—105年）。他在《后汉书·孝和孝殇帝纪》后论里说：“自中兴以后，逮于永元，虽颇有弛张，而俱存不扰，是以齐民岁增，辟土世广。偏师出塞，则漠北地空；都护西指，则通译四方。岂其道远三代，术长前世？将服叛去来，自有数也？”和帝是一个更年轻的皇帝，他10岁即位，由窦太后临朝主政。史称：“自窦宪诛后，帝躬亲万机。”①其实，大将军窦宪被诛事在永元四年（92年），当时和帝才14岁，他如何“躬亲万机”？和帝在27岁就死了，足见他真正“躬亲万机”的时间并不多。东汉政治到了这个时候，是每况愈下了。建武、永平时期奠定的基础，至永元时期，前后已历80年左右，也算是很难得的了。范晔在这里提出了究竟是“道远三代，术长前世”呢，还是“服叛去来，自有数也”的问题，并把这些问题留给后人去思考，是意味深长的。

如果说，光武帝与明帝时期的建武、永平之政，是汉朝中兴之业的创立、发展和继续的话，那么，章帝与和帝时期的政治，只是中兴之业的余晖，而这余晖中的暗淡却悄悄蔓延开来。这是一个缓慢的转折，它似乎还没有被人们明显地觉察出来，但转折却是真正开始出现了。

东汉政治由中兴走向衰落，其更加明显的转折始于安帝。请看范晔《后汉书·孝安帝纪》后论是如何评论的。范晔写道：“孝安虽称尊享御，

① 范晔：《后汉书》卷四《孝和孝殇帝纪》，中华书局1965年版，第194页。

而权归邓氏,至乃损彻膳服,克念政道。然令自房帷,威不逮远,始失根统,归成陵敝。遂复计金授官,移民逃寇,推咎台衡,以答天眚。”汉安帝是邓太后与其兄车骑将军邓骘策划所立,13 岁即位,也是一个少年天子,故即位后,“太后犹临朝”①。安帝时期,阶级矛盾、民族矛盾、统治集团内部矛盾不断激化,加之自然灾害频频发生,安帝虽屡屡下诏自责,但他在采取有效措施方面无能为力,政治统治和社会秩序十分动荡,竟然出现了“计金授官”之举和“京师大饥,民相食”②的局面。中兴之业已是遥远的过去,变得无影无踪了。范晔用“始失根统,归成陵敝”来概括此时的形势,是很恰当的。所谓“始失根统”,并不仅仅是“令自房帷”“帷家之索”,而是在于这样的政令是否正确,是否具备应有的权威,是否能够通过正常的渠道得到贯彻,同建武、永平之政比起来,这才是问题的实质。当然,在这里,现象同本质也是和原因同结果相联系的。

东汉的衰落在顺帝时期变得更加严重了。顺帝也是在统治集团纷争中幼年即位的,并无直接管理国家的能力,自然大权旁落。他 11 岁即位,30 岁死于帝位之上,20 年中无所作为。范晔在《后汉书·孝顺帝纪》后论中写道:“古之人君,离幽放而反国祚者有矣,莫不矫鉴前违,审识情伪,无忘在外之忧,故能中兴其业。观夫顺朝之政,殆不然乎?何其效僻之多与!”这里尖锐地指出,顺帝不仅不能发挥一批有识之士的才能,纠正前朝的失误,而且沿着前朝的弊政继续滑下去,即在“始失根统,归成陵敝”的道路上越走越远,进一步走向衰落。到了这个时期,东汉的颓势已成,政局变得愈来愈严峻了。

汉桓帝、汉灵帝和汉献帝时期,是东汉走向灭亡的过程,而桓帝时期是这一转折的标志。如前文所述,范晔在《后汉书·孝桓帝纪》后论中指出:桓帝“好音乐,善琴笙”,是一个不以政事为重的皇帝。至于“诛梁冀,奋威怒,天下犹企其休息。而五邪嗣虐,流衍四方。自非忠贤力争,屡折奸锋,虽愿依斟流彘,亦不可得已”。从这里可以看出,桓帝诛除权臣梁

① 范晔:《后汉书》卷五《孝安帝纪》,中华书局 1965 年版,第 204 页。
② 范晔:《后汉书》卷五《孝安帝纪》,中华书局 1965 年版,第 212 页。

冀曾经使人们产生一线希望，使政治得以安定，社会得以平静，但是“五邪”①肆虐，桓帝听之任之，要不是一些忠贤之臣不断与这些人斗争，桓帝的命运恐怕不会比遭到流放更好。东汉走向灭亡的趋势，在主观和客观上都充分暴露出来了。到了汉灵帝时，皇帝已成了宦官控制的傀儡，不能发挥任何独立的政治作用。范晔借用历史的比喻，在《后汉书·孝灵帝纪》后论中写道：“《秦本纪》说赵高谲二世，指鹿为马，而赵忠、张让亦给灵帝不得登高临观，故知亡敝者同其致矣。”灵帝时宦官建造私宅，比拟宫室，高大华丽，不想让灵帝看见，便编造谎言，说是皇帝登高则百姓离散，吓得灵帝果然不敢登高。可见，古往今来，“亡敝者”的心计和行迹都是有共同之处的。至于东汉最后一个皇帝汉献帝，经历了许多历史变动，但在历史学家范晔看来，似乎已经没有什么太多的话可说，他在《后汉书·孝献帝纪》后论中写下的最后一句话是：“天厌汉德久矣，山阳其何诛焉！”献帝“逊位”于魏后，被封为“山阳公”。范晔认为，东汉的衰落和灭亡，由来已久，山阳公（汉献帝）又有什么可以太多指责的呢！从根本上来说，东汉的衰亡趋势，确是汉献帝所不能挽回的。

从以上可以看出，范晔对于东汉历史发展轨迹的基本认识：光武帝、明帝时期是中兴之业的开创、发展和继续；章帝、和帝时期是前者的余晖，而阴影已开始出现；安帝、顺帝时期则衰象丛生，不仅“始失根统，归成陵敝”，而且完全没有“矫鉴前违，审识情伪”的意识和能力，衰落之势已成定局；桓、灵、献三帝时期，则是东汉皇朝走向灭亡的过程。其间，还有所谓殇帝、冲帝、质帝、少帝，只是几支政治上的小插曲，无足道者。纵观范晔对东汉历史几个转折的认识，文字不多，却言简意赅，其最难得处，是于诸帝评论之中，揭示了东汉从兴盛走向衰败、灭亡的历史轨迹。这恰是范晔史识高明的又一明证。

为了进一步说明范晔对上述问题的卓识，同时也可略见其他东汉史作者史论的风采，我们不妨作一些比较性的考察。范晔《后汉书》晚出，

① 按：李贤注称，“五邪”指单超、徐璜、左悺、唐衡、具瑗。参见范晔：《后汉书》卷七《桓帝纪》后论注〔五〕，中华书局1965年版，第320页。

在此之前,已有多家东汉史著作问世。今存者有袁宏《后汉纪》《东观汉记》辑本和另外八家后汉书佚文。[①] 范晔:《后汉书》继承了前人的成果,也影响到后人对东汉史的认识和撰述。

第一,同诸家东汉史著作佚文评论的比较。在诸家东汉史著作佚文中,薛莹的《后汉记》里保存了明、章、安、桓、灵五帝的"赞"。明帝纪的赞语说:"是以海内乂安,四夷宾服,断狱希少,有治平之风。"章帝纪的赞语说:"章帝以继世承平,天下无事,敬奉神明,友于兄弟,息省徭赋,绥静兆民,除苛法,蠲禁锢,抑有仁贤之风矣。"这同范晔所论,大致相近。薛莹之论安、桓、灵三帝,似比范晔所论更为切实。其安帝纪赞语说:"安帝之初,委政太后,十有余年。及亲万机,佞邪始进,阉宦用事,宠加私爱,阿母王圣,势倾朝廷,遂树奸党,摇动储副,山陵未干,萧墙作难,兵交禁省,社稷殆危。"其桓帝纪赞语说:"汉德之衰,有自来矣。而桓帝继之以淫暴,封殖宦竖,群妖满侧,奸党弥兴,贤良被辜,政荒民散,亡征渐积。逮至灵帝,遂倾四海,岂不痛哉!"[②]其灵帝纪赞语措词更为严峻,这同范晔引前史语,说桓帝"好音乐"、灵帝"不得登高临观"云云,更能揭示出东汉大势已去的政治局面。此外,如司马彪《续汉书》之论汉和帝,[③]袁山松《后汉书》之论汉献帝,[④]其意似颇为范晔所采纳。这里,有一点是值得提到的,即袁山松《后汉书·章帝纪》中有一段评论颇发人深思,其文曰:"孝章皇帝弘裕有余,明断不足,闺房谗惑,外戚擅宠。惜乎!若明章二主,损有余而补不足,则古之贤君矣。"[⑤]这段话采用比较的方法,批评了汉章帝,也间接批评了汉明帝,为诸家东汉史所少见,耐人玩味。

关于东汉中衰之始,各史所论大致相同,但也有微妙差异,可略作比

---

① 清人汪文台有《七家后汉书》辑本,今人周天游校,河北人民出版社 1987 年版。周天游在前人辑佚的基础上,作《八家后汉书辑注》,上海古籍出版社 1986 年版。

② 参见周天游:《八家后汉书辑注》,上海古籍出版社 1986 年版,第 286—288 页。

③ 参见周天游:《八家后汉书辑注》,上海古籍出版社 1986 年版,第 300 页。

④ 参见周天游:《八家后汉书辑注》,上海古籍出版社 1986 年版,第 627 页。

⑤ 周天游:《八家后汉书辑注》,上海古籍出版社 1986 年版,第 623 页。

较。薛莹《后汉记·灵帝纪》赞，说是“汉世中兴，至于延平而世业损矣”[①]。延平，是和帝之后殇帝的年号。范晔《后汉书·孝和帝纪》后论，说是“自中兴以后，逮于永元……齐民岁增，辟土世广”。永元，是和帝年号。以上二说，实为相近。值得注意的是，范晔《后汉书·皇后纪》序中又有这样几句话：“东京皇统屡绝，权归女主，外立者四帝，临朝者六后，莫不定策帷帟，委事父兄，贪孩童以久其政，抑明贤以专其威。任重道悠，利深祸速。”李贤注：“四帝”，指安、质、桓、灵；“六后”，即章帝窦太后、和熹邓太后、安思阎太后、顺烈梁太后、桓思窦太后、灵思何太后。综合这些说法，则章、和时期，亦非真正意义上的中兴阶段了。

第二，同袁宏《后汉纪》史论的比较。袁宏《后汉纪》早出，且史论丰富，深思佳句，颇多可采。然其所论，多针对具体事物而发，对于诸帝时期之总的政治形势、利弊得失，所论不多。在这一点上，范晔《后汉书》同袁宏《后汉纪》的差别十分明显。更有甚者，它们在关于东汉史的整体认识上亦有歧异。袁宏《后汉纪》卷末有这样一段议论：

> 汉自桓、灵，君道陵迟，朝纲虽替，虐不及民。虽宦竖乘间窃弄权柄，然人君威尊未有大去王室，世之忠贤皆有宁本之心。若诛而正之，使各率职，则二祖明章之业复陈乎目前，虽曰微弱，亦可辅之。[②]

在袁宏看来，即使是桓、灵时期，东汉政治形势也还有好转的可能。他的这个认识不仅同范晔的认识相去甚远，也同上文列举的其他东汉史著作的看法相左。由此可以看出，在关于东汉历史进程和东汉皇朝兴衰治乱的评价上，范晔远在袁宏之上。

第三，同司马光《稽古录》史论的比较。袁宏早于范晔不足百年，而范晔先于司马光五百余年。司马光论东汉历史，袁、范二家均在他的参考、借鉴范围之内。他所著《稽古录》卷十三中有一首东汉史的长篇史论，其涉及桓、灵时期的形势是这样评论的：“至于桓、灵，而纪纲大坏，废

---

① 周天游：《八家后汉书辑注》，上海古籍出版社1986年版，第289页。

② 袁宏：《后汉纪》卷三〇《孝献皇帝纪》，《两汉纪》下册，中华书局2002年版，第589—590页。

锢英俊,贼虐忠正;嬖幸之党,中外盘结;鬻狱卖官,浊乱四海。”[①]显而易见,司马光并不赞同袁宏的看法,而采纳了范晔等人的见解。司马光在这篇史论中,还说到“孝和以降,政令浸弛,外戚专权,近习放恣”等等,这也同范晔所论非常接近。

范晔颇以其所撰史论为高,虽语出惊人,然大抵不谬。宋人朱熹提倡“读史当观大伦理、大机会、大治乱得失”[②]。此可谓读史之一大要领。今读范晔《后汉书》帝纪后论,其揭示东汉时期的“大治乱得失”,实是优秀史家大手笔的一个突出反映。诚如清人赵翼所论:范晔“立论持平,褒贬允当”,“有学有识,未可徒以才士目之也”。[③] 范晔评论历史,朱熹评论读史,赵翼评论史家,都给今天的史学工作者和有兴趣读史的人士留下了很有意义的、值得思考的问题。

二、兴亡匆匆的原因所在

在历史上,隋朝在短短的时间里,成为一个统一的“风行万里”的强大的皇朝,其兴也勃焉。然而,它只存在三十多年就灭亡了,其败也忽焉。其间,有不少经验,也有许多教训。唐初政治家魏徵主持撰写《隋书》,并撰写了《隋书》的史论,对隋朝的兴亡成败有深刻的分析,是关于兴亡之论的杰作,上可与范晔评论东汉从中兴走向败亡的见解相媲美。

隋唐皇朝,是继秦汉之后又一次出现的两个前后相连的封建统一政权,对于《隋书》的修撰,具有直接的现实意义。这是因为:第一,唐朝的封建统一政权是隋朝封建统一政权的直接继承和发展,没有隋朝,就没有唐朝。因此,唐初统治者对隋朝的统一大业,是极为推崇的,称赞隋文帝顺乎潮流,“乘兹机运,遂迁周鼎”,“劬劳日昃,经营四方”,致使“金陵失

① 司马光:《稽古录》,王亦令点校:《稽古录点校本》,中国友谊出版公司1987年版,第310页。

② 黎靖德编:《朱子语类》卷一一,中华书局1986年版,第196页。

③ 赵翼:《廿二史札记》卷四《后汉书编次订正》,王树民校证:《廿二史札记校证》,中华书局1984年版,第82页。

险”“单于款塞”，出现了“《职方》所载，并入疆理，《禹贡》所图，咸受正朔”①的统一局面，对隋文帝在统一事业中的作用给予很高的评价。第二，唐初统治者对于隋朝初年的政治，也是异常钦慕的，认为：隋文帝时，“七德既敷，九歌已洽，要荒咸暨，尉候无警。于是躬节俭，平徭赋，仓廪实，法令行，君子咸乐其生，小人各安其业，强无陵弱，众不暴寡，人物殷阜，朝野欢娱。二十年间，天下无事，区宇之内晏如也。考之前王，足以参踪盛烈”②。第三，一个“甲兵强盛”“风行万里”的隋皇朝，为何在很短的时间内，竟然“率土分崩”“子孙殄灭”③了呢？这样触目惊心的现实，又不能不引起唐初统治者的警惕和深思。可见，撰述隋朝历史，对于唐朝统治者来说，有着切身的利害关系，有许多引为鉴戒的历史经验教训。因此，唐皇朝建立不久，最高统治集团立即着手修撰《隋书》及其他史书。

武德五年（622年），唐高祖李渊诏令“兼中书令封德彝、中书舍人颜师古可修隋史”④。这次修史工作“绵历数载，不就而罢”⑤。逮及贞观三年（629年），唐太宗李世民乃令“秘书监魏徵修隋史”，魏徵就做了《隋书》的主编。《旧唐书·魏徵传》记：“徵受诏总加撰定，多所损益，务从简正。隋史序、论，皆徵所作。”魏徵不仅主编《隋书》，而且还亲自撰写了《隋书》的序、论。⑥

魏徵是唐初著名的政治家之一。他与唐太宗在政治上有密切关系，是唐太宗统治集团的主要谋划人物和决策人物之一。《隋书》史论，不仅反映了以魏徵为代表的一批谏官、元臣的思想，而且在很大程度上反映了唐太宗统治集团的政治思想和历史观点。因此，《隋书》史论所提出的一些主张、观点和理论，对于揭示唐朝统治集团、特别是唐初统治集团的政治思想和历史观点，具有直接的和重要的意义。

---

① 魏徵等：《隋书》卷二《高祖纪下》后论，中华书局1973年版，第55页。

② 魏徵等：《隋书》卷二《高祖纪下》后论，中华书局1973年版，第55页。

③ 刘昫等：《旧唐书》卷七一《魏徵传》，中华书局1975年版，第2550—2551页。

④ 宋敏求编，洪丕谟等点校：《唐大诏令集》卷八一，学林出版社1992年版，第422页。

⑤ 魏徵等：《隋书》宋天圣二年隋书刊本原跋，中华书局1973年版，第1903页。

⑥ 魏徵等：《隋书》纪、志、列传共85卷，其中有序、论77首，计：“纪”有“后论”3首，“志”有“序”7首，“列传”有“后论”50首、“序”14首。除“志”以外，序、论皆魏徵所作。

“隋之得失存亡,大较与秦相类”。这是《隋书》史论对于隋朝历史经验教训的最重要的概括。

唐继隋而起。隋何以亡,唐何以兴?对于这样一个问题的回答,犹如西汉初年陆贾受刘邦之命作《新语》一样,[①]成为《隋书》史论极为重视的中心问题。

《隋书》史论的作者注意从变化的观点来分析历史现象,认为隋朝“衰怠”“乱亡”的原因,“所由来远矣,非一朝一夕”[②],而着重分析了隋亡“成于炀帝”的种种政治原因,指出:隋炀帝“负其富强之资,思逞无厌之欲,狭殷、周之制度,尚秦、汉之规摹。恃才矜己,傲狠明德,内怀险躁,外示凝简,盛冠服以饰其奸,除谏官以掩其过。淫荒无度,法令滋章,教绝四维,刑参五虐,锄诛骨肉,屠剿忠良,受赏者莫见其功,为戮者不知其罪。骄怒之兵屡动,土木之功不息,频出朔方,三驾辽左,旌旗万里,征税百端,猾吏侵渔,人不堪命。乃急令暴条以扰之,严刑峻法以临之,甲兵威武以董之,自是海内骚然,无聊生矣。”[③]这一段评论,把隋炀帝统治时期骄横残暴的政治揭示得极为深刻。联系到隋炀帝严刑峻法、穷兵黩武、营造无日、巡幸不止等等做法,这个评论基本是符合历史事实的。其中有些见解,如说隋炀帝“淫荒无度,法令滋章”,“骄怒之兵屡动,土木之功不息”,“猾吏侵渔,人不堪命”等等,就是以今天的眼光来看,也不失为正确的论断。这些议论,接触到了隋朝灭亡的某些根本问题了。

没有比较,便没有鉴别。《隋书》史论为了深入地阐明隋亡的教训,还进一步把文帝、炀帝时期的政治作了比较,指出:“夫以开皇之初,比于大业之盛,度土地之广狭,料户口之众寡,算甲兵之多少,校仓廪之虚实,九鼎之譬鸿毛,未喻轻重,培塿之方嵩岱,曾何等级!论地险则辽隧未拟于长江,语人谋则句丽不侔于陈国。高祖扫江南以清六合,炀帝事辽东而丧天下。其故何哉?”[④]经过这样的对比,又提出如此尖锐的问题,既表明

① 参见司马迁:《史记》卷九七《郦生陆贾列传》,中华书局1959年版,第2699页。

② 魏徵等:《隋书》卷二《高祖纪下》后论,中华书局1973年版,第56页。

③ 魏徵等:《隋书》卷四《炀帝纪》后论,中华书局1973年版,第95—96页。

④ 魏徵等:《隋书》卷七〇后论,中华书局1973年版,第1636页。

了《隋书》史论的撰著者对历史事件的深刻的理解，同时也能更强烈地唤起人们的注意而发人深省。魏徵处在唐代第二个皇帝唐太宗时期，提出这个问题，当然是寓有深意的。《隋书》史论认为文帝、炀帝“所为之迹同，所用之心异也”。就是说，他们的做法似乎是一样的，而他们的目的却完全不同。文帝的统一战争，“十有余载，戎车屡动，民亦劳止，不为无事。然其动也，思以安之，其劳也，思以逸之。是以民致时雍，师无怨讟，诚在于爱利，故其兴也勃焉。”炀帝则不然，“嗣承平之基，守已安之业，肆其淫放，虐用其民，视亿兆如草芥，顾群臣如寇仇，劳近以事远，求名而丧实。兵缠魏阙，阽危弗图，围解雁门，慢游不息。天夺之魄，人益其灾，群盗并兴，百殃俱起，自绝民神之望，故其亡也忽焉。”这就是“高祖之所由兴，而炀帝之所以灭”①的原因。《隋书》史论的这个见解是十分难能可贵的。在这里，魏徵认为，隋文帝对人民的“动”是为了使其“安”，对人民的“劳”是为了使其“逸”，故其能以兴；隋炀帝“肆其淫放，虐用其民，视亿兆如草芥，顾群臣如寇仇”，故其必然亡。这无疑是说明人心的向背，决定着隋朝的兴亡。魏徵的这种认识，是带有一贯性的。他曾多次引用《荀子·王制》上的话劝告唐太宗：“君，舟也，民，水也。水能载舟，亦能覆舟。”②而唐太宗本人也曾用这样的话诲谕太子。③《隋书》史论有不少真知灼见，上面所引，便是其中突出一例。

《隋书》史论除了以隋朝自身的历史作比较外，还进而把隋朝的历史与秦朝的历史作了比较，并得出这样的结论：“其隋之得失存亡，大较与秦相类。始皇并吞六国，高祖统一九州，二世虐用威刑，炀帝肆行猜毒，皆祸起于群盗，而身殒于匹夫。原始要终，若合符契矣。”④《隋书》史论的撰者在此明确指出：隋亡和秦亡一样，都是被“群盗”所推翻。这就是全部问题的症结所在。可见，他不仅希望唐朝统治者要吸取隋亡的教训，而且

① 以上均见魏徵等：《隋书》卷七〇后论，中华书局1973年版，第1636页。

② 参见吴兢：《贞观政要·政体》《贞观政要·君臣鉴戒》，上海古籍出版社1978年版，第16、83—84页。

③ 参见吴兢：《贞观政要·教戒太子诸王》，上海古籍出版社1978年版，第125页。

④ 魏徵等：《隋书》卷七〇后论，中华书局1973年版，第1636页。

要吸取秦亡的教训。《隋书》史论用这种历史教训来唤起唐朝统治者的警惕,它的政治目的与阶级实质也就表露得再清楚不过了。

此外,《隋书·食货志》史论还从经济上探讨了隋朝灭亡的原因,指出:“取之以道,用之有节,故能养百官之政,勗战士之功,救天灾,服方外,活国安人之大经也。”这可以说是《隋书》史论撰者的根本的经济原则。其具体主张是:“不夺其时,不穷其力,轻其征,薄其赋,此五帝三皇不易之教也。”相反,“若使之不以道,敛之如不及,财尽则怨,力尽则叛”。那时人民就要起来造反。质而言之,就是剥削、奴役百姓要有一个限度:不超过这个限度,就可以“治国安人”,超过这个限度,便“怨”“叛”丛生。《隋书》史论从剥削阶级的立场来评论封建皇朝的经济政策,并提出上述的主张,应当说是很难得的。

《隋书》史论分析了隋朝末年由于劳役、兵役过重,造成了生产力的巨大破坏,以致出现了“比屋良家之子,多赴于边陲,分离哭泣之声,连响于州县。老弱耕稼,不足以救饥馁,妇工纺绩,不足以赡资装”的悲惨局面,加之“租赋之外,一切征敛,趣以周备,不顾元元,吏因割剥,盗其太半”,终于弄得全国各地“盗贼充斥”,故而“隋氏之亡,亦由于此”。于是《隋书》史论总结出这样的历史经验:“富而教之,仁义以之兴,贫而为盗,刑罚不能止。”①这些议论,从阶级实质来看,无疑是为了巩固唐皇朝的地主阶级的统治,并非在为人民着想;从历史观点来看,则比较明确地认识到社会生产的发展与破坏,对于政权的兴盛和衰亡有着直接的关系,因而还是应当肯定的。唐初统治集团比较注重发展生产、稳定统治秩序,其思想基础,就在于此。

“所居而化,所去见思”。这是《隋书》史论竭力提倡的一种封建吏治和统治秩序。《隋书》史论认为,要避免重蹈秦、隋之亡的覆辙,还必须对各级封建官吏提出“立身从政”的严格要求,从而建立起一种比较稳定的统治秩序。

---

① 以上所引均见魏徵等:《隋书》卷二四《食货志》序,中华书局 1973 年版,第 672—673 页。

魏徵在《隋书》史论中，突出地宣扬“循吏”的作用，认为：“古之善牧人者，养之以仁，使之以义，教之以礼，随其所便而处之，因其所欲而与之，从其所好而劝之。”①这就是所谓“化人”的办法；做到这些，就能统治人民，管理政务，天下安定，他还认为，“有无能之吏，无不可化之人”②，主张主要通过教化来达到统治人民的目的。他的这个思想，颇像是道家思想的延续，又如同汉初黄老学说的翻版。其实，这种思想恰是对唐初历史条件的合乎规律的反映。处在隋末动乱后的唐初社会，犹如处在秦末动乱后的汉初社会一样，当务之急是要稳定统治秩序，“与民休息”，故汉初有黄老政治，提倡“无为”，唐初有魏徵的“教化”之说，主张“化人”。这都是历史发展的必然产物。魏徵的高明之处，在于他比其他人更加面对现实，因而也就更清晰地洞察了当时的社会。他在给唐太宗的一篇奏疏中还说过：“知臣莫若君，知子莫若父。父不能知其子，则无以睦一家；君不能知其臣，则无以齐万国。万国咸宁，一人有庆，必藉忠良作弼，俊乂在官，则庶绩其凝，无为而化矣。”③可见，他的这种主张教化的思想也是一贯的，而且认为实行这个主张，是要借助于“忠良”“俊乂”即各级封建官吏的。因此，魏徵激烈地抨击隋炀帝的种种暴政，称赞循吏梁彦光等人“立严察之朝，属昏狂之主，执心平允，终行仁恕，余风遗爱，没而不忘，宽惠之音，足以传于来叶”④，给予他们极高的评价。他尤其赞扬梁彦光等人“内怀直道，至诚待物，故得所居而化，所去见思”。一个封建社会中的官吏，做到居官实行教化，离任被人思念，恐怕是十分不容易的。魏徵的评论，不无夸大之嫌。至于他提出的“化人”的办法和标准，在封建社会里也是不可能完全付诸实行的。而其教化的目的，也还是为了巩固地主阶级的统治。魏徵曾说：“古语云：善为水者，引之使平，善化人者，抚之使静。水平则无损于堤防，人静则不犯于宪章。”⑤足见“化人”的目的在

---

①　魏徵等：《隋书》卷七三《循吏传》序，中华书局 1973 年版，第 1673 页。

②　魏徵等：《隋书》卷七三《循吏传》序，中华书局 1973 年版，第 1673 页。

③　吴兢：《贞观政要·择官》，上海古籍出版社 1978 年版，第 93 页。

④　魏徵等：《隋书》卷七三《循吏传》序，中华书局 1973 年版，第 1674 页。

⑤　魏徵等：《隋书》卷七三《循吏传》后论，中华书局 1973 年版，第 1688 页。

于使社会得以安宁。

但是问题在于:魏徵在这里借评论历史,既提出了一个理想的统治秩序和政治环境,同时也对各级官吏提出了"立身从政"的严格要求。这是一件事情的两个方面,没有后者,便没有前者,为了实现前者,必然要求后者。这在唐初的政治生活中,当然是很重要的课题。

魏徵在表彰循吏的同时,在《隋书》史论中还对那些庸俗、贪婪、无能的官吏给予有力的鞭笞。譬如:他嘲笑李穆,说他先事周,后事隋,"见机而动",既无"贞烈",亦无"忠信",而其子孙"特为隆盛",终不免"见忌当时,祸难遄及"的命运,这是"得之非道,可不戒欤"①!他抨击刘昉、郑译"虑难求全,偷安怀禄",事周"靡忠贞之节",奉隋"愧竭命之诚",而又祈望"不陷刑辟,保贵全生,难矣"②。他鄙薄宇文述、郭衍之辈"以水济水,如脂如韦,便辟足恭,柔颜取悦。君所谓可,亦曰可焉,君所谓不,亦曰不焉。无所是非,不能轻重,默默苟容,偷安高位,甘素餐之责,受彼己之讥。此固君子所不为,亦丘明之深耻也"③。他蔑视卫玄,说他"西京居守,政以贿成,鄙哉鄙哉,夫何足数"④!在魏徵看来,这些人,既不是君主的忠良之臣,又不配充当教化百姓的父母官,而是一些贪生怕死只懂得牟取私利的小人和败类!这同那些"所居而化,所去见思"的循吏们比起来,实在不可同日而语,魏徵在《酷吏传》后论中,甚至发出这样的警告:"后来之士,立身从政,纵不能为子高门以待封,其可令母扫墓而望丧乎?"他在宇文化及等传的后论中又说:"故枭獍凶魁,相寻菹戮,蛇豕丑类,继踵诛夷,快忠义于当年,垂炯戒于来叶。呜呼,为人臣者可不殷鉴哉!可不殷鉴哉!"⑤显然,魏徵之所以对这些人要奋笔怒斥,大加挞伐,有两个目的:一是提醒唐朝统治集团,绝不可依靠这班人来治理国家,统治人民;二是告诫唐朝各级官吏,要以这些人为鉴戒,从中汲取教训。对此,唐太宗也

① 魏徵等:《隋书》卷三七后论,中华书局 1973 年版,第 1129 页。
② 魏徵等:《隋书》卷三八后论,中华书局 1973 年版,第 1144 页。
③ 魏徵等:《隋书》卷六一后论,中华书局 1973 年版,第 1471 页。
④ 魏徵等:《隋书》卷六三后论,中华书局 1973 年版,第 1505 页。
⑤ 魏徵等:《隋书》卷八五后论,中华书局 1973 年版,第 1900 页。

是与魏徵有着共同的认识的。唐太宗曾说:“为政之要,惟在得人,用非其才,必难致治。今所任用,必须以德行、学识为本。”[①]他讨厌那些“阿旨顺情,唯唯苟过”[②]“承意顺旨,甘言取容”[③]的庸俗小人,要求官员们敢于说话,大胆办事,“若惟署诏敕、行文书而已,人谁不堪?何烦简择,以相委付?”[④]不难看出,魏徵在《隋书》史论中的这些评论,正是在很大程度上反映了贞观之治关于用人方面的某些做法和政策。而这些评论的现实意义,则是希望唐初统治集团能够不断地选拔一批真正的人才,以稳固唐代地主阶级的统治秩序。

《隋书》史论在评价历史人物的时候,提出了这样一个见解:“大厦云构,非一木之枝,帝王之功,非一士之略。长短殊用,大小异宜,棨棁栋梁,莫可弃也。”[⑤]这种见解,从历史观点来说,注意到了众人的智慧和力量以及各种人才的不同作用,比之于把历史事件的发生、发展完全归于一人一谋的论点,是很大的进步。

基于上述观点,魏徵在《隋书》史论中称道李谔等人各有所长,“皆廊庙之榱桷,亦北辰之众星”[⑥],充分肯定他们各自在某个方面的专长和作用。魏徵夸奖李德林“幼有操尚,学富才优,誉重邺中,声飞关右。王基缔构,协赞谋猷,羽檄交驰,丝纶间发,文诰之美,时无与二”[⑦],高度评价了李德林的才华出众及其在隋皇朝建立过程中的作用。魏徵突出地表彰了隋朝在南下灭陈、统一全国的事业中的将领,指出:“贺若弼慷慨,申必取之长策,韩擒奋发,贾余勇以争先,势甚疾雷,锋逾骇电。隋氏自此一戎,威加四海。”[⑧]赞叹他们在这历史性的事件中所发挥的极不平凡的作用,等等。总之,魏徵认为,一个强大的统一的

① 吴兢:《贞观政要·崇儒学》,上海古籍出版社 1978 年版,第 219 页。
② 吴兢:《贞观政要·政体》,上海古籍出版社 1978 年版,第 206 页。
③ 吴兢:《贞观政要·悔过》,上海古籍出版社 1978 年版,第 206 页。
④ 吴兢:《贞观政要·政体》,上海古籍出版社 1978 年版,第 14 页。
⑤ 魏徵等:《隋书》卷六六后论,中华书局 1973 年版,第 1567 页。
⑥ 魏徵等:《隋书》卷六六后论,中华书局 1973 年版,第 1567 页。
⑦ 魏徵等:《隋书》卷四二后论,中华书局 1973 年版,第 1209 页。
⑧ 魏徵等:《隋书》卷五二后论,中华书局 1973 年版,第 1346 页。

隋皇朝的建立,本是各种各样人才发挥作用的结果,并非"一士之略"所能成功的。由于他们在历史上都作出过贡献,因而他们的事迹将"留于台阁",不可磨灭,并不因为隋朝的灭亡,而使这些"北辰之众星"失去光辉。魏徵能够用这种观点去评价前朝的历史人物,的确是十分难得的。

此外,《隋书》史论在评价历史人物时,还注意到客观环境对人们的影响和作用。譬如,《隋书》史论在评论李圆通、来护儿等人时指出:"圆通、护儿之辈,定和、铁杖之伦,皆一时之壮士,困于贫贱。当其郁抑未遇,亦安知其有鸿鹄之志哉!终能振拔污泥之中,腾跃风云之上,符马革之愿,快生平之心,非遇其时,焉能至于此也!"①这就是说,杰出人物的出现,除了自身的条件(如"皆一时之壮士")而外,还必须具备一定的客观条件(如"遇其时")。这同许多封建史家宣扬的"英雄造时势"的传统认识比较起来,是大大地向前迈进了一步。

魏徵提出的"大厦云构,非一木之枝,帝王之功,非一士之略"的认识,反映了他的历史思想和政治观点的一个重要的侧面。这个认识,不仅符合隋皇朝建立过程中的基本历史事实,而且对于刚刚建立起来的唐皇朝来说,则具有更为直接的现实意义。首先,他希望巩固唐代开国元臣的地位,充分肯定他们的历史功绩。唐太宗以凌烟阁为名臣图形,应当说就是基于与魏徵相同的认识。其次,他认为守成是比创业更为艰难的事业②,因而希望唐朝统治者能够招纳更多的人才,为巩固唐皇朝的统治服务。唐太宗批评封德彝认为当代"未有奇才"的错误认识是"诬一世之人",正反映了唐太宗求贤的渴望和真诚。于此,我们进一步看到:魏徵的这个认识,固然是他的历史观点、政治思想的表露,同时也是唐初统治集团的意志的反映。大气磅礴、盛极一时的"贞观之治"的兴旺局面,是历史的多种因素形成的。但是,这同唐初统治集团的历史观点、政治思想,以及在此基础上制定

① 魏徵等:《隋书》卷六四后论,中华书局 1973 年版,第 1522 页。

② 参见吴兢:《贞观政要·君道》,上海古籍出版社 1978 年版,第 3 页;欧阳修、宋祁:《新唐书》卷九六《房玄龄传》,中华书局 1975 年版,第 3855 页。

的种种政策和方略，其中包括对各方面人才的选拔和任用，是有密切关系的。

综上，魏徵在《隋书》史论中反映出来的关于隋皇朝兴亡得失的分析，在中国史学史上，尤其在封建皇朝的官修史书中，确实具有独到的见解和突出的理论成就。

第四节　民本思想与水舟之论

一、为君之道，先存百姓

“民惟邦本，本固邦宁”①，这是中国古代民本思想最古老的概括，它深刻地揭示出了民本与治国的关系，成为中国古代历史理论极为重要的一个方面。

魏晋南北朝隋唐时期，人们关于兴亡之辩的许多言论、思想，都与民本思想有极为密切的联系。其中，讨论得最多、最深刻的，还是唐太宗和他的大臣们。

首先，唐太宗认识到，“为君之道，必须先存百姓”。在中国古代，一个君主能够认识到这一点，并在这个认识基础上制定出相关的政策和措施，自是十分难得的。唐太宗时期所出现的“贞观之治”的盛大局面，最重要的思想根源，当在于此。唐太宗的这一认识，深为史家所重，吴兢的《贞观政要》开篇就论述了唐太宗的这番言论，他写道：

> 贞观初，太宗谓侍臣曰：“为君之道，必须先存百姓。若损百姓以奉其身，犹割股以啖腹，腹饱而身毙。若安天下，必须先正其身，未有身正而影曲，上治而下乱者。朕每思伤其身者不在外物，皆由嗜欲以成其祸。若耽嗜滋味，玩悦声色，所欲既多，所损亦大，既妨政事，

① 《尚书·五子之歌》，《十三经注疏》，中华书局1980年版，第44页。

又扰生民。且复出一非理之言,万姓为之解体,怨讟既作,离叛亦兴。朕每思此,不敢纵逸。"谏议大夫魏徵对曰:"古者圣哲之主,皆亦近取诸身,故能远体诸物。昔楚聘詹何,问其治国之要,詹何对以修身之术。楚王又问治国何如?詹何曰:'未闻身治而国乱者。'陛下所明,实同古义。"①

唐太宗和魏徵的这一番对话,包含了辩证的思想。从唐太宗来说,首先,他强调了君与民的关系:为君当先存生民;如果"损百姓以奉其身",即是"腹饱而身毙",自取灭亡。这个道理,在中国古代君主中,有些君主能够认识到,但大多难以做到。秦隋之亡,亡在"过役民力",就是最典型的事例。其次,唐太宗强调了"安天下"与"正其身"的关系,把"必须先正其身"作为"安天下"的首要条件,这是古代一个君主对于自身自律的自觉意识;当时的历史环境和政治制度,固不足以使这种自律真正落到实处,事实证明唐太宗在位后期,奢侈之风渐长,没有完全摆脱"嗜欲"和"纵逸"的局限,这是他自己也承认的,但他毕竟具有这种自律的认识和要求,反映了在"为君之道"上的积极态度和正确理念。

同样,在这里,魏徵的对话也具有辩证的精神。他讲的是"近取诸身"和"远体诸物"的关系,认为处理好这二者的关系乃是"治国之要",进而肯定唐太宗的"正其身"与"安天下"的思想。

唐太宗同魏徵的这一番对话,是从民本思想出发,着重探讨在君主制度之下,政策的制定和君主自身的言行,怎样才能反映出"先存百姓"的具体理念。这不论在历史观方面,还是在政治观方面,都具有积极的意义。他们的这种讨论,还结合着历史教训作深入的、具体的分析。史载:

贞观九年,太宗谓魏徵曰:"顷读周、齐史,末代亡国之主,为恶多相类也。齐主深好奢侈,所有府库,用之略尽,乃至关市无不税敛。朕常谓此犹如馋人自食其肉,肉尽必死。人君赋敛不已,百姓既弊,其君亦亡,齐主即是也。然天元、齐主,若为优劣?"徵对曰:"二主亡国虽同,其行则别。齐主懦弱,政出多门,国无纲纪,遂至亡灭。天元

① 吴兢:《贞观政要·君道》,上海古籍出版社1978年版,第1页。

性凶而强，威福在己，亡国之事，皆在其身。以此论之，齐主为劣。”①唐太宗说的“齐主”指北齐后主，“天元”指后周宣帝。他以齐后主为例，说明人君的好奢侈、重税敛，必然导致“百姓既弊，其君亦亡”的道理。这可以看作是“正其身”与“安天下”的关系之重要的一个反面例证。魏徵的认识似乎更加深刻，他从齐后主好奢侈、重税敛的表现，进一步揭示出北齐后期“政出多门，国无纲纪，遂至灭亡”的历史事实，而这跟齐后主的“懦弱”有直接关系。魏徵的认识，正是反映了他对前贤所论的赞同，即上文所引詹何之语：“未闻身治而国乱者。”换言之：君主自身不治而国必乱，以至于灭亡。

二、先存百姓，则天下安

君主论的另一种形式，是从君主的特殊地位着眼，探讨这种地位与国家政治的关系，概括说来，这就是为君之道，简言之，即“君道”。

从历史上看，关于“君道”的探讨并使这种探讨产生实际的效果，是要有合适的客观条件的。其一，君主自身比较明智，能够认识到这种探讨是有益于己、有益于政治统治的。其二，大臣中须有敢于直言之人。其三，这种探讨的积极所得，在政治实践中有所反映。应当说，这种客观条件在历史上并不多见，唐代贞观年间唐太宗君臣对“君道”的讨论，当是最有代表性的。他们的讨论，至少包含三个问题：一是为君之道，当“先存百姓”；二是为君之道，当能“兼听”；三是为君之道，应“居安思危”。

这里，首先说关于“先存百姓”。

在中国历史上，自秦始皇称皇帝以后，在封建社会里，君臣间讨论问题，大多是关于两个方面的内容：一是关于总结历史经验问题，如刘邦命陆贾作《新语》，乃深知马上得天下，不可以马上治天下的道理。② 一是关于制定或执行何种政策的问题，如司马迁记汉惠帝时，曹参继萧何之后为相国，曹参无重大举措而常与吏人饮酒，惠帝批评曹参，曹参为之解释，惠

① 吴兢：《贞观政要·辩兴亡》，上海古籍出版社 1978 年版，第 258 页。

② 参见司马迁：《史记》卷九七《郦生陆贾列传》，中华书局 1959 年版，第 2699 页。

帝释然,这是涉及关于汉初国策的一段对话:

……参免冠谢曰:"陛下自察圣武孰与高帝?"上曰:"朕乃安敢望先帝乎!"曰:"陛下观臣能孰与萧何贤?"上曰:"君似不及也。"参曰:"陛下言之是也。且高帝与萧何定天下,法令既明,今陛下垂拱,参等守职,遵而勿失,不亦可乎?"惠帝曰:"善。君休矣!"①

这一段对话,一方面表明,惠帝和曹参都是有自知之明的人;另一方面表明,正确国策的制定及其贯彻之连续性的重要。司马迁继续写道:

参为汉相国,出入三年。卒,谥懿侯。子窋代侯。百姓歌之曰:"萧何为法,顜若画一;曹参代之,守而勿失。载其清净,民以宁一。"②

正确国策之连续性的社会效果,从当时的歌谣中可见一斑。

以上所举君臣间讨论问题的两个方面的内容,在历代史书上均不乏记载,只是具体的政策和客观的效果各有不同罢了。

在君臣讨论问题中,以"君道"即为君之道为中心议题者,在历史上并不多见,而唐太宗同大臣魏徵等人讨论"君道"问题,则更为罕见。上文所引唐代史家吴兢的《贞观政要》一书,其开篇即为《君道》,而唐太宗君臣所讨论的范围非常广泛,可以看作是君主论的重要方面。值得注意的是,唐太宗把"必须先存百姓"置于"为君之道"的首位,确为英明之见。中国历史自进入文明时代以来,很早就产生了民本思想,唐太宗说的"必须先存百姓",正是对民本思想的继承。这里,唐太宗讲到了君主同百姓的关系犹如人体的"腹"与"股",它们本是一体,一损俱损,故"若损百姓以奉其身",实不可取。同时,唐太宗又讲到了君主同天下的关系,所谓"若安天下,必须先正其身",意即要做到"先存百姓","必须先正其身";换言之,只有使天下有所遵循,才能真正做到"先存百姓"而"安天下"。质而言之,只有百姓安,才能天下安,而君主的政治作风、政治作为则关系

① 司马迁:《史记》卷五四《曹相国世家》,中华书局1959年版,第2030页。
② 司马迁:《史记》卷五四《曹相国世家》,中华书局1959年版,第2031页。

到全局。在封建社会的政治思想和政治实践中，唐太宗的这些认识，是难能可贵的。

魏徵很赞成唐太宗的这些见解，他把讨论的焦点归结到君主修身问题上，所谓“近取诸身，故能远体诸物”，强调从自身做起，他还用古人关于“治国之要”与“修身之术”的关系来说明自己的论点。

综观这个讨论，从“先存百姓”谈起，讲到君主“先正其身”，最终归结到治国与修身的关系上，可谓“君道”的点睛之笔。

第五节　天时·地利·人和

一、“用其参”与“舍其参”

如果说民本思想是触及兴亡之论的根本性质问题的话，那么关于天时、地利、人和的思想，可以说是对于兴亡之论的比较全面的认识。西晋陆机的《辩亡论》（上下）是这方面的代表作。

陆机是三国孙吴大将之后，其《辩亡论》是讨论三国时吴国的兴亡问题。其上篇是阐述吴兴衰的简史，文中不免有过誉孙权、陆逊之嫌，但对于吴国的政治、军事历程，还是勾勒得清晰可读。上篇末段是总结性文字，兹录如下：

大皇既没，幼主莅朝，奸回肆虐。景皇聿兴，虔修遗宪，政无大阙，守文之良主也。降及归命之初，典刑未灭，故老犹存。大司马陆公以文武熙朝，左丞相陆凯以謇谔尽规，而施绩、范慎以威重显，丁奉、钟离斐以武毅称，孟宗、丁固之徒为公卿，楼玄、贺邵之属掌机事，元首虽病，股肱犹良。爰逮末叶，群公既丧，然后黔首有瓦解之患，皇家有土崩之衅，历命应化而微，王师蹑运而发，卒散于阵，众奔于邑，城池无藩篱之固，山川无沟阜之势，非有工输云梯之械，智伯灌激之害，楚子筑室之围，燕人济西之队，军未浃辰而社稷夷矣。虽忠臣孤愤,烈士死节,将奚救哉!

夫曹刘之将非一世所选,向时之师无曩日之众,战守之道抑有前符,险阻之利俄然未改,而成败贸理,古今诡趣,何哉?彼此之化殊,授任之才异也。①

这一番叙述,有两点值得注意。一是作者讲吴国“爰逮末叶,群公既丧,然后黔首有瓦解之患,皇家有土崩之衅”,作者虽然没有明确论及民本思想,但他是把“黔首有瓦解之患”放在重要地位来看待的。二是作者讲“夫曹刘之将,非一世之选”,这要作具体分析,尤其应以曹、刘、孙三方作比较才可得到中肯的结论;但作者认识到“成败贸理,古今诡趣”,“彼此之化殊,授任之才异也”,却又是从各自的具体情况来分析成败的方法论。

陆机《辩亡论》的下篇,着重分析吴国败亡的原因。其开篇简括地说明了三国各自的形势。陆机写道:

昔三方之王也,魏人据中夏,汉氏有岷益,吴制荆扬而掩有交广。曹氏虽功济诸华,虐亦深矣,其人怨。刘翁因险以饰智,功已薄矣,其俗陋。夫吴,桓王基之以武,太祖成之以德,聪明睿达,懿度弘远矣。②

这几句话,概括了魏、汉(即蜀)、吴三国的地理位置,以及三国统治面貌。显然,作者作为吴国大臣的后人,总是对吴的政治统治掩饰不住溢美之情。因此,《辩亡论》的下篇,主要内容是在论述吴国的兴亡之故,其中既分析了“吴蜀唇齿之国”、“蜀灭则吴亡”的说法,也分析了吴国自身的失误,反映了作者对历史的追思与惋惜。作者最后写道:

《易》曰“汤、武革命顺乎天”,或曰“乱不极则治不形”,言帝王之因天时也。古人有言曰“天时不如地利”,《易》曰“王侯设险以守其国”,言为国之恃险也。又曰“地利不如人和”,“在德不在险”,言守险之在人也。吴之兴也,参而由焉,孙卿所谓合其参者也。及其亡也,恃险而已,又孙卿所谓舍其参者也。夫四州之萌非无众也,大江

① 房玄龄等:《晋书》卷五四《陆机传》,中华书局1974年版,第1470页。此文较早见于《三国志》卷四八《吴书·孙皓传》裴注、《文选》卷五三,其个别语句稍有不同。

② 房玄龄等:《晋书》卷五四《陆机传》,中华书局1974年版,第1470页。

以南非乏俊也，山川之险易守也，劲利之器易用也，先政之策易修也，功不兴而祸遘，何哉？所以用之者失也。故先王达经国之长规，审存亡之至数，谦己以安百姓，教惠以致人和，宽冲以诱俊乂之谋，慈和以结士庶之爱。是以其安也，则黎元与之同庆；及其危也，则兆庶与之同患。安与众同庆，则其危不可得也；危与下同患，则其难不足恤也。夫然，故能保其社稷而固其土宇。

作者继承前人的思想，结合吴国兴亡的历史，提出"天时不如地利"，"地利不如人和"，以及"合其参""舍其参"的总结性认识。陆机用前人的话解释"天时"，即"乱不极则治不形"，这是把握时机的问题；但把握时机是很不容易的，而"为国之恃险也"则是比较实际的；然"守险之在人"，故"人和"显得更为重要，要"人和"就必须讲"德"。这是作者对历史运动中几个重要因素的完整的认识。他认为，吴国之所以兴盛，正是它的统治者做到了"合其参"的结果；吴国后来走向败亡，正是统治者"舍其参"的缘故。陆机特别强调地指出，在一切条件都没有明显变化的条件下，"功不兴而祸遘"者，原因在于"用之者失也"。

由此可见，陆机讨论天时、地利、人和对于历史活动的影响，最后是落到人，尤其是能够对这些条件运用的人。这当然是一种英雄史观，但是在他看来，任何英雄人物在历史活动中发挥作用，都是要具有相应的条件的，如"四州之萌""山川之险""劲利之器""先政之策"等等，都是天时、地利、人和的具体表现，关键在于统治者是否能用、是否善用罢了。从历史理论来看，这些认识都包含着积极的因素。

二、关于"草创"与"守成"的认识

陆机讲到"人和"，引用古人之语，强调"在德不在险"，这是很重要的。君主无"德"，失去人心，即便有"山川之险"，也不能恃此不亡。这是"人和"的一个重要方面。"人和"还有另一个不可忽视的方面，即最高统治集团在思想上的一致性和决策上的一致性。

正如汉初陆贾对汉高祖刘邦所说："居马上得之，宁可以马上治之乎？且汤武逆取而以顺守之,文武并用,长久之术也。”①贾谊批评秦朝时说:“秦离战国而王天下,其道不易,其政不改,是其所以取之守之者无异也。”②陆贾、贾谊之论,对汉初最高统治集团确定基本国策产生了重大影响,这就是休养生息的政策所带来的西汉的盛世。与此相似的,是唐太宗向大臣们提出的一个问题,史载:

> 贞观十年,太宗谓侍臣曰:“帝王之业,草创与守成孰难?”尚书左仆射房玄龄对曰:“天地草昧,群雄竞起,攻破乃降,战胜乃克。由此言之,草创为难。”魏徵对曰:“帝王之起,必承衰乱,覆彼昏狡,百姓乐推,四海归命,天授人与,乃不为难。然既得之后,志趣骄逸,百姓欲静而徭役不休,百姓凋残而侈务不息,国之衰弊,恒由此起。以斯而言,守成则难。”太宗曰:“玄龄昔从我定天下,备尝艰苦,出万死而遇一生,所以见草创之难也。魏徵与我安天下,虑生骄逸之端,必践危亡之地,所以见守成之难也。今草创之难,既已往矣,守成之难者,当思与公等慎之。”③

毋庸置疑,“草创”与“守成”的问题,是同皇朝兴亡命运联系在一起的。唐太宗在其统治十年之后提出这个问题,是有深刻含义的。

面对这个关乎政治统治的根本问题之一,大臣们的认识并不一致。房玄龄极言“草创”为难,其根据是在纷乱复杂、“群雄竞起”的环境中,如何攻破、战胜对手,实为艰难之事。此种认识,是合乎情理的。然而魏徵却持相反的看法,认为比起“守成”来说,“草创”“乃不为难”:一是“必承衰乱”,时机有利;二是“百姓乐推”,人心所向。有了这两个客观条件,就有可能达到“草创”的成功。魏徵认为,较之于“草创”,“守成则难”,其理由也有两条:一是在创业之后,帝王极易走向“志趣骄逸”、功成而忘忧;二是“百姓欲静而徭役不休,百姓凋残而侈务不息”。这两条合起来,便是“国之衰弊,恒由此起”的道理。房、魏二人对“草创”与“守成”的认识,都有其合理之处,但也都存在片面性。魏徵的认识要比房玄龄的认识

---

① 司马迁:《史记》卷九七《郦生陆贾列传》,中华书局1959年版,第2699页。

② 司马迁:《史记》卷六《秦始皇本纪》后论引贾谊之论,中华书局1959年版,第283页。

③ 吴兢:《贞观政要·君道》,上海古籍出版社1978年版,第3页。

更有现实意义、更加深刻。

然而，在这个问题的认识上，唐太宗比房、魏二人都高出一筹。他的认识的高明之处，同样表现在两个方面：第一，他从房玄龄的角度，肯定了“草创之难”的认识，又从魏徵的角度，肯定了“守成之难”的看法，使二人的经历和思想都得到了理解和认可。第二，在此基础上，他提出了一个能使以房、魏二人为代表的群臣都能接受的见解，这就是：“今草创之难既已往矣，守成之难者，当思与公等慎之。”唐太宗的这一番话，讲得全面而又合乎情理，把历史和现实都讲到了，而把眼光投放向未来，可谓成而防败，兴而防亡，治而防乱，集中地反映了他对“草创”与“守成”的辩证认识，成为他的兴亡观的一个基本理论原则。

第六节 世风的影响与个人的作用

世风的影响与个人的作用，也是当时的史学家、政治家关于朝代兴亡之故探讨中所涉及的两个重要方面。

东晋史家干宝的《晋纪·总论》严肃地剖析了西晋灭亡的原因，认为它“创基立本”不广不深，固是其重要原因，而朝风、政风、世风的“淫僻”，人们“耻尚失所”，则是其败亡的直接原因。他指出：“学者以庄、老为宗而黜《六经》，谈者以虚薄为辩而贱名俭，行身者以放浊为通而狭节信，进仕者以苟得为贵而鄙居正，当官者以望空为高而笑勤恪……由是毁誉乱于善恶之实，情慝奔于货欲之途，选者为人择官，官者为身择利。而秉钧当轴之士，身兼官以十数，大极其尊，小录其要，机事之失，十恒八九。而世族贵戚之子弟，陵迈超越，不拘资次，悠悠风尘，皆奔竞之士，列官千百，无让贤之举……礼法刑政，于此大坏……‘国之将亡，本必先颠’，其此之谓乎！”[①]这里着重讲了社会风气跟政治得失的关系。干宝认为西晋之所

① 萧统：《文选》卷四九，中华书局 1977 年版，第 692—693 页。

以短祚,一是根基不稳,二是世风败坏,即先天不足,后天失范,无不亡之理。值得注意的是,干宝在这一论断中把人们的价值尺度和价值取向称之为“本”,强调了意识形态对于政治统治的重要性。

如前所述,隋唐时期,也有许多讨论政治兴亡的名篇。北宋李昉等所编《文苑英华》,内中有三卷为“兴亡”论,所收作品都是隋唐人的撰述,也都是以讨论兴亡为主旨的。朱敬则在武则天时曾兼修国史,“尝采魏、晋已来君臣成败之事,著《十代兴亡论》。”①《十代兴亡论》原为十卷,今存十一篇,可能是它的一部分遗文,从中仍可看出这位史论家的深刻的历史见解。唐代的史学家、思想家、政治家之论兴亡,一是专讲人事,不再空谈天命;一是对现实和历史前途显示出来充分的自信,很少回过头去陶醉于对三代、两汉的追寻。这个时期关于兴亡的讨论,有许多精彩的论点,还包含在一些有成就的皇朝史撰述和专史撰述中。

唐代史家论兴亡,以魏徵在《隋书》史论中以秦、隋相比较而论之最有说服力,也显示出鲜明的理论特色。此外,史学家朱敬则的《十代兴亡论》的全貌,虽已不得而知,但从其论魏晋南北朝诸帝的论述来看,其论着重于人而不着重于事。换言之,这与其说是在讨论兴亡,毋宁说是在讨论兴亡之路径与缘由的是是非非。这就是说,其判断的要点,不是兴亡本身,而是它的路径与缘由。

朱敬则的《魏武帝论》,一方面称赞:“曹公明锐权略,神变不穷,兵折而意不衰,在危而听不惑,临事决机,举无遗悔,近古以来,未之有也。”这应是很高的评价。但是朱敬则通过对曹操与杨彪、关云长、刘备等人之关系的分析,又指出:“固知曹公不能用天下之材,成天下之务”②,显示出曹操是一个不能容人的人。这或许包含着曹魏终不能长久存在的一个历史性根源。朱敬则的《晋高祖论》,称赞司马懿“聪豪明允,博学洽闻,敏而好谋,宽而能断”,是一个有学识、有谋略的人,但他为人行事专伏阴谋,

---

① 刘昫等:《旧唐书》卷九〇《朱敬则传》。按:欧阳修、宋祁:《新唐书》卷五九《艺文志三》“杂家类”著录,“朱敬则《十代兴亡论》十卷”。刘昫等:《旧唐书》卷四六《经籍志上》“杂史”类作《十代兴王论》,误。中华书局1975年版,第2915页。

② 李昉等:《文苑英华》卷七五二,中华书局1966年版,第3934页。

每行诡计，缺乏德性，所以是“狐媚以取天下，亦前史所丑也”①。朱敬则所说的前史，或许是指唐修《晋书》。《晋书·宣帝纪》后论，出于唐太宗手笔。这篇史论，肯定了司马懿在统一事业中的成就，同时也指出他善用阴谋，实不可取。唐太宗的这个评价，是把历史评价同道德评价结合起来而又加以区别，这在方法论上是有启发的。朱敬则的《梁武帝论》，是把梁武帝的前期、后期作了比较。这个比较是以社会状况的变化来揭示梁武帝个人的变化和朝廷政策的变化。他概括梁武帝前期的社会面貌是：“师不疲劳，人无怨讟，讴歌是逼，狱讼攸归，代德立成，眷命斯在。然躬览载籍，备睹兴亡，留心求瘼，励精纳善，虽化未大道，时亦小康也。”但是，“武帝暮年，荒诞实甚，殚守县之力，不充自纵之资，尽丁口之租，才足缁衣之费”。这是两幅截然不同的社会画面。朱敬则进而联系到“昔夏桀以九州之富，秦皇以六合之尊，造琼室而天下土崩，作阿房而寰中瓦解。况地比一郡，国乃三分，外有征戍之勤，内有雕靡之弊”②的历史，认为这样的朝代，没有不亡之理。朱敬则的《陈后主论》，写出了一个社会表面上的歌舞升平，而内在里已经腐烂透顶的景象。他写道：“南国斯蹙，礼义不举，苛刻日滋，邻好不敦，骄傲是务。嬖妾五十，尽有珥貂之容；丽服一千，咸取夭桃之色；加以贵妃夹坐，狎客承筵，玉貌绛唇，咀嚼宫徵，花笺彩笔，吟咏烟霞，长夜不疲，略无醒日。”③这实在是一幅统治集团败亡前的回光返照的画面。

唐人论兴亡，尤其显示出特色者，还有权德舆的《两汉辩亡论》和罗衮的《秦论》（上下）。他们论兴亡的特点，有一个共同之处，即不是只看事物最终结果，而是追本溯源，考察这一结果之所以出现的原因。

权德舆的《两汉辩亡论》指出：

> 言两汉所以亡者，皆曰莽、卓。予以为莽、卓篡逆，污神器以乱齐民，自贾夷灭，天下耳目显然闻知。静征厥初，则亡西京者张禹，亡东

① 李昉等：《文苑英华》卷七五二，中华书局1966年版，第3935页。

② 均见李昉等：《文苑英华》卷七五三，中华书局1966年版，第3939—3940页。

③ 李昉等：《文苑英华》卷七五三，中华书局1966年版，第3940—3941页。

> 京者胡广。皆以假道儒术得伸其邪心,徼一时大名,致位公辅,词气所发,损益系之,而多方善柔,保位持禄,或陷时君以滋厉阶,或附凶沴以结祸胎,故其荡覆之机、篡夺之兆,皆指导之、驯致之。虽年祀相远,犹手授颐指之然也。其为贼害也,岂直莽、卓之比乎![1]

在权德舆看来,张禹和胡广以其身份和影响所产生的作用,其危害远远超过了王莽和董卓。换言之,若无张禹、胡广这样"假道儒术得伸其邪心"的人,当不会出现王莽、董卓这种篡逆者。这表明权德舆在考察两汉兴亡问题上,似有更深一层的见解。权德舆所论,其事实根据出于《汉书》所记:

> 禹虽家居,以特进为天子师,国家每有大政,必与定议。永始、元延之间,日蚀地震尤数,吏民多上书言灾异之应,讥切王氏专政所致。上惧变异数见,意颇然之,未有以明见,乃车驾至禹弟,辟左右,亲问禹以天变,因用吏民所言王氏事示禹。禹自见年老,子孙弱,又与曲阳侯不平,恐为所怨。禹则谓上曰:"春秋二百四十二年间,日蚀三十余,地震五(十六),或为诸侯相杀,或夷狄侵中国。灾变之异深远难见,故圣人罕言命,不语怪神。性与天道,自子赣之属不得闻,何况浅见鄙儒之所言!陛下宜修政事以善应之,与下同其福喜,此经义意也。新学小生,乱道误人,宜无信用,以经术断之。"上雅信爱禹,由此不疑王氏。后曲阳侯根及诸王子弟闻知禹言,皆喜说,遂亲就禹。[2]

文中所说王氏,指汉成帝之舅王凤。王凤的专政,朝野尽知,人心不满,成帝请教张禹,张禹竟然文不对题地引用春秋时期的地震故事来搪塞汉成帝,而汉成帝出于对张禹的信任和尊敬,因而"不疑王氏",没有采取应有的措施,以致酿成败亡之祸。如此看来,权德舆的分析是很有见地的。

应当指出,权德舆的这个见解,无疑是受到了《汉书》作者班固的启发。《汉书》卷八一后论这样写道:

---

① 李昉等:《文苑英华》卷七五三,中华书局 1966 年版,第 3944 页。

② 班固:《汉书》卷八一《张禹传》,中华书局 1962 年版,第 3351 页。

> 自孝武兴学，公孙弘以儒相，其后蔡义、韦贤、玄成、匡衡、张禹、翟方进、孔光、平当、马宫及当子晏咸以儒宗居宰相位，服儒衣冠，传先王语，其酝藉可也，然皆持禄保位，被阿谀之讥。彼以古人之迹见绳，乌能胜其任乎！

班固的这一段评论，不是评论一个人，而是评论一种现象，即“以儒宗居宰相位”，而又无参与重大政事的胆略，仅以“持禄保位”为做人做官的准则，这些人怎么能胜任宰相这样重要的职位！对于朝廷、国家来说，这是一种悲剧；对于公孙弘、张禹这些人来说，自是一种人生的耻辱，他们“被阿谀之讥”，是理所当然的。权德舆是唐代名相之一，他关于西汉之亡于张禹之论，自有一番深意。

权德舆论胡广，是说他多年身居高位，但却未能阻止“汉道日蹙，结党锢之狱，成阉寺之祸。祸乱循环以至董卓，赫赫汉室化为当途”①的败亡趋势。其意本质上与论张禹相近。其史实根据是《后汉书·胡广列传》中所记“及共李固定策，大议不全，又与中常侍丁肃婚姻，以此讥毁于时”②。所谓“大议不全”，李贤注曰：“质帝崩，固为太尉，与广及司空赵戒议欲立清河王蒜。梁冀以蒜年长有德，恐为后患，盛意立蠡吾侯志。广、戒等慑惮不能与争，而固与杜乔坚守本议。”在当时这个重大问题上，李固与杜乔敢于“坚守本议”，而胡广、赵戒则向梁冀妥协，其反差、对比，十分鲜明。权德舆的评论，诚然也是有道理的。而他的这个见解，自然也是受到了《后汉书》作者范晔的启发。范晔在《后汉书》卷四四后论中深刻地写道：

> 爵任之于人重矣，全丧之于生大矣。怀禄以图存者，仕子之恒情；审能而就列者，出身之常体。夫纡于物则非己，直于志则犯俗，辞其艰则乖义，徇其节则失身。统之，方轨易因，险途难御。故昔人明慎于所受之分，迟迟于歧路之间也。如令志行无牵于物，临生不先其存，后世何贬焉？古人以宴安为戒，岂数公之谓乎？

---

① 李昉等：《文苑英华》卷七五三，中华书局1966年版，第3944页。

② 范晔：《后汉书》卷四四《胡广列传》，中华书局1965年版，第1510页。

范晔这篇史论之所以显得格外深刻,是因为他揭示了人生道路上的一些常态和恒情,并对此表示理解。但是,他所赞扬的还是那种"志行无牵于物,临生不先其存"的人生态度,而胡广等却不具备这样的人生态度,故难免为后世所贬。显然,权德舆也是赞成范晔的这些评论的。

总的看来,班固、范晔的历史评论启发了权德舆的历史认识,而后者把这一认识提高了,给人们以更新的境界、更高的认识水准。

我们来分析罗衮的《秦论》。罗衮认为:"亡秦者,不在胡亥、赵高、子婴,亦不在始皇;亡秦者,李斯也。"他对这一论断是这样阐述的:

> 始皇虽不以仁义,死之日天下无事,民为择君,但其遗诏不行于斯耳。李故有名天下,臣主相得,六国既平,不能于此时推广,使秦修帝王之道,固亦失矣。及始皇外崩,奸臣谋乱,反不能于此时制变为存秦之计,卒使赵高得行其谋,胡亥极其恶,子婴孤死于苍黄之地。始皇失贤嗣,遂暴恶于后世。嬴氏之鬼以不食者,李斯之故也。①

罗衮批评李斯在"六国既平"之后,未能促使秦始皇推行仁义,这是决策之失;而当秦始皇死于外地,又不能适应变化谋划"存秦之计",以致赵高等得以上下其手,最后导致秦亡。

罗衮所说的这些史事,见于《史记·秦始皇本纪》,司马迁写道:

> 至平原津而病。始皇恶言死,群臣莫敢言死事。上病益甚,乃为玺书赐公子扶苏曰:"与丧会咸阳而葬。"书已封,在中车府令赵高行符玺事所,未授使者。七月丙寅,始皇崩于沙丘平台。丞相斯为上崩在外,恐诸公子及天下有变,乃秘之,不发丧。棺载辒凉车中,故幸宦者参乘,所至上食。百官奏事如故,宦者辄从辒凉车中可其奏事。独子胡亥、赵高及所幸宦者五六人知上死。赵高故尝教胡亥书及狱律令法事,胡亥私幸之。高乃与公子胡亥、丞相斯阴谋破去始皇所封书赐公子扶苏者,而更诈为丞相斯受始皇遗诏沙丘,立子胡亥为太子。更为书赐公子扶苏、蒙恬,数以罪,(其)赐死。语具在《李斯传》中。行,遂从井陉抵九原。会暑,上辒车臭,乃诏从官令车载一石鲍鱼,以

① 李昉等:《文苑英华》卷七五三《秦论上》,中华书局1966年版,第3945页。

乱其臭。

从司马迁的这些记载来看，李斯在秦始皇死后的一段时间，在决策上是不能辞其咎的。罗衮的分析，不无道理。更重要的是，罗衮以设问的方式，解释了“天命”与“兴亡”的关系，他写道：

> 或谓衮曰：“子言秦亡与存秦之计明矣。吾闻国之兴亡，乃有天命，设使李不失其计，秦果不亡乎？”衮曰：“吾虽不言天，其实天之道；子虽称天以问我，而未识天之说。夫所谓天者，平无私也。故曰：‘皇天无亲，唯德是辅。’君人者有德，天则赞而兴之；无德，则革而亡之。兴亡之命在乎天，而所以兴亡在乎人也。”①

这是一段以设问方式而对“天命”与“兴亡”之关系所作的微妙而明确的回答，所谓“兴亡之命在乎天，而所以兴亡在乎人也”，最终是落实在“人”上；所谓“有德”“无德”，又都是与“人”密切联系着。“天命”是一个古老的命题，有深远的历史影响，罗衮在新的历史条件下，很机智地避开“天命”而继承先贤的说法，把人们的思考引导到“有德”“无德”方向上来。这是他讨论兴亡问题的特点。

魏晋南北朝隋唐时期，史学家和学人非常关注兴亡盛衰之故的探索，当时人们的思考和阐述，从各自不同的角度和方法来阐述有关问题，从而把这方面的理论探讨引向深入。

小　　结

关于历代兴亡的认识，是史学家、政治家十分关注的重大问题，尤其在中国这样一个历史连续性发展但又不断出现朝代更迭的国家中，历代兴亡的原因成为人们不断探讨的重要问题。这些探讨，既反映了人们对政治发展的认识，也反映了人们对历史发展的认识，而这两个方面的认

① 李昉等：《文苑英华》卷七五三《秦论下》，中华书局 1966 年版，第 3945 页。

识,都从不同的方面构建着中国古代历史理论的逻辑体系。

本章所讨论的政治体制与朝代兴亡的关系,本质上一方面是血缘政治与地缘政治的关系,另一方面也是朝廷与地方的关系。如果说关于前者的争论,涉及社会历史的进步与倒退两种历史观念的争论的话,那么后者则涉及这样一个问题:中央集权与地方分权在郡县制下所形成的张力,其合理的度又在哪里?西汉的吴楚七国之乱和唐中叶的藩镇割据,提供了两种不同模式的历史教训。这就说明,社会历史的进步,从来是在多种合力的相互作用之下实现的。怎样付出最小的代价而换来最大的进步,正是激励人们不断探讨的出发点和归宿。

民本思想是涉及朝代兴亡的核心问题,唐代史学家、政治家对此有充分的发挥。他们在继承前人所论的基础上,对“水”与“舟”的关系反复论述,一方面显示出对二者的辩证认识,另一方面也反映出对于人民力量的畏惧和重视。尽管这种认识的根本出发点在于维护其政治统治,但从历史观来看,这或多或少认识到了人民在历史进程中的作用(具体表现为“载舟”“覆舟”以及朝代兴亡方面),故不乏积极的意义。

关于天时、地利、人和的认识,是对于历史演进中多种因素所起作用的分析,所论最终归结到“人”,同样具有积极的意义。关于“草创”与“守成”的认识,是“人和”思想的延伸。值得重视的是,这一政治思想具体地反映出历史是过去、现在和未来联系在一起的整体。

第八章

君主论的深入及其多种形态

先秦时期,关于君主的讨论已有所展开。秦汉时期,不论是在现实生活中,还是在对历史的撰述中,君主、帝王的特殊地位更显重要,人们在这方面的认识都超过了先秦时期。随着封建社会的发展,以及君主在历史舞台上的种种表现所产生的历史影响,人们对君主的认识也不断深入,这在魏晋南北朝隋唐时期的史学中有很突出的反映。一是揭示出君主影响社会生活的方方面面,二是出现了关于君主的系统著作,三是认识到君主是一种政治现象和历史现象,并对此有所论述。

第一节　君主论深入发展的历史与理论背景

一、兴亡之辨与君主论的关系

魏晋南北朝隋唐时期,由于朝代更迭频繁,史家承前人之思想遗产,关注朝代兴亡、社会治乱之故,发表了许多讨论兴亡问题的见解和论说。在这些见解和论说中,往往都涉及君主及其作为。因此,不论是贾谊的《过秦论》,还是《史记》《汉书》帝纪后论,以及荀悦提出的“六主”论,都同君主有直接的关联,从而启示着、推动着人们对君主的审视和研究。荀悦提出“六主”论、“六臣”论①,把君主评价提升到一个新的高度,主要是指作者对君主在历史活动中的社会价值作了判断。这个判断或许不尽合理,但作者对历史观察之细致、对君主划分出等级差别,毕竟反映了作者的见解和胆识。魏晋南北朝隋唐时期的兴亡之论,有的就是同君主论结合在一起。举例说来,三国时,刘备同诸葛亮讨论两汉的兴衰问题,就是把皇朝兴衰同有关的君主联系起来考察的。诸葛亮在他的《出师表》中写道:

> 亲贤臣,远小人,此先汉所以兴隆也;亲小人,远贤臣,此后汉所以倾颓也。先帝在时,每与臣论此事,未尝不叹息痛恨于桓、灵也。②

刘备、诸葛亮认为,东汉的衰颓,同汉桓帝、汉灵帝的“亲小人,远贤臣”有直接的关系,从而引起刘备的叹息痛恨。一个朝代的兴衰,固然有多种原因,但在当时的历史条件下,君主的用人政策,确是至关重要的。刘备、诸葛亮所论,自有其合理性。

唐代史家姚思廉论陈朝之亡,于《陈书·宣帝纪》后论中写:“享国十余年,志大意逸,吕梁覆军,大丧师徒矣。江左削弱,抑此之由。呜呼!盖德不逮文[帝],智不及武[帝],虽得自我,无御敌之略焉。”③这是把南朝的衰落同陈宣帝的德、智联系起来,同上文所论“亲小人,远贤臣”虽有所不同,但历史的结局都是一样的。

唐初修五代史,魏徵撰写了《梁书》《陈书》《北齐书》的总论和《隋书》的纪、传论。这些史论反映了他的历史见识,尤其是以上四部史书的总论,更是反映了他在评论历代君主方面的见识。他盛赞梁武帝“开荡荡之王道,革靡靡之商俗”,其统治时,“济济焉,洋洋焉,魏、晋已来,未有若斯之盛”,可谓一个励精图治的君主在位时的政治景象。这是事物的

① “六主”是王主、治主、存主、哀主、危主、亡主,“六臣”是王臣、良臣、直臣、具臣、嬖臣、佞臣。荀悦认为:“六主之有轻重,六臣之有简易,其存亡成败之机,在于是矣”。参见荀悦:《汉纪》卷一六《孝昭皇帝纪》,《两汉纪》上册,中华书局2002年版,第289页。

② 陈寿:《三国志》卷三五《蜀书·诸葛亮传》,中华书局1959年版,第920页。

③ 姚思廉:《陈书》卷五《宣帝纪》后论,中华书局1972年版,第100页。

一个方面。另一方面则不然，魏徵揭示说：

然不能息末敦本，斲雕为朴，慕名好事，崇尚浮华，抑扬孔、墨，流连释、老。或经夜不寝，或终日不食，非弘道以利物，惟饰智以惊愚。且心未遗荣，虚厕苍头之伍；高谈脱屣，终恋黄屋之尊。夫人之大欲，在乎饮食男女，至于轩冕殿堂，非有切身之急。高祖屏除嗜欲，眷恋轩冕，得其所难而滞于所易，可谓神有所不达，智有所不通矣。逮夫精华稍竭，凤德已衰，惑于听受，权在奸佞，储后百辟，莫得尽言。险躁之心，暮年愈甚。见利而动，愎谏违卜，开门揖盗，弃好即仇，衅起萧墙，祸成戎羯，身陨非命，灾被亿兆，衣冠毙锋镝之下，老幼粉戎马之足。①

魏徵的这一番评论，揭示了一个在世俗与宗教之间流连、徘徊的矛盾的人，充分表明他"神有所不达，智有所不通"的思想和心理状态，其结果是"身陨非命，灾被亿兆"。

魏徵对陈后主的评论，在一定程度上是对此类败亡之君的共同特点的剖析。他写道：

后主生深宫之中，长妇人之手，既属邦国殄瘁，不知稼穑艰难。初惧阽危，屡有哀矜之诏，后稍安集，复扇淫侈之风。宾礼诸公，唯寄情于文酒，昵近群小，皆委之以衡轴。谋谟所及，遂无骨鲠之臣，权要所在，莫匪侵渔之吏。政刑日紊，尸素盈朝，耽荒为长夜之饮，嬖宠同艳妻之孽，危亡弗恤，上下相蒙，众叛亲离，临机不寤，自投于井，冀以苟生，视其以此求全，抑亦民斯下矣。

……古人有言，亡国之主，多有才艺，考之梁、陈及隋，信非虚论。然则不崇教义之本，偏尚淫丽之文，徒长浇伪之风，无救乱亡之祸矣。②

对于一个不了解社会，"不知稼穑艰难"的君主来说，欲求致治，实不可能；若再恃其才艺，离"教义之本"，煽"浇伪之风"，那必将是双重悲剧。

① 姚思廉：《梁书》卷六帝纪总论，中华书局 1973 年版，第 150—151 页。

② 姚思廉：《陈书》卷六帝纪总论，中华书局 1972 年版，第 119—120 页。

魏徵从梁、陈、隋三朝的君主中总结这一规律性现象,是君主论中的一个卓见。

魏徵为了进一步说明陈后主时期的政治状况,还“考览记书,参详故老”,揭示陈后主奢靡无度的史实:

> 是时,后主怠于政事,百司启奏,并因宦者蔡脱儿、李善度进请,后主置张贵妃于膝上共决之。李、蔡所不能记者,贵妃并为条疏,无所遗脱。由是益加宠异,冠绝后庭。而后宫之家,不遵法度,有挂于理者,但求哀于贵妃,贵妃则令李、蔡先启其事,而后从容为言之。大臣有不从者,亦因而谮之,所言无不听。于是张、孔之势,薰灼四方,大臣执政,亦从风而靡。阉宦便佞之徒,内外交结,转相引进,贿赂公行,赏罚无常,纲纪瞀乱矣。①

这样一个“从风而靡”“纲纪瞀乱”的社会,只有走向衰败之路了。由此还可以看出,魏徵之论,是以事实为根据的。

魏徵论北齐君主,是把有利的地理环境、充足的赋税、足够的士庶甲兵作综合考察的。他据此提出问题并从中得到的结论是:

> 观夫有齐全盛,控带遐阻,西苞汾、晋,南极江、淮,东尽海隅,北渐沙漠,六国之地,我获其五,九州之境,彼分其四。料甲兵之众寡,校帑藏之虚实,折冲千里之将,帷幄六奇之士,比二方之优劣,无等级以寄言。然其太行、长城之固自若也,江淮、汾晋之险不移也,帑藏输税之赋未亏也,士庶甲兵之众不缺也;然而前王用之而有余,后主守之而不足,其故何哉?前王之御时也,沐雨栉风,拯其溺而救其焚,信赏必罚,安而利之,既与共其存亡,故得同其生死。后主则不然,以人从欲,损物益己。雕墙峻宇,甘酒嗜音,廛肆遍于宫园,禽色荒于外内,俾昼作夜,罔水行舟,所欲必成,所求必得。既不轨不物,又暗于听受,忠信不闻,萋斐必入,视人如草芥,从恶如顺流……抑又闻之:皇天无亲,唯德是辅;天时不如地利,地利不如人和。齐自河清之后,逮于武平之末,土木之功不息,嫔嫱之选无已,征税尽,人力殚,物产

① 姚思廉:《陈书》卷七后论,中华书局1972年版,第132—133页。

> 无以给其求，江海不能赡其欲。所谓火既炽矣，更负薪以足之，数既穷矣，又为恶以促之，欲求大厦不燔，延期过历，不亦难乎！由此言之，齐氏之败亡，盖亦由人，匪唯天道也。[①]

同样的物质条件，为什么“前王用之而有余，后主守之而不足”？这是一个令人深思的问题。魏徵作为一个政治家其眼光之犀利，由此可以看得十分清楚。他对北齐政治的分析，其理论和实践的启示，是具有普遍性的。值得注意的是，魏徵在这里还引用“天时不如地利，地利不如人和”的古训，把北齐的君主同这一古训结合起来思考，由此人们又会得到新的认识。

二、君主与历史进程和社会生活的内在关联

魏晋南北朝隋唐时期，在君主评价方面的理论进展有突出的反映。

其表现之一，是把君主同历史进程和社会生活联系起来，或者说是把君主视为历史进程的符号及影响社会生活的总代表。两晋皇甫谧所撰《帝王世纪》，是一部记述历代帝王历史的著作，它从传说时代的人物说起，依次叙述了三皇、五帝、夏、商、周、秦、前汉、后汉、曹魏等有关帝王的传说和历史。此书虽然半是传说，半是历史，但因其是系统的著作，反映了君主与历史进程的关系，对后世影响颇大，时时为人们所征引。

从理论上看，此书值得注意的是，它的卷首论“开辟”，是从元气说起。皇甫谧这样写道：

> 天地未分，谓之太易。元气始萌，谓之太初。气形之始，谓之太始。形变有质，谓之太素。太素之前，幽清寂寞，不可为象。惟虚惟无，盖道之根。道根既建，由无生有。太素质始萌，萌而未兆，谓之庞洪，盖道之干。既育万物成体，于是刚柔始分，清浊始位。天成于外而体阳，故圆以动，盖道之实。质形已具，谓之太极。[②]

万物起于元气，这同后来柳宗元《天说》的论点很相似，具有积极的意义。

① 李百药：《北齐书》卷八后论，中华书局1972年版，第116—117页。

② 皇甫谧：《帝王世纪》卷一，辽宁教育出版社1997年版，第1页。

而其卷末,是记"星野"和"历代垦田户口数",重视地域划分的演变,山水、物产、户口的状况,历代盛衰的更迭,最后作结论说:"自禹至今二千余载,六代损益,备于兹焉。"①可以这样认为,《帝王世纪》认为天地万物起源于元气的思想,以及重视地域、垦田、户口的思想,都是把物质和物质生产视为历史进程的源头和基础。这在历史认识上是走向理性之路的蹒跚步履。

唐初,虞世南所纂《北堂书钞》,前二十二卷为"帝王部",内容涉及总载、帝系、诞载、奇表、征应、福禄、潜晦、殷忧、登庸、创业、应运、功业、帝德、孝德、睦亲、体仁、宽惠、行义、行礼、幼知、神智、诚信、齐圣、克明、知人、谦让、恭敬、威仪、俭德、勤劳、务农、弘量、纳谏、赦宥、责躬、诫惧、教化、来远、求贤、用贤、优贤、好学、尊师、艺能、慕道、武功、谋猷、雄才、蒐狩、思治、识治、至治、巡行、制作、兴造、迁都、守文、中兴、敕诫、抚劳、责让、叹美、赏赐、哀伤、追旧、猜忌、微行、恩幸、奢侈、废立、昏德、失政、禅位、太子、霸等七十五目,是前所未有的对帝王的全面概说。这书虽是一部类书,但它的内容多是关于君主的才行及种种措施对社会生活的影响。后世,宋人纂辑《册府元龟》,其中"帝王部"当是受到它的影响。

以上所举,都是涉及君主评价的著作。这里,我们要特别关注的是两部专论君主评价的历史著作,一是虞世南的《帝王略论》,一是唐太宗的《帝范》。详见本章第三节。

第二节　正史本纪后论的成就与局限

一、正史本纪后论的成就

魏晋南北朝隋唐时期,先后形成两次皇朝史撰述高潮,一次在魏晋南

① 皇甫谧:《帝王世纪》卷一〇,辽宁教育出版社1997年版,第53页。

北朝时期，一次在盛唐时期。在这些撰述中，有十三部纪传体皇朝史被列为正史，占了传世的“二十四史”中的半数以上。① 这些正史的帝纪后论，多与论君主密切相关，有的还显示出鲜明的特色，反映出这个时期正史帝纪后论的成就。如：

——清晰地反映出一个朝代历史之发展阶段及其得失成败之轨迹，这是范晔《后汉书》帝纪后论最显著的特点。

——以一书而记三国之史事，以《魏书·武帝纪》而统摄总的历史形势，同时又以“传”名而“纪”实述蜀、吴之成败，使全书有总揽全局的气势，这是陈寿《三国志》的特点。其论三国君主亦各具特色：

论魏明帝，指出他不识时务，举措失当，以致走向衰败。陈寿说：

> 明帝沉毅断识，任心而行，盖有君人之至概焉。于时百姓凋敝，四海分崩，不先聿修显祖，阐拓洪基，而遽追秦皇、汉武，宫馆是营，格之远猷，其殆疾乎！②

论蜀主刘备，不难窥见陈寿的故国之情以及他对汉皇朝的仰慕和崇敬，他这样写道：

> 先主之弘毅宽厚，知人待士，盖有高祖之风，英雄之器焉。及其举国托孤于诸葛亮，而心神无贰，诚君臣之至公，古今之盛轨也。机权干略，不逮魏武，是以基宇亦狭。然折而不挠，终不为下者，抑揆彼之量必不容己，非唯竞利，且以避害云尔。③

说刘备具有“高祖之风，英雄之器”，似乎有些过誉了。但陈寿曾为蜀国臣子，这样评价刘备似乎也不难理解。他说刘备“机权干略，不逮魏武”，可谓确论。他又说刘备“非唯竞利，且以避害”，这或许是有意把刘备的失败、蜀国的覆亡加以淡化。陈寿在理论上的矛盾，在这里看得十分清楚。

---

① 这十三部正史是：陈寿《三国志》，范晔《后汉书》，房玄龄等《晋书》，沈约《宋书》，萧子显《南齐书》，姚思廉《梁书》《陈书》，魏收《魏书》，李百药《北齐书》，令狐德棻等《周书》，魏徵等《隋书》，李延寿《南史》《北史》。

② 陈寿：《三国志》卷三《魏书·明帝纪》后论，中华书局1959年版，第115页。

③ 陈寿：《三国志》卷三二《蜀书·先主传》后论，中华书局1959年版，第892页。

论吴主孙权,陈寿虽然称赞孙权是“英人之杰”,但却用了更多的笔墨写出孙权的弱点,以致造成“后叶陵迟,遂致覆国”。陈寿的评论是这样写的:

> 孙权屈身忍辱,任才尚计,有句践之奇,英人之杰矣。故能自擅江表,成鼎峙之业。然性多嫌忌,果于杀戮,暨臻末年,弥以滋甚。至于谗说殄行,胤嗣废毙,岂所谓贻厥孙谋以燕翼子者哉?其后叶陵迟,遂致覆国,未必不由此也。①

从上引三篇史论来看,陈寿都是对君主的评论,但其评论的侧重点却有所不同,这或多或少反映出他对三国历史的看法以及他思想中的君主的标准。

——以事功评价与道德评价相结合而又相区分评论君主,强调君主应有居安思危的意识,否则就会走向反面,这是《晋书》的《宣帝纪》后论和《武帝纪》后论的要旨。这两篇史论,因出于唐太宗之笔而在史学上占有重要位置,可以看作君主论君主的佳作。

——以同一皇朝的开国之君与亡国之君作比较,并揭示二者的联系;又以此皇朝与另一皇朝的兴亡相比较,并得到大致相同的结论,这是《隋书》帝纪后论的独到之处。需要特别指出的是,《隋书》帝纪后论出于魏徵之手,而魏徵还撰有《梁书》《陈书》《北齐书》帝纪总论,纵论这三个皇朝的君主之优劣、政治之得失,显示出一个出色的政论家、史论家的大手笔。

——创“序纪”之目,述先辈之业,赞“一统”之志,颂“戎华”混一,这是魏收《魏书》帝纪及其后论的主旨,为正史系列中所独有。等等。

综上,由于魏晋南北朝隋唐时期,皇朝史撰述出现了兴盛的局面,推动了史家对君主的研究和评价,成为君主论的一种灵活的针对性很强的表现形式,其中亦不乏真知灼见。

① 陈寿:《三国志》卷四七《吴书·吴主传》后论,中华书局1959年版,第1149页。

二、正史本纪后论的局限

正史本纪后论大多于君主论的深入有积极的作用,有的则于兴亡论的展开也有参考价值。但有的正史本纪后论,确乎存在着一些无聊之词以至消极的作用。在这方面,亦不乏典型的说法,如:

——没有根据的附会。《南齐书·海陵王本纪》后论写道:

郭璞称永昌之名,有二日之象,而隆昌之号亦同焉。案汉中平六年,献帝即位,便改元为光熹,张让、段珪诛后,改元为昭宁,董卓辅政,改元为永汉,一岁四号也。晋惠帝太安二年,长沙王乂事败,成都王颖改元为永安,颖自邺奔,河间王颙复改元为永兴,一岁三号焉。[海陵王]隆昌、延兴、建武,亦三改年号。故知丧乱之轨迹,虽千载而必同矣。①

这段话的意思是说,凡年号一岁三改,则预示着不祥之兆,以致败亡。这显然是一种无稽之谈,其根据乃是把历史上的一些偶然现象拼凑起来,用以说明带有普遍性的法则,自然是不能成立的。

——没有根据的夸张。《陈书·高祖本纪下》后论记陈吏部尚书姚察之语:"高祖英略大度,应变无方,盖汉高、魏武之亚矣。"②在《陈书·世祖本纪》后论中,姚察又说:

世称继体守文,宗枝承统,得失之间,盖亦详矣。大抵以奉而勿坠为贤能,桡而易之为不肖;其有光扬前轨,克荷曾构,固以少焉。世祖自初发迹,功庸显著,宁乱静寇,首佐大业。及国祸奄臻,入承宝祚,兢兢业业,其若驭朽。加以崇尚儒术,爱悦文义,见善如弗及,用人如由己,恭俭以御身,勤劳以济物,自昔允文允武之君,东征西怨之后,宾实之迹,可为联类。至于杖聪明,用鉴识,斯则永平之政,前史其论诸。③

姚察是《陈书》撰者姚思廉的父亲,在陈朝时受命修国史。姚察把陈高祖

① 萧子显:《南齐书》卷五《海陵王本纪》后论,中华书局 1972 年版,第 80—81 页。

② 姚思廉:《陈书》卷二《高祖本纪下》后论,中华书局 1972 年版,第 40 页。

③ 姚思廉:《陈书》卷三《世祖本纪》后论,中华书局 1972 年版,第 61 页。

陈霸先评为“汉高、魏武之亚”,把陈世祖陈蒨描述成近于完人,把他的统治比喻为汉代的“永平之政”,不伦不类,实为没有根据的夸大之词。姚思廉作《陈书》于唐朝,自应根据历史事实作评价,而其沿用其父旧史,尤为不当。

——没有完全摆脱神秘意识和民族歧视。魏收宣称北魏先祖“神元生自天女”①;又说“晋氏崩离,戎羯乘衅,僭伪纷纠,豺狼竞驰”②。《魏书》帝纪后论有很多的论断,如称赞拓跋焘“廓定四表,混一戎华,其为功也大矣”③,他称赞孝文帝拓跋宏“及躬总大政,一日万机,十许年间,曾不暇给,殊途同归,百虑一致,至夫生民所难行,人伦之高迹,虽尊居黄屋,尽蹈之矣”,“帝王制作,朝野轨度,斟酌用舍,焕乎其有文章,海内生民咸受耳目之赐”④等等。这些评论,用语也不无夸大之嫌,但都有事实根据,尤其是北魏统一北方和孝文帝的改革,确是历史上的重大事件。魏收在这方面的评价,反映了他的历史见识确有不少可以肯定之处。但他把“戎羯”比作“豺狼”,宣扬神秘的“天女”,表明他在这方面的局限和缺陷。

上述这几种局限,反映在个别帝纪后论之中,但总的说来,这些局限并不占主流地位。更多的帝纪后论,还是从事实中去判断君主的贤愚、得失,这是君主论发展的一个趋势。

第三节　君主论专书的出现及其论述方法

一、《帝王略论》所取得的理论成就(上)

君主在历史上的作用,以及历代君主对后世的影响,是史学家历来都

① 魏收:《魏书》卷一《序纪》后论,中华书局1974年版,第16页。
② 魏收:《魏书》卷二《太祖纪》后论,中华书局1974年版,第44页。
③ 魏收:《魏书》卷四下《世祖纪下》后论,中华书局1974年版,第109页。
④ 魏收:《魏书》卷七下《高祖纪下》后论,中华书局1974年版,第187页。

很重视的问题。虞世南所撰的《帝王略论》是问答体的通俗形式，比较系统地阐述了关于君主的认识。

具体说来，《帝王略论》是一部记帝王之事略、论帝王之贤愚的著作，其价值不在于“略”而在于“论”。它在评论历代君主方面或自此而涉及对其他历史问题的评论方面，不论在见解上还是在方法上，都有理论上的意义。

第一，提出了关于“人君之量”的见解。如《通历》记东晋末年桓玄所建“伪楚”及其为刘裕所败的史实后，引《帝王略论》说：

> 公子曰：桓玄聪敏有夙智，英才远略，亦一代之异人，而遂至灭亡，运祚不终，何也？
>
> 先生曰：夫人君之量，必器度宏远，虚己应物，覆载同于天地，信誓合于寒暄，然后万姓乐推而不厌也。彼桓玄者，盖有浮狡之小智，而无含宏之大德。值晋室衰乱，威不迨下，故能肆其爪牙，一时篡夺，安国治人，无闻焉尔。以侥幸之才，逢神武之运，至于夷灭，固其宜也。①

这里说的“人君之量”，不只是君主的个人品德问题，它还包含着君主在政治上的远见卓识，以及由这样的远见卓识为指导而采取的种种措施和这些措施所产生的社会效果。只有具备这种器度的君主，才能使“万姓乐推而不厌也”。虞世南认为，像桓玄这样的“浮狡小智”“侥幸之才”，是不能成就大事业的，而遭到毁灭则是理所当然的。

“人君之量”是一个很高的道德标准和政治标准。在虞世南看来，不独桓玄这样的人与此无涉，历史上有一些看来还说得过去的君主也不曾达到这样的标准。如他论北周武帝宇文邕，是这样说的：

> 公子曰：夫以周武之雄才武艺，身先士卒，若天假之年，尽其兵算，必能平一宇内，为一代之明主乎？
>
> 先生曰：周武骁勇果毅，有出人之才。略观其卑躬厉士，法令严明，虽句践、穰苴，亦无以过也。但攻取之规，有称于海内；而仁惠之

① 见马总《通历》卷四所引，山西人民出版社 1992 年版，第 19—20 页。

德,无闻于天下。此猛将之奇才,非人君之度量。[1]

“人君之度量”不同于种种奇才的地方,在于前者应建立在很高的道德素养和政治素养之上,因而能产生影响于社会的“仁惠之德”。在封建社会里,君主具有至高无上的权力。虞世南提出“人君之度量”的看法,尽管带着很重的理想主义的色彩,但他在主观上是希望人君能对自己提出更高的要求。这一点,是有积极意义的。

同“人君之度量”的见解相关联的,虞世南还评论了“人君之才”与“人君之德”。《帝王略论》在评论汉元帝的时候,讲到了关于“人君之才”的问题:

或曰:汉元帝才艺温雅,其守文之良主乎?

虞南曰:夫人君之才,在乎文德武功而已。文则经天纬地、词令典策,武则禁暴戢兵、安人和众,此南面之宏图也。至于鼓瑟吹箫、和江度曲,斯乃伶官之职,岂天子之所务乎!

人的才华是多种多样的,对于不同身份的人来说,亦要求与之相适应的才华。作为一个君主,其才能应反映在“经天纬地”“禁暴戢兵”方面,否则将与身份不相吻合。这里提出了怎样看待“人君之才”的标准。在讲到“人君之德”时,虞世南极力称赞刘备,说“刘公待刘璋以宾礼,委诸葛而不疑,人君之德于斯为美”[2]。他把尚礼和诚信看作是“人君之德”的两个重要方面,这无疑是从儒家传统观念着眼的,但这两条标准对于当时的李世民和后来的贞观之治,特别对于维系唐太宗统治集团的稳定,或许不无关系。

第二,分别肯定一些君主的历史作用。虞世南对历史上一些君主的评价,反映出他的卓越的史识。他对魏孝文帝和宋高祖的评价,就是很典型的例证。下面是关于对宋高祖刘裕之评价问题的回答:

公子曰:宋高祖诛灭桓玄,再兴晋室,方于前代,孰可比伦?

---

① 见马总《通历》卷一〇所引,山西人民出版社 1992 年版,第 110 页。

② 以上均见赵蕤《长短经》卷二《君德》篇所引,《读画斋丛书》已集,书名题为《儒门经济长短录》。参见《丛书集成初编》,中华书局 1985 年版,第 39、41—42 页。按:赵蕤在征引时,将“公子曰”改为“或曰”,“先生曰”改为“虞世南曰”,因避唐太宗李世民名讳,故不书“世”。

先生曰：梁代裴子野，时以为有良史之才，比宋祖于魏武、晋宣。观彼二君，恐非其类。

公子曰：魏武一代英伟，晋宣频立大功，得比二人，以为多矣。季孟之间，何为非类？

先生曰：魏武，曹腾之孙，累叶荣显，濯缨汉室，三十余年。及董卓之乱，乃与山东俱起，诛灭元凶，曾非己力。晋宣历任卿相，位极台鼎，握天下之图，居既安之势，奉明诏而诛逆节，建瓴为譬，未足喻也。宋祖以匹夫挺剑，首创大业，旬月之间，重安晋鼎，居半州之地，驱一郡之卒，斩谯纵于庸蜀，擒姚泓于崤函，克慕容超于青州，枭卢循于岭外。戎旗所指，无往不捷。观其豁达宏远，则汉高之风；制胜胸襟，则光武之匹。惜其祚短，志未可量也。①

在魏晋南北朝隋唐时期门阀风气很盛的政治氛围中，虞世南这样赞扬"匹夫"出身的宋高祖，不仅要有见识，而且也要有勇气。值得注意的是，在虞世南的时代看历史，西汉开国之君刘邦和东汉中兴之主刘秀，恐怕是最受人尊崇的两位君主了；他把刘裕跟他们相比拟，可以看出他对东晋灭亡的毫不惋惜和对刘宋建立的充分肯定之意。他似乎认识到，晋宋更迭是一个不可遏止的趋势。而他对魏孝文帝的评价是从另一方面予以强调的：

公子曰：魏之孝文可方何主？

先生曰：夫非常之人，固有非常之功。若彼孝文，非常之人也。

公子曰：何谓非常之人？

先生曰：后魏代居朔野，声教之所不及。且其习夫土俗，遵彼要荒。孝文卓尔不群，迁都瀍涧，解辫发而袭冕旒，袪毡裘而被龙衮，衣冠号令，华夏同风。自非命代之才，岂能至此！②

这是从民族关系上，特别是从"声教"也就是从文化方面高度评价了魏孝文帝的汉化措施，并把魏孝文帝称为"非常之人""命代之才"。在当时的

① 见马总《通历》卷六所引，山西人民出版社 1992 年版，第 51 页。

② 见马总《通历》卷八所引，山西人民出版社 1992 年版，第 87 页。

历史条件下,作者能够对民族关系有这样的见解,能够对所谓异族统治者作这么高的评价,确是一种卓识。

第三,着意于成败得失的总结。《帝王略论》从多方面评论历代君主的贤愚、明昏,根本的一条,是着意于对历代政治统治成败、得失的分析和总结。虞世南论秦始皇和秦朝的历史,既注重于政策的当否,又涉及有关人的才能的高下,包揽的面是很宽的:

> 公子曰:秦始皇起秦陇之地,蚕食列国,遂灭二周而迁九鼎,并吞天下,平一宇内,其规摹功业亦已大矣。何为一身几殒,至子而亡乎?
>
> 先生曰:彼始皇者,弃仁义而用威力,此可以吞并而不可以守成,贻训子孙,贪暴而已。胡亥才不如秦政,赵高智不及李斯,以暗主而御奸臣,遵始皇贪暴之迹,三载而亡,已为晚矣![①]

这里着重批评了秦始皇一味使用"威力"的政策,殊不知在守成时亦需要以仁义相辅;而这种政策作为遗训,又影响到秦二世的统治。联想到贞观初年唐太宗君臣讨论教化问题,魏徵力主教化,而封德彝则提出"秦任法律,汉杂霸道"的先例,以致引起一场争论[②];以及唐太宗与大臣探讨"草创与守成孰难"的问题,引起热烈的争论[③],可见虞世南的上述评论并不是毫无意义的。他评论的是历史,却包含着对于未来的预见。

在总结历代皇朝成败得失的时候,虞世南还能够指出那些获得巨大成功的君主的失误处,决不因其功业之大而讳言其短。他论汉高祖刘邦是这样说的:

> 公子曰:汉高拨乱反正,为一代英主,可谓尽善者乎?
>
> 先生曰:汉祖起自卑微,提三尺剑以取天下,实有英雄之度量焉!故班氏《王命论》云……加之以信诚好谋,达于礼爱,见善如不及,用人如由己,从谏如顺流,趋时如响赴,此其所以得天下也。然知吕后之耶(邪)僻而不能正,爱赵王如意而不能全,身没之后,几亡社稷。

---

① 见敦煌本《帝王略论》残卷(伯 2636 号)卷一。

② 见范祖禹:《唐鉴》卷二,上海古籍出版社 1984 年版,第 7 页上。

③ 吴兢:《贞观政要·君道》,上海古籍出版社 1978 年版,第 3 页。

> 若无刘章、周勃,吕氏几代汉矣。此之为过,甚于日月之蚀,岂尽善之谓乎!①

作者充分肯定了刘邦在政治上的谋略和成功,但也批评了他在对待吕后的"邪僻"上的迁就和无力,以至弄到"几亡社稷"的地步,这是重大的过失,怎么能说他是尽善尽美的人呢!可见在作者看来,所谓明者可为规范、昏者可为鉴戒,二者也不是截然分开的。这里面包含着作者在评论历代帝王时的朴素辩证观点。

二、《帝王略论》所取得的理论成就(下)

《帝王略论》所取得的理论成就还突出地反映在它所采用的比较方法上。

第一,以同一君主的前期和后期相比。虞世南认为,有些君主在"平一天下"的前后,往往会发生一些变化,甚至有很大的变化。这种变化,或因思想情趣的转移,或因其受到自身的才能与智力所限,呈现出不同的情形。下面是《帝王略论》关于晋武帝的一段议论:

> 公子曰:武帝克平江表,混一宇内,可谓晋之明主乎?
>
> 先生曰:武帝平一天下,非曰不然,至于创业垂统,其道则阙矣。夫帝王者,必立德立功,可大可久,经之以仁义,纬之以文武,深根固蒂,贻厥子孙,一言一行,以为轨(规)范,垂之万代,为不可易。武帝平吴之后,怠于政事,蔽惑邪佞,留心内宠,用冯紞之谗言,拒和峤之正谏,智士永叹,有识寒心。以此国风,传之庸子,遂使坟土未干,四海鼎沸,衣冠殄灭,县宇星分。何曾之言,于是信矣。其去"明主"不亦远乎!②

这一段话,指出了"平一天下"与"创业垂统"是不完全相同的两回事,打天下的人未必能守天下。这一点,唐初的政治家和史学家是有清醒的认

① 见敦煌本《帝王略论》残卷(伯2636号)卷二。

② 见马总《通历》卷四所引,山西人民出版社1992年版,第7—8页。

识的,唐太宗就跟群臣讨论过"帝王之业,草创与守成孰难"①的问题。虞世南也是从这个角度来评论晋武帝的,指出他的"创业垂统,其道则阙",因而他"平吴之后,怠于政事",终于把"国风"弄到"智士永叹,有识寒心"的地步,在他死后不久西晋就灭亡了。这跟明主相比,实在差得太远了。

作者认为,在这方面,隋文帝与晋武帝是有某些相似之处的,但其表现形式也不尽相同。他评论隋文帝说:

> 公子曰:隋文起自布衣,先有神器。西定庸蜀,南平江表,比于晋武,可为俦乎?
>
> 先生曰:隋文因外戚之重,值周室之衰,负图作宰,遂膺宝命,留心政理,务从恩泽。故能绥抚新旧,纬宁遐迩,文武之制,皆有可观。及克定江淮,一同书轨,率土黎庶,企仰太平。自金陵绝灭,王心奢汰。虽威加四海,而情坠万机。荆璧填于内府,吴姬满于椒掖。仁寿雕饰,事埒陈宫。万姓力殚,中人产竭。加以猜忌心起,巫蛊事兴,戮爱子之妃,离上相之母。纲纪已紊,礼教斯亡,牝鸡晨响,皇枝剿绝,废黜不辜,树立非所,功臣良佐,剪灭无遗。季年之失,多于晋武,卜世不永,岂天亡乎!②

这里,作者首先指出隋文帝并非是从一般布衣而登上皇帝宝座的,他是以外戚身份夺得统治权的。但是,隋文帝跟晋武帝有一点是十分相似的,即"自金陵绝灭,王心奢汰",一面聚集财富,一面走向奢侈,以致"万姓力殚,中人产竭",政治上的紊乱跟前期相比形成鲜明的对照。然而他跟晋武帝相比,终究也还有不同的地方,这就是"季年之失,多于晋武",比后者还要荒唐。值得注意的是,隋文帝以隋代周时,虞世南已是二十三四岁的青年人了,他在仕途上亲身经历了隋的统一、强盛和灭亡,他对隋文帝的评价实际上是当代人评论当代人,其感受自然分外真切。

第二,以同一朝代的不同君主相比。这种历史比较的方法包含作正

---

① 吴兢:《贞观政要·君道》,上海古籍出版社 1978 年版,第 3 页。

② 见马总《通历》卷一〇所引,山西人民出版社 1992 年版,第 114—115 页。

反两个方面的比较：从正面相比，是比功业和功德，从反面相比，是比其残忍的表现。《帝王略论》论东晋孝武帝与明帝，是这么说的：

公子曰：中兴之政，咸归大臣，惟孝武为君，威福自己，外摧强寇，人安吏肃。比于明帝，功业何如？

先生曰：孝武克夷外难，乃谢安之力也，非人主之功。至于委任会稽，栋梁已挠；殷王作镇，乱阶斯起，昌明之谶，乃验于兹。加以末年沉晏，卒至倾覆。比踪前哲，其何远乎！①

在虞世南看来，臣下之功与“人主之功”是不应混淆的，加上才能的平庸和“末年沉晏”，怎么能够以晋孝武帝与晋明帝相比呢？

作者对于不大为人们所注意的陈文帝、陈宣帝，也是从功德方面进行比较和评价的：

公子曰：陈文、宣二帝，功德云何？

先生曰：梁季版荡，江东凋残，编户齐人，百不遗一。武帝经纶草创，而享祚不永，方隅犹阻，代故未夷。文皇聪明睿知，纂承洪绪，群贤毕力，宇内克清。爵赏无偏，刑罚不滥，政事明察，莫敢隐情。国史以为承平之风，斯言得之矣。宣帝度量宏广，推心待物，可谓宽仁之主焉。②

作者称赞陈文帝的功德，是着眼于他的武功、文治，而肯定陈宣帝的功德，则强调他的“度量弘广”。这里虽然没有明确道出孰优孰劣，但还是比较了他们不同的特点。此外，作者对司马师、司马昭兄弟“递居宰相，二人功德，孰为先后”③，也作了比较。

当然，从正面比较，有时也并不是较其功德高下，而是比其异同。关于周文王与周武王的比较则属此种类型。作者写道：

公子曰：文王盛三分之业，屈道以事殷；武王率八百之师，称兵而灭纣。岂德有优劣？物运穷通，何其二圣殊途如斯之远？若牖里为是，则牧野为非，谓剪商为工，则事殷为屈。愿闻笃论，以释所疑。

---

① 见马总《通历》卷四所引，山西人民出版社 1992 年版，第 18 页。

② 见马总《通历》卷七所引，山西人民出版社 1992 年版，第 77 页。

③ 见马总《通历》卷四所引，山西人民出版社 1992 年版，第 6 页。

先生曰:夫四时平分,冬夏有暄寒之辩;五常递运,水火有刚柔之殊。至于利物成务,其道同矣。文王夷明,晦迹藏用,所以显仁;武王果毅,发扬龚行,所以静乱。然则济世庇民,其揆一也,奚必修文为是而允武为非乎!期于至公而已矣。①

这是从周文王、周武王对待殷商的态度的区别提出问题,认为在"屈道以事殷"和"称兵而灭纣"二者之间,必有是非、工屈之分。文、武历来被看作是圣人,这里也是称他们为"二圣",但能这样提出疑问,在当时还是很难得的。作者从自然现象和文、武二人的个性与才能来回答这个问题,虽然没有把道理讲清楚,但他认为文、武之道对于"济世庇民"来说都是必要的,这大致还是符合殷、周之际的历史的。这都是从正面作比较。

从反面相比,作者评价宋孝武帝和宋明帝具有很典型的意义。他写道:

公子曰:[宋]孝武、明帝二人,孰贤?

先生曰:二帝残忍之性,异体同心,诛戮贤良,断剪枝叶,内无平、勃之相,外阙晋、郑之亲。以斯大宝,委之昏稚,故使齐氏乘衅宰制天下。未周岁稔,遂移龟玉,缄縢虽固,适为大盗之资。百虑同失,可为长叹!鼎祚倾渝,非不幸也。②

像这样的君主,当然谈不上谁比谁贤的问题。以"诛戮贤良"为能事,以"断剪枝叶"为快慰,这样的统治怎么能维持下去呢!"鼎祚倾渝",实在是咎由自取,谈不上是他们的不幸。

以上这些历史比较,都是就一个皇朝之内,以前后不同的君主来相比的,这同以一个君主的前期和后期的思想、行为相比的方法,视野当然要宽阔多了。然而,如果进而以不同皇朝的君主相比,那就需要作者有更加广阔的视野。这一点,《帝王略论》的作者也是做到了的。

第三,以不同时期的朝代的君主相比。《帝王略论》中关于这种历史比较的方法,有更多的运用,比较的内容也显得更加丰富,比较的层次也

① 见敦煌本《帝王略论》残卷(伯 2636 号)卷一。

② 见马总《通历》卷六所引,山西人民出版社 1992 年版,第 57 页。

有所提高，因而越发显示出作者的历史知识和历史见解。这种见解往往不同于或超出于前辈史家的看法，因而又极具历史评论的个性。作者根据班固“周云成康，汉言文景，美矣”①的论点，发表了这样一番评论：

公子曰：班固云“周云成康，汉称文景”，斯言当乎？

先生曰：成康承文武遗迹，以周、召为相，化笃厚之氓，因积仁德，疾风偃草，未足为喻。至如汉祖开基，日不暇给，亡嬴之弊，犹有存者，凿颠抽胁，尚行于世。太宗体兹仁恕，式遵玄默，涤秦项之酷烈，反轩昊之淳风，几致刑厝，斯为难矣。若使不溺新垣之说，无取邓通之梦，懔懔乎庶几近于王道。景帝之拟周康，则尚有惭德。②

在这一段历史比较中，作者对汉文帝的评价是极有见地的。在他看来，汉文帝在整顿汉初的政治、经济和社会风气方面，都有重大贡献。联想到他对汉高祖的评价也不过是“虽未阶王道，霸德之盛者也”③，就更可以看出所谓“懔懔乎庶几近于王道”这话的分量了。文帝胜过成康，景帝则不如，这就是作者的结论。

此外，关于宋高祖可以同前朝哪个君主相比的问题。虞世南不赞成前代史家裴子野的历史比较，并陈述了这方面的根据。他提出自己的看法，从出身、创业、度量、谋略几方面考察，认为刘裕有“汉高之风”、“光武之匹”。在门阀观念很盛的历史环境里，作者能提出这样的看法，确乎难得。

从下面的一段评论中，可以看到，作者在进行这种历史比较的时候，很注意掌握分寸，不轻许于人。他论陈高祖说：

公子曰：陈高祖起自草莱，兴创帝业，近代以来，可方何主？

先生曰：武帝以奇才远略，怀匡复之志，龙跃海隅，豹变岭表，扫重氛于绛阙，复帝座于紫微。西抗周师，北夷齐寇，宏谟长算，动无遗策，盖开业之令主，拨乱之雄才。比宋祖则不及，方齐高为优矣。④

---

① 班固：《汉书》卷五《景帝纪》后论，中华书局1962年版，第153页。

② 见敦煌本《帝王略论》残卷（伯2636号）卷二。

③ 见敦煌本《帝王略论》残卷（伯2636号）卷二。

④ 见马总《通历》卷七所引，山西人民出版社1992年版，第75页。

这个地方是把比较的范围限制在"近代以来",但也还是涉及宋、齐、陈三朝。作者肯定陈高祖是"开业之令主,拨乱之雄才",虽比齐高帝"为优",但却"不及"宋高祖。一种历史比较中存在的分寸感,在这里表现得很明确。值得注意的是,作者的这种分寸感往往是跟考虑历史的进程结合在一起的。这一点,在他对北魏孝文帝的评价中看得格外清楚。他从民族关系上,特别是从声教方面高度评价了孝文帝的汉化措施,并把他称为"非常之人"和"命代之才"。在当时的历史条件下,作者能够对民族关系有这样积极的见解,对所谓异族统治者作这么高的评价,同他着眼于从历史进程上考察问题,比较历史人物的方法是相关联的。文中没有专讲赵武灵王的事功,但从行文的口气来看,作者对赵武灵王也是极推崇的。

在这一类的历史比较中,作者一方面注意到从历史进程来评价君主,另一方面也注意到以他们在某个重大政治举措中的得失来评价他们。他在论北齐武成帝传位一事与北魏献文帝传位一事时说:

> 公子曰:武成传位,可与魏献文俦否?
>
> 先生曰:古人云:"知子莫若父"。献文之谢百辟,克固皇家;武成之委万方,倾覆宗祀。知子之鉴,无乃异乎?①

在封建社会里,皇位传袭是极其重大的政治事件。正是在这个问题上,曾经出过许多乱子,但也有处理得好的。作者提出"知子之鉴,无乃异乎",在当时的政治发展历程中是有重要的现实意义的。再看作者是怎样评价献文传位的:

> 公子曰:魏献文禅位厥子,其义云何?
>
> 先生曰:《易》称圣人之大宝曰"位",又曰"何以聚人?曰财。"夫万乘之尊,鸿名也;四海之官,大宝也。鸿名大宝,三五之君,尚步骤于兹矣,献文忘情九县,脱屣万几,传位嗣子,克昌鸿业,窅然汾水,不亦美乎。②

这些议论,显然是把献文传位的事情过于理想化了。事实上,献文传位的

---

① 见马总《通历》卷九所引,山西人民出版社 1992 年版,第 103 页。

② 见马总《通历》卷八所引,山西人民出版社 1992 年版,第 86 页。

主观动机和后来冯太后、孝文帝的改革所达到的社会效果未必有必然的联系。在这里，作者是把着眼点放在传位后的客观效果，从而反转过来对献文传位之举作出评价的。

以上这几种历史比较，都是从纵向上考察问题，即涉及一个君主的前期和后期，一个皇朝内不同时期的君主，以及不同时期的皇朝的君主。此外，《帝王略论》在进行历史比较的时候，也有从横向上来考察的，即以同一时期的不同皇朝相比较。

第四，以同一时期的不同皇朝相比，这一类比较是由三国、东晋南北朝分裂时期的客观情势提出来的，它在《帝王略论》中虽然所论不多，但其重要性是不可忽视的。因为这种历史比较，一是从君主个人扩大到整个皇朝，二是不仅要考虑到主观策略的制定，还要顾及客观形势的估量，因而具有更丰富的内容。作者认为，曹操、刘备、孙权三人，都是"肇开王业，光启霸图"之君，但他们又各不相同。曹操"兵机智算，殆难与敌"，"实有英雄之才"，然其"谲诡不常，雄猜多忌"，故"坐论西伯，实非其人"。刘备虽有"人君之德"，但终因"国小兵弱"，难以与孙、曹抗衡。至于孙权，"因厥兄之资，用前朝之佐，介以天险，仅得自存，比于二人，埋弗能逮"①。寥寥数语，把曹、刘、孙三人的品德、才能、环境作了比较。同样，作者对高欢与宇文泰的比较也是如此：

> 公子曰：高氏负河海之利，周人固崤函之险，论其智略，孰者为优？
>
> 先生曰：若语其封疆，料其士卒，则周强而齐弱，非徒雁行而已。文帝潜师至，果以少击众，虽周瑜之破孟德，谢玄之摧永固，无以加也。不然，何以能拔自行卒间而霸大业？奇谋长算，固有以焉。但顾命犹子，自相吞噬，"知人"之哲，于斯谬矣。②

这里所谓"高氏""周人"，实际是指东魏高欢和西魏宇文泰时期的东、西两个皇朝来说的，高欢和宇文泰既是当时这两个皇朝最有势力的人物，又

---

① 以上均见赵蕤《长短经》卷二《君德》篇，《读画斋丛书》已集，书名题为《儒门经济长短录》。参见《丛书集成初编》，中华书局1985年版，第41—42页。

② 马总《通历》卷一〇所引，山西人民出版社1992年版，第107—108页。

分别是北齐、北周政权的创立者,他们本人都不曾称帝,但都被他们的后人追尊以帝号。文中所谓"高氏""周人"和所说的"周""齐",就是从这个意义上讲的。作者认为,从地理条件看,齐、周各有优势,但从土地和军力来看,"则周强而齐弱"。但这里着重要比较的是"论其智略,孰者为优"的问题,故论中特别赞扬了周文帝(宇文泰)的"奇谋长算"。但作者对于宇文泰死前"顾命犹子"以致造成"自相吞噬"[1]的严重后果则是全然否定的,进而认为前人评论宇文泰有"知人"之哲的说法是一种谬说。作者没有直接回答"孰者为优"的问题,只是充分肯定了"智略"在双方斗争中所起的作用是很大的。关于这一点,他在评论高欢时也给予同样的注意。作者写道:

> 公子曰:高祖之神武才略云何?
>
> 先生曰:神武潜谋于永安之际,致捷韩陵之间,冲天之势,固足伟矣。至于垂翅玉壁,税驾晋阳,雄图不展,智勇俱困。然进为徇魏之臣,退作肇齐之主,奇才大节,亦有可称焉。[2]

周文帝有"奇谋长算",齐神武是"奇才大节",都有足可称道的地方。同样,周文帝有"顾命"之失,齐神武也有"智勇俱困"之时。可谓各有其长,亦各有所短。作者这样比较和评论历史人物的方法,顾及一个人的全貌,因而是可取的。

在关于"才略""智略"的比较当中,作者认为它们也只有在一定的客观条件下才能给人们带来成功,也就是说,任何"奇才"都不能脱离一定的客观情势而发挥作用。这个见解很高明。作者论司马懿的"文武之略"和诸葛亮的"节制",就表明了他的这种见解——

> 公子曰:诸葛亮冠代奇才,志图中夏,非宣帝之雄谋妙算,其孰能当斯勍敌者乎?
>
> 先生曰:宣帝起自书生,参赞帝业,济时定难,克清王道,文武之

---

① 犹子,即侄子。《周书》卷二《文帝纪下》记:西魏恭帝三年九月,"太祖(按:指宇文泰)有疾,还至云阳,命中山公(宇文)护受遗辅嗣子。"宇文护,宇文泰之兄宇文颢之少子,其事见《周书》卷一一《晋荡公护传》,中华书局 1971 年版,第 165 页。

② 见马总《通历》卷九所引,山西人民出版社 1992 年版,第 98 页。

略，实有可称。然多仗阴谋，不由仁义，猜忌诡状，盈诸襟抱，至如示谬言于李胜，委鞠狱于何晏，愧心负理，岂君子之所为？以此伪情，行之万物，若使力均势敌，俱会中原，以仲达之奸谋，当孔明之节制，恐非俦也。①

作者通过这一段议论表明：在蜀、魏较量当中，蜀败魏胜的历史结局，并不是司马懿的“雄谋妙算”能起到根本的作用，而是双方实力不等所致。作者高度评价诸葛亮的“节制”，但也认为他无力改变这种历史的结局；作者也肯定司马懿的“文武之略”所起的作用，但并不赞赏他的“文武之略”的种种表现形式。这些，显示了作者把历史比较与历史评价结合起来的意向和特色。他比较和评论北齐后主、北周宣帝的“昏乱”与误国，也具有这种特色。②

三、《帝范》的主旨及其陈述要义的方法

如果说虞世南的《帝王略论》是用比较的方法，从德行和事功两个方面评价历代帝王的话，那么，唐太宗的《帝范》则主要是从理论上阐述一个理想中的帝王的准则。

《帝范》是唐太宗辞世前所撰，当作于贞观二十三年（649 年）正月，即他辞世的当年；但也有说是作于贞观二十二年（648 年），即他辞世的前一年。③

唐太宗《帝范》为何而作，这是考察《帝范》的前提。概括说来，它有两个方面的原因。

首先，这是唐太宗给皇太子的政治遗嘱。他在《帝范》序中明确地写道：

---

① 见马总《通历》卷四所引，山西人民出版社 1992 年版，第 4 页。

② 见马总《通历》卷九所引，山西人民出版社 1992 年版，第 103—104 页。

③ 王溥：《唐会要》卷三六记：贞观二十三年正月二十日，唐太宗作成《帝范》。《册府元龟》卷四〇记：贞观“二十二年正月，帝撰《帝范》十二篇，赐皇太子”。《四库全书总目》亦谓作于贞观二十二年。按：《唐会要》前 80 卷为唐人所撰，且成书在先，今从《唐会要》说。又，疑《册府元龟》误将贞观二十三年作二十二年。

> 汝以幼年,偏钟慈爱,义方多阙,庭训有乖,擢自维城之居,属以少阳之任,未辨君臣之礼节,不知稼穑之艰难。余每此为忧,未尝不废寝忘食。自轩昊已降,迄至周隋,经天纬地之君,纂业承基之主,兴亡治乱,其道焕焉。所以披镜前踪,博采史籍,聚其要言,以为近诫云尔。①

从这段话里,可以看出唐太宗对于皇太子在政事(君臣之礼节)和民事(稼穑之艰难)两个方面都不是很放心。一个君主,如不能处理好君臣关系,不能关注民生,是无法巩固自己的统治的。从这里,也可以看出唐太宗的政治作风和为政之道。他曾特别强调《汉纪》一书"极为政之体,尽君臣之义"②,也反映了他的政治思想和政治作风。对于民事的关注,无疑是他政治生活中的一件大事。他认为:"为君之道,必须先存百姓,若损百姓以奉其身,犹割股以啖腹,腹饱而身毙。"③他同魏徵等人讨论君与民犹如舟与水的关系,并以此教导太子,不要把百姓生死休戚置若罔闻。④

从上引这段话里,还可以看出,这份政治遗嘱,是唐太宗结合自己的政治实践,从丰富的历史经验中提炼出的一些重要的理论性认识,所谓"自轩昊已降,迄至周隋,以经天纬地之君,纂业承基之主,兴亡治乱,其道焕焉",反映出他深邃的历史眼光和宏大的政治气魄。在他看来,现实是历史的延续,而历史正是现实的镜子。从这个意义上讲,唐太宗的这份政治遗嘱,是政治领域中历史的积淀和现实的创造之结合的统一体。

当然,《帝范》作为一份沉甸甸的政治遗嘱,其意义是重大的。正如唐太宗在赐太子李治《帝范》时对左右大臣所说,"饬躬阐政之道,备在其中,一旦不讳,更无所言矣"⑤,可以说,这是他对整个唐皇朝最后的政治交代。

---

① 唐太宗:《帝范》序,《唐太宗集》,陕西人民出版社 1986 年版,第 205 页。下引《帝范》各篇,不另注。

② 吴兢:《贞观政要·纳谏》,上海古籍出版社 1978 年版,第 59 页。

③ 吴兢:《贞观政要·君道》,上海古籍出版社 1978 年版,第 1 页。

④ 吴兢:《贞观政要·教诫太子诸王》,上海古籍出版社 1978 年版,第 125 页。

⑤ 王钦若等:《册府元龟》卷四〇,中华书局 1960 年版,第 451 页。

其次，从唐太宗本人的自我评价来看，《帝范》也是他的一份反省之作、自鉴之作。他在《帝范》后序中语重心长地对太子讲道：

> 欲悔非于既往，唯慎过于将来。择哲王以师，与无以吾为前鉴。夫取法于上，仅得为中；取法于中，故其为下；自非上德，不可效焉。吾在位已来，所缺多矣。奇丽服玩，锦绣珠玉，不绝于前，此非防欲也。雕楹刻桷，高台深池，每兴其役，此非俭志也。犬马鹰鹘，无远必致，此非节心也。数有行幸，以亟人劳，此非屈己也。斯数事者，吾之深过也。勿以兹为是而后法焉。

唐太宗作为一代明君，也有其两面性。前面说到他重政事与民事，并非夸大之词；这里，他的自我反省与自责，也并非出于谦词。贞观中期，魏徵一再提醒唐太宗要保持贞观初年的政治作风，并为此而与唐太宗产生过激烈的冲突，就是有力的证明。[①] 在这一段话中，唐太宗三次联系他本人发论："择哲王以师，与无以吾前为鉴"，"吾在位已来，所缺多矣"，"斯数事者，吾之深过也。勿以兹为是而后法焉"。这三个"吾"反映了唐太宗自省、自责的真诚。而这种自省、自责也更加重了这份政治遗嘱的分量，这就是唐太宗庄重地指出的一个普遍性的道理："取法于上，仅得为中；取法于中，故其为下；自非上德，不可效焉"。其良苦用心，已达极致。

这就是《帝范》为何而作的深层原因。

《帝范》的主要内容，除序与后序外，正文凡 12 篇，即：《君体》《建亲》《求贤》《审官》《纳谏》《去谗》《诫盈》《崇俭》《赏罚》《务农》《阅武》《崇文》。各篇所论，要言不烦，切中本质，往往反映出历史经验与现实经验的结合。这 12 篇所论大致可以概括为四个方面的问题：一是关于皇帝的地位和修养以及对皇族的适当安置（《君体》《建亲》），二是关于用人（《求贤》《审官》），三是关于君主的政治作风（《纳谏》《去谗》《诫盈》《崇俭》《赏罚》），四是关于基本国策即重农及文武之道兼而用之（《务农》《阅武》《崇文》）。这四个方面互相联系，密不可分，成为由一个英明君主

① 参见吴兢：《贞观政要·任贤》，上海古籍出版社 1978 年版，第 33 页；刘昫等：《旧唐书》卷七一《魏徵传》，中华书局 1975 年版，第 2562 页。

结合自身为政体验而撰写的一篇“君主论”或“帝王论”。

这里,我们举出数篇,略作分析,以见其主旨。

首先看《君体》篇,这是论君主的崇高地位和自身修养所应达到的境界。其文曰:

> 夫民者国之先,国者君之本。人主之体,如山岳焉,高峻而不动;如日月焉,真明而普照。亿兆之所瞻仰,天下之所归往。宽大其志,足以兼苞;平正其心,足以制断。非威德无以致远,非慈厚无以怀民。抚九族以仁,接大臣以礼。奉先思孝,处后思恭,倾己勤劳,以行德义。此为君之体也。

这几句话,前半部是论君主地位的无尚崇高和威力的无边无涯,如山岳,如日月;后半部是论君主的德与行,其“致远”“怀民”“抚九族”“接大臣”,都体现出仁、礼、孝、恭、勤劳、德义。这就是唐太宗心目中理想的人君及其“为君之体”。显然,这样的君主在当时的现实生活中是不存在的,他只能存在于人们的颂词和讴歌之中。在中国历史上,英明之君如唐太宗者寥若晨星,而如前所述,唐太宗本人晚年也深刻反省自己的过错。既然如此,那为什么还要标榜君主的权威和德行呢?道理很简单,是为了树立人们对君主的神秘感和敬畏感,以服从管理与统治。

其次看《建亲》篇,这是论述“封建亲戚,以为藩卫”的经验教训的专文。唐太宗总结了周、秦、汉、魏的得失,认为适当地实行“封建”之制,是必要的。他在回顾了历史之后,明确地写道:

> 夫封之太强,则为噬脐之患;致之太弱,则无固本之隆。由此而言,莫若众建宗亲而少力,使轻重相镇,忧乐是同,则上无猜忌之心,下无侵冤之虑,此封建之鉴也。

所谓“众建宗亲而少力”的方针,本是西汉初年贾谊为削弱同姓诸侯王的势力而提出来的,而《帝范》又把它提出来,使之作为郡县制的补充形式,以巩固唐皇朝的长治久安。在这个问题上,唐太宗同一些重要大臣的意见是存在歧异的。早在贞观十一年(637 年),唐太宗以周、汉历史为依据,决定分封子弟及功臣共 35 人为世袭刺史。后经大臣李百药上长篇奏疏,驳“世封”之事。大臣马周也上疏力陈不可,指出:“昔汉光武不任功臣以吏事,所以终全其世者,良由得其术也。"在大臣们的反对下,唐太宗"于是竟罢子弟及功臣世袭刺史"[①]事。然而,唐太宗似乎并未完全放弃自己的主张,所以到了暮年时节,又旧事重提,把它写入《帝范》,作为一条国策,要他的继承人遵照实行。唐高宗、武则天时期,武则天诛杀李氏宗室,或许可以证明唐太宗的主张是对的;但安史之乱后,李氏宗室之间的杀戮同样非常残酷,颇类似于汉初同姓王之乱,这又说明唐太宗的主张是不可行的。到了唐宪宗时代,柳宗元撰《封建论》,可以说是从主要方面回答了唐太宗思想上的多虑。但应当承认的是,《建亲》篇十分有力地表明,唐太宗对历史经验教训的思考和总结,是非常认真、非常深刻的。

再次说《务农》篇,这是论述治国安邦的基本国策之一。贞观初年,唐太宗曾对大臣们说过这样的话:"凡事皆须务本。国以人为本,人以衣食为本,凡营衣食,以不失时为本。夫不失时者,在人君简静乃可致耳。若兵戈屡动,土木不息,而欲不夺农时,其可得乎?"[②]这个认识,直接的教训来自隋朝之亡,间接的教训则来自秦亡,因为唐初君臣都认识到,"隋之得失存亡,大较与秦相类",其主要教训就是过役人力[③]。这个涉及根本国策的问题,唐太宗是一定要加以强调的。他在《务农》篇中写道:

> 夫食为人天,农为政本。仓廪实则知礼节,衣食乏则忘廉耻。故躬耕东郊,敬授民时。国无九岁之储,不足备水旱;家无一年之服,不足御寒温。然而莫不带犊佩牛,弃坚就伪,求伎巧之利,废农桑之基,以一人耕而百人食,其为害也甚于秋螟。莫若禁绝浮华,劝课耕织,使民还其本,俗反其真,则竞怀仁义之心,永绝贪残之路,此务农之本也。

所谓"食为人天,农为政本",在中国历史上无疑是治国的根本方针的思想基础,但真正做到"农为政本"却又并不容易。诚如上文所引唐太宗讲的那番关于"不夺农时"的话,也恰如唐初君臣所总结的秦、隋均亡于"过役人力"的历史教训,只有国策不堕入那样的歧途,才能把"食为人天,农

---

① 吴兢:《贞观政要·封建》,上海古籍出版社1978年版,第111页。
② 吴兢:《贞观政要·务农》,上海古籍出版社1978年版,第237页。
③ 参见魏徵等:《隋书》卷七〇后论,中华书局1973年版,第1636页。

为政本”落到实处。唐太宗说的“禁绝浮华，劝课耕织”，“民还其本，俗反其真”，在当时的社会条件下是极其重要的基本方针。他说的“国无九岁之储，不足备水旱”，或许有点夸张，这反映了他对储备粮食的高度重视。

最后说《崇文》篇，这也是论述基本国策之一的专篇，它同《务农》《阅武》构成三大基本国策的思想基础和理论基础。在本篇中，唐太宗指出“崇文”对于“弘风导俗”“敷教训人”、提升治国之道、光显君臣身名、认识智慧之源等，都大有裨益。他写道：

> 夫功成设乐，治定制礼。礼乐之兴，以儒为本。弘风导俗，莫尚于文；敷教训人，莫善于学。因文而隆道，假学以光身。不临深溪，不知地之厚；不游文翰，不识智之源。然则质蕴吴竿，非括羽不美；性怀辨慧，非积学不成。是以建明堂，立辟雍，博览百家，研精六艺。端拱而知天下，无为而鉴古今，飞英声，腾茂实，光于天下不朽者，其唯为学乎！此崇文之术也。

唐太宗对“崇文”有深刻的认识，认为“崇文”所得到的益处是“端拱而知天下，无为而鉴古今”。在他看来，如果一个君主不知天下，昧于古今，那是不可想象的。他进而指出：“光于天下不朽者，其唯为学乎！”他在下文作结论说：“是知文武二途，舍一不可，与时优劣，各有其宜。”唐太宗年轻时戎马生涯，深知“阅武”之重要；但“守成”之时，“崇文”的重要性更凸显出来，这就叫做“与时优劣，各有其宜”。联想到汉初刘邦与陆贾的对话，所谓“居马上得之，宁可以马上治之乎”①，可以看到历史经验给予人们的智慧，本有相通之处。

《帝范》十二篇，反映了唐太宗的政治思想，也凝练了他的君主论，使其成为中国史学上君主论的一篇杰作，反映了七世纪中华文明进程的一个重要方面。《帝范》的局限性突出地表现在《帝范》序起首说的“皇天眷命，历数在躬”云云，还是给皇位罩上一层神秘的面纱。这些话，或许已经成了不能不说的官样文章，但它毕竟打上了那个时代的印记。再者，《帝范》所宣扬的是君主的权威和作用，虽然它也讲到“民者国之先”之类

① 司马迁：《史记》卷九七《郦生陆贾列传》，中华书局 1959 年版，第 2699 页。

的话，但民的活动总是脱离不了君主光芒的照耀。

唐太宗在《帝范》后序中对《帝范》作了这样的小结，他说：

> 此十二条者，帝王之大纲也，安危兴废，皆在兹乎！古人有言：非知之难，唯行不易；行之可勉，唯终实难。是以暴乱之君，非独明于恶路；圣哲之主，岂独见于善途？良由大道远而难遵，邪径近而易践。小人皆俯从其易，不能力行其难，故祸败及之。君子劳处其难，不能逸居其易，故福庆流之。是知祸福无门，惟人所召。

他把《帝范》称为“帝王之大纲”当不为过，因为“安危兴废”都包括在其中了；他又指出，知之不难而行之难，始终行之尤其难，这都是说的实话。由此可以证明，《帝范》一文，原本论的是那个时代的理想中的君主罢了。

第四节　关于“君道”的探讨

一、水能载舟，亦能覆舟

这是民本思想的另一种表述形式。唐太宗君臣对于这一古训在认识上又有所发展。

以犯颜直谏著称的魏徵，在一次上疏中同唐太宗讨论君臣关系时，提出君臣应当“进人以礼，退人以礼”，应当遵循古训“爱而知其恶，憎而知其善”，并进而引申说：

> 荀卿子曰：“君，舟也。民，水也。水所以载舟，亦所以覆舟。”故孔子曰：“鱼失水则死，水失鱼犹为水也。”故唐、虞战战栗栗，日慎一日。安可不深思之乎？安可不熟虑之乎？①

在这里，魏徵并不是直接讨论君与民的关系，而是从讨论君与臣的关系引申到君民的。他引用荀子的话，以舟与水的关系来比喻君与民的关系，其

① 吴兢：《贞观政要·君臣鉴戒》，上海古籍出版社 1978 年版，第 83—84 页。

意甚明,即民可能拥戴一个君,也可以颠覆一个君。值得注意的是,魏徵在引用荀子这一番话时,包含了比荀子时代更为丰富的历史内容和历史教训,而最切近的历史教训莫过北齐、北周和隋朝了。尤其值得人们深思的是,魏徵在谈到水舟关系时,极其自然地又引用了早于荀子的孔子关于鱼水关系的言论,从而把他的思想表述得更加明确和透彻。这就是说,水是可以离开鱼而为水的,反之,鱼则不可离开水而仍可自为鱼。

魏徵从水舟之论到鱼水之论,把"水"的力量和作用阐述得再明白不过了。这一极其常见而易懂的比喻,表达了魏徵政治学说的一个基本方面,也反映了他的历史观点的一个基本方面。这里包含着两层含义:一是水能够覆舟,说明水是一种不可忽视的自然力;二是鱼不能离开水而存在,说明水又是不可缺少的自然力。从历史观、政治观来说,君主的政治统治不能离开民,又要谨慎地对待民。可以认为,在中国古代的封建社会里,统治者的任何政策都是以遵循或违背这一认识为根本的出发点。魏徵作为唐初一代名臣,他在这方面的认识,值得认真地总结和阐发。

唐太宗对魏徵的这些认识,不仅"深嘉纳之",而且也有所发展,史家吴兢记载道:

> 贞观十八年,太宗谓侍臣曰:"古有胎教世子,朕则不暇。但近自建立太子,遇物必有诲谕。见其临食将饭,谓曰:'汝知饭乎?'对曰:'不知。'曰:'凡稼穑艰难,皆出人力,不夺其时,常有此饭。'见其乘马,又谓曰:'汝知马乎?'对曰:'不知。'曰:'能代人劳苦者也,以时消息,不尽其力,则可以常有马也。'见其乘舟,又谓曰:'汝知舟乎?'对曰:'不知。'曰:'舟所以比人君,水所以比黎庶,水能载舟,亦能覆舟。尔方为人主,可不畏惧!'见其休于曲木之下,又谓曰:'汝知此树乎?'对曰:'不知。'曰:'此木虽曲,得绳则正,为人君虽无道,受谏则圣。此傅说所言,可以自鉴。'"①

唐太宗在其统治晚年,深知教育太子的重要。上面这番谈话,从四个日常生活中的具体事情,讲到对太子的教诫,而每一件事情都提升到为君之

① 吴兢:《贞观政要·教戒太子诸王》,上海古籍出版社 1978 年版,第 125 页。

道、巩固政治统治上看待。一是不夺农时,才能常有饭吃;二是不尽用人力,才能常有人力可用;三是要充分认识到黎庶的作用,谨慎地处理人主同黎庶的关系;四是人君不可能没有缺点,然“受谏则圣”。这四点,可以看作是唐太宗本人之所以成为一代明君的政治经验,他以最通俗的比喻把这些经验讲得非常确切、易懂,可见他对此是作了认真的思考,才能作这样深入浅出的讲述。其中,尤其是关于水舟之论,一方面明确地指出人主与黎庶之间不能回避的联系,一方面指出对这种关系应有畏惧的心理准备。这正是一个英明的统治者的两个方面:前者说明他认识到人民的力量,后者反映了他对人民的戒备心理。这也表现出了唐太宗作为一代明君的两面性:睿智者和统治者集于一身。

唐太宗的民本思想包含着对于政治的理性认识,水舟之论只是一个方面,这是根本的方面。此外,他对于人的欲望的认识,也反映出深刻的民本思想。他同大臣们曾对此有这样一番讨论:

> 贞观四年,太宗谓侍臣曰:“崇饰宫宇,游赏池台,帝王之所欲,百姓之所不欲。帝王所欲者放逸,百姓所不欲者劳弊。孔子云:‘有一言可以终身行之者,其恕乎!己所不欲,勿施于人。’劳弊之事,诚不可施于百姓。朕尊为帝王,富有四海,每事由己,诚能自节,若百姓不欲,必能顺其情也。”魏徵曰:“陛下本怜百姓,每节己以顺人。臣闻‘以欲从人者昌,以人乐己者亡’。隋炀帝志在无厌,惟好奢侈,所司每有供奉营造,小不称意,则有峻罚严刑。上之所好,下必有甚,竞为无限,遂至灭亡,此非书籍所传,亦陛下目所亲见。为其无道,故天命陛下代之。陛下若以为足,今日不啻足矣。若以为不足,更万倍过此亦不足。”太宗曰:“公所奏对甚善!非公,朕安得闻此言?”①

这里说的“帝王所欲者放逸,百姓所不欲者劳弊”,这是揭示本质性的认识。魏徵的对话,有两点也讲得十分深刻:第一,认为劳弊百姓,导致灭亡,“此非书籍所传,亦陛下目所亲见”,这就是指的隋炀帝“志在无厌”,“遂至灭亡”。第二,认为“足”与“不足”,是相比而言,因为“足”是可以

① 吴兢:《贞观政要·俭约》,上海古籍出版社1978年版,第186—187页。

有限度的,“不足”是可以无限度的,君臣应当在有限度与无限度之间作出抉择,才是正确的做法。

对于魏徵的分析,唐太宗极表赞成。他说“非公,朕安得闻此言”,当出自肺腑。正是因为有这样一些联系具体的政治理念和历史事实的讨论,他们把前人的民本思想大大向前推进了,并且赋予其越来越丰富的内涵。

二、兼听则明,偏信则暗

这是唐太宗同魏徵等人讨论“君道”的又一个重要问题。史载:

> 贞观二年,太宗问魏徵曰:“何谓为明君暗君?”徵曰:“君之所以明者,兼听也;其所以暗者,偏信也。《诗》云:‘先民有言,询于刍荛。’昔唐、虞之理,辟四门,明四目,达四聪。是以圣无不照,故共、鲧之徒,不能塞也;靖言庸回,不能惑也。秦二世则隐藏其身,捐隔疏贱而偏信赵高,及天下溃叛,不得闻也。梁武帝偏信朱异,而侯景举兵向阙,竟不得知也。隋炀帝偏信虞世基,而诸贼攻城剽邑,亦不得知也。是故人君兼听纳下,则贵臣不得壅蔽,而下情必得上通也。”太宗甚善其言。①

唐太宗向魏徵提出“何谓为明君暗君”的问题,实质上是怎样评价一个君主的问题。从一般的意义上来说,魏徵可以列举出若干条标准来回答唐太宗。但魏徵并没有用这种方式来回答唐太宗提出的问题,而是把可以列举的全部理由归结到“兼听”和“偏信”这两种迥然不同的政治作风上面。魏徵引证传说中的唐、虞是如何采取措施,做到“兼听”而治理天下的,同时又引证秦二世、梁武帝、隋炀帝是如何因其“偏信”而面临溃叛、灭亡尚“不得闻也”“不得知也”的历史教训。至于“兼听”的预期政治效果,魏徵也有明确的概括,即“贵臣不得壅蔽,而下情必得上通”。换言之,这两个“必得”,也是检验君主是否真正“纳下”的试金石,是检验明君

① 吴兢:《贞观政要·君道》,上海古籍出版社1978年版,第2页。

的最基本的标准。唐太宗赞同魏徵的说法，故“甚善其言”。

在这个问题上，有两点是值得人们关注的。第一，“何谓为明君暗君”的问题，是唐太宗本人提出来的，表明他对于怎样做一个君主，不止是关注政治措施的制定，同时也关注如何从理论上去判断其高下。从这个意义上说，这个问题也构成了唐太宗的“君主”论的一个重要内容。第二，魏徵面对这样一个关于评价君主的根本性问题，一反他通常长篇大论的做法，而是引用前人在这个问题上所提出的极简明的真知灼见，[①]并结合现实中的教训加以阐说、发挥，从而更加重了他所回答问题的分量。

唐太宗和魏徵的这一问一对，不仅成为流传千古的著名问对，而且也为中国古代的君主论增添了新的理论色彩。

三、居安思危，戒奢尚俭

唐太宗同魏徵等人讨论为君之道，还涉及另一个重要问题，那就是君主的居安思危意识，以及与此有直接关系的戒奢尚俭作风。

唐太宗不止一次地同大臣们讨论“帝王之业，草创与守成孰难”的问题。房玄龄列举大量事实，认为“草创为难”。魏徵则据理分析，认为“既得之后，志趣骄逸，百姓欲静而徭役不休，百姓凋残而侈务不息，国之衰弊，恒由此起。以斯而言，守成则难”。两种意见，孰是孰非？唐太宗不愧英明之主，其见识与气度都有过人之处。针对两种完全不同的认识，他作了这样评论：

> 玄龄昔从我定天下，备尝艰苦，出万死而遇一生，所以见草创之难也。魏徵与我安天下，虑生骄逸之端，必践危亡之地，所以见守成之难也。今草创之难，既已往矣，守成之难者，当思与公等慎之。[②]

其后不久，唐太宗旧话重提，史载：

> 贞观十五年，太宗谓侍臣曰：“守天下难易？”侍中魏徵对曰：“甚

① 王符：《潜夫论·明暗》：“君之所以明者，兼听也；其所以暗者，偏信也。”中华书局1985年版，第54页。

② 吴兢：《贞观政要·君道》，上海古籍出版社1978年版，第3页。

难。”太宗曰:“任贤能,受谏诤,即可。何谓为难?”徵曰:“观自古帝王,在于忧危之间,则任贤受谏。及至安乐,必怀宽怠,言事者惟令兢惧,日陵月替,以至危亡。圣人所以居安思危,正为此也。安而能惧,岂不为难?”①

魏徵的这些说法,是前次说法的进一步发挥,指出君主在“忧危”与“安乐”这两种不同的境遇之中,其政治作风往往有很大的不同,治国要求长治久安,君主必须居安思危。这是前人关于“生于忧患而死于安乐”②这一哲理在君主论方面的具体体现。

前文引史家吴兢记载了唐太宗同魏徵关于“崇饰宫宇”的一段谈话,足以反映他们君臣对这个问题的重视和共识。这一段文字虽不出于《君道》篇,但其所论与《君道》篇中所说“先存百姓”可以相为表里,故亦可视为“为君之道”看待。

在这段文字中,最值得注意的是,唐太宗提出了“帝王之所欲,百姓之所不欲”这样一个截然对立的命题。所欲者在于“崇饰宫宇,游赏池台”和“放逸”,所不欲者则相反,而尤在于“劳弊”。唐太宗能够清醒地看到帝王和百姓在地位与利益上的对立,可以说是揭示了在封建社会中一个基本的社会矛盾之规律性现象。尽管他不可能脱离这一规律的局限,但他能清醒地认识到这一点,并坦然地承认这一点,足以反映他对历史和现实的深刻理解。同样,魏徵的议论既有规律性的启示,也有现实性(特殊性)的借鉴。他引用的古语“以欲从人者昌,以人乐己者亡”,无疑是一个规律性的现象,这同唐太宗说的“所欲”“所不欲”当是同一个含义。尤其值得注意的是,魏徵举出隋炀帝的教训,认为这是唐太宗“目所亲见”,自应具有更现实的意义。对此,唐太宗也是极表赞同,并对魏徵给予很高的评价。

唐太宗、魏徵从论居安思危讲到戒奢侈,尚俭约,是揭示了二者之间的联系。也就是说,只有真正认识到居安思危的重要,才能真正推行戒奢

① 吴兢:《贞观政要·君道》,上海古籍出版社1978年版,第11—12页。

② 《孟子·告子下》,杨伯峻译注:《孟子译注》,中华书局1960年版,第298页。

尚俭；一旦戒奢尚俭能够上行下效，形成社会风气，天下也就安定了，危机或危险也就可以避免或大大减少了。因此，君主的“所欲”“所好”“自节”，实为为君之道的关键之一。

第五节　评价君主的标准

一、历史评价标准与道德评价标准

对君主的评价，是历史人物评价的一部分，故在评价标准上自与历史人物评价有相通之处。当然，在封建社会中，君主又是一个极特殊的历史人物，他高居于社会各阶级、阶层的顶端，一般说来，其言行对社会历史进程的影响比其他历史人物更加突出。因此，对君主的评价，即使在一般意义的评价标准上，也会具有比较特殊的含义。这是评价君主同评价一般历史人物之异同所在，也可以说是一种辩证关系之所在。

东汉荀悦提出的“六主”，着眼于君主得失成败的程度及其结果，即所谓王主、治主、存主、衰主、危主、亡主。[①] 当然，这里也不止是事功上的差异，其中必然也有品格上的不同，这需要作具体分析。

虞世南的《帝王略论》，是评论君主的专书，而其所评价的尺度，大多关于君主的功业、功德、智略、才略、才艺，同时也会涉及君主的气量、器度、度量等。概括起来，一是功绩，二是德行，三是度量。而论其功绩，则有创业、中兴、败亡的区别。从对君主的总的评价来看，又有明主、良主、昏主等。[②] 虞世南在《帝王略论》的序文中说得更为明确，即“说治乱之迹，贤愚二贯”。这就是把君主也视为一般历史人物来看待，以分辨其“贤”与“愚”，从而把君主从他的宝座上“请”下来，和芸芸众生一同较其

---

① 荀悦：《汉纪》卷一六《孝昭皇帝纪》，《两汉纪》上册，中华书局2002年版，第287页。

② 参见本章第二节。

"贤愚"。但是,这种最高的抽象运用到具体的评价时,还是不能脱离其君主的特殊身份和特殊作用,这毕竟是客观存在的事实和客观存在的差异。

那么,结合前人的评论,究竟怎样概括他们评价君主的标准,而又为人们所理解呢?其实,从本质上看,这个时期人们对君主的评价标准主要表现在两个方面,一是历史评价标准,即主要指功业或功绩而言;一是道德评价标准,即主要指德行而言,其才智、度量等个人修养也可视为德行的一种表现,而有时又可视为其取得功业的一个原因,应作具体分析。这从《帝王略论》的许多评论可以看得十分了然。

这里,我们再举唐太宗的两首评论,看他是如何从历史评价和道德评价来评论前朝君主的。首先看他对晋宣帝司马懿的评论。① 唐太宗肯定司马懿在三国鼎立时期所起的作用,他写道:

> 逮乎魏室,三方鼎峙,干戈不息,氛雾交飞。宣皇以天挺之姿,应期佐命,文以缵治,武以棱威。用人如在己,求贤若不及;情深阻而莫测,性宽绰而能容。和光同尘,与时舒卷,戢鳞潜翼,思属风云。饰忠于已诈之心,延安于将危之命。②

在这几句评论中,一方面肯定了司马懿的才干、作用和抱负,一方面又指出了司马懿在德行上的不足取。所谓"饰忠于已诈之心,延安于将危之命",最集中地写出了司马懿的历史作用和道德缺陷。唐太宗在评论了司马懿的"征讨之举"的失误后,从道德评价的尺度进一步作了更为具体的评论。他写道:

> 辅佐之心,何前忠而后乱?故晋明掩面,耻欺伪以成功;石勒肆言,笑奸回以定业。古人有云"积善三年,知之者少;为恶一日,闻于天下",可不谓然乎!虽自隐过当年,而终见嗤后代。亦犹窃钟掩耳,以众人为不闻;锐意盗金,谓市中为莫睹。故知贪于近者则遗远,溺于利者则伤名;若不损己以益人,则当祸人而福己。顺理而举易为

---

① 按:司马懿在世时并未称帝,是其后人建立西晋后追尊为帝。唐人撰《晋书》因之。唐太宗为《宣帝纪》《武帝纪》作后论,称为"制曰"。

② 房玄龄等:《晋书》卷一《宣帝纪》后论"制曰",中华书局1974年版,第20—21页。

力，背时而动难为功。况以未成之晋基，逼有余之魏祚？

唐太宗批评司马懿辅佐曹魏“前忠而后乱”，并引证东晋明帝因司马氏“欺伪以成功”[①]为耻，后赵石勒嘲笑司马懿“奸回以定业”[②]阐明“虽自隐过当年，而终见嗤后代”的道理。这个道理正说明了历史的无情。

唐太宗评价晋武帝司马炎，也是把功与德结合在一起的。他称赞晋武帝统治时，“绝缣纶之贡，去雕琢之饰，制奢俗以变俭约，止浇风而反淳朴”，“于时民和俗静，家给人足”。但是，面对这种局面，晋武帝产生了“骄泰之心”，“见土地之广，谓万叶而无虞；睹天下之安，谓千年而永治。不知处广以思狭，则广可长广；居治而忘危，则治无常治。加之建立非所，委寄失才，志欲就于升平，行先迎于祸乱”。唐太宗在这篇史论的最后写道：“虽则善始于初，而乖令终于末，所以殷勤史策，不能无慊慨焉。”[③]治而不能常治，关键在于有“骄泰之心”，无居安思危之志，这就是善始而不能慎终的原因。有突出的史学自觉意识的唐太宗，在这里更是明确地指出了“殷勤史策，不能无慊慨焉”，意即要真正从史书中学习和懂得历史经验教训。

如此看来，对君主的历史评价和道德评价是可以区别而又不应截然分开的，更无须把二者对立起来。许多君主，都会因其功业而载入史册，但他们又都会受到世人和后人对他们的道德评判。

还有一点是应当强调的，即虞世南《帝王略论》很关注对“人君之量”的评论，这是很有道理的。气量或度量对评价一般历史人物来说，固然很

---

① 房玄龄等：《晋书》卷一《宣帝纪》卷末记：“明帝时，王导侍坐。帝问前世所以得天下，导乃陈帝创业之始，及文帝末高贵乡公事。明帝以面覆床曰：‘若如公言，晋祚复安得长远！’”中华书局1974年版，第20页。

② 房玄龄等：《晋书》卷一〇五《石勒载记下》记：“勒因飨高句丽、宇文屋孤使，酒酣，谓徐光曰：‘朕方自古开基何等主也？’对曰：‘陛下神武筹略迈于高皇，雄艺卓荦超绝魏祖，自三王已来无可比也，其轩辕之亚乎！’勒笑曰：‘人岂不自知，卿言亦以太过。朕若逢高皇，当北面而事之，与韩彭竞鞭而争先耳。脱遇光武，当并驱于中原，未知鹿死谁手。大丈夫行事当磊磊落落，如日月皎然，终不能如曹孟德、司马仲达父子，欺他孤儿寡妇，狐媚以取天下也。朕当在二刘之间耳，轩辕岂所拟乎！’其群臣皆顿首称万岁。”中华书局1974年版，第2749页。

③ 以上均见房玄龄等：《晋书》卷三《武帝纪》后论“制曰”，中华书局1974年版，第81—82页。

重要,而对评价君主来说则尤为重要,因为君主是招揽人才和使用人才的人。唐太宗在自我总结为政经验时,曾经这样说过:

> 自古帝王多疾胜己者,朕见人之善,若己有之。人之行能,不能兼备,朕常弃其所短,取其所长。人主往往进贤则欲寘诸怀,退不肖则欲推诸壑,朕见贤者则敬之,不肖者则怜之,贤不肖各得其所。人主多恶正直,阴诛显戮,无代无之,朕践阼以来,正直之士,比肩于朝,未尝黜责一人。①

唐太宗把这条经验置于各条经验首位,说明他对于"人君之量"的重视。如以此作为评价君主的一条标准,似亦无妨。

二、个人局限性与历史局限性

任何一个历史人物,都有个人的局限性,同时也有历史的局限性。所谓历史局限性,是指任何人都不能超越其所处时代提供的客观条件而实现自己主观设计的目标;历史局限性还有更深刻的含义,即任何人都无法摆脱历史发展的客观规律对个人行为的制约。所谓个人的局限性,是指每一个具体的人自身所具有的主观条件不能与客观形势相适应而造成的缺憾,如不能超越自身的地位,不能把握时机,不能充分利用客观形势(包括天时、地利、人和等形势)去实现某种目标等等。

对于任何一个君主来说,也是如此。以唐太宗为例,他不失为一个杰出的英明君主,他对于君主的认识,对于历史经验的理解和重视,对于现实政策之制定的谨慎,以及对周围大臣们的真诚态度等等,在历代君主中都是罕见的。即便如此,他也不能摆脱"帝王之所欲,百姓之所不欲"这种利益对立的规律,尽管他已经认识到这种事实的存在,却无法改变这种事实。这是当时封建社会制度所决定的,也是他本人作为君主的地位所决定的。正如他自己反省的那样,到了晚年也变得骄奢起来。② 他深知

① 司马光:《资治通鉴》卷一九八,唐纪一四,太宗贞观二十一年,中华书局1956年版,第6247页。

② 参见唐太宗:《帝范》,《唐太宗集》,陕西人民出版社1986年版,第235页。

纳谏的重要，但又避免不了和诤谏之臣的矛盾、冲突。[①] 可见，像唐太宗这样的明君，既有个人的局限性，又有历史的局限性，而后者显得更为突出。

从另外一种类型的君主来看，两种局限性也都不可避免，而个人的局限性则尤为突出。如本章上文提到的秦二世、梁武帝、隋炀帝等，因其都好听谀言，而分别"偏信赵高""偏信朱异""偏信虞世基"，最后弄得天下大乱尚"不得闻也""不得知也"。君主的个人局限性绝不限于"偏信"一个方面，但仅此而论，已足以招致败亡。当然，即便没有秦二世和赵高，秦朝也绝不会如同秦始皇所希望的那样"传之万世"[②]，而南朝萧梁皇朝与隋皇朝终究也是会灭亡的，这是中国封建社会历史基本矛盾发展规律所决定的。可见，秦二世、梁武帝、隋炀帝这类君主，他们也还是在历史局限性的影响之下的。

然而，在关于君主的具体的评价中，人们的认识则多有歧异。如唐人赵蕤所著《长短经》有《君德》一篇，其文虽多出自虞世南《帝王略论》，但也有作者提出的一些见解，并往往引用前人之说或作正文，或为自注，以存异说。《君德》篇首先提出一个问题："或曰：'王霸之道，既闻命矣。敢问高、光二帝，皆拔起垅亩，芟夷祸难，遂开王业。高祖豁达以大度，光武谨细于条目，各擅其美，龙飞凤翔，故能拨乱庇人，拯斯涂炭。然比大德，方天威，孰为优劣乎？'"对于这个问题，作者于正文中引用三国时魏人曹植的评论，认为汉高祖"功齐汤、武"，"然而名不纯德，行不纯道，身没之后，崩亡之际"，"社稷几移"，"岂非高祖寡计浅虑以致斯哉?"而光武帝"其为德也，聪达而多识，仁智而明恕，重慎而周密，乐施而爱人"云云，与汉高祖相比，"光武其优也"。可见曹植是推崇汉光武的。

赵蕤在曹植所论之下，又以注文引证了荀悦、孔融、虞世南等人对这个问题的评论。他们都是推崇汉高祖的。荀悦认为汉高祖功业之大，是"上古已来，书籍所载，未尝有也"。孔融甚至以汉高祖同周武王相比，认

① 参见刘昫等：《旧唐书》卷七一《魏徵传》，中华书局 1975 年版，第 2562 页。

② 司马迁：《史记》卷六《秦始皇本纪》，中华书局 1959 年版，第 254 页。

为“高祖入秦赦子婴而遣之”,故周武王“宽裕又不如高祖”。虞世南则以君臣关系及人才状况对汉高祖和汉光武帝作了具体的比较,认为:

> 帝者与师处,王者与友处,霸者与臣处。汉祖之臣,三杰是也。光武之佐,二十八将是也。岂得以邓禹、吴汉匹于张良、韩信者乎?然汉祖功臣皆以强盛诛灭。光武佐命悉用,优秩安全,君臣之际,良可称也。绝长补短,抑其次焉。由此言之,夫汉高克平秦、项,开创汉业,衣冠礼乐,垂之后代,虽未阶王道,霸德之盛也。

虞世南所论,实际上涉及汉高祖与汉光武所处形势不同,故人才状况也有差别,二者都有可以称道之处,但汉高祖“开创汉业”,“垂之后代”,是为“霸德之盛”。①

以上事实说明,君主的局限性,同其所处时势与环境,也有极大的关系。

小　结

从历史上看,君主(这里指皇帝)是秦汉以后封建社会的最高统治者,其影响历史进程和社会发展自然比一般人更直接、更突出。从史学上看,《史记》《汉书》以本纪作为全书的纲领,提挈全书所叙史事和人物活动,使君主处于历史撰述上的核心位置。因此,史学家和政治家在认识历史、评价历史时,关于君主的评论就成为一个回避不了的重要问题。

东汉末年史学家荀悦提出“六主”“六臣”的论点,把关于君主的评论向着理性认识又推进一步。而纵观魏晋南北朝隋唐时期的史学,君主论在两个方面取得了新的发展,一是正史本纪后论把君主的作为和时代的变迁结合起来,从而在二者的相互关系中对君主作出历史的评价。在这

① 以上均引自赵蕤《长短经》卷二《君德》篇,《读画斋丛书》己集,书名题为《儒门经济长短录》。参见《丛书集成初编》,中华书局 1985 年版,第 36—37 页。

方面，范晔《后汉书》的帝纪后论和魏徵《隋书》的帝纪后论，都显示了史学家的深刻见解和理论成就。二是君主论方面出现了专书，虞世南的《帝王略论》和唐太宗的《帝范》是这个时期的代表作，前者着眼于历史的评价，意在从中得到启示和借鉴，后者着眼于理想的追求，意在自省和自律。

不论是史学家提出的见解，还是政治家得到的启示，都是历史智慧的积累，因而有其理论价值和历史意义。当然，由于历史的局限性和个人的局限性，这些历史智慧在实践上总是会大打折扣的。与此不同的是，人们关于评价君主标准的新认识，总是在丰富着不断发展的历史理论。

第九章
评价历史人物的理论和方法的发展

魏晋南北朝隋唐时期，史学家和其他学人在评价历史人物方面有三个特点：一是在历史撰述方面对于类传的丰富，既反映了时代特点，也反映了人与社会的相互影响。二是在理论探索方面出现了论人物的专书《人物志》，其浓厚的理论色彩和深刻的辨析意境，是前所未有的；它既适用于判断现实中的人，也适用于考察历史中的人。三是既有"名教"观念的束缚，又有突破富贵、贫贱藩篱的自觉意识，反映出历史思想上的保守和进取两个不同侧面，显然，这也是时代使然。

第一节　历史人物传记的成就

一、类传的多种风格及理论价值

魏晋南北朝隋唐时期，正史中的类传比起秦汉时期的史书来说，有了明显的发展。这时期，先后有十三部纪传体史书被后代列为正史。其中，《后汉书》《魏书》《隋书》三部正史的类传，最有代表性。这一方面是由于它们的类传本身所具有的特点，另一方面也是由于它们分别出于南朝史家范晔、北朝史家魏收、唐朝史家魏徵等人之手，后者在朝代、地区的分布上也有突出的代表性。这里，我们以它们为主要考察对象，同时兼及其他各正史的类传。范晔《后汉书》中的类传，是继《史记》《汉书》中的类传之后，有重要史学价值的撰述，在内容上和思想上对后世历代正史的编撰都有很大的影响。

在范晔的《后汉书》之前，《史记》设循吏、儒林、酷吏、游侠、佞幸、滑稽、日者、龟策、货殖等类传，《史记·刺客列传》也是属于类传之列的。班固的《汉书》撰有儒林、循吏、酷吏、货殖、游侠、佞幸、外戚等类传。以上，《史记》凡十种类传；《汉书》删去滑稽、日者、龟策、刺客四传，增外戚传，凡七种类传。《三国志》成书早于《后汉书》，有的论者认为《三国志》撰有方伎、后妃、王公等类传；①其实，陈寿的类传意识是很淡薄的，今人把上述有关人物的传记视为类传似觉勉强。

范晔《后汉书》是继《史记》《汉书》之后，在类传的撰述上有突出成就的皇朝史。它继承了《史记》《汉书》中的循吏、酷吏、儒林等传，删去《史记》《汉书》中的刺客、游侠、滑稽、货殖、外戚等传，增写了宦者、文苑、独行、方术、逸民、列女等传，《后汉书·党锢传》亦应以类传看待。综上，《后汉书》有类传十种。由此可见，范晔《后汉书》的类传撰述，一方面是对前史的继承，一方面又有许多创新。

《史记》《汉书》《后汉书》在类传的编次上多有不同。《史记》的十种类传，除《刺客列传》编于《吕不韦列传》《李斯列传》之间外，其余九种均编于书后，居《太史公自序》之前；而《循吏列传》与《儒林列传》之间则有《汲郑列传》，《酷吏列传》与《游侠列传》之间则有《大宛列传》，即诸类传并不完全依次相衔。《汉书》的类传基本上是依次衔接的，其中只有一个例外，即《外戚传》与《元后传》《王莽传》三篇相连属，编于书后《叙传》之前。《汉书》这种编次，是为了突出外戚在西汉政治生活中的特殊地位与特殊作用。《后汉书》类传的编次，大致采用与《汉书》相同的做法，只是

① 见徐浩：《廿五史论纲》附表七，上海书店1989年据世界书局1947年影印本，第339—340页；王健群：《二十四史提要》附表四，黑龙江人民出版社1979年版，插页。

《党锢列传》的编次稍稍提前,以便与有关人物传记相联系。

此外,《史记》《汉书》《后汉书》都撰有民族传。在民族传与类传的编次上,三书亦不相同。《史记》的类传大都置于民族传之后,而且民族传和类传是可以交叉编次的,甚至可以和杂传交叉编次。而《汉书》《后汉书》的类传大都置于民族传之前。这反映了司马迁同班固、范晔在编次思想上的异趣。

有一种比较流行的看法,即把《史记》《汉书》《后汉书》中的民族传也视为类传。这种看法是可以商榷的。首先,从司马迁首创类传的主旨来看,主要记述一些在德与行上相类的历史人物,如《循吏列传》是记"奉法循理之吏",《儒林列传》是记当代儒士中其"文辞粲如"者,《酷吏列传》是记以"严削"手段治理"倍本多巧,奸轨弄法"之行为者,《游侠列传》是记能"救人于厄,振人不赡"者,《货殖列传》是记"布衣匹夫之人,不害于政,不妨百姓,取与以时而息财富"[①]者,等等。这同主要是记事的各民族传是不一样的。其次,在范晔看来,他对类传、民族传也是有明确的区别的,即所谓"至于《循吏》以下及'六夷'诸序论,笔势纵放,实天下之奇作"[②]云云,也正表明类传同民族传的区别。再次,把人和民族等同起来,同视为类传的对象,于古义与今义均不妥当,清人章学诚考察辨析"传"与"记"的由来及其合流,指出:

> 传记之书,其流已久,盖与"六艺"先后杂出。古人文无定体,经史亦无分科。《春秋》三家之传,各记所闻,依经起义,虽谓之"记"可也。经《礼》二戴之记,各传其说,附经而行,虽谓之"传"可也。其后支分派别,至于近代,始以录人物者,区为之传;叙事迹者,区为之记。盖亦以集部繁兴,人自生其分别,不知其然而然,遂若天经地义之不可移易。此类甚多,学者生于后世,苟无伤于义理,从众可也。然如虞预《妒记》《襄阳耆旧记》之类,叙人何尝不称"记"!《龟策》《西域》诸传,述事何尝不称"传"!

① 司马迁:《史记》卷一三〇《太史公自序》,中华书局 1959 年版,第 3319 页。

② 沈约:《宋书》卷六九《范晔传》所载《狱中与诸甥侄书》,中华书局 1974 年版,第 1830 页。

他又进一步概括地说:“盖包举一生而为之传,《史》《汉》列传体也;随举一事而为之传,《左氏》传经体也。”①上述引文,涉及“传”的演变的历史,这里不来评说,文中提到《龟策》《西域》等传,与本文所说关系直接,兹略作辨析。《史记》的《日者列传》《龟策列传》原文已佚,今存者为褚少孙所补,前人已指出“《日者》《龟策》言辞最鄙陋,非太史公之本意也”②。而《西域》等民族传,其内容主要是“叙事迹”而非“录人物”,二者终有区别。类传既是记述某一类型人物之德与行的文字,自不应把以记事为主的民族传包括进来。以今义视之,则民族传具有突出的文献价值和历史价值,与人物类传更不可相提并论。

至于后妃、宗室、外戚等传,则可视为类传的常例,只有在少数情况下,才具有突出的史学价值和历史价值。

需要指出的是,范晔《后汉书》的类传中那些不同于《史记》《汉书》的部分,大多也是别有所承的。除东汉累朝所修的《东观汉记》外,还有三国吴人谢承的《后汉书》,晋人薛莹的《后汉记》、司马彪的《续汉书》、华峤的《汉后书》、谢沈的《后汉书》、张莹的《后汉南记》、袁山松的《后汉书》、张璠的《后汉纪》等,其中有些是撰有类传的,兹列表作如下比较③:

书　名	著　者	类 传 名 称
后汉书	谢　承	循吏　酷吏　宦者　儒林　文苑　独行　方术　逸民　列女　风教
续汉书	司马彪	循吏　酷吏　宦者　儒林　文苑　独行　逸民　党锢
后汉书	范　晔	循吏　酷吏　宦者　儒林　文苑　独行　方术　逸民　列女　党锢

此外,薛莹《后汉记》有《后妃传》,华峤《汉后书》有《孝子传》。从这个简单的比较中,可知范晔《后汉书》的类传,是借鉴了谢承的《后汉书》

① 以上均见章学诚:《文史通义·传记》,叶瑛校注:《文史通义校注》,中华书局 1994 年版,第 248、249 页。

② 司马迁:《史记》卷一二八《龟策列传》张守节正义语,中华书局 1959 年版,第 3223 页。

③ 此表系根据周天游《八家后汉书辑注》所列,上海古籍出版社 1986 年版,第 150—191、468—496 页。

和司马彪的《续汉书》,即舍弃了谢承《后汉书》中的《风教传》,采纳了司马彪《续汉书》中的《党锢传》;而对于薛莹《后汉记·后妃传》和华峤《汉后书·孝子传》,则不予采纳。又《汉书》有《外戚传》,叙后妃及其亲属事。范晔不采,而立《皇后纪》,其序称:“虽成败事异,而同居正号者,并列于篇。其以私恩追尊,非当时所奉者,则随它事附出。亲属别事,各依列传。其余无所见,则系之此纪,以缵西京《外戚》云尔。”所谓“西京《外戚》”,即指《汉书·外戚传》。这都显示了他在继承前人成果时,表现出了自己的独立见解。当然,范晔《后汉书》在类传方面的创新,更重要的是由此而显示出来的他的社会视野与历史视野。

首先说社会视野。

比起《史记》《汉书》,《后汉书》的类传,增立了党锢、宦者、文苑、独行、逸民、列女等传,连同与《史记》《汉书》相同或相近的循吏、酷吏、儒林、方术等传,它向人们展现了史家的广阔的社会视野。大致说来,党锢、循吏、酷吏、宦者等传是反映政治方面的,儒林、文苑两传是反映思想、文化方面的,方术、独行、逸民、列女是反映社会风气方面的。

如果说循吏、酷吏的存在及其种种现象,东汉同西汉没有什么太大的不同的话;那么,在范晔看来,“党锢”则是东汉政治生活中所特有的现象,而宦官的作用及其对东汉政治统治的影响之大,也是前朝所没有的。这两种类传的创立,正是史家深刻的政治眼光的反映。而“党锢”这一现象的出现,又是东汉官僚势力同宦官势力斗争的产物,故党锢、宦者二传恰可互为表里,成了同一事件的两个方面。这样,史家就把东汉政治生活中这一具有特殊重要性的历史现象及其代表人物翔实地记载下来了。范晔在《宦者列传》序中很详细地描述了宦官们作威作福、聚敛财富、竞恣奢欲的种种表现及其危害:

> 若夫高冠长剑,纡朱怀金者,布满宫闱;苴茅分虎,南面臣人者,盖以十数。府署第馆,棋列于都鄙;子弟支附,过半于州国。南金、和宝、冰纨、雾縠之积,盈仞珍臧;嫱媛、侍儿、歌童、舞女之玩,充备绮室。狗马饰雕文,土木被缇绣。皆剥割萌黎,竞恣奢欲。构害明贤,专树党类。其有更相援引,希附权强者,皆腐身熏子,以自炫达。同

> 敝相济，故其徒有繁，败国蠹政之事，不可单书。所以海内嗟毒，志士穷栖，寇剧缘间，摇乱区夏。①

范晔在这篇序文的最后写道："所谓'君以此始，必以此终'，信乎其然矣！"在他看来，东汉皇朝以宠信宦官开始，最终必为宦官所灭，这是很自然的。可见，宦官给东汉政治带来多么严重的后果。

与此相映衬的是，《党锢列传》记东汉末年桓、灵之际出现的"党锢"现象，从一个重要的方面深刻地揭露了官僚儒生对宦官专权的斗争及其结局。这个斗争，以"党锢"贯穿其间，首尾20余年，许多正直的官僚、儒士，陷于"党议"，遭到迫害，其后进而在州郡各地"更考党人门生故吏父子兄弟，其在位者，免官禁锢，爰及五属"②。范晔经过对"党事"的认真考察，"其名迹存者"有35人，在《后汉书》中都有所记载：有的另有专传，有的附于祖传，凡14人；《党锢列传》所记，凡21人。要之，读了《宦者列传》《党锢列传》，人们对于东汉政治中这些十分突出、十分复杂的史事与人物所交织起来的历史局面，可谓洞若观火。

《儒林列传》《文苑列传》所载人物，集中地反映了东汉时期的思想文化面貌。《儒林列传》继承了《史记》《汉书》的儒林传，而《文苑列传》系范晔据前史所创设。今本范晔《后汉书·文苑列传》无序与论，仅有赞语云："情志既动，篇辞为贵。抽心呈貌，非雕非蔚。殊状共体，同声异气。言观丽则，永监淫费。"这首赞语，前几句是讲文章的价值，后几句是讲文章的要求，反映了作为史学家的范晔对于人们的文章、才学在社会历史中应有位置的重视。《文苑列传》所记约二十人，都是"以文章知名""以文章显""以文章博通称""有文才""有才辩"之辈。杜笃传所录《论都赋》，崔琦传所录《外戚箴》，刘梁传所录《辩和同之论》等，都是反映当时社会面貌之某一方面的重要文字。"篇辞"既是"情志"的表现形式，自然也就有助于反映社会历史面貌。范晔的这一认识无疑是正确的。

独行、方术、逸民、列女诸传，反映了东汉社会风气的一些重要方面。

---

① 范晔：《后汉书》卷七八《宦者列传》，中华书局1965年版，第2510页。

② 以上均见范晔：《后汉书》卷六七《党锢列传》序，中华书局1965年版，第2185—2189页。

其中《独行列传》是通过记述那些“名体虽殊,而操行俱绝”[1]的人们的可贵品质,以反映一时之风尚。《方术列传》旨在揭示由于统治者的提倡而形成的“尚奇文,贵异数”[2]的不良社会风气。《逸民列传》揭示了两汉之际政治紊乱、士人远遁的状况,以及东汉一代政治状况与士人或显或隐的变化,称颂帝德的清明和士人的耿介,反映了当时士人的社会价值。《列女传》是为了称颂女德,表彰贤妃、哲妇、贞女,并着意为普通女子立传,以补“世典咸漏”之憾,从一个方面反映了东汉时期女性的面貌,即所谓“端操有踪,幽闲有容”[3]。在流传至今的纪传体史书中,《后汉书》的独行、方术、逸民、列女等传,除《方术列传》与《史记·龟策列传》略有相似外,其余都是新创;从范晔的序文与赞语来看,这些类传的创立,都是为了揭示东汉时期某一方面的社会风气。

由于范晔《后汉书》没有留下“志”,其类传便成了反映范晔社会视野的重要依据。今观党锢、酷吏、宦者、儒林、文苑、独行、方术、逸民、列女诸传,其所载人物及其行事,在反映东汉时期的政治、思想文化、社会风气等方面,确有重要的价值。而这类类传的序与论,则又表明其撰者并不囿于东汉一朝的人和事来阐述自己的见解,而是以历史的眼光来看待这些人和事,从而反映出撰者深邃的历史视野。

《后汉书》类传的历史视野,表明范晔对历史的认识,有贯通古今的意识和特点。这主要反映在诸类传的序、论之中。如其论“逸民”现象,是从尧和西周初年讲起,认为“尧称则天,不屈颍阳之高;武尽美矣,终全孤竹之洁”,所谓“颍阳之高”,指的是高士巢父、许由;所谓“孤竹之洁”,指的是国灭而不食周粟的孤竹国国君之子伯夷、叔齐。范晔认为,从这以后,逸民现象便“风流弥繁”,其情形亦各相异,然后讲到两汉之际及东汉一代的逸民。其论宦官,则引用《礼记·月令》和《诗经·小雅·巷伯》,以说明“宦人之在王朝者,其来旧矣”。然后,他讲到历代宦官的危害,而尤重于两汉。其论党锢、酷吏、方术,均追溯至西汉;如论党锢的产生,一

---

① 范晔:《后汉书》卷八一《独行列传》序,中华书局 1965 年版,第 2665 页。

② 范晔:《后汉书》卷八二上《方术列传上》序,中华书局 1965 年版,第 2705 页。

③ 范晔:《后汉书》卷八四《列女传》序、后论,中华书局 1965 年版,第 2781、2803 页。

则起于西汉时"党同伐异"的文风，二则起于王莽"专伪""篡国"的变故，三则起于桓、灵之间"主荒政缪，国命委于阉寺"的政局：正直的人们为表示"抗愤"和"横议"，于是"婞直之风，于斯行矣"。其论循吏、儒林、列女等传，因皆限于东汉，而尤见其一气呵成之功，显示出"中兴之美"或永平之盛等。可见，范晔《后汉书》类传所具有的历史视野，其特点是对历史上同类人物作历史的考察，从而为其所要记述的东汉时期之同类人物作恰当的定位，使人读来既有历史感，又有时代感。这从一个方面反映了他于一代皇朝史中仍贯穿着通古今之变的历史观念。

范晔《后汉书》人物类传的社会视野和历史视野，无疑对深入地反映其撰述旨趣大有裨益，而这样的视野和旨趣，又决定了《后汉书》类传在中国史学发展上的重要价值。

范晔《后汉书》类传很鲜明地反映出著者的思想旨趣，这些旨趣同全书的撰述旨趣相关联，但在这里亦表现出其固有的特点。

第一个特点，是深刻地反映了范晔对东汉皇朝政治统治之得失成败的关注。《宦者列传》《党锢列传》的创立，最能表示他的这一旨趣。范晔在《宦者列传》序中，对汉代宦官在政治上的得势作了历史的考察：汉武帝时，有的宦官受到宠爱；元帝后，有些宦官始"以佞险自进"，终以"损秽帝德"；东汉和帝以后，"于是中官始盛"；明帝以后，则被"寄之国命"，终于弄得"汉之纲纪大乱"。尤为难得的是，范晔不止是揭示出东汉一朝宦官乱国的历史事实，而且还探讨了宦官何以能够得势的原因。他写道：

> 自古丧大业绝宗禋者，其所渐有由矣。三(世)[代]以嬖色取祸，嬴氏以奢虐致灾，西京自外戚失祚，东都缘阉尹倾国。成败之来，先史商之久矣。至于衅起宦夫，其略犹或可言。何者？刑余之丑，理谢全生，声荣无晖于门阀，肌肤莫传于来体，推情未鉴其敝，即事易以取信，加渐染朝事，颇识典物，故少主凭谨旧之庸，女君资出内之命，顾访无猜惮之心，恩狎有可悦之色。亦有忠厚平端，怀术纠邪；或敏才给对，饰巧乱实；或借誉贞良，先时荐誉。非直苟恣凶德，止于暴横而已。然真邪并行，情貌相越，故能回惑昏幼，迷瞀视听，盖亦有其理焉。诈利既滋，朋徒日广，直臣抗议，必漏先言之间，至戚发愤，方启

专夺之隙,斯忠贤所以智屈,社稷故其为墟。《易》曰:“履霜坚冰至。”云所从来久矣。今迹其所以,亦岂一朝一夕哉!①

这一段话,对于总结宦官作为古代政治活动中的一个特殊集团,之所以能够产生如此重大作用与危害的原因,确是一篇中肯的评论。第一,它指出了宦官作为“刑余”之人,人们在各方面对其较少顾忌,因而容易取得最高统治者(尤其是“少主”“女君”)的信任;第二,它指出了一些宦官擅长用“忠厚平端”“敏才给对”“借誉贞良”的手段来伪装自己,以达到“回惑昏幼,迷瞀视听”的目的;第三,它指出了宦官势力一旦养成,则除之甚难,致使“忠贤所以智屈,社稷故其为墟”。这是中国古代史学家第一次对宦官作出如此精辟的分析。这些认识包含着从生理的分析到心理的分析,从手段的狡猾到权力的膨胀,都能发人深省。《后汉书·宦者列传》对宦官劣迹的揭露可谓淋漓尽致,但历代统治者仍要重用宦官,而确有不少重蹈“君以此始,必以此终”的覆辙,这虽是统治制度使然,但它留给人们的思考,却是长久的。

东汉政治统治的得失成败,是在斗争中演进的。对此,范晔看得十分清楚,也十分重视对于这种斗争的描述和剖析,《党锢列传》就是一个有力的明证。于“党锢”诸人传中,范晔则一一记述了他们对宦官专权之斗争的大义凛然及其悲壮的结局。如写李膺打击宦官,宦官“皆鞠躬屏气”,声称“畏李校尉”;写李膺免官归乡里后,其影响甚大,“天下士大夫皆高尚其道,而污秽朝廷”;写李膺在朝廷“收捕钩党”的形势下,自诣诏狱的气概;又如写范滂“即自诣狱”时,其母与之诀别的对话,都写得震撼人心。范晔于传中就李膺发论,写道:

李膺振拔污险之中,蕴义生风,以鼓动流俗,激素行以耻威权,立廉尚以振贵势,使天下之士奋迅感慨,波荡而从之,幽深牢破室族而不顾,至于子伏其死而母欢其义,壮矣哉!②

这把李膺及范母的气节都写出来了。所有这些,都反映了范晔对于东汉

① 范晔:《后汉书》卷七八《宦者列传》后论,中华书局1965年版,第2537—2538页。

② 范晔:《后汉书》卷六七《党锢列传》后论,中华书局1965年版,第2207—2208页。

一朝统治集团内部斗争的深刻认识及其是非判断的明朗如昼。

这场斗争的结局，是以"党人"的不断遭到杀戮、罢免、禁锢和宦官的继续得势而告终，随之而来的便是东汉皇朝的崩溃。范晔写道：

> 中平元年，黄巾贼起，中常侍吕强言于帝曰："党锢久积，人情多怨。若久不赦宥，轻与张角合谋，为变滋大，悔之无救。"帝惧其言，乃大赦党人，诛徙之家皆归故郡。其后黄巾遂盛，朝野崩离，纲纪文章荡然矣。[①]

等到需要宦官出来要求皇帝大赦党人，可见危机已到了无可挽回的程度了。范晔把黄巾起义称为"贼"，这是必然的；但他从宦官专权和朝廷对党锢的处置，揭示出东汉灭亡的一个重要原因，确有卓见。

第二个特点，是突出地反映了范晔在评价历史人物上重操守、重才行的价值标准。在这一点上，范晔深受司马迁的影响，继承了《史记》的传统。范晔曾批评班氏父子对司马迁的批评，指出："彪、固讥迁，以为是非颇谬于圣人。然其论议常排死节，否正直，而不叙杀身成仁之为美，则轻仁义，贱守节愈矣。"[②]可见，范晔同司马迁在思想上是相通的。范晔评价历史人物重操守、重才行的价值标准，在列传中均有反映，而以类传反映得尤为突出。如他以"皆天下善士"称颂"党人"，并以"渭以泾浊，玉以砾贞"[③]来比喻"党人"节操的高洁。他在《循吏列传》序中称赞说："鲁恭、吴祐、刘宽及颍川四长，并以仁信笃诚，使人不欺；王堂、陈宠委任贤良，而职事自理：斯皆可以感物而行化也。"至于独行、逸民、列女等传，也都是着眼于历史人物的德行。尽管如此，范晔在评价历史人物时，并不以一个固定的模式来规范历史人物，而是承认人与人之间的差别，即所谓"性尚分流，为否异适"，"虽事非通圆，良其风轨有足怀者"。他认为，尽管人们表现出来的特点不同，尽管每一种表现都谈不上"通圆"，但却都显示出可贵的"风轨"，即所谓"名体虽殊，而操行俱绝"，这就值得史家记述，"庶

① 范晔：《后汉书》卷六七《党锢列传》，中华书局 1965 年版，第 2189 页。

② 范晔：《后汉书》卷四〇下《班彪列传下》后论，中华书局 1965 年版，第 1386 页。

③ 范晔：《后汉书》卷六七《党锢列传》后论，中华书局 1965 年版，第 2218 页。

备诸阙文,纪志漏脱”①。《逸民列传》是记述那些“志意修”“道义重”的人;《列女传》则是表彰那些“才行尤高秀”的女子,以补“世典咸漏”,开中国古代正史女子类传之先声。

同推崇人们操守、才行相对照的,是范晔在《宦者列传》中对宦官种种劣迹的揭露和鞭笞。而在《酷吏列传》中,范晔一方面承认历史上存在“德义不足以相洽,化导不能以惩违”的情况,因而也就没有完全否定“以暴理奸”的酷吏的作用;但他终究还是认为“末暴虽胜,崇本或略”②。他还是主张仁信之道、大信于人的为政方针。

第三个特点,是十分鲜明地反映了范晔关于思想文化对于世风治道之重要性的思想。可以认为,《后汉书》中的《儒林列传》和《文苑列传》这两篇传记,比较集中地记述了东汉时期思想文化方面的历史人物。以今天的眼光来看,儒林是记经学家,文苑是记文学家。司马迁首倡史学“成一家之言”,而魏晋南北朝时期史学迅速发展,从经学的藩篱中脱离出来,蔚为大国。范晔《后汉书》立《文苑列传》,列于《儒林列传》之后,客观上有突出文学家之历史地位的作用。这同南朝学人不但重史学,而且重文章有很大关系。在范晔看来,儒林与文苑,都是历史上不可不记的人物,这一方面反映了他对于学术文化史的兴趣,另一方面则反映了他对学术文化之影响于世风治道的认识。如《儒林列传》后论指出:由于东汉初年,光武帝好习经学,于是世风为之改变,一度轰轰烈烈,虽然带来了一些弊端,但对世风的熏陶,还是起到了积极作用的,“人识君臣父子之纲,家知违邪归正之路”。正因为如此,东汉皇朝在走向衰亡之际,仍然能延续统治多年,范晔指出:“权强之臣,息其窥盗之谋,豪俊之夫,屈于鄙生之议者,人诵先王言也,下畏逆顺势也……迹衰敝之所由致,而能多历年所者,斯岂非学之效乎?”范晔的这一见解,为后人所肯定,所重视。

《文苑列传》所记诸人,所录诸文,也反映了范晔的上述认识。如《杜笃传》记:“笃以关中表里山河,先帝旧京,不宜改营洛邑,乃上奏《论都

① 范晔:《后汉书》卷八一《独行列传》序,中华书局1965年版,第2665—2666页。

② 范晔:《后汉书》卷七七《酷吏列传》后论,中华书局1965年版,第2503页。

赋》。”这首约二千字的《论都赋》是历史上较早的分析都城与政治之关系的作品，涉及西汉及两汉之际得失成败的诸多问题，可作为史论、政论看待。又如《崔琦传》记：“崔琦……少游学京师，以文章博通称。初举孝廉，为郎。河南尹梁冀闻其才，请与交。冀行多不轨，琦数引古今成败以戒之，冀不能受。乃作《外戚箴》。”这篇箴文，概说了自三代至汉宣帝间有关后妃及其族人行事的经验教训，它为讽喻外戚梁冀而作，而其意义却不限于此。再如《刘梁传》记：“常疾世多利交，以邪曲相党，乃著《破群论》。时之览者，以为‘仲尼作《春秋》，乱臣知惧，今此论之作，俗士岂不愧心。’”可惜其文已佚。凡此，都可以见范晔之所以作《文苑列传》的深意。

总的来看，范晔《后汉书》类传在揭示东汉政治得失方面，在称颂历史人物的德才行方面，在关注世风治道方面，都反映了范晔的积极的思想旨趣。

通过以上分析可以看出，《后汉书》类传具有突出的史学价值。首先，在于它是《后汉书》的组成部分，并因其所具有的特色而处于重要地位，这是《后汉书》之所以成为一部杰作的因素之一。其次，在于它对后世史学发展的深远影响，尤其是对后世历代正史类传撰述的影响：

——其后设立“宦者传”（阉官、宦官传）的有《魏书》《旧唐书》《新唐书》《新五代史》《宋史》《辽史》《金史》《元史》《明史》，凡九家。

——其后设立“文苑传”（文学、文艺传）的有《晋书》《南齐书》《梁书》《陈书》《魏书》《北齐书》《南史》《北史》《隋书》《旧唐书》《新唐书》《宋史》《辽史》《金史》《明史》，凡十五家。

——其后设立“独行传”（卓行、一行传）的有《新唐书》《新五代史》《宋史》《辽史》，凡四家。

——其后设立“方术传”（方会、艺术传）的有《晋书》《魏书》《北齐书》《周书》《北史》《隋书》《旧唐书》《新唐书》《宋史》《辽史》《金史》《元史》《明史》，凡十三家。

——其后设立“逸民传”（隐逸、高逸、处士、逸士传）的有《晋书》《宋书》《南齐书》《梁书》《隋书》《旧唐书》《新唐书》《宋史》《金史》《元史》

《明史》，凡十一家。

以上除《旧五代史》没有严格意义上的类传外，其余晚于《后汉书》的历代正史的类传，都程度不同地受到《后汉书》类传的影响。可以这样认为：《史记》在开创类传方面有杰出的贡献，非他史可比；《后汉书》在发展类传方面有突出的成就，亦非他史可比。

《魏书》和《隋书》的类传都有自身的特点。《魏书》的类传，名目较多，有外戚、儒林、文苑、孝感、节义、良吏、酷吏、逸士、术艺、列女、恩幸、阉官等传。这在上述十三部正史中，类传名目是最多的。值得注意的是，它以《外戚传》居各类传之首，这说明外戚在北魏与东魏史上的重要，也说明《魏书》作者对这一历史现象的重视。《隋书》的类传，包含诚节、孝义、循吏、酷吏、儒林、文学、隐逸、艺术、外戚、列女等目。它以《诚节传》、《孝义传》居于各类传的前列，其编次既不同于《史记》《汉书》，也不同于《后汉书》《魏书》。显然，《隋书》以《诚节》和《孝义》居于类传前列，旨在突出做人的原则，是唐初实行教化政策在历史编纂中的反映。史载：

> 贞观元年，太宗曰："朕看古来帝王以仁义为治者，国祚延长，任法御人者，虽救弊于一时，败亡亦促。既见前王成事，足是元龟，今欲专以仁义诚信为治，望革近代之浇薄也。"黄门侍郎王珪对曰："天下凋丧日久，陛下承其余弊，弘道移风，万代之福。但非贤不理，惟在得人。"太宗曰："朕思贤之情，岂舍梦寐！"给事中杜正伦进曰："世必有才，随时所用，岂待梦傅说，逢吕尚，然后为治乎？"太宗深纳其言。①

《隋书》类传的这一特点，同它的作者魏徵等人的身份及政治地位有密切的关系。唐太宗初年，魏徵是教化政策的积极倡导者②，而教化的核心是"化人"，即引导如何做人；做人的根本便在于诚节和孝义，以促进社会的安定。如果说《魏书》的类传反映了有关的历史内容以及作者对这一历史内容的重视，那么《隋书》的类传则反映了有关的历史内容及作者对这一历史内容之现实价值的重视。

---

① 吴兢：《贞观政要·仁义》，上海古籍出版社 1978 年版，第 149 页。

② 吴兢《贞观政要·政体》记，贞观七年魏徵力主实行教化的国策，上海古籍出版社 1978 年版，第 18 页。按：此事应在贞观元年，吴兢记年有误，详见本章第四节第四目相关注文。

综上，魏晋南北朝隋唐时期正史类传传论的多种风格的理论价值在于：第一，反映了史家对不同类型的历史人物的划分与评价，成为史家历史思想的一个重要部分。第二，反映了史家在对有关历史人物的评价中寄托着对于现实社会的借鉴和未来社会的期望。第三，以上两点是辩证的关系，从一个重要方面反映历史与现实的联系、史学与社会的联系。总之，从这几个方面来看待类传的传论，乃是揭示其历史价值与理论价值的方法和途径。

关于《魏书》类传传论和《隋书》类传传论，以及其他杂传传论，本章下文将有所论述。

二、个人和群体，时势和英雄

历史人物评价是历史研究的一个方面，史学家、思想家、政治家多夸大了个人在历史上的作用。这是一种英雄创造历史的历史观念。同这种观念相近但又不完全相同的，是强调各种人才在历史上的作用。

司马迁在评论刘敬、叔孙通的时候，这样写道：

> 语曰“千金之裘，非一狐之腋也；台榭之榱，非一木之枝也；三代之际，非一士之智也”。信哉！夫高祖起微细，定海内，谋计用兵，可谓尽之矣。然而刘敬脱挽辂一说，建万世之安，智岂可专邪！叔孙通希世度务，制礼进退，与时变化，卒为汉家儒宗。“大直若诎，道固委蛇”，盖谓是乎？①

司马迁所引用的这段俗语，以“千金之裘”“台榭之榱”来比喻、说明夏、商、周三代历史存在不是“一士之智”可以达到的。这个形象的比喻，包含了进步的历史观念，即历史不是一个人可以创造出来的，它需要许多人的才智参与创造。这里并没有说到民众参与创造历史，但显然已不同于对个人作用过分夸大的那种历史观念，它强调的是众人的作用。

在司马迁的历史哲学中，这个认识占有重要的位置，他引用这段俗语

① 司马迁：《史记》卷九九《刘敬叔孙通列传》后论，中华书局1959年版，第2726页。

是很自然的事情。通观《史记》,司马迁所肯定的,岂止是刘邦创立帝业时手下的大将、谋士,岂止是“建万世之安”的刘敬、“为汉家儒宗”的叔孙通。在司马迁的历史观念中,充分肯定了人在历史活动中的作用,从帝王将相到游侠、佣耕,从儒林学人到工商业者,都在他的视野之内,都在他的评价之列。这在古代史学上是难能可贵的。

《隋书》史论为魏徵所撰。魏徵在评价历史人物的时候,提出了类似的见解:“大厦云构,非一木之枝,帝王之功,非一士之略。长短殊用,大小异宜,桊棁栋梁,莫可弃也。”①这种见解,从历史观点来说,注意了众人的智慧和力量以及各种人才的不同作用,比之于把历史事件的发生、发展完全归于一人一谋的论点,是很大的进步。从政治目的来看,《隋书》史论的撰者正是通过肯定“有隋多士”来肯定一大批唐代的开国元勋、宿将,进而希望唐代统治者继续广开贤路,选拔人才。

魏徵的这个思想与唐太宗的思想是完全相通的。早在贞观元年(627年),唐太宗和封德彝发生过这样的分歧:“令封德彝举贤,久无所举。上诘之,对曰:‘非不尽心,但于今未有奇才耳。’上曰:‘君子用人如器,各取所长,古之致治者,岂借才于异代乎?正患己不能知,安可诬一世之人!’德彝惭而退。”②在举贤的问题上,魏徵的思想要比封德彝深刻得多,眼光要比封德彝远大得多。魏徵说的“长短殊用,大小异宜,桊棁栋梁,莫可弃也”,同唐太宗说的“君子用人如器,各取所长”,是完全一致的。

基于上述观点,魏徵在《隋书》史论中称道李谔等人各有所长,“皆廊庙之榱桷,亦北辰之众星也”③,充分肯定他们各自在某个方面的专长和作用。魏徵夸奖李德林“幼有操尚,学富才优,誉重邺中,声飞关右。王基缔构,协赞谋猷,羽檄交驰,丝纶间发,文诰之美,时无与二”④,高度评价了李德林德才出众及其在隋皇朝建立过程中的作用。魏徵突出地表彰

① 魏徵等:《隋书》卷六六后论,中华书局1973年版,第1567页。
② 司马光:《资治通鉴》卷一九二,唐纪一〇,太宗贞观元年,中华书局1956年版,第6032页。
③ 魏徵等:《隋书》卷六六后论,中华书局1973年版,第1567页。
④ 魏徵等:《隋书》卷四二后论,中华书局1973年版,第1209页。

了隋朝在南下灭陈、统一全国的事业中的将领，指出："贺若弼慷慨，申必取之长策，韩擒奋发，贾馀勇以争先，势甚疾雷，锋逾骇电。隋氏自此一戎，威加四海。"①他赞叹他们在这些历史性的事件中所发挥的极不平凡的作用。总之，魏徵认为，一个强大的统一的隋朝的建立，本是各种各样人才发挥作用的结果，并非"一士之略"所能成功的。由于他们在历史上都作出过贡献，因而他们的事迹将"留于台阁"，不可磨灭，并不因为隋朝的灭亡而使这些"北辰之众星"失去光辉。魏徵能够用这种观点去评价前朝的历史人物，的确是十分难得的。同时，他也希望巩固唐代开国元勋的地位，充分肯定他们的历史功绩。唐太宗以凌烟阁为名臣图形，应当说就是基于与魏徵相同的认识。

唐太宗、魏徵等人的难得之处，是他们能够把一些基本的历史观念运用于政治实践之中。贞观朝人物之盛同唐太宗真诚任贤密不可分。吴兢《贞观政要·任贤》记唐太宗同房玄龄、杜如晦、魏徵、王珪、李靖、虞世南、李勣、马周等人的关系，实为千古盛事。其中有一段记贞观二年(628年)唐太宗同王珪的谈话，颇值得玩味：

> 时房玄龄、魏徵、李靖、温彦博、戴胄与珪同知国政，尝因侍宴，太宗谓珪曰："卿识鉴精通，尤善谈论，自玄龄等，咸宜品藻。又可自量孰与诸子贤？"对曰："孜孜奉国，知无不为，臣不如玄龄。每以谏诤为心，耻君不及尧、舜，臣不如魏徵。才兼文武，出将入相，臣不如李靖。敷奏详明，出纳惟允，臣不如温彦博。处繁理剧，众务必举，臣不如戴胄。至如激浊扬清，嫉恶好善，臣于数子，亦有一日之长。"太宗深然其言，群公亦各以为尽己所怀，谓之确论。

吴兢的这段记述，从"帝王之功，非一士之略"的历史观念来看，可谓一个绝妙的例证。从当时人之论当时人来看，称得上是精彩的人物评价。唐太宗称赞王珪"识鉴精通，尤善谈论"，也是知人之言。

中国史家在讲到历史进程或历史转变的时候，往往要提出"时""势""时势"这样的概念；他们在评价历史人物时，也往往会提到这些概念。

① 魏徵等：《隋书》卷五二后论，中华书局1973年版，第1346页。

可以说,这是中国古代历史观念中常用的范畴。

柳宗元反复论证“封建非圣人意也,势也”①。苏轼认为:“圣人不能为时,亦不失时。时非圣人之所能为也,能不失时而已。”②在他们看来,时和势是客观存在,人们不能制造它,只能认识它和利用它。圣人的高明之处,就是“能不失时”。这里讲的,是圣人同时、势的关系。圣人以外的大多数人,也同时、势有关系,也是在把握时、势中发挥着各自的作用,有许多人被时势造成英雄,成了历史上的杰出人物。

时势造就了杰出人物,这是中国古代史家历史观念中的一个重要方面。司马迁在阐述《史记》的内容和体裁的时候,其中有一句非常重要的话,就是:“扶义俶傥,不令已失时,立功名于天下,作七十列传。”③司马迁要向人们说明:能够被他写入列传的古往今来的历史人物,都是一些善于把握机遇,即“不令已失时”,从而“立功名于天下”的人。或者说,司马迁是要提醒读者,他写的这些列传,是着重写出形形色色的历史人物是如何去把握时机,“不令已失时,立功名于天下”的。不论是何种情况,司马迁都强调“人”对于“时”的主动性。所谓“不令已失时”,就是表明人在“时”的面前不是被动的,而是主动的,人是可以去把握“时”的。

司马迁说的“不令已失时,立功名于天下”,还包含另一层意思,即“时”对于人们建功立业具有至关重要的意义。司马迁的这一认识,在他论汉初将相如萧何、周勃、樊哙等人时,阐述得十分清楚。总之,是时势造就了那些“立功名于天下”的杰出人物。如范晔之论“中兴二十八将”,他写道:“中兴二十八将,前世以为上应二十八宿,未之详也。然咸能感会风云,奋其智勇,称为佐命,亦各志能之士也。”④范晔是不相信天命、佛鬼的史家,故对所谓“上应二十八宿”的附会之论,说是“未之详也”,而是肯定他们的“感会风云,奋其智勇”,立功名于天下。又如《隋书》史论更是进一步从楚、汉之争到隋朝统一这一漫长的历史过程来阐述时势同杰出

① 柳宗元:《柳河东集》卷三《封建论》,中华书局1960年版,第44页。

② 苏轼:《东坡志林》卷五《秦废封建》,中华书局1981年版,第103页。

③ 司马迁:《史记》卷一三〇《太史公自序》,中华书局1959年版,第3319页。

④ 范晔:《后汉书》卷二二后论,中华书局1965年版,第787页。

人物的关系，其论曰：

楚、汉未分，绛、灌所以宣力；曹、刘竞逐，关、张所以立名。然则名立资草昧之初，力宣候经纶之会，攀附鳞翼，世有之矣。圆通、护儿之辈，定和、铁杖之伦，皆一时之壮士，困于贫贱。当其郁抑未遇，亦安知其有鸿鹄之志哉！终能振拔污泥之中，腾跃风云之上，符马革之愿，快生平之心，非遇其时，焉能至于此也！俱罗欲加之罪，非其咎衅，王辩殒身勍敌，志实勤王。陈稜缟素发丧，哀感行路，义之所动，固已深乎！孟才、钱杰、沈光等，感恩怀旧，临难忘生，虽功无所成，其志有可称矣。①

文中说的李圆通、来护儿、张定和、麦铁杖等，或是隋朝平陈之役中立功的将领，或是隋朝统一后屡建功勋的人物，而他们都出身平凡低微。《隋书》史论的这一段话，意在说明在考察历史人物的时候，必须注意客观环境对历史人物的影响，即杰出人物的出现，除自身的条件（如李圆通等“皆一时之壮士”）外，还必须具备一定的客观条件（“遇其时”）。这显然是在理论上的总结性认识了。

三、历史人物的局限性

魏晋南北朝隋唐时期，史家在讲到有关历史人物的评价时，或直接、或间接地会涉及历史人物的局限性。如陈寿撰《三国志》，对诸葛亮的评价是很高的，他认为：

诸葛亮之为相国也，抚百姓，示仪轨，约官职，从权制，开诚心，布公道；尽忠益时者虽仇必赏，犯法怠慢者虽亲必罚，服罪输情者虽重必释，游辞巧饰者虽轻必戮；善无微而不赏，恶无纤而不贬；庶事精练，物理其本，循名责实，虚伪不齿；终于邦域之内，咸畏而爱之，刑政虽峻而无怨者，以其用心平而劝戒明也。可谓识治之良才，管、萧之

① 魏徵等：《隋书》卷六四后论，中华书局1973年版，第1522页。

亚匹矣。然连年动众,未能成功,盖应变将略,非其所长欤![1]

尽管诸葛亮有突出才智、至诚之心、明赏罚、重劝诫,有极高的威望,但“应变将略,非其所长”,却是诸葛亮的一个明显的局限。由于有这样的局限,故“连年用兵,未能成功”。由于“连年用兵”而“未能成功”,不仅消耗了大量的人力、物力,而且也在蜀国上下人们的思想上产生了消极的影响,诸葛亮本人也积劳成疾而与世长辞。其实,以诸葛亮的才智,他不会对形势缺乏清醒的认识和分析,但他为了实现“隆中对策”所描绘出的政治蓝图,为了对“先主”表示真诚之心,使他选择了超越自身局限的战略方针。可见,陈寿的评论十分正确。当然,诸葛亮的局限,也还表现在因历史条件不同所造成的客观形势的局限。关于这一点,上文已有论列。

陈寿评论关羽、张飞,称赞他们都有“万人之敌”“国士之风”之称,但又批评关羽“刚而自矜”,张飞“暴而无恩”,因而他们“以短取败,理数之常也”。[2] 这是关、张二人在气质和才智上的缺陷以致遭到失败。陈寿认为,这是“理数之常”,即是一种法则性的现象。这就是说,类似的局限性在许多历史人物身上都是存在的。

本书在上一章曾经指出,在中国封建社会中,唐太宗作为极为罕见的英明君主,他同样存在着个人的局限和历史的局限。可见任何一个历史人物总是存在这样那样的局限性,问题在于,当人们在评论历史人物的时候,如何从其具体情况出发,合理地阐明这种局限的表现及其产生的主客观原因。

第二节　考察、研究人物之理论系统化的探索

一、品评人物的理论基础

司马迁撰“七十列传”的宗旨是:“扶义俶傥,不令己失时,立功名于

① 陈寿:《三国志》卷三五《蜀书·诸葛亮传》后论,中华书局 1959 年版,第 934 页。

② 陈寿:《三国志》卷三六后论,中华书局 1959 年版,第 951 页。

天下，作七十列传。”[①]这里涉及德行、见识和对社会的积极作用，实际上是他从正面上与整体上提出的评价历史人物的总的标准，可以视为他评价人物的理论基础。其后，班固曾批评司马迁《史记》在表述和评价历史人物时的不当，[②]而范晔又批评班固评论司马迁为不妥。[③] 可见，评论历史人物是一个非常复杂的问题，仁智之见，可谓司空见惯。

那么，品评人物究竟有没有一般性的或普遍性的原则呢？也就是说，品评人物有没有比较明确的理论基础呢？

唐代史家刘知幾《史通·人物》篇所论，似与这一问题有关。他开宗明义地写道：“夫人之生也，有贤不肖焉。若乃其恶可以诫世，其善可以示后，而死之日名无得而闻焉，是谁之过欤？盖史官之责也。”刘知幾把人分成两类，一是“贤”，一是“不肖”。为此，就必须有一个判断他们的标准，那就是“善”与“恶”。而记载与评论善人与恶人的目的，则是为了“示后”，为了“诫世”。这里包含三层意思：被记载的人，记载的标准，记载的社会目的。

根据这个标准，刘知幾认为，凡“命代大才”，“挺身杰出”，“或陈力就列，功冠一时；或杀身成仁，声闻四海”，或“师其德业，可以治国字人；慕其风范，可以激贪励俗”，都应载入史册，予以表彰。另一方面，凡作恶昭著者，“皆干纪乱常，存灭兴亡所系。既有关时政，故不可阙书”。这两个方面，前者是为了“示后”，后者是为“诫世”。

刘知幾认为，史家记载和品评人物，除了上面两种情况外，还有一种情况是必须注意的。这就是“或才非拔萃，或行不逸群，徒以片善取知，微功见识，阙之不足为少，书之唯益其累”，凡此，即应弃而不书。他批评有的史官对于这种情况，还要“责其谱状，征其爵里，课虚成有，裁为列传，不亦烦乎”？看来，对于阙之不为少、书之为其累的情况，应是史家认真对待的问题。这里，他所说的就不止是品评人物的标准，而且关系到史家的责任感和历史见识了。因此，刘知幾在本篇篇末写道：“夫名刊史

① 司马迁：《史记》卷一三〇《太史公自序》，中华书局 1959 年版，第 3319 页。

② 班固：《汉书》卷六二《司马迁传》后论，中华书局 1962 年版，第 2738 页。

③ 范晔：《后汉书》卷四〇下《班彪列传下》后论，中华书局 1965 年版，第 1386 页。

册,自古攸难;事列《春秋》,哲人所重。笔削之士,其慎之哉!"

《史通·人物》篇所提出的这些认识,从理论上说明了品评人物的复杂性,首先是被品评的对象的复杂性,其次是品评者的知识、见解和责任的统一,而且只有当主体和客体恰当地结合时,品评历史人物的这个环节,才有可能达到比较合理的境界。我们应当看到,刘知幾《史通·人物》篇的产生,一方面是史学自身发展所提出来的,一方面也是受到魏晋以来"月旦评"这一社会风气的启发所致。

二、区别人物的不同类型

品评人物,是魏晋南北朝时期社会风气的重要特点之一。这固然同东汉末年"月旦评"的遗风有关,而更重要的原因则是当时"九品官人法"的需要。一方面是"名节""家风"的提倡,一方面是选官任使的要求。这两点,使人们格外看重品评人物,也推动了品评人物理论的发展。

所谓"月旦评",就是品评人物。东汉末年的许劭与其从兄许靖"俱有高名,好共核论乡党人物,每月辄更其品题,故汝南俗有'月旦评'焉"。一时间,人们以能得到好的品题为荣。"曹操微时,常卑辞厚礼,求为己目。劭鄙其人而不肯对,操乃伺隙胁劭,劭不得已,曰:'君清平之奸贼,乱世之英雄。'操大悦而去。"①"月旦评"的标准是名节与人伦,故曹操得到这样的品题。但曹操对此则极为满意,因为他正处在乱世。后曹操起兵,势力渐大,控制献帝,于建安十五年(210 年)下"唯才是举"之令:

> 自古受命及中兴之君,曷尝不得贤人君子与之共治天下者乎!及其得贤也,曾不出闾巷,岂幸相遇哉?上之人不求之耳。今天下尚未定,此特求贤之急时也。……若必廉士而后可用,则齐桓其何以霸世!今天下得无有被褐怀玉而钓于渭滨者乎?又得无盗嫂受金而未遇无知者乎?二三子其佐我明扬仄陋,唯才是举,吾得而用之。②

---

① 范晔:《后汉书》卷六八《许劭列传》,中华书局 1965 年版,第 2234 页。

② 陈寿:《三国志》卷一《魏书·武帝纪》,中华书局 1959 年版,第 32 页。

曹操“唯才是举”的选拔人才的政策，直接影响到品评人物的传统准则。建安二十年(215 年)，曹丕根据陈群的建议，实行“九品官人法”，贯彻“唯才是举”的原则，把“才”分为九等，按等选用。其后，司马懿控制曹魏实权，以各州世族为大中正，选拔人才，而以门第为高下，此即“九品中正制”。可见，魏晋南北朝虽重品评人物，而其品评的标准，并不是一成不变的。

尽管如此，从史学的观点来看，品评人物的风气，仍然促进了历史思想的发展，丰富了人们认识历史人物的理论。这方面的代表性著作，一是前面已经论述到的范晔《后汉书》的人物评论，一是三国时魏人刘邵所著《人物志》①。

刘邵是三国魏初人，谙于典制，精于考课，深于品评人物。时人这样称赞他：

> 深忠笃思，体周于数，凡所错综，源流弘远，是以群才大小，咸取所同而斟酌焉。故性实之士服其平和良正，清静之人慕其玄虚退让，文学之士嘉其推步详密，法理之士明其分数精比，意思之士知其沈深笃固，文章之士爱其著论属辞，制度之士贵其化略较要，策谋之士赞其明思通微，凡此诸论，皆取适己所长而举其支流者也。②

刘邵这方面的才识，被认为是“非世俗所常有”③的。他所处的时代，以及他本人的经历和才识，是他能够写出《人物志》一书的几个重要原因。

《人物志》包含上、中、下三卷：卷上包括《九征》《体别》《流业》《材理》，卷中有《材能》《利害》《接识》《英雄》《八观》，卷下含《七缪》《效难》《释争》。其开篇《九征》即具体论述了人物才性的九种表现，并由此划分出人物才性的高下区分，这就是：

> 性之所尽，九质之征也。然则平陂之质在于神，明暗之实在于精，勇怯之势在于筋，强弱之植在于骨，躁静之决在于气，惨怿之情在于色，衰正之形在于仪，态度之动在于容，缓急之状在于言。

---

① 刘邵，《三国志》作刘劭，今从《隋书·经籍志》及《人物志》所署。

② 陈寿：《三国志》卷二一《魏书·刘劭传》，中华书局 1959 年版，第 619 页。

③ 陈寿：《三国志》卷二一《魏书·刘劭传》，中华书局 1959 年版，第 619 页。

其为人也,质素平澹,中睿外朗,筋劲植固,声清色怿,仪正容直,则九征皆至,则纯粹之德也。九征有违,则偏杂之材也。三度不同,其德异称。故偏至之材,以材自名。兼材之人,以德为目。兼德之人,更为美号。是故兼德而至,谓之中庸。中庸也者,圣人之目也。具体而微,谓之德行。德行也者,大雅之称也。一至谓之偏材。偏材,小雅之质也。一征谓之依似。依似,乱德之类也。一至一违,谓之间杂。间杂,无恒之人也。无恒、依似,皆风人末流。末流之质,不可胜论,是以略而不概也。

由五行而五常,由九征而三度,由三度而推崇中庸,这是《人物志》品评人物之理论的基本脉络。此外,它还以中庸为准则,剖析了十二种“偏材”的特点(《体别》);指出才能无大小之分,而关键在于用其宜,分析了才与能的区别(《材能》);辨析了英与雄的两种素质的特征,认为“聪明秀出谓之英,胆力过人谓之雄”,只有“兼有英、雄”,才能“成大业”(《英雄》);讨论了鉴定人物才性的具体方法(《八观》);指出了品评人物的七种误区(《七缪》);分析了知人之难与荐人之难的种种原因,等等。

《人物志》是一部品评人物的理论著作,一般不结合具体的历史人物作分析判断,只有个别的篇章(如《流业》)采取了列举人物的表述方法。其学术思想渊源,兼有儒、道、名、法诸家。[①]《人物志》或许受到《汉书·古今人表》的启发,但它在理论上的认识已远远超出了后者。明人郑旻说它:“三代而下,善评人品者,莫或能逾之矣。”[②]宋人阮逸称它:“王者得之,为知人之龟鉴;士君子得之,为治性修身之檠栝,其效不为小矣。”[③]

《人物志》有其明显的片面性,它强调人的才性出于自然,具有朴素的唯物思想,但书中对于人的后天培养的作用,在社会生活中会发生变化等问题,所论甚少,确如刘邵所言:“人物之理,妙不可得而穷已”[④]。

---

① 钱穆:《略述刘邵〈人物志〉》、汤用彤《读〈人物志〉》,见刘邵:《人物志》附录,红旗出版社1996年版,第216—253页。

② 见刘邵:《人物志》附录,红旗出版社1996年版,第214页。

③ 见刘邵:《人物志》书首阮逸序,红旗出版社1996年版,第8页。

④ 刘邵:《人物志·七缪》,红旗出版社1996年版,第165页。

《隋书·经籍志三》著录《人物志》于名家类，其文曰："《人物志》三卷，刘邵撰。"原注："梁有《士纬新书》十卷，姚信撰，又《姚氏新书》二卷，与《士纬》相似；《九州人士论》一卷，魏司空卢毓撰；《通古人论》一卷。亡。"于此可见，关于品评人物的理论探讨，在魏晋南北朝已成风气。又《颜氏家训·名实》开篇写道：

> 名之与实，犹形之与影也。德艺周厚，则名必善焉；容色姝丽，则影必美焉。今不修身而求令名于世者，犹貌甚恶而责妍影于镜也。上士忘名，中士立名，下士窃名。忘名者，体道合德，享鬼神之福祐，非所以求名也；立名者，修身慎行，惧荣观之不显，非所以让名也；窃名者，厚貌深奸，干浮华之虚称，非所以得名也。①

这里是在讲"家训"，而且仅限于"名实"，但也可看出作者颜之推品评人物的旨趣。通观全书，其意甚明。于此可见，北朝在品评人物的理论认识上，也有所作为。

自《史记》确立了人在历史发展中的中心位置，从史学方面促进了社会对于人的关注和人的研究，《人物志》这种论人的专书的出现，与此不无联系。此外，中国历史上较早面世的类书唐初欧阳询等编著的《艺文类聚》自十七卷至三十七卷，凡二十一卷专为"人部"，其各部子目是：头、目、耳、口、舌、发、髑髅、胆；美妇人、贤妇人、老；言语、讴谣、吟、啸、笑；圣、贤、忠、孝；德、让、智、性命、友悌、交友、绝交；公平、品藻、质文；鉴诫；讽、谏；说、嘲戏；言志；行旅；游览；别上；别下、怨；赠答；闺情；宠幸、游侠、报恩、报仇、盟；怀旧、哀伤；妒、淫、愁、泣、贫、奴、婢、佣保；隐逸上；隐逸下。细察其子目，既涉及自然的人，又涉及社会的人；既关乎人的个人修养，又关乎人与人之间的交往；既考察人的情感世界，又考察人的社会地位，等等。所有这些，在纪传体史书中都有反映，也多成为史学家评论历史人物的某一方面的根据。更重要的是，《艺文类聚》对于人的认识，具有历史的和社会的理论意义，在古代历史理论的发展上，有其重要的价值。

---

① 颜之推著，王利器集解：《颜氏家训集解》卷四《名实》，中华书局1980年版，第280页。

第三节　评价历史人物的依据

一、关于“名教”观念

魏晋南北朝时期,士人重“名教”。名教观念是把先秦儒家的“正名”思想同自然结合起来,强调名分本于自然,为不可移易之准则。东晋史家袁宏就东汉光武帝时,“立宗庙于洛阳。元帝之于光武,父之属也。故光武上继元帝。又立亲庙于洛阳,祭祀而已,不加名号”一事,发表长篇议论,阐述“名教”之理,是关于名教思想的代表性言论,兹照录如下:

> 夫君臣父子,名教之本也。然则名教之作,何为者也?盖准天地之性,求之自然之理,拟议以制其名,因循以弘其教,辩物成器,以通天下之务者也。是以高下莫尚于天地,故贵贱拟斯以辩物;尊卑莫大于父子,故君臣象兹以成器。天地,无穷之道;父子,不易之体。夫以无穷之天地,不易之父子,故尊卑永固而不逾,名教大定而不乱。置之六合,充塞宇宙,自古及今,其名不去者也。未有违夫天地之性,而可以序定人伦;失乎自然之理,而可以彰明治体者也。末学庸浅,不达名教之本,牵于事用,以惑自然之性……违天地之本,灭自然之性,岂不哀哉!夫天地灵长,不能无否泰之变;父子自然,不能无夭绝之异。故父子相承,至顺之至也;兄弟相及,变异之极也。变则求之于正,异则本之于顺。故虽经百世而高卑之位常崇,涉变通而昭穆之序不乱。由斯而观,则君臣父子之道焉可忘哉![①]

需要说明的是,君君臣臣,父父子子,这是儒家思想的传统,这个传统经两汉而得到进一步发展。名教观念的特点是:第一,把君臣父子的关系同自

① 袁宏:《后汉纪》卷二六《孝献皇帝纪》,《两汉纪》下册,中华书局 2002 年版,第 509—510 页。

然结合,即赋予君臣父子关系以“天地之性”“自然之理”。这就使原本是社会伦理的属性也具有了自然的属性。第二,因为天地的关系是不会改变的,因此君臣父子的关系也不会改变,即“天地,无穷之道;父子,不易之体”。第三,君臣父子的这种关系,是衡量事物的准则,“变则求之于正,异则本之于顺”。这样一来,名教观念就成了观察世事、评价人物的最高准则了。

值得注意的是,把儒家的君臣父子观念同老子、庄子崇尚自然的观念结合起来,是魏晋南北朝时期倡言名教者的共同特点。如三国魏人王弼“好论儒道,辞才逸辩,注《易》及《老子》”。他曾作书答人之问难,写道:“夫明足以寻极幽微,而不能去自然之性。颜子之量,孔父之所预在,然遇之不能无乐,丧之不能无哀。又常狭斯人,以为未能以情从理者也,而今乃知自然之不可革。”①他认为,即使在孔门之中,亦“不能去自然之性”。又如三国魏人嵇康,“学不师受,博览无不该通。长好《老》《庄》”。他主张“君子无私”,曾著论曰:“夫称君子者,心不措乎是非,而行不违乎道者也。何以言之?夫气静神虚者,心不存于矜尚;体亮心达者,情不系于所欲。矜尚不存乎心,故能越名教而任自然;情不系于所欲,故能审贵贱而通物情。物情顺通,故大道无违;越名任心,故是非无措也。”②在嵇康看来,“气静神虚”“体亮心达”,是使人达到“物情顺通”“大道无违”这一境界的关键,即所谓“越名教而任自然”。可见,他把“自然”看得更高、更重。

魏晋时期的这种重名教的风气,对南北朝以至于隋唐,都有很大的影响。这在《世说新语》和《颜氏家训》中有突出的反映。尤其是唐人刘知幾撰《史通》,以推重直书、贬斥曲笔而著称于世,对后人也有极大的影响。但在“名教”观念上,刘知幾却在他自己所倡言的直书精神前止步不前了。他在《史通·曲笔》篇写道:“史氏有事涉君亲,必言多隐讳,虽直道不足,而名教存焉。”又说,对于有些“破家殉国,视死犹生”的人,“而历

① 陈寿:《三国志》卷二八《魏书·钟会传》附王弼事迹及裴注,中华书局 1959 年版,第 795—796 页。

② 房玄龄等:《晋书》卷四九《嵇康传》,中华书局 1974 年版,第 1369—1370 页。

代诸史,皆书之曰‘逆’,将何以激扬名教,以劝事君者乎?”这样一来,刘知幾就为评价历史人物设置了一个禁区,从而反映了在“名教”观念下,评价历史人物所遇到的坚强屏障。

二、不以富贵贫贱论人,不以行状为依据

关于评价历史人物的总的标准,刘知幾所论“善”与“恶”是一个大原则,但是针对一些具体的历史人物,究竟应该怎样评价?在评价时应当注意到什么问题?对此,史学家们在认识上是有一个发展过程的。这个发展过程,反映了史学家的主体意识的增强。这种主体意识的增强,一是表现在强调不以富贵、贫贱论人,而是把人的价值置于首位;二是对描述人的生平和价值的行状提出批判性分析,强调一切都以事实为依据。

关于前一个方面,从《隋书》类传中看得十分清楚。《隋书》类传有一个突出的特点,即以“诚节”编于类传之首,这在它以前的正史类传中是没有先例的。《隋书》史论的作者首先引用《易经》中的话说:“立人之道曰仁与义。”继而写道:“士之立身成名,在乎仁义而已。故仁道不远,则杀身以成仁,义重于生,则捐生而取义。”①进而又写道:“古人以天下至大,方身则小,生为重矣,比义则轻。然则死有重于太山,生以理全者也;生有轻于鸿毛,死与义合者也”。因此,作者结合隋朝的历史人物,认为有的人“虽功未存于社稷,力无救于颠危”,但他们“甘就菹醢之诛,以徇忠贞之节”②,是应当在历史上受到表彰的。可见,在这里,《隋书》作者把仁与义置于评价历史人物的最高标准看待。这种观念,在《隋书·孝义传》中反映得更为突出。作者写道:有些普通人,“阙稽古之学,无俊伟之才,并能任其自然,情开矫饰。笃于天性,勤其四体,竭股肱之力,尽爱敬之心,自足膝下之欢,忘怀轩冕之贵。不言之化,人神通感。虽或位登台辅,爵列王侯,禄积万钟,马逾千驷,死之日,曾不得与斯人之徒隶齿。孝

① 魏徵等:《隋书》卷七一《诚节传》序,中华书局 1973 年版,第 1639 页。

② 魏徵等:《隋书》卷七一《诚节传》后论,中华书局 1973 年版,第 1659 页。

之大也，不其然乎！”①这里，作者极其明确地把“勤于四体”的平民同“位登台辅”的显贵置于对比的地位，而作者称道的是前者，抨击的是后者，从而显示出在评价历史人物方面的价值取向。

关于后一个方面，即对于以通常的行状作为撰写人物传记的价值提出异议，强调以事实价值为依据的认识。这在唐代史官李翱的一篇《百官行状奏》中阐述得非常透彻，他写道：

> 臣等谬得秉笔史馆，以记录为职。夫劝善惩恶，正言直笔，记圣朝功德，述忠贤事业，载奸佞丑行，以传无穷者，史官之任也。凡人之事迹，非大善大恶，则众人无由知之。旧例皆访问于人，又取行状、谥议，以为依据。今之作行状者，非门生即其故吏，莫不虚加仁义礼智，妄言忠肃惠和。如此，不唯处心不实，苟欲虚美于所受恩而已也。盖亦为文者既非游夏迁雄之列，务于华而忘其实，溺于词而弃其理。故为文则失《六经》之古风，纪事则非史迁之实录，不然则词句鄙陋，不能自成其文矣。由是事失其本，文害于理，而行状不足以取信。若使指事书实，不饰虚言，则必有人知其真伪。不然者，纵使门生故吏为之，亦不可谬作德善之事而加之矣。臣今请作行状者，但指事说实，直载其词，善恶功迹，皆据事足以自见矣。②

这一篇奏疏包含三层意思：一是强调史家的职责，这就是“正言直笔”，“以传无穷”；二是指出“行状不足以取信”，因其“事失其本，文害于理”，这两个弊端都违背了史家的原则；三是建议对撰写行状作必要的改进，即“指事说实，直载其词”，以根除空洞、夸大的不良倾向。这极鲜明地反映了史家对评价历史人物之主体性意识的增强。

《隋书》史论的作者鞭笞历史上那些“道不足以济时，仁不足以利物，自矜于已，以富贵骄人”的显贵，认为他们终究没有“克终之美”的结局，③是不奇怪的。这些人，虽然“富贵骄人”于一时，但他们在历史上并没有什么地位，因他们既不“济时”，又不“利物”，史书上提到他们，其作用只

---

① 魏徵等：《隋书》卷七二《孝义传》序，中华书局 1973 年版，第 1661—1662 页。

② 王溥：《唐会要》卷六四《史馆下・史馆杂录下》，中华书局 1955 年版，第 1110 页。

③ 魏徵等：《隋书》卷七九《外戚传》序，中华书局 1973 年版，第 1787 页。

是为了“诫世”而已。与此相类似的是,《隋书》史论的作者还对那些贵妇人予以抨击,指出:“王公大人之妃偶,肆情于淫僻之俗,虽衣绣衣,食珍膳,坐金屋,乘玉辇,不入彤管之书,不沾良史之笔,将草木以俱落,与麋鹿而同死,可胜道哉!”①作者在表彰“列女”这些普通女子的同时,鄙视历史上那些贵妇们的毫无价值的一生,同样是极鲜明地反映了作者评价历史人物的价值取向。

第四节　评价历史人物的社会意义

一、史家为什么要评价历史人物

自司马迁《史记》面世后,纪传体史书成为中国古代史书的主要形式。因此,写历史人物、评历史人物,乃成为历史撰述中的重要内容。这是中国古代史学人本主义传统之创立、延续和发展的具体表现。

史学家写历史人物、评历史人物具有突出的社会意义。诚如司马迁所论:“扶义俶傥,不令己失时,立功名于天下。”②这是倡导正义,倡导人们审时度势,建功立业,而最终的目的是为了天下。在古代,这应视为一种积极、向上的人生价值观。

魏晋南北朝隋唐时期,在诸家正史撰述中,不论是杂传,还是类传,从整体上看,大多继承了司马迁的优良传统,写出了风采各异的各种人物和同类人物群体,并给予相应的评价。这种写历史人物、评历史人物的社会意义,正如唐代史家刘知幾所概括的那样:

> 苟史官不绝,竹帛长存,则其人已亡,杳成空寂,而其事如在,皎同星汉。用使后之学者,坐披囊箧,而神交万古,不出户庭,而穷览千

① 魏徵等:《隋书》卷八〇《列女传》,中华书局1973年版,第1797页。

② 司马迁:《史记》卷一三〇《太史公自序》,中华书局1959年版,第3319页。

载，见贤而思齐，见不贤而内自省……由斯而言，则史之为用，其利甚博，乃生人之急务，为国家之要道。有国有家者，其可缺之哉！①

在古代史学中，刘知幾的这一段话，可以视为是反映了评价历史人物之社会意义的经典论述。这一点，清人浦起龙有正确而深刻的领会，故于上述文中加注曰："折出有史之功用"。浦起龙说的"史"，是指刘知幾说的"竹帛长存"，即指史书而言。

当然，司马迁和刘知幾对待写历史人物、评历史人物之社会意义的视角是有所不同的。司马迁是着眼于史学家应当写什么样的历史人物，这反映了他的历史见识和撰述旨趣；而刘知幾是着眼于史学家的写历史人物、评历史人物对于后世所产生的影响。他们殊途而同归，都是强调写历史人物、评历史人物的社会意义。如果说司马迁着眼于当世的社会意义的话，那么刘知幾则着眼于后世的社会意义，而当世的意义和后世的意义又是相对的和辩证统一的，二者是可以转化的。如无当世的意义，则难以具有历史的意义；而这种历史的意义在一代又一代后人中表现出来，又表现为当世的意义。这就是司马迁和刘知幾在关于写历史人物、评历史人物之社会意义问题上，给予后人的理论上的启示。

史学家写历史人物、评历史人物的社会意义主要表现在：进一步认识人在历史运动中的作用和价值；治国与用人之关系的重要；使时人与后人懂得做人之常理。

二、人的作用和人的价值

首先说个人在历史上的作用。陈寿评价曹操，是把他放在"汉末，天下大乱，雄豪并起"的历史环境中来评价的。陈寿称赞曹操说："运筹演谋，鞭挞宇内，揽申、商之法术，该韩、白之奇策，官方授材，各因其器，矫情任算，不念旧恶，终能总御皇机，克成洪业者，惟其明略最优也。"②在陈寿

① 刘知幾：《史通·史官建置》，浦起龙：《史通通释》，上海古籍出版社1978年版，第303—304页。

② 陈寿：《三国志》卷一《魏书·武帝纪》后论，中华书局1959年版，第55页。

史笔之下,曹操是一个在乱世中发挥了自己的才干而成就了"洪业"的人,这个评价大致是中肯的。这是因为,曹操在当时稳定北方政治局势方面发挥了重要作用,而北方的政治局面的稳定,乃是全国复归统一的基础。

治世之下,个人的作用也是很重要的。在这方面,范晔是这样评价汉光武在全国大致平定后的思想和主要政治举措的:

> 初,帝在兵间久,厌武事,且知天下疲耗,思乐息肩。自陇、蜀平后,非儆急,未尝复言军旅。皇太子尝问攻战之事,帝曰:"昔卫灵公问陈,孔子不对,此非尔所及。"每旦视朝,日仄乃罢。数引公卿、郎、将讲论经理,夜分乃寐。皇太子见帝勤劳不怠,承间谏曰:"陛下有禹汤之明,而失黄老养性之福,愿颐爱精神,优游自宁。"帝曰:"我自乐此,不为疲也。"虽身济大业,兢兢如不及,故能明慎政体,总揽权纲,量时度力,举无过事。退功臣而进文吏,戢弓矢而散马牛,虽道未方古,斯亦止戈之武焉。①

这是于叙述之中,评价了汉光武帝在平定天下之后的精神和作为。"虽身济大业,兢兢如不及",这既是一种精神境界,也是审时度势的器识。正因为如此,才能做到"明慎政体,总揽权纲,量时度力,举无过事",凡所举措,符合时宜,尤其是"退功臣而进文吏,戢弓矢而散马牛",对于稳定政治、安定社会起了关键的作用,深为后人所称颂。

在历史发展的进程中,任何人都不能从根本上改变历史进程的趋势,但是在一定的历史条件下和一定的范围内,个人(这里主要是指握有最高政治权力的人)的作用仍是不可忽视的。上举二例,一为乱世中的人物,一为治世中的人物,都证明了这个道理。

其次论群体人物在历史上的作用和价值。在这方面,范晔《后汉书》对"中兴二十八将"的评价是很突出的。他这样写道:"中兴二十八将,前世以为上应二十八宿,未之详也。然咸能感会风云,奋其智勇,称为佐命,亦各志能之士也。"这是指出"中兴二十八将"一方面都能"感会风云",不

---

① 范晔:《后汉书》卷一下《光武帝纪下》,中华书局 1965 年版,第 85 页。

令已失时；一方面又都能“奋其智勇”，发挥其“佐命”的作用，从而写出了群体人物的历史作用。范晔为了使人们清楚地了解“中兴二十八将”的整体面貌，还一一把他们的封号和姓名列举出来，以传后世。他写道：

> 永平中，显宗追感前世功臣，乃图画二十八将于南宫云台，其外又有王常、李通、窦融、卓茂，合三十二人。故依其本弟系之篇末，以志功臣之次云尔。
>
> 太傅高密侯邓禹　　中山太守全椒侯马成
> 大司马广平侯吴汉　　河南尹阜成侯王梁
> 左将军胶东侯贾复　　琅邪太守祝阿侯陈俊
> 建威大将军好畤侯耿弇　　骠骑大将军参蘧侯杜茂
> 执金吾雍奴侯寇恂　　积弩将军昆阳侯傅俊
> 征南大将军舞阳侯岑彭　　左曹合肥侯坚镡
> 征西大将军阳夏侯冯异　　上谷太守淮陵侯王霸
> 建义大将军鬲侯朱祐　　信都太守阿陵侯任光
> 征虏将军颍阳侯祭遵　　豫章太守中水侯李忠
> 骠骑大将军栎阳侯景丹　　右将军槐里侯万修
> 虎牙大将军安平侯盖延　　太常灵寿侯邳彤
> 卫尉安成侯铫期　　骁骑将军昌成侯刘植
> 东郡太守东光侯耿纯　　横野大将军山桑侯王常
> 城门校尉朗陵侯臧宫　　大司空固始侯李通
> 捕虏将军杨虚侯马武　　大司空安丰侯窦融
> 骠骑将军慎侯刘隆　　太傅宣德侯卓茂①

“永平”是东汉第二个皇帝明帝的年号，明帝“追感前世功臣”，乃图画他们的肖像，反映了这样一个人物群体的作用是后人难以忘怀的。

《隋书》史论的作者魏徵对于人物群体的作用和价值亦有高明的见解。他在考察隋朝历史人物和隋朝政治统治时认为：

> 大厦云构，非一木之枝；帝王之功，非一士之略。长短殊用，大小

① 以上见范晔：《后汉书》卷二二后论，中华书局1965年版，第789—791页。

> 异宜,楶棁栋梁,莫可弃也。李谔等或文能遵义,或才足干时,识用显于当年,故事留于台阁。参之有隋多士,取其开物成务,皆廊庙之榱桷,亦北辰之众星也。①

在这里,魏徵很明确地否定了"一士之略"的作用,同时肯定了"有隋多士"之"开物成务"的价值。从现实意义上,他强调了"或文能遵义,或才足干时";从历史意义上,他指出了"识用显于当年,故事留于台阁"的价值。这些,在评价历史人物的方法论上,都是很有启发的。

三、治国与用人

在中国古代史学中,对历史人物的评价,大多同治国与用人有密切的关系,历代正史都不例外,其他史书,亦多如此。这里,我们不必列举正史中的将、相列传,也不需阐述正史中的循吏、酷吏等类传,这些都是人们非常熟悉的了。我们着重要讨论的是,唐代史家吴兢的《贞观政要》一书关于这方面的记述和评价。

《贞观政要》凡10卷40篇,每篇各有一个中心议题,大多是唐太宗君臣总结历史经验、商讨治国方略、确定政策措施的议论。其中《任贤》一篇与诸篇体例不同,它所记的是贞观年间八位重臣的传略。其传主分别是:房玄龄、杜如晦、魏徵、王珪、李靖、虞世南、李勣、马周。李靖、李勣二人是武将,其他为文臣。吴兢所记他们的传略甚为简括,而于传中兼记唐太宗分别对他们所作的评价。从这些评价当中,人们可以深刻地认识到治国与用人是何等的重要。兹举以下数例,以见其详。

——关于房玄龄。吴兢写道:

> 玄龄既遇知己,遂罄竭心力。是时,贼寇每平,众人竞求金宝,玄龄独先收人物,致之幕府,及有谋臣猛将,与之潜相申结,各致死力。累授秦王府记室,兼陕东道大行台考功郎中……既总任百司,虔恭夙夜,尽心竭节,不欲一物失所。闻人有善,若己有之。明达吏事,饰以

① 魏徵等:《隋书》卷六六后论,中华书局1973年版,第1567页。

> 文学，审定法令，意在宽平。不以求备取人，不以己长格物，随能收叙，无隔疏贱。论者称为良相焉。十三年，加太子少师。玄龄自以一居端揆十有五年，频抗表辞位，优诏不许。十六年，进拜司空，仍总朝政，依旧监修国史。玄龄复以年老请致仕，太宗遣使谓曰："国家久相任使，一朝忽无良相，如失两手。公若筋力不衰，无烦此让。自知衰谢，当更奏闻。"玄龄遂止。太宗又尝追思王业之艰难，佐命之匡弼，乃作《威凤赋》以自喻，因赐玄龄，其见称类如此。[①]

房玄龄颇有西汉萧何之风，论者称为"良相"。这里，最重要的是唐太宗的评价："国家久相任使，一朝忽无良相，如失两手。"话不多而意深长，这种评价，在古代历史上的君臣之间，是不多见的。房玄龄之所以受到这么高的评价，其突出贡献首先在于善于罗致人才，足见其气度宏大；其次在于"审定法令，意在宽平"。这两条，一是制度，一是法令，是一定的政治目标得以实现的关键。唐太宗对其有这样的评价，不是偶然的。

这里，有一点是需要说明的，即唐太宗"作《威凤赋》以自喻，因赐玄龄"一事，在《旧唐书·长孙无忌传》中有几乎相同的记载，即长孙无忌固辞司空之职，唐太宗明示其不必多让。于是，"太宗追思王业艰难，佐命之力，又作《威凤赋》以赐无忌"。所不同的是，《贞观政要》明说此举是唐太宗"自喻"。今观《旧唐书·长孙无忌传》所载《威凤赋》，其最后几句是："凭明哲而祸散，托英才而福全。答惠之情弥结，报功之志方宣。非知难而行易，思令后而终前。俾贤德之流庆，毕万叶而芳传。"[②]从中不难窥见其"自喻"之意和对于与之患难与共大臣的一片深情。因此，《威凤赋》或许是唐太宗赐给近臣的一篇作品，不一定是专赐某一位大臣的。

——关于魏徵。魏徵本是太子承乾属官，承乾事败，为唐太宗（时为秦王）所俘。唐太宗看重他的刚直不阿，予以重用。吴兢写道：

> 徵雅有经国之才，性又抗直，无所屈挠。太宗每与之言，未尝不悦。徵亦喜逢知己之主，竭其力用。又劳之曰："卿所谏前后二百余

① 吴兢：《贞观政要·任贤》，上海古籍出版社1978年版，第27—28页。

② 刘昫等：《旧唐书》卷六五《长孙无忌传》，中华书局1975年版，第2449页。

事,皆称朕意。非卿忠诚奉国,何能若是!”……十二年,太宗以诞皇孙,诏宴公卿。帝极欢,谓侍臣曰:“贞观以前,从我平定天下,周旋艰险,玄龄之功无所与让。贞观之后,尽心于我,献纳忠谠,安国利人,成我今日功业,为天下所称者,惟魏徵而已。古之名臣,何以加也。”于是亲解佩刀以赐二人……太宗后尝谓侍臣曰:“夫以铜为镜,可以正衣冠;以古为镜,可以知兴替;以人为镜,可以明得失。朕常保此三镜,以防己过。今魏徵殂逝,遂亡一镜矣!”因泣下久之。乃诏曰:“昔惟魏徵,每显予过。自其逝也,虽过莫彰。朕岂独有非于往时,而皆是于兹日?故亦庶僚苟顺,难触龙鳞者欤!所以虚己外求,披迷内省。言而不用,朕所甘心;用而不言,谁之责也?自斯已后,各悉乃诚。若有是非,直言无隐。”

唐太宗对魏徵的评价主要有三条:第一,是谏言甚多而可用;第二,是“献纳忠谠,安国利人”;第三,是堪为人君之“镜”。这三条之中,任何一条都与治国有极大的关系。唐太宗之评价魏徵,从某种意义说,也是对他自己敢于用人、善于用人的一个中肯的评价。

——关于虞世南。吴兢这样写道:

太宗每机务之隙,引之谈论,共观经史。世南虽容貌懦弱,如不胜衣,而志性抗烈,每论及古先帝王为政得失,必存规讽,多所补益。及高祖晏驾,太宗执丧过礼,哀容毁顿,久替万机,文武百寮,计无所出,世南每入进谏,太宗甚嘉纳之,益所亲礼。尝谓侍臣曰:“朕因暇日,每与虞世南商榷古今。朕有一言之善,世南未尝不悦;有一言之失,未尝不怅恨。其恳诚若此,朕用嘉焉。群臣皆若世南,天下何忧不治?”①

从唐太宗的评价中,可以看出虞世南是一位历史知识十分丰富、历史见解十分深刻的学者,同时又是一位十分诚恳、认真、一丝不苟的大臣,唐太宗与之“商榷古今”的过程中,自亦对于治国安邦之策获益良多,故把他引为知音。

---

① 吴兢:《贞观政要·任贤》,上海古籍出版社1978年版,第40页。

《贞观政要·任贤》篇所记，他皆类此，有力地反映出历史人物评价关系到治国与用人的这个重大主题。后人从中无疑可以得到许多重要的启示。

四、懂得做人之常理

评价历史人物之最广泛的社会意义，在于它可以帮助时人和后人懂得做人的常理。在这方面，历代正史中的类传，具有更广泛的社会性。从社会层面上看，类传反映了不同的人物群体或不同的社会阶层代表人物的面貌及其社会作用；从道德的层面上看，正史给后人树立起“思齐”和“自省”的尺度，具有广泛的社会影响和历史影响。因此，关于这方面的历史人物的评价，历来为人们所关注。

关于魏晋南北朝隋唐时期史家所撰正史的类传，前文已有论述。这里，只就唐初史家所撰之《隋书》与《晋书》作一些补充。《隋书》类传以“诚节”“孝义”居首，《晋书》类传以“孝友”“忠义”为先，这是有深刻的社会原因的。贞观初年，唐太宗同大臣们讨论安定社会的问题，以封德彝为代表的一种意见认为，乱世之后，民风凋敝，应强化法制；以魏徵为代表的另一种意见认为，大乱之后，民心思定，应推行教化。唐太宗采纳了魏徵的建议，大力推行教化，收到了很好的效果。①

在这样的社会条件和政策引导下，史家在评价历史人物方面，更多地考虑到道德教化方面，是合乎逻辑的。正因为如此，《隋书》以“诚节”“孝义”两传居首，称颂“岁寒贞柏，疾风劲草，千载之后，懔懔如生”②的特立

---

① 参见吴兢：《贞观政要·政体》，上海古籍出版社 1978 年版，第 18 页。按：《贞观政要》记此事于贞观七年，实误，“七年”当为“元年”。司马光：《资治通鉴》卷一九二唐太宗贞观元年记：“上宴群臣，奏《秦王破陈乐》。上曰：‘朕昔受委专征，民间遂有此曲，虽非文德之雍容，然功业由兹而成，不敢忘本。’封德彝曰：‘陛下以神武平海内，岂文德之足比！’上曰：‘戡乱以武，守成以文，文武之用，各随其时。卿谓文不及武，斯言过矣。’德彝顿首谢。”又，同卷记封德彝于本年六月去世。

② 魏徵等：《隋书》卷七一《诚节传》序，中华书局 1973 年版，第 1639 页。

品格,强调“孝之为德至矣,其为道远矣,其化人深矣”[1]。唐修《晋书》成书于《隋书》之后,或许是受到《隋书》的影响,《晋书》类传以“孝友”和“忠义”居前;其于《孝友传》倡言“大矣哉,孝之为德也”[2],于《忠义传》称颂“全节”“厉忠”,提倡“守铁石之深衷,厉松筠之雅操,见贞心于岁暮,标劲节于严风,赴鼎镬其如归,履危亡而不顾,书名竹帛,画象丹青,前史以为美谈,后来仰其徽烈者也”[3]的精神境界。

以上这几种类传,都是直接以儒家的道德信条为标目,以这方面的突出人物之事迹为内容。一般说来,传主并无轰轰烈烈之壮举,但他们的德行、操守却受到世人和后人的钦敬。唐初史家推重上述传记,评价其中有关传主,宣扬儒家思想与精神传统,正是同唐初实行教化政策相吻合的。

值得注意的是,吴兢《贞观政要》一书,其卷五凡五篇,篇目为仁义、忠义、孝友、公平、诚信。其《诚信》篇记唐太宗语,也反映了唐初以教化为本的政治方针。吴兢记其事曰:

> 贞观初,有上书请去佞臣者,太宗谓曰:“朕之所任,皆以为贤,卿知佞者谁耶?”对曰:“臣居草泽,不的知佞者,请陛下佯怒以试群臣,若能不畏雷霆,直言进谏,则是正人,顺情阿旨,则是佞人。”太宗谓封德彝曰:“流水清浊,在其源也。君者政源,人庶犹水,君自为诈,欲臣下行直,是犹源浊而望水清,理不可得。朕常以魏武帝多诡诈,深鄙其为人,如此,岂可堪为教令?”谓上书人曰:“朕欲使大信行于天下,不欲以诈道训俗,卿言虽善,朕所不取也。”[4]

唐太宗这段话,可以看作诚信原则在政策和用人方面的经典之论,这也可以间接说明唐初史家撰写前朝正史,为什么要以“诚节”“孝义”等名目类传居首的深层原因,从而进一步证明评价历史人物的社会意义。

---

① 魏徵等:《隋书》卷七二《孝义传》序,中华书局 1973 年版,第 1661 页。
② 房玄龄等:《晋书》卷八八《孝友传》序,中华书局 1974 年版,第 2273 页。
③ 房玄龄等:《晋书》卷八九《忠义传》序,中华书局 1974 年版,第 2297 页。
④ 吴兢:《贞观政要・诚信》,上海古籍出版社 1978 年版,第 179—180 页。

小　　结

自从人们把认识历史运动的目光从天上转向人间以后，史学家对于人的活动越来越关注了，对不同的历史人物的评价也就成了认识历史的一个重要方面，同时也成了历史理论中的一个必不可少的环节。

司马迁综合前人的成果，创立了纪传体史书《史记》，写出了各阶层代表人物的活动和风采。班固《汉书》断代为史而遵循《史记》的体裁，更设立《古今人表》一类的专篇。自此以后，写历史人物、评历史人物，成为历史撰述的核心内容之一。纪传体史书中的人物传记，有专传、合传和类传，其分合与分类，随历史时代的不同和史学家的异趣而有所变化、发展，为记述历史人物的活动与言论提供了广阔的空间和丰富的形式。值得注意的是，史学家在记述历史人物的过程中，总是要表述对于历史人物的这样那样的见解，或者说总是要同历史人物有某种意义上的对话，并由此启迪后人的思考和借鉴，起到“惩劝”的作用，这是史学家的庄严任务和神圣责任。不论是做人还是用人，都同史学家的这种任务和责任有密切的联系。可以认为，史学家记述和评价历史人物的传统，从一定的意义上说，就是记录人的发展的历史行程。

主要参考文献

[1]《马克思恩格斯选集》第1—4卷,人民出版社2012年版。
[2]《毛泽东选集》第1—4卷,人民出版社1991年版。
[3]司马迁:《史记》,中华书局1959年版。
[4]班固:《汉书》,中华书局1962年版。
[5]陈寿:《三国志》,中华书局1959年版。
[6]常璩撰,刘琳校注:《华阳国志》,巴蜀书社1984年版。
[7]张烈点校:《两汉纪》上下册,中华书局2002年版。
[8]范晔:《后汉书》,中华书局1965年版。
[9]沈约:《宋书》,中华书局1974年版。
[10]僧祐:《弘明集》,上海古籍出版社1991年版。
[11]周振甫:《文心雕龙今译》,中华书局1986年版。
[12]周祖谟校释:《洛阳伽蓝记校释》,中华书局1963年版。
[13]萧子显:《南齐书》,中华书局1972年版。
[14]魏收:《魏书》,中华书局1974年版。
[15]姚思廉:《梁书》,中华书局1973年版。
[16]姚思廉:《陈书》,中华书局1972年版。
[17]李百药:《北齐书》,中华书局1972年版。
[18]令狐德棻等:《周书》,中华书局1971年版。
[19]魏徵等:《隋书》,中华书局1973年版。
[20]房玄龄等:《晋书》,中华书局1974年版。
[21]李延寿:《南史》,中华书局1975年版。
[22]李延寿:《北史》,中华书局1974年版。

[23]道宣:《广弘明集》,上海古籍出版社 1991 年版。
[24]浦起龙:《史通通释》,上海古籍出版社 1978 年版。
[25]徐坚等:《初学记》,中华书局 1962 年版。
[26]吴兢:《贞观政要》,上海古籍出版社 1978 年版。
[27]杜佑:《通典》,中华书局 1988 年版。
[28]林宝:《元和姓纂》,中华书局 1994 年版。
[29]李吉甫:《元和郡县图志》,中华书局 1983 年版。
[30]马总:《通历》,山西人民出版社 1992 年版。
[31]韩愈:《韩昌黎集》,商务印书馆 1958 年版。
[32]柳宗元:《柳河东集》,中华书局 1960 年版。
[33]刘禹锡:《刘禹锡集》,中华书局 1990 年版。
[34]樊绰撰,向达校注:《蛮书校注》,中华书局 1962 年版。
[35]刘昫等:《旧唐书》,中华书局 1975 年版。
[36]王溥:《唐会要》,上海古籍出版社 1991 年版。
[37]王溥:《五代会要》,上海古籍出版社 1978 年版。
[38]李昉等:《文苑英华》,中华书局 1966 年版。
[39]王钦若等:《册府元龟》,中华书局 1960 年版。
[40]薛居正等:《旧五代史》,中华书局 1976 年版。
[41]欧阳修、宋祁:《新唐书》,中华书局 1975 年版。
[42]欧阳修:《新五代史》,中华书局 1974 年版。
[43]司马光:《资治通鉴》,中华书局 1956 年版。
[44]范祖禹:《唐鉴》,上海古籍出版社 1984 年版。
[45]宋敏求编,洪丕谟等点校:《唐大诏令集》,学林出版社 1992 年版。
[46]永瑢等:《四库全书总目》,中华书局 1965 年版。
[47]董诰等编:《全唐文》,中华书局 1983 年版。
[48]严可均校辑:《全上古三代秦汉三国六朝文》,中华书局 1958 年版。
[49]侯外庐、赵纪彬、杜国庠等:《中国思想通史》第 3 卷,人民出版社 1957 年版。
[50]侯外庐主编:《中国思想通史》第 4 卷上册,人民出版社 1959 年版。
[51]章士钊:《柳文指要》,中华书局 1971 年版。
[52]复旦大学中文系古典文学教研组:《〈天问〉〈天对〉注》,上海人民出版社 1973 年版。
[53]白寿彝主编:《中国通史纲要》,上海人民出版社 1980 年版。
[54]章太炎:《章太炎全集》第 1—6 册,上海人民出版社 1982—1986 年版。

[55]白寿彝主编:《史学概论》,宁夏人民出版社 1983 年版。
[56]翁独健主编:《中国民族关系史研究》,中国社会科学出版社 1984 年版。
[57]白寿彝:《中国史学史》第 1 册,上海人民出版社 1986 年版。
[58]杨翼骧编:《中国史学史资料编年》第 1 册,南开大学出版社 1987 年版。
[59]梁启超:《中国历史研究法》,梁启超:《饮冰室合集》,中华书局 1989 年版。
[60]白寿彝主编:《中国通史》第 1 卷导论,上海人民出版社 1989 年版。
[61]费孝通主编:《中华民族多元一体格局》修订本,中央民族大学出版社 1999 年版。
[62]瞿林东:《唐代史学论稿》,北京师范大学出版社 1989 年版。
[63]翁独健主编:《中国民族关系史纲要》,中国社会科学出版社 1990 年版。
[64]白寿彝:《白寿彝民族宗教论集》,北京师范大学出版社 1992 年版。
[65]白寿彝:《白寿彝史学论集》上下册,北京师范大学出版社 1994 年版。
[66]瞿林东:《中国古代史学批评纵横》,中华书局 1994 年版。
[67]饶宗颐:《中国史学上之正统论》,上海远东出版社 1996 年版。
[68]瞿林东:《中华文化通志・史学志》,上海人民出版社 1998 年版。
[69]李大钊:《史学要论》,商务印书馆 1999 年版。
[70]瞿林东:《中国史学史纲》,北京出版社 1999 年版。
[71]白寿彝主编:《中国史学史教本》,北京师范大学出版社 2000 年版。
[72]杜维运:《中国史学史》第 1—3 册,三民书局 2004 年版。
[73]瞿林东:《中国史学的理论遗产》,北京师范大学出版社 2005 年版。
[74]白寿彝主编:《中国史学史》第 1—6 卷,上海人民出版社 2006 年版。
[75]龚书铎、瞿林东主编:《中华大典・历史典・史学理论与史学史分典》,上海古籍出版社 2007 年版。

人民文库 第二辑

中国古代历史理论

（下）

瞿林东 | 主编

罗炳良　江　湄　徐国利　刘治立 | 著

人民出版社

目　　录

第一章
从天命人事之辩到天理人欲之辩

天人关系是中国思想史上的一个根本问题，中国古代历史理论的发展，自然与这一根本问题紧密地联系着。中唐时期，柳宗元、刘禹锡等人的“天论”，破除了天的神秘性，力图把它从人们对历史的认识视野中剔除出去，这是古代历史理论的重大进步。北宋史学家、思想家一方面继承柳宗元等彻底的“天人相分”学说，一方面又试图建立起新的“天人合一”的历史观，其主旨在于构建天理世界中人之历史的新解说，即天理与王道的统一。而当人们再一次发掘出“天人相分”的思想传统时，天理对人事的笼罩也就被解除了，人欲的合理性得以确立，人的历史的自立则放射出理性的光芒。宋元明清时期“天人关系”正是走过了这样一段思想轨迹。

第一节　天命的破产与天的理性化

一、对“天谴”论的批判

在北宋时代，柳宗元的“天人相分”论深深吸引着许多富于理性与批判性的学人，如“北宋三先生”之一石介的友人范思远深服柳宗元，痛斥

"天人感应"之说为虚妄:"人自人,天自天,天人不相与,断然以行乎大中之道,行之则有福,异之则有祸,非由感应也。"①更重要的是,史学家欧阳修作为庆历、嘉祐时期士林的领袖人物,他从史学到经学对"天人感应"说、对"天谴"论进行了全面的驳斥。他对《九经正义》中引谶纬说非常不满,曾上奏朝廷"悉取九经之疏,删去谶纬之文,使学者不为怪异之言惑乱,然后经义纯一,无所驳杂,其用功至少,其为益则多"②。这是要求以理性的精神衡量和改造经学传统。他把这种理性的思想贯彻到了历史观念与历史撰述上,明确规定了《新唐书》的《本纪》"书人不书天"的书法:

> 昔孔子作《春秋》而天人备。予述《本纪》,书人而不书天,予何敢异于圣人哉!其文虽异,其意一也。……然则王者君天下,子生民,布德行政,以顺人心,是之谓奉天。至于三辰五星常动而不息,不能无盈缩差忒之变,而占之有中有不中,不可以为常者,有司之事也。《本纪》所述人君行事详矣,其兴亡治乱可以见。至于三辰五星逆顺变见,有司之所占者,故以其官志之,以备司天之所考。
>
> 呜呼!圣人既没而异端起。自秦、汉以来,学者惑于灾异矣,天文五行之说,不胜其繁也。予之所述,不得不异乎《春秋》也,考者可以知焉。③

以往有些史书以"天人感应"的理论,把祥瑞灾变一类的天象当作天之谴告,与人间社会的兴亡治乱扯在一起,历代正史的《天文志》《五行志》里不乏这类内容。而欧阳修则在《本纪》中"书人不书天",立《司天考》记载天象,"以备司天之考"。这种做法,在中国历史思想史上是一件重要的事,其目的是要在历史编纂中清除"天命"说、"天谴"论的影响,而将"兴亡治乱"的责任主要归之于"人君行事"。

欧阳修还在《新五代史》中反复论说"天人感应"的不可信。在欧阳修看来,五代历史是"干戈贼乱之世也,礼乐崩坏,三纲五常之道绝,而先

① 石介:《徂徕石先生文集》卷一五《与范十三奉礼书》,中华书局 1984 年版,第 184 页。

② 欧阳修:《欧阳修全集》之《奏议集》卷一六《论删去〈九经正义〉中谶纬札子》,中国书店 1986 年版,第 1707 页。

③ 欧阳修:《新五代史》卷五九《司天考二》,中华书局 1974 年版,第 705—706 页。

王之制度文章扫地而尽于是矣"①。但五代的祥瑞特别多，而且集中于蜀地，欧阳修对此评论说：

> 呜呼，自秦汉以来，学者多言祥瑞，虽有善辩之士，不能祛其惑也。予读《蜀书》，至于龟、龙、麟、凤、驺虞之类世所谓王者之嘉瑞，莫不毕出于其国，异哉！……夫破人之惑者，难与争于笃信之时，待其有所疑焉，然后从而攻之可也。麟、凤、龟、龙，王者之瑞，而出于五代之际，又皆萃于蜀，此虽好为祥瑞之说者亦可疑也，因其可疑者而攻之，庶几惑者有以思焉。②

但是，欧阳修对"天人感应"之说的批判并不像柳宗元那么彻底，也不像柳宗元那样完全否定天命，他对天的态度是存而不论，并认为天意就是顺从人心的："未有人心悦于下，而天意怒于上者；未有人理逆于下，而天道顺于上者。"这样，就必须在人事范围之内讨论探究国家的兴亡盛衰，使人君真正担负起对历史的责任，从而突出了人在自己历史中的主体地位："盖圣人不绝天于人，亦不以天参人。绝天于人则天道废，以天参人则人事惑，故常存而不究也。"③这种不彻底的"天人相分"观念，是欧阳修历史思想的一大特点。

二、天与人的重新合一

在批判"天命"说、"天谴"论的同时，北宋的主流思想是重建"天人合一"的宇宙观，重建整个存在世界的统一性，推究通贯万殊的"天人性命"之理。在新的"天人合一"的宇宙观中，天的神秘性、人格化色彩逐渐被去除，而成了一种普遍的客观法则，即天理，显然，这是一种具有理性主义色彩的天观。

北宋三先生之一的孙复，在《春秋尊王发微》中总结孔子《春秋》"灾异"书法大义，他尽弃前人注疏中细碎附会的谶纬术数，而以《尚书·洪

① 欧阳修：《新五代史》卷一七《晋家人传》，中华书局1974年版，第188页。
② 欧阳修：《新五代史》卷六三《前蜀世家》，中华书局1974年版，第795—796页。
③ 欧阳修：《新五代史》卷五九《司天考二》，中华书局1974年版，第705页。

范》之义为“天人之际”之正解:

> 昔者圣王在上,五事修而彝伦叙,则休征应之,故曰肃时雨若,乂时旸若,哲时燠若,谋时寒若,圣时风若;圣王不作,五事废而彝伦攸斁,则咎验应之,故曰狂恒雨若,僭常旸若,豫常燠若,急常寒若,蒙常风若。春秋之世多灾异者,圣王不作故也。①

他所说的天道虽然还带有人格神的色彩,但主要是保障善恶祸福相应之正义原则的客观秩序,简明正大,正如石介之论:“夫能行大中之道,则是为善,善则降之福,是人以善感天,天以福应善。人不能行大中之道,则是为恶,恶则降之祸,是人以恶感天,天以祸应恶也。此所谓感应者也。”②

胡瑗的弟子孙觉继承其师的《春秋》学,著《春秋经解》。他一面批驳中唐时代的“天人相分”说:“故善言天人者,言其交感,以其动于下而见于上也。不善言天人者,言其自然,以为天不与人而人不与于天也。言其交感,则天人之道可求,而《春秋》《洪范》无虚言也;言其自然,则人不畏天,而奸臣贼子得行其志也。”③同时,又批驳汉时的谶纬之说:“而汉之诸儒,泥于谶纬,及诸占验不经之书,以为天之于人,应如影响,一言之差,一动之失,则天为之变,灾异荐至。……盖人君之失有甚大,而天无灾变者,虽有道之世,而灾异或至者。由此观之,则天之浩大悠远,亦不能屑屑灾异,以应人君一言一事之失也。”④这与孙复《春秋》学一样,也是以《洪范》大义解说《春秋》“天人之际”,要使人间的道德法则获得客观宇宙秩序的保障,“天”的理性则越来越强化,人格神的色彩越来越被冲淡。

王安石曾论述这种力辟“天人相分”,重建天道与人道之连续性的重大现实意义与思想意义,他写道:

> 故庄周曰:先明天而道德次之,道德已明而仁义次之,仁义已明而分守次之,分守已明而形名次之,形名已明而因任次之,因任已明

① 孙复:《春秋尊王发微》卷二,《文渊阁四库全书》,台湾商务印书馆1986年版,第147册,第14页。

② 石介:《徂徕石先生文集》卷一五《与范十三奉礼书》,中华书局1984年版,第184页。

③ 孙觉:《春秋经解》卷一,商务印书馆1935年版,第17页。

④ 孙觉:《春秋经解》卷二,商务印书馆1935年版,第36页。

而原省次之，原省已明而是非次之，是非已明而赏罚次之。是说虽微庄周，古之人孰不然？古之言道德所自出而不属之天者，未之有也。

…………

至后世则不然，仰而视之曰：彼苍苍而大者何也？其去吾不知其几千万里，是岂能如我何哉？吾为吾之所为而已，安取彼！于是遂弃道德，离仁义，略分守，慢形名，忽因任，而忘原省，直信吾之是非，而加人以其赏罚。于是天下始大乱，而寡弱者号无告，圣人不作，诸子者伺其间而出。

于是言道德者至于窈冥而不可考，以至世之有为者皆不足以为；言形名者，守物诵数，疲苦以至于老，而疑道德。彼皆忘其智力之不赡，魁然自以为圣人者此矣，悲夫！①

如果人间政教法制与天道分离，就会丧失客观的规范、超越的理据，而成了主观任意的权力运用。如果宇宙大道与"事君事父"的政治伦理实践断然两橛，那么，追求精神完善，则必然弃绝人间政教事业。而致力于经世济物者，又不去探究人间礼法秩序的所以然之理，只能固守传统规矩，使"礼"成了僵化有害的形式。只有重建"天人合一"的宇宙观，以往的人伦之道才能获得本体的意义，成为通贯自然与人生的真理大道。

北宋学人皆精研《易》学，以之建构新的"天人合一"的宇宙观与形而上学体系。司马光以史学名家，但也潜心研究《易》学。如果说他的史学着眼于"通古今之变"，他的《易》学则重在"究天人之际"。司马光曾仿效扬雄的《太玄》作《潜虚》。张敦实在《潜虚发微论》中指出："以温公平生著述论之，其考前古兴衰之迹，作为《通鉴》，自《潜虚》视之，则笔学也。留心《太玄》三十年，既集诸说而为注，又作《潜虚》之书，自《通鉴》视之，则心学也。"②可见，《易》学为"心学"为"体"，《通鉴》为"笔学"为"用"。

司马光所说的天道是阴阳之变、五行之化，"出于天，施于人，被于

① 王安石：《临川先生文集》卷六七《九变而赏罚可言》，中华书局 1959 年版，第 710—711 页。

② 黄宗羲原著：《宋元学案》卷八《涑水学案下》，中华书局 1986 年版，第 343—344 页。

物,莫不有阴阳五行之道焉"①,既是客观的自然运动法则,又是人间的道德法则与社会秩序:"无形之中,自然有此至理,在天为阴阳,在人为仁义。……有形可考,在天为品物,在地为礼法。"②而天地万物的变易之道有两个根本原则:一是阴阳之分,一是阴阳之合,其所昭示的贯通自然与人事的根本大法就是《中庸》所说的"致中和"。其天道观虽然沿袭汉代以来阴阳五行的气化宇宙模式,但突出的是天道之为"致中和"这一普遍道德法则的客观性、永恒性。

与司马光同时代的邵雍撰写了体系庞大的《皇极经世书》,其主要内容是:"穷日、月、星、辰、飞、走、动、植之数以尽天地万物之理,述皇、帝、王、霸之事以明大中至正之道。阴阳之消长,古今之治乱,较然可见矣。"③可以看出,邵雍力求制造一个囊括自然之理、历史之变的完整体系,并企图要找到贯穿整个体系的最高法则,并申言只要人们掌握了这个体系及其法则,就可以上知宇宙,下应人事,无所不能。在这部书中,邵雍把传说中帝尧即位的"甲辰年",到五代后周显德六年己未这3000多年的历史归纳在"元""会""运""世"的时间体系中,除年代推算与史事罗列外,还贯穿了一套历史哲学和社会政治理论,这在理学家中是一个突出的特点。邵雍认为,宇宙间的一切都有"数",而"数"其实就是他所编造的一套象数形式,他把象数系统说成是最高法则,一切事物都是按照他所推演的象数所构成和变化的。在他的宇宙之中,一切自然之变、"天下离合治乱之迹"都受制于一套可以用数字推算的法则,皆有定数,掌握了这一套推算方法,就能预卜未来。这表明,他那"天人合一"的宇宙观、历史观有着浓厚的既机械又神秘的色彩。程颢、程颐二人对他将天道、人道都用一套象数囊括无遗表示不信任:"邵尧夫犹空中楼阁"④。

---

① 司马光:《易说》卷首总论,《文渊阁四库全书》,台湾商务印书馆1986年版,第8册,第567页。

② 司马光:《易说》卷五《系辞上》,《文渊阁四库全书》,台湾商务印书馆1986年版,第8册,第643页。

③ 邵雍:《皇极经世书》卷首,《文渊阁四库全书》,台湾商务印书馆1986年版,第803册,第292页。

④ 程颢、程颐:《二程集》之《河南程氏遗书》卷七,中华书局1981年版,第97页。

张载与邵雍不同，他不讲宇宙的生成演化，进一步摆脱了"阴阳五行""天人感应"之类的神学色彩，而是建构了一个比较纯粹的"天人合一"的本体论体系。他将"气"作为宇宙的本体，将阴阳二气交感作用化生万物的运动变化称为"神"，而将这一运动变化的过程与规则，以及万物产生后自身的发展变化程序称为"道"。他在《西铭》中宣称："乾称父，坤称母，予兹藐焉，乃混然中处。故天地之塞吾其体，天地之帅吾其性。民，吾同胞；物，吾与也。"①天、地、人都是"气"聚之物，天地之性，就是人之性，而归根结底地说，万物与人类的本性都是一致的。所以，博爱无私、孝友忠义的人伦道德就是天道、天性在人身上的反映。二程反对张载把散而无形的"气"作为宇宙的本原，认为"气"只是物质性的"器"，还不是形而上的"道"，他们则以"理"或"天理"来命名天地万物之本体根源，天地间每一事物都具足天理，都是一个绝对的天理的体现，而世界上复杂丰富、神奇神秘的现象与变化也都是有理可循的："天者，理也。神者，妙万物而为言者也。帝者，以主宰事而名。"②曾有人问程颐："福善祸淫如何？"程颐说："此自然之理，善则有福，淫则有祸。"又问："天道如何？"答曰："只是理，理便是天道也。且如说皇天震怒，终不是有人在上震怒，只是理如此。"③至二程，合理主义的天理世界完成了思想上的构造。

在天、人关系上主张"天人合一"乃是儒家的主流思想，这是要使人间的道德法则、伦理秩序有一个超越的、客观的来源与根据，从而保障人间道德法则的客观性、永恒性，保障善善恶恶的正义在人间必将实现。董仲舒用"天人感应"说来建立天道与人道的一元性，掺杂了上古时代对帝的信仰，把人间一切道德的、政治的现象归结为人格化的天的安排，而天的意志又通过阴阳五行、谶纬迷信的方式显现出来。这种浅陋的神学随着社会文化的发展，日益暴露其荒谬、妄诞，到了宋代，这种粗糙的神学形态完成了向精致的形而上学体系的过渡，形成了自然与历史贯通于"理"的理性主义的宇宙观。

---

① 张载：《张载集》之《正蒙·乾称篇第十七》，中华书局 1978 年版，第 62 页。

② 程颢、程颐：《二程集》之《河南程氏遗书》卷一一，中华书局 1981 年版，第 132 页。

③ 程颢、程颐：《二程集》之《河南程氏遗书》卷二二，中华书局 1981 年版，第 290 页。

三、人对于天的主体性的进一步觉醒

宋代这种理性主义的“天人合一”说,较之于汉代“天人感应”的“天谴”论、“天命”说,尤其强调相对于天的人的政治责任的无限性,当然,这里“人”指的是具体的为政者,特别是皇帝。这一政治责任可以说是以人为主体的责任,它较之恐惧“天谴”,更恐惧未尽人事。这一天观的确立,使人们在一定程度上从传统的命运性的天观中解放出来,树立起这样的意识:以道德完善为目标,依靠主体的努力,能够实现社会的安定与政治的清明,甚至灾害也完全可以依靠人的力量来预防和克服。

譬如,司马光对天人关系问题的看法,在一定程度上继承了荀子的“天生人成”的思想。《荀子·礼论》说:“天地合而万物生,阴阳接而变化起,性伪合而天下治。天能生物,不能辨物也;地能载人,不能治人也。宇中万物生人之属,待圣人然后分也。”但荀子之强调发挥人的主观能动性,是基于“天人相分”的观点,界限分明地区分了天与人、自然与社会的不同性质与作用范围,而司马光则是以新的“天人合一”说赋予人间道德法则、社会秩序以自然性,又将自然运动规律人文化、价值化,推天道以明人道,把天与人、自然与社会归于一元,在这样一个思想基础上,司马光强调了人在整个“天道”秩序中的主体位置与能动性:“天地能生成之而不能治也。君者所以治人而成天地之功也,非后则天地何以得通乎!”又说:“天以阴阳终始万物,君子以仁义修身,以德刑治国,各有其事也。”①这其实是不但将人间历史的盛衰,甚至是将整个天道的隆替都放到了人的身上,要求人担负“与天地参”的神圣作为。

李觏通过深研《易》理指出:

> 吉凶由人,乃《易》之教也。黄帝尧舜通其变,使民不倦,神而化之,使民宜之。是以自天佑之,吉无不利。若夫释人事而责天道,斯

① 司马光:《易说》卷二《上经》,《文渊阁四库全书》,台湾商务印书馆1986年版,第8册,第584页。

> 孔子所罕言。古之龟筮，虽质诸神明，必参以行事。南蒯将乱，而得黄裳元吉，穆姜弃位，而遇元亨利贞，德之不称，知其无益。后之儒生，非史非巫，而言称运命，矫举经籍，以缘饰邪说，谓存亡得丧，一出自然。其听之者亦已荒矣。《王制》曰，执左道以乱政，杀；假于鬼神时日卜筮以疑众，杀。为人上者必以《王制》从事，则《易》道明而君道成矣。①

这就是说，关键在于为政者能行仁政，遵行“生生”之“易理”“天德”，天方能佑之。他还说过，将灾异看成纯粹的自然之数，以为与己无关的君主乃是暗主，而谨修其德以克服灾异的君主是明主，同时也指出水旱的原因是水利灌溉设施不备。在这里，君主的修德是可以克服灾异的，天道之转移在一定程度上也是要由人的“德”来负责任的。

同时代的王安石一方面反对“天人感应”的“天谴”说，一方面又反对简单的“天人相分”论。他认为，恐惧天变的同时能依据“天下之正理”来反省自己的失误，乃是人君的责任：

> 人君固辅相天地以理万物者也，天地万物不得其常，则恐惧修省，固亦其宜也。今或以为天有是变，必由我有是罪以致之；或以为灾异自天事耳，何豫于我，我知修人事而已。盖由前之说，则蔽而葸；由后之说，则固而怠。不蔽不葸、不固不怠者，亦以天变为己惧，不曰天之有某变，必以我为某事而至也，亦以天下之正理考吾之失而已矣。②

程颐虽然也反对谶纬之学，但他并不否定天、人之间的感应，只是强调这种感应也是合于“理”的，不能神秘化、琐碎化，他曾多次谈到《春秋》书灾异之大义。有人曾问他：“春秋书日食，如何？”他说：“日食有定数，圣人必书者，盖欲人君因此恐惧修省。如治世而有此变，则不能为灾，乱世则为灾矣。人气血盛，虽遇寒暑邪秽，不能为害；其气血衰，则为害必矣。”③又说：“《春秋》书灾异，盖非偶然。不云霜陨，而云陨霜；不云夷伯

---

① 李觏：《李觏集》卷四《删定易图序论六》，中华书局 1981 年版，第 66 页。

② 王安石：《王文公文集》卷二五《洪范传》，上海人民出版社 1974 年版，第 293 页。

③ 程颢、程颐：《二程集》之《河南程氏遗书》卷二二，中华书局 1981 年版，第 299 页。

之庙震,而云震夷伯之庙:分明是有意于人也。天人之理,自有相合。人事胜则天不为灾,人事不胜则天为灾。人事常随天理,天变非应人事。……如汉儒之学,皆牵合附会,不可信。”①这就是说,要想风调雨顺、政通人和,关键在于“人事胜”,为政者、为君者能按“天理之正”行事,这乃是“自然之理”。

以“天”名之的“德”、“天下之正理”或“天理”代替了“天命”处于世界的中心位置,儒家学说的人文价值、人伦秩序,既是整个宇宙的目的与秩序,也是人间历史的目的与普遍法则,这是“天理”之历史观念的核心内容。

第二节　天理世界中的人的历史

一、天理与王道

在二程那里,有了一个完备的天理世界观与历史观,朱熹是宋代理学的集大成者,且精研历史,其《通鉴纲目》可以说是一部天理思想体系指导下的通史著作。探讨二程与朱熹的历史思想,可以把握天理历史思想的基本结构,以及天理与人事的关系。我们将看到,“天人之际”这个中国历史思想的根本问题在中国封建社会后期呈现出了新的面貌与境界。

自北宋以来,学人大谈“尧舜三代之道”,讨论历史理想与社会政治理想,为当世改革树立高标与方向。二程从天理出发推明王道,为人间历史规定终极目的,阐发一套立基于儒家道德理想的社会理想、历史理想,提供了批判现实的理想坐标,也提供了改造现实的精神动力。

《程氏易传》解“乾”之彖辞,以“保合太和”说明“天道”之“大公”:“乾道变化,生育万物,洪纤高下,各以其类,各正性命也。天所赋为

① 程颢、程颐:《二程集》之《河南程氏外书》卷五,中华书局1981年版,第374页。

‘命’,物所受为‘性’。‘保合太和,乃利贞’,‘保’谓‘常存’,‘合’谓‘常和’,保合太和,是以利且贞也。”①又解“无妄”之象辞说:“天道生万物,各正其性命而不妄。王者体天之道,养育人民,以至昆虫草木,使各得其宜,乃对时育物之道也。”②《春秋传》解释“元年春王正月”说:“书‘春王正月’,示人君当上奉天时,下承王正。明此义,则知王与天同大,人道立矣。”解释书“天王”之义说:“王者奉若天道,故称天王,其命曰天命,其讨曰天讨。尽此道者,王道也。后世以智力把持天下者,霸道也。”③“王道”应合乎“天道”之“大公”,通观二程论著,他们予以“王道”的规定性仅仅是一个“公”字:“《诗》《书》中凡有个主宰底意思者,皆言帝;有一个包涵遍覆底意思则言天;有一个公共无私底意思则言王。上下千百岁中,若合符契。”④

“庆历新政”失败之后,自仁宗皇祐年间至神宗熙宁初年,进士大夫集团中改革呼声日益高涨,于这一形势下,二程提出王霸之辩的论题,以王道与霸道为名,重新澄清“天下为公”的政治理念,同时也提出改革时政的根本政治纲领。程颢于熙宁元年上《论王霸札子》,其大概如下:

> 得天理之正,极人伦之至者,尧、舜之道也;用其私心,依仁义之偏者,霸者之事也。……故诚心而王则王矣,假之而霸则霸矣。二者其道不同,在审其初而已。
>
> …………
>
> 故治天下者,必先立其志,正志先立,则邪说不能移,异端不能惑,故力进于道而莫之御也。苟以霸者之心而求王道之成,是衔石以为玉也。⑤

① 程颢、程颐:《二程集》之《程氏易传》卷一,中华书局 1981 年版,第 697—698 页。

② 程颢、程颐:《二程集》之《程氏易传》卷二,中华书局 1981 年版,第 824 页。

③ 程颢、程颐:《二程集》之《河南程氏经说》卷四《春秋传》,中华书局 1981 年版,第 1086—1088 页。

④ 程颢、程颐:《二程集》之《河南程氏遗书》卷二上,中华书局 1981 年版,第 30—31 页。

⑤ 程颢、程颐:《二程集》之《河南程氏文集》卷一《论王霸札子》,中华书局 1981 年版,第 450—451 页。

王道、霸道之别不在于具体的“治术”层面，而在于“本”“体”层面，即“王者”之“心术”如何，即君主、朝廷所持的政治理念为何：是奉“大公无私”之“天道”，反身而诚，发政施仁；还是行仁政以利一家一姓社稷长久之私。

二程皆推崇张载《西铭》，认为它讲透了“理一而分殊”的宇宙世界的本然秩序，讲透了“仁”“义”之道，“仁”就是“以天地万物为一体，莫非我也”之自觉，此即“理一”，将“仁”及于不同的人、事、物，而有一定的分别与止限，则为“义”，此即“分殊”①。而二程的社会政治理想王道即是由仁、义之道推阐出来。程颢解释《大学》之“八条目”说：

> 物格而后知至，知至而后意诚，意诚而后心正，心正而后身修，身修而后家齐，家齐而后国治，国治而后天下平。自天子以至于庶人，壹是皆以修身为本。其本乱而末治者，否矣；其所厚者薄而其所薄者厚，未之有也。此谓知本，此谓知之至也。②

一人之人格为宇宙全人格之一部分，而与一切人之人格相依相荡，我能自觉其仁心，扩充此仁心，而与他人交感相发，使与我同类之人皆与我同心一体，以至“以天下为一家，中国为一人”。王道指的就是这样一种道德理想。而“自天子以至于庶人”能自修其身，识仁行义以合于礼，则是治政之大本，是达到王道理想的根本途径。也就是说，治理社会的根本办法就是自上而下的对理想人格的教育养成，而社会的理想状态就是人人自治而互助。二程本诸天理提出的王道理想与先秦儒家的历史理想是相通的。

为人间历史、现实社会树立了终极目的、至高理想之后，二程反复强调，只有“尧舜三代”文明初期是天理流行的社会，是真正实现王道的黄金时代，而三代以下，总的来说是霸道把持的社会：“三代之治，顺理者

---

① 程颢、程颐：《二程集》之《河南程氏文集》卷九《答杨时论〈西铭〉书》，中华书局 1981 年版，第 609 页。

② 程颢、程颐：《二程集》之《河南程氏经说》卷五《明道先生改正〈大学〉》，中华书局 1981 年版，第 1126 页。

也。两汉以下，皆把持天下者也。”[①]且人间历史已经不可能真正回复到理想状态，这是将三代与三代以下的历史断裂开来，使尧舜三代成了后世历史永远追慕而又永远不可及的空想社会：“后世虽有作者，虞帝不可及也。犹之田也，其初开荒莳种甚盛，以次遂渐薄，虞帝当其盛时故也。”[②]又说：

> 若举大运而言，则三王不如五帝之盛，两汉不如三王之盛，又其下不如汉之盛。至其中间，又有多少盛衰。如三代衰而汉盛，汉衰而魏盛，此是衰而复盛之理。……若论天地之大运，举其大体而言，则有日衰削之理。如人生百年，虽赤子才生一日，便是减一日也。形体日自长，而数日自减，不相害也。[③]

朱熹对三代与三代以下的绝对区别，对人间历史的不可弥合的断裂，更是反复致意强调，他说：

> 物久自有弊坏。秦汉而下，二气五行自是较昏浊，不如太古之清明纯粹。且如中星自尧时至今已自差五十度了。秦汉而下，自是弊坏。得个光武起，整得略略地，后又不好了。又得个唐太宗起来，整得略略地，后又不好了。终不能如太古。[④]

这种绝对区隔三代与三代以下的历史断裂观念是中国古代历史理论一个相当重要的特色，并不能用“历史退化”论一言以蔽之。整体地来看二程与朱熹的历史观，会发现他们并不认为人类历史是不断退化的，相反，在天理永恒常存的宇宙之中，人类历史总是合乎天理、顺乎天理的，前途总是光明的。所以我们应该看到，他们将三代悬置为后世绝对不可及的理想境界，是有其更积极的思想意义的，这就是以三代为现实历史确立了一个永远不可企及的理想标准，它永远不可能完全实现，但永远值得追求。在“天理流行”的三代理想的参照之下，现实社会永远是不完善的，永远需要批判与改造，现实政治永远无法得到充分的合理性，社会现状永

---

① 程颢、程颐：《二程集》之《河南程氏遗书》卷一一，中华书局1981年版，第127页。

② 程颢、程颐：《二程集》之《河南程氏遗书》卷二下，中华书局1981年版，第55页。

③ 程颢、程颐：《二程集》之《河南程氏遗书》卷一八，中华书局1981年版，第200页。

④ 黎靖德编：《朱子语类》卷一三四，中华书局1986年版，第3208—3209页。

远不能得到充分的肯定,从而为学者士人之批判现实提供了充分而常存的理据,使人们总是能对现实保持一个批判的态度。

程颢于熙宁元年上书指陈时弊,就是将“尧舜之治”悬为目标,要求神宗以尧舜之道自期,以尧舜之心自任,而追求富强的比较现实的“汉唐之治”则不足法。朱熹与陈亮之间有过一场著名的“王霸义利之辨”,陈亮便主张取消三代王道与汉唐霸道的绝对区分,以为“本领宏阔,工夫至到,便做得三代,有本领无工夫,只做得汉唐”①,他表彰、向慕“本领非不洪大开阔,故能以其国与天地并立,而人物赖以生息”的“汉唐之君”②,这与他强调儒者之当务应是富国强兵的实学实术而不只是道德修养,是适相配合的。针对陈亮的这种说法,朱熹深切辩驳,坚执“千五百年之间……所以只是架漏牵补,过了时日。其间虽或不无小康,而尧、舜、三王、周公、孔子所传之道,未尝一日得行于天地之间也”。他一边指出天理贯穿三代与三代以下的历史,顺之者昌,逆之者亡,一边指出如果撤去三代与三代以下之限隔,如果不再区别“惟精惟一”的圣贤功夫与“利欲场中头出头没”的英雄事业,将会导致的思想结果是以王道曲饰现实,丧失理想从而丧失对现实的批判能力,他认为:

> 却将圣人事业去就利欲场中比并较量,见有仿佛相似,便谓圣人样子不过如此,则所谓毫厘之差,千里之谬者,其在此矣。……盖圣人之目固大,心固平,然于本根亲切之地,天理人欲之分,则有毫厘必计,丝发不差者。此在后之贤所以密传谨守以待后来,惟恐其一旦舍吾道义之正以徇彼利欲之私也。今不讲此,而遽欲大其目、平其心以断千古之是非,宜其指铁为金,认贼为子而不自知其非也。③

朱熹更进一步指出,若真正追求将天理、王道落实于现实之中,就必须真正信仰与践履儒家道德理想,并以此批判现实政治权威之不道,这就是:“今若必欲撤去限隔,无古无今,则莫若深考尧舜相传之心法,汤武反之之功夫,以为准则而求诸身;却就汉祖、唐宗心术微处痛加绳削,取其偶合

① 陈亮:《陈亮集》卷二〇《又乙巳秋书》,中华书局1974年版,第292页。
② 陈亮:《陈亮集》卷二〇《又甲辰秋书》,中华书局1974年版,第281页。
③ 朱熹:《朱熹集》卷三六《答陈同甫》,四川教育出版社1996年版,第1603页。

而察其所自来，黜其悖戾而究其所从起，庶几天地之常经、古今之通义有以得之于我。”①

二、天理主宰下的人间历史之“道”

无论二程还是朱熹，在他们的天理思想体系之中，人及其社会历史都是合目的性合规律性的宇宙的一部分，是宇宙界的大经大法即天理赋予人类历史以目的、意义与法则，也就是说，人类历史是有一定的法则的，历史法则与宇宙法则是“一贯之道”，所以，它并不是人类历史自身的产物，它是属于天的，而绝不仅仅是人的，它不是人力所能左右，不以人的意志为转移。但是，人能够理解与把握天理作用之下的人类历史运动变化之“道”，并主动顺应之，助导之，所谓“先天而天弗违，后天而奉天时”，从而完成人参赞天地之化育的天命。在天理世界中，讲“天人之际”着重于天与人在理的层次上的通贯，以及人如何顺天理以动，如程颐所说：“天地不与圣人同忧，天地不宰，圣人有心也。天地无心而成化，圣人有心而无为。天地圣人之盛德大业，可谓至矣。”②

二程于宇宙论形而上学方面较少探究，而注重讲人生界的理。朱熹则继承周敦颐、张载二人的思想体系，建立了一套完备的宇宙论形而上学体系，宇宙界之与人生界，自朱熹理想言，当是一体两分，其贯通处正在“理”“性”，在“天”为“理”，在“人”为“性”。与二程有所不同的是，二程比较强调宇宙的自然性，即“天地无心而成化”，而朱熹则指示宇宙的生命性、精神性，即天地之有“心”并赋予人、物以“心”：“天地以生物为心。天包着地，别无所作为，只是生物而已。亘古亘今，生生不穷，人物则得此生物之心以为心。”③朱熹言“理”则名之曰“生理”，“气”则名之曰“生

① 朱熹：《朱熹集》卷三六《答陈同甫》，四川教育出版社 1996 年版，第 1600—1601 页。

② 程颢、程颐：《二程集》之《河南程氏经说》卷一《易说 · 系辞》，中华书局 1981 年版，第 1029 页。

③ 黎靖德编：《朱子语类》卷五三《“人皆有不忍人之心”章》，中华书局 1986 年版，第 1280 页。

气”,又说:“仁者,天地生物之心。”“天地之大德曰生,人受天地之气而生,故此心必仁,仁则生矣。”①由朱熹言之,则此宇宙大整体,乃是一至仁之体,在此大仁至神之造化中,而有人物生生,人则得气最灵,能上合天德,法乎天地之大仁至神而参赞宇宙之造化:“天只生得许多人物,与你许多道理,然天却自做不得,所以生得圣人为之修道立教,以教化百姓。所谓裁成天地之道,辅相天地之宜是也。盖天地做不得底,却须圣人为他做也。”②“天地则和这个都无,只是自然如此。圣人法天,做这许多节措出来。”③那么,天理作用之下的人类历史运动变化之“道”,其底里如何呢? 二程与朱熹就此都有很多论述。首先,按照“气运”之大数来说,人类历史在起源之初元气淋漓,是极盛之时,故尧舜三代之盛为后世所不可及。如二程说:

> 后世虽有作者,虞帝不可及也。犹之田也,其初开荒莳种甚盛,以次遂渐薄,虞帝当其盛时故也。其间有如夏衰,殷衰,周衰,有盛则有衰,又是其间之盛衰,推之后世皆若是也。如一树,方其荣时,亦有发生,亦有凋谢。桑榆既衰矣,亦有发生,亦有凋谢。又如一岁之中,四时之气已有盛衰,一时之中又有盛衰,推之至如一辰,须有辰初、辰正、辰末之差也。④

> 若举大运而言,则三王不如五帝之盛,两汉不如三王之盛,又其下不如汉之盛。至其中间,又有多少盛衰。如三代衰而汉盛,汉衰而魏盛,此是衰而复盛之理。……若论天地之大运,举其大体而言,则有日衰削之理。如人生百年,虽赤子才生一日,便是减一日也。形体日自长,而数日自减,不相害也。⑤

但是,二程与朱熹却并不是简单的历史退化论者。如果仅仅认为人类历史是不断退化的,一天不如一天,一代不如一代,终至于绝路,必然会对人

---

① 黎靖德编:《朱子语类》卷五《性理二》,中华书局 1986 年版,第 85 页。
② 黎靖德编:《朱子语类》卷一四《大学一·序》,中华书局 1986 年版,第 259 页。
③ 黎靖德编:《朱子语类》卷七三《易九·节》,中华书局 1986 年版,第 1866 页。
④ 程颢、程颐:《二程集》之《河南程氏遗书》卷二下,中华书局 1981 年版,第 55 页。
⑤ 程颢、程颐:《二程集》之《河南程氏遗书》卷一八,中华书局 1981 年版,第 200 页。

类历史前途抱悲观绝望的态度，但二程与朱熹绝非如此。天地有生生之理运行不息，生命洪流永远处于生灭盛衰相始终的循环运动中，生机永恒不绝。人类历史在天理的作用之下，必盛而复衰，衰而复盛，以儒家人文价值为实质内容的天理是贯穿历史盛衰兴亡的轴心，人类历史乃是永恒之天理的呈现，将永远回归于天理，人道价值、人间的合理秩序不为汤、武而存，不为桀、纣而亡，将永远复归。基于对历史之中天理的信仰，人在任何情况下，尤其是在黑暗、混乱、衰败、腐朽的时代，对天理人道的必将复归、对人间社会必将再建合理秩序，人伦道德必将重新成为人间社会的法则，都能抱着坚定的信心，无须焦虑、忧愤、绝望，而做自己应该做并能够做到的事情，比如隐逸著述以明道，藏诸名山而待后王之兴。这是天理，不以任何人的意志为转移。程颐说：

盖自是气有淳漓。正如春气盛时，生得物如何，春气衰时，生得物如何，必然别。今之始开荒田，初岁种之，可得数倍，及其久，则一岁薄于一岁，此乃常理。观三代之时，生多少圣人，后世至今，何故寂寥未闻，盖气自是有盛则必有衰，衰则终必复盛。若冬不春，夜不昼，则气化息矣。圣人主化，如禹之治水，顺则当顺之，治则须治之。①

程颐讲“剥”卦之“上九”爻说：

然阳无可尽之理，变于上则生于下，无间可容息也。圣人发明此理，以见阳与君子之道，不可亡也。……以气消息言，则阳剥为“坤”，阳来为“复”，阳未尝尽也，剥尽于上，则复生于下矣。……阴道盛极之时，其乱可知。乱极则自当思治，故众心愿载于君子，君子得舆也。②

朱熹在与陈亮的辩论中也说：

若论道之常存，却又初非人所能预。只是此个自是亘古亘今常在不灭之物，虽千五百年被人作坏，终殄灭他不得耳。

…………

① 程颢、程颐：《二程集》之《河南程氏遗书》卷一五，中华书局1981年版，第146页。

② 程颢、程颐：《二程集》之《程氏易传》卷二，中华书局1981年版，第816页。

常窃以为亘古亘今只是一体,顺之者成,逆之者败,固非古之圣贤所能独然,而后世之所谓英雄豪杰者,亦未有能舍此理而得有所建立成就者也。①

二程虽然没有历史著述,但他们却非常重视读史明理,程颐曾纵论历代盛衰,其中贯穿的思想主旨当然是天理为核心。他说:

秦以暴虐,焚《诗》《书》而亡。汉兴,鉴其弊,必尚宽德崇经术之士,故儒者多。儒者多,虽未知圣人之学,然宗经师古,识义理者众,故王莽之乱,多守节之士。世祖继起,不得不褒尚名节,故东汉之士多名节。知名节而不知节之以礼,遂至于苦节,故当时名节之士,有视死如归者。苦节既极,故魏晋之士变而为旷荡,尚浮虚而亡礼法。礼法既亡,与夷狄无异,故五胡乱华。夷狄之乱已甚,必有英雄出而平之,故隋唐混一天下。隋不可谓有天下,第能驱除耳。唐有天下,如贞观、开元间,虽号治平,然亦有夷狄之风,三纲不正,无父子君臣夫妇,其原始于太宗也。故其后世子弟,皆不可使。……君不君,臣不臣,故藩镇不宾,权臣跋扈,陵夷有五代之乱。汉之治过于唐,汉大纲正,唐万目举。本朝大纲甚正,然万目亦未尽举。②

能以儒道立国则兴,否则亡,立国之道能合于"义理之正",士大夫辈才能真正胜任政治、文化之掌管责任,"礼法"才能维持长久。而一旦大一统社会秩序衰败乱亡,又总是能有人才兴起,重开盛运,重建人间"礼法",但终有不及三代之处。

朱熹则以天理思想体系系统地重新解说历史,撰著了《资治通鉴纲目》,形成一套以天理史观为指导的中国通史体系,李方子称朱熹于此书"凡古今难制之变,难断之疑,皆得参验稽决,以合于天理之正,人心之安。""义正而法严,辞核而旨深,陶铸历代之偏驳,会归一理之纯粹"。③

---

① 朱熹:《朱熹集》卷三六《答陈同甫》,四川教育出版社 1996 年版,第 1592—1602 页。

② 程颢、程颐:《二程集》之《河南程氏遗书》卷一八,中华书局 1981 年版,第 236 页。

③ 朱熹:《资治通鉴纲目》序,《文渊阁四库全书》,台湾商务印书馆 1986 年版,第 689 册,第 29 页。

三、人之御天顺理而行动

人类的历史合乎整个宇宙的客观目的,受制于整个宇宙的客观法则,那么,人在其中所应该做的、所能够做的是什么呢?什么是人之所能为?什么是人的“天命”呢?

程颢曾说:“太山为高矣,然太山顶上已不属太山。虽尧舜之事亦只是如太虚中一点浮云过目。”①又说:“立人之道曰仁与义。据今日合人道废则是,今尚不废者,犹只是有那些秉彝卒殄灭不得。以此思之,天壤间可谓孤立!其将谁告耶?”②“那些秉彝”“立人之道”即人类历史中的天理呈现,才是历史之中真正的实在,而一统天下如“尧舜事业”者,皆是有限存在,皆因体现、承载此“道”此“理”而获得意义,而其本身并无真实的意义,并不能自成价值。此“理”此“道”是贯穿王朝兴亡、超越朝代界限的历史终极目的与普遍法则,是恒定不变的常理,王朝、国家则是其载体,是其实现的手段。使“那些秉彝卒殄灭不得”才是真正永恒的事业,唯此为大,一时一代的成败兴废反不足与论。

朱熹说:“千言万语,只是说这个道理。若还一日不扶持,便倒了。圣人只是常欲扶持这个道理,教它撑天柱地。”③程颐说:“大抵气化在天在人一般,圣人其中,只有功用。放勋曰:‘劳之来之,匡之直之,辅之翼之。’正须如此。”④

人的“天命”或者说人的历史使命,就是在任何形势下都能扶持此“理”此“道”,都能努力将之落实于当身现实之中,使其得到具体的呈现。虽然此“理”此“道”亘古恒常地存在,实气化运行之主宰,不以人的意志为转移,但天理微而不显,必待人而后弘大。

朱熹有一段话把这个道理阐发得很透彻:

---

① 程颢、程颐:《二程集》之《河南程氏遗书》卷三,中华书局1981年版,第61页。

② 程颢、程颐:《二程集》之《河南程氏遗书》卷二上,中华书局1981年版,第25页。

③ 黎靖德编:《朱子语类》卷一三《学七》,中华书局1986年版,第230页。

④ 程颢、程颐:《二程集》之《河南程氏遗书》卷一五,中华书局1981年版,第146页。

> 夫三才之所以为三才者,固未尝有二道也。然天地无心而人有欲,是以天地之运行无穷,而在人者有时而不相似。盖义理之心顷刻不存则人道息,人道息则天地之用虽未尝已,而其在我者则固即此而不行矣。不可但见其穹然者常运乎上,颓然者常在乎下,便以为人道无时不立而天地赖之以存之验也。夫谓道之存亡在人而不可舍人以为道者,正以道未尝亡而人之所以体之者有至有不至耳,非谓苟有是身则道自存,必无是身然后道乃可亡也。天下固不能人人为尧,然必尧之道行然后人纪可修,天地可立也。……但主张此道之人,一念之间不似尧而似桀,即此一念之间便是架漏度日,牵补过时矣。①

而人要真正做到扶持此"道",就要判断自己所处时势的特点即具体的历史状况如何,并选择在此时势下最有利于天理人道之存续的实践行动,这就是程子所谓"随时明道",或者说"因时明道"。朱熹、程颐之讲《周易》,就是在讲志于"道"之君子于何"时"、处何"位",将如何行事才合乎"义理之正"。程颐说:"君子尚消息盈虚,天行也;君子存心消息盈虚之理而能顺之,乃合乎天行也。理有消衰,有息长,有盈满,有虚损,顺之则吉,逆之则凶,君子随时敦尚,所以事天也。"②"恒"卦之"彖辞"有曰:"天地之道,恒久而不已。"于此,程颐发挥说:"观其所恒,谓观日月之久照、四时之久成,圣人之道所以能常久之理。观此,则天地万物之情理可见矣。"③这是说,正因为有盛有衰,有消有长,天地万物才能生生不已,恒久不绝。故君子处于逆境衰时,知此天理之必然,知此"常久之道",就应"自立于大中常久之道,不变易其方所也"。既不绝望不消极,也不因循时俗,放弃或改变自己的志向,而是能根据"时势"给定的限制与提供的条件,必有所为,只有这样,才能获得对"时"的主动性,完成君子参赞天地之化育的天命。

① 朱熹:《朱熹集》卷三六《答陈同甫》,四川教育出版社 1996 年版,第 1599—1600 页。

② 程颢、程颐:《二程集》之《程氏易传》卷二,中华书局 1981 年版,第 813 页。

③ 程颢、程颐:《二程集》之《程氏易传》卷三,中华书局 1981 年版,第 862 页。

第三节　天理与人间历史的"势"与"理"

一、天理的历史逻辑与人间历史的大势

程颐"每读史到一半，便掩卷思量，料其成败，然后却看有不合处，又更精思，其间多有幸而成，不幸而败。今人只见成者便以为是，败者便以为非。不知成者煞有不是，败者煞有是底"①。程颐之读史当然是"精思"治乱兴亡之故，但是，他发现按"义理之正"行事并不一定能保证其成其兴，而不按"义理之正"行事的功利主义者却往往能利用时势达成一己目的，也就是说，人间历史兴亡盛衰的大势与因果，往往与天理给历史设定的目的与秩序相矛盾。他要更深入地考察到底是什么力量、因素左右了一时的得失成败，他指出，行道而败，失道而成乃是偶然性，是有幸有不幸的无常命运，而人们应该执着的是社会历史的真正命脉，使"那些秉彝卒殄灭不得"，唯此为大，一时一代的成败兴废反不足与论。于是程颐之读史，主要是反复辨明一件具体的历史作为，有其成败得失的功业效果，又有是非善恶的道义标准，如何清楚地区分这两个层次的问题，并据义理之是非裁正功业之得失成败，从而树立"理"对于"势"的超越性，明确在历史之中什么才是根本重大的事业，明确君子之处世行事应该遵循的"义命"。

程颐曾就管仲、冯道、荀彧之功过是非，进行辨析。有人问："孔子称管仲'如其仁'，何也?"程颐分析道，管仲最初臣事公子纠，而公子纠按照"传嫡立长"的周礼，是不应该谋求君主之位的，所以管仲之臣事子纠，并非君臣关系，故而"及其败也，可以死，亦可以无死"。后来，管仲辅佐公子小白建齐桓霸业，"仲尼称之曰'如其仁'，谓其有仁之功也"。如果当

① 程颢、程颐:《二程集》之《河南程氏遗书》卷一九，中华书局 1981 年版，第 258 页。

初管仲与公子纠有君臣之义,君被弑杀,管仲又臣事弑君之仇敌,后虽建有庇佑生民之大功,“圣人岂复称之耶?”程颐强调:“若以圣人不观其死不死之是非,而止称其后来之是非,则甚害义理也。”①在这里,程颐特别辨明了“死不死之是非”与“后来之是非”为两种不同的价值标准,后者指经邦济民的客观“功业”效果,前者指不问后果、不计利害得失唯以“义命”而行的道德行为,程颐并不是说客观功业完全没有价值,而是强调不能以“功”之有无涵盖、替代“义”之是非,是非善恶的道义标准与成败得失的功业标准是两个层级的价值标准。程颐之辨明“功”的价值标准与“义”的价值标准,其实是明确了道德的真义:不计客观效果,唯问义命所在,即使行“义”的效果是受害、失败,仍然合“义”而行。如果是为了“功”而行“义”,便非真正的“义”,“义”不因其必然带来“功”的效果而须遵行。

程颐对冯道、荀彧的褒贬同样挺立了“义”的价值标准,从而使道德价值不至于混同功利价值。胡瑗“以为当五代之季,生民不至于肝脑涂地者,道有力焉,虽事仇无伤也”。司马光“以为东汉之衰,彧与攸视天下无足与安刘氏者,惟操为可依,故俯首从之,方是时,未知操有他志也”。胡瑗、司马光皆认为能以“生民不至于肝脑涂地”的客观功效赋予其“不义”手段以正义性,而程颐则指出“义理之正”为根源性价值、终极实在,是统合“万殊”之“理一”,是定义人的历史的大本大原,只有真正的道德行为,才根本上、真正地有益于人类历史、文明之存续,若悖逆“人伦之正”以求民人安利,是“枉己”以求“直人”,有害于此大本大根。②

就是在这个意义上,“读史”乃是“穷理”“格物致知”的重要途径。如程颐所说:“穷理亦多端。或读书讲明义理,或论古今人物,别其是非,或应事接物而处其当,皆穷理也。”③朱熹《通鉴纲目序例》指出:“岁周于上而天道明矣,统正于下而人道定矣,大纲概举而鉴戒昭矣,众目毕张而几微著矣。是则凡为致知格物之学者,亦将慨然有感于斯。”为使人能真

---

① 程颢、程颐:《二程集》之《河南程氏遗书》卷二二上,中华书局 1981 年版,第 285 页。

② 程颢、程颐:《二程集》之《河南程氏遗书》卷四,中华书局 1981 年版,第 73—74 页。

③ 程颢、程颐:《二程集》之《河南程氏遗书》卷一八,中华书局 1981 年版,第 188 页。

正明于此“理”，处身行事能真正立足于此“理”，无论二程还是朱熹都反复强调，读书必须以“经”为本，而后读史方能有益。程颐说：“学《春秋》亦善，一句是一事，是非便见于此，此亦穷理之要。然他经岂不可以穷？但他经论其义，《春秋》因其行事，是非较著，故穷理为要。尝语学者，且先读《论语》《孟子》，更读一经，然后看《春秋》，先识得个义理，方可看《春秋》。”[①]朱熹说：“凡读书，先读《语》《孟》，然后观史，则如明鉴在此，而妍丑不可逃。若未读彻《语》《孟》《中庸》《大学》，便先去看史，胸中无一个权衡，多为所惑。”[②]然而，如此“陶铸历代之偏驳，会归一理之纯粹”，并不就是说在实践活动中只需要保证正心诚意，保持意图的纯正，而不用考虑行为的客观效果，即遵循“意图伦理”而不讲“责任伦理”。程颐曾说：“以何为准？无如《中庸》。欲知《中庸》，无如‘权’，须是时而为中。”[③]又说：“论事须着用权，古今多错用权字，才说权，便是变诈或权术。不知权只是经所不及者，权量轻重，使之合义，才合义，便是经也。今人说权不是经，便是经也。权只是称锤，称量轻重。孔子曰：‘可与立，未可与权。’”[④]

其实，程颐所讲的《春秋》褒贬大义，也就是“穷理”，或“格物致知”，一个很重要的方面，是即事明理，即随时，即能“权”，这是一种高度的实践智能，探讨的是如何考察判断复杂具体的历史情势、种种矛盾限制，如何抉择，如何行动，才能使价值理想落实于现实实践之中。学《春秋》、读史，就是要学如何能在错综复杂的状况下有信念而负责任地行动，既不能因循时势不讲原则，又不能只保证动机、意念的纯正就够了，而要将“理”落实于“势”之中，追求在具体情势下获得“至当”的客观效果，“天理”“理一”必须在具体的政治道德实践之中体现，始成为具体真实之价值。读史以“穷理”学的是“随时明道”、能“权”，这其实是道德践履的最艰苦工夫。

朱熹之论读史以明道，十分精要：“天下万事有大根本，而每事之中

---

① 程颢、程颐：《二程集》之《河南程氏遗书》卷一五，中华书局 1981 年版，第 164 页。

② 黎靖德编：《朱子语类》卷一一《学五》，中华书局 1986 年版，第 195 页。

③ 程颢、程颐：《二程集》之《河南程氏遗书》卷一五，中华书局 1981 年版，第 164 页。

④ 程颢、程颐：《二程集》之《河南程氏遗书》卷一八，中华书局 1981 年版，第 234 页。

又各有要切处。所谓大根本,固无出于人主之心术。所谓要切处,则必大本既立,然后可推而见。……若徒言正心,而不足以识事物之要;或精窍事情,而特昧夫根本之归,则是腐儒迂阔之论,俗士功利之谈,皆不足与论当世之务矣。"[①]君子之读书、穷理、格物致知,就是为了获得、养成"随时明道"的实践智能:"考之于经,验之于史,而会之于心,以应当世无穷之变。"[②]"随时明道"、能"权",首先是要能当"时"而作,即不执着于一定教条,而是准确认识与判断所处时势的特点,根据时势进行最有利于救世扶道的事业,这一事业可能突破常理,但合乎大道。程颐肯定于非常之时推翻暴君鼎革代兴乃"义理之正",他批评伯夷之反对武王伐纣,是"知守常理,而不知圣人之变,故隘"[③]。针对司马光等以《春秋》"尊王"义非难孟子之"乱常",程颐指出:

> 孔子之时,诸侯甚强大,然皆周所封建也。周之典礼虽甚废坏,然未泯绝也。故齐晋之霸,非挟尊王之义,则不能自立,至孟子时则异矣。……先王之政绝而泽竭矣。夫王者,天下之义主也。民以为王,则谓之天王天子,民不以为王,则独夫而已矣。二周之君,虽无大恶见绝于天下,然独夫也。故孟子勉齐梁以王者,与孔子之所以告诸侯不同。君子之救世,时行而已矣。[④]

无论是维护现实君臣伦常以"尊周",还是顺天"革命",与民更始,关键在于"识时",在于"当其时作其事","前一日不可,后一日不可",当孔子之"时"而"革命",则为"篡逆",当孟子之"时"而"尊周",则"无救弊济世之心,失时而有咎也"[⑤]。在程颐看来,司马光等"疑孟",乃"执一"而不知"时变"。

---

① 朱熹:《朱熹集》卷二五《答张敬夫》,四川教育出版社 1996 年版,第 1055 页。

② 朱熹:《朱熹集》卷一三《癸未垂拱奏札一》,四川教育出版社 1996 年版,第 506 页。

③ 程颢、程颐:《二程集》之《河南程氏遗书》卷一八,中华书局 1981 年版,第 217 页。

④ 程颢、程颐:《二程集》之《河南程氏遗书》卷二一下,中华书局 1981 年版,第 273 页。

⑤ 程颢、程颐:《二程集》之《河南程氏外书》卷九《春秋录拾遗》:"孔子时,唯可尊周;孟子时,方可革命。时变然也。前一日不可,后一日不可。"《程氏易传》卷四解"革"之卦义:"谓可以革天下之弊,新天下之事,处而不行,是无救弊济世之心,失时而有咎也。"中华书局 1981 年版,第 953 页。

"随时明道"、能"权",亦指在两种价值标准发生矛盾的两难处境之中,如何"权量轻重,使之合义"。程颐曾举例,汉文帝时,太后弟薄昭杀汉朝使者,汉文帝诛杀薄昭,太后为此伤心至死。对于此事,后人之议颇异。他的裁断是这样的:"使薄昭盗长陵土,则太后虽不食而死,昭不可不诛也。其杀汉使,为类亦有异焉。若昭有罪,命使往治,昭执而杀之,太后之心可伤也,昭不可赦也,后若必丧其生,则存昭以为全后可也;或与忿争而杀之,则贷昭以慰母心可也。此之谓能权。"①

朱熹曾批评自古及今大多数史学家做不到"穷理""明道",他们往往关注成败得失兴亡盛衰的客观功业效果,探讨考察的无非是在一定时势下如何成、得、兴、盛,他们之惩恶劝善,往往是告诉人们做符合道义的事情将带来有利于自己的客观效果,反之则不然,这样一来,"义理之正"反不是第一位的价值标准,而是依附于功利标准才获得正当性的。如他评论《左传》:"左氏乃一个趋利避害之人。要置身于稳地,而不识道理,于大伦处皆错。观其议论,往往皆如此。"②又评论《史记》说:

> 又如《诸侯年表》,盛言形势之利,有国者不可无。末却云形势虽强,要以仁义为本。他上文本意,主张形势,而其末却如此说者,盖他也知仁义是个好底物事,不得不说,且说教好看。如《礼书》所云,亦此意也。……迁之学,也说仁义,也说诈力,也用权谋,也用功利。然其本意,却只在于权谋功利。孔子说,伯夷求仁得仁,又何怨?他一传中,首尾皆是怨辞,尽说坏了伯夷。③

在朱熹看来,真正的史学一定要能以"此心存亡之端"统驭"古今兴亡之变",要能教育君子处身行事一以义理为准绳,同时又精察世变,能根据时势将历史导引于"道"的方向,若考察古今兴亡盛衰之由只是为了现实的成功,这样的史学便是"功利"之学,不能上升到"理"的层次,把握历史运动的真正方向,从而也不能规范现实的历史运动,只能因循迎合既成的

---

① 程颢、程颐:《二程集》之《河南程氏文集》卷八《薄昭论》,中华书局 1981 年版,第 585 页。

② 黎靖德编:《朱子语类》卷一二三《陈君举》,中华书局 1996 年版,第 2959 页。

③ 黎靖德编:《朱子语类》卷一二二《吕伯恭》,中华书局 1996 年版,第 2951 页。

时代潮流。他据此严厉批评当时浙东学派的学风:"近日又有一般学问,废经而治史,略王道而尊霸术,极论古今兴亡之变,而不察此心存亡之端。若只如此读书,则又不若不读之为愈也。"①一方面,理学家以天理为人间历史规定的目的、意义与秩序,另一方面,他们又深刻地洞察到,人间历史实际的兴亡盛衰之大势及其因果,人间历史之中不同势力集团斗争的胜负结局,往往不是天理所能说明,甚至悖反于天理所规定的历史逻辑。我们看到,天理世界并非那么圆融一贯,人间历史的大势潮流以及其内在动因,似乎与天理之间有着不可弥合的裂痕。显然,在朱熹看来,客观运行的历史,只有符合于天理的原则,才是真正的历史,他是要把历史装进天理的框架之中,否则,史学家们写出来的历史,都是可以"不读"的。

二、继承"天人相分"传统,揭去天理对人事的笼罩

中唐时期的柳宗元力主"天人相分",将天还原为自然界及其运动,而将人类要生存要发展的"生人之意"确定为人间历史的内在动因与法则。柳宗元在《贞符》与《封建论》中论述国家、君权、礼制的历史起源。在"生人之意"的推动下,"大公乃克建"成为客观必然的历史大势,无论历史行动者的主观意志怎样,历史大势终将合于"大公之道"。"生人之意""大公之道"乃是人间历史自身内在的法则,虽合于道德理性,但并非天理、天道之所赋予与规定。

南宋时代的浙东"事功"学派如叶适、陈亮等,在一定意义上对柳宗元的思路有所继承,他们重视历史上治乱兴亡的实际缘由与功效,以为言"性理"不足以知之,历史人事自有其势其理,并不能"会归一理之纯粹",从而严重地挑战着天理对于人事的统治。朱熹虽与陆九渊多次论战,然陆氏毕竟也讲的是"理"学,但浙东"事功"学派则显然要越出天理的藩篱来讲历史上的治乱兴衰之道,这是朱熹所绝难容忍的。他曾说:"陆氏之学虽是偏,尚是要去做个人,若永嘉(叶适)、永康(陈亮)之说,大不成学

① 朱熹:《朱熹集》卷五三《答沈叔晦》,四川教育出版社 1996 年版,第 2683 页。

问！不知何故如此？”①

叶适从理论上对理学进行攻驳，他坚持将义理与事功结合起来，对“理”有着自己的解释。他并不能背离“天人合一”的时代思潮，却在一定程度上重新肯定柳宗元的“天人相分”之说，在批驳感应说与谶纬之术时说道：“天自有天道，人自有人道”，“若不尽人道而求备于天以齐之，必如‘景之象形，响之应声’，求天甚详，责天愈急，而人道尽废矣”。“天文、地理、人道，本皆人之所以自命，其是非得失，吉凶祸福，要当反之于身。”②

天道既不能涵盖人道，人间的是非得失、吉凶祸福，皆当反求之于自身。那么，他所说的“道”“理”，就不是一种神秘的先验本体，主宰并贯通着万事万物。他强调，所谓“道”“理”不过是具体事物的性质与法则，事物尽管千差万别，千变万化，但人能知其“理”，故能认识事物把握事物：

> 夫形于天地之间者，物也；皆一而有不同者，物之情也；因其不同而听之，不失其所以一者，物之理也；坚凝纷错，逃遁谲伏；无不释然而解，油然而遇者，由其理之不可乱也。③

他提出“道”在“器”中，“道”不离“器”的理论主张，主要是说，欲明“理”见“道”，必须深入着实地去探究具体的不同的事物，以考察其性质与法则，而进行道德反省领悟内在“性理”，是并不能尽知天下之“理”的：

> 上古圣人之治天下，至矣。其道在于器数，其通变在于事物……无验于事者，其言不合，无考于器者，其道不化。④

根据“道”在“器”中的理论，人间历史之“理”之“道”只能自在于、内在于“前世兴坏之变”与“今日利害之实”，它并不是内在于“心”的本体，不能通过向内自求其心的方式获得。就此，他批评理学是“尽遗万事而特言道”，“尽废古人入德之条目，专以心性为宗主”，“今世之学，以心起之，推而至于穷事物之理”，“今之为道者，务出内以治外也。”⑤

---

① 黎靖德编：《朱子语类》卷一二二《吕伯恭》，中华书局 1986 年版，第 2957 页。

② 叶适：《习学记言序目》卷二二，中华书局 1977 年版，第 212 页。

③ 叶适：《叶适集》之《水心别集》卷五《进卷诗》，中华书局 1961 年版，第 699 页。

④ 叶适：《叶适集》之《水心别集》卷五《进卷总义》，中华书局 1961 年版，第 693 页。

⑤ 叶适：《叶适集》之《水心别集》卷七《进卷总述》，中华书局 1961 年版，第 726—727 页。

他甚至直接批驳理学最基本的思想原则,即以道德标准为"元"价值,而其他的价值标准如"功""利"标准并无自立性:

> 仁人正谊不谋利,明道不计功。此语初看极好,细看全疏阔。古人以利与人,而不自居其功,故道义光明。后世儒者,行仲舒之论,既无功利,则道义者乃无用之虚语尔。①

这其实是说,谋求国家生民之功利的历史事业,即"以利与人"就是"道义",他是就实际的社会效果来讲"道义"的,这种道义是历史、政治领域的道义,其与深辨于"天理人欲"之分,提升人的精神修养与道德境界的"道义"并不完全是一个"理"。

黄宗羲曾表彰叶适之学说:"永嘉之学,教人就事上理会,步步着实,言之必使可行,足以开物成务。盖亦鉴一种闭眉合眼,蒙瞳精神,自附道学者,于古今事物之变,不知为何等也。"②叶适"永嘉"之学的特点与特长,确乎在于"古今事物之变""开物成务",通过考察人间历史治乱兴衰的实际效果、内在动力、运动法则来讲求"理"与"术",并将之用于富民强国的政治、历史事业之中,这样的"理"与"术"是超出了"性理"之学的范围的。

比叶适早些年,在南宋初期,杨万里曾著《天问天对解》,直接继承柳宗元《天对》中"天人相分"的思想传统,而朱熹则对柳宗元《天对》加以非难,借以表达"天人合一"的世界观。杨万里针对"天命反侧何罚何佑?齐桓九会,卒然身杀"的问题,作出这样的回答:

> 天远而幽,人小而散,何可以合天人而论之,又从而责其罚佑之不常哉!齐桓之事皆自取尔,天何与焉?挟其大以号令天下而忽于属任之人,故幸而得良臣,则能成九合之功,及不幸而遭嬖孽小人则坏矣,皆人事非天命也。③

和叶适一样,他也坚持"道"在"器"中,"道"不离"事物"的观点,其实是主张探究具体事物的性质与规律,而不是向内体悟神秘的本体,他说:

---

① 叶适:《习学记言序目》卷二三,中华书局1977年版,第324页。

② 黄宗羲原著:《宋元学案》卷五二《艮斋学案》,中华书局1986年版,第1696页。

③ 杨万里:《诚斋集》卷九五,《四部丛刊初编》,上海商务印书馆1919年版,第837页。

> 《易》曰:“有天地然后有万物,有万物然后有男女,有男女然后有夫妇,有夫妇然后有父子,有父子然后有君臣,有君臣然后有上下,有上下然后礼义有所措。”夫惟有是物也,然后是道有所措也。彼异端者,必欲举天下之有而泯之于无,然后谓之道。物亡道存,道则存矣,何地措道哉?①

这即是说,“礼”“义”“道”所指称的人间合理秩序、道义标准、道德理性都是人间历史自身的产物,其根源与正当性似乎在于人类自身生存发展之需要,这样一种思想观念指向了用满足生民之利之欲的历史事功来论证“礼”“义”的合理性,而不是以宇宙本体天理来规范历史的合理性目标与方向。果然,杨万里在他的《诚斋易传》中,特别重视考察历朝治乱兴亡的实际历史教训,说出了显然有悖“义理之正”的论断:“得位之难,又未若守位之难,何以守之?曰仁而已。何以为仁?曰财而已。……财散而民聚,此仁之实也。然仁不孤立必有义焉。何谓义?教民理财,义也。”②

与叶适相比,被称为“永康之学”的陈亮并没有在理论上对极言天理人欲之辩的“理学”进行系统的反驳,他把更多的精力用于评论世事,用于考察当前形势以提出具体的政治、军事主张。但是,在与朱熹进行著名的王霸义利之辩时,在一些具体的论述之中,他清晰地表达了“功利主义”的历史观,具有很高的理论价值。他曾从人的生理要求,谈到“霸者之术”,并认为要兴国强国就是要用“霸者之术”:

> 耳之于声也,目之于色也,鼻之于臭也,口之于味也,四肢之于安佚也,性也,有命焉。出于性,则人之所同欲也。委于命,则必有制之者而不可违也。富贵尊荣,则耳目口鼻之与肢体皆得其欲,危亡困辱则反是。故天下不得自徇其欲也,一切惟君长之惟听。君长非能自制其柄也,因其欲恶而为之节而已。叙五典、秩五礼以与天下共之。其能行之者则富贵尊荣之所集也。其违之者则危亡困辱之所并也。

---

① 杨万里:《诚斋集》卷九一《庸言五》,《四部丛刊初编》,上海商务印书馆 1919 年版,第 794 页。

② 杨万里:《诚斋易传》卷一八《系辞下》,上海古籍出版社 1990 年版,第 233 页。

> 君制其权,谓之赏罚,人受其报,谓之劝惩。……天下以其欲恶而听之人君,人君乃以其喜怒之私而制天下……善恶易位而人失其性,犹欲执区区之名位以自尊,而不知天下非名位之所可制也。……故私喜怒者,亡国之赏罚也,公欲恶者,王者之赏罚也。外赏罚以求君道者,迂腐之论也,执赏罚以驱天下者,霸者之术也。①

在这段论述中,陈亮把“性”当作生理欲望,而绝非天生的道德理性。而君主对人的生理欲望加以满足或予以控制以行赏罚,则是维持社会秩序、保证国家治安的基本手段,其关键在于能合理公正地分配物质资源,合理公正地满足人们的生理欲望。看样子,生民之利就是“义”,人欲以及满足民众生存欲望的功利的道理就是历史内在的动力与法则,历史的“理”、政治的“理”就是“禁暴戢乱,爱人利物”,使人们得遂其生欲。所以,他在与朱熹的辩论中强调“道”“心”“无常泯无常废”,他所说的“心”,实“生人之意”,他所说的“道”是人类求生存演进之道。② 陈亮用他所了解的自然人性与历史经验去理解社会与历史,而朱熹则是用天理去规范与引导社会与历史。朱熹谈的“道”是焕发、呈显既是宇宙本体又内在于人心的天理,陈亮谈的“道”则是人类生存欲望的合理满足,社会秩序、国家治安的维持。所以陈亮主张“义利双行,王霸并用”③,朱熹说他“立心之本在于功利”,其言不谬④。

三、人欲的合理与人间历史的自立

明朝末年以至清初,思想史上发生了一种剧烈的变化,就是人欲被赋予正当性,与此同时,天理的内容也发生实质性变化。在这样的思想背景下,对人间历史内在自身的动力、趋势、因果关系的探求也与“义理之说”发生明显矛盾,并尝试突破其藩篱。可以说,在一定意义上,到了这个被

① 陈亮:《陈亮集》卷四《问答下》,中华书局 1974 年版,第 40—41 页。

② 陈亮:《陈亮集》卷二〇《又乙巳春书之二》,中华书局 1974 年版,第 289 页。

③ 陈亮:《陈亮集》卷二〇《又甲辰秋书》,中华书局 1974 年版,第 280 页。

④ 朱熹:《朱熹集》卷三六《答陈同甫》,四川教育出版社 1996 年版,第 1601 页。

称为“中国早期启蒙思想”的时代，统合万殊于一的天理世界面临崩解的危险，人间历史自身内在的“理”似乎要从中独立出来。

明朝中叶以后，大讲“无善无恶心之体”、积极肯定人欲合理性的观点在当时社会掀起了不小的思想风潮。尤其是李贽，一面犀利抨击道学家的虚伪，一面要将“理”从“天行有常”的彼岸世界搬到求生遂欲的此岸世界来，他说：“穿衣吃饭，即是人伦物理；除却穿衣吃饭，无伦物也。世间种种皆衣与饭类耳。”①他在讨论为政之术时，特别重视民众自求生存发展的主体力量，而为政者的真正能力并不是明辨天理人欲之际、做到无私欲私心，而是能依从、满足民众穿衣吃饭之理，这就是“圣人无为而治”的境界了。他曾说：

> 圣人之学，无为而成者也。然今之言无为者，不过曰无心焉耳。……解者又曰：所谓无心者无私心耳，非真无心也。夫私者，人之心也。人必有私，而后其心乃见；若无私，则无心矣。如服田者私有秋之获，而后治田必力。……为学者私进取之获，而后举业之治也必力。……此自然之理，必至之符，非可以架空而臆说也。然则为无私之说者，皆画饼之谈，观场之见……不足采也。……由此观之，以无心及无私心尚论无为之学者，皆不根之论。……自舜以下，要皆有为之圣人也，太公之富强，周公之礼乐，注措虽异，有为均也。②

李贽在《藏书》中，猛烈攻击天理的历史观，而倡言悖反于天理的历史自在之理，具有重要的理论价值。他对八百多个历史人物进行翻案式的评价，声称汉、唐、宋千余百年之间，“咸以孔子之是非为是非”，其实是“无是非”，而他则要“颠倒千万世之是非”，真正说出自己的“是非”来③。他说荀子与孟子相比“更通达而不迂，不晓当时何以独抑荀而扬孟轲也”④。赞美“申、韩”是“各各有必至之事功”，而一向被目为“异端”的墨子、商

---

① 李贽：《焚书》卷一《答邓石阳》，中华书局1959年版，第4页。

② 李贽：《藏书》卷三二《儒臣传一·德业儒臣后论》，中华书局1959年版，第544页。

③ 李贽：《藏书》卷首《藏书世纪列传总目前论》，中华书局1959年版，第1页。

④ 李贽：《藏书》卷三二《儒臣传一·德业儒臣·荀卿》，中华书局1959年版，第519页。

鞅、张仪、苏秦"各周于用,总能办事"[①]。他对朱熹、程颐更是攻击甚力,根本不承认宋儒得道统之传的传统定论,他的理由是"何宋室愈以不竞,奄奄如垂绝之人,而反不如彼之失传者哉"[②]?冯道自欧阳修《新五代史》以来就被定案为不忠不义的反面典型,而李贽则说,幸亏冯道历仕四朝十二君才使"百姓卒免锋镝之苦",当其时"君不能安养斯民,而后臣独为之安养斯民,而后冯道之责始尽"[③]。从以上例子中,我们可以看出,李贽是以满足民众穿衣吃饭之欲的成就如何作为评价历史人事之是非的标准的,这就是说,民众穿衣吃饭之欲以及对人欲的满足才是人间历史真实、真正的"理"。

与李贽同时,将李贽之说斥为"洪水猛兽"的"纯儒",在肯定人欲并把合理调节与满足生民之人欲作为历史推动力量方面,却与李贽有相当的共同之处,被称为明末清初三大思想家顾炎武、王夫之、黄宗羲曾分别说:

> 人之有私,固情之所不能免矣。故先王弗为之禁,非惟弗禁,且从而恤之。……合天下之私以成天下之公,此所以为王政也。……世之君子必曰:有公而无私。此后代之美言,非先王之至训矣。[④]
>
> 理尽则合人之欲,欲推即合天之理。于此可见人欲之各得,即天理之大同。[⑤]
>
> 人之施诸己者不愿,则以此絜彼,而知人之必不愿也,亦勿施焉。以我自爱之心而为爱人之理,我与人同乎其情,则亦同乎其道也。人欲之大公即天理之至正矣。[⑥]
>
> 有生之初,人各自私也,人各自利也。……后之为人君者不

① 李贽:《焚书》卷五《孔明为后主写申韩管子六韬》,中华书局 1959 年版,第 226—227 页。

② 李贽:《藏书》卷三二卷首《德业儒臣前论》,中华书局 1959 年版,第 517 页。

③ 李贽:《藏书》卷六八《外臣传四 · 吏隐外臣 · 冯道》,中华书局 1959 年版,第 1142 页。

④ 顾炎武:《日知录》卷三《言私其豵》,黄汝成集释:《日知录集释》,上海古籍出版社 2006 年版,第 148 页。

⑤ 王夫之:《船山全书》之《读四书大全说》卷四,岳麓书社 1996 年版,第 639 页。

⑥ 王夫之:《船山全书》之《四书训义》卷三,岳麓书社 1996 年版,第 136—137 页。

然……使天下之人不敢自私，不敢自利，以我之大私为天下之大公……向使无君，人各得自私也，人各得自利也，呜呼，岂设君之道固如是乎！①

在清朝的“乾嘉盛世”，理学仍有很大的影响，但戴震却批评说，宋人所讲的“理”，是在一己内心做到无私，顶多不过是“以己之意见不出于私”的“理”，是主观的自以为是的“理”，在面对具体的现实的人情物理之时，就会凿枘相违，破绽百出。他说：“即其人廉洁自持，心无私慝，而至于处断一事，责诘一人，凭在己之意见，是其所是而非其所非……而不知事情之难得，是非之易失于偏，往往人受其祸，己且终身不悟。”②戴震重新定义了“理”，他所说的“理”与王夫之所说有相似之处，“欲”的存在具有普遍妥当的客观性就是“理”：“人之有欲也，通天下之欲，仁也。”“心之所同然始谓之理，谓之义……凡一人以为然，天下万世皆曰是不可易也，此之谓同然。”③他还强调说：“不出乎日用饮食而已矣。舍是而言理，非古贤圣所谓理也。”④如此，在明末清初，把人欲纳入天理之中，所谓的天理就是人欲的普遍均平与满足，这样的天理便不在“洁净超越”的理想之中，而存乎充满着欲望、斗争的人间历史之中。

在史学家章学诚那里，他所说的“理”“道”摆脱了宇宙法则的羁绊，成了在人的生存欲望的推动下社会、文化形成演变的历史趋势及其内在法则，而仍然冠之以“天”，指的是历史之势之理有一种“非圣人智力之所能为”“不得已而出之”的自然性、客观性：

人之初生，至于什伍千百，以及作君作师，分州画野，盖必有所需，而后从而给之；有所郁，而后从而宣之；有所弊，而后从而救之。羲、农、轩、颛之制作，初意不过如是尔。法积美备，至唐虞而尽善焉。殷因夏监，至成周而无憾焉。譬如滥觞积而渐为江河，培塿积而至于

① 黄宗羲：《黄宗羲全集》之《明夷待访录·原君》，浙江古籍出版社2005年版，第2—3页。

② 戴震：《戴震全书》之《孟子字义疏证》卷上《理》，黄山书社1995年版，第154页。

③ 戴震：《戴震全书》之《孟子字义疏证》卷上《理》，黄山书社1995年版，第153页。

④ 戴震：《戴震全书》之《孟子字义疏证》卷上《理》，黄山书社1995年版，第153页。

山岳,亦其理势之自然。①

章学诚说的这一段话,使我们想起了司马迁在《史记·货殖列传》序中所说的人们生产活动和生活所需等“岂非道之所符,而自然之验邪”的结论,彰显了时隔千余年的两位史学家的思想相通之处。

四、以“民心之大同”解说天理

真正能从天理体系的历史观中走出来,并保留、发挥其合理内核,从人类的现实的历史行程之中,从“势”与“事”中透见其内在自身之“天”之“理”,从而形成一种真正意义上的历史哲学的,是王夫之。

他在一种新的境界、新的意义上,发挥“天人合一”的古老思想传统,并由此而定义人间历史的终极价值与意义。理学所讲的“天理”,作为宇宙万有的先验本体、所以然之理,有着静态、恒定、实体化的性质,而王夫之则创造性地阐发了自然宇宙即天的时间性、历史性与进化性,所谓“形日以养,气日以滋,理日以成;方生而受之,一日生而一日受之”②。然而,虽说元气创化的运动“日日新而不已”③,然而,“天何心哉!”自然宇宙之“天”并无自觉的为“仁”之心,唯有活泼的生成变易活动,无为而无不为。也就是说,作为价值理性与自然理性合一的天理,在自然界的运动之中,只是无意识地显现。而人在自身的历史活动之中,自觉地生成、创造、发展出高度的文明,以道德与价值规范自身的行为,以养育万物、福泽人民为有德,这就是人为天地立“心”,使天理在人类历史活动之中达到自觉,宇宙存在的意义因人而显,人及其历史也因自觉地完成宇宙“生生”之道而获得意义与价值。他说:“然则天地之灵,以人而灵也。非然,则亦庇然有此法象于空虚而已矣。”④“自然者,天地;主持者,人。人者,天地之心。”⑤

---

① 章学诚:《文史通义·原道上》,叶瑛校注:《文史通义校注》,中华书局1994年版,第120页。

② 王夫之:《船山全书》之《尚书引义》卷三,岳麓书社1996年版,第300页。

③ 王夫之:《船山全书》之《读四书大全说》卷五,岳麓书社1996年版,第705页。

④ 王夫之:《船山全书》之《船山经义》,岳麓书社1996年版,第693页。

⑤ 王夫之:《船山全书》之《周易外传》卷二,岳麓书社1996年版,第885页。

"存人道以配天地，保天心以立人极。"①于是，要究乎天理，要把握贯通宇宙自然与人生界的真理，必须要从人类现实的历史运动入手，他反对在现实的历史过程之外、之上悬置天理、天道，以之规范历史，而是强调于人类历史运动趋势之中见天理、天心，所谓"依人而建极"，他说："道行乎乾坤之全，而其用必以人为依。不依乎人者，人不得而用之，则耳目所穷，功效所废，其道可知，而不必知。圣人之所以依人而建极也。"②正如自然界的"气化"过程有其固有之"理"一样，历史事变的发展过程即"势"也有其所以然之"理"，这是一个合乎规律的自然过程与必然过程，故曰"天"：

> 顺必然之势者，理也。理之自然者，天也。……夫岂有苍苍不可问之天哉？天者，理而已矣。③
>
> 势字精微，理字广大，合而名之曰天。④
>
> 吉凶之消长在天，动静之得失在人，天者人之所可待，而人者天之所必应也。物长而穷则必消，人静而审则可动，故天常有递消递长之机，以平天下之险阻。……可与知时，殆乎知天矣。知天者，知天之几也。⑤
>
> 因乎时而为一动一静之势者，几也。⑥

看来，存在着一种推动并主宰人类历史行程，使之具有必然性与自然性的客观力量，王夫之亦名之曰"天"。在这一意义上，王夫之所说的"天"继承了柳宗元所说的"生人之意"，他说："人之所同然者，即为天。"⑦"故民心之大同者，理在是，天即在是，而吉凶应之。"⑧他所说的"天"其实可以归结为人们普遍的求生存求发展的物质生活欲望，与理学家强调天理与人欲的对立、强调克制不合理的人欲不同，王夫之强调的是，满足与协调

---

① 王夫之：《船山全书》之《周易外传》卷二，岳麓书社1996年版，第883页。
② 王夫之：《船山全书》之《周易外传》卷二，岳麓书社1996年版，第850页。
③ 王夫之：《宋论》卷七，中华书局1964年版，第134—136页。
④ 王夫之：《船山全书》之《读四书大全说》卷九，岳麓书社1996年版，第993页。
⑤ 王夫之：《读通鉴论》卷二《文帝二三》，中华书局1975年版，第49—50页。
⑥ 王夫之：《读通鉴论》卷一四《安帝七》，中华书局1975年版，第455页。
⑦ 王夫之：《读通鉴论》卷一九《隋文帝二》，中华书局1975年版，第626页。
⑧ 王夫之：《船山全书》之《张子正蒙注》卷二上，岳麓书社1996年版，第71页。

人们普遍的物质生活欲望,就是“天理”,就是自觉发扬宇宙“生生”之道,想用道德规范取消、压制人的物质生活欲望,则是无“理”:

> 是礼虽纯为天理之节文,而必寓于人欲以见(自注:饮食、货、男女、色)。①
>
> 于此可见,人欲之各得,即天理之大同;天理之大同,无人欲之或异。②
>
> 吾惧夫薄于欲者之亦薄于理,薄于以身受天下者之薄于以身任天下也。……是故天地之产,皆有所用;饮食男女,皆有所贞。君子敬天地之产而秩以其分,重饮食男女之辨而协以其安。③

在“生人之意”亦即天理的作用之下,人类历史的运动趋势是从野蛮到文明,从分立到一统。由“唐虞以前”,“衣裳未正,五品未清,昏姻未别,丧祭未修”④到三代时“渐有合一之势”的“封建之天下”,经过战国时期这一“古今一大变革之会”,再到秦以后“生民之困少衰”的“郡县之天下”,到明代,已经是“财足自亿也、兵足自强也、智足自名也”的伟大国家⑤,并形成了“帝王之兴,以治相继”的“治统”和“圣人之教”“以人存道”的“道统”⑥。

然而,当柳宗元论证,在“生人之意”的推动下,“大公乃克建”成为客观必然的历史大势,他试图以“生人之意”作用下的客观历史大势取代天道、天命,而为合理人间秩序之保障。但是,究之于史实,成者未必是,败者未必非,历史的逻辑与道德理性常常悖谬矛盾。那么,欲使成败兴亡的结局体现正义逻辑,就只能仰赖圣贤君子成为人间政治斗争的胜出者,以主宰现实历史方向。而载“道”之圣贤君子一旦失位,“道”将焉存?

王夫之指出,历史前进的“贞一之理”,是通过极其曲折复杂的“相乘之几”来实现的。如,秦变“封建”为“郡县”,其实是出于私心,

---

① 王夫之:《船山全书》之《读四书大全说》卷八,岳麓书社1996年版,第911页。

② 王夫之:《船山全书》之《读四书大全说》卷四,岳麓书社1996年版,第639页。

③ 王夫之:《船山全书》之《诗广传》卷二,岳麓书社1996年版,第374页。

④ 王夫之:《读通鉴论》卷二〇《太宗八》,中华书局1975年版,第693页。

⑤ 王夫之:《船山全书》之《黄书·宰制》,岳麓书社1996年版,第517页。

⑥ 王夫之:《读通鉴论》卷一三《成帝七》,中华书局1975年版,第410页。

然而，“天假其私以行其大公”，从长远来看，它“于守令之贪残，有所借于黜陟以苏其困”，是“理之所宜”。[①] 王夫之又以同一原理，论“天”将鲜卑宇文氏“默移之而授之杨氏”，好让它“进李氏而主中国”；[②]论曹操用武力权术统一中国北方，“弱小固受制于强大，以戢其糜烂鼎沸之毒”[③]，现实一时看起来是不合理的，但总是有合理的地方，在为向合理的方向运动准备条件。总之，历史之“天理”往往要通过“恶”来开辟自己的道路：

> 天欲开之，圣人成之。圣人不作，则假手于时君及智力之士以启其渐。以一时之利害言之，则病天下；通古今而计之，则利大而圣道以弘。……时之未至，不能先焉。迨其气之已动，则以不令之君臣，役难堪之百姓，而即其失也以为得，即其罪也以为功，诚有不可测者矣。天之所启，人为效之，非人之能也。[④]

一个士，一个“以身任天下”的人，要看到历史充满了这样的复杂与矛盾，要透过历史上的险阻与曲折，看到历史运动的长远方向与必然趋势，这就是“自当参其变而知其常”，从而无论在什么样的世道之下，无论载道事业是成是败，圣贤君子是生是死，“皆有量以受之”[⑤]，不绝望，不动摇，行其所是，以待其命，“历乎无穷之险阻而皆不丧其所依，则不为世所颠倒，而可与立矣”[⑥]。可见，王夫之对历史行程的前景，是持乐观自信的态度的。

小　　结

无论中西古今，“天人之际”都是历史观的一个重要问题。人类历史

① 王夫之：《读通鉴论》卷一《秦始皇一》，中华书局1975年版，第2页。
② 王夫之：《读通鉴论》卷一三《成帝一〇》，中华书局1975年版，第412页。
③ 王夫之：《船山全书》之《读四书大全》卷九，岳麓书社1996年版，第991页。
④ 王夫之：《读通鉴论》卷三《武帝一五》，中华书局1975年版，第70—71页。
⑤ 王夫之：《读通鉴论》卷二八《五代上二二》，中华书局1975年版，第1038页。
⑥ 王夫之：《船山全书》之《俟解》，岳麓书社1994年版，第486页。

是否存在人所无法左右的客观法则?其性质如何?人的理性能否认知?人们应该如何理解和解释社会历史的重大变化比如国家的兴亡盛衰?人事何为?人对于自身命运究竟负有什么责任?对于这些问题,中国历代的史学家与思想家曾有反复、深入的思考,"天人之际"乃是中国史学史、思想史上贯穿始终的重大论题。中国古代历史思想,在宋元明清时期,达到前所未有的理论上的自觉和深度,而对"天人之际"这个根本问题的思索与回答,也具有一番新的境界。本章以"从天命人事之辩到天理人欲之辨"为基本线索,勾勒出宋元明清时期这一历史理论的基本问题在观念上的演化发展之迹,并尝试着分析、总结其理论上的特点。

第二章

对“通古今之变”的理论认识

司马迁提出的“通古今之变”的命题，在魏晋南北朝隋唐时期有了新的发展：或是历史认识的追求，或是政治活动的借鉴，人们在古今关系方面，都提出了一些有价值的认识。对这一思想的理论认识，在宋元明清时期有了更大的发展，或表现为通史撰述中的通识，或表现为通识思想中的古今关系论，或表现为古老的“通变”思想的进一步发展。这些变化，不论是直接的，还是间接的，多与时代特点、政治活动有一定的联系。

第一节 “师古”“用今”与“通古今”

一、“王道”与“稽古”

北宋的杰出思想家皆精研《易》学，推崇《易》的“通变”思想，尤其是范仲淹，作为当时先进士大夫的领袖人物，他特别重视《易传》所说“穷则变，变则通，通则久”的原则，在奏议政论中屡次引述，以为变革时政的理论依据。那么，如何“变”，以怎样的方针“变”，向什么方向“变”呢？范仲淹提出，一方面要“师古”，讲求历代善政嘉猷，作为经验与榜样：“我国家革五代之乱,富有四海,垂八十年,纲纪制度,日削月侵,官壅于下,民困于外,疆埸不靖,寇盗横炽,不可不更张以救之。然欲正其末,必端其本,欲清其流,必澄其源。臣敢约前代帝王之道,求今朝祖宗之烈,采其可行者条奏。"①另一方面,又要把握"五帝非沿乐而兴,三王岂袭礼而至"的历史变化的原则,能够洞明"时势"的特点,根据现实的历史条件制定对策,这就是要"用今":"以谓逆其民而理者,虽令不从;顺于民而化焉,其德乃普。是以究其所病,察其所宜。礼应时而沿袭,教随俗以彰施。欲求乎广所及也,必在乎俯而就之。"②"师古"以"用今","用今"必"师古",追原现实积弊之历史根源,寻求改革现实的"良法善制"。就是在这样的思想动力下,"通古今之变"的历史精神得到发扬光大,其思想表现在于追求对历史的通识、对历史演化进行整体的设计以及通史撰述的复兴与成就。

庆历年间,胡瑗主持太学,分设经义、时务两科,一时间,通经致用成为士林风气,很多学者都试图通过研究经学掌握"尧舜三代之治"的具体内容,并针对现实弊政用之于今。在"迹治乱,通古今"的思潮之中,有一种相当强大的声音是要"复古"的,要把"尧舜三代"的"王制"照搬到现实中来,以解决现实社会问题。但是,在这种似乎很迂阔的思想主张之中,往往包含对北宋时代之社会积弊清醒深刻的认识,以及对种种社会问题之历史根源的探求,其中,不乏对于中国社会历史演化的通识与灼见。

在庆历时期,首倡"复古"者当推孙复、石介,石介的主张尤其鲜明突出。他认为应该遵守上古圣人的法制而不改,后世为了眼前利益变法不已,破坏了法制的神圣性,而使社会陷入动荡状态:

周、秦而下,乱世纷纷,何为而则然也?原其来有由矣,由乱古之

① 李焘:《续资治通鉴长编》卷一四三引范仲淹《上十事疏》,中华书局1985年版,第3431页。

② 范仲淹:《范仲淹全集》之《范文正公别集》卷三《政在顺民心赋》,四川大学出版社2002年版,第503页。

制也。①

夫礼乐、刑政、制度，难备也久矣。始伏羲氏，历于神农、黄帝、尧、舜、禹、汤、文、武、周公、孔子十有一圣人，然后大备矣。……后人有作，乃各尚一时之能，苟肆一时之欲，而尽废古人之制。故君臣相乱，父子相贼……冠婚失，丧祭废，于今千有余年矣，而不能止。②

石介主张恢复井田制与什一之赋。他指出，正是由于秦“废井田，制阡陌，任其所耕，不限多少”，导致后世土地兼并问题严重，富者贵者与贫者矛盾尖锐，这是造成社会动乱的根本原因：“井田之制废，而经界不正，井隧不均，谷禄不平矣。”他的复“井田”说，针对的是中唐以来，均田制度彻底破坏，地主土地私有制进一步确立，从而带来日益严重的土地问题，一方面民无恒产，一方面国家无法查实土地田产，造成赋税不均，国库不足。

北宋时代的“复古”论者，另一个重要的思想倾向就是主张恢复“封建”制度。如石介在《原乱》中所论：“古者封建诸侯，蕃屏王室。天下治，与诸侯守之，天下乱，与诸侯持之。……秦始皇……思欲独立天下……封建之制坏，而天下微矣，王室弱矣，天子孤矣。”③张载认为：

所以必要封建者，天下之事，分得简则治之精，不简则不精，故圣人必以天下分之于人，则事无不治者。……且为天下者，奚为纷纷必亲天下之事？今便封建，不肖者复逐之，有何害？岂有以天下之势不能正一百里之国，使诸侯得以交结以乱天下！自非朝廷大不能治，安得如此？而后世乃谓秦不封建为得策，此不知圣人之意也。④

张载的学生吕大均，著《世守边郡议》对其“封建”主张作了更进一步的解释：“盖天下之势，不得不一，亦不得不分。分而不一，则上无以制命，而

① 石介：《徂徕石先生文集》卷五《原乱》，中华书局 1984 年版，第 64 页。

② 石介：《徂徕石先生文集》卷六《复古制》，中华书局 1984 年版，第 70 页。

③ 石介：《徂徕石先生文集》卷五《原乱》，中华书局 1984 年版，第 65 页。

④ 张载：《张载集》之《经学理窟·周礼》，中华书局 1978 年版，第 251 页。

为下者肆;一而不分,则下无陈力,而为上者劳。故古者分天下为列国,统万国于一王,使礼乐征伐,一出于天子,教治禁令,一委之诸侯。"①

我们看到,这些"封建"论者所针对的问题,与此前的"封建"论者是很不同的,以往论"封建"者往往为门阀贵族或者是割据势力张目,而这一时期的"封建"论,针对的却是中国封建社会后期的基本问题即"专制"之弊,针对的是北宋皇朝极力削弱地方财权、兵权,加强中央集权君主专制的"祖宗家法"。所谓"封建",并非主张分割天下以为贵族私有,而是指出要给地方一定的权力,使各地方能致力于本地的治理,只有"天下"都富强了,朝廷才能真正富强。

就是在这一"师古"以"用今"的思潮背景下,王安石撰著经书新义,托《周礼》等古制进行变法,他撰《周礼新义》的指导思想乃是"以所观乎今,考所学乎古"②。而"新法"的批评者、反对者,亦积极张扬"通古今之变"的思想,遂将宋代的历史思想推向一个高峰。

二、酌古以处时

在"通经致用"的思潮下,由于《周礼》记载周代典章制度礼乐非常翔实,这部书得到特别的关注,如李觏撰《周礼致太平论》,王安石亦对《周礼》致力甚深。然而,对于史学家欧阳修来说,问题并没有如此简单直接。他一面相信,由于井田、什一之税、学校、民间礼乐制度等三代"王道"的中绝,使后世承袭秦政之弊相沿而不能改,另一方面,他清醒地指出,传世"六经"存在"残脱颠倒"的问题,"是以学者不明,异说纷起",并不能从中尽知"三代"之真、"王道"之制。尤其是《周礼》,"实有可疑者"。他在仁宗嘉祐二年的《策进士问》中论道:

> 六官之属,略见于经者,五万余人……夫为治者,故若是之烦乎?此其一可疑者也。秦既诽古,尽去古制。自汉以后,帝王称号,官府

① 吕祖谦:《宋文鉴》卷一〇六,《文渊阁四库全书》,台湾商务印书馆1986年版,第1351册,第215页。

② 王安石:《王文公文集》卷三六《周礼义序》,上海人民出版社1974年版,第426页。

制度，皆袭秦故，以至于今，虽有因有革，然大抵皆秦制也。未尝有意于《周礼》者，岂其体大而难行乎？其果不可行乎？……脱有行者，亦莫能兴，或因以取乱，王莽、后周是也。则其不可用决矣，此又可疑也。①

于是，欧阳修问应试的士子们："三代之治，其要如何？《周礼》之经，其失安在？宜于今者，其理安从？"这就是说，要根据现实之"宜"来讲"三代之治"，而且，把握"三代之治"关键是把握其"要"其"理"，即大的原则方针，对于传世的古代文献，首先要以理性的态度考问其是否可靠，对古代具体的典章制度文物，则要考察其是否适合于后世具体的历史条件，是不能盲目信古尊古的。

在另一道《策问》中，欧阳修对比古、今，指出当前政治的两大问题，一是"国体"的问题，批评的是宋朝立国的祖宗家法即高度的中央集权：

三代之盛时，地方万里，而王所自治者，千里而已，其余以建诸侯。至于礼乐刑政，颁其大法而使守之，则其大体盖简如此。诸侯大小国盖数千……自一夫以上，皆有法制。则其于众务，何其繁也？

今自京师至于海隅徼障，一尉卒之职必命于朝，政之大小皆自朝出，州县之吏，奉行而已，是举天下皆所自治，其于大体，则为繁矣；其州县大小……一夫以上，略无制度，其于众务，何其忽而简也？②

第二大问题是普通民众不能充分受到人伦礼教的教育与熏陶，不能过一种符合儒家信念和道德的生活，民间社会生活缺乏深厚的道德规范，而国家官员认识不到这一责任的重大与迫切，也没有具体可行的措施：

夫礼以治民，而乐以和之，德义仁恩，长养涵泽，此三代之所以深于民者也。政以一民，刑以防之，此其浅者尔。

---

① 欧阳修：《欧阳修全集》之《居士集》卷四八《策问十二首》，中华书局 2001 年版，第 674 页。

② 欧阳修：《欧阳修全集》之《居士集》卷四八《策问十二首》，中华书局 2001 年版，第 674—675 页。

今自宰相至于州县……其急在于督赋敛,断狱讼而已。……礼乐仁义,吏不知所以为,而欲望民之被其教,其可得乎?①

欧阳修认为,这两大问题是宋朝"为国百年而仁政未成,生民未厚"的根本原因,然而,解决这两大问题,并不能照搬三代的封建、井田与礼乐制度,而是要考察现实弊政的历史原因,讲求历史上治乱盛衰的经验教训,寻求现实的、有效的治国方法:"然若欲使国体大小适繁简之宜,法政弛张尽浅深之术,诸侯井田不可卒复,施于今者何宜?礼乐刑政不可卒成,用于今者何便?悖古之失,其原何自?修复之方,其术何始?迹治乱,通古今,子大夫之职也,其悉心以陈焉!"针对当时盛行的"复尧舜三代之治"的思潮,欧阳修以清醒的历史智慧提出这样一些问题:

为政者徇名乎?袭迹乎?三代之名,正名也;其迹,治迹也。所谓名者,万世之法也;迹者,万世之制也。……自秦迄今,千有余岁,或治或乱,其废兴长短之势,各由其人为之而已。其袭秦之名不可改也,三代之迹不可复也,岂其理之自然欤?

…………

王莽求其迹而复井田,宇文求其名而复六官,二者固昏乱败亡之国也。然则孔子言为政必也正名,孟子言为政必始经界,岂虚言哉?

然自秦以来,治世之主几乎三代者,唐太宗而已,其名迹固未尝复三代之一二,而其治则几乎三王,岂所谓名迹者非此之谓欤?岂遗名与迹而直考其实欤?岂孔孟之所谓者有旨,而学者弗深考之欤?②

从历史实际经验来看,在秦以后,凡照搬三代之治之名迹的,皆遭到失败,而未曾"复兴"三代王制的唐太宗,其治理效果几于三代。那么,要在现实之中实现复兴"尧舜三代之治"的理想,重建合理的人间秩序,究竟应

① 欧阳修:《欧阳修全集》之《居士集》卷四八《策问十二首》,中华书局 2001 年版,第 675 页。

② 欧阳修:《欧阳修全集》之《居士集》卷四八《策问十二首》,中华书局 2001 年版,第 680 页。

遵循怎样的实践原则呢？孔孟所说的“为政”之道到底是什么意思呢？

欧阳修的学生刘敞曾写《言治》一文，正是对欧阳修这一问题的回答，他说：

> 为治者有其迹矣，而迹未必可复也；语治者有其言矣，而言未必可常也。遗迹而因于时，忘言而徇于理，治之大方也。
>
> …………
>
> 为治者因于时，而迹不足守也；语治者徇于理，而言不足专也。故自诗、书、礼、乐治世之具者，皆遗迹而求所以迹者也，忘言而索于所以言者也。①

这是要求“为治者”充分重视与把握古今之变带来的时移世异，而“师古”主要是从具体的名、迹之中探求所以致治的“理”，根据这一“理”，结合自身所处的历史环境的具体状况，创造性地开辟自己的历史道路。

庆历以后，卑视汉唐、追迹尧舜三代的思潮成为主流，而主张“复古”，其实是主张彻底、根本地变革现实，如王安石的“新学”。针对“新学”以“复古”为理论根据，当时道学的代表人物二程虽然也坚持“不以三代为治者，终苟道也”②的主张，但却反复强调对“古今之变”的研究，他们认为，现实变革的原则不是照搬古制，而是“酌古以处时”③。而做到“酌古以处时”，有两个难题，一是从历史经验当中学习圣人如何在现实状况中落实理想原则，这是“格物”的重要内容：“学礼义，考制度，必求圣人之意，得其意则可以沿革矣。”④一是探究“古今之变”，真正了解现实历史之变化及其由来：“斟酌去取古今，恐未易言，须尺度权衡在胸中无疑，乃可处之无差。”⑤“识变知化为难。古今风气不同，故器用亦异宜。是以圣人通其变，使民不倦，各随其时而已矣。”⑥

鉴于王安石变法的失败，南宋时代的史学家、思想家在反省北宋历史

---

① 刘敞：《公是集》卷四六《言治》，《丛书集成初编》，中华书局1985年版，第553页。
② 程颢、程颐：《二程集》之《河南程氏遗书》卷一一，中华书局1981年版，第129页。
③ 程颢、程颐：《二程集》之《河南程氏粹言》卷一，中华书局1981年版，第1216页。
④ 程颢、程颐：《二程集》之《河南程氏粹言》卷一，中华书局1981年版，第1186页。
⑤ 程颢、程颐：《二程集》之《河南程氏遗书》卷二上，中华书局1981年版，第23页。
⑥ 程颢、程颐：《二程集》之《河南程氏遗书》卷一一，中华书局1981年版，第129页。

之时,多对“复古”思潮持批评态度,基本形成了“酌古以处时”的共识,而他们对“古今之变”的认识也更加深入具体了。

三、“治乱之道”古今不异

这一时期,重视并讲求关于历史的通识,不仅体现在追究“古今之变”这一方面,还体现为探求贯穿历史上盛衰兴亡治乱的“一贯之道”,或者说是历史演化的总体性法则。

司马光一再指出“治乱之原,古今同体,载在方册”①,“治乱之道,古今一贯”②,他编纂编年体巨著《资治通鉴》,从繁复的史实之中“举撮机要”,论述古今不异的“治道”。北宋承五代之乱,又有强敌环伺,自孙复《春秋尊王发微》以来,强调“大一统”社会等级秩序的再编制,使之发挥铁一般的社会统御力量,以保障中央集权君主专制国家的内部稳固,成为一股强大的思想潮流,司马光之论“治道”,其基本主张不外乎如此。他将上下尊卑的等级秩序即礼制,说成是通贯天人的大道:

> 《易》者,道也;道者,万物所由之途也。……故《易》者,阴阳之变也,五行之化也,出于天施于人被于物,莫不有阴阳五行之道焉。故阳者,君也,父也,乐也,德也;阴者,臣也,子也,礼也,刑也。五行者,五事也,五常也,五官也。推而广之,凡宇宙之间皆《易》也。③

自庆历以来,王道、霸道之辩兴起,论者皆将历史断为“尧舜三代”与“秦汉以下”两截,探讨“尧舜三代”之所以治,与“秦汉以下”之所以乱,皆欲复兴“三代”王道于当世。庆历年间的“王道”,说的是井田、封建、宗法等具体制度,其后的王霸之辩,重点在于人主“心术”或者说是政治的基本纲领是以天下为公还是以天下为私,如二程所说“三代之治,顺理者也。

---

① 司马光:《司马温公文集编年笺注》卷五七《进通志表》,巴蜀书社 2009 年版,第 467 页。

② 司马光:《稽古录》卷一六,北京师范大学出版社 1988 年版,第 178 页。

③ 司马光:《易说》卷首总论,《文渊阁四库全书》,台湾商务印书馆 1986 年版,第 8 册,第 567 页。

两汉以下，皆把持天下者也。”王安石亦持同样观点。而司马光则反对分辨王、霸，坚持古今一贯，王霸无异道，他在《资治通鉴》中论述道：

王、霸无异道。昔三代之隆，礼乐征伐自天子出，则谓之王。天子微弱，不能治诸侯，诸侯有能率其与国，同讨不庭以尊王室者，则谓之霸。其所以行之也，皆本仁祖义，任贤使能，赏善罚恶，禁暴诛乱，顾名位有尊卑，德泽有深浅，功业有巨细，政令有广狭耳，非若白黑、甘苦之相反也。汉之所以不能复三代之治者，由人主之不为，非先王之道不可复行于后世也。①

坚持“王、霸无异道”，反对将“治道”的讨论上升到政治理念的层面，仍然是强调上下尊卑君臣父子的礼制秩序、伦常纲纪，乃是“制世御民”的根本大法，是万世不易之“道”，能维持礼制秩序、伦常纲纪的权威于不坠，就能维持君主专制秩序的稳固，就能国家治安而“与天下平”。《资治通鉴》开端于周威烈王始命晋国的魏、韩、赵为诸侯一事，其深意即在乎此，他写道：

臣闻天子之职莫大于礼，礼莫大于分，分莫大于名。何谓礼，纪纲是也。何谓分？君臣是也。何谓名？公、侯、卿、大夫是也。夫以四海之广，兆民之众，受制于一人，虽有绝伦之力，高世之智，莫不奔走而服役者，岂非以礼为之纪纲哉？是故天子统三公，三公率诸侯，诸侯制卿大夫，卿大夫治士庶人。贵以临贱，贱以承贵，上之使下，犹心腹之运手足，根本之制支叶，下之事上，犹手足之卫心腹，支叶之庇本根，然后能上下相保而国家治安。故曰天子之职莫大于礼也。

…………

呜呼！君臣之礼既坏矣，则天下以智力相雄长，遂使圣贤之后为诸侯者社稷无不泯绝，生民之类糜灭几尽，岂不哀哉！②

早在仁宗朝，司马光就上《谨习疏》，指出：“国家之治乱本于礼，而风俗之善恶系于习。”“上行下效谓之风，熏蒸渐渍谓之化，沦胥委靡谓之流，众

---

① 司马光：《资治通鉴》卷二七，汉纪一九，宣帝甘露元年，中华书局 1956 年版，第 881 页。

② 司马光：《资治通鉴》卷一，周纪一，周威烈王二十三年，中华书局 1956 年版，第 2—6 页。

心安定谓之俗。”①并历举三代、秦、汉至于唐、五代治乱兴亡之迹,以为证明。整部《资治通鉴》所论“国家兴衰、生民休戚,善可为法,恶可为戒者”,大率如此。

第二节 考察历史的“会通”之旨与“会通”之法

一、“会通之义”的丰富内涵

《史记》的“通史”规模与“通古今之变”的思想旨趣相统一,成为中国古代史学重视历史通识与通史撰述的思想渊源。南宋时期,郑樵在他以毕生之力完成的巨著《通志》之中,将中国古代通史撰述的思想传统总结提炼为“会通”之义,这一理论成就对中国史学的发展是有深刻影响的。

章学诚在《文史通义》的《释通》篇中说,唐宋时代“史部之通,于斯为极盛”②。正是有了通史撰述的长足发展与显著成就,中国古代史学的“通史家风”才可能在理论上达到自觉。

郑樵在《通志》总序中将以往史学划分为两大传统,一是“断代为史”,指的是班固《汉书》开创的“正史”传统,在中国古代史学史上居于主流;一是“会通之旨”,指的是司马迁继承孔子所开创的通史传统。为了突出和肯定史学“会通之旨”,郑樵批评班固的“断汉为书”隔断了周、秦、汉之间的历史联系,所谓“致周秦不相因,古今成间隔”③,批评断代史的

---

① 司马光:《司马温公文集编年笺注》卷二二,巴蜀书社 2009 年版,第 162—163 页。

② 章学诚:《文史通义·释通》,叶瑛校注:《文史通义校注》,中华书局 1994 年版,第 373 页。瞿林东教授曾著文专论自中唐以来呈现出的通史复兴之势,而《通典》《资治通鉴》《通志》《文献通考》乃是这一发展趋势中涌现出的最高成就。参见瞿林东《唐代史家的通史撰述》一文,《唐代史学论稿》,北京师范大学出版社 1989 年版,第 110 页。

③ 郑樵:《通志》总序,中华书局 1987 年版,第 1 页。

体例不能体现历史演化的连续性：“语其异也，则前王不列于后王，后事不接于前事。郡县各为区域，而昧迁革之源；礼乐自为更张，遂成殊俗之政。”①郑樵认为，历史的演化乃是一个不能隔断的连续过程，其“变异”是在“相因”中进行的，故而是“损益”，而“正史”则有蔽于此：“自班固以断代为史，无复相因之义，虽有仲尼之圣，亦莫知其损益，会通之道，自此失矣。”②郑樵在《通志》总序开篇以形象的语言概括了通史具有的贯通古今、网罗宏富的撰述规模：

> 百川异趋，必会于海，然后九州无浸淫之患。万国殊途，必通诸夏，然后八荒无壅滞之忧。会通之义大矣哉！
>
> 自书契以来，立言者虽多，惟仲尼以天纵之圣，故总《诗》、《书》、《礼》、《乐》而会于一手，然后能同天下之文，贯二帝三王而通为一家，然后能极古今之变，是以其道光明百世之上，百世之下不能及。
>
> 仲尼既没，百家诸子兴焉，各效《论语》，以空言著书，至于历代实迹，无所纪系。迨汉建元、元封之后，司马氏父子出焉。司马氏世司典籍，工于制作，故能上稽仲尼之意，会《诗》、《书》、《左传》、《国语》、《世本》、《战国策》、《楚汉春秋》之言，通黄帝、尧、舜至于秦汉之世，勒成一书……使百代而下，史官不能易其法，学者不能舍其书，六经之后，惟有此作。③

“会通”之义至少包括这样几层意思：从纵的方面讲，通史必须贯通古今，疏通朝代兴亡周期的间隔，而以朝代的更迭、赓续来表现历史“相仍”“相因”的总体进程。章学诚曾在《文史通义·释通》中反复强调这一特点：

> 汉人以“通”为标目，梁世以“通”入史裁，则其体例，盖有截然不可混合者矣。杜佑以刘秩《政典》为未尽，而上达于三、五，《典》之所以名通也。奈何魏了翁取赵宋一代之掌故，亦标其名谓之《国朝通

---

① 郑樵：《通志》总序，中华书局 1987 年版，第 1 页。

② 郑樵：《通志》总序，中华书局 1987 年版，第 1 页。

③ 郑樵：《通志》总序，中华书局 1987 年版，第 1 页。

> 典》乎?既曰国朝,画代为断,何通之有?是亦循名而不思其义者也。①

一个朝代由兴而亡,只是历史连续进程中的有机环节,它不是封闭自足的,其间种种政法制度、学术风俗都是由前代因革损益而来的,故必须将之置于历史联系当中,才能明了它在“古今之变”的长河中变了什么。就是在这个意义上,郑樵批评断代为史“无复相因之义”,“使会通之道,自此失矣”。

从横的方面看,通史必须网罗宏富,尽量包容和处理以往全部历史资料,从而也大容量地包含历史活动。郑樵所说“会通”事业如仲尼、司马迁之撰述,皆能“会天下之书而修”,“集天下之书为一书”。其《通志》就是综合了古代各种书籍而修成的“总括千殊,包罗万有”的著作,不仅记载了历史人物、政治经济制度,而且包括了天文、地理、动植物、文字、音韵等各个学术领域及其发展状况。在中国古代史学史上,其他一些具有代表性的通史著作也都具有这一“博通”的特点,如宋神宗曾着重指出,《资治通鉴》具有展卷而“尽古今之统”的优点:

> 其所载明君、良臣,切摩治道,议论之精语,德刑之善制,天人相与之际,休咎庶证之原,威福盛衰之本,规模利害之效,良将之方略,循吏之条教,断之以邪正,要之于治忽,辞令渊厚之体,箴谏深切之义,良谓备焉。②

“会通”之作既然是汇总纂集前代旧史而成书,即章学诚所说“即彼陈编,就我创制”③,那么就要求作者陶铸史料,有一番独出心裁的笔削与组织,以表现作者对于历史进程的独到的总体性理解,章学诚所谓“别识心裁”、“卓识名理”,只有做到了这一点,才算是“具剪裁”而“立家法”,达到了真正的“会通之义”。《通志》的价值主要在《二十略》,颇见此“会通

① 章学诚:《文史通义·释通》,叶瑛校注:《文史通义校注》,中华书局1994年版,第377页。

② 司马光:《资治通鉴》卷首宋神宗序,中华书局1956年版,第29页。

③ 章学诚:《文史通义·释通》,叶瑛校注:《文史通义校注》,中华书局1994年版,第374页。

之义”，郑樵能从繁复纷杂的史事之中，综合出诸方面重大的历史现象，区分类聚，自创“类例”，如其所创《氏族略》《谥略》是关于中国社会传统与特点的两门学问，《都邑略》是关于政治地理的学问，《六书略》《七音略》是关于文字、音韵的学问，《校雠略》《图谱略》《金石略》提出了历史文献的新范围，《昆虫草木略》则属于自然知识。章学诚称赞他说：“创条发例，巨制鸿篇，即以义类明其家学。”①

对于郑樵从理论上总结、提炼中国古代的通史撰述传统，阐发“会通”之义，章学诚曾给予崇高的评价，指出他在中国学术史上的独特贡献：

> 郑樵生千载而后，慨然有见于古人著述之源，而知作者之旨，不徒以词采为文，考据为学也。于是遂欲匡正史迁，益以博雅，贬损班固，讥其因袭，而独取三千年来遗文故册，运以别识心裁，盖承通史家风，而自为经纬，成一家言者也。②

章学诚以《通志》为出发点，对中国史学上的“通史家风”作如此精辟之总结，反映了郑樵“会通”思想的重要，也表明章学诚与郑樵思想的密切相通。

二、“相因”之义与“古今异宜”

郑樵的思想深刻地影响到马端临之撰著典章制度通史《文献通考》，他肯定通史撰述的思想价值在于“会通因仍之道”：“《诗》《书》《春秋》之后，惟太史公号称良史，作为纪、传、书、表，纪、传以述理乱兴衰，八书以述典章经制，后之执笔操简牍者，卒不能易其体；然自班孟坚而后，断代为史，无会通因仍之道，读者病之。”③其所谓“会通因仍之道”，系指理乱兴

① 章学诚：《文史通义·申郑》，叶瑛校注：《文史通义校注》，中华书局1994年版，第463页。

② 章学诚：《文史通义·申郑》，叶瑛校注：《文史通义校注》，中华书局1994年版，第463页。

③ 马端临：《文献通考》序，中华书局1986年版，第3页。

衰以及典章经制两方面,故盛赞《通鉴》与《通典》两书,他认为:“司马温公作《通鉴》,取千三百余年之事迹,十七史之纪述,萃为一书,然后学者开卷之余,古今咸在”;“唐杜岐公始作《通典》,肇自上古,以至唐之天宝,凡历代因革之故,粲然可考”。①

然而,他更重视历代典章制度在相承中的发展与演化,正是从社会组织结构、政治经济制度的变迁沿革之中,人们发现了那一超越皇朝兴亡的更迭,如河流般脉脉相继、不容隔断的历史进程:

> 窃尝以为理乱兴衰,不相因者也。晋之得国异乎汉,隋之丧邦殊乎唐。代各有史,自足该一代之始终,无以参稽互察为也。典章经制,实相因者也。殷因夏,周因殷,继周者之损益,百世可知,圣人盖已预言之矣。爰自秦汉,以至唐宋,礼乐兵刑之制,赋敛选举之规,以至官名之更张,地理之沿革,虽其终不能以尽同,而其初亦不能以遽异。如汉之朝仪官制,本秦规也;唐之府卫租庸,本周制也,其变通张弛之故,非融会错综,原始要终而推寻之,固未易言也。其不相因者,犹有温公之成书,而其本相因者,顾无其书,独非后学之所宜究心乎?②

综观马端临的《文献通考》,他推寻社会历史的“变通张弛之故”,确能做到“融会错综,原始要终”,对数千年“古今之变”有着相当精彩深刻的通识。举其大者而言,首先,他注意把握历史变革的关节所在,对历史演化之阶段性有所揭示。比如,他把商鞅变法与杨炎“两税法”作为经济制度的两次重大变革,标志着土地私有制度确立的两个历史阶段:“随田之在民者税之,而不复问其多寡,始于商鞅;随民之有田者税之,而不复视其丁中,始于杨炎。”③关于货币制度的发展,他指出金属货币的使用由来之久:“九府圜法,自周以来,未之有改也。”在唐宋时代,因为商品经济的发达而出现了纸币,这是一种历史性的变化:“自唐以来,始制为飞券钞引之属,以通商贾之厚赍贸易者。……宋庆历以来,蜀始有交子。建炎以

---

① 马端临:《文献通考》序,中华书局 1986 年版,第 3 页。
② 马端临:《文献通考》序,中华书局 1986 年版,第 3 页。
③ 马端临:《文献通考》序,中华书局 1986 年版,第 4 页。

来，东南始有会子。自交会既行，而始直以楮为钱矣。”①此外，他以唐宋时期实行“户役”制度为标志，来划分差役制度以及基层社会组织的历史变化：“成周之里宰党长皆有禄秩之命官，两汉之三老啬夫皆有誉望之名士。”又说：“后世乃虐用其民，为乡长里正者不胜诛求之苛，各萌避免之意，而始命之曰户役矣。”②

他通过对政治经济制度、社会组织、社会风俗等方面历史变化的研究，对自上古到三代“封建”之世再到秦汉以下一统天下的“古今之变”，形成了具体而精要的认识。他论述“封建”变而为君主专制的历史进程，并指出这两个历史阶段在国家体制与国家观念上的实质差别。他说：“封建莫知其所从始也。”从商、周宗国不断迁徙、疆域不定的史实来看，从自投荒蛮的王室后裔能在当地开创国家、列位诸侯的现象来看：“盖古之帝王未尝以天下为己私，而古之诸侯亦未尝视封内为己物。上下之际，均一至公，非如后世分疆画土，争城争地，必若是其截然也。秦既灭六国，举宇内而郡县之，尺土一民始皆视为己有。”③他所说三代封建时代未有明确的国家疆域与国家观念，是很有历史识见的，但由此引申说当时乃是至公之世，当然有悖于我们今天的历史常识。接着，他缕析汉代以来分封制度消灭的历史步骤：

> 盖西汉之封建，其初则剿灭异代所封而以畀其功臣，继而剿灭异姓诸侯而以畀其同宗，又继而剿灭疏属刘氏王，而以畀其子孙，盖检制益密而猜防益深矣。……景、武之后，令诸侯王不得治民补吏，于是诸侯虽有君国子民之名，不过食其邑入而已，土地甲兵不可得而擅矣。④

汉因秦制，消灭了残余的封国制度，为中央专制主义铺平了政治与社会基础，“检制益密而猜防益深”说出了专制主义的实质。又如，他论述古代职官制度的“古今之变”，指出“陶唐氏以前之官所治者天事也，虞、夏以

---

① 马端临：《文献通考》序，中华书局1986年版，第4页。

② 马端临：《文献通考》序，中华书局1986年版，第4页。

③ 马端临：《文献通考》序，中华书局1986年版，第8页。

④ 马端临：《文献通考》序，中华书局1986年版，第8—9页。

后之官所治者民事也”。文明早期发展时期,明天文、制历法是最重大的事情,“非有神圣之德者不足以知之”,而至尧、舜时代,天文历法之事“世官自足以掌之,不必别求贤哲之辅以专其任也”。到成周时代,考察《周礼》记载,所谓“六官”皆治民事,其中掌管天文历算的世官如“冯相氏、保章氏、挈壶氏”地位皆低微了。[①] 这一考察是符合古代文明演进之实迹的。再如,马端临还指出“古者”人并没有职业之分,“方其为士则道问学,及其为农则力稼穑,及其为兵则善战阵”,而“后世”之人,“士拘于文墨,而授之介胄则慚,农安于犁锄,而问之刀笔则废,以至九流百工释老之徒,食土之毛者,日以繁多”[②],他指出这一“古今之变”是为了说明,在社会未充分分化的“古者”,人民多寡直接关系国家强弱,而随着社会分化,国家武力的强大与否其实与人口没有多大关系了,这不能不说是一个精辟的观察。

他还善于用“古今异宜”即历史发展变化所造成的客观形势的不同,来推寻典章制度的“变通张弛之故”,这样一种方法、观点特具历史主义精神。自宋代儒道复兴运动以来,以理想化的三代“王道”批评秦汉以下制度,要求复兴“尧舜三代之治”成为时代思想潮流,而一些具有历史意识的史学家、思想家就此探究古代社会与当今社会在大的形势、环境上的变异不同,指出照搬古制之迂不可行。与这一思想路线相继承,马端临更深入具体地考察了“古今异宜”,从而更有说服力地论述了制度变革之所以“不容不然”。比如,自宋代以来,论者皆指责商鞅变法破坏了井田制,从此出现了土地兼并以至贫者无立锥之地;又指责自杨炎两税法改革以来,国家授受土地保障“耕者有其田”的均田制度再也不能恢复。就此,马端临论道:

> 三代井田之良法坏于鞅,唐租庸调之良法坏于炎。二人之事,君子所羞称。而后之为国者莫不一遵其法。一或变之,则反至于烦扰无稽,而国与民俱受其病,则以古今异宜故也。[③]

---

① 马端临:《文献通考》卷四七《职官考一》,中华书局 1986 年版,第 435 页。

② 马端临:《文献通考》序,中华书局 1986 年版,第 4 页。

③ 马端临:《文献通考》序,中华书局 1986 年版,第 4 页。

> 然物之不齐，物之情也。均是人也，而才艺有智愚之不同；均营生也，而时运有屯亨之或异；盖有起穷约而能自致千金，其余力且足以及他人者；亦有蒙故业而不能保一簪，一身犹以为累者，虽圣人，不能比而同之也。然则以田定赋，以家之厚薄为科敛之轻重，虽非盛世事，而救时之策，不容不然，未宜遽非也。①

所谓“物之不齐，物之情也”，说的是地主土地私有制确立后，往往因财富积累造成社会阶层与地位的流动无常的社会状况，这与古代等级严格而土地公有的贵族社会是大不同的，在这一历史环境之下，以田产家财为根据为差等的赋税办法其实是更合理的。又如，王安石变法改“差役”为“雇役”，时论以“聚敛”非之，而马端临指出，这一制度变革适应了历史形势的变化，可以适当防止贪官侵害，是减轻人民负担的“良策”：

> 其所以必行雇役者，盖虽不能使充役之无费，然官自任雇募之责，则其役与民不同，而横费可以省。虽不能使官吏之不贪，然民既出雇募之费，则其身与官无预，而贪毒无所施。此其相与防闲之术虽去古义远甚，然救时之良策，亦不容不如此。②

这实际上是反映了农民人身依附关系不断松弛的历史趋势。

三、穷经涉史，“研究事理以观其会通”

作为所谓“浙东学术”代表人物之一的吕祖谦著《大事记》，配之以《通释》及《解题》，是一部别出心裁、体制独特的通史。作者原计划从春秋时代写到五代，但只完成了自周敬王三十九年（前481年）迄汉武帝征和三年（前90年）这一小部分，但自战国至于汉武帝，正是中国从古代奴隶制社会转变为封建制社会的巨变时代，吕祖谦写出这一时期的历史可谓用心于“古今之变”。《大事记》仿照《史记》的“表”，编年以列重大事

① 马端临：《文献通考》卷三《田赋考三》，中华书局1986年版，第49页。

② 马端临：《文献通考》卷一三《职役考二》，中华书局1986年版，第140页。

件,《通释》如“经义”,采录经书有关内容或历代名家的议论,其实是作者借古人之言阐发自己对“古今之变”之重大关节的分析和见解。《解题》如“经”之有“传”,更详细地交代重大事件的因果始末,并附有自己的看法。《四库全书总目提要》称其书:“去取详略,实有深意,而议论正大,于古今兴衰治忽之理尤多所发明。”①作者还删撮旧史,始于《史记》迄五代,编纂《十七史详节》273卷。司马光之撰《资治通鉴》,不详载典章制度,吕祖谦却重点选编了历代正史的《表》《志》《杂传》部分,足以呈现历史之总貌。吕祖谦还撰有《历史制度详说》,马端临《文献通考》所征引吕祖谦的议论皆出自此书。

这里,我们还要说到以史论见长的叶适。叶适的精彩史论多见于《水心别集》,马端临《文献通考》多采其说。叶适对北宋时代的“通经复古”思潮有深刻的反省,这股思潮正是王安石变法的理论依据与思想背景。在“通经复古”思潮之中,《周礼》最受重视:周公“建国、设官、井田、兵法、兴利防患,机器工巧之术咸在。凡成康之盛,所以能补上世之未备,而后世不可复加者,其先后可见,本末可言也。于是儒者莫不为之欣然自喜,以为可以必行而无疑也。”②经过研究,叶适指出《周礼》所载乃是行之于“封建”宗法下的制度典章,在郡县体制下,是不可能实行的,他认为:

> 三代之时,自汉淮以南,皆弃而不有,方天下为五千里。而王之自治者,千里而已。其外大小之国千余,皆得以自治。其正朔所颁,礼乐征伐,自天子出。朝会贡赋,贤能之士,入于王都,此特其大者也。而其生杀废置,犹不能为小者,天子皆不与焉。而天子之自治者,亦断然如一国,不能过汉之数郡。……其为地狭,为民寡,而治之者众。
>
> …………

① 吕祖谦:《大事记》卷首载四库馆臣提要,《文渊阁四库全书》,台湾商务印书馆1986年版,第324册,第2页。

② 叶适:《十先生奥论注》后集卷一四《周礼》,《文渊阁四库全书》,台湾商务印书馆1986年版,第1362册,第227页。

今也包夷貊之外以为域，破天下之诸侯以为郡县。事虽毫发，一自上出，法严令具，不得摇手。……臣不能久于官而遽去，而又有苟简诈伪之心生焉。乃欲其米盐委靡，无所不尽，以求合于《周礼》之书，而又易其大者，将以踪井田封建之旧，此其论所以高而难行。①

叶适将三代“封建”制度破坏、“大一统”皇权专制制度形成看成是一个逐渐发展的历史过程，其中有几个重大环节：

天下之士，理经援古，皆欲一举而尽复三代之治。其意非不善也，其言之也遽，其为之也略……此其所以久而无成者也。

王政之坏久矣，其始出于管仲。管仲非好变先王之法也……其势不得不变先王之法而自为。……惟其取必于民而不取必于身，求详于法而不求详于道。以利为实，以义为名……凡为管仲之术者，导利之端，启兵之源……而天下之乱益起而不息……至于商鞅破井田，立概量。李斯废封建，燔《诗》《书》。……王政之坏，始于管仲而成于鞅、斯。……使后世廓然大变于三代者，岂其一人之力也？治变而世交，世变而俗成，然则后世之事，有望管仲而不可及者矣……若桑弘羊之于汉，直聚敛而已耳，此则管仲、商鞅之所不忍为也。盖至于唐之衰，取民之利无所不尽，则又有弘羊之所不忍为者焉。②

北宋以来主流思想一般认为，自“三代”演变为“秦汉以下”乃是历史的重大转折与堕落，春秋、战国之世为变乱之世，管仲、商鞅、李斯讲求富强之术，改革经济制度、兵制乃至国体，剥下益上，建立君主专制统治，是苟合世变、心在功利之人，圣贤之徒耻言之。叶适一方面认同并发扬其中对君主专制现实的批判精神与思想原则，指出管仲、商鞅、李斯的变法有悖于“大公”的道德精神，一方面又指出“其势不得不变”即他们的变法的历史必然性与合理性，特具历史智慧。

叶适非常赞美《左传》，他认为其书成于战国初期，遵从孔子之教，能明“封建”之天下崩坏变乱的次第、关节与本末，《左传》告诉我们，春秋处

① 叶适：《十先生奥论注》后集卷一四《周礼》，《文渊阁四库全书》，台湾商务印书馆 1986 年版，第 1362 册，第 228 页。

② 叶适：《叶适集》之《水心别集》卷六《管子》，中华书局 1961 年版，第 705—706 页。

于三代“王政”即宗法制度“大纲已易,而小纪未坏”的历史阶段,我们“溯其末者,可以反其本,迹其衰者,可以见其兴”,能够从中得知所谓三代“王政”之大概,确知周秦之际的“古今之变”。比如:

古者国必有宗,宗各有族。……国祚之短长,视其公族之兴废。士农不变,工贾不迁,其为士者,所以成德也,非所以求显也。

…………

古者严祀而尊神,重时而从天,口无造言,必称先民,心无造虑,必求之蓍龟,故民资厚而易治。

…………

古者审乎性命而定乎吉凶,忠信敬义之目,后世之所诵说而不能明者也。古之人节之于事,皆可以指言而名举也。

…………

古者上有常世,下有常役……贵贱相承,而不相袭处。民无崛起以干大柄,推其族姓,咸有本始,知其与天地并生,而不知自弃其身。

…………

古之用兵,先治胜而后战,奔乱为败,失将为灭,不多杀士,其行师有法,其杀人有礼,故干戈不以斗,而犹无孙、吴之术。①

以上准确描述了“封建”宗法时代的世袭等级制度、氏族制度、价值观念、战争形式等社会、文化形态。

基于对“古今之变”的通识,他指出,在当今之世进行政治改革、制度设计的关键,一是根据“先王”大公为民之道德精神,一是根据现实历史状况给定的条件与限制:

微见先王之意,而不尽载其所以为之之说。

…………

若曰修身以应变,酌古以御今,然后继周者百世可知也。奈何取其说之具者,而徒加之后世哉?②

① 叶适:《叶适集》之《水心别集》卷六《左氏春秋》,中华书局1961年版,第714—715页。

② 叶适:《十先生奥论注》后集卷一四《周礼》,《文渊阁四库全书》,台湾商务印书馆1986年版,第1362册,第228页。

…………

因今之地，用今之民，以周公为之，其必有处此矣。

根据这一思想原则，叶适批评自北宋以来的思想主流过于重视经学而忽视史学的倾向：

后世之儒者，以为六经孔氏之私书而已，仁义礼乐，唐虞三代之所独有而已。训释之，参究之，竭其终身之力于此而不能至也，何暇及于当世之治乱乎？……岂其徇其名而执其迹乎？……故独治唐虞三代之遗文，以折当世，举当世之不合也固矣。……将遂尽复于数千载之上，使无一不如唐虞三代者乎？抑亦顺三才之理，因当世之宜，举而措之而已矣。①

这一段议论，是对重古轻今，把古今割裂开来之种种看法的有力批评②。

值得注意的是，当时人称吕祖谦的《历史制度详说》：

于古今沿革之制，世道变通之宜，贯穿折衷，首尾备见。凿凿如桑麻谷粟，切于民生实用，有不容阙者焉。……使读者知穷经以立其本，涉史以通其变，研究事理以观其会通。③

这段话很能代表“浙东学术”共同的学术追求。

第三节　历史循环论与“渐形渐著”论的进一步分野

一、“古今之变”与“盛衰循环”

宋代“理学”家们对“古今之变”的认识往往与历史退化、历史之盛衰

① 叶适：《叶适集》之《水心别集》卷八《王通》，中华书局1961年版，第742—743页。

② 按：此外，从制度层面叙及古今之关系的著作还有陈傅良著《历代兵制》、唐仲友著《帝王经世图谱》。

③ 吕祖谦：《历史制度详说》卷首彭飞序，《文渊阁四库全书》，台湾商务印书馆1986年版，第923册，第895页。

治乱循环的观点结合在一起。宋代以后,随着社会、思潮的发展变化,产生了朴素的历史进化思想,中国史学的古老命题“通古今之变”于是具有了两种分歧的思想形态。

在北宋,最开始自觉建构宏观历史观的思想家是邵雍。首先,他认为,自伏羲氏以来的“三皇”、尧舜等“五帝”、夏商周“三代”以至于春秋战国的“霸道”时代,是人类历史的第一个周期,正如自然界的第一轮春、夏、秋、冬四季,而以后的人类历史无论出现怎样的变化,其实都在第一周期的范围之内,正如无论天气如何变化都在四季范围内一样:

> 法始乎伏羲,成乎尧,革于三王,极于五霸,绝于秦。万世治乱之迹,无以逃此矣。①
>
> 三皇,春也;五帝,夏也;三王,秋也;五伯,冬也。七国,冬之余洌也。
>
> 汉,王而不足;晋,伯而有余;三国,伯之雄者也;十六国,伯之丛者也;南五代,伯之借乘也;北五代,伯之传舍也。隋,晋之子也,唐,汉之弟也;隋季诸郡之伯,江汉之余波也。唐季诸镇之伯,日月之余光也。后五代之伯,日未出之星也。②

秦朝以后的历史,是盛而复衰、衰而复盛的周期循环,但即使是汉、唐之世,也未能及于“王”的标准。至于五代,历史已经又到了极乱之世,继之而兴的宋王朝似乎有可能由“乱”而“治”,完成一次由衰而盛的循环:“自极乱至于极治必三变矣。三皇之法无杀,五伯之法无生。伯一变至于王矣,王一变至于帝矣,帝一变至于皇矣。”③他所谓的“皇”“帝”“王”“伯”四个历史阶段,从“道”的视野看,其实是四种统治天下的治术,而这四种治术都依循着“道”,但有着成色的差别:“所谓皇帝王伯者,非独谓三皇、五帝、三王、五伯而已。但用无为则皇也,用恩信则帝也,用公正则王也,

---

① 《皇极经世书》卷一三《观物外篇上》,《文渊阁四库全书》,台湾商务印书馆 1986 年版,第 803 册,第 1069 页。

② 《皇极经世书》卷一二《观物篇六十》,《文渊阁四库全书》,台湾商务印书馆 1986 年版,第 803 册,第 1047 页。

③ 《皇极经世书》卷一二《观物篇之五十九》,《文渊阁四库全书》,台湾商务印书馆 1986 年版,第 803 册,第 1044 页。

用智力则霸也。”[①]这说明,左右历史上盛衰兴亡之变化的规律在于“道”。秦汉以后之天下不能如古代圣王那样复兴“道”之全体大用,历史上盛而衰、乱而治的循环不已,乃是“定数”,但人能行君臣父子礼义之道则国家、世道兴,人悖于君臣父子礼义之道则国家、世道衰,则是不变易的“法则”,人对历史的责任、人的有所作为就在于扶持此“道”了:“自三代而下,汉唐为盛,未始不由治而兴,乱而亡,况其不盛于汉唐者乎?其兴也,又未始不由君道盛、父道盛、夫道盛、君子之道盛、中国之道盛。其亡也,又未始不由臣道盛、子道盛、妻道盛、小人之道盛、夷狄之道盛。”[②]

作为北宋最重要的理学家与思想家,二程也有系统的宏观历史观。他把自开辟以至于今的历史大致分为三个阶段,第一个阶段是“五帝”时代,第二个阶段是“三王”时代,第三个阶段是“秦汉以后”。从“天理”的标准看,“五帝”时代“公天下”,是历史的极盛时期;“三王”时代“家天下”,但仍有至公之义;秦汉以下则以“霸道”把持天下:

> 大抵五帝官天下,故择一人贤于天下者而授之。三王家天下,遂以与子。论其至理,治天下者当得天下最贤者一人,加诸众人之上,则是至公之法。后世既难得人而争夺兴,故以与子。与子虽是私,亦天下之公法,但守法者有私心耳。[③]
>
> 先王之世,以道治天下;后世只是以法把持天下。[④]
>
> 王者奉若天道,故称天王,其命曰天命,其讨曰天讨,尽此道者,王道也。后世以智力把持天下者,霸道也。[⑤]

按照“天理”的定数法则,包括人类历史在内的整个宇宙存在都是由盛而衰的,但其中包含着无数小的盛衰循环的周期:

---

① 《皇极经世书》卷一三《观物外篇上》,《文渊阁四库全书》,台湾商务印书馆 1986 年版,第 803 册,第 1069 页。

② 《皇极经世书》卷一二《观物篇五十九》,《文渊阁四库全书》,台湾商务印书馆 1986 年版,第 803 册,第 1045 页。

③ 程颢、程颐:《二程集》之《河南程氏遗书》卷一八,中华书局 1981 年版,第 228 页。

④ 程颢、程颐:《二程集》之《河南程氏遗书》卷一,中华书局 1981 年版,第 4 页。

⑤ 程颢、程颐:《二程集》之《河南程氏经说》卷四《春秋传》,中华书局 1981 年版,第 1087—1088 页。

> 若举大运而言,则三王不如五帝之盛,两汉不如三王之盛,又其下不如汉之盛。至于中间,又有多少盛衰。如三代衰而汉盛,汉衰而魏盛,此是衰而复盛之理。……若论天地之大运,举其大体而言,则有日衰削之理。如人生百年,虽赤子才生一日,便是减一日也。形体日自长,而数日自减,不相害也。①

> 且以历代言之,二帝三王为盛,后世为衰。一代言之,文武成康为盛,幽厉平桓为衰。以一君言之,开元为盛,天宝为衰。②

然而,二程认为后世历史应该追求"三代"的复兴:"为治而不法三代,苟道也。虞舜不可及已,三代之治,其可复必也。"③但是,二程所说复兴"三代之治"又并不是要照搬三代制度,因为按照"天理"的法则,"古"盛而"今"衰,秦汉以后的历史状况无法与"三代"相比,将三代制度用之于后世是行不通的,所谓复兴"三代之治",意思是根据后世实际的历史条件与限制,法先王所以为法之意而因时创制。

在程颐看来,"二帝三王"时代已经穷尽了全部的历史可能性,后世是不可能重复这一起源与创造的。所谓"法三代之治",是根据自身历史条件,有选择地加以借鉴、取用。程颐还强调,"尧、舜三代之治"皆不执一定之法,不照搬因袭前代,而是能根据"时"创制立法以利民生、以济世用。而孔子于《春秋》所立"王道"并不主于"周礼",非固定的一王之法制,而是"参酌其宜,以为万世王制之所折中焉"④。也就是说,所谓"王道"就是能法先王所以为法之意,或因或革,或损或益,于具体现实的历史境况之中,行道德创造之实。

二、人间历史之"道"渐形而渐著

在宋代"通经复古"思潮极盛之时,深具历史见识与批判精神的苏

① 程颢、程颐:《二程集》之《河南程氏遗书》卷一八,中华书局 1981 年版,第 200 页。
② 程颢、程颐:《二程集》之《河南程氏遗书》卷一八,中华书局 1981 年版,第 199 页。
③ 程颢、程颐:《二程集》之《河南程氏粹言》卷一,中华书局 1981 年版,第 1211 页。
④ 程颢、程颐:《二程集》之《河南程氏粹言》卷一,中华书局 1981 年版,第 1200 页。

轼、苏辙兄弟，曾批评那种认为“世风日下”，应挽后世之浇薄归于上古之淳朴的时论，提出“天下未尝一日而不趋于文”的历史观点，可谓特具光辉。在汉代，曾有一种非常流行的“三统”循环论，所谓“夏之政尚忠，商之政尚质，周之政尚文”，秦承周尚文之弊，故后世应复夏商质朴之风。《礼记·表记》、司马迁、董仲舒都曾表述过这一观念。宋代流行的“帝、王、霸”三“道”说、复兴“王道”说与之显然也有密切的思想联系。苏辙则著《周论》称：

《传》曰：“夏之政尚忠，商之政尚质，周之政尚文。而仲尼亦云：周监于二代，郁郁乎文哉！吾从周。”愚读《诗》《书》，历观唐虞，至于商周。盖尝以为自生民以来，天下未尝一日而不趋于文也。文之为言，犹曰万物各得其理云尔。父子君臣之间、兄弟夫妇之际，此文之所由起也。

昔者生民之初，父子无义，君臣无礼，兄弟不相爱，夫妇不相保，天下纷然而淆乱，忿斗而相苦。文理不著，而人伦不明，生不相养，死不相葬，天下之人，举皆戚然，有所不宁于其心。然后反而求其所安，属其父子而列其君臣，联其兄弟而正其夫妇。至于虞夏之世，乃益去其鄙野之制。……至于周而后大备，其粗始于父子之际，而其精布于天下，其用甚广而无穷。盖其当时莫不自以为文于前世，而其后之人乃更以为质也。

…………

夫自唐虞以至于商，渐而入于文。至于周，而文极于天下。当唐虞夏商之世，盖将求周之文，而其势有所未至，非有所谓质与忠也。自周而下，天下习于文，非文则无以安天下之所不足，此其势然也。①

至明末清初，在王夫之的历史哲学中，出现了具有一定理论自觉的历史进化观念。王夫之秉承儒家“天人合一”的思想传统，认为人间历史是整个宇宙演化运生的有机部分，“天理”一以贯之，与宋代典型的“天理”历史观相比，在王夫之的历史思想之中，“天理”并不是在历史起源处完

① 苏辙：《苏辙集》之《栾城应诏集》卷一，中华书局 1999 年版，第 1246—1247 页。

满体现,而是由人类在其历史发展进程之中不断地实现它完成它,人间历史不断地趋向“天理”,“道”渐行而渐著。也就是说,“天理”不在人类历史的源头,而在人类历史“日日新而不已”的进程之中①。这是中国古代历史理论的一次革命性进展。

在《读通鉴论》中,王夫之结合具体史实,批驳了历史退化观念与复古论,认为这些观点“泥古过高而菲薄方今,以蔑生人之性”,他有力戳穿对三代古史的迷信:

> 唐虞以前,无得而详考也,然衣裳未正,五品未清,昏姻未别,丧祭未修,狉狉榛榛,人之异于禽兽无几也。……若夫三代之季,尤历历可征焉,当纣之世,朝歌之沉酗,南国之淫奔,亦孔丑矣。……春秋之民,无以异于三代之始,帝王经理之余,孔子垂训之后,民固不乏败类,而视唐虞三代帝王初兴、政教未孚之日,其愈也多矣。……唐初略定……以太宗为君,魏征为相,聊修仁义之文,而天下已贴然受治,施及四夷,解辫归诚,不待尧舜汤武也。……孰谓后世之天下,难与言仁义哉!②

同样是在“天理”的视野之下,王夫之看到,古代是野蛮的,后世是文明的,历史是逐渐向“天理”方向趋近的,他根据自己对西南少数民族生活的实地观察,对比历史文献研究,得出了他对于所谓“三代盛世”的看法:

> 自邃古以来,各君其土,各役其民,若今化外土夷之长,名为天子之守臣,而实自据为部落。③
>
> 三代沿上古之封建,国小而君多……而暴君横取,无异于今川、广之土司,吸龁其部民,使鹄面而鸠形,衣百结而食草木。④

他把尧舜三代的“国”与君主,如实地说成是部落氏族首领发展而来的剥削者。他又大胆断定:“故吾所知者,中国之天下,轩辕以前,其犹夷狄乎!太昊以上,其犹禽兽乎!……所谓‘饥则呴呴,饱则弃余’者,亦植立

① 王夫之:《船山全书》之《读四书大全说》卷五,岳麓书社1996年版,第705页。

② 王夫之:《读通鉴论》卷二〇《太宗八》,中华书局1975年版,第693—694页。

③ 王夫之:《读通鉴论》卷一五《孝武帝七》,中华书局1975年版,第514页。

④ 王夫之:《读通鉴论》卷二〇《唐高祖九》,中华书局1975年版,第674页。

之兽而已矣！”[①]王夫之断定在“燧、农以前”还是“君无适主，妇无适匹”的原始状况，以后虽有燧人氏、神农氏的伟大发明，但还是“鲜食艰食相杂”，“九州之野有不粒食”的时代。根据他观察，历史发展的总趋势与总方向，是由野蛮而日趋文明，由万国分立而日趋统一，“风教日趋于画一，而生民之困亦以少衰”[②]。从经济生活上看，整个国土日益开发，农业生产日益发展，由“射生饮血”到“来牟率育”，再到“天地之产，聪明材勇，物力丰犀，势足资中区而给其卫”[③]。可谓“破块启蒙，粲然皆有。……治地者，有而富有；起功者，有而日新”[④]。“世益降，物益备。”[⑤]从政治生活上看，由万国分立而“生民极困”的古代社会，到三代时“渐有合一之势”的“封建之天下”，经过战国时期这一“古今一大变革之会”，再到秦以后“生民之困少衰”的“郡县之天下”，终于发展到明代，形成“财足自亿也，兵足自强也，智足自名也”的统一国家[⑥]，并形成了“帝王之兴，以治相继”的“治统”，以及“圣人之教”“以人存道”的“道统”。[⑦] 尽管这一历史进程屡次被夷狄、暴君的窃夺所打断，但他坚定地预言：“公其心，去其危，尽中区之智力，治轩辕之天下，族类强植，仁勇竞命，虽历百世而弱丧之祸消也！”[⑧]正是根据新的“天理”历史观，王夫之在“大运倾覆”“地裂天倾”的艰苦岁月，对人间历史必将重显光明抱持坚定信念。

他还从社会制度上把以往历史划分为先秦的“封建制”与秦以后的“郡县制”两个阶段，并根据对封建、学校、乡里选举、土地制度、兵农合一、肉刑、井田、什一之税等政治、经济制度演变情况的具体分析[⑨]，指出，典章制度随着时代条件的变化而必然发生变化，“事随势迁而法必变”，

---

① 王夫之：《船山全书》之《思问录·外篇》，岳麓书社1996年版，第467页。

② 王夫之：《读通鉴论》卷二〇《太宗二》，中华书局1975年版，第683页。

③ 王夫之：《船山全书》之《黄书·宰制》，岳麓书社1996年版，第508页。

④ 王夫之：《船山全书》之《周易外传》卷二，岳麓书社1996年版，第887页。

⑤ 王夫之：《读通鉴论》卷一九《隋文帝二》，中华书局1975年版，第626页。

⑥ 王夫之：《船山全书》之《黄书·宰制》，岳麓书社1996年版，第519页。

⑦ 参见王夫之：《读通鉴论》卷一三《成帝七》，中华书局1975年版，第408页。

⑧ 王夫之：《船山全书》之《黄书·任官》，岳麓书社1996年版，第527页。

⑨ 参见王夫之：《读通鉴论》卷一《秦始皇一》，卷二《文帝一九》与《文帝二一》、卷三《武帝一》与《武帝二》、卷五《平帝五》与《平帝八》等有关论述，中华书局1975年版。

“汉以后之天下”只能“以汉以后之法治之”[1],“洪荒无揖让之道,唐虞无吊伐之道,汉唐无今日之道,则今日无他年之道多矣”[2]。“道之所行者时也,性之所承者善也,时之所承者变也,性载善而一本,道因时而万殊也。”[3]可以说,“通古今之变”这一中国古代史学的思想传统,至此达到了最深刻的理论自觉。

第四节 “通变”思想的深入与嬗变

一、深究于古今“成败兴废之迹”

明清以后,较之于著史,论史、考史发展更为蓬勃,颇能代表这一时期史学的成就与特色。一些杰出史家能够自历史现象之中归纳、比较某类问题,提出社会以及制度方面历史发展趋势的通则,这使中国古代史学“通古今之变”的思想方法发展到了一个新境界。

顾炎武被称为清朝学术之开山,其经世致用的学术精神并未被清朝学术所继承,但他实事求是、考求证据、归纳比较的方法却对清朝学者产生了示范作用。在他的著作之中,《日知录》是最为精审、经过反复锤炼的著作,关于《日知录》的撰述,他曾说:

> 尝谓今人纂辑之书,正如今人之铸钱。古人采铜于山,今人则买旧钱名之曰废铜以充铸而已。……承问《日知录》又成几卷,盖期之以废铜。而某自别来一载,早夜诵读,反复寻究,仅得十余条,然庶几采山之铜也。[4]

---

① 王夫之:《读通鉴论》卷五《成帝八》,中华书局1975年版,第123页。

② 王夫之:《船山全书》之《周易外传》卷五《第十二章》,岳麓书社1996年版,第1028页。

③ 王夫之:《船山全书》之《周易外传》卷七《杂卦传》,岳麓书社1996年版,第1112页。

④ 顾炎武:《顾亭林诗文集》之《亭林文集》卷四《与人书十》,中华书局1959年版,第93页。

《四库全书总目》称道说:“炎武学有本原,博赡而能通贯,每一事必详其始末,参以证佐,而后笔之于书,故引据浩繁,而抵牾者少。”①

《日知录》是由一个个小专题构成的,这些专题涉及社会组织结构、国家政法制度、学术、士风、社会风俗等方面的内容。顾炎武根据问题,打破断代的限制,将有关材料“串联”“类辑”起来予以纵观,“一一疏通其源流”,“穷源溯本,讨论其所以然”,这样,某种历史现象发展嬗变的源流过程就呈现出来。而其旨趣则是着眼于关于国计民生的根本问题,从社会结构、政治制度、文化、世风的历史变迁之中探讨明朝“天崩地解”的深层原因,所谓“知天下之势何以流极而至此,则思起而救之”。潘耒作《日知录》序称其书:

> 综贯百家,上下千载,详考其得失之故,而断之于心,笔之于书,朝章、国典、民风、土俗,元元本本,无不洞悉。
>
> …………
>
> 其稽古有得,随时札记,久而类次成书者。凡经义、史学、官方、吏治、财赋、典礼、舆地、艺文之属,一一疏通其源流,考正其谬误。至于叹礼教之衰迟,伤风俗之颓败,则古称先,规切时弊,尤为深切著明。
>
> …………
>
> 有一疑义,反复参考,必归于至当;有一独见,援古证今,必畅其说而后止。②

顾炎武的《日知录》中有很多关于如何明辨历史之流变的研究范例,如“帝王名号”条、“郡县”条、“都邑”条等。关于春秋、战国风俗之流变,他说:

> 自《左传》之终以至此,凡一百三十三年,史文缺轶,考古者为之茫昧。如春秋时犹尊礼重信,而七国则绝不言礼与信矣;春秋时犹宗

① 《四库全书总目》卷一一九《子部·杂家类·日知录》,河北人民出版社 2000 年版,第 3085 页。

② 顾炎武:《日知录》卷首潘耒序,黄汝成集释:《日知录集释》,上海古籍出版社 2006 年版,第 1 页。

周王,而七国则绝不言王矣;春秋时犹严祭祀重聘享,而七国则无其事矣;春秋时犹论宗姓氏族,而七国则无一言及之矣;春秋时犹宴会赋诗,而七国则不闻矣;春秋时犹有赴告策书,而七国则无有矣。邦无定交,士无定主,此皆变于一百三十三年之间。①

再如《日知录》卷十三《重厚》纵论末世之士风:

世道下衰,人材不振,王伾之"吴语",郑綮之"歇后",薛昭纬之"浣溪纱",李邦彦之俚语辞曲,莫不登诸岩廊,用为辅弼。至使在下之人,慕其风流,以为通脱,而栋折榱崩,天下将无所庇矣!及乎板荡之后而念老成,播迁之余而思耆俊,庸有及乎?有国者登崇重厚之臣,抑退轻浮之士,此移风易俗之大要也。

侯景数梁武帝十失,谓皇太子吐言止于轻薄,赋咏不出桑中。张说论阎朝隐之文,如丽服靓装,燕歌赵舞,观者忘疲。若类之风雅,则罪人矣。

今之词人,率同此病。淫词艳曲传布国门,有如北齐阳俊之所作六言歌辞,名为阳五伴侣,写而卖之。在市不绝者,诱惑后生,伤败风化,宜与非圣之书同类而焚,庶可以正人心术。

顾炎武结合南北朝、唐、宋大量相关史实,论证文风之浮艳与士风之萎靡轻薄的关系,论证这一现象说明了其时作为社会、文化之主导阶层的士大夫集团的退化和腐朽,实为亡国之征候,这一观点乃有感于明末士风、世风之弊而发。

"史论"是中国古代史学的重要体裁,自《左传》《史记》发其端,此后各正史于叙事之后皆有论赞,对历史人物以及事件作出评论。宋代以后,写史论可以供科举考试之用,故蔚然成风;明代以后,史论更加风行,著作很多,但绝大多数都是对史实断章取义,用道德标准进行褒贬裁断,难得对历史现象作出独具慧眼、发人深省的解释。然而,王夫之的《读通鉴论》《宋论》却不同于一般"史论",他能联系同类史实,对某种历史现象之

① 顾炎武:《日知录》卷一三《周末风俗》,黄汝成集释:《日知录集释》,上海古籍出版社2006年版,第749页。

源流发展，追溯缘由，条分缕析，以明其产生发展的历史背景、动因以及历史影响，并得出规律性认识。他曾自述其法说：“引而申之，是以有论；浚而求之，是以有论；博而证之，是以有论；协而一之，是以有论。”①

王夫之在《读通鉴论》中曾论述“寓兵于农”兵制的源流演变及其社会后果，十分精彩。他首先论述“寓兵于农”的兵制产生于“封建”时代，是“封建”的社会政治结构使然，在当时能够维持，有其具体的历史条件，而随着社会历史的变化发展，至于大一统时代，这一制度必然废除：

> 三代寓兵于农，封建之天下，相承然也。周之初，封建亦替矣。然其存者，犹千八百国也，外无匈奴、突厥、契丹之侵逼，兄弟甥舅之国，以贪愤相攻而各相防尔。然忿忮一逞，则各驱其负耒之愿民，以喋血于郊原，悲夫！……禹、汤、文、武之至仁，仅能约之以礼，而禁其暴乱，而卒无如此斗农民以死之者何也？上古相承之已久矣，幸而圣王善为之法，以车战而不以徒战，追奔斩馘，不过数人，故民之死也不积。然而农民方务耕桑，保妇子，乃辍其田庐之计，奔命于原野，斫其醇谨之良，相习于竞悍……民之憔悴，亦大可伤矣！至于战国，一战而斩首者，至数十万，岂乐为兵者哉？皆南亩之农夫，欲免而不得者也。汉一天下，分兵民为两途，而寓兵于农之害乃息。②

北周宇文泰之时，复兴“寓兵于农”之古制，为“府兵”制度，有其特殊的历史形势与条件。其后，唐朝继续施行府兵制度，在天下一统的时代，府兵制度日渐衰替，丧失战斗力，并成为人民的沉重负担，有其必然之势理：

> 宇文泰之为此也，则有说也。……泰可用权宜以规一时之利，未尽失也。若夫四海一，战争休，为固本保邦之永计，建威以销夷狄盗贼之萌，则用武用文，刚柔异质，农出粟以养兵，兵用命以卫农，固分途而各靖。乃欲举天下之民，旦稼穑而夕戈矛，其始也，愚民贪免赋免役之利，蹶起而受命，迨其后一著于籍，欲脱而不能。故唐之府兵，业更为犷骑矣，乃读杜甫《石壕》《三别》之诗，流离之老妇，宛转于缧

① 王夫之：《读通鉴论》卷末《叙论四》，中华书局1975年版，第1115页。

② 王夫之：《读通鉴论》卷一七《简文帝二》，中华书局1975年版，第588—589页。

继,垂死之病夫,负戈而道仆,民日蹙而兵日窳,徒死其民。而救如线之宗社者,朔方边卒、回纥援兵也。然则所谓府兵者,无益于国而徒以殃民审矣。①

王夫之批评后世俗儒不考察在具体历史形势与条件之下实行某种制度的实际社会后果,以权衡考量其利弊得失,而是盲目崇古信古大讲“兵农合一”之善,在思想上造成盲信与混乱,贻害无穷。又结合明代卫所屯田既侵夺破坏民田又妨碍军事的史实,得出在军事制度上必兵、农分途的历史教训:

不能返三代封建之制,幸而脱三代交争之苦,农可安农,兵可安兵,天别之以材,人别之以习,宰制天下者,因时而利用,国本坚而民生遂,自有道矣。占毕小儒,称说寓兵于农而弗绝,其愚以祸天下,亦至此哉!农之不可兵也,厉农而只以弱其国也;兵之不可农也,弱兵而只以芜其土也。故卫所兴屯之法,销天下之兵,而中国弱,坐以授洪图于异域,所由来久矣。且所谓屯田者,卤莽灭裂,化肥壤为硗土,天下皆是也!可弗为永鉴乎!②

乾嘉考史学派奉顾炎武为“国朝”学术开山,但他们大多发挥顾氏考证文献、归纳证据的方法,惟有赵翼的《廿二史札记》秉承了顾炎武“通儒之学”的精神实质。《廿二史札记》的突出内容是综论社会、政治、文化重大制度与现象的源流变迁,通过对史实的组织归纳、排比以呈现历史运动的客观趋势,解释某一重大历史现象之发展变化。他的“排比事类,商榷伦物”不同于对历史文献的考据,而是有一定的问题意识,通过归纳、排比事实,呈现出重要的历史联系。在他那里,“事实”不是正误辨伪的单个证据,而是历史演化线索上的有机环节。他曾表明,《廿二史札记》关注的是“风会之递变,政事之屡更”,“治乱兴衰之故”,“或以比顾亭林《日知录》,谓身虽不仕,而其言有可用者”。③

① 王夫之:《读通鉴论》卷一七《简文帝二》,中华书局1975年版,第589—590页。

② 王夫之:《读通鉴论》卷一七《简文帝二》,中华书局1975年版,第590页。

③ 赵翼:《廿二史札记》卷首小引,王树民校证:《廿二史札记校证》,中华书局1984年版,第1页。

郑樵、马端临等已指出，所谓“会通”之道，是明“损益”“相因”，穷“迁革之源”，而“极古今之变”。李保泰为《廿二史札记》作序，称其书：

> 立乎今日以溯古人，辽阔数千年，世尽狃于目前之近。沿流既远，前后迥判，不特封建、井田之制为敻乎其不可返也。昔三代忠、质、文之运，递相救也，亦递相因，往往有此一代之所趋，而前代已启其端，有彼一代之所开，而后代遂衍其绪。世第纷然，交眩于成败废兴之迹，回惶交易，而卒不得其所以致之者。①

这是说，古今之间，变迁历久，差异极大。然而，这一变化发展是一个如流水然脉脉相继、不能割断的过程，在纷然的“成败废兴之迹”之中有着相因损益的连续性线索可寻，凭借着这一相因损益的线索，可以探讨“古今之变”是怎样发生、造成的。②

《廿二史札记》中《汉初布衣将相之局》一篇，尤其能表现赵翼史学之“通变”思想。他论述了三代“封建”时代贵族社会的“世卿世禄”制如何步步演化为秦汉以后的官吏选举制，将这一历史进程分为三个阶段，每个阶段都因依前一个时期的历史大势而各有所变，最终完成了大的“变局”：

> 盖秦汉间为天地一大变局。自古皆封建诸侯，各君其国，卿大夫亦世其官，成例相沿，视为固然。其后积弊日甚。暴君荒主，既虐用其民，无有底止，强臣大族又篡弑相仍，祸乱不已。再并而为七国，益务战争，肝脑涂地，其势不得不变。
>
> 而数千年世侯世卿之局，一时亦难遽变。于是先从在下者起，游说则范雎、蔡泽、苏秦、张仪等，徒步而为相；征战则孙膑、白起、乐毅、廉颇、王翦等，白身而为将，此已开后世布衣将相之例。而兼并之力，尚在有国者，天方藉其力以成混一，固不能一旦扫除之，使匹夫而有天下也。

---

① 赵翼：《廿二史札记》附录二李保泰序，王树民校证：《廿二史札记校证》，中华书局1984年版，第886页。

② 梁启超曾论赵翼能属辞比事，用归纳法进行比较研究，以观盛衰治乱之原，不局促于狭义的考证。加拿大汉学家浦立本教授认为，赵翼致力于克服中国史学的缺陷，能触及使近代史家真正感兴趣的问题，能超越孤立的繁琐事实之上以观察，自其中归纳出社会史与制度史发展趋势的通则。参见杜维运：《中国史学史》第3册，三民书局2004年版，第495—496页。

于是纵秦皇尽灭六国以开一统之局,使秦皇当日发政施仁,与民休息,则祸乱不兴,下虽无世禄之臣,而上犹是继体之主也。惟其威虐毒痛,人人思乱,四海鼎沸,草泽竞奋,于是汉祖以匹夫起事,角群雄而定一尊,其君既起自布衣,其臣亦自多亡命无赖之徒,立功以取将相,此气运为之也,天之变局,至是始定。

然楚汉之际,六国各立后,尚有楚怀王心、赵王歇、魏王咎、魏王豹、韩王成、韩王信、齐王田儋、田荣、田广、田安、田市等。即汉所封功臣,亦先裂地以王彭、韩等,继分国以侯绛、灌等,盖人情习见前世封建故事,不得而遽易之也,乃不数年而六国诸王皆败灭,汉所封异姓王八人,其七人亦皆败灭,则知人情犹狃于故见,而天意已另换新局,故除之易易耳。而是时尚有分封子弟诸国,迨至七国反后,又严诸侯王禁制,除吏皆自天朝,诸侯王惟得食租衣税,又多以事失侯,于是三代世侯、世卿之遗法,始荡然净尽,而成后世征辟、选举、科目、杂流之天下矣,岂非天哉!①

在春秋战国时代,“世卿世禄”的分封制度积弊日深,“其势不可不变”;至于战国时代,激于富国强兵的兼并战争,“已开后世布衣将相之例”;至于秦汉之际,秦始皇尽灭六国,建立郡县,下已无世禄之臣,然上犹继体之君;汉高祖崛起垄亩,君臣俱平民,三代分封宗法贵族社会彻底结束;西汉平定“七国之乱”后,贵族阶层政治权利的世袭制度,最终废除,世袭贵族阶层消灭,“大一统”皇权专制的官僚制度建立并巩固。赵翼反复称说“天意”“气运”,然而在他的历史论述之中,神秘“天”意已经被分析、解释为历史趋势发展形成的清晰可见的因果联系。

二、通史撰述理论与历史变易之道

章学诚看重郑樵所说“会通之旨”,对郑樵及其《通志》给予极高评

① 赵翼:《廿二史札记》卷二《汉初布衣将相之局》,王树民校证:《廿二史札记校证》,中华书局 1984 年版,第 36—37 页。

价，所著《文史通义》中《申郑》《释通》，从理论上总结了中国古代史学的“通史家风”。

他指出，“会通”之作，不在于贯通古今、包罗万象的修史体例，而在于“通古今之变”的旨趣与思想方法。在《释通》一文中，他首先明确“会通”的基本含义就是“统万殊而为一”的总结，在史学领域，“会通”就是以通史形式将积累到一定程度的断代之作总结为“一家之言”。章学诚看到，中国史学至于唐宋之世已出现了以“包罗众史”的通史形式对史学发展加以多方面总结的趋势：

> 总古今之学术，而纪传一规乎史迁，郑樵《通志》作焉；统前史之书志，而撰述取法乎官《礼》，杜佑《通典》作焉；合纪传之互文，而编次总括乎荀、袁，司马光《资治通鉴》作焉；汇公私之述作，而铨录略仿乎孔、萧，裴潾《太和通选》作焉。此四子者，或存正史之规，或正编年之的，或以典故为纲纪，或以词章存文献，史部之通，于斯为极盛也。①

章学诚进一步总结通史撰述的基本方法，将之概括为“六便”“二长”。所谓“二长”，指的是“具剪裁”“立家法”，这是“会通之作”必须具备的两个基本要素。“具剪裁”是指“通合诸史，岂第括其凡例，亦当补其缺略，截其浮辞，平突填砌，乃就一家绳尺。”这包括了两个方面的要求，一是在史料的剪裁和铨配上避免断代正史重复、抵牾、不能客观记载各对立集团历史的种种缺陷；一是要根据自己的撰述思想制定纪、传、志、表之类例，所谓“例由义起，自就隐括”，以反映史家对“古今之变”的独见通识。“立家法”是指通史撰述要具有内在的“会通之义”：“陈编具在，何贵重事编摩，专门之业，自具体要。”这一点是通史撰述的根本价值所在。通史撰述要有一种贯通全书的思想主旨，即作者对历史进程的总体理解，所谓“卓识名理”“别识心裁”，这是设置体例、取舍材料的思想标准，并通过体例的安排、叙述的详略编次表现出来。若不具备这一“别识心裁”以为撰述旨

---

① 章学诚:《文史通义·释通》，叶瑛校注:《文史通义校注》，中华书局1994年版，第373页。

趣,那么,所谓"通史"就不过是"纂辑之书,略以次比,本无增损,但易标题"。所谓"六便",即"免重复""均类例""便铨配""平是非""去抵牾""详邻事"。这都是讲如何陶铸史料,将之组织为一种贯穿统一思想旨趣的历史进程。① 在章学诚的心目中,最理想的史书应该是"通史",而"通史"就是"通古今之变"的"一家之言":

> 史之大原,本乎《春秋》,《春秋》之义,昭乎笔削。笔削之义,不仅事具始末,文成规矩已也,以夫子义则窃取之旨观之,固将纲纪天人,推明大道。所以通古今之变,而成一家之言者,必有详人之所略,异人之所同,重人之所轻,而忽人之所谨;绳墨之所不可得而拘,类例之所不可得而泥,而后微茫杪忽之际,有以独断于一心;及其书之成也,自然可以参天地而质鬼神,契前修而俟后圣,此家学之所以可贵也。②

那么,章学诚在这里所说的"纲纪天人,推明大道"具体是什么意思?"大道"者何?如何"推明"?史家如何"纲纪天人"?这就涉及章学诚基本的"学术"观念,以及他关于"历史"的基本观念。

《文史通义》之《原道》篇说:

> 人之生也,自有其道。人不自知,故未有形。三人居室,则必朝暮启闭其门户,饔飧取给于樵汲。既非一身,则必有分任者矣,或各司其事,或番易其班,所谓不得不然之势也,而均平秩序之义出矣。又恐交委而互争焉,则必推年之长者持其平,亦不得不然之势也,而长幼尊卑之别形矣。至于什伍千百,部别班分,亦必各长其什伍,而积至于千百,则人众而赖于干济,必推才之杰者理其繁,势纷而须于率俾,必推德之懋者司其化,是亦不得不然之势也,而作君作师,画野分州,井田、封建、学校之意著矣。故道者,非圣人智力之所能为,皆

① 章学诚:《文史通义·释通》,叶瑛校注:《文史通义校注》,中华书局1994年版,第375页。

② 章学诚:《文史通义·答客问上》,叶瑛校注:《文史通义校注》,中华书局1994年版,第470页。

其事势自然，渐形渐著，不得已而出之，故曰天也。[①]

章学诚之“原道”，是要重新阐明学术所要关注的根本问题，重新阐明《六经》所含的最高真理，以及孔子之教。“道”不是内在的性理，而是人类社会形成、组织、治理的基本原则、秩序、法度、规律，是社会历史发展、演化、变易的趋势、规律，这一趋势、规律乃是“众人不知其然而然”，又是“不得不然”，故曰“天”，而“治术”就是要根据社会历史发展演化“不得不然”的具体阶段、具体形势，有以对应之术，“盖必有所需，而后从而给之；有所郁，而后从而宣之，有所弊，而后从而救之”[②]，这是“人”之所能为。圣人之所以为圣人，不在乎危微精一的道德修养，而是通达于历史演化之趋势，能把握具体的历史形势，能随“时”创制立法，有利于民生。而后圣进行的文明创制更加繁复高明，一是因为先圣的创造为之打下了进步的基础，而他们能够很好地继承；一是因为后圣能够像先圣一样把握所处“时势”的具体特点，能顺应时势而成其功：

羲、农、轩、颛之制作，初意不过如是尔。法积美备，至唐虞而尽善焉。殷因夏监，至成周而无憾焉。譬如滥觞积而渐为江河，培塿积而至于山岳，亦其理势之自然，而非尧、舜之圣过乎羲、轩，文、武之神胜于禹、汤也。后圣法前圣，非法前圣也，法其道之渐形而渐著者也。[③]

对于理学家来说，《六经》所载就是在天为道、天之所命、在人为性的道德真理，是圣人“尽性知天”的道德实践，孔子之教就是要教人学圣人。而章学诚认为，《六经》所载乃“三代盛时，典章法度，见于政教行事之实”，是社会、文明起源、演化之趋势、通则，是“众人不知其然而然”，是圣人根据所处具体历史形势进行文明创造的事迹，孔子之教，即学做圣

① 章学诚：《文史通义·原道上》，叶瑛校注：《文史通义校注》，中华书局1994年版，第119页。

② 章学诚：《文史通义·原道上》，叶瑛校注：《文史通义校注》，中华书局1994年版，第120页。

③ 章学诚：《文史通义·原道上》，叶瑛校注：《文史通义校注》，中华书局1994年版，第120页。

人,就是要学如何把握历史演化的客观趋势、形势,并据以实施、创造适“时”的治法治术,“圣人皆学于众人之不知其然而然,而知其所以然”,故有所“不得不然”。这就是“纲纪天人、推明大道”的具体内容。故“六经皆史”,既是社会、文明日趋繁盛、完备、演化有致的历史过程,又是圣人即器明道之学,即于历史“因革损益”之实迹明“穷变通久”之理,顺应历史客观趋势,把握具体历史形势、状况的特点,创制立法,或“给”、或“宣”、或“救”,“法其道之渐形而渐著”,圣人即器明道之学就是史学,史学“固贵约六经之旨,随时撰述以究大道”①。

在章学诚看来,经羲、农、轩、颛、尧、舜,夏、商、周三代,至于周公,他对文明发展进行了全面总结,包含了历史的各种性质的演化形式,以及文明创造的各种精神、原则,所谓“集大成者”:

> 自有天地而至于唐虞夏商,迹既多而穷变通久之理亦大备。周公以天纵生知之圣,而适当积古留传,道法大备之时,是以经纶制作,集千古之大成,则亦时会使然,非周公之圣智能使之然也。盖自古圣人皆学于众人之不知其然而然,而周公又遍阅于自古圣人之不得不然,而知其然也。②

那么,后世的典章制度、治理之道必然也必须与《六经》所载先王之道有着因革损益的继承关系。因此,像乾嘉学术一样一味考究《六经》,并不能做到明“道”,“道”作为不息不止以至于今的社会历史演化之道,不为《六经》所囿,故明“道”必须要研究“时王之制度”,要研究“先王遗言”与“时王之制度”的继承变革关系:

> 若夫殷因夏礼,百世可知。损益虽曰随时,未有薄尧舜而诋斥禹、汤、文武、周公,而可以为治者。……后世之去唐虞三代则更远矣,要其一朝典制,可以垂奕世而致一时之治平者,未有不于古先圣王之道得其仿佛者也。故当代典章,官司掌故,未有不可通于《诗》、

① 章学诚:《文史通义·原道下》,叶瑛校注:《文史通义校注》,中华书局1994年版,第139页。

② 章学诚:《文史通义·原道上》,叶瑛校注:《文史通义校注》,中华书局1994年版,第121页。

《书》六艺之所垂。而学者昧于知时，动矜博古，譬如考西陵之蚕桑，讲神农之树艺，以谓可御饥寒而不须衣食也。

…………

法显而易守，书吏所存之掌故，实国家之制度所存，亦即尧舜以来因革损益之实迹也。故无志于学则已，君子苟有志于学，则必求当代典章，以切于人伦日用，必求官司掌故，而通于经术精微，则学为实事，而文非空言，所谓有体必有用也。①

在章学诚看来，天下只有一门学术，就是“固贵约六经之旨，随时撰述以究大道”的史学，就是“通古今之变”的史学。我们看到，章学诚对“通史家风”的理论总结与高度褒扬，实际上是在有意拨正当时考据学风，重拾宋明理学的论“道”精神，但又将“道”学改造成“通古今之变”以明世变以求治术的经世之学。这一学术思想已经透露出大变在即的时代讯息。

三、“三世”说的发展与变革论的展开

这一变化在政治家、史论家和文章家龚自珍的思想中反映得十分突出。龚自珍生于乾隆五十七年（1792 年），卒于道光二十一年（1841 年），他生活的时代是清皇朝由盛转衰的重要时期。他去世的前一年，鸦片战争爆发，死后一年即订立不平等的《南京条约》，中国历史从此发生巨大变化。他生活在危机四伏的历史时期，乃借用公羊学的“三世说”，论述世变，沉痛批判、揭露社会政治现实之黑暗腐朽，呼吁变革，并发出大乱亡国的警告。在他那里，“通古今之变”的历史精神又一次与现实社会的危机意识、与变革思想相通相应。

随着时代的变迁、世局的变动，嘉、道时期，学术思潮开始逐渐发生由考据向经世的倾斜。龚自珍借用何休所说的“三世说”，将当时的清皇朝说成是“衰世”，即病入膏肓、变乱在即的时代，陈说其种种社会积弊。龚

① 章学诚：《文史通义·史释》，叶瑛校注：《文史通义校注》，中华书局 1994 年版，第 231 页。

自珍所说的“三世”,与何休所谓“三世”略有不同,是“治世”至“乱世”至“衰世”的历史过程。龚自珍对“衰世”之象的描述,直从自身的观察体验中来,有着切肤之痛:

> 吾闻深于《春秋》者,其论史也,曰:书契以降,世有三等,三等之世,皆观其才;才之差,治世为一等,乱世为一等,衰世为一等。
>
> 衰世者,文类治世,名类治世,声音笑貌类治世。黑白杂而五色可废也,似治世之太素。宫羽淆而五声可铄也,似治世之希声。道路荒而畔岸隳也,似治世之荡荡便便。人心混混而无口过也,似治世之不议。左无才相,右无才史,阃无才将,庠序无才士,陇无才民,廛无才工,衢无才商,抑巷无才偷,市无才驵,薮泽无才盗。……当彼其世也,而才士与才民出,则……督之缚之,以至于僇之,僇之非刀、非锯、非水火,文亦僇之,名亦僇之,声音笑貌亦僇之。僇之权不告于君,不告于大夫,不宣于司市,君大夫亦不任受,其法亦不及要领,徒僇其心,僇其能忧心、能愤心、能思虑心、能作为心、能有廉耻心、能无渣滓心。又非一日而僇之,乃以渐。……才者自度将见僇,则蚤夜号以求治;求治而不得,悖悍者则蚤夜号以求乱。①

他又以“公羊三世说”的笔法,描绘出学术士风流变的历史过程。第一个时期是“治世”,其特征是“道”“学”“治”三者合一,说的似乎是章学诚所谓“官师政教不分”的周代:

> 王若宰若大夫若民,相与以有成者,谓之治,谓之道。若士若师儒,法则先王先冢宰之书,以相讲究者,谓之学。师儒所谓学,有载之文者,亦谓之书。是道也,是学也,是治也,则一而已矣。②

第二个时期是“乱世”,诸子百家自鸣其学,但仍有益于治:

> 师儒之替也,源一而流百焉,其书又百其流焉,其言又百其书焉。各守所闻,各欲措之当世之君民,则政教之末失也。虽然,亦皆出于

---

① 龚自珍:《龚自珍全集》第1辑《乙丙之际箸议第九》,上海古籍出版社1975年版,第7页。

② 龚自珍:《龚自珍全集》第1辑《乙丙之际箸议第六》,上海古籍出版社1975年版,第4页。

其本朝之先王。……世之盛也，登于其朝，而习其揖让，闻其钟鼓，行于其野，经于其庠序，而肄其豆笾，契其文字。……及其衰也，在朝者自昧其祖宗之遗法，而在庠序者犹得据所肄习以为言，抱残守缺，纂一家之言，犹足以保一邦，善一国。①

第三个时期是“衰世”，师儒不学无术，不负担社会国家之责任，为国之蠹：

后之为师儒……重于其君，君所以使民者则不知也，重于其民，民所以事君者则不知也。生不荷耰锄，长不习吏事，故书雅记，十窥三四，昭代功德，瞠目未睹。上不与君处，下不与民处……昧王霸之殊统，文质之异尚，其惑也，则且援古以刺今，嚣然有声气矣。是故……王治不下究，民隐不上达，国有养士之资，士无报国之日，殆夫殆夫，终必有受其患者。②

所描述“衰世”之学术、师儒，矛头所向显然是同时代考据之学、博雅相尚之儒。

龚自珍论古今历史演变之“三世”，要义在于呼唤对于社会现实的忧患意识，在于呼吁考察现实社会之积弊从而进行积极变革的经世精神：

是故智者受三千年史氏之书，则能以良史之忧忧天下。忧不才而庸，如其忧才而悖，忧不才而众怜，如其忧才而众畏。……探世变也，圣之至也！③

拘一祖之法，惮千夫之议，听其自陊，以俟踵兴者之改图尔！一祖之法无不敝，千夫之议无不靡，与其赠来者以劲改革，孰若自改革？抑思我祖所以兴，岂非革前代之败耶？前代所以兴，又非革前代之败耶？……奋之奋之，将败则豫师来姓，又将败则豫师来姓！《易》曰：

---

① 龚自珍：《龚自珍全集》第1辑《乙丙之际箸议第六》，上海古籍出版社1975年版，第4—5页。

② 龚自珍：《龚自珍全集》第1辑《乙丙之际箸议第六》，上海古籍出版社1975年版，第5页。

③ 龚自珍：《龚自珍全集》第1辑《乙丙之际箸议第九》，上海古籍出版社1975年版，第7页。

“穷则变,变则通,通则久。”①

不过,龚自珍开出的救世良方仍然是回到“尧舜三代”去,他曾说:“何敢自矜国医手,药方只贩古时丹。”②而与他同时代却亲身经历了鸦片战争,见识了“船坚炮利”之西方文化的魏源,所主张的变革之道,就多了“开眼向洋看世界”的内容。龚自珍则囿于见闻,还是主张向传统诉求,主张回到儒家的理想世界,强调宗法的好处,并主张以农为本,将民分为大宗、小宗、群宗、闲民四等,回复到宗法与井田相结合的古代世界。并认为,一旦农宗制度推行,中国便可长保太平,万世不乱:

仿古法以行之,正以救今日束缚之病……奈之何不思更法?琐琐焉屑屑焉。惟此之是行而不虞其陊也?……删弃文法,捐除科条,裁损吏议……以进退一世。而又命大臣以所当为,端群臣以所当从……而勿苛细以绳其身,将见堂廉之地,所图者大,所议者远,所望者深。……盛世君臣之所有为……必非吏胥之私智所得而仰窥。③

在中国古代史学思想史上,至于龚自珍,是最后一次将“通古今之变”的思想目标指向回复“尧舜三代之治”。龚自珍的“三世说”“复古”以“变革”论,究其时代意义,在于他在举世安然悠然之际,以激越痛切的声音揭露、批判时代的腐败衰乱,发出呼吁觉醒、变革的惊世警世之呼声,如梁启超所说:“晚清思想之解放,自珍确与有功焉。光绪间所谓新学家者,大率人人皆经过崇拜龚氏之一时期,初读《定庵文集》,若受电然。”④既写出了梁启超自身的感受,又反映出龚自珍的忧患意识在19世纪后期的社会影响。

① 龚自珍:《龚自珍全集》第1辑《乙丙之际箸议第九》,上海古籍出版社1975年版,第6页。

② 龚自珍:《龚自珍全集》第10辑《己亥杂诗》,上海古籍出版社1975年版,第513页。

③ 龚自珍:《龚自珍全集》第1辑《明良论四》,上海古籍出版社1975年版,第36页。

④ 梁启超:《清代学术概论 · 二十二》,中华书局2010年版,第114页。

小　结

在中国史学史上，司马迁于《史记》中首先提出了“通古今之变”的思想目标。从此之后，“通古今之变”成为中国史学的重要思想传统。每当中国历史出现大变动，就会出现精思“古今之变”的史家与史著，站在时代的前列，用过往的行程解释社会现实及其变化方向，并就此提出治理国家的“一家之言”，力图引导现实的发展方向。大时代背景下的“通古今之变”，往往成为那个时代通过历史反省确立时代意识，并创造性地开辟历史道路的理论依据，从而使中国古代的历史思想跃升到一种新的境界，为中国史学留下极具启发性、时代性的思想遗产。而本章涉及的唐宋之际、明清之际，都是中国历史上的大时代。

第三章

地理思想的发展及其对历史理论的丰富

地理条件对社会历史发展的影响，是中国古代史学家、思想家和政治家很早就十分关注的问题，并有丰富的思想认识、理论分析和社会实践的积累。本书中卷的有关章节，着重阐述了中国古代地理思想发展的连续性，以及魏晋南北朝隋唐时期的地理与政治、地理与民俗，地理条件与不同地区之民族社会历史的发展及其对民族关系的影响等问题。本章将论述宋元明清时期，随着历史的发展、认识的提高，地理思想有了新发展并对历史理论进一步丰富，具体涉及大一统政治观与历史观的地理表现、社会生活尤其是政治活动与地理条件的关系、地理与国家安全等问题在认识上的新的进步。

第一节 大一统政治观与历史观的地理表现

一、皇朝地理总志的大一统政治观

在中国历史中，从地理的角度宣扬大一统政治观与历史观的传统由来已久。西周时期人们已经具有“溥天之下，莫非王土。率土之滨，莫非王臣”的观念[①]，战国时期又出现天下“定于一”的主张[②]。封建社会后期的元、明、清三代，实现了国家疆域的空前统一和政治局面的进一步稳定。这一社会现实反映在学术文化领域尤其在史学领域，一个突出的表现就是通过撰修全国性地理总志，以反映国家统一的盛大气象，并借以宣扬大一统观念。而这种观念的影响，反过来又对维护国家统一发挥了重要作用。

元朝建立以后，直接统治的疆域面积达到中国历代最大范围。随着地理范围的扩大和各地区联系的加强，地域上的大一统观念明显地反映到政治方面。元世祖忽必烈认为，元代疆域“舆图之广，历古所无”[③]；“皇元疆理，无外之大”[④]。元代臣僚也多次流露出一统天下的自豪感，或者指出“东至于海，西逾于昆仑，南极交广，北抵穷发，舟车所通，宝货必来”[⑤]；或者认为“四方之士，苟负其一艺之长，一才之善，远者万里，近者数百里，航川舆路，自东西南北而至者，莫有为之限隔”[⑥]。这种大一统的政治观念在史学上还反映在地方志书的撰修中，尤其是由国家统一编纂的地理总志。忽必烈为表现元朝疆域无边的大国气象，感到前代编纂的地方志书远远无法涵盖元朝辽阔的版图，于是“聘鸿生硕士，立局置署”，“大集万方图志而一之”[⑦]，修成《大元一统志》。本书是在搜集各地图志基础上编纂而成，例如纂修官员上疏中提到汉族大臣不熟悉西方地理与绘图方法，认为“如今日头出来处，日头没处，都是咱每的……那远的他每怎生般理会得”？请求皇帝选派俘获的“回回图子”参与撰修图志。[⑧]

---

① 《诗经·小雅·北山》，《十三经注疏》，中华书局1980年版，第463页。

② 《孟子·梁惠王》，杨伯峻译注：《孟子译注》，中华书局1960年版，第12页。

③ 宋濂等：《元史》卷七《世祖本纪四》，中华书局1976年版，第138页。

④ 王士点、商企翁：《秘书监志》卷四《纂修》，《文渊阁四库全书》，台湾商务印书馆1986年版，第596册，第785页。

⑤ 程钜夫：《雪楼集》卷七《姚长者碑》，《文渊阁四库全书》，台湾商务印书馆1986年版，第1202册，第82页。

⑥ 危素：《危学士全集》卷五《送夏仲信》序，《明别集丛刊》黄山书社2013年版，第84页。

⑦ 王士点、商企翁：《秘书监志》卷四《纂修》，《文渊阁四库全书》，台湾商务印书馆1986年版，第596册，第785页。

⑧ 王士点、商企翁：《秘书监志》卷四《纂修》，《文渊阁四库全书》，台湾商务印书馆1986年版，第596册，第787页。

元初君臣在皇朝总志中体现的大一统政治观念,于此可窥一斑。元代中叶,元文宗又诏修《经世大典》,其内容之一就是以典章制度的形式强调和总结了元朝幅员广阔的政治观念。纂修官员指出:“天造草昧,西东梗阻,式涣其群,以一万有。”①高度赞誉元朝消除了东西南北阻隔,实现了国家统一的盛况。他们还多处描绘元朝“舆地之广,古所未有”②;“我国家幅员之广,极天地覆焘”③,反映出人们对盛况空前的国家统一和繁荣局面的普遍关注和历史认识,具有极其鲜明的大一统政治观念内涵。

到了明代,方志的发展不仅数量巨大,而且类型也很多,有反映一代全图的“一统志”,反映各省沿革的“总志”“通志”,反映不同行政区划的“府志”“州志”“县志”“镇志”“乡志”“里志”,反映军事区划及武备的“卫志”“所志”,反映边关要塞重镇形势及军备的“边志”“关志”,反映少数民族地区风貌的“土司志”,以及一些山、水、书院、寺庙等不易归属的“杂志”等,展现了明代方志编修的空前繁荣局面。明太祖朱元璋洪武年间,共编修了三部全国性方志:一为成书于洪武三年(1370 年)的《大明志书》,一为成书于洪武十七年(1384 年)的《大明清类天文分野书》,一为成书于洪武二十七年(1394 年)的《寰宇通衢》。明代编修的地方总志,集中反映出明朝统治集团一统天下的意识和政治观念。洪武三年,明太祖就“诏儒士魏俊民等类编天下州郡地理形势、降附始末为书”④,开始编修《大明志书》,主要内容是“类编天下州郡地理形势、降附始末为书,凡行省十二,府一百二十,州一百八,县八百八十七,安抚司三,长官司一。东至海,南至琼崖,西至临洮,北至北平”⑤。洪武十六年,明太祖又“诏天下都司上卫所、城池、地理、山川、关津、亭堠、水陆道路、仓库”⑥,并于次

---

① 苏天爵编:《元文类》卷四一《经世大典序录・政典总序》,《文渊阁四库全书》,台湾商务印书馆 1986 年版,第 1367 册,第 513 页。

② 苏天爵编:《元文类》卷四〇《经世大典序录・赋典总序》,《文渊阁四库全书》,台湾商务印书馆 1986 年版,第 1367 册,第 497—498 页。

③ 苏天爵编:《元文类》卷四一《经世大典序录・礼典总序》,《文渊阁四库全书》,台湾商务印书馆 1986 年版,第 1367 册,第 506 页。

④ 张廷玉等:《明史》卷九七《艺文志二》,中华书局 1974 年版,第 2405 页。

⑤ 郑晓:《今言》卷一,中华书局 1984 年版,第 28、29 页。

⑥ 郑晓:《今言》卷一,中华书局 1984 年版,第 29 页。

年命刘基等人撰成《大明清类天文分野书》,“以十二分野星次,分配天下府县于郡县之下,又详载古今建置沿革之由”①。这两部总志尽管极力宣扬天下一统观念,但因许多地域尚未归入明朝统一版图,存在一定的局限。洪武二十七年,云、贵、川已尽入版图,明太祖再次下诏修志编成《寰宇通衢》一书。他认为:

> 舆地之广,不可无书以纪之,乃命翰林儒臣及廷臣以天下道里数编类为书。其方隅之目有八:东距辽东都司陆行为里三千九百四十四,马驿六十四,水陆兼行为里三千四十五,驿四十。又自辽东缺地至三万卫,为驿四,为里三百六十。西极四川松藩卫,陆行为里五千五百六十,马驿九十二,水陆兼行为里八千三十,驿一百有四。又西南距云南金齿[卫],陆行为里六千六百四十四。②

这实际是一部专记全国交通驿程的总志,记述了明朝“天下道里纵一万九百里,横一万一千七百五十里,四夷之驿不与焉”③。从洪武年间编修的三部总志看,都多少带有政治上宣传的性质,在体例和内容方面不免有些简略。明成祖永乐十六年,“诏纂修天下郡县志书,命行在户部尚书夏原吉,翰林院学士兼右春坊右庶子杨荣,翰林院学士兼右春坊右谕德金幼孜总之。仍命礼部遣官,遍诣郡县,博采事迹及旧志书”④。并要求“必欲成书,贻谋子孙,以嘉惠天下后世”⑤。同时颁布《纂修志书凡例》二十一则,对志书的内容作出详细的规定,以及各类目的编写原则。这次修志虽因明成祖身殁北征途中而终止,但却将一批有价值的资料搜集到朝廷,为后来总志的编修奠定了基础。至代宗景泰和英宗天顺年间,又分别修成《寰宇通志》和《大明一统志》。《大明一统志》以两京十三布政使司分区,依府、州、县顺序,分别记述了各行政区划建置沿革、郡名、形胜、风俗、

① 黄虞稷:《千顷堂书目》卷六《地理类上》,《文渊阁四库全书》,台湾商务印书馆 1986 年版,第 676 册,第 140 页。

② 《千顷堂书目》卷六《地理类上》,《文渊阁四库全书》,台湾商务印书馆 1986 年版,第 676 册,第 140 页。

③ 郑晓:《今言》卷一,中华书局 1984 年版,第 31 页。

④ 《明太宗实录》卷二〇一,永乐十六年,台湾“中研院”1962 年影印本,第 2089 页。

⑤ 《明英宗实录》卷三二七,天顺五年,台湾“中研院”1962 年影印本,第 6741 页。

山川、土产、公署、学校、书院、宫室、关梁、寺观、祠庙、陵墓、古迹、人物、流寓、列女、仙释等十九门的内容,末附"外夷",记叙四域诸国,并增绘了全国总图和各布政使司分图,列出各府至两京里数及至所辖州县的里数,全面地反映出明代天下一统和居天下之正的观念,不仅在方志编修史上占有一定的地位,而且突出了皇朝总志寓含政治观念的意识,意义较为深远。

清代是纂修方志的鼎盛时期,无论修志的规模与次数,还是修志的数量与质量,都超过了以往各代。清代纂修较早的方志是成书于顺治十七年(1660年)贾汉复修、沈荃主纂的《河南通志》。康熙六年(1667年),贾汉复在陕西巡抚任上聘李楷为主纂,又修成《陕西通志》。这两部志书因成书时间较早,其体例不仅为各省修志所效法,而且也为纂修全国性的一统志作了准备。《大清一统志》的编修,开始于康熙二十五年(1686年)。这年三月,朝廷下诏修志:

> 命纂修《一统志》,以大学士勒德洪、明珠、王熙、吴正治、宋德宜、户部尚书余国柱、左都御史陈廷敬为总裁官,原任左都御史徐元文、内阁学士徐乾学、翰林院学士张英、詹事府詹事郭棻、翰林院侍读学士高士奇、庶子曹禾为副总裁官……并命陈廷敬、徐乾学专理馆务。①

清圣祖对《大清一统志》的纂修非常重视,为此特谕令编修人员恪尽职守,勤于搜讨,以成一代巨典,大力宣扬政治上一统天下的观念。他说:

> 顾由汉以来,方舆地理,作者颇多,详略既殊,今昔互异。爰敕所司,肇开局馆,网罗文献,质订图经,将荟萃成书,以著一代之巨典,名曰《大清一统志》。特命卿等为总裁官,其董率纂修官,恪勤乃事,务求采搜闳博,体例精详。②

尽管由于编修工作持续的时间较长,到康熙末年纂修官员多有懈怠,但并未停滞不前。雍正六年(1728年),时任《一统志》总裁的大学士蒋廷锡

① 《清圣祖实录》卷一二五,康熙二十五年,中华书局2008年版,第324页。
② 《清圣祖实录》卷一二六,康熙二十五年,中华书局2008年版,第343页。

上疏，要求各省通志应加强人物的撰写内容，并送至《一统志》馆，供编修《大清一统志》使用。① 这份奏疏关系到皇朝全国总志纂修的成败，因而引起清世宗的高度重视，随即颁令全国，要求认真执行。②

此后各省纷纷成立志局，重修通志。这些新修通志的门目、卷帙都较以往有所增加，人物事迹增加尤其明显。乾隆年间又有《盛京通志》《福建续志》《续河南通志》《湖南通志》等几部通志纂成。康熙、雍正、乾隆三朝大规模的编修通志，为一统志的编修打下了良好的基础。乾隆八年(1743年)《大清一统志》告成，全书分二十一门，具体纂修体例是：

> 每省皆先立统部，冠以图表，首分野，次建置沿革，次形势，次职官，次户口，次田赋，次名宦，皆统括一省者也。其诸府及直隶州又各立一表，所属诸县系焉，皆首分野，次建置沿革，次形势，次风俗，次城池，次学校，次户口，次田赋，次山川，次古迹，次关隘，次津梁，次堤堰，次陵墓，次寺观，次名宦，次人物，次流寓，次列女，次仙释，次土产。各分二十一门，共成三百四十二卷。而外藩及朝贡诸国，别附录焉。③

乾隆二十年(1755年)，由于清军平定准噶尔部，边疆形势发生变化，清朝疆域更加扩展。于是清高宗下诏：

> 西师奏凯，大兵直抵伊犁，准噶尔诸部尽入版图。其星辰分野，日月出入，昼夜节气时刻，宜载入《时宪书》，颁赐正朔；其山川道里，应详细相度，载入《皇舆全图》，以昭中外一统之盛。④

可见地理志书与政治大一统观念联系之密切。乾隆二十九年(1764年)，清廷诏谕重修《大清一统志》，主要任务是增入"西域新疆统部"，目的在于"以昭大一统之盛"⑤。到乾隆四十年，"又讨定两金川，开屯列戍，益广幅员，因并载入简编，以昭大同之盛轨"，使"一展卷而九州之砥属、八极

---

① 《清世宗实录》卷七五，雍正六年，中华书局2008年版，第1122页。

② 《清世宗实录》卷七五，雍正六年，中华书局2008年版，第1123页。

③ 永瑢等：《四库全书总目》卷六八《史部·地理类一》，中华书局1965年版，第597页。

④ 《清高宗实录》卷四九〇，乾隆二十年，中华书局2008年版，第164页。

⑤ 清高宗：《御制文初集》卷一〇《大清一统志》序，《文渊阁四库全书》，台湾商务印书馆1986年版，第1301册，第95页。

之会同,皆可得诸指掌间矣"①。乾隆四十九年(1784 年)告成,体例门目与前书相同,而卷帙则有大幅度增加。嘉庆十六年(1811 年),再次重修《大清一统志》,道光二十二年(1842 年)告成,体例仍依前书,卷帙门类略有增加。清代三次纂修《大清一统志》,不仅保留了各方面丰富的历史资料,而且其内容无所不有,包罗万象,充分显示出清代统治集团重视国家疆域的管理,从而体现出清代通过纂修皇朝总志而宣扬国家大一统政治观念的强烈愿望,具有重要的思想价值和理论意义。

二、历史地理思想与文明传承观念

中华民族源远流长,世世代代繁衍生息在中国境内,创造出绵延不绝的文明。在这个文明内涵之中,历史地理思想与文明传承观念,无疑是维系中华民族团结和统一的一个重要力量。在五代至清代的漫长历史中,这一观念比之于魏晋南北朝隋唐时期,其显著特点是,无论是全国统一时期,还是地方割据政权并列时期;无论是汉族政权,还是少数民族政权,只要是建立在中国疆域之内,无一例外地都以中华文明的传承者自居,形成明确的历史地理思想与文明传承的观念。

两宋时期,中原汉族政权和少数民族建立的辽、金、西夏、大理、蒙古政权共存,从而深刻影响到历史的发展面貌。宋代经学家和史学家欧阳修、朱熹等人分别从地域观念强调宋代居正,是中华文明的传承者。北宋时期,尽管有辽、西夏、大理等民族政权并立,然而宋朝毕竟统一了中原地区,尚可成为天下一统。因此,欧阳修说:"伏惟大宋之兴,统一天下,与尧舜三代无异。"②他还进一步强调北宋统一形成的"天下为一,海内晏然"③局面,突出了北宋"王者所以一民而临天下"④的地域观念。他把中

① 永瑢等:《四库全书总目》卷六八《史部·地理类一》,中华书局 1965 年版,第 597 页。

② 欧阳修:《欧阳修全集》之《居士集》卷一六《正统论序论》,中国书店 1986 年版,第 116 页。

③ 欧阳修:《欧阳修全集》之《居士外集》卷九《本论》,中国书店 1986 年版,第 413 页。

④ 欧阳修:《欧阳修全集》之《居士集》卷一六《正统论序论》,中国书店 1986 年版,第 116 页。

国历史上能够传承中华文明的朝代区分为三种类型,“得天下之正,合天下于一”者自然不必说了,即使“居其正而不能合天下于一者”,同样属于正统王朝,甚至“合天下于一而不得居其正者”,也应当包括在正统皇朝的范畴之内。[①] 可见在欧阳修的大一统观念中,地理思想与文明传承观念占据重要地位,具有突出特点。南宋时期,朝廷偏安江南一隅,受到西方和北方疆域辽阔的强邻西夏和金的威胁,居天下之正的意识更加突出。胡安国解释《春秋公羊传》,于隐公元年《传》说:“王正月之定于一,何也?天无二日,土无二王,家无二主,尊无二上,道无二致,政无二门。”[②]胡安国认为肩负大一统使命和传承文明的内涵之一就是“土无二王”,仍然把地理条件看作一个重要因素。朱熹撰《资治通鉴纲目》,认为闰位之国虽然统一中原,但不是文明的传承者;而天统所属之国虽僻处一隅,却是文明的统系所在。他把宋以前的历朝历代区分为正统、列国、篡弑、建国、僭国、无统、不成君小国等统系,指出:

> 凡正统谓周、秦、汉、晋、隋、唐。列国谓正统所封之国。篡弑谓篡位干统,而不及传世者。建国谓仗义自王,或相王者。僭国谓乘乱篡位,或据土者。无统谓周秦之间,秦汉之间,汉晋之间,晋隋之间,隋唐之间,五代。不成君谓仗义承统,而不能成功者。[③]

例如在三国问题上,朱熹认为蜀汉虽非一统国家,但出于汉室宗亲,传承汉代文明为正统皇朝;而曹魏虽统一中原,却是篡夺汉朝而来,所以只能算作闰位皇朝,不是中华文明的嫡传。朱熹的观念中仍以周、秦、汉、晋、隋、唐等统一国家作为文明所系的正统朝代,其新思想在于主张像蜀汉这类继承正统国家而来的分裂之国,同样包括在正统朝代之内。所以朱熹撰《资治通鉴纲目》的书法义例是:“凡天下混一为正统。正统者,大书纪年。继世虽土地分裂,犹大书之。其非一统,则分注细书之。虽一统而君

① 欧阳修:《欧阳修全集》之《居士集》卷一六《正统论上》,中国书店 1986 年版,第 116—117 页。

② 李明复:《春秋集义》卷一,《文渊阁四库全书》,台湾商务印书馆 1986 年版,第 155 册,第 218 页。

③ 朱熹:《资治通鉴纲目》凡例,《文渊阁四库全书》,台湾商务印书馆 1986 年版,第 689 册,第 11—12 页。

非正系,或女主,亦分注书之。"[①]既然蜀汉作为两汉的"继世"可以成为传承文明的正统朝代,那么南宋继承唐和北宋而来,同样作为正统皇朝的"继世",顺理成章也就能够传承中华文明了。朱熹以"大居正"补充"大一统",旨在说明中国境内疆域分裂之时,政权可以暂时分立,文明却不能中断;而传承文明的载体与疆域的广狭,地理条件的优劣没有必然联系,关键在于传承中华文明的统系正与不正。由此看来,虽然朱熹和欧阳修在具体结论上并不相同,但在重视地理条件与华夏文明传承关系问题上,又表现出希望国家统一和中华文明传承不绝的共同愿望。

辽金统治时期,契丹族和女真族分别在中国境内建立了政权,具有与汉族政权统治者同源共祖的意识。在少数民族统治者看来,既然中国境内各族居民都是炎黄二帝的子孙,就都有资格在中华大地上建立统治政权,把自己视为担负中华文明的正统代表。其中一个突出的表现就是非常重视本民族的历史在中华文明中的地位,从地理条件的角度看待文明传承问题。欧阳修在《新五代史》中把契丹族的历史放在《四夷附录》里记载,此事引起辽朝统治集团的不满。刘辉上书说:"宋欧阳修编《五代史》,附我朝于四夷,妄加贬訾。且宋人赖我朝宽大,许通和好,得尽兄弟之礼。今反令臣下妄意作史,恬不经意。臣请以赵氏初起事迹,详附国史。"[②]表面上看起来是在为辽朝争门面,实际上反映出辽朝统治集团对自身在中华民族大家庭中地理位置的认识,不甘屈居被视为边徼"四夷"的地位。金朝建立以后,继承中华文明的修史传统,积极撰修本朝史,把女真贵族建立大金朝视为中国的文明正统所系。海陵王完颜亮"耻为夷狄,欲绍中国之正统"[③],以统一天下和传承中华文明为己任。金世宗甚至指出:"我国家绌辽、宋主,据天下之正。"[④]上述认识固然有多方面含义,但无疑包含着明确的历史地理思想与文明传承的观念,在关于历史文

① 汪克宽:《资治通鉴纲目·书法凡例·正统例》,《文渊阁四库全书》,台湾商务印书馆1986年版,第689册,第34页。

② 脱脱等:《辽史》卷一〇四《刘辉传》,中华书局1974年版,第1455、1456页。

③ 佚名:《中兴御侮录》卷上,《粤雅堂丛书》本,第4页。

④ 脱脱等:《金史》卷二八《礼志一》,中华书局1975年版,第694页。

化认同和传衍继承的思想认识中具有重要的意义。

元朝建立之前，丘处机之所以“不辞岭北三千里”，应成吉思汗之招，来到“圣贤不得垂文化”①的蒙古地区，其主要动机就是“道德欲兴千里外，风尘不惮九夷行”②，在蒙古地区传播中原文明。元朝建立起大一统国家后，所辖疆域不断扩大，使元朝统治者更加注意从历史地理的角度认识元朝所处的历史地位。虞集论元朝海外贸易时说：“或者以损中国无用之资，易远方难至之物为说，而不思夫国家声教绥怀，无远不及之效，孰谓何为知所当宝者哉！”③他认为中国地处优越地理环境，承继历代文明传统，“国家声教”远远优越于周边国家，应当把华夏文明推广开来，以“绥怀”世界各国。汪大渊认为“皇元混一声教，无远弗届，区宇之广，旷古所未闻。海外岛夷无虑数千国，莫不执玉贡琛，以修民职，梯山航海，以通互市”，及时记载中外交流情况，“非徒以广士大夫之异闻，盖以表国朝威德如是之大且远也”④。同样把元朝看作文明的继承者，表现出强烈的传播中华文明和记载中外交往的愿望。元代地域的扩大，使中原士大夫能够从各个层面接触域外文化，了解世界的机会增多。中原士人“西游昆仑之圃，北望大荒之野，涉黄河之流，而寻瑶池之津”，所到之处，“元阃域藩篱之间也”⑤，把中国文化传播到世界各地。与此同时，各个地区的人因为“无此疆彼界”的限制，所以“适千里者，如在户廷；之万里者，如出邻家，于是西域之士，仕于中朝，学于南夏，乐江湖而忘乡国者众矣”⑥，纷纷来中原学习儒家文化，使得中华文明在元代不仅被延续下来，而且进一步发扬光大而走向世界。元朝统治集团还以极其开阔的视野，认为实现

① 李志常：《长春真人西游记》卷上，《丛书集成初编》，中华书局1985年版，第7页。

② 李志常：《长春真人西游记》卷下，《丛书集成初编》，中华书局1985年版，第19页。

③ 苏天爵编：《元文类》卷四〇《经世大典序录》，《文渊阁四库全书》，台湾商务印书馆1986年版，第1367册，第491页。

④ 汪大渊：《岛夷志略》后序，《文渊阁四库全书》，台湾商务印书馆1986年版，第594册，第102页。

⑤ 虞集：《道园学古录》卷八《可庭记》，《文渊阁四库全书》，台湾商务印书馆1986年版，第1207册，第136页。

⑥ 王礼：《麟原文集》前集卷六《义冢记》，《文渊阁四库全书》，台湾商务印书馆1986年版，第1220册，第416页。

了中国疆域的空前统一,因而继承辽、金、宋三代正统,成为中华文明唯一的合法传承者。他们指出:"庖牺氏降,炎帝氏、黄帝氏子孙众多,王畿之封建有限,王政之布濩无穷,故君四方者,多二帝子孙,而自服土中者,本同出也。"①他们把中国境内不论汉族还是少数民族建立的政权都视为中华文明的继承与创造者,共同推动了历史发展进程。这是从中国历史地理范围和文明传承关系来考察问题,具有极其重要的历史理论意义。

明朝取代元朝以后,结束了少数民族贵族作为主体统治者的历史,重新确立了汉族贵族为主体统治者的地位。由于元朝实行民族分化和民族压迫政策,激发了汉族人民的民族意识和反抗精神。在元末农民大起义的过程中,刘福通、陈友谅和明玉珍几支农民军都以恢复汉族政权的统治秩序号召民众,分别以大宋、大汉、大夏为国号,反映出强烈的复兴汉族为主体皇朝的民族意识。汉族内部的这种文化认同意识,在反元斗争中汇聚成一股巨大的洪流,对推翻元朝蒙古贵族的腐朽统治产生了极大作用。明朝统治者继承了中国历代汉族统治者尊奉的"内中华而外夷狄"思想,努力建立以汉族为中心的政治格局。洪武九年(1376年),曾秉正上疏朝廷:"臣闻《易》之为书也,贵阳贱阴。《春秋》之法,内中国而外夷狄。盖中国者,阳也;夷狄者,阴也。"②朱元璋非常赞许这种观念,指出:"朕历览群书,见西南诸夷,自古及今,莫不朝贡中国,以小事大,义所当然。"③明初奠定中原统治以后,势力随即向边疆地区扩展,力图重建以汉族贵族为主体的统一多民族国家,民族格局呈现出与元代不同的特征。这是问题的一个方面。问题的另一个方面,经过元代不平等民族政策的刺激,中国北方的契丹、女真、党项各族和南方某些民族受汉族先进政治、经济和文化的影响,逐渐接受和认同汉族的生活方式和民族特征,最终融合到汉族之中,使汉族增添了新鲜血液而得到了新的发展。总之,经过民族压迫磨炼和反抗斗争洗礼的汉族人民,在明代的历史中获得了更加顽强的生命力,不论是本民族自身发展的意识,还是团结多民族为一体的意识,都比

① 脱脱等:《辽史》卷六三《世表》序,中华书局1974年版,第949页。

② 《明太祖实录》卷一〇九,洪武九年,台湾"中研院"1962年影印本,第1815页。

③ 《明太祖实录》卷一四〇,洪武十四年,台湾"中研院"1962年影印本,第2213页。

前代有了大大的增强,为传承和发扬中华文明作出了更大的贡献。

清朝在入关前,已经统一东北地区。在清朝的管辖范围之内,“自东北海滨,迄西北海滨,其间使犬、使鹿之邦,及产黑狐、黑貂之地……厄鲁特部落,以至斡难河源,远迩诸国,在在臣服”①。清朝政权不仅完全取代了明朝在东北的统治,而且开拓了从鄂霍茨克海到贝加尔湖的广大疆域,超出了明朝的管辖范围。同时清朝在政权组织上认同汉族历史文化,翻译汉文典籍,并仿照中原皇朝官制和兵制,建立起比较完备的官僚机构和军队,具备了立国规模。清朝在进入中原以后,为争取广大汉族士大夫的支持,大力宣扬“满汉一家”的理论,加快认同儒家传统文化的步伐。因为清朝统治者深深懂得,仅仅依靠满族贵族自身的力量,无论如何无法实现对全中国的治理和管辖。清世祖顺治二年(1645年),朝廷下诏宣布归顺清朝的汉族官员“地方官各升一级”,“各衙门官员,照旧录用”,即使“隐居山林者,亦具以闻,仍以原官录用”。随后又吸收汉族官员进入高级统治阶层,允许“在京内阁六部都察院等衙门官员,俱以原官,同满官一体办事”。清初确定中央职官系统的内阁六部均设满阙与汉阙,分别任用满洲人和汉族人担任官长。地方职官系统的总督、巡抚及其所属各级官员,也是满汉兼用。清代“满汉一家”还表现为汉族绿营兵的设置,利用汉将与汉兵协助满洲八旗兵对各地进行镇抚。顺治五年(1648年),清朝为使满汉官民“各相亲睦”,达到“满汉一家,同享升平”的目的,规定满汉官员可以互相通婚。皇帝诏谕礼部说:“方今天下一家,满汉官民皆朕臣子,欲其各相亲睦,莫若使之缔结婚姻。自后满汉官民有欲联姻好者,听之。”②通过实行“满汉一家”的政策,清朝笼络了大批汉族官僚士大夫,利用他们对广大汉族人民实行有效的统治,为安定地方秩序,统一全国起了很大的作用。这项政策的实施,有利于加强满汉民族的团结,共同继承和发展中华文明,对历史的发展具有积极意义。

---

① 《清太宗实录》卷六一,崇德七年,中华书局2008年版,第829页。

② 《清世祖实录》卷四〇,顺治五年,中华书局2008年版,第320页。

第二节 关于社会发展与地理条件关系的考察

一、地理环境与“建邦设都”

五代至清历代史家对社会发展与地理条件之关系的认识,有一个连续不断的历史过程。其中宋代郑樵、明清之际顾炎武和顾祖禹、清代赵翼诸人在这方面的认识和撰述,应当受到特别的重视,这对于我们发掘古代历史理论具有重要价值。

在地理条件与政治兴废成败的关系中,一个极为重要的方面是历代统治者对于“建邦设都”的考虑。因为都城不仅是历代朝廷政治统治的中心,而且关系到每个朝代政治统治的时间长短和兴亡得失,历来受到重视。

南宋学者郑樵具有非常明确的从地理环境考察“建邦设都”与政治统治关系的自觉意识,从历史和现实两方面出发,一方面借鉴前代建都的历史经验,一方面根据宋代全国地理形势,对“建邦设都”的地理形势与政治上兴亡得失的相互关系作了全面考察,形成了较为系统的地理条件与历史发展关系的理论。

第一,在宋代新的历史条件下,过去一向受人们重视的长安、洛阳、建业三大古都,已经失去了作为都城所具备的优势,并非理想的建都之地。郑樵说:

> 自开辟以来,皆河南建都。虽黄帝之都,尧、舜、禹之都,于今皆为河北,在昔皆为河南。大河故道,自碣石入海。碣石,今平州也。所以幽、蓟之邦,冀都之壤,皆为河南地。周定王五年以后,河道湮塞,渐移南流。至汉元光三年,徙从顿邱入渤海,今滨、沧间也。自成周以来,河南之都惟长安与洛阳,或逾河而居邺者,非长久计也。自

> 汉、晋以来，江南之都惟有建业，或据上流而居江陵、武昌者，亦非长久计也。是故定都之君，惟此三都是定；议都之臣，亦惟此三都是议。此三都者，虽曰金汤之业，屡为车毂之场，或历数百载，或禅数十君，高城深池，壍山堙谷，斫土既多，地绝其脉，积污复久，水化其味，此惰人所谓不甚宜人者也。而况冲车所攻，矢石所集，积骸洒血，莽为荆榛，断垣坏壁，鬼磷灭没，由兹鸠集，能必其蕃育乎！①

他认为随着时代变迁和地理环境的改变，古代繁盛的长安、洛阳、建业等帝王建都之地，逐渐失去了原有的得天独厚条件，不再适宜作为定都之地。

第二，北宋建都于汴京，南宋建都于临安，都是一个历史性的错误，无山河之险可以凭借，最终导致亡国偏安。郑樵指出：

> 臣窃观自昔帝王之都，未有建宸极于汴者。虽晋之十六国遍处中州，亦未闻有据夷门者。何哉？盖其地当四战之冲，无设险之山，则国失依凭；无流恶之水，则民多疾疠。七国之魏，本都安邑，为秦侵蚀，不得已东徙大梁，秦人卒决河流以灌其城，王假就虏，一国为鱼焉。自是旷千三(四)[百]年，无有居者。朱全忠藉宣武资力以篡唐，因而居汴，未为都也，不及五六年，枭(镜)[獍]殒命；昏庸继位，或献迁都之谋，君臣皆谓夷门国家根本，不可遽易，遂为京室。唐兵之来，梁室之祸，甚于王假。晋遵覆辙，邪律长驱，取少帝如拾芥，视朱氏又酷烈焉。宋祖开基，大臣无周公宅洛之谋，小臣无娄敬入关之请，因循前人，不易其故，逮至九朝，遂有靖康之难。岂其德之不建哉？由地势然尔。六飞南巡，驻跸吴越，朝曰行阙，陵曰攒寝，此岂绝念于卜宅哉？咸阳郏鄏，我陵我阿，汤汤秦淮，一苇可至。而臣邻未闻以定鼎之谋启陈者，毋亦以残都废邑，土脉绝水，泉卤不足复兴，而夷门之痛，况未定也。呜呼，江沱不足宴安也，毋已则采唐人之议，取南阳为中原新宅，且以系人望云。②

---

① 郑樵：《通志》卷四一《都邑略》序，中华书局1987年版，第553页。

② 郑樵：《通志》卷四一《都邑略》序，中华书局1987年版，第553页。

他主张即使在中原建都,也应该采纳庸人朱朴的建议,定都于南阳。郑樵特别赞赏朱朴提出的"自古中兴之君,去已衰之衰,就未王而王"的观点,认为南阳土地膏沃,四邻据险,是理想的建都之地。

第三,郑樵从总的地理环境和历代"建邦设都"的经验教训中,总结出一些带有普遍性的理论认识。他说:

> 建邦设都,皆凭险阻。山川者,天之险阻也;城池者,人之险阻也。城池必依山川以为固。大河自天地之西,而极天地之东;大江自中国之西,而极中国之东。天地所以设险之大者,莫如大河,其次莫如大江。故中原依大河以为固,吴越依大江以为固,中原无事则居河之南,中原多事则居江之南。①

郑樵关于"中原无事则居河之南,中原多事则居江之南"的认识,已经触及到地理环境与"建邦设都"之间的内在联系,这对于今天人们从地理环境方面探讨历史上"建邦设都"的客观规律,具有很大启发和借鉴意义。

顾炎武继承郑樵的思想,编成《历代宅京记》一书,可视为中国古代建都说的一部文献总集。

二、地理形势与国计民生

中国古代史家关于地理条件与历史发展关系的认识,还有一个优良的传统,就是从地理形势与国计民生的关系着眼,探讨地理条件对社会历史发展的影响。在这一方面,明末清初顾炎武编纂《天下郡国利病书》是为代表之作,极为注重地理形势对国计民生的社会作用。

顾炎武痛感明末书生空谈误国的学风,主张"文之不可绝于天地间者,曰明道也,纪政事也,察民隐也,乐道人之善也。若此者,有益于天下,有益于将来"②,倡导经世致用的实践之学,从事音韵、训诂、地理、金石各种学问。他言及从事舆地之学的目的时说:

① 郑樵:《通志》卷四一《都邑略》序,中华书局1987年版,第553页。

② 顾炎武:《日知录》卷一九《文须有益于天下》,黄汝成集释:《日知录集释》,岳麓书社1994年版,第674页。

> 崇祯己卯，秋闱被摈，退而读书。感四国之多虞，耻经生之寡术，于是历览二十一史，以及天下郡县志书，一代名公文集，间及奏章、文册之类，有得即录，共成四十余帙，一为舆地之记，一为利病之书。①

顾炎武所说的“舆地之记”，系指编纂《肇域志》；而所谓“利病之书”，系指《天下郡国利病书》。前者重在记叙山川地理形势，乃作者“自崇祯己卯起，先取《一统志》，后取各省、府、州、县志，后取二十一史，参互书之，凡阅志书一千余部”②而成；后者是在前书基础之上，重在记叙各地政治得失，正如徐元文所说：

> 亭林先生天赋高才，继古人绝学，当明之末，欲有所树立，迄不得试，乃退著书以自是。有曰《肇域志》，囊括《一统志》、二十一史及天下府、州、县之志书而成者也。继又摘其有关政事者，为《天下郡国利病书》。……先生勗语：必有体国经野之心，而后可以登山临水；必有济世安民之识，而后可以考古论今。③

可见顾炎武编纂此书的目的是着眼于地理形势给各地国计民生所造成的政事“利病”，具有强烈的经世致用思想。他前后用了二十多年的时间编纂《肇域志》和《天下郡国利病书》，虽系辑录前人的议论述说成编，但在选材、标目、编次之中寓含着作者的政治见解和经济思想，重点在于探究地理形势与政事兴废得失的相互关系，对中国古代关于地理条件与历史发展关系的理论做出了重大贡献。

《天下郡国利病书》对地理形势与生民利病关系的认识，集中反映了顾炎武编纂此书的目的在于以史经世，阐明地理条件对社会历史发展所起的重大作用，具体表现在三个方面：

第一，全书卷首以“舆地山川总论”作为总纲，撮要概括全国的地理形势。顾炎武引用《晋书·裴秀传》《旧唐书·贾耽传》、王士性《五岳游草》、杨慎《杨升庵集》等材料，勾勒出一幅地理全图。尤其是征引王士性

---

① 顾炎武:《天下郡国利病书》序,《顾炎武全集》十二,上海古籍出版社 2011 年版,第 1 页。

② 顾炎武:《肇域志》自序,《顾炎武全集》卷六,上海古籍出版社 2011 年版,第 22 页。

③ 徐元文:《历代宅京记》序,中华书局 1984 年版,第 3—4 页。

《五岳游草》中的“地脉”“形胜”“风土”和“徐问《百川考》”四部分,从山脉分布、地貌特征、气候差异和水系源流四个方面概述全国地理形势及其特征,高屋建瓴,轮廓清晰,反映出顾炎武总揽全局的气势。

第二,全书在编次体例上以江苏、北直隶、山东、陕西内容最多,浙江、广东、四川、湖广次之,福建、云南、山西、河南、江西又次之,广西、贵州内容最少。这种布局反映了明代各地区在全国经济、政治生活中的不同地位,标志着中国经济重心由以关中为首的北方地区转移到以江浙为首的南方地区。因此,顾炎武对江南地区的土地、赋役、水利记述最多,充分反映出明代江南地区在地理条件上的特点和社会经济中的重要地位。关于土地问题,顾炎武比较关注因自然地理条件的变化而引起的土地设施和制度的变化,全书除对全国各地屯田兴废得失有较多论述以外,又着重记载了江南地区的沙田、洲田、荒田、勋田、僧田等情况。[①] 关于赋役问题,顾炎武特别瞩目江南赋役之重,并与全国其他地区的赋役负担作了比较。他引用明人丘濬《大学衍义补》记载的“韩愈谓赋出天下,而江南居十九。以今观之,浙东西又居江南十九;而苏、松、常、嘉、湖五郡,又居两浙十九也”[②]和明人王象恒《东南赋役独重疏》里说的“人止知江南钱粮之多欠,而不知江南止完及七八分,已与宇内之重者相等矣;江南止及五六分,已与他处完轻者相等矣”[③],得出江南苏松二府赋役独重的结论[④]。关于水利问题,顾炎武也十分重视江南的水利状况,征引大量历史文献以及历代有关治水的言论,分析其利弊得失,于江南水利论述颇多。

第三,全书对边疆地理形势乃至外国地理给予高度重视,反映了作者开阔的历史视野。《天下郡国利病书》在记述内容方面先内地而后边疆,并且专门设立“边备”“河套”“西域”三个独立卷目,表明了作者对边疆地理形势的重视。不仅如此,作者还在书末简要记述了中国与周边国家

① 顾炎武:《天下郡国利病书》江南一三,广文书局印行 1979 年版,第 1855—1884 页。

② 顾炎武:《天下郡国利病书》江南三,广文书局印行 1979 年版,第 1072 页。

③ 顾炎武:《天下郡国利病书》江南六,广文书局印行 1979 年版,第 1249 页。

④ 顾炎武:《日知录》卷一〇《苏松二府田赋之重》,黄汝成集释:《日知录集释》,岳麓书社 1994 年版,第 359、360 页。

的地理关系、经贸关系,关注与明朝相关国家的地理形势与国家状况,反映出作者在认识地理条件问题上兼顾整体和局部、内地和边疆、中国和外国等多种层次,展现了较高的认识水平和深邃的思想境界。

上述情况表明,顾炎武在地理书中以记述经济状况为主,不仅使《天下郡国利病书》在同类著作中独具特色,而且突出反映了他从地理形势与自然环境方面考察生民利病的自觉意识,在历史见识和理论水平上都超过前人,取得了突出的历史理论成就。

三、山川险要与战守利害

清初史家顾祖禹所撰《读史方舆纪要》,是一部以地理上的山川险要为基础、以阐明军事上战守利害为内容、以总结历代成败得失为宗旨的历史地理著作。全书正文包括三部分内容:一是历代州域形势,记述上古至明代的行政区划及其沿革,属于历史地理范畴;二是分述全国各地方舆,包括明代两京和十三布政使司地理环境、山川形势和军事设施,属于政治军事地理范畴;三是总叙全国山川分布态势,辑录历代学者著作中的相关文献资料而成,属于自然地理范畴。书后附录《舆地要览》包含数十幅图表,其中比较重要的有《九边图》《黄河图说》《海运图说》《漕运图说》等,反映出作者对于山川险要与军事战守利害之间相互关系的重视。

顾祖禹指出:"天下之形势,视乎山川;山川之绚络,关乎都邑。然不考古今,无以见因革之变;不综源委,无以识形势之全。"①认识到山川形势对于国家战守利害极为重要。他对此解释说:

> 天地位而山川奠,山川奠而州域分,形势出于其间矣。是书以一代之方舆,发四千余年之形势,治乱兴亡,于此判焉。其间大经大猷,创守之规,再造之绩,孰合孰分,谁强谁弱,帝王卿相之谟谋,奸雄权术之拟议,以迄师儒韦布之所论列,无不备载。或决于幾先,或断于当局,或戒于事后,皆可以拓心胸,益神志。《书》曰:"与治同道罔不

① 顾祖禹:《读史方舆纪要》凡例,中华书局2005年版,第1页。

兴,与乱同事罔不亡。”俯仰古今,亦可以深长思矣。①

进一步阐明研究古今舆地问题,对于社会发展具有重大价值。顾祖禹在《读史方舆纪要》中为各地方舆形势撰写的叙论、图说和概述,充分反映了作者意在探讨山川险要与战守利害得失成败的宗旨,显示出极其渊博的学识和理论素养。魏禧指出此书重在记述“山川险易,古今用兵战守攻取之宜,兴亡成败得失之迹所可见,而景物游览之胜不录焉”②。吴兴祚也评价说:“至于明形势以示控制之机宜,纪盛衰以表政事之得失,其词简,其事核,其文著,其旨长,藏之约而用之博,鉴远洞微,忧深虑广,诚古今之龟鉴,治平之药石也。”③这些评价可谓把握了作者的撰述旨趣,同时也为进一步深入揭示顾祖禹的历史理论奠定了基础。

第一,顾祖禹记述和论说各地方舆,能够把握整体和局部的关系,在通观全国地理形势的前提下,极其精到地概括和总结出各地地理形势的轻重得失,揭明其鲜明的特点和重要的地位。他论述东南形势说:

以东南之形势,而能与天下相权衡者,南直而已。……江淮之间,五方之所聚也,百货之所集也,田畴沃衍之利,山川薮泽之富,远近不能及也。……自古未有不事民生而可以立国者,况扬州富庶常甲天下,自唐及五季称为“扬一益二”。今鱼盐、谷粟、布帛、丝絮之饶,商贾、百工、技艺之众,及陂塘、隄堰、畊屯、种植之宜,与古未有改也。用以聚糗粮,厚资储,则奔走天下,不患无具矣,岂褊浅瘠弱仅固一隅者,可以同日语哉!④

顾祖禹列举历史上许多南北战争成败得失的事例,证明江南形势对于战守利害至关重要,所以成为自古以来的兵家必争之地。他又论述河南形势说:

河南,古所称四战之地也。当取天下之日,河南在所必争;及天

① 顾祖禹:《读史方舆纪要》凡例,中华书局 2005 年版,第 1、2 页。

② 魏禧:《读史方舆纪要》叙,中华书局 2005 年版,第 1 页。

③ 吴兴祚:《读史方舆纪要》序,中华书局 2005 年版,第 10 页。

④ 顾祖禹:《读史方舆纪要》卷一九《南直方舆纪要》序,中华书局 2005 年版,第 867—870 页。

> 下既定，而守在河南，则岌岌焉有必亡之势矣。……自古用兵，以邺而制洛也常易，以洛而制邺也常难，此亦形格势禁之理矣。……所谓险固者，非山川纠结，城邑深阻之谓也。使弃关、河之都会，远而求之奥窔之乡，是犹未见虎之入市，而先自窜于槛穽；知水之可以溺人，而坐槁于岩嵎也，岂所语于形势之常也哉！①

通过对河南山川形势的分析，精辟地阐明攻守之势相异的道理。这种认识，具有很高的辩证理论色彩。他还论述浙江形势说：

> 浙江之形势，尽在江、淮。江、淮不立，浙江未可一日保也。……夫浙江者，南临闽、粤，北辅金陵，东御岛夷，西走饶、歙，鱼盐粟帛，财赋所资也。其民习波涛，善弓弩，甲兵亦可用也。但以僻在东陲，湖山间阻，以此争雄天下，势有所难逮耳。……夫以东南而问中原，则不能无事于江淮，以浙江而问江淮，则不能无事于湖海，此必然之势也。②

顾祖禹的认识并非仅仅着眼于浙江一地，孤立地谈论其山川险要和战守形势，而是把局部和整体环境结合起来看问题，这样评论地理形势的轻重得失，达到了较高的理论层面。

第二，顾祖禹论述各地方舆，非常注重结合社会历史的多种因素考察和评价其地位，显示出卓越的政治、军事思想和历史见解。他论述山东形势说：

> 山东之于京师，犬牙相错也。语其形胜，则不及雍、梁之险阻；语其封域，则不及荆、扬之旷衍。然而能为京师患者，莫如山东。何者？积贮天下之大命也。漕渠中贯于山东，江、淮四百万粟，皆取道焉。繇徐、沛北境以接于沧、景之南，几八百里，而南旺分南北之流，高下悬绝，于是相地置闸，随时启闭，以为挽输之助。脱有不逞之徒乘间窃发，八百里中，丸泥可以塞也，蚁孔可为灾也。吾虞南北咽喉，忽焉

① 顾祖禹：《读史方舆纪要》卷四六《河南方舆纪要》序，中华书局2005年版，第2083—2086页。

② 顾祖禹：《读史方舆纪要》卷八九《浙江方舆纪要》序，中华书局2005年版，第4093—4095页。

而中断耳。①

从漕运与京师的关系来看,山东的地理位置正处在漕运咽喉要道,一旦山东发生动乱,阻断漕运通道,京师就会陷入饥荒,导致全局混乱。他又论述陕西形势说:

陕西据天下之上游,制天下之命者也。是故以陕西而发难,虽微必大,虽弱必强,虽不能为天下雄,亦必浸淫横决,酿成天下之大祸。……蒲洪、姚苌之时,可以用关中矣,而其人非也。诸葛武侯之才,足以用关中矣,而其时非也。张浚之时,可以用关中,浚之识亦知关中为可用,而其才非也。然吾观自古以来,为天下祸者,往往起于陕西。……虽时会使然哉,亦地势形便为之也。然则陕西之为陕西,固天下安危所系也,可不畏哉!②

这里一方面指出关中地理形势的重要性,一方面又强调天时、地利、人和各方面结合,充分发挥人的主观能动作用,才能巧妙利用山川险要形势,使之发挥出关系天下安危的作用。他还论述湖广形势说:"湖广之形胜,在武昌乎?在襄阳乎?抑在荆州乎?曰:以天下言之,则重在襄阳;以东南言之,则重在武昌;以湖广言之,则重在荆州。"③并对此一一作了分析。这是通过考察整体形势和局部地位,深入细致地区分地理环境的不同层面,并且详细论述各层面之间的相互关系,从而得出全局性的结论。这种方法避免了空洞的议论,而把理论认识建筑在具体的历史事实之上,显示出顾祖禹在历史条件与社会发展相互关系理论上的卓识。

四、地理变迁与朝代盛衰

清代乾嘉史家赵翼注意到地理环境的改变对社会兴亡的影响,形成了地理环境与社会发展关系的理论。他从地理环境的改变入手探讨金朝

---

① 顾祖禹:《读史方舆纪要》卷三〇《山东方舆纪要》序,中华书局 2005 年版,第 1434 页。

② 顾祖禹:《读史方舆纪要》卷五二《陕西方舆纪要》序,中华书局 2005 年版,第 2449—2451 页。

③ 顾祖禹:《读史方舆纪要》卷七五《湖广方舆纪要》序,中华书局 2005 年版,第 3484 页。

国力前后强弱不同的变化说：

> 金之初起，天下莫强焉。盖王气所钟，人皆鸷悍，完颜氏父子兄弟，代以战斗为事，每出兵必躬当矢石，为士卒先，故能以少击众，十余年间，灭辽取宋，横行无敌。……正隆用兵，去国初未远。故大定之初，尚能攻击江、淮，取成于宋。迨南北通好四五十年，朝廷将相既不知兵，而猛安、谋克之移入中原者，初则习于晏安，继则困于饥乏。至泰和之末与宋交兵，虽尚能扰淮、楚，捣环、庆，然此乃宋韩侂胄之孟浪生事，易于摧败，而非金人之不可敌也。及蒙古兵一起，金兵遇之，每战辄败，去燕迁汴，弃河北于不问。二十余年间，惟完颜陈和尚大昌原、倒回谷二战，差强人意，其余则望风奔溃，与辽天祚、宋靖康时之奔降，如出一辙。①

金朝初起北方，由于严酷的地理环境养成剽悍善战的习俗；而灭掉北宋以后，入居中原，接受了中原地理环境下的生活习俗，渐渐失去尚武之风，最终导致软弱亡国。他还以地理条件对明代南北战争不同结局的影响为例说："有明中叶，战功固不足言，然南北更有迥异者。大率用兵于南，则易于荡扫；用兵于北，则仅足支御。……可知北强南弱，风土使然，固非南剿者皆良将，北拒者尽庸将也。"②赵翼的上述认识，已经包含着地理环境制约历史发展的理论内涵。由于明代中叶南弱北强的地理环境，朝廷用兵征剿广西、贵州等地苗民之乱进展顺利，在当地逐步实行"改土归流"政策，有效地加强了对地方的控制；而对蒙古瓦剌、俺答汗等部用兵则非常困难，仅图自保而不能统一北方地区，极大地影响了历史发展的进程。

赵翼发现中国古代的政治、经济和文化中心经历了一个由西渐东的历史过程，试图用"地气"盛衰作出解释。他指出：

> 地气之盛衰，久则必变。唐开元、天宝间，地气自西北转东北之大变局也。秦中自古为帝王州，周、秦、西汉递都之，苻秦、姚秦、西

---

① 赵翼：《廿二史札记》卷二八《金用兵先后强弱不同》，王树民校证：《廿二史札记校证》，中华书局1984年版，第632、633页。

② 赵翼：《廿二史札记》卷三四《明中叶南北用兵强弱不同》，王树民校证：《廿二史札记校证》，中华书局1984年版，第774页。

> 魏、后周相间割据,隋文帝迁都于龙首山下,距故城仅二十余里,仍秦地也,自是混一天下,成大一统。唐因之,至开元、天宝而长安之盛极矣。盛极必衰,理固然也。是时地气将自西趋东北,故突生安、史以兆其端。自后河朔三镇,名虽属唐,仅同化外羁縻,不复能臂指相使。盖东北之气将兴,西方之气已不能包举而收摄之也。东北之气始兴而未盛,故虽不为西所制,尚不能制西;西之气渐衰而未竭,故虽不能制东北,尚不为东北所制。而无如气已日薄一日,帝居遂不能安,于是玄宗避禄山有成都之行,代宗避吐蕃有陕州之行,德宗避泾师有奉天、梁、洋之行,地之臲卼不安,知气之消耗渐散。迨僖宗走成都、走兴元、走凤翔,昭宗走莎城、走华州,又被劫于凤翔,被迁于洛,而长安自此夷为郡县矣。当长安夷为郡县之时,契丹阿保机已起于辽,此正地气自西趋东北之真消息;特以气虽东北趋,而尚未尽结,故仅有幽、冀,而不能统一中原。而气之东北趋者,则有洛阳、汴梁为之迤逦潜引,如堪舆家所谓过峡者。至一二百年,而东北之气积而益固,于是金源遂有天下之半,元、明遂有天下之全。至我朝不惟有天下之全,且又扩西北塞外数万里,皆控制于东北,此王气全结于东北之明证也。①

在今天看来,赵翼的认识具有很大局限性。中国古代封建王朝统治中心的迁移,是由政治、经济等多方面因素促成的。赵翼没有进一步探究"地气"盛衰背后的决定性因素,仅仅从"地气"盛衰的角度入手,无法解释这个复杂问题。但还是应当肯定赵翼历史理论的成就。赵翼的贡献表现在:第一,他自觉强调地理变迁对社会盛衰的影响,是历代史家中对这个问题具有明确意识的学者之一,表明中国古代史家在思想认识上具有鲜明的继承性与连续性。第二,他把"盛极必衰,理固然也"这个事物发展变化的普遍规律运用于解释地理变迁与社会盛衰的相互关系,在古代史家中是非常卓越的见解。第三,赵翼的理论表现为初步的抽象思辨的逻

① 赵翼:《廿二史札记》卷二〇《长安地气》,王树民校证:《廿二史札记校证》,中华书局1984年版,第443、444页。

辑体系，表明清代史家开始尝试运用某种理论解释历代皇朝的盛衰兴亡，其理论形式达到了中国古代历史理论的较高水平。

第三节　地理条件与国家安全的观念

一、地理与国家疆域观念

中国是一个多民族国家，秦汉以后形成了统一的多民族国家，至隋唐发展到新的“天下一家”的政治局面。同时，人们进一步认识到地理条件与国家安全之关系的重要性。五代至清代的一千年中，尽管出现五代十国和宋、辽、夏、金、大理、吐蕃、蒙古分裂局面，但元、明、清三代则实现了中国历史上的空前统一局面。造成这种局面的固然有多种原因，而地理条件的影响无疑是一个极其重要的原因。因此，地理与国家安全问题，是历史理论中应当重点探讨的问题。

中国历代史家的国家疆域观念，是随着地理条件的变化而不断改变的。人们在认识地理与国家的相互关系时，一方面着眼于各个朝代所管辖的疆域，另一方面又超越这个局限，用“天下”的概念来表示中国的全部疆域，形成了地理与国家疆域关系方面的重要理论认识。

五代时期政权更迭频繁，国家疆域分合不定，其中一个重要原因就是中国地理条件存在局部独立性。由于中国疆域辽阔，地理环境各异，造成了农耕、游牧和渔猎三大相对独立的经济形态。与此同时，在各地一些地理条件较好的区域，土壤、气候、物产得天独厚，容易形成相互并立的政治和经济中心，这种形势为封建割据政权的建立和存在提供了客观条件。因此，这一时期的史家讨论地理与国家疆域问题，能够与承平时期相互比较，辩证地看待分封制和郡县制的优劣，具有比较公允的态度和客观的立场。刘昫等人认为：

王者司牧黎元，方制天下，列井田而底职贡，分县道以控华夷。

> 虽《皇坟》、《帝典》之殊途,《禹贡》、《周官》之异制,其于建侯胙土,颁瑞剖符,外凑百蛮,内亲九牧,古之元首,咸有意焉。然子弟受封,周室竟贻于衰削;郡县为理,秦人不免于败亡。盖德业有浅深,制置无工拙。殷、周未为得,秦、汉未为非。据实而言,在哲后守成而已。①

这就是说,无论分封制还是郡县制,都是根据特定地理环境设立的制度,两者本身"制置无工拙",不存在优劣之分。至于何者造成国家疆域的广狭,何者导致国家政治的休咎,完全取决于运用制度者作为的臧否。接着,他们对秦至唐历代疆域四至作了详细记载,并依据唐玄宗天宝十一年(752年)的疆域面积,与前代加以比较:"唐土东至安东府,西至安西府,南至日南郡,北至单于府。南北如前汉之盛,东则不及,西则过之。"其目的是要"谨详前代隆平之时,较今日耗登之数,存诸户籍,以志休期"②。可见五代史家对于地理与国家疆域的认识相当明确,而且自觉从古今历史的相互比较中考察问题,取得了相当显著的理论成就。

两宋政权先后与辽、夏、金、蒙古相互对峙和征战,先是割地求和,继而失去半壁江山,地削而国蹙,常有"失地亡国"之痛。因此,宋代史家历史借鉴意识更加突出。欧阳修指出:

> 自秦变古,王制亡,始郡县天下。下更汉、晋,分裂为南北。至隋灭陈,天下始合为一。……考隋、唐地理之广狭,户口盈耗,与其州县废置,其盛衰治乱兴亡可以见矣。盖自古为天下者,务广德而不务广地,德不足矣,地虽广莫能守也。呜呼!盛极必衰,虽曰势使之然,而殆忽骄满,常因盛大,可不戒哉!③

他认为国家盛衰存亡首先取决于整个统治集团是否实行德治仁政,其次取决于地理疆域的广狭。具体到唐代,欧阳修以为疆域辽阔与国家盛衰息息相关:唐后期河西、陇右等地陷没,国力大大削弱,逐渐走向灭亡;然而唐中叶"举唐之盛时,开元、天宝之际,东至安东,西至安西,南至日南,

---

① 《旧唐书》卷三八《地理志一》,中华书局1975年版,第1383页。

② 《旧唐书》卷三八《地理志一》,中华书局1975年版,第1383页。

③ 《新唐书》卷三七《地理志一》,中华书局1975年版,第959、960页。

北至单于府。盖南北如汉之盛，东不及而西过之”①，出现国力强盛的局面。至于五代十国的政权兴废，疆域广狭，更直接与地理形势紧密相连。欧阳修说：

> 梁初，天下别为十一国，南有吴、浙、荆、湖、闽、汉，西有岐、蜀，北有燕、晋，而朱氏所有七十八州以为梁。庄宗初起并、代，取幽、沧，有州三十五。其后又取梁魏、博等十有六州，合五十一州，以灭梁。岐王称臣，又得其州七。同光破蜀，已而复失，惟得秦、凤、阶、成四州，而营、平二州陷于契丹，其增置之州一，合一百二十三州，以为唐。石氏入立，献十有六州于契丹，而得蜀金州，又增置之州一，合百九州，以为晋。刘氏之初，秦、凤、阶、成复入于蜀，隐帝时增置之州一，合一百六州，以为汉。郭氏代汉，十州入于刘旻，世宗取秦、凤、阶、成、瀛、莫及淮南十四州，又增置之州五而废者三，合一百一十八州，以为周。宋兴因之，此中国之大略也。其余外属者，强弱相并，不常其得失。至于周末，闽已先亡，而在者七国。自江以南二十一州为南唐，自剑以南及山南西道四十六州为蜀，自湖南北十州为楚，自浙东西十三州为吴越，自岭南北四十七州为南汉，自太原以北十州为东汉，而荆、归、峡三州为南平。合中国所有，二百六十八州，而军不在焉。②

在欧阳修看来，五代十国的兴衰与其疆域的广狭、国土的得失有极大关系，充分说明地理因素是国家疆域的分合与国家局面盛衰的重要原因之一。有的学者正确指出：“五代十国的割据，以至宋、辽、西夏和宋、金的并立，都是在特定的历史环境下出现的，不可作完全等同地看待，但地理条件的因素却是一个重要的物质因素。”③由此看来，欧阳修关于地理与国家疆域的观念，既是对五代十国的历史总结，也是对宋代社会的现实考察，具有双重的理论价值。

元朝统治集团通过武力征服，建立起横跨欧亚的庞大帝国。元朝的疆域名义上应当包括皇帝直接统治的内陆各行省，宣政院所辖的吐蕃地

---

① 《新唐书》卷三七《地理志一》，中华书局1975年版，第960页。

② 欧阳修：《新五代史》卷六〇《职方考》，中华书局1974年版，第713、714页。

③ 白寿彝主编：《中国通史》第1卷（导论），上海人民出版社1989年版，第69页。

区,以及分封的伊利汗国、钦察汗国、察合台汗国和窝阔台汗国等广大地区。正如忽必烈所言:"我太祖圣武皇帝,握乾符而起朔土,以神武而膺帝图,四震天声,大恢土宇,舆图之广,历古所无。"[①]指出元代疆域超越汉、唐,达到历史上最大版图。但在实际上,一般来说都不把四大汗国的疆域包括在元代版图之内,而仅指元帝直接统治的地域。因此,《元史》说"自封建变为郡县,有天下者,汉、隋、唐、宋为盛,然幅员之广,咸不逮元。汉梗于北狄,隋不能服东夷,唐患在西戎,宋患常在西北。若元则起朔漠,并西域,平西夏,灭女真,臣高丽,定南诏,遂下江南,而天下为一。故其地北逾阴山,西极流沙,东尽辽左,南越海表"[②]。这种地理环境造成元代统治集团大国独尊的意识,产生出以皇权为中心的君临万方思想。这种称霸独尊的意识,一方面表现在元朝与邻国交往之中,另一方面也表现为维护国家疆域和国家安全的策略。但是也应当看到,由于元朝拥有广袤的领土,出于维护国家疆域安全的需要,元朝统治集团在对外交往中往往采取积极主动与各国通使结好的政策。忽必烈自称:"朕即位以来,溥海内外,亲如一家。"[③]他不仅对日本、高丽、安南、缅甸、暹罗、真腊等周边国家派出使臣,而且派使节出使罗马教廷,与教皇建立联系。忽必烈指出:"圣人以四海为家,不相通好,岂一家之理哉!"[④]不到万不得已,不要轻易发动战争。尤其是他主张"仰惟覆焘,一视同仁,无遐迩小大之间也"[⑤],即与各国之间的交往不分远近大小,一视同仁,同等对待。这种积极主动的外交政策,保证了元朝与亚洲、欧洲的许多国家建立起通商贸易关系,奠定了元朝作为世界大国的地位,有效地维护了国家疆域和国家安全。

元代史家在考察宋、辽、金三朝兴亡盛衰时,也非常关注地理与国家疆域的关系,不仅注意到地理条件所造成的各局部政权的存在,而且揭示

① 宋濂等:《元史》卷七《世祖本纪四》,中华书局 1976 年版,第 138 页。
② 宋濂等:《元史》卷五八《地理志一》,中华书局 1976 年版,第 1345 页。
③ 黎崱:《安南志略》卷二,中华书局 1995 年版,第 47 页。
④ 宋濂等:《元史》卷二〇八《日本传》,中华书局 1976 年版,第 4626 页。
⑤ 宋濂等:《元史》卷二〇八《高丽传》,中华书局 1976 年版,第 4612 页。

出地理条件所造成的各政权趋于统一的发展趋势。他们评价宋代历史发展说:“宋有天下三百余年,繇建隆初讫治平末,一百四年,州郡沿革无大增损。”其后,“中原版荡,故府沦没,职方所记,漫不可考。高宗苍黄渡江,驻跸吴会,中原、陕右尽入于金,东画长淮,西割商、秦之半,以散关为界”。又存在了一百五十年左右,最后“迨德祐丙子,遂并归于我皇元版图,而天下始复合为一焉”①。这是从地理范围的角度考察宋代国家疆域的演变,勾勒出两宋时期由分裂到元代灭宋统一全国的画面。他们评价辽代历史的发展,也很注重从地理条件与国家疆域的关系考察问题,指出:

幽州在渤、碣之间,并州北有代、朔,营州东暨辽海。其地负山带海,其民执干戈,奋武卫,风气刚劲,自古为用武之地。太祖以迭剌部之众代遥辇氏,起临潢,建皇都;东并渤海,得城邑之居百有三。太宗立晋,有幽、涿、檀、蓟、顺、营、平、蔚、朔、云、应、新、妫、儒、武、寰十六州,于是割古幽、并、营之境而跨有之。东朝高丽,西臣夏国,南子石晋,而兄弟赵宋,吴越、南唐,航海输贡。嘻,其盛矣。……东至于海,西至金山,暨于流沙,北至胪朐河,南至白沟,幅员万里。②

说明辽朝占据北方依山带河的地理环境,国家迅速崛起,建立了与宋朝北南对峙而实力相当的皇朝,这对于辽朝疆域的发展与巩固发挥了重要作用。他们对于金朝历史大发展,同样从地理的角度进行考察:

金之壤地封疆,东极吉里迷兀的改诸野人之境,北自蒲与路之北三千余里,火鲁火疃谋克地为边,右旋入泰州婆卢火所浚界壕而西,经临潢、金山,跨庆、桓、抚、昌、净州之北,出天山外,包东胜,接西夏,逾黄河,复西历葭州及米脂寨,出临洮府、会州、积石之外,与生羌地相错。复自积石诸山之南,左折而东,逾洮州,越盐川堡,循渭至大散关北,并山入京兆,络商州,南以唐、邓西南皆四十里,取淮之中流为界,而与宋为表里。③

---

① 脱脱等:《宋史》卷八五《地理志一》,中华书局1977年版,第2096、2097页。

② 脱脱等:《辽史》卷三七《地理志一》,中华书局1974年版,第437、438页。

③ 脱脱等:《金史》卷二四《地理志上》,中华书局1975年版,第549页。

在这样广阔的地域范围之内,金朝人民世世代代生息繁衍,依靠广阔的疆土及其所能够提供的物质条件,与南宋和西夏对峙,创造出高度的封建化文明。由此看来,元代史家在总结宋、辽、金三代兴亡盛衰的经验教训时,已经包含着从地理条件上来考虑问题的因素,自觉从地理环境说明政治统治是否稳定,具有丰富的理论性认识。

明朝取代元朝在中原的统治地位以后,尽管恢复了汉族统治集团对中原的管辖,但在疆域面积上则远远不逮元朝。与此同时,蒙古贵族残余势力虽然退守漠北,却仍然保持着强大的势力,足以对明朝构成威胁。因此,明代史家就特别重视对元代历史的总结,以求为现实社会所借鉴。他们认为:

> 若元,则起朔漠,并西域,平西夏,灭女真,臣高丽,定南诏,遂下江南,而天下为一。故其地北逾阴山,西极流沙,东尽辽左,南越海表。……元东、南所至,不下汉、唐,而西、北则过之,有难以里数限者矣。……盖岭北、辽阳与甘肃、四川、云南、湖广之边,唐所谓羁縻之州,往往在是,今皆赋役之,比于内地。而高丽守东藩,执臣礼惟谨,亦古所未见。地大民众,后世狃于治安,而不知诘戎兵,慎封守,积习委靡,一旦有变,而天下遂至于不可为。呜呼!盛极而衰,固其理也。①

在明代史家看来,元朝统治者通过武力征服,消除了唐末以来的地方割据的格局,占据了汉、隋、唐、宋所不曾有过的广大地域范围,实现了“天下为一”的一统局面。这种大一统的地理形势,造成元朝政治局面的空前安定,国力无比强盛。然而这只是问题的一个方面,另一方面也正是由于“地大民众”的地理条件,导致元代后期的统治集团有恃无恐,渐染奢侈腐化之风,居安忘亡,最后江山易手。可以看出,他们对地理条件与国家安全、社会盛衰的关系具有非常全面和辩证的认识,因而能够总结出“盛极而衰,固其理也”的普遍法则,在关于历史发展之地理条件的理论上做出了重要贡献。

① 宋濂等:《元史》卷五八《地理志一》,中华书局1976年版,第1345、1346页。

在地理与国家盛衰的关系上，清代史家与明代史家的认识非常一致，显示出历代史家在历史认识方面所具有的共同性。清初史家考察明代历史的发展演变，着眼于地理与政权盛衰的关系，指出：

明太祖奋起淮右，首定金陵，西克湖、湘，东兼吴、会；然后遣将北伐，并山东，收河南，进取幽、燕，分军四出，芟除秦、晋，讫于岭表；最后削平巴、蜀，收复滇南。禹迹所奄，尽入版图，近古以来，所未有也。洪武初，建都江表。……成祖定都北京，北倚群山，东临沧海，南面而临天下。……计明初封略，东起朝鲜，西据吐蕃，南包安南，北距大碛，东西一万一千七百五十里，南北一万零九百四里。自成祖弃大宁，徙东胜，宣宗迁开平于独石，世宗时复弃哈密、河套，则东起辽海，西至嘉峪，南至琼、崖，北抵云、朔，东西万余里，南北万里。其声教所讫，岁时纳贽，而非命吏置籍，侯尉羁属者，不在此数。呜呼，盛矣！①

这就说明地理条件与明朝强盛之间所存在的内在联系。清代史家比前人在理论认识上的进步之处，就在于初步形成了中国与世界处于不同地理位置的概念。他们把明代朝廷直接管辖的地区视为明代“封略”，意即中国领土，而把那些“声教所讫，岁时纳贽，而非命吏置籍，侯尉羁属者”，与中国区别开来，“不在此数”，都视之为外国领土。这种思想，无疑是对国家疆域达到了更深一层的理性认识。

清代中叶以来，随着中外交流的频繁和外国传教士、商人来华数量的增多，早期西方殖民者侵略中国的嘴脸也开始暴露出来。他们以传教和经商为名，在中国沿海甚至内地租借土地，大肆进行侵略活动，已经威胁到中国的安全。赵翼敏锐地感觉到这个问题，考证明代沿海奸民引诱外蕃侵扰中国，为清代统治者敲响警钟。他说：

明祖定制，片板不许入海。承平日久，奸民勾倭人及佛郎机诸国，私来互市。闽人李光头、歙人许栋，踞宁波之双屿为之主，势家又护持之。或负其直，栋等即诱之攻剽；负直者胁将吏捕之，故泄师期令去，期他日偿。他日负如初，倭大怨，益剽掠。朱纨为浙抚，访知其

① 张廷玉等：《明史》卷四〇《地理志一》，中华书局 1974 年版，第 881—882 页。

弊,乃革渡船,严保甲,一切禁绝私市。……海番互市,固不必禁绝,然当定一贸易之所,若闽、浙各海口俱听其交易,则沿海州县处处为所熟悉,一旦有事,岂能尽防耶!①

赵翼认为闽、浙沿海地理形势非常重要,一旦被外国人熟悉和占有,就会大大威胁中国的海防安全。因此,必须严厉禁止外番随意进入中国领域。但是,赵翼也反对采取简单的闭关锁国政策,阻碍互市贸易,主张限于特定地域,加强外事管理。他赞誉清高宗采取的政策说:

海外诸番与中国市易,必欲得一屯驻之所,以便收泊。明初暹罗、占城、爪哇、琉球、浡泥诸国,皆在广州互市。正德中,移于高州电白县。嘉靖中,始移香山之壕镜,岁输课二万金,即今澳门也。佛郎机人因得混入其中,后佛郎机并吕宋、满剌加二国,势力独强,诸国人之在壕镜者皆畏之,遂为其所专据,筑城建寺焉。大西洋人来,亦乐居此,故市易益广。今番人皆立家室,长子孙,不下数千家,从无不轨之谋。盖其志在市易取利,无别意也。然海外诸番不一,壕镜所居,大约只数国之人,而他国不与焉,故往往各欲乞地以为永业。如嘉靖中林道乾遁于台湾,后去而荷兰人即据之。万历中,荷兰人又贿税使高寀,求筑城于澎湖,都司沈有容往谕之,始去。其在台湾者,亦为郑芝龙所逐。芝龙降后,荷兰又据之,郑成功又夺其地。本朝取台湾后,始不复为外番所占。可见诸番互市,必欲得一屯泊之所也。近日英吉利国遣使入贡,乞于宁波之珠山及天津等处僦地筑室,永为互市之地。皇上以广东既有澳门,听诸番屯泊,不得更设市于他处,所以防微销萌者,至深远矣。②

清高宗乾隆五十八年(1793年),英国派出以马噶尔尼为首的使团来华,提出清朝增开通商口岸等要求,遭到清廷拒绝。赵翼对此非常关注,认为这是维护国家领土完整和安全的必要之举。他还进一步从地理与国

① 赵翼:《廿二史札记》卷三四《嘉靖中倭寇之乱》,王树民校证:《廿二史札记校证》,中华书局1984年版,第788、789页。

② 赵翼:《廿二史札记》卷三四《外番借地互市》,王树民校证:《廿二史札记校证》,中华书局1984年版,第789、790页。

家安全的角度补充说：

> 案珠山即舟山也，四面皆海。昔勾践欲栖夫差于甬东，即此地。宋为昌国城，明属宁波之定海县。倭乱时，据为巢穴。汪直约降于胡宗宪，曾遣其子激破倭于舟山。徐海死，余党亦窜舟山，为俞大猷所殪。及汪直既降被诛，激又栅于舟山入寇（见《胡宗宪传》）。明末，总兵黄斌卿据之。鲁王以海监国绍兴，兵败来投，斌卿不纳。先是，舟山田皆属内地大户，至是斌卿尽籍为官田，使民佃田纳租，盖欲占为世业也。顺治六年，斌卿为张名振等所杀，鲁王复来驻。顺治八年，大兵攻之，三阅月始遁去，我朝使巴臣兴镇守。十二年，郑成功遣洪旭来寇，臣兴降之。明年，我兵复其地，始入版籍。可见此山乃浙海中要地，番人得之，即可据为巢穴，固不可轻授也（《明史·张可大传》：舟山，宋昌国城，居海中，有七十二墺，为浙东要害。可大为参将，条八议，筹战守，皆硕画）。①

由此可见，赵翼自觉地从历史地理的角度探究地理与国家安全的关系，表明乾嘉时期的史家并没有脱离现实社会，不关心政治问题，而是以明确的态度表达了研究历史要经世致用的意识，这不仅为中国古代史学研究增添了新内容，而且对历史理论的发展具有重大意义。

二、关于边疆史地研究重要性的认识

这一时期的地理思想的发展，还突出地反映在史学家们对边疆史地研究的加强方面。清代鸦片战争以前的边疆史地学研究成为当时社会上很受重视的学问，不仅出现祁韵士、徐松、张穆、何秋涛等代表性人物，而且撰写和编纂了《皇朝藩部要略》《西陲总统事略》《新疆识略》《蒙古游牧记》《朔方备乘》等代表性著作，取得了巨大成就。清代边疆史地学研究的繁荣，表明这一时期的史家对边疆史地研究的重要性具有深刻的认

① 赵翼：《廿二史札记》卷三四《外番借地互市》，王树民校证：《廿二史札记校证》，中华书局 1984 年版，第 790 页。

识,其边疆史地研究著作中所蕴含的丰富史学思想,为中国古代历史理论的丰富和发展做出了贡献。

祁韵士对研究清代边疆少数民族历史具有开创之功,先后撰写了《蒙古回部王公表传》《皇朝藩部要略》《西陲要略》《西陲总统事略》,成为系统研究边疆史地学的先驱人物。他谈及编纂西北史地著作时说:"夫记载地理之书,体裁近史,贵乎简要,倘不足以信今而证古,是无益之书,可以不作。"①体现了研究史地之学重在经世致用的意识。史地学著作要能达到"信今而证古"的程度,就必须重视调查,记事可信。他指出:

> 赤奋若之岁,余奉谪濛池,橐笔自效。缅思新疆二万余里,为高宗纯皇帝神武独辟之区,千古未有。余既得亲履其地,多所周历,得自目睹。而昔年备员史职,又尝伏读御制文集、诗集及平定准噶尔、回部《方略》二书。故于新疆旧事,知之最详,颇堪自信。②

祁韵士的著作大都经过作者实地考察,并结合丰富的边疆史地知识编纂而成,所记新疆地理、政区、军事、民俗等内容翔实可靠。其中,《西陲总统事略》价值最高,是清代第一部私家撰写研究新疆史地的著作。他对新疆地理位置重要性认识非常明确,指出:

> 今之新疆,即古西域,出肃州、嘉峪关而西,过安西州至哈密,为新疆门户。天山横矗其间,南北两路从此而分。由哈密循天山之南,迤逦西南行,曰土鲁番,曰喀喇沙尔,曰库车,曰阿克苏,曰乌什,曰叶尔羌,曰和阗,曰英吉沙尔,曰喀什噶尔,是为南路。由哈密逾天山之北,迤逦由北而西,曰巴里坤,曰古城,曰乌鲁木齐,曰库尔喀喇乌苏,曰塔尔巴哈台,曰伊犁,是为北路。《汉书·西域传》所载南道、北道,皆在天山以南;今之所谓南路、北路,则合天山南北而中分之,总属于伊犁。③

清朝统一新疆天山南北广大地区,并在此地设官驻兵,实施有效管辖,对

---

① 祁韵士:《西陲要略》自序,台湾成文出版社 1968 年版,第 1 页。

② 祁韵士:《西陲要略》自序,台湾成文出版社 1968 年版,第 1、2 页。

③ 祁韵士:《西陲要略》卷一《南北两路疆域》总叙,台湾成文出版社 1968 年版,第 7、8 页。

于巩固国家边防和保障国家安全意义极为重大。《西陲总统事略》对清军在新疆的驻兵设防、兵额配置、卡伦军台等情况，都有详细的记载，充分反映出祁韵士对边疆史地重要性的自觉认识和研究价值。

稍后徐松撰《新疆识略》和《西域水道记》，大大推动了西北边疆史地学的繁荣。在他的带动下，一大批学者从事西北史地学研究，形成士林崇尚的研究风气。他对新疆地理位置经过一年的实地考察，每到一地"携开方小册，置指南针，记其山川道里，下马录之。至邮舍，则进仆夫、驿卒、台弁、通事，一一与之讲求。经年，风土悉备"①。故而代将军松筠撰《新疆识略》，对新疆道里、山川形胜记载极为详细。徐松指出：

> 考证地理，非绘图不明。高宗纯皇帝《钦定皇舆西域图志》、《钦定河源纪略》上稽星度，下列土方，山水钩连，道途经纬，提纲挈领，缕析条分。……谨首编《新疆总图》一卷，次《北路舆图》一卷，《南路舆图》一卷，《伊犁舆图》一卷。南北路各城，每城各为一图。伊犁疆域较广，非一图所能尽，特绘总图一、分图四，以期详悉具备无少遗漏。②

所以书中详细记载新疆的疆域、道里、山川、水道、城池，以及军政设施、官制兵额、卡伦台站各方面情况。例如卡伦设于边疆冲要之地，主要功能在于"内稽逃人，外控荒服，沿边定界"，从而达到"察畿疆，谨斥候"的目的，③保卫国防安全。而对边境重镇布防，记载更为详细，④反映出作者对于新疆地理位置的重视，尤其是军事防御对于边境治安的作用，给当时人们全面认识新疆和深入研究西北史地提供了详细的资料。不仅如此，徐松对于新疆地区城池衙署建制也都一一记载。⑤ 新疆地区城池的大量兴

① 缪荃孙：《艺风堂文集》卷一《徐星伯先生事辑》，上海古籍出版社 2010 年版，第 419 页。

② 徐松：《新疆识略》卷首凡例，《续修四库全书》，上海古籍出版社 1995 年版，第 489 页。

③ 徐松：《新疆识略》卷一一《边卫》，《续修四库全书》，上海古籍出版社 1995 年版，第 747 页。

④ 徐松：《新疆识略》卷七《营务》，《续修四库全书》，上海古籍出版社 1995 年版，第 709 页。

⑤ 徐松：《新疆识略》卷四《伊犁舆图 · 城池廨署》，《续修四库全书》，上海古籍出版社 1995 年版，第 641—645 页。

起,说明清朝统一新疆以后,中央政权在当地的管辖权得到了有效的贯彻实施,不仅加强了国家的防御力量,而且其地位和作用已经引起当时人们的高度重视,对于推进边疆史地学的研究,起到了重要的作用。应当特别指出的是,《新疆识略》一书还专门辟有《外裔》一卷,记载新疆周边各民族情况。①

徐松对新疆周边各少数民族部落的记载,十分突出地反映了他的边疆意识和多民族国家意识,无疑有利于清朝统治集团了解边防形势和制定国家边防政策,尤其是认为处理好与哈萨克、布鲁特二部落关系,对巩固边防最为重要,能够更好地经营边疆。他的上述认识,不仅有力地推动了清代边疆史地研究的热潮,而且在地理条件与历史进程关系问题上具有重大价值,丰富和发展了中国古代历史理论内涵。

张穆一生著述十分丰富,而以舆地学著作《蒙古游牧记》最为著名。他撰写此书的原因之一,就是有感于边疆史地问题的重要性,希望以此引起人们对边防的重视。他说:

> 内地各行省、府、厅、州、县,皆有志乘,所以辨方纪事,考古镜今。至于本朝新辟之土,东则有吉林、卜魁,西则有金川、卫藏,南则有台湾、澎湖,莫不各有纂述,以明封域,而彰圣烈。独内外蒙古,隶版图且二百余载,而未有专书。钦定《一统志》《会典》,虽亦兼及藩部,而卷帙重大,流传匪易,学古之士尚多懵其方隅,疲于考索。此穆《蒙古游牧记》所为作也。②

本书以蒙古各部落为单位分别记载,正文主要记述各盟旗的历史建制、古今舆地、城镇牧场,注文引用大量资料记述山川水道、环境变迁、掌故风俗,记事内容非常全面。例如"敖汉旗"条之下对敖汉旗地理沿革、道里四至、世袭封爵、牧场分布等情况作了详细叙述,并以小字注文形式对其

① 徐松:《新疆识略》卷一二《外裔》,《续修四库全书》,上海古籍出版社 1995 年版,第 765—796 页。

② 张穆:《蒙古游牧记》自序,《䏌斋文集》卷三,上海古籍出版社 2016 年版,第 115 页。

中的人名、地名、山川、事件加以注释，清晰明确。① 张穆撰写《蒙古游牧记》还具有“缀古通今，稽史籍，明边防”②的意图，所以详细记载中俄边界的互市、卡伦、台站、界碑，并且对俄罗斯地理情况也予以简要叙述，对于边防设施与国家安全的认识极其深刻。他指出：

俄罗斯互市，设库伦办事大臣二人，一由在京满洲、蒙古大臣简放，一由喀尔喀札萨克内特派。所属库伦、理藩院司官一人，笔帖式二人，恰克图、理藩院司官一人，辖卡伦会哨之各札萨克以理边务。凡行文俄罗斯萨那特衙门，皆用库伦办事大臣印文。其东黑龙江境内，由黑龙江将军、呼伦贝尔副都统经理；其西至近吉里克以西，由定边左副将军、科布多参赞大臣经理，皆与库伦办事大臣会同酌办。③

书中关于恰克图等地中俄互市贸易情况和中俄互市管理官员的设置情况，都有比较详细的记载，而尤其注意对中俄边界台站、卡伦和界碑的记载，显示出作者对边防问题的深思熟虑。张穆记载道：

康熙二十八年议准俄罗斯边境，以流入黑龙江之绰罗那阿伦穆河相近格尔必齐河为界，自大兴安岭以至于海，山之阳为内地，山之阴为俄罗斯地。雍正五年议准俄罗斯人所居，近山河者，以山河为界；无山河之空地，设立鄂博为界。自东边之额尔古纳河岸，至哈鲁哈当苏、阿鲁齐都勒、齐克泰、奇兰等处，以相对之楚库河为界，自此以西，沿布尔古特山，以博木沙华鼐岭为界，各定立界石。④

这是对中俄议定东段边界的详细记载，表明清代后期史家对中外国家疆域概念的认识比前人更加清晰，有助于形成近代国家的观念。张穆还记载清世宗雍正五年中俄勘定边界一事说：

钦派大臣察毕那、特古忒、图丽琛三人前往勘定。设卡伦五十九

① 张穆：《蒙古游牧记》卷三《内蒙古昭乌达盟游牧所在》，商务印书馆 1939 年版，第 55—59 页。

② 张穆：《蒙古游牧记》自序，《㞑斋文集》卷三，上海古籍出版社 2016 年版，第 115 页。

③ 张穆：《蒙古游牧记》卷七《外蒙古喀尔喀汗阿林盟游牧所在》，商务印书馆 1939 年版，第 159 页。

④ 张穆：《蒙古游牧记》卷七《外蒙古喀尔喀汗阿林盟游牧所在》，商务印书馆 1939 年版，第 159 页。

所,极东十二卡伦。就近属黑龙江将军统辖,轮派索伦兵戍守;迤西四十七卡伦,以喀尔喀四部属下蒙古,按其游牧远近,每卡设章京一员,率兵携眷戍守。①

这是对中俄议定中段边界的详细记载,可见作者对于中俄边境问题的高度重视。因此,张穆对边疆地区的山川险要、屯兵布防非常留意,着墨颇多。他认为内蒙古地区哈密最为西陲重镇,"盖自古战守扼要之地"②,当东西孔道,南北要冲,兼控天山南北两路,形势极为重要。而外蒙古地区,则以恰克图地位最重要:"恰克图迤东车臣汗部署十四卡伦,沙甸平坦;迤西多山,林木蓊郁,往来以色楞河为津要,连冈而东。迤南至衮图达霸罕,其间峡沟丛树,险隘天成,足资控御也。"③这表明张穆对沙俄保持着高度的警觉,通过引古筹今阐明蒙古各部是稳定北部边疆的重要力量,加强西北边防共同抵御外侮,有利于促进民族团结和国家统一的安定局面,为清代西北史地学研究做出了填补空白的巨大贡献。

何秋涛亦精通西北史地之学,成为与张穆齐名的学者。他曾经历时十年,为张穆的《蒙古游牧记》校补后四卷内容,弥缝疏漏,补辑缺略,显示出很高的边疆史地学研究素养。何秋涛"尝谓俄罗斯地居北徼,与我朝边卡相近,而诸家论述未有专书,乃采官私载籍,为《北徼汇编》六卷"④。后来内容增至80卷,改名《朔方备乘》。本书第一次考察了中俄边界的历史沿革,详细记载两国边界地区界碑、卡伦、山河、城堡,重点论述和考证中国北部边疆的形成。何秋涛主张研究俄国载籍,认为:"昔夷务之兴,中国患不知远人之情伪。今之所记,安知不收一壶千金之用,是在筹边者加之意而已";况且俄籍所记内容"其中足备掌故考核者多矣,

① 张穆:《蒙古游牧记》卷七《外蒙古喀尔喀汗阿林盟游牧所在》,商务印书馆1939年版,第160页。

② 张穆:《蒙古游牧记》卷一六《额济特旧土尔扈特蒙古游牧所在》,商务印书馆1939年版,第367页。

③ 张穆:《蒙古游牧记》卷七《外蒙古喀尔喀汗阿林盟游牧所在》,商务印书馆1939年版,第160页。

④ 黄彭年:《刑部员外郎何君墓表》,缪荃孙辑:《续碑传集》卷二〇,上海书店出版社1988年版,第2200页。

置之典属，掌之枢廷，将来取次译之，于边防军政大有裨益”①。他撰写此书之时，正值沙俄加紧侵华活动之际，对中国北部边疆造成严重威胁。面对沙俄蚕食中国疆土，中国边疆陷入空前危机的形势，当时绝大多数中国人并未警觉，更没有形成自觉研究中俄关系问题的风气。鉴于这种局面，何秋涛提出了鲜明的反对沙俄侵略的国防意识。他谈及《朔方备乘》的价值说：

> 备用之处有八：一曰宣圣德以服远人，二曰述武功以著韬略，三曰明曲直以示威信，四曰志险要以昭边禁，五曰列中国镇戍以固封圉，六曰详遐荒地理以备出奇，七曰征前事以具法戒，八曰集夷务以酌情伪。②

所谓“集夷务以酌情伪”，就是要加强边防，巩固疆界，有效地防范和抵御沙俄的侵略。可见其主要目的是使人们看清沙俄妄图侵略中国东北边疆领土的野心，希望清朝统治集团能够从中俄关系的历史与现状中吸取教训，警惕沙俄入侵，保卫国防安全。③ 何秋涛通过对我国北部边疆的考察，极大地激发了自觉的边疆忧患意识和国家安全意识。因此，他大声疾呼：“西北塞防，乃国家根本。”④这对增强国人的边疆危机意识，把西北地理形势与边防重要性提到关系国家前途和命运的高度，具有重大的理论价值。

小　　结

五代至明清中国史家关于社会发展与地理条件之关系的认识，经历了连续不断和逐步深化的历史过程，为后人留下了丰厚的历史撰述，积累

---

① 何秋涛：《朔方备乘》卷三九《俄罗斯进呈书籍记》叙，咸丰八年石印本，第1、2、4页。

② 何秋涛：《朔方备乘》凡例，咸丰八年石印本，第1、2页。

③ 何秋涛：《朔方备乘》卷六五《俄罗斯境内分布表》叙，咸丰八年石印本，第1、2页。

④ 何秋涛：《朔方备乘》卷一一《俄罗斯形势考下》，咸丰八年石印本，第26、27页。

了宝贵的理论遗产。其中,在历史地理思想与文明传承观念、社会发展与地理条件关系的考察、地理与边疆意识及国家安全的认识等方面,都在不同程度上肯定了地理条件对人类社会历史发展的影响,形成了比较明确的理论认识,为中国古代历史理论的丰富和发展作出了重大贡献。应当指出,尽管地理条件的改变而引起社会政治、经济和文化上的变化很早就成为历代史家非常关注的问题,由此积累了厚重的思想认识,然而由于他们常常对地理条件作出片面的解释,以至于在地理条件与社会历史发展的问题上没有达到科学的理论程度,因而仍有必要站在今天的认识高度来看待这个问题。

首先,中国古代史家考察地理条件与社会发展关系,主要偏重于社会政治与军事的层面,而对社会其他方面的论述则较为薄弱,在理论认识上有很大局限性。今天看来,中国的地域范围和地理条件是在漫长的历史过程中形成的,因而对中国历史发展的影响也是巨大的和多方面的。概括而言,以下三个方面尤其重要。一是地理条件的复杂性造成经济发展的不平衡性。二是地理条件局部的独立性和整体的统一性导致了中国社会分裂与统一关系的格局。从中国境内地理条件局部的独立性来看,由于不同地理条件并存,容易形成若干自然经济区域和并立的政治和经济中心,出现鼎立的割据势力和地方政权,产生局部分裂的局面。而从中国境内地理条件整体的统一性来看,又形成一个北邻荒漠、西阻高山、东与南濒海的自然地理环境,制约着生活在其中的人的社会活动,容易形成向内发展的向心力和凝聚力,最终会形成国家统一和维系社会稳固的纽带。因此,中国历史上的分裂局面是短暂和暂时的,而统一局面则是长期和永久的。三是地理条件对中华民族多元一体格局产生了深远的影响。中国疆域辽阔,各地土壤、气候和物产也存在很大差异,以致生活在不同地域的居民形成不同的文化和心理,产生出众多的民族。但是,由于中国整体的地理条件造成向外发展的困难,于是各民族间经济文化联系极为密切,尤其是受到黄河与长江两大经济区域汉族先进文明的吸引,各个民族都具有内向性和团结力,最终形成有数十个民族组成的中华民族大家庭,产生了多元一体的民族格局。以上三个方面,凸显出地理条件对中国历史发展进程影响的重要性，作用至关重大。

其次，中国古代史家不同程度地夸大了地理条件的作用，较少考虑人类社会发展对地理环境的影响。地理条件与历史进程的关系是交替作用、相互影响的。一方面，河流、沙漠、气候变迁对于社会盛衰，甚至朝代兴亡有重大影响，会改变一个地区、一个民族乃至整个国家的命运；另一方面，人类的活动也会反作用于自然界，极大地改变地理环境。对于前者，古代史家都能够给予关注，予以记载，给后人留下宝贵的借鉴；而对于后者，则重视程度不够。今天我们来认识这个问题，应当具有辩证的态度。一方面，社会生产力的不断发展，极大地增强了人类认识、利用自然的能力，造成人类对于周围的地理环境不断发生新的变化；另一方面，人类改变地理环境必然受到自然规律的制约，否则就会受到自然界的惩罚。

总而言之，关于地理条件与社会发展的关系，是历史理论研究中一个极为重要的问题；而历代史家对这一关系的认识，也经历了一个漫长的历史过程。在这个认识过程中，人们的观念也在不断发生变化，逐步向真理趋近。因此，借鉴和吸取中国古代史家在这方面的认识和理论建树，对于今后的理论研究和社会实践两方面都会产生巨大而深远的影响。

第 四 章

历史观念与政治观念结合的“正统”论

“正统”论作为历史思想与政治思想相融合的思想体系，在其起源处，具有鲜明的时代特征，反映了时代的思想要求，因此，特别能说明这一观念曾经具有较强的生命力，特别能说明这一观念对于认识“中国文化”“中国历史”具有重要作用。

“正统”论滥觞于春秋公羊学“大一统”说，梁启超在《新史学·正统》中称其“昉于晋而盛于宋”。汉代，适逢中国政治统一初步完成，当时的思想家如董仲舒等依据春秋公羊学阐发“大一统”观念，又在“大一统”观念的基础上出现了“正闰”说，形成以儒家人伦道德为本的历史哲学与政治哲学，基本确立了整合文化、社会及其历史变化的历史观与文化价值原理。至北宋，“正统”论大兴，对“大一统”以及“正闰”说进行了一次推陈出新的发展。此后，“正统”论遂成为中国古代历史观念与政治观念的一个重要部分。

第一节　从“正闰”说到“正统”论

一、“正闰”与“贞符”

魏晋南北朝隋唐时代，鼎革频繁，每一朝代都以西汉末年形成的“五德相生说”论证自己受命应运之由，从而也就丧失了其申明“天道—王道”为历史“一贯之道”、根本方向的“合理内核”，而沦为现实权势的自我神化。但是，尤其是中唐以后，一些史学家、思想家之辨正闰，呈现出新的思想面貌，成为宋以后“正统”观念的先声。

东晋习凿齿撰《汉晋春秋》，不以晋继魏，而主张直承汉统。顾炎武说：“正统之论，始于习凿齿，不过帝汉而伪魏吴二国耳。”[①]其实以五德相生论帝王“膺当天之正统”乃东汉以来之恒言。不过，习凿齿所著《晋承汉统论》并非重复五德正闰的说法，其重点在于根据“平定天下”的功业之实以正晋“正统”之名，而不必用魏晋禅代的“必彰于后世”的谎言来论证自己的合法性，所表现的历史观与政治思想更具理性特征。

中唐时期，柳宗元力主“天人相分”，将“天”还原为自然界及其运动，这其实是要破解非道义性之命运的“天”对人间的宰制，破除人们对这种“天命”“运数”的屈服和依赖。柳宗元在《贞符》《封建论》中指出，人间“理道”出自人类社会性生存发展的需要，是人为自身立法，无关乎“天道”。历史的自然之势、自然之理既是人类要生存要发展的“生人之意”，那么，保障民生之安利的“仁德”才真正是唐皇朝受命的“贞符”。[②] 柳宗元的“贞符”论已经预示了宋代“正统”论兴起的基本思想方向：天下为公、选贤举能、以民为本的“王道”，而非五行相生的“运数”，才是贯通兴亡更迭的历史之“统”；与道德理性合一的历史理性，而非难测之“天命”，才是判定政权合法性的理据。

必须提到的是，中唐的皇甫湜著《东晋元魏正闰论》以申“夷夏之辨”[③]。贞观年间，将北魏、北齐、北周、隋、宋、齐、梁、陈诸史均称“八代正史”，李延寿撰《南史》《北史》“编年以备南北”[④]，配合的正是唐初“胡越

---

① 顾炎武：《日知录》卷二〇《年号当从实书》，黄汝成集释：《日知录集释》，岳麓书社1994年版，第713页。

② 参见《柳宗元集》卷一《贞符》、卷三《封建论》，中华书局1979年版，第29—36页，69—75页。

③ 皇甫湜：《皇甫持正集》卷二，《文渊阁四库全书》，台湾商务印书馆1986年版，第1078册，第73—74页。

④ 李延寿：《北史》卷一〇〇《序传》，中华书局1974年版，第3343页。

一家,自古未有也”、唐太宗所谓“自古皆贵中华,贱夷狄,朕独爱之如一”的一统盛世。[①] 而在安史之乱后,藩镇割据局面形成,由于当时藩镇皆是胡族或胡化之汉族,故思想敏感的士人自觉不自觉均有“攘夷”之意识,唯韩愈认识最清晰、主张最彻底,以佛教为“夷狄之法”,力排痛斥,以明夷夏大防。[②] 皇甫湜一反本朝之恒论,持“攘夷”大义正东晋闰北魏,申明中国礼乐之教为历史正道以扶翼师说。这也是在宋以后的“正统”论中不断回旋的重音。

二、“正统”论的兴起及其时代意义

唐宋之际,随着社会经济的发展、科举制度的盛行,门阀政治势力衰弱,新兴士绅阶层兴起,中唐发生的儒道复兴思想运动,至北宋仁宗时期可谓大势已成。放到这样一个历史脉络之中看,这一思想运动具有强烈的政治关怀和经世指向:新兴士绅阶级在新的历史条件下,重新认识历史大道,以阐发与之相应的历史演进脉络,于是“正统”论的大兴及其多元论争,当是历史理论发展的一个重要方面。

宋朝建立之初,天命正闰之说仍然盛行,“有司”推五德相生之运,以国家受周禅,周木德,木生火,则大宋为火德,色当尚赤。但是,在雍熙元年(984年)四月,布衣赵垂庆上书,以为宋朝应当越过五代直接上承唐统,为金德。此事经过尚书省讨论,徐铉与百官上奏说不宜轻易改动,仍然继周统为火德。之后,又有人上奏,说大宋应金德以及土德,其言均未被采纳。[③] 而宋朝官方正式的说法是朱梁篡窃唐朝天下,后唐中兴唐祚,重开土运,自后晋以金、汉以水、周以木,而宋朝则运膺火德。景德二年

① 司马光:《资治通鉴》卷一九四,唐纪一〇,太宗贞观七年;卷一九八,唐纪一四,太宗贞观二十一年,中华书局1956年版,第6104、6247页。瞿林东于《史学家与政治——关于唐代史学与政治关系的考察》一文中论述了唐初修前代“正史”与当时“天下一家”的国策之间的关系,见《中国史学散论》,湖南教育出版社1992年版,第217页。

② 参见陈寅恪:《论韩愈》,《金明馆丛稿初编》,生活·读书·新知三联书店2001年版,第319页。

③ 脱脱等:《宋史》卷七〇《律历志三》,中华书局1977年版,第1597、1598页。

(1005年),王钦若、杨亿编修《册府元龟》,立《闰位部》,以秦、蜀、吴、宋、南齐、梁、陈、东魏、北齐、隋、后梁为闰位。欧阳修重修五代史,重新论历代正统,讲明本纪书法,针对的正是这一思想背景。

欧阳修的《正统论》实在是中国思想史、史学史上的一大文章,它阐发了新的“正统”论,从而取代了五德终始的“正闰”说,这是一个划时代的思想事件。

欧阳修给“正统”下了一个全新的定义:“正者,所以正天下之不正也;统者,所以合天下之不一也。”①从此,“统”从时间之开始义转成空间之统一义。要说明的是,这其实是一个自觉的“误解”,也是一种重新澄清本意。欧阳修深明汉代士人所谓“正统”其实是改“正朔”以应天命的意思,但他批判这一典制虽出于三代圣王,却不以“德”而以“虚名”来号召天下,故孔子非之而不言,还指出汉代以后的更改年号比改正朔要合理得多,他写道:

> 臣愚因以谓正统,王者所以一民而临天下,三代用正朔,后世有建元之名。然汉代以来,学者多言三代正朔,而怪仲尼尝修《尚书》、《春秋》,与其学徒论述尧舜三代间事甚详,而于正朔尤大事,乃独无明言,颇疑三代无有其事。及于《春秋》得“十月陨霜,杀菽。”“二月无冰”。推其时气,乃知周以建子为正,则三代固尝改正朔。而仲尼曰“行夏之时”,又知圣人虽不明道正朔之事,其意盖非商周之为云。其兴也,新民耳目,不务纯以德,而更易虚名,至使四时与天不合,不若夏时之正也。及秦又以十月为正,汉始稍分后元中元,至于建元,遂名年以为号。由是而后,直以建元之号加于天下而已,所以同万国而一民也,而后世推次以为王者相继之统。若夫上不戾于天,下可加于人,则名年建元,便于三代之改岁。②

这种批判性的思想气度,千古之下犹见光芒。他大力批判自西汉末以来

① 欧阳修:《欧阳修全集》之《居士集》卷一六《正统论上》,中国书店1986年版,第116页。

② 欧阳修:《欧阳修全集》之《居士集》卷一六《正统论序》,中国书店1986年版,第116页。

盛行的那种推五德相生以明正统、改正朔以应天命的“正闰”说,指出这是应该抛弃的“非圣之学”“昧者之论”,一派怪奇放诞,背离了“王道”之实在于“盛德”、在于“至公大义”的孔子之教:

正统之说,肇于谁乎?始于《春秋》之作也。当东周之迁,王室微弱,吴徐并僭,天下三王。而天子号令不能加于诸侯。其诗下同于列国,天下之人莫知正统。仲尼以为周平虽始衰之王,而正统在周也,乃作《春秋》。自平王以下,常以推尊周室,明正统之所在。故书王以加正月而绳诸侯。王人虽微,必加于上;诸侯虽大,不与专封。以天加王而别吴楚,刺讥褒贬,一以周法。凡其用意,无不在于尊周。而后之学者不晓其旨,遂曰“黜周而王鲁”……殊不知圣人之意,在于尊周,以周之正而统诸侯也。至秦之帝,既非至公大义,因悖弃先王之道,而自为五胜之说。汉兴,诸儒既不明《春秋》正统之旨,又习秦世不经之说,乃欲尊汉而黜秦,无所据依。遂为三统五运之论,诋秦为闰而黜之。夫汉所以有天下者,以至公大义而起也,而说者直曰以火德当天统而已,甚者至引蛇龙之妖以为左验。至于王莽魏晋,直用五行相胜而已。故曰昧者之论也。①

而他为“正统”下的新定义,唯据“天下之至公大义”以论“治乱之迹”“功业之实”,他将“统”重新解释为“所以合天下之不一也”,他认为这正是孔子《春秋》明正统以尊王的本意。

欧阳修又批判魏晋南北朝隋唐以来,出于大一统观念的“正闰”说,日渐丧失其批判性、超越性,而蜕化为现实政权自我神化、自我正当化的思想工具,沦为“自私之论”,他指出:

自西晋之灭,而南为东晋、宋、齐、梁、陈,北为后魏、后周、隋。私东晋都曰:隋得陈,然后天下一。则推其统曰:晋、宋、齐、梁、陈、隋。私后魏者曰:统必有所受。则正其统曰:唐受之隋,隋受之后周,后周受之后魏。至其甚相戾也,则为南史者诋北曰虏,为北史者诋南曰

① 欧阳修:《欧阳修全集》之《居士外集》卷九《原正统论》,中国书店 1986 年版,第 414—415 页。

> 夷。故曰自私之论也。①

这是力图澄清“正统”之本意——持与自然理性、道德理性合一的历史理性即“万世大公之器”，以衡评现实政权，确立其批判性、超越性。

在儒学复兴思潮之中，当时代表性的思想人物期望宋朝是一个伟大的复兴时代，超越汉唐之治，这样一个伟大的时代，却不能树立真正符合孔子之教的政治理念、政治正当性标准，陷入“非圣之学”，又沿袭五代后唐的“自私之论”——以后唐接续唐统，排除朱梁于外。而欧阳修重新提出正统问题，讨论正统之本意，这是在新的历史时期、新的思想背景之下，重新树立或者说澄清正确的政治理念，更新论证政治正当性的思想基础、为宋王朝重建合乎时代要求的意识形态。这是为宋立法，也是为万世立法。

那么，政治正当性、合法性的标准何在呢？欧阳修的“正统”似乎是一个二元的指标。在《明正统论》中，他定的标准是：

> 夫居天下之正，合天下于一，斯正统矣；天下虽不一，而居得其正，犹曰天下当正于吾而一，斯谓之正统可矣；始虽不得其正，卒能合天下于一，夫一天下而居其上，则是天下之君矣，斯谓之正统可矣。②

据此，欧阳修所确立的“正统”系谱是：尧、舜、夏、商、周、秦、汉、魏、晋；南北朝时期正统中断，自隋统一中国后而复，为隋、唐、梁、后唐、晋、汉、周。

在《正统论下》中，他的得列“正统”的标准又抬高了：

> 夫居天下之正，合天下于一，斯正统矣，尧舜夏商周秦汉唐是也。始虽不得其正，卒能合天下于一。夫一天下而居正，则是天下之君矣，斯谓之正统可矣，晋隋是也。……故正统之序，上自尧舜，历夏商周秦汉而绝，晋得之而又绝，隋唐得之而又绝。自尧舜以来，三绝而

① 欧阳修：《欧阳修全集》之《居士外集》卷九《原正统论》，中国书店 1986 年版，第 415 页。

② 欧阳修：《欧阳修全集》之《居士外集》卷九《明正统论》，中国书店 1986 年版，第 415 页。

复续,惟有绝而有续,然后是非公、予夺当而正统明。①

这又把曹魏、五代排除于“正统”之外。但总的来说,他是将统一天下的事功作为得列“正统”的根本标准。

但是在《正统辨》中,他指出,“正统”的真正标准在于“正”,而不在于“合天下于一”的“统”:

> 统天下而得其正,故系正焉。统而不得其正者,犹弗统乎尔。继周而后,帝王自高其功德,自代统而得其正者,难乎其人哉!必不得已而加诸人,汉唐之主乎?……以天下之广而被乎大公之实,苟非其人,则阙之可已。必若曰应天而顺人,则继周之后,桀、纣之恶常多,而汤、武之仁义未尝等也。……圣人不生而暴伪代兴,名与实自重久矣。必待后世之明者断焉,断而不以其势,舍汉、唐、我宋,非正统也。②

这是说,“正统”以“正”为本,统一天下而能得“正”方为“正统”,“正”的含义在于得天下、治天下“应天而顺人”、有“大公之实”。

本应“功”“德”合一才是“正统”,但欧阳修将秦、晋、隋甚至魏、五代皆进为“正统”,“若是,其苟加诸人,何哉?”他解释说,这是为了责勉人君能自致“仁王义主”,使篡臣贼子不得以“顺天革命”为口实而犯上作乱。

在欧阳修那里,“正统”观念似乎是单纯的、完全的政治规范、政治正当性的问题,而且,衡量政治的标准与道德理想有了区别与差距,“正”与“统”不大是一回事了。这就是说,成为政治斗争的胜利者而有一统天下之功,却不一定有“大公之实”,不一定“应天而顺人”,“正统”作为政治规范与道德理性是有所区别的,最高的政治理想当然是合乎“至善”的“事功”,是有“圣贤”之心、“圣贤”之志的事业,但政治的合法性、合理性却并不用道德理想来作准绳,而是根据统一天下的功业之实。欧阳修的“正统”论,较之董仲舒的“大一统”“正闰”观念,已经不把道德理想作为

① 欧阳修:《欧阳修全集》之《居士集》卷一六《正统论下》,中国书店 1986 年版,第 118 页。

② 欧阳修:《欧阳修全集》之《居士外集》卷九《正统辨上下》,中国书店 1986 年版,第 420 页。

政治合法性的标准，政治之理与道德之理出现分化乃至矛盾。

在宋代的“正统”之辩中，历史中政治之理与道德之理的矛盾，或者说“得失成败”与“是非善恶”的矛盾呈现出来，“政治”的规范、合理性究竟何在？其与道德理性、历史理性的关系怎样？这个问题变得复杂了。

第二节　“正统”之辩和多元的历史观念与政治观念

一、“天理”思想体系中的历史观及其“正统”论

“正统”之辩，依据着、也标示着历史演化的合理方向——正是与道德理性合一的历史理性作为“正义”赋予现实政治权力以正当性、合法性。当理学成为思想主流乃至意识形态，历史变易的“贞一之理”、历经朝代鼎革而不可断绝的历史统绪、政治的正当性标准，是只能以“天理”即人心中的“秉彝”为旨归的。然而，在北宋，“正统”论却并未被上述观念定为一统，在时代的激荡之下，围绕“正统”展开的论争使儒家历史观、政治观呈现出复杂的思想面貌，使后人得以领略儒家思想传统曾经内具的创造力，以及回应时代问题所能达到的深度。

在欧阳修之后，理学思潮渐成其势，“天理”既贯通、统合天人关系，历史之理、政治之理就不允许有任何含混、矛盾，而必须定于一了。论及“天理”思想体系意义上的“正统”含义，必须先说明二程的“天理—王道”观。自孙复《春秋尊王发微》之后，王霸之辩遂成为庆历以来思想领域的一个主题。在二程那里，“王道”“霸道”分别指称两种政治伦理、指示两条历史路径。“王道”即“天理”流行人间之道，承载于圣人、王者之心，实质内涵是天下为公，王者首先立大公之心并笃行之，使民自养而不知谁养之，民自治而不知谁治之，以求得社会的和谐融通；“霸道”，则是“假仁义以霸天下”，本意以人民、土地为一己私产，行仁政、尚礼教都是

为了常保此私产,追求的政治目标是“富国强兵”、社会的整齐划一。[①] 唐太宗“水能载舟亦能覆舟”的警喻,在程子看来,真正是霸者之言。而只有“王道”才是“天理人心”为历史规定的唯一正道。二程并未参与当时的“正统”论争,但他们有明确的“天理—王道”的历史观念及其指导下的“中国通史体系”。小程子曾为弟子讲说“百世可知之道”:从秦以至宋的中国历史,就是“天理—王道”衰以至盛、盛以至衰的演变过程。程颐认为,在魏晋之际,蜀汉君臣虽区区守一隅,但志在“王道”,故三国之兴,以蜀为正。[②] 这样一种对三国时代“正统”所在的看法,是不合于当时北宋政治形势的要求,也与那种以统一天下、占据中原的皇朝为“正统”的一般见解大不相同。这种“反常”情况说明,“正统”论并非都是取媚时君、附和形势之论,其中蕴涵的历史思想、政治思想内容是值得关注的。

在欧阳修之后,章望之推王霸之辩以论“正统”,著《明统论》驳正欧阳修之《正统论》,在当时产生较大影响。他将“统”分成“正统”与“霸统”,“正统”则能据“至公大义”得天下、治天下之统一王朝,“霸统”则以力征营天下者:“以功德而得天下者,其得者正统也,尧舜夏商周汉唐我宋其君也;得天下而无功德者,强而已矣,其得者霸统也,秦晋隋其君也。”并强烈批评欧阳修将“正统”给予“霸道”得天下者乃至“篡君者”,实“非正名之道”,“进之无以别善恶也”,不能树立、澄清“正”的标准:

> 永叔之进魏,特奖其能篡也。夫谓以至公得天下者尧舜禹,以大义者汤武;故二帝三王之得正统者,不疑也。乃进能篡君者与之同列圣人,顾不耻之欤?
>
> 永叔以正统之论肇于春秋之学,故引公羊大居正大一统之文为

① 程颢、程颐:《二程集》之《河南程氏文集》卷一《论王霸札子》、卷五《代吕公著应诏上神宗皇帝书》、卷九《答人示奏草九》,中华书局 1981 年版,第 451—452、529—532、599—600 页。

② 程颢、程颐:《二程集》之《河南程氏粹言》卷二《圣贤篇》,中华书局 1981 年版,第 1235 页。

据。既曰大居正，而又以不正人居之，是正不正之相去，未能相远也。①

但是，在整个北宋时代，这一“天理—王道”意义上的“正统”论都未能占据上风。直至南宋，随着时势和思潮的变化，“天理”视野下的“正统”论产生了较大影响。

朱熹著《资治通鉴纲目》，纯以“天理人心之安”衡断“古今难制之变、难断之疑”②，从而将纷繁复杂的历史现象以道德性“天理”为轴心，贯串成统一的历史体系。虽盛衰有变，然历史大势总是以“天理”为指归，总是必然地、自然地合于“王道”。

理学家张栻著《经世纪年》，明确地将“理一分殊”之旨贯彻于历史思想之中，他着重论说历史的千变万化、无穷无尽的时间、任何具体特殊的事象皆统贯于“太极”即“理”，是“天理”的具体形态。而“理”“太极”又不是什么神秘的存在，而是“上圣惟微之心”，其实就是指人的道德本性，表现在政治上，就是“天下为公”和仁、礼治国的政治理念与政治纲领，张栻认为：

嗟乎！世有今古，太极一而已矣。太极立则通万古于一息，会中国为一人，虽自尧而上六，阏逢无纪，然上圣惟微之心，盖未尝不周流该遍，亘乎无穷而贯于一也。是以《春秋》书元以著其妙用，成位乎其中者也。大君明斯义，则首出庶物，天地交泰，极裁成辅相之妙矣。为人臣而明斯义，则有以成身而佐其主矣。若夫《易》《春秋》之用不明，则经世之旨不几于息乎？③

张栻还特别强调《经世纪年》所列“正统”的两个要点：

如孟子谓尧舜三年之丧毕，舜禹避尧舜之子而天下归之，然后践

① 章望之：《明统论》，饶宗颐：《中国史学上之正统论·资料一》，上海远东出版社 1996 年版，第 106 页。

② 朱熹：《资治通鉴纲目》李方子序，《文渊阁四库全书》，台湾商务印书馆 1986 年版，第 689 册，第 28 页。

③ 张栻：《经世纪年序》，《五百家播芳大全文粹》卷一〇七，《文渊阁四库全书》，台湾商务印书馆 1986 年版，第 1353 册，第 756、757 页。

天子位,此乃帝王奉天命之大旨,其可暗而弗彰?

…………

汉献之末,曹丕虽称帝,而昭烈以正义立于蜀,诸葛亮相之,则汉统乌得为绝?故献帝之后即系昭烈年号,书曰蜀汉。逮后主亡国而始系魏。凡此皆节目之大者。①

特别点出孟子所论载之尧舜禅让故事,是彰明“公天下”的儒家政治理念。在专制皇朝时代,这一发明于战国秦汉时代的“王道”往往只能作为“微旨”一再湮没又一再发掘。于三国并立之时,以蜀汉而非曹魏为正统,这是南宋理学家论“正统”都要强调的观点,且要驳斥司马光以曹魏为正统的北宋流行之论,如有人问朱熹《通鉴纲目》一书的“正统”问题,朱熹说:“三国当以蜀汉为正,而温公乃云:‘某年某月,诸葛亮入寇。’是冠履倒置,何以示训?缘此遂欲起意成书,推此意修正处极多。”②朱熹说:“岁周于上,而天道明矣;统正于下,而人道定矣。”③确定“正统”是为了表示什么是人间正道,什么是历史真正的方向,表示历史之命脉所系。按照理学的观点,在三国时代,能遵奉三纲五常之道、行事有“王道”之意的,就是刘备、诸葛亮君臣了。能以“理”而非以“势”明三国“正统”在蜀,这正是“正统”论“显发精隐,扶树正义”,于历史之中保存“贞下起元”、转衰而盛之几之大用。

其时,强大“夷狄”据有中土,得“道统”之传的南宋时有覆亡之虞,南宋士人真实感受着历史之中“势”与“理”的矛盾,感受着历史之道深刻的内在裂痕。南宋末年,周密在《论正闰》一文中总结了两宋种种“正统”之说,最后以强烈的焦虑和激愤之情,驳斥欧阳修以“统”为主而不重视“正”的“正统”论,力主一以“天理之正”为定准的“正统”观点,特别彰显了历史过程之中“势”与“理”的矛盾:

---

① 张栻:《经世纪年序》,《五百家播芳大全文粹》卷一〇七,《文渊阁四库全书》,台湾商务印书馆1986年版,第1353册,第756页。

② 黎靖德编:《朱子语类》卷一〇五,中华书局1986年版,第2637页。

③ 朱熹:《资治通鉴纲目》序,《文渊阁四库全书》,台湾商务印书馆1986年版,第689—3页。

然正统之兼备，自三代以后，五季以前，往往不能三四。秦亡而汉高以兴，隋亡而唐高以王，正统之归吾无间。然他如秦以无君无亲，嗜杀人，隋以外戚有反相，而皆得天下，是皆始不得其正者。得其次如晋武帝袭祖父不义之业，卒以平吴一统，而与秦、隋俱得正统，此其所未安也。有正者，其后未必有统，以正之所在，而统从之，可也。有统者，其初未必有正，以统之所成而正从之，可乎？以秦、晋及隋概之，羿、莽特其成败有不同耳。顾以其终于伪定，而以正归之，殆于不可。故尝为之说曰：“有正者不必有统，非汉唐不与焉；有统者不必有正，虽秦、隋可滥数。夫有正者，不责其统以正之，不可废也；有统者，终与之正，是不特统与正等，为重于正矣。无统而存其正，统犹以正而存也；无正而与之统，正无乃以统而泯乎？”

…………

今而曰朝觐狱讼皆归便是正统，却使不得。正统如南北十六国、五代十国，有能以智力取天下，而不道如秦、晋与隋者，其必以正统归之矣。庄周有言：窃钩者诛，窃国者侯。此言虽小，可以喻大。盖南北十六国、五代十国，窃钩者也；秦、晋及隋，窃国者也。

…………

夫徒以其统之幸得，而遂畀以正，则自今以往，气数运会之参差，凡天下之暴者、巧者、侥幸者，皆可以窃取而安受之，而枭、獍、蛇、豕、豺、狼，且将接迹于后世。为人类者，亦皆俛首稽首厥角，以为事理之当然，而人道或几乎灭矣，天地将何赖以为天地乎！窃谓三代而下，独汉唐本朝可当正统，秦、晋与隋有统无正者，当分注。①

在“天理”思想体系中的历史观及其“正统”论中，我们看到，自然理性、道德理性、历史理性、政治理性重新合于一元，皆“天理”之分殊。这种史观将“上圣惟微之心”即道德价值确定为历史的“贞一之理”、大中恒久之道，历史生活中最根本、最紧要的事就是此“理”的维系与传承，“虽

① 周密：《癸辛杂识》后集之《正闰》，中华书局 1988 年版，第 99、100 页。

尧舜之事亦只是如太虚中一点浮云过目”①。一切功名事业皆因“天理”流行其中而有意义。这一“正统”论用心于阐明什么才是历史真正的道路,阐明怎样的政治实践才真正对人类历史有长远的大用,阐明儒家“天下为公”的政治理念,以及遵奉“三纲五常”之道和“仁”“礼”原则的政治伦理规范。郑思肖说得很透彻:“与正统者,配天地、立人极,所以教天下以至正之道。”“古之人君,有天下而不与,以天下为忧。后之人君,执天下为己物,以天下为乐。夫以天下为忧,则君子道行;以天下为乐,则小人道行,此古今治乱之由分也。”这样的“正统”论要求人们看到“大抵古今之事,成者未必皆是,败者未必皆非”②,能于“成”而见其不必“是”,于“败”而见其不必“非”,从而坚定对至善历史理想的信心。

二、“但以授受相承,借其年以记事”

然而,在北宋时期,“天理”思想体系中的历史观及其正统论虽然出现,但远没有获得正统地位。司马光在修纂《资治通鉴》时,涉及编年、名号问题,遂就当时盛行的“正统论”进行讨论,提出了反对意见。

欧阳修之修《五代史》《唐书》,皆以孔子《春秋》为榜样,要根据义理对历史作出一定的善恶裁断;他引起“正统”之辩,也是要讲明一套政治理念、政治规范,据以判断并赋予现实政权以正当性、合法性,这都是行“素王”之权的意思,争取的是“道”对于“势”的独立乃至超越、统率。其后,王安石、二程论王霸之辩,澄清“天下为公”的儒家政治理念,并据以议论时政,欲行改革,王霸之辩成为思想领域人们共同关注的话题。章望之推王霸之辩以论“正统”,区别“正统”与“霸统”,强调以儒家道德—政治理想为准绳裁判历代帝王。对于这样一种思想潮流,司马光是不赞同的,他反对区别“王道”与“霸道”,反对穷究政治理念,而坚执以“礼”为核心的政治思想,强调以礼制统御社会,保障秩序与安定,并善于借鉴前

① 程颢、程颐:《二程集》之《河南程氏遗书》卷三,中华书局1981年版,第61页。

② 郑思肖:《郑思肖集》之《心史·古今正统大论》,上海古籍出版社1991年版,第384页。

代治乱经验。相较于王安石、二程来说，这是一种保守的、现实的政治态度。

在《资治通鉴》中，司马光以史学家的态度指出，历史上不存在所谓“王道”与“霸道”的区别，而用“王道”与“霸道”来评价历代帝王之高下，就更没有历史根据了，他指出：

> 天生烝民，其势不能自治，必相与戴君以治之。苟能禁暴除害以保全其生，赏善罚恶使不至于乱，斯可谓之君矣。是以三代之前，海内诸侯，何啻万国！有民人社稷者，通谓之君。合万国而君之，立法度，班号令，而天下莫敢违者，乃谓之王。王德既衰，强大之国能帅诸侯以尊天子者，则谓之霸。故自古天下无道，诸侯力争，或旷世无王者，固亦多矣。①
>
> 而后世学者，乃更以皇帝王霸为德业之差，谓其所行各异道，此乃儒家之末失也。今章予以霸易闰，似未为得，恐不足遵也。②

这就是说，政治的规范、标准就是能以礼制法度禁暴除害、赏善罚恶，维持社会秩序，并无更高的理想境界。按照这一政治概念，司马光根本不认为有所谓“正”与“不正”之别，历朝历代的区别仅仅在于是否能统一天下，保障秩序与安定，他断然地说：

> 臣愚诚不足以识前代之正闰，窃以为苟不能使九州合为一统，皆有天子之名而无其实者也。虽华夏仁暴，大小强弱，或时不同，要皆与古之列国无异，岂得独尊奖一国谓之正统，而其余皆为僭伪哉！③

他又批评论“正统”者标准混乱，或“以自上相授受为正”，或“以居中夏者为正”，或以“有道德为正”，总之，“自古及今，未有能通其义，确然使人不可移夺者也”。那么，史学家不必效法孔子《春秋》，立一大公万世之法裁断帝王，其主要的功能在于实录历代善恶治乱事迹，使当今君臣知所借鉴，他的主旨在于：

---

① 司马光：《资治通鉴》卷六九，魏纪一，文帝黄初二年，中华书局1956年版，第2185、2186页。

② 司马光：《司马温公文集》卷六一《答郭纯长官书》，巴蜀书社2009年版，第13页。

③ 司马光：《资治通鉴》卷六九，魏纪一，文帝黄初二年，中华书局1956年版，第2187页。

> 臣今所述,止欲叙国家之兴衰,著生民之休戚,使观者自择其善恶得失,以为劝戒;非若《春秋》立褒贬之法,拨乱世反诸正也。正闰之际,非所敢知,但据其功业之实而言之。①

司马光对“正统”论的批评虽然切中要害,其实录事实以明政治上的善恶是非的做法尽管更加高明,但他在修纂《资治通鉴》时,与修史诸人总是要碰到一些相当具体的问题,如:在对峙并列的情况下,以谁的年号为纪年的标准;对各种大小不等、国祚长短不一的非统一朝代,如何书写他们的国号、帝王称谓、生卒等。司马光的主要助手刘恕在《通鉴问疑》中记录了有关讨论。在三国、南北朝、五代时期,关于如何纪年,司马光的做法是:

> 故不得不取魏宋齐梁陈,后梁后唐后晋后汉后周年号,以纪诸国之事,非尊此而卑彼,有正闰之辨也。②
>
> 光学疏识浅,于正闰之际,尤所未达,故于所修《通鉴》,叙前世帝王,但以授受相承,借其年以记事尔,亦非有所取舍抑扬也。③

《通鉴》不对诸国加以“僭”“伪”“逆”的蔑称,书其帝王名号,皆从其实,仅仅区别统一皇朝与列国,这都为后世史家客观著史、不任情褒贬立下了原则与范例:

> 史书非若《春秋》以一字为褒贬,而魏、晋、南北、五代之际,以势力相敌,遂分裂天下。其名分位号异乎周之于吴楚,安得强拔一国谓之正统,余皆为僭伪哉?况微弱自立者不必书为僭,背君自立者不必书为逆。其臣子所称,亦从而称之,乃深著其僭逆也。
>
> …………
>
> 光因道原言以吴蜀比南北朝,又思得一法。魏、吴、蜀、宋、齐、梁、陈、后魏、秦、夏、凉、燕、北齐、后周、五代诸国,名号均敌,本非君

---

① 司马光:《资治通鉴》卷六九,魏纪一,文帝黄初二年,中华书局 1956 年版,第 2187 页。

② 司马光:《资治通鉴》卷六九,魏纪一,文帝黄初二年,中华书局 1956 年版,第 2187、2188 页。

③ 司马光:《司马温公文集》卷六一《答郭纯长官书》,巴蜀书社 2009 年版,第 12 页。

臣者，皆用列国之法：没皆称殂，王公称卒。①

在讨论“正统”的热潮下，司马光十分冷静地看待这一问题，并再三致意，表明他“于正闰之际，尤所未达”。他申言编纂史书，“但以授受相承，借其年以记事”的原则，在他那个时代，确是高明的见解。

三、以“名”“实”关系论“正统”

在北宋“正统”之辩中，苏轼的论述值得特别的重视，他曾著《后正统论》三篇与章望之辩论，批评正在兴起的“天理”史观及其“正统”论，他的批评是最具有思想深度的。

苏轼表示赞同欧阳修的“正统”论，而不得不与章望之辩论，欧阳修的“正统”标准是“正者，所以正天下之不正也；统者，所以合天下之不一也”。这是一种既重“正义”又重“一统”的二元标准，苏轼主张将这一二元标准变成一元标准：“夫所谓正统者，犹曰有天下云尔，名耳。正统者，果名也，又焉实之！知视天下之所同君而加之，又焉知其他？”“正统者，恶夫天下之无君而作也。故天下虽不合于一，而未至乎两立者，则君子不忍绝之于无君。”②这就是说，“正统”作为评价政权正当性、合法性的标准，作为政治之“正义”仅仅在于“天下有君”，即建立统一而强大的中央政权，使天下有法有制可循，生民免于战争与暴乱以全其生，这是历史发展的基本条件。苏轼指出，政治的“正义”标准无关乎“大公至正”之道德理想，按照这一标准，顺天应人的圣王与篡位得天下的君主都是“正”的：

> 章子曰：君子大居正，而以不正人居之，是正不正之相去未能相远也。且章子之所谓正者，何也？以一身之正为正耶，以天下有君为正耶？一身之正，是天下之私正也。天下有君，是天下之公正也。吾无取乎私正也。天下无君，篡君出而制天下，汤武既没，吾安所取正

① 刘恕：《通鉴问疑》，《文渊阁四库全书》，台湾商务印书馆1986年版，第686册，第3、4页。

② 苏轼：《苏轼文集》卷四《正统论·辩论二》，中华书局1986年版，第121页。

哉。故篡君者,亦当时之正而已。①

但是,苏轼指出,在"天下有君"之"正义"之上,还有"至公大义"之为"正",前者为"名",后者为"实",故虽有"正统"之名,不能说明其替天行道的神圣性,也不能为其违背道义的行为赋予正当性,而尧舜三代之所以为尧舜三代,在于代表更高的政治理念、圣王理想,但这与"正统"是两个层次的标准,不能混同:

> 必也使夫正统者,不得为圣人之盛节,则得之为无益。得之为无益,故虽举而加之于篡君而不为过。②
>
> 纯乎名,故晋梁之得天下,其名曰正统,而其弑君之实,惟天下后世之所加,而吾不为之齐量焉,于是乎晋梁之恶不胜诛于天下,实于此反不重乎。③
>
> 正统者,名之所在焉而已。名之所在而不能有益乎其人,而后名轻。名轻而后实重。吾欲重天下之实,于是乎始轻。正统听其自得者十,曰尧舜夏商周秦汉晋隋唐。予其可得者六以存教,曰:魏梁后唐晋汉周。使夫尧舜三代之所以为贤于后世之君者,皆不在乎正统。故后世之君不以其道而得之者,亦无以为尧舜三代之比。于是乎实重。④

既然历史的真实状况是"天下之贤"与"天下之贵"未能合于一,那么,就有必要在权力与道德之间划出一个基本的分际,权力在价值等级上低于道德,但权力自有其功用,道德并不能取代之,这就是:"天下之争,自贤不肖始。圣人忧焉,不敢以乱贵贱,故天下知贤之不能夺贵。天下之贵者,圣人莫不贵之,恃有贤不肖存焉。轻以与人贵,而重以与人贤,天下然后知贵之不如贤,知贤之不能夺贵,故不争。"⑤表面上看起来,这一"事功"正统论简直是目光短浅的唯秩序为然,将有秩序当作政治的根本标

---

① 苏轼:《苏轼文集》卷四《正统论·辩论二》,中华书局 1986 年版,第 122 页。
② 苏轼:《苏轼文集》卷四《正统论·辩论二》,中华书局 1986 年版,第 123 页。
③ 苏轼:《苏轼文集》卷四《正统论·辩论三》,中华书局 1986 年版,第 124 页。
④ 苏轼:《苏轼文集》卷四《正统论·总论一》,中华书局 1986 年版,第 120 页。
⑤ 苏轼:《苏轼文集》卷四《正统论·总论一》,中华书局 1986 年版,第 120 页。

准，不讲政治的道义基础和目标，肯定甚至赞许政治的暴力性。然而，在另一方面，“贵”与“贤”的两分也展示了这样一种思想可能性：在历史之中，“治统”与“道统”各有逻辑，现实政治权威之合法性的评价标准，与道德之理并不能完全合一，政治应有相对独立的自己的“伦理”；而“人心之理”不必有赖于圣人为王，政治与道义与真理合一才能成为现实性，那么，现实政治权威不必也不可将文化价值理想的传承维系、“人道”和“天地”的存亡都肩负起来，并以此自我神圣化。

北宋时代，偏重统一功业的“正统”论与春秋学的“尊王”论相互应和，反映出当时中央集权强化的历史大势。而在南宋，民族矛盾尖锐，“攘夷”论调的“正统”论自然占据上风。然而，历史思想中的丰富性与价值观，并不能被当时的历史形势所完全说明。对于思想的历史来说，更重要的是，上述“正统”之辩表明，在唐宋社会、文化变迁所提供的时代契机之下，儒家思想内部对历史理性内在矛盾，即政治之理与文化价值之理的内在矛盾曾有着深刻的揭示，从而可能容纳对于政治、道德、历史更为复杂的认知。

四、以民族区分论“正统”

北宋时期，北有强辽，西有新兴的西夏，相互间时有冲突、对抗，但北宋的思想家在论述“正统”问题时，却并不强调华夷之辨。如欧阳修在论到两晋南北朝时期，不予东晋、南朝以“正统”，认为这一时期是“正统”中绝的时期。陈师道论两晋南北朝时期“正统”问题时，认为：“然居中国之位，有中国之民，而行中国之政矣，是犹《书》之秦，《春秋》之吴、楚也，燕赵不为夷，而谓魏为狄乎？”主张“宋亡而帝魏”①。司马光与刘恕讨论非统一朝代的帝王称谓时，甚至考虑到：“不然则依宋公明《纪年通谱》，以五德相承。晋亡之后，元魏继之，黜宋、齐、梁、陈、北齐、朱梁，皆如诸国，

① 陈师道：《后山居士文集》卷七《正统论》，上海古籍出版社 1984 年版，第 444、445 页。

称名称卒。”①

同一时代,二程阐发“王道”理想,本于“大公之道”,本于“天地万物一体之仁”的普遍性价值,也不主张彼此人我的对立限隔,不以我族自限,故其《春秋》学虽重华夷之辨,但主张“居其地,而亲中国,与盟会者,则与之”②。刘敞《春秋传》之论华夷之辨则接续了公羊春秋学“天下远近小大若一”的“太平世”理想,尤为特见,他论“楚子使椒来聘”之书法曰:

> 前此者,楚不与中国通其交,于中国也,名号僭而无法,故外于中国,得见于《春秋》者,皆必有非常之事焉。今使椒来聘,其号辞顺,其礼节中,然后始均之中国矣。故诸侯一也,能自藩饰以礼乐者,则谓之中国,不能自藩饰以礼乐,上慢下暴者,则外之中国。内外之别,不在远近,而在贤不肖。苟贤矣,虽居四海,谓之中国可也;苟不肖矣,虽处河洛,谓非中国可也。③

就当时的历史形势而言,“中国”实为与辽、夏并立的一“国”,“中国”一词似乎也成了一有限的政治实体。然而,面对这一基本现实,北宋时代的思想家仍坚持以“中国”“正统”“王道”为普遍性价值理想,显示在文化与政治上为天下之“统”的理念与信心。

而在南宋时期,以华夷之辨明“正统”成为一时恒论,民族分野的倾向占了上风,这恰恰表现出对于南渡后的宋朝已经不能代表“中国”的焦虑。如张栻在论及两晋南北朝时期的“正统”时说:“如元魏、北齐、后周皆夷狄也,故统独系于江南”④。周密说:“愍帝亡而元帝中兴,虽在江南,

---

① 刘恕:《通鉴问疑》,《文渊阁四库全书》,台湾商务印书馆 1986 年版,第 686 册,第 4 页。

② 程颢、程颐:《二程集》之《河南程氏经说》卷四《春秋传》,中华书局 1981 年版,第 1089 页。

③ 刘敞:《春秋意林》卷上,《文渊阁四库全书》,台湾商务印书馆 1986 年版,第 147 册,第 514、515 页。

④ 张栻:《经世纪年序》,《五百家播芳大全文粹》卷一〇七,台湾商务印书馆 1986 年版,第 1353 册,第 756 页。

而正统未绝”[①]。朱熹也以东晋为“正统”所系。

郑思肖的《心史》著于宋亡于蒙古之后，其中有《古今正统大论》，充满了强烈的民族分野的思想倾向，甚至因为隋唐皇室皆“夷狄”之后，而不予之“正统”，在历代“正统”论中，成为以民族分野论“正统”的典型：

> 臣行君事，夷狄行中国事，古今天下之不祥，莫大于是。夷狄行中国事，非夷狄之福，实夷狄之妖孽。……宁若即夷狄而行夷狄之事，以天其天也。君臣华夷，古今天下之大分也，宁可紊哉？

他坚决反对儒家一贯主张的夷狄用礼乐则中国之的思想，坚持绝对的种族区分，所谓“中国”不再是反映文明制度及其传承，而成为狭隘的汉民族的民族观念，以这种观念来看待以往的史学著作，竟然提出如此荒谬的论调：

> 其曰《北史》，是与中国抗衡之称，宜黜曰《胡史》，仍修改其书，夺其僭用天子制度等语；其曰《南史》，实以偏方小之，然中国一脉系焉，宜崇曰《四朝正史》，不亦宜乎？[②]

显然，用这种狭隘的民族观观察历史，无疑有害于当世；若以这种狭隘的民族观编撰史书，使之流传开来，即将贻害子孙。这种“正统”论的无知和有害，在当时是十分突出的。

第三节　“道统”“治统”与“正统”

一、“道统”与“治统”的分合

欧阳修在《新唐书·礼乐志》中曾指出春秋战国以来“道”与“治”分离，而现实政治未尝达到实行礼乐教化以合于“道”的理想境界，他说：

① 周密：《癸辛杂识·后集》之《正闰》，中华书局1988年版，第98页。

② 以上引文均见《郑思肖集》之《心史·古今正统大论》，上海古籍出版社1991年版，第132—133页。

"由三代以上,治出于一,而礼乐达于天下;由三代而下,治出于二,而礼乐为虚名。"他的这一历史观点对后世影响很大,如章学诚之论古今学术之变,便以"三代"为"治教无二,官师合一"的理想社会,而三代以下则"君师分而治教不能合于一"。清朝梁廷楠就根据这一观点指出,正是由于三代以后"道"与"势"不能合一,"治"与"教"分离,才产生了"正统"与"道统"的分判与论说:

> 天下有正统无道统。三代以前,治从德出,而两统合。……当是时,神圣代承,治与道未尝为二,而必混于一。混于一,则两统之名不得分,而统之名更不必立。判两统者,盖自暴秦之一天下始。两统判,而后正统道统之说出焉。
>
> 圣贤在上,政即道也;圣贤在下,言即道也。①

其实,"正统"之说、"道统"之论皆大兴于唐宋以来的儒道复兴运动。自韩愈《原道》为滥觞,宋代儒家思想家相继阐发"道统"观念,树立至高的道德理想,倚"道"抗衡于"势",以获得批判现实政治的思想支点。

程颐在为程颢所撰《墓表》中指出,自周公之后,圣贤不得行道之位,尧舜禹古圣相传的"内圣外王"之道惟"真儒"能明其学,使后世能知"道"之真谛,为人间树立据以自正的理想目标:

> 周公没,圣人之道不行;孟轲死,圣人之学不传。道不行,百世无善治;学不传,千载无真儒。无善治,士犹得以明夫善治之道,以淑诸人,以传诸后;无真儒,天下贸贸焉莫知所之,人欲肆而天理灭矣。先生生千四百年之后,得不传之学于遗经,志将以斯道觉斯民。②

这是明确地树立了"道"对于"势"的权威性,现实政治权威必须遵行"善治之道","势"必须以"道"为准则。换言之,其正当性、权威性就在于它是否能遵道而行,能遵道而行的"势"方为"正"。

朱熹去世后,弟子黄干为作《行状》,定孔、孟至于朱熹为"道统"

---

① 梁廷枬:《正统道统论》,饶宗颐编:《中国史学上之正统论·资料一》,上海远东出版社1996年版,第235页。

② 程颢、程颐:《二程集》之《河南程氏文集》卷十一《明道先生墓表》,中华书局1981年版,第640页。

之传：

> 道之正统，待人而后传。自周以来，任传道之责，得统之正者不过数人。而能使斯道章章较著者，一、二人而止耳。由孔子而后，曾子、子思继其微，至孟子而始著。由孟子而后，周、程、张子继其绝，至先生而始著。①

这一说法被元朝所修《宋史》采纳，《宋史》首列《道学传》，以皇朝正史而定“道统”之谱系：

> 道学之名，古无是也。……孔子没，曾子独得其传，传之子思以及孟子，孟子没而无传。……千有余载，至宋中叶，周敦颐……乃得圣贤不传之学……程颢及弟颐……上自帝王传心之奥，下至初学入德之门，融会贯通，无复余蕴。迄宋南渡，新安朱熹得程氏正传，其学加亲切焉。……道学盛于宋，宋弗究于用，甚至有厉禁焉！后之时君世主，欲复天德王道之治，必来此取法矣！②

这是说，修养身心治平天下的“天德王道之治”，寄于“道统”，“道统”成为并列于并超越于“治统”的道德精神权威，现实政治必取法于“道统”之传，即“治统”之“正”要由“道”来判断。“道统”与“治统”并行之观念从此深入人心。明朝陈建说：

> 有帝王之统，有圣贤之统。如汉祖、唐宗、宋祖开基立业，削平群雄，混一四海，以上继唐、虞、夏、殷、周之传，此帝王之统也。孟子、朱子距异端，息邪说，辟杂学，正人心，以上承周公、孔子、颜、曾、子思之传，此圣贤之统也。③

“圣贤之统”树立价值标准，“帝王之统”则重在统一天下，建立秩序之功业，其分担的文化意义、历史责任可谓分明。在宋明时期，士人往往阐发这样一种自我意识：以“圣贤之统”自任，以期获得对于“帝王之统”的道义优越性以及对于“帝王之统”评判的正当权利。吕坤之所论具有典型性，他认为：

---

① 王懋竑：《朱子年谱》附录一《黄干撰〈朱子行状〉》，中华书局1998年版，第523页。

② 脱脱等：《宋史》卷四二七《道学传》序，中华书局1977年版，第12709、12710页。

③ 陈建：《学蔀通辨》终编卷下，京都中文出版社1977年版，第9页。

> 故天地间惟理与势为最尊。虽然,理又尊之尊也。庙堂之上言理,则天子不能以势相夺。既夺焉,而理则常伸于天下万世。故势者,帝王之权也;理者,圣人之权也。帝王无圣人之理则其权有时而屈。然则理也者,又势之所恃以为存亡者也。以莫大之权,无僭窃之禁,此儒者之所不辞,而敢于任斯道之南面也。①

然而,在清朝“盛世”,一些士人也借“治教合一”“圣人为王”的理想,圣化时君,赋予现实政治统治者以完全的正当性。如李光地认为,康熙皇帝乃是儒家士人期待两千余年的“圣王”,全“德”之圣人终于具有制礼作乐之“位”,“道统”与“治统”合于一,“天德王道”不再是寄托于古代圣王之往事、后世圣贤之言教的不可及的理想,而是真正实现于人间了。李光地于康熙十九年(1680 年)上奏章说:

> 道统之与治统,古者出于一,后世出于二。孟子叙尧舜以来至于文王,率五百年而统一续,此道与治之出于一者也。自孔子后五百年而至建武,建武五百年而至贞观,贞观五百年而至南渡。夫东汉风俗一变至道,贞观治效几于成康,然律以纯王不能无愧。孔子之生东迁,朱子之在南渡,天盖付以斯道而时不逢。此道与治之出于二者也。自朱子而来,至我皇上又五百岁,应王者之期,躬圣贤之学,天其殆将复启尧舜之运而道与治之统复合乎?②

身为朱子后学的李光地将本来唯尧、舜、禹、汤、文、武能称的“圣王”之名,奉送给了时君,显然是违背朱子教义的。但是,之所以出现这样的看法,又是儒家“圣人为王”的“天德王道”的政治理想的内在逻辑所致。儒家士人一直期待的“圣王”一旦真的“降世”,士人所依据的“道”的立场也越来越淡化了。直到近代,这种政治统治和意识形态的对立统一关系,才出现了新的形式。

---

① 吕坤:《吕坤全集》之《呻吟语》卷一《谈道》,中华书局 2008 年版,第 646 页。

② 李光地:《进读书笔录及论说序记杂文序》,《皇清文颖》卷一五,《文渊阁四库全书》,台湾商务印书馆 1986 年版,第 1449 册,第 651 页。

二、“王道”与“正统”

元、明、清的“正统”论中，始终回旋着学人以“道”自任，以“理”夺“势”的批判精神，以及扶持“天德王道”“纲常伦理”，重建合乎“道”的政治社会秩序。

明朝初年，汉族统治者统一政权重建，响应着重申“正统”、以纲常礼制整顿社会秩序的政治方针，“正统”论再次兴盛。其中，方孝孺继承朱子《资治通鉴纲目》而进一步精密整齐，最有代表性。朱熹的“正统”论明“王道”、正纲常、严华夷之辨。他始终坚持“三代”行王道，“三代以下”皆以霸道治天下，但仍予“三代以下”一统皇朝为“正统”；他一面强调“正统”之关键在于“正”，一面又以秦、隋、晋等显然有悖君臣纲常甚至不以儒家学说立国的皇朝、君主为“正统”。对于其间矛盾，朱熹并未作出说明。方孝孺则对三代以下君主虽统治天下但犹得“正统”之名，进行了解释，对“正统”之名与“王道”之实的关系作了清楚的定义，他指出，三代以下虽皆非圣人为王，其治术皆杂王、霸之术，但若能自附孔子之教，尊奉儒家政治纲领，则为“正统”：

> 仁义而王，道德而治者，三代也。智力而取，法术而守者，汉唐宋也。强致而暴失之者，秦隋也。篡弑以得之，无术以守之，而子孙受其祸者，晋也。其取之也同，而身为天下戮者，王莽也。苟以全有天下，号令行乎海内者为正统耶？则此皆其人矣。……苟欲假此以寓褒贬，正大分，申君臣之义，明仁暴之别，内夏外夷，扶天理而诛人伪，则不宜无辨。……天下有正统一，变统三。三代，正统也。如汉如唐如宋，虽不敢几乎三代，然其主皆有恤民之心，则亦圣人之徒也，附之以正统，亦孔子与齐桓仁管仲之意欤？①

他批评朱熹以秦、隋、晋为“正统”是自乱其例，发挥不了以“道”正“势”的作用：

① 方孝孺：《逊志斋集》卷二《释统上》，宁波出版社 1996 年版，第 52、53 页。

> 朱子《纲目》之作,所以诛暴止乱于前,而为万世法也。立一法而不足尽天下之情伪,则小人将驰骛乎法之外,而窃笑吾法之疏,是孰若无法之愈乎?……朱子之意曰:周秦汉晋隋唐皆全有天下矣,固不得不与之以正统。苟如是,则仁者徒仁,暴者徒暴,以正为正,又以非正为正也而可乎?①

他在“正统”之外,又立“变统”之名,强调儒家纲常礼制的绝对性:“有天下而不可比于正统者三:篡臣也,贼后也,夷狄也”②,同时申明更超越的“王道”大义:“守之不以仁义,戕虐乎生民,如秦与隋,使传数百年,亦不可为正矣。”③

其后,杨慎作《广正统论》,突出方孝孺“正统”之说“大概以夷狄篡弑女主三者,非统之正”,并一再申明儒家纲常礼制之为“天明”“天常”“天纪”的神圣性。④ 邱濬作《世史正纲》亦重点发挥方孝孺“正统”论之正纲常的“宏纲大旨”:“在严华夷之分,在立君臣之义,在原父子之心。”⑤

明朝士人之论“正统”又一再申明儒家“圣王”理想,并以“圣王”为时君立标准,以“圣王”期之于时君,但并未将“圣王”奉送于时君,如说:“所贵乎为君者,岂谓其有天下哉?以其建道德之中,立仁义之极,操政教之原,有以过乎天下也。有以过乎天下,斯可以为正统。”⑥

至于清朝,仍然有儒者继承朱熹《纲目》、方孝孺论“正统”的主旨,继续阐明、发挥“正统”论中的批评精神。清朝初年魏禧著《正统论》,他对“正统”的定义与方孝孺是相同的,但加上了“偏统”以予“不能使天下归于一统,则择其非篡弑居中国而强大者属焉”,又创“窃统”之名:“身弑其君而篡其位,纵能一统乎天下,终不与之正统,而著之曰窃统”,于是,秦、

① 方孝孺:《逊志斋集》卷二《释统中》,宁波出版社1996年版,第54页。

② 方孝孺:《逊志斋集》卷二《后正统论》,宁波出版社1996年版,第58页。

③ 方孝孺:《逊志斋集》卷二《释统上》,宁波出版社1996年版,第53、54页。

④ 杨慎:《太史升庵文集》卷五《广正统论》,明万历十年刻本,第5—8页。

⑤ 邱濬:《重编琼台会稿诗文集》卷三《世史正纲》序,《明别集丛刊》,黄山书社2013年版,第117页。

⑥ 方孝孺:《逊志斋集》卷二《释统中》,宁波出版社1996年版,第54页。

魏、西晋、宋、齐、梁、陈、隋、后梁、后晋、后周、北宋皆为“窃统”。[①] 这一观点引起邵廷采、甘京、蒋汾功、叶燮、徐世佐、储同人等人的申论、辩论。其中，叶燮进一步阐明，在儒家政治、文化传统中，“正统”论的正面作用在于明“王道”之至境，正人伦纲常于易代鼎革之后。[②]

三、“道相承，治相继”

自宋朝理学思潮兴起之后，即出现了“道统”与“治统”两分的观念。元末，杨维祯论修宋、辽、金三史应以宋为正统，便以“道统”之传“不在辽金而在宋，在宋而后及于我朝”为由。[③] 明朝陈建在《学蔀通辩》中分论“帝王之统”与“圣贤之统”；王彝著《妫蜼子》，其中《史约》篇列有《帝王统》与《素王统》。[④] 可见，在宋、元以后，这一观念的深入人心。明末清初，王夫之继承了“道统”与“治统”两分的观念，论述中国文明传统的形成与发展，但大力反对讲“正统”论，尤为有识。

“正统”之论，其本意在于持“王道”大义绳正现实政治权威，然而，历代之“正统”论，大多所争乃现在之“统”，而非历史之“正”。王夫之首先揭露了“正统”论往往被现实统治者利用以粉饰、神化自己的事实：

> 论之不及正统者，何也？曰：正统之说，不知其所自昉也。自汉之亡，曹氏、司马氏乘之以窃天下，而为之名曰禅。于是为之说曰：“必有所承以为统，而后可以为天子。”义不相授受，而强相缀系以掩篡夺之迹；抑假邹衍五德之邪说与刘歆历家之绪论，文其诐辞；要岂事理之实然哉？[⑤]

综观中国历史，王夫之看重的是政治统一局面的形成与发展，他将中国政治统一时期称为“治”，将分裂时期称为“乱”，从而将中国统一国家之形

① 魏禧：《魏叔子文集》卷一《正统论》，中华书局2003年版，第36、37页。

② 叶燮：《己畦文集》卷一《正统论下》，上海古籍出版社2010年版，第323、324页。

③ 陶宗仪：《南村辍耕录》卷三《杨维祯〈正统辨〉》，中华书局1959年版，第37页。

④ 饶宗颐：《中国史学上之正统论》，上海远东出版社1996年版，第57页。

⑤ 王夫之：《读通鉴论》卷末《叙论一》，中华书局1975年版，第1106页。

成的历史分成三个发展阶段。第一个阶段,是天下尊奉共主、渐有合一之势的三代“封建”时代。① 第二个阶段是经过春秋战国之一“古今一大变革之会”,形成了皇权专制的郡县国家,而从秦朝统一至于宋朝,天下合久必分,分久必合,治乱循环:

> 及乎春秋之世,齐、晋、秦、楚各据所属之从诸侯以分裂天下;至战国而强秦、六国交相为纵衡,赧王朝秦,而天下并无共主之号,岂复有所谓统哉?此一合一离之始也。汉亡,而蜀汉、魏、吴三分;晋东渡,而十六国与拓拔、高氏、宇文裂土以自帝;唐亡,而汴、晋、江南、吴越、蜀、粤、楚、闽、荆南、河东各帝制以自崇。土其土,民其民,或迹示臣属,而终不相维系也,无所统也。六国离,而秦苟合以及汉;三国离,而晋乍合之,非固合也。五胡起,南北离,而隋苟合之以及唐;五代离,而宋乃合之。此一合一离之局,一变也。

第三个阶段是宋以来,中国政治统一的局面真正巩固:“至于宋亡以迄于今,则当其治也,则中国有共主,当其乱也,中国并无一隅分据之主,盖所谓统者,绝而不续,此又一变也。”在这样的历史视野之下,王夫之以为王朝鼎革代兴乃历史发展演化之必然,也完全不必在分裂之时强辨“正统”,他批评朱熹等宋儒在汉朝灭亡、天下分裂之时强立自称继承汉统的蜀汉为“正统”,是站在一家一姓的立场上,不忍绝其血胤,仍然存在“家天下”的观念:

> 以天下论者,必循天下之公,天下非夷狄盗逆之所可尸,而抑非一姓之私也。惟为其臣子者,必私其君父,则宗社已亡,而必不忍戴异姓异族以为君。若夫立乎百世以后,持百世以上大公之论,则五帝、三王之大德,天命已改,不能强系之以存。……故昭烈亦自君其国于蜀,可为汉之余裔;而拟诸光武,为九州兆姓之大君,不亦诬乎?

对于王夫之来说,站在“天下之公”的立场上,持“王道”论衡现实政治权威,就不应该予一家一姓之朝代为“正”,正如司马光所说:“蕞尔小国,必

① 王夫之:《读通鉴论》卷末《叙论一》,中华书局 1975 年版,第 1106、1107 页。

有令主,三代之季,岂无僻王?”一家一姓之皇朝无所谓“正”与“不正”,不能借“正统”之名号来论证自己一家一姓主天下的正当性、神圣性,但我们却可以用“王道”的标准衡量每一个君主及其施政,论其“正”与“不正”:“无所承,无所统,正不正存乎其人而已矣。正不正,人也;一治一乱,天也。”①这就是说,统一天下的皇朝并不一定具有道德正义性,不必予之以“正统”之名。而若要真正发挥“正统”论持“道”以正“势”的作用,就要摆脱皇朝立场,而能就每一代君主的具体政治作为来看,“正统”论至此始能真正发挥其内涵的“公天下”的“王道”大义。

王夫之以“道统”与“治统”来概括中国历史传统,将“道统”置于“治统”之上,“治统”要接受“道统”的指导,其正当性也是由后者赋予,而天下之存亡治乱关键在于“道统”之传,“道统”在则中国文明传统在:

> 天下所极重而不可窃者二:天子之位也,是谓治统;圣人之教也,是谓道统。
>
> …………
>
> 若夫百王不易、千圣同原者,其大纲,则明伦也,察物也;其实政,则敷教也,施仁也;其精意,则祗台也,跻敬也,不显之临、无射之保也;此则圣人之道统,非可窃者也。②
>
> 儒者之统,与帝王之统并行于天下,而互为兴替。其合也,天下以道而治,道以天子而明;及其衰,而帝王之统绝,儒者犹保其道以孤行而无所待,以人存道,而道不可亡。③

王夫之强调“治统”与“道统”问题,认为最重要的是“以人存道,而道不可亡”,这是在他那个时代,指出了中国历史上思想传统之不可中断的重要性,客观地指出了中国文明传承不曾中断的优良传统。

---

① 以上引文均见王夫之:《读通鉴论》卷末《叙论一》,中华书局1975年版,第1107、1108页。

② 王夫之:《读通鉴论》卷一三《成帝七》,中华书局1975年版,第408—410页。

③ 王夫之:《读通鉴论》卷一五《文帝一三》,中华书局1975年版,第497页。

第四节 “正统”论与中国历史面貌的“多元一统”格局

一、辽、宋、金三朝“各与正统”

随着晚清以来民族民主革命的兴起,近代学人往往比较重视“正统”中包含的华夷之辨的观念,将之视为民族主义之渊源。然而,中国自古就是一个多民族的统一的皇权专制国家,历史上有多个少数部族入主中原建立的中央王朝,这些部族在采用农耕生产方式的同时,在文化上主动“汉化”,自觉维护儒家的文化价值观念、政治统治方法,并以“中国”自居。其种族与文化也真正融会于中国文明传统之中,为统一多民族国家的形成、为以儒家为主干而丰富开放的中国文化的历史发展作出伟大贡献。按照“博爱无私”“天下大同”的儒家理想来说,华夷之辨乃是一种文化之辨,用华夏礼乐则中国之,并不是一种绝对的种族之辨。所以,虽然在宋元之际、元明之际、明清之际民族斗争残酷激烈之时,“正统”论的意义主要在于华夷之辨,但“正统”论的主流究竟是以“王道”衡量历代皇朝,而不把种族之别当作绝对的道德标准。

宋朝以后,蒙古族、满族入主中原建立了元朝与清朝,“若夫立乎百世以后,持百世以上公论”,是绝不能将这两个王朝排除于中国文明传统之外的。无论元朝还是清朝,皆奉行儒“道”,继承以儒家为主干的政治与文化大传统,并将自身的文化融入这个大传统之中,为这个大传统注入新鲜血液。他们皆以“正统”自期自许,利用“正统”观念来表明自己尊奉儒“道”以立国,合于中国文化、历史发展的大方向,是中国历史“道相承,治相继”的一个环节,属于中国文明、历史传统的有机组成。由此可见,对于中国政治与文化“多元一统”格局的形成与巩固,“正统”论是发挥过积极的思想功能的。

元朝初年和元朝中叶，朝廷屡次开局撰修前朝史，但均未成书。其主要原因就是就宋、辽、金孰与“正统”的问题争论不决。主要有两种意见，一种看法是与宋“正统”，以辽、金为《宋史》的“载记”；一种意见主张效法《南史》《北史》，给辽、宋、金以大致平等的历史地位。

在元朝，理学被定为“国是”，朱子学及其《通鉴纲目》受到空前重视。许多由宋入元的汉族士人便依据《纲目》“书法”，发挥朱熹的“正统”理论，强调其中君臣之分、华夷之辨，最终落实为要为南宋故国争“正统”。任辽金宋三史总裁官的揭傒斯曾为刘友益《通鉴纲目书法》作序，指出“朱子因司马氏《通鉴》作《纲目》以正百王之统”，并发挥其中的“正统”观念：

> 古之有天下者莫若舜、禹、汤、武，然汤有惭德，武未尽善。舜、禹之后得天下者莫如汉，曹氏亲受汉禅，威加中国，卒不能夺诸葛孔明汉贼之分；元魏据有中国，行政施化，卒不能绝区区江左之晋而继之。此万世至公而不可易焉者，而犹或易之，此《纲目》不得不继《春秋》而作，而《书法》不得不为《纲目》而发也。①

根据这样的“书法”，宋金对峙时期的南宋皇朝，虽不据有中国，然其正统岂不是“万世之至公而不可易”吗？

就在元顺帝至正年间，修纂三史的工作已经正式展开，杨维祯著《正统辨》，上书史馆，极言尊宋为正统，“挈大宋之编年，包辽、金之纪载”。他所坚持的立场乃是朱熹《纲目》书法：“统之所在，不得以割据之地，强梁之力、僭伪之名而论之也。”

虽然历代盛衰兴灭不以人的意志为转移，但是其历史地位却要由后人论定，所谓“万年正闰之统实出于人心是非之公”。杨维祯称契丹族“固唐之边夷”，而女真则又“臣属于契丹”，之后建立金朝，故辽、金与宋朝相比，均“荒夷非统”也。他尊奉宋为正统的理由，一是宋太祖乃“天厌祸乱之极，使之君主中国”的“天付生灵之主”；一是“道统者，治统之所在

① 揭傒斯：《揭傒斯全集·文集》卷三《〈通鉴纲目书法〉序》，上海古籍出版社 1985 年版，第 287 页。

也”,“然则道统不在辽金而在宋,在宋而后及于我朝”。一是元世祖平宋之时,曾有“过唐不及汉”的自我评价,并表明他之所以要灭亡宋朝,就是要接续“宋统”而为中华之主。杨维祯此论在当时影响甚大,陶宗仪称其“可谓一洗天下纷纭之论,公万世以为心者”[①]。他的“正统”论代表了当时被贬为“南人”者的故国之思和民族情感。

而元朝统治集团之中,很大一部分人是由金入元的文臣士子。他们自幼接受儒家思想,又谙熟辽、金史事,对辽、金也怀有故国之情。他们对契丹、女真初以“异族”入主中原,其后迅速接受汉文化的历史过程有充分的认识与了解,对辽、金政治、文化成就也有相当高的历史评价。比如,元好问认为“金源氏有天下,典章法度几及汉唐”,而把“国亡史作”当作是自己的使命[②];王鹗以“宁可亡人之国,不可亡人之史”为理由向元世祖建议修辽、金历史,并自著《金史》[③]。早在大德元年(1297 年),在翰林学士王恽府上,一群文士就“金有中原百年,将来国史何如”的问题进行讨论。修端针对“金于《宋史》中,亦犹刘、石、苻、姚之‘载记’”的观点,展开了针锋相对的辩论。他追述辽朝兴起的历史,指出,辽朝“世数、名位远兼五季,与前宋相次而终”,故辽朝之史当为《北史》。这样,辽朝在中国历史上的地位就与南北朝时期的“元魏、北齐”相当了。修端认为“金膺辽统,帝有中原”,不存在“篡宋”的问题。金朝“平辽克宋”,从而“奄有中原三分之二,子孙帝王坐受四方朝贡百有余年”。其间,南渡的宋朝对其称臣纳贡。修端在论及金朝与南宋的关系时,比之于五代时后周与北汉的情况。他主张,金朝历史宜为《北史》,南宋历史宜为《南宋史》,而那种以南宋为“正”,金为“闰”的历史观点在他看来绝非公论。[④] 他的“正统”说代表了元朝北方士人的看法,被苏天爵收入《元文类》。当辽、金、宋三史即将开修之时,翰林待制王理又祖述修端之说著《三史正统

① 以上引文均见陶宗仪:《南村辍耕录》卷三《杨维祯〈正统辨〉》,中华书局 1959 年版,第 34—38 页。

② 脱脱等:《金史》卷一二六《元好问传》,中华书局 1975 年版,第 2742 页。

③ 苏天爵:《元朝名臣事略》卷一二《内翰王文康公》,中华书局 1996 年版,第 239 页。

④ 修端:《辨辽宋金正统》,苏天爵编《元文类》卷四五,《文渊阁四库全书》,台湾商务印书馆 1986 年版,第 1367 册,第 589—592 页。

论》,引起一时士论纷然。

顺帝至正三年(1343年),修纂辽、宋、金三史的工作已迁延近半个世纪。在一些有见识的文臣的敦促下,朝廷终于决定抛开三史“正统”问题,下达《修三史诏》,指出辽、宋、金三朝:

> 为圣朝所取制度、典章、治乱、兴亡之由,恐因岁久散失。合遴选文臣,分史置局,纂修成书,以见祖宗圣德得天下辽、金、宋三国之由,垂鉴后世,做一代盛典。①

根据《修三史诏》,史臣们制定了《三史凡例》,确定了辽、宋、金三史各系纪年、独立成书的撰史原则。《修三史诏》明确表示了元朝与辽、宋、金三朝的历史联系,把辽、宋、金三朝放在大致平等的位置上看待。

经过辽、宋、金三百年鼎立对峙,元朝成为中国历史上又一个多民族的“大一统”国家。在这片辽阔的疆域上,不同形态的思想文化兼容并存、互相渗透,众多民族在以汉族为主体的文化传统的影响下进一步融合。元朝之修纂三史,除了充分肯定宋朝的政治、文化成就为当时之冠,为四方之所矜式,同时也高度评价了辽、金两朝的政治、文化成就。在《进辽史表》中,史臣称赞以契丹族为主体的辽朝“造邦本席于干戈,致治能资于黼黻”;“至若观市赦罪,则吻合六典之规;临轩策士,则恪遵三岁之制。享国二百一十九载,政刑日举,品式备具,盖有足尚焉。”②《进金史表》对金朝百余年来的兴废盛衰作出概括性评价,认为它做到了“及熸兴于礼乐,乃焕有乎声明”,“非武元之英略,不足以开九帝之业;非大定之仁政,不足以固百年之基。”③

从这样的论述中,我们看到三史修纂之中贯穿的是以儒家社会政治思想为基本内容的历史价值观,这一文化价值观念与历史观念乃是凝聚多民族文化的思想核心。经过辽、宋、金“正统”之辩,最终达成的是三史“各与正统”的结局,这一撰史原则无疑更加符合五代、辽、宋、金、元时期多民族经过斗争进一步融合发展的历史状况,更加符合不同民族认同华

---

① 脱脱等:《辽史》附录,中华书局1974年版,第1554页。

② 脱脱等:《辽史》附录,中华书局1974年版,第1555页。

③ 脱脱等:《金史》附录,中华书局1975年版,第2899页。

夏礼乐文明传统而共同发展的历史大趋势。可见,“正统”观念对于促进各民族的文化、历史认同发挥过很大作用,乃是中国文明凝聚力的重要思想资源。

二、“正统”论纷然辩难之原因的揭示

清初几代君主非常爱好并积极学习汉文化,尤其是康熙皇帝,对朱熹理学体会极深。他们极其善于运用文化手段来争取清皇朝在中国历史上的“正统”地位,争取广大汉族士人对其统治的承认。康熙、雍正、乾隆三朝皇帝都亲自数次拜谒孔庙,向天下表示他们对孔子的尊崇,显示其为中国之主的文化、政治资格。

同时,一些清朝的汉族儒臣也根据公羊春秋学“大一统”之义,强调“正统”之辩不在于华夷之辨而在于文化之别,能继承礼乐文明、孔子之道而为中国之主,则为中国之“正统”。如康熙、雍正朝名臣李绂在他的《吴文正公从祀论》中,为吴澄辩解入仕元朝的理由,即表示:

> 《春秋传》所谓“内诸夏而外四裔”者,谓居中抚外,不得不有亲疏远迩之殊。若既为中国之共主,即中国矣。舜,东夷之人;文王,西夷之人;得志行乎中国,不闻以此贬圣。元既抚有中国,践其土,食其毛者必推其从出之地,绌而外之,去将焉往?圣人素位之学岂如是哉?①

李绂为元朝辩护的见解同样适用于清朝。元、清两朝既已经接受孔子学说,能尊奉中原文化、政治大传统,以礼乐之教治中国,“绌而外之,去将焉往?”若不能算入“中国”,又该归属于哪里呢?李慈铭曾论五代时期不应以朱温、石敬瑭为正统,所据仍然是朱熹《纲目》书“正统”之大义,但他特别指出:“正闰者,当论邪正,不当论内外”②,其用意亦在于列清朝为“正统”。龚自珍也依据公羊学强调传统文化之中“王者无外”“天下大

① 李绂:《穆堂类稿》卷二四《吴文正公从祀论》,《清代诗文集汇编》,上海古籍出版社2010年版,第285页。

② 李慈铭:《越缦堂读书记·札记》,上海书店出版社2000年版,第1255页。

同”的思想观念，批评将“夷夏之防”绝对化：

> 宋、明山林偏僻士，多言夷、夏之防，比附《春秋》，不知《春秋》者也。《春秋》至所见世，吴、楚进矣，伐我不言鄙，我无外矣。《诗》曰：“无此疆尔界，陈常于时夏。”圣无外，天亦无外者也。①

清朝学术有意矫正宋明学术之弊，发生很大变化，经、史考据学兴盛，尊奉“实事求是”的治学原则，鄙薄空言性理。在史学上，也主张据实直书，反对宋明以来褒贬议论的风气。在这一思潮影响下，许多学者认为“正统”论乃是宋儒发明的任情褒贬，莫衷一是，主张取消之，他们指出，对于历代王朝的建立过程、历史功业，只要如实记载，则善恶自明，这种观点颇近于司马光。在当时的历史情势之下，李绂等人是积极论述为清朝争取“正统”的理论根据，而上述观点，则有意说明清朝有其客观的历史功业、历史地位，其为“正统”，自不待辩。

在当时，戴震曾批评宋代士人向内心所求之“理”往往不过是“心之意见”：

> 六经、孔孟之言以及传记群籍，“理”字不多见。今虽至愚之人，悖戾恣睢，其处断一事，责诘一人，莫不辄曰“理”者，自宋以来始相习成俗，则以理为如有物焉，得于天而具于心，因以心之意见当之也。②

储同人则指出，自欧阳修论“正统”以来，天下学士各自为说，愈论愈乱，以至出现各种迂腐怪异刻薄之论，故“正统”之“正”不过是“从乎人之意而加焉”，难有客观标准，“正统”之论可以休矣：

> 统可言也，正不可言也。何谓统可言？苏子曰：“正统之为言，犹曰有天下云尔。”予谓：统之为言，犹曰有天下而能一云尔。有天下而一，与有天下而不能一，布在史书，昭乎其不可掩也，故曰统可言也，且不待言而自明。若夫正之为言，从乎人之意而加焉。苟从乎人之意而加焉，人之意百变，则其说亦百变，此曰正，彼亦曰正乎？一以

---

① 龚自珍：《龚自珍全集》第1辑《五经大义终始答问七》，上海古籍出版社1975年版，第48页。

② 戴震：《戴震全书》之《孟子字义疏证》卷上《理》，黄山书社1995年版，第154页。

为正,一以为不正,吾安适从乎?世无孔孟,学士横议,怪迂刻薄之谈盈耳。议秦曰暴,议隋曰窃,议晋曰弑,此犹有以取之也;然未也,索瘢求疵,议汉者曰杂霸,议唐者曰弑弟弑兄,议宋者曰欺人孤寡。由其言,将汉唐宋之有天下,皆不得为正欤?岂正之为言至三代而绝欤?然人情是古非今,当战国时,尝有议德衰者矣,议以臣弑君者矣,将无夏后殷周亦以不正受命欤?举一废百,虽尧舜亦岌岌乎无以自完。故曰正不可言也。苏子曰:"天下之争,自贤不肖始。"正既不可言,而统又不待言,然则正统之名,如勿立焉而已矣。①

蒋汾功的《正统论》,与之观点相似:

古今为正统之说者众矣,皆自善其所见,为不可易矣。……其例愈繁,其辨愈不可穷。而吾尤以贬西晋北宋于窃,而进东晋南宋于正,为所未安。

将有正而正者,有偏而正者,有正而窃者,有偏而窃者。今欲类聚群分,以较其锱铢殿最,则唐虞视三代犹有闲焉。曾是西晋或北宋,若是班乎?循是以往,巧历或不能尽,而谓三统足概之乎?……昔人谓天下有君,则《春秋》不当作。吾亦谓天下有君,而正统可无论也。②

储同人着力批评宋元以来言"正统"者所依据的朱熹《纲目》,指出《纲目》将三国"正统"予蜀汉其实是违背了当时的历史事实,不符合《春秋》之为"信史"的原则:

《春秋》之法有三:曰实其事,曰信其文,曰精其义。圣人之所重者义也。然其事不实,其文不信,乌乎精其义?是故欲精其义,必实其事,必信其文。今朱子之《纲目》,果能不因彼二国者之史乎?未也。既因之也,因魏史而帝蜀,因吴史而帝蜀,彼二史固未尝帝蜀也,可谓信其文乎?且三史者亦不没其实耳,魏不能统蜀吴,吴不能统蜀魏,蜀又安能统魏吴哉?三史者,亦不没其实耳,而《纲目》所书如

① 储同人:《在陆草堂文集》卷一《正统论二》,上海古籍出版社2010年版,第153页。

② 蒋汾功:《正统论》,饶宗颐:《中国史学上之正统论·资料一》,上海远东出版社1996年版,第207页。

是，可谓实其事乎？①

周树槐也指出，以“天理人心之正”为准绳的“正统”之论，往往反映的是特定历史状况下人们的政治立场以及对“本朝”的回护之心，比如，在北宋时代，欧阳修不予东晋“正统”，苏轼、司马光不以蜀汉为“正统”，而至于南宋，则东晋、蜀汉为“正统”也：“南宋不如东周后汉，而犹贤于蜀汉，故亟与之。其下东晋，东晋则真南宋之比也。”②

以上这些看法，一方面可以认为是有其时代的印记和特点，另一方面似也可以看作是历史上自宋以来数百年间关于“正统”论之所以出现纷纷然多种说法之根源的揭示，所谓“其例愈繁，其辨愈不可穿”，确是不争的事实。然而，从“正统”论的种种见解来看，从中国历史进程加以判断，大致不超出两个重要关节，一是朝代更迭过程中的“合法性”，一是中国历史文化的继承性。这两个关节，都关系到中华文明发展之连续性的特点和优点。当然，这或许并不是所有参与“正统”论讨论者所自觉意识到的。

小　　结

“正统”论，是中国古代史学的核心概念之一。“正统”之用，是求证某一现实政治实体的正当性与合法性。“正统”论中包含的衡量政治正当性、合法性的理据，乃是依据儒家文化价值观形成的历史与政治理念。它曾具有思想活力和批判性，对于塑造“多元一统”的“中国文化”“中国历史”的理念，对于中国文明的连续性发展，都曾起到积极作用。诚如梁启超以及历史上的有识之士所说，“正统”论又屡屡成为历代统治者论证自身权力合法性的思想工具。“正统”论在不同时代的思想内涵，及其于

---

① 储同人：《在陆草堂文集》卷一《正统论四》，上海古籍出版社 2010 年版，第 157 页。

② 周树槐：《再书正统论后》，王先谦编：《续古文辞类纂》卷五《序跋类二》，世界书局 1936 年版，第 147 页。

中国史学发展的是非功过,实在是一个复杂的问题。

在宋元之际、明清之际民族矛盾激烈之时,强调华夷之辨,强调绝对的种族之别,往往成为"正统"论的主调。随着晚清以后民族民主革命的兴起,近代学人往往比较重视"正统"中包含的华夷之辨的观念,将之视为民族主义之渊源。然而,按照"天下大同"的儒家理想来说,"正统"论的主流毕竟还是以"王道"为标准来衡量历代王朝其"正"与"不正",而并非把种族之辨当作判别"正统"的标准。故而,无论元朝还是清朝,皆能以"正统"自期自许,奉行儒家式的文化理想和政治规范,融入中华文明并为之注入新鲜血液。由此可见,"正统"观念对于促进各民族的文化、历史认同发挥过很大作用,乃是中国文明凝聚力的重要思想资源。

第五章

民族观、民族史观的进一步发展

五代辽宋夏金元明清时期，中国历史进程的总趋势是国家统一与民族融合的进一步发展。这个时期除汉族贵族为主建立的政权外，还有沙陀贵族、契丹贵族、女真贵族、蒙古贵族、满洲贵族等为主先后在中国境内建立了政权。但是，不论是汉族贵族为主建立的政权还是少数民族贵族为主建立的政权，也不论是全国性政权还是地方性政权，都认为自己是中国的合法政权，其政权肩负着统一全国的历史使命。尽管在政权并立和疆土分裂时代，有些民族政权的统治者具有重夏轻夷的观念，这是为自身政权统一中国制造合法舆论。这表明，魏晋南北朝以后，中国各民族向往统一、反对分裂、天下一家、同源共祖的民族观和民族史观有了更大的发展。

第一节　夷夏之防与故国之思的意识

一、重夏轻夷思潮

中国历代史家的民族观和民族史观，是对中国境内各民族现状和民族关系发展的反思。尽管中国各族人民反对民族分裂,拥护国家统一,然而由于历史上民族矛盾和民族斗争的存在,重夏轻夷和夷夏之防的传统观念总是时隐时显地存在着。这尤其表现在少数民族贵族为主建立的政权发展威胁到汉族贵族为主的政权甚至前者代替了后者之时,汉族士大夫往往大力宣扬夷夏之防,缅怀故国之思。这种情况,在宋元明时期表现得非常突出。

两宋时期,汉族贵族为主建立的北宋、南宋政权和少数民族贵族为主建立的辽、金、西夏、大理、蒙古政权先后并存,民族关系呈现出复杂的局面,民族矛盾尖锐,战争持续不断。北宋中叶,辽和西夏接连发动对宋的战争,形成所谓"四夷皆臣顺,二鄙独不庭"①的局面。宋代士大夫普遍存在"四夷不服,中国不尊"②的忧患意识,希望实现"使夷不乱华"③的社会安定局面。因此,两宋宣扬"尊王攘夷"和大一统思想的《春秋》之学很是发达,史家大多赞同"尊王攘夷"观念,具有重夏轻夷的思想,深刻地影响着宋代史学的发展面貌。

宋代《春秋》学的先驱是孙复,主张通过排斥诸子与佛老之学,弘扬以纲常伦理为特征的儒家学术,在社会上建立一套关乎大义名分的伦理道德体系。他指出:

> 儒者不以仁义礼乐为心则已,若以为心,则得不鸣鼓而攻之乎?凡今之人,与人争詈,小有所不胜,则尚以为辱,况彼以夷狄诸子之法乱我圣人之教耶?其为辱也大哉!噫,圣人不生,怪乱不平。故杨、墨起而孟子辟之,申、韩出而扬雄距之,佛、老盛而韩文公排之。微三子,则天下之人胥而为夷狄矣。④

他不仅把佛教视为夷狄,而且把中国固有的诸子之学也看作夷狄,主要是从文化的优劣而不是从种族上着眼。这说明现实中深刻的民族危机促使

① 石介:《徂徕石先生文集》卷二《西北诗》,中华书局1984年版,第17页。

② 欧阳修:《欧阳修全集》之《居士外集》卷九《本论》,中国书店1986年版,第412页。

③ 范仲淹:《范仲淹全集》之《范文正公文集》卷九《上执政书》,凤凰出版社2004年版,第184页。

④ 孙复:《孙明复小集·儒辱》,《文渊阁四库全书》,台湾商务印书馆1986年版,第1090册,第177页。

他寻求从文化上抵制夷狄，通过“尊王攘夷”全面复兴儒家文化。孙复认为孔子作《春秋》是要正大义名分，实现华夷尊卑各安其序的社会局面。孙复指出，尊王必须攘夷，重振王纲，建立大一统政治秩序。他评论春秋时期齐楚召陵之盟说及孔子称赞管仲之语：

> 召陵之盟，专与桓也。孔子揭王法，拨乱世，以绳诸侯，召陵之盟专与桓者，非他，孔子伤圣王不作，周道之绝也。夫《六月》《采芑》《江汉》《常武》，美宣王中兴，攘夷狄救中国之诗也。使平[王]、惠[王]以降，有能以王道兴起如宣王者，则攘夷狄救中国之功在乎天子，不在乎齐[桓]、管仲矣。①

孙复治《春秋》学的目的是想要通过阐明《春秋》“尊王攘夷”观念，树立重夏轻夷思想，以便扭转唐末五代以来社会上伦理道德沦丧和中原汉族政权受到四夷纷扰的局势，建立起大一统政治秩序，使汉族与周边少数民族自安本分，稳定北宋社会的统治基础。

与孙复同时的宋初三先生之一的石介，也具有从文化概念区别华夷之分的观念。他指出：

> 夫天处乎上，地处乎下，居天地之中者曰中国，居天地之偏者曰四夷。四夷外也，中国内也。天地为之乎内外，所以限也。……闻乃有巨人名曰佛，自西来入我中国；有庞眉名曰聃，自胡来入我中国。各以其人易中国之人，以其道易中国之道，以其俗易中国之俗，以其书易中国之书，以其教易中国之教，以其居庐易中国之居庐，以其礼乐易中国之礼乐，以其文章易中国之文章，以其衣服易中国之衣服，以其饮食易中国之饮食，以其祭祀易中国之祭祀。……或曰：“如此，将为之奈何？”曰：“各人其人，各俗其俗，各教其教，各礼其礼，各衣服其衣服，各居庐其居庐，四夷处四夷，中国处中国，各不相乱，如斯而已矣。则中国，中国也；四夷，四夷也。”②

他所谓的华夷之别，主要是从文化上，特别是从伦理道德意义上加以区

---

① 唐顺之：《稗编》卷一六《春秋六 · 论齐桓晋文》，《文渊阁四库全书》，台湾商务印书馆1986年版，第953册，第310页。

② 石介：《徂徕石先生文集》卷一〇《中国论》，中华书局1984年版，第116—117页。

别。在石介看来,如果不强调尊中国而贱夷狄,夷狄文化就会进入中原文化,造成“易地理”和“悖人道”的结局,中国也就不成其为中国了。

二程作为宋代理学的创始人,非常突出从文化意义上与夷狄进行斗争,以此建构其“尊王攘夷”的理论。程颐认为只要不符合儒家传统文化的伦理道德,就会变成夷狄。他总结唐宋之际历史的发展变化,揭示出“尊王攘夷”的必要性:

> 唐有天下,如贞观、开元间,虽号治平,然亦有夷狄之风。三纲不正,无父子、君臣、夫妇,其原始于太宗也。故其后世子弟,皆不可使。玄宗才使肃宗,便篡。肃宗才使永王璘,便反。君不君,臣不臣,故藩镇不宾,权臣跋扈,陵夷有五代之乱。[①]

他之所以说唐代有夷狄之风,是因为唐代文化兼容汉族传统文化和中亚少数民族文化,在意识形态领域儒、道、佛三教杂糅,儒家文化不突出的缘故。而要复兴儒家传统文化,就必须遵循“《春秋》谨华夷之辨”[②]的宗旨,轻夷狄而尊中国。程颐指出:“礼一失则为夷狄,再失则为禽兽。圣人初恐人入于禽兽也,故于《春秋》之法极谨严。中国而用夷狄礼,则便夷狄之。”[③]因此,二程不仅反对夷狄乱华,更要杜绝华夏使用夷礼,确保儒家文化的纯洁。

北宋学者主张重夏轻夷,保持儒家文化纯洁性的理念,在苏轼应试制科的策论中表现得淋漓尽致。他认为:

> 夷狄不可以中国之治治也。譬若禽兽然,求其大治,必至于大乱。先王知其然,是故以不治治之。治之以不治者,乃所以深治之也。……夫齐、晋之君,所以治其国家、拥卫天子而爱养百姓者,岂能尽如古法哉。盖亦出于诈力,而参之以仁义,是亦未能纯为中国也。秦、楚者,亦非独贪冒无耻肆行而不顾也,盖亦有秉道行义之君焉。

---

① 程颢、程颐:《二程遗书》卷一八《伊川先生语四》,上海古籍出版社 1992 年版,第 186 页。

② 汪克宽:《春秋胡传附录纂疏·先儒格言》,《文渊阁四库全书》,台湾商务印书馆 1986 版,第 165 册,第 4 页。

③ 程颢、程颐:《二程遗书》卷二上《二先生语二上》,上海古籍出版社 1992 年版,第 40 页。

是秦、楚亦未至于纯为夷狄也。齐、晋之君不能纯为中国，而《春秋》之所予者常向焉。有善则汲汲而书之，惟恐其不得闻于后世；有过则多方开赦之，惟恐其不得为君子。秦、楚之君，未至于纯为夷狄，而《春秋》之所不予者常在焉。有善则累而后进，有恶则略而不录，以为不足录也。是非独私于齐、晋，而偏疾于秦、楚也。以见中国之不可以一日背，而夷狄之不可以一日向也。……由是观之，《春秋》之疾戎狄者，非疾纯戎狄者，疾夫以中国而流入于戎狄者也。①

苏轼把“中国”的内涵限定在儒家传统文化范围之内，而把不遵从儒家伦理道德者，不论是汉族政权还是少数民族政权，统统视为夷狄。他把自汉代以来对《春秋》“内中国而外夷狄”的观念发展为《春秋》旨在针砭“以中国而流入于戎狄”的解释，给传统的“尊王攘夷”概念注入了新的内涵。

到南宋时期，赵宋皇朝偏安江南一隅，北方半壁江山沦陷金人之手，因而主张攘辟外夷和收复失地呼声更加高涨。南宋学者适应时代的特点，对《春秋》学赋予了新的时代含义。他们唯恐金人与宋朝争夺正统地位，于是不谈大一统，而仅以贵中国而贱夷狄之义说《春秋》，大谈正统观念。

胡安国指出，北宋朝廷“知内外之旨而明于驭戎之道”②，大大促进了少数民族对儒家文化的认同。他认为：“中国之为中国，以其有父子、君臣之大伦也。一失，则为夷狄矣。”③他所说的“父子、君臣之大伦”，即指儒家三纲五常伦理观念，这不仅被看作是“中国”与“夷狄”的根本区别，而且也是他所谓“驭戎之道”的具体内涵。

吕祖谦也把纲常伦理思想融入自己的历史解释之中，对《春秋》“尊王攘夷”思想作出新的解说：

楚子立商臣为太子，令尹子上曰：“楚国之举，常在少者。”观此，见蛮荆之与列国本不同。大抵列国之所以为列国，以其有三纲；蛮荆之所以为蛮荆，只缘无三纲。……其上有天王而僭称王号，则无君臣

① 苏轼：《苏轼文集》卷二《王者不治夷狄论》，中华书局1986年版，第43—44页。

② 胡安国：《春秋传》卷一，《四部丛刊续编》，上海书店1984年版，第4b页。

③ 胡安国：《春秋传》卷一一，《四部丛刊续编》，上海书店1984年版，第7a页。

之纲矣。立嫡以长而常在少者,则无父子之纲矣。息妫绳于蔡哀侯,而息遂见灭,以息妫归,则无夫妇之纲矣。三纲既绝,此《春秋》所以摈之而不齿也。①

他以伦理纲常之说解释《春秋》,并不完全符合《春秋》原意。然而吕祖谦和宋代其他学者一样,抛开对《春秋》学的传统解释,另创一套新理论,乃是社会形势发展的需要。这种趋势的发展,造成了宋代史家以"尊王攘夷"的正统之论代替《春秋》大一统学说。

张栻把"尊王攘夷"和"大居正"结合起来,以此为标准评判客观历史发展进程。他认为之所以宣扬"尊王",是因为中原皇朝之帝王居天下之正,而少数民族建立的周边政权没有正统地位。因此,张栻不仅主张严华夷之防,而且希望南宋统治集团收复国土,合天下于一。② 张栻在金兵南侵而导致民族矛盾激化的刺激下,从"攘夷"的现实需要出发,以重夏轻夷的观念看待历史上中原皇朝和少数民族皇朝的正统地位,把南北朝时期和五代十国时期南方皇朝视为正统所在,而拓跋贵族建立的北魏和沙陀贵族建立的后唐作为僭伪,而不顾双方政治经济力量对比之悬殊,占据疆域面积之大小,表现出狭隘的民族史观。从重夏轻夷的角度论正统之所在虽然创自张栻,然而真正把这一理论运用到解释历史的实践之中,则由朱熹集大成。

朱熹撰《资治通鉴纲目》,把其重夏轻夷思想深入贯彻到历史撰述之中。他认为:"岁周于上而天道明矣,统正于下而人道定矣。"③朱熹从"尊王贱霸"的角度阐述正统观念,包含着贵中国而贱夷狄的思想认识。他把宋以前的历朝历代区分为正统、列国、篡弑、建国、僭国、无统、不成君小国等统系,其划分标准是:

凡正统谓周、秦、汉、晋、隋、唐。列国谓正统所封之国。篡弑谓

① 吕祖谦:《左氏传说》卷四,《文渊阁四库全书》,台湾商务印书馆1986年版,第152册,第35页。

② 张栻:《南轩集》卷一九《寄刘共甫枢密》、卷二六《答沙市孙监镇》,《文渊阁四库全书》,台湾商务印书馆1986年版,第1167册,第577、639页。

③ 朱熹:《朱子大全》之《朱文公文集》卷七五《资治通鉴纲目》序,《四部备要》,中华书局1989年版,第1351页。

> 篡位干统，而不及传世者。建国谓仗义自王，或相王者。僭国谓乘乱篡位，或据土者。无统谓周秦之间，秦汉之间，汉晋之间，晋隋之间，隋唐之间，五代。不成君谓仗义承统，而不能成功者。[①]

他所谓的正统之国，都是由汉族统治者建立的中原皇朝，而乘乱篡位和据土而王的少数民族皇朝，无一例外地包括在僭国之中。朱熹撰史贯彻了"《春秋》大旨，其可见者：诛乱臣，讨贼子，内中国，外夷狄，贵王贱伯而已。"[②]的宗旨，对于记载各种政权确立了严格的书法标准：

> 凡正统全用天子之制，以临四方，书法多因旧文，略如《春秋》书周、鲁事，事有相因者，连书之。诸国或臣或叛，各以其制处之，事各冠以国号，不连书。凡无统即为敌国，彼此均敌，无所抑扬，书法多变旧文，略如《春秋》书他国事，事各冠以国号，不连书。凡诸国号从其本称，或屡更易，即从史家所称，而于建国之始即注云是为某国。凡诸国同时同号者，后起者称后，至前国亡，则后国去后字，而凡追称前国处加前字。凡远方小国，继世迁徙，不能悉书，因事乃见。[③]

从朱熹的叙事书法来看，明显地体现出贵中国而贱夷狄的思想，这是其《春秋》学思想的具体实践。朱熹的正统观念，意在说明中国境内政权分立之时，汉族政权尽管僻居一隅，仍然是维系人心风俗和王道正义的精神纽带，也是其最终实现天下一统局面的精神寄托。

二、"抚我则后，虐我则仇"的观念

元代建立全国统一皇朝的过程，始终伴随着民族战争和民族压迫。对于广大被征服地区，实行民族分化的歧视政策和经济掠夺的剥削政策。汉人、南人不仅与蒙古人、色目人政治权利不平等，而且遭受"州郡长吏

① 朱熹：《资治通鉴纲目》凡例，《文渊阁四库全书》，台湾商务印书馆 1986 年版，第 689 册，第 11—12 页。

② 黎靖德编：《朱子语类》卷八三，中华书局 1986 年版，第 2144 页。

③ 朱熹：《资治通鉴纲目》凡例，《文渊阁四库全书》，台湾商务印书馆 1986 年版，第 689 册，第 12 页。

生杀任情,至孥人妻女、取货财、兼土田”①和“擅科横敛,无所不至”②的经济盘剥,往往导致流离失所、家破人亡。特别是汉族士大夫,受到的歧视与压迫更为严重。不仅由于“官吏特不喜儒,差徭必首及之”③,故承受着沉重的物质负担;而且地位低微,当时社会上流行“八娼九儒十丐”之谣,世人慨叹“嗟乎,卑哉!介乎娼之下,丐之上者,今之儒也”④,忍受着巨大的精神折磨。此种情形激发了沦亡士人对故国的怀思,发出“浮云南去繁华歇,回首梁园亦灰灭。……今我独行寻故基,前日家童白发垂。相看不用吞声哭,试赋宗周黍离离”⑤的感叹。不仅如此,元朝的残暴统治还增强了沦亡士子的抵触与反抗情绪,这种情绪反映在思想领域与史学领域,就是沿用传统的“夷夏之辨”观念,不仅不与元朝统治者合作,而且不承认元朝的合法地位。

南宋灭亡以后,南方地区的学者形成了强烈的反元意识,进一步阐发华夷各有分界的思想。宋末遗民郑思肖撰《心史》,突出强调区别华夷之分。他在元兵南下时,曾经作《臣子盟檄》说:“元凶忤天,篡中国正统,欲以夷一之。人力不胜,有天理在。自古未尝夷狄据中国。”⑥这就是说,元兵力量虽然强大,可以统一中国,但不是正统所在;南宋尽管国力衰微,无法抵抗元兵,却是得天统之命。南宋亡国后,郑思肖准备撰写一部《正统通鉴》,通过申论“华夷之辨”,寄托对故国的怀念。他指出:

> 自《春秋》后,史笔不知大伦所在,不过纪事耳。纪事而不明正理,是者非,伪者正,后世无以明其得失,诸史之通弊也。中国之事,系乎正统;正统之治,出于圣人。中国正统之史,乃后世中国正统帝

---

① 宋濂等:《元史》卷一四六《耶律楚材传》,中华书局1976年版,第3456页。

② 王恽:《秋涧集》卷九二《特选行省官事状》,《文渊阁四库全书》,台湾商务印书馆1986年版,第1201册,第324页。

③ 陆文圭:《墙东类稿》卷五《送黄节山序》,《文渊阁四库全书》,台湾商务印书馆1986年版,第1194册,第586页。

④ 谢枋得:《叠山集》卷二《送方伯载归三山序》,《文渊阁四库全书》,台湾商务印书馆1986年版,第1184册,第870页。

⑤ 刘因:《静修集》卷三《陈氏庄》,《文渊阁四库全书》,台湾商务印书馆1986年版,第1198册,第503页。

⑥ 郑思肖:《郑思肖集》之《心史·久久书》,上海古籍出版社1991年版,第104页。

王之取法者，亦以教后世天下之人所以为臣为子也。岂宜列之以嬴政、王莽、曹操、孙坚、拓跋珪、十六夷国等，与中国正统互相夷虏之语，杂附于正史之间？且书其秦、新室、魏、吴、元魏、十六夷国名年号，及某祖、某帝、朕、诏、太子、封禅等事，竟无以别其大伦。……君臣、华夷，古今天下之大分也，宁可紊哉？①

这种对少数民族所建皇朝一概反对、骂倒的思想和华夷各行其是的主张，一方面表现出狭隘的民族感情，另一方面也具有反抗民族压迫的思想，表现为极其复杂的民族史观。

胡三省注《资治通鉴》，从历史总结和历史评论的角度，阐发了亡国之痛和反对民族压迫的思想。他对契丹入汴、后晋君臣称臣投降和两宋政权被金与蒙古灭亡之事评论说："亡国之耻，言之者为之痛心，矧见之者乎！"又说："臣妾之辱，惟晋宋为然。呜呼，痛哉！"②这种对历史与现实的亡国之痛感情，流露出深沉的故国思绪和坚贞不屈的民族气节。胡三省还把历史上的经验教训和现实中的统治政策联系起来，阐发了希望民族平等与民族融合，反对民族歧视与民族压迫的思想。他评价侯景之乱以及北魏、契丹攻掠中原，居民被杀戮的惨状说："不嗜杀人，然后能一天下。孟子之言，岂欺我哉！"③孟子在回答梁惠王提出的如何统一全国的问题时，认为只有"不嗜杀人者能一之"④。胡三省引用其言，显然是针对蒙古贵族的滥杀无辜行为而发出的强烈谴责。他以契丹军队在中原"打草谷"招致汉族人民反抗为例，批驳契丹主所谓"中国之人难制"的言论，指出："中国之人困于契丹之凌暴掊克，咸不聊生，起而为盗，乌有难制者乎？曷亦反其本矣！"⑤认为统治者横征暴敛才是激起人民反抗的根源。

---

① 郑国肖：《郑思肖集》之《心史·古今正统大论》，上海古籍出版社1991年版，第132—133页。

② 司马光：《资治通鉴》卷二八五，后晋纪六，齐王开运三年，中华书局1956年版，第9323、9321页。

③ 司马光：《资治通鉴》卷二八六，后汉纪一，高祖天福十二年，中华书局1956年版，第9351页。

④ 《孟子·梁惠王上》，杨伯峻译注：《孟子译注》，中华书局1960年版，第12页。

⑤ 司马光：《资治通鉴》卷二八六，后汉纪一，高祖天福十二年，中华书局1956年版，第9346页。

所以,胡三省并不简单地反对少数民族贵族所建皇朝的统治,对其中能够推行民族和睦政策的统治者则予以赞扬。例如他称赞五胡十六国时期后赵石勒“不使凌暴华人及衣冠之士”①,稳定了境内统治秩序。他又对北魏占领南朝刘宋之地发表评论说:

> 荀卿有言:“兼并易也,坚凝之难。”魏并青、徐,淮北四州之民未忘宋也。惟其抚育有方,民安其生,不复引领南望矣。《书》曰:“抚我则后,虐我则仇。”信哉!②

按《尚书》中所谓“抚我则后,虐我则仇”,原是针对中原汉族统治者而言,强调只要争取民心、安蕺人民,就会受到民众的拥戴而成为王;反之,如果一味虐待其民,人民则会把统治者视为寇仇,其统治迟早要被推翻。胡三省把这句话用于拓跋族建立的北魏政权,一方面表达了对民族压迫的愤慨,另一方面也表现出希望元朝统治者采取和好的民族政策,实现国泰民安的局面。

金履祥在南宋亡国之后,深怀亡国之痛,唱出“穹壤无穷此恨长,千世万世,闻者徒悲伤”③的悲歌。他立志效法箕子不仕异姓的节操,以南宋遗民自居,入元隐居终老。金履祥的著作不用元朝年号,而用太岁纪年法,以示不承认元朝的地位,表达出故国之思和反抗民族压迫的气节。他在《通鉴前编》中解释周公劝成王“戎兵以陟禹之迹”,认为是要以兵守中国之境,达到华夷各安其界的目的;并且联系到“后世有以燕云之地弃之夷狄者,华夷同壤,曾不几时,子孙亲受其祸,而贻中国无穷之害”,期盼“世有周公之臣,则吾不忧中国之患矣”④。可见在金履祥的民族史观中,既有对历史上民族关系的认识,也有对现实民族压迫的忧虑,流露出强烈

---

① 司马光:《资治通鉴》卷九一,晋纪一三,元帝太兴二年十一月,中华书局1956年版,第2871页。

② 司马光:《资治通鉴》卷一三二,宋纪一四,明帝泰始五年二月,中华书局1956年版,第4148页。

③ 金履祥:《仁山文集》卷二《广箕子操》,《文渊阁四库全书》,台湾商务印书馆1986年版,第1189册,第799页。

④ 金履祥:《资治通鉴前编》卷七,周成王四年,《文渊阁四库全书》,台湾商务印书馆1986年版,第332册,第162页。

的思念故国和希望各民族间和平的美好愿望。

元代中叶以后,一些汉族士大夫往往通过历史撰述阐述夷夏之防的观念。他们一方面不再像宋代遗民那样激烈反元,而是承认元朝对全国统治的事实;另一方面又受到儒家传统文化的熏陶,在心理上不愿意承认少数民族统治者的合法性。其中最突出的就是以两宋政权为正统,而不承认辽金两朝的合法地位。因此,在长达百余年的《宋》《辽》《金》三史体例讨论中,尊两宋而抑辽、金的重夏轻夷观念非常普遍,反映出史家如何看待各民族历史地位以及多民族历史发展进程的问题。

陈桱著《通鉴续编》,继承其祖父陈著的民族史观,尊宋而抑元。陈著宋亡以后隐居著述,把三皇五帝至南宋灭亡的历史编为《历代纪统》,以蜀汉、东晋、南宋政权为正统,而曹魏、十六国、辽金政权为闰位,认为前者"皆天统所在,当时敌国虽强大,据有中土,要不得紊天统也"①。《通鉴续编》记载宋、辽、金三朝的历史,完全遵循朱熹撰《资治通鉴纲目》的思想,作为其历史撰述的宗旨。例如五代后晋石敬瑭对耶律德光称儿皇帝,依附辽朝,这是许多汉族史家都承认的事实。然而陈桱在记载这段历史时,却把"契丹建国而系于梁、唐、晋、汉、周,尊华夏也",坚持把辽朝年号系于五代各朝年号之下,贯彻重夏轻夷的史法。同样,在关于宋、辽、金三朝正伪问题上,他的记事原则是把"辽年系于宋统之下,尊无二也",而"金承辽,故例同也"。尤其是记载蒙古灭夏、金统一中原和元朝建国至南宋灭亡的历史,陈桱仍然系于宋代纪年之下,并且申明"元灭金、夏有中国,而反系于宋,明天命之未绝也"②。直至南宋灭亡之后,他才承认元朝统治的合法地位。

杨维祯撰著的《正统辨》一文,成为论宋、辽、金三朝正闰问题中主"夷夏之防"一派的代表之作,在当时士大夫群体中间产生了极为广泛的影响。他以南宋为正统,以辽金为闰位的理论依据,就是中国传统儒学思

---

① 陈旅:《安雅堂集》卷六《历代纪统》序,《文渊阁四库全书》,台湾商务印书馆 1986 年版,第 1213 册,第 71 页。

② 陈桱:《通鉴续编 · 书例》,《文渊阁四库全书》,台湾商务印书馆 1986 年版,第 332 册,第 439 页。

想的谨华夷之界限。杨维祯指出:“维祯敢痛排浮议,力建公言,挈大宋之编年,包辽金之纪载,置之上所,用成一代可鉴之书,传之将来,永示万世不刊之典。”又说:“汉之匈奴,唐之突厥,不皆兴于汉唐之前乎?而汉唐又与之通和矣。……而秉史笔者必以匈奴、突厥为纪传,而以汉唐为正统。……何也?天理人心之公,阅万世而不可泯者也。”①他把两宋与辽、金的关系和汉唐与匈奴、突厥的关系加以机械比附,套用大一统时代的历史理念考察民族政权并立时期的历史进程,以理学家标榜的“天理人心之公”为嚆矢,认为两宋政权得“天数之正,华统之大”,而辽金政权则为“荒夷非统”②,反映出明显的重华夏而轻夷狄的民族史观。尽管杨维祯提出元代继承宋代而不是继承辽、金为正统的理论,主观上没有否定元朝的意图,然而这种指斥辽、金为夷狄的做法,客观上必然受到元代统治集团的忌讳,无论如何是无法被同为少数民族的蒙古贵族所接受的,故其学说遭到元代统治集团严厉封禁。

从历史学的观点来看,陈桱和杨维祯的这种说法,置基本的历史事实于不顾,确无可取之处。

三、华夷各有界限之说

明朝是汉族统治集团所建立的,宣扬纲常名教的正统理论和重夏轻夷的思想意识更加明显。究其原因,一是明朝推翻元朝的统治,使“中国之统既失而复得”,激发了明代士大夫阶层的优越感,表现出狭隘的民族心理。二是元朝在全国的统治虽然被推翻,但退守漠北的北元势力仍然极为强大,时刻准备卷土重来,不断和明朝发生武装冲突,对明朝的统治地位构成极大威胁,尖锐的民族矛盾导致了明代史家重夏轻夷思想仍然比较突出。

明初的胡翰确立天、地、人三纪,极力宣扬受命之正和夷夏之防。他

① 杨维祯:《正统辨》,陶宗仪:《南村辍耕录》卷三,齐鲁书社 2007 年版,第 36 页。
② 杨维祯:《正统辨》,陶宗仪:《南村辍耕录》卷三,中华书局 1959 年版,第 38 页。

说："何谓地纪？中国之与夷狄，内外之辨也。以中国治中国，以夷狄治夷狄，势至顺也。"①这实际上是一种民族分治，彼此互不干涉的理论。他关于华夷各有界限的思想，对其同乡后学方孝孺产生了重要影响。

方孝孺考察历史上中国境内建立的各个朝代，站在伦理道德的立场对它们分别进行了评判，尤其注意从华夷之辨的角度褒贬历史。他说：

> 予尝论正统，以为有天下而不可为正统者三：篡臣、女主、夷狄也。篡臣、女主之不得与于正统，古已有之。惟夷狄之全有四海，创见于近世，故学者多疑焉。盖蔽于闻见，而不暇遐思远览，胡怪乎其未之识也！宋德祐、景炎之后，缙绅先生往往窜匿山谷，或衰麻终其身，或恸哭荒江断垄间，如失考妣，而不复有荣达之愿者，多有之。及其世久俗变，然后竞出而愿立其朝，盖宋之遗泽既尽而然也。②

这通议论，既解释了前人不敢从华夷之辨的角度把少数民族建立的统一皇朝排斥在正统范围之外，主要是慑于元朝统治集团的压力；又表明自己在正统论上与前人最大的区别是加进了华夷之防的思想，提出了系统的华夷各有界域的主张。他指出：

> 天下有正统一，变统三。三代，正统也。如汉、如唐、如宋，虽不敢几乎三代，然其主皆有恤民之心，则亦圣人之徒也。附之以正统，亦孔子与齐桓、仁管仲之意欤！奚谓变统？取之不以正，如晋、宋、齐、梁之君，使全有天下，亦不可为正矣。守之不以仁义，戕虐乎生民，如秦与隋，使传数百年，亦不可为正矣。夷狄而僭中国，女后而据天位，治如苻坚，才如武氏，亦不可继统矣。二统立而劝戒之道明，侥幸者其有所惧乎！③

方孝孺区分正统和变统，其目的是要使"正统尊，奸邪息，夷狄惧"④，否则"使女主而乘君位，夷狄而践中国，篡弑而不亡，暴虐而继世，生民之类几

① 程敏政：《明文衡》卷九《正纪》，《四部丛刊》本，第108页。

② 方孝孺：《逊志斋集》卷一八《题桐庐二孙先生墓文后》，宁波出版社2000年版，第598页。

③ 方孝孺：《逊志斋集》卷二《释统上》，宁波出版社2000年版，第53—54页。

④ 方孝孺：《逊志斋集》卷二《释统中》，宁波出版社2000年版，第55页。

何而不灭乎”①。他认为只有把正统与变统相互区别,把天子和篡臣、女主、夷狄相互区别,才能深入正统问题的本质。方孝孺说:“有天下而不可比于正统者三:篡臣也,贼后也,夷狄也。何也?夷狄,恶其乱华;篡臣、贼后,恶其乱伦也。”②由上述言论可见,在他的“篡臣”“贼后”和“夷狄”三变统之中,篡弑得国与女后干政固然需要挞伐,而少数民族入主中原建立政权,尤其需要摒弃,不得与之正统。方孝孺解释其中的道理说:

> 曰夷狄之不可为统,何所本也?曰:《书》曰“蛮夷猾夏,寇贼奸宄”,以蛮夷与寇贼并言之。《诗》曰“戎狄是膺”,《孟子》曰“禹遏洪水,驱蛇龙,周公膺戎狄”,以戎狄与蛇虫洪水并言之。《礼》之言戎狄,详矣。异服异言之人,恶其类夷狄,则察而诛之,况夷狄乎?孔子大管仲之功,曰“微管仲,吾其被发左衽矣,如其仁”。管仲之得为仁者,圣人美其攘夷狄也。然则进夷狄而不攘,又从而助之者,其不仁亦甚矣。曾谓圣人而肯主之乎!学圣人之学,治先王之道,而昧乎此,又何足论哉!曰:荆舒以南,《春秋》之所夷狄,独可为正统乎?曰:非也。自秦以来,袭礼义而为中国者,二千年矣,人伦明而风俗美,乌得与夷狄比乎?先正大儒知夷狄之不可长也,故虽强如苻坚,盛如德光,不与之以中国之礼。③

方孝孺和历代学者一样,继承《春秋》的传统,主要是从文明程度而不是从种族界限区分华夷,强调华夷各有界限。他明确指出:“正统之名,何所本也?曰:本于《春秋》。何以知其然也?《春秋》之旨虽微,而其大要不过辨君臣之等,严华夷之分,扶天理遏人欲而已。”④不论方孝孺对《春秋》的诠释是否准确,而“严华夷之分”确实是历代学者对《春秋》的一致认识。即使用这一标准分析方孝孺的正统观,仍然存在无法自圆其说的矛盾。我们姑且用他的理论检验其结论,就会明显看出问题。既然《春秋》对戎、狄、蛮、夷等周边少数民族同样攘斥,为什么只承认在春秋时期

---

① 方孝孺:《逊志斋集》卷二《释统下》,宁波出版社2000年版,第56页。

② 方孝孺:《逊志斋集》卷二《后正统论》,宁波出版社2000年版,第58页。

③ 方孝孺:《逊志斋集》卷二《后正统论》,宁波出版社2000年版,第60页。

④ 方孝孺:《逊志斋集》卷二《后正统论》,宁波出版社2000年版,第56—57页。

荆舒之地范围内立国的南宋为正统，而不承认在春秋时期戎狄之地范围内立国的辽金为正统呢？方孝孺的理由是南方荆舒之地经过两千多年的进化，到南宋时期已经文质彬彬，所以可以为正统。既然南方可以进化，为什么北方戎狄之地二千多年不进化，到辽金时期仍然“形同禽兽”呢？他对于汉族建立的南宋是用两千年以后发展进化的标准衡量，而对北方少数民族建立的朝廷则用两千年以前《春秋》时期蛮荒不化的标准衡量。可见方孝孺以华夷分界论正统的民族观，仍然存在明显的历史局限性。

明代中叶以后，由于统治集团内部开始腐败，对外边防政策几近废弛。与此相对比，北方的蒙古族势力却不断发展壮大，尤其是瓦剌蒙古贵族，不断率兵南下，给明朝边防造成极大威胁。土木之变，明英宗做了蒙古也先的阶下之囚，导致蒙汉关系极度紧张。在这种历史形势下，明朝汉族士大夫中特别强调严华夷之辨，谨夷夏之防，甚至从观念上否定元朝的正统地位。例如瞿景淳指出：“胡元之世，举中国之衣冠而左衽之，举中国之土宇而腥膻之，且迟迟于百年之久，将胥天下为禽兽之归，变未有甚于此者，尚可以其一天下而予之乎？如其不予，则吾予秦、晋、隋，而不予元，彼将有辞。如其予之，则何以谨华夷之辨？”①周复俊也认为：“天下有大分，华夷是也。天下有大势，强弱是也。《春秋》贵中夏，贱外夷，惟谨是大分耳矣。……贱夏尊夷，乱名没实，灭万古帝王之正统，紊万世是非之公议，其获罪于名教彝典尤大。”②在这股否定元朝地位的思潮中，丘濬及其《世史正纲》最有代表性，可以说是对这一观念作出的系统的理论总结。

《世史正纲》记事起于公元前221年秦始皇统一六国，讫于公元1368年明朝建立。对于撰写这部书的目的，丘濬自述说：

> 其宏纲大旨，果何在哉？曰：在严华夷之分，在立君臣之义，在原父子之心。夫华夷之分，其界限在疆域：华华夷夷，正也。华不华，夷不夷，则人类淆，世不可以不正也。君臣之义，其体统在朝廷：君君臣

① 瞿景淳：《瞿文懿公制科集》卷二，两淮马裕家藏本，第12页。

② 周复俊：《元史弼违》卷上，《二十四史补编》，书目文献出版社1996年版，第588页。

臣,正也。君不君,臣不臣,则人纪隳,国不可以不正也。父子之心,其传序在世及:父父子子,正也;父不父,子不子,则人道乖,家不可以不正也。本家以立国,正国以持世,而一归于人心。道义之正,则人极以立,天地以位,夷狄不敢以乱华,禽兽不敢以侵人。上天所以立君之意,圣人所以立教之心,或其在此乎!①

在他的撰述动机中,一个重要方面就是要严辨华夏与夷狄之防,使华夷各安其界,不相侵扰。丘濬从这种极端的汉族观念出发,要求明代君主秉承上天的意志,担负起攘夷的职责。他说:"为生人主,必攘夷狄,必驱猛兽,使吾一世之民,各遂其生,而不罹其害焉。于是乎吾政行而教施,而世底乎雍熙泰和矣,是则君人者之责也。"②丘濬认为人君要想达到天下太平,就必须使华夏和夷狄各安其序,履行驱逐夷狄的职责。这种以生人与夷狄相互对立的观念,把中国传统的夷夏之防理论发展到极端。他根据这种认识评论历代正统问题,从而否定了元代的正统地位。丘濬认为:

有华夏纯全之世,汉唐是也。有华夏割据之世,三国是也。有华夏分裂之世,南北朝及宋南渡是也。有华夏混乱之世,东晋及五代是也。若夫胡元,则又为夷狄纯全之世焉。噫!世道至此,坏乱极矣,此《世史正纲》所由作也。③

他主张对于后汉、后赵、北魏这类在中原建立的少数民族政权,必须用"变统"处理,至于元代蒙古贵族建立的全国政权,更要加以屏斥,否则"后世之史臣,又背吾孔子之家法,而忘我圣人《春秋》之大戒,世道之责,将焉赖哉?"④他认为后世史家的责任就是遵循《春秋》之义,防止混淆夷夏概念。因此,丘濬不同意明初史家以元代曾经统一中国而予其正统的史法,认为这是因其一世之微功,而忘万世之大戒的错误做法,违背了《春秋》大义。他说:

圣人之生也,自有天地以来,中国未尝一日无统也。虽五胡乱华,

① 丘濬:《世史正纲》自序,海南出版社 2005 年版,第 10 页。

② 丘濬:《世史正纲》自序,海南出版社 2005 年版,第 11 页。

③ 丘濬:《世史正纲》卷三一,海南出版社 2005 年版,第 685 页。

④ 丘濬:《世史正纲》卷三一,海南出版社 2005 年版,第 686 页。

而晋祚犹存；辽金僭号，而宋系不断。未有中国之统尽绝，而皆夷狄之归如元之世者。三纲既沦，九法亦斁，天地于是乎易位，日月于是乎晦冥，阴浊用事，迟迟至九十三年之久。中国之人渐染其俗，日与之化，身其氏名，口其语言，家其伦类，忘其身之为中华，十室而八九矣。不有圣君者出，乘天心之所厌，驱其类而荡涤之，中国尚得为中国乎！中国之不得为中国，则凡天之所覆者，皆腥膻侏㒧之类，犷恶鸷悍之徒。斯世斯民，无复所谓衣冠礼乐，仁义道德者矣。①

这种现实社会中排斥蒙古族的需要，反映到丘濬的历史观上，就是以华夷之辨作为历史评价的标准之一，痛斥屈服于少数民族，甚至优厚少数民族的君主；肯定历史上抵抗少数民族，甚至压迫少数民族的君主。他对晋怀帝评价说："以中华之主，不能自立，而为夷狄所辱，不死社稷而奴事虏，其视失地者为尤甚焉。"②又评价石敬瑭说："堂堂中国之君，乃受命于夷狄。君既受命于夷，则是举中国之人皆胡人之臣妾也。书此以戒万世，使后世之人知借势于夷狄者，虽侥幸得于一时，万世之下，终不之与也。"③而对明朝帝王则予以赞誉："宋衰而女真分裂，蒙古乘其后，以夷混华，坏乱已极矣，我朝拨而反之正。"④由此可以看出，丘濬之所以比前代史家特别突出夷夏各有分界的观念，完全是适应当时社会的需要，以史学著述唤起时人对蒙汉民族关系的重视，为明朝统治集团制定民族政策提供理论依据。

明代中叶以后史学上的夷夏各有界限的观念，还反映在史家运用这种史观改写宋、辽、金三代历史。元代史家修史，宋、辽、金三代各予正统，分别修成彼此完全独立的《宋史》《辽史》和《金史》。到明代中叶，不少史家由仇视蒙古南侵而否定元朝，激烈抨击明初修撰的《元史》，再由否定元朝而不满于元人所修的《宋》《辽》《金》三史，纷纷予以改编。其中纪传体史书有王洙的《宋史质》、王惟俭的《宋史记》、柯维骐的《宋史新

① 丘濬：《世史正纲》卷三二，海南出版社 2005 年版，第 726 页。

② 丘濬：《世史正纲》卷一一，海南出版社 2005 年版，第 218 页。

③ 丘濬：《世史正纲》卷二二，海南出版社 2005 年版，第 504 页。

④ 丘濬：《世史正纲》卷一，海南出版社 2005 年版，第 2 页。

编》,编年体史书有王宗沐的《宋元资治通鉴》、薛应旂的《宋元资治通鉴》,纪事本末体史书有陈邦瞻的《宋史纪事本末》。这些书中有的承认元朝,但否定辽、金;有的则是既不承认元朝,更不承认辽、金。上述史家坚持华夷之辨观念,以两宋为正统,排斥辽、金、元三朝。他们这样做的目的,正如王洙所言:“大要在辟夷狄,尊中国,发挥祖宗及我皇上治政修明,卓绝千古,覃绥万方,或一得焉。”①他认为明朝当继承赵宋之统,而“胡元者,赵宋之闰位,昭代之驱除也,皆天命也”②。王洙为论证明承宋统,竟然无中生有,追称朱元璋的高祖为“德祖元皇帝”,并颂扬朱元璋称帝是“以积气则千年,以积德则百年,以肇基则在于宋祚之末,以成命则在于胡运之初。天生圣君,主张夷夏,夫岂一朝一夕之故哉!由是推之,则天于胡元,固已除夺之矣”③。因此,他对元代历史肆意笔削:“今《宋史质》削去大之号,而以闰纪名;去世祖皇帝等谥,而直书忽必烈等名;芟除其至元、大德等元,而概以一年二年纪事。……自此义一明,然后元王猾夏之罪始正,中国之势始尊,外夷之防始严。”④通过“闰纪”的名目,将辽、金、元一律排斥在正统朝代之外。柯维骐鉴于“《宋史》与《辽》《金》二史,旧分三书,维骐乃合之为一,以辽金附之,而列二王于本纪。褒贬去取,义例严整,阅二十年而始成,名之曰《宋史新编》”⑤。他以南宋为正统,并为宋末赵昰、赵昺二王撰写帝纪,以示延存宋统。上述诸家中,薛应旂对辽、金两朝的历史削而不书,陈邦瞻则把辽、金史实散见于宋史纪事之内,王洙、柯维骐进而把辽、金列入“外国”。这类著作与元代史家《宋》《辽》《金》三史各予正统相比,在历史观上是一种极其明显的倒退,在史学观上更趋保守,反映出中国古代史家民族观与民族史观偏颇的一面,是我国历史文化认同进程中出现的曲折性和复杂性的表现。

---

① 王洙:《宋史质》自序,台湾大化书局 1977 年版。

② 王洙:《宋史质·叙略》,台湾大化书局 1977 年版。

③ 王洙:《宋史质》卷一三,台湾大化书局 1977 年版,第 84—85 页。

④ 王洙:《宋史质》卷一三,台湾大化书局 1977 年版,第 85 页。

⑤ 张廷玉等:《明史》卷二八七《柯维骐传》,中华书局 1974 年版,第 7367 页。

第二节　历史文化认同趋势中的夷夏观

一、“中国之道”与“中国之主”

金朝和南宋灭亡以后，宋金遗民在相当长一段时间之内，出于深厚的故国情思和对元朝民族压迫政策的反感，遵循传统的“夷夏之辨”观念，不与元朝统治集团合作。但是，也有一批汉族士大夫以儒家经世济民思想为己任，遵循儒家思想中“用夏变夷”的思想，主动与蒙古统治者合作。尤其是元朝建立起稳固的全国统治后，不断调整统治政策与民族政策，民族矛盾有所缓和，许多汉族士大夫和其他民族的士人渐渐放弃了华夷之大防的观念，由对抗转变为合作，夷夏观念在各民族的相互认同中逐步淡化。这种趋势历经明清两代而不断强化，最终使古老的“夷夏之防”观念退出了中国的历史舞台，而民族融合和历史文化认同的观念成为民族观和民族史观的主流，对统一的多民族国家发展和巩固起了巨大作用。

元代统一国家的形成和疆域的空前扩大，把众多的民族包括在其统治范围之内，各民族相互融合与相互认同的民族意识更加开阔。元代统治者认为：“我国家幅员之广，极天地覆焘，自唐虞三代声教威力所不能被者，莫不执玉贡琛以修臣职。于是设官治馆以待之，梯山航海，殊服异状，不可胜纪。”①这不仅反映了元代历史上空前统一的实际情况，而且给元代士大夫突破少数民族与汉族对立的局面提供了必要的社会基础。

郝经是元初汉族士大夫系统论证元代政权合理性的代表人物，为丰富和发展民族关系理论的内涵作出了突出的贡献。由于他长期生活在北方各民族杂居和少数民族政权交替的地区，能够对民族关系具有比较客

① 苏天爵：《元文类》卷四一《经世大典序录·礼典总序》，《文渊阁四库全书》，台湾商务印书馆1986年版，第1367册，第507页。

观和开阔的认识,通过对民族状况和民族政权的历史总结,容易突破夷夏之防的意识,形成比较平和的民族观念。

首先,郝经从儒家经学中寻求理论依据。《春秋公羊传·昭公二十三年》记载:“戊辰,吴败顿、胡、沈、蔡、陈、许之师于鸡父。胡子髡、沈子楹灭,获陈夏啮。此偏战也,何为以诈战之辞言之?不与夷狄之主中国也。然则何为不使中国主之?中国亦新夷狄也。”对此汉代何休解释说:“中国所以异乎夷狄者,以其能尊尊也。王室乱,莫肯救,君臣上下败坏,亦新有夷狄之行,故不使主之。”[①]既然“中国”不能“尊尊”就成为新夷狄,不能主中国;那么如果“夷狄”能够“尊尊”,就可以成为“中国”,当然可以入主华夏。唐代韩愈甚至更明确地说:“孔子之作《春秋》也,诸侯用夷礼,则夷之;进于中国,则中国之。”[②]同样认为华夏不守礼义可以变为新夷狄,而夷狄知礼义则可以入主中国。此外,伪古文《尚书·蔡仲之命》也有“皇天无亲,惟德是辅;民心无常,惟惠之怀”的说法,把天命与道德结合起来。郝经由此认为,中国之主不一定必须是汉族,只要行德政,少数民族同样可以治理中国。他说:“天无必与,惟善是与;民无必从,惟德之从”;而且“天之所与,不在于地而在于人,不在于人而在于道”[③]。他指出南宋政权腐败无能,已无德无善可言,所以被元朝灭亡。既然“中国既而亡矣,岂必中国之人而后善治哉?圣人有云:夷而进于中国,则中国之。苟有善者,与之可也,从之可也”[④]。因此,蒙古族虽然不是“中国之人”,然而只要能行德治善政,完全可以成为天下共主。

其次,郝经从历史上少数民族皇朝统治成功的范例寻找历史的依据。他举十六国时期氐族人苻坚建立的前秦政权,由于得到汉族政治家王猛的支持,注重吸收汉族士人的治国经验,实行汉法,“故苻秦三十年而天

① 何休:《春秋公羊解诂》,《十三经注疏》,中华书局1980年版,第2196页。

② 韩愈:《韩昌黎全集》卷一一《原道》,中国书店1935年版,第174页。

③ 郝经:《陵川集》卷一九《时务》,《文渊阁四库全书》,台湾商务印书馆1986年版,第1192册,第211页。

④ 郝经:《陵川集》卷一九《时务》,《文渊阁四库全书》,台湾商务印书馆1986年版,第1192册,第211页。

下称治”①,一度统一北方。再一个成功的事例就是拓跋贵族建立的北魏,因为孝文帝元宏迁都中原,放弃鲜卑族落后的民族习惯,学习汉族的礼乐制度,成为“右文复古之贤主”②。郝经认为:“昔元魏始有代地,便参用汉法。至孝文迁都洛阳,一以汉法为政,典章文物灿然与前代比隆,天下至今称为贤君。”③指出北魏政权之所以能比隆前代盛世,原因就在于遵循汉法,以儒家文化作为立国根基。至于金朝历史的发展,更能凸显这一特征。郝经指出:

> 金源氏起东北小夷,部曲数百人,渡鸭绿,取黄龙,便建位号。一用辽宋制度,取二国名士置之近要,使藻饰王化,号十学士。至世宗,与宋定盟,内外无事,天下晏然,法制修明,风俗完厚。④

金朝由一个边鄙部落发展成为与赵宋南北对峙的文明之邦,能够取辽与北宋而代之,固然有多方面原因,但采用汉法,无疑是其国力强盛和政治修明的主要原因。郝经总结说:

> 盖金有天下,席辽宋之盛,监于二代,拥八州而征南海,威既外震,政亦内修,立国安强,徙都定鼎。至大定间,南北盟誓既定,好聘往来,甲兵不试,四鄙不警,天下晏然,大礼盛典,于是具举。泰和中,律书始成,凡在官者,一以新法从事,国无弊政,亦无冤民,灿灿一代之典,与汉唐比隆。⑤

从金朝的历史可以看出,即使少数民族建立的皇朝,只要实行“用夏变夷”的政策,就能够得到汉族士大夫的支持,建立起比隆汉唐的“大礼盛典”,成为中国历史上的盛世之一。

---

① 郝经:《陵川集》卷一九《时务》,《文渊阁四库全书》,台湾商务印书馆 1986 年版,第 1192 册,第 211 页。

② 郝经:《陵川集》卷三二《班师议》,《文渊阁四库全书》,台湾商务印书馆 1986 年版,第 1192 册,第 357 页。

③ 郝经:《陵川集》卷三二《立政议》,《文渊阁四库全书》,台湾商务印书馆 1986 年版,第 1192 册,第 361 页。

④ 郝经:《陵川集》卷三二《立政议》,《文渊阁四库全书》,台湾商务印书馆 1986 年版,第 1192 册,第 362 页。

⑤ 郝经:《陵川集》卷三〇《删注刑统赋》序,《文渊阁四库全书》,台湾商务印书馆 1986 年版,第 1192 册,第 331 页。

郝经通过上述理论阐述和历史的论证,比较有说服力地突破了夷夏之防的观念,明确提出了"能用士而能行中国之道,则中国之主"的民族史观,希望蒙古帝王效法历史上在中原地区建立统治秩序的成功政权,"行中国之道",成为华夏大地上的贤明君主。他指出,元朝建立了全国统治,"今有汉唐之地而加大,有汉唐之民而加多"①,特别是中原汉族士大夫乃是道法的传承者,完全可以辅弼元朝统治者实现王道政治。因为:"尧舜、三代、二汉之世,亦吾民也;今而天下,亦吾民也。吾民不变,则道亦不变;道既不变,则天下亦不变。何遽而不可继不可及,而不可见也哉?"②况且元世祖忽必烈礼贤下士,积极延揽贤才参与管理国家事务,受到汉族士大夫的拥戴,"久符人望,而又以亲则尊,以德则厚,以功则大,以理则顺,爱养中国,宽仁爱人,乐贤下士,甚得夷夏之心,有汉唐英主之风"③,只要能行中国之法,就会建立更大的功业,超过历史上的清明盛世。郝经提出的"能行中国之道,则中国之主"的民族史观,适应了当时北方多数汉族士大夫的政治需要,具有重要的历史意义。④

这是因为蒙古贵族以少数民族入主中原,建立起幅员辽阔的统一皇朝,必须拉拢和依靠汉族士大夫和其他民族的士人阶层为其统治服务。但是,汉族士大夫要与元朝蒙古贵族合作,就必须突破夷夏之大防的传统观念,承认元朝的合法地位。于是他们发挥儒家《春秋公羊传》"用夏变夷"的思想,打破了华夷之间的分野,提出"能用士而能行中国之道,则中

① 郝经:《陵川集》卷三二《立政议》,《文渊阁四库全书》,台湾商务印书馆 1986 年版,第 1192 册,第 362 页。

② 郝经:《陵川集》卷一九《时务》,《文渊阁四库全书》,台湾商务印书馆 1986 年版,第 1192 册,第 211 页。

③ 郝经:《陵川集》卷三八《复与宋国丞相论本国兵乱书》,《文渊阁四库全书》,台湾商务印书馆 1986 年版,第 1192 册,第 447 页。

④ 今人周少川认为:"郝经审时度势地提出了'行中国之道则中国之主'的原则,为当时北方的汉族士民及后来的江南士民免遭杀戮之灾,实现政治抱负提供了理论依据;同时又在某种程度上满足了那些以华夏子孙自居而又不得不与异族统治合作的汉族地主阶级的心理平衡。从更广泛的意义上说,郝经的民族观巧妙处理民族征服与民族冲突、文化隔阂的关系,为汉族与其他少数民族的和睦相处、为儒家礼义文明在新的历史条件下得以发扬光大找到了出路,从而有益于中原及南方汉族文化与各少数民族文化的不断融合,有益于多民族统一国家的进步。"参见《元代史学思想研究》,社会科学文献出版社 2001 年版,第 80 页。

国之主”的民族观，从历代少数民族所建皇朝统治中原的经验教训中，总结出“行汉法”对于蒙古贵族政治统治的重要性，不仅为蒙古贵族统治中原找到了理论依据，而且进一步促进了民族融合与文化认同，为统一多民族国家的发展作出了巨大贡献。

二、“华夷千载亦皆人”的夷夏观

许衡与郝经具有同样的认识，强调华夷一家。他在一首诗里吟道：“直须眼孔大如轮，照得前途远更真。光景百年都是我，华夷千载亦皆人。”①主张用平等的眼光看待民族关系，不赞同斤斤于严夷夏之大防的民族隔阂思想。他从民族团结的远大前程着眼，形成了“天下一家，一视同仁”的认识。许衡指出：

> 元者，善之长也。先儒训之为大，徐思之，意味深长。盖不大则藩篱窘束，一膜之外便为胡越。其乖隔分争，无有已时，何者？所谓善大，则天下一家，一视同仁，无所往而不为善也。二小儿同父母兄弟也，或因小事物相恶骂，即咒其爷娘令死，不知彼父母亦我父母也。②

他通过对元代国号的解释，以通俗易懂的道理说明中国境内的各民族都是同源共祖的兄弟，应当相互容让和团结，不应该相互歧视和斗争。如果像南北朝时期南谓北为“索虏”，北谓南为“岛夷”，就如同兄弟吵骂，虽一时痛快，而不知都在辱骂自己的祖宗。这种各民族一视同仁和天下一家的观念，只有在统一国家中才能够发展，它突破了华夷之辨的狭隘意识，大大加快和促进了统一多民族国家的历史发展进程。

许衡从天下一家的观念出发，引古筹今，从历史发展演变过程中阐述了少数民族皇朝统治中原地区，就必须实行“汉法”。他说：

> 国朝土宇旷远，诸民相杂，俗既不同，论难遽定。考之前代，北方

① 许衡：《许衡集》卷一一《病中杂言》，东方出版社 2007 年版，第 246 页。

② 许衡：《许衡集》卷二《语录下》，东方出版社 2007 年版，第 45 页。

奄有中夏,必行汉法,可以长久。故魏、辽、金能用汉法,历年最多,其他不能实用汉法,皆乱亡相继,史册具载,昭昭可见也。国朝仍处远漠,无事论此,必若今日形势,非用汉法不可也。陆行资车,水行资舟,反之则必不能行。幽燕以北,服食宜凉,蜀汉以南,服食宜热,反之则必有变异。以是论之国家,当行汉法无疑也。①

他以民族平等的眼光看待中国境内各地区的民族和民风,认为尽管存在地域和生活方式之间的差异,但却不能轻易断言孰优孰劣。关键问题是必须因俗而治,不能违背自然规律,否则就会导致“变异”,受到惩罚。蒙古贵族入主中原以前,远处漠北边缘,当然可以采取适应北方民族的统治政策;一旦入据中原,建立全国统治以后,倘若再一味坚持过去传统的游牧民族政策,甚至把这套政策用于广大汉族地区,势必不能适应中原地区的生活方式和民风习俗,受到汉族的抵制。接着他又以历史上的民族政权统治中原地区的经验和教训为例,指出北魏、辽、金能够改用适合汉族地区的政策,其统治得到长治久安,而那些不能因俗而治的少数民族皇朝,都相继短祚,不能长期在中原立足。因此,许衡要求元代统治者在本民族政策的基础之上,大力吸收中原汉族先进的法律制度和成功的政治经验,通过“用汉法”协调蒙古族和汉族各阶层之间的相互关系,建立适合多民族国家的统治政策。

应当指出的是,许衡所强调的“用汉法”,是元初与蒙古统治集团合作的汉族士大夫们的普遍共识,具有广泛的社会影响。

首先,“用汉法”与蒙古传统的习惯法之间没有不可逾越的鸿沟。汉法在文明程度上虽然比北方游牧民族的法制健全完备,但少数民族也是完全可以行用的。因为“华夷千载亦皆人”,所不同的仅仅是文明进程有快有慢,并非存在种族上的差异。既然蒙古族和汉族是同源共祖的兄弟,那么只要蒙古族不断借鉴和吸收汉族先进的法律制度,完全可以达到较高的文化水平,管理好包括汉族在内的中国各族居民。

其次,“用汉法”包括的范围相当广泛。一是指思想教化层面:有人

① 许衡:《许衡集》卷七《时务五事》,东方出版社2007年版,第171—172页。

指出“自古一统天下之主，未有不尊孔氏，隆儒术者也”[①]。二是指典章制度层面：有人称誉北魏“孝文帝迁都洛阳，一以汉法为政，典章文物灿然与前代比隆”[②]。三是指政策措施层面：有人要求元世祖忽必烈“帝中国，当行中国事”[③]；有人更具体说“劝农桑”和“重学校”是“自古圣君贤相平天下之要道”[④]。四是指道德素养层面：有人指出“为人君止于仁，天地之心，仁而已矣。麟凤为羽毛鳞介之长。中国、夷狄、君子、小人，俱要得所”[⑤]；也有人认为“纪纲礼义者，天下之元气也；文物典章者，天下之命脉也。非是则天下之器不能安。小废则小坏，大废则大坏：小为之修完则小康，大为之修完则太平”[⑥]。上述内容，包括了上层建筑领域的方方面面，是与中原汉族地区社会生活相适应的物质文明和精神文明之总和。

再次，“用汉法”并非完全废弃少数民族传统，全部汉化。郝经希望忽必烈“下明诏、蠲苛烦、立新政、去旧汙，登进茂异，举用老成，缘饰以文，附会汉法”[⑦]。所谓“附会汉法”，就是要求元朝统治者“以国朝之成法，援唐宋之故典”[⑧]，蕃汉结合，使天下一新。许衡也指出：“万世国俗，累朝勋贵，一旦驱之下从臣仆之谋，改就亡国之俗，其势有甚难者。……苟能渐之摩之，待以岁月，心坚而确，事易而常，未有不可变者。”[⑨]认为“用汉法”必须采取两种体制长期共存，渐次改革的方式，而不能采取激烈的对抗方式。元朝统治集团在保持蒙古族固有的民族特色和发挥本民

---

① 舒岳祥：《阆风集》卷一一《宁海县学记》，《文渊阁四库全书》，台湾商务印书馆1986年版，第1187册，第437页。

② 郝经：《陵川集》卷三二《立政议》，《文渊阁四库全书》，台湾商务印书馆1986年版，第1192册，第361页。

③ 宋濂等：《元史》卷一六〇《徐世隆传》，中华书局1976年版，第3769页。

④ 许衡：《许衡集》卷七《时务五事》，东方出版社2007年版，第181页。

⑤ 许衡：《许衡集》卷二《语录下》，东方出版社2007年版，第50页。

⑥ 郝经：《陵川集》卷三二《立政议》，《文渊阁四库全书》，台湾商务印书馆1986年版，第1192册，第360页。

⑦ 郝经：《陵川集》卷三二《立政议》，《文渊阁四库全书》，台湾商务印书馆1986年版，第1192册，第362页。

⑧ 郝经：《陵川集》卷三二《立政议》，《文渊阁四库全书》，台湾商务印书馆1986年版，第1192册，第361页。

⑨ 许衡：《许衡集》卷七《时务五事》，东方出版社2007年版，第172页。

族优势的基础上,吸收中原汉族的先进礼乐制度和思想文化,既能够符合蒙古族社会发展的实际状况,又能够为广大汉族人民所接受,使蒙汉各族人民在不断学习和不断融合的条件下,共同进步,共同提高。

由此可见,元代史家"用夏变夷"和"用汉法"的民族观与民族史观,改变了过去从汉族的立场解释民族关系和民族历史的思维定式,从统一多民族国家的实际出发,用较为平和的态度看待民族关系,承认各民族的合作与文化交流,使不同民族的文化在原有水平上进一步提高,具有极其重大的进步意义。

三、炎黄文化传统与民族史观

宋、辽、金三代南北对峙时期,汉族、契丹族和女真族分别在中国境内建立了三个割据、对立的皇朝。这一时期尽管正统观念甚嚣尘上,矛盾、斗争始终没有中断,但在民族关系和历史文化认同意识上却具有同源共祖和天下一家的意识。辽朝建立后,契丹族与汉族之间历史文化的认同有了进一步发展。其中一个突出的表现就是契丹族统治集团非常重视本民族被中原汉族皇朝接受的程度及其方式。欧阳修在《新五代史》中把契丹族的历史放在《四夷附录》里,此事引起辽朝统治集团的不满。刘辉上书说:

> 宋欧阳修编《五代史》,附我朝于《四夷》,妄加贬訾。且宋人赖我朝宽大,许通和好,得尽兄弟之礼。今反令臣下妄意作史,恬不经意。臣请以赵氏初起事迹,详附《国史》。①

这虽然看起来像是在为辽朝争门面,但实际上反映出辽朝对自身在中国历史上的地位的重视,曲折地表现了天下一家的思想。关于契丹族的起源,唐初官修的《周书》认为契丹族出于炎帝之后,而辽朝史官耶律俨在修撰的《实录》《国史》中则认为出于黄帝之后。由此可见,不论是汉族史家还是契丹族史家,都具有各民族同源共祖的理念,历史认同意识不断增

① 脱脱等:《辽史》卷一〇四《刘辉传》,中华书局1974年版,第1455—1456页。

强。金朝建立以后,继承中原皇朝修史的传统,不仅撰修本朝史,而且熙宗朝和章宗朝两次为辽朝修史。金章宗在第二次撰修《辽史》时,曾经讨论金朝的继统问题,有人提出继承唐代和北宋之统,另一些人则提出继承辽代之统。① 不仅如此,金朝君臣还把女真贵族建立的皇朝视为中国的正统所系。元好问认为:“金源氏有天下,典章法度几及汉唐。”②海陵王完颜亮“耻为夷狄,欲绍中国之正统”③,以统一天下为己任。金世宗甚至指出:“我国家绌辽、宋主,据天下之正。”④上述认识有益于突破传统的夷夏之防和民族隔阂的观念,形成混一华夷和天下一家的新观念,在历史文化认同的历程中具有极其重要的意义。

蒙古灭金以后,一些汉族士大夫就预想撰修《辽史》和《金史》。刘秉忠向当时尚未即位的忽必烈建言:“国灭史存,古之常道。宜撰修《金史》,令一代君臣事业不坠于后世,甚有励也。”⑤虽然建议无法付诸实施,却反映出鲜明的历史认同意识。稍后王鹗也提出这个问题,建议为辽、金两朝修史:

> 自古帝王得失兴废班班可考者,以有史在。我国家以威武定四方,天戈所临,罔不臣属,皆太祖庙谟雄断所致,若不乘时纪录,窃恐岁久渐至遗忘。金《实录》尚存,善政颇多;辽史散逸,尤为未备。宁可亡人之国,不可亡人之史。若史馆不立,后世亦不知有今日。⑥

他还指出对于辽代历史的编纂更为迫切,因为“自古国亡而史不亡,唐取隋史焉,宋取五代亦然。金不为辽作史,至今天下有遗恨”⑦。可见他对于历史的认同意识视野更加开阔。元军攻克南宋都城临安以后,董文炳上疏:“国可灭,史不可没。宋十六主,有天下三百余年,其太史所记,具

---

① 参见佚名:《大金德运图说》,《文渊阁四库全书》,台湾商务印书馆 1986 年版,第 648 册,第 309—322 页。

② 脱脱等:《金史》卷一二六《元好问传》,中华书局 1975 年版,第 2742 页。

③ 佚名:《中兴御侮录》,《粤雅堂丛书》本,第 2 页。

④ 脱脱等:《金史》卷二八《礼志一》,中华书局 1975 年版,第 694 页。

⑤ 宋濂等:《元史》卷一五七《刘秉忠传》,中华书局 1976 年版,第 3691 页。

⑥ 苏天爵:《元朝名臣事略》卷一二《内翰王文康公》,中华书局 1996 年版,第 239 页。

⑦ 王恽:《秋涧集》卷八二《中堂记事下》,《文渊阁四库全书》,台湾商务印书馆 1986 年版,第 1201 册,第 199 页。

在史馆,宜悉收以备典礼。”于是元朝“乃得宋史及诸注记五千余册,归之国史院”①,为后来撰修《宋史》准备了材料。

元代史家在讨论撰修宋、辽、金三史的义例时,也反映出华夷如一、天下一家的观念。修端不赞同世人以宋为正统的看法,认为北宋与辽“约为兄弟,仍以世序昭穆。降及晚年,辽为翁,宋为孙”;金自“金太祖举兵灭辽克宋,奄有中原三分之二,子孙帝王,坐受四方朝贡,百有余年”,而“宋自靖康以来,称臣侄,走玉帛,岁时朝贡,几于百年”。因此,三史编撰义例应当是:

> 辽自唐末保有北方,又非篡夺,复承晋统,加之世数、名位远兼五季,与前宋相次,而终当为《北史》。宋太祖受周禅,平江南,收西蜀,白沟迤南,悉臣于宋,传至靖康,当为《宋史》。金太祖破辽克宋,帝有中原百余年,当为《北史》。自建炎之后,中国非宋所有,宜为《南宋史》。②

与此同时,“又有待制王理者,著《三史正统论》,欲以辽、金为《北史》,建隆至靖康为《宋史》,建炎以后为《南宋史》”③。虞集也有相似的看法,曾经“间与同列议三史之不得成,盖互以分合论正统,莫克有定。今当三家各为书,各尽其言而核实之,使其事不废可也”④。亦即抛开正闰之争,三史分书,各自纪元,不相统属。王祎则提出了宋、辽、金均非正统之说,认为元代之统并非承继任何一方,而是兼容三朝。他说:

> 靖康之乱,南北分裂。金虽据有中原,不可谓居天下之正。宋既南渡,不可谓合天下于一。其事适类于魏蜀、东晋、后魏之际,是非难明,而正统于是又绝矣。自辽并于金,而金又并于元,及元又并南宋,然后居天下之正,和天下于一,而复正其统。⑤

---

① 宋濂等:《元史》卷一五六《董文炳传》,中华书局 1976 年版,第 3672 页。

② 修端:《辨辽宋金正统》,《元文类》卷四五,《文渊阁四库全书》,台湾商务印书馆 1986 年版,第 1367 册,第 590 页。

③ 毕沅:《续资治通鉴》卷二〇八,元顺帝至正三年三月,岳麓书社 1993 年版,第 629 页。

④ 虞集:《虞集全集·送墨庄刘叔熙远游序》,天津古籍出版社 2007 年版,第 549 页。

⑤ 王祎:《王忠文集》卷四《正统论》,《文渊阁四库全书》,台湾商务印书馆 1986 年版,第 1226 册,第 72 页。

他们的意见，为突破传统的正统观念和三代各与正统思想的产生奠定了基础。于是至脱脱受诏总修三史，终于最后形成三朝各予正统的主张。史载："先是诸儒议论三国正统，久不决。至是脱脱独断曰：三国各予正统，各系其年号。议者遂息。"①这不仅解决了三史撰修义例问题，而且确立了宋、辽、金三个皇朝地位平等的原则，具有重大历史意义。尽管"三国各予正统"仍然未能跳出正统论的窠臼，但是突破了传统正统论的夷夏之辨观念，体现了民族平等和同源共祖的理念，在历史文化认同方面具有重大意义。具体到《宋》《辽》《金》史书的记载，许多内容都反映出天下一家的观念。例如关于契丹的族源，元代史家遵从唐人的意见，认为"辽之先，出自炎帝"②。对此，他们还作出说明与考证：

> 庖牺氏降，炎帝氏、黄帝氏子孙众多，王畿之封建有限，王政之布濩无穷，故君四方者，多二帝子孙，而自服土中者本同出也。考之宇文周之书，辽本炎帝之后，而耶律俨称辽为轩辕后。俨《志》晚出，盍从《周书》。盖炎帝之裔曰葛乌菟者，世雄朔陲，后为冒顿可汗所袭，保鲜卑山以居，号鲜卑氏。既而慕容燕破之，析其部曰宇文，曰库莫奚，曰契丹。契丹之名，昉见于此。③

类似这种明确说明中原汉族与周边少数民族同属炎黄子孙的言论，在以往的史家论著中还不多见。元修《金史》也多处表达各民族一家的认识，如称"女直、渤海，本同一家"④；又称"契丹、汉人，久为一家"⑤；尤其是"猛安人与汉户，今皆一家"⑥。上述内容，既是对元代汉族、渤海、契丹、女直（女真）各民族融合逐步深化的客观记载，也"表明了自唐至辽和元，在民族历史文化认同上的发展趋势，是有重大而深远的意义的"⑦。其意义就在于呈现出民族认同与文化认同的双重特征，在中华民族发展和壮

---

① 权衡：《庚申外史》卷上，清雍正六年鱼元传抄本，第8页。

② 脱脱等：《辽史》卷二《太祖纪下》，中华书局1974年版，第24页。

③ 脱脱等：《辽史》卷六三《世表》序，中华书局1974年版，第949页。

④ 脱脱等：《金史》卷二《太祖纪》，中华书局1975年版，第2页。

⑤ 脱脱等：《金史》卷七五《卢彦伦传》，中华书局1975年版，第1715页。

⑥ 脱脱等：《金史》卷八八《唐括安礼传》，中华书局1975年版，第1964页。

⑦ 瞿林东：《中国史学史纲》，北京出版社1999年版，第579—580页。

大的历史进程中具有里程碑的作用。

四、夷夏之防观念的衰微

辽、夏、金、元时期,北方和西北的广大地区长期处在契丹、党项、女真、蒙古各少数民族统治集团的统治之下,民族友好与民族融合的趋势不断深入。在这样的社会氛围中,北方的汉族士大夫亲身接触少数民族的事务,对少数民族政权开发黄河以北所作出的贡献有充分的了解。因此,他们比较容易从民族和好的角度看问题,能够客观地认识民族关系,有力地冲决了夷夏之防的传统观念。

金末元初人杨奂撰《正统书》,讨论中国历史上的正统问题,不从华夷之变的视角出发,而是以“王道之所在”确定“正统之所在”。不论是汉族皇朝,还是少数民族皇朝,只要按照儒家政治标准行事,使其社会文明程度达到“王道”的水准,就是中国的正统。例如南北朝时期,刘奂以北魏政权为正统。他指出:“舍刘宋取元魏,何也?痛诸夏之无主也。大明之日,荒淫残忍抑甚矣。中国而用夷礼则夷之,夷而进于中国,则中国之也。”[①]他鉴于刘宋政权统治阶级内部荒淫腐朽,骨肉相残,纲常伦理丧失殆尽,认为刘宋已经无法传承中国统绪。相反,鲜卑族建立的北魏政权励精图治,统一了北部中国,形成蒸蒸日上的社会安定局面;尤其是魏孝文帝迁都洛阳后,积极接受汉族先进文化,奉行儒家之道,成为当时中国境内最清明的政权,完全可以接续中国历代相传的正统。杨奂的思想认识突破了种族和地域的观念,标志着汉族士大夫信奉千年的夷夏之防理念,已经由鼎盛开始走向式微了。

元代的修端也不赞同片面尊中国而抑四夷的狭隘民族观,提出辽、金政权和两宋政权一样,都有资格居于中国的正统地位。他明确否定当时社会上所谓“辽之有国,僻居燕云,法度不一,似难以北魏、北齐为比”和“自唐以降,五代相承,宋受周禅,虽靖康间二帝蒙尘,缘江淮以南,赵氏

---

① 杨奂:《还山遗稿》卷上《正统八例》总序,《适园丛书》,广陵书社2016年版,第6页。

不绝。金于《宋史》中，亦犹刘、石、苻、姚，一《载记》尔”两种意见，认为这是不能正视辽金历史的偏颇之论。他指出“辽自唐末保有北方，又非篡夺，复承晋统，加之世数、名位远兼五季，与宋相次”，而“金太祖破辽克宋，帝有中原百余年”①的事实，反对歧视辽金等皇朝，主张平等对待辽、金、宋三朝的历史，充分肯定三者各自对中国历史发展作出的贡献。由此可以看出，古老的华夷之辨思想正在逐步朝着淡化华夷差别的思想发展，从根本上涤荡了夷夏之防的守旧传统观念，成为中国古代民族观与民族史观中最具进步意义的发展趋势。

元末明初史家王祎主持撰修《元史》，以汉族皇朝为少数民族皇朝撰修纪传体皇朝史，承认元朝历史的正统地位。这种经历使他更容易形成华夷如一的观念，撤除夷夏之防的藩篱。他认为以夷夏之分作为是否得统的依据，有失偏颇，难以自圆其说，故难以使各方面都能接受。比如：

> 自晋之灭，而南为东晋、宋、齐、梁、陈，北为后魏、后周、隋。私东晋者，曰隋得陈而后天下一，则推其统曰晋、宋、齐、梁、陈、隋。私后魏者，曰统必有所授，则推其统曰隋授之后周，后周授之后魏。此非失于偏哉！②

王祎要求论正统必须符合天下之公义，防止私心而论的偏失，主张对南北各朝等量齐观，根据历史演变的实际情况评价历史。他撰写《大事记续编》，不仅把南北朝对等记载，而且还以小字并书各国纪年，不分轩轾。王祎指出：

> 欧阳修《正统论》绝晋于建兴，而复不与魏。阮逸作《元经》，绝南于齐之初，进魏于孝文太和五年。司马光《通鉴》以宋、齐、梁、陈为正统，及隋灭陈，然后以统归之。宋庠《纪年通谱》绝南于晋亡，进魏于明元帝泰常五年。朱熹曰：刘聪、石勒诸人皆晋之故臣，故东晋以君临之，宋、齐何可比东晋？自古亦有无统时，南北止当并书。今

---

①　修端：《辨辽宋金正统》，《元文类》卷四五，《文渊阁四库全书》，台湾商务印书馆 1986 年版，第 1367 册，第 590 页。

②　王祎：《王忠文集》卷四《正统论》，《文渊阁四库全书》，台湾商务印书馆 1986 年版，第 1266 册，第 71 页。

从朱氏及《纪年通谱》。①

因而他能够对南北朝、宋辽金等皇朝并立时期的历史,客观如实记载,不是单纯地以汉族贵族所建皇朝为正统,以少数民族贵族所建皇朝为僭伪,大大淡化了华夷之辨的观念。

明代中叶以后,尽管由于现实中蒙汉民族矛盾激化而导致严辨华夷的呼声不断高涨,然而也有一些汉族士大夫能够冷静地看待历史上的各族皇朝,主张平和地对待民族关系。于慎行指出:

三虏国势,辽不如金,金不如元;三虏国俗,元不如金,金不如辽。何也?辽人所有于中国者,自辽左以内,幽并二州,即今顺永、辽东、宣大,不足于两省,北方之雄尔。金则包有两河、关陕、江北、淮南之地,与三国、六朝北魏幅员相等,南北之形也。至于元人,则混一华夷,纵横数万余里,自五帝三王以来,土宇未有如是之广也,汉唐不足道矣。故曰:辽不如金,金不如元。契丹自唐盛时,附在北鄙,衣冠食用,渐有华风,故其建国以来,声名政教与宋不相远也。女真起自海上,不通中土,风俗鄙朴矣。至于蒙古,又出达靼部落,在漠北绝远之地,有国数十年,法度风俗,鸿濛未凿;即楚材创造于先,世祖润色于后,声教纪纲,渐入中华,而风俗文物,依然北荒之朴,较之辽金,有径庭焉。故曰:元不如金,金不如辽。②

尽管他仍然站在汉族立场上,把少数民族称为“虏”,但却能够从民族融合的大处着眼,指出辽、金、元三朝的文明程度与他们统治的汉族地域和吸收的汉族文化成正比,这是正确的见解。正因为辽金的文明程度可以与两宋比肩,所以于慎行对元修《宋》《辽》《金》三史各予正统的做法表示赞赏。他认为:

元人修三史,各为一书,是也。《通鉴》编年之史,不相照应,即当如《南北史》之例,不必有所低昂,可也。近世文雅之士,有为《宋史新编》者,尊宋为正统,而以辽金为列国,则名实不相中矣。彼南

① 王祎:《大事记续编》卷三六,《文渊阁四库全书》,台湾商务印书馆1986年版,第333册,第498页。

② 于慎行:《读史漫录》卷一四《辽金元》,齐鲁书社1996年版,第491页。

> 北二《史》，互相诋呵，南以北为索虏，北以南为岛夷，此列国相胜之风，有识者视之，已以为非体矣。乃今从百世之后，记前代之实，而犹以迂阔之见，妄加摈斥，此老生之陋识也。辽金绳以夷狄僭号，未克混一，而中国土宇，为其所有，亦安得不以分行之体归之？而欲夷为列国，附于《宋史》之后，则不情也；且彼亦受之于天矣。①

于慎行批评柯维骐《宋史新编》以两宋为正统，而把辽、金两国列入外国的做法是比元代史家历史观与民族史观倒退的“陋识”，可渭深中肯綮。他把辽、金与两宋三个皇朝同等看待，尤其是认为辽、金立国与汉族政权一样“受之于天”，也比一般的汉族士大夫否认少数民族贵族所建皇朝得“天命”的狭隘见解，确实高明许多，在客观上大大提高了少数民族贵族所建皇朝的历史地位，有利于从根本上冲决夷夏之防的意识，形成华夷一体的新观念。

清代是以满族贵族为统治主体而建立的统一多民族国家，地域空前统一，包含众多的民族。在这个多民族统一国家中，天下一家和同源共祖的观念更加深入和发展。早在满族入关之前，后金统治者对居住在东北地区的各民族就具有同族一家的认识，把他们纳入清朝管辖的范围之内。在西北地区，清朝与蒙古族建立起非常密切的关系。清朝在进入中原以后，为争取广大汉族士大夫的支持，建立全国性统治，又大力宣扬“满汉一家”的理论，客观上加快了民族认同步伐。所谓“满汉一家”，主要体现为争取汉族士大夫对清朝的合作与支持。通过实行“满汉一家”的政策，清朝笼络了大批汉官、汉绅、汉将、汉兵，利用他们对广大汉族人民实行有效统治，为安定地方秩序，统一全国起了很大的作用。上述各项政策的实施，尽管清朝的主观动机是建立满蒙、满汉联合的统治机器，但在客观上有利于满汉民族的团结，从而实现中国境内各民族天下一家的局面。

清代的今文经学家进一步突破夷夏之防的观念，为消解历史上夷夏之辨的思想作出了贡献。刘逢禄是清代今文学的集大成者，认为孔子作《春秋》诛天子，贬诸侯，讥大夫，寄托了大一统理想。他继承

---

① 于慎行：《读史漫录》卷一四《辽金元》，齐鲁书社 1996 年版，第 511 页。

自汉代董仲舒以来的公羊家思想,进一步阐发公羊学的历史进步观念,突出“夷狄进至于爵”的主张,肯定四夷狎盟的社会现象。刘逢禄指出:

> 余览《春秋》进黜吴楚之末,未尝不叹圣人驭外之意至深且密也。昔圣人序东周之《书》,唯存《文侯之命》及《秦誓》,著其盛衰大旨。其于删《诗》,则列秦于《风》。序《蒹葭》曰:未能用周礼。序《终南》曰:能取周地。然则代周而改周法者,断自秦始,何其辞之博深切明也!秦始小国辟远,诸夏摈之,比于戎狄;然其地为周之旧,有文武贞信之教,无敖僻骄侈之志,亦无淫佚昏惰之风,故于《诗》为夏声。其在春秋无僭王猾夏之行,亦无君臣篡弑之祸,故《春秋》以小国治之,内之也。吴通上国最后,而其强也最骤,故亡也忽焉。秦强于内治,败殽于后,不勤远略,故兴也勃焉。楚之长驾远驭强于秦,而其内治亦强于吴,故秦灭六国而终覆秦者楚也。圣人以中外狎主承天之运而反之于礼义,所以裁成辅相天地之道而不过乎物,故于楚庄、秦穆之贤而予之,卒以为中国无桓、文则久归之矣,何待定、哀之末而后京师楚哉?于吴光之败陈、许,几以中国听之。慨然而深思其故曰:中国亦新夷狄也!……故观于《诗》《书》,知代周者秦,而周法之坏,虽圣人不可复也。观于《春秋》,知天之以吴楚狎主中国而进黜之义,虽百世不可易也。①

这可以视为古代历史理论中关于夷夏观与正统观合而论之的一篇总结性的宏文。刘逢禄承认夷狄因内治成功、文化发展而进为华夏,诸夏因朝纲不振、风俗窳惰而降为夷狄,从而真正达到公羊学家理想的“夷狄进至于爵,天下远近大小若一”②的境界,实现国家统一的大一统局面。

到清代后期,公羊学派又把“大一统”和“张三世”的理论结合起来,融入某些新的内涵,夷夏之辨的观念也发生了转向。陈立认为:“内其国而外诸夏,所传闻世也。内诸夏而外夷狄,谓所闻世也。至所见世则著治

① 刘逢禄:《公羊何氏释例·秦楚吴进黜表第十九》,清嘉庆养一斋刻本,第97页。

② 何休:《春秋公羊解诂》,《十三经注疏》,中华书局1980年版,第2200页。

太平,夷狄进至于爵,天下远近大小若一矣。”①而龚自珍和魏源则主要通过宣扬“据乱”“升平”和“太平”三世之说,重在宣传社会改革。至清末康有为,遂以由“三世”进至“大同”之说代替大一统学说,夷夏之防的观念逐步退出了中国历史舞台。

小 结

在五代至清代这一长时段中,中国历史发展呈现出极其复杂的态势,表现在民族关系方面,最突出的特点就是民族矛盾比较尖锐,并且与阶级矛盾交织在一起,给历史发展进程带来深刻影响。然而从总体趋势来看,国家统一与民族融合则是这个阶段历史发展的主要趋势。这一阶段的民族观念与民族史观念中,不论是严华夷之防、谨华夷之辨,还是天下一家、同源共祖的认识,表面上看相互对立和相互冲突,但在本质上共同表现出中华民族向往统一、反对分裂的民族主义和爱国主义精神,这些认识成为中国古代历史理论总结与嬗变时期的重要内容。

这种民族观念与民族史观念,是以各民族文明程度高低来判定华夷界限,超越了单纯以种族和地域的差别判断华夷性质的局限,理性地处理了民族冲突与文化隔阂的矛盾,为汉族与各少数民族和睦相处、缓解民族矛盾带来的民族对立情绪,为各民族的文化交融与共同发展进步开辟了一个前所未有的新局面,有利于以儒家文明为核心的中国传统文化在原有的较高水平上进一步发扬光大,有利于中国境内各民族整体文明程度的提高,具有巨大的历史进步意义。这一历史观念与中国传统的同源共祖、天下一家观念结合在一起,共同冲决了狭隘的华夷之辨意识,有力地增强了中国境内各民族相互团结的纽带,为统一多民族国家的发展和形

① 陈立:《公羊义疏》卷五四,《四部备要》,上海中华书局据南青书院续纪解本校刊,第7页。

成奠定了基础。到晚清时期,中国历史的脚步已经迈入近代社会,古老的华夷之辨观念开始退出历史舞台,中国境内各民族团结起来抵抗外国侵略,华夷之辨的内涵也由古代中国境内民族间的区别转变为中国境内各民族与西方殖民主义者之间的区别,最终形成统一多民族大家庭的中华民族。以这一历史转变为契机,中国历史理论中的民族观与民族史观也增添了近代思想内涵,发展为一种崭新的理论,标志着古代历史理论的终结与嬗变。

第六章

国家观的发展及其反映的历史意识

五代辽宋夏金元明清时期的历史形势，一方面，中国社会发展出现了重大的变化，君主专制愈益巩固，明清时期更为突出，国家统治机构及其功能随之强化。另一方面，中国这一时期又进入一个多民族冲突和融合发展的历史阶段，呈现出统一的多民族国家发展的新格局。北方一些强大的少数民族统治集团或建立起与中原皇朝相对抗的皇朝，如辽、金和西夏等；或入主中原，建立起大一统的国家，即元朝和清朝。它们为维护自身的生存与发展，或“因俗而治”，或易俗而“行汉法”，建立起各具特色的政治统治。一些史学家及政治家结合“与时宜之”和“历史之势”等思想对这些社会政治实践进行了理论分析和总结，大大丰富了以往的国家观。还有一些史学家从如何使国家统治更好生存发展并免遭灭亡的角度，对分封制与郡县制作了进一步的探讨，尤其是顾炎武提出的“寓分封于郡县”的国家政治体制学说，有重要的理论价值。总的看来，这一时期的史学家往往根据当时社会历史条件的新变化与新发展，继承前人的思想成果，结合历史事实对国家观的诸多问题进行了理论阐发。

第一节 国家起源与国家职能思想的丰富

一、关于国家起源认识的丰富

宋元明清时期史学家有关国家起源的探讨继承魏晋南北朝隋唐时期的思想、理论成果,并有新的发展,形成了国家起源说的新认识。这大体包括两方面:一是在继承以往各种国家起源说的基础上,对其加以丰富。尤其是司马光结合君主的起源和出现问题,对国家起源论作了不少论述,对国家起源的具体过程详加阐述,丰富了有关国家起源的思想;二是在明清之际及清中后期,随着君主专制主义批判思潮的出现,一些史学家突破了以往的国家起源论,在这个问题上提出了许多极富价值的新思想,极大地发展了中国古代的国家起源论。

司马光糅合了"除乱禁暴"说和"圣人立教"说来阐述国家起源问题,对国家起源和形成时其形态和功能作了简要而全面的概括。他说:

> 古之人食鸟兽之肉,草木之实,而衣其皮。鸟兽日益殚,草木日益稀,人日益众,物日益寡,视此或不足,视彼或有余,能相与守死而勿争乎?争而不已,相贼伤,相灭亡,人之类盖可计日而尽也。圣人者愍其然,于是作而治之,择其贤智而君长之,分其土田而疆域之,聚其父子兄弟夫妇而安养之,施其礼乐政令而纲纪之,明其道德仁义孝慈忠信廉让而教导之。犹有狂愚傲狠之民悖戾而不从者,于是,鞭朴以威之,鈇钺以戮之,甲兵以殄之。是以民相与安分而保常,养生而送终,繁衍而久长也。①

关于国家起源和形成的具体历史过程,司马光也作了详尽的描述,他既指

① 司马光:《传家集》卷七一《闻喜县修文宣王庙记》,《文渊阁四库全书》,台湾商务印书馆1986年版,第7页。

出国家的形成是社会经济生产发展的结果，又认为国家各种制度和生活器物的发明是“圣人立教”的产物。他称太昊伏羲氏继天而王，除制八卦以通神明之德和顺万物之情外，还结绳为网罟，以佃以渔；教民豢养六畜，无逐捕之劳便可充庖，且以为牺牲享神祇等；又建立君长制度和各种制度来治理人民，即“立聪明之君长以司牧之”①。

司马光在《稽古录》卷一中描绘了传说中的君长们创立社会生活制度、礼义制度和国家暴力机器以养民、教民和威民的过程，分析了国家组织形成的原因。他从人类群居的社会性，人口和生活资料的关系来揭示国家产生的社会历史条件，力求阐明国家形成过程中经济、政治与文化道德之间的相互关系。同时，他还将国家的起源看成是一个长期演进的历史过程，不同阶段创造了不同的国家制度与器物文化。可以说，他的国家起源论体现了唯物的、历史理性的精神。然而，他又将国家制度和礼仪器物等物质与精神文明的创造视为伏羲、神农、炎黄等“圣人立教”的结果，这又给其国家起源说披上了神秘的面纱。

司马光在国家起源上将自然生成与圣人创制相糅合，并将三皇五帝视为国家起源之始，这种观点是中国古老的国家起源说的主流，在宋元明清时期依然占据主导地位。不过，由于人们对三皇五帝的看法各不相同，因此，对圣人立教和创制的具体看法也不尽相同，并导致了在解释国家起源的具体过程时往往各执一说。

明代李贽对国家起源进程和圣人立制的具体解释就与司马光有差异。他说，盘古氏“为三才首君，于是混茫开矣”；天皇氏制干支之名以定岁之所在，地皇氏分昼夜定日夜；到人皇氏，“相厥山川，分为九区，人居一方”，当是时，“主不虚王，臣不虚贵，政教君臣所自起，饮食男女所自始”。这里，李贽将国家的形成提前到人皇氏。他进而提到有巢氏教民构木为巢以避禽兽之害，教民取禽兽之皮以蔽身，称燧人氏教民钻木取火以烹饪，作结绳之政和立传教之台，为日中之市，兴交易之道。又说，“遂皇有四佐：明由、必育、成博、陨丘”，这意味着政治制度的形成。又说，太

① 司马光：《稽古录》卷一《伏羲氏》，北京师范大学出版社1988年版，第1页。

昊伏羲氏始作网罟教民以佃以渔,又养六畜以充庖厨,且以为牺牲,享神祇;仰观象于天,俯观法于地,中观万物于人,画八卦,"以通神明之德,以类万物之情";作遗书契以代结绳之政,书制有六,"使天下义理必归文字,天下文字必归六书";别男女,始制嫁娶,"以俪皮为礼,正姓氏,通媒妁,以重人伦之本,而民始不渎";设立官吏制度,"以龙纪官,分理宇内,而政化大治";并作乐音"以镇天下之人"和"以修身理性"。李贽称炎帝神农氏因天时,相地宜,教民制作耜、耒和艺五谷,"农事兴";命民"日中为市,致天下之民,聚天下之货,令其交易得所"。又称,黄帝修德治民,通过战争杀蚩尤,"于是诸侯推之,代神农为天子。……得六相而天地治,神明至";作咸池之乐和衮冕衣裳之制,"以表贵贱";作宫室,"祀上帝、接万灵、布政教焉。又范金为货,制金刀,立五币,以制国用";又"画野分州,得百里之国万区,遂经土设井以塞争端,立步制亩以防不足"。[①]可以说,至此国家制度已经被黄帝基本创立和予以完善了。

明清之际的一些史学家在对君主本质进行新探讨的同时,也对国家起源作了新的理论思考。王夫之在论及国家起源时说,唐、虞以前虽无得详考,"然衣裳未正,五品未清,婚姻未别,丧祭未修,狉狉獉獉,人之异于禽兽无几也"[②]。又说,"燧、农以前,我不敢知也,君无适主,妇无适匹,父子兄弟朋友不必相信而亲"[③]。这是一种以疑存疑的历史态度,比那种主观臆测的圣人立教说前进了一大步。更为重要的是,他提出了具有自然进化论色彩的国家起源观,他说:

> 故吾所知者,中国之天下,轩辕以前,其犹夷狄乎!太昊以上,其犹禽兽乎!禽兽不能全其质,夷狄不能备其文。文之不备,渐至于无文,则前无与识,后无与传,是非无恒,取舍无据,所谓饥则呴呴,饱则弃余者,亦植立之兽而已矣。[④]

可见,在王夫之看来,人类在进入文明社会之前与禽兽并无区别,不过是

① 李贽:《史纲评要》卷一《三皇五帝纪》,大通书局1975年版,第1—6页。

② 王夫之:《读通鉴论》卷二〇《太宗八》,中华书局1975年版,第597页。

③ 王夫之:《诗广传》卷五《周颂·一一》,中华书局1964年版,第154页。

④ 王夫之:《思问录·外篇》,中华书局1956年版,第72页。

一种无文无识的“植立之兽”。其演化的过程是由“植立之兽”进化到“不能备其文”的夷狄，再进化到文明社会，这是一个历史过程。这种人类文明和国家的演进观与近代历史进化论相比虽然是十分朴素的，但是却包含着天才的想象。

顾炎武的国家起源说也颇具反传统的色彩。他说：

> 自天下为家，各亲其亲，各子其子，而人之有私，固情之所不能免矣。……合天下之私以成天下之公，此所以为王政也。……此义不明久矣。世之君子必曰：有公而无私，此后代之美言，非先王之至训矣。①

公开承认人类社会自始就存在人之私及其合理性，并认为即便是三代也是如此，这与儒学正统人性论及国家起源说是相悖的。顾炎武还指出，“君主之职”在于“合天下之私以成天下之公”，也就是“王政”。可见，在顾炎武看来，人类社会和国家在形成之时便是私有的，这种观点是对明清儒学道统史观中“天下为公”论的直接否定。

唐甄在谈论国家起源时说：

> 天地初辟，有道无德，有治无政，清静渊默，各养其身。黄帝谷神之书，老聃称述，传为道宗。运及尧舜，生人日众，情欲日开，不能与鸟兽杂处。黄帝所治，不复可治，政教乃起，学问乃备。使五谷为食，五行为用，五教为序，五兵为卫，心原身矩，以溉生匡俗。②

说黄帝所治时“政教乃起，学问乃备”，其意即是说到黄帝时国家和文明才真正形成。这种观点对占主流地位的三皇五帝起源论也是一种否定。

龚自珍的国家起源论则别具一格。他说：

> 天地，人所造，众人自造，非圣人所造。……众人之宰，非道非极，自名曰我。我光造日月，我力造山川，我变造毛羽肖翘，我理造文字言语，我气造天地，我天地又造人，我分别造伦纪。众人也者，骈化而群生，无独始者。有倮人已，有毛人，有羽人，有角人，有肖翘人。

① 顾炎武：《日知录》卷三《言私其豵》，黄汝成集释：《日知录集释》，岳麓书社 1994 年版，第 92 页。

② 唐甄：《潜书》上篇《性功》，中华书局 1963 年版，第 21—22 页。

> 毛人、羽人、角人、肖翘人也者,人自所造,非圣造,非天地造。其匹也,杂不部居。倮人之不与毛、角者匹,其后政,非始政。后政也者,先小而后大。五人主为政,十人主为政,十十人主为政,百十人主为政,人总至,至于万,为其大政。有众人已,有日月;有日月已,有旦昼。日月旦昼,人所造,众人自造,非圣人所造。……人之初,天下通,人上通,旦上天,夕上天,天与人,旦有语,夕有语。万人之大政,欲有语于人,则有传语之民,传语之人,后名为官。……后政不道,使一人绝天不通民,使一人绝民不通天。……比其久也,乃有大圣人出,天敬降之。①
>
> 既有世已,于是乎有世法。民我性不齐,是智愚、强弱、美丑之始。……民我性能类,故以书书其所生。又书所生之生,是之谓姓,是谱谍世系之始。一人生二子,则有长幼,则宗之始。有宗谍已,恐其乱,故部男女,是禁男女之始。佃有公、侯、伯,有土之君始。②

在龚自珍看来,习俗、家庭和社会伦理关系及道德准则等国家制度和习俗,都是由天下人根据需要制订的,是人自身的意志及其创造力的产物,这是对圣人创教立制国家观的彻底否定。特别是他将先天地而生的、具有主观能动性和意志力的人(“我”)视为社会历史发展的“第一原动力”,国家制度、政权组织、帝王和宗教及文明习俗都是人自己创造的产物,而非某一神性的圣王创造的,体现了鲜明的人本主义和反礼教的个人主义色彩,在理论上是一大突破。

综上所述,司马光、李贽等视三皇五帝为国家的起源时期,认为国家起源于自然发展与圣人立教说的结合,这些朦胧的推测包含有合理的认识,它们曲折地透露了史学家们在国家起源认识上积极探求的精神。而明清之际的史学家、思想家和清代史家龚自珍在国家起源问题

① 龚自珍:《龚自珍全集》第1辑《壬癸之际胎观第一》,上海古籍出版社1975年版,第12—13页。

② 龚自珍:《龚自珍全集》第1辑《壬癸之际胎观第二》,上海古籍出版社1975年版,第14页。

上,以存疑的态度对待圣人立教和创制说,提出人类文明与国家起源是一个自然进化的过程,肯定人的自然本性即私欲对国家起源的作用等,强调个人的意志及其主体创造性在国家形成发展中的作用。上述思想极大地开拓了中国古代国家起源论的新视野,使中国古代的国家观发展到一个新的水平。

二、关于国家职能认识的深入

(一)“以礼卫人”,“刑贵中和”

唐代史家杜佑《通典》一书,反映了那个时期史学家对国家职能的认识,在理论和操作的层面上,都达到了新的高度,可以看作是在历史和逻辑的一致性上反映了国家职能观。宋元明清时期,随着君主专制国家的职能和体制的发展,史学家和思想家关于国家职能的认识也得到了丰富。

宋元明清的史学家在这些方面做过不同程度的论述,但讨论最多的则是礼、法在国家及社会生活中地位和作用及其与人君为政的关系。关于这方面的讨论,本是久已有之的问题,但这时期的史学家、思想家还是提出了一些新的认识。

首先,关于礼、礼治及其本质与作用的认识。一些史学家在承继传统礼治思想的基础上,对礼、礼治及其作用等问题展开了进一步的阐述,其中,司马光和欧阳修的阐述最为丰富和深入。

司马光将礼视为治国之本,说,“国家之治乱本于礼”[①],“治礼义,则余无不治”[②]。礼为什么在治国中具有如此重要的地位和作用呢?司马光说:“礼者,上下之分是也。”[③]“礼莫大于分……何谓分?君、臣是

① 司马光:《司马光奏议》卷七《谨习疏》,山西人民出版社1986年版,第78页。

② 司马光集注:《扬子法言》卷六《五百篇》,《文渊阁四库全书》,台湾商务印书馆1986年版,第8页。

③ 司马光:《司马光奏议》卷一六《阶级札子》,山西人民出版社1986年版,第175页。

也。”[①]这是强调等级名分。他又说:“礼者,人所履之常也。其曰辨上下,定民志者何?夫民生有欲,喜进务得,而不可厌者也。不以礼节之,则贪淫侈溢而无穷也。是故先王作为礼以治之,使尊卑有等,长幼有伦,内外有别,亲疏有序,然后上下各安其分,而无觊觎之心,此先王制世御民之方也。”[②]这是强调礼的“制世御民”作用,这应是政治统治的核心所在,也是礼的本质所在。

那么,如何维护“礼治”呢?司马光认为,这要靠“名”与“分”,其标志和载体则是“器”。他说:

> 夫礼,辨贵贱,序亲疏,裁群物,制庶事,非名不著,非器不形。名以命之,器以别之,然后上下粲然有伦,此礼之大经也。名器既亡,则礼安得独在哉!……诚以名器既乱,则上下无以相保故也。[③]

也就是说,礼要通过一定的形式和载体来表现和发挥作用。

欧阳修着重对礼的演变作了论述,提出了“由三代而上,治出于一,而礼乐达于天下;由三代而下,治出于二,而礼乐为虚名”的重要思想,他进而考察了唐代所颁行的《贞观礼》《显庆礼》《大唐开元礼》及礼在唐代实行的整个历史过程,不无感叹地说:“呜呼,考其文记,可谓备矣,以之施于贞观、开元之间,亦可谓盛矣,而不能至三代之隆者,具其文而意不在焉,此所谓‘礼乐为虚名’也哉!”[④]欧阳修的礼乐观体现了一种复古的、道德理想的色彩。欧阳修的这种礼治观就遭到《明史》的编纂者张廷玉的明确反对。[⑤]

南宋史学家吕祖谦提出了“以礼卫人”和“以礼卫国”的思想。他说:

> 天下同知畏有形之寇,而不知畏无形之寇。欲之寇人,甚于兵革;礼之卫人,甚于城郭。而人每不能守礼者,特以欲之寇人,无形可

---

① 司马光:《资治通鉴》卷一,周纪一,威烈王二十三年,中华书局1956年版,第2页。

② 司马光:《温公易说》卷一《上经·履》,《文渊阁四库全书》,台湾商务印书馆1986年版,第29页。

③ 司马光:《资治通鉴》卷一,周纪一,威烈王二十三年,中华书局1956年版,第4页。

④ 《新唐书》卷一一《礼乐一》,中华书局1975年版,第307、309页。

⑤ 参见张廷玉等:《明史》卷四七《礼一》,中华书局1974年版,第1223页。

> 见。故狎而玩之耳,殊不知有形之寇,其来有方,犹可御也。至于无形之寇……藏于杳然冥然之间,而发于卒然忽然之际,非圣人以礼为之防,则人之类灭久矣。①

吕祖谦强调指出了礼治在卫人和卫国中所起的潜移默化的但却是决定性的作用,是对原有以礼治国思想的扩展。

其次,是关于法(刑)的本质、作用及法治与人治的关系问题。

司马光重礼,也重法,认为无法不足以为政。他说:"政之大本,在于刑赏。刑赏不明,政何以成!"②法是国家长治久安的根本保证,他说:"韩以微弱之国,居天下之冲,首尾腹背莫不受敌,然犹社稷血食几二百年,岂非昭侯奉法之谨! 赏不加无功,罚不失有罪。后世虽不肖,犹得蒙遗烈以自存乎。呜呼! 有国者安可以无法哉?"③这些都说明了法对于国家政治统治的重要。可见,在司马光看来,礼与法是协调一致的。

这一时期的法制观念,有两点是值得予以关注的。一是关于法的本质的辨析,二是关于"法贵中和"的思想。黄宗羲通过对"一家之法"和"天下之法"的辨析,对法的本质提出了新的看法。他说,三代之法是天下之法,"未尝为一己而立也";后来的人主得天下,为使子孙保其祚命而立法,是"一家之法,而非天下之法也"。他认为,三代之法是"无法之法","三代之法,藏天下于天下者也,山泽之利不必其尽取,刑赏之权不疑其旁落,贵不在朝廷也,贱不在草莽也。在后世方议其法之疏,而天下之人不见上之可欲,不见下之可患,法愈疏而乱愈不作,所谓无法之法也";而后世之法是"非法之法","后世之法,藏天下于筐箧者也,利不欲其遗于下,福必欲其敛于上。用一人焉则疑其自私,而又用一人以制其私;行一事焉则虑其可欺,而又设一事以防其欺……故其法不得不密,法

① 吕祖谦:《东莱博议》卷一《桓公文姜如齐》,中国书店 1986 年版,第 70—71 页。

② 司马光:《资治通鉴》卷七九,晋纪一,武帝泰始三年,中华书局 1956 年版,第 2503 页。

③ 司马光:《稽古录》卷一一《始皇》,北京师范大学出版社 1988 年版,第 61 页。

愈密而天下之乱即生于法之中,所谓非法之法也”①。黄宗羲对“三代之法”的说明未必中肯,但他通过对三代和后世之法的比较,批判了君主专制体制下法为统治集团利益服务的本质,揭露了中国法治思想中存在的美化法治思想或将法抽象和神圣化为天理和天道的做法,具有重要的理论价值和现实批判意义。

司马光在讨论治国用法的简与繁及其作用时,提出了“中和为贵”的重要思想,他说:

> 叔向有言:“国将亡,必多制。”明王之政,谨择忠贤而任之,凡中外之臣,有功则赏,有罪则诛,无所阿私,法制不烦而天下大治。所以然者何哉?执其本故也。及其衰也,百官之任不能择人,而禁令益多,防闲益密,有功者以阂文不赏,为奸者以巧法免诛,上下劳扰而天下大乱。所以然者何哉?逐其末故也。②

所谓“执其本”“执其末”,这是政策导向的不同,而在“执其本”的情况下,自当是“刑以中和为贵”③。这可以视为杜佑所说的法不在于宽与严,而在于无私无滥的继承和发展。

宋元明清时期,史学家、思想家关于国家政治统治职能问题,除了对礼与法的重要性继承了以往的思想认识外,还提出了一些反映时代特点的见解。如法与人心、风俗的关系,“任人”和“任法”的关系,德治、礼治和法治、刑政的关系等,从而进一步丰富了对国家政治统治的认识。

顾炎武从法的本质在于正人心、厚风俗来说明法简的必然性,并对如何简法提出了解决方案。他说:“法制禁令,王者之所不废,而非所以为治也。其本在正人心,厚风俗而已。”④换言之,如果人心不正、风俗不纯

---

① 黄宗羲:《黄宗羲全集》之《明夷待访录·原法》,浙江古籍出版社 2005 年版,第 6—7 页。

② 司马光:《资治通鉴》卷五七,汉纪四九,灵帝熹平四年,中华书局 1956 年版,第 1837 页。

③ 司马光:《传家集》卷六四《中和论》,《文渊阁四库全书》,台湾商务印书馆 1986 年版,第 13 页。

④ 顾炎武:《日知录》卷八《法制》,黄汝成集释:《日知录集释》,岳麓书社 1994 年版,第 294 页。

厚，再好的“法”也无济于事。顾炎武的这一见解，包含着对于法的绝对化认识的批评。

与顾炎武关于法的思想相关联的，是王夫之对用法的繁简与宽仁关系的见解，他认为用法要简而宽。王夫之说：“故为政之道，法不蕲宽而蕲乎简，简以易从，而吏民之志定，行可兴矣。此汉之所以约三章而刑几措也。”①王夫之强调“吏民之志”与行法的关系，这同顾炎武所说的“人心”“风俗”是很相近的。他认为法简实质是仁政的体现，“夫曰宽、曰不忍、曰哀矜，皆帝王用法之精意，然疑于纵弛藏奸而不可专用。以要言之，唯简其至矣乎！……简者，宽仁之本也；敬以行简者，居正之原也。敬者，君子之自治，不以微疵累大德；简者，临民之上理，不以苛细起纷争。”②值得注意的是，王夫之与顾炎武之论法，都特别强调从“人”出发，这是中国古代关于法的思想的一个新的认识。

这一时期对法的另一新认识是人们讨论了法与执法者的关系。司马光说，为政之要，“在于择人，不在立法”③。司马光把“择人”放在首位。而王安石的看法是：“盖夫天下之至大器也，非大明法度，不足以维持，非众建贤才，不足以保守。”④他认为，好的法如果无人则莫守，天下也会大乱，“守天下之法者吏也。吏不良，则有法而莫守”⑤。又说，“贤才不用，法度不修……旷日持久，则未尝不终于大乱”⑥。所以，他对支持改革的宋仁宗说，其欲改革天下事而势必不能，根源在于“方今天下之才不足故也”⑦。显然，王安石是主张“法”与“人”并重的法制思想。

叶适肯定以法为本，又认为任人重于任法，说：“国家以法为本，以例

---

① 王夫之：《续春秋左氏传博议》卷下，陆复初编著：《王船山学案》，湖北人民出版社1987年版，第430页。

② 王夫之：《读通鉴论》卷二二《玄宗一》，中华书局1975年版，第651页。

③ 司马光：《司马光奏议》卷八《论财利疏》，山西人民出版社1986年版，第85页。

④ 王安石：《王文公文集》卷一《上时政书》，上海人民出版社1974年版，第17页。

⑤ 王安石：《王文公文集》卷三四《度支副使厅壁题名记》，上海人民出版社1974年版，第409页。

⑥ 王安石：《王文公文集》卷一《上时政书》，上海人民出版社1974年版，第17页。

⑦ 王安石：《王文公文集》卷一《上皇帝万言书》，上海人民出版社1974年版，第2页。

为要。其官虽贵也,其人虽贤也,然而非法无决也,非例无行也。……夫先人而后法,则人用;先法而后人,则人废;不任人而任法,则官失职而吏得志矣。"①

王夫之进一步阐释了"任人""任法"的辩证观点。他说:

> 任人任法,皆言治也,而言治者曰:任法不如任人。虽然,任人而废法,则下以合离为毁誉,上以好恶为取舍,废职业,徇虚名,逞私意,皆其弊也。于是任法者起而摘之曰:是治道之蠹也,非法而何以齐之?故申、韩之说与王道而争胜。乃以法言之,《周官》之法亦密矣,然皆使服其官者习其事,未尝悬黜陟以拟其后。盖择人而授以法,使之遵焉,非立法以课人,必使与科条相应,非是者罚也。
>
> 法诚立矣,服其官,任其事,不容废矣。……上之所求于公卿百执郡邑之长者,有其纲也。安民也,裕国也,兴贤而远恶也,固本而待变也,此大纲也。大纲圮而民怨于下,事废于官,虚誉虽腾,莫能掩也。苟有法以授之,人不得以玩而政自举矣,故曰择人而授以法,非立法以课人也。②

应当说,王夫之对"人治"与"法治"的认识是比较深刻的,既不否定"法治"的作用,又指出"法治"的真正实施还在于有什么样的人,因此应当"择人而授以法",这样才能真正达到天下大治。

宋元明清时期君主专制不断强化,法在治理国家中的地位和作用受到重视,但由于中国古代是以儒家政治伦理为基本意识形态的国家,以德和以礼治国都受到人们的重视,尤其是这一时期以宋明理学为代表的儒家德治思想又多被奉为统治思想,因此,在如何看待德政及礼治与法治在治国中的地位和作用时,以礼治与德政为本、法治和刑政为辅的观点往往又凸显出来。

司马光、范祖禹、欧阳修都是北宋中期的史学家和名臣,他们分别从不同角度论述了国家统治应当以礼乐或德政为大、为本的主张。司马光

---

① 叶适:《叶适集》之《水心别集》卷一四《上殿札子》,中华书局 1961 年版,第 834—835 页。

② 王夫之:《读通鉴论》卷一〇《三国二三》,中华书局 1975 年版,第 281 页。

提出了“礼乐所用者大，刑名所用者小”的命题，说：“礼乐可以安固万世，所用者大。刑名可以输劫一时，所用者小。”[①]欧阳修则从刑法与德及礼的不同功能来说明“导之以德”和“齐之以礼”比以刑法治民能取得更好的效果，他说：“古之为国者，议事以制，不为刑辟，惧民之知争端也。后世作为刑书，惟恐不备，俾民之知所避也。其为法虽殊，而用心则一，盖皆欲民之无犯也。然未知夫导之以德、齐之以礼，而可使民迁善远罪而不自知也。”[②]欧阳修如此重视礼治，根本原因在于他认为礼义是比刑辟等更根本的“治人之大法”，他说：“《传》曰：‘礼义廉耻，国之四维；四维不张，国乃灭亡。’善乎，管生之能言也！礼义，治人之大法；廉耻，立人之大节。盖不廉，则无所不取；不耻，则无所不为。人而如此，则祸乱败亡，亦无所不至。”[③]需要指出的是，他们以德、礼为本的治国主张虽然立论的角度不同，但是也有共同之处，那就是都重视运用社会历史事实来说明问题，强调运用德政和礼治能比刑名和法治取得更好的统治效果，而不是抽象地讨论以德或以礼治国还是以刑或以法治国孰优孰劣的问题，体现了史学家思想的历史意识和务实意识。

王夫之的治国以道不以法和顾炎武的治国以教化为本的主张，也包含着对德政与刑政的认识。王夫之说：“治天下以道，未闻以法也。道也者，导之也。上导之而下遵以为路也。”[④]所谓道即导之，实际是说治国当以道德风教为主。他认为，法对人君治国而言并非是万能的：“人君抚有四海，通天下之志以使各得者，非一切刑名之说所可胜任，审矣。”[⑤]因此，人君不应当恃法治国，而应当以民意治国，“法无有不得者也，亦无有不失者也。先王不恃其法，而恃其知人安民之精意”[⑥]。人君当任道不任

① 司马光集注：《扬子法言》卷三《问道篇》，《文渊阁四库全书》，台湾商务印书馆 1986 年版，第 12 页。

② 《新唐书》卷五六《刑法志》，中华书局 1975 年版，第 1407 页。

③ 欧阳修：《新五代史》卷五四《杂传》，中华书局 1974 年版，第 611 页。

④ 王夫之：《读通鉴论》卷五《哀帝二》，中华书局 1975 年版，第 108 页。

⑤ 王夫之：《宋论》卷三《真宗六》，中华书局 1964 年版，第 65 页。

⑥ 王夫之：《读通鉴论》卷二一《高宗八》，中华书局 1975 年版，第 727 页。

法,“任法,则人主安而天下困;任道,则天下逸而人主劳”[①]。顾炎武也主张治国当以教化为主,不当以法令为主,说,“故法令者,败坏人材之具。以防奸宄,而得之者十三;以沮豪杰,而失之者常十七矣”,“自万历以上,法令繁而辅之以教化,故其治犹为小康。万历以后,法令存而教化亡,于是机变日增,而材能日减”[②]。顾炎武将法治和教化绝对对立起来,称法令是败坏人材之具的看法有失偏颇,然而,他从明代中后期的历史事实出发来论述这个问题,又有极强的现实针对性和批判性。

概而言之,宋元明清史学家通过对礼治、法治(刑政)及其与为政关系的讨论,大大丰富了有关国家政治统治职能的认识。其中,北宋的司马光、欧阳修与明清之际的王夫之、顾炎武等人的论述比较全面和深入,较集中反映了这一时期的史学家对中国封建社会中后期君主专制国家统治职能所作的思考和回答。司马光站在保守立场,对封建君主专制国家的统治职能问题作了系统总结,欧阳修的以礼乐治国的主张有一定的现实批判性,但有较浓厚的复古色彩。王夫之、顾炎武等作为当时中国社会新思潮的代表人物,对国家统治职能提出了各自的见解,对传统国家政治职能观作了不同程度的否定和批判,深化了中国古代历史理论在这个重要问题上的认识。

(二)食货乃“生民之大本,为政之首务”

社会经济管理职能是国家的基本职能之一。在中国古代,它主要包括确立国家经济发展和管理的政策与措施,负责征收维持国家正常运行所需开支的赋税,调节统治阶级与被统治阶级的经济收入,使国家财政收支正常运行等内容。宋元明清时期中国封建经济出现了许多新的因素和新的变化,社会经济活动范围扩大,商品经济相当活跃等,这些都给国家如何更好地行使其社会经济管理职能提出了新的问题。宋元明清的史学家在继承历代社会经济管理思想的基础上,根据新的社会历史条件,对国

---

① 王夫之:《读通鉴论》卷一《二世三》,中华书局 1975 年版,第 5 页。

② 顾炎武:《日知录》卷九《人材》,黄汝成集释:《日知录集释》,岳麓书社 1994 年版,第 313 页。

家社会经济管理职能的本质、意义及其如何正确实施等方面作了新的探讨和回答。

首先，一些史学家对国家的社会经济管理职能作了进一步的阐述，这可以从当时史学家对有关“食货”的内涵作了更为丰富和深入的论述方面得到较充分的反映。① 如，司马光说，“食者生民之大本，为政之首务也”②，食货乃“国之大政”，“天下之急务”③。这个认识同《资治通鉴》的主旨是密切相关的。这一时期有关国家社会经济管理职能的新认识及与国家兴衰存亡关系的深入讨论，以元代脱脱主持修纂的《宋史》《金史》“食货志序”的论述颇具代表性。

《宋史·食货志》序写道：

> 昔武王克商，访箕子以治道，箕子为之陈洪范九畴。五行五事之

---

① 班固在《汉书·食货志》中明确将“食货”作为一个概括国家经济活动及其管理的专业术语提出，他说：“《洪范》八政，一曰食，二曰货。食谓农殖嘉谷可食之物，货谓布帛可衣，及金刀鱼贝，所以分财布利通有无者也。二者，生民之本……食足货通，然后国实民富，而教化成。……殷周之盛，《诗》《书》所述，要在安民，富而教之。故《易》称：‘天地之大德曰生，圣人之大宝曰位；何以守位曰仁，何以聚人曰财。’财者，帝王所以聚人守位，养成群生，奉顺天德，治国安民之本也。”（《汉书》卷二四上《食货志上》，中华书局 1962 年版，第 1117 页。）班固在《汉书·叙传下》中又说：“厥初生民，食货惟先，割制庐井，定尔土田，什一供贡，下富上尊。商以足用，懋迁有无，货自龟贝，至此五铢。扬榷古今，监世盈虚。述《食货志》第四。”（《汉书》卷一〇〇《叙传下》，中华书局 1962 年版，第 4242 页。）所谓的《洪范八政》出自《尚书》。《尚书》是记述上古政治经济制度的政书，《洪范八政》是《尚书·周书》中的一篇，记述了西周统治者治理国政的八项原则，即：“一曰食，二曰货，三曰祀，四曰司空，五曰司徒，六曰司寇，七曰宾，八曰师。”因为当时是以农立国，这八项原则主要是为了发展农业生产，所以又称“农用八政”。对此，有学者指出，“财”是食足货通的结果，是治国安民之本，食与货又是治理国“政”之首，《汉书·食货志》采用了这八政中最主要的前两政，即食与货，构建了“食货”一词，“已经规范了‘食货’研究的对象与范围，即以国家为主体的客观的经济活动和以最高统治者的意志为转移的调整和处理国与民、君与民之间经济利益关系的主观的经济政策、制度和措施，以及实现这些经济政策、制度、措施的理论与实践”。此后各代史学家所述“食货”皆源于此。他最后说：“结合历代《食货志》的记述，我们不难看出，‘食货’所论，实际上是从国家的立场出发，上及国家，下及百姓的经济活动。换言之，‘食货’不是百姓的私人经济活动的理论与实践，而是国家经济活动的理论与实践，是国家（或政权）处理国与民相互之间利益分配关系的经济活动及其政策、制度、措施的理论与实践。”（孙文学：《“食货”：中国封建社会的财政诠释》，《社会科学辑刊》2003 年第 5 期）也就是说，中国古代有关国家社会经济管理职能的认识是“食货”思想的一个基本内容。

② 司马光：《司马光奏议》卷五《劝农札子》，山西人民出版社 1986 年版，第 53 页。

③ 司马光：《司马光奏议》卷八《论财利疏》，山西人民出版社 1986 年版，第 92、91 页。

次,即曰"农用八政"。八政之目,即以食货为先。五行,天道也;五事,人道也。天人之道治,而国家之政兴焉。是故食货而下,五卿之职备举于是矣:宗伯掌邦礼,祀必有食货而后仪物备;宾必有食货而后委积丰;司空掌邦土,民必有食货而后可奠于厥居;司徒掌邦教,民必有食货而后可兴于礼义;司寇掌邦禁,民必有食货而后可远于刑罚;司马掌邦政,兵必有食货而后可用于征戍。其曰"农用八政",农,食货之本也。

这段论述的价值在于,从"食货"之政在宗伯、司空、司徒、司寇和司马这五种国家之政中所起的决定作用具体论证了"食货"为国家八政之首、之本。序文进而对宋代赋税征收等经济管理存在的弊政进行了批评。①

《金史·食货志》序提出了"国之有食货,犹人之有饮食也,人非饮食不生,国非食货不立"的重要思想,说:

国之有食货,犹人之有饮食也。人非饮食不生,国非食货不立。然燧人、庖牺能为饮食之道以教人,而不能使人无饮食之疾。三王能为食货之政以遗后世,而不能使后世无食货之弊。唯善养生者如不欲食啖,而饮食自不阙焉,故能适饥饱之宜,可以疾少而长寿。善裕国者初不事货殖,而食货自不乏焉,故能制丰约之节,可以弊少而长治。

序文进而阐述了金代在经济上不善理国之弊与其灭亡的关系,指出:"金之为政,常有恤民之志,而不能已苛征之令,徒有聚敛之名,而不能致富国之实。""故志金之食货者,不能不为之掩卷而兴慨也。"②

宋元明清时期中国封建社会经济的繁荣和发达,社会经济活动内容的愈益丰富,使国家的社会经济管理范围越来越广泛,由此使一些史学家对国家经济管理职能范围的扩大也有了新的认识。如马端临《文献通考》把杜佑《通典·食货典》一分为八。而这一时期所修正史的《食货志》中所设细目多在20目左右,以更充分地涵盖当时愈加发展的社会经济生

① 脱脱等:《宋史》卷一七三《食货志上一》,中华书局1977年版,第4155页。

② 脱脱等:《金史》卷四六《食货志一》,中华书局1975年版,第1027、1030页。

活及其管理内容。如,《新唐书·食货志》分五个部分,前三部分叙述“食”,包括田制、户口、田赋、徭役、漕运、屯田和商税等;后两部分叙述“货”,包括盐法、茶法、各色矿课、铸钱和官俸等。《宋史·食货志》分上下两篇。上篇包括:农田、方田、赋税、布帛、和籴、漕运、屯田、常平义仓、役法和振恤;下篇包括:会计、钱币、会子、盐、茶、酒、坑冶、矾、香、商税、市易、均输和互市舶法。《元史·食货志》包括十九方面的内容:经理、农桑、税粮、科差、海运、钞法、岁课、盐法、茶法、酒醋课、商税、市舶、额外课、岁赐、俸秩、常平义仓、惠民药局、市籴和赈恤。《明史·食货志》包括的内容有:户口、田制、赋役、漕运、仓库、盐法、茶法、钱钞、坑冶(附铁冶铜场)、商税、市舶、马市、上供采造、柴炭、采木、珠池、织造、烧造、俸饷和会计。史学家对“食货”的重视不仅体现在设目多和内容极其丰富上,还表现为这些《食货志》大都写得十分详尽,有些篇帙繁富。如,《宋史·食货志》共14卷,17万多字,是历代正史所修《食货志》中卷帙最大的,分量超过《新唐书·食货志》的七倍。

其次,国家赋税的征收是国家社会经济管理的最基本功能之一,也是中国历代史学家最关注的问题之一,因为采取什么样的赋税管理政策与措施直接关系到国家的兴衰存亡。这一时期,史学家们普遍主张轻徭薄赋,赋税的征收和使用要讲究节用,对富民和富国的辩证关系作了较多的探讨,指出富民是富国的基础和保障,对重赋敛民的政策及危害进行了揭露。

司马光认为,要解决国家府库空虚、生民困乏和经济凋敝的问题,应当藏富于民。他在《论财利疏》中说:“古之王者,藏之于民。降而不能,乃藏于仓廪府库。故上不足则取之于下,下不足则资之于上,此上下所以相保也。”他认为,统治者与民合理分配利益对国家是有利的,“公家之利”当“舍其细而取其大,散诸近而收诸远”;而“农工商贾皆乐其业而安其富,则公家何求而不获乎?”为此,国家应当轻徭薄赋,“凡农民租税之外,宜无有所预”①。他对北宋的急征暴敛和竭泽而渔及其危害作了深刻

① 司马光:《司马光奏议》卷八《论财利疏》,山西人民出版社1986年版,第84、87页。

揭露,认为这样做不仅使农民背井离乡,而且使大量民众不愿从事农业生产,结果导致国家仓廪空虚。

欧阳修结合唐代土地制度和赋税制度变迁及其对唐代兴亡的重大影响,指出国家在经济管理上要实行简易经常之法,使上足而下不困,反对聚财敛利,指出这样做的结果只会导致国家灭亡。他说:

> 唐之始时,授人以口分、世业田,而取之以租、庸、调之法,其用之也有节。盖其畜兵以府卫之制,故兵虽多而无所损;设官有常员之数,故官不滥而易禄。虽不及三代之盛时,然亦可以为经常之法也。及其弊也,兵冗官滥,为之大蠹。自天宝以来,大盗屡起,方镇数叛,兵革之兴,累世不息,而用度之数,不能节矣。加以骄君昏主,奸吏邪臣,取济一时,屡更其制,而经常之法,荡然尽矣。由是财利之说兴,聚敛之臣进。盖口分、世业之田坏而为兼并,租、庸、调之法坏而为两税。至于盐铁、转运、屯田、和籴、铸钱、括苗、榷利、借商、进奉、献助,无所不为矣。盖愈烦而愈弊,以至于亡焉。①

这是以唐为借鉴,指出在财政上"用之有节"的重要性,而要做到"用之有节",就必须保证"经常之法"的贯彻。

元初史学家马端临主张征收赋税要以"量入为出"为原则,"然则不能量入为出以制国用,虽竭天下之力以奉之,多为法以取之,只益见其不足耳"。他还提出"裕国而不至困民",主张将管仲的"富国"思想与李悝的"济民"思想结合起来。他着意强调的是"至于农人服田力穑之赢余,上之人为制其轻重,时其敛散,使不以甚贵甚贱为患,乃仁者之用心"②。这是马端临经济管理思想中极为宝贵的方面。

第三,商业思想的发展。北宋以来商品经济日趋繁荣,在社会经济生活中的地位和作用愈显突出,这种新的社会历史环境激发着人们对国家的社会经济管理职能作出新的思考。一些史学家在坚持"农本治国"论的前提下,对国家如何发展和管理商业提出了新的看法。其中,司马光和

---

① 《新唐书》卷五一《食货志一》,中华书局 1975 年版,第 1341—1342 页。

② 马端临:《文献通考》卷二一《市籴考二》,中华书局 1986 年版,第 206、203 页。

欧阳修的看法有一定的代表性。他们从肯定“利”对富国具有重要功用的认识出发，对发展和维护商业经济提出了一些新看法。

司马光主张以农为本，同时又十分重视商业，并对农工商在国家经济生活中的地位和作用进行了辩证分析，指出它们在社会财富生产和流通中各有其用，它们的发展最终都会有利于国家，他说：

> 夫农工商贾者，财之所自来也。农尽力，则田善收而谷有余矣。工尽巧，则器斯坚而用有余矣。商贾流通，则有无交而货有余矣。彼有余而我取之，虽多不病矣。……农工商贾皆乐其业而安其富，则公家何求而不获乎？①

因此，他主张“务农通商，以蕃息财物”②。司马光的理想社会是一个士农工商协调发展的社会，他曾写有这样一首诗：

> 士本学先王，所求谊与仁。农当服稼穑，昏作圳亩勤。百工备用器，不治刺绣文。万商迁有无，不通珠翠珍。四业既交修，坐令风化纯。人和衣食丰，天应殊祥臻。③

这种理想社会与重农抑商的社会模式是不同的。司马光的经济主张是与其对仁（义）利关系的辩证认识相联系的。他认为利是仁的内容，说：“夫唯仁者为知仁义之为利，不仁者不知也。”④又说：“利者，义之和也，利物足以和义。仁者，圣人不裁之义，则事失其宜，人丧其利。故君子以义制仁，政然后和。”⑤这种看法与理学家重义轻利的观点不同，因此，他认为只要是对国家经济生产有利的事业都应当提倡和保护。

欧阳修反对国家同商贾争利，主张国家与商贾共利，认为这样更能使国家财政丰裕。他指出治国之上策应当是鼓励和发展大商贾，这样才能使国家与商人共获利，说：

---

① 司马光：《司马光奏议》卷八《论财利疏》，山西人民出版社1986年版，第87页。

② 司马光：《司马光奏议》卷九《上殿札子二道》，山西人民出版社1986年版，第93页。

③ 司马光：《传家集》卷五《景福殿东厢诗·赐书》，《文渊阁四库全书》，台湾商务印书馆1986年版，第14页。

④ 司马光：《资治通鉴》卷二，周纪二，显王三十三年，中华书局1956年版，第64页。

⑤ 司马光：《温公易说》卷一《上经·乾》，《文渊阁四库全书》，台湾商务印书馆1986年版，第5页。

> 夫大商之能蕃其货者,岂其锱铢躬自鬻于市哉?必有贩夫小贾就而分之。贩夫小贾无利则不为,故大商不妒贩夫之分其利者,恃其货博,虽取利少,货行流速,则积少而为多也。今为大国者,有无穷不竭之货,反妒大商之分其利,宁使无用而积为朽壤,何哉?故大商之善为术者,不惜其利而诱贩夫;大国之善为术者,不惜其利而诱大商。此与商贾共利,取少而致多之术也。……夫欲诱商而通货,莫若与之共利,此术之上也。欲制商,使其不得不从,则莫若痛裁之,使无积货。此术之下也。……诚能不较锱铢而思远大,则积朽之物散而钱币通,可不劳而用足矣。①

欧阳修将发展商业提到治国之上术的高度,主张国与商共利,这与持本抑末和重农抑商的经济观是大相径庭的,是当时商品经济高度发展在治国思想上的一种反映。

在这里,我们还要格外关注顾炎武的钱币思想。顾炎武从钱币的本质和功能出发,论述了藏富于民为立国之道的道理。他说,钱币本是权百货之轻重的,“将以导利而布之上下,非以为人主之私藏也”;然而后世人君不知此意,将银钱视为财富,年年征收数百万贮之京库,使银钱丧失了流通功用,“于是银之在下者至于竭涸,而无以继上之求,然后民穷而盗起矣。……自古以来,有民穷财尽,而人主独拥多藏于上者乎?此无他,不知钱币之本为上下通共之财,而以为一家之物也”。所以,“财聚于上,是谓国之不祥。不幸而有此,与其聚于人主,无宁聚于大臣”。为此,他得出这样的观点:“昔人谓古者藏富于民,自汉以后,财已不在民矣,而犹在郡国,不至尽辇京师。是亦汉人之良法也。后之人君知此意者鲜矣。”他还历考唐宋到明代的财用政策,指出其多不知国家之本末,尽行搜括民财,藏富于君、于国以致亡国的历史。尤其是明代天启以后,行搜括之令,“自此搜括不已,至于加派;加派不已,至于捐助,以讫于

① 欧阳修:《欧阳修全集》之《居士集》卷四五《通进司上书》,中国书店 1986 年版,第 310—311 页。

亡”[①]。顾炎武的钱币论反映了宋代以降,尤其是明中叶以降商品经济进一步发展,社会对于货币之流通作用的重视,是中国古代历史理论中关于钱币的一篇宏论。

综上所述,宋元明清时期社会经济的繁荣和新发展,使得如何加强国家的社会经济管理问题越来越受到史学家的重视,他们根据社会历史的发展对此作了进一步的思考。司马光、欧阳修、马端临和顾炎武等从各自所处的社会历史条件出发,通过对国富与民富辩证关系的阐述论证了应当将轻徭薄赋作为国家经济管理的基本政策,具有一定的理论价值。此外,司马光和欧阳修等人重视发展商业,提出与商贾共利,以使国富的主张,实际是北宋以后商品经济不断发展,并在社会经济生活中占据了重要地位的反映,还有顾炎武关于钱币的宏论,都是符合时代发展的新思想。

第二节 “因俗而治”和易俗而治的国家行政理念

一、“因俗而治”与“与时宜之”的历史意识

宋元明清是中国历史上多民族国家发展的重要时期,北方少数民族与中原汉民族的冲突与融合愈益频繁,他们不仅建立雄踞北方的辽朝和金朝,与宋朝相抗衡,后来更建立起大一统的元朝和清朝,对中国多民族国家历史的发展产生了极其重大和深远的影响。契丹族、女真族、蒙古族和满族在建立国家政权和制度的过程中,根据各自不同的社会历史条件和现实要求,或“因俗而治”,或易俗而治即易俗而“行汉法”,在结合本民

① 顾炎武:《日知录》卷一二《财用》,黄汝成集释:《日知录集释》,岳麓书社 1994 年版,第 426—434 页。

族历史文化风俗的基础上,不同程度地吸收了历史上或当时的中原历史文化的国家观及中原皇朝的各种制度,分别建立起颇具特色的政治统治。这一时期的史学家和政治家们则从历史之势、历史之道、与时制宜、历史之变与常相统一的思想出发,考察了这些少数民族皇朝建立和发展的经验教训,进而对其进行理论总结和阐述,为中国古代国家观的发展做出了重要贡献。

“因俗而治”本是指中国历史上的大一统中央皇朝或割据时期的有关皇朝在治理周边少数民族地区时,考虑这些民族地区自身的历史文化风俗而采取的一种特殊统治和管理模式,对此学术界有较多的研究。① 而这一时期的契丹族在建立国家时所采取的“因俗而治”的国策则与此不同,它主要是指契丹族在建立和完善国家制度的过程中,从本民族和汉族等民族所处的政治、经济、文化及其他社会历史条件(即“俗”,可见这里的俗不是指狭义的风俗,而是从广义上说的)出发,建立起一种颇具特色的“官分南、北,以国制治契丹,以汉制待汉人”的两种国家统治和管理模式,以求更好地发挥国家政权的职能,使国家保持稳定和走向强盛。

对此,《辽史·百官志》的“序”有明确的记载和分析:

> 官生于职,职沿于事,而名加之。后世沿名,不究其实。……
>
> 契丹旧俗,事简职专,官制朴实,不以名乱之,其兴也勃焉。太祖神册六年,诏正班爵。至于太宗,兼制中国,官分南、北,以国制治契丹,以汉制待汉人。国制简朴,汉制则沿名之风固存也。辽国官制,分北、南院。北面治宫帐、部族、属国之政,南面治汉人州县、租赋、军马之事。因俗而治,得其宜矣。
>
> ……事简职专,此辽所以兴也。②

---

① 如,周竞虹的《“因俗而治”型政区:中国历史上“一体”与“多元”的空间互动》(《中央民族大学学报》2006年第5期)一文对秦汉以来中央政权或分裂时期的主体政权对边疆少数民族地区所采取的“因俗而治”的统治制度和管理政策及其所形成的民族型政区作了较系统的研究。

② 脱脱等:《辽史》卷四五《百官志一》,中华书局1974年版,第685—686页。

这段文字所记载的辽代国家制度及其职能的设置与分工,当然是对辽代国家制度及其职能的一个历史描述。值得注意的是,史学家在分析这一历史现象形成的原因时,提出了两点重要理由:一是,“官生于职,职沿于事,而名加之”,然而,“后世沿名,不究其实”;另一方面,契丹旧俗,“事简职专,官制朴实,不以名乱之,其兴也勃焉”。这就是说,辽代国家机构及其官职的设立是名实相符的,没有繁冗的官僚机构和人员,故辽能勃兴。二是,“因俗而治”,既考虑契丹的实际情况,又考虑兼治中原地区的现实状况,采取“以国制治契丹,以汉制待汉人。国制简朴,汉制则沿名之风固存也。……因俗而治,得其宜矣”。由于“因俗而治”,故能得治国之宜,使辽代兴盛。这两点原因中最根本的是“因俗而治”,因为辽朝政治机构的设置尚简崇实,是辽当时社会历史现状的反映。

实际上,辽代实行“因俗而治”的国策不仅在中央行政管理层面,在地方行政层面也是如此。在原汉族地区,辽朝统治者基本上是采用汉人治理州县的方法来进行治理,并且“不改中国(中原)州县之名”,与契丹人生活地区的行政管理有所区别。①

史学家对辽代在礼乐制度上和军事制度上的“因俗而治”作了叙述和分析。《辽史·礼志》的“序”说:

> 理自天设,情由人生。以理制情,而礼乐之用行焉。……一文一质,盖本于忠。变通革弊,与时宜之。唯圣人为能通其意。执理者胶瑟聚讼,不适人情;徇情者稊稗绵绝,不中天理。秦、汉而降,君子无取焉。
>
> 辽本朝鲜故壤,箕子八条之教,流风遗俗,盖有存者。自其上世,缘情制宜,隐然有尚质之风。遥辇胡剌可汗制祭山仪,苏可汗制瑟瑟仪,阻午可汗制柴册、再生仪。其情朴,其用俭。敬天恤灾,施惠本孝,出于悃忱,殆有得于胶瑟聚讼之表者。太古之上,椎轮五礼,何以异兹。太宗克晋,稍用汉礼。

① 详见杨树森《辽史简编》中的“置州县统治汉人”部分,辽宁人民出版社1984年版,第35—36页。

> 今国史院有金陈大任《辽礼仪志》,皆其国俗之故,又有《辽朝杂礼》,汉仪为多……①

这段记载说明了辽既保持其情朴和用俭等尚质之风的礼仪,同时又逐步使用汉礼,其《辽礼仪志》皆其国俗之故,而《辽朝杂礼》则汉仪为多,这是关于辽实行两种礼乐制度的说明。对于辽实行两种礼仪制度的原因,史学家的诠释同样体现了深厚的历史意识,即从"理自天设,情由人生。以理制情,而礼乐之用行焉"这一礼乐形成的理论依据出发,说明了辽代礼仪正是"与时宜之"和"缘情制宜"的结果。这与上文所论辽代"官分南北"统治模式是"因俗而治,得其宜矣"的"回应",同样体现出历史的"时宜"意识,即国家制度职能的设置,必须以自身的社会历史条件为依据,这样才能最终"得宜",使国家强盛。

"因俗而治"的管理模式,对于辽这样一个仍以游牧生产方式为主体的少数民族贵族所建皇朝来说,自有其历史合理性。但是,随着辽朝社会经济的发展及与中原文化交往的扩大,它的局限性和落后性开始显露,逐步受到冲击。一些大臣开始主张将两种不同的中央机构合而为一。史载,重熙十二年(1043 年),辽大臣萧孝忠入朝,"封楚王,拜北院枢密使。国制,以契丹、汉人分北、南院枢密治之,孝忠奏曰:'一国二枢密,风俗所以不同。若并为一,天下幸甚。'事未及行,薨"②。此事并未就此罢休。到了咸雍六年(1070 年),"帝(按,指辽道宗)以契丹、汉人风俗不同,国法不可异施,于是命惕隐苏、枢密使乙辛等更定《条制》"③。然而,由于辽代最终未能入主中原,仍偏于一隅,与汉文化的接触还不够广泛、深入,所统治地区大多还处于较落后的游牧经济阶段,"因俗而治"的两种国家体制并没有最终改变,易俗而改行以中原文化为指导的国家体制没有真正建立起来。但这正好可以说明,在中国古代辽朝统治的范围内,确可实行那个时代的"一国两制",这是古代国家观念中的重要遗产。

---

① 脱脱等:《辽史》卷四九《礼志一》,中华书局 1974 年版,第 833—834 页。

② 脱脱等:《辽史》卷八一《萧孝忠传》,中华书局 1974 年版,第 1285 页。

③ 脱脱等:《辽史》卷六二《刑法志下》,中华书局 1974 年版,第 945 页。

二、易俗而“行汉法”与“因时制宜”的历史意识

由女真族、蒙古族和满族建立的金代、元代和清代，所处的社会历史环境及其发展状况与辽代相比都发生了很大的变化。金灭北宋，建立起一个雄踞中国大半个区域的皇朝，统治大半个汉文化区域。元代和清代都建立起了中国历史上疆域最广大的大一统皇朝。为维护其统治，它们在国家制度的建立和发展过程中基本上都在不断大力推行“行汉法”的统治思想及其统治方式，即不断改变本民族中较中原文化落后的政治、经济、文化及社会生活方式，学习先进的中原文化来治理国家。其中，元朝在改变自己的风俗来推行“汉法”上具有相当的典型性。

蒙元在逐步推行“汉法”的过程中，元初政治家耶律楚材为此做了很多努力。他崇尚儒家思想，认为这是历万世不变的治国大法，他曾对皇帝说：“三纲五常，圣人之名教，有国家者莫不由之，如天之有日月也。”①他认为元朝统治者只有恢复儒家思想，才能实现天下太平。他在一首诗中说：“宣尼万世帝王师，可叹荆榛没古祠。重整庠宫阐文教，颙观日月再明时。”②为此，他曾向蒙元统治者提出过一整套推行“汉法”的设想，即：

> 请定制度、议礼乐、立宗庙、建宫室、创学校、设科举、拔隐逸、访遗老、举贤良、求方正、劝农桑、抑游惰、省刑罚、薄赋敛、尚名节、斥纵横、去冗员、黜酷吏、崇孝悌、赈困穷。③

作为蒙元重臣，耶律楚材要求蒙古族统治者易俗以推行“汉法”的主张得到了不同程度的推行。

对于易俗而推行“汉法”的重要性，元世祖忽必烈时的重臣许衡作了更明确和深刻的论述。至元二年(1265 年)，他向元世祖上疏治国之要

---

① 宋濂等:《元史》卷一四六《耶律楚材传》，中华书局 1976 年版，第 3462 页。

② 耶律楚材:《湛然居士文集》卷一三《邳州重修宣圣庙疏》，中华书局 1986 年版，第 286 页。

③ 耶律楚材:《西游录》卷下，中华书局 1981 年版，第 20 页。

策,起首便说:

> 自古立国,皆有规模。循而行之,则治功可期。否则心疑目眩,变易分更,未见其可也。昔子产相衰周之列国,孔明治西蜀之一隅,且有定论,终身由之;而堂堂天下,可无一定之说而妄为之哉?考之前代,北方之有中夏者,必行汉法乃可长久。故后魏、辽、金历年最多,他不能者,皆乱亡相继,史册具载,昭然可考。使国家而居朔漠,则无事论此也。今日之治,非此奚宜?夫陆行宜车,水行宜舟,反之则不能行;幽燕食寒,蜀汉食热,反之则必有变。以是论之,国家之当行汉法无疑也。然万世国俗,累朝勋旧,一旦驱之下从臣仆之谋,改就亡国之俗,其势有甚难者。窃尝思之,寒之与暑,固为不同。然寒之变暑也,始于微温,温而热,热而暑,积百有八十二日而寒始尽。暑之变寒,其势亦然,是亦积之之验也。苟能渐之摩之,待以岁月,心坚而确,事易而常,未有不可变者。此在陛下尊信而坚守之,不杂小人,不责近效,不恤流言,则致治之功庶几可成矣。①

许衡在这里通过历史事实明确告诉元朝统治者,北方少数民族如果想要拥有中国(中夏),“必行汉法乃可长久”,如北魏、辽代和金代,否则,“皆乱亡,史册具载,昭然可考”,由此,他提出了“国家之当行汉法无疑也”的国策。同时,他又看到要在蒙古族中迅速易俗而行汉法非一日之功,如同寒暑之变,会经历一个长的转化过程,“其势有甚难者”,希望最高统治者对此要有清醒的认识,以更坚定地推行汉法。

对于金朝和元朝易俗而推行汉法的国家统治管理的历史经验教训,后代的史学家作过不同程度的阐述。我们从《金史》和《元史》中有关“志”的记载和论述可窥一斑。

一是,从“因古今之宜”或“因时制宜”的历史意识出发,充分肯定其易俗而行汉法之举及其成就。

《金史》在论金代选举兼采唐、宋、辽之制的原因时说:

> 辽起唐季,颇用唐进士法取人,然仕于其国者,考其致身之所自,

① 宋濂等:《元史》卷一五八《许衡传》,中华书局1976年版,第3718—3719页。

进士才十之二三耳。金承辽后，凡事欲轶辽世，故进士科目兼采唐、宋之法而增损之。其及第出身，视前代特重，而法亦密焉。若夫以策论进士取其国人，而用女直文字以为程文，斯盖就其所长以收其用，又欲行其国字，使人通习而不废耳。终金之代，科目得人为盛。诸宫护卫、及省台部译史、令史、通事，仕进皆列于正班，斯则唐、宋以来之所无者，岂非因时制宜，而以汉法为依据者乎。①

这段文字充分肯定了金代能“因一代之宜”和“因时制宜”，兼采唐、宋选举取士之法的举措，从而得人之盛，说明了金代易俗而行汉法的积极作用。

《元史》的作者对设官分职的历史发展与本质作了考察和分析，指出：“王者南面以听天下之治，建邦启土，设官分职，其制尚矣。汉、唐以来，虽沿革不同，恒因周、秦之故，以为损益，亦无大相远。大要欲得贤才用之，以佐天子、理万民也。”为此，他进而考察和分析了元代官制的演变及历史经验，说：

元太祖起自朔土，统有其众，部落野处，非有城郭之制，国俗淳厚，非有庶事之繁，惟以万户统军旅，以断事官治政刑，任用者不过一二亲贵重臣耳。及取中原，太宗始立十路宣课司，选儒臣用之。金人来归者，因其故官，若行省，若元帅，则以行省、元帅授之。草创之初，固未暇为经久之规矣。

世祖即位，登用老成，大新制作，立朝仪，造都邑，遂命刘秉忠、许衡酌古今之宜，定内外之官。……官有常职，位有常员，其长则蒙古人为之，而汉人、南人贰焉。于是一代之制始备，百年之间，子孙有所凭藉矣。

大德以后，承平日久，弥文之习胜，而质简之意微，侥幸之门多，而方正之路塞。官冗于上，吏肆于下，言事者屡疏论列，而朝廷讫莫正之，势固然也。②

① 脱脱等：《金史》卷五一《选举志一》，中华书局 1975 年版，第 1129—1130 页。
② 宋濂等：《元史》卷八五《百官志一》，中华书局 1976 年版，第 2119—2120 页。

史学家在这里指出,正是由于元世祖用汉臣之建议,“酌古今之宜”,以汉法设立官制,才奠定元朝的一代之制。同时,也指出大德年间之后,由于未能谨守原定的汉法,最终使好的制度遭受破坏。

二是,指出要辩证看待易俗而行“汉法”的问题,要“变易”中又要守“不易之道”,要善于根据具体的社会历史条件来易俗而治。

《金史》在考察金代“因时易俗”采用不同的兵制时说金朝兵制虽然能够因时而变,但由于未守“将勇而志一,兵精而力齐”的用兵和养兵之道,以致最终“自坏其家法”①。在《金史》的撰者看来,国家制度的设立虽然要因时而变,但又必须守一贯之道。这就提出了一个如何正确因时制宜的问题,即应当辩证看待因时而变,应当因时制宜。易俗而变是一种因时而变的历史意识,也就是说,国家制度的建立应当随着社会历史环境的变化而变化,然而,这种变化中又有一个不变之道。这是一种深刻的历史思想和治国理论,它要求治国者要正确认识变与常的辩证统一关系,并以之来治理国家。

《元史》在总结元代选举与得士之制时,提出了一个要正确看待“汉法”的问题,其《选举志》的“序”首先追溯和考察了选举之法的形成和发展过程及其功能,对隋唐时选举中“弃本逐末”和宋代选举“弊遂至文体卑弱,士习委靡”的弊病等作了批评,史学家进而对元代的选举之法的实施及其问题作了具体考察和分析,说:

> 元初,太宗始得中原,辄用耶律楚材言,以科举选士。世祖既定天下,王鹗献计,许衡立法,事未果行。至仁宗延祐间,始斟酌旧制而行之,取士以德行为本,试艺以经术为先,士褎然举首应上所求者,皆彬彬辈出矣。
>
> 然当时仕进有多岐,铨衡无定制……凡若此类,殆所谓吏道杂而多端者欤。矧夫儒有岁贡之名,吏有补用之法。曰掾史、令史,曰书写、铨写,曰书吏、典吏,所设之名,未易枚举。曰省、台、院、部,曰路、府、州、县,所入之途,难以指计。虽名卿大夫,亦往往由是跻要官,受

① 脱脱等:《金史》卷四四《兵志》,中华书局1975年版,第991—992页。

显爵;而刀笔下吏,遂致窃权势,舞文法矣。

故其铨选之备,考核之精,曰随朝、外任,曰省选、部选,曰文官、武官,曰考数,曰资格,一毫不可越。而或援例,或借资,或优升,或回降,其纵情破律,以公济私,非至明者不能察焉。是皆文繁吏弊之所致也。①

这里,宋濂批评了元代选举之法没有考虑社会历史环境的变化来"斟酌旧制而行之",即在承继以往科举选士之法时,不仅未除其弊病,反而更增添了"文繁吏弊"的弊病。这实际上是揭示出元代统治者在科举及人才选拔制度上没有能够很好地处理"汉法"中不合时宜的制度与做法,以致"文繁吏弊"和"以公济私"。

由此可以看出,这一时期的史学家及政治家不论是讨论"因俗而治"还是易俗而行"汉法",以使少数民族贵族建立的皇朝能够长治久安时,其立论总是以"与时宜之""因时制宜""酌古今之宜"的历史意识为根据,并多结合历史之"势"与"道"等思想来加以阐发。这些思想不仅丰富了中国古代的国家观,也体现出鲜明的历史理性精神。

第三节 "封建""郡县"讨论的理性化趋势

一、"公心""良法"与封建制、郡县制的兴废

封建与郡县之争,在秦汉以后常常是与国家兴衰治乱的讨论紧密联系在一起的。然而,封建制与郡县制本身却是一个有关实行何种国家管理体制的问题,同时也在很大程度上涉及怎样看待历史演进的问题。主张封建制的一般是赞同中央分权,主张郡县制的则强调中央集权的重要性。自唐代柳宗元提出"封建非圣人意也,势也"的观点后,宋元明清时

---

① 宋濂等:《元史》卷八一《选举志一》,中华书局 1976 年版,第 2015—2016 页。

期的史学家大多认同这一看法,认为废封建和行郡县是历史之必然("势")的观点占据了主导地位。① 一些史学家在这些讨论的基础上,从不同角度或立场对这一重大历史问题做了不同的思考和阐说。其中,马廷鸾和马端临父子和王夫之、顾炎武的有关论述,具有理论上的参考价值。

马廷鸾和马端临父子从"公心"与"良法"的角度立论,对封建制与郡县制兴废作了较深入的探讨。他们一方面将"公心"和"良法"视为古代封建制推行的决定因素,一方面又意识到郡县制取代封建制是历史演进的必然。

马廷鸾认为:"封建,良法也,亦曰有《关雎》《麟趾》之意,然后可以行

① 宋元明清时期,有的史学家从正统论出发主张实行封建制,认为实行郡县制是历史的倒退。如,明代的丘濬将历史上限断于秦始皇统一中国,在他看来,秦废封建、行郡县使中国历史走上了不同于三代的道路。他说:"呜呼!三代建制之大者,莫大于封建,至是扫荡无余矣。武王承夏商之后,分封八百国,春秋之世,惟余十二诸侯。至于战国,存者仅七。而三晋田齐已非初封之旧。当是时虽曰气势卑陋,政令庞杂,然而先王封建之微意,犹有一线之存也。至始皇立,首灭韩,次灭赵,次灭魏,次灭燕,次灭楚,至于是又灭齐。呜呼!此天地开辟以来,圣帝明王所以建万国亲诸侯之制,自是以后永无可复之期矣,是盖世道大变之端也。"(丘濬:《世史正纲校注本》卷一《灭齐》,海南出版社2005年版,第2页。)他在条下评论说:"呜呼!帝王称号之盛,至是更无以加矣。盘古以来之君,称皇者三,称帝者五,称王者三。始皇初并天下,自以为德兼三皇,功过五帝,乃兼用之以为称号,后世袭而称之,而以王封其臣子,遂为万世不可易之制。噫!自有此名称以来,古道日以湮微,世道日以沦降。名虽尊于古而实不及之远矣。遂使君道日尊,臣道日卑,上下遂至于悬绝,师臣之礼,世不复闻。格心之学,竟莫能施。呜呼!是亦世道大变之一初也欤。"(丘濬:《世史正纲校注本》卷一《始称皇帝》,海南出版社2005年版,第2页。)不过,这类观点无论是从理论意义还是从现实意义看,都已经没有太大影响,因此,这里就不作详细叙述和分析了。

黄宗羲则从防卫夷狄以亡国家的角度,主张实行封建制,认为封建制有利于国家长治久安。他说:"自三代以后,乱天下者无如夷狄矣,遂以为五德沴眚之运。然以余观之,则是废封建之罪。""自秦至今一千八百七十四年,中国为夷狄所割者四百二十八年,为所据者二百二十六年,而号为全盛之时,亦必使国家之赋税十之三耗于岁币,十之四耗于戍卒,而又荐女以事之,卑辞以副之,夫然后可以仅免。乃自尧以至秦二千一百三十七年,独无此事。此何也?岂夷狄怯于昔而勇于今哉?则封建与不封建之故也。""今以天下之大,使虏一人盗边,则征发之不暇,赋税之无度。……若封建之时,兵民不分,君之视民犹子弟,民之视君犹父母,无事则耕,有事则战,所谓力役之征者,不用之于兴筑,即用之于攻守。"(黄宗羲:《黄宗羲全集》之《明夷待访录·未刊文·封建》,浙江古籍出版社2005年版,第421—422页。)这种看法虽是一家之言,但并未看到问题的实质,理论意义不大。

《周官》之法度耳。”①马廷鸾肯定封建为良法，在于他将封建等同于王者之化，所谓《关雎》《麟趾》之意是指“王者之化”或“王者之风”，即：文王“所以风化天下之民”和“文王之所以教民也”。而风教的内容便是：“先王以是经夫妇，成孝敬，厚人伦，美教化，移风俗。”②质言之，在马廷鸾看来，实行封建制就是实行文王、周公时代理想的社会政治。不过，他的眼光并没有仅仅停留在美好的古代，他清醒地认识到后代若想利用封建制以“亲戚相制”来治理国家已不合时宜，而必须以“德义相维”。他在评论西汉贾谊向汉文帝建议众建诸侯以卫天下时说：

谊之意甚勤，而谋甚忠矣。虽然，此不过以亲疏为强弱耳。疏者难防，亲者可倚，固也。然今日之疏，本前日之亲；今日之亲，又他日之疏也。不以德义相维，而专以亲戚相制，岂得为万世之良策乎？③

马端临继承和发挥了其父马廷鸾的主要观点，认为有公天下之心方可行封建之制。《文献通考·自序》说：

窃意古之诸侯者，虽曰受封于天子，然亦由其行义德化足以孚信于一方，人心翕然归之，故其子孙因之，遂君其地；或有灾否，则转徙他之，而人心归之不能释去，故随其所居，皆成都邑。盖古之帝王未尝以天下为己私，而古之诸侯亦未尝视封内为己物。上下之际，均一至公，非如后世分疆画土，争城争地，必若是其截然也。

到秦灭六国，情况发生了根本转变，“秦既灭六国，举宇内而郡县之，尺土一民始皆视为己有”。秦亡后，“己私”愈益膨胀，到西汉行封建时，“其初则剿灭异代所封，而以界其功臣；继而剿灭异姓诸侯，而以界其同宗；又继而剿灭疏属刘氏王，而以界其子孙。盖检制益密，而猜防益深矣”，因此，“汉虽惩秦之弊，复行封建，然为人上者苟慕美名，而实无唐虞、三代之公心；为诸侯者既获裂土，则遽欲效春秋、战国之余习，故不久而遂废”。所

① 马廷鸾：《碧梧玩芳集》卷二一《封建郡县》，《文渊阁四库全书》，台湾商务印书馆 1986 年版，第 16 页。

② 孔颖达：《毛诗正义》卷一《周南关雎诂训传第一》，上海古籍出版社 1990 年版，第 17 页。

③ 马端临：《文献通考》卷二六五《封建考六》，中华书局 1986 年版，第 2101 页。

以说,“愚尝谓必有公天下之心而后可以行封建。自其出于公心,则选贤举能,而小大相维之势足以绵千载;自其出于私心,则忌疏畏逼,而上下相猜之形不能以一朝居矣”①。

那么,何谓“公心”呢?马端临说:“公心者何?昔文武成康之众建诸侯也,有德有功者则畀之。初未尝专以私其宗亲,虽曰兄弟甥舅之邦,然所封皆极一时之选。”②可见,公心就是任人唯公和唯德。他又说,历史上的封建与郡县之争互相排诋,“而其所发明者,不过公与私而已……愚尝因诸家公私之论而折衷之,曰:‘封建、郡县皆所以分土治人,未尝遽曰此公而彼私也。’”③那么,唐虞和三代为什么能有“公天下之心”呢?马端临所说的“良法”指的是《周礼》,他说:

> 盖《周礼》者,三代之法也。三代之时,则非直周公之圣可行,虽一凡夫亦能行之;三代而后,则非直王莽之矫诈、介甫之执愎不可行,而虽贤哲亦不能行。其故何也?盖三代之时,寰宇悉以封建,天子所治不过千里,公侯则自百里以至五十里,而卿大夫又各有世食禄邑,分土而治,家传世守。民之服食日用,悉仰给于公上,而上之人所以治其民者,不啻如祖父之于其子孙,家主之于其臧获。田土则少而授,老而收,于是有乡遂之官。……其事虽似烦扰,而不见其为法之弊者,盖以私土予人,痛痒常相关,脉络常相属。虽其时所谓诸侯卿大夫者未必皆贤,然既世守其地,世抚其民,则自不容不视为一体;既为一体,则奸弊无由生,而良法可以世守矣。④

马端临充分肯定了秦汉以来实行郡县制的历史必然性与合理性。首先,封建制很早就不断受到破坏。他认为,由于社会历史条件的变化,夏周已无唐尧时行封建的“公天下之心”,夏代开始家天下,周代则大封同姓以屏藩王室,虽然夏周两代圣人是随时变制以维纲化,“然上视尧舜则少偏矣”,然而,封建制已经不可避免地走上了衰败的历史命运,“故封建之敝

① 本段引文均见马端临:《文献通考》自序,中华书局1986年版,第8—9页。

② 马端临:《文献通考》卷二七五《封建考一六》,中华书局1986年版,第2183页。

③ 马端临:《文献通考》卷二六五《封建考六》,中华书局1986年版,第2095页。

④ 马端临:《文献通考》卷一八〇《经藉考七》,中华书局1986年版,第1554页。

始于夏而成于周"。[①] 其次,只有郡县制才符合秦汉以来社会历史需要。他认为,秦汉以来的社会历史环境与三代已经根本不同,"盖时不唐虞,君不尧舜,终不可复行封建。谓郡县之法出于秦而必欲易之者,则书生不识变之论也"[②]。第三,随着社会历史的变化,后世行封建制于君,于诸侯和于民都无"利"。他说:"今欲尽复旧制,则王侯受封之地,其户邑之人,必合尽捐以予之。地既瓜分,租赋随之,京师府藏顿鲜,无以供军国之用,非居上之利也。又王侯于所受封之郡邑,既无抚字之责,而徒利租赋之入,于是一意侵渔,不顾怨讟,为封户者甚于征行,非百姓之利也。又所谓王侯者,非子弟即勋臣,素号名贵人,华屋玉食之奉,于京师为宜。今使之块然处外郡,朝不坐,宴不预,忧谗畏讥,此绛侯之所以恐惧,长孙司空之所以怨望,然则又非受封者之利也。"[③]他由此得出以下的结论:

> 夫封建者,古帝王所以建万世之长策。今其公心、良法一不复存,而顾强希其美名以行之,上则不利于君,中则不利于臣,下则不利于民。而方追咎其不能力行,此书生之论,所以不能通古今之变也。[④]

> 然必有公天下之心,然后能行封建,否则莫如郡县。无公天下之心而欲行封建,是授之以作乱之具也。[⑤]

可见,马端临有关封建制和郡县制的兴废的认识,是他以"通古今之变"的历史眼光思考问题的结果。他认为社会制度的建立和实施不能"违时",要"知时适变",古法不可行于今,"世之不古久矣。圣人不能违时,不容复以上古之法治之也,而世固不能知圣人之心也"[⑥]。他所谓的"公心""良法"和"利",都是从"知时适变"来立论的。因此,他得出行封建和行井田一样是"反古实难"的结论。他说,"秦废封建,而始以天下奉一

---

① 马端临:《文献通考》卷二六五《封建考六》,中华书局 1986 年版,第 2096 页。
② 马端临:《文献通考》卷二六五《封建考六》,中华书局 1986 年版,第 2096 页。
③ 马端临:《文献通考》卷二七五《封建考一六》,中华书局 1986 年版,第 2183 页。
④ 马端临:《文献通考》卷二七五《封建考一六》,中华书局 1986 年版,第 2183 页。
⑤ 马端临:《文献通考》卷二六五《封建考六》,中华书局 1986 年版,第 2095 页。
⑥ 马端临:《文献通考》卷二六五《封建考六》,中华书局 1986 年版,第 2096 页。

人";封建、井田之制虽美,然自秦以后废袭既久,"反古实难。欲复封建,是自割裂其土宇以启纷争;欲复井田,是强夺民之田产以召怨讟。书生之论,所以不可行也。"①

总之,马端临父子将有无"天下之公心"作为衡量历史发展阶段的标准,认为唐虞之世和夏商周三代均是有"天下之公心"的阶段,而秦汉以后则是"无天下之公心"的阶段。这种观点是儒家三代王道论的翻版,是以儒家道德理想来赞否封建与郡县制;同时,也反映了他们的历史观的矛盾,一方面赞美封建制和井田制,一方面又认可秦汉以来的历史变化。他们的分析虽然很细致,但在认识历史大势上却缺乏柳宗元那样的器识。将实行封建制视为是公天下和有公心,实行郡县制是私天下和存私心,是秦汉以来封建与郡县争论中的一种基本观点,在宋元明清时期依然相当盛行。②

二、进一步揭示从"封建"到"郡县"历史演变的"理"与"势"

继承前人关于封建制与郡县制讨论的思想成果,王夫之着眼于历史发展的整体进程,系统考察了中国历史上封建制与郡县制的演变及其辩难理论的发展,从"天下之大公"的政治理念出发,运用中国古代关于"理"和"势"的思想,对这一问题作了深入论述,全面肯定了郡县制取代封建制的历史合理性,对封建制到郡县制历史演变理势的理论阐述达到了一个新高度。

---

① 马端临:《文献通考》自序,中华书局1986年版,第4页。

② 如,南宋史学家王应麟说:"贾山有言:'周盖千八百国,以九州之民,养千八百国之君。用民之力不过岁三日,什一而籍,君有余财,民有余力,而颂声作。秦皇帝以千八百国之民自养,力罢不能胜其役,财尽不能胜其求,人与之为怨,家与之为仇,故天下坏也。以是观之,封建,天下之公也;郡县,一人之私也。'柳子谓公天下之端自秦始,其未见贾山之言乎?"见王应麟:《通鉴答问》卷二《分天下为三十六郡》,《文渊阁四库全书》,台湾商务印书馆1986年版,第26页。

关于封建制的历史命运，王夫之明确地指出："夫封建之不可复也，势也。"①他指出，为封建制辩护是无益的，郡县制的推行是历史的必然，他说：

> 两端争胜，而徒为无益之论者，辨封建者是也。郡县之制，垂二千年而弗能改矣，合古今上下皆安之，势之所趋，岂非理而能然哉？②

所谓"势之所趋，岂非理而能然哉"，是说这种历史之势是受"理"支配和决定的。王夫之将理与势相结合来阐述这一问题，比单纯讲废封建和行郡县是"势"所必然一类的观点要深刻得多。在这个问题上，他比柳宗元在理论上又向前迈进了一步。

在王夫之看来，历史发展是理与势相互作用的产物。他说："理者，物之固然，事之所以然也。"③即是说，"理"是事物本身固有的，是决定事物本质及其发展的法则与力量。关于"势"，他说："一动而不可止者，势也。"④又说："凡言势者，皆顺而不逆之谓也，从高趋卑，从大包小，不容违阻之谓也。"⑤关于"理"与"势"的关系，他说："势者事之所因，事者势之所就，故离事无理，离理无势。"⑥又说："以其顺、成其可，以其逆、成其否，理成势者也。循其可则顺，用其否则逆，势成理者也。"⑦具体到社会历史领域，"理"便是历史演进中决定性的内在法则，"势"则是历史演进的趋向和大势。社会历史演进趋势的顺与逆要受"理"的决定和左右；而历史演进之势又会显现出"理"，"势之当然者，又岂非理哉！""势既然而不得不然，则即此为理矣。"⑧

那么，为什么会形成废封建和行郡县的历史之"理"与"势"呢？王夫

---

① 王夫之：《读通鉴论》卷二《汉文帝一六》，中华书局1975年版，第42页。

② 王夫之：《读通鉴论》卷一《秦始皇一》，中华书局1975年版，第1页。

③ 王夫之：《张子正蒙注》卷五《至当篇》，中华书局1975年版，第167页。

④ 王夫之：《读通鉴论》卷一五《孝武帝五》，中华书局1975年版，第441页。

⑤ 王夫之：《读四书大全说》卷九《孟子·离娄上》，《船山全书》第6册，岳麓书社1991年版，第992页。

⑥ 王夫之：《尚书引义》卷四《武成》，中华书局1962年版，第86页。

⑦ 王夫之：《诗广传》卷三《小雅四一》，中华书局1964年版，第97—98页。

⑧ 王夫之：《读四书大全说》卷九《孟子·离娄上》，《船山全书》第6册，岳麓书社1991年版，第990页。

之的观点大体可以概括为三个方面:

首先,封建制并非是一种美好的制度,与郡县制相比,它是人类早期形成的、比较落后的制度。王夫之说:“自邃古以来,各君其土,各役其民,若今化外土夷之长,名为天子之守臣,而实自据为部落,三王不能革,以待后王者也。”①王夫之把“封建制”理解为早期的“部落”,实与西周之“封建”不符。但重要的是,他认为实行郡县制是历史的进步,因此,他进而指出:“封建不可复行于后世,民力之所不堪,而势在必革也。”②而实施郡县制则对天下有利与善:“郡县之天下有利乎?曰:‘有,莫利乎州郡之不得擅兴军也。’郡县之天下有善乎?曰:‘有,莫善于长吏之不敢专杀也。’”③在他看来,从原始的、万国分立的“封建制”时代走向大一统的郡县制时代,是文化与政治文明的进步,是符合社会历史演进潮流的。

其次,封建制崩溃是王道衰败、王权不立和封建诸侯“强弱相噬”的结果,郡县制正是在这一进程中逐步形成的。他说:

> 圣人以万国奠天子,而以天子荣万国,万国之得立,天子纲之也,正朔可改而天唯人造,王可射而人唯力竞,则王不能居万国之上,而万国亦无以自居,至于六国强秦,而封建不能不裂矣。④

王夫之还指出,在封建制裂变的过程中郡县制已经开始逐步推行。通过春秋时期封建诸侯的“强弱相噬”,封建制到战国时代已经受到根本破坏,“仅存者无几,岂能役九州而听命于数诸侯王哉?”郡县制此时已得到一定的推行,“分国而为郡县,择人以尹之。郡县之法,已在秦先”。所以,秦废封建、行郡县是历史发展的必然产物,“秦之所灭者六国耳,非尽灭三代之所封也。则分之为郡,分之为县”⑤。

第三,王夫之从“天之大公”的政治理念出发,指出“封建制”下的吏治、人才选拔及管理体制与“郡县制”相比,会给生民带来更大的危害,从

① 王夫之:《读通鉴论》卷一五《孝武帝七》,中华书局1975年版,第444页。
② 王夫之:《读通鉴论》卷二《汉文帝二一》,中华书局1975年版,第47页。
③ 王夫之:《读通鉴论》卷一五《孝武帝七》,中华书局1975年版,第444页。
④ 王夫之:《春秋世论》卷一,《王船山学案》,湖北人民出版社1987年版,第279页。
⑤ 王夫之:《读通鉴论》卷一《秦始皇一》,中华书局1975年版,第1页。

而在理论上和历史上进一步论证了废封建和行郡县的合理性。他说：

古者诸侯世国，而后大夫缘之以世官，势所必滥也。士之子恒为士，农之子恒为农，而天之生才也无择，则士有顽而农有秀；秀而不能终屈于顽，而相乘以兴，又势所必激也。封建毁而选举行，守令席诸侯之权，刺史牧督司方伯之任，虽有元德显功，而无所庇其不令之子孙。势相激而理随以易，意者其天乎！阴阳不能偏用，而仁义相资以为亨利，虽圣人其能违哉！选举之不慎而守令残民，世德之不终而诸侯乱纪，两俱有害，而民于守令之贪残，有所藉于黜陟以苏其困。故秦、汉以降，天子孤立无辅，祚不永于商、周；而若东迁以后，交兵毒民，异政殊俗，横敛繁刑，艾削其民，迄之数百年而不息者亦革焉，则后世生民之祸亦轻矣。郡县者，非天子之利也，国祚所以不长也；而为天下计，则害不如封建之滋也多矣。呜呼！秦以私天下之心而罢侯置守，而天假其私以行其大公，存乎神者之不测，有如是夫！

世其位者习其道，法所便也；习其道者任其事，理所宜也。法备于三王，道著于孔子，人得而习之，贤而秀者皆可以奖之以君子之位而长民。圣人之心，于今为烈。选举不慎，而贼民之吏代作，天地不能任咎，而况圣人！未可为郡县咎也。若夫国祚之不长，为一姓言也，非公义也。秦之所以获罪于万世者，私己而已矣。斥秦之私，而欲私其子孙以长存，又岂天下之大公哉！①

王夫之这里所说的“天下之大公”实际是指治理天下的原则，即“理”，亦是他民本思想的反映。因此，他认为郡县制的政治统治虽然比不上商周封建于一姓之祚有利，但于天下有利，不是私已而是行公义。可见，他的“天下之大公”的思想与那种将行封建视为人君需有“天下之公心”的君本论的政治理念是截然不同的。同时，王夫之又指出“秦以私天下之心而罢侯置守”，即是说，秦行郡县并非出于公心，而是为了“私天下”，郡县的推行实际是“天假其私而行其大公”。这里的“天”并非是人格化的、神意的天，而是指具有客观发展法则的历史。“天假其私”的提出表明了王

① 王夫之：《读通鉴论》卷一《秦始皇一》，中华书局1975年版，第1—2页。

夫之看到了历史演进的必然法则恰恰是通过秦始皇主观动机这一偶然性体现出来的,这或许可以看作是王夫之对历史发展的必然性与偶然性辩证关系的朦胧认识。这些都是王夫之的封建与郡县之辨在理论上大大超越前人之处。

然而,王夫之没有美化郡县制,也指出了郡县制的弊病。他指出郡县制往往会养天下于痿痹,为害社稷和生民,他说:

> 夫郡县之天下,其治九州也,天子者一人也,出纳无讽议之广,折中无论道之司,以一人之耳目心思,临六典分司之烦冗,即有为之代理者,一二相臣而止,几何不以拘文塞责、养天下于痿痹,而大奸巨猾之胥吏,得以其文亡害者、制宗社生民之命乎?①

总之,王夫之不仅对封建制的衰败和郡县制的推行作了历史的考察,深刻地指明了"封建制"并非是一种美好和理想的社会制度,从"封建制"演变到"郡县制"是中国历史的进步;同时,他又指出郡县制存在的弊病,这是古代讨论这一问题中少有的卓识。特别是他运用其理与势相结合的历史理论,并结合民本思想,全面深入地论述了"封建"与"郡县"兴废的历史必然性及郡县之行中"私天下"与"公天下之心"的辩证关系,是对这一问题所作的深刻理论阐释。

三、"寓封建之意于郡县之中"

在宋元明清时期有关封建制与郡县制兴废的讨论中,除了那种认为以郡县代封建是历史必然的主流观点外,还有一种封建和郡县折中论。持折中论的具体看法不同,有人认为封建制可以弥补郡县制的不足,主张杂封建于郡县之中;有人则认为封建制与郡县制可以并行不悖。在这些观点中,最具代表性和理论价值的则是顾炎武从"承敝易变"的变易思想出发所提出的"寓封建之意于郡县之中"的政治构想。

顾炎武指出,郡县制取代封建制是历史的必然,他说:

---

① 王夫之:《读通鉴论》卷二〇《唐高祖八》,中华书局 1975 年版,第 580 页。

> 知封建之所以变而为郡县，则知郡县之敝而将复变。然则将复变而为封建乎？曰，不能。……封建之废，非一日之故也，虽圣人起，亦将变而为郡县。①

他认为将秦亡归咎于废封建是错误的，秦始皇废封建、行郡县是适应历史发展需要的。况且郡县制在战国时期已开始实行，并非后人所说的始于秦灭六国后。他通过对《左传》《战国策》《晏子春秋》和《史记》等历史文献的认真考稽，指出《汉书·地理志》所言"秦并兼四海，以为周制微弱，终为诸侯所丧，故不立尺土之封，分天下为郡县，荡灭前圣之苗裔，靡有孑遗"并不正确，说，"后之文人祖述其说，以为废封建，立郡县，皆始皇之所为也。以余观之，殆不然"。他认为从传称的禹会诸侯万国，至战国最终并为七国，"此固其势之所必至。秦虽欲复古之制，一一而封之，亦有所不能。而谓罢侯置守之始于秦，则儒生不通古今之见也"②。

然而，与一般的认识不同的是，顾炎武并没有因承认郡县制出现的历史必然性，便全盘肯定郡县制和全面否定封建制，而是指出两种制度各有其弊，"封建制"的弊病在于"其专在下"，"郡县制"的弊病在于"其专在上"，也就是君主高度集权。他对君主专制集权的弊病及其危害作了深刻分析：

> 方今郡县之敝已极，而无圣人出焉，尚一一仍其故事，此民生之所以日贫，中国之所以日弱而益趋于乱也。何则？封建之失，其专在下；郡县之失，其专在上。古之圣人，以公心待天下之人，胙之土而分之国；今之君人者，尽四海之内为我郡县犹不足也，人人而疑之，事事而制之，科条文簿日多于一日，而又设之监司，设之督抚，以为如此，守令不得以残害其民矣。不知有司之官，凛凛焉救过之不给，以得代为幸，而无肯为其民兴一日之利者，民乌得而不穷，国乌得而不弱？

① 顾炎武：《顾亭林诗文集》之《亭林文集》卷一《郡县论一》，中华书局 1959 年版，第 12 页。

② 顾炎武：《日知录》卷二二《郡县》，黄汝成集释：《日知录集释》，岳麓书社 1994 年版，第 773—775 页。

率此不变,虽千百年,而吾知其与乱同事,日甚一日者矣。①

也就是说,人君专制不仅造成科条文簿繁冗,行政效能低,还使官吏不兴民利却残害生民。他还揭示了君主专制导致中央只能凭借纷繁法令来管理国家,以致约束各级官吏手脚的危害,说:“尽天下一切之权而收之在上,而万几之广,固非一人之所能操也,而权乃移于法,于是多为之法以禁防之。虽大奸有所不能逾,而贤智之臣亦无能效尺寸于法之外,相与兢兢奉法,以求无过而已。”同时,皇帝还集中了地方的辟官、莅政、理财和治军四权,“是以言莅事而事权不在于郡县,言兴利而利权不在于郡县,言治兵而兵权不在于郡县,尚何以复论其富国裕民之道哉!”②他还指出:“人君之于天下,不能以独治也。独治之而刑繁矣,众治之而刑措矣。”③

顾炎武认为,要消除郡县制之弊,不能通过恢复封建制来解决,而应当实行“寓封建之意于郡县之中”的改革方案。他说:“有圣人起,寓封建之意于郡县之中,而天下治矣。”④由于他认为郡县制的根本弊端在于皇帝的权力太大,郡县没有适当的自主权,处处受制于中央,使郡守、县令为政的积极性不高,因此,如果权力下移,使郡县有较大的自主权力,“寓封建之意于郡县之中”,那么,郡守、县令便会爱郡爱县如爱家,尽力治理,这样就能使郡县财足兵强,人人誓死保卫郡县,县得以治矣。县治理得好,天下就能大治。他说:

然则尊令长之秩,而予之以生财治人之权,罢监司之任,设世官之奖,行辟属之法,所谓寓封建之意于郡县之中,而二千年以来之敝可以复振。后之君苟欲厚民生,强国势,则必用吾言矣。⑤

---

① 顾炎武:《顾亭林诗文集》之《亭林文集》卷一《郡县论一》,中华书局 1959 年版,第 12 页。

② 顾炎武:《日知录》卷九《守令》,黄汝成集释:《日知录集释》,岳麓书社 1994 年版,第 327 页,329 页。

③ 顾炎武:《日知录》卷六《爱百姓故刑罚中》,黄汝成集释:《日知录集释》,岳麓书社 1994 年版,第 222 页。

④ 顾炎武:《顾亭林诗文集》之《亭林文集》卷一《郡县论一》,中华书局 1959 年版,第 12 页。

⑤ 顾炎武:《顾亭林诗文集》之《亭林文集》卷一《郡县论一》,中华书局 1959 年版,第 12 页。

顾炎武这一新论点的提出，一方面是受专制主义政治制度之下积弊的启发，一方面也是千余年来“封建”、“郡县”辩论引发的思考所得，从而把一千余年的聚讼推进到新的认识高度，并成为这一聚讼的理论性总结。而其《郡县论二》至《郡县论九》，主要就是围绕如何赋予郡县地方官吏更多的权力，以提高他们的行政效率而展开论述的。可见，所谓“寓封建之意于郡县之中”，实质是指不实行分封诸侯或王室的制度，而是通过扩大郡县地方官员的权力来削弱君主专制，进而克服君主专制带来的各种弊病，以最终达到国家的强盛。

顾炎武“寓封建之意于郡县之中”的改革理论有其人性论的哲学基础。他承认人的“私心”的合理性，说：“天下之人各怀其家，各私其子，其常情也。为天子为百姓之心，必不如其自为，此在三代以上已然矣。”①又说，“有公而无私，此后代之美言，非先王之至训也”②。就是说，人的私情不但不能禁止，还应受尊重。他提出“合天下之私，以成天子之公”，认为只有这样才能把天子的统治与天下人的私情统一起来，以达到天下大治，“圣人者因而用之，用天下之私，以成一人之公而天下治”；如果使县令能够私其百里之地，使一县之人民及土地、城郭、仓廪都归其私有，把郡县的治理同县令的个人利益联系起来，那么，县令就会尽责尽力去管理好。③

顾炎武“寓封建于郡县之中”的思想和改革主张，在理论上和现实上都有积极意义。首先，他生当明末清初，十分了解明代中央集权的危害。他的主张意在削弱中央集权，加强地方行政权力，是针对明代政治积弊而发的，是建立在对现实和历史的深入考察基础之上的，所以有很强的现实批判意义。其次，他根据历史发展对“封建”的内涵作了新的拓展，将“封建”视为扩大地方官员的权力，这是对传统“封建”论的重要理论发展。其改革主张的意图是要克服“封建制”“其专在下”与“郡县制”“其专在

---

①　顾炎武：《顾亭林诗文集》之《亭林文集》卷一《郡县论五》，中华书局1959年版，第14页。

②　顾炎武：《日知录》卷三《言私其豵》，黄汝成集释：《日知录集释》，岳麓书社1994年版，第92页。

③　顾炎武：《顾亭林诗文集》之《亭林文集》卷一《郡县论五》，中华书局1959年版，第14页。

上”的弊病,使“封建”和“郡县”两种制度达到某种程度的调和,是一种积极的社会改革设想。第三,他虽然称赞三代之治,但与将三代人君美化为“公而无私”的道德理想不同。他以自然主义的人性论为改革立足点,力图从满足人的合理利益出发来改革国家制度和解决社会问题,是明清时期进步人性论的重要组成部分,符合历史发展的要求。然而,由于顾炎武的郡县改革论是与其小农社会的政治理想相联系的,①因此,并不能为消除君主专制的弊端提供一个真正的解决方案。

小　　结

五代辽宋夏金元明清时期,史学家和思想家根据中国社会在政治、经济和文化等方面新的变化,结合历史事实对国家观的诸多问题进行理论阐发,历史思想有了新发展。在有关国家起源问题上,除了继承以往的各种国家起源说并对其加以丰富外,明清之际的杰出史学家和思想家突破了传统的国家起源论,提出人类文明与国家起源本是一个自然进化的过程,肯定人的自然本性(私欲)对国家起源的作用,强调个人的意志在国家形成中的作用,拓展了传统国家起源论的视野。关于国家职能,许多史学家对礼(治)、法治(刑政)在国家统治和社会生活中的地位、作用及其与人君为政的关系的讨论,大大丰富了人们对国家政治统治职能的认识。其中王夫之和顾炎武等对国家统治职能的新见解尤具理论价值。由于这一时期是中国多民族国家进一步发展的新时期,一些少数民族贵族在建立政治统治的过程中,为维护自身的生存发展,不同程度地吸收了中原皇朝政治思想和国家制度,或“因俗而治”,或易俗“行汉法”,在实践和理论上发展了传统的国家观。一些史学家及政治家更是从历史之势、历史之

① 顾炎武说:“人聚于乡而治,聚于城而乱。聚于乡则土地辟,田野治,欲民之无恒心,不可得也。聚于城则徭役繁,狱讼多,欲民之有恒心,不可得也。”见黄汝成集释:《日知录集释》卷一二《人聚》,岳麓书社 1994 年版,第 446 页。

道、因时制宜、历史之变与常相统一等认识出发，对这些新的国家政治实践和理论进行分析和总结，极大地丰富了传统国家观的内涵。再者，这时期有关“封建”“郡县”这一重大历史问题的论争趋于理性化，在基本认同废封建和行郡县是历史之必然之“势”的前提下，史学家们从不同角度或立场对此作了阐述，作出了不同的理论贡献。尤其是王夫之历史地和系统地考察了中国历史上封建制与郡县制的演变及其辩难中的理论发展，从“天下之大公”的政治理念出发，运用中国史学中“理”和“势”的思想，全面肯定了郡县制取代封建制的历史合理性，其思想达到了一个新的理论高度。顾炎武从“承敝易变”的变易思想出发所提出的“寓封建之意于郡县之中”的政治构想，拓展了千余年来关于“封建”论的思想内涵，他的思想主张在理论上和现实上都有重大意义。

第七章

君主论与君主专制主义批判

秦汉以降，在君主专制体制下，君主处于国家政治生活的中心，在社会历史的发展中占据着突出地位，发挥着重要的作用。因此，围绕君主而展开的讨论也成为中国古代历史理论和政治理论的一个重大问题。五代辽宋夏金元明清时期是中国封建君主制发展的重要阶段，君主专制制度进一步加强和完善，尤其是明清两朝更成为中国君主专制高度发展的历史时期。因此，有关君主的研究和讨论的著述非常丰富。这一时期的史学家在继承以往君主论的基础上，结合所处时代的社会发展需要，不断深化和拓展有关君主起源、君民和君臣关系的认识；一些史学家和思想家还从不同角度和层面对君道和大一统国家兴衰治乱的关系进行了论述。随着两宋、特别是明清时期中国商品经济的发展和新型生产关系的萌芽，明末清初出现了一股具有早期民主启蒙色彩的君主专制批判思潮，使这一时期君主论发展更具有时代特色和社会意义。

第一节 君主起源与君民、君臣关系论

一、君主起源论的新探讨

有关君主的起源问题是君主论研究的首要问题，这一问题不仅提出

很早,而且在宋代以前已经有过大量的论述。宋元明清时期的一些史学家继续对这一问题作进一步的思考和探讨。其中,比较有价值的主要是北宋的司马光和明代史学家丘濬对“止争息乱”说及“禁暴除害”说的思想内容加以丰富,但是他们又都没有摆脱君权神授论的束缚。到明末清初之际,史学家黄宗羲、王夫之、顾炎武和唐甄等对君主起源作了全新的探讨。由于他们的探讨多是结合其君主专制批判思想来论述的,对此将在本章第三节加以论述。

司马光认为君主源于“禁暴除害”和“止争息乱”。他说:“天生烝民,其势不能自治,必相与戴君以治之。苟能禁暴除害以保全其生,赏善罚恶使不至于乱,斯可谓之君矣。”①又说,由于人口的日益繁衍使得生活资料日益不足,由此导致人们的争夺,“争而不已,相贼伤,相灭亡,人之类盖可计日而尽也。圣人者愍其然,于是作而治之,择其贤智而君长之”②。司马光从人类的群居(社会)性、人口增加及其引发的生活资料的争夺来说明君主的产生,看到了君主起源和存在的社会现实性,是对“君权神授”论的否定。司马光将后世大一统君主的出现视为一个历史过程,指出人类社会初期并非是一君君临天下,而是有万国之君,“是以三代之前,海内诸侯,何啻万国。有民人、社稷者,通谓之君。合万国而君之,立法度,班号令,而天下莫敢违者,乃谓之王”③,这表明司马光也看到了君主形成的社会历史性,是一种历史进步观点。不过,他的君主起源论又保留了君权神授的色彩。如,他继承五德始终说,称太昊伏羲氏“以木德继天而王”,认为人君牧民是由天所立的,“惟天生民,有欲无主乃乱,必立聪明之君长以司牧之”④;他对伏羲、神农、炎黄等“圣人立教”和“神道设教”说也予以首肯。显然,他关于君主起源问题,仍有明显的矛盾性。

明代史学家丘濬从人君与道德关系的角度探讨了“止争息乱”说,他

① 司马光:《资治通鉴》卷六九,魏纪一,文帝黄初二年,中华书局 1956 年版,第 2185 页。

② 司马光:《传家集》卷七一《闻喜县修文宣王庙记》,《文渊阁四库全书》,台湾商务印书馆 1986 年版,第 7 页。

③ 司马光:《资治通鉴》卷六九,魏纪一,文帝黄初二年,中华书局 1956 年版,第 2185—2186 页。

④ 司马光:《稽古录》卷一《伏羲氏》,北京师范大学出版社 1988 年版,第 1 页。

称:“民生有欲,无主乃乱。天必立君以主之,使之建其有极,以为天下臣民之所视效。善者有所恃而安于为善,恶者有所忌而惮于为恶……是故人君之道在乎建极,非道非义而得天下,则是惟皇之权不建矣。”①说人君是天所立,这是君权神授论。不过,他又提出“非道非义而得天下,则是惟皇之权不建矣”,这实际又是将人君视为人间道义的代表和化身,也是人君之为人君的唯一合法依据,这种观点是对孟子君主论和两宋理学家“圣贤为君”说的继承,实际上又对君权神授论作了某种否定,这比那种单纯和片面强调君权因神授而不可侵犯的观点要进步一些。

司马光和丘濬的观点都是对中国以往君主论中“立君为民”思想的进一步阐述,是值得肯定的。“立君为民”可以说是中国古代君主论的主流观点,只是有神本论和道(理)本论的不同。其基本含义是:民众不能自治,因此必须立君治之;然而,君主必须为民众着想,养育万民。《尚书》就有天佑下民而作君之说,《墨子》《吕氏春秋》和《荀子》等也明确主张立君为民,君主必须为民兴利除害,不能为一己谋利。后代史学家和思想家对此多有阐述,“立君为民”是公认的设君之道。司马光强调君主起源的社会现实性和历史性,丘濬从道义上强调了人君起源与存在的合法依据,都是积极和进步的思想。但是,他们的君主起源论又都没有摆脱君权神授论,或者说是与君权神授论结合在一起的君主起源论。在探讨君主起源问题上彻底摆脱君权神授思想,要到明末清初的黄宗羲、王夫之和顾炎武等,他们继承和发展了柳宗元关于国家起源和君主产生的思想,不再从天意来讲君主起源问题了,这是巨大的进步。

二、“民本”思想与君民关系认识的深化

君民关系是君主论的一个基本问题。在君主制国家,君之所以为君,正是因为有了民,民是构成君主制国家“金字塔”式阶层结构的基础,无民则无君,民乱则国亡。所以,如何正确看待民在国家和社会中的地位作

① 丘濬:《世史正纲》卷一—《晋世史》,海南出版社 2005 年版,第 209 页。

用进而制定正确的御民和治民政策，不仅是历代君主政治的头等大事，也是史学家及思想家讨论的重点问题。源于西周并在以后不断得以丰富和发展的民本思想对此作了阐释。宋元明清时期的史学家继续从“民本”立场出发，深化和拓展了君民关系认识的内涵和内容。

民本思想的基本含义是民为国（邦）本，它是指以人君为代表的整个统治阶级治理国家时要以民为本，并不仅限于君民关系。① 然而，由于中国古代政体是君主制，特别是秦汉以来确立了君主专制的体制，国即人君一姓一家之国，因此，“民为国（邦）本”在很大程度上也等于“民为君本”，这就使古代民本问题的讨论往往与君民关系的认识紧密结合在一起，君民关系也成为民本问题讨论中最基本和最主要的问题。其次，君民关系所包含的内容也不限于“民为君本”及其所包含的重民、贵民、敬民、亲民、爱民、恤民、保民、安民、养民、利民和富民等，它还包括人君如何愚民、制民、抑民和驭民等，以及从民的角度出发讨论如何使其服从人君统治的问题。这里主要以“民本”视野下的君民关系为维度，来考察这一时期史学家有关君民关系认识的新发展。

（一）“民为国本”内涵的深化与君民关系认识的拓展

“民本”的内涵是不断丰富和发展的，不同时代的政治家、思想家和史学家往往会根据社会历史环境的变化对它做出新的解释。宋元明清时期的史学家从民为国本，无民则无君、无国，匹夫匹妇存亡天下，得民心者

---

① 关于古代“民本”思想的内涵与外延，张分田、张鸿作了专门研究。他们还对“民本”在古代政治思想话语中的位置进行了分析，说，“值得注意的是：可以称之为‘国本’的不仅有民。在文献中，储君为国本、宰辅为国本、封疆大吏为国本、选贤为国本、京畿为国本、财政为国本、诚信为国本等说法很常见。此外还有食为政本、农为政本、道义为政本、移风易俗为政本、赏善罚恶为政本、礼乐为政本、仁义礼智为政本、夫妇为政本、孝为政本、德治为政本之类的说法”，“上述事实表明：在全面讨论国家政治之本的时候，民本只是思想家们所提出的各种命题之一。在这个系统化的有关‘本’的思想体系中，民众并不总是居于‘本’的位置。有时民众甚至被摆在‘末’的位置。如果脱离中国古代思想家谈论民本问题时的思维方式和具体语境，随意演绎其意蕴，判定其性质，很容易得出偏颇的结论”（张分田、张鸿：《中国古代“民本思想”内涵与外延刍议》，《西北大学学报》2005 年第 1 期）。另按：关于 20 世纪中国民本思想的研究，还可参见胡波的《20 世纪中国民本思想研究述评》（《学术月刊》2001 年第 5 期）。

得天下、失民心者失天下等方面深化了民本思想的内涵,进而拓展了对君民关系的新认识。

这一时期的史学家除了继续强调民为国本的政治理念,如,司马光说,“国以民为本”①,“夫民者,国之堂基也”②,往往还从其他角度来发掘和深化民本思想的内涵。范祖禹从无民则无君的角度阐述了民为君本,他说:“天子者,以一身而寄天下之上,所恃者众心之所戴也。合而从之则为人君,离而去之则为匹夫,天下常治则能保人君之尊,乱则众散,众散则与匹夫何异哉?”③他还以隋唐的兴亡史来论证自己的观点,说:“昔隋氏穷兵暴敛,害虐生民,其民不忍,共起而亡之。唐高祖以一旅之众取关中,不半岁而有天下,其成功如此之速者,因隋大坏故也。以治易乱,以宽易暴,天下之人归往而安息之,方其君明臣忠,外包四荒,下遂万物,此其所由兴也。”④明代丘濬也持类似看法,说:“盖君之所以为君者,以其有民也。君而无民,则君何所依以为君哉? 为人上者,诚知其所以为君而得以安其位者,由乎有民也。”“国之所以为国者,民而已;无民,则无以为国矣。”⑤郑樵则提出了“匹夫匹妇存亡天下之权”,他在论述秦亡的历史时感叹道:“呜呼!《诗》不敢作,天下怨极矣。卒不能胜,共起而亡秦。秦亡而后快。于是始有匹夫、匹妇存亡天下之权。”⑥

这一时期,从民心的去取、得失和向背等与国家的兴亡来讨论“民为邦本”的思想更为丰富。司马光认为民心的去取决定着国家的兴亡,说:“人主当国家全盛之时,宴安怠惰,以失其威福之柄,及民心已去,祸乱已成,虽有明断之才,犹不能救,况庸君乎?”⑦因此,人君为政必须顺民心,要以民心向背为去取,“夫为政在顺民心,民之所欲者行之,所恶者去之,则何患号令

① 司马光:《司马光奏议》卷一六《蓄积札子》,山西人民出版社1986年版,第173页。

② 司马光:《司马光奏议》卷三《惜时》,山西人民出版社1986年版,第34页。

③ 范祖禹:《唐鉴》卷五《玄宗下》,上海古籍出版社1984年版,第147页。

④ 范祖禹:《唐鉴》序,上海古籍出版社1984年版,第1—2页。

⑤ 丘濬:《大学衍义补》卷一三《固邦本·总论固本之道》,《文渊阁四库全书》,台湾商务印书馆1986年版,第3、8页。

⑥ 吴怀祺校补:《郑樵文集》卷二《论秦以诗废而亡》,书目文献出版社1992年版,第22—23页。

⑦ 司马光:《稽古录》卷一四《敬帝》,北京师范大学出版社1988年版,第126页。

不行、民心不附、国家不安、名誉不荣哉!”[①]范祖禹提出了得民心者王天下的观点,说:“以天下之大,亿兆之众,守之以道德,用之以仁义,其谁能敌之?故人君苟得民心,则不在地之广狭,兵之众寡,王天下犹反掌也。”[②]明代史学家薛应旂提出了治天下者必得“民心”和治道即“民心”的观点,说圣人所以致治的根本原因在于:“因时升降,由俗为政,而一顺乎民之心也。……古之治天下者,必达乎斯民之心,通乎此心之理,其举措未必同也,其合于道一也。是故赏罚施而天下宾服,仁义布而万物蕃殖,是是非非,善善恶恶,各得其当,而天下大治,所以然者何也?因天下而为天下也,天下之要不在于我而在民,不在民而在于民之心也。”他由此得出了治在“道”,而不在“时”“势”和“事”的结论,“道也者,固具于斯世斯民之心”[③]。清代史学家赵翼历史地考察和分析了民心向背决定帝业成败的问题,认为王莽不能代汉,是由于西汉人君多“深仁厚泽,被于人者深”,即便是稍劣之君,“亦绝无虐民之政”,因此王莽窃位,“虽时代改易而民心未去,加以莽政愈虐,则思汉之心益坚。……故群雄之起兵者,无不以刘氏举号”;汉光武帝起兵三年即夺得天下,是“因民心之所愿,故易为力也”[④]。

当然,民为君本并不意味着民可以成为国家的主人,它只是指民是构成人君之国的基础,如果没有民,就不能构成一个君主统治的国家。如果从国家政治统治的主体及国家权力的行使来说,则应当是君为政本,君本民末,两者不是属于同一范畴的问题。[⑤]

---

① 司马光:《司马光奏议》卷三三《乞降封事签帖札子》,山西人民出版社1986年版,第361—362页。

② 范祖禹:《唐鉴》卷七《德宗中》,上海古籍出版社1984年版,第194页。

③ 薛应旂:《方山先生文录》卷一七《三代直道而行》,明嘉靖东吴书林刻本,第5—7页。

④ 赵翼:《廿二史札记》卷三《王莽时起兵者皆称汉后》,上海古籍出版社2011年版,第64—66页。

⑤ 如有学者指出:“君与民究竟何为本末,不可一概而言。涉及的话题不同,答案也就有所不同。在讨论国家的来源、根本和基础的时候,人们认为‘民为国本’;在讨论政治的首脑、主体和关键的时候,人们认为‘君为政本’。”“在中国古代文献中,特别是在儒家的政治思维中,上述两种君主臣民本末观是并行不悖的。就国家基础而言,民为本,君为末;就政治主宰而言,君为本,民为末。实际上,包括孔子、孟子、董仲舒、孔颖达、朱熹、王守仁等历代最有影响的大儒在内,人们普遍认为,君为政本,而民为国本。”见张分田、张鸿:《中国古代“民本思想”内涵与外延刍议》,《西北大学学报》2005年第1期。

(二)“民为国本”在人君之治中的体现与运用

“民为国本”作为一个政治理念,要被运用和贯彻到人君统治的实践当中才能发挥实际的作用,而重民、贵民、敬民、亲民、爱民、恤民、保民、安民、养民、利民、富民和厚民等,便是根据民本这一政治理念提出的各种治国原则和政策。宋元明清时期的史学家对此所作的讨论更为丰富。

第一,人君要亲民、爱民、贵民、重民和保民。这主要是指人君要对民所要保持的一种政治态度和原则。司马光说,人君治天下,“有一民失所,以为己忧”①。爱民是人君之职,人君能治天下,除一其法度和敦明信义外,还要“兼爱兆民”②。范祖禹以民之常性论证人君亲民和爱民便会民安国治。他说,民之常性不过是饥食渴饮以养父母妻子而终其天年,并非好作乱,自古治少乱多的根源在于上失其道,使民不知所为而被奸雄所利用,“人君苟行仁政,使民亲其长,爱其上,驱之为乱,莫肯从也,奸雄岂得而诈之哉?”人君的所作所为就在于保民,“人君用天下之力,取天下之财,征伐不庭以一海内,所以保民也”③。叶适将人君爱民之心视为天下治乱之本,说,人君之心“大要皆以社稷生民为主,而一身之利害不参焉”。人君此心之大小关系国家之治,“自昔唐、虞、三代之君子,随世就功,因事用力,其存心有小大,故所成就有厚薄,不可掩也”④。他将保民视为君臣之职,认为:“天子以保民为职。宰相群臣,助天子保民者也;智虽绝伦,谋虽超众,必其可以保民而后用之,不足以保民者不可用也。”⑤王应麟提出君主不应以“匹夫待民”,“夫是以圣人不敢侮于鳏寡,盖不可以匹夫待民也。孟子谓:‘民贵,社稷次,君轻。’盖不敢以万乘骄民也。昏君庸主以草介视民,以鹿豕视民,故民离叛”⑥。秦亡就是以匹夫待民

---

① 司马光:《司马光奏议》卷一三《上殿札子㈡》,山西人民出版社 1986 年版,第 142 页。

② 司马光:《资治通鉴》卷二九四,后周纪五,世宗显德六年,中华书局 1956 年版,第 9600 页。

③ 范祖禹:《唐鉴》卷六《德宗上》,上海古籍出版社 1984 年版,第 178、179 页。

④ 叶适:《叶适集》之《水心文集》卷二七《寄王正言书》,中华书局 1961 年版,第 545 页。

⑤ 叶适:《叶适集》之《水心别集》卷一六《后总》,中华书局 1961 年版,第 846 页。

⑥ 王应麟:《通鉴答问》卷二《陈胜吴广起兵于蕲》,《文渊阁四库全书》,台湾商务印书馆 1986 年版,第 34 页。

的结果。所谓君主不可骄民、以匹夫待民、以草介视民和以鹿豕视民，即是贵民和重民的体现。清代史学家崔述说："死亡切于民之身而天下治且安者，自古未之有也。"[①]又说，当国家盛时，"皆以勤政，爱民，黜华，崇实为务"[②]。上述观点从不同角度阐述了贵民、重民、爱民、亲民和保民等对君国之治的重要，意在使人君获得民的认同和支持，以达到民安国定。

第二，人君要养民、安民和恤民，要轻徭薄赋，不应当过度剥削百姓。这主要是从维护和保障百姓基本的生活需求，以求社会安定和经济发展来立论的。司马光说："食者生民之大本，为政之首务也。"[③]为此，人君应当采取"轻租税，薄赋敛"的养民政策。[④] 欧阳修说，为政之道若能取民有度，"则天地顺成，万物茂盛，而民以安乐，谓之至治"；反之，"民被其害则愁苦"，则为乱政。[⑤] 又说，"古之善治其国而爱养斯民者，必立经常简易之法，使上爱物以养其下，下勉力以事其上，上足而下不困"。而暴君庸主却取用无度，"用于上者无节，而取于下者无限，民竭其力而不能供，由是上愈不足而下愈困"[⑥]。他批评北宋统治者不量民力"以为节"和"制国用"，"为计者莫若就民而为之制，要在下者尽力而无耗弊，上者量民而用有节，则民与国庶几乎俱富矣！"[⑦]范祖禹认为掠民而不恤民是亡国之道，"有国者不忧百姓之贫，而疑其财之有余，取之不已。不恤百姓之劳，而疑其力之有余，使之不已。此二者亡之道也"[⑧]；又说，"自古盗贼之起，国家之败，未有不由暴赋重敛"[⑨]。叶适从"君民一本"的角度阐述了人君应当养民和教民，说，"古者民与君为一，后世民与君为二。古者君既养

① 崔述：《崔东壁遗书》之《无闻集》卷一《救荒策一》，上海古籍出版社 1983 年版，第 684 页。

② 崔述：《崔东壁遗书》之《读风偶识》卷三《魏风》，上海古籍出版社 1983 年版，第 561 页。

③ 司马光：《司马光奏议》卷五《劝农札子》，山西人民出版社 1986 年版，第 53 页。

④ 司马光：《传家集》卷六〇《与王介甫书》，《文渊阁四库全书》，台湾商务印书馆 1986 年版，第 6 页。

⑤ 《新唐书》卷三四《五行志一》，中华书局 1975 年版，第 872 页。

⑥ 《新唐书》卷五一《食货一》，中华书局 1975 年版，第 1341 页。

⑦ 欧阳修：《欧阳修全集》之《居士外集》卷九《原弊》，中国书店 1986 年版，第 423 页。

⑧ 范祖禹：《唐鉴》卷二《太宗上》，上海古籍出版社 1984 年版，第 54 页。

⑨ 范祖禹：《唐鉴》卷一一《僖宗》，上海古籍出版社 1981 年版，第 314 页。

民,又教民,然后治民,而其力常有余";而后世不养不教,设官置吏是为了取民,因此"专治民而其力犹不足"①。他反对借理财之名聚敛民财,说:"今之言理财者,聚敛而已矣。非独今之言理财者也,自周衰而其义失,以为取诸民而供上用,故谓之理财。而其善者,则取之巧而民不知……民之受病,国之受谤,何时而已!"②马端临指出,"《孟子》所谓'贤君必恭俭礼下,取于民有制'者,信利国之良规"③。丘濬认为使民乐生是安国之道,说:"为人上者,诚能省刑罚,薄税敛,不穷兵以黩武,不营作以劳人,则民咸有乐生之愿,而无轻死之心。祸乱不作,而君位永安,国祚无穷矣。"④李贽将养民和安民视为社稷之本,说:"夫社者,所以安民也;稷者,所以养民也,民得安养,而后君臣之责始塞。"⑤他称赞文景之治,"汉兴,扫除烦苛,与民休息。至于孝文,加之以恭俭;孝景遵业,五六十年之间,至于移风易俗,黎民淳厚。周云成康,汉言文景,美矣!"⑥

第三,人君要利民、富民和厚民。这主要是指人君的所作所为要有利于百姓,要使百姓富裕起来,富民才能富国。司马光说:"夫安国家,利百姓,仁之实也。"⑦人君治国当"安民勿扰,使之自富"⑧。他要求统治者与民合理地分配利益,指出"公家之利"当"舍其细而取其大,散诸近而收诸远",而"农工商贾皆乐其业而安其富,则公家何求而不获乎?"⑨丘濬主张厚民生,说:"为人上者,诚知其所以为君而得以安其位者,由乎有民也,可不思所以厚民之生,而使之得其安乎?民生安,则君得所依附而其位安矣。"⑩他指出,理财本质上是为藏富于民,"理财者,乃为民而理,理民之

---

① 叶适:《叶适集》之《水心别集》卷二《民事上》,中华书局1961年版,第651页。

② 叶适:《叶适集》之《水心别集》卷二《财计上》,中华书局1961年版,第657—658页。

③ 马端临:《文献通考》卷二三《国用考一》,中华书局1988年版,第225页。

④ 丘濬:《大学衍义补》卷一三《固邦本·总论固本之道》,《文渊阁四库全书》,台湾商务印书馆1986年版,第13页。

⑤ 李贽:《藏书》卷六八《吏隐外臣·冯道》,中华书局1959年版,第1141—1142页。

⑥ 李贽:《藏书》卷三《世纪·明圣继统·孝文皇帝》,中华书局1959年版,第35页。

⑦ 司马光:《司马光奏议》卷四《务实》,山西人民出版社1986年版,第39页。

⑧ 司马光:《司马光奏议》卷二五《体要疏》,山西人民出版社1986年版,第280页。

⑨ 司马光:《司马光奏议》卷八《论财利疏》,山西人民出版社1986年版,第87页。

⑩ 丘濬:《大学衍义补》卷一三《固邦本·总论固本之道》,《文渊阁四库全书》,台湾商务印书馆1986年版,第3页。

财尔。岂后世敛民之食用者，以贮于官而为君用度者哉？古者藏富于民，民财既理，则人君之用度无不足者。是故善于富国者，必先理民之财，而为国理财者次之”①。

总之，由于重民、贵民、亲民、爱民、恤民、保民、安民、养民、利民、富民和厚民等是作为民本思想的实践原则被贯彻和落实于国家政治、经济、军事、文化和社会生活的方方面面，因此备受重视，宋元明清之际的史学家从不同角度阐述了它们的重要性及其如何在统治和管理国家中予以贯彻和实施。当然，所谓重民、亲民、爱民、恤民、保民、养民、利民和富民等，根本目的还是为了维护和实现人君为首的统治者的利益；而且，它们在现实中真正能够被付诸实现往往是有限的，尤其是在封建王朝的没落和衰败时期。这种认识和实践的矛盾、理想和现实的矛盾，在当时的历史条件下，从根本上说，是不可能真正得到协调的。

三、君臣之道与国之兴衰

君臣关系是君主制国家基本的政治关系，这从“君为臣纲”为三纲之首便可以看得十分清楚。因为在君主专制的国家中，臣是其统治的中坚力量，君主权力的行使要靠臣来实行和落实。因此，历代史学家对此问题都十分关心。君臣关系包括君对臣、臣对君两个方面。这里主要从君主主体的角度来讨论君臣关系。宋元明清时期的史学家对君臣之道，特别是对君臣之道的维系、人君如何辨明人臣和用臣及与国家治乱的关系等分别作了不同程度的论述。

范祖禹将谨守君臣之道视为天理，说：“自君臣而言之，为君尽君道，为臣尽臣道，此穷理也。”②北宋的苏洵和曾巩对君臣相隔或不能相亲所导致的社稷之忧的讨论，从一个侧面说明了维系好君臣关系的重要性。苏洵说：

---

① 丘濬：《大学衍义补》卷二〇《制国用·总论理财之道上》，《文渊阁四库全书》，台湾商务印书馆1986年版，第2页。

② 范祖禹：《唐鉴》卷八《德宗下》，上海古籍出版社1984年版，第215—216页。

近世之君抗然于上,而使宰相眇然于下,上下不接,而其志不通矣。臣视君如天之辽然而不可亲,而君亦如天之视人,泊然无爱之之心也。是以社稷之忧,彼不以为忧;社稷之喜,彼不以为喜。君忧不辱,君辱不死。一人誉之则用之,一人毁之则舍之。宰相避嫌畏讥且不暇,何暇尽心以忧社稷?数迁数易,视相府如传舍。百官泛泛于下,而天子茕茕于上。一旦有卒然之忧,吾未见其不颠沛而殒越也。①

曾巩对北宋君臣关系的淡漠作了更形象和深刻的描述,他说:

近世自王公大臣之进见,皆俯首侧身,屏息以听仪相者疾呼姓名敕进,使拜舞已,则立而侍。设有宴享,则郎中以降皆坐于庑下,与工祝为等忤,王者遇之,体貌颜色未尝为之变也,而曾起且下,又不名乎。其于进退疾病死丧,未尝皆备其礼也。自公卿莫能得其从容,而况于疏远之臣庶乎?上下之情间然可知矣。至有罪故,则又困辱而刑之。此所以使偷安倖进之利深,无节自薄之俗胜,百官之于上,苟若而已,能无因败而利之者邪?国家之治最甚已,可无变欤?②

对此,我们是否可以作这样的分析:"如果苏洵所披露的君臣关系的淡漠还比较含蓄的话,那么曾巩所描述的这种关系就十分形象、具体了。可以想见,这种关系笼罩下的政治绝不会是强有力的政治,因此其应付各种事变的能力和效率必然受到很大的限制。曾巩的这些见解,确乎是'社稷之忧',反映了他的深刻的忧患意识。"③

那么,如何维持君臣之道呢?司马光阐述了"礼"和"分"对维系君臣之道的重要性,他说,"臣闻天子之职莫大于礼,礼莫大于分",所谓"礼",即是纪纲,"分"即是君臣,礼与分的重要在于:

夫以四海之广,兆民之众,受制于一人,虽有绝伦之力,高世之

---

① 苏洵:《论说·远虑》,郭预衡主编:《唐宋八大家散文总集》卷四《苏洵散文集》,河北人民出版社1995年版,第2633页。

② 曾巩:《论说·说遇下》,郭预衡主编:《唐宋八大家散文总集》卷四《曾巩散文集》,河北人民出版社1995年版,第2859页。

③ 瞿林东:《中国史学史纲》,北京出版社1999年版,第443页。

智，莫不奔走而服役者，岂非以礼为之纪纲哉！是故天子统三公，三公率诸侯，诸侯制卿大夫，卿大夫治士庶人。……然后能上下相保而国家治安。①

他又说，“礼之为物大矣”，“用之于国则君臣有叙而政治成焉；用之于天下，则诸侯顺服而纪纲正焉”②。而要维持君臣之礼，根本在于守君臣之分，即：“礼莫大于分。”也可以说，分是礼的体现。因此，他特别强调君臣要尊卑有分，将君臣之分视为人君治国之“柄”，指出：

自天子、诸侯至于卿、大夫、士、庶人，尊卑有分，大小有伦，若纲条之相维，臂指之相使，是以民服事其上，而下无觊觎。……凡人君所以能有其臣民者，以八柄存乎己也。苟或舍之，则彼此之势均，何以使其下哉！③

司马光和范祖禹等还运用历史事实来说明维护君臣之礼的重要。司马光说，东周王室衰败和春秋诸侯乱政的根源即在于君臣之礼的丧失，“君臣之礼既坏矣，则天下以智力相雄长，遂使圣贤之后为诸侯者，社稷无不泯绝，生民之类糜灭几尽，岂不哀哉！”④他赞赏汉高祖建立西汉后“明礼义以示”群臣，称此举“断以大义，使天下晓然皆知为臣不忠者无所自容；而怀私结恩者，虽至于活己，犹以义不与也。戮一人而千万人惧，其虑事岂不深且远哉！子孙享有天禄四百余年，宜矣”⑤。范祖禹指出，如果人君不能谨守君臣之礼便会乱国，痛斥唐肃宗以来藩镇之将杀逐主帅却被授官是乱君臣之礼，是教天下篡位，他这样说：

夫以下犯上，以臣逐君，此为国者所深恶，圣王之法必诛而无赦者也。不惟不讨，而又赏之，使天下皆无君，岂得不逼天子乎？《礼》

① 司马光：《资治通鉴》卷一，周纪一，威烈王二十三年，中华书局 1956 年版，第 2—3 页。

② 司马光：《资治通鉴》卷一一，汉纪三，太祖高皇帝七年，中华书局 1956 年版，第 375、376 页。

③ 司马光：《资治通鉴》卷二二〇，唐纪三六，肃宗乾元元年，中华书局 1956 年版，第 7064— 7065 页。

④ 司马光：《资治通鉴》卷一，周纪一，威烈王二十三年，中华书局 1956 年版，第 6 页。

⑤ 司马光：《资治通鉴》卷一一，汉纪三，太祖高皇帝五年，中华书局 1956 年版，第 360—361 页。

曰:"政不正则君位危。"为国者必严上下之等,明少长之序,使不相陵越者,盖君欲自安也。唐之人主坏法乱纪,无政刑矣,其何以为天下乎?①

君臣之间首先要明礼与分,要讲君尊臣卑。同时,维系君臣关系,人君又必须以诚和义待臣和用臣。欧阳修对人君疑臣自用的严重危害作了深入分析,认为自古人君欲为治而常至于乱,欲为明而常至于昏,其根源在于:

患于好疑而自用也。夫疑心动于中,则视听惑于外。视听惑,则忠邪不分,而是非错乱。是非错乱,则举国之臣皆可疑。尽疑其臣,则必自用其所见。夫以疑惑错乱之意而自用,则多失;多失,则其国之忠臣必以理而争之。争之不切,则人主之意难回;争之切,则激其君之怒心而坚其自用之意,然后君臣争胜。于是邪佞之臣得以因隙而入,希旨顺意,以是为非,以非为是,惟人主之所欲者从而助之。夫为人主者,方与其臣争胜,而得顺意之人,乐其助己而忘其邪佞也,乃与之并力以拒忠臣。夫为人主者拒忠臣而信邪佞,天下无不乱,人主无不昏也。②

这段话,指出了历史上昏君之所以"昏"的一个带普遍性的重要原因,可视为君主论中之一段精彩之笔。

范祖禹认为,君臣不仅要守道,还要讲义,"君臣以道相与,以义相正者也。故先王以群臣为友,有朋友之义,非徒以上下之分相使而已"③。唐甄指出,人君用臣之道有四:专、虚、亲、敬。其中,"虚",即不骄不侈,"毋作聪明以自用,毋作好恶以遵法,毋拒忠言以闻过";"亲",即"下之若舅,亲之若甥。咨访时见,敷奏时见,暇豫别见,燕饮时见";"敬",即"待以师宾之礼,不敢烦责"。他特别指出,人君要抚慰有德有功的六卿,"君子之道,无德不酬,无施不报。为人臣者,终其身以死守官,佐君为圣以致太平,朝廷百姓并受其福,而荣不加于本职,泽不及其子孙,仁人深所不忍。是故劳久者,报之以富贵;功大者,报之以封爵","如是,则忠上惠

① 范祖禹:《唐鉴》卷八《德宗下》,上海古籍出版社 1984 年版,第 220 页。

② 欧阳修:《欧阳修全集》之《奏议集》卷一二《论台谏官言事未蒙听允书》,中国书店 1986 年版,第 851 页。

③ 范祖禹:《唐鉴》卷三《太宗下》,上海古籍出版社 1984 年版,第 74—75 页。

下，各尽其礼，君臣之道乃全”①。

史学家还对人君如何辨明人臣的贤愚忠奸作了论述，如范祖禹将“知人为明”作为人君之职，也就是说人君要善于选拔人臣来治理国家，他说：

> 夫君以知人为明，臣以任职为良。君知人，则贤者得行其所学。……不明之君不能知人，故务察而多疑，欲以一人之身，代百官之所为，则虽圣智，亦日力不足矣。故其臣下，事无大小皆归之君，政有得失不任其患。贤者不能行其志，而持禄之士得以保其位，此天下所以不治也。是以隋文勤而无功，太宗逸而有成，彼不得其道，而此得其道故也。②

这是指出了君主同统治集团的关系对于治国的重要意义。

王夫之考察了从秦汉到宋明的历史，指出君主“好谀”与否极大地影响到国家的存亡，他说：

> 秦始皇之宜短祚也不一，而莫甚于不知人。非其不察也，惟其好谀也。托国于赵高之手，虽中主不足以存，况胡亥哉！汉高之知周勃也，宋太祖之任赵普也，未能已乱而足以不亡。建文立而无托孤之旧臣，则兵连祸结而尤为人伦之大变。徐达、刘基有一存焉，奚至此哉？虽然，国祚之所以不倾者，无谀臣也。③

他又说：“好谀者，大恶在躬而犹以为善，大辱加身而犹以为荣，大祸临前而犹以为福；君子以之丧德，小人以之速亡，可不戒哉！”他进而指出：“天下之足以丧德亡身者，耽酒嗜色不与焉，而好谀为最。”④这不仅指出了好谀者恶德的各种表现，还说明了“好谀”是“天下丧德亡身者”之“最”。

叶适和龚自珍对君臣关系提出了一些新看法。他们不同意单纯以礼义和名分驭臣和用臣的主流思想，提出了以“利”用臣和“富”臣的主张，认为这样才能真正使臣效力于人君。叶适从功利主义思想出发，肯定人追求利的合理性，认为古代圣人未尝吝天下之利，而是以高爵厚禄求人用人，所

---

① 唐甄：《潜书》下篇上《善任》，中华书局1963年版，第133—135页。

② 范祖禹：《唐鉴》卷二《太宗上》，上海古籍出版社1984年版，第38—39页。

③ 王夫之：《读通鉴论》卷一《秦始皇三》，中华书局1975年版，第3—4页。

④ 王夫之：《读通鉴论》卷一二《晋愍帝四》，中华书局1975年版，第389页。

以说,“天下所以听命于上而上所以能制其命者,以利之所在,非我则无以得焉耳。是故其途可通而不可塞,塞则沮天下之望;可广而不可狭,狭则来天下之争。望失争生而上之权益微。”①龚自珍的《明良论》结合历史事实,深入阐述了人君厚待其臣对社稷安危所起的重要作用。他说,三代以上的大臣、百官无求富之事,然而人主待臣却“厚以礼,绳以道”;今天的士大夫并非尽不若古和无廉耻之心,而是由于人君待臣未能厚之以礼。他说,“三代、炎汉勿远论,论唐、宋盛时,其大臣魁儒,大率豪伟而疎闳,其讲官学士,左经右史,鲜有志温饱、察鸡豚之行;其庸下者,亦复优游书画之林,文采酬酢,饮食风雅”②。而且,汉、唐、宋的制俸,“皆数倍于近世”;然而,如今大小之臣,“车马敝而责券至,朋然以为忧,居平以贫故,失卿大夫体,甚者流为市井之行。……内外大小之臣,具思全躯保室家,不复有所作为,以负圣天子之知遇,抑岂无心,或者贫累之也”,所以,若要使今天的官员“真能忘其身家以图其君”,就必须使他们“被润泽而大丰美”③。这里,龚自珍通过对京城内外中下层官吏生活困顿惨象的描述,指出清朝低薪制违背人性,结果导致士气不振、士行污卑和官吏腐败,说明了人君以利待臣的重要性。

第二节 君道与大一统国家的治理

一、君道与治国

君道,即“为君之道”,含义十分丰富,可以从不同的角度来理解。从广义上说,君道既指为君的原则,也就是人君治理国家的基本理念和指导原则;又指为君的方法,也就是人君治理国家时应采取的各种政策、措施

① 叶适:《叶适集》之《水心别集》卷三《官法下》,中华书局 1961 年版,第 671 页。

② 龚自珍:《龚自珍全集》第 1 辑《明良论一》,上海古籍出版社 1975 年版,第 29—30 页。

③ 龚自珍:《龚自珍全集》第 1 辑《明良论一》,上海古籍出版社 1975 年版,第 30 页。

和方法，即“君术”。如果从它所包括的内容来看，又可以将它分为君德、君才、君识。宋元明清时期，君主论的丰富与发展在“君道”思想上有充分的体现。对此，一些史学家作过较为系统和深入的探讨，如司马光在《稽古录》的《历年图·序》中对此作了详尽的阐述，他说：“夫国之治乱，尽在人君。人君之道有一，其德有三，其才有五。”其中，人君之道指人君用人之术。人君之德有三：仁、明、武。仁者，即“兴教化，修政治，养百姓，利万物”；明者，即“知道义，识安危，别贤愚，辨是非”；武者，即“惟道所在，断之不疑，奸不能惑，佞不能移”。其中，仁属君德的范畴，明、武属君识的范畴。三者相辅相成，“仁而不明，犹有良田而不能耕也；明而不武，犹视苗之秽而不能芸也；武而不仁，犹知获而不知种也”。关于人君之才，则包括创业、守成、陵夷、中兴和乱亡五类：“创业者，智勇冠一时者”；“守成者，中才能自修者”；“陵夷者，中才不自修者”；“中兴者，才过人而善自强者”；“乱亡者，下愚不可移者”。关于君道、君德与君才与国家治乱兴衰的关系，司马光是这样阐述的：

> 夫道有失得，故政有治乱。德有高下，故功有大小。才有美恶，故世有兴衰。上自生民之初，下逮天地之末，有国家者，虽变化万端，不外是矣。①

这里，拟从人君之德和人君之才识两个方面对君道进行概括分析。

首先，我们来看史学家是如何讨论君德及其与国之存亡兴衰的。以仁为本，以德治国是中国传统儒家政治思想的根本原则，以德（政）为本

---

① 司马光：《稽古录》卷一六《历年图序》，北京师范大学出版社 1988 年版，第 180 页。司马光对君道还作过其他概括，他说：“夫为国家者，任官以才，立政以礼，怀民以仁，交邻以信；是以官得其人，政得其节，百姓怀其德，四邻亲其义。夫如是，则国家安如磐石，炽如焱火。触之者碎，犯之者焦，虽有强暴之国，尚何足畏哉！”（《资治通鉴》卷七《秦纪二·始皇帝二十五年》，中华书局 1956 年版，第 231 页）明代史学家宋濂的人君“五矩”说也对人君的德、识与才等作了较全面的论述。他说，“为君者当谨五矩”，“五矩”，即省愆、受言、尊士、去骄和推仁，“夫愆不省，则心德有亏矣；言不受，则人情壅闭矣；士不尊，则大业弗立矣；骄不去，则贤者远避矣；仁不推，则贵贱罔附矣；贤不进，则国家空虚矣。……为君者当谨五矩……而天下治”（宋濂：《宋濂全集》第 6 册《宋学士文集 5·龙门子凝道记上·五矩符第二》，浙江古籍出版社 2014 年版，第 1958—1962 页）。这里所说的“省愆”属于君主道德修养方面，“推仁”属于人君德政方面，“受言”和“尊士”属于君识和君才方面。

也成为君道论的基本内容。人君之德包含两个方面,一是指君主内在道德修养的重要性,二是指君主要实行德政。这两方面是相互联系的,强调君主内在德性修养的目的是为了使人君在为政时能够实行德政。宋元明清时期,人们对此有不同程度的论述。

关于君德与德政的重要性,司马光认为,对人君来说,仁、明、武三者缺一不可,“三者皆备,则国治强。阙一则衰,阙二则危,皆无一焉则亡”①。这里虽然是谈三者对人君治国的重要性,但也包含君德对治国重要性的认识。欧阳修认为,人君有德是其为王的决定因素,“自古受命之君,非有德不王”②;“盖自古为天下者,务广德而不务广地;德不足矣,地虽广莫能守也”③。也就是说,人君为王不在于是否占有天下土地,而在于是否有德。那么,如何使人君致德呢?司马光认为要正君心,“君之所以得其道者,在心也”④,这是因为,“心感于物,为善,为恶,为吉,为凶,无不至焉,必也。执一以应万,守约以御众,其惟正乎?夫正而遇祸犹为福也。……故大人之道,正其心而已矣”⑤。

范祖禹指出,人君能否以德政服人心是其得天下或失天下的决定因素。他说,三代王天下和失天下都归于仁,“故凡有德则与,无德则废。君人者勤于德,以待天下之归而已。至于后世有天下者,其德不足而以势力劫持之,天下之人非心服也,力不能胜也,故天下易离”⑥。又说:“守位以仁,不闻以威。……人君患无德,不患无威。”⑦他还分析了人君立德对天下之治的作用,说:“盖君者本也,民者末也,君者源也,民者流也。本正则末正,源清则流清矣。是以先王之治,必反求诸己,己正而物莫不应

① 司马光:《稽古录》卷一六《历年图序》,北京师范大学出版社1988年版,第179页。

② 《新唐书》卷一《高祖本纪》,中华书局1975年版,第20页。

③ 《新唐书》卷三七《地理志一》,中华书局1975年版,第960页。

④ 司马光集注:《扬子法言》卷一〇《孝至篇》,《文渊阁四库全书》,台湾商务印书馆1986年版,第6页。

⑤ 司马光:《温公易说》卷三《下经》,《文渊阁四库全书》,台湾商务印书馆1986年版,第2—3页。

⑥ 范祖禹:《唐鉴》卷一二《昭宣帝》,上海古籍出版社1984年版,第346—347页。

⑦ 范祖禹:《唐鉴》卷九《宪宗》,上海古籍出版社1984年版,第261页。

矣。”[①]在他看来，人君只有立德，才能给民众树立一个模范，进而达到天下之治，他说：

> 上之化下，如风之靡草也。……人君能正己以先海内，其有不率者乎？是以先王必正其心，修其身，而天下自治。孟子曰：“君仁莫不仁，君义莫不义，君正莫不正。正君而国定矣。”此之谓也。[②]

叶适作为功利学派（亦称“事功学派”）的代表之一，倡导王霸杂用论，反对程朱理学以正君心为本的王道论，批驳程朱理学的三代为王道之治，三代人君恃德治天下，秦汉以来是霸道之治，汉唐诸君只是恃智力和事功治天下的论点。他在认同程朱理学正君心和行仁政的同时，又指出汉唐人君是王霸杂用，而非纯粹的以霸道治天下，肯定王霸杂用的历史合理性，对正君心和求事功的关系作了辩证分析。叶适重视君德，指出君之所尊不在名与位，而在守君道，即守君德，人君必须要以君德服天下，他说，“臣闻人君必以其道服天下，而不以名位临天下。夫莫尊于君之名，莫重于君之位，然而不得其道以行之，则生杀予夺之命，皆无以服天下之心”。他反对以智巧“行令”“用权”和“恃法”的君道论，说：“以智巧行令，其令必壅；以智巧用权，其权必侵；以智巧守法，其法必坏。”[③]在他看来，君德所以更为根本是因为它无所不能，说：“真意实德充塞于人主之身而施之于天下，是故其高厚可以配天地，其明察可以并日月，顺阴阳之序，遂万物之性，裁成辅相以左右民，鼓舞动荡，运转阖辟，则令不期而信，权不制而尊，法不严而必，兵强国富，而讨除残暴不顺之夷狄，何向而不济！”那么，何谓君德呢？叶适作了独特的解释，认为君德是君主以宽容与诚实对待臣民的一种心态和行为，“以其容受掩覆，大度不疑，有以深结其臣民之心欤”，人君行此德便能“旷然而与天下为一，是宜可以服天下也”[④]。因此，人君应当以诚明治天下，他说：

> 使天下疑己，不可以为天下。……古之圣人所为大过乎人者，理

---

① 范祖禹：《唐鉴》卷一《高祖》，上海古籍出版社 1984 年版，第 25 页。

② 范祖禹：《唐鉴》卷六《代宗》，上海古籍出版社 1984 年版，第 169—170 页。

③ 叶适：《叶适集》之《水心别集》卷一《君德一》，中华书局 1961 年版，第 633—634 页。

④ 叶适：《叶适集》之《水心别集》卷一《君德二》，中华书局 1961 年版，第 636、635 页。

天下之财而天下不疑其利,擅天下之有而天下不疑其贪,政令之行,天下虽未必能知其意而终不疑其害己。故圣人之于天下无不可为者,以其所以信服天下者明也。[①]

可见,叶适虽然提倡王霸杂用论,但并非反对人君治国以德为本,只是主张王霸并用,人君要将修德与用智相结合,行仁政要与讲事功相结合。这是对守君德、正君心以及君德与事功的关系所作的新阐释,是对宋元明清时期君德论的重要发展。

明初史学家宋濂将是否有德视为能否成为人君的先决条件,说天下是有德者的天下,有德国传,失德国亡。他认为隋代败亡之祸不起于炀帝而始于隋文帝,说:“何也? 盖天下大物也,可以德持,不可以力竞。使高祖以德结人心,虽炀帝昏荒之甚,其败亡未必若斯之速也。……是故采章文物不足为之盛,金城汤池不足为之固,长枪大剑不足为之利,士马精强不足为之勇,玉帛充轫不足为之富,其足以赖而长存永治者,非德何以哉?”[②]李贽从历史角度论证了人君的仁政与国家存亡的关系。他认为汉代历史延续400余年,是因“深仁厚泽之报”;而魏和西晋不祚,在于嗜杀,“故有国者,不可以急于取国,而恣为剿绝扑灭之威,以自擅而图后祸也。本欲为虑后之图,孰知后祸更速乎! 魏武、司马懿是已。……天道好还,人不可以独杀,谅哉”[③]。其《藏书》对人君仁政记述很多,对暴君或乱臣、逆臣的滥杀记述更为详尽,他称之为“毒”,“毒发”或“种毒”。他称赞宋仁宗:“仁宗恭俭仁恕,出于天性,一遇水旱,或密祷禁庭,跣立殿下。有司请以玉清旧地为御苑,帝曰:‘吾奉先帝苑囿,犹以为广,何以是为?’……在位四十二年,始终如一,可谓圣主矣。”[④]这些见解充分反映了李贽的仁政思想。

关于君德的内涵,史学家们主要从信、义、诚和恭俭等方面作了阐述。

---

① 叶适:《叶适集》之《水心别集》卷二《财计下》,中华书局1961年版,第662—663页。

② 宋濂:《宋濂全集》第1册《潜溪前集卷三·隋室兴亡论》,浙江古籍出版社2014年版,第157页。

③ 李贽:《藏书》卷四《世纪·三国兵争·魏》,中华书局1959年版,第61页。

④ 李贽:《藏书》卷八《世纪·守成贤主·宋仁宗皇帝》,中华书局1959年版,第134页。

司马光强调了人君守信的重要，说："治国家者固不可无信。"[1]这是因为："夫信者，人君之大宝也。国保于民，民保于信；非信无以使民，非民无以守国。是故古之王者不欺四海，霸者不欺四邻，善为国者不欺其民。"[2]反之，上不信下，下不信上，上下离心，以至于败。他认为东周王室衰落难匹强国之大夫，犹受天下尊事，即在于，"昔周之兴也，礼以为本，仁以为源。自后稷已来，至于文、武、成、康，其讲礼也备矣；其施仁也深矣。民习于耳目，浃于骨髓。虽后世微弱，其民将有凌慢之志，则畏先王之礼而不敢为；将有离散之心，则思先王之仁而不忍去。此其所以享国长久之道也"[3]。

范祖禹从两个方面对君德的内涵作了论述。一是，人君要以信义为本："王者所以威服海内，惟其有信与义而已。匹夫一为不信，犹不可自立于乡党，况人主而为不信，天下其谁从之？"[4]又说，"古之王者，行一不义，杀一不辜，而得天下，不为也"，他以此批评唐太宗胁父臣虏以得天下的行为，"惜乎太宗有济世之志，拨乱之才，而不知义也"[5]。他的看法深得同时代学人的赏识，程颐称《唐鉴》中的议论"足以垂世"[6]。二是，人君要以诚治天下。他称赞唐太宗反对以权诱试臣之忠佞、以诚治天下的做法，"可谓知君道矣"，指出：

> 夫君以一人之身而御四海之广，应万务之众，苟不以至诚与贤，而役其独智，以先天下，则耳目心志之所及者，其能几何？是故人君必清心以莅之，虚己以待之……我以其正，彼以其颇，我以其真，彼以其伪，何患乎邪之不察，佞之不辨，而必行诈以试之哉？一为不诚，则

① 司马光：《资治通鉴》卷二八一，后晋纪二，高祖天福三年，中华书局 1956 年版，第 9191 页。

② 司马光：《资治通鉴》卷二，周纪二，显王十年，中华书局 1956 年版，第 48 页。

③ 司马光：《稽古录》卷一一《赧王》，北京师范大学出版社 1988 年版，第 59—60 页。

④ 范祖禹：《唐鉴》卷六《肃宗》，上海古籍出版社 1984 年版，第 156 页。

⑤ 范祖禹：《唐鉴》卷一《高祖》，上海古籍出版社 1984 年版，第 6 页。

⑥ 程颢、程颐：《二程集》之《河南程氏外书》卷一二《传闻杂记》，中华书局 1981 年版，第 439 页。

心且蔽矣,邪正何能辨乎?①

这表明,君主以诚待人、以诚察邪是相互联系的,更突出了“诚”的重要。

将“恭俭”作为君德的内涵之一,强调它是决定人君治国存亡的决定因素,是一些史学家阐述君德论的特征。

司马光说,安史之乱是唐玄宗晚年崇尚华靡以示人的恶果,“圣人以道德为丽,仁义为乐;故虽茅茨土阶,恶衣菲食,不耻其陋,惟恐奉养之过以劳民费财。明皇恃其承平,不思后患,殚耳目之玩,穷声技之巧,自谓帝王富贵皆不我如,欲使前莫能及,后无以逾,非徒娱己,亦以夸人。……乃知人君崇华靡以示人,适足为大盗之招也”②。范祖禹指出,人君能否尚俭和戒侈决定国家的兴亡,“国之将兴,其君未尝不俭;将亡,未尝不侈也”③。他称,人君“富而不忘贫,则能保其富矣。贵而不忘贱,则能保其贵矣。夫以万乘之贵,四海之富,而犹以为不足。何哉?忘其始之贱贫,而欲大无穷也”④;又说:“海内之地非不广也,生民之财非不多也,人君苟能清心以治之,恭俭以守之,岂有不足之患?”⑤范祖禹还从创业与守成孰难孰易的角度论述了恭俭治国的意义,说:“自古创业而失之者寡,守成而失之者多。……祸乱未尝不生于安逸也。然非特创业之君守成为难,其后嗣守成尤难也。可不慎哉!”⑥这是十分推重唐太宗在唐初提出的一个重大问题,也可以说是治国的一个基本方针。因此,他主张以重义轻利的观念作为治国原则,说:

夫利,百物之所生,而天地之所以养。人也专之必壅,壅则所害者多,故凡有利必有害,利于己必害于人,君子不尽利以遗民,所以均天地之施也。……壅利而所害者众也,天下之怨归之,故其恶必复,

① 范祖禹:《唐鉴》卷二《太宗上》,上海古籍出版社1984年版,第28—29页。

② 司马光:《资治通鉴》卷二一八,唐纪三四,肃宗至德元年,中华书局1956年版,第6994页。

③ 范祖禹:《唐鉴》卷一一《懿宗》,上海古籍出版社1984年版,第312页。

④ 范祖禹:《唐鉴》卷二《太宗上》,上海古籍出版社1984年版,第51页。

⑤ 范祖禹:《唐鉴》卷五《玄宗下》,上海古籍出版社1984年版,第127页。

⑥ 范祖禹:《唐鉴》卷二《太宗上》,上海古籍出版社1984年版,第53—54页。

其祸必酷，而唐室几亡。……吉凶祸福之效如此，可不戒哉！①

总的来看，这一时期有关君德及其与国之兴亡的讨论，以北宋几位史学家的见解最集中，也最深刻。这种现象的出现有其深刻的社会历史背景。唐代由极盛而衰，根源之一是与唐代君主在人君之德性方面多有缺失，接连而至的五代君主尤其突出，由此使五代陷入了中国历史上少有的离乱昏暗时代。在充分研究这段动荡的历史之后，北宋的政治家、思想家和史学家都十分重视探讨君德与国之兴衰内在关系，从而在北宋时期形成了一股反思和探讨君德与国之兴亡的政治思潮，这股思潮主要表现在新兴的理学与史学两个领域。其中，理学在北宋兴起和发展的内在动因和主要内容，便是将有关君主道德心性及与国之兴衰的讨论作为中心问题之一。在这种社会历史环境下，加之史学本身所具有反思的特性，促成北宋的史学领域形成了一个探讨君德问题的思潮。

二、人君之才识

人君有德固然是根本，但仅此还是不够的。要治理好国家，人君还应当具有一定的才识，即人君治国所应具备的才能和见识。欧阳修曾联系五代后唐明宗在这方面的经验教训，对君德与君识在治国中相辅相成、缺一不可的关系发表过卓见，认为康澄"为国家者有不足惧者五，深可畏者六"的话，足为历代人君之戒。他说：

予闻长老为予言："明宗虽出夷狄，而为人纯质，宽仁爱人。"于五代之君，有足称也。……

其即位时，春秋已高，不迩声色，不乐游畋。在位七年，于五代之君，最为长世，兵革粗息，年屡丰登，生民实赖以休息。

然夷狄性果，仁而不明，屡以非辜诛杀臣下。至于从荣父子之间，不能虑患为防，而变起仓卒，卒陷之以大恶，帝亦由此饮恨而终。

① 范祖禹：《唐鉴》卷五《玄宗下》，上海古籍出版社1984年版，第138—139页。

> 当是时,大理少卿康澄上疏言时事,其言曰:"为国家者有不足惧者五,深可畏者六:三辰失行不足惧,天象变见不足惧,小人讹言不足惧,山崩川竭不足惧,水旱虫蝗不足惧也;贤士藏匿深可畏,四民迁业深可畏,上下相徇深可畏,廉耻道消深可畏,毁誉乱真深可畏,直言不闻深可畏也。"识者皆多澄言切中时病。若从荣之变,任圜、安重诲等之死,可谓上下相徇,而毁誉乱真之敝矣。然澄之言,岂止一时之病,凡为国者,可不戒哉!①

正是由于人君的才识对国家的治乱兴衰如此重要,因此,宋元明清有许多史学家对人君之才识作过许多论述。其中,关于人君如何用人、赏罚、纳谏最受史学家的重视,如,司马光说:"夫为政之要,在于用人、赏善、罚恶而已。三者之得,则远近翕然,向风从化,可以不劳而成,无为而治;三者之失,则流闻四方,莫不解体,纲纪不立,万事隳顿。治乱之原,安危之机,尽在于是。"②这一时期的史学家在这三个方面的论述也最多。③

① 欧阳修:《新五代史》卷六《唐明宗本纪》,中华书局 1974 年版,第 66—67 页。

② 司马光:《司马光奏议》卷一〇《上皇帝疏》,山西人民出版社 1986 年版,第 112 页。

③ 这一时期,关于人君才识的有些认识是相当深刻的,如,明代的丘濬提出,人君治国要"察事几之萌动",即人君要善于审时度势和防微杜渐。他十分赞赏《周易》中"惟几也,故能成天下之务"的观点,称此:"于人君图治之道,实切要焉。盖事几之在天下无处无之,而在人君者,一日二日之间,其多乃盈于万。是所以研审其几微之兆,以成天下之务者,岂他可比哉!……人君诚能于其方动未形之初,察于有无之间,审于隐显之际。端倪始露,豫致其研究之功;萌芽始生,即加夫审察之力。由是以厘天下之务,御天下之人,应天下之变。审察于其先,图谋于其易,天下之务岂有难成也哉!"因此,"几"之一言,"诚万世人君敕天命、保至治之枢要也"(丘濬:《大学衍义补》卷首《审几微·察事几之萌动》,《文渊阁四库全书》,台湾商务印书馆 1986 年版,第 11—12、19 页)。如,他提出人君要"防奸萌之渐长","大凡国家祸乱之变,弑逆之故,其原皆起于小人,诚能辨之于早,慎之于微……则用力少,而祸乱不作矣"(丘濬:《大学衍义补》卷首《审几微·防奸萌之渐长》《文渊阁四库全书》,台湾商务印书馆 1986 年版,第 28 页)。又说,君主应当"炳治乱之几先",方可长治久安,"盖天下国家,有治则有乱,有安则有危。然乱不生于乱,而常生于治之时。危不起于危,而常起于安之日。惟人君恃其久安而狃于常治也,不思所以制之保之,于是乱生而危至矣"。他考察了中国历代祸乱之兴后说:"自古祸乱之兴,未有不由微而至著者也。人君惟不谨于细微之初,所以驯致于大乱极弊之地。彼其积弊之后,衰季之世,固其宜也。若夫当承平熙洽之余,享丰亨豫之大奉,肆其胸臆,信任匪人,穷奢极欲,无所不至,一旦失其富贵尊荣之势,而为流离困厄之归,是岂无故而然哉?其所由来必有其渐,良由不能慎之于始,审之于微,思其所必至之患,而豫先有以防之也。"(丘濬:《大学衍义补》卷首《审几微·炳治乱之几先》,《文渊阁四库全书》,台湾商务印书馆 1986 年版,第 35、39 页)

(一)用人之道

用人问题是君主专制统治的核心问题。一些史学家从不同角度探讨了人君用人的重要性,指出知人善任是人君为政之要,影响着国家的治乱兴衰。

司马光在《历年图·序》中称人君用人为"人君之道",反复强调人君用人的重要性。他说,"为治之要,莫先于用人"[①],为政"在于择人,不在立法"[②],"君欲立强于天下者,无如得人。得人而任之以事,则四方斯顺之矣"[③]。又说:"人君明则百官得其人,百官得其人则众事无不美……此二者,治乱之至要。"[④]他称赞光武帝在东汉初年群雄竞逐和四海鼎沸时,"独能取忠厚之臣,旌循良之吏,拔于草莱之中,实诸群公之首",是"知所先务而得其本原故也"[⑤]。范祖禹说,"人主之职在于任贤,得贤则万事治"[⑥];又说:"夫天子之功在于用人,而不自用"[⑦]。丘濬提出治国平天下"在于用人",说,"夫人君用人以图治,惟其贤能而用之,则国家之治原于此矣",为此,他将"正百官"作为"治国平天下"前三要目,即正朝廷、正百官和固邦本的第二目。[⑧] 唐甄说:"为政亦多务矣,唯用贤为国之大事。"[⑨]又说,人君用人,"有道,则能尽其才以告成功;失道,则虽笃于用贤,终于才绌而政废。天下治乱,社稷安危,皆由于此"[⑩]。崔述说,"君道

---

① 司马光:《资治通鉴》卷七三,魏纪五,明帝景初元年,中华书局1956年版,第2329页。

② 司马光:《司马光奏议》卷八《论财利疏》,山西人民出版社1986年版,第85页。

③ 司马光:《司马光奏议》卷二四《议学校贡举状》,山西人民出版社1986年版,第270页。

④ 司马光:《司马光奏议》卷一一《上殿札子二道》,山西人民出版社1986年版,第121页。

⑤ 司马光:《资治通鉴》卷四〇,汉纪三二,光武帝建武元年,中华书局1956年版,第1285页。

⑥ 范祖禹:《唐鉴》卷三《太宗下》,上海古籍出版社1984年版,第61页。

⑦ 范祖禹:《唐鉴》卷九《宪宗》,上海古籍出版社1984年版,第258页。

⑧ 丘濬:《大学衍义补》卷五《正百官·总论任官之道》,《文渊阁四库全书》,台湾商务印书馆1986年版,第3页。

⑨ 唐甄:《潜书》下篇上《主进》,中华书局1963年版,第151页。

⑩ 唐甄:《潜书》下篇上《善任》,中华书局1963年版,第133页。

以用人为要"①。

为什么用人是君政和治国之要呢？史学家们从不同角度阐述了这一问题。薛应旂从治国以仁政为本说明了人君治国当"任人"而不是"任法"。他说:"盖无其人,则具在方策者不过为往事陈迹,固不能推而达之天下也。纵能循其途辙,而时俗异尚,风气异宜,必不能化裁推迁以得夫立法之本意,而行之无敝也。苟得其人,则虽不必事事牵合,然以是心而行是政,得其意而不拘其迹,而因革损益,天下之政灿然毕举矣。"②他举王莽、苏绰和王安石采用周公之法《周礼》变法反遭失败的教训以为明证,说:

> 由此观之,信乎法之不足任也。任法而不任人,则虽周公之法吾未见其不蔽也,况汉之《三章》、唐之《六典》、宋之《家法》,苟非其人,曷足恃哉！此为治者之所以必先任人。③

这是说明,在"法"与人之间,人是主要的。

崔述也持类似观点,说:"政待人而后立也。虽有善政,非贤莫行。不得其人则政徒为具文,而甚者反足以扰民。"为什么政必待人而立呢？这是因为:"天下无必善之法,惟在乎其人耳。自汉以来,岂无良法,惟不得其人则民受其害。大抵三代以上之治皆恃人而不恃法;三代以下之治则恃法而不恃人。"④

王夫之痛责人君不能选贤任能为天下之最恶,说:"为人君者,唯恐人之修洁自好,竭才以用,择其不肖者而后任之,则生民之荼毒,尚忍言乎？……故天下之恶,莫有甚于恶天下之贤而喜其不肖者也。"⑤这一论断,是从历史上具有普遍性的现象中概括出来的,其言甚简,而其意甚深。

关于人君如何选贤用人,司马光在《历年图·序》中提出过这样的原

---

① 崔述:《崔东壁遗书》之《丰镐考信别录》卷一《周政盛衰续考》,上海古籍出版社 1983 年版,第 336 页。

② 薛应旂:《方山先生文录》卷一六《任人》,明嘉靖东吴书林刻本,第 15 页。

③ 薛应旂:《方山先生文录》卷一六《任人》,明嘉靖东吴书林刻本,第 15 页。

④ 崔述:《崔东壁遗书》之《丰镐考信别录》卷一《周政盛衰通考》,上海古籍出版社 1983 年版,第 327—328 页。

⑤ 王夫之:《读通鉴论》卷一九《隋炀帝六》,中华书局 1975 年版,第 654 页。

则，即："凡用人之道，采之欲博，辨之欲精，使之欲适，任之欲专。"他称此为"人君之要道"。不过，有关人君如何选贤用人的内容远比这要丰富，这一时期的史学家包括司马光的论述也不限于上面所说的几个方面。归纳起来，主要的观点包括四个方面：

首先，对以德为本和德才兼备的人君用人观作了进一步的论述。

司马光说："彼贤能者，众民之所服从也。犹草木之有根柢也，得其根柢，则其枝叶安适哉。故圣王所以能兼制兆民，包举宇内，而无所不听从者，此也。"①他还深入论述人君如何辨别人之才德，认为世俗之人不辨才德之异，通谓之贤是错误的，并对才与德的内涵及其关系作了进一步的辨析，指出：

> 夫聪察强毅之谓才，正直中和之谓德。才者，德之资也；德者，才之帅也。……是故才德全尽谓之"圣人"，才德兼亡谓之"愚人"，德胜才谓之"君子"，才胜德谓之"小人"。②
>
> 所谓才者存诸天，德者存诸人。智愚勇怯，才也。愚不可强智，怯不可强勇，四者有常分而不可移，故曰存诸天。善恶逆顺，德也。人苟弃恶而取善，变逆而就顺，孰御之哉？故曰存诸人。③

他强调人君用人要德才兼备，指出人君所用之人如果才德不能两全，则"宁舍才而取德"，因为，"有德者必不反其君，故可以托六尺之孤，寄百里之命，为社稷之臣；有才者，不必忠信，故可以羁策御之，而为德者役也。然则，德者掌也，才者指也，掌亡则指不可以用矣"。④ 他还说，治国如果不能得君子，则宁可得愚人而不可用小人；因为君子挟才以为善，小人挟才以为恶；愚者虽欲为不善，然智不能周，力不能胜，人得可制之。而且，"夫德者人之所严，而才者人之所爱；爱者易亲，严者易疏，是以察者多蔽于才而遗于德。自古昔以来，国之乱臣，家之败子，才有余而德不足，以至

---

① 司马光：《稽古录》卷一六《历年图序》，北京师范大学出版社 1988 年版，第 78 页。

② 司马光：《资治通鉴》卷一，周纪一，威烈王二十三年，中华书局 1956 年版，第 14 页。

③ 司马光：《传家集》卷六四《才德论》，《文渊阁四库全书》，台湾商务印书馆 1986 年版，第 15—16 页。

④ 司马光：《传家集》卷六四《才德论》，《文渊阁四库全书》，台湾商务印书馆 1986 年版，第 16—17 页。

于颠覆者多矣……故为国为家者苟能审于才德之分而知所先后,又何失人之足患哉"①。

范祖禹对才作了独到解释,认为真正的才应当包括德行,提出要区分"君子之才"与"小人之才",他说:

> 夫才有君子之才,有小人之才。古之所谓才者,君子之才也。后世之所谓才,小人之才也。……古之所谓才者,兼德行而言也。后世之所谓才者,辩给以御人,诡诈以用兵,僻邪险诐,趋利就事。是以天下多乱职,斯人之用于世也。……小人勿用,王者创业垂统,敷求哲人以遗后嗣,故能长世也。②

崔述认为,人君用人,"惟其贤则用之,不拘于亲旧也"③。同时,人君用人不要在德才上求全责备,说:"盖才全德备者其人良少,惟能各当其才,斯能悉举其职。故周公曰:'无求备于一人。'孔子曰:'及其使人也器之'。"④

其次,要知人善任。要善任,首先要知人,所以知人是用人的前提,十分重要。

司马光说:"人君之事守,莫大于知人也。"⑤他称汉高祖奋布衣,提三尺剑,八年而成帝业,"惟其知人善任使而已"⑥。崔述说,"盖治国以用人为要,用人以知人为先,一有不当则民受其殃"⑦。所谓知人,包括对所用之人的德与才两方面的认识。对所用之人的才的认识,即是要做到:量才而用、唯才是用;对所用之人德的认识,即是要人君亲君子、远小人。关于

---

① 司马光:《资治通鉴》卷一,周纪一,威烈王二十三年,中华书局1956年版,第15页。

② 范祖禹:《唐鉴》卷二《太宗上》,上海古籍出版社1984年版,第46—47页。

③ 崔述:《崔东壁遗书》之《丰镐考信录》卷四《周公相成王中》,上海古籍出版社1983年版,第210页。

④ 崔述:《崔东壁遗书》之《丰镐考信别录》卷之一《周政盛衰通考》,上海古籍出版社1983年版,第329页。

⑤ 司马光:《传家集》卷六五《知人论》,《文渊阁四库全书》,台湾商务印书馆1986年版,第3页。

⑥ 司马光:《稽古录》卷一二《淮阳王》,北京师范大学出版社1988年版,第79页。

⑦ 崔述:《崔东壁遗书》之《丰镐考信录》卷四《周公相成王中》,上海古籍出版社1983年版,第210页。

量才是用,唯才是举。司马光提出循名责实,量才使用,即,“使有德行者掌教化,有文学者待顾问,有政术者为守长,有勇略者为将帅,明于礼者典礼,明于法者主法。下至医卜百工,皆度材而授任,量能而施职”①。

欧阳修用良匠善于因材而作和善弈者善用而置的比喻,深刻地阐明了人君善于发现人才和使用人才、善于分辨贤愚和君子小人对于治国兴衰的决定作用。他说:

> 作器者,无良材而有良匠;治国者,无能臣而有能君。盖材待匠而成,臣待君而用。故曰,治国譬之于弈,知其用而置得其处者胜,不知其用而置非其处者败。败者临棋注目,终日而劳心,使善弈者视焉,为之易置其处则胜矣。胜者所用,败者之棋也;兴国所用,亡国之臣也。……
>
> 夫乱国之君,常置愚不肖于上,而强其不能,以暴其短恶,置贤智于下,而泯没其材能,使君子、小人皆失其所,而身蹈危亡。治国之君,能置贤智于近,而置愚不肖于远,使君子、小人各适其分,而身享安荣。治乱相去虽远甚,而其所以致之者不多也,反其所置而已。……②

范祖禹分析了小人对人君为政的危害,指出人君只有亲正直和远邪佞,才可以免祸患,说:

> 小人莫不养君之欲以济己之欲,使其君动而不静,为而不止,则小人得以行其计矣。岂独奢靡之娱悦耳目,足以荡君心哉!又有甚焉者矣,或殖货利,或治宫室,或开边境,或察臣下,随其君之所好,皆所以窃权宠也。人君乐得其欲,而不知其为天下害,是以政日乱而不自知。惟能亲正直,远邪佞,则可以免斯患矣。③

第三,用人要公正开明,要以礼和诚求贤。

司马光将“至公至明”视为人君用人之本,说:“为人上者至公至明,则群下之能否焯然形于目中,无所复逃矣。苟为不公不明,则考课之法,

① 司马光:《司马光奏议》卷三《御臣》,山西人民出版社1986年版,第28页。

② 欧阳修:《新五代史》卷三一《周臣传》,中华书局1974年版,第346页。

③ 范祖禹:《唐鉴》卷一〇《武宗》,上海古籍出版社1984年版,第297—298页。

适足为曲私欺罔之资也。”所谓公明,“心也”①。他还指出,人君用人还当以诚和以礼相待,不当诱之以高位,胁之以严刑,说:

有道德足以尊主,智能足以庇民,被褐怀玉,深藏不市,则王者当尽礼而致之,屈己以访之,克己以从之,然后能利泽施于四表,功烈格于上下。盖取其道不取其人,务其实不务其名也。

其或礼备而不至,意勤而不起,则姑内自循省而不敢强致其人,曰:岂吾德之薄而不足慕乎?政之乱而不可辅乎?群小在朝而不敢进乎?诚心不至而忧其言之不用乎?何贤者之不我从也?苟其德已厚矣,政已治矣,群小远矣,诚心至矣,彼将扣阍以自售,又安有勤求而不至者哉!……②

王夫之分析了人君任人多猜忌的危害,说:“国无人焉则必亡,非生才之数于将亡之国独俭也。上多猜,则忠直果断之士不达;上多猜而忠直果断者诎,则士相习于葺靡,虽有贞志,发焉而不成。”③

第四,要用人不疑,任专和信笃。

欧阳修对人君用人任专和信笃的得失作了辩证分析,指出:

夫用人之术,任之必专,信之必笃,然后能尽其材,而可共成事。及其失也,任之欲专,则不复谋于人而拒绝群议,是欲尽一人之用,而先失众人之心也。信之欲笃,则一切不疑而果于必行,是不审事之可否,不计功之成败也。夫违众举事,又不审计而轻发,其百举百失而及于祸败,此理之宜然也。④

范祖禹则指出了用人而疑的危害,说:“明君用人而不自用,故恭己而功;多疑之君自用而不用人,故劳心而败事。自古征伐,或胜或不胜,多由于此二者矣。”⑤又说:“苟知其非贤而姑用之,既用而复疑之,以一人之

① 司马光:《资治通鉴》卷七三,魏纪五,明帝景初元年,中华书局 1956 年版,第 2329 页。

② 司马光:《资治通鉴》卷五一,汉纪四三,顺帝永建二年,中华书局 1956 年版,第 1469 页。

③ 王夫之:《读通鉴论》卷一五《顺帝》,中华书局 1975 年版,第 526 页。

④ 欧阳修:《欧阳修全集》之《居士集》卷一七《为君难论》,中国书店 1986 年版,第 126 页。

⑤ 范祖禹:《唐鉴》卷八《德宗下》,上海古籍出版社 1984 年版,第 218 页。

聪明而欲周天下之务,则君愈劳而臣愈惰,此治功所以不成也。且君臣日相与处,而眄眄然防其欺蔽之不暇,则是左右前后皆不可信也,然则谁与为治乎。"①

唐甄提出,人君求贤当以贤求贤,它包括两方面的意思:一是,通过贤臣来求贤。他说,贤者难知,天子欲用贤,"必也大臣荐于天子,内外群有司荐于大臣也"。因此,选拔贤臣就十分重要,"求贤之道,勿问孰为贤,孰为不肖,当先观进贤之人。盖贤不肖各有其类。……是故明君察于群臣之中,得其大贤,处以上卿之位,惟其言之是听,而不惑于谗慝之口,则列于朝廷者皆其类矣。列于朝廷者皆其类,则列于邦国之职者亦皆其类。各以类进,则贤才不可胜用矣"。二是,君正才能得贤。他说:"惟贤君,然后能用贤臣;惟君能知人,然后能用知人之臣。……由是观之,惟君先正其身以为天下表,卿士百职,罔非正人,天下不得其径而缘之。又于诸大臣之中得知人者,委以推贤进能之任,非天下之良士,孰得而幸至哉!"②这是唐甄对人君用人之道的独到见解,它指出了选贤任人的主体自身道德的重要性。

(二)明赏罚和善纳谏

明赏罚以达到国家之治是为君之道的重要内容。司马光说:"人君者,察美恶,辨是非,赏以劝善,罚以惩奸,所以为治也。"③他将赏罚视为人君驭臣之柄(器),说,"夫爵禄废置,杀生予夺,人君所以驭臣之大柄也"④,"夫威福者,人君之器也"⑤。欧阳修将赏罚视为"天子之权",称人君"用人之术,不过赏罚"⑥。范祖禹则说:"天子所以制御天下者,赏善罚

① 范祖禹:《唐鉴》卷三《太宗下》,上海古籍出版社 1984 年版,第 61 页。

② 本段引文均引自唐甄:《潜书》下篇上《主进》,上海古籍出版社 1984 年版,第 151—153 页。

③ 司马光:《资治通鉴》卷二八,汉纪二十,元帝永光元年,中华书局 1956 年版,第 916 页。

④ 司马光:《资治通鉴》卷一四一,齐纪七,明帝建武四年,中华书局 1956 年版,第 4409 页。

⑤ 司马光:《资治通鉴》卷二五,汉纪十七,宣帝地节四年,中华书局 1956 年版,第 821 页。

⑥ 欧阳修:《欧阳修全集》之《居士集》卷四六《准诏言事上书》,中国书店 1986 年版,第 313 页。

恶辨是非枉直,使人各当其所物,各安其分而不相陵暴也。……刑罚者,所以为天讨也,王者之于天下惩劝可不明哉!"①可见,他们都明确主张行赏罚是人君治国的基本手段,行赏罚体现了人君和国家的权威。

由于行赏罚如此重要,所以他们一致强调人君赏罚要透明、公正和适当,不能徇个人之好恶和私情,否则会危及社稷安危。欧阳修指出,人君应当赏罚有当,说:"然赏及无功,则恩不足劝;罚失有罪,则威无所惧,虽有人,不可用矣。……所谓赏不足劝,威无所惧,赏罚如此,而欲用人,其可得乎?"②司马光说:

> 爵禄者,天下之爵禄,非以厚人君之所喜也。刑罚者,天下之刑罚,非以快人君之所怒也。故古者爵人于朝,与士共之。刑人于市,与众弃之。明不敢以己之私心,盖天下之公议也。……有励行立功为世所推者,赏之,虽意之所憎勿废也;有怀奸犯禁为众所疾者,罚之,虽意之所爱勿赦也。如此则野无遗贤,朝无旷官,为善者劝,为恶者惧。上下悦服,朝廷大治,百姓蒙福,社稷永安。③

又说,人君在用人上,"有功则增秩加赏,而勿徙其官;无功则降黜废弃,而求更能者;有罪则流窜刑诛,而勿加宽贷"④。如是则朝廷尊,万事治,百姓安,四夷服。

范祖禹认为,人君要赏罚分明和处之中理,才能服天下人之心,说:"人君赏一人,而天下莫不劝,罚一人,而天下莫不惧,岂其力足以胜亿兆之众哉? 处之中理而能服其心也。用一不肖,而四方莫不解体;杀一无罪,而百姓莫不怨怒,岂必人人而害之哉! 处之不中理,而不能服其心也。苟能服其心,则治天下如运之掌,何征而不克,何为而不成?"⑤反之,则会导致严重后果,"有功者不自保,无罪者恐见诛,以恩加人而人不亲,以信

① 范祖禹:《唐鉴》卷一一《僖宗》,上海古籍出版社 1984 年版,第 319—320 页。

② 欧阳修:《欧阳修全集》之《居士集》卷四六《准诏言事上书》,中国书店 1986 年版,第 313—314 页。

③ 司马光:《司马光奏议》卷一三《二先札子》,山西人民出版社 1986 年版,第 147 页。

④ 司马光:《司马光奏议》卷三《御臣》,山西人民出版社 1986 年版,第 28 页。

⑤ 范祖禹:《唐鉴》卷九《宪宗》,上海古籍出版社 1984 年版,第 270 页。

示人而人益疑，纪纲坏乱，恩威不立”[①]。

在君主专制体制下，人君难以一人周知和管理国家政事，因此，如何听取大臣的治国意见，即纳谏，便成为人君为政之道的重要方面。宋元明清时期，人们就人君纳谏的必要性和重要意义及如何纳谏作了进一步的论述。

关于人君纳谏的必要性和重要性。司马光认为，人君欲成天下之事，专断则隘，共谋则成，“天下之事，未尝不败于专而成于共。专则隘，隘则睽，睽则穷；共则博，博则通，通则成”[②]。因此，“国家政事欲有所改更，必先谋于众人。所言皆同，然后行之，则无失也”[③]。唐甄指出人君由于无法周知天下之事，故为政要“虚”，即不骄不侈，“毋作聪明以自用，毋作好恶以遵法，毋拒忠言以闻过，则受益为多”[④]。范祖禹充分肯定了谏臣的作用，指出纳谏可以通上下之情以达天下之治。他说，“国将兴必赏谏臣，国将亡必杀谏臣”，“谏者使下情得以上通，上意得以下达，如气血之周流于一身也。故言路开则治，言路塞则乱，治乱者系乎言路而已”；他认为，唐高祖鉴隋之所以亡，王业始立便首辟言路，以通下情，“可谓知所先务矣”，“唐室之兴，不亦宜乎”[⑤]。其次，人君只有勇于纳谏，才能亲君子，远小人，他说：“人主不患有过，患不能改过也。……惟能亲贤以自辅，听谏以自防所以为美也，虽过庸何伤乎？”[⑥]又说，人君患不从谏，“人君唯不从谏也，是以君子日疏，小人日亲”[⑦]。崔述指出，“治国之务，莫要于开言路。……惟能受善言则政皆无失”，故，“君道以用人为要，其次即听言”[⑧]。

那么，人君应当怎样纳谏呢？首先，要善于纳谏。司马光说人君听谏

---

① 范祖禹：《唐鉴》卷六《代宗》，上海古籍出版社 1984 年版，第 166 页。

② 司马光：《传家集》卷六九《张共字大成序》，《文渊阁四库全书》，台湾商务印书馆 1986 年版，第 9 页。

③ 司马光：《传家集》卷四七《看阅吕公著所陈利害札子》，《文渊阁四库全书》，台湾商务印书馆 1986 年版，第 8 页。

④ 唐甄：《潜书》下篇上《善任》，中华书局 1963 年版，第 133—134 页。

⑤ 范祖禹：《唐鉴》卷一《高祖》，上海古籍出版社 1984 年版，第 11 页。

⑥ 范祖禹：《唐鉴》卷三《太宗下》，上海古籍出版社 1984 年版，第 64 页。

⑦ 范祖禹：《唐鉴》卷九《宪宗》，上海古籍出版社 1984 年版，第 259 页。

⑧ 崔述：《崔东壁遗书》之《丰镐考信别录》卷一《周政盛衰续考》，上海古籍出版社 1983 年版，第 336 页。

要抓住根本的东西,“夫人君听纳之失,在于丛脞……是以明主守要道以御万机之本”①。欧阳修指出,人君要善于辨别公言和私言,忠臣之言和邪臣之言,他说:

> 自古人主之听言也,亦有难有易,在知其术而已。夫忠邪并进于前,而公论与私言交入于耳,此所以听之难也。若知其人之忠邪,辨其言之公私,则听之易也。凡言拙而直,逆耳违意,初闻若可恶者,此忠臣之言也。言婉而顺,希旨合意,初闻若可喜者,邪臣之言也。……故凡明言于外不畏人知者,皆公言也。……故凡阴有奏陈而畏人知者,皆挟私之说也。自古人主能以此术知臣下之情,则听言易也。②

其次,要勇于纳谏。欧阳修说:“谀言顺意而易悦,直言逆耳而触怒,此非听言之难,在听者之贤愚也。”③范祖禹指出,人君纳谏要闻直言和恶告讦,其《唐鉴》对唐太宗勇于纳谏称引最多,说:“太宗虚己以求直言,故群臣争救其失,唯恐其言之不切。太宗不唯悦而从之,又赏以劝之,此人君之所难能也。夫如是,何患于有过乎?”④贞观十年(636 年)八月,唐太宗对群臣说:“朕开直言之路,以利国也,而比来上封事者,多讦人细事。自今复有为是者,以谗人罪之。”范祖禹对此称赞道:“太宗欲闻直言而恶告讦,不唯塈谗而又罪之。可谓至明且远矣,此为君为长之道也。”⑤

可见,宋元明清史学家在继承前人思想的基础上,对人君如何用人、行赏罚和纳谏进行了不同程度的讨论,其中,对人君用人问题的论述最为丰富和深入。从时期上看,以北宋史学家及政治家司马光、欧阳修、范祖禹等人的论述最为系统和深入,特别是司马光的思想某种程度上可以说是对前人认识的一个总结,同时又包含着许多新的认识。

---

① 司马光:《资治通鉴》卷一五九,梁纪十五,武帝大同十一年,中华书局 1956 年版,第 4934 页。

② 欧阳修:《欧阳修全集》之《奏议集》卷一七《论台谏官唐介等宜早牵复札子》,中国书店 1986 年版,第 892 页。

③ 欧阳修:《欧阳修全集》之《居士集》卷一七《为君难论(下)》,中国书店 1986 年版,第 127 页。

④ 范祖禹:《唐鉴》卷二《太宗上》,上海古籍出版社 1984 年版,第 36 页。

⑤ 范祖禹:《唐鉴》卷二《太宗上》,上海古籍出版社 1984 年版,第 48 页。

第三节　关于君主专制的理论批判与历史批判

一、"原君"

对君主专制展开系统和深刻批判是明末清初之际,而这股批判思潮的出现是有其历史理论来源的。在中国历史上早已出现过反对和批判君主专制的思想,如魏晋时期有鲍敬言的"无君论",唐代有《无能子》的"非君"论。[①] 宋元之际,思想家邓牧对君主专制也进行了猛烈批判。[②] 明初以来对君主专制的思想批判也不时出现。[③] 这些时隐时现的反君主专制思想为明末清初的史学家黄宗羲、顾炎武、王夫之和唐甄等对君主专制进行批判,提供了一定的思想资源。君主专制批判思潮到清代中后期依然潜伏而行,龚自珍是代表。

---

① 参见谢庆奎、徐大同等编著《中国古代政治思想史》(吉林人民出版社 1981 年版)的第五章第六节《鲍敬言的无君论》和第六章第六节《唐末的社会批判思想》。

② 参见《邓牧的"平等"政治理想》,刘泽华主编:《中国古代政治思想史》,南开大学出版社 1992 年版,第 601—604 页;《邓牧反对君主专制的政治思想》,朱日耀主编:《中国古代政治思想史》,吉林大学出版社 1988 年版,第 379—383 页。

③ 如,明初宋濂在斥责宋徽宗穷奢极欲和涂炭生民时说:"成汤务德,帝命式于九围;纣为不道,身死周人之手。其所感应,捷于桴鼓。闻以一人治天下,未闻以天下奉一人。奈何穷奢极侈,而毒痡四海百万生灵,彼实何辜!"(宋濂:《宋濂全集》第 1 册《潜溪前集卷三·读宋徽宗本纪》,浙江古籍出版社 2014 年版,第 158 页)所谓"闻以一人治天下,未闻以天下奉一人"的话实际是隐含着对君主专制的批评。明中后期吕坤肯定私欲是天理人情,公开反对程朱理学,指出人君之职就是要"为民"。他说:"世间万物皆有所欲,其欲亦是天理人情。天下万世公共之心,每怜万物有多少不得其欲处。"又说:"天之生民非为君也,天之立君以为民也,奈何以我病百姓?夫为君之道无他,因天地自然之利,而为民开导樽节之。因人生固有之性而为民倡率裁制之,足其同欲,去其同恶,凡以安定之使无失所,而后天立君之意终矣。岂其使一人肆于民上而剥天下以自奉哉?"(吕坤:《呻吟语译注》卷五《治道》,燕山出版社 1996 年版,第 314、324 页)

这一时期的史学家对君主专制的批判首先是通过对君主起源及其本质即“原君”的探讨来进行的。他们讨论这一问题的角度和内容虽然各不相同,但是又存在着一些共同的特征,即大多从自然主义人性论出发来讨论君主起源,肯定个人私欲和私情的自然和历史合理性,否认程朱理学以性善论为理论基石的圣王君主论,对君权神授论也予以否定和批判,对君主的起源与本质提出了新的认识。而清后期龚自珍的“我造‘人君’”说,则凸显了更鲜明的反君主专制色彩。

黄宗羲认为君主起源于社会管理的需要,“原夫作君之意,所以治天下也”①。他通过对古今人君的比较,对人君的本质提出了新看法——君客论,最后提出了天下为主和人君为客的重要论断:

> 古者以天下为主,君为客,凡君之所毕世而经营者,为天下也。今以君为主,天下为客,凡天下之无地而得安宁者,为君也。②

可见,在黄宗羲看来,人君是因调节公众利害关系而形成的,这是对君权神授论的批判。同时,他指出人君必不以己之利害为利害,其勤劳必千万于天下人。然而,这是与“好逸恶劳”的人“情”相冲突的,因此古人不愿为君,或去之而不欲人,或人而又去,或初不欲入而不得去,这种建立在自然人性论基础上的君主论是对儒家思想中那种圣王君主论的批判。他进而从“公”“私”观念入手揭露后世君主的“逐利之情”以及为“天下之大害者”,将他们视为“屠毒”“敲剥”天下者和“离散”天下子女者,从而深刻揭示了君主的实质,彻底否定了君权神授和圣王君主论,在中国政治思想史和中国古代历史理论发展史上具有重大意义。

王夫之则提出了“德功者为君”论。他说:

> 天之使人必有君也,莫之为而为之。故其始也,各推其德之长人、功之及人者而奉之,因而尤有所推以为天子。人非不欲自贵,而必有奉以为尊,人之公也。安于其位者习于其道,因而有世及之理,虽愚且暴,犹贤于草野之罔据者。如是者数千年而安之矣。③

① 黄宗羲:《黄宗羲全集》之《明夷待访录·置相》,浙江古籍出版社2005年版,第8页。

② 黄宗羲:《黄宗羲全集》之《明夷待访录·原君》,浙江古籍出版社2005年版,第2页。

③ 王夫之:《读通鉴论》卷一《秦始皇一》,中华书局1975年版,第1页。

这就是说,君主的产生是民众推戴的结果,君主必须是德功俱显之人,“君天下者,仁天下者也”①。他又提出“民聚有君”和“君因民存”的理论,说:

> 合天下而有君,天下离,则可以无君矣。何也?聚散之势然也。聚故合同而自求其所宗,如枝叶条茎之共为一本也。……故王者弗急天下之亲己,而急使天下之相亲,君道存也。
>
> 士相离,则廷无与协谋;民相离,则野无与协守。……②

这里,王夫之实际上指出了人谋求私欲时的理性精神,即为保护个人利益不受侵害,必“合同而自求其所宗”。质言之,君主的出现是寻求各自私欲(利)的人为实现个人利益所作出的理性选择,这在中国古代历史理论上具有重要的理论价值。王夫之也反对私天下,说:“以天下论者,必循天下之公,天下非夷狄盗逆之所可尸,而抑非一姓之私也。”③

顾炎武提出“王政”就在于“合天下之私以成天下之公”,他说:

> 自天下为家,各亲其亲,各子其子,而人之有私,固情之所不能免矣。……合天下之私以成天下之公,此所以为王政也。……此义不明久矣。世之君子必曰:有公无私,此后代之美言,非先王之至训也。④

可见,顾炎武同样是从自然主义人性论来讨论君主起源及其本质的。他认为人类社会自始就存在人之私,是合理的,而“王政”,即人君之职就在于“合天下之私以成天下之公”。他的思想还体现了一种辩证的历史观,即对于君主形成发展中的“私”与“公”及其相互关系不是静止、片面和孤立地看,而是动态、全面和辩证地考察两者在君主制形成发展中的历史作用和地位。他还批驳以公而无私美化君主的观点,对那种圣王君主论作了彻底否定。

---

① 王夫之:《宋论》卷六《神宗八》,中华书局 1964 年版,第 132 页。

② 王夫之:《诗广传》卷三《小雅·二四》,中华书局 1964 年版,第 87 页。

③ 王夫之:《读通鉴论》卷末《叙论一》,中华书局 1975 年版,第 1107 页。

④ 顾炎武:《日知录》卷三《言私其豵》,黄汝成集释:《日知录集释》,岳麓书社 1994 年版,第 92 页。

龚自珍的"'我'造人君"说则体现了强烈的人本主义色彩。他说：

> 天地,人所造,众人自造,非圣人所造。……众人之宰,非道非极,自名曰我。我光造日月,我力造山川,我变造毛羽肖翘,我理造文字言语,我气造天地,我天地又造人,我分别造伦纪。……后政也者,先小而后大。五人主为政,十人主为政,十十人主为政,百十人主为政,人总至,至于万,为其大政。①

龚自珍这里所说的"我"是一个具有理性和意志力的,既抽象又现实的"人","我"不仅创造了天地、人和纲纪,还创造了"为大政者",即人君。同时,"为大政者"的产生经历了一个历史发展过程,"政也者先小而后大"。龚自珍将历史创造的主体"我",描述为先天地而在、具有主观能动性和意志力的,是社会历史形成和发展的"第一原动力",君主是人的创造物,而非某一具有神性的圣者所创造的。那么,为什么要有"为政"者呢？他说：

> 既有世已,于是乎有世法。……民我性能类,故以书书其所生。又书所生之生,是之谓姓,是谱谍世系之始。一生生二子,则有长幼,则宗之始。有宗谍已,恐其乱,故部男女,是禁男女之始。佃有公、侯、伯,有土之君始。②

这就是说,人性是"能类"的,能类便产生了"有土之君"。这是将君主的形成视为人类社会组织发展的一种需求,是人自身创造的产物。这种君主起源说是对程朱理学圣王史观的批判,突出个人意志主体地位与创造精神,是一种新的人本主义思想,在以往有些神秘的君主论笼罩的思想天空中划出了一道闪耀的光彩。

二、"君政之病"

明清之际的史学家、思想家等还结合中国以往的历史和当时的社会

① 龚自珍:《龚自珍全集》第1辑《壬癸之际胎观第一》,上海古籍出版社1975年版,第12—13页。

② 龚自珍:《龚自珍全集》第1辑《壬癸之际胎观第二》,上海古籍出版社1975年版,第14页。

现实，对君主专制制度的弊病作了深刻的揭露，对君主的虚伪与残暴予以猛烈抨击，特别是对君主专制压制与摧残人性的本质予以大胆的批判。其中，以唐甄的批判最具代表性。

唐甄将批判的矛头直指专制皇权，揭露了人君的虚伪和残暴，发出"自秦以来，凡为帝王者皆贼也"的呼声。他责问道："杀一人而取其匹布斗粟，犹谓之贼；杀天下之人而尽有其布粟之富，而反不谓之贼乎！"他说，大将、偏将、卒伍、官吏杀人，"实天子杀之"，"杀人者众手，实天子为之大手"，"天子者，天下之慈母也，人所仰望以乳育者也。乃无故而杀之，其罪岂不重于匹夫！"[①]他认为，小人、女子、寺人、奸雄和盗贼能乱天下，都是人君所致，"海内百亿万之生民，握于一人之手，抚之则安居，置之则死亡。天乎君哉，地乎君哉！"[②]他指责周秦以后的人君是屠夫，叹言：

> 悲哉！周秦以后，君将豪杰，皆鼓刀之屠人；父老妇子，皆其羊豕也！处平世无事之时，刑狱冻饿，多不得毕命；当用兵革命之时，积尸如山，血流成河，千里无人烟，四海少户口。岂不悲哉，岂不悲哉！
>
> 君子之于天下也，无他道也，惟全此不忍之心而已矣。……覆天下之军，屠天下之城，以取天下，是食天下人之肉以为一人养也，其忍之乎！[③]

他愤然问道："川流溃决，必问为防之人；比户延烧，必罪失火之主。至于破家亡国，流毒无穷，孰为之而孰主之？非君其谁乎！"[④]他痛责后世人君以兵杀民，说："古之用兵者，皆以生民，非以杀民。后之用兵者，皆以杀民，非以生民。"又斥责说，汤武之后，"其君其将，皆惨刻少恩，谲诈无实，惟利天下，利爵土，无救民爱人之意。非屠府县百十城，杀无辜数千百万人，绝烟火，绝鸡犬之声千百里者，不可以得天下。""自二千年以来，时际

---

① 唐甄：《潜书》下篇下《室语》，中华书局 1963 年版，第 196—197 页。

② 唐甄：《潜书》上篇下《鲜君》，中华书局 1963 年版，第 66 页。

③ 唐甄：《潜书》下篇下《止杀》，中华书局 1963 年版，第 198 页。

④ 唐甄：《潜书》下篇上《远谏》，中华书局 1963 年版，第 127 页。

易命,盗贼杀其半,帝王杀其半。百姓之死于兵者,不可胜道矣,可不哀乎!”①当然,唐甄所言并不完全符合历史事实,但是,他能以无畏的勇气对君主进行如此大胆和激烈的攻击,喊出了明清之际反君主专制斗争的最强音!

其次,唐甄提出“抑尊”,即反对君尊臣卑,提倡君臣平等。他指出,君主不是神,与常人无根本区别,揭示了君尊臣卑的严重危害,说,“为上易骄,为下易谀;君日益尊,臣日益卑。是以人君之贱视其臣民,如犬马虫蚁之不类于我,贤人退,治道远矣”。人君高居而不近人的严重危害是,“既已瞽于官,聋于民矣;虽进之以尧舜之道,其如耳目之不辨何哉!”“人君之尊,如在天上,与帝同体。公卿大臣,罕得进见;变色失容,不敢仰视;跪拜应对,不得比于严家之仆隶。于斯之时,虽有善鸣者,不得闻于九天;虽有善烛者,不得照于九渊。臣日益疏,智日益蔽,伊尹、傅说不能诲,龙逢、比干不能谏,而国亡矣。”所以,他主张“抑尊”,说:“位在天下之上者,必处天下之下。……人君唯能下,故天下之善归之,是乃所以为尊也。”②为此,他要求人君要去专制,善纳谏,攻过错。他的“抑尊”论是对传统的君尊臣卑之道的强力冲击,是反君主专制的重要思想。

第三,批判君主专制集权于一人的积弊,提出“责君”论。他认为世之腐儒拘于君臣之道,在亡国问题上“厚责其臣而薄责其君”是荒谬的,“治乱在君,于臣何有!”为什么呢?他说:

> 人无贤不贤,贤不贤惟君;政无善不善,善不善惟君。君惟有道,虽恒才常法,可以为治;君惟不道,虽有大贤良法,亦以成乱。是故明哲之君,无所为恃,必责于己。知天子于民庶,过及十一,祸倍百千。……若反其道,则上祸祖父,下灭子孙,血流海内,屠及百年。③

又说:“有明君,则有贤辅;有贤辅,不患有司之不良;有司良,不患政事之不达。反是,则政虽善不达。”④他还利用《春秋》笔法为自己的观点找根

① 唐甄:《潜书》下篇下《仁师》,中华书局1963年版,第192—193页。

② 唐甄:《潜书》上篇下《抑尊》,中华书局1963年版,第67—69页。

③ 唐甄:《潜书》下篇上《远谏》,中华书局1963年版,第127—128页。

④ 唐甄:《潜书》下篇上《达政》,中华书局1963年版,第139页。

据，说："不责其臣而责君者，非吾之言，仲尼之教也。《春秋》之法：臣弑其君，罪在臣，称臣之名；罪在君，称君之名，而不著其臣之名。"①唐甄把天下治乱归于帝王一人并不正确，但他指出君主是专制集权的代表，以此来集中批判专制君主，在当时有重大的意义。唐甄还对君主世袭制导致的多暴君、懦君、暗君、辟君的现象及危害作了揭露，说：

> 天之生贤也实难。博征都邑，世族贵家，其子孙鲜有贤者，何况帝室富贵，生习骄恣，岂能成贤？是故一代之中，十数世有二三贤君，不为不多矣。其余非暴即暗，非暗即辟，非辟即懦。此亦生人之常，不足为异。惟是懦君蓄乱，辟君生乱，暗君召乱，暴君激乱，君罔救矣，其如斯民何哉！呜呼！君之多辟，非人之所能为也，天也。天无所为者也，非天之所为也，人也。②

黄宗羲从传贤与传子的利弊揭示了君主世袭制的不合理及其危害，指出：

> 古者不传子而传贤，其视天子之位，去留犹夫宰相也。其后天子传子，宰相不传子。天子之子不皆贤，尚赖宰相传贤足相补救，则天子亦不失传贤之意。宰相既罢，天子之子一不贤，更无与为贤者矣，不亦并传子之意而失者乎！③

其结果是，"百官之设，所以事我。能事我者，我贤之；不能事我者，我否之。设官之意既讹，尚能得作君之意乎？"④君主世袭制是君主专制制度的宗法保障，因此，黄宗羲对君主世袭制所造成的恶果的揭露，是对君主专制制度弊病的又一深入批判。

顾炎武则从秦汉以来政治制度的设置来批判君主专制主义。他说："封建之失，其专在下；郡县之失，其专在上。"⑤也就是说，郡县制的弊端

---

① 唐甄：《潜书》下篇上《远谏》，中华书局 1963 年版，第 127 页。

② 唐甄：《潜书》上篇下《鲜君》，中华书局 1963 年版，第 66 页。

③ 黄宗羲：《黄宗羲全集》之《明夷待访录・置相》，浙江古籍出版社 2005 年版，第 8—9 页。

④ 黄宗羲：《黄宗羲全集》之《明夷待访录・置相》，浙江古籍出版社 2005 年版，第 8 页。

⑤ 顾炎武：《顾亭林诗文集》之《亭林文集》卷一《郡县论一》，中华书局 1959 年版，第 12 页。

是“其专在上”的专制主义。因此,他反对君主“独治”,主张“众治”,希望利用宗族制从根本上解决君主专制以刑治天下的弊病。他说:

人君之于天下,不能以独治也。独治之而刑繁矣,众治之而刑措矣。古之王者不忍以刑穷天下之民也,是故一家之中,父兄治之;一族之间,宗子治之。其有不善之萌,莫不自化于闺门之内;而犹有不帅教者,然后归之士师。……是故宗法立而刑清。天下之宗子各治其族,以辅人君之治,罔攸兼于庶狱,而民自不犯于有司。①

由此可见,顾炎武对君主专制的批判更具理论意义和建设意义。他不是简单地着眼于对君主制度进行批判和攻击,而是致力于探讨导致君主专制的深层的制度性原因,显示出其思想的理论深度;他提出解决君主专制的主张虽然是一种不符合现实的复古主张,但体现了他为解决君主专制体制所导致的严刑峻法积弊所作的积极探索,也具有建设意义。

龚自珍的反君主专制思想也具有鲜明的特征。他反对君主专制,认为只有给大臣治理国家的权利,才能达到千载之治。他说,“为天子者,训迪其百官,使之共治吾天下,但责之以治天下之效,不必问其若之何而以为治,故唐、虞三代之天下无不治”;反之,要是对群臣进行约束和羁縻,“聚大臣群臣而为吏,又使吏得以操切大臣群臣,虽圣如仲尼,才如管夷吾,直如史鱼,忠如诸葛亮,犹不能以一日善其所为,而况以本无性情、本无学术之侪辈耶?”所以,天子仅当总其大纲大纪,“以进退一世,而又命大臣以所当为,端群臣以所当从。内外臣工有大罪,则以乾断诛之,其小故则宥之,而勿苛细以绳其身。……则万万世屹立不败之谋,实定于此”②。他还抨击了专制君主摧残人才的役民做法,说:

昔者霸天下之氏,称祖之庙,其力强,其志武,其聪明上,其财多,未尝不仇天下之士,去人之廉,以快号令,去人之耻,以嵩高其身;一人为刚,万夫为柔,以大便其有力强武;……大都积百年之力,以震荡摧锄天下之廉耻;既殄、既狝、既夷,顾乃席虎视之余荫,一旦责有气

① 顾炎武:《日知录》卷六《爱百姓故刑罚中》,黄汝成集释:《日知录集释》,岳麓书社1994年版,第222页。

② 龚自珍:《龚自珍全集》第1辑《明良论四》,上海古籍出版社1975年版,第34—36页。

于臣，不亦暮乎！①

龚自珍对专制君主为维护统治而残酷摧残和奴役人才的本质的揭露是极为深刻的，是反君主专制的又一强音！

三、仁政与民本

明清之际的史学家和思想家还倡扬历史上特别是三代王道的仁政和民本思想，以此呼吁人君要重视君德的培养，实行仁政，要亲民、重民、爱民、养民和富民等，反对人君的刑政和暴政，这是从另一角度对后世君主专制的弊政进行了批判。换言之，他们是想通过推行以民为本，呼吁人君修德和行仁政，来建立一个理想的新社会。

仁政思想是明清之际反对君主专制刑政和暴政的理论依据之一。黄宗羲主张“仁（心）本论”，认为道德性的“心”，即“仁”，是推动社会历史变革的根本力量，仁义决定着国家的兴衰存亡。他说：“天地以生物为心，仁也。其流行次序万变而不紊者，义也。仁是乾元，义是坤元，乾坤毁则无以为天地矣。故国之所以治，天下之所以平，舍仁义更无他道。”②顾炎武认为，治国之道即是仁，“道二，仁与不仁而已矣”③。又说：“为人君止于仁……与国人交止于信而已。”④王夫之重视君德与仁政，他对历史上因“伪德”和“伪人”所造成的国家乱败颇多揭露，说，“夫为政者，廉以洁己，慈以爱民，尽其在己者而已”；如果不能这样，又“持此为券以取民之偿”者，便是“伪人”。他以隋文帝为例，称其“奖天下以伪”，结果，“上下相蒙以伪，奸险戕夺，若火伏油中，得水而焰不可扑，隋之亡也，非一旦一夕之致也”。因此，人君能否行德政决定着国家的兴衰，“夫德者，自得

① 龚自珍：《龚自珍全集》第1辑《古史钩沉论一》，上海古籍出版社1975年版，第20页。

② 黄宗羲：《黄宗羲全集》之《孟子师说》卷一《“孟子见梁惠王”章》，浙江古籍出版社2005年版，第49页。

③ 顾炎武：《日知录》卷六《不齿之服》，黄汝成集释：《日知录集释》，岳麓书社1994年版，第218页。

④ 顾炎武：《日知录》卷三《上天之载》，黄汝成集释：《日知录集释》，岳麓书社1994年版，第98页。

也;政者,自正也。尚政者,不足于德;尚德者,不废其政;行乎其不容已,而民之化也,俟其诚之至而动也"①。唐甄主张以仁治天下,说:"天下莫强于仁……仁能服人者也。其不能服人者,仁小也。仁之大者,无强不顺,无诈不附。"②

他们认为,人君要实行仁政,就要修君德,要将明德作为君道之本。为此,他们对人君如何进行道德修养提出了各种主张。黄宗羲说,"圣贤之道,未有不从源头做起。故平天下必始于明德"③。他认为,王道之治在仁义而非事功,"王霸之分,不在事功而在心术"④,这是因为:

> 霸者只在事功上补凑,王者在心术上感动,民之应之,亦截然不同。……王者未必不行霸者之事,而霸者不能有王者之心,就如汉唐之治,当其太平之时,民自欢虞,终不免于杂霸。……王者吾不得而见之,得见霸者斯可矣。⑤

黄宗羲特别强调君主道德修养的重要,从心学角度对修身、齐家、治国、平天下加以发挥。顾炎武指出,君主之道当从"先天下之大劳"和"必执天下之至贱"做起,"古先王之教,能事人而后能使人。其心不敢失于一物之细,而后可以胜天下之大。舜之圣也,而饭糗茹草;禹之圣也,而手足胼胝,面目黧黑。此其所以道济天下,而为万世帝王之祖也"⑥。唐甄认为,人君不仅要修心性道德,还必须见诸于行事,"心体性德,既已自修;天地万物,何以并治?必措之政事而后达。昔者尧舜治天下,风之则动,教之则率,不赏而劝,不刑而革"⑦。

---

① 均引自王夫之:《读通鉴论》卷一九《隋文帝一〇》,中华书局 1975 年版,第 549—550 页。

② 唐甄:《潜书》上篇上《尊孟》,中华书局 1963 年版,第 6 页。

③ 黄宗羲:《黄宗羲全集》之《孟子师说》卷四《"人不足与适"章》,浙江古籍出版社 2005 年版,第 99 页。

④ 黄宗羲:《黄宗羲全集》之《孟子师说》卷一《"齐桓、晋文之事"章》,浙江古籍出版社 2005 年版,第 51 页。

⑤ 黄宗羲:《黄宗羲全集》之《孟子师说》卷七《"霸者之民"章》,浙江古籍出版社 2005 年版,第 151—152 页。

⑥ 顾炎武:《日知录》卷七《饭糗茹草》,黄汝成集释:《日知录集释》,岳麓书社 1994 年版,第 261—262 页。

⑦ 唐甄:《潜书》上篇上《宗孟》,中华书局 1963 年版,第 8 页。

民本思想是明清之际批判君主专制的又一重要理论根据。明清之际的史学家和思想家从不同角度阐述了民本的重要性，对民本的内涵作了多方面的解释，提出了亲民、爱民、重民、恤民、养民和富民的主张，并对封建君主专制残害和压迫民众作了揭露和批判。

黄宗羲和顾炎武等从民本与仁政的关系论述了民本的意义。在他们看来，仁政的核心即是人君为政以民为本，就是要亲民、仁民、爱民、重民和养民。黄宗羲说："帝王之养万民，仁也。"[①]这即是说，仁便是人君养万民。又说："盖天下之治乱，不在一姓之兴亡，而在万民之忧乐。"[②]他认为，三代王道之治便是以民为本，"志仁者从民生起见"[③]。三代人君重民和爱民，于民无"力役之征"，"井田之制，民但助耕公田，未尝征其粟米也"[④]。而后世人君对民极尽盘剥和压迫之能事，"嗟乎！后世骄君自恣，不以天下万民为事。其所求乎草野者，不过欲得奔走服役之人。乃使草野之应于上者，亦不出夫奔走服役"[⑤]。又说，三代是"民养于上"，后世是"民自为养"；然而，"后世之赋轻者十取其三，重者十取其五六，民何以为生乎？民既无以为生，则隐避催科，诡计百端，并亦难乎其为上矣"[⑥]。

顾炎武亦将亲亲仁民视为治天下之大经，说："五品之人伦，莫不本于中心之仁爱……亲亲而仁民，仁民而爱物，而天下之大经毕举而无遗矣。"[⑦]他主张效法先王，希望通过均贫富来睦民、恤民和养民，说：

> 民之所以不安，以其有贫有富。贫者至于不能自存，而富者常恐人之有求，而多为吝啬之计，于是乎有争心矣。夫子有言："不患贫，

---

① 黄宗羲：《黄宗羲全集》之《孟子师说》卷四《"三代之得天下"章》，浙江古籍出版社2005年版，第90页。

② 黄宗羲：《黄宗羲全集》之《明夷待访录·原臣》，浙江古籍出版社2005年版，第5页。

③ 黄宗羲：《黄宗羲全集》之《孟子师说》卷六《"鲁欲使慎子"章》，浙江古籍出版社2005年版，第146页。

④ 黄宗羲：《黄宗羲全集》之《孟子师说》卷七《"有布缕之征"章》，浙江古籍出版社2005年版，第162页。

⑤ 黄宗羲：《黄宗羲全集》之《明夷待访录·原臣》，浙江古籍出版社2005年版，第5页。

⑥ 黄宗羲：《黄宗羲全集》之《破邪论·赋税》，浙江古籍出版社2005年版，第203页。

⑦ 顾炎武：《日知录》卷六《肫肫其仁》，黄汝成集释：《日知录集释》，岳麓书社1994年版，第233—234页。

而患不均。”……六行之条曰睦、曰恤,不待王政之施,而矜寡孤独废疾者,皆有所养矣。此所谓均无贫者,而财用有不足乎?……知先王宗法之立,其所以养人之欲,而给人之求,为周且豫矣。①

他还结合明代统治者以利害民的事实,说明了人君爱民和恤民的重要性,说,“古之人君未尝讳言财也,所恶于兴利者,为其必至于害民也”,而明代万历中叶以后通过征收矿税以求利,致使数十年间民生愈贫,国计愈窘,“治乱盈虚之数从可知矣。为人上者,可徒求利而不以斯民为意与?”其带来的危害是:“上行之则下效之,于是钱谷之任,榷课之司,昔人所避而不居,今且攘臂而争之。礼义沦亡,盗窃竞作,苟为后义而先利,不夺不餍。后之兴王所宜重为惩创,以变天下之贪邪者,莫先乎此。”②

王夫之从君民关系和三代王道之治对民本思想作了论述。他从民聚有君和君因民存的关系论述了亲民和重民的必要性,说:

合天下而有君,天下离,则可以无君矣。何也?聚散之势然也。聚故合同而自求其所宗,如枝叶条茎之共为一本也。……故王者弗急天下之亲己,而急使天下之相亲,君道存也。③

因此,他提出“民之重,重以天”④的思想。他认为三代之时营国并非是靠城郭、沟池、封畛和阡陌,而在于以民为本,他描绘道:

古之营国者,非但城郭沟池、封畛阡陌而已也。城郭沟池以为固,守国之资、而未及于民也;封畛阡陌因天地之产,为民之利、而未及为功于天地也。镇其虚,损其盈,流其恶,取其新,裁成天壤以相民,而后为人君者之道尽。

……

是故古之王者,非遽致民也,畅民之郁,静民之躁,调其血气以善

① 顾炎武:《日知录》卷六《庶民安故财用足》,黄汝成集释:《日知录集释》,岳麓书社1994年版,第223页。

② 顾炎武:《日知录》卷一二《言利之臣》,黄汝成集释:《日知录集释》,岳麓书社1994年版,第436—437页。

③ 王夫之:《诗广传》卷三《小雅·二四》,中华书局1964年版,第87页。

④ 王夫之:《尚书引义》卷四《泰誓中》,中华书局1976年版,第80页。

其心思，故民归之而不离。……①

王夫之则从肯定人的自然需求出发论述了仁民和息民思想。他说："饮食男女之欲，人之大共也。"②所以人君必须满足百姓的生活欲求，"室家不足，莫能自乐，爱日而玩之，流荡其思，死且不恤，贫与危无与为警，而偷以淫焉，奚待之安富之余也？""是以先王审情之变，以夙防之，欲啬其情，必丰其生，乐足不淫而礼行焉，恶在乎戢淫者之靳予以安富邪？故善治心者，广居以自息；善治民者，广生以息民。民有所息，勿相恤而志凝焉"③。他认为，能否做到这一点是人君能否王天下的关键，"使人乐有其身，而后吾之身安；使人乐有其家，而后吾之家固；使人乐用其情，而后以情向我也不浅，进而导之以道则王，即此而用之则霸。虽无道犹足以霸，而况于以道而王者乎？"④那么，人君如何仁民和息民呢？他提出了君主不能私天下之地和公天下之财产的主张，"地之不可擅为一人有，犹天也。天无可分，地无可割，王者虽为天之子，天地岂得而私之，而敢贪天地之固然之博厚以割裂为己土乎？"⑤所以，"平天下者均天下而已"⑥。那么，何谓"均"？他说："限也者，均也；均也者，公也。"⑦当然，王夫之寄望通过人君与民公天下之地这一绝对平均主义的方案来实现仁政，并不是什么新的思想，在现实中也是无法推行的。

王夫之还对富民的方法与重要性作了深刻论述。他极力反对人君聚财和贪财，说，"夫财之所大患者，聚耳"⑧，"有国者，恶其畜聚敛也"⑨。这是因为：

"财散则民聚"。散者，非但百姓之各有之也，抑使郡邑之各有

① 王夫之：《诗广传》卷三《小雅·五八》，中华书局1964年版，第108—109页。
② 王夫之：《诗广传》卷二《陈风·四》，中华书局1964年版，第61页。
③ 王夫之：《诗广传》卷一《郑风·七》，中华书局1964年版，第41、42页。
④ 王夫之：《诗广传》卷二《唐风·八》，中华书局1964年版，第55页。
⑤ 王夫之：《读通鉴论》卷一四《孝武帝四》，中华书局1975年版，第380页。
⑥ 王夫之：《诗广传》卷四《大雅·四〇》，中华书局1964年版，第139页。
⑦ 王夫之：《读通鉴论》卷五《哀帝二》，中华书局1975年版，第108页。
⑧ 王夫之：《宋论》卷三《真宗六》，中华书局1964年版，第66页。
⑨ 王夫之：《读通鉴论》卷二七《懿宗三》，中华书局1975年版，第824页。

之也。"财聚则民散"。聚者,既不使之在民,又不使之给用,积之于一帑,而以有用者为无用也。散则以天下之财供天下之用,聚则废万事之用而任天下之危。贪吝之说,一中于君相之心,委生人之大计,为腐草块石以侈富,传及子孙,而骄淫奢溢,为天下僇,不亦伤乎!①

唐甄从"民为政本"和"君民一体"的角度阐述了民本的内涵,论证了人君必须爱民、重民和养民,而不应当忘民和攘民。他说,兵、食、度和赏罚四者为国政,"虽善为政,卒之不固,不充,不尊,不叙,政日以坏,势日以削,国随以亡。国无民,岂有四政!封疆,民固之;府库,民充之;朝廷,民尊之;官职,民养之,奈何见政不见民也!"他还将身与心比作君民一体来阐述爱民的重要性,称民就像身体,心就像君,"身有疾,则心岂得安?身无疾,则心岂得不安?有戕其身而心在者乎?是故君之爱民,当如心之爱身也",因此,人君只有关心百姓的生活,使百姓衣食无缺,才能"宝位可居""衮冕可服"和"天禄可享"②。反之,如果君无道于民,"虽九州为宅,九川为防,九山为阻,破之如榷雀卵也;虽尽荆蛮之金以为兵,尽畿省之籍以为卒,推之如蹶弱童也。"③所以,"忘民"之害重于"攘民",他说:

政不行于天下,岂徒无益,必有大害。……虽无不肖攘民之事,而视民若忘,等于草茅。夫攘民之害小,忘民之害大。攘民者不多人,忘民者遍天下,是举天下之民委弃之也。疾不救者日深,至于四海困穷,民无以为生。有天下者其危矣哉!④

唐甄将养民和富民视为君政之本、立国之道。他说,古之贤君,"养民以论功,足食以养民。虽官有百职,职有百务,要归于养民。上非是不以行赏,下非是不以效治。后世则不然。举良吏而拔之高位,既显荣而去矣";人君如能以养民为政,则"三年必效,五年必治,十年必富,风俗必厚,讼狱必空,灾祲必消,麟风必至"⑤。又说:"立国之道无他,惟在于富。

① 王夫之:《读通鉴论》卷二七《懿宗三》,中华书局1975年版,第824页。
② 唐甄:《潜书》下篇上《明鉴》,中华书局1963年版,第108—109页。
③ 唐甄:《潜书》下篇上《远谏》,中华书局1963年版,第126页。
④ 唐甄:《潜书》下篇上《柅政》,中华书局1963年版,第155页。
⑤ 唐甄:《潜书》下篇上《考功》,中华书局1963年版,第110、111页。

自古未有国贫而可以为国者。夫富在编户,不在府库。若编户空虚,虽府库之财积如丘山,实为贫国,不可以为国矣。”①所以,人君不应当虐取于民,而应当藏富于民,“财者,国之宝也,民之命也。宝不可窃,命不可攘。圣人以百姓为子孙,以四海为府库,无有窃其宝而攘其命者,是以家室皆盈,妇子皆宁。反其道者,输于幸臣之家,藏于巨室之窟。……此穷富之源,治乱之分也。”②为此,人君要尚节俭和惩奢侈。他说:

> 是故明德之君,不侈其尊富强大也。……既厚之以生养,又承之以节俭,卑前殿,陋后宫,布衣,蔬食,陶器,素舆,犹歉然不敢自安,恐厉民以自养也。于是富日益富,安日益安。……以此养生,以此治天下,皆长久之道也。③

他还进一步指出,人君尚俭便可能教化百官和庶民,使天下大治,究其原因便在于:

> 人君能俭,则百官化之,庶民化之,于是官不扰民,民不伤财。人君能俭,则因生以制取,因取以制用,生十取一,取三余一,于是民不知取,国不知用,可使菽粟如水火,金钱如土壤,而天下大治。为君之乐,孰大于是哉?④

不过,由于时代的局限使他们往往只能从历史上寻找答案,常常将仁政与民本的实现寄托在人君恢复三代王道之治上,他们的思想有时表现出强烈的复古色彩。如,黄宗羲将其《明夷待访录》的宗旨定位在复三代之治上,称:“余尝为《待访录》,思复三代之治。”⑤他认为,改变秦以来的君主专制弊政的根本途径便是复三代之政。因为,中国历史经秦汉和蒙元两大变局后,“古圣王之所恻隐爱人而经营者荡然无具。苟非为之远思深览,一一通变,以复井田、封建、学校、卒乘之旧,虽小小更革,生民之戚戚终无已时也”⑥。顾炎武则将践履先王之教作为实现王道之治的根

① 唐甄:《潜书》下篇上《存言》,中华书局 1963 年版,第 114 页。
② 唐甄:《潜书》下篇上《富民》,中华书局 1963 年版,第 105 页。
③ 唐甄:《潜书》下篇下《厚本》,中华书局 1963 年版,第 202 页。
④ 唐甄:《潜书》下篇上《富民》,中华书局 1963 年版,第 107 页。
⑤ 黄宗羲:《黄宗羲全集》之《破邪论 · 题辞》,浙江古籍出版社 2005 年版,第 192 页。
⑥ 黄宗羲:《黄宗羲全集》之《明夷待访录 · 原法》,浙江古籍出版社 2005 年版,第 7 页。

本途径,说:

> 服尧之服,诵尧之言,行尧之行,所谓践迹也。先王之教,若《说命》所谓"学于古训",《康诰》所谓"绍闻衣德言",以至于《诗》、《书》六艺之文,三百三千之则,有一非践迹者乎?善人者,忠信而未学礼,笃实而未日新,虽其天资之美,亦能暗与道合;而足己不学,无自以入圣人之室矣。治天下者亦然,故曰:"周监于二代,郁郁乎文哉"。不然,则以汉文之几致刑措,而不能成三代之治矣。①

当然,明清之际的思想家并非一味泥古,也不都是简单地主张复三代之治。王夫之就明确提出人君之道不当泥古之制,而应适时变革,"以古之制,治古之天下,而未可概今日,君子不以立事;以今之宜,治今之天下,而非可必之后日者,君子不以垂法。"②他认为,后世如果机械地推行三代之法则足以贼民,"后世无识之士,欲挠乱成法,谓三代之制一一可行之今,适足以贼民病国,而为天下僇,类此者众矣"③。

明清之际的史学家、思想家及其后的龚自珍等人对君主专制的批判具有重要的理论意义和社会历史意义。他们对君主专制的批判既是理论上的,又结合中国历史与当时的社会现实。他们对君主专制的理论批判,尤其是对君主专制的实质及其非人道主义本性的深刻揭露与猛烈攻击,宣扬以自然主义人性论为基础的君主论,主张仁政和民本,希望建立一个新的理想社会等,这些思想为包括君主论在内的中国古代政治思想和历史理论的发展提供了新的理论成果,达到了中国历史上反君主专制理论批判的高峰。其次,他们对传统专制的否定和民本思想的提倡还体现出某些近代民主主义的色彩,为中国近代的反封建专制主义的民主革命提供了宝贵的启示,对近代中国政治思想和历史理论的发展产生了深远影

---

① 顾炎武:《日知录》卷七《不践迹》,黄汝成集释:《日知录集释》,岳麓书社 1994 年版,第 243 页。

② 王夫之:《读通鉴论》卷末《叙论四》,中华书局 1975 年版,第 1112 页。

③ 王夫之:《读通鉴论》卷二三《代宗六》,中华书局 1975 年版,第 813 页。

响，启示了近代众多有志之士走上民主革命的道路。①

但是，他们对君主专制的批判又存在理论与历史的局限。首先，他们的理论批判很大程度上没有突破传统思想的范畴。他们批判理论的基石是仁政与民本思想，而他们的仁政思想大体是对传统仁政思想的承继与发挥，缺乏实质性的理论突破。在民本思想上，中国古代的民本思想与近代民主思想是不同的，它只是说民是构成人君统治之国的基础和根本，君主依然是治民之主，而非让民“自主”。《尚书》既主张民为邦本，又倡导君为民主。黄宗羲等人并没有突破这一思想定式，仍然是把一人治理天下视为理所当然。他的民本论仍是以“君为民之主”为前提的，其目的不是赋予民众政治权利以否定君权至上，而是将君对民众力量的敬畏转化为规范君主言行，从而最终实现国泰民安。他们在民本思想上存在的理论缺陷，必然导致其实践上的局限。如，唐甄一方面主张“民为政本”和“君民一体”，但又认为君民并非是平等的，称明德之君，“以为我实民之父母，民实我之男女，惟恐其衣食之不足，居处之不安，日夜念之不忘”②。他们讲民本论，往往又是以肯定君主的英雄史观为前提的，如，王夫之说：“夫人主立臣民之上，生杀在己，取与在己，兴革在己。”③此外，他们在对君主专制的理论批判，往往是借古喻今、借古责今，表现出不同程度的复古色彩，并没有提出解决君主专制弊病的有效方案，其理论阐述和改革主张的时代局限性和理想主义特征，在这方面表现得十分明显。

① 梁启超在谈到黄宗羲的《明夷待访录》时，称其“实为刺激青年最有力之兴奋剂。我自己的政治运动，可以说是受这部书的影响最早而最深”（梁启超：《中国近三百年学术史》，东方出版社1996年版，第53页）；其《清代学术概论》又称，此书“于晚清思想之骤变，极有力焉”（梁启超：《清代学术概论》，东方出版社1996年版，第18页）。侯外庐则说：“此书类似‘人权宣言’，尤以‘原君’‘原臣’‘原法’诸篇明显地表现出民主主义思想。……在清末的维新运动时期，此书成了青年的宝筏。”（侯外庐：《中国思想通史》第5卷，人民出版社1956年版，第155页）对于龚自珍批判封建制度的思想，梁启超说：“晚清思想之解放，自珍确与有功焉。光绪间所谓新学家者，大率人人皆经过崇拜龚氏之一时期。初读《定庵文集》，若受电然。”（梁启超：《清代学术概论》，东方出版社1996年版，第67页）

② 唐甄：《潜书》下篇下《厚本》，中华书局1963年版，第202页。

③ 王夫之：《读通鉴论》卷二九《五代中一一》，中华书局1975年版，第1057页。

小　结

宋元明清时期君主专制制度的进一步加强和完善,使得君主论这一中国古代历史理论和政治理论中的重大问题备受史学家的关注。在君主起源问题上,司马光和丘濬对“止争息乱”及“禁暴除害”的君主起源说加以丰富,但都没有摆脱君权神授的观点。关于君民关系,史学家阐述了民本思想原则应如何被贯彻和落实到君主统治的各个领域中去的问题,拓展了对君民关系的认识。史学家们还从不同角度和层面论述了君道和大一统国家兴衰治乱的关系,尤其是对君德与国之兴衰存亡作了许多阐发,主张以德为本的君主论;同时,还从君主如何用人、赏罚和纳谏等方面对人君之才识进行了阐述。在这两方面,北宋史学家的论述最为集中、丰富和深刻,在一定程度上是对前人认识的总结,同时又包含着许多新的思想。这一时期君主论发展最具有特色和意义的,则是明末清初的史学思想领域出现的具有早期民主启蒙色彩的君主专制批判思潮。这些史学家(包括后来的龚自珍)首先对君主的起源及其本质(即“原君”)进行了新的探讨。他们多从自然主义人性论出发来讨论君主起源,肯定个人私欲和私情之自然的和历史的合理性,否定程朱理学以性善论为理论基础的圣王君主论和君权神授论。他们结合中国历史和现实,对君主专制制度的弊病作了深刻揭露,对君主的虚伪与残暴的行为,特别对君主专制压制与摧残人性的本性予以大胆批判。他们还借三代王道的仁政和民本思想,强调人君要重视君德的培养,实行仁政,反对人君的刑政和暴政,倡导以民为本,要求人君修德和行仁政,希望建立一个理想的社会。他们对封建君主专制的理论批判,为包括君主论在内的中国古代政治思想和历史理论的发展提供了新的理论成果,为中国近代的反封建专制的民主革命提供了重要的思想资源。然而,他们的批判很大程度上又没有突破传统思想的范畴,其民本论仍是以君为民之主的思想和君主史观为前提的,他们对君主专制的批判表现出不同程度的复古色彩，未能提出解决君主专制弊病的真正有效方案。可见，要真正否定君主专制主义，仅从理论上加以批判还是不够的，还必须有新的社会经济和政治发展及其带来的社会力量出现，才能给推翻君主专制主义提供社会历史的前提和决定性力量。

第八章

历代治乱盛衰之故的理论反思

历代治乱盛衰问题历来是许多史学家所关注和探究的重要问题。五代辽宋夏金元明清时期对历代治乱兴衰的认识，是随着时代的发展而发展、丰富的。经过五代半个世纪的纷争之后，北宋的建立，面临内忧外患的形势，社会危机迭起；南宋偏安于东南一隅，时时遭到金军的进扰。所以总结历史的经验教训，从历史中寻找治国安邦、补偏除弊的智慧，成为史学家自觉追求的目标。辽金元三朝统治者都以北方少数民族贵族集团入主中原或控制中原部分地区，注意吸收中原历代皇朝的政治措施，及时总结本民族历史的兴衰得失。明清鼎革之际，社会发生深刻的变动，出现了历史大转折，一些思想家，尤其是一些进步史学家立足于历史实际，探究历代兴亡盛衰，把对历代盛衰的认识推向一个更高水平。他们还结合时政，把历代盛衰思想与现实紧密联系起来，主张社会改革，反对抱残守缺，力图解决现实中一些具体的社会问题，提出了许多发人深省的见解。

第一节　从历代治乱盛衰之故中探寻“长治久安”之策

一、改易更革之论的深化

宋元明清的史学家们关注历史与现实，从许多重大变革中找到证据，并结合实际提出具有时代特色的改易观点。

第一，改易更革是推动历史进步的关键。

北宋建立后，出于防范分裂和抵御外患的需要，不断扩大官僚队伍，增加军队数量，结果“养官”与“养兵”的支出越来越大，国家财政不堪其负，解决财政危机成了革新除弊中最为急迫的社会问题。政治家和史学家都怀着强烈的时代责任感，论证更法的必要性，提出变革时弊的要求。宋祁从经济事务入手，提出了“去三冗”的变革主张，他说：

> 何谓三冗？天下有定官而无限员，一冗也；天下厢军不任战而耗衣食，二冗也；僧尼道士日益多而无定数，三冗也。三冗不去，不可为国。①

宋祁很具体地指出了造成“积贫”的根源，认为只有除去“三冗”，才可以摆脱社会危机，他的主张在当时代表了改革者的呼声。宋祁分析了危机的表现，欧阳修则揭露了危机的严重走向。欧阳修在上书中痛陈“天下之势岁危于一岁”的趋势，要求统治者“革去旧弊”，“今兵戎未息，赋役方烦，百姓嗷嗷，疮痍未复，救其疾苦，择吏为先”。② 欧阳修不是笼统地谈变革，而是明确指出吏治腐败是时弊的主要特征，在当时很有针对性。

历史学家们主张改易更革的声浪已经成为北宋朝野的共识，也打动

① 宋祁：《景文集·上三冗三费》，《丛书集成初编》，商务印书馆1937年版，第335页。

② 欧阳修：《欧阳修全集》之《奏议集》卷一《论按察官吏札子》，中国书店1986年版，第775页。

了最高统治者,致使宋仁宗“欲更天下弊事”,任命欧阳修等人为谏官,又下诏任命范仲淹为参知政事。在范仲淹的主持下,进行了著名的“庆历新政”。范仲淹的改革思想与欧阳修是相通的,他认为“我国家革五代之乱,富有四海,垂八十年。纲纪制度,日削月侵,官壅于下,民困于外,疆埸不靖,寇盗横炽,不可不更张以救之”①。

王安石变法是“庆历新政”社会变革要求的延续,王安石以大无畏的理论勇气对抱残守缺、固守“祖宗之法”的思想予以抨击,提出著名的“三不足”,即天变不足畏、祖宗不足法、人言不足恤,认为只有“变更天下之弊法”,才可以出现“治世”。② 王安石的变法思想是对社会变易理论的发展。

北宋的这两次著名的政治革新活动,是对社会危机的积极应对。宋朝官僚的政治见解纷呈,但是在对改革这个大问题的认识上,却是殊途同归。面对北宋的社会危机,司马光提出“稍变旧制”③,“国家将除积久之弊,立太平之基”④,他认识到“今国家三年一郊,未尝无赦,每岁盛夏,皆有疏决,猾吏贪纵,大为奸利”的状况,提出“尽革前弊”的主张:“今纵未能尽革前弊,伏望下中书,今后每岁疏决不过一次,或早或晚,使外人不可豫期,其徒罪仍依旧降从杖;或遇亲祀南郊之岁,更不疏决,永为定制,庶几为恶之人有所戒惧。”⑤司马光请求变革,并提出了具体的主张:

> 伏见国家旧制,百司细事,如三司鞭一胥吏,开封府补一厢镇之类,往往皆须奏闻;崇政殿所引公事,有军人武艺国马刍秣之类,皆躬亲阅视。此盖国初权时之制,施于今日,颇伤烦碎。陛下龙兴抚运,圣政惟新,臣愚以为宜令中书、枢密院检详中外百司自来公事须申奏取旨及后殿所引公事,其间不系大体,非人君所宜躬亲者,悉从简省,

① 李焘:《续资治通鉴长编》卷一四三,庆历三年,中华书局1995年版,第3431页。

② 脱脱等:《宋史》卷三三七《王安石传》,中华书局1977年版,第10550页。

③ 叶梦得:《石林燕语》卷一,中华书局1984年版,第12页。

④ 司马光:《司马光奏议》卷四《论选举状》,王根标点校,山西人民出版社1986年版,第40页。

⑤ 毕沅:《续资治通鉴》卷五九,宋纪五九,仁宗嘉祐六年,岳麓书社1992年版,第777页。

委之有司。陛下养性安身，专念人君之三职，足以法天地之易简，致虞舜之无为，天下幸甚！①

北宋初年制定的一些“权时之制”随着社会条件的变化已经显得“烦碎”，需要“简省”。在司马光的文集中，可以看到许多关于革除国初旧制的奏章，从用人到纳谏，从军事到财政，都有所涉及。司马光反对王安石变法，主要是反对王安石的过激举措，主张稳健更法。因此，他在批评王安石变法的同时，却又肯定宋神宗“锐精求治，耻为继体守文之常主”②。他对历史上的变法并不持完全反对的态度，对于推动历史进步的变革措施予以肯定，如称赞赵武灵王“不顾流俗，变胡服，习骑射以制林胡、灭中山，大启土宇，威加强秦，可谓贤君矣”③。司马光所说的祖宗之法不可变，主要是儒家基本原理不可变，但具体政策是可以变化的，他说：

王霸无异道。昔三代之隆，礼乐、征伐自天子出，则谓之王。天子微弱不能治诸侯，诸侯有能率其与国同讨不庭以尊王室者，则谓之霸。其所以行之也，皆本仁祖义，任贤使能，赏善罚恶，禁暴诛乱。顾名位有尊卑，德泽有深浅，功业有巨细，政令有广狭耳，非若白黑、甘苦之相反也。汉之所以不能复三代之治者，由人主之不为，非先王之道不可复行于后世也。夫儒有君子，有小人。彼俗儒者，诚不足与为治也，独不可求真儒而用之乎？稷、契、皋陶、伯益、伊尹、周公、孔子，皆大儒也，使汉得而用之，功烈岂若是而止邪！④

根据司马光的理解，先王之道并非什么僵死不变的东西，王道是先王之道，霸道也是先王之道。他在《资治通鉴》中多次肯定历代的重大改革，也是要总结改革的经验教训以实现“资治”的目标。

清朝中后期的内忧外患比宋朝更加严重，而且性质也发生了变化，于

① 毕沅：《续资治通鉴》卷六一，宋纪六一，仁宗嘉祐八年，岳麓书社 1992 年版，第 804 页。

② 司马光：《司马温公文集》卷七《应诏言朝政阙失状》，中华书局 1985 年版，第 170 页。

③ 司马光：《稽古录》卷十一《始皇》，吉书时点校，北京师范大学出版社 1988 年版，第 63 页。

④ 司马光：《资治通鉴》卷二七，汉纪一九，宣帝甘露元年，中华书局 1956 年版，第 881 页。

是改革的呼声更加高涨。鸦片战争前夕,社会矛盾已经逐步暴露,龚自珍预感到更加严重的社会危机即将发生,乃以公羊三世说来呼唤改革,他改造东汉何休《公羊解诂》中"衰乱、升平、太平"三世说为"治世、乱世、衰世"三世说,认为清朝后期已进入衰世,必须思变图新。龚自珍认为改革是历史发展的必然趋势,他说:

> 自珍少读历代史书及国朝掌故,自古及今,法无不改,势无不积,事例无不变迁,风气无不移易,所恃者,人材必不绝于世而已。夫有人则必有胸肝,有胸肝则必有耳目,有耳目则必有上下百年之见闻,有见闻则必有考订同异之事,有考订同异之事,则或胸以为是,胸以为非。有是非,则必有感慨激奋。感慨激奋而居上位,有其力,则所是者依,所非者去;感慨激奋而居下位,无其力,则探吾之是非,而昌昌大言之。如此,法改胡所弊?势积胡所重?风气移易胡所惩?事例变迁胡所惧?①

龚自珍反复强调改革在历史发展中是正常的,也是必需的,"探世变也,圣之至也",更法图新是不须惧怕的,"无八百年不夷之天下,天下有万亿年不夷之道"②,万亿年不夷之道就是要不断地变革。他的更法主张,主要是改革社会的弊端,反对泥古守旧。主张从当时的实际出发,整顿吏治,选拔有用人才。前朝所创定的制度,在当时虽然可以施行,但随着时间的推移和条件的变化,就会暴露其弊端,必须及时革新。龚自珍充分估计了更法的艰巨性,在开始改革时,民众由于不能理解改革的积极作用,不可避免地会出现各种各样反对的意见,但随着改革的进展,千夫之议就会在事实面前逐渐消失,"抑思我祖所以兴,岂非革前代之败耶?前代所以兴,又非革前代之败耶?何莽然其不一姓也?天何必不乐一姓耶?鬼何必不享一姓耶?奋之,奋之!将败则豫师来姓,又将败则豫师来姓!"③

---

① 龚自珍:《龚自珍全集》第5辑《上大学士书》,上海古籍出版社1975年版,第319页。

② 龚自珍:《龚自珍全集》第1辑《乙丙之际箸议第七》,上海古籍出版社1975年版,第5页。

③ 龚自珍:《龚自珍全集》第1辑《乙丙之际箸议第七》,上海古籍出版社1975年版,第6页。

历代之兴衰都在不断改革中演进的。不推行改革则会出现人心思乱，乱后求治，“才者自度将见戮，则蚤夜号以求治；求治而不得，悖悍者则蚤夜号以求乱”①，不改革会使“才者”寒心，甚至会走向对立面，那将出现更大的社会动乱。

龚自珍以“与其赠来者以劲改革，孰若自改革”来鼓动一场更法，“拘一祖之法，惮千夫之议……一祖之法无不弊，千夫之议无不靡”②。龚自珍的更法革新思想，主要表现在深刻揭露现实社会的腐败事实，批判了抱残守缺的危害性，提出了改良社会的一些积极措施。他的改革变法思想，是对中国古代改易更法思想的继承和发展，对于晚清社会的变革思潮，具有积极的推动作用。

第二，“更新而趋时”是最高的“道”。

“理”与“道”是宋明时期重要的哲学范畴，指万事万物的永恒法则。史学家们将理学的范畴运用到对历史演变方向的探讨上，指出改易更法是亘古常新的历史法则。欧阳修认为万事万物的变化是绝对的，物穷则变，物极必变是事物之理，“凡物极而不变，则弊；变则通，故曰‘吉’也。物无不变，变无不通，此天理之自然也”③，事物发展到了极致，必然发生变化。他把变革、变通称作“理”，“物极则反，数穷则变，此理之常也”④。在政治上，欧阳修积极支持范仲淹的改革主张，他认为只有适时变化，才能够长久存在。“所谓穷则变，变则通，通则久也。久于其道者，知变之谓也。天地升降而不息，故曰天地之道久而不已也。日月往来，与天偕行而不息，故曰日月得天而能久照，四时代谢，循环而不息，故曰四时变化而久成。圣人者，尚消息盈虚而知进退存亡者也，故曰圣人久于其道而化成。”⑤圣人并非泥古不化者，而是“尚消息盈虚而知进退存亡”者。欧阳

① 龚自珍：《龚自珍全集》第1辑《乙丙之际箸议第九》，上海古籍出版社1975年版，第7页。

② 龚自珍：《龚自珍全集》第1辑《乙丙之际箸议第七》，上海古籍出版社1975年版，第5—6页。

③ 欧阳修：《欧阳修全集》之《居士集》卷一八《明用》，中国书店1986年版，第131页。

④ 欧阳修：《欧阳修全集》之《居士集》卷一七《本论下》，中国书店1986年版，第124页。

⑤ 欧阳修：《欧阳修全集》之《易童子问》卷一，中国书店1986年版，第564页。

修阐发了重德、重民的观点,要求改革弊制,认为不合时宜的陈规旧法,如荒年招兵、任子制度、磨勘法等就应当更改或者予以废除。欧阳修的变革理论为改革者的实践活动提供了重要的理论依据,推动了庆历新政的实施。

明清鼎革,历史思想也经受着新的洗礼,并由此引发出无穷的活力,新的见解与观念层出不穷,历史观念也出现嬗变的迹象。王夫之从历史进步的总体趋势来阐发更易思想,他认为"趋时"即跟着时代前进,是最高的道,"道莫盛于趋时……时趋于前,不知乘以有功,逮其失而后继之以悔,及其悔而当前之时又失矣。故悔者,终身于悔之道也……君子之过,如日月之食,更新而趋时尔。以向者之过为悔,于是而有牵就补缀之术,将终身而仅给一过也"①。针对一些人盲目地厚古薄今、美化上古,王夫之指出:"一代之治,各因其时,建一代之规模,以相扶而成治。""未有慕古人一事之当,独举一事,杂古于今之中,足以成章者也。""法无有不得者也,亦无有不失者也。先王不恃其法,而恃其知人安民之精意……浮慕前人之一得,夹糅之于时政之中,而自矜复古,何其窒也!"②王夫之嘲笑那些同守成例,杂古于今,自矜复古的人是"何其窒也"。历史发展趋势是进步的,唐虞以前处于未开化的野蛮状态,而三代则是"国少而君多……暴君横取",人民"桔面鸠刑,衣能结而食草木",社会落后生活艰苦,根本不是值得向往的盛世,他指出:

> 唐、虞以前,无得而详考也,然衣裳未正,五品未清,昏姻未别,丧祭未修,狉狉獉獉,人之异于禽兽无几也。故孟子曰:"庶民去之,君子存之。"舜之明伦察物,存唐、虞之民所去也,同气之中而有象,况天下乎?若夫三代之季,尤历历可征焉。当纣之世,朝歌之沈酗,南国之淫奔,亦孔丑矣。数纣之罪曰"为逋逃萃渊薮",皆臣叛其君、子叛其父之枭与豺也。至于春秋之世,弑君者三十三,弑父者三,卿大夫之父子相夷、兄弟相杀、姻党相灭,无国无岁而无之,蒸报无忌,黩

① 王夫之:《思问录·内篇》,古籍出版社1956年版,第16—17页。

② 王夫之:《读通鉴论》卷二一《唐高宗八》,中华书局1975年版,第726、727页。

货无厌，日盛于朝野，孔子成《春秋》而乱贼始惧，删《诗》《书》，定《礼》《乐》，而道术始明。然则治唐、虞、三代之民难，而治后世之民易，亦较然矣。①

王夫之批评“泥古过高，而菲薄方今”的历史倒退观念，认为“以古之制，治古之天下，而未可概之今日者，君子不以立事；以今之宜，治今之天下，而非可必之后日者，君子不以垂法”②。随着历史的发展，物质生活才日益丰富起来，“世益降，物益备”③。历史是不断发展进步的，古代的办法是治理古代天下的，不一定能通用于今天，没有一成不变的制度法令和治国之道，必须“趋时更新”，“事随势迁而法必变”。王夫之进一步辩证地指出“秦以私天下之心而罢侯置守，而天假其私以行其大公”④，秦始皇是出于“私天下”的动机而实行郡县制的，而历史规律的必然性又恰恰是通过秦始皇主观动机这一偶然性体现出来的。历史在进步，社会制度也要趋时更新，土地制度不可能再恢复井田制，刑罚也不可恢复肉刑，“事随势迁，而法必变”⑤。王夫之主张因时顺势，随时势之变易，器物、法制等也应随之发展。他论礼，称制礼之道，应当秉“五经”精意而参酌时势以为损益，只有这样，才能防淫僻，以辨禽兽。夏、商、周三代之礼彼此都有所损益，更何况三代以后呢？因此汉代以后的天下，应用汉以后的法制和礼制。因顺时势，则器变道亦变，道乃器中之道，器乃载道之器，“据器而道存，离器而道毁”⑥。如果不能通变以审天则，那么维护社会秩序的礼义就会走向自己的反面，成为非礼之礼，非义之义。这种历史思想具有朴素的历史辩证法色彩。

第三，只有“知时适变”才能摆脱社会衰退的趋势。

在历史观方面，宋元明清史学家和思想家注意历史过程中“数”与“变”的关系，强调通变，以是否实行王道德治，作为考察历史治乱盛衰的

① 王夫之：《读通鉴论》卷二〇《唐太宗八》，中华书局 1975 年版，第 693 页。
② 王夫之：《读通鉴论》卷末《叙论四》，中华书局 1975 年版，第 1112 页。
③ 王夫之：《读通鉴论》卷一九《隋文帝二》，中华书局 1975 年版，第 626 页。
④ 王夫之：《读通鉴论》卷一《秦始皇一》，中华书局 1975 年版，第 2 页。
⑤ 王夫之：《读通鉴论》卷五《汉成帝八》，中华书局 1975 年版，第 122 页。
⑥ 王夫之：《周易外传》卷二《大有》，中华书局 1977 年版，第 37 页。

标准。马端临通过对“封建”、井田制度的研究,认为“返古实难”,他说:“凡法制琐碎烦密者,可行之于‘封建’之时,而不可行之于‘郡县’之后,必知时适变者,而后可以语通经学古之说也”[①];“愚尝窃论之,以为必能备究古今之事情,然后可以断其议论之是非,法制之得失。‘封建’一事,汉以来未尝废也,然行之辄利少而害多”[②]。历史上的七国之乱和八王之乱,都是因为实行不合时宜的分封制而引发巨大的社会动荡。秦朝废除旧制,“沿袭既久,返古实难,欲复‘封建’,是自割裂其土宇以启纷争;欲复井田,是强夺民之田产以召怨讟,书生之论,所以不可行也”[③]。这一番议论,没有什么惊人之笔,但却说得平实而自信。

明朝的覆亡原因是多方面的,士大夫空谈误国是原因之一,而造成空谈的积弊,则与科举制度有很大关系。科举制度自从隋唐以来在选官方面产生了一些积极作用,但明清时期的文化专制制度已经严重扭曲了科举制的精神,难以选出有真正才学的人才。黄宗羲、顾炎武都对科举制度提出了尖锐的批评,要求改革科举制度。黄宗羲认为当时的科举制弊端很大,“取士之弊,至今日制科而极矣。……未有若时文,空疏不学之人皆可为之”[④]。他主张改进取士之法,拓宽取士之路,其原则是“宽于取”而“严于用”,具体办法就是:“宽取士之法,有科举,有荐举,有太学,有任子,有郡邑佐,有辟召,有绝学,有上书,而用之之严附见焉。”[⑤]八股文取士是培养不出真正的人才的,天下生员不下五十万,“然求其成文者,数十人不得一,通经知古今,可为天子用者,数千人不得一也”[⑥],因此,生员制度已经无法为国家选拔有经邦济世的人才,相反,只能滋生官僚恶习,革除这样的制度,才能废除官场的门户之见,使政治更加清明,“废天下之生员而官府之政清,废天下之生员而百姓之困苏,废天下之生员而门户

---

① 马端临:《文献通考》卷一八〇《经籍考七》,中华书局 1986 年版,第 1555 页。

② 马端临:《文献通考》卷二七五《封建考一六》,中华书局 1986 年版,第 2182—2183 页。

③ 马端临:《文献通考》卷一《田赋考一》,中华书局 1986 年版,第 36 页。

④ 黄宗羲:《明夷待访录·取士上》,中华书局 1981 年版,第 14—15 页。

⑤ 黄宗羲:《明夷待访录·取士下》,中华书局 1981 年版,第 17 页。

⑥ 顾炎武:《顾亭林诗文集》之《亭林文集》卷一《生员论上》,中华书局 1983 年版,第 21 页。

之习除，废天下之生员而用世之材出”[①]。顾炎武主张采用下举上试的制度来替代弊端百出的科举制度，“取士之制，其荐之也，略用古人乡举里选之意；其试之也，略用唐人身言书判之法”[②]。这种把下面的推举与上面的考核结合起来的办法，有利于选举真才实学的官吏，有利于消除官僚中的腐败陋习。这些改革科举制度的主张虽然不无局限性，但是对于选拔人才有一定的积极意义，体现了历史学家以发展的眼光来判断社会制度取舍。

黄宗羲、顾炎武不仅主张改易科举制，对于社会政治的弊端，也主张要厉行改革。黄宗羲提出设立“政事堂”以分割君权，扩大学校的职能，“必使治天下之具皆出于学校”，并且要求“天子临幸太学，宰相、六卿、谏议皆从之。祭酒南面讲学，天子亦就弟子之列。政有缺失，祭酒直言无讳”[③]。这些观点在某种意义上说，乃是中国近代民主政治思想的先驱。

顾炎武呼吁变法，“法不变，不可以救今已。居不得不变之势，而犹讳其变之实，而姑守其不变之名，必至于大弊”。他建议把握好变与不变的关系，“请不变之中，而寓变之之制，因已变之势，而复创造之规”[④]。晚年在与黄宗羲的通信中，顾炎武仍然不忘变法图强，认为：“天下之事，有其识者未必遭其时，而当其时者，或无其识。古之君子所以著书待后，有王者起，得而师之。然而《易》：‘穷则变，变则通，通则久。’圣人复起，不易吾言，可预信于今日也。”[⑤]时势是不能消极地等来的，人们应当为改革创造有利条件。只要条件成熟，更易革制是无法阻挡的。

章学诚发表了极为类似的见解，他说：“穷则必变，变必求通，而后可

---

① 顾炎武：《顾亭林诗文集》之《亭林文集》卷一《生员论中》，中华书局 1983 年版，第 22 页。

② 顾炎武：《顾亭林诗文集》之《亭林文集》卷一《郡县论九》，中华书局 1983 年版，第 17 页。

③ 黄宗羲：《明夷待访录·学校》，中华书局 1981 年版，第 9、11—12 页。

④ 顾炎武：《顾亭林诗文集》之《亭林文集》卷六《军制论》，中华书局 1983 年版，第 122、123 页。

⑤ 顾炎武：《顾亭林诗文集》之《亭林佚文辑补·与黄太冲书》，中华书局 1983 年版，第 238—239 页。

垂久,凡事莫不然也。”[①]章学诚发展了古代思想家“变易求通”和重“势”的社会发展观,认为世界上任何事物都是处在不断的变化发展过程之中,“宪自黄帝以来,代为更变……宪始黄帝而递变于后世,上古详天道而中古以下详人事”,正是在这个意义上,“不特三王不相袭,三皇五帝亦不相沿矣”[②]。历史在不断变化,沿袭以往的制度无法解决现实社会的问题,“古今时异,先王成法不可复也”[③]。

顾炎武、黄宗羲、章学诚等人对弊政的批判和对革新的愿望,反映了中国古代改革思想的深入及其在理论上的升华,对于晚清改革思想产生了深刻的影响。

二、历史借鉴思想的理论升华

第一,从理论上提升历史借鉴的现实意义。

以史为鉴是中国史学的优良传统,早在西周时期,统治者已经意识到借鉴前代灭亡的教训可以使本朝的统治更加持久稳定。汉初、唐初,这种优良传统不断得到丰富、发展。这种观念被宋朝之后的史学家发展到了新的高度,提出了系统的以史为鉴的理论。

宋朝建立后,统治者就考虑到修五代史以总结前代历史的经验教训,以防止安史之乱以后直到五代时期藩镇割据、节度使权重威胁中央集权的恶性循环局面再度出现。开宝六年(973 年),宋太祖诏修五代史,指出“唐季以来,兴亡相继,非青编之所纪,使后世何以观?近属乱离,未遑纂集,将使垂楷模于百代,必须正褒贬于一时。宜委近臣,俾尊厥职”[④]。作为北宋的开创者,宋太祖深知创业的艰难和守成的不易,希望编纂五代史书以“正褒贬于一时”,并能够“垂楷模于百代”。这种认识影响到两宋史

① 章学诚:《章学诚遗书》卷八《三史同姓名录序》,文物出版社 1985 年版,第 67 页。

② 章学诚:《章学诚遗书》卷一《易教上》,文物出版社 1985 年版,第 1 页。

③ 章学诚:《章学诚遗书》卷二五《湖北通志检存稿二 · 复社名士传》,文物出版社 1985 年版,第 264 页。

④ 《宋大诏令集》卷一五〇《修五代史诏》,中华书局 1962 年版,第 555 页。

论的讨论旨趣。北宋官书《册府元龟·国史部总序》历述自上古到五代史官制度的沿革，强调其所记内容的宗旨是揭示史官修史中的经验教训，并且特别强调史书对政治的垂鉴作用：

原夫史氏之职，肇于上世，所以记人君之言动，载邦国之美恶，著为典式，垂之来裔，申褒贬之微旨，为惩劝之大法。故其司笔削之任，慎良直之选。历代审官，莫斯为重。今之所记者，凡推择简任之尤异，讨论撰述之始末，家世职业之嗣掌，扬榷雠对之裁议，冲识方正以无忒，恩遇宠待而隆厚，咸用标次，以彰厥善。

这段话代表了宋代史论的基本方向，整理史料纂修史书以"垂之来裔，申褒贬之微旨，为惩劝之大法"成为宋朝官修史书对史书功用的共识。曾巩曾任过史职，他认为作史的目的就是要为现实提供法戒："将以是非得失兴坏理乱之故而为法戒，则必得其所托，而后能传于久，此史之所以作也"①。曾巩强调历史知识对于人们认识是非得失、理乱之故有不可替代的作用。

司马光认为：治乱之道，古今一贯，"今之所以知古，后之所以知先，是故人主不可以不观史。善者可以为法，不善者可以为戒。自生民以来，帝王之盛者，无如尧舜。《书》称其德，皆曰：稽古。然则治天下者，安可不以师古哉"②。司马光明确提出以古为师，"善者可以为法，不善者可以为戒"，从历史中寻找治国的智慧。这是他编写史书的一个重要目的。

宋朝史学家很重视以唐朝历史作为现实政治的参照。欧阳修特别强调以唐朝方镇的祸患作为借鉴，指出：

始也各专其地以自世，既则迫于利害之谋，故其喜则连衡而叛上，怒则以力而相并，又其甚则起而弱王室。唐自中世以后，收功弭乱，虽常倚镇兵，而其亡也亦终以此，可不戒哉！③

欧阳修认为唐皇朝无法革除藩镇割据，统治权被严重削弱，最终导致灭

① 曾巩：《南齐书目录序》，《南齐书》附录，中华书局1972年版，第1037页。

② 司马光：《司马温公文集》卷八《乞令校定〈资治通鉴〉所写〈稽古录〉札子》，中华书局1985年版，第196页。

③ 《新唐书》卷六四《方镇表》序，中华书局1975年版，第1759页。

亡。后代应当吸取这一沉重的历史教训。宋初虽然消除了方镇的势力,通过"杯酒释兵权"解除了将领们的实权,但侍卫禁军的指挥使军权还很重,也应当防止其急剧膨胀对政权的威胁,"然自汉、周以来,其职益重,汉有侍卫司狱,凡朝廷大事皆决侍卫狱。是时,史弘肇为都指挥使,与宰相、枢密使并执国政,而弘肇尤专任,以至于亡。语曰:'涓涓不绝,流为江河。荧荧不灭,炎炎奈何?'可不戒哉!然是时,方镇各自有兵,天子亲军犹不过京师之兵而已。今方镇名存而实亡,六军诸卫又益以废,朝廷无大将之职,而举天下内外之兵皆属侍卫司矣。则为都指挥使者,其权岂不益重哉!"[①]欧阳修在《新唐书》和《新五代史》的有关论后多次发出类似的感慨,其用意是很明显的。《新唐书》修成上进时,宋仁宗嘉奖欧阳修等"校雠有功","朕将据古鉴今,以立时治,为朕得法,其劳不可忘也。皆增秩一等,布其书于天下,使学者咸观焉"[②]。这种评价鼓舞了史学家对历史撰述尤其唐史研究的热情。

范祖禹所著《唐鉴》本着"以史为鉴"的目的,从政治、经济、军事、文化等方面总结了唐朝兴衰的经验教训,"唐于本朝,如夏之于商,商之于周,厥鉴不远,著而易见"[③],明确地将撰述定位于总结前朝的治乱兴衰,为本朝统治者提供历史借鉴,以防患于未然,"言之于已然,不若防之于未然;虑之于未有,不若视之于既有。故曰:前事之不忘,后之师也"[④]。《唐鉴》各篇先引史实,后发议论,评说唐朝十二帝的举措施为及其成败得失。作为较早的一部历史评论著作,其撰述旨趣是"稽其成败之迹,折以义理"[⑤],这种撰述旨趣成就了其特殊的地位,受到后人的好评,"《唐鉴》深明唐三百年治乱,学者尊之,目为'唐鉴公'"[⑥]。宋高宗评价说:

---

① 欧阳修:《新五代史》卷二七《唐臣传》,中华书局 1975 年版,第 298 页。

② 陈振孙:《直斋书录解题》卷四《正史类·新唐书》,上海古籍出版社 1987 年版,第 103 页。

③ 范祖禹:《唐鉴》卷首《上太皇太后表》,《丛书集成初编》,中华书局 1984 年版,第 2 页。

④ 范祖禹:《唐鉴》卷首《上太皇太后表》,《丛书集成初编》,中华书局 1984 年版,第 2 页。

⑤ 范祖禹:《唐鉴》卷首《进〈唐鉴〉表》,《丛书集成初编》,中华书局 1984 年版,第 1 页。

⑥ 脱脱等:《宋史》卷三三七《范祖禹传》,中华书局 1977 年版,第 10800 页。

"读《唐鉴》,知范祖禹有台谏手段。"[①]后世统治者对《唐鉴》也非常重视,明太祖说:"宁舍玉妃,不舍《唐鉴》。"清嘉庆皇帝告诉群臣:"范祖禹所著《唐鉴》一书,胪叙一代事迹,考镜得失,其立论颇有裨于治道",并命馆臣仿照《唐鉴》的体例,辑成《明鉴》[②]。可见,《唐鉴》对后来的政治实践产生了很大的影响。

马端临和胡三省都生活在宋末元初,都经历了亡国之痛,因此在他们的著作中对皇朝的兴衰有更加深沉的感悟,对以史为鉴有着更加强烈的愿望。《文献通考》继承杜佑《通典》"经邦""致用"的传统,以更为开阔的视角、详细的门类、丰富的内容对宋以前的历史进行总结,它对于宋代衰亡历史教训的思考,为后世提供了宝贵的历史借鉴。胡三省以注史阐发爱国情怀,在注释中也不忘总结历史的经验教训。如记载契丹灭晋后,将晋主及其家人迁入封禅寺,"太后使人谓寺僧曰:'吾尝于此饭僧数万,今日独无一人相念邪!'僧辞以'虏意难测,不敢献食'"。胡三省在注文中阐发自己的见解:"有国有家者,崇奉释氏以求福田利益,可以监矣"[③]。他批评了统治者的佞佛,认为后来者不可不以此为戒。在对《后晋纪》开运三年的注释中写道:"臣妾之辱,唯晋、宋为然,呜呼痛哉";"亡国之耻言之者痛心,矧见之者乎!"字里行间流露出亡国遗民不忘故国的情感[④]。

朱元璋对撰修元史有着深刻的认识,认为修前代史可以展示前代的兴衰,对现实政治很有参照意义,他面谕修史诸儒:"自古有天下、国家者,行事见于当时,是非公于后世,故一代之兴衰,必有一代之史以载之。"修元史在明初尤为必要,可以起到"示劝惩",警示当世的作用,"元虽亡国,事当记载,况史记成败,示劝惩,不可废也",元朝兴亡盛衰可以

① 张端义:《贵耳集》卷上,中华书局 1985 年版,第 3 页。

② 李慈铭:《越缦堂读书记》,商务印书馆 1959 年版,第 387 页。

③ 司马光:《资治通鉴》卷二八六,后汉纪一,高祖天福十二年胡三省注,中华书局 1956 年版,第 9330 页。

④ 这种情感深深打动了后世的学者。抗战时期陈垣在沦陷的北平重读此篇,"读竟不禁凄然者久之",独自对书长叹,"体会了他当日的心情,慨叹彼此的遭遇,忍不住流泪,甚至痛哭",可见其书感人至深。参见陈垣:《通鉴胡注表微·重印后记》,科学出版社 1958 年版,第 411 页。

作为明朝政治的鉴戒,“其间君臣行事,有善有否,贤人君子,或隐或显,其言行亦多可称者。今命尔等修纂,以备一代之史,务直述其事,毋溢美,毋隐恶,庶合公论,以垂鉴戒。”①明朝统治者对功臣、勋贵的历史教育非常重视,编集了很多这方面的读物,通常以“录”或“鉴”命名,意在“善恶以为鉴戒”。

历史借鉴意识的增强,往往与社会发展的剧烈变化密切相关。明朝社会在演进中,各种矛盾逐步暴露,衰颓现象出现。史学家陈建面对明朝的衰颓忧心忡忡,编撰《皇明资治通纪》(亦名《皇明通纪》)追述祖先的伟业,为挽回本朝的盛况提供参照:“取其有资于治可通为纪者,编年次之……抑尝因此阅历世变尤有感焉:祖宗时,士马精强,边烽少警,而后来胡骑往往深入无忌也;祖宗时,风俗淳美,真才辈出,而迩来则渐浇漓也;祖宗时,财用有余,而迩来则度支恒忧匮乏也;祖宗时,法度昭明,而迩来则变易废弛比比也。推之天下,莫不皆然。是果世变成江河之趋而不可挽与?抑人事之得失有以致之也?……诚欲为当世借前箸筹之,挽回祖宗之盛。”②在“凡例第四”中说:“直书垂鉴,不敢虚美隐恶,以乖史笔。”明清易代的历史经验教训唤起了史学家、思想家对历史的深刻反思,以史为鉴的史学价值观念再度兴起。顾祖禹经历了明朝灭亡的历史,编纂《读史方舆纪要》帮助人们提高对历史地理的认识。在叙述编纂目的时表示“不揣愚陋,思欲远追《禹贡》《职方》之纪,近考《春秋》历代之文,旁及稗官野乘之说,参订百家之志,续成昭代之书,垂之后世,俾览者有所考镜”③。他认为知今很重要,但是知今必先知古,“知古非难,知今为难。夫古不参之以今,则古实难用;今不考之于古,则今且安恃?自世庙以来,黄河决塞,朝暮不常,边塞震惊,出入无候,至于倭夷突犯,流毒纵横;盗贼乘衅,播恶未已。其间城堡之覆败,亭障之消亡,村落之涂炭,留心民社者,不忍委于不知也。知之亦必考前人之方略,审从来之要害,因时而发,

① 《明太祖实录》卷三九,洪武二年,台湾“中研院”1962年影印本,第783—784页。

② 陈建:《皇明通纪》序,中华书局2008年版,第1—2页。

③ 顾祖禹:《读史方舆纪要》卷首总序一,中华书局2005年版,第13页。

择利而行,弭灾消患,不虞无术耳。然则真能知古而知今,正不难矣"[①]。他的这番话,不免带着深深的时代烙印,但其主旨说明,只有"考前人之方略,审从来之要害",才能真正做到古为今用。

第二,借鉴中原皇朝积累的历史智慧,增强历史文化认同感。

辽、金、元及清朝在发展过程中,不仅接受了汉族统治者的政治措施,而且逐步接受中原皇朝以史为鉴的政治文化传统,翻译汉文经典史书,编纂本族本朝历史,总结和吸取经验教训。金世宗设立译书所,翻译《五经》及"十七史"等书,通过这些书"使女直(真)人知仁义道德所在"[②]。这些少数民族贵族所建皇朝不仅从中原汉民族贵族所建的皇朝兴衰中寻找经验教训,还注意通过历史文化认同论证自己政权的合法性。

契丹贵族建立的辽朝重视总结历史经验教训,作为统治者的借鉴。辽兴宗诏令萧韩家奴:"古之治天下者,明礼义,正法度。我朝之兴,世有明德,虽中外向化,然礼书未作,无以示后世。卿可与庶成酌古准今,制为礼典。事或有疑,与北、南院同议。"[③]萧韩家奴"博考经籍,自天子达于庶人,情文制度可行于世,不缪于古者,撰成三卷,进之"[④]。辽圣宗重视"唐高祖、太宗、玄宗三纪,(马)得臣乃录其行事可法者进之"[⑤]。辽兴宗"又诏译诸书,韩家奴欲帝知古今成败,译《通历》《贞观政要》《五代史》"[⑥]。辽朝还继承了中原皇朝修本朝史的传统,耶律孟简认为有必要总结本朝历史经验以垂范后世,大康年间上表道宗:"本朝之兴,凡二百年,宜有国史以垂后世。"[⑦]对于本朝历史的重视,无疑也是受到中原皇朝的影响。

金朝统治者也注意吸取前代中原统治者的历史经验,金熙宗对臣下说:"朕幼年游佚,不知志学,岁月逾迈,深以为悔。孔子虽无位,其道可尊,使万世景仰。大凡为善,不可不勉。"他阅读经史,"颇读《尚书》《论

① 顾祖禹:《读史方舆纪要》卷首凡例,中华书局 2005 年版,第 8 页。
② 脱脱等:《金史》卷八《世宗本纪下》,中华书局 1975 年版,第 185 页。
③ 脱脱等:《辽史》卷一〇三《萧韩家奴传》,中华书局 1974 年版,第 1450 页。
④ 脱脱等:《辽史》卷一〇三《萧韩家奴传》,中华书局 1974 年版,第 1450 页。
⑤ 脱脱等:《辽史》卷八〇《马得臣传》,中华书局 1974 年版,第 1279 页。
⑥ 脱脱等:《辽史》卷一〇三《萧韩家奴传》,中华书局 1974 年版,第 1450 页。
⑦ 脱脱等:《辽史》卷一〇四《耶律孟简传》,中华书局 1974 年版,第 1456 页。

语》及《五代》《辽史》诸书,或以夜继焉”。天眷二年(1139 年),金熙宗与大臣进行了一次意味深长的关于帝王得失讨论:

> “朕每阅《贞观政要》,见其君臣议论,大可规法。”翰林学士韩昉对曰:“皆由太宗温颜访问,房、杜辈竭忠尽诚。其书虽简,足以为法。”上曰:“太宗固一代贤君,明皇何如?”昉曰:“唐自太宗以来,惟明皇、宪宗可数。明皇所谓有始而无终者。初以艰危得位,用姚崇、宋璟,惟正是行,故能成开元之治。末年怠于万机,委政李林甫,奸谀是用,以致天宝之乱。苟能慎终如始,则贞观之风不难追矣。”上称善。又曰:“周成王何如主?”昉对曰:“古之贤君。”上曰:“成王虽贤,亦周公辅佐之力。后世疑周公杀其兄,以朕观之,为社稷大计,亦不当非也。”①

金熙宗从《贞观政要》中找到了治国的智慧,他认为唐太宗“君臣议论,大可规法”,翰林学士韩昉也认为《贞观政要》“其书虽简,足以为法”。金熙宗君臣从唐朝的兴衰中看出了任用贤才对社稷的巨大作用。金统治者非常重视汉唐的历史经验,注意从《资治通鉴》中借鉴历代治国方略。和金熙宗一样,金世宗与宰臣也曾经进行过一场关于历代得失的讨论:

> “近览《资治通鉴》,编次累代废兴,甚有鉴戒,司马光用心如此,古之良史无以加也。”②
>
> 上谓侍臣曰:“唐太子承乾所为多非度,太宗纵而弗检,遂至于废,如早为禁止,当不至是。朕于圣经不能深解,至于史传,开卷辄有所益。每见善人不忘忠孝,检身廉洁,皆出天性。至于常人多喜为非,有天下者苟无以惩之,何由致治。孔子为政七日而诛少正卯,圣人尚尔,况余人乎?”戊辰,上谓宰臣曰:“朕虽年老,闻善不厌。孔子云:‘见善如不及,见不善如探汤。’大哉言乎!”……上谓宰臣曰:“朕方前古明君,固不可及。至于不纳近臣谗言,不受戚里私谒,亦无愧矣!”……上谓宰臣曰:“朕近读《汉书》(指《后汉书》——引者),见

① 脱脱等:《金史》卷四《熙宗本纪》,中华书局 1975 年版,第 74 页。
② 脱脱等:《金史》卷七《世宗本纪中》,中华书局 1975 年版,第 175 页。

光武所为,人有所难能者。更始既害其兄伯升,当乱离之际,不思报怨,事更始如平日,人不见戚容,岂非人所难能乎？此其度量盖将大有为者也,其他庸主岂可及哉。"右丞张汝霖曰:"湖阳公主奴杀人,匿主车中,洛阳令董宣从车中曳奴下,杀之。主入奏,光武欲杀宣,及闻宣言,意遂解,使宣谢主,宣不奉诏。主以言激怒光武,光武但笑而已,更赐宣钱三十万。"上曰:"光武闻直言而怒解,可谓贤主矣,令宣谢主,则非也。高祖英雄大度,驾驭豪杰,起自布衣,数年而成帝业,非光武所及,然及即帝位,犹有布衣粗豪之气,光武所不为也。"①

金世宗君臣从汉唐皇帝的作为中认识到明法度、近直臣、远谗佞对于形成清明政治的意义,他非常赞赏汉光武帝的度量,从中学得了安定社稷的策略。史书记载金世宗在位时注意与民休息,"躬节俭,崇孝弟,信赏罚,重农桑,慎守令之选,严廉察之责,却任得敬分国之请,拒赵位宠郡县之献,孳孳为治,夜以继日,可谓得为君之道矣！当此之时,群臣守职,上下相安,家给人足,仓廪有余,刑部岁断死罪,或十七人,或二十人,号称'小尧舜',此其效验也"②。金世宗的统治颇有汉光武帝的遗风,这与他重视借鉴历史经验不无关系。

元代继承了宋辽金史学重视历史撰述和总结历史经验的意识,更加重视史学的借鉴功能。忽必烈关注访问前代帝王事迹,称帝之后,他很留意历史上的为君之道,"问尧、舜、禹、汤为君之道,世隆取《书》所载帝王事以对,帝喜曰:'汝为朕直解进读,我将听之。'书成,帝命翰林承旨安藏译写以进。"③正是由于了解中原历代统治者的经验教训,他才能制订出适当的政治措施。元英宗讨论国政,也以历史上的民本思想为得天下的根据,史载:

拜住奏曰:"自古帝王得天下以得民心为本,失其心则失天下。钱谷民之膏血,多取则民困而国危,薄敛则民足而国安。"帝曰:"卿言甚善。朕思之,民为重,君为轻,国非民将何以为君？今理民之事,

① 脱脱等:《金史》卷八《世宗本纪下》,中华书局1975年版,第195—203页。

② 脱脱等:《金史》卷八《世宗本纪下》,中华书局1975年版,第203—204页。

③ 宋濂等:《元史》卷一六〇《徐世隆传》,中华书局1976年版,第3769页。

卿等当熟虑而慎行之”。①

元英宗从历史上民心向背与朝代兴衰的联系中,认识到对于社会财富“多取则民困而国危,薄敛则民足而国安”,因此在施政中要“熟虑而慎行之”,使历史对于现实借鉴功能得到很好的理解。

本朝历史经验也是一笔宝贵的财富,元文宗要求大臣向他讲解元朝几任皇帝的治乱得失,他说:“昔我祖宗,睿智聪明,其于致理之道,自然生知,朕以统绪所传,安在眇躬,夙夜忧惧,自惟早岁跋涉难阻,视我祖宗,既乏生知之明,于国家治体,岂能周知?故立奎章阁,置学士员,日以祖宗明训、古昔治乱得失,陈说于前,使朕乐于听闻。卿等其推所学以称朕意,其勿复辞。”②元朝政府注意编修本朝历史,与这种认识有关。

吸收历史上的经验教训,不仅要以前人所修史书为依据,还注意及时以国家之力组织编修史书。元朝建立之初,王鹗上书元世祖:

自古帝王得失兴废,班班可考者,以有史在。我国家以威武定四方,天戈所临,罔不臣属,皆太祖庙谟雄断所致,若不乘时记录,窃恐岁久渐至遗忘。金《实录》尚在,善政颇多;辽史散逸,尤未为备。宁可亡人之国,不可亡人之史。若史馆不立,后世亦不知有今日。③

王鹗以史为鉴的观点得到元世祖的重视,元世祖“甚重其言,命国史附修辽、金二史”④。王鹗的“宁可亡人之国,不可亡人之史”的说法,肯定了历史发展的连续性,认为只有承认其连续性才能具备历史眼光。在后来修前代宋、辽、金三史时,史官们认识到修宋、辽、金三朝“为圣朝所取制度、典章、治乱、兴亡之由,恐因岁久散失,合遴选文臣,分史置局,纂修成书,以见祖宗圣德得天下辽、金、宋三国之由,垂鉴后世,做一代盛典。”⑤。这表明元朝的现状与前面三朝的兴衰有密切联系。

宋、辽、金史三书是元代最重要的史学工程之一,三史的历史借鉴观

① 宋濂等:《元史》卷一三六《拜住传》,中华书局1976年版,第3304—3305页。

② 宋濂等:《元史》卷三四《文宗纪三》,中华书局1976年版,第751页。

③ 苏天爵:《元朝名臣事略》卷一二《内翰王文康公》,中华书局1996年版,第239页。

④ 苏天爵:《元朝名臣事略》卷一二《内翰王文康公》,中华书局1996年版,第239页。

⑤ 脱脱等:《辽史》附录《修三史诏》,中华书局1974年版,第1554页。

表现为：一是总结三朝兴衰治乱的历史经验，以利资政，即所谓“监于有夏，监于有殷，乃臣子告君之道”[①]；二是通过修撰前代历史，明三朝“典故之源流，章程之沿革”[②]，以为本朝利用；三是在具体的史事人物记载中“臧否是非”，达到“善吾师，恶亦吾师”[③]的劝善戒恶的目的。

辽、金、元三朝通过对历史文化的总结，反映出各民族的在心理上的文化认同，这些少数民族贵族为主的皇朝对历史的重视，“对于当时的政治发展、取士制度、文化交融都产生了积极的影响……在推进各族间的历史文化认同上，起了重要的作用”[④]。

三、历史借鉴的理想模式

中国古代以史为鉴的传统在北宋史学家司马光那里得到发扬光大，《资治通鉴》受到历代政治家、思想家的高度重视，以至可以视为历史鉴戒的理想模式。

《资治通鉴》是一部探讨治乱盛衰、为统治者提供安邦治国借鉴的历史巨著，司马光“常患历代史繁，人主不能遍鉴，遂为《通志》八卷以献”[⑤]。宋英宗非常赏识，命他再编《历代君臣事迹》。宋神宗即位后，认为《历代君臣事迹》一书“鉴于往事，有资于治道”，因而赐名《资治通鉴》。

《资治通鉴》记事，以帝王世系为经，以历代政治、军事、民族关系等为纬，以历代统治的治乱盛衰为叙述中心，构成严整有序的体系。司马光在自述其著作的内容和主旨时说：

> 每患迁、固以来，文字繁多，自布衣之士，读之不遍，况于人主，日有万机，何暇周览。臣常不自揆，欲删削冗长，举撮机要，专取关国家

① 脱脱等：《宋史》附录《进宋史表》，中华书局 1977 年版，第 14255 页。
② 脱脱等：《金史》附录《进金史表》，中华书局 1975 年版，第 2899 页。
③ 脱脱等：《金史》附录《进金史表》，中华书局 1975 年版，第 2899 页。
④ 瞿林东：《中国史学史纲》，北京出版社 1999 年版，第 529 页。
⑤ 脱脱等：《宋史》卷三三六《司马光传》，中华书局 1977 年版，第 10762 页。

盛衰,系生民休戚,善可为法,恶可为戒者,为编年一书,使先后有伦,精粗不杂。

司马光希望通过自己的历史著述,使统治者能够从中找到政治智慧,“鉴前世之兴衰,考当今之得失,嘉善矜恶,取舍是非,足以懋稽古之盛德,跻无前之至治”①。司马光是把国家的盛衰、政治的得失、统治者的政策与行为的善恶、生民的休戚等政治事务,作为《资治通鉴》主要阐述的内容。

司马光“鉴前世之兴衰,考当今之得失”的借鉴思想,有自成体系的内容和丰富的思想价值,主要反映在:

首先,《资治通鉴》包含了丰富的历史事实,上起东周(战国)下迄后周凡“十六代”共一千三百六十二年的漫长历史,所涉及的历代皇朝的治乱盛衰不胜枚举。在《进〈资治通鉴〉表》中指出:“自古以来,治世至寡,乱世至多,得之甚难,失之甚易”,“臣今所述,止欲叙国家之兴衰,著生民之休戚,使观者自择其善恶得失,以为劝戒”。《资治通鉴》对于历史上符瑞灾变、神异怪诞的谬说很少记载,集中探讨朝代盛衰、人事变迁。书中以极其丰富的历史事实证明:政治统治的存在、巩固和发展,离不开对于历史经验教训的总结。此书是要“穷探治乱之迹,上助圣明之鉴”②。兵力的强弱、用兵的韬略、战争的胜负,都与国家盛衰有关,因此《资治通鉴》对此着墨最多,也最精彩。由于《资治通鉴》是总结历代政治经验的专书,内容丰富,资料翔实,深受后人的看重,朱熹说,“温公之言如桑麻谷粟”③,马端临说,“公之书,详于理乱兴衰”④。《资治通鉴》所提供的历史经验教训,是以往任何一部史书都无法与其相比的。

其次,司马光有强烈的以史资治的撰述热情,在纷繁的历史事实中专门选取“关国家盛衰,系生民休戚,善可为法,恶可为戒”的写入史书中,从而鲜明地体现了《资治通鉴》的社会目的。有人认为《资治通鉴》不录文人事迹是其缺憾,“《通鉴》不载文人。如屈原之为人,太史公赞之谓‘与日月

① 司马光:《进〈资治通鉴〉表》,《资治通鉴》卷末,中华书局1956年版,第9608页。

② 司马光:《司马温公文集》卷一《谢赐〈资治通鉴序〉表》,中华书局1985年版,第9页。

③ 黎靖德编:《朱子语类》卷一三四,中华书局1986年版,第3207页。

④ 马端临:《文献通考》序,中华书局1986年版,第3页。

争光'，而不得书于《通鉴》。杜子美若非'出师未捷'一诗为王叔文所吟，则姓名亦不登于简牍矣。"对这种说法，顾炎武很不以为然，他以为这正好反映了司马光不忘其撰述主旨："此书本以资治，何暇录及文人。"①

再次，司马光将自己同时也将读者摆在各种各样的历史环境中去思考，去作出抉择，使历史与现实得以相互呼应。历史与现实有着密切的联系，历史是过去的现实，现实是历史的延续，是正在谱写着的历史。从对历史的观察思考中、从历史的经验教训中，可以找到观察认识和解决现实问题的启示，这就是历史的借鉴作用。司马光说的"前世之兴衰"是史书可以表述出来的，他也正是要努力写出前世兴衰；而所谓的"鉴"，有的可以写出来，如"臣光曰"的史论文字或援引前代的史论。有的就无法写出来，而是通过读史者去思考、去感悟才能够得到。至于"考当今之得失""嘉善衿恶，取是舍非"，是要帮助人们思考和解决现实事务。"考""嘉""衿""取""舍"这五个字，是对作者和读者的共同要求，这里既有对历史客观的评断，又有对现实审慎的抉择。胡三省对《资治通鉴》的这种察古知今的作用有一段深刻的说明："为人君而不知《通鉴》，则欲治而不知治之源，恶乱而不知防乱之术；为人臣而不知《通鉴》，则上无以事君，下无以治民；为人子而不知《通鉴》，则谋身必至于辱先，作事不足于垂后；乃如用兵行师，创立法制，而不知迹古人之所以得，鉴古人之所以失，则求胜而败，图利而害，此必然者也。"②历史知识可以培养人们关心政治的兴趣，观察政治的能力，治理政治的才华，为国家培养有用人才。《资治通鉴》在这几方面充分发挥了它的优势，它能帮助人们明是非，辨善恶，提高人们的历史思维能力，有利于国家、有益于人生，具有很强的思想魅力，因此为历代君臣和士人所看重。

司马光在阐述历史演进时，非常注意君臣的德才修养对治乱盛衰的影响，他认为国家的治乱盛衰主要取决于君臣们的德才修养，故在《资治通鉴》的"臣光曰"中，反复提倡君主应当提高政治道德，讲求仁义、克遵

① 顾炎武：《日知录》卷二六《通鉴不载文人》，黄汝成集释：《日知录集释》，岳麓书社1994年版，第1161页。

② 胡三省：《新注〈资治通鉴〉序》，《资治通鉴》卷首，中华书局1956年版，第24页。

于礼,他指出:

> 臣闻天子之职莫大于礼,礼莫大于分,分莫大于名。何谓礼?纪纲是也;何谓分?君臣是也;何谓名?公、侯、卿、大夫是也。夫以四海之广,兆民之众,受制于一人,虽有绝伦之力,高世之智,莫敢不奔走而服役者,岂非以礼为之纪纲哉!是故天子统三公,三公率诸侯,诸侯制卿大夫,卿大夫治士庶人。贵以临贱,贱以承贵。上之使下,犹心腹之运手足,根本之制支叶;下之事上,犹手足之卫心腹,支叶之庇本根。然后能上下相保而国家治安。故曰:天子之职莫大于礼也。……呜呼!君臣之礼既坏矣,则天下以智力相雄长,遂使圣贤之后为诸侯者,社稷无不泯绝,生民之类糜灭几尽,岂不哀哉![①]

可以看出,司马光重视礼,强调礼对于维护社会秩序的作用。人才是推动社会进步的重要因素,提拔贤才,发挥他们的智慧和力量是非常必要的。司马光深感经国济世的贤才的重要性:“为治之要,莫先于用人,而知人之道,圣贤所难也。”[②]要知人,关键是要“至公至明”。司马光认为,“国之治乱,尽在人君”,用人是人君政治成败的关键,“凡用人之道,采之欲博,辨之欲精,使之欲适,任之欲专。采之博者,无求备于一人也,收其所长,弃其所短,则天下无不可用之人矣。辨之精者,勿使名眩实,伪冒真也,听其言,必察其行,授其任,必考其功,则群臣无所匿其情矣。使之适者,用不违其才也,仁者使守,明者使治,智者使谋,勇者使断,则百职无不举矣。任之专者,勿使邪愚之人败之也,苟知其贤,虽愚者日非之而不顾,苟知其正,虽邪者日毁之而不听,则大功无不成矣”[③]。司马光为相期间上奏:“为政得人则治。然人之才,或长于此而短于彼,虽皋、夔、稷、契,各守一官,中人安可求备?故孔门以四科论士,汉室以数路得人。若指瑕掩善,则朝无可用之人;苟随器授任,则世无可弃之士。……莫若使有位

---

① 司马光:《资治通鉴》卷一,周纪一,威烈王二十三年,中华书局1956年版,第2—6页。

② 司马光:《资治通鉴》卷七三,魏纪五,明帝景初元年,中华书局1956年版,第2329页。

③ 司马光:《稽古录》卷一六,吉书时点校,北京师范大学出版社1988年版,第178—179页。

达官，各举所知，然后克叶至公，野无遗贤矣。"[①]他重视人才选拔，主张当容其短，收其所长，反对对人才求全责备。用人不能讲门第、阀阅，举荐用人应当不论亲疏，考察臣僚要根据实绩进行升黜。

司马光认为国家的兴衰很大程度上要看统治者能否正确地用人、刑赏、纳谏。这些都围绕着君如何才能"明"，臣如何才能"贤"而展开，这种从大量事实中总结出的认识对于当时和后世的统治者具有一定的鉴戒和约束作用。司马光所说的兴衰、得失、成败、善恶、是非等，是与生民的利益联系起来讨论的。重民思想在我国古代源远流长，司马光对之加以继承，并作了进一步的发展，使之成为其历代盛衰思想的重要组成部分。他在《进书表》中所说的"省民休戚""四海群生，咸蒙其福"的，集中地反映了这种认识。在叙述商鞅变法中，司马光发表感慨：

> 夫信者，人君之大宝也。国保于民，民保于信；非信无以使民，非民无以守国。是故古之王者不欺四海，霸者不欺四邻，善为国者不欺其民，善为家者不欺其亲。不善者反之：欺其邻国，欺其百姓，甚者欺其兄弟，欺其父子。上不信下，下不信上，上下离心，以至于败。所利不能药其所伤，所获不能补其所亡，岂不哀哉！昔齐桓公不背曹沫之盟，晋文公不贪伐原之利，魏文侯不弃虞人之期，秦孝公不废徙木之赏。此四君者，道非粹白，而商君尤称刻薄，又处战攻之世，天下趋于诈力，犹且不敢忘信以畜其民，况为四海治平之政者哉！[②]

将"信"看作"人君之大宝"，肯定示信的重要性，认为对于民众丧失了"信"，就会动摇治国保民的根基，而这种重民思想是对先秦以来民本思想的进一步发展，在历史上具有十分重要的理论价值。

司马光的历史借鉴思想是对以往历史认识的概括和发展，王夫之从"资治""鉴""通"等几个方面分析《资治通鉴》的"深旨"，把司马光的概括和发展作了进一步的理论阐述，指出：

> 旨深哉！司马氏之名是编也。曰"资治"者，非知治知乱而已也，

① 脱脱等：《宋史》卷一六〇《选举志六》，中华书局1977年版，第3746页。

② 司马光：《资治通鉴》卷二，周纪二，周显王十年，中华书局1956年版，第49页。

> 所以为力行求治之资也。览往代之治而快然,览往代之乱而愀然,知其有以致治而治,则称说其美;知其有以召乱而乱,则诟厉其恶;言已终,卷已掩,好恶之情已竭,颓然若忘,临事而仍用其故心,闻见虽多,辨证虽详,亦程子所谓“玩物丧志”也。夫治之所资,法之所著也。善于彼者,未必其善于此也。……然则治之所资者,一心而已矣。以心驭政,则凡政皆可以宜民,莫匪治之资;而善取资者,变通以成乎可久。设身于古之时势,为己之所躬逢;研虑于古之谋为,为己之所身任。取古人宗社之安危,代为之忧患,而己之去危以即安者在矣;取古昔民情之利病,代为之斟酌,而今之兴利以除害者在矣。得可资,失亦可资也;同可资,异亦可资也。故治之所资,惟在一心,而史特其鉴也。①

名为“资治”,并不只是为了了解历史的所以然,更重要的意图是“为力行求治之资”。历史中可供借鉴的内容是多方面的,“得可资,失亦可资也;同可资,异亦可资也”,主要看能否把握其深旨,认真思索,“治之所资,惟在一心”,如何在“心”上致思呢?王夫之认为,必须设身处地以为当世之鉴。要设身处地地分析得失,带着深沉的忧患去探究历史实际,即“设身于古之时势,为己之所躬逢;研虑于古之谋为,为己之所身任”,这样读史书才能够从历史中找到“今之兴利除害”的途径,真正达到“资治”的目的。

关于“鉴”,王夫之认为:

> 鉴者,能别人之妍媸,而整衣冠、尊瞻视者,可就正焉。顾衣冠之整,瞻视之尊,鉴岂能为功于我哉?故论鉴者,于其得也,而必推其所以得;于其失也,而必推其所以失。其得也,必思易其迹而何以亦得;其失也,必思就其偏而何以救失;乃可为治之资,而不仅如鉴之徒县于室,无与炤之者也。②

这就是说,历史的借鉴作用不像以镜子正衣冠那么简单,也不是简单地照着发生过的事情依样去做,以史为鉴就是要推原历史,即“推其所以得”“必推其所以失”,认真思考其所以“得”、所以“失”的深层的真实原因,

① 王夫之:《读通鉴论》卷末《叙论四》,中华书局1975年版,第2551—2553页。

② 王夫之:《读通鉴论》卷末《叙论四》,中华书局1975年版,第2553—2554页。

以丰富历史的智慧。

关于“通”，王夫之认为：

> 其曰“通”者，何也？君道在焉，国是在焉，民情在焉，边防在焉，臣谊在焉，臣节在焉，士之行己以无辱者在焉，学之守正而不陂者在焉。虽扼穷独处，而可以自淑，可以诲人，可以知道而乐，故曰“通”也。引而伸之，是以有论；浚而求之，是以有论；博而证之，是以有论；协而一之，是以有论；心得而可以资人之通，是以有论。道无方，以位物于有方；道无体，以成事之有体。鉴之者明，通之也广，资之也深，人自取之，而治身治世、肆应而不穷。抑岂曰此所论者立一成之例，而终古不易也哉？①

史书的借鉴作用，除了君道以外，臣节、臣谊、士行、国是、民情毕揽其中，“人自取之，而治身治世、肆应而不穷”，它的重要用途是其他知识所无法替代的。

值得注意的是，文中所说的“论”，一方面是指《资治通鉴》的“论”，同时也是指王夫之本人的“论”。惟其如此，司马光的系统的历史借鉴思想，经过王夫之的全面阐释，其系统性、理论性由此而得到进一步提高。可以认为，在中国古代，对史书的社会作用，在中国史学史上还没有哪一位史学家像司马光那样不遗余力地发掘，还没有哪一位史学家像王夫之讨论得如此中肯和深刻。

第二节　历代治乱盛衰之故与历史演变法则

一、“事”与“理”

中国历代治乱盛衰，与政治、经济、社会、军事、风俗教化等方面的因

① 王夫之：《读通鉴论》卷末《叙论四》，中华书局1975年版，第1114—1115页。

素有着密切的关系。宋朝以后的史学家、思想家深入剖析历代兴衰之由,“治”“乱”的演变关系,通过历代治乱盛衰的事实自觉地探索历史变化的内在法则或趋势,透过历史诸多现象来分析历史演变的深层原因,揭示历史演变的内在法则性。他们继承和发展了前代史学家提出的历史理论概念与范畴,通过对这些概念和范畴的阐释进而揭示历史的演变法则。

欧阳修以“道”和“理”来分析历代盛衰,他认为“道”高于万事万物,最终通过“理”来支配万事万物,“道无常名,所以尊于万物;君有常道,所以尊于四海。然则无常以应物为功,有常以执道为本,达有无之至理,适用舍之深机,诘之难以言穷,推之不以迹见”①。欧阳修认为,支配治乱盛衰的是“人理”即儒家纲常。五代时期社会动荡,纲常沦丧,“干戈贼乱之世也,礼崩乐坏,三纲五常之道绝,而先王之制度文章扫地而尽于是矣……是岂可以人理责哉”②。正是由于“人理”沦丧,才出现了长达五十多年的“贼乱之世”,因此,“人理”是历史治乱盛衰形成的原因,“自古乱亡之国,必先坏其法制而后乱从之。乱与坏相乘,至荡然无复纲纪,则必极于大乱而后返,此势之然也,五代之际是已”③。欧阳修认为纲常伦理即“人理”是维系社会治乱盛衰的根本,这种认识显然是过分夸大了“人理”的作用。

司马光与欧阳修一样强调伦理与治乱兴衰的联系,他认为历史变化分为“有道”和“无道”两种情况,“盖言治乱之道,古今一贯”。这里所讲的古今一贯的治乱盛衰之“道”是道德仁义。司马光分析了以等级名分为核心的礼制在历代盛衰中的作用,认为维持纲纪才能保证国家治安,他认为:“夫以四海之广,兆民之众,受制于一人,虽有绝伦之力,高世之智,莫不奔走而服役者,岂非以礼为之纪纲哉!”④司马光还结合史实,从正反两个方面阐述了礼在治国安邦过程中的作用。他评论中唐以后的藩镇割据,认为其形成的原因在于唐朝“治军无礼”,“古者治军必本于礼,故晋

---

① 欧阳修:《欧阳修全集》之《笔说·道无常名说》,中国书店 1986 年版,第 1045 页。

② 欧阳修:《新五代史》卷一七《晋家传》,中华书局 1974 年版,第 288 页。

③ 欧阳修:《新五代史》卷四六《杂传》,中华书局 1974 年版,第 514 页。

④ 司马光:《资治通鉴》卷一,周纪一,威烈王二十三年,中华书局 1956 年版,第 2 页。

文公城濮之战，见其师少长有礼，知其可用。今唐治军不顾礼，使士卒得以陵偏裨，偏裨得以陵将帅，则将帅之陵天子，自然之势也”①。宋代虽然接续唐末、五代百余年混乱之后而建立，却很快根除了这种混乱现象，根本原因在于“太祖、太宗知天下之祸生于无礼”，而断然采取“阶级之法”，以使“上下之叙正而纪纲之”②。礼制在历史上有特殊的作用，“礼之为物大矣！用之于身，则动静有法而百行备焉；用之于家，则内外有别而九族睦焉；用之于乡，则长幼有伦而俗化美焉；用之于国，则君臣有叙而政治成焉；用之于天下，则诸侯顺服而纪纲正焉；岂直几席之上、户庭之间得之而不乱哉！”③他强调中和之“道”，“礼”是“道”的体现，是“中和之法”。这种历史认识贯穿于《资治通鉴》的撰述中。

讨论历史发展的“事”与“理”，一个不容回避的问题是天命与治乱的关系问题。欧阳修否定天命支配治乱的观点，他考察了夏后氏到唐朝的历史嬗变，认为要实现长治久安，就要行德政，他说：

> 自古受命之君，非有德不王。自夏后氏以来，始传以世，而有贤有不肖，故其为世，数亦或短或长。论者乃谓周自后稷至于文、武，积功累仁，其来也远，故其为世尤长。然考于《世本》，夏、商、周皆出于黄帝，夏自鲧以前，商自契至于成汤，其间寂寥无闻，与周之兴异矣。而汉亦起于亭长叛亡之徒。及其兴也，有天下皆数百年而后已。由是言之，天命岂易知哉！然考其终始治乱，顾其功德有厚薄与其制度纪纲所以维持者何如，而其后世，或浸以隆昌，或遽以坏乱，或渐以陵迟，或能振而复起，或遂至于不可支持，虽各因其势，然有德则兴，无德则绝，岂非所谓天命者常不显其符，而俾有国者兢兢以自勉耶？唐在周、隋之际，世虽贵矣，然乌有所谓积功累仁之渐，而高祖之兴，亦何异因时而特起者欤？虽其有治有乱，或绝或微，然其有天下年几三百，可谓盛哉！岂非人厌隋乱而蒙德泽，继以太宗之治，制度纪纲之

① 司马光：《资治通鉴》卷二二〇，唐纪三六，肃宗乾元元年，中华书局1956年版，第7066页。

② 司马光：《司马光奏议》卷七《谨习疏》，山西人民出版社1986年版，第79页。

③ 司马光：《资治通鉴》卷一一，汉纪三，高帝七年，中华书局1956年版，第375—376页。

法,后世有以凭藉扶持,而能永其天命欤?①

朝代的更替并不是天意所致,譬如由于“人厌”,才使得隋朝迅速灭亡。相反,唐朝的德政则使其取得了近三百年的国祚。欧阳修认为,“不因人道”即漠视人的作用而过分夸大天的作用,表面上看是提高天的地位,而实际上是“诬天”,因为历代盛衰变化的“理”主要体现在人事上。《伶官传序》开门见山地说:“盛衰之理,虽曰天命,岂非人事哉!唐庄宗之所以得天下,与其所以失之者,可以知之矣。”然后通过后唐庄宗的“得天下”与“失天下”作为主线进行对比,大量运用对举的词:得与失、盛与衰、成与败、满与谦、难与易、兴与亡。② 欧阳修继承、发展了西周的敬天保民思想,认为人事是天意的体现,因此统治者更应当修人事:

人事者,天意也。《书》曰:“天视自我民视,天听自我民听。”未有人心悦于下,而天意怒于上者,未有人理逆于下,而天道顺于上者。然则王者君天下,子生民,布德行政,以顺人心,是之谓奉天。至于三辰五星常动而不息,不能无盈缩差忒之变,而占之有中有不中,不可以为常者,有司之事也。本纪所述人君行事详矣,其兴亡治乱可以见。③

在欧阳修看来,历史上没有“人心悦于下而天意怒于上者”,更不会有“人理逆于下而天道顺于上者”,从人君之行事可以找出兴亡治乱的原因。欧阳修认为治国之君应当分辨君子与小人,近君子而退小人,“夫乱国之君,常置愚不肖于上,而强其不能,以暴其短恶,置贤智于下,而泯没其材能,使君子、小人皆失其所,而身蹈危亡。治国之君,能置贤智于近,而置愚不肖于远,使君子、小人各适其分,而身享安荣。治乱相去虽远甚,而其所以致之者不多也,反其所置而已。呜呼,自古治君少而乱君多,况于五代士之遇不遇者,可胜叹哉。”④正是由于“自古治君少而乱君多”,所以才

---

① 《新唐书》卷一《高祖本纪》,中华书局 1975 年版,第 20 页。

② 欧阳修:《新五代史》卷三七《伶官传》序,中华书局 1974 年版,第 397 页。

③ 欧阳修:《新五代史》卷五九《司天考二》,中华书局 1974 年版,第 706 页。

④ 欧阳修:《新五代史》卷三一《周臣传》,中华书局 1974 年版,第 346 页。

出现“自古治世少而乱世多”①的状况。

在司马光思想中，虽然也有一些天命观念的成分，但从总体上看，他对天命是持否定态度的。他认为天是无意志的自然存在物，“天之所不能为而人能之者，人也；人之所不能为而天能之者，天也。稼穑，人也；丰歉，天也。”②这是对刘禹锡《天论》思想的继承。司马光以易道来反观人道，认为社会的变化不能一味仰赖天的作用，而需要充分发挥人的作用，继承和发扬了司马迁以来历史理论的积极内核，对于商纣“我生不有命在天”的谬论提出了批评，说他“废人事而任天命，得凶而以为吉也”③。

司马光强调人君的作用，认为人君的才能、素养、品质即君德影响历史的盛衰。具体而言，就是要具备“仁、明、武”。“三者兼备则国治强，阙一焉，则衰；阙二焉，则危；三者无一焉，则亡。自生民以来，未之或改也。”④因此，要实现天下大治不能求之于天，而应当求之于人，求之于一代一代积累下来的治国智慧，“夫治乱安危存亡之本源，皆在人君之心，仁、明、武所出于内者也，用人、赏功、罚罪所施于外者也”⑤。司马光认为人君是“治人而成天地之功”者，是社会历史治乱兴衰的决定者。当然，司马光也特别强调了人君对历史治乱兴衰所应当承担的职责，他把人君的用人之道看作治乱的关键，“为治之要，莫先于用人”⑥，不能发挥人才的长处，使其才智无所施展，就会欲治而愈乱，“人臣虽有才智而不得施，虽有忠信而不敢效，人主徒忧劳于上，欲治而愈乱，欲安而愈危，欲荣而愈辱矣”⑦，只有善于发挥人才的作用，才能实现大治。这种历史见解具有很深刻的含义，强调君主的道德和历史职责，也就包含了约束君主行为的

① 欧阳修：《新五代史》卷六《唐明宗本纪》，中华书局 1974 年版，第 66 页。

② 《传家集》卷七四《迂书·天人》，《文渊阁四库全书》，台湾商务印书馆 1937 年版，第 916 页。

③ 《扬子法言》卷五《问明篇》，汪荣宝：《法言义疏》，中华书局 1987 年版，第 192 页。

④ 李焘：《续资治通鉴长编》卷一九四，嘉祐六年，中华书局 1995 年版，第 4693 页。

⑤ 司马光：《司马温公文集》卷七《进修心治国之要札子状》，中华书局 1985 年版，第 179 页。

⑥ 司马光：《资治通鉴》卷七三，魏纪五，明帝景初元年，中华书局 1956 年版，第 2329 页。

⑦ 司马光：《司马温公文集》卷一三《功名论》，中华书局 1985 年版，第 191 页。

意思。

朱熹认为学人求道明理,离不开历代考察历史以验时事之变的史学著作。熟读史书、了解历史的变化,是学者治学明理的基本途径,如果一个学人对于记载"古今盛衰存亡治乱事体"与"古今人物议论"的史书不了解,就不可能把握治乱盛衰之理。他还说:"其粲然之迹,必然之效,盖莫不具于经训史册之中,欲穷天下之理,而不即是而求之,则是正墙面而立尔。"①有鉴于此,朱熹强调熟知史事对于求理的重要性:"今也须如僧家行脚,接四方之贤士,察四方之事情,览山川之形势,观古今兴亡治乱得失之迹,这道理方见得周遍。"②朱熹认为治史不求理危害很大。他抨击"今人读书未多,义理未至融会处,若便去看史书,考古今治乱,理会制度典章,譬如作陂塘以溉田,须是陂塘中水已满,然后决之,则可以流注滋殖田中禾稼。若是陂塘中水方有一勺之多,遽决之以溉田,则非徒无益于田,而一勺之水亦复无有矣。读书既多,义理已融会,胸中尺度一一已分明,而不看史书,考治乱,理会制度典章,则是犹陂塘之水已满,而不决以溉田。若是读书未多,义理未有融会处,而汲汲焉以看史为先务,是犹决陂塘一勺之水以溉田也,其涸也可立而待也"③。在这里,朱熹很形象地说明了经史之间的关系,论证了读史与治理国家的关系。读《史记》就要分析"秦之所以亡,汉之所以兴,以及后来刘项事,又知刘之所以得,项之所以失"④。读史书就是要把握历史发展中的"大伦理、大机会、大治乱得失"⑤,即通过具体的历史事实去把握潜藏着的深层的历史法则。

朱熹的理论在胡三省那里得到了发展。胡三省认为理存在于史事中,历代盛衰的变化要受到一定法则即"理"的支配,"物盛而衰,固其理也"⑥。在观察治乱盛衰时,必须抓住"治乱之大致","善觇国者,不观一

① 朱熹:《朱熹集》卷一四《行宫便殿奏札二》,四川教育出版社 1996 年版,第 547 页。

② 黎靖德编:《朱子语类》卷一一七,中华书局 1986 年版,第 2830 页。

③ 黎靖德编:《朱子语类》卷一一,中华书局 1986 年版,第 195 页。

④ 黎靖德编:《朱子语类》卷八三,中华书局 1986 年版,第 2152 页。

⑤ 黎靖德编:《朱子语类》卷一一,中华书局 1986 年版,第 196 页。

⑥ 司马光:《资治通鉴》卷一四九,梁纪五,武帝天监十八年胡三省注,中华书局 1956 年版,第 4646 页。

时之强弱，而观其治乱之大致”①。只有把握了“大致”即总体趋势，才能得出正确的历史见解。

二、“势”与“理”

受到理学观念的影响，宋朝以后形成一种从“天理”角度探讨治乱盛衰的倾向。与此同时，一些史学家在讨论历代政治制度的演变时，以理性的思辨，将天理的“天”剥离，而将“理”放在历史发展的趋势中进行考察。

封建与分封制度的优劣是个古老而常新的问题，以此为引子，宋元明清的史学家将“势”与“理”的关系问题的讨论引向深入。曾巩认为，一种制度的推行，应当考虑特定的历史条件，不考虑特定条件的“病封建者”与“病郡县者”“皆不得其理也”②。不考虑特定的历史背景而去评断制度的好坏，是没有把握问题的实质，不得其理则愈讨论愈背离问题本身。范祖禹认为“尧舜禅受，汤武征伐，三代封国，后世郡县，时也。先王之礼或损或益，因时制宜，以便其民，顺也”③，对于历史上的制度要随时损益，根据时代的需要变革制度，不能抱残守缺，固守原来的制度，因为“古之法不可用于今，犹今之法不可用于古也。后世如有王者亲亲而尊贤，务德而爱民，慎择守令以治郡县，亦足以致太平而兴礼乐矣。何必如古封建，乃为盛哉”④。不同的时期采用不同的制度，只有适合当时的条件，无论封建制还是郡县制，都可造就盛世局面。

苏轼也对古今变化所体现的“理”与“势”阐发了自己的观点，他认为：

> 圣人不能为时，亦不失时，时非圣人所能为也，能不失时而已。三代之兴，诸侯无罪不可夺削，因而君之虽欲罢侯置守，可得乎？此

---

① 司马光：《资治通鉴》卷二八六，后汉纪一，高祖天福十二年胡三省注，中华书局 1956 年版，第 9334 页。

② 曾巩：《曾巩集》卷五一《说势》，中华书局 1984 年版，第 694 页。

③ 范祖禹：《唐鉴》卷二《太宗上》，上海古籍出版社 1984 年版，第 42 页。

④ 范祖禹：《唐鉴》卷二《太宗上》，上海古籍出版社 1984 年版，第 42—43 页。

所谓不能为时者也。周衰,诸侯相并,齐、晋、秦、楚皆千余里,其势足以建侯树屏。至于七国皆称王,行天子之事,然终不封诸侯,不立强家世卿者,以鲁三桓、晋六卿、齐田氏为戒也。久矣,世之畏诸侯之祸也,非独李斯、始皇知之。始皇既并天下,分郡邑,置守宰,理固当然,如冬裘夏葛,时之所宜,非人之私智独见也。①

这里所说的"时",指一定的历史条件。秦设立郡县,是历史发展的必然,"理固当然,如冬裘夏葛,时之所宜,非人私智独见也,所谓不失时者"。苏轼分析了曹元首、陆机、刘颂、魏徵、李百药、颜师古、刘秩、杜佑、柳宗元等人的"封建论",指出"宗元之论出,而诸子之论废矣,虽圣人复起,不能易也",他认为"李斯、始皇之言,柳宗元之论,当为万世法也"②。苏轼对历史发展之"势"的讨论有如此精辟的见解,表明关于历史中之"势"的讨论在宋朝是非常引人注目的。

王夫之以"势""理"之关系思考、评价历代盛衰得失,对"势"与"理"的论述较前人更为深刻全面。他认为"理"是存在于历史事实的演变和历史发展趋势的实际历史过程之中的法则,"理"不是超越于历史进程之外的某种道德理念,而是在历史进程的趋势中所体现出来的历史法则,"理"支配着事物的变化发展,他指出:

生有生之理,死有死之理,治有治之理,乱有乱之理,存有存之理,亡有亡之理。天者,理也;其命,理之流行者也。寒而病,暑而病,饥而病,饱而病,违生之理,浅者以病,深者以死,人不自知,而自取之,而自昧之,见为不可知,信为莫之致,而束手以待之,曰天之命也,是诚天命之也。理不可违,与天之杀相当,与天之生相背,自然其不可移矣,天何心哉?夫国家之治乱存亡,亦如此而已矣。而君相之权藉大,故治乱存亡之数亦大,实则与士庶之穷通生死、其量适止于是者,一也。举而委之于天,若天之有私焉,若天之纤细而为蟪蛄争春秋焉。呜呼!何其不自揣度,而谓天之有意于己也!③

① 苏轼:《东坡志林》卷五《秦废封建》,中华书局1981年版,第103页。

② 苏轼:《东坡志林》卷五《秦废封建》,中华书局1981年版,第104页。

③ 王夫之:《读通鉴论》卷二四《德宗三〇》,中华书局1975年版,第864页。

他认为历史的发展，是不可能凭空臆造的，更不是神意的安排，而有其不以人的意志为转移的客观规律。

王夫之在论述历史发展时强调“势”，所谓“势”，指历史发展的趋势，也就是指那种在历史过程中不受人的主观意志、道德动机所支配的客观必然性。他在考察历史中发现，在历史中存在着一种超越于人的主观动机之上的、“存乎神者之不测”的历史必然性，“凡言势者，皆顺而不逆之谓也。从高趋卑，从大包小，不容违阻之谓也。”①文中“不容违阻”以及“顺而不逆”等用语都显示王夫之所说的“势”，是指事物运动的一种必然趋向。而在历史运动中，“势”是社会发展所呈现出的不可阻挡、不可回复的进程，如秦始皇之创建郡县制后，就“垂二千年而弗能改”，“夫‘封建’之不可复也，势也”②。他继承和发展了刘知幾、杜佑、柳宗元的观点，将这种历史必然性趋势简称为“势”，“一动而不可止者，势也”。

王夫之把握住了“势”的根本特点，那就是客观历史进程中主观意志不能影响、作用的必然趋势。他列举了许多史实，证明了历史过程中，确实存在着这样一个不受主观影响的“势”的存在。“郡县之制，垂二千年而弗能改矣，合古今上下皆安之，势之所趋，岂非理而能然哉？”③这就是一个最有说服力的根据。

王夫之反对理学家“曲为分析”地将“理”与“势”分为不相关联的二物，而将二者概括为“理成势”和“势成理”的辩证关系。首先是“势成理”，“故其始之有理，即于气上见理；迨已得理，则自然成势，又只在势之必然处见理。……‘势’字精微，‘理’字广大，合而名之曰‘天’。”④理与势的统一还表现在“理成势”上，所谓“理成势”，是说事物之所以形成强劲的趋势，在其内含有某种规律，其趋向也符合某种规律，“势之难易，理之顺逆为之也。理顺斯势顺矣，理逆斯势逆矣。”⑤王夫之进一步分析了

① 王夫之：《读四书大全说》卷九《孟子·离娄上》，中华书局1975年版，第601页。
② 王夫之：《读通鉴论》卷二《汉文帝一六》，中华书局1975年版，第42页。
③ 王夫之：《读通鉴论》卷一《秦始皇一》，中华书局1975年版，第1页。
④ 王夫之：《读四书大全说》卷九《孟子·离娄上》，中华书局1975年版，第601—602页。
⑤ 王夫之：《尚书引义》卷四《武成》，中华书局1976年版，第99页。

二者的不相离,“理与气不相离,而势因理成,不但因气。”他说,“气到纷乱时,如飘风飘雨,起灭聚散,回旋来去,无有定方,又安所得势哉!”①“理”不是具体的东西,是一种形而上的东西,“理本非一成可执之物,不可得而见也”。但又不是无法理解的神秘物,经过人的抽象概括,还是可以把握的,“只在势之必然处见理”②。势是理的表现形式,而理是势的本质。王夫之在讨论秦朝制度时辩证地指出,“秦以私天下之心而罢侯置守,而天假其私而行其大公”③,秦始皇是出于“私天下”的动机而实行郡县制的,但是历史的必然性又恰恰是通过秦始皇主观动机这一偶然性体现出来了。

王夫之关于“势”与“理”之辩证关系的历史思想,把历史发展过程视为一种必然趋势,并且认为在这一趋势中包含着不可违抗的必然性,这种历史观在中国古代历史理论的思维发展中达到了他那个时代的最高认识的水平。

三、“气运”论与历史解释

在宋明理学的影响下,史学家和思想家们在考察历史进程时提出的“气运”的理论。气运是一种形而上的概念,对于治乱兴衰折射出一定的影响。④

① 王夫之:《读四书大全说》卷九《孟子·离娄上》,中华书局1975年版,第601页。

② 王夫之:《读四书大全说》卷九《孟子·离娄上》,中华书局1975年版,第601页。

③ 王夫之:《读通鉴论》卷一《秦始皇一》,中华书局1975年版,第2页。

④ 近人钱穆指出:“但所谓气运,并不是一种命定论。只是说宇宙乃及人生,有此一套好像是循环往复的变化。宇宙人生则永远地在变,但所变也有一规律、一限度,于是好像又变回到老样子来了。其实哪里是老样子。但尽管花样翻新,总还是有限。因此我们可以把它来归纳成几个笼统的大形式。……中国人的气运观,是极抽象的,虽说有忧患,却不是悲观。懂得了天运,正好尽人力。来燮理,来斡旋。方其全盛,知道它将衰,便该有保泰持盈的道理。方其极衰,知道有转机,便该有处困居危的道理。这其间,有可知,但也有不可知。有天心,但同时也可有人力。所以说天下兴亡,匹夫有责。天下之大,而至于其兴其亡,系于苞桑之际。正如一木何以支大厦,一苇何以障狂澜,而究竟匹夫有责,所以风雨如晦,鸡鸣不已。鲁阳挥戈,落日为之徘徊。那是中国人的气运观。”参见《中国思想通俗讲话》第四讲,生活·读书·新知三联书店2004年版,第86页。

宋元明清时期，用气运来解释历代盛衰的代表人物是朱熹和赵翼。朱熹吸收了邵雍的学说，比较早的用气运来解释历史上的盛衰，他说：

气运从来一盛了又一衰，一衰了又一盛。只管恁地循环去，无有衰而不盛者。所以降非常之祸于世，定是生出非常之人。邵尧夫《经世吟》云："羲轩尧舜，汤武桓文，皇王帝霸，父子君臣。四者之道，理限于秦，降及两汉，又历三分……"盖一治必又一乱，一乱必又一治。①

朱熹提出读史的基础在于"史中求理"，这里说的"理"是"天理"，即从历史事实中体认天理，了解理欲、是非的区分。在历史进程中，纲常恒常与制度损益是统一的，历史变化，制度亦必须相应作出改变，同样是一种必然，这就是"天理"。朱熹以为格物就在于务必穷尽事物之理，也就是历史发展的内涵与法则。

朱熹之后，许多思想家也在强调探讨气运与治乱盛衰，清朝史学家赵翼的观点比较突出。赵翼着眼于"古今风会之递变，政事之屡更，有关于治乱兴衰之故者"，将古今风会之递变，历代之治乱盛衰，归纳起来加以讨论，从不同角度反映了一个时代的社会风尚或政治特点。《廿二史札记》对于历史进程的考察和无法解释的历史事件与政治变动，往往用不可名状的"天"和"气运"作解释，以"气运""天人关系""治乱兴衰""民心所愿"等为线索，总结历史经验，探究历史发展的常理。他认为"秦汉间为天地一大变局"，究其原因，是"其势不得不变"，他写道：

而兼并之力，尚在有国者。天方藉其力以成混一，固不能一旦扫除之，使匹夫而有天下也。于是纵秦皇尽灭六国以开一统之局。使秦皇当日发政施仁，与民休息，则祸乱不兴。下虽无世禄之臣，而上犹是继体之主也。惟其威虐毒痡，人人思乱，四海鼎沸，草泽竞奋。于是汉祖以匹夫起事，角群雄而定一尊。其君既起自布衣，其臣亦自多亡命。无赖之徒立功以取将相，此气运为之也。……而是时尚有分封子弟诸国，迨至七国反后，又严诸侯王禁制，除吏皆自天朝，诸侯

① 黎靖德编：《朱子语类》卷一，中华书局1986年版，第5页。

王惟得食租衣税,又多以事失侯。于是三代世侯世卿之遗法,始荡然净尽,而成后世征辟、选举、科目、杂流之天下矣,岂非天哉!①

赵翼看到汉初统治集团成员绝大部分来自社会下层,得出“汉初布衣将相之局”的结论。他认为西汉中叶,“三代世卿世禄之遗法,始荡然净尽,而成后世征辟、选举、科目、杂流之天下”。在分析“秦汉间为天地一大变局”根本原因时,赵翼也遇到了困惑,只好将它归结为“天意”,用“天”和“气运”来解释。他把“天”看成是冥冥中的主宰,是无形无质的。“天命”通过“气”的运动即“气运”来显现,“气运”是天所昭示,通过自然和社会的有形可觉的变动表现出来。

赵翼以“气运”作为其解释历史演变的原因,把王莽代汉说成是汉家“运祚中衰,国统频绝,故王莽得乘便窃位”。他认为气运旺盛影响着皇朝的兴衰,“国家当气运隆盛时,人主大抵长寿,其生子亦必早且多”②,宦官、外戚专权,皇权衰落,主要原因是西汉元帝和成帝时气运已经衰竭。如他解释汉、晋、宋等朝的历史变化,是这样说的:

盖汉之盛在西京,至元、成之间,气运已渐衰。故成帝无子而哀帝入继;哀帝无子而平帝入继;平帝无子而王莽立孺子婴。班书所谓国统三绝也。光武乃长沙定王发之后,本属旁支,譬如数百年老干之上,特发一枝,虽极畅茂,而生气已薄。迨枝上生枝,则枝益小而力益弱,更易摧折矣。晋南渡后多幼主嗣位,宋南渡后亦多外藩入继。皆气运使然,非人力所能为也。③

赵翼把东汉君主早夭、嗣君年幼归结为“气运”衰竭所致,他作了一个形象的比喻,好像是老树又发了新枝,“枝上生枝,则枝益小而力益弱,更易摧折矣。”在这段论述中,赵翼将两汉作为一个整体来考察,并且将东汉与东晋和南宋进行比较,认为这三个皇朝的衰退“皆气运使然,非人力所能为也”,

① 赵翼:《廿二史札记》卷二《汉初布衣将相之局》,王树民校证:《廿二史札记校证》,中华书局1984年版,第36—37页。

② 赵翼:《廿二史札记》卷四《东汉诸帝多不永年》,王树民校证:《廿二史札记校证》,中华书局1984年版,第93页。

③ 赵翼:《廿二史札记》卷四《东汉诸帝多不永年》,王树民校证:《廿二史札记校证》,中华书局1984年版,第93页。

以此深化其历史见解。在其他有关论述中也以“气运”来解释历史现象，把古代都城自西向东迁移，说成是“气运”演化的结果：

地气之盛衰，久则必变。唐开元、天宝间，地气自西北转东北之大变局也。秦中自古为帝王州，周、秦、西汉递都之。苻秦、姚秦、西魏、后周相间割据，隋文帝迁都于龙首山下，距故城仅二十余里，仍秦地也，自是混一天下，成大一统。唐因之，至开元、天宝而长安之盛极矣！盛极必衰，理固然也。是时地气将自西趋东北，故突生安史以兆其端。自后河朔三镇，名虽属唐，仅同化外羁縻，不复能臂指相使。盖东北之气将兴，西方之气已不能包举而收摄之也。东北之气始兴而未盛，故虽不为西所制，尚不能制西；西之气渐衰而未竭，故虽不能制东北，尚不为东北所制，而无如气已日薄一日，帝居遂不能安。于是玄宗避禄山，有成都之行；代宗避吐蕃，有陕州之行；德宗避泾师，有奉天、梁、洋之行。地之觚觵不安，知气之消耗渐散。迨僖宗走成都、走兴元、走凤翔，昭宗走莎城、走华州，又被劫于凤翔，被迁于洛，而长安自此夷为郡县矣。当长安夷为郡县之时，契丹阿保机已起于辽，此正地气自西趋东北之真消息，特以气虽东北趋，而尚未尽结，故仅有幽、蓟而不能统一中原。而气之东北趋者，则有洛阳、汴梁为之迤逦潜引，如堪舆家所谓过峡者。至一二百年而东北之气积而益固，于是金源遂有天下之半，元、明遂有天下之全，至我朝不惟有天下之全，且又扩西北塞外数万里，皆控制于东北，此王气全结于东北之明证也。①

赵翼用实证的方法探讨自周、秦、汉、唐至明、清历代盛衰的演变历程，也在一定程度上看到了地理环境的重要影响，表明他试图对此作一通达的解说，但是他夸大了地理环境的作用，看不到都城变迁过程中的政治、经济乃至军事方面的原因，而用“气运”“地气”来解释，反映了历史认识的局限性。

---

① 赵翼：《廿二史札记》卷二〇《长安地气》，王树民校证：《廿二史札记校证》，中华书局1984年版，第443—444页。

赵翼历史认识的积极性和局限性在章学诚那里也有所反映。章学诚对气运与各种社会历史现象有一段著名的论断：

> 气运者,即人心习气为之也。……人心不厌不止,气运不极不返。列国之并吞,不止秦始不止;然而六国元后,犹起而攻秦。郦食其犹劝汉祖封六国后。何者?习气未忘,人心未厌也。迨夫韩、彭继灭,然后天下厌之,而郡国之势成。郡国势成,郡国之习气又作。迨夫袁绍、袁术、刘表、公孙瓒辈相继灭,而郡国之习气乃止。其他外戚、宦寺、权臣、宫妾之祸代作。方其作也,泯泯棼棼,袁绍不至杀两千人,汉宦寺习气不止;朱全忠、崔胤不至杀七百人,唐宦寺之习气不止。汉不至单越(超),则窦、梁之习气不止;唐不至安禄山,余祸展转数十年,则武、韦之习气不止。……必待习气尽,而人心厌,而气运转,而天下事已不可为矣!①

章学诚用气运来解释历史上的关键性事件。他认为气运也不是固定不变的,随着时代的发展,气运也会发生相应的变化。值得注意的是,章学诚所说的“气运”,主要指“人心习气”,似可理解为思想和行为的一种传统,比朱熹、赵翼所说的“气运”,更容易使人理解。

以“气运”论来解释历史的变化及治乱盛衰之故,自有其难以理解之处,因为它或多或少都包含着一些神秘的色彩。但“气运”论旨在阐述历史演进的大趋势,而其中也显示出勇于探索的历史理性精神。如朱熹说:“天地初间只是阴阳之气。这一个气运行,磨来磨去,磨得急了,便拶许多渣滓;里面无处出,便结成个地在中央。气之清者便为天,为日月,为星辰,只在外,常周环运转。地便只在中央不动,不是在下。”②他运用当时的宇宙论思想,构造着宇宙生成论。虽然其中的观点都是猜测,但是却对阴阳之气作了物质性的解释。其运动观究其根本是循环论。他说:“一动一静,循环无穷。”因为循环,所以运动变化或动静转化没有始终。他说:“前瞻既无始,后际那有终。”虽然缺少发展观,但朱熹的循环观中却

① 章学诚:《章学诚遗书》卷二五《湖北通志检存稿二·复社名士传》,文物出版社 1985 年版,第 269 页。

② 黎靖德编:《朱子语类》卷一,中华书局 1986 年版,第 6 页。

包含着理念。盛衰之间是循环往复的过程，由盛转衰，由衰转盛，是宇宙法则。当处在衰世的时候，相信衰极必盛，这就为身处逆境的人们提供了信心与勇气。赵翼在运用气运解释历史的同时，凭着深厚的历史知识，提出历史发展的“势”“理”之间的辩证关系。他在强调地气重要的同时提出“盛极必衰，理固然也”的见解，也是在强调历史的发展变化是辩证的、必然的，是不可逆转的。

以朱熹、赵翼和章学诚为代表的思想家、史学家试图用气运来分析历史的演进及其阶段性特征，丰富了古代历史理论，提高了历史思维的水平，对于近代进步学者的历史进化观念产生了一定的影响。①

四、历史经验教训何以可鉴

中国史学历来有经世致用的优良传统，孟子评论孔子作《春秋》，是对这一传统的最早和最明确的表述；降至唐人李翰为杜佑《通典》作序，乃进一步阐述了《通典》系为“经邦”“致用”而作；宋代史家的忧患意识使他们的历史撰述大多显示出经世致用的旨趣。这一传统至明清之际有了新的发展。

这个新的发展主要表现在两个方面。

第一，改变了一代学风。明清之际的学人以“经世致用”为价值核心，在批判程朱理学“束书不观，游谈无根”的基础上，提倡经世致用、实事求是之学，把学术研究的范围从儒家经典扩大到了自然、社会和思想文化领域，天文、地理、河漕、山岳、风俗、兵革、田赋、典礼、制度等，皆在探究问学之列，用当时颜元的话说就是“实习、实讲、实行、实用之学”，经世致用精神贯穿“实学”之中。大多数明清之际的思想家、史学家如顾炎武、黄宗羲、王夫之等人，是这一经世实学思潮的参与者与推动者。黄宗羲的经世致用思想一方面表现在对现实社会变迁的关注上，另一方面表现在

① 魏源吸收了前人的思想，认为历史的运动实质上是气的运转和再造，他以气运的变化来分析中国历史的发展里程：“三皇以后，秦以前，一气运焉。汉以后，元以前，一气运焉。其历年有远近，即其得于先王维持之道有厚薄。”（《默觚·治篇三》）

他的学有宗旨的主张上。他从“设学校以公是非”“置相”“分治”的角度提出了变革君主专制、限制君主权力的主张,他试图把“学校”作为判断是非的场所,改变对天子之言论唯命是从的状况,即“天子之所是未必是,天子之所非未必非”。他还认为官吏参与治国,“为天下,非为君也;为万民,非为一姓也。”他将万民忧乐看作判断社会治乱的主要依据,“天下之治乱,不在一姓之兴亡,而在万民之忧乐”,“后世骄君自恣,不以天下万民为事”①。黄宗羲的这些论断,吹拂起中国早期启蒙思想的新风。

第二,从理论上进一步阐述了历史经验教训何以可鉴的问题。王夫之提倡史学经世致用,他说:“所贵乎史者,述往以为来者师也。为史者,记载徒繁,而经世之大略不著,后人欲得其得失之枢机以效法之无由也,则恶用史为?”②这是著述的基本宗旨之一。此其一。其二,史学的经世致用,必须通过人的认识与实践才能发挥出来,他说:“设身于古之时势,为己之所躬逢;研虑于古之谋为,为己之所身任。取古人宗社之安危,代为之忧患,而己之去危以即安者在矣;取古昔民情之利病,代为之斟酌,而今之兴利以除害者在矣。”③这就是说,要真正理解历史经验教训,必须善于设身处地地进行思考,避免以后事而酌前旨的误区。其三,“故论鉴者,于其得也,而必推其所以得,于其失也,而必推其所以失。其得也,必思易其迹而何以亦得,其失也,必思就其偏而何以救失”④。这是指出对历史经验教训作辩证的思考,即应当弄明白何以得其所得,何以失其所失;同时,还要进一步思考,换一种做法,是否也可得,是否不可失,等等。我国古来就有以史为鉴的思想传统,尤其是涉及历史经验教训何以可鉴的问题,像王夫之从理论上阐述得这样透彻的,在他以前还不曾有过。

顾祖禹自述其撰述动机:“不揣愚陋,思欲远追《禹贡》《职方》之纪,近考《春秋》历代之文,旁及稗官野乘之说,参订百家之志,续成昭代之书,垂之后世,俾览者有所考镜。”后人评价其著作“详建设则志邑里之新

---

① 黄宗羲:《明夷待访录·原臣》,中华书局1981年版,第4—5页。

② 王夫之:《读通鉴论》卷六《光武帝一〇》,中华书局1975年版,第156—157页。

③ 王夫之:《读通鉴论》卷末《叙论四》,中华书局1975年版,第1114页。

④ 王夫之:《读通鉴论》卷末《叙论四》,中华书局1975年版,第1114页。

旧,辨星土则列山川之源流,至于明形势以示控制之机宜,纪盛衰以表政事之得失,其词简,其事赅,其文著,其旨长,藏之约而用之博,鉴远洞微,忧深虑广,诚古今之龟镜,治平之药石也,有志于用世者,皆不可以无此篇”①。

第三,必须克服“空言著述”的学风,树立“道寓于器”的学术理念。章学诚认为“史学所以经世,固非空言著述也”②。君子治学,就是为了济世救偏,“所贵君子之学术,为能持世救偏”③。“文章经世之业,立言亦期有补于世。否则古人著述已厌其多,岂容更益简编,撑床叠架为哉!”④学问必须为现实服务,学者必须懂得补偏除弊,“天下事凡风气所趋,虽善必有其弊,君子经世之学,但当相弊而救其偏”⑤。他认为学者不仅要学习先圣遗言,还要了解以往的典制,分析当代的制度,才是博古通今,才能很好地为现实服务。“学者但诵先圣遗言,而不达时王之制度,是以文为鞶帨絺绣之玩,而学为斗奇射覆之资,不复计其实用也……君子苟有志于学,则必求当代典章,以切于人伦日用,必求官司掌故,而通于经术精微,则学为实事,而文非空言,所谓有体必有用也。不知当代而言好古,不通掌故而言经术,则鞶帨之文,射覆之学,虽极精能,其无当于实用也审矣。”⑥只有针对社会需要研究学术问题,满足社会的需要,这样的学术才能对社会起到推动作用,“学业将以经世,当视世所忽者而施挽救焉,亦轻重相权之义也”⑦。章学诚提出“道寓于器”和“六经皆史”的论断,认为治经不能只是主观发挥,不只是讲义理,而要考史实,义理取决史实,而不是用义理去制造史实,把治经与治史结合起来,用治史来统领治经,反映出从经学中解放出来的时代风气。

---

① 顾祖禹:《读史方舆纪要》卷首吴兴祚序,中华书局 2005 年版,第 10 页。

② 章学诚:《章学诚遗书》卷二《浙东学术》,文物出版社 1985 年版,第 15 页。

③ 章学诚:《章学诚遗书》卷二《原学下》,文物出版社 1985 年版,第 13 页。

④ 章学诚:《章学诚遗书》卷末《章学诚遗书佚篇·与史余村》,文物出版社 1985 年版,第 643 页。

⑤ 章学诚:《章学诚遗书》卷七《淮南子洪保辨》,文物出版社 1985 年版,第 62 页。

⑥ 章学诚:《章学诚遗书》卷五《史释》,文物出版社 1985 年版,第 41 页。

⑦ 章学诚:《章学诚遗书》卷九《答沈枫墀论学》,文物出版社 1985 年版,第 85 页。

明清之际及清代史学家,从上述几个方面,把史学经世致用的社会意义阐述得十分清晰,并且从理论和实践结合的意义上阐明了历史经验教训何以可鉴的问题,对中国古代历史理论和史学理论的深入发展有着重要价值。

第三节 治乱盛衰与良史之忧

一、忧患意识与历史思想

从孔子作《春秋》、司马迁著《史记》,直到唐代史家吴兢撰《贞观政要》、杜佑撰《通典》,都反映出中国古代史家的思想中,有一种关注历史前途的忧患意识。这是史学家历史思想中的极其重要的方面。这是因为,一方面,忧患意识是受到历史经验教训的启发而生;另一方面,它也是面对现实的社会问题而激发的思考所致。

北宋的建立,结束了五代十国的分裂局面,是历史的进步。但是,北宋积贫、积弱的政治、经济、军事形势,以及两宋之际的诸多矛盾和社会动荡,使宋代史家的忧患意识显得尤为突出,成为这一时期历史理论发展的一个鲜明特点,也是宋代士大夫思想中的一个特点。范仲淹在《岳阳楼记》中表述了这种忧患意识:

> 嗟夫!予尝求古仁人之心,或异二者之为,何哉?不以物喜,不以己悲,居庙堂之高,则忧其民,处江湖之远,则忧其君。是进亦忧,退亦忧,然则何时而乐耶?其必曰:先天下之忧而忧,后天下之乐而乐乎!①

范仲淹“不以物喜,不以己悲”所关心的不是个人的得失荣辱,而是整个社会的前途和命运。这种“进亦忧,退亦忧”“先天下之忧而忧,后天下之

① 范仲淹:《范文正公文集》卷四《岳阳楼记》,中华书局 1984 年版,第 19 页。

乐而乐”的境界，对当时和后世产生了深远的影响。

王安石是范仲淹之后的一个改革家，他在上皇帝的万言书中分析了社会的种种危机，披露了他的对现实的重重忧虑：

> 顾内则不能无以社稷为忧，外则不能无惧于夷狄，天下之财力日以困穷，而风俗日以衰坏，四方有志之士，諰諰然常恐天下之久不安。此其故何也？患在不知法度故也。①

在这里，王安石所表达的忧患意识已经超出了个人的思想和视野，因此，“諰諰然常恐天下之久不安”不仅仅是个人的一己之忧，而是天下之忧，是“四方有志之士”的共同心声。

北宋史家的忧患意识正是在这样的历史条件下生成和发展起来的。同政治家比较起来，史学家的忧患意识具有更加突出的历史感。

第一，史学家忧患意识，充分说明史学家是关注现实社会的前途命运的。欧阳修以强烈的历史感和时代感来思考历史和现实问题，他把修五代史和唐史看作参与政治活动、解决现实问题的一部分。欧阳修深切地关注到宋朝建立已经八十多年了，却仍然潜藏着类似于五代时期的社会危机，他写道：

> 今宋之为宋，八十年矣。外平僭乱，无抗敌之国；内削方镇，无强叛之臣，天下为一，海内晏然，为国不为不久，天下不为不广也。……然而财不足用于上而下已弊，兵不足威于外而敢骄于内，制度不可为万世法而日益丛杂，一切苟且，不异五代之时。②

欧阳修揭示了当时“一切苟且，不异五代之时”的困境，表现出对时局的深深忧虑：“臣窃见朝廷作事，常有后时之失，又无远虑之谋，患在目前，方始仓促而失措，事才过后，已却弛慢而因循。”③他认为应当居安思危，防止祸患的发生，指责官员们因循守旧：“臣伏思从来臣僚非不言事，朝廷非不施行；患在但著空文，不责实效。故改更虽数，号令虽繁，上下因

---

① 王安石：《王文公文集》卷一《上皇帝万言书》，上海人民出版社 1974 年版，第 1 页。

② 欧阳修：《欧阳修全集》之《居士外集》卷九《本论》，中国书店 1986 年版，第 413 页。

③ 欧阳修：《欧阳修全集》之《奏议集》卷四《论京西贼事札子》，中国书店 1986 年版，第 797 页。

循,了无所益。今必欲日新求治,革弊救时,则须在力行,方能济务。”①

欧阳修将历史与现实进行比较,表现出对当世之弊的深切忧患,他尖锐地指出:“昔者用常有余而今常不足,何也?其为术相反而然也。昔者知务农又知节用,今以不勤之农赡无节之用故也。非徒不勤农,又为众弊以耗之;非徒不量民力以为节,又直不量天力之所任也。”②所有这些反映了史学家对现实社会弊政的洞察和忧虑。

与欧阳修一样,司马光也有类似的忧虑,他在《历年图序》中写道:

> 《易》曰:“君子安不忘危,存不忘亡,治不忘乱。”《周书》曰:“制治于未乱,保邦于未危。”今人有十金之产者,犹知爱之,况为天下富庶治安之主,以承祖宗光大完美之业,呜呼!可不戒哉!可不慎哉!③

司马光以史家的眼光,将战国至后周一千三百六十二年的治乱盛衰作为叙述的对象,提醒当朝统治者“言治乱之道,古今一贯,历年之期,惟德是视”,历史的经验教训不可不戒,不可不慎。司马光同王安石政见不合,而在历史忧患意识方面,却是殊途同归,可见史学家同政治家对世事的忧患是相通的。

明朝中期以后,社会危机逐渐暴露出来,史学家忧心忡忡,努力寻找除弊之道。焦竑编纂《献征录》以总结明朝历史的经验教训,寻求长治久安之道,“大而国体,隐而民瘼,赜而世务,肴而材品,当时治乱兴衰得失之林,诫覆辙,标芳轨,于是乎在”④。通过对历史的追述表达对现实的关切,希望能引起统治者革除弊端重振国威的信心。

第二,史学家的忧患意识,说到底是以社会之忧为忧,以天下之忧为忧。宋代史学家忧患意识既有深沉的历史感,又包含着强烈的时代感。范祖禹分析了隋亡唐兴的历史变迁:

---

① 欧阳修:《欧阳修全集》之《奏议集》卷一《论按察官吏第二状》,中国书店1986年版,第779页。

② 欧阳修:《欧阳修全集》之《居士外集》卷九《原弊》,中国书店1986年版,第421页。

③ 司马光:《稽古录》卷一六《历年图序》,北京师范大学出版社1988年版,第181页。

④ 焦竑:《献征录》前序,上海书店1987年版,第4页。

昔隋氏穷兵暴敛，害虐生民。其民不忍，共起而亡之。唐高祖以一旅之众，取关中，不半岁而有天下，其成功如此之速者，因隋大坏故也。故以治易乱，以宽易暴，天下之人归往而安息之。方其君明臣忠，外包四荒，下遂万物。此其所由兴也。其子孙忘前人之勤劳，天厌于上，人离于下，宇内圮裂，尺地不保。此其所由废也。其治未尝不由君子，其乱未尝不由小人，皆布在方策，显不可掩。然则今所宜监者，莫近于唐。①

范祖禹认为唐朝的历史对于宋朝来说是最近的事，其盛衰尤其值得借鉴，宋朝百年历史的嬗变也值得借鉴。“夫唐事已如彼，祖宗之成效如此。然则今当何监，不在唐乎！今当何法，不在祖宗乎！夫惟取监于唐，取法于祖宗，则永世保民之道也。”②唐朝的社会问题也往往是宋朝的问题，唐朝堪忧之处也是宋朝堪忧之处，所以这种历史之忧与现实之忧是联系的。范祖禹指出，应当防患于未然，“窃惟治乱兴废，皆起细微，言之于已然，不若防之于未然；虑之于未有，不若视之于既有。故曰前事之不忘，后事之师也”③。范祖禹分析了历史与现实的关系，以唐朝的盛衰来烛照宋朝的社会实际，对于当时的社会活动者具有很大的启发意义。

经历了“靖康之乱”后，形势更加复杂，社会危机更加严重，这激发了史学家更加强烈的忧患意识。受着“伤时感事，忠愤所激”的政治、文化氛围的影响，他们矢志著书，探寻国家盛衰之由，以存信史，以寄忧思，以警后人。李焘撰《续资治通鉴长编》980 卷（今存 520 卷），徐梦莘撰《三朝北盟会编》250 卷，李心传撰《建炎以来系年要录》200 卷，都是属于两宋之际的本朝史，都是“忧世”“泣血”之作。由于徐梦莘痛感“靖康之祸”，靖康史事也就成为《三朝北盟会编》的一个重点。靖康为时不过一年半，却占了 75 卷，几乎占全书的三分之一，而且叙事亦极细致。作者通过大量事实和细致的叙述，以揭示自“海上之盟”到“靖康之祸”的原委始末。李心传曾经向皇帝进谏，分析天灾与治乱的关系：

---

① 范祖禹：《唐鉴》序，上海古籍出版社 1984 年版，第 1—3 页。

② 范祖禹：《唐鉴》卷一二《昭宣帝》，上海古籍出版社 1984 年版，第 349 页。

③ 范祖禹：《唐鉴》卷首《上皇太后表》，《丛书集成初编》，中华书局 1985 年版，第 2 页。

> 朝令夕改,靡有常规,则政不节矣;行赍居送,略无罢日,则使民疾矣;陪都园庙,工作甚殷,则土木营矣;潜邸女冠,声焰兹炽,则女谒盛矣;珍玩之献,罕闻却绝,则苞苴行矣;鲠切之言,类多厌弃,则谗夫昌矣。此六事者一或有焉,犹足以致旱。原亟降罪己之诏,修六事以回天心。群臣之中有献聚敛剽窃之论以求近者,必重黜之,俾不得以上诬圣德,则旱虽烈,犹可弥也。然民怨于内,敌逼于外,事穷势迫,何所不至!陛下虽谋臣如云,猛将如雨,亦不知所以为策矣。[①]

李心传编纂史书,就是要写出明君、良臣、明儒、猛将的功绩,着眼于兵戎财富源流的探索,礼乐制度因革的变化,"每念渡江以来,记载未备,使明君、良臣、明儒、猛将之行事,犹郁而未彰,至于七十年间,兵戎财赋之源流,礼乐制度之因革,有司之传,往往失坠,甚可惜也"[②]。他的历史撰述就是要总结历史经验教训,作为治国施政的根据。

南宋时期的另一位史学家袁枢,把编年体的《资治通鉴》创造性地改撰成纪事本末体的《通鉴纪事本末》,也寄寓了他的"爱君忧国之心,愤世疾邪之志"。故当时的诗人杨万里说:"今读子袁子此书,如生乎其时,亲见乎其事,使人喜,使人悲,使人鼓舞。未既,而继之以叹且泣也!"[③]这些评价反映出史书所能产生的社会意义,同时也折射出史学家的忧患意识对士大夫阶层的感染力。

忧患意识是古代历史思想的特色之一,内容丰富,影响深远。正如王夫之所说:"过去,吾识也;未来,吾虑也;现在,吾思也。"[④]认识过去,立足现实,忧虑未来,这正是史学家们巨大的撰史热情的根源。史学家的历史思想中包含忧患意识,随着社会问题的发生,忧患意识被激发出来,成为一种推动社会进步和史学发展的精神力量。忧患意识的发生和发展反过来又丰富了历史思想,加强了历史思想与社会现实的联系,提升了历史理

---

① 脱脱等:《宋史》卷四三八《儒林八·李心传传》,中华书局 1977 年版,第 12985 页。

② 李心传:《建炎以来朝野杂记》甲集自序,《丛书集成初编》,中华书局 1985 年版,第 1 页。

③ 杨万里:《通鉴纪事本末》序,中华书局 1997 年版,第 1 页。

④ 王夫之:《思问录·内篇》,古籍出版社 1956 年版,第 4 页。

论的思辨色彩。

二、"良史之忧"的历史内涵及其社会意义

龚自珍作为中国古代最后一个思想家、史论家、诗人和文章家，处于清朝由盛转衰的历史年代，其忧患意识贯穿于他的许多诗文之中。① 他大声疾呼，希望以自己的忧患意识唤起他人的忧患意识，为此，他写道：

> 智者受三千年史氏之书，则能以良史之忧忧天下：忧不才而庸，如其忧才而悖；忧不才而众怜，如其忧才而众畏。履霜之屩，寒于坚冰；未雨之鸟，戚于漂摇；痹痨之疾，殆于痈疽；将萎之华，惨于槁木。②

良史之忧，就是要有历史见识，有历史危机感，要有对历史有深刻的感悟力、对现实的敏锐洞察力和对未来的正确的观察力。在龚自珍看来，"良史之忧"跟现实生活、国家和民族的前途与命运有着极大的关系，是"智者"所必须重视的。龚自珍所说的"智者"，是指那些有着紧迫时代感的人，同时也是具有丰富的历史知识和深刻的历史见解，关注历史上的治乱盛衰的人。"以良史之忧忧天下"反映了极高的精神境界和突出的时代意识。

龚自珍的"以良史之忧忧天下"所反映的历史感与时代感，集中体现在历史批判与现实批判相结合、关注国家民族的命运和开创学术风气上。

关于历史批判与现实批判相结合。龚自珍对历史上的治乱盛衰作了深刻的剖析，具有强烈的历史批判和现实批判精神。他从政治腐败、社会财富分配不均的状况来透视社会的危机。龚自珍探索社会危机的经济根

---

① 龚自珍在诗文中写道："故物人寰少，犹蒙忧患俱"（《赋忧患》）；"醰醰心肝淳，莽莽忧患伏"（《丙戌秋日，独游法源寺，寻丁卯戊辰间旧游，遂经过寺南故宅，惘然赋》）；"皇天误矜宠，付汝忧患物……忧患吾故物，明月吾故人"（《寒月吟》）；"古春伴忧患，诘屈生酸馨""不知有忧患，文字樊其事"（《自春徂秋，偶有所触，拉杂书之，漫不诠次，得十五首》）；"又如先生平生之忧患"（《西郊落化歌》）等。

② 龚自珍：《龚自珍全集》第1辑《乙丙之际箸议第九》，上海古籍出版社1975年版，第7页。

源,在一定程度上触及土地兼并问题,他认为清朝中后期社会的严重“不平”“不齐”,是社会混乱的根本原因,龚自珍所说的不齐,指社会财富的分配不均,社会财富的高度集中造成广大民众无以为生,这是社会危机的根源。在嘉庆年间,龚自珍已经敏锐地意识到“浮不足之数相去愈远,则亡愈速;去稍近,治亦稍速。千万载治乱兴亡之数,直以是券矣。”他认为一个朝代所以兴盛,是由于土地分配平均,贫富大致相齐,而一代的衰亡是由于土地分配不均,贫富悬殊太大的缘故,指出:“人心者,世俗之本也;世俗者,王运之本也。人心亡,则世俗坏,世俗坏,则王运中易。王者欲自为计,盍为人心世俗计矣。”①龚自珍揭露“贫者日益贫,富者日益壅”的状况,认为财富占有极不平均,已经达到了引发祸乱的程度:“有如富相耀,贫相轧,贫者阽,富者安,贫者日益倾,富者诶仪壅,或以羡慕,或以愤怨,或以骄汰,或以啬吝,浇漓诡异之俗,百出不可止,至极不祥之气,郁于田地之间。郁之久,乃必发,为兵燹,为疫疠,生民噍类,无有孑遗,人畜悲痛鬼神思变置。其始不过贫富不相齐之为之尔,小不相齐,渐至大不相齐,即至丧天下。”龚自珍从社会财富的分配状况来分析治乱兴亡,直接从经济方面来寻找朝代治乱盛衰的契机,在历代思想领域具有重要意义。

龚自珍以“经”通“史”,援“史”论今,抒发自己的对历史和对现实社会的独特见解。根据“公羊三世说”,结合历代兴衰的事实,他将古今历史划分为“治世、乱世、衰世”三个时期,并作了他的独特的解释。第一期为“治世”,大抵指春秋以前的历史。这一时期“王、若宰、若大夫、若民,相与以有成者,谓之治,谓之道”②。第二期是乱世,这一时期王政失,政教衰,“在朝者自昧其祖宗之遗法,而在庠序者犹得据所肄习以为言,抱残守缺,纂一家之言,犹是以保一邦、善一国”。第三个时期是衰世,君主专制、官僚腐败。“衰世者,文类治世,名类治世,声音笑貌类治世。黑白杂而五色可废也,似治世之太素;宫羽淆而五声可铄也,似治世之希声;道路荒而畔岸隳也,似治世之荡荡便便;人心混混而无口过也,似治世之不

① 龚自珍:《龚自珍全集》第1辑《平均篇》,上海古籍出版社1975年版,第78页。

② 龚自珍:《龚自珍全集》第1辑《乙丙之际箸议第六》,上海古籍出版社1975年版,第4页。

议。左无才相，右无才史，阃无才将，庠序无才士，陇无才民，廛无才工，衢无才商，抑巷无才偷，市无才驵，薮泽无才盗；则非但鲜君子也，抑小人甚尠。当彼其世也，而才士与才民出，则百不才督之缚之，以至于戮之。戮之非刀、非锯、非水火，文亦戮之，名亦戮之，声音笑貌亦戮之。戮之权不告于君，不告于大夫，不宣于司市，君、大夫亦不任受。其法亦不及要领，徒戮其心。戮其能忧心、能愤心、能思虑心、能作为心、能有廉耻心、能无渣滓心。又非一日而戮之，乃以渐，或三岁而戮之，十年而戮之，百年而戮之。"统治者采用"诛心"的手段摧残人才，造成才相、才史、才将、才士、才民、才工、才商的缺乏。①

龚自珍还以"早时、午时、晚时"来比喻三个时代，分析社会历史从兴盛到衰退的历程。在"早时"，统治集团处于兴盛阶段，"吸引清气，宜君宜王"，充满了生机，"百宝万货，人功精英，不翼而飞，府于京师"。在"午时"，虽然社会矛盾已现端倪，但统治集团仍然有力量，社会还算平稳，经济还算发达，"炎炎其光，五色文明，吸饮和气，宜君宜王"，"百宝万货，奔命涌塞，喘车牛如京师"。到了"晚时"形势大为不同，"日之将夕，悲风骤至，人思灯烛，惨惨目光，吸饮暮气，与梦为邻"，"俄焉寂然，灯烛无光，不闻余言，但闻鼾声"。社会矛盾激化，统治集团暮气沉沉，京师七泄，而与统治集团对峙的山中之民力量大增，"豪杰轻量京师，轻量京师，则山中之势重矣"，"朝士寡助失亲，则山中之民，一啸百吟"；京师"夜之漫漫，鹖旦不鸣，则山中之民，有大音声起，天地为之钟鼓，神人为之波涛矣"②。龚自珍以文章家的笔触和诗人的浪漫，写出了一幅社会历史由盛而衰的画卷，反映出他对历史和现实的看法，其忧虑之情，跃然纸上。

在深刻分析了社会危机后，龚自珍强调了"智者"的职责。《古史钩沉》《尊史》等文极力阐明史学与国家兴亡的密切关系。他以周代历史为例，认为"史存而周存，史亡而周亡"；又说"灭人之国，必先去其史；隳人

① 龚自珍：《龚自珍全集》第1辑《乙丙之际箸议第九》，上海古籍出版社1975年版，第6—7页。

② 龚自珍：《龚自珍全集》第1辑《尊隐》，上海古籍出版社1975年版，第21、87页。

之枋,败人之纲纪,必先去其史;绝人之材,湮塞人之教,必先去其史;夷人之祖宗,必先去其史。”①史对于国家盛衰、民族存亡有着密切的关系,所以必须“尊史”,所以考察现实问题,进行现实批判时不能抛开历史,不可脱离历史批判。龚自珍认识史职的重要不只在于记事和褒贬,更重要的在于心志和识见,要能够“出乎史”“入乎道”,于治史中阐明历史上的治乱盛衰之缘由。

龚自珍的史论,有着鲜明的针对现实的意义。在《己亥杂诗》中写道:“霜豪掷罢倚天寒,任作淋漓淡墨看。何敢自矜医国手,药方只贩古时丹。”“医国”之“药方”亦即“史”,以“古丹”医国,也便是以史鉴今,这正是“善出”之史。他写道:

> 昔者霸天下之氏,称祖之庙,其力强,其志武,其聪明上,其财多,未尝不仇天下之士,去人之廉,以快号令;去人之耻,以嵩高其身;一人为刚,万夫为柔,以大便其有力强武,而胤孙乃不可长,乃诽,乃怨,乃责问,其臣乃辱。荣之亢,辱之始也;辨之亢,诽之始也;使之便、任法之便,责问之始也。……积百年之力,以震荡摧锄天下之廉耻,既殄、既弥、既夷,顾乃席虎视之余荫,一旦责有气于臣,不亦暮乎!②

龚自珍现实的批判精神,于此可见一斑,反映了他对清朝统治的不满和愤怒。

关注于国家、民族的危机。龚自珍生活在嘉道年间,鸦片流毒,白银外流,民穷财困,西方殖民主义觊觎中国,民族矛盾逐渐上升。这些情况引起了龚自珍的关注。他对鸦片之祸极为忧虑,对英国殖民者的侵华阴谋有所警觉,说:“近惟英夷,实乃巨诈,拒之则叩关,狎之则蠹国。”在道光十八年(1838 年)赠别林则徐的序文中,从大禹讲到明初,讲到当朝的中外事务,讲到了他对历代盛衰和当时严重的社会危机的认识,他谴责那种以“重食”“重货”为借口而对鸦片走私以及由此引起的严重危机不闻不问的态度。龚自珍痛斥鸦片为“食妖”,主张采取果断措施杜绝鸦片输

① 龚自珍:《龚自珍全集》第 1 辑《古史钩沉论二》,上海古籍出版社 1975 年版,第 21、22 页。

② 龚自珍:《龚自珍全集》第 1 辑《古史钩沉论一》,上海古籍出版社 1975 年版,第 20 页。

入，严惩外国鸦片商人，“食妖宜绝矣”，并且要“以重兵自随”，建议“整修军器”，“火器宜讲求”，准备打击外国的武力侵略，“必以武力取胜”。同时，又对当时的战略战术、社会心态作了分析，希望林则徐到广州要保持警觉，不要为“黠猾游说，而貌为老成迂拙者”所蒙蔽。龚自珍要求制止鸦片输入，打击外来侵略，但不同意全面排外，反对“绝夷舶”，主张同外国进行有限的贸易，建议林则徐在广东“留夷馆一所，为互市之栖止”。这些看法，显示出龚自珍的独到的国情观念和世界眼光。

龚自珍还运用他所熟悉的西北部落源流、历史沿革、山川形胜的知识，来思考加强国防、安定边境、抵制外国侵略的策略。直到嘉庆年间，清朝对新疆的管理，还是沿袭康熙以来委派将军、参赞大臣等“镇守”的办法，缺乏系统有效的行政管理机构，这对有效管理边疆事务、积极开发边疆非常不利。龚自珍反复陈述了清朝边疆形势与以往各个历史时期不同，“中外一家，与前史迥异”，建议根据时代的发展在新疆建立完善的行政管理机构，以“强其土，子其民，以遂将千万年而无尺寸可议弃之地”①。他主张将京师浮游之民、中原剩余人口、东南地区种烟草的奸民以及部分各省驻防旗人迁移到西北边疆，使这些无产之民变成有产之民，减轻内地人口压力，加强边疆建设，促进边疆繁荣。龚自珍第一个明确提出在新疆设立行省，发展边疆经济，处理好民族关系，以确保边疆安宁和民族团结，他预言新疆设立行省的建议“五十年中言定验”。1884 年，在打败外国侵略势力之后，清朝政府在新疆设立了行省，龚自珍的预言得到事实的验证。李鸿章《黑龙江述略序》称赞说：“古今雄伟非常之端，往往发于书生忧患之所得。龚氏自珍议西域置行省于道光朝，而卒大设施于今日，盖先生经世之学，此尤其荦荦大者。”②

综上，龚自珍所说的“良史之忧”，以其自身的理论和实践来看，最重要者莫过于两个方面：一是有严肃的批判意识，包括历史的批判和现实的批判；二是关注国家、民族的前途和命运，而其言、其文皆充溢着远见卓识

---

① 龚自珍：《龚自珍全集》第 1 辑《御试安边绥远疏》，上海古籍出版社 1975 年版，第 112 页。

② 吴昌绶：《定庵先生年谱》，龚自珍：《龚自珍全集》，上海古籍出版社 1975 年版，第 604 页。

和宏伟器局。这就是他说的“良史之忧”的历史内涵和社会意义。

小结

五代辽宋夏金元明清时期,史学家、思想家和政治家同前人一样,也在不断地探讨历代治乱盛衰的历史经验教训。尽管他们各自的主观意图有这样那样的差别,但他们始终有一个基本的共同点,即通过认识历代治乱盛衰之故,引为借鉴,希望出现一个长治久安的社会。当然,在当时的历史条件下,这个目的是不可能达到的,但他们为此而提出的一些理论上的认识,却是一笔重要的理论遗产。

这个时期的史学家、思想家殚精竭虑,谈古论今,总结历史经验,探讨历史发展趋势,其讨论的问题在改易更革之论和历史借鉴之论方面也更加深入。

史学家自觉继承和发展了历史通变思想,克服了历史循环论的束缚,从大量的历史事实中观察历史发展的大势,从不同角度论证了社会改革的必要性。历代统治者注意借鉴前代兴亡盛衰的经验教训作为治国策略的依据,这就为关注现实、有着深沉的历史感和强烈的社会责任感的史学家研究历史提供了一定的社会条件。

史学家对治乱盛衰之故的思索,既有对某一史事的具体分析,也有透过大量历史现象深刻剖析历史演变的法则,提出或丰富了历史理论的范畴,如“事”与“理”、“势”与“理”、治乱盛衰与“气运”的关系等。

对历史上的治乱盛衰的探讨和对现实社会危机的关注,增强了史学家的忧患意识。宋元明清时期尤其是两宋和明清之际及清代后期,许多史学家都生活在动荡不安的历史条件下,社会际遇激发了他们对历史与现实的忧虑和深思,这种忧虑和深思在他们的著述中都有深沉的表露。而龚自珍提出的“以良史之忧忧天下”这一震撼人们思想的命题,既是对优秀史家的历史责任感的高度评价,也是向一切关注历史学的社会功用、现实价值的有识之士的强烈呼吁。

第九章

评价历史人物标准的变化及方法论的提升

中国古代史书记载了大量形形色色的历史人物，评价历史人物为历代史家所关注，而评价历史人物的标准和方法，自然成为历史理论的一个重要方面。五代至明清关于历史人物评价的标准和原则，在前代历史人物评价理论的基础之上，增添了新的内涵，进一步丰富和发展了历史评价理论。

第一节 理学影响下的评价标准

两宋理学思潮的兴起，对史学发展产生了一定的影响。理学家认为，历史撰述的目的并非仅仅搜集史料和记载史实，更着重以道德为终极标准，考察人类社会的治乱兴衰之迹，评判历史上的是非善恶、利弊得失。宋代理学家在这种历史观念的指导下，认为社会历史的发展演变是由天理所决定的，历史评价必须阐明天理的永恒性，才能显示出其价值与意义，否则就无法评判历史，看不出历史人物的功过是非；把儒家“内圣外王”的理想作为对历史人物的评价标准，形成了对关于历史演变和历史人物的道德评价标准和礼法评价原则。

程颢、程颐二人主张天理是永恒存在的绝对精神,是世界的本原,因为“天下只有一个理”①。历史的进程只不过是这个绝对精神的彰显外化和相互交替,所以必须以天理为历史评价标准。他们以人类社会是否顺理作为划分历史时期的标准,机械地认为“三代之治,顺理者也;两汉以下,皆把持天下者也”②。所谓“顺理”,就是符合先王仁义之道;所谓“把持天下”,就是采用霸道治理天下。所以二程明确指出:“先王之世,以道治天下;后世只是以法把持天下。”③他们指出,统治者治理国家是否“顺理”,是关系到社会治乱盛衰的关键问题。倘若“王者奉若天道,故称天王,其命曰天命,其讨曰天讨,尽此道者,王道也。后世以智力把持天下者,霸道也”④。他们用这种历史观说明历史上的盛衰治乱,指出:“以历代言之,二帝三王为盛,后世为衰。一代言之,文、武、成、康为盛,幽、厉、平、桓为衰。以一君言之,开元为盛,天宝为衰。”⑤在他们看来,由于后世统治者逐渐背离“顺理”而治的原则,历史发展的总体趋势呈现出不断衰退的变动趋势。二程指出:

> 有衰而复盛者,有衰而不复反者。若举大运而言,则三王不如五帝之盛,两汉不如三王之盛,又其下不如汉之盛。至其中间,又有多少盛衰。如三代衰而汉盛,汉衰而魏盛。此是衰而复盛之理。⑥

他们不仅认为天理是决定历史发展进步或者倒退的动因,而且把是否顺理作为历史评价的尺度,从而对历史作出道德评判。二程认为:“凡读史,不徒要记事迹,须要识治乱安危兴废存亡之理。且如读《高帝》一纪,便须识得汉家四百年终始治乱当如何,是亦学也。”⑦二程把评价历史以

① 程颢、程颐:《二程遗书》卷一八,上海古籍出版社 1992 年版,第 152 页。

② 程颢、程颐:《二程遗书》卷一一,上海古籍出版社 1992 年版,第 98 页。

③ 程颢、程颐:《二程遗书》卷一,上海古籍出版社 1992 年版,第 9 页。

④ 程颢、程颐:《二程集》之《程氏经说》卷四《春秋传》,中华书局 1981 年版,第 1087—1088 页。

⑤ 程颢、程颐:《二程遗书》卷一八,上海古籍出版社 1992 年版,第 155 页。

⑥ 程颢、程颐:《二程遗书》卷一八,上海古籍出版社 1992 年版,第 155 页。

⑦ 程颢、程颐:《二程遗书》卷一八,上海古籍出版社 1992 年版,第 182 页。

及历史人物的标准建立在天理的标准之上，“顺理”者予以肯定，“违理”者予以否定，陷入仅仅注重道德评价而不顾具体历史事实的谬误之中。他们评价唐代历史，认为“唐有天下，如贞观、开元间，虽号治平，然亦有夷狄之风，三纲不正，无父子、君臣、夫妇，其原始于太宗也，故其后世子弟，皆不可使”①，突出了纲常名分对于维持社会治乱盛衰的作用。同样，他们对于唐代历史人物的评价，也是完全遵循他们所认定的道德评价的原则。例如指责“太宗佐父平天下，论其功不过做得一功臣，岂可夺元良之位？太子之与功臣，自不相干。唐之纪纲，自太宗乱之。终唐之世无三纲者，自太宗始也”②。在二程的眼里，无论历史人物功绩多么伟大，只要僭越了纲常名教，破坏了天理安排的秩序，就应当否定。他们对魏徵的评价，也是遵循这一标准：“魏徵事皇太子，太子死，遂忘戴天之仇，而反事之。此王法所当诛，后世特以其后来立朝风节而掩其罪。”③这表明是否顺从与维护“天理”的纲常名分，是二程评价历史事件和历史人物的基本准则，历史的是与非皆从纲常名教之中体现出来，而不是历史运动自身的法则，从而颠倒了思维与存在的关系。

欧阳修评价历史人物，探讨和总结历史上的治乱盛衰之理，也从不同角度证明天理纲常不能动摇。欧阳修鉴于五代十国以来“干戈贼乱之世也，礼乐崩坏，三纲五常之道绝，而先王之制度文章扫地而尽于是矣”④的风气，强调社会必须树立纲常伦理。如果没有纲常伦理，国家就会衰败灭亡。他指出：“礼义，治人之大法；廉耻，立人之大节。盖不廉则无所不取，不耻则无所不为。人而如此，则祸乱败亡，亦无所不至。况为大臣而无所不取不为，则天下其有不乱，国家其有不亡者乎！”⑤欧阳修认为纲常伦理是关系到社会历史兴衰成败的关键所在，也是社会历史上治乱兴衰的原因，而这一切又受到天理的支配。他说：“儒者学乎圣人，圣人之道

---

① 程颢、程颐：《二程遗书》卷一八，上海古籍出版社 1992 年版，第 186 页。
② 程颢、程颐：《二程遗书》卷一八，上海古籍出版社 1992 年版，第 185 页。
③ 程颢、程颐：《二程遗书》卷二，上海古籍出版社 1992 年版，第 20 页。
④ 欧阳修：《新五代史》卷一七《晋家人传》，中华书局 1974 年版，第 188 页。
⑤ 欧阳修：《新五代史》卷五四《杂传》，中华书局 1974 年版，第 611 页。

直以简,然至其曲而畅之,以通天下之理。”①这个支配人类社会演变的天理,也就是支配万物的道。欧阳修认为:“道无常名,所以尊于万物;君有常道,所以尊于四海。然则无常以应物为功,有常以执道为本,达有无之至理,适用舍之深机,诘之难以言穷,推之不以迹见。”②他从这一观念出发,评价历史事件和历史人物,形成以道德伦理为主要特征的历史评价原则。例如评价历史发展大势,强调说:

> 道德仁义,所以为治;而法制纲纪,亦所以维持之也。自古乱亡之国,必先坏其法制,而后乱从之。乱与坏相乘,至荡然无复纲纪,则必极于大乱而后返,此势之然也。五代之际是已。③

欧阳修得出的结论是,五代时期纲常扫地,天理不存,朝代败亡相继,社会动荡不安。他评价历史人物,为了突出道德评判,有时甚至曲解历史事实。例如对历事四姓的长乐老冯道,欧阳修鄙弃其人,于是记载周世宗伐北汉,不从冯道谏阻,“其击旻也,鄙道不以从行,以为太祖山陵使”④,终于取得高平之战的胜利。事实上,冯道在后周为太师兼中书令,出任周太祖山陵使,乃是循五代以来首相任山陵使的惯例,并非因谏诤而受冷遇。更何况冯道出任山陵使的时间是周世宗显德元年(954 年)二月丁卯,而周世宗征北汉则是三月乙酉,可见欧阳修因厌恶冯道品德而故意颠倒记载历史事实。

司马光对历史发展的认识,是区分为王道和霸道两种形式。所谓王道,是礼乐征伐自天子出的时代;而所谓霸道,则是礼乐征伐自诸侯出的时代。他说:

> 天生烝民,其势不能自治,必相与戴君以治之,苟能禁暴除害以保全其生,赏善伐恶使不至于乱,斯可谓之君矣。是以三代之前,海内诸侯,何啻万国!有民人、社稷者,通谓之君。合万国而君之,立法度,班号令,而天下莫敢违者,乃谓之王。王德既衰,强大之国能率诸

① 欧阳修:《欧阳修全集》之《居士集》卷四二《韵总序》,中国书店 1986 年版,第 290 页。
② 欧阳修:《欧阳修全集》之《笔说·道无常名说》,中国书店 1986 年版,第 1045 页。
③ 欧阳修:《新五代史》卷四六《杂传》,中华书局 1974 年版,第 514 页。
④ 欧阳修:《新五代史》卷五四《杂传》,中华书局 1974 年版,第 615 页。

侯以尊天子者，则谓之霸。故自古天下无道，诸侯力争，或旷世无王者，固亦多矣。①

但是，司马光区别于宋代理学家的是没有绝对割裂王霸二道的联系，而是提出王霸无异道的主张。两者的区别仅仅在于名位尊卑、道德深浅、功业大小、政令广狭等方面，而其共同点则是崇尚仁义、以礼治国、禁暴诛乱、赏罚严明等方面。他指出：

王霸无异道。昔三代之隆，礼乐征伐自天子出，则谓之王。天子微弱，不能治诸侯，诸侯有能率其与国同讨不庭，以尊王室者，则谓之霸。其所以行之也，皆本仁祖义，任贤使能，赏善罚恶，禁暴诛乱。顾名位有尊卑，德泽有深浅，功业有巨细，政令有广狭耳，非若白黑甘苦之相反也。②

司马光根据"王霸无异道"的认识，总结历史上的治乱盛衰，提出"治乱之道，古今一贯；历年之期，惟德是视"③的命题。因此，从历代统治集团治理国家的成败得失之中，可以总结出古今历史发展之道。他说：

臣闻史者，今之所以知古，后之所以知先，是故人主不可以不观史。善者可以为法，不善者可以为戒。自生民以来，帝王之盛者，无如尧舜。《书》称其德，皆曰"稽古"。然则治天下者，安可以不师古哉！④

他认为"师古"的目的就是要继承和发扬上古三代之道，以仁义礼制、名分等级维护上下秩序，保持国家安定。

司马光把以礼治国思想，运用到对历史的评价之中。例如他对三家分晋评价说：

臣闻天子之职莫大于礼，礼莫大于分，分莫大于名。何谓礼？纪

① 司马光：《资治通鉴》卷六九，魏纪一，文帝黄初二年，中华书局 1956 年版，第 2185—2186 页。

② 司马光：《资治通鉴》卷二七，汉纪一九，宣帝甘露元年，中华书局 1956 年版，第 881 页。

③ 司马光：《稽古录》卷一六，北京师范大学出版社 1988 年版，第 178 页。

④ 司马光：《司马温公集编年笺注》卷五一，章奏三六《乞令校定人〈资治通鉴〉所写〈稽古录〉杙子》，巴蜀书社 2009 年版，第 270 页。

纲是也。何谓分?君臣是也。何谓名?公、侯、卿、大夫是也。夫以四海之广,兆民之众,受制于一人,虽有绝伦之力,高世之智,莫不奔走而服役者,岂非以礼为之纪纲哉!是故天子统三公,三公率诸侯,诸侯制卿、大夫,卿、大夫治士、庶人。贵以临贱,贱以承贵,上之使下,犹心腹之运手足,根本之制支叶;下之事上,犹手足之卫心腹,支叶之庇本根,然后能上下相保而国家治安。……夫礼,辨贵贱,序亲疏,裁群物,制庶事,非名不著,非器不形;名以命之,器以别之,然后上下粲然有伦,此礼之大经也。名器即亡,则礼安得独在哉?……呜呼!幽、厉失德,周道日衰,纲纪散坏,下陵上替,诸侯专征,大夫擅政,礼之大体什丧七八矣。然文、武之祀犹绵绵相属者,盖以周之子孙尚能守其名分故也。……今晋大夫暴蔑其君,剖分晋国,天子既不能讨,又宠秩之使列于诸侯,是区区之名分复不能守而并弃之也,先王之礼于斯尽矣。……君臣之礼既坏矣,则天下以智力相雄长,遂使圣贤之后为诸侯者,社稷无不泯绝,生民之类糜灭几尽,岂不哀哉!①

司马光认为儒家的纲常礼制是社会治乱盛衰的根本,只有维护礼制,才能达到安邦定国的目标,体现出王霸之道。因此,他一方面极力美化周公制礼作乐,赞誉三代礼制在历史上发挥了巨大作用;一方面从历史到现实,反对任何改革措施。例如评价汉代叔孙通说:

礼之为物,大矣。用之于身,则动静有法而百行备焉;用之于家,则内外有别而九族睦焉;用之于乡,则长幼有伦而俗化美焉;用之于国,则君臣有叙而政治成焉;用之于天下,则诸侯顺服而纪纲正焉。岂直几席之上,户庭之间,得之而不乱哉!……惜夫叔孙生之器小也,徒窃礼之糠秕,以依世谐俗取宠而已,遂使先王之礼沦没而不振,以迄于今,岂不痛甚矣哉!②

这就是说,先王之道和三代礼制不但关系到社会个体的身家性命,而且可以用之于国家和天下,顺之则昌,逆之则亡;无论古今时代,都应该遵循先

① 司马光:《资治通鉴》卷一,周纪一,威烈王二十三年,中华书局1956年版,第2—6页。

② 司马光:《资治通鉴》卷一一,汉纪三,高帝七年,中华书局1956年版,第375—376页。

王之礼、祖宗之法，这是国家安定昌盛的根本保证。司马光不但强调以礼维系国家政治的成败得失，而且提出以礼治军和以义用兵的主张。他评价东汉段颎不遵诏书而擅灭胡羌一事，认为段颎虽然立功，然而用兵不以其道，违背礼义，所以不予肯定。[①] 他考察唐代因安史之乱由盛转衰，走向灭亡，再到北宋杯酒释兵权以后，重新出现社会安定局面的历史过程，再次阐发以礼治军则国家安定，政治稳固；治军非礼则下陵上替，必至于乱的思想，指出：

> 肃宗遭唐中衰，幸而复国，是宜正上下之礼以纲纪四方，而偷取一时之安，不思永久之患。彼命将帅，统藩维，国之大事也，乃委一介之使，循行伍之情，无问贤不肖，惟其所欲与者则授之。自是之后，积习为常，君臣循守，以为得策，谓之姑息。乃至偏裨士卒，杀逐主帅，亦不治其罪，因以其位任授之。然则爵禄废置、生杀予夺，皆不出于上而出于下，乱之生也，庸有极乎！……盖古者治军必本于礼，故晋文公城濮之战，见其师少长有礼，知其可用。今唐治军而不顾礼，使士卒得以陵偏裨，偏裨得以陵将帅，则将帅之陵天子，自然之势也。由是祸乱继起，兵革不息，民坠涂炭，无所控诉，凡二百余年，然后大宋受命。太祖始制军法，使以阶级相承，小有违犯，咸伏斧质。是以上下有叙，令行禁止，四征不庭，无思不服，宇内乂安，兆民允殖，以迄于今，皆由治军以礼故也，岂非诒谋之远哉！[②]

由此可见，司马光认为只有仁义礼制与纲常名分才是维持王道政治的核心，这一认识体现在其政治、军事、文化思想的各个方面，反映到他对历史价值观念的解释与评判中，就形成鲜明的道德评价标准和礼法褒贬原则，表现出宋代史家历史评价的特征。

朱熹是宋代理学的集大成者，尤其强调历史学以史证理的价值功能。他把天理视为裁断历史的最高准则，认为历史上的是非得失都应当上升

---

① 司马光：《资治通鉴》卷五六，汉纪四八，灵帝建宁二年，中华书局 1956 年版，第 1817 页。

② 司马光：《资治通鉴》卷二二〇，唐纪三六，肃宗乾元元年，中华书局 1956 年版，第 7065— 7066 页。

到天理的高度来审视,而研究历史的目的也就是要证明天理的永恒存在,是绝对真理。朱熹继承程颢和程颐的思想,进一步阐明历史演变存在天理。他说:"《六经》是三代以上之书,曾经圣人手,全是天理。三代以下文字有得失,然而天理却在这边自若也。"①认为儒家的《六经》乃是圣人研究上古社会得到的真理,而这种真理也存在于后代社会中,需要后世史家不断探讨和发明。他提出的治史目标是:"如读书以讲明道义,则是理存于书;如论古今人物以别其是非邪正,则是理存于古今人物;如应接事物而审处其当否,则是理存于应接事物。"②这种治史方法注重整体与感悟,而不注重分析和实证,不可避免地流于浮泛空疏,得出的结论不可能完全切合历史发展的实际情况。理学家"治史"还试图把历史全部纳入义理规范之中,以此作为考察历史的唯一准则,把弘扬儒学义理作为探究历史演变法则的宗旨。朱熹则把以义理为指导研究历史的宗旨阐述得更明确,提出"读史当观大伦理、大机会、大治乱得失"③的观念。这种主张有正确的一面,史家治史,不能仅仅注意细枝末节,应当关注历史上的治乱盛衰,把握历史演变法则。然而当朱熹进一步说明怎样揭示历史演变法则的时候,又从正确走向错误。他认为:

> 今人读书未多,义理未至融会处,若便去看史书,考古今治乱,理会制度典章,譬如作陂塘以溉田,须是陂塘中水已满,然后决之,则可以流注滋殖田中禾稼。若是陂塘中水方有一勺之多,遽决之以溉田,则非徒无益于田,而一勺之水亦复无有矣。读书既多,义理已融会,胸中尺度一一已分明,而不看史书,考治乱,理会制度典章,则是犹陂塘之水已满,而不决以溉田。若是读书未多,义理未有融会处,而汲汲焉以看史为先务,是犹决陂塘一勺之水以溉田也,其涸也可立而待也。④

他主张认识历史必须以明义理为要务,治史只有以儒家义理思想为指导,

① 黎靖德编:《朱子语类》卷一一,中华书局1986年版,第190页。
② 黎靖德编:《朱子语类》卷一八,中华书局1986年版,第391页。
③ 黎靖德编:《朱子语类》卷一一,中华书局1986年版,第196页。
④ 黎靖德编:《朱子语类》卷一一,中华书局1986年版,第195页。

把它作为衡量历史的尺度，才能够对古今历史事件和典章制度作出价值判断，否则历代治乱兴衰只不过是一幕幕相互争夺的闹剧，看不出有什么意义。朱熹说："看史只如看人相打，相打有甚好看处？"[①]要想看出历史的意义，就必须坚持"读书须是以经为本，而后读史"[②]的原则，具体的读书次序是："凡读书，先读《语》《孟》，然后观史，则如明鉴在此，而妍丑不可逃。若未读彻《语》《孟》《中庸》《大学》，便去看史，胸中无一个权衡，多为所惑。"[③]因此，先经后史和以经统史成为朱熹评价历史的标准。他在评价三代与后代历史的差别时说：

> 夫人，只是这个人；道，只是这个道，岂有三代、汉、唐之别。但以儒者之学不传，而尧、舜、禹、汤、文、武以来转相授受之心不明于天下，故汉唐之君虽或不能无暗合之时，而其全体却只在利欲上。此其所以尧、舜、三代自尧、舜、三代，汉祖、唐宗自汉祖、唐宗，终不能合而为一也。……盖举其始终而言，其合于义理者常少，而其不合者常多；合于义理者常小，而其不合者常大。[④]

在朱熹看来，"道"贯穿于古今历史之中，没有三代与后世的区别，然而上古三代之君重于仁义，所以实现王道政治；后世之君重于利欲，所以实现霸道政治。他主张"自秦汉而下，须用作两节看"[⑤]，认为天理不但是划分历史阶段的标准，而且是评价历史人物的尺度。例如管仲，孔子曾经视之为仁人，然而朱熹却说："管仲之功，伊、吕以下，谁能及之！但其心乃利欲之心，迹乃利欲之迹，是以圣人虽称其功，而孟子、董子皆秉法义以裁之，不少假借。"[⑥]他在这里只承认管仲的功业，而抽掉了孔子评价管仲的精髓，指斥其主观思想与客观行事不应具有功名利欲。即使对于汉高祖、

---

① 黎靖德编：《朱子语类》卷一二三，中华书局 1986 年版，第 2965 页。

② 黎靖德编：《朱子语类》卷一二二，中华书局 1986 年版，第 2950 页。

③ 黎靖德编：《朱子语类》卷一一，中华书局 1986 年版，第 195 页。

④ 朱熹：《朱子大全》之《朱文公文集》卷三六《答陈同甫》，《四部备要》，中华书局 1989 年版，第 569 页。

⑤ 黎靖德编：《朱子语类》卷四七，中华书局 1986 年版，第 1181 页。

⑥ 朱熹：《朱子大全》之《朱文公文集》卷三六《答陈同甫》，《四部备要》，中华书局 1989 年版，第 570 页。

唐太宗这样的有为君主,朱熹也认为其行为不符合纲常名教准则。他指出:

> 视汉高帝、唐太宗之所为而察其心,果出于义耶,出于利耶?出于邪耶,正耶?若高帝,则私意分数犹未甚炽,然已不可谓之无;太宗之心,则吾恐其无一念之不出于人欲也,直以其能假仁借义以行其私,而当时与之争者,才能知术既出其下,又不知有仁义之可借,是以彼善于此而得以成其功耳。若以其能建立国家,传世久远,便谓其得天理之正,此正是以成败论是非,但取其获禽之多,而不羞其诡遇之不出于正也。①

可见在朱熹的思想中,以儒家纲常名分为主体的天理才是历史人物的评价标准,合乎天理者才能肯定,反对以成败论是非得失。按照这个标准,他指出三代君主都心存公道,顺天理行事,成为内圣外王的圣贤人物;而三代以下的君主则是心存利欲,贪图功绩,即使偶尔暗合于天理,但主要还是负面性质居多,被斥之为霸主,所以都不值得肯定。

应当指出,宋代理学家和史学家仅仅把他们所认定的道德评价作为衡量历史事实的价值标准,具有很大局限性,因为历史事件的性质和历史人物的功过是极其复杂的,完全从狭隘的道德角度看问题,很难做出符合历史事实的评价,往往导致苛求前人的评价误区。正如清代四库馆臣一针见血地批评胡寅《读史管见》历史评价谬误时所指出的那样:“其论人也,人人责以孔、颜、思、孟;其论事也,事事绳以虞、夏、商、周。名为存天理,遏人欲,崇王道,贱霸功,而不近人情,不揆事势,卒至于窒碍而难行。”②事实上,用理学家所认定的道德标准要求历史人物,不仅无法使道德标准与历史人物的行为相互吻合,而且难以正确评价历史人物的实际历史地位,这样得出的结论必然不符合历史的真实情况,最终导致史论空洞虚玄发展的趋势。

① 朱熹:《朱子大全》之《朱文公文集》卷三六《答陈同甫》,《四部备要》,中华书局 1989 年版,第 566—567 页。

② 永瑢等:《四库全书总目》卷八九《读史管见提要》,中华书局 1965 年版,第 757 页。

第二节　反理学的评价标准[①]

一、注重事功与经制的评价标准

宋代史学思想的发展呈现出鲜明的地域性发展趋势。[②] 在几个地域史学中，浙东史学关于重事功与经制的历史人物评价标准，不但可以和理学的评价标准并驾齐驱，而且在很大程度上对理学评价标准作了批判与补充，为中国古代历史理论的丰富和发展作出了重大贡献。

吕祖谦是浙东史学的重要代表人物，反对理学家把天理视为历史撰述的圭臬，摒弃空谈义理性命的理学思想。他认为考察历史不能从抽象的天理出发，而是应该从历史的具体实际出发。吕祖谦指出：

> 大抵看史，见治则以为治，见乱则以为乱，见一事则止知一事，何取观史？当如身在其中，见事之利害，时之祸患，必掩卷自思，使我遇此等事，当作如何处之？如此观史，学问亦可以进，知识亦可以高，方为有益。[③]

正因为吕祖谦注重实际，不尚空谈，所以反对理学家以正心诚意为宗旨的

① 关于中国学术思想史上是否存在理学和反理学的斗争，学术界一直存在分歧。多数学者认同宋明以后思想领域存在理学和反理学之争，承认"反理学在当时是一种事实上的存在"（参见范立舟：《宋代思想学术史论稿》，澳亚周刊出版有限公司 2004 年版，第 251 页）。反理学思潮包含两个方面：一个方面是建立在强权政治和门户之见基础上的非学术层面的政治运动，例如南宋的庆元党禁即是如此；另一个方面是建立在不同治学理念上的学术层面的理论批评，例如南宋的王霸义利之争即是如此。这里所说的反理学评价标准，是就后一个层面而言，目的在于揭示宋明理学思想之外的史家关于历史人物评价标准的内涵。

② 吴怀祺先生指出：宋代史学发展的一个重要表现是地域性的史学的特征逐步形成。……就我们所掌握的材料来看，至少有三个地区的史学有自己的学风特征，一是浙东史学，一是蜀中史学，一是江西史学。参见《宋代史学思想史》，黄山书社 1992 年版，第 227 页。

③ 吕祖谦：《吕东莱文集》卷一九《史说》，《丛书集成初编》，中华书局 1985 年新一版，第 431 页。

圣人史观,提倡"讲实理,育实才,而求实用"[①]经世致用思想。他评价历史人物,指出历代圣贤只不过是勤于事物的杰出人物,而不是超凡入圣的神明贤智。吕祖谦不同意朱熹等理学家美化上古三代帝王的做法,指出这不符合历史事实。历史是向前发展的,无论古代和当代,都必须有所作为,建功立业。他认为:

> 天下之事,向前则有功;不向前,百年亦只如此。盖往则有功也。天下之事,方其蛊也,皆有可畏之势,如大川之滔滔然。于此而往焉,则有事而可治矣。如宪宗、武宗平淮、蔡、泽、潞,当时朝臣阻者甚多,以谓根深蒂固,牢不可破。二君唯断然而往,故克济。[②]

历史的发展需要靠人们的不断努力,否则历史也就停止前进了。因此,吕祖谦提出无论历史上的王道还是霸道,都需要人们具有明确的奋斗目标。他说:"天下之为治者,未尝无所期也。王期于王,霸期于霸,强期于强,不有以的之,孰得而射之?不有以望之,孰得而趋之?志也者,所以立是期也;动也者,所以赴是期也;效也者,所以应是期也。"[③]有了目标,积极去行动,就能创造成绩,推动历史前进。吕祖谦指出,三纲五常名教等社会伦理制度,绝非某个圣人出于一己之力的结果,而是藉众人之力而共建的社会历史产物。例如尧舜时代,"古人灼见天地之间,无独立之理,故必皇皇汲汲,往求亲比。如尧舜孜孜稽于众,舍己从人之类。盖谓天下非一人所为,故必以天下之耳为耳,以天下之目为目"[④]。因此,吕祖谦提出评价历史人物不能以主观私见为标准,而必须以客观实际为标准。他根据这个标准,否定了帝王"心术"正与不正的理论,反对"帝王独运万机"之说,认为决定国家大事和社会进步的并非帝王个人行事,必须"合群策,定成算,次第行之",然后才能"广揽豪杰,共集事功"[⑤]。吕祖谦坚决反对帝王独任一己之聪明,强调必须听取臣下意见,这是关系到朝代盛衰

① 吕祖谦:《吕东莱文集》卷二《太学策问》,《金华丛书》本,第21页。
② 吕祖谦:《吕东莱文集》卷一二《易说》,《金华丛书》本,第289页。
③ 吕祖谦:《东莱博议》卷三,上海书店1988年版,第167页。
④ 吕祖谦:《吕东莱文集》卷一二《易说》,《金华丛书》本,第275页。
⑤ 吕祖谦:《吕东莱文集》卷一《乾道六年轮对札子二首》,《金华丛书》本,第14页。

存亡的大问题。他说："汉武帝穷侈、淫刑、黩武，比秦、隋无几。然秦、隋亡而汉不亡者，要须深思。二世、炀帝只以下情不通，故亡。汉武下情却通，只轮台诏可见。外面利害，武帝俱知之。国之存亡，只看下情通塞。"[①]由此说来，社会历史总是向前发展的，而发展变化的过程是通过人的力量来实现。吕祖谦高度重视人在历史变革中的作用，并且反对理学家所谓的社会历史发展的决定因素取决于帝王心术的纯正，从而否定了圣人创造一切的历史观。

陈亮在浙东学术史上占有重要地位，通过与朱熹进行王霸义利之辨，以功利之学反对理学，形成独树一帜的事功学派。他反对理学家把"道"视为一种绝对的形而上学的先验设定，而是认为"道"是在人的实践活动中所展现的客观实在。陈亮说："道之在天下，平施于日用之间，得其性情之正者，彼固有以知之矣。当先王之时，天下之人其发乎情，止乎礼义，盖有不知其然而然者。先王既远，民情之流也久矣。而其所谓平施于日用之间者，与生俱生，固不可得而离也。"[②]这就说明道不能脱离人类现实生活而存在，寓于事物存在本身之中。陈亮认为："夫道之在天下，何物非道！千途万辙，因事作则。"[③]"道"的存在不可能超然独立于具体事物之外，只有凭借事物的存在，才能反映出道的面貌。他断言："天下岂有道外之事哉！……夫道非出于形气之表，而常行于事物之间者也。……天下固无道外之事也。"[④]"道"不仅寓于事物，而且是一种体现在人们主体实践活动中的客观存在。陈亮指出：

> 人之所以与天地并立而为三者，非天地常独运而人为有息也。人不立则天地不能以独运，舍天地则无以为道矣。夫"不为尧存，不为桀亡"者，非谓其舍人而为道也。若谓道之存亡非人所能与，则舍人可以为道，而释氏之言不诬矣。使人人可以为尧，万世皆尧，则道岂不光明盛大于天下！使人人无异于桀，则人纪不可修，天地不可

① 吕祖谦：《吕东莱文集》卷二〇《杂说》，《金华丛书》本，第451页。
② 陈亮：《陈亮集》卷一〇《经书发题・诗经》，中华书局1974年版，第100—101页。
③ 陈亮：《陈亮集》卷一九《与应仲实》，中华书局1974年版，第260页。
④ 陈亮：《陈亮集》卷九《勉强行道大有功》，中华书局1974年版，第97页。

> 立,而道之废亦已久矣。天地而可架漏过时,则块然一物也;人心而可牵补度日,则半死半活之虫也。道于何处而常不息哉!……高祖、太宗及皇家太祖,盖天地赖以常运而不息,人纪赖以接续而不坠,而谓道之存亡非人之所能预,则过矣。汉唐之贤君果无一毫气力,则所谓“卓然不泯灭”者,果何物邪?道非赖人以存,则释氏所谓千劫万劫者,是真有之矣。①

既然“道”之存亡必为人力所干预,而人又是历史的产物,故“道”的演变必然表现为历史性变动。换言之,只有从历史变动的轨迹去寻找,才能揭示社会历史演变之“道”。历史发展具有不间断性,因而“道”的发展也就必然具有连续性。陈亮说:

> 洪荒之初,圣贤继作,道统日以修明,虽时有治乱,而道无一日不在天下也。而战国秦汉以来,千五百年之间,此道安在?而无一人能识其用,圣贤亦不复作,天下乃赖人之智力以维持,而道遂为不传之妙物,儒者又何从而得之,以尊其身而独立于天下。②

这是针对理学家把三代与后世截然割裂,认为三代是王道政治,圣人全秉天理;而后世社会是霸道政治,社会道德沦丧的观念所提出的质疑。因此,陈亮主张王道和霸道并重,而且认为霸道也是来源于王道。他说:“谓之杂霸者,其道固本于王也。”③这一结论源于历史发展的连续性:“夏、商、周之制度定为三家,虽相因而不尽同也。五霸之纷纷,岂无所因而然哉!”④他通过历史的考察,批评理学家所谓“二千年之君子皆盲眼不可点洗,二千年之天地日月若有若无,世界皆是利欲,斯道之不绝者仅如缕耳”⑤的历史倒退观念,提出以建立事功而“德在生民”为原则的历史人物评价标准。这种评价标准不是依据历史人物的言论和动机,而是根据

---

① 陈亮:《陈亮集》卷二〇《又乙巳春(与朱元晦)书之一》,中华书局1974年版,第285—287页。

② 陈亮:《陈亮集》卷二八《钱叔因墓碣铭》,中华书局1974年版,第421页。

③ 陈亮:《陈亮集》卷二〇《又甲辰秋(与朱元晦)书》,中华书局1974年版,第281页。

④ 陈亮:《陈亮集》卷二〇《又乙巳春(与朱元晦)书之一》,中华书局1974年版,第285页。

⑤ 陈亮:《陈亮集》卷二〇《又乙巳秋(与朱元晦)书》,中华书局1974年版,第293页。

其对社会做出的贡献大小，具有明显的功利主义原则。

陈亮反对理学家把秦汉以下的历史排斥在道统之外的谬误，主张把道统贯穿于整个历史过程。他说：

> 孔、孟以天下之贤圣，而适当春秋、战国之乱，卒不得行其道以拯民于涂炭者，无其位也。……苟诚其人而欲得其位者，其心犹可察也。使汉唐之义不足以接三代之统绪，而谓三四百年之基业可以智力而扶持者，皆后世儒者之论也。世儒之论不破，则圣人之道无时而明，天下之乱无时而息矣。悲夫！①

正是从功利主义原则出发，陈亮一反朱熹等人的做法，给予汉高祖刘邦和唐太宗李世民很高的评价。在陈亮看来，汉唐之治虽比不上三代，却能够根据形势发展需要，采用变通之道，故不悖于上古三代圣人之道。他指出：

> 自孟、荀论义利王霸，汉唐诸儒未能深明其说。本朝伊洛诸公辨析天理人欲，而王霸义利之说于是大明。然谓三代以道治天下，汉唐以智力把持天下，其说固已不能使人心服。而近世诸儒遂谓三代专以天理行，汉唐专以人欲行，其间有与天理暗合者，是以亦能久长。信斯言也，千五百年之间，天地亦是架漏过时，而人心亦是牵补度日，万物何以阜蕃，而道何以长存乎！故亮以为汉、唐之君本领非不洪大开廓，故能以其国与天地并立，而人物赖以生息。惟其时有转移，故其间不无渗漏。曹孟德本领一有跷欹，便把捉天地不定，成败相寻，更无着手处。此却是专以人欲行，而其间或能有成者，有分毫天理行乎其间也。诸儒之论，为曹孟德以下诸人设可也，以断汉、唐，岂不冤哉！高祖、太宗，岂能心服于冥冥乎！②

理学家的观点不仅否定了汉唐之治的合理性，而且由于不承认秦汉以下的历史存在于道统之中，实际上否定了“道”的连续性，阻断了人们追求“道”的欲望。对此，陈亮给予坚决的反驳。他说：

---

① 陈亮：《陈亮集》卷三《问答上》，中华书局 1974 年版，第 33 页。

② 陈亮：《陈亮集》卷二〇《又甲辰秋（与朱元晦）书》，中华书局 1974 年版，第 281 页。

心有时而泯,可也;而谓千五百年常泯,可乎?法有时而废,可也;而谓千五百年常废,可乎?至于"全体只在利欲上"之语,窃恐待汉、唐之君太浅狭,而世之君子有不厌于心者矣。……一生辛勤于尧舜相传之心法,不能点铁成金,而不免以银为铁,使千五百年之间成一大空缺,人道泯息而不害天地之长运,而我独卓然而有见,无乃甚高而孤乎!宜亮之不能心服也。①

如果按照理学评价标准,否定秦汉以下历史发展的合理性,就等于人为割断了历史的联系。陈亮认为三代圣王也使用武力,夹杂霸道;而汉唐之君尽管有"闭眼胡做"之时,但不能以偏概全,断言秦汉之后人们行事"全体只在利欲上",把两千多年的历史看作漆黑一团。这种历史评价标准符合历史地看问题原则,具有历史主义方法论的价值和意义。

南宋事功学派的另一位代表人物是叶适,在当时士人中有举足轻重的地位和影响。正如清代学者全祖望所说:"乾、淳诸老既殁,学术之会,总为朱、陆二派,而水心断断其间,遂称鼎足。"②叶适作为浙东事功经制思想的集大成者,对理学的批评也极其深刻,最关键的是反对理学家以道统作为历史评价标准。他说:"道学之名,起于近世儒者。其意曰:举天下之学,皆不足以致其道,独我能致之,故云尔。其本少差,其末大弊矣。"③指出道统之说不过是唐宋学者唯我独尊、排斥学术异己的产物,与历史事实往往不相符合。具体说来,叶适并不否认尧舜到孔子之道,即承认宋代理学家所谓道统的前半部分,而认为道统的后半部分背离了根本之道。他指出:"自尧、舜、禹、汤、文、武、周公、孔子,所传皆一道。孔子以教其徒,而所受各不同。以为虽不同,而皆受之于孔子则可;以为尧、舜、禹、汤、文、武、周公、孔子之所以一者,而曾子独受而传之人,大不可也。"④正是由于宋代理学家认为曾参独传孔子之道,以及于孟子,直至宋

① 陈亮:《陈亮集》卷二〇《又乙巳春(与朱元晦)书之二》,中华书局 1974 年版,第 290 页。

② 黄宗羲等著:《宋元学案》卷五四《水心学案上》,中华书局 1986 年版,第 1738 页。

③ 叶适:《叶适集》之《水心文集》卷二七《答吴明辅书》,中华书局 1961 年版,第 554 页。

④ 叶适:《习学记言序目》卷一三,中华书局 1977 年版,第 188 页。

代理学兴起,才使得道统体系臻于完善。叶适否定曾子传道,认为其"欲求之于心"的方法经子思、孟轲进一步发展,偏离了自尧至孔子因事明理的大道。他说:

《诗》云"有物有则",子思称"不诚无物",而孟子亦自言"万物皆备于我"矣。夫古人之耳目,安得不官而蔽于物?而思有是非邪正,心有人道危微,后人安能常官而得之?……盖以心为官,出孔子之后;以性为善,自孟子始。然后学者尽废古人入德之条目,而专以心性为宗主,致虚意多,实力少,测知广,凝聚狭,而尧、舜以来内外交相成之道废矣。①

叶适认为自尧至孔子时代的大道皆是"内外交相成",即事功经制与内心修养并重,而孟轲和荀况却斤斤于争辩人之性善与性恶,完全陷入内心反省的偏颇一途,背离了大道之宗旨。他说:

按后世言道统相承,自孔氏门人至孟、荀而止。孔氏未尝以辞明道,内之所安则为仁,外之所明则为学,至于内外不得而异称者,于道其庶几矣。子思之流,始以辞明道,辞之所之,道亦之焉,非其辞也,则道不可以明。孟子不止于辞,而辩胜矣。……学者苟知辞、辩之未足以尽道,而能推见孔氏之学,以上接圣贤之统,散可复完,薄可复淳矣。不然,循而下之,无所终极,断港决潢,争于波靡,于道何有哉!②

很明显,既然曾参到孟、荀背离了自尧至孔子一脉相承之道,那么宋代理学所标榜的天人性命之学也就更加不符合大道,以理学思想为评价标准更不能正确明道。这个结论,对宋代理学是一个致命的打击,从学理上批判了他们仅仅注重道德评价而不注重事功评价的错误理念与方法。叶适与理学家崇古复古的思想不同,主张"论前世之帝王得失成败可考之迹"③,强调以史为鉴。他主张以史为鉴应当师其意而不袭其迹:"治后世之天下,而求无失于古人之意,盖必有说,非区区陈迹所能干也。"④因此,

① 叶适:《习学记言序目》卷一四,中华书局1977年版,第207页。

② 叶适:《习学记言序目》卷四四,中华书局1977年版,第654页。

③ 叶适:《叶适集》之《水心别集》卷一《君德一》,中华书局1961年版,第634页。

④ 叶适:《习学记言序目》卷八,中华书局1977年版,第101页。

叶适坚决反对复古主张，认为“后世之所以为不如三代者，罪在于不能使天下无贫民耳，不在乎田之必为井不为井也”①。他虽然囿于儒家传统观念的影响，未能跳出推崇三代之治的窠臼，但却不主张无限美化。他对后人一味迷信孔子赞美上古三代的做法提出批评，认为“所贵于孔子者，贵其存古，非贵其作古也，于其义有所不尽者发之”②；甚而至于更明确地指出：“若但将王政说令好看，而不求其实，则是以空言誉古人，于治道无可进之理”③。正因为叶适具有上述明确认识，所以反对朱熹等人将天理作为历史评价标准的圭臬，大力提倡从史实本身出发评价历史，力戒空谈义理之风。他说：“以空文为实事，其害浅，易正也，质之以实则信矣。以实事为空文，则其害深而难正，以为虽实犹弗信也。”④叶适以孟子为例，指出道德评价标准的局限说：

> 以万章所问舜、象、禹、益、伊尹、百里奚事考之，知昔人固多汩于所闻，而不订之理义。岂惟昔人，而后人亦莫不然。然后人之谬妄，则不如昔之甚者，以后之史详而昔之史略也。然订之理义，亦必以史，而后不为空言。若孟子之论理义至矣，以其无史而空言，或有史不及见而遽言，故其论虽至，而亦人之所未安也。⑤

这就是说，历史评价应当实事求是，尊重历史事实，而不能按照评价者的主观标准任情褒贬，脱离实际。否则尽管议论很好，说理透彻，但离开史实，缺乏针对性，这种议论褒贬充其量只能说是政论或说理，而绝对不属于历史评价。叶适对理学评价标准的批评，确实揭示了理学家驰骋议论的要害，而针锋相对提出的重事务实的历史评价标准。

二、突出历史之是非相对性的评价标准

明代历史评价中反理学的评价标准产生于明代后期，而反理学评价

① 叶适：《叶适集》之《水心别集》卷二《民事下》，中华书局 1961 年版，第 656 页。

② 叶适：《习学记言序目》卷九，中华书局 1977 年版，第 120 页。

③ 叶适：《习学记言序目》卷二二，中华书局 1977 年版，第 310 页。

④ 叶适：《习学记言序目》卷九，中华书局 1977 年版，第 120 页。

⑤ 叶适：《习学记言序目》卷一四，中华书局 1977 年版，第 205 页。

标准的出现以至不断发展壮大，又进一步推进了明代史学走出畸形发展途径，回归正常的发展道路。

祝允明在考察前人异端思想的基础之上，对以三纲五常伦理道德为内涵的宋明理学提出挑战。他虽然没有专门撰写史学著作，但在其作品中却寓含着丰富的史论，具有鲜明的反理学评价标准。他指出：

> 允明异夫近代学士，辨之弗明，辄措安之，往往视古人臧否事为应趋背劝惩，每至朱紫易采，土炭倒衡。非尽由其不思，抑党同比周，迷弃本情，怵事以乏勇也。于是素所研揽，好恶必察；平心反复，群而不党；姣丑既辨，予夺皎然。其间慕善若懿亲，疾奸犹至仇，烝民秉彝，迥鉴既得，何必强抑皇畀，偏逐时情者哉！①

这表明祝允明自觉认识到理学家们在历史评价中出于门户之见，往往得出偏颇的结论。而他的做法则是一反理学家所为，在历史评价中平心察情，对历代人物的善恶是非重新作评价。祝允明首先从学理上对理学提出批评，以朴素历史的眼光考察学术演变的历程，对程朱理学的地位作了评价。他说：

> 谓[理学]与先儒并，可也；谓先儒之驳者不及其精，时有过之，与之上下，亦可也。必以为集大成，都废前烈，前无古人，后无来者，后百千年，一守不迁，不知可不可也？亦不知果能如所望否也？又不知后有起而标置分北润益之，亦如今与之于昔人者否也？②

祝允明认为汉唐传统学术博大精深，“试一阅两汉、魏晋、六代、隋唐遵圣之学，其义理指致，度数章程，为何等精密弘博”，为学人遵循之正统；然而宋人“都掩废之”，致使“学术尽变于宋”③，背离了圣贤之道。根据这一评价标准，他对宋明时期倍受尊崇的程朱理学重新审视，提出善恶从违之辩的问题：

> 所谓道学者，善耶？恶耶？曰：“有善有恶。”恶有学以道而不善

---

① 祝允明：《祝子罪知录》自序，明万历刻本。

② 祝允明：《祝子罪知录》卷五，明万历刻本，第66页。

③ 祝允明：《怀星堂集》卷一〇《学坏于宋论》，《文渊阁四库全书》，台湾商务印书馆1986年版，第1260册，第510页。

者？曰："诚伪之辨而已。诚者，天之道也；如为道学者，名实皆诚，斯善已。若名是实非，斯伪也，伪则恶已。……谓道学非而违之，则获罪于天矣；谓伪学非而违之，则获祸于人矣；谓伪学是而从之，则亦获罪于天矣。与获罪于人，宁以之易获罪于天者哉！何欤？天，诚也；人，伪也。天也者，即彼所称道之大原所出者也，吾敢不畏之，而谬其是非从违也欤！"①

这就点出理学虽高悬道德标准，而其流变实际上已蜕变为功名利禄和排斥异己的角逐之场。主流之善可从，末流之弊应违，这是正确的历史评价态度。因此，祝允明把理学末流斥之为表里不一的伪道学：

使为之者一出于诚，所谓三纲五典、仁义礼智、忠信廉耻、诚意正心、修身齐家、治国平天下诸云云者，莫非躬行实蹈，表里一致，由是而贤而圣，岂非道学之真，而万事当遵者乎！……若朱子者，吾固不敢真以为伪；而后来攀援附托而为之者，则已如所称者之伪，千诡百怪，有不胜言而不容掩者，此则其徒之罪也。窃其名而反其实，既享其名，又收其利，所谓名利之兼得者，非徒今世之罪人，先王之罪人，圣门之罪人，而亦程朱诸子之罪人也。……惟愿学者于道学之云，必从其真而不从其伪，不在门户，而实务践履；端其操存，而坦其轨辙，毋作圣贤天地时世之羞，适以欺己罔人，并累程朱之真，而获罪于天焉耳。②

从诚伪关系区分理学的主流与末流，这一评价标准确实具有高明之处，不仅对宋明理学正本清源，而且开启后人批判理学思想的先河。晚明的王世贞、李贽，直至清代的章学诚，都遵循这一批评标准，进一步从学理上对宋明理学作了清算，继承和发扬了祝允明的批判精神。

其次是祝允明对历代人物的评价，大多具有独到见解，例如对孟子的性善说和荀子的性恶说均不赞同，指出：

夫性必有恒，有恒非尽善也，非尽恶也。有善者也，有恶者也，有

① 祝允明：《祝子罪知录》卷五，明万历刻本，第72页。

② 祝允明：《祝子罪知录》卷五，明万历刻本，第73—74页。

善恶交并者也。善者甚寡，羲、炎之类也；恶者亦甚寡，蚩、苗之类也；并交之类一而其剂分，彼此侵互，为品极繁，殆不可算。[①]

按照这个标准，他把历史人物区分为几大类，分别加以评价。从根本上说，祝允明的评价标准仍然局限在儒家忠孝节义和重夏轻夷的范围，但因和理学家站在不同角度和不同立场评价历史人物，所以能够得出与传统观念不同的结论，有的甚至大相径庭。例如理学家站在商周圣人之治的立场上讲汤、武革命，祝允明则站在夏商的立场上认为汤、武非圣人，而伯夷、叔齐是圣人；伊尹非忠臣，而管、蔡、武庚是忠臣孝子，因为“臣不得放弑乱君，子不得放弑顽父，万物不得轻易可憾之天地”[②]。又如理学家站在用夏变夷的立场上肯定许衡、吴澄、赵孟頫诸人为醇儒，祝允明则站在内华夏而外夷狄的立场上认为“许衡、吴澄，忠之蠡也；赵孟頫，孝之螟也”，因为数人乃“裔夷之良佐，诸夏之叛民，王室之不才子也，行、学、文艺何有焉”[③]！再如理学家站在崇儒排老的立场上扬孟抑庄，祝允明则站在返归元典文化的立场上肯定庄周为“亚孔子一人”，而孟子则是“纵横者流，不可谓贤人”[④]。凡此等等，把理学家所建立的商汤、周武、孟子等道统中的理想圣贤统统推倒，极大地触动了理学家的精神偶像，起了反传统先驱的作用。

王世贞是明代又一位对理学提出批评的学者，通过咏史和史论形式评价历史人物，提出与宋明理学相对立的评价标准。其历史评价突出的特点是强调历史是非的相对性，表达主体评价的独立见解，对历史作出全新的评价。王世贞的历史是非相对性评价标准的形成，在很大程度上是受祝允明的影响。他在为祝允明作的书序中指出：

王子曰：是非之变若棼丝。然有一人之是非，有一事之是非，有片言可折之是非，有千古不决之是非。后之君子且奈何？亦存其迹而已矣。曷为存其迹？曰有案矣，曰有断矣。则未知其是是而非非

① 祝允明：《祝子罪知录》卷二，明万历刻本，第 21 页。
② 祝允明：《祝子罪知录》卷一，明万历刻本，第 1 页。
③ 祝允明：《祝子罪知录》卷三，明万历刻本，第 50 页。
④ 祝允明：《祝子罪知录》卷一，明万历刻本，第 9 页。

也。与其所以取是非者,的然而无万一讹也。信传信,疑传疑,一人不以一事蒙,一事不以一人废,开眼界于片言,甯齿余于千古,好而知其恶,恶而知其美,殆庶几焉。若曰同不足以标胜,姑以异为奇,其不然,倒道而言,君子弗言也。要使束修之儒,顾影自畏,善虽小而务聚,慝虽细而必捐,则君子表微之功,于斯为大。或曰尚父戮华士而周公咎之,颜回攫釜而孔子疑,圣哲相信之素,目击之事,而犹尔尔,又况其纷如者乎,安用存?虽然,天下而无是非可也;天下而有是非也,与其过而亡,宁过而存。磨鉴考衡,揆遐剔幽,小人恐矣,君子则否。夫然则知我罪我,奚恤焉!祝子所为,综是非之案,断而命曰《罪知》者,意如此。……其书上下今昔,阐扬微慝,卓然是非之宗匠焉。①

这里强调历史是非的相对性,而对历史是非的普遍性加以否定,因而判断是非的标准是不确定的,总是因人、因事、因时而转移,而且历史是非很不容易确定,常常会判断失误,这就要求评价主体作出自己的价值判断,不为他人所左右。王世贞对历史人物的评价,一反理学家注重道德评价的方法,强调识其理势,考其时势,突出"人固不可以成败论"②的原则,主要看其事功效果。他对荀子的评价,就和宋代理学家截然不同:

吾读荀氏书,其言性恶礼矫,大抵多愤嫉过中之旨,则岂唯小疵已哉!至云"养心莫善乎诚",有味乎,其言之也!夫诚者,真实不妄也。对诚之者而言,则圣人事也;偏而言之,则彻上下语也。宋儒举而非之曰:"既诚矣,心安用养耶?如以辞而已矣。"孔子之告哀公曰:"思事亲,不可以不知人;思知人,不可以不知天。"其为荀氏语也,宋儒当复举而非之曰:"是天亲而外铄也,是上达而下学也,抑何谬戾失序也!"宋儒之好刺非古而专其尊若此。③

充分肯定了荀子立论的价值,没有附和宋人的评价观点,表达了自己独立

---

① 王世贞:《祝子罪知录》卷首序,明万历刻本。

② 王世贞:《读书后》卷二《书诸葛亮等传后》,《文渊阁四库全书》,台湾商务印书馆 1986 年版,第 1285 册,第 27 页。

③ 王世贞:《弇州山人四部稿》卷一一二《读荀子》,明万历刻本,第 1226 页。

的价值判断。王世贞对秦始皇和汉武帝的评价，尽管也从道德上鞭挞其穷兵黩武、劳民伤财、专制好杀等等不足为训，但主要还是肯定两人的丰功伟绩对历史发展的促进作用。①

理学家认为上古三代是黄金时期，后世道德衰亡，五霸是三王之罪人，秦皇、汉武又是五霸之罪人，一代不如一代。王世贞则以历史进步的眼光，评价秦汉时期文明远迈上古，秦皇、汉武的功绩大大超过尧、舜。这一评价结论，无疑是非常正确的。再如对冯道的评价，欧阳修从理学三纲五常的角度看问题，认为冯道历事四姓，寡廉鲜耻，无耻之尤；而王世贞则不以儒家标准给予评价：

> 冯道，一椎鲁士耳，历相十余君而不死，此何故哉？遇治则入，遇乱则出，入则必相，出则为巨藩，位三公，爵真王，而卒以令终。彼非能贿免也，非阿谀取容也，又非有布衣之故也，彼盖得庄、老之术而善用之。夫不忮、不畏、不名、不术、推分、任真，此六者，庄、老之所贵也，而夫子之所谓似，而恶其为乡愿者也。②

这种不从伦理道德入手，而是历史地看问题的评价方法，表现出与众不同的特色。即使对于历史上少数民族的杰出人物，王世贞也不囿于华夷之辨的传统观念，而给予正确评价。他评价粘罕说：

> 自古夷狄之得志于中原者，毋若金；而金之所以得志者，皆粘罕为之也。其速于取辽而缓于定宋，皆有说。……夫粘罕一小虏耳，取燕下汴，算无遗策，涸宋之府库而不与其富，建策立太祖之冢嫡而其主不能夺，使金之吴乞买得贤于宋之太宗。嘻，孰谓胡无人哉！③

不但充分肯定粘罕的历史功绩，承认其历史地位，而且认为金太宗比宋太宗贤明，这种态度和理学家一味贬低少数民族人物历史作用的做法，形成鲜明对比。不仅如此，王世贞甚至断言如果淝水之战前秦灭掉东晋，文治

---

① 王世贞：《读书后》卷五《读秦本纪一》，《文渊阁四库全书》，台湾商务印书馆 1986 年版，第 1285 册，第 60—61 页。

② 王世贞：《读书后》卷三《书冯道传后》，《文渊阁四库全书》，台湾商务印书馆 1986 年版，第 1285 册，第 44 页。

③ 王世贞：《弇州山人四部稿》卷一一〇《史论·尼玛哈》，明万历刻本，第 1212 页。

武功将超越汉、唐。他说:“若[苻]坚取晋而以仁义守天下,后世不得不以正统归之,夫岂惟晋、隋,又宁在唐下也?”①这样的言论,是理学家无论如何也不敢说和不愿说的。由此可见,王世贞对历史人物的评价已经超越迂腐的道德范畴,根据客观时势给予恰如其分的评价。这种评价方法较多地继承了祝允明的学风,又开启李贽评价历史人物标准之先河,在中国古代历史理论发展的环节中具有承前启后的作用。

李贽是明代最具历史批判意识的史学家,坚决反对以道德义理作为评价历史上是非善恶的标准,把历史是非相对性的认识发展到传统史学的顶峰阶段,确立了以历史发展中具体的实际功效评价历史的标准。他对战国至元代的历史演变过程作出理论上的解释说:

> 一治一乱若循环,自战国以来,不知凡几治几乱矣。方其乱也,得保首领,已为幸矣。幸而治,则一饱而足,更不知其为粗粝也;一睡为安,更不知其是广厦也。此其极质极野,无文之时也。非好野也,其势不得不野,虽至于质野之极,而不自知也。迨子若孙,则异是矣。耳不闻金鼓之声,足不履行阵之险,惟知安饱自适而已,则其势不及文固不止也。所谓其作始也简,其将毕也巨,虽神圣在上,不能反之于质与野也。然文极而天下之乱复起矣,英雄并生,逐鹿不已,虽圣人亦顺之尔。儒者乃以忠、质、文并言,不知何说?又谓以忠易质,以质救文,是尤不根之甚矣。夫人生斯世,惟是质、文两者,两者之生,原于治乱。其质也,乱之终而治之始也,乃其中心之不得不质者也,非矫也。其渐积而至于文也,治之极而乱之兆也,乃其中心之不能不文者也,皆忠也。夫当秦之时,其文极矣,故天下虽大乱而兴汉。汉初天子不能具均驷,虽欲不质可得耶!至于陈陈相因,贯朽粟腐,则自然启武帝大有为之业矣。故汉祖之神圣,尧以后一人也;文帝之用柔,文王羑里以后一人也。西楚继蚩尤以兴霸,孝武绍黄帝以增廓,皆千古大圣,不可轻议。群雄未死,则祸乱不息;乱离未甚,则圣神不

① 王世贞:《弇州山人四部稿》卷一一〇《史论·苻坚》,明万历刻本,第1207页。

生;一治一乱,于斯见矣。①

这是把历史的运动变化看作一个治乱盛衰相互嬗替的过程,揭示出质文盛衰相互转化的历史必然性。因此,李贽注重从整个历史演变的总过程中考察历史人物,以历代君主和大臣对历史进程与转折关键影响的大小,作出匠心独运的评价,打破和否定旧的道德论,提倡和树立新的实功论。这一理论所蕴含的历史评价标准,就是以历史是非相对性的认识为基础,为辩白评价历史人物"自古至今,多少冤屈"而不惜"与百千万人作对敌"②,最终要颠倒万世之是非,对历史上的是非善恶作出更加理性的价值评判。李贽认为:

> 人之是非,初无定质;人之是非人也,亦无定论。无定质,则此是彼非并育而不相害;无定论,则是此非彼亦并行而不相悖矣。然则今日之是非,谓予李卓吾一人之是非,可也;谓为千万世大贤大仁之公是非,亦可也;谓予颠倒千万世之是非,而复非是予之所非是焉,亦可也。则予之是非,信乎其可矣。前三代,吾无论矣。后三代,汉、唐、宋是也,中间千百余年,而独无是非者,岂其人无是非哉?咸以孔子之是非为是非,故未尝有是非耳!然则予之是非人也,又安能已?夫是非之争也,如岁时然,昼夜更迭,不相一也。昨日是而今日非矣,今日非而后日又是矣,虽使孔夫子复生于今,又不知作何如非是也,而可遽以定本行罚赏哉!③

宋元明时期,由于理学以儒家道德纲常为历史评价的唯一标准,极大地禁锢了人们对历史的认识,实际上造成全社会评价标准的趋同,导致整个官方学术思想陷入僵化保守境地。李贽楬櫫评价历史是非标准的相对性,是把人们对历史的价值判断置于不断变化的历史过程之中,突出评价标准具有历史性,从根本上冲破和否定了理学一成不变的评价标准,具有重大的启蒙意义和方法论价值。他指出:"夫人本至活也,故其善为至善,而其德为明德也。至善者,无善无不善之谓也。惟无善无不善,乃为至

---

① 李贽:《藏书》卷一《世纪总论》,中华书局 1959 年版,第 2 页。

② 李贽:《续焚书》卷一《与焦弱侯》,中华书局 1959 年版,第 42 页。

③ 李贽:《藏书》卷首《藏书世纪列传总目前论》,中华书局 1959 年版,第 1 页。

善;惟无可无不可,始为当可耳。若执一定之说,持刊定死本,而欲印行以通天下后世,是执一也,执一便是害道。”[①]这是对统治阶级一统专制文化政策发出的强烈抗议,提倡具有个体独立的价值观,否定一切领域中的专制权威。因为“天生一人,自有一人之用,不待取给于孔子而后足也。若必待取足于孔子,则千古以前无孔子,终不得为人乎!”[②]这就表明不能以一定的价值观念作为评定万世是非的圭臬。李贽对理学家所谓“道”在《六经》的思想提出异议:

> 夫《六经》《语》《孟》,非其史官过为褒崇之词,则其臣子极为赞美之语。又不然,则其迂阔门徒、懵懂弟子,记忆师说,有头无尾,得后遗前,随其所见,笔之于书。后学不察,便谓出自圣人之口也,决定目之为经矣,孰知其大半非圣人之言乎!纵出自圣人,要亦有为而发,不过因病发药,随时处方,以救此一等懵懂弟子、迂阔门徒云耳。药医假病,方难定执,是岂可遽以为万世之至论乎?然则《六经》《语》《孟》,乃道学之口实,假人之渊薮也,断断乎其不可以语于童心之言,明矣。[③]

他认为《六经》《论语》《孟子》等儒家经典中即使有治国安民之策,也不过是针对特定社会提出的措施,而不是包治百病的良方,不能适用于任何时代,万古遵循。所以,李贽根据这一认识,对历史人物的评价淡化道德观念,注重事功和效果的价值。例如被儒家屡屡讥刺为暴君的秦始皇,李贽却认为是“千古一帝”,并且评论汉武帝功业是“孝武帝乃大有为之圣人也”[④]。又如为理学家所不齿的冯道,其事功却被李贽所称道[⑤]。他对冯道的评价,不仅推崇其不计荣辱而明哲保身的道家养生之术,而且特别肯定其保身的同时又能使百姓免遭涂炭的功绩,这比仅仅注重从道义上评判的理学评价标准,显然更具有历史的意识,有益于探究历史发展之道

① 李贽:《藏书》卷三二《孟轲传》,中华书局1959年版,第520页。
② 李贽:《焚书》卷一《答耿中丞》,中华书局1961年版,第16页。
③ 李贽:《焚书》卷三《童心说》,中华书局1959年版,第98—99页。
④ 李贽:《藏书》卷三二《德业儒臣后论》,中华书局1959年版,第545页。
⑤ 李贽:《藏书》卷六八《吏隐外臣·冯道传》,中华书局1959年版,第1140—1142页。

的内涵。当然,这并不是说道德评价标准不重要,因为道德与事功是历史评价中不可或缺的两个方面,仅仅强调任何一方面都不可能全面认识历史上的善恶是非性质。李贽对历史是非的评价,正是在于扭转和超越宋明理学过分渲染道德动机的泛道德评价标准,弥补和强调以事功效果为标准对历史进行价值判断。从这个意义上说,李贽的评价标准在思想方面具有启蒙意义,在方法论方面具有历史理论价值,代表了宋明以来反理学思想的最高成就,对中国古代历史理论的丰富和发展作出了重要贡献。

第三节　合义理之说与时势之论的评价方法

一、"因时度势"的评价方法

明末清初史家王夫之著《读通鉴论》,通过大量有价值的对于客观历史的评论,包含着丰富的历史人物评价思想,形成了具有鲜明特色的历史评价方法论。

历史评论重在依据历史事实发表见解和史识,切忌空洞褒贬和滥发议论。正如《四库全书总目》"史评类"所说:

> 品骘旧闻,抨弹往迹,则才缗史略,即可成文。此是彼非,互滋簧鼓。故其书动至汗牛。又文士立言,务求相胜。或至凿空生议,僻谬不情。如胡寅《读史管见》讥晋元帝不复牛姓者,更往往而有。故瑕颣丛生,亦惟此一类为甚。①

这种说法虽不一定客观全面,但却指出宋明以来史论存在的积弊,仍然值得重视。

王夫之深刻地认识到了这个问题,其历史评论在很大程度上是有感于明朝灭亡的切肤之痛而发,抨击空洞议论对社会风教的腐蚀败坏,对朋

① 永瑢等:《四库全书总目》卷八八《史评类》序,中华书局1965年版,第750页。

党之争的推波助澜,希望能从对历代兴亡的考察和总结中吸取教训。他指出:

> 论史者有二弊焉:放于道而非道之中,依于法而非法之审。褒其所不待褒,而君子不以为荣;贬其所不胜贬,而奸邪顾以为笑,此既浅中无当之失矣,乃其为弊,尚无伤于教,无贼于民也。抑有纤曲嵬琐之说出焉,谋尚其诈,谏尚其谲,徼功而行险,干誉而违道,奖诡随为中庸,夸偷生为明哲,以挑达摇人之精爽而使浮,以机巧裂人之名义而使枉。此其于世教与民生也,灾愈于洪水,恶烈于猛兽矣。①

王夫之评价历史人物,并不沿袭陈见旧说,而是提出主客观结合的评价原则,通过"因时""度势""察心""穷效"等一系列方法,达到对历史人物的正确评价。他指出:

> 天下有大公至正之是非焉,匹夫匹妇之与知,圣人莫能违也。然而君子之是非,终不与匹夫匹妇争鸣,以口说为名教,故其是非一出,而天下莫敢不服。流俗之相沿也,习非为是,虽覆载不容之恶,而视之若常,非秉明赫之威以正之,则恶不知惩。善亦犹是也,流俗之所非,而大美存焉;事迹之所阂,而天良在焉,非秉日月之明以显之,则善不加劝。……史已详纪之,匹夫匹妇闻而与知之,极词以赞而不为加益,闻者不足以兴;极词以贬而不为加损,闻者不足以戒。唯匹夫匹妇悻悻之怒,沾沾之喜,繁词累说,自鸣其达于古者,乐得而称述之。曾君子诱掖人之善而示以从入之津,弭止人之恶而穷其陷溺之实,屑侈一时之快论,与道听途说者同其纷呶乎!故编中于大美大恶,昭然耳目,前有定论者,皆略而不赘。推其所以然之由,辨其不尽然之实,均于善而醇疵分,均于恶而轻重别,因其时,度其势,察其心,穷其效,所由与胡致堂诸子之有以异也。②

王夫之表明自己评价历史与宋明驰骋议论的区别,就在于突出结合历史的时势。他的历史评价标准区别于他人和高出于他人之处,就是要求评

---

① 王夫之:《读通鉴论》卷末《叙论三》,中华书局 1975 年版,第 1110 页。

② 王夫之:《读通鉴论》卷末《叙论二》,中华书局 1975 年版,第 1108—1110 页。

价历史时必须审时度势，既要了解历史人物的主观动机，又要看到他们对历史所起的客观效果，达到主客观的统一。王夫之进一步指出，史家所发的史论，是以史实为根据，可以供读史者取资借鉴，提高自身的素养。①然而历史评价标准只是供人借鉴历史的分析方法，并没有固定不变的框架。因此，王夫之认为历史评价必须结合客观时势，坚持“理”与“势”统一的论史方法。他依据这一原则和标准，在《读通鉴论》中，评论了上至三代、下至明朝的许多历史人物，影响极为深远。

第一，王夫之认为历史上的兴亡成败与君主的贤愚有直接关系，君主的作用在皇朝统治的治乱兴衰中至为关键。他指出：

> 所谓雄桀者，虽怀不测之情，而固可以名义驭也。明主起而驭之，功业立，而其人之大节亦终赖以全。惟贪利乐祸不恤名义者，为不可驭之使调良，明主兴，为彭越、卢芳以自罹于诛而已。不然，则乱天下以为人先驱，身殪家亡而国与俱蔽。
>
> 国家积败亡之道以底于乱，狡焉怀不轨之志，思猎得之者众矣，而尚有所忌也。天子不成乎其为君，大臣不成乎其为臣，授天下以必不可支之形，而后不轨者公然轧夺而无所忌。②

当君主贤明之时，可以有效地驾驭臣下，防范各种危及统治秩序的不稳定因素，达到长治久安。尤其是贤明君主知人善任，任用智谋之士辅佐治理国家，奠定了稳固的基础，即使后继君主平庸暗弱，国家仍然可以继续维持稳定和强大局面。王夫之指出：

> 曹孟德推心以待智谋之士，而士之长于略者，相踵而兴。孟德智有所穷，则荀彧、郭嘉、荀攸、高柔之徒左右之，以算无遗策。迨于子桓之世，贾诩、辛毗、刘晔、孙资皆坐照千里之外，而持之也定。故以子桓之鄙、叡之汰，抗仲谋、孔明之智勇，而克保其磐固。……魏足智谋之士，昏主用之而不危。故能用人者，可以无敌于天下。③

曹操用人得当，臣辅多为智谋之士，大批谋士辅佐他成就了霸业。即使继

① 参见王夫之：《读通鉴论》卷末《叙论四》，中华书局 1975 年版，第 1112—1115 页。

② 王夫之：《读通鉴论》卷九《献帝四》《献帝一〇》，中华书局 1975 年版，第 272、278 页。

③ 王夫之：《读通鉴论》卷一〇《三国一一》，中华书局 1975 年版，第 312—313 页。

任为君的曹丕、曹叡自身的能力一般,但是依靠这批智谋之士,仍然可以和东吴、蜀汉角逐,立于不败之地。相反,如果昏暗的君主治理国家,则会任用奸佞之臣,导致身败国亡。王夫之说:

> 国之亡,有自以亡也。至于亡,而所自亡之失昭然众见之矣。后起者因鉴之惩之,而立法以弭之。然所戒在此,而所失在彼,前之覆辙虽不复蹈,要不足以自存。……乃昏主则曰:"外戚宦官,内侍禁闼,未尝与民相接,恶从而朘削之?且其侈靡不节,间行小惠,以下施于贫乏,何至激而为盗?其剥民以致盗者,士大夫之贪暴为之也,夫恶知监司守令之毒民有所自哉?"纨绔之子,刑余之人,知谀而已,知贿而已,非谀弗官也,非贿弗谀也,非剥民之肤弗贿也,则毒流四海,填委沟壑,而困穷之民无所控告。犹栩栩然曰:"吾未尝有损于民,士大夫吮之以为利,而嫁祸于我以为名。"相激相诋,挟上以诛逐清流,而天下钳口结舌,视其败而无敢言。汉、唐、宋之浸败而浸亡,皆此由也。①

君主暗弱,大多忠奸不辨,任用一班喜欢阿谀奉承的大臣,结果内有君臣昏庸腐败的统治,外有奸雄伺机作乱,则国家必亡无疑。王夫之特别强调君主托国于贤臣则兴,托国于谀臣则亡。他说:"好谀者,大恶在躬而犹以为善,大辱加身而犹以为荣,大祸临前而犹以为福。君子以之丧德,小人以之速亡,可不戒哉!""天下之足以丧德亡身者,耽酒嗜色不与焉,而好谀为最。"②托国于谀臣的危害,比君主嗜酒和好色更为严重。王夫之从正反两方面作出对比评价,探讨是否任用谀臣对政权存亡的不同作用。他认为:

> 秦始皇之宜短祚也不一,而莫甚于不知人。非其不察也,惟其好谀也。托国于赵高之手,虽中主不足以存,况胡亥哉!汉高之知周勃也,宋太祖之任赵普也,未能已乱而足以不亡。建文立而无托孤之旧臣,则兵连祸结而尤为人伦之大变。徐达、刘基有一存焉,奚至此哉?

---

① 王夫之:《读通鉴论》卷一〇《三国一》,中华书局1975年版,第302—303页。

② 王夫之:《读通鉴论》卷一二《晋愍帝四》,中华书局1975年版,第289页。

虽然,国祚之所以不倾者,无谀臣也。[①]

王夫之把历代统治政权的成败兴亡归结为以君主为首的统治集团整体作为,没有片面地强调君主的绝对作用,而是注重从统治集团各个层次相互联系所造成的时势角度评价历史人物,揭示社会历史发展的趋势,因而使其历史人物评价显示出独具特色的理论价值。

第二,王夫之注意到社会风气的好坏与朝代兴亡有着密切的关系,因而突出强调从风教之兴废角度考察历史人物对社会所起的作用。他以王莽篡汉的历史为例,指出:颓败的社会风气一旦形成,即使有所谓明君贤相,也难以遏止大厦将倾的危局;更何况东汉末年桓帝与灵帝那样暗弱的统治者呢?王莽篡权夺位,正是利用了这种社会风气造成的条件[②]。王夫之还认为,魏晋以后形成不良社会习俗的重要原因之一,是由于士大夫崇尚清谈所致。他说:

晋代吏民之相尚以虚浮,而乐于驰也久矣,一旦操之已蹙,下将何以堪之?且当其时所可资以共理者,周颉、庾亮、顾荣、贺循之流,皆洛中旧用之士,习于通脱玄虚之风,未尝惯习羁络者;骤使奔走于章程,不能祗承,而固皆引去。于是虔矫束湿之人,拔自寒流,以各逞其竞躁,吏不习,民不安,士心瓦解,乱生于内而不可遏矣。[③]

因此,他没有把西晋灭亡的原因完全归结于所谓的"五胡乱华",而是与当时社会风气的虚浮联系起来,认为"晋之败,败于上下纵弛,名黄老而实惟贪冒淫逸之是崇,王衍、谢鲲,固无辞其责矣"[④]。对那些倡导虚玄风气的重要历史人物,做出了道义上的鞭挞。他针对东晋、南朝的门阀世族累世富厚,一门享有特权,往往为了家族的利益而置国家利益于不顾的社会风气评论说:

---

① 王夫之:《读通鉴论》卷一《秦始皇三》,中华书局 1975 年版,第 4 页。

② 参见王夫之:《读通鉴论》卷五《汉平帝一》《汉平帝三》,中华书局 1975 年版,第 133—135 页。

③ 王夫之:《读通鉴论》卷一二《晋怀帝六》,中华书局 1975 年版,第 382 页。

④ 王夫之:《读通鉴论》卷一三《晋成帝三》,中华书局 1975 年版,第 405 页。

> 风教之兴废,天下有道,则上司之;天下无道,则下存之。下亟去之而不存,而后风教永亡于天下。大臣者,风教之去留所托也。晋宋以降,为大臣者,怙其世族之荣,以瓦全为善术,而视天位之去来,如浮云之过目。故晋之王谧,宋之褚渊,齐之王晏、徐孝嗣,皆世臣而托国者也,乃取人之天下以与人,恬不知耻,而希佐命之功。风教所移,递相师效,以为固然,而衿其通识。①

风教败坏至此,直接危及当政者统治秩序的稳固,所以魏晋南北朝时期朝代更迭频繁,败乱相继发生。门阀世族出身的公卿大臣仅仅关心家族的荣辱兴衰,而不顾朝廷的安危,生活腐化,骄奢淫逸,造成整个社会风气的奢纵颓靡,其最终结果就是祸国丧身。

第三,王夫之具有强烈的华夷之辨思想和民族意识,并且始终贯穿于自己的历史评价标准之中,从传统夷夏之防的正统观念的影响和亲身经历明清之际民族冲突的实际出发,认为天下之大防的首要问题是华夷之辨。他指出:

> 夷狄之与华夏,所生异地,其地异,其气异矣。气异而习异,习异而所知所行蔑不异焉。乃于其中亦自有其贵贱焉,特地界分、天气殊,而不可乱;乱则人极毁,华夏之生民,亦受其吞噬而憔悴。防之于早,所以定人极而保人之生,因乎天也。②

这就是说,先王之所以对华夏与夷狄"强为之防",是因为二者所处地域、禀性气质、生活习俗各不相同,如果不强调华夷之辨,就会发生战事,引起社会混乱,使"华夏之生民"与少数民族俱受其害。因此,王夫之在民族关系问题上审时度势,提出华夷各安其序的主张。首先,王夫之认为中原皇朝对待少数民族应采取安抚与怀柔政策,而不应采取肆意杀戮和奴役的政策。他说:"夷狄非我族类者也,蟊贼我而捕诛之,则多杀而不伤吾仁。如其困穷而依我,远之防之,犹必衿而全其生,非可乘约肆淫,役之贱之而规为利也。"③倘若中原统治者对周边各少数民族实行"暴则惩之,顺

① 王夫之:《读通鉴论》卷一七《梁武帝一》,中华书局1975年版,第552页。
② 王夫之:《读通鉴论》卷一四《晋哀帝三》,中华书局1975年版,第431页。
③ 王夫之:《读通鉴论》卷一二《晋怀帝三》,中华书局1975年版,第379页。

者远之,各安其所,我不尔侵,而后尔不我虐”①的指导思想和民族政策,而不是简单地武力镇压,就不会激化民族矛盾,导致民族战争。其次,王夫之也反对中原皇朝对少数民族一味地媾和退让,竭力痛斥投降变节者,赞扬那些坚持民族气节,在抵御少数民族侵扰中作出贡献的历史人物。他对桑维翰劝石敬瑭屈节臣事契丹一事提出严厉批评,认为“谋国而贻天下之大患,斯为天下之罪人。……祸及万世,则万世之罪人。自生民以来,唯桑维翰当之”②。对于曾经有效地抵御了匈奴的秦始皇、汉武帝,则予以赞扬,指出:“秦之毒天下而亡,阿房也,骊山也,行游无度,而诛杀不惩也,非筑城置障,斥远匈奴之害也。汉武之疲敝天下,建章也,柏梁也,祷祠祈仙,而驰驱海岳也,贪一马而兴万里之师也,非扫幕南之王庭,以翦艾匈奴之害也。”③充分肯定了秦始皇、汉武帝在抵御匈奴方面的功绩。

王夫之对抗表北伐少数民族政权的桓温、刘裕等人,也予以肯定,认为“如裕者,以《春秋》之义予之可也”④。他把“夷夏之防”视为天下之大公,与传统伦理纲常中的君臣之义并重,强调君臣之义与夷夏之防“两者以义相衡,而并行不悖”。一旦两者发生矛盾,“如其不可两全矣,则先君之义犹私也;中国之义,人禽之界,天下古今之公义也。不以私害公,不以小害大”⑤。相比之下,华夷之辨与“夷夏之防”是“天下古今之公义”,应当高于君臣私义。当然,他说的“人禽之界”,是不妥当的。由此可以看出,王夫之的历史评价原则已经不仅仅限于道德评价范畴,而是考察历史发展形势,给予审时度势的评价。

二、“义理参之以时势”的评价方法

一般说来,一种学术评价原则的形成,必然是学术研究者在反复的实

---

① 王夫之:《读通鉴论》卷七《汉安帝四》,中华书局 1975 年版,第 218 页。
② 王夫之:《读通鉴论》卷二九《五代中一六》,中华书局 1975 年版,第 1063 页。
③ 王夫之:《读通鉴论》卷五《王莽二》,中华书局 1975 年版,第 139 页。
④ 王夫之:《读通鉴论》卷一四《晋安帝一四》,中华书局 1975 年版,第 465 页。
⑤ 王夫之:《读通鉴论》卷一五《宋明帝二》,中华书局 1975 年版,第 518 页。

践中,对认识客观事物的内在联系和本质属性的方法所作出的理论概括。具体到历史评价原则,则是史学家在考证史实和评论历史的实践中,对认识前人及其社会的内在联系与本质属性的方法作出的理论概括。这种理论概括包含着具体的价值观念、评价标准和评论方法,并为人们自觉遵循,能够起到规范史家从事史学活动的作用。清代史家大多具有这种历史意识,在历史评价的实践中遵循这种评价原则。他们重新审视了前人认识历史的许多结论,并且进一步考察其结论赖以产生的客观历史环境,把义理和时势相结合作为历史评价的原则和方法。

第一,清代的史家认为义理必须确立在尊重历史的真实和确证历史事实的基础之上,因而把"实事求是"悬为治史的鹄的,在历史研究中自觉地贯彻这一历史评价的原则。

王鸣盛考证历史与评价历史,具有自觉求实意识。他说:"史则虽子长、孟坚,苟有所失,无妨针而砭之。"①表现出在史学上不迷信前人,主张实事求是评价历史的意识。他评价东晋刘毅等人的功过,不同意唐代史家在《晋书》传论中的评价,指出:"刘毅、诸葛长民、何无忌三人同传,三人本与刘裕同起兵讨桓玄者也。玄即败,而裕志乃在篡晋,故毅与长民皆相继为其所灭。两人之所不及无忌者,以无忌率兵御海贼卢循、徐道覆,为所杀,犹为得死所耳!论中褒扬无忌可也,痛抑毅与长民,谓其有取祸之道则非。"②《晋书》作者评价历史人物,显然是从成者为王败者寇的观念出发,故意贬低刘毅等人的历史功绩。王鸣盛则实事求是地评价了两人的功过是非,比较公允。针对李延寿《北史》关于魏收接受尔朱文略贿赂,故在《魏书》中不载其恶,还为其父尔朱荣作佳传,把他比作古代贤人的评价,王鸣盛考证尔朱文略于北齐文宣帝高洋天保末年以恶伏诛,魏收修史时其恶迹尚未显著,《魏书》当然没有记载。所以,他认为李延寿的评价不符合历史事实:

> [尔朱]文略,《魏书》但附见数句,《北史》则详述其凶悍之行,

---

① 王鸣盛:《十七史商榷》序,中国书店 1987 年版,第 2 页。

② 王鸣盛:《十七史商榷》卷五〇《刘毅等三人论》,中国书店 1987 年版,第 4 页。

> 伏法于齐天保末。《魏书》成于天保五年，故不及耳。至谓文略大遗魏收金，请为父作佳传，收论荣比韦、彭、伊、霍，盖由是也。《收传》亦载之。此则大不然。魏收因为齐臣，但为齐讳饰而已，于荣之恶逆，未尝不直书之。论云："始则希觊非望，睥睨宸极；终乃灵后、少帝，沉流不反，河阴之下，衣冠涂地。此其所以得罪人神，而终于夷戮也。向使荣无奸忍之失，修德义之风，则彭、韦、伊、霍，夫何足数！"绎其词，岂受金而为作佳传者？亦本不以伊、霍比荣。此断不可信。①

事实上，魏收不过是使用的假设语气，丝毫没有颂扬尔朱荣的用意。诚如邵晋涵所说："论云：若修德义之风，则韩、彭、伊、霍，夫何足数！反言见意，史家微辞，乃转以是为美誉，其亦不达于文义矣。"②这足以证明，王鸣盛的评价是正确的。再如王鸣盛评价魏徵的功过，并未仅仅局限于道德评价原则："魏徵始事元宝藏，继事李密，降唐高祖，又仕窦建德，复归隐太子，终事太宗，更六主矣。然夫子许管仲以仁，则徵可以此例。生当乱世，不得不尔，功足晚盖，可无苛责矣。"③他没有以所谓忠臣不事二主等空泛义理标准指责魏徵，而是考察了北朝至唐以来社会动乱、政权屡易的历史事实，从而对魏徵作出了历史的评价，没有苛责前贤。窥一斑而见全豹，上述事例足以反映出王鸣盛在历史评价上尊重历史事实，坚持义理结合时势的评价原则。

钱大昕评价历史，最重视"实事求是"评价标准。他认为"学问乃千秋事，订讹规过，非以訾毁前人，实以嘉惠后学。但议论须平允，词气须谦和，一事之失，无妨全体之善。不可效宋儒所云，一有差失，则余无足观耳。"④历史评价应当温良敦厚，不能因为哗众取宠而故意贬抑前人。他说：

---

① 王鸣盛：《十七史商榷》卷六八《尔朱荣传魏书北史互有得失》，中国书店 1987 年版，第 8 页。

② 邵晋涵：《南江诗文钞》卷十二，《魏书提要》，清道光十二年胡敬刻本，第 187 页。

③ 王鸣盛：《十七史商榷》卷八六《魏征传新旧详略互异》，中国书店 1987 年版，第 9 页。

④ 钱大昕：《嘉定钱大昕全集》之《潜研堂文集》卷三五《答王西庄书》，江苏古籍出版社 1997 年版，第 603—604 页。

> 史非一家之书,实千载之书,祛其疑,乃能坚其信;指其瑕,益以见其美。拾遗规过,匪为龂龁前人,实以开导后学。而世之考古者,拾班、范之一言,擿沈、萧之数简,兼有竹素烂脱,豕虎传讹,易斗分作升分,更子琳为惠琳,乃出校书之陋,本非作者之愆,而皆文致小疵,目为大创,驰骋笔墨,夸耀凡庸,予所不能效也。更有空疏措大,辄以褒贬自任,强作聪明,妄生疻痏,不叶年代,不揆时势,强人以所难行,责人以所难受,陈义甚高,居心过刻,予尤不敢效也。桑榆景迫,学殖无成,惟有实事求是,护惜古人之苦心,可与海内共白。①

表明了正确评价前人,正确评价历史的主张。所以他评价历史人物,尤其能够做到客观公正,不偏不党。例如唐修《晋书》以汝南王司马亮、楚王司马玮、赵王司马伦、齐王司马冏、长沙王司马乂、成都王司马颖、河间王司马颙、东海王司马越八王同传,钱大昕认为唐代史家评价有失公允:"于劝善惩恶之旨,殊未当也。赵王伦,晋之乱贼,当与桓玄同科。齐王冏起义讨伦,虽以骄溢致败,较诸成都、河间、东海之大失臣节者,不可同年语矣。史乃以赵伦、齐冏并称,何其不分皂白乎?汝南王亮为贾后所害,本无大过,亦不当以煽风速祸责之。"②只有这样细致区分历史人物的善恶是非,才可以做到恰如其分的评价。

又如元代史家对南宋张浚的评价曲笔讳恶,隐瞒他劾罢李纲之事,评价不实。钱大昕进一步考证事实,然后评价说:"浚于纲罢相之后,抨击不已,甚至指为国贼;又谓纲于蔡氏门人,虽误事乱政,力加荐引,非窜殛不足以靖天下。而于汪、黄之奸邪,则缄口不言,斯诚变乱黑白之甚者矣。浚疏具载李心传《系年要录》,予故表而出之,读史者勿以其晚节之善而置之不论也。"③他不因晚善而讳前恶,所以对张浚的评价比元人更加公正。因为历史人物的一生是极其复杂的,某些人前段英明而晚节有亏,也

① 钱大昕:《嘉定钱大昕全集》之《廿二史考异》序,江苏古籍出版社1997年版,第1页。

② 钱大昕:《嘉定钱大昕全集》之《廿二史考异》卷二一《晋书四·汝南王亮传》,江苏古籍出版社1997年版,第476页。

③ 钱大昕:《嘉定钱大昕全集》之《廿二史考异》卷七九《宋史十三·李纲传上》,江苏古籍出版社1997年版,第1472页。

有些人前期不臧而晚节甚善，还有些人一生中时好时坏，反复无常。这些都需要分阶段认识，然后才能做出全面评价。他的这种认识，在历史评价原则上具有重要的理论价值。

再如历史上多称完颜亮之恶，而颂金世宗之美。钱大昕认为这样评价不确切。他说："大抵蒙业而安者，务饰先世之美；废昏而立者，好谈前人之恶。然公论自在，古今难以一人手掩天下目也。海陵之恶极矣，世宗取之固无惭德，乃必假细人之言以增成其丑，斯亦心劳而拙矣！"①钱大昕指出完颜亮之恶不少乃是金世宗君臣增饰而成，的确揭示出中国封建王朝普遍存在的弊病，这对人们认识和评价朝代鼎革时期的历史具有方法论的启示。

赵翼评价历史，不迷信前人，亦不贬抑前人，唯以"实事求是"为标准。从他对朱熹学术的评价，可以清楚地看到这一点。他认为："《四书》经朱子作注之后，固已至当不易；然后人又有别出见解，稍与朱注异而其理亦优者，固不妨两存之，要惟其是而已！"②这样做既不掩前人创始之功，又乐道前人精核之长。赵翼对待远古传说，采取审慎阙疑态度。尤为难能可贵的是，他不但能够公允地评价前人，而且对外国的科学技术成就也能给予实事求是地肯定。他说：

> 自鸣钟、时辰表，皆来自西洋。钟能按时自鸣，表则有针，随晷刻指十二时，皆绝技也。今钦天监中占星及定宪书，多用西洋人，盖其推算比中国旧法较密云。洪荒以来，在璇玑，齐七政，几经神圣，始泄天地之秘。西洋远在十万里外，乃其法更胜，可知天地之大，到处有开创之圣人，固不仅羲、轩、巢、燧已也。③

这种认识在清代故步自封的士大夫中实属凤毛麟角。钱大昕对赵翼史论的特点看得非常清楚，指出"先生上下数千年，安危治忽之幾，烛照数计，而持论斟酌时势，不蹈袭前人，亦不有心立异；于诸史审订曲直，不掩其

---

① 钱大昕：《嘉定钱大昕全集》之《廿二史考异》卷八五《金史二・后妃传》，江苏古籍出版社1997年版，第1597页。

② 赵翼：《陔余丛考》卷四《四书别解数条》，河北人民出版社1990年版，第63页。

③ 赵翼：《檐曝杂记》卷二《钟表》，中华书局1982年版，第36页。

失,而亦乐道其长”①,比较准确地概括出赵翼“实事求是”的历史评价特征。

上述事实说明,清代史家不迷信、不盲从前人的历史评价结论,而是客观地考证历史的真实,然后作出确切的评价。这种态度是一种历史理性精神,表现为实事求是的历史评价意识。这种历史意识并非存在于个别史家的思想之中,而是多数学人的共识,因而能够指导他们评价历史的实践活动,得出最大限度符合历史事实的结论。

第二,清代史家对宋学空谈义理的历史评价学风给予尖锐批评,认为他们离开具体历史事实,论史只重他们所认定的道德标准,结果导致议论迂阔,不符合实际情况,因而突出强调历史评价中义理结合时势原则,反对空泛不实的历史评价标准。

四库馆臣强调时势在历史评价中的重要性,批评了前人历史评价中的偏颇倾向,反对空洞的史论,阐明了历史评价必须依据历史事实,结合客观时势,才能够做到既不苛求前人,又符合历史实际。他们认为:

> 圣贤之学,主于明体以达用,凡不可见诸实事者,皆属卮言。儒生著书,务为高论,阴阳太极,累牍连篇,斯已不切人事矣。至于论九河则欲修禹迹,考六典则欲复周官,封建、井田,动称三代,而不揆时势之不可行。②

可见四库馆臣具有明确的历史意识,并以此指导其历史评价。他们评价宋代胡寅的史论,就突出地强调了这一点:“大抵其论人也,人人责以孔、颜、思、孟;其论事也,事事绳以虞、夏、商、周。名为存天理,遏人欲,崇王道,贱霸功,而不近人情,不揆事势,卒至于窒碍而难行。”③这说明清代史家对历史人物评价标准的认识比较全面,既看到他们在道德品质上的差异,更强调了他们的所作所为都受到历史形势的制约。

赵翼认为,宋儒以义理为标准评价历史,是因为置身政治局势以外,

① 赵翼:《廿二史札记》序,王树民校证:《廿二史札记校证》,中华书局 1984 年版,第 2 页。

② 永瑢等:《四库全书总目》卷首凡例,中华书局 1965 年版,第 18 页。

③ 永瑢等:《四库全书总目》卷八九《读史管见提要》,中华书局 1965 年版,第 757 页。

不了解宋金政治经济力量的对比，故极力反对宋金议和，空发议论。他说：

> 自胡铨一疏，以屈己求和为大辱，其议论既恺切动人，其文字又愤激作气，天下之谈义理者，遂群相附和，万口一词，牢不可破矣。然试令铨身任国事，能必成恢复之功乎？不能也。即专任韩、岳诸人，能必成恢复之功乎？亦未必能也。故知身在局外者，易为空言；身在局中者，难措实事。……而耳食者，徒以和议为辱，妄肆诋諆，真所谓知义理而不知时势。听其言则是，而究其实则不可行者也。①

这说明历史评价中道德评价原则和事实评价原则往往会发生矛盾，怎样处理好二者之间的关系，是历史学应当研究的重要问题。他还比较了南宋与金、明与后金的关系，指出朝廷未尝不愿议和，皆因书生纸上谈兵，议论纷纭，导致朝廷不敢主和，以致亡国。赵翼最后总结说："书生徒讲文理，不揣时势，未有不误人家国者。"②指出了仅仅注重道德评价的危害。赵翼强调历史评价必须结合历史事实：

> 义理之说，与时势之论，往往不能相符，则有不可全执义理者。盖义理必参之以时势，乃为真义理也。宋遭金人之害，掳二帝，陷中原，为臣子者固当日夜以复仇雪耻为念，此义理之说也。然以屡败积弱之余，当百战方张之寇，风鹤方惊，盗贼满野，金兵南下，航海犹惧其追，幸而饱掠北归，不复南牧，诸将得以剿抚寇贼，措设军府，江淮以南，粗可自立。而欲乘此偏安甫定之时，即长驱北指，使强敌畏威，还土疆而归帝后，虽三尺童子，知其不能也。③

宋代徽、钦二帝被金人掠去，中原为金人所有，从道德观念来看，当然应该出兵收复失地，迎还二帝。然而刚刚立足的南宋根本无力实现这个目标，只有偏安江南，这是时势造成的。当两者发生冲突的时候，理学家强调义

---

① 赵翼：《廿二史札记》卷二六《和议》，王树民校证：《廿二史札记校证》，中华书局 1984 年版，第 552—553 页。

② 赵翼：《廿二史札记》卷三五《明末书生误国》，王树民校证：《廿二史札记校证》，中华书局 1984 年版，第 806 页。

③ 赵翼：《廿二史札记》卷二六《和议》，王树民校证：《廿二史札记校证》，中华书局 1984 年版，第 552 页。

理,纷纷指责南宋朝廷议和;而清代史家则强调时势,不片面夸大义理。这是他们各自所处时代决定的。但从历史发展来看,后者无疑比前者对历史的评价更加客观。从今天的认识来看,赵翼未免过于夸大了议和的作用,忽略了议和必须建立在双方实力均等的基础之上,并非任何条件下都能议和。然而史学界有人指责他的历史理论是"投降哲学",自然是不实之词。因为赵翼并不反对南宋出兵收复失地,还为两次丧失收复失地的大好时机而惋惜。他只是反对在国力不足的情况下贸然北伐,才主张议和。这的确是审时度势之言,比空谈义理现实得多。特别是他批评前人错误而提出的评价标准,已经超出了就事论事的范围,具有普遍原则和方法论的意义。

钱大昕采用实事求是的评价方法,对结合时势评价历史认识更加深刻。他批评了"后儒好为大言,不揆时势,辄谓井田、封建可行于后代"①的迂腐之论,强调了考察客观时势的必要。例如宋宁宗时期人陈概事迹,《宋》《金》二史无闻,元代延祐年间所修地方志亦不载,只有明成化年间修志时增入他出使金朝不屈等事迹。对此,钱大昕考证说:"即使果有奉使事,而其时金已衰乱,岂能以非礼摧抑使人?所云不屈,亦后人不考时势而妄言耳!"②史家不考察历史形势,仅仅根据使者应当威武不屈就作出如是评价,显然不是正确的结论。他评价五代时人冯道(882—954),就与欧阳修的评价不同。《新五代史·冯道传》中记载周世宗伐北汉,"其击旻也,鄙道不以从行,以为太祖山陵使"。欧阳修认为周世宗因冯道反对攻打北汉而任命他为山陵使。钱大昕考证说:

按道为首相,依故事当为山陵使。且据《本纪》山陵使之命在二月丁卯,而世宗亲征乃于三月乙酉启行,则非因道之进谏而有是命也,欧公恶道而甚其辞耳。儒者好以成败论人,若以当日时势论之,则新造之邦,人情未固,加以大丧未葬,千里出师,一有败衄,国亦随

① 钱大昕:《嘉定钱大昕全集》之《十驾斋养新录》卷一八《法后王》,江苏古籍出版社1997年版,第494页。

② 钱大昕:《嘉定钱大昕全集》之《潜研堂文集》卷一九《陈概》,江苏古籍出版社1997年版,第305页。

之,亲征固危事也。此与宋澶渊之役时势迥殊。道言虽不验,究为老成练事之言,不可以人废之。①

钱大昕的审时度势之论,比欧阳修不但全面,而且更加合乎情理。他在宋金议和问题上与赵翼具有相近的看法,认为:"道学诸儒耻言和议,理、度两朝尊崇其学,庙堂所习闻者,迂阔之谈,而不知理势之不可同日语也。"②他通过考证南宋张浚北伐,兵败符离;韩侂胄北伐,函首金人;联蒙灭金之役,反为垂亡之金朝所败等一系列事实,说明南宋国势积弱不振,无力收复失地。然而"道学诸儒"不能正视现实,一味从义理出发,反对议和,真德秀、郑清之等措置失当,于国事无补。元代史家仅仅从崇尚理学的角度出发,讳言其败,评价不实。钱大昕对这个问题的认识原则和赵翼完全相同,反映出十八世纪中国史家结合时势评价历史的卓识。

王鸣盛评价历史也很注意结合当时的历史形势。他说:"考其制,又须得其情势曲折,方有当于论世之学。"③这是说评价历史事件和历代典章制度,必须考证清楚其来龙去脉,才能得到正确评价。他在具体的历史评价中,处处贯彻了这个原则。王鸣盛认为唐代"二王八司马事件"以后,历代史家不断指责此事,有失公允。尽管"王叔文为人轻躁,又昵王伾、韦执谊,所亲非其人,故败;其用心则忠。后世恶之太甚,而不加详察"④。他本着求实宗旨,用历史事实验证这些指责是否属实:

叔文行政,上利于国,下利于民,独不利于弄权之阉宦,跋扈之强藩。观《实录》叔文实以欲夺阉人兵柄,犯其深忌,虽为顺宗信用,而宦者即能矫制罢其学士;乃凭杯酒欲释憾于宦者,而俱文珍随语折之,亦可怜矣。……且阉人与方镇,互相牵制,互相猜妒者也。叔文既与宦者为仇矣,乃藩镇又深怨之,何哉?盖其意本欲内抑宦官,外制方镇,摄天下之财赋、兵力而尽归之朝廷。刘辟本韦皋所遣,叔文

---

① 钱大昕:《嘉定钱大昕全集》之《廿二史考异》卷六四《五代史四·冯道传》,江苏古籍出版社1997年版,第1245页。

② 钱大昕:《嘉定钱大昕全集》之《十驾斋养新录》卷八《宋季耻议和》,江苏古籍出版社1997年版,第208页。

③ 王鸣盛:《十七史商榷》卷七八《四十七使》,中国书店1987年版,第4页。

④ 王鸣盛:《十七史商榷》卷七四《顺宗纪所书善政》,中国书店1987年版,第1页。

必欲杀之。若其策得行,后日何烦高崇文往讨,劳费兵力乎?即此一事,皋大恶之,奏请逐叔文,则当日情事可见。①

如果没有求实的评价态度,不考察客观事实,是得不出这种公正结论的。王鸣盛对唐代府兵制的评价,与宋代欧阳修截然不同。“夫古今时势不同,当隋唐而必欲行三代之事,反嫌执泥。府兵不尽合古,得其大意,此正其善于调济处,何但空说一番乎!”②他考察了府兵制起于周隋,定于唐初,至天宝年间破坏的历史,肯定了府兵制立法之善,适应了当时社会发展的需要。但是,府兵制在宋代以后却不能实行,已经失去了政治和经济基础,所以欧阳修主张复行府兵制只不过是空发议论,不切合实际。这正是不了解不同时代历史特点所致。从宋代王安石变法恢复府兵制失败的教训中,可以更清楚地看出王鸣盛历史评价的卓越之处。王鸣盛还认为《南史·刘穆之传》“帝在长安,本欲顿驾关中,经略赵、魏”的记载不实,对刘裕的评价不免有拔高之嫌。他说:

愚谓刘裕之武功,诚足为南朝生色;但此时拓跋甚强,夏赫连勃勃正当盛时,裕之力亦岂能遂图此二国乎!经略云云,裕之侈心,而史家夸言之耳。裕即真仅三年,其子废帝营阳王景平元年,夏、魏遂尽取司、兖、豫诸郡县矣,距裕定关中不过六七年耳。③

这就是说,所谓经略赵、魏,只不过是刘裕的愿望,实际上做不到,后来历史的发展已经完全证实了这一点。又如他评价南朝萧齐王融屡陈北伐之策一事,认为“其时魏方强盛,而齐武帝岂能办此?宋文帝尚且败辱频频,况齐武帝乎!文人轻躁急功名,如谢灵运亦有此陈请,正融之类也”④。这是通过比较魏、齐两国的国力强弱,而且参照宋朝的失败所作出的综合评价。这说明史家论史不考时势,仅从情感上夸言是不足取的,当然不可能得出正确的评价。

关于历史上的“封建”“郡县”之嬗,是历代史家都关注的问题。唐代

① 王鸣盛:《十七史商榷》卷七四《顺宗纪所书善政》,中国书店1987年版,第2页。
② 王鸣盛:《十七史商榷》卷八二《总论新唐兵志》,中国书店1987年版,第1页。
③ 王鸣盛:《十七史商榷》卷五九《经略赵魏》,中国书店1987年版,第8页。
④ 王鸣盛:《十七史商榷》卷五九《王融屡陈北伐》,中国书店1987年版,第11页。

史家柳宗元在《封建论》中提出历史上的“封建非圣人意也，势也”的观点，对后人产生了巨大的理论启示作用。袁枚在此基础上继续探讨，认为：

> 柳子之论封建，辨矣，惜其未知道也。夫封建可行乎？曰：不可。封建不可行而何非乎柳子？曰：道可行而势不可行。势，吾所无如何也。柳子不以为势无如何，而竟以为道不宜行，是父老尧禹之说也。夫封建，非势也，圣人意也；郡县，非圣人意也，势也。①

从今天的认识来看，袁枚认为封建是圣人之意，反而比柳宗元逊色；但他关于后代封建制“道可行而势不可行”的认识，显然是把时势作为历史评价的原则，而主张“道”应该随“势”。这种认识则比柳宗元深刻，反映出历代思想家的历史理论不断趋于成熟。

崔述主张通过考察客观形势重新评价前人的结论，不应存在先入为主之见。“夫论古之道，当先平其心，而后论其世，然后古人之情可得。若执先入之见，不复问其时势，而但揣度之，以为必当然，是莫须有之狱也，乌足为定论乎！”②这是突出强调了历史评价中义理结合时势的重要性，认识非常明确。例如他从学术发展之趋势出发，批评当时某些学者或尊朱太过，或诋朱太甚的两种错误倾向，认为“盖人之精神心思止有此数，朱子仕为朝官，又教授诸弟子，固已罕有暇日，而所著书又不下数百余卷，则其沿前人之误而未及正者，势也；一时偶未详考而致误者，亦势也。”③这样从时势出发而不是从义理出发考察朱熹的学术，更容易接近朱学本来面目，杜绝后人评价上的分歧，实事求是地评论朱熹的是非功过。

从以上论述可以看出，乾嘉时期史家比宋代理学家的进步之处，就在于反对单纯以义理为论史标准，批评离开具体事物而空谈义理，明确提出

① 袁枚：《袁枚全集》之《小仓山房文集》卷二三《书柳子封建论后》，江苏古籍出版社 1993 年版，第 389 页。

② 崔述：《崔东壁遗书》之《丰镐考信录》卷一《大王、王季》，上海古籍出版社 1983 年版，第 166 页。

③ 崔述：《崔东壁遗书》之《考信录提要》卷上《释例》，上海古籍出版社 1983 年版，第 13 页。

以时势为标准评价历史,强调义理必须结合时势,理性意识更加突出。他们以社会历史发展的时势为标准,以此评价义理之论是否恰当,显然,这样可以准确把握社会历史发展脉络,揭明历史发展的真相。尽管他们的史观中还存在着浓厚的义理思想,确切地说是义理与时势的二元论者,但他们与宋明学者相比,更突出了以时势作为历史评价的原则。这样不但可以推动历史认识的深入,而且可以促进历史理论的不断提高。从他们的历史评价理论中,可以看出中国古代史学发展演变的轨迹及其逐步深入的趋势。

三、“知人论世”的评价方法

历史人物评价的基本原则,就是要求评价者的主观标准与历史人物客观活动的事实必须相互吻合。《孟子 · 万章下》提出“颂其诗,读其书,不知其人,可乎？是以论其世也”的原则,这是对“知人论世”原则最早的表述,后世史家都在不同程度上有所遵循,关注时势同历史人物活动的关系。清代史家在评价历史的实践中大都应用这一标准,但从理论上发展了这个原则的则是章学诚。他从历史评价方法论的高度对“知人论世”标准作了系统阐述,强调必须了解古人所处的历史时代和社会环境。他在讲到历史评价者应有的态度时说:“论古必恕。……恕非宽容之谓者,能为古人设身而处地也。……是则不知古人之世,不可妄论古人文辞也;知其世矣,不知古人之身处,亦不可以遽论其文也。”①章学诚的认识包含两层意思:一是强调历史评价必须考虑到评价对象所处的历史时代,二是强调历史评价还必须考虑到评价对象所处的社会环境和条件。可以认为:“章学诚的知世论人,有类于我们讲历史条件而本质上不同,但这在中世纪,已是向真理接近的可贵的思想。”②因为人是社会历史发展的产物,社会是人类存在的唯一方式。历史的进程是由许多“时”与“位”的链

① 章学诚:《文史通义 · 文德》,叶瑛校注:《文史通义校注》,中华书局 2014 年版,第 324— 325 页。

② 白寿彝:《中国史学史》第 1 册,上海人民出版社 1986 年版,第 159 页。

条环节组成的，它们反过来又对人类社会生活起着制约作用。历史评价必须考虑到这两个方面影响，这是历史评价中“知人论世”原则的基本内涵。

第一，所谓了解“古人之世”，就是要充分考虑到不同时代的人处在不同的社会环境，具有不同的认识水平，只有把他们置于该时代去作评价，才不会出现历史评论的诬枉，苛求古人。

章学诚从时代特点评价了历代史家对三国时期魏、蜀正统的不同观点，提出了自己的看法：

> 昔者陈寿《三国志》纪魏而传吴蜀，习凿齿为《汉晋春秋》，正其统矣。司马《通鉴》仍陈氏之说，朱子《纲目》又起而正之。是非之心，人皆有之。不应陈氏误于先，而司马再误于其后，而习氏与朱子之识力偏居于优也。而古今之讥《国志》与《通鉴》者，殆于肆口而骂詈，则不知起古人于九原，肯吾心服否邪？陈氏生于西晋，司马生于北宋，苟黜曹魏之禅让，将置君父于何地？而习与朱子，则固江东南渡之人也，惟恐中原之争天统也。诸贤易地则皆然，未必识逊今之学究也。①

这就是说，陈寿、司马光尊魏和习凿齿、朱熹尊蜀，是因为他们所处的时代不同，并非存在史识上的优劣。这种设身处地评价前人的做法，不仅避免了因不察时代而空论正统的不良风气，而且揭示出时代对史学的影响，从认识论的角度对历史评价原则作了阐释。

赵翼评价陈寿和范晔，认为陈寿《三国志》创立回护之法，但范晔撰《后汉书》并没有采用此法，这并非两人见识有高低，而是“陈寿修书于晋，不能无所讳；蔚宗修书于宋，已隔两朝，可以据事直书，固其所值之时不同。”②赵翼虽然不赞成陈寿的“曲笔”修史，但并没有简单地一味批评指责，而是从他所处的特定政治环境说明问题，指出政治对史学的影响，

---

① 章学诚：《文史通义 · 文德》，叶瑛校注：《文史通义校注》，中华书局 1994 年版，第 324— 325 页。

② 赵翼：《廿二史札记》卷六《后汉书三国志书法不同处》，王树民校证：《廿二史札记校证》，中华书局 1984 年版，第 119 页。

这种认识比较深刻。他还比较了战国至东汉时人崇尚气节,从社会风气的不同方面作了评价:“盖当时荐举征辟,必采名誉,故凡可以得名者,必全力赴之,好为苟难,遂成风俗。……然举世以此相尚,故国家缓急之际,尚有可恃以搘拄倾危。昔人以气节之盛为世运之衰,而不知并气节而无之,其衰乃更甚也。”①这就说明了这个时代人们之所以崇尚气节,是由于国家政治引导造成的,有其社会原因。

袁枚的史论中也有明显的知人论世色彩。他认为“君子之救时也,不可守其经而不达其变也。孔明当刘璋后,治尚严;有功当武后时,治尚宽。此因时而变者也。”②从蜀汉和唐代不同社会形势评价诸葛亮和徐有功不同的施政方针,论述了时代对历史人物的影响,在评价方法上是比较合理的。他比较刘邦和项羽的成败,指出:

> 用天下之兵,不如用天下之锋,锋即兵也。合时与势,而锋出焉。败国之气,累世不复;胜国之兵,所向无敌。兵之胜败,锋之利钝实使之。项羽以轻用其锋,而计失于高祖。高祖以早藏其锋,而计失于匈奴。均失也,人皆知项羽之失,而不知高祖之失者,误于史称规模宏远,而不熟计夫当日之时势也。③

袁枚从时代不同考察刘、项用兵策略的不同,但却导致了相同的结局,这是知人论世的另一种表现形式。

第二,所谓了解“古人之身处”,就是认识到由于客观环境的不同,个人的遭遇和旨趣也不相同,只有弄清楚他们所处的具体环境,才能做到恰如其分的评价。

章学诚从理论上总结了这种评价原则。他首先指出:“读古人之书,

---

① 赵翼:《廿二史札记》卷五《东汉尚名节》,王树民校证:《廿二史札记校证》,中华书局1984年版,第102—104页。

② 袁枚:《袁枚全集》之《小仓山房文集》卷二〇《徐有功论》,江苏古籍出版社1993年版,第360页。

③ 袁枚:《袁枚全集》之《小仓山房文集》卷二〇《高帝论》,江苏古籍出版社1993年版,第354页。

不能会通其旨，而徒执其疑似之说，以争胜于一隅，则一隅之言不可胜用也。”[①]如果不清楚占人立言宗旨，而各就其枝节作评价，自然不能得其要领。那么，怎样才能把握古人立言宗旨呢？章学诚接着说：“夫人之所以谓知者，非知其姓与名也，亦非知其声容之与笑貌也。读其书，知其言，知其所以为言而已矣。”[②]明了古人言论中说的是什么固然重要，但更重要的是搞清古人为什么这样说，以及是在什么情况下这样说。因为“凡有推奖于人，不难屈己；凡欲求知于人，不嫌炫己，人之情也。有所为而言之，不必遽为定论，圣人所不免也”[③]。如果不弄清古人是在什么情况下而言和针对什么而言，仅从字面上理解就轻易下结论，往往会导致评价失实。章学诚批评“今之泥文辞者，不察立言之所谓，而遽断其是非，是欲责人才过孔子也。……同一言也，不求至是，而但因人而异听，……此论古之深患也”[④]。正因为他有这种历史意识，所以对古人年谱非常重视，认为“年谱之体，仿于宋人考次前人撰著，因而谱其生平时事，与其人之出处进退，而知其所以为言，是亦论世知人之学也”[⑤]。把这些话与章学诚反对校雠古人文集删去年代、题跋、论赞，主张编选文集时应该说明作者撰著始末等认识联系起来看，更能说明他对知人论世之学的重视，已经达到很高的理论水平。

赵翼评论历史人物，非常注重探究其人所处的社会环境。他认为陈寿以魏为正统，是因为“寿修书在晋时，故于魏晋革易之处，不得不多所回护。而魏之承汉，与晋之承魏，一也。既欲为晋回护，不得不先为

① 章学诚：《文史通义·答客问中》，叶瑛校注：《文史通义校注》，中华书局1994年版，第552页。

② 章学诚：《文史通义·知难》，叶瑛校注：《文史通义校注》，中华书局1994年版，第425页。

③ 章学诚：《章学诚遗书》之《文史通义》外篇二《读史通》，文物出版社1985年版，第74页。

④ 章学诚：《文史通义·说林》，叶瑛校注：《文史通义校注》，中华书局1994年版，第410页。

⑤ 章学诚：《章学诚遗书》之《文史通义》外篇二《韩柳二先生年谱书后》，文物出版社1985年版，第70页。

魏回护”①。这是从陈寿所处的位置考察其历史观点,与章学诚历史评价方法相同,得出了相同的认识。他还对魏收以东魏为正统的原因作了评价,指出魏收之所以对高欢等人多有回护,而对西魏君臣则尽力丑诋,是因为“收正仕于齐,自不得不曲为袒护,固无足责也”②。北齐是继承东魏而来,回护北齐就必然要回护东魏,魏收的做法是可以理解的。尽管如此,赵翼还是肯定了西魏“魏澹作《魏书》,以西魏为正统,自是正论,惜其书不传”③。在今天看来,赵翼对东、西魏孰为正统的认识并不重要,应该肯定的是,他认为这并非由于二人史识存在高下之分,而是由各自的身份和所处的位置决定的。这种评价方法值得重视。赵翼通过考察六朝世家大族的社会地位,评价他们不重气节、不关心国家命运的风气。他指出:

> 历观诸史,可见当时衣冠世族积习相仍,其视高资膴仕,本属分所应得,非关国家之简付。毋怪乎易代之际,莫不传舍其朝,而我之门户如故也,甚且以革易为迁阶之地。记传所载,遂无一完节者;而一二捐躯殉国之士,转出于寒人。世风至此,国谁与立?可为浩叹者也!④

赵翼由社会经济地位考察世族的政治态度,这多少涉及人们的社会存在决定人们的社会意识理论的边缘,具有重要的理论价值。他还从汉光武帝、唐太宗、宋太祖和明太祖四人称帝时的客观条件,评价了他们对待开国功臣的不同政策。赵翼说:

> 汉光武、唐太宗定天下时,年方少,计身老则诸功臣已皆衰没。宋太祖年虽长,而恃有弟可以驭诸臣。故皆务保全。至明祖则起事虽早,而天下大定则年已六十余,懿文太子又柔仁;懿文死,孙更孱

① 赵翼:《廿二史札记》卷六《三国志书法》,王树民校证:《廿二史札记校证》,中华书局1984年版,第121页。

② 赵翼:《陔余丛考》卷七《魏书书法》,河北人民出版社1990年版,第134页。

③ 赵翼:《廿二史札记》卷一三《西魏书》,王树民校证:《廿二史札记校证》,中华书局1984年版,第266页。

④ 赵翼:《陔余丛考》卷一七《六朝重世族》,河北人民出版社1990年版,第304—305页。

弱，遂不得不为身后之虑。是以两兴大狱，一网打尽，此可以推见其心迹也。①

他的看法不免有很大猜测推论成分，不一定与实际情况相符合。然而他能够从历史人物所处的社会条件观察问题，这种认识还是很高明的。赵翼考证宋元焦山之战的历史，批评了明人柯维骐指责宋将张世杰不占据镇江、瓜洲扼制元兵而驻兵焦山以至兵败的空论，特别强调了考察客观环境在历史评价中的重要性。他说："及观《元史》，而后知其势不然也。……瓜洲有阿术，镇江有阿塔海，世杰无地可据，不得不泊焦山以决死战也。……论古者不参观于《宋》《元》二史，无由得当日情事也。"②这就说明历史评价如果不考虑评价对象的客观环境和社会条件，是不可能得出正确结论的。他评价南宋初年王伦的事迹，纠正了前人评价中的不实之词，指出：

王伦使金，间关百死，遂成和议。世徒以胡铨疏斥其狎邪小人，市井无赖，张焘疏斥其虚诞，许忻疏斥其卖国，遂众口一词，以为非善类。甚至史传亦有家贫无行，数犯法幸免之语。不知此特出于一时儒生不主和议者之诋谋，而论世者则当谅其心，记其功，而悯其节也。③

这是说评价历史人物应当具体地分析客观条件，正确地评价其功过。即使对秦桧这样被钉在历史的耻辱柱上的人，赵翼也本着对历史负责的态度，指出元代史家评价他勾结金兀术为不实之词，应该是勾结挞懒。尽管"通挞懒通兀术，于桧之罪原无分轻重，特以读书论世，必当推究当日情事，乃为信谳耳"④。他这种认识，在中国古代尧舜不胜其善，桀纣不胜其

① 赵翼：《廿二史札记》卷三二《胡蓝之狱》，王树民校证：《廿二史札记校证》，中华书局1984年版，第742页。

② 赵翼：《廿二史札记》卷二六《张世杰李庭芝姜才》，王树民校证：《廿二史札记校证》，中华书局1981年版，第572—573页。

③ 赵翼：《廿二史札记》卷二四《王伦》，王树民校证：《廿二史札记校证》，中华书局1984年版，第518页。

④ 赵翼：《陔余丛考》卷二〇《兀术致书秦桧之不可信》，河北人民出版社1990年版，第369—370页。

恶的传统历史思维方式下,显得极其宝贵。从赵翼的史论可以看出,他的历史评价中具有明显的方法论色彩,在清代史家中具有代表性,对中国古代历史评价原则的形成作出了重大贡献。

钱大昕从西晋的社会状况和陈寿的自身处境评价了陈寿对魏、蜀、吴三国关系的处理。他指出:

> 自承祚书出,始正三国之名;且先蜀而后吴,又于《杨戏传》末载《季汉辅臣赞》,亹亹数百言,所以尊蜀殊于魏、吴也。存季汉之名者,明乎蜀之实汉也。习凿齿作《汉晋春秋》,不过因其意而推阐之。而后之论史者,辄右习而左陈,毋乃好为议论,而未审乎时势之难易与?夫晋之祖宗所北面而事者魏也,蜀之灭,晋实为之。吴、蜀既亡,群然一词,指为伪朝。乃承祚不唯不伪之,且引魏以匹二国,其秉笔之公,视南、董何多让焉!①

尽管他对具体问题认识与赵翼不同,但考察问题的方法却完全相同。钱大昕还从北周、隋、唐的传承关系中,评价了李延寿何以以北周为正统。他说:

> 高欢薨书名,而宇文泰不书名,延寿意盖以周为正也。自东、西魏分峙以后,东魏元象、兴和、武定纪元,皆不书于《南史》。齐即受禅,《南史》亦不载齐之纪年,而于周改元则必书之。周诸帝称崩,而齐诸帝称殂。延寿之尊周而抑齐如此。②

这是因为唐之先人曾仕周、隋,李延寿在唐代修史,只能伪北齐而正周、隋。以上事例说明,钱大昕非常重视历史环境对历史人物的影响,并且以自觉的历史意识从历史环境方面评价历史人物,在理论上也取得了一定的成就。

王鸣盛评价了班固和范晔的不同特点,认为班固“排死节,否正直”“轻仁义,贱守节”;而“蔚宗遂力矫班氏之失,如《党锢》《独行》《逸民》等

---

① 钱大昕:《嘉定钱大昕全集》之《潜研堂文集》卷二四《三国志辨疑序》,江苏古籍出版社 1997 年版,第 383—384 页。

② 钱大昕:《嘉定钱大昕全集》之《廿二史考异》卷三五《南史一 · 梁本纪下》,江苏古籍出版社 1997 年版,第 760 页。

传,正所以表死节,褒正直,而叙杀身成仁之为美也。而诸列传中,亦往往见重仁义,贵守节之意。善读书者当自知之,并可以想见蔚宗之为人"①。班固是东汉朝廷的皇亲国戚,而范晔则是受排挤的失意官僚,二人的不同命运与处境,决定了他们对社会上行侠仗义风气持有完全不同的态度。王鸣盛还从秦汉之间社会动乱的具体环境评价韩信:"观信引兵法以自证其用兵之妙,且又著书三篇,序次诸家为三十五家,可见信平日学问,本原寄食受辱时,揣摩已久。其连百万之众,战必胜,攻必取,皆本于平日学问,非以危事尝试者。"②他认为这都是平日积累的结果,并非临时应用就能出奇制胜。可见王鸣盛很注意把人物放在具体历史环境中评价,这样容易对历史人物作出正确认识,避免了片面评价,在理论认识方面也取得了一定成就,对古代历史理论作出了贡献。

袁枚自谓"读书六十年,知人论世"③,在历史评价方面也有深刻的见识。他注意到客观环境决定人的所作所为,即使同一个人,也会因社会条件不同而有不同的作法,如"崔郾治鄂则宽,治陕则严,此因地而变者也"④。他通过评价陆游颂扬韩侂胄的遭遇,强调了知人论世的重要性:

> 《宋史》成于道学之风甚炽之时,故杨时受蔡京之荐,史无讥词;胡安国受秦桧之荐,史无讥词。京与桧之奸,十倍于侂胄;游之过,小于杨、胡。而反诋之不休,何也?游不讲学故也。张浚伐金之谋,与侂胄同;符离之败,与侂胄同。然而张浚不诛,士林不议者,何也?则一与朱子交,一与朱子忤故也。……吾故曰:史不易读。读全史而后可以读本传,读旁史杂史而后可以读正史。不然,知人论世,难矣哉!⑤

① 王鸣盛:《十七史商榷》卷三六《范矫班失》,中国书店1987年版,第1页。

② 王鸣盛:《十七史商榷》卷五《韩信兵法》,中国书店1987年版,第2页。

③ 袁枚:《袁枚全集》之《小仓山房续文集》卷三〇《答平瑶海书》,江苏古籍出版社1993年版,第529页。

④ 袁枚:《袁枚全集》之《小仓山房文集》卷二〇《徐有功论》,江苏古籍出版社1993年版,第360页。

⑤ 袁枚:《袁枚全集》之《小仓山房续文集》卷三〇《书陆游传后》,江苏古籍出版社1993年版,第535—536页。

陆游和韩侂胄由于没有处在道学家的位置上,尽管他们的所作所为并不比道学家缺点更多,但却遭到不公正的评价。如果他们尊崇理学,居于讲学地位,自然不会有这种结局。从这里可以看出,袁枚对知人论世的认识非常明确,在这方面达到了较高的理论水平。

综上所述,18 世纪中国史家在历史评价中表现出鲜明的历史主义因素,对中国古代历史理论的发展作出了重大贡献。其主要表现在于:第一,乾嘉史家在考证和评价历史的时候,大多能够历史地看待历史,不仅评价历史人物的思想认识,而且考察其所处的客观条件,进一步揭示其思想认识产生的根源,确立了历史评价中的知人论世原则。第二,乾嘉史家在评价历史的时候,不仅指出历史人物的功绩或失误,而且还注意到他们比其前人的进步之处,同时还指出他们所受的时代局限,没有苛求古人,而是客观地评价前人的功过。这是中国古代历史理论中极其宝贵的内容,亦可见中国史学家之所以接受科学的历史主义原则,自有其历史渊源。

小　　结

唐宋以后,评论历史的专书逐渐增多,比较著名的有宋代范祖禹的《唐鉴》、孙甫的《唐史论断》、胡寅的《读史管见》,明代张溥的《历代史论》,清代王夫之的《读通鉴论》等。在上述史论中,表现出注重以纲常伦理为标准的道德评价和注重以经制事功为标准的事实评价两个趋势。大体说来,宋元及明代前期以道德评价比较突出,南宋和明代后期以事实评价较为显著。从总的发展趋势来看,则呈现出道德评价逐渐让位于事实评价的脉络,标志着历史理论的发展和进步。

一般说来,以“予夺褒贬”为治史理念的道德评价富于理论思辨,其长处在于把历史问题或史学问题上升到哲学层面,有益于促进历史理论的成熟和发展;缺陷是容易流于空泛不实,脱离历史实际,把史家主观建构的标准视为历史自身的法则。这类学人往往片面突出理论的作用和价值，以儒家义理思想为历史评价标准，甚至不顾客观历史发展，不考察历史人物所处的具体社会环境，一味强调道德评价。他们把儒家经学的义理凌驾于史学之上，认为研究历史不是从历史事实中得出理论认识，而是强调依据儒家义理原则评判历史，然后才能看出典章制度和历史事件的价值；如果不用儒家义理观念看待历史撰述，那么历史上各朝代的治乱兴衰只不过是一幕幕相互争夺的闹剧而已，看不出有什么意义。这种形而上学的思维方式，把儒家的义理视为永恒的真理，以为可以适应于任何历史时代，只是笼统而抽象地评论历史人物和社会现象，而很少关注各个历史时期的不同特点和具体问题。然而史学具有鲜明的时代性，各种历史撰述无不深深打上时代的烙印。要正确考察前人的史学成就，必须认清它们赖以产生的历史条件。这就要求史家运用分析的和实证的方法，而不能笼统地和抽象地看待和评价历史。道德评价方法注重整体与感悟，而不注重分析和实证，不可避免地流于浮泛空洞，得出的结论不可能完全切合历史实际。

以“据事直书”为治史理念的事实评价强调无征不信，其长处在于能够尊重事实而求得历史的真相；缺陷是容易流于支离破碎，忽视历史法则。清代乾嘉时期的史家继承前辈史家主张“据事直书”、反对曲笔修史的传统，自觉恪守与弘扬直笔精神，尖锐地批评史家修史曲笔隐讳的史法，并以此作为历史评价的标准，对历代史家的史书及其著述态度作深入的考察。他们重新审视了前人历史认识的许多结论，并未停留在简单肯定或否定的阶段，而是进一步考察其结论赖以存在的客观历史，把义理和时势两方面作为历史评价的标准，形成了道德评价与事实评价相互结合的评价方法，丰富了中国古代历史评价方法论的内容。乾嘉时期史家比宋代一些学人的进步之处，就在于反对完全以义理为标准、离开具体历史事实而空谈义理，明确提出以时势为准则，强调义理必须结合时势，显示出一定的理性精神。他们结合社会历史发展的时势，以此评价义理之论是否恰当。这样可以准确考察前人的史论是否把握社会历史发展脉络，揭示历史发展的真相。尽管他们的历史评价中还存在着浓厚的义理思想,确切地说是义理与时势的二元论者,但他们与宋明学者相比,更突出了以时势作为历史评价的原则。从他们的历史评价方法论中,可以看出中国古代史学方法发展演变的轨迹及其逐步深化的趋势。

主要参考文献

[1]《马克思恩格斯选集》第1—4卷,人民出版社2012年版。
[2]《毛泽东选集》第1—4卷,人民出版社1991年版。
[3]范仲淹:《范仲淹全集》,四川大学出版社2002年版。
[4]石介:《徂徕石先生文集》,中华书局1984年版。
[5]欧阳修:《新五代史》,中华书局1974年版。
[6]欧阳修:《欧阳修全集》,中国书店1986年版。
[7]苏轼:《苏轼文集》,中华书局1986年版。
[8]司马光:《资治通鉴》,中华书局1956年版。
[9]司马光:《稽古录》,北京师范大学出版社1988年版。
[10]司马光:《传家集》,《文渊阁四库全书》,台湾商务印书馆1986年版。
[11]司马光:《司马光奏议》,山西人民出版社1986年版。
[12]王安石:《王文公文集》,上海人民出版社1974年版。
[13]范祖禹:《唐鉴》,上海古籍出版社1984年版。
[14]程颢、程颐:《二程集》,中华书局1981年版。
[15]吕祖谦:《宋文鉴》,中华书局1992年版。
[16]郑樵:《通志》,中华书局1987年版。
[17]李焘:《续资治通鉴长编》,中华书局1992年版。
[18]朱熹:《资治通鉴纲目》,《文渊阁四库全书》,台湾商务印书馆1986年版。
[19]黎靖德编:《朱子语类》,中华书局1986年版。
[20]朱熹:《朱熹集》,巴蜀书社1999年版。
[21]陈亮:《陈亮集》,中华书局1974年版。
[22]叶适:《习学记言序目》,中华书局1977年版。
[23]叶适:《叶适集》,中华书局1961年版。

[24]马端临:《文献通考》,中华书局 1986 年版。
[25]苏天爵编:《元文类》,《文渊阁四库全书》,台湾商务印书馆 1986 年版。
[26]脱脱等:《宋史》,中华书局 1977 年版。
[27]脱脱等:《金史》,中华书局 1975 年版。
[28]脱脱等:《辽史》,中华书局 1974 年版。
[29]陶宗仪:《南村辍耕录》,中华书局 1959 年版。
[30]宋濂等:《元史》,中华书局 1976 年版。
[31]方孝孺:《逊志斋集》,宁波出版社 2000 年版。
[32]李贽:《焚书》,中华书局 1959 年版。
[33]李贽:《藏书》,中华书局 1959 年版。
[34]顾炎武:《日知录》,黄汝成集释:《日知录集释》,岳麓书社 1994 年版。
[35]顾炎武:《顾亭林诗文集》,中华书局 1959 年版。
[36]黄宗羲原著:《宋元学案》,中华书局 1986 年版。
[37]黄宗羲:《明儒学案》,中华书局 1985 年版。
[38]黄宗羲:《黄宗羲全集》,浙江古籍出版社 2005 年版。
[39]王夫之:《读通鉴论》,中华书局 1975 年版。
[40]王夫之:《船山全书》,岳麓书社 1996 年版。
[41]唐甄:《潜书》,中华书局 1963 年版。
[42]顾祖禹:《读史方舆纪要》,中华书局 2005 年版。
[43]张廷玉等:《明史》,中华书局 1974 年版。
[44]戴震:《孟子字义疏证》,中华书局 1961 年版。
[45]钱大昕:《嘉定钱大昕全集》,江苏古籍出版社 1997 年版。
[46]赵翼著,王树民校证:《廿二史札记校证》,中华书局 1984 年版。
[47]王鸣盛:《十七史商榷》,中国书店 1987 年版。
[48]章学诚著,叶瑛校注:《文史通义校注》,中华书局 1994 年版。
[49]永瑢等:《四库全书总目》,中华书局 1965 年版。
[50]龚自珍:《龚自珍全集》,上海古籍出版社 1975 年版。
[51]龚自珍,夏田蓝编:《龚定庵全集类编》,中国书店 1991 年版。
[52]侯外庐:《中国思想通史》第 5 卷,人民出版社 1956 年版。
[53]侯外庐主编:《中国思想通史》第 4 卷下册,人民出版社 1960 年版。
[54]钱穆:《中国学术思想史论丛》第 1—8 册,东大图书有限公司 1976—1980 年版。
[55]侯外庐、邱汉生、张岂之主编:《宋明理学史》上下卷,人民出版社 1984、1987 年版。

[56]梁启超:《饮冰室合集》,中华书局 1989 年版。
[57]瞿林东:《唐代史学论稿》,北京师范大学出版社 1989 年版。
[58]刘泽华主编:《中国古代政治思想史》,南开大学出版社 1992 年版。
[59]瞿林东:《中国史学散论》,湖南教育出版社 1992 年版。
[60]吴怀祺:《宋代史学思想史》,黄山书社 1992 年版。
[61]杨翼骧编:《中国史学史资料编年》第 2 册,南开大学出版社 1994 年版。
[62]瞿林东:《中国古代史学批评纵横》,中华书局 1994 年版。
[63]梁启超:《清代学术概论》,东方出版社 1996 年版。
[64]饶宗颐:《中国史学上之正统论》,上海远东出版社 1996 年版。
[65]杨翼骧编:《中国史学史资料编年》第 3 册,南开大学出版社 1999 年版。
[66]瞿林东:《中国史学史纲》,北京出版社 1999 年版。
[67]钱穆:《中国史学名著》,生活·读书·新知三联书店 2000 年版。
[68]罗炳良:《18 世纪中国史学的理论成就》,北京师范大学出版社 2000 年版。
[69]周少川:《元代史学思想史研究》,社会科学文献出版社 2001 年版。
[70]钱茂伟:《明代史学的历程》,社会科学文献出版社 2003 年版。
[71]杜维运:《中国史学史》第 1—3 册,三民书局 2004 年版。
[72]罗炳良:《清代乾嘉史学的理论与方法论》,兰州大学出版社 2004 年版。
[73]瞿林东:《中国简明史学史》,上海人民出版社 2005 年版。
[74]杨艳秋:《明代史学探研》,人民出版社 2005 年版。
[75]白寿彝主编:《中国史学史》第 1—6 卷,上海人民出版社 2006 年版。
[76]蒙文通:《中国史学史》,上海人民出版社 2006 年版。
[77]孙卫国:《王世贞史学研究》,人民文学出版社 2006 年版。
[78]龚书铎、瞿林东主编:《中华大典·历史典·史学理论与史学史分典》第 1—3 册,上海古籍出版社 2007 年版。
[79]罗炳良:《南宋史学史》,人民出版社 2008 年版。

后　　记

本书是教育部全国普通高等学校人文社会科学重点研究基地北京师范大学史学理论与史学史研究中心2002年重大项目"中国古代历史理论研究"(项目号01JAZJD770005)的最终成果,先后纳入"十一五"国家重点图书出版规划项目和国家出版基金资助项目。2011年由安徽人民出版社出版,责任编辑李闯、曹文益二先生为此书出版费力费神颇多。马艳辉博士和博士研究生阎静同学协助我做了书稿的编辑、整理工作。全书分工如下:导论,瞿林东;上卷,瞿林东、张子侠、刘治立;中卷,瞿林东、李珍;下卷,罗炳良、江湄、徐国利、刘治立。

此次再版,由人民出版社收入"人民文库",是本书之荣幸,作者之荣幸,我代表本书全体作者向人民出版社、学术界朋友和广大读者表示衷心的感谢!责任编辑贺畅、周颖为此书再版做了大量工作;我的博士研究生许洪冲、娄梦然、宣扬同学,协助我校阅书稿,特此说明,一并深致谢忱!

书中若有不当之处,敬请读者批评、指正!

瞿林东

2022年1月1日

责任编辑：贺　畅　周　颖
装帧设计：肖　辉　王欢欢

图书在版编目(CIP)数据

中国古代历史理论/瞿林东 主编. —北京：人民出版社，2022.3
(人民文库. 第二辑)
ISBN 978-7-01-022654-5

Ⅰ.①中…　Ⅱ.①瞿…　Ⅲ.①史学理论-研究-中国-古代　Ⅳ.①K092.2

中国版本图书馆 CIP 数据核字(2020)第 224849 号

中国古代历史理论
ZHONGGUO GUDAI LISHI LILUN

瞿林东　主编

人民出版社 出版发行
(100706　北京市东城区隆福寺街 99 号)

北京新华印刷有限公司印刷　新华书店经销

2022 年 3 月第 1 版　2022 年 3 月北京第 1 次印刷
开本:710 毫米×1000 毫米 1/16　印张:77.75
字数:1119 千字

ISBN 978-7-01-022654-5　定价:369.00 元(上、中、下)

邮购地址 100706　北京市东城区隆福寺街 99 号
人民东方图书销售中心　电话 (010)65250042　65289539